說文解字義證

（連筠簃本）

下

【清】桂馥　撰

上海古籍出版社

⿰亻㥯 安也從人㥯聲

韻會引如此廣韻⿰亻㥯依人也於靳切與㥯同徐鉉新附穩字卽㥯之俗體

儈 駔馬也

御覽引如此案本書訬一曰訬儈聲類儈合市人也

遺文二

曲阜桂馥學

匕 變也從到人凡匕之屬皆從匕 呼跨切

變也者本書老從此云匕言須髮變白也廣雅匕也經典通作化易繫辭擬議以成其變化禮中庸動則變變則化白虎通火之爲言化也陽氣用事萬物變化也本書皀從匕云匕合也周禮大宗伯以禮樂合天地之化

𠤕 未定也從匕𠯑聲𠯑古文矢字 語期切

未定也者當爲定也未字後人加經典通作疑詩桑柔靡所止疑傳云疑定也士昏禮婦疑立於席西注云疑正立自定之貌鄉飲酒禮賓西階上疑立注云疑讀爲仡然從於趙盾之仡疑然立自定之貌鄉射禮賓升西階上疑立注云疑正也有矜莊之色莊子達生篇用志不分乃疑于神

眞 僊人變形而登天也從匕從目從乚八所乘載也 側鄰切

呂氏春秋先己篇凡事之本必先治身嗇其大寶用其新棄其陳腠理遂通精氣日新邪氣盡去及其天年此之謂眞人　淮南精神訓所謂眞人者性合於道也故有而若無實而若虛處其一不知其二治其內不識其外明白太素無爲復樸體抱神以游於天地之樊芒然彷徉於塵垢之外而消搖於無事之業浩浩蕩蕩乎機械之巧弗載於心是故死生亦大矣而不爲變雖天地覆育亦不與之抮抱矣　鵩鳥賦眞人恬漠兮獨與道息釋智遺形兮超然自喪　素問黃帝曰余聞上古有眞人者提挈天地把握陰陽呼吸精氣獨立守神肌肉若一故能壽敝天地無有終時其道生　鬼谷子外篇化有五氣也志也思也神也德也神其一長也靜和者養氣養氣得其和四者不衰四邊威勢無不爲存而舍之是謂神化歸於身謂之眞人　莊子老子古之博大眞人哉　文子天地之間有二十五等人上伍有神人眞人又云得天地之道故謂之眞人也　司馬子坐忘樞翼鍊形爲氣名曰眞人　天隱子神解篇本一性而言謂之眞如　抱朴子明本篇昔赤松子王喬琴高老氏彭祖務成鬱華皆眞人　瑞命記采食神芝則延年不終與眞人同　黃庭經積精累氣

以爲眞　參同契改形免世厄號之曰眞人　眞誥練形於太陰易貌於三官受學化神濯景易氣俯仰四運得爲眞人　太上經混茫之氣變化爲眞人與時翱翔有名無體又云玉清者如玉堅不可毁淨不可污也堅淨無變穢累都盡一而無雜故名爲眞人　太上正法經九眞者九天之眞氣凝而成也上中下三眞生於太清是元始之澄氣也　大洞經從生得道從道得仙從仙得眞從眞得爲上清君　昇元經惟須中直尋道求眞改惡從善得爲眞人　祕要經太清九宮甚高總稱曰道君次稱眞人眞卿　太眞科上品日聖中品日眞下品日仙　登眞隱訣立夏之日日中五帝於紫微宮見四眞人　舊唐書元宗紀天寶元年詔莊子號南華眞人文子號通元眞人列子號沖虛眞人庚桑子號同虛眞人所著書改爲眞經　寰宇記南昌縣有十二眞君宅　隸續五君栝梓文有眞人君洪氏云六經無眞字獨於諸子見之延熹中蔡邕作王子喬碑及仙人唐公房碑皆有眞人之稱矣　戴侗曰經傳無眞字惟列御寇莊周之書有之自莊列始有眞人之名始有長生不死而登雲天之說　顧炎武曰五經無眞字始見於老莊之書老子曰其中有精其精甚眞莊子漁父篇孔子愀然曰敢問何謂眞客曰眞者精誠之至也大宗師篇曰而已反其眞而我猶爲人猗列子曰精神離

形各歸其眞故謂之鬼鬼歸也歸其眞宅漢書楊王孫傳曰死者終身之化而物之歸者也歸者得至化者得變是物各反其眞也說文曰眞僊人變形登天也徐氏繫傳曰眞者仙也化也從匕匕即化也反人爲匕從目從乚八其所乘也以生爲寄以死爲歸於是有眞人眞君眞宰之名秦始皇曰吾慕眞人自謂眞人不稱朕魏太武改元太平眞君而唐元宗詔以四子之書謂之眞經皆本乎此也馥案漢書楊惲傳眞人所謂鼠不容穴銜窶數者也李奇曰眞人正人也

僊人變形而登天也者李善注江賦引作仙人變形也廣雅仙匕也淮南齊俗訓今夫王喬赤松子吹嘔呼吸吐故內新遺形去智抱素反眞以游玄眇上通雲天今欲學其道不得其養氣處神而放其一吐一吸時詘時伸其不能乘雲升假亦明矣參同契惟昔聖賢懷元抱眞伏煉九鼎化迹隱倫含精養神通德三光津液騰理筋骨緻堅衆邪辟除正氣常存累積長久變形而仙眞誥太一主仙變也所謂化遁三辰顯回月精呼吸萬變非復故形者也抱朴子明本篇夫得僊者或昇太清或翔紫霄僊藥篇餌丹砂千日司命削去死籍與天地相畢日月相望改形易容變化無常魏書釋老志乃有白日昇天長生世上又云謙之死體引長弟子量之八尺三寸三日已後稍縮至斂量之長六寸於是諸弟子以爲尸解變化而去不死也南齊書顧歡傳佛號正眞眞會無生又云仙變成眞眞變成神神仙傳壺公將兩弟子去積年兩弟子皆隱變解化西城王眞人傳解化之道尸不能俱神仙者也王符經二十四眞圖五岳之靈寶也能得之必能仙去飛步太清通鑑王僧虔曰若得同歸九泉猶羽化也注云羽化猶言登仙神仙家所謂飛昇也通志六書略匕字下云臣按道家謂順行則爲人逆行則爲道人死則歸於土道則離人故能變化而上升　從匕者淮南精神訓是故眞人之所游若吹呴呼吸吐故內新熊經鳥伸鳧浴蝯躩鴟視虎顧其養形之人也不以滑心故形有摩而神未嘗化者以不化應化千變萬殄而未始有極化者復歸於無形也不化者與天地俱生也　從乚者本書乚匿也象迟曲隱蔽形讀若隱

古文眞

汗簡引作

教行也從匕從人匕亦聲　呼跨切

教行也者華嚴經音義引同五音集韻匕變匕也化教行也匕之在人增韻凡以道業誨人謂之教躬行於上風動於下謂之化書大誥肆予大化誘我友邦君樂記化民成俗老子我無爲而民自化漢書敘傳敗俗傷化

文四　重一

吪

集韻引化古作吪類篇同案太元陰陽啟吪其變赤白

遺文一

相與比敘也從反人匕亦所以用比取飯一名柶凡匕之屬皆從匕　卑履切

相與比敘也者本書畕比田也馥謂正畺界即上敘意詩車攻決拾既佽箋云謂手指相次比也大射儀遂比三耦注云比選次之也鄉射禮遂以比三耦於堂西注云比選次其才相近者也周禮宰夫凡禮事贊小宰比官府之具

注云比校次之疏云校次之使知善惡足否也大行人秋覲以比邦國之功注云比其功之高下野廬氏比修除道路者注云比校治道者名若今次金敍丈功昭二十八年左傳擇善而從之曰比服注比方損益古今之宜而從之趙策人比然而後知賢不鮑注言人必以類相比乃可知韓詩外傳比高比所以廣德也下比所以狹行也比於善者自進之階比於惡者自退之原漢書儒林傳公孫宏比輯其義　匕亦所以用匕取飯一名柶者本書攱下云匕頭頃也皀下云中象米匕所以扱之皀下云象嘉穀在裹中之形匕所以扱之柶下云禮有柶柶匕也廣雅柶匕也急就篇槫榼椑榹匕箸籫顏注匕匙也亦謂之柶易震卦不喪匕鬯王注匕所以載鼎實正義陸績云匕者棘匕撓鼎之器先儒皆云匕形似畢但不兩岐耳以棘木爲之長二尺刊柄與末詩云有捄棘匕是也用棘者取其赤心之義祭祀之禮先烹牢於鑊既納諸鼎而加冪焉將薦乃舉冪而以匕出之升於俎上故曰所以載鼎實也詩大東有捄棘匕傳云匕所以載鼎實也少牢饋食禮雍人摡鼎匕俎于雍爨廩人摡甑甗匕與敦于廩爨注云匕所以匕黍稷者也疏云上雍人云匕者所以匕肉此廩人所掌米故云匕黍稷也字或作朼士喪禮乃朼載載兩髀于兩端注云

古文朼爲匕又或作枇雜記枇以桑長三尺或曰五尺刊其柄與末注云枇所以載牲體者此謂喪祭也吉祭枇用棘釋文枇音匕本亦作朼音同陳祥道曰匕之別有四有黍稷之匕有疏匕有挑匕有喪匕三匕以棘喪匕以桑少牢廩人之所摡黍稷之匕也雍人之所摡牲體之匕也牲體之匕挑匕也

匕也從匕是聲 是支切

匕也者廣雅同一切經音義十五通俗文匕或謂之匙方言匕謂之匙王隱晉書石勒時謠云一杯食有兩匙通鑑劉備方食先匕箸注云匕匙也字或作鍉後漢書隗囂傳牽馬操刀奉盤錯鍉遂割牲而盟注云前書漢遣韓昌等與單于及大臣俱登諾水東山刑白馬單于以徑路刀金留犂撓酒應劭云留犂飯匕也以匕攪血而歃之今亦奉盤措匙而歃也又通作提地理志朱提蘇林曰提音時北方人名匕曰匙

相次也從匕從十鴇從此 博抱切

相次也者徐鍇曰五家爲𠦬也使之相次比也十其總率也昭十六年左傳庸次比耦通作保周禮大司徒令五家爲比使之相保從十者本書什相什保也

頃也從匕支聲匕頭頃也詩曰攱彼織女 去智切

匕頭頃也者刺刀匕首似之　詩曰攱彼織女者小雅大東文彼作跂傳云跂隅貌

頭不正也從匕從頁 去營切

頭不正也者禮記頭容直注云不頃顧也謂必中也詩卷耳不盈頃筐釋文韓詩云頃筐欹筐也

頭髓也從匕匕相匕箸也巛象髮囟象匘形 奴皓切

頭髓也者三國典略俗云五月五日生者匘不壞爛俗作腦僖二十八年左傳晉侯夢楚子伏己而盬其腦子犯曰吾且柔之矣杜云腦所以柔物元命苞人精在腦韓詩外傳禽息薦百里奚不見納繆公出當車以頭擊闑腦乃精出　巛象髮者本書𦣻下云巛象髮謂之鬊鬊即巛也子下云古文作𢀈从巛象髮也籀文作𡿺囟有髮　囟象匘形者本書囟頭會匘蓋也

望欲有所庶及也從匕從卪詩曰高山卬止 伍岡切

望欲有所庶及也者庶當爲度廣韻卬望也欲有所度晉語重耳之卬君也若黍苗之卬陰雨也長門賦意慊慨而自卬漢書王章妻謂章不自激卬或通作仰戰國策東周之民可令一仰西周注云有望於上則仰晉段灼上疏張禹低仰於五侯之閒　詩曰高山卬止者小雅車舝文彼作仰箋云有高德者則慕仰之

高也早匕爲阜匕卪爲卬皆同義 竹角切

高也者玉篇阜阜高皃也今作卓法言顏苦孔之卓後漢書祭遵傳卓如日月注云卓高也

古文卓

很也從匕目猶目相匕不相下也易曰艮其限匕目爲艮匕目爲眞也 古恨切

很也者鄭注易艮卦艮之言很也　易曰艮其限者艮卦文釋名艮很也時未可聽物生限止之也　匕目爲艮者

當云目匕爲旨　匕目爲眞也者眞從匕不在此部李燾本改作𠤎亦非曾見古銅印文曰張嵩旨印疑古有旨字

文九　重一

相聽也從二人凡从之屬皆從从　疾容切

相聽也者徐鍇本作相聽許也本書許聽也西周策寡人請以國聽高注聽从也通作從玉篇許從也禮王制變禮易樂者爲不從孔子閒居氣志既從注云從順也

隨行也從辵從从从亦聲　慈用切

隨行也者本書隨从也从當作從旅下云从俱也俱下云偕也易隨卦釋文隨從也詩丰序男行而女不隨既醉從以孫子箋云從隨也覲禮侯氏遂從之注云遂隨使者以至朝周禮鄉長從于他邑則從而授之注云從猶隨也檀弓如有從而弗及學記又從而肅之注竝云從隨也雜記弔非從主人也緇衣言從而行之注竝云從猶隨也論語從我於陳蔡者又從我者其由與隱六年左傳從自及也昭二十八年傳欲觀叔向從使之收器者杜注竝云從隨

也莊十二年公羊傳曹子手劒而從之注云從隨也

相從也從从幵聲一曰从持二爲幷　府盈切

相從也者釋詁拼從也　幵聲者宋玉九辯以𢀪韻聲甘泉賦以延韻成同例　一曰从持二爲幷者當云从持二干爲幷言此說與諧聲異

文三

密也二人爲从反从爲比凡比之屬皆從比　毗二切

密也者本書周密也案劉向曰禹稷與皋陶轉相汲引不爲比周考工記函人橐之而約則周也注云周密致也洪範人無有比德傳云比周之德六韜羣邪比周而蔽賢齊策從人朋黨比周荀子彊國篇不比周文十八年左傳是與比周注云比近也周密也顏注急就篇云櫛之小而細所以去蟣蝨者謂之比言其齒密比也易序卦訟必有衆故受之以師衆必有所比故受之以比韓康伯曰衆起而不比則爭無息必相親比而後得寧也書伊訓比頑童泰誓昵比罪人詩椒聊碩大無朋傳朋比也正義朋黨也比謂阿比朋亦比之義故以朋爲比也周禮形方氏大國比小國注云比猶親也緇衣大臣不治而邇臣比矣注云比私相親也論語君子周而不比鄭注忠信爲周阿黨爲比閔元年左傳屯固比入注云比親密所以得入文十七年傳以陳蔡之密邇於楚注云密邇比近也襄三年傳立其子不爲比昭三年傳燕大夫比以殺公之外嬖杜云比相親比哀十六年傳卜人比而告公曰君有大臣在西南隅弗去懼害覆謂密告公也晉語博能上下比之又云事君者比而不黨魏志袁紹傳審配逢紀與辛評郭圖爭權配紀與尚比評圖與譚比莒子密州號犂比

古文比

愼也從比必聲周書曰無毖于卹　兵媚切

愼也者釋詁文書召誥毖祀于上下傳云爲治當愼祀于天地洛誥伻來毖殷傳云使已來愼教殷民大誥天閟毖我成功所傳云天順勞我周家成功所在又云天亦惟用勤毖我民傳云天亦勞愼我民欲安之康誥汝劼毖殷獻

臣傳云汝當固愼殷之獻臣信用之詩小毖傳箋幷云毖愼也桑柔爲謀爲毖傳云毖愼也　周書曰無毖于卹者大誥文彼作恤

文二　重一

乖也從二人相背凡北之屬皆從北　博墨切

乖也者本書乖戾也馥謂二人相背乖戾之象書武成前徒倒戈攻于後以北桓九年左傳以戰而北杜云北走也釋文北一音佩嵇康音胸背吳語吳師大北注云軍敗奔走曰北北古之背字漢書高帝紀沛公項羽追北服虔曰師敗曰北韋昭曰北古背字也背去而走也顏注北陰幽之處故謂退敗奔走者爲北老子曰萬物向陽而負陰許愼說文解字云北乖也史記樂書曰紂爲朝歌北鄙之音朝歌者不時北者敗也鄙者陋也是知北卽訓乖訓敗無勞借音韋昭之徒竝爲妄矣

北方州也從北異聲　几利切

釋地兩河閒曰冀州李巡曰兩河閒其氣清厥性相近故曰冀冀近也 書舜典肇十有二州傳云舜分冀州爲幽州幷州馥案晉地道記舜以冀州南北太廣分燕地北爲幽州爾雅九州有冀幽而無幷郭注以爲殷制蓋殷分冀州之東北以爲幽而幷州之地仍屬冀 禹貢冀州旣載正義冀州於九州近北周禮職方河內曰冀州馥案史記正義古帝王之都多在河東河西故河北稱河內河南稱河外河從龍門南至華陰東至衛州東北入海曲繞冀州故言河內胡渭曰古者河北之地皆謂之河內自戰國魏始有河內河東之別而秦漢因之以置郡周禮所謂河內不止河內郡地也 春秋元命苞昴畢閒爲天街散爲冀州分爲趙國立爲常山班彪冀州賦望常山之峩峩登北嶽而高游揚雄冀州箴洋洋冀州鴻原大陸嶽陽是都島夷皮服屛淺河流表以碣石三后攸降列爲侯伯 盧毓冀州論冀州天下之上國也東河以上西河以來南河以北易水以南膏壤千里天地之所會陰陽之所交所謂神州也 北方州也者韻會引徐鍇本無州字鍇曰北方之州也本書因加州字增韻冀北方也釋訓朔北方也書五子之歌惟彼陶唐有此冀方

文二

丘 土之高也非人所爲也从北从一一地也人居在丘南故从北中邦之居在崐崘東南一曰四方高中央下爲丘象形凡丘之屬皆从丘 去鳩切

徐鍇本丘在㐺下部敘云背而衆故次之以㐺衆依於丘故次之以丘

土之高也者廣雅小陵曰丘易坎卦地險山川丘陵也書禹貢是降丘宅土傳云地高曰丘周禮大司徒辨其山林川澤丘陵注云土高曰丘呂氏春秋季夏紀注丘高也 非人所爲也者釋丘非人爲之丘李巡云謂非人力所爲自然生者 从一一地也者風俗通義謹按尚書民乃降丘度土堯遭洪水萬民皆山棲巢居以避其害禹決江疏河民乃下丘營度爽塏之場而邑落之故丘之字二人立一上一者地也 人居在丘南故从北中邦之居在崐崘東南者本書無崐崘字河字下作昆侖河圖括地象崑崙在西北其高萬一千里崑崙東南地方五千里名神州中有五山帝王居之張衡靈憲崑崙東南有赤縣之州風雨有時寒暑有節苟非此土南則多暑北則多寒東則多陽西則多陰故聖王不處焉王嬰古今通論崑崙東南方五千里謂之神州中有和美鄉方三千里五岳之城帝王之宅聖人所生也 一曰四方高中央下爲丘象形者此孔子命名之義也史記孔子世家禱於尼丘得孔子生而首上圩頂故因名曰丘云字仲尼索隱圩頂言頂上窳也故孔子頂如反宇反宇者若屋宇之反中低而四旁高也

𡊭 古文从土

虛 大丘也崐崘丘謂之崐崘虛古者九夫爲井四井爲邑四邑爲丘丘謂之虛从丘虍聲 丘如切又朽居切

大丘也者大荒經西海之南流沙之濱赤水之後黑水之前有大丘名曰崑崙丘 崐崘丘謂之崐崘虛者崐崘山記崐崘山一名崐崘丘釋丘三成爲崐崘丘釋地西北之美者有崐崘虛之璆琳琅玕焉西次三經崑崙之丘是實惟帝之下都海內西經崑崙之虛方八百里高萬仞水經崑崙墟在西北去嵩高五萬里地之中也龍魚河圖崑崙

山天中柱也郭璞崑崙丘贊崑崙月精水之靈府惟帝下都西羌之宇傑然中峙號曰天柱 古者九夫爲井四井爲邑四邑爲丘者周禮地官小司徒文服虔注左傳引司馬法九夫爲井四井爲邑四邑爲丘丘有戎馬一匹牛三頭是曰匹馬丘牛孫子作戰篇財竭則急於丘役又云丘牛大車注云丘謂邑之牛詩信南山維禹甸之箋云禹治而丘甸之昭四年左傳鄭子產作丘賦哀十一年傳則以丘亦足矣注竝云丘十六井禮器唯社丘乘共粢盛注云丘十六井也 丘謂之虛者易升卦升虛邑馬云丘也春秋僖三十一年衛遷於帝丘杜云故帝顓頊之虛故曰帝丘漢書賈誼傳凡十三歲而社稷爲虛顏注虛謂丘墟十三州志朱虛丹朱游故虛故云朱虛也虛猶丘也朱猶丹也

屔 反頂受水丘从丘泥省聲 奴低切

反頂受水丘者徐鍇曰頂當高今反下故曰反頂又顙下云傳多言孔子反宇作此顙字云頭頂四崖峻起象尼丘山桓六年左傳申繻說命名之義云以類命爲象注云若孔子首象尼丘論衡詰術篇其立名也以類名爲像若孔

子名邱也水經注沂水出尼邱山元和志泗水縣尼邱山
在縣南五十里叔梁紇禱尼邱而生孔子顏氏家訓仲尼
居三字之中兩字非體三蒼尼旁益邱說文尸下施几後
漢書高獲傳爲人尼首方面注云尼首首象尼邱山中下
四方高也或通作泥隸釋夏堪碑仲泥釋邱水潦所止泥
邱郭云頂上污下者玉篇引作屔云本亦作泥釋名水潦
所止曰泥邱其上污
水流不去成泥也

文三　重一

㐺　眾立也從三人凡㐺之屬皆從㐺讀若欽崟 魚音切

眾立也者周語人三爲眾漢書功臣表三人爲眾左傳衞
人立晉眾也　讀若欽崟者本書崟山之岑崟也李翕碑
脩嶮嶔
之道

眾　多也從㐺目眾意 之仲切

汗簡古文作□云見
說文馥謂當從□

多也者釋詁文　從㐺目眾意者韻會引徐鍇
本從㐺從目目亦眾意馥謂絛目綱目皆眾意

聚　會也從㐺取聲邑落曰聚 才句切

會也者帝王世紀禹會塗山當塗縣有禹聚襄二十八年
左傳慶封奔吳吳句餘予之朱方聚其族焉而居之廣雅
落曰聚者徐鍇本有一曰二字本書鄘河東聞喜聚漢書
聚落凥也一切經音義六案聚眾也謂人所聚居也漢書
無幡聚落是也管子立政篇五部命之曰聚聚者有市無
市則民乏史記五帝本紀一年而所居成聚聚正義聚謂村
落也秦本紀幷諸小鄉聚正義聚猶村落之類也漢書平
帝紀聚曰序張晏曰聚邑落名也韋昭曰小鄉曰聚史丹
傳聚戶千一百如淳曰聚邑居也鼂錯傳調立城邑爲中
州虎落鄭氏注虎落者外蕃也顏注以竹蔑相連遮落之
古文苑僮約往來
市聚注云虛聚也

臮　眾詞與也從㐺自聲虞書曰臮咎繇 其冀切

書禹貢暨魚史記漢書竝作臮又朝南暨漢志
引作臮　隋書文學傳序四隩咸臮九州攸同

眾詞與也者廣韻引作眾與詞也釋詁暨與也書無逸爰
暨小人鄭注暨與也春秋昭十年暨齊平定十年宋公之
弟辰暨仲佗石彄出奔陳杜注竝云暨與也隱元年公羊
傳會及暨皆與也一切經音義七聲類云暨古文作臮字
林暨及也馥案西京賦左暨河華薛綜注暨言及也東京
賦於斯胥洎又澤洎幽荒薛竝云洎及也　虞書曰臮咎
繇者舜典文彼作暨皋陶史記
作與皋陶漢書人表作咎繇

臮　古文臮

文四　重一

壬　善也從人士士事也一曰象物出地挺生也凡壬之屬皆從壬 他鼎切

善也者本書重從壬厚也廣韻重善也　士事也者本書
士下云事也　一曰象物出地挺生也者廣韻挺挺出月
令荺挺出徐鍇本㞷下有
古文從王㞷艸木妄生也

徵　召也從微省壬爲徵行於微而文達者卽徵之 陟陵切

召也者釋言文周禮宰夫掌百官府之徵令注云別異諸
官以備王之徵召宣九年左傳王使來徵聘注云徵召也
宣十七年傳徵會于齊注云徵召也　從微省壬爲徵者
字鑑引作從微省從王六書故同　行於微而文達者卽
徵之者韻會引徐鍇本文作聞集韻同本書微隱行也惠
棟曰荀子行微如日月忠誠於內賁於外形於四海所謂
行於微而聞達者也馥案
論語在家必聞在邦必聞

𢼸　古文徵

朢　月滿與日相朢以朝君也從月從臣從壬壬朝廷也 無放切

月滿與日相朢者朢當爲望一切經音義三引作望朢望
晉相近釋名望月滿之名也月大十六日小十五日日在
東月在西遙相望也經典通作望書召誥惟二月既望傳
云二月十五日日月相望疏云于月之半月當日衝光照

圓滿面嚮相當猶人之相望故名望也夏小正傳望也者月之望也淮南子月十五日與日相望易林日月相望法言五百篇月未望則載魄於西既望則終魄於東其遡於日乎論衡四諱篇八日月中分謂之弦十五日日月相望謂之望三十日日月合宿謂之晦詩天保正義日月在朔交會俱右行於天日遲月疾從朔而分至三日月去日已當二次始似魄而出漸漸遠日而月光稍長八日九日大率月體正半昏而中似弓之張而弦直謂上弦也後漸進至十五十六日月體滿與日正相當謂之望云體滿而相望也通鑑注月有弦望後漢律歷志分天之中相與爲衡謂之望謂月望日月正相對其平如衡準望之言義取諸此　以朝君也者六書故引作臣朝君也馥案臣召形近初誤爲召又改作以徐鍇曰日君也月臣也是鍇本亦作臣字詩十月之交傳云月臣道日君道栢舟日居月諸箋云日君象也月臣象也東方之日傳云君明於上若日也臣察於下若月也哀公問如日月東西相從而不已也是天道也注云日月相從君臣相朝會也春秋元命包月盈而闕者詘鄉尊朱均曰詘還也尊君也漢書李尋曰夫日者衆陽之長人君之表也月者衆陰之長妃后大臣諸侯之象也白虎通日尊於月也鄭注尙書大傳日君象也

月臣象也公羊解詁月生三日而成魄臣道就也　王朝廷也者本書朝廷中也風俗通廷者國家朝廷也

𦣠　古文朢省　太元寇謹其戶郎𧬌字從古文𦣠

㸒　近求也從爪壬壬徵幸也　余箴切

近求也者玉篇㸒濫貪也　壬徵幸也者本書儌幸也中庸作徼

文四　重二

重　厚也從壬東聲凡重之屬皆從重　柱用切

類篇古文作𡍳　厚也者玉篇厚重也廣雅重皮厚朴也易繫辭夫茅之爲物薄而用可重也

量　稱輕重也從重省曏省聲　呂張切

廣韻量呂張切量度又力讓切合升斗斛馥謂非器不能量度故名其器曰量量義實同也　漢書律歷志量者龠合升斗斛也所以量多少也本起於黃鐘之龠用度數審其容以子穀秬黍中者千有二百實其龠以井水準其槩合龠爲合十合爲升十升爲斗十斗爲斛而五量嘉矣其法用銅方尺而圜其外旁有庣焉其上爲斛其下爲斗左耳爲升右耳爲合龠其狀似爵以縻爵祿上三下二參天兩地圜而函方左一右二陰陽之象也其圜象規其重二鈞備物之數合萬有一千五百二十聲中黃鐘始於黃鐘而反覆焉君制器之象也　書舜典同律度量衡鄭注量斗斛　論語謹權量包注量斗斛也　家語五帝德篇設五量注云五量權衡斗斛尺丈里步十百　昭三年左傳齊舊四量豆區釜鐘四升爲豆各自其四以登於釜釜十則鐘陳氏三量皆登一焉鐘乃大矣以家量貸而以公量收之故人歸之　月令日夜分則同量度鈞衡石注云斗斛曰量　王制度量數制注云量斗斛也　明堂位頒度量而天下大服注云量謂豆區斗斛筐筥所容受　大傳立權度量注云量斗斛也　孫子筭術量之所起起於粟六粟爲一圭十圭爲一撮十撮爲一抄十抄爲一勺十勺爲一合十合爲一升十升爲一㪷十㪷爲一斛斛得六千萬粟　淮南時則訓同度量注云量釜鍾　通典魏初

杜夔造斛即周禮所謂嘉量也深尺方尺實一鬴臀一寸實一豆耳三寸實一升重一鈞聲中黃鐘

稱輕重也者本書料量也洪武正韻量概度多少也符子朔人獻燕昭以大豕王令衡官橋而量之漢書王莽傳白煒象平考量以銓晉灼曰萬物無不成形於西方大小輕重皆可知故稱量屬焉馮衍遂志賦弃衡石而意量兮

[illegible]　古文量　汗簡引作[illegible]屬日部

文二　重一

臥　休也從人臣取其伏也凡臥之屬皆從臥　吾貨切

休也者休息也日出而作日入而息釋名臥化也精氣變化不與覺時同也　從人臣取其伏也者本書臣象屈服之形服伏通左傳既伏其罪矣

監　臨下也從臥䘓省聲　古銜切

書太甲天監厥德傳云監視也　詩賓之初筵既立之監節南山何用不監傳云監視也　皇矣序天監代殷箋云監視也　莊三十二年左傳明神降之監其德也　呂氏春秋季冬紀乃命四監收秩薪柴注云四監者周制天子畿方千里之內分爲百縣縣有四郡郡有一大夫監之

臨下也者方言監察也詩皇矣監觀四方求民之莫節南山何用不監箋云女何用爲職不監察之周禮太宰邦國立其監注云謂公矦伯子男各監一國王制天子使其大夫爲三監監於方伯之國注云使佐方伯領諸矦監臨而督察之也閔二年左傳冢子君行則守有守則從從曰撫軍守曰監國古之制也魯語長監於世靈樞經陽明之上監監然　䘓省聲者五經文字監從臥下血

𧄽 古文監從言

從言者本書詧亦從言

臨 監臨也從臥品聲 力尋切

監臨也者釋詁臨視也詩大明上帝臨女箋云臨視也昭三十二年左傳韓簡子臨之以爲成命雜記上客臨注云臨視也莊子天運篇監臨下土天下戴之地理志潁川郡臨潁莽曰監潁左馮翊臨晉莽曰監晉西河郡臨水莽曰監水朔方郡臨河莽曰監河安定郡臨涇莽曰監涇鬱林郡臨塵莽曰監塵

𦣞 楚謂小兒嬾𦣞從臥食 尼厄切

楚謂小兒嬾𦣞者玉篇楚人謂小兒嬾曰𦣞本書嬾一曰臥也徐鍇本亦曰臥食馥謂臥食卽𦣞字誤分爲二廣雅𦣞嬾也後漢書桓帝紀監寐寤歎劉陶傳不能監寐袁紹傳監寐悲歎馥疑監爲𦣞之譌高僧傳明瓚禪師性嬾而食殘號嬾殘本書𦣞讀若𦣞

文四　重一

身 躳也象人之身從人厂聲凡身之屬皆從身 失人切

躳也者本書躳身也釋詁躬身也釋名身伸也可屈伸也書呂刑罔有擇言在身表記作躬詩烝民王躬是保箋云躬身也周禮大宗伯矦執信圭伯執躬圭注云信當爲身聲之誤也身圭躬圭蓋皆象以人形爲瑑飾文有麤縟耳欲其慎行以保身也考工記梓人爲矦上兩个與其身三注云身躳也　厂聲者韻會引徐鍇本作申省聲申籀文作𦘔省作𠃜白虎通申者身也

文二

軀 體也從身區聲 豈俱切

體也者廣韻體四支也釋名軀區也是衆名之大總若區域也荀子勸學篇曷足以美七尺之軀哉

㐆

汗簡古文身云見說文

遺文一

㐆 歸也從反身凡㐆之屬皆從㐆 於機切

歸也者依歸也惠棟曰古依字作㐆殷從㐆故讀殷聲如依也馥案中庸壹戎衣鄭注衣讀如殷聲之誤也齊人言殷聲如衣高誘注愼大覽云今兗州人謂殷氏皆曰衣魏書釋老志佛道其始修心則依佛法僧謂之三歸梵書作皈依馥案皈依卽歸㐆唐李頎禪房聞梵詩始覺浮生無住著頓令心地欲歸依

殷 作樂之盛偁殷從㐆從殳易曰殷薦之上帝 於身切

作樂之盛偁殷者廣雅殷大也釋名朔望祭曰殷奠所用殷衆也書呂刑惟殷于民傳云殷盛禹貢九江孔殷鄭注殷猶多也詩溱洧殷其盈矣傳云殷衆也成十六年左傳方事之殷也注云殷盛也襄二十二年傳殷以少牢注云殷盛也文二年公羊傳五年而再殷祭注云殷盛也禮記外傳禘祫謂之殷祭注云殷多盛也　易曰殷薦之上帝者豫卦文正義用此殷盛之樂薦祭上帝也釋文殷馬云盛也

文二

衣 依也上曰衣下曰裳象覆二人之形凡衣之屬皆從

衣 於稀切

呂氏春秋勿躬篇胡曹作衣 淮南修務訓胡曹爲衣高云胡曹黃帝臣 世本胡曹作衣 宋衷注黃帝臣也 淮南氾論訓伯余之初作衣也高云伯余黃帝臣世本曰伯余制衣裳

依也者衣依聲相近玉篇上曰衣下曰裳衣者隱也又依也所以形軀依也釋名衣依也人所依以庇寒暑也文子聖人衣足以蓋形以禦風寒 上曰衣下曰裳者詩東方未明顚倒衣裳傳云上曰衣下曰裳白虎通衣者隱也裳者鄣也所以隱形自鄣閉也易曰黃帝堯舜垂衣裳而天下治何以知上曰衣下曰裳以其先言衣也詩曰褰裳涉溱所以合爲衣也弟子職言摳衣而降也帝王世紀黃帝始去皮服爲上衣以象天爲下衣以象地通典上古穴處衣毛未有制度後代以麻易之先知爲上以制其衣後知爲下復制其裳衣裳始備黃帝堯舜垂衣裳蓋取諸乾坤故衣玄而裳黃旁觀翬翟草木之華乃染五色始爲文章以表貴賤而天下理 象覆二人之形者孫觀察星衍曰二人當爲二厶古文作厶韻案喪服記衣二尺有二寸注云此謂袂中也言衣者明與身參齊二尺二寸其袖足以容中人之肱也本書裔古文作𧘇表古文作𧟌皆誤

裁 制衣也從衣𢦏聲 昨哉切

釋言裁節也論語不知所以裁之又云不以禮節之廣易泰象傳后以財成天地之道釋文財荀作裁 喪大記衰衾質殺之裁注云裁猶制也 秦策大王裁其罪高云裁制也楚詞惜誓爲螻蟻之所裁注云裁制也 通作才趙策今有城市之邑七十願拜納之於王惟王才之

制衣也者制衣二字當合爲製字類篇裁製也廣雅裁制也本書製裁也鶡冠子天則篇夫裁衣而知擇其工東京賦服者焉能改裁李善引賈逵國語注裁制也魏舊事楊平善裁袴以官絹百疋作小袴百枚郭子孫興公道曹輔佐才如白地明光錦裁爲負板袴非無文彩然苦無裁製

衮 天子享先王卷龍繡於下幅一龍蟠阿上鄉從衣公聲 古本切

天子享先王卷龍繡於下幅者衮卷聲相近周禮司服享先王則衮冕注云鄭司農云衮卷龍衣也玉藻龍卷以祭注云龍卷畫龍於衣字或作衮釋名衮晃衮卷也畫卷龍於衣也考工記畫繢之事五采備謂之繡書益稷予欲觀古人之象日月星辰山龍華蟲作會宗彝藻火粉米黼黻絺繡以五采彰施于五色作服鄭注會讀爲繪絺讀爲黹黹紩也自日月至黼黻凡十二章天子以飾祭服凡畫者爲繪刺者爲繡此繡與繪各有六衣用繪裳用繡覲禮天子衮冕注云衮衣者裨之上也繢之繡之爲九章其龍天子有升龍有降龍郊特牲王被衮以象天釋文卷本又作衮同詩九罭衮衣繡裳傳云衮衣卷龍也采菽玄衮及黼箋云玄衣而畫以卷龍也桓二年左傳衮冕黻珽杜云衮畫衣也正義畫衣謂畫龍於衣祭服玄衣纁裳詩稱玄衮是玄衣而畫以衮龍衮之言卷也謂龍首卷然荀子富國篇故天子袾裷衣冕注云裷字與衮同畫龍於衣謂之衮 一龍蟠阿上鄉者徐鍇本作上鄉鍇曰王之卿六命周禮公自衮冕而下如王之服侯伯自鷩冕而下如公之服春秋左傳諸侯外於王事加二等於是以衮斂謂以上公禮也然則愼所謂上鄉卽周禮上公也覆案上公衮無升龍見覲禮注鄭注司常云諸侯畫交龍一象其升朝一象其下覆謂交龍故有升有降上鄉衮一龍故有降無升王制三公一命卷注云卷俗讀也其通則曰衮三公八命矣復加一命則服龍衮郭注爾雅龍旂云畫白龍於縿令上向本書或因此致誤 公聲者釋言衮黼也釋文衮古本反說文云從衣從台也台羊兗反或云從公衣千祿字書衮衮上通下正佩觿衮從台增韻衮兗皆從台俗書作公與公厶之公不同魏受禪碑襲衮龍漢韓勅碑兗州從事王純碑君請詔衮瑑晳趣軍糧借衮爲兗隸書口厶不分故多變體

襢 丹縠衣從衣㠭聲 知扇切

北堂書鈔引古詩細綺爲上襃 經典借展字周禮內司服掌王后之六服褘衣褕狄闕狄鞠衣展衣緣衣素沙先鄭云展衣白衣也喪大記曰世婦以襢衣襢與展音聲相近似三禮圖展衣王后以禮見王及賓客之服鄉大夫之妻服以助君祭也 覆案本書當有或體作襢玉篇襢與襃同玉藻一命襢衣雜記下大夫以襢衣注云襢周禮作展又注內司服云展衣字當爲襢 襢之言亶亶誠也

丹縠衣者詩君子偕老其之展也傳云禮有展衣者以丹縠爲衣

翟羽飾衣從衣俞聲一曰直裾謂之襜褕 羊朱切

翟羽飾衣者周禮內司服掌王后之六服有揄狄注云狄當爲翟翟雉名江淮而南青質五色皆備成章曰搖王后之服刻繒爲之形而采畫之綴於衣以爲文章玉藻夫人揄狄注云揄讀如搖翟雉名也三禮六服圖褕狄王后從王祭先公之服也矦伯之夫人服以從君祭宗廟刻青翟形采畫綴於衣 一曰直裾謂之襜褕者晉書音義引字林直裾曰襜褕急就篇襜褕袷複褶袴褌顏注襜褕直裾襌衣也謂之襜褕者取其襜襜而寬裕也廣雅𧞒褣䘲襇襜褕也小爾雅廣服襜褕謂之童容方言襜褕江淮南楚謂之𧞒褣自關而西謂之襜褕其短者謂之短褕漢書司馬相如傳曳獨繭之褕袘張揖曰褕襜褕也雋不疑傳衣黃襜褕顏注襜褕直裾襌衣桓譚新論余從長安歸道病蒙絮被絳罽襜褕東觀漢記更始在長安所官爵多羣小或繡衣而錦袴襜褕又云鮑永好文德雖將軍常衣皁襜褕又云王阜爲益州太守大將軍竇憲以絳罽襜褕與阜不受又云耿純率宗族賓客衣縑襜褕奉迎世祖及即位

詔賜純七尺絳襜褕一具邊讓別傳孔融薦於魏武曰邊讓爲九州之衣被則不足爲單衣襜褕則有餘張衡四愁詩美人贈我貂襜褕

玄服從衣㐱聲 之忍切

玄服者增韻引作袨服徐鍇本同鍇曰袗黑衣也鄒陽書曰趙人袨服叢臺之下袨服盛服也馥案本書無袨字玉篇袨黑衣也戴侗曰士冠禮曰兄弟畢袗玄注云古文爲均衣裳皆玄也說文曰袗玄服也漢郊祀服皆袀玄蔡邕曰袀紺繒也吳都賦曰袀皀服也漢儀注大夫郎諸屬官守令丞皆皀衣京兆尹張敞自稱備皀衣二十餘年倜謂皀近於玄乃玄之變也古人上衣皆玄以象天禮言袗玄漢言袀玄袗與袀相近必有一誤馥案左傳袀服振振服虔曰袀服黑服也閒居賦服振振以齊玄李善云說文曰袀玄服也晉均今左傳作均釋文云均字書作袀淮南子尸祝袀袨漢書王莽紺袀服此袀字之證也三禮圖傳毋婚禮從者袗衣月令乘玄路注云今月令曰乘軫路軫郎袗此袗字之證也玉篇袀戎服也吳都賦六軍袀服五經文字袗論語作紾禮記作振案論語當暑紾絺綌孔曰暑則單服玉藻振絺綌注振讀爲袗孟子被袗衣趙注袗畫也被畫衣黼黻絺繡也此則袀袗不訓玄服各出異義

袗或從辰

或從辰者裖當爲褖彖辰形近誤爲裖㐱辰聲近遂誤爲袗之或體經典袗袀並見形聲相近未聞作裖也廣韻褖通貫切后衣釋名褖衣褖然黑色也士喪禮褖衣注云黑衣裳赤緣之謂褖褖之言緣也古文褖作緣周禮王后六服有褖衣注云雜記曰夫人服稅衣揄狄又喪大記曰士妻以褖衣言褖者甚衆字或作稅此緣衣者實作褖衣也褖衣御于王之服亦以燕居男子之褖衣黑則是亦黑也緣字之誤也詩綠衣箋云綠當爲褖褖衣黑以素紗爲裏今反以黃爲裏非其禮制也

上衣也從衣從毛古者衣裘以毛爲表 陂矯切

上衣也者一切經音義二引三蒼表外也詩小弁不屬于毛不離于裏論語必表而出之說苑子思居於衛縕袍無表晉書賜袍表千端 古者衣裘以毛爲表者本書裘與裘同意新序魏文矦出游見路人反裘而負芻文矦曰胡

爲反裘而負芻對曰臣愛其毛文矦曰若不知其裏盡而毛無所恃邪漢書匡衡傳是有狐白之裘而反衣之也顏注反衣之者以其毛在內也裘上有衣謂之裼玉藻君衣狐白裘錦衣以裼之又云裘之裼也見美也左傳衞太子數渾良夫之罪以其袒裘爲不敬五經要義古者著裘於內而以繒衣覆之乃加以朝服會之時袒其鞹服見裘裏覆衣謂之裼裼之言露可見之辭所以示美呈好而爲飾加以朝服謂之襲袒謂之裼大裘不覆反本取其質也

古文表從麃

衣從二人誤

衣內也從衣里聲 良止切

衣內也者顏注急就篇衣外曰表內曰裏廣雅內裏也詩邶風綠衣黃裏漢書賈誼傳白縠之衣薄紈之裏

負兒衣從衣強聲 居兩切

負兒衣者一切經音義五博物志以爲襁織縷爲之廣八寸長尺二寸以負小兒於背上論語襁負其子是也聲類

繈小兒被子也苞注論語負者以器曰繈者以竹爲之或云以布爲之今蠻夷猶以布帊裹兒負之背也馥案貴州雲南婦人負兒操作或遠行皆用布裹於背未見用竹者大戴禮保傅篇昔者周成王幼在繈褓之中賈誼書成王生仁者養之孝者繈之漢書宣帝紀曾孫雖在繈褓李奇曰繈絡也以繒布爲之絡負小兒顏注繈即今之小兒綳也後漢書淸河孝王慶傳鄧太后以殤帝繈抱注云繈以繒帛爲之即今之小兒綳也魏受禪表繈褓之孤或借强字史記魯世家成王少在强葆之中索隱强葆即繈褓古字可假借用之正義繈闊八寸長八尺用約小兒於背而負行又或作繈墨子明鬼篇鮑幼弱在荷繈之中呂氏春秋明理篇道多褓繈注云繈褸搭上繩也言民繈負其子走道跛而散去漢書王莽傳成繈褓之功後漢書申屠剛傳始免繈褓匡謬正俗按孔子云繈負其子而至謂以繩絡而負之故謂繈褓耳

襋 衣領也從衣棘聲詩曰要之襋之 己力切

衣領也者廣雅襋謂之褗 詩曰要之襋之者魏風葛屨文傳云襋領也

襮 黼領也從衣暴聲詩曰素衣朱襮 蒲沃切

黼領也者蕭該漢書音義引字林作黼衿按玉篇衿衣衿也方言袒飾謂之直衿謂婦人初嫁上服釋器黼領謂之襮郭云繡刺黼文以褗領士昏禮被纚黼注云卿大夫之妻刺黼以爲領如今偃領矣 詩曰素衣朱襮者唐風揚之水文傳云襮領也諸矦繡黼丹朱中衣又素衣朱繡傳云繡黼也

衽 衣裣也從衣壬聲 如甚切

衣裣也者後漢書傳變傳注引同玉篇衽裳際也衣裣也蒼頡解詁衽謂裳際所及交列者也馥案列玉藻注作裂釋名衽襜也在旁襜襜然也喪服記衽二尺有五寸注云衽所以掩裳際也二尺五寸與有司紳齊也上正一尺燕尾二尺五寸凡用布三尺五寸成十七年左傳抽戈結衽杜云衽裳際昭二十五年公羊傳以衽受何云衽衣下裳戴君震曰禮玉藻篇衽當旁鄭注云衽謂裳幅所交裂也凡衽者或殺而下或殺而上衽屬衣則垂而放之屬裳則縫之以合前後上下相變深衣篇續衽注云續猶屬也衽在裳旁者也屬連之不殊裳前後也

褸 衽也從衣婁聲 力主切

衽也者廣韻褸衣襟玉篇褸衣裣裳際也廣雅衽謂之褸方言褸謂之衽郭注衣襟也或曰裳際也又云褸謂之䄙郭注即衣衽也釋器衣裓謂之裞注云衣褸也齊人謂之攣邢疏云衣褸本或作褸

褽 衽也從衣尉聲 於胃切

衽也者哀十一年左傳寘之新篋褽之以玄纁杜云褽薦也馥案廣韻引文字音義衽臥席也士昏禮御衽于奥注云衽臥席也莊子達生篇衽席之上釋文衽臥衣也

⿰衤疌 裣緣也從衣疌聲 七入切

裣緣也者本書緁緶衣也玉篇⿰衤疌裙緣上也

裣 交衽也從衣金聲 居音切

交衽也者後漢書馬援傳注引同聲類裣交領者也或作衿方言衿謂之交注云衣交領也詩青青子衿傳云青衿

青領也顏氏家訓詩言青青子衿傳曰青衿青領也學子之服按古者斜領下連於衿故謂領爲衿孫炎郭璞注爾雅曹大家注列女傳竝云衿交領也又作襟新序衽襟則肘見釋器衿謂之袸郭注交領釋名襟禁也交於前所以禁禦風寒也

褘 蔽厀也從衣韋聲周禮曰王后之服褘衣謂畫袍 許歸切

蔽厀也者廣雅同方言蔽厀江淮之閒謂之褘自關東西謂之蔽厀或借幃字鄭語王使婦人不幃而譟之韋云裳正幅曰幃急就篇裳韋不借爲牧人王補注韋一作幃裳正幅曰幃周禮曰王后之服褘衣謂畫袍者天官內司服掌王后之六服褘衣揄狄闕狄鞠衣展衣緣衣素沙注云鄭司農云褘衣畫衣也祭統曰君卷冕立于阼夫人副褘立于東房揄狄闕狄畫羽飾玄謂狄當爲翟褘衣畫翬者揄狄畫摇者闕狄刻而不畫此三者皆祭服從王祭先王則服褘衣祭先公則服揄翟祭羣小祀則服闕翟釋名王后之上服曰褘衣畫翬雉之文於衣也玉藻王后褘衣

注云禕讀如翬翟雉名也

襲袂也從衣夫聲甫無切

襲袂也者廣韻袂衣前襟玉篇袂襲袴也

左衽袍從衣龖省聲似入切

左衽袍者李善注王命論引作重衣也又注廣絕交論引作因也按重衣者樂記周還裼襲禮之文也玉藻服之襲也充美也因也者哀十年左傳卜不襲吉曲禮卜筮不相襲是也急就篇襜褕袷複褶袴褌顏注褶謂重衣之最在上者也其形若袍短身而廣袖一曰左衽之袍也

籀文襲不省

從二人誤

襺也從衣包聲論語曰衣弊縕袍薄褒切

襺也者釋言文釋名袍丈夫著下至跗者也袍苞也苞內衣也急就篇袍襦表裏曲領帬顏注長衣曰袍下至足跗方言褒明謂之袍注引廣雅褒明長襦也詩無衣與子同袍傳云袍襺也喪大記袍必有表不襌後漢輿服志袍者或曰周公抱成王宴居故施袍禮記孔子衣逢掖之衣縫掖其袖合而縫大之近今袍者也　論語曰衣弊縕袍者彼作敝

袍衣也從衣繭聲以絮曰襺以縕曰袍春秋傳曰盛夏重襺古典切

袍衣也者或通作繭雜記子羔之襲也繭衣裳注云繭衣裳者若今大襺也按玉篇襺長襦也　以絮曰襺以縕曰袍者釋名繭幕也貧者著衣可以幕絡絮也玉藻纊爲繭縕爲袍注云衣有著之異名也纊謂衣緜也縕謂今纊及舊絮也　春秋傳曰盛夏重襺者襄二十一年左傳方暑闕地下冰而牀焉重繭衣裘杜注繭緜衣正義繭是袍之別名謂新緜著袍故云緜衣也

南楚謂襌衣曰褋從衣枼聲徒叶切

南楚謂襌衣曰褋者字或作襍方言襌衣江淮南楚之閒謂之褋關之東西謂之襌衣楚詞九歌遺余褋兮澧浦王注褋襜襦也又借緤字廣雅緤襌衣也

衣帶以上從衣矛聲一曰南北曰袤東西曰廣莫候切

一曰南北曰袤東西曰廣者後漢書光武紀注引同廣雅小爾雅竝云袤長也史記楚世家從某至某廣袤六里漢書溝洫志袤二百里賈捐之傳廣袤可千里顏注竝云袤長也匈奴傳築長城之固延袤萬里羽獵賦周袤數百里西京賦量經輪考廣袤或借由字　韓詩東西耕曰從南北耕曰由

籀文袤從楙

帶所結也從衣會聲春秋傳曰衣有襘古外切

帶所結也者左傳釋文引同　春秋傳曰衣有襘者昭十一年左傳衣有襘帶有結杜注襘領會結帶結

檾也詩曰衣錦褧衣示反古從衣耿聲去穎切

檾也者中庸衣錦尚絅釋文詩作褧士昏禮被穎黼注云穎襌也疏云此讀爲詩云褧衣之褧故爲襌也又姆加景注云景之制蓋如明衣加之以爲行道禦風塵令衣鮮明也景亦明也疏云詩云衣錦褧衣裳錦褧裳鄭云褧襌也蓋以襌縠爲之詩詁今詳詩之褧記之絅昏禮之穎景音義皆通皆嫁時在塗之衣也玉藻襌爲絅注云有衣裳而無裏呂氏春秋淫辭篇昔吾所以者紡緇也今子之衣襌緇也以襌緇當紡緇子豈不得哉複謂紡緇絲也襌緇檾也　詩曰衣錦褧衣者衛風碩人鄭風丰文同碩人傳云錦衣加褧襜箋云褧襌也丰箋云上加襌縠爲其文之大著也本書檾下引詩衣錦檾衣程君瑶田曰國風兩言褧衣鄭氏据玉藻以襌衣釋之於丰之詩又申之以襌縠按釋名狀縠如粟如沙謂其形蹴蹴然也余意古人縠或織檾麻爲之說文一作檾衣一作褧衣而以檾釋褧云示反古蓋中庸尚絅之義宋玉諷賦主人之女翳承日之華披翠雲之裘更被白縠之單衫其衣錦褧衣之謂乎然則褧衣者襌衣而織麻爲之者也　與子產所獻紵衣署同與

衹裯短衣从衣氏聲 都兮切

衹裯短衣也者本書襦短衣也廣雅衹裯襜褕也方言汗襦自關而西謂之衹裯自關而東謂之襦宋楚之閒謂之襜褕或謂之襌襦楚詞九辯被荷裯之晏晏兮注云裯衹裯也若襜褕矣後漢書羊續傳其資藏惟有布衾敝衹裯

衣袂衹裯从衣周聲 都牢切

衣袂衹裯者六書故引作衣被廣韻被被服也淮南人閒訓遇盜拕其衣被本書裯謂之襤褸方言南楚凡人貧衣被醜敝謂之須捷或謂之褸裂或謂之襤褸

裯謂之襤褸襤無緣也从衣監聲 魯甘切

裯謂之襤褸者方言裯謂之襤郭注衹裯敝衣亦謂襤褸宣十二年左傳篳路藍縷杜云藍縷敝衣服虔云言其縷破藍藍然英雄記幽州刺史劉虞藍縷繩屨束晳近遊賦服索裙曳藍縷 襤無緣也者本書襤楚謂無緣衣也方言楚謂無緣之衣曰襤又云襜褕以布而無緣敝而紩之謂之襤褸小爾雅襜褕布褐而紩之謂之藍縷

無袂衣謂之𧝆从衣惰省聲 徒臥切

無袂衣謂之𧝆者方言文注云袂衣袖也趙宧光曰半臂衣也武士謂之蔽甲方俗謂之披襖小者曰背子

衣躬縫从衣毒聲讀若督 冬毒切

衣躬縫者本書裻背縫玉篇裻衣背縫也方言繞緰謂之襹裺注云衣督脊也 讀若督者六書故人身督脈當身之中貫徹上下故衣縫當背之中達上下者亦謂之督考工記匠人堂涂十有二分注云分其督旁之脩正義名中央爲督督者所以督率兩旁莊子養生主緣督以爲經注云督中也謂中兩閒而立俗所謂騎縫也

衣袂也从衣去聲一曰袪褱也褱者袌也袂尺二寸春秋傳曰披斬其袪 去魚切

衣袂也者釋名袪虛也詩羔裘豹袪傳云袪袂也釋文云袂末也正義謂定本作袂末遵大路摻執子之袪兮傳云袪袂也檀弓鹿裘衡長袪注云袪謂褎緣袂口也列子周穆王篇王執化人之袪注云袪衣袖也楚詞七諫左袪挂於搏桑注云袪袖也 一曰袪褱也者本書褱一曰橐 褱者袌也者本書袌褱也 袂尺二寸者喪服記袪尺二寸注云袪袖口也尺二寸足以容中人之併兩手也玉藻袂尺二寸注云袂口也儒行注云袂二尺二寸袪尺二寸 春秋傳曰披斬其袪者僖五年左傳文史記集解引服虔曰袪袂也晉語勃鞮斬其袪韋云袪袂也

袂也从衣采聲 似又切

袂也者釋名半袖其袂半襦而施袖也方言褠褕謂之袖注云衣標江東呼椀方言又云褕謂之袖注云襦襹有袖者因名云詩羔裘豹褎傳云褎猶袪也

俗褎从由

从由者釋名袖由也手所由出入也

袖也从衣夬聲 彌獘切

袖也者廣雅同字苑袂標也衣袖也釋名袂掣也掣開也開張之以受臂屈伸也五音集韻引字林袂複襦也按方

言複襦或謂之筩褹郭注褹即袂字耳易歸妹六五其君之袂不如其娣之袂良王云袂衣袖所以爲禮容者也宣十四年左傳投袂而起杜云袂袖也楚詞九歌捐余袂兮江中注云袂衣袖也喪服袂屬幅注云屬猶連也連幅謂不削疏云屬幅者謂整幅二尺二寸不削去其邊取其與衣縱橫皆二尺二寸正方也深衣袂之長短反詘之及肘注云袂屬幅於衣詘而至肘當臂中爲節臂骨上下各尺二寸則袂肘以前尺二寸玉藻袂可以回肘長中繼揜尺注云二尺二寸之節其爲長衣中衣則繼袂揜一尺若今褎矣雜記凡弁經其衰侈袂注云袂之小者二尺二寸大者半而益之則侈袂三尺三寸

袖也一曰藏也从衣鬼聲 戶乖切

袖也者或借褱懷字古詩藏之褱袖中又云出入君懷袖 一曰藏也者李善注五君詠引同玉篇褢苞也胷衿藏物也抱也在衣曰褢在手曰握論語懷其寶而迷其邦又云邦無道則可卷而懷之曲禮其有核者懷其核

俠也从衣眔聲一曰橐 戶乖切

俠也者初刻本作夾本書夾持也徐鍇韻譜作挾釋言挾藏也漢書惠帝紀除挾書律國語注在掖曰挾成十七年左傳瓌瑰盈吾懷乎宣十一年傳所謂取諸其懷而與之也襄三十一年傳叔帶竊其拱璧以與御人納諸其懷而從取之一曰橐者類篇引作一曰褭橐也方言褌衣有褭者趙魏之閒謂之袪衣郭注前施褭囊也玉篇袪衣包囊也通作懷淮南五位篇包裹覆露無不囊懷

褱也從衣包聲 薄保切

經典借抱字書召誥保抱攜持厥婦子詩抑亦旣抱子士相見禮中視抱儒行抱義而處漢書天文志暈適背穴抱珥虹蜺上林賦大連抱袌也者本書袪褱也褱者袌也經典借懷字蒼頡篇懷抱也書堯典蕩蕩懷山襄陵論語子生三年然後免於父母之懷

衣蔽前從衣詹聲 處占切

衣蔽前者廣雅襜蔽厀也顏注急就篇蔽厀者於衣裳上著之以蔽前也亦謂之襜也釋名韠蔽也所以蔽厀前也齊人謂之巨巾又曰跪襜跪時襜襜然張也方言襜謂之被注云衣被下也又襜褕江淮南楚謂之橦褣複襦案玉篇橦褣襜襱也又蔽厀魏宋南楚之閒謂之大巾自關東西謂之蔽厀齊魯之郊謂之袡小爾雅蔽厀謂之袡又云襜褕謂之童容李軌注亦云蔽厀爾雅衣蔽前謂之襜郭云今蔽厀也釋文襜本或作幨方言作袡詩采綠不盈一襜傳云衣蔽前謂之襜雜記袡婦人蔽膝晉書肅慎氏傳以布作襜徑尺餘以蔽前後

衣衸從衣石聲 他各切

衣衸者廣雅衸袥䙓膝也玉篇䙓下云䙓膝帬衸也

袥也從衣介聲 胡介切

袥也者徐鍇本字書衸補都裙玉篇衸剌膝也

絝也從衣睪聲 徒各切

絝也者廣韻襗褻衣廣雅襗長襦也論語紅紫不以爲褻服鄭注褻衣袍襗也周禮玉府注燕衣服者巾絮寢衣袍襗之屬詩無衣與子同澤鄭作襗云褻衣近汙垢古文苑班固北征頌寒不施襗

裾也從衣它聲論語曰朝服袉紳 唐左切

裾也者裾當爲袪方言袿謂之裾注云或作袪廣雅云衣袖史記司馬相如傳揚袘卹削集解徐廣曰袘衣袖也又抴獨繭之褕袘索隱袘作袣張揖云袣袖也論語曰朝服袉紳者彼有加字袉作拖徐鍇本有一曰二字

衣袍也從衣居聲讀與居同 九魚切

衣袍也者袍當爲褒五音集韻衣袌曰裾漢書音義裾直項也釋名裾倨也倨倨然直亦言在後常見踞也釋器極謂之裾郭云衣後裾也孔叢子儒服篇子高衣長裾振褒袖淮南齊俗訓楚莊王裾衣博袍高云裾褒也衣裾也

諸衧也從衣亏聲 羽俱切

諸衧也者增韻樞下云方言襜褕短者自關而西謂之梳樞郭璞云俗名樞掖一曰襤褸晃曰梳樞一名諸于漢書音義曰諸于大掖衣也馥案後漢書注引漢書音義云如婦人之袿衣檀弓充充如有窮注云孝子心形充屈窮急之容也馥謂梳樞卽充屈漢書江充傳充衣紗縠襌衣曲裾後垂交輸張晏曰曲裾者如婦人衣也東觀漢記三輔吏士東迎更始見諸將過皆冠幘而服婦人衣諸于襜褕繡擁錦袴

絝也從衣寒省聲春秋傳曰徵褰與襦 去虔切

絝也者五音集韻引字林同廣雅㯏謂之絝方言袴齊魯之閒謂之㯏春秋傳曰徵褰與襦者昭二十五年左傳文杜云褰袴

絝踦也從衣龍聲 丈冢切

絝踦也者顏注急就篇袴之兩股曰襱玉篇襱袴襠也踦袴也䘸袴襱也釋名袴跨也兩股各跨別也方言袴齊魯之閒或謂之襱注云今俗呼跨踦爲襱又云無𧝓之袴謂之䙱注云袴無踦者卽今犢鼻褌也𧝓亦襱字異耳

襱或從賣

此非襛之重文玉篇以爲襛之或體馥謂襡之或體說見本書襡下集韻襩長襦

袑 絝上也从衣召聲 市沼切

絝上也者廣雅襱謂之絝其䘠謂之袑漢書朱博傳䈝功曹官屬多褒衣大袑不中節度自今掾吏衣皆令去地三寸顏注袑謂大袴也

䙴 衣博大从衣尋聲 他感切

褒 衣博裾从衣保省聲保古文保 博毛切

衣博裾者漢書雋不疑傳褒衣博帶淮南氾論訓褒衣博帶高注褒衣謂方與之衣如今吏人之左衣也俗作襃孔叢儒服篇子高衣長裾振褒袖顏氏家訓梁世士大夫皆尙褒衣博帶大冠高履通鑑孫揆褒衣大袑擁衆而行注云褒衣大袖博裾之衣或借袍字哀十四年公羊傳反袂拭面涕沾袍何云袍衣前襟也墨子公孟篇昔者楚莊王鮮冠組纓絳衣博袍漢王褒字文博見韓勑碑陳褒字聖博見孔宙碑晉女寬庾袞竝字叔褒

褅 緥也从衣啇聲詩曰載衣之褅 他計切

緥也者漢書音義孟康曰緥小兒被也李奇曰小兒大藉也俗作裼廣雅裼謂之緥　詩曰載衣之褅者小雅斯干文彼作裼傳云裼褓也釋文裼韓詩作褅

褍 衣正幅从衣耑聲 多官切

衣正幅者玉篇作正幅衣也經典借端字釋名玄端其袖下正直端方與要接也周禮司服其齊服有玄端素端鄭司農云衣有襦裳者爲端僖三年穀梁傳桓公委端搢笏而朝諸侯注云端玄端之服疏云其色玄而制正幅無殺故謂之玄端

⿰衤圍 重衣皃从衣圍聲爾雅曰⿰衤圍⿰衤圍⿰衤貴⿰衤貴 羽非切

重衣皃者爾雅釋文引字林同　爾雅曰⿰衤圍⿰衤圍⿰衤貴⿰衤貴者釋訓儚儚洄洄惛也郭音義云洄本或作⿰衤圍音韋馥案玉篇佪佪惛也太元疑初一云疑佪佪失貞矢注云執志不固佪佪從人故失正直之道也馥謂佪佪洄字異義同本書及玉篇竝無⿰衤貴字疑作憒憒葢許公解澤⿰衤圍⿰衤圍之義漢舊儀五帝初置博士取曉古文爾雅者爲之此或舊說也

複 重衣也从衣复聲一曰褚衣 方六切

重衣也者小字本作重衣皃釋名有裏曰複無裏曰單鹽鐵論言邊地苦寒云夏不失複東宮舊事皇太子納妃有絳紗複裙夏侯陽算經今有紬五千六百二十五匹匹欲作複裙七條　一曰褚衣者本書褚製衣製當爲裝玉篇廣韻竝作裝杜甫詩衣冷欲裝緜顏注急就篇褚之以緜曰複

褆 衣厚褆褆从衣是聲 杜兮切

衣厚褆褆者廣韻褆衣服好皃

襛 衣厚皃从衣農聲詩曰何彼襛矣 汝容切

衣厚皃者詩釋文引同文選神女賦襛不短纖不長李善注引同　詩曰何彼襛矣者召南文傳云襛猶戎戎也釋文云韓詩作茙韻會茙茙厚皃馥謂茙茙卽茸茸

裻 新衣聲一曰背縫从衣叔聲 冬毒切

考工記弓人恆角而短鄭司農云恆讀爲裻緪之緪

新衣聲者類篇⿱殸衣⿱殸衣衣聲馥謂⿱殸衣⿱殸衣卽裻裻音　一曰背縫者本書⿰衤壽衣躳縫閔二年左傳公衣之偏衣服虔曰偏衣偏裻之衣偏異色駁不純裻在中左右異晉語衣之偏裻之衣韋云裻在中左右異色故曰偏裻禮深衣負繩及踝注云踝謂裻與後幅相當之縫史記趙世家王夢衣偏裻之衣正義裻衣背縫也佞幸傳顧見其衣裻帶後穿魏都賦襲偏裻以讀列

袳 衣張也从衣多聲春秋傳曰公會齊侯于袳 尺氏切

衣張也者廣韻袲開衣領也經典借移字禮表記衣服以移之注云猶廣大也周禮追師注移袂緣衣之袂也　春秋傳曰公會齊侯于袳者桓十五年經公會宋公衞侯陳侯于袲伐鄭杜云袲宋地在沛國相縣西南馥案公羊作侈

裔 衣裾也從衣㕯聲余制切

衣裾也者一切經音義十三說文裔衣裾也以子孫爲苗裔者取下垂義也裔亦遠也字從衣從㕯㕯音女滑反漢書藝文志合其要歸亦六經之支與流裔顏注裔衣末也

古文裔

從二人誤

衯 長衣皃從衣分聲撫文切

長衣皃者史記司馬相如傳衯衯裶裶郭璞云衣長皃

袁 長衣皃從衣叀省聲羽元切

叀省聲者徐鍇繫傳曰叀音專其袪妄篇引作虫省聲其通論篇云虫音丑善反豈得不爲袁之聲馥案叀從虫省其下作○古文作虫故袁中從○若虫乃從乚袁無此文徐說謬矣

短衣也從衣鳥聲春秋傳曰有空𧜵都僚切

短衣也者方言小袴謂之袎衫襱謂袎衫卽𧜵音 春秋傳曰有空𧜵者今無此文

褺 重衣也從衣執聲巴郡有褺江縣徒叶切

重衣也者字林褺複襦也 巴郡有褺江縣者漢志作墊江孟康音疊疊當爲疉北史外奚傳吐谷渾登其國西疆山觀墊江源問羣臣長史曾和對曰水經仇池過晉壽出宕渠始名墊江

裵 長衣皃從衣非聲薄回切

長衣皃者史記司馬相如傳作裶郭璞曰長衣皃玉篇類篇裵裶竝出誤

襡 短衣也從衣蜀聲讀若蜀市玉切

短衣也者短當爲裋本書裋豎使布長襦廣雅襡長襦也晉書夏統傳妓女之徒服桂襡音義云襡連要衣也玉篇作襡與襩同云長襦也連腰衣也釋名襡屬也衣裳上下相連屬也玉篇襡下云短衣也此乃宋人據本書加之不知本書之襡玉篇作襩實一字也本書襱下有或體作襩玉篇以爲襡之重文卽本書襡之或體也

𧞣 衣至地也從衣斲聲竹角切

衣至地也者類篇䙘長衣

襦 短衣也從衣需聲一曰𩏂衣人朱切

短衣也者短當爲裋古詩妾有繡腰襦晉令旄頭羽林常著腰襦所謂連腰者也通鑑蕭寶寅著烏布襦又云龐勛解甲服布襦通注竝云襦短衣也短亦裋之誤 一曰𩏂衣者本書𩏂下云安𩏂溫也釋名襦耎也言溫耎也玉篇䙕襦也東皙近遊賦繫明襦以御冬梁書安成王秀爲郢州冬月常作襦以賜凍者

褊 衣小也從衣扁聲方沔切

衣小也者廣韻褊衣急本書急褊也詩葛屨維是褊心傳云褊急也昭元年左傳召使者裂裳帛而與之曰帶其褊矣杜云言帶褊盡故裂裳馥謂褊亦急也賈誼書反裕爲褊論衡自紀篇形大衣不得褊經典通作編小隱四年左

傳衛國褊小孟子齊國雖褊小史記禮書褊陋之說

袷 衣無絮從衣合聲古洽切

衣無絮者李善注秋興賦引同顏注急就篇衣裳施裏曰袷漢書匈奴傳服繡袷綺衣顏注袷者衣無絮也喪大記君褶衣褶衾注云褶袷也玉藻帛爲褶注云有表裏而無著釋文褶裌也玉篇裌袷同

襌 衣不重從衣單聲都寒切

通作單管子參患篇甲不堅密與俴者同實注云俴謂甲單衣者鍾離意別傳送徒到河北徒以隆冬衣單不能復行後漢書高彪傳家傳單寒魏志管寧傳寧常著布襦袴布裙隨時單複十六國春秋孟卓有一單裳十年不澣宋韜遺教吾死斂以時服不得造新白袷單衣

衣不重者玉篇褈複也廣雅襌襜也一切經音義四引廣雅作薄也有衣而無裏也玉篇襜襌衣也今爲薄釋名襌衣言無裏也方言襌衣江淮南楚之間謂之褋關之東西謂之襌衣又汗襦陳魏宋楚之間或謂之襌襦注云今或

呼衫為襌襦又覆衤卒謂之襌衣偏襌謂之襌襦注云即衫也又約纏謂之襌注云今又呼為涼衣也漢書江充傳衣紗縠襌衣顏注襌衣制若今之朝服中襌也漢官儀曰武賁中郎將衣紗縠襌衣襌音單字從衣馥案急就篇襌衣蔽膝布毋縛顏注襌衣似深衣而褒大亦以其無裏故呼為襌衣劉逵蜀都賦注引司馬相如凡將篇黃潤纖美宜制襌世說晉孝武冬天晝日不著複衣但著單練衫五六重

漢令解衣耕謂之襄從衣𤕦聲息良切

漢令解衣耕謂之襄者夏小正二月往耰黍襌傳曰襌單也黃叔琳曰耰農事之勞者也力勞則陽氣憤盈於外故衣襌蓋野者於是已不急衣也馥謂二月衣襌已脫複矣逸周書謚法解辟地有德曰襄孔安國孝經注民脫衣就功暴其飢體蕭廣濟孝子傳原平墓下有數十畝田每農月耕者恆倮楊慎曰壤字從襄蓋耕治之土也釋言襄除也詩牆有茨不可襄也出車玁狁于襄傳竝云襄除也馥謂解衣除衣也

古文襄

寑衣也長一身有半從衣皮聲平義切

寑衣也者廣雅寑衣被也釋名被被也被覆人也晉中興書光逸為博昌小吏冒雨還令不在逸解衣入寑被中

長一身有半者論語文鄭注今小臥被是也

大被從衣今聲去音切

大被也者一切經音義二十一引字林同廣雅衾被也釋名衾广也其下廣大如广受人也詩小星抱衾與裯傳云衾被也士喪禮幠用斂衾注云衾被也環濟要畧孟仁母為作大被或問其故母曰小兒無德以致賓客學者多貧故為大被庶可得氣類相接也

飾也從衣象聲徐兩切

飾也者廣雅同本書飾襐飾急就篇襐飾刻畫無等雙顏注襐飾盛服飾也刻畫裁製奇巧也周禮封人飾其牛牲注云刷治潔清之也一曰襐飾漢書外戚傳襐飾將醫往問疾顏注襐盛飾也通作象詩君子偕老象服是宜傳云象服尊者所以為飾

日日所常衣從衣從日日亦聲人質切

日日所常衣者左傳釋文引作日日所衣裳也字林同玉篇衵近身衣也日日所著衣宣九年左傳陳靈公與孔寧儀行父通於夏姬皆衷其衵服以戲於朝杜云衵服近身衣

私服從衣埶聲詩曰是褻袢也私列切

私服者蕭該漢書音義引字林褻衷衣也論語紅紫不以為褻服王肅曰謂私居非公會之服也漢書敘傳思有桓褐之褻顏注褻謂親身之衣也埶聲者戴侗曰唐本說文從衵曰從埶非

詩曰是褻袢也者鄘風君子偕老文彼作紲

裏褻衣從衣中聲春秋傳曰皆衷其衵服陟弓切

裏褻衣者蒼頡篇衷別內外之詞也閔二年左傳衣身之章也佩衷之旗也杜云旗表也衷中也宣九年穀梁傳或

衷其襦注云衷者襦在衷也襄二十七年左傳楚人衷甲杜云甲在衣中馥案後漢書董卓傳肅以戟刺之卓衷甲不入春秋傳曰皆衷其衵服者宣九年左傳文杜云衷懷也

好佳也從衣朱聲詩曰靜女其袾昌朱切

廣韻引字統朱衣曰袾

好佳也者本書姝好也詩曰靜女其袾者邶風靜女文彼作姝傳云姝美色也

事好也從衣且聲才與切

事好也者廣雅袓好也

接益也從衣卑聲府移切

接益也者一切經音義五說文裨增也益也亦補也本書朇益也覲禮侯氏裨冕注云裨冕者衣裨衣而冠冕也裨之為言埤也天子六服大裘為上其餘為裨以事尊卑服之而諸侯亦服焉晉語所以紀綱齊國裨補先君而成霸

者也漢書項籍傳籍爲裨將注云裨相輔助也楊愼曰說文裨接益也以小益大曰裨西域傳有裨王漢書有裨將鄒衍書四海之外有裨海環之書名有埤蒼埤雅皆以小益大之義

袢 無色也從衣半聲一曰詩曰是紲袢也讀若普 博幔切

無色也者玉篇作衣無色　一曰詩曰是紲袢也者襃下引詩作襃　讀若普者當云讀若幔寫者亂之廣韻袢附袁切集韻普半切

雜 五采相合從衣集聲 徂合切

五采相合者易文言夫玄黃者天地之雜也考工記畫繢之事雜五色

裕 衣物饒也從衣谷聲易曰有孚裕無咎 羊孺切

衣物饒也者廣雅裕足也書君奭告君乃猷裕傳云告君汝謀寬饒之道漢書賈誼傳禽獸草木廣裕顏注裕饒也　易曰有孚裕無咎者晉卦文彼作罔孚裕无咎

襞 韏衣也從衣辟聲 必益切

韏衣也者晉書音義引字林襞卷衣也徐鍇韻譜同一切經音義十四廣雅襵襞也埤蒼韏衣也今言襵疊是也通俗文緛縫曰襵今裙襵亦作襵本書詘屈襞玉篇襵詘也廣雅襞詘也急就篇履舄鞜裒絨緞紃裒黃本作𧝁注云韏衣也革中辨謂之韏漢書司馬相如傳襞積褰縐音義曰襞積簡齰也顏注襞積卽今之帬襵古所謂皮弁素積者卽謂此積也馥案玉篇積襞積也揚雄傳固不如襞而幽之離房顏注襞疊衣也後漢書張衡傳美襞積以酢烈兮注云襞積衣襵也通作辟士冠禮素積注云積辟也以素爲裳辟蹙其要中

衦 摩展衣從衣干聲 古案切

摩展衣者本書硟以石扞繒也當作此衦

裂 繒餘也從衣列聲 良辥切

繒餘也者賈誼書繒薄則亟裂廣韻引左傳裂裳帛而與之玉篇裂帛餘也詩都人士垂帶而厲傳云厲帶之垂者箋云如鞶厲也鞶必垂厲以爲飾厲字當作裂內則注云鞶小囊則是鞶裂與詩云垂帶如厲紀子帛名裂繻字雖今異意實同也正義桓二年傳作鞶厲厲裂義同鞶囊裂帛爲之飾齊語戎車待游車之裂韋云裂殘也字或作䄉廣雅䄉餘也

𧙇 弊衣從衣奴聲 女加切

弊衣者廣韻玉篇集韻類篇並作敝本書敝敗衣玉篇別出袽字音女居切所以塞舟漏也袾袽敝衣也秦易旣濟繻有衣袽王注衣袽所以塞舟漏也

袒 衣縫解也從衣旦聲 丈莧切

衣縫解也者太元天地開闢宇宙袥袒俗作綻急就篇鍼縷補縫綻紩緣顏注縫解謂之綻內則衣裳綻裂紉箴請補綴注云綻猶解也

補 完衣也從衣甫聲 博古切

完衣也者廣雅補完也顏注急就篇脩破謂之補呂氏春秋順說篇田贊衣補衣而見荆王漢書賈誼傳自悉而補中道衣敝應劭曰補縫作衣外國傳顯因爲成君衣補鹽鐵論夫衣小缺襟裂可以補

𧝓 紩衣也從衣黹黹亦聲 諸几切

紩衣也者本書黹箴縷所紩衣

褫 奪衣也從衣虒聲讀若池 直离切

奪衣也者奪當爲敓易訟卦或錫之鞶帶終朝三褫之侯果云褫解也荀子非相篇極禮而褫注云褫解也鄭本周易作三拕之案淮南人閒訓秦牛缺遇盜拕其衣被高注拕奪也　讀若池者池當作沱與拕聲相近

臝 袒也從衣𣎆聲 郎果切

袒也者袒當爲但張有復古編作但經典通作袒廣雅嬴袒也廣韻裸赤體列子釋文裸謂不以衣蔽形也孟子雖袒裼裸裎於我側趙策禹袒入裸國漢書王嘉傳裸躬就笞顏注裸露也或借嬴字莊子田子方篇則解衣般礴嬴

漢書高五王傳或白晝使嬴顏注嬴者露形體也景十三王傳輒令嬴立擊鼓顏注嬴者露其形也

嬴或從果

袒也從衣呈聲 丑郢切

袒也者當爲但後漢書馬融傳裸裎袒裼注引本書裎裸也廣雅裎袒也韓策秦人捐甲徒裎以趨敵

袒也從衣易聲 先擊切

袒也者當爲但廣雅裼袒也釋訓禮裼肉袒也郭云脫衣而見體聘禮裼降立注云裼者免上衣見裼衣玉藻裘之裼也見美也又云君衣狐白裘錦衣以裼之注云袒而有衣曰裼史記張儀傳秦人捐甲徒裼以趨敵索隱裼袒也謂袒而見肉也漢書景十三王傳望鄉袒裼顏注袒裼脫衣露其肩背也

褱也從衣牙聲 似嗟切

褱也者當爲叀本書叀褱也徐鍇本作紕也鍇曰純謂帛文疏紕褱戾也戴侗曰徐本叀也蜀本紕也

以衣衽扱物謂之襭從衣頡聲 胡結切

以衣衽扱物謂之襭者本書扱收也趿進足有所擷取也引爾雅趿謂之擷今爾雅作扱廣雅襭謂之褱曲禮扱衽不入公門問喪親始死扱上衽交手哭詩芣苢薄言襭之傳云扱衽曰襭

襭或從手

詩釋文襭一本作擷同

執衽謂之袺從衣吉聲 格八切

執衽謂之袺者釋器文郭云持衣上衽詩芣苢薄言袺之傳云袺執衽也

幭也從衣贊聲 昨牢切又七刀切

幭也者本書幭幎也廣雅襸幎也廣雅禮帔襸也類篇襸袚幭襸也

裹也從衣壯聲 側羊切

裹也者上當有束也二字一切經音義十八裝挾今中國人謂撩理行具繙挾說文裝束也裹也廣韻裝裝束廣雅裝裹也七發如三軍之騰裝李善云許慎淮南子注曰裝束也赭白馬賦注引同

纏也從衣果聲 古火切

本書胞下云兒生裹也詩公劉乃裹餱糧莊十二年左傳以犀革裹之司馬法衆以合寡則遠裹而闕之注云遠圍而闕其一面呂氏春秋本生篇其於物無不受也無不裹也注云裹猶囊也既夕禮苞二注云所以裹羊豕之肉

纏也者本書纏繞也廣韻纏束也馥謂束縛纏繞而裹之

書囊也從衣邑聲 於業切

書囊也者後漢書班固傳裛以藻繡絡以綸連注引說文裛纏也李善注西都賦琴賦引竝同玉篇裛囊也纏也亦具二義廣雅裛謂之袠文選序名溢于縹囊卷盈乎緗帙梁書昭明太子傳縢帙充積漢書東方朔傳文帝集上書囊以爲殿幃外戚傳中黃門田客持詔記盛綠綈方底顏注方底盛書囊形若今之筭幐耳東觀漢記制上書以青布囊素封書王嘉拾遺記張儀蘇秦假食於路剝樹皮爲囊以盛天下良書晉中經簿盛書用皂縹囊布裹書函中皆有香囊

緶也從衣齊聲 即夷切

緶也者本書緶緁衣也廣雅緁緁也釋名期曰齋齋齊也通作齊太平御覽引禮記外傳齊之言齊也注云加鍼縷其裳縫緶之使齊平也論語攝齊升堂孔安國曰衣下曰齊漢書朱雲傳引作齋曲禮兩手摳衣去齊尺注云齊謂裳下緝也釋文齊本又作齋玉藻足如履齊注云齊裳下緝也增韻禮喪服有齊衰謂裳下緝曰齊孟子齊疏之服趙岐曰即齊縗也

豎使布長襦從衣豆聲 常句切

豎使布長襦者豎使謂童豎也僖二十四年左傳晉侯之豎頭須注云豎左右小吏成十年傳公夢疾爲二豎子昭四年傳遂使爲豎杜云豎小臣也哀十五年傳孔氏之豎渾良夫六韜賞及牛豎馬洗列子說符篇鄰人亡羊請楊

子之豎追之史記酈生傳沛公罵曰豎儒注云豎童僕之稱沛公輕之以比奴豎故曰豎儒謝承後漢書苑冉閭里中芻稾僮僕語乃曰吾之微志杜僮豎之口宋書周朗傳婢豎無定科廣雅裋襦謂之襡方言複襦江湘之閒謂之襡玉篇裋與襡同裋褕也列子力命篇朕衣則裋褐注云方言裋複襦也許愼注淮南子云楚人謂袍爲裋說文云粗衣也又敝布襦也又云襜褕短者曰裋褕有作短褐者誤荀子作豎褐楊倞注云僮豎之褐於義亦通複案粗衣本書褐字訓哀十三年傳余與褐之父睨之杜注褐寒賤之人廣韻裋敝布襦也與列子注引本書同宋策舍其錦繡鄰有裋褐而欲竊之史記秦始皇本紀夫寒者利裋褐集解徐廣曰一作短小襦也索隱蓋謂褐布豎裁爲勞役之衣短而且狹故謂之短褐孟嘗君傳士不得短褐索隱短亦音豎複謂短皆裋之譌漢書貢禹傳裋褐不完顏注裋者謂僮豎所著布長襦也貨殖傳貧者裋褐不完顏注裋布長襦也後漢書張衡傳士或解裋褐而襲黼黻臧榮緒漢書王承爲湘令易雄爲主簿佐史逃散雄毀服爲僮豎從之親執勞辱複案褐卽襦南史顧協爲廷尉正冬服單薄寺卿欲解褐與之謂人曰我願解身上襦與顧郎

編枲衣從衣區聲一曰頭樞一曰次裹衣　於武切又於矦切

編枲衣者顏注漢書同趙注孟子褐枲衣也　一曰頭樞者廣雅樞編枲頭衣　一曰次裹衣者廣韻樞小兒涎衣廣雅緊袼樞次衣也方言緊袼謂之樞注云卽小兒次衣也

編枲韤一曰粗衣從衣曷聲　胡葛切

編枲韤者急就篇靸鞮卬角褐韤巾顏注褐謂編枲爲韤也　一曰粗衣者顏注急就篇褐或曰粗衣也孟子許子衣褐注云褐一曰粗布衣也御覽引作短衣廣韻五音集韻引同墨子人不可衣短褐韓非說林篇旄象豹胎必不衣短褐而舍茅茨之下新序齊無鹽女乃披短褐自請於宣王漢書敘傳思有短褐之褻古詩短褐中無絮陶潛五柳先生傳短褐穿結通鑑元魏韓麒麟上表蠶婦乏短褐馥謂此皆裋之誤也玉篇褐馬背衵衣也高注淮南云褐毛布如今之馬衣馥案定八年左傳主人焚衝或濡馬褐以救之杜云馬褐馬衣孟子許子衣褐注云以毳織之若今馬衣也顏注急就篇褐織毛爲衣也詩七月無衣無褐箋云褐毛布也漢書季布傳迺髡鉗布衣褐顏注褐毛布之衣也後漢書陳元傳如得以褐衣召見趙典傳身從衣褐之中致位上列注並云褐織毛布之衣貧者所服七啟子好毛褐集韻毼裋不飾者

褗領也從衣匽聲　於幰切

褗領也者玉篇褗袚也褗褗也方言袚謂之褗注云卽衣領也爾雅黼領謂之襮注繡刺黼文以褗領或通作偃士昏禮注刺黼爲領如今偃領

褗謂之裺從衣奄聲　依檢切

褗謂之裺者謂緣衣領也玉篇裺緣也方言懸裺謂之緣注云衣縫緣也

艸雨衣秦謂之萆從衣象形　穌禾切

艸雨衣者說苑子贛之承或在塗見道側巾敝布擁蒙而衣衰俗作蓑簑玉篇蓑草衣也洪武正韻六韶蓑薛簦笠是以莎草爲雨衣也詩無羊何蓑何笠傳云蓑所以備雨釋文蓑草衣也既夕記稾車載簑笠注云簑笠備雨服越

語譬如蓑笠時雨既至必求之西山經三危之山有獸焉其豪如披簑注云簑避雨之衣也韓詩外傳楚邱先生披蓑帶索往見孟嘗君定元年公羊傳仲幾之罪何不蓑城也何休注若今以草衣城也案魏揚州刺史劉馥高爲城壘多積木石編作草苫數千萬枚爲備及吳圍合肥天連雨城欲崩於是以苫蓑覆之秦謂之萆者本書萆雨衣一曰衰衣又櫻字云可作萆廣雅萆謂之衰韋注齊語襏襫蓑草衣也　象形者本書褻象形與褻同意

古文衰

人象覆。象領𣏟象艸向外

隸人給事者衣爲卒卒衣有題識者　臧沒切

隸人給事者衣爲卒卒衣有題識者者當云隸人給事者爲卒卒後人加衣字一切經音義十一說文云隸人給事者曰卒古以染衣題識表其形也增韻所引有故從衣從十五字玉篇卒隸人給事也行鞭也馥謂卽伍佰之屬漢舊儀百人爲卒卒史一人本書𦆀以絳帛箸於背上一切經音義二十三書箸背上曰徽史記淮南王安傳又欲令人

衣朮盜衣集解引漢書音義曰卒衣也案顏注云朮盜卒之掌逐捕賊盜者定十年左傳叔孫氏之甲有物杜注物識也尉繚子兵教篇卒異其章書其章曰某甲某士

褚 卒也從衣者聲一曰製衣 丑呂切

卒也者廣雅同方言卒謂之弩父或謂之褚郭注言衣赤也褚音赭風俗通秦始皇遣蒙恬築長城令徒卒皆髡頭衣赭襄三十年左傳取我衣冠而褚之杜云褚畜也馥案上文云上下有服謂別其服之等次一曰製衣者製當爲裝玉篇廣韻竝作裝本書複褚衣漢書南粵王傳上褚五十衣中褚三十衣下褚二十衣遺王顏注以緜裝衣曰褚上中下者緜之多少厚薄之差也唐書李愬傳愬雪夜襲元濟吏驚白元濟不信是洄曲子弟來索褚衣爾

製 裁也從衣從制 征例切

裁也者本書裁制衣也制衣誤分製爲二字襄三十一年左傳子有美錦不使人學製焉注云製裁也離騷製芰荷以爲衣兮注云製裁也北山移文焚芰製而裂荷衣漢書叔孫通傳服短衣楚製顏注製謂裁衣之形製白紵歌製

以爲袍餘作巾劉義恭啟事賜臣金獸袍珍製巧飾梁書王暕傳非取製於一狐諒求味於兼采通作制後漢書梁商傳無更裁制

袚 蠻夷衣從衣犮聲一曰蔽厀 北末切

蠻夷衣者玉篇袚蠻衣也與襏同韋注國語襏蠻夷服也裴淵廣記蠻夷取穀樹皮熟搥之以爲褐　一曰蔽厀者廣雅同方言蔽厀江淮之閒或謂之袚

襚 衣死人也從衣遂聲春秋傳曰楚使公親襚 徐醉切

衣死人也者左傳釋文引作衣死人衣玉篇襚死人衣也小爾雅廣名饋死者謂之賵衣服謂之襚春秋說題辭衣被曰襚襚遺也白虎通贈襚何謂也襚之爲言遺也衣被曰襚知死者則賵襚所以助生送死追恩重終副至意也士喪禮君使人襚注云襚之言遺也衣被曰襚又云襚者左執領右執要春秋文九年秦人來歸僖公成風之襚杜云衣服曰襚隱元年公羊傳衣被曰襚何云襚猶遺也遺是助死之禮范注穀梁傳云襚者衣服之名故送死之衣亦名襚也定九年左傳公三襚之注云襚衣也比殯三加襚史記魯仲連鄒陽列傳死則不得賻襚正義衣服曰襚貨財曰賻皆助生送死之禮漢書景帝紀王薨遣光祿大夫弔襚祠賵應劭曰衣服曰襚　春秋傳曰楚使公親襚者襄二十九年左傳文彼作楚人

棺中縑裏從衣弔讀若雕 都僚切

從衣弔者當爲弔聲

裞 贈終者衣被曰裞從衣兌聲 輸芮切

贈終者衣被曰裞者史記索隱引作贈終服也廣韻裞送死衣也漢書朱建傳辟陽侯迺奉百金裞顏注贈終者之衣被曰裞言以百金爲衣被之具其字從衣鮑宣傳莽太子遣使裞以衣衾顏注贈喪衣服曰裞

褮 鬼衣從衣熒省聲讀若詩曰葛藟縈之一曰若靜女其株之株 於營切

鬼衣者釋器䘕謂之褮郭云衣開孔也玉篇䘕鬼衣也酉陽雜俎褮鬼衣也阮宣子無鬼論今見者云著生時衣服若人死有鬼衣服亦有鬼乎　一曰若靜女其株之株者王君念孫曰株當爲孌孌嫈聲相近

車溫也從衣延聲 式連切

車韞也者玉篇䘸車韞䘸本書無韞字論語韞匵鄭注韞裏也

褭 以組帶馬也從衣從馬 奴鳥切

以組帶馬也者商子境內篇故爵上就爲簪褭漢舊儀簪褭三爵賜爵三級爲簪褭九章筭術今有大夫不更簪褭上造公士凡五人劉劭爵制三爵曰簪褭御駟馬者要褭古之名馬也駕駟馬者其形似簪故曰簪褭也字或作裊漢書百官公卿表秦爵二十級三簪褭顏注以組帶馬曰褭簪褭者言飾此馬也

文一百一十六　重十一

福

匡謬正俗云副貳之字本爲福從衣畐聲西京賦云仰福帝居傳寫譌舛轉衣爲示讀者便呼福祿之福失之遠矣馥案佩觿福芳又翻衣一幅廣韻福敷救切衣一福今作副漢尹宙碑位不福德魏上尊號碑以福海內欣戴之望隸釋誤作福福申鑒政體篇好惡毀譽賞罰參相福也亦誤作福小顏雖未明引說文而云從衣畐聲則本書之文也

遺文一

裘 皮衣也從衣求聲一曰象形與衰同意凡裘之屬皆從裘 巨鳩切

夏小正九月王始裘傳云始者何也衣裘之時也 鹽鐵論古者鹿裘皮冒蹄足不去及其後大夫狐貉縫腋羔麑豹袪庶人則毛絝衳彤幞撫皮傳 郭璞毛詩拾遺古者以素絲飾裘

皮衣也者廣韻引詩取彼狐狸爲公子裘孟子事之以皮幣注云皮狐貉之裘宣十二年公羊傳古者杅不穿皮不蠹則不出於四方何云皮裘也 與衰同意者衰艸之毛亦在外淮南齊俗訓今之裘與蓑孰急見雨則裘不用升堂則蓑不御 此代爲常者也

求 古文省衣

古文省衣者後人亂之裘從求聲裘出於求求省衣豈又出於裘邪徐鍇本作古文裘鍇曰古象衣求形後則加衣也本書俅𧃩梂莍賕裘捄脙球逑絿𧝐十二字並從求詩大東熊羆是裘箋以爲當作求聲相近故也孟子樂正裘漢書人表作求禮記衛獻公與柳莊邑裘氏莊子鄭人緩呻吟裘氏之地考工記有裘氏以地爲姓急就篇有求男弟漢末有求仲顏師古以爲裘氏之族

𧝐 裘裏也從裘鬲聲讀若擊 楷革切

裘裏也者玉篇𧝐裘裏也 讀若擊者長楊賦拮隔鳴球韋昭曰古文隔爲擊

文二　重一

老 考也七十曰老從人毛匕言須髮變白也凡老之屬皆從老 盧晧切

考也者書洪範考終命楚辭九歎身憔悴而考旦兮王注考猶終也 七十曰老者宣十八年公羊傳使帥一二耋老而綏焉注云七十稱老疏云七十稱老曲禮文也今曲禮云七十曰耋與此異也吳語有父母耆老而無昆弟者以告注云六十曰耆七十曰老離騷老冉冉其將至兮注云七十曰老 從人毛匕者周禮司儀王燕則諸侯毛注云謂以須髮坐也鄭司農云謂老者在上也老者二毛故曰毛 言須髮變白也者本書匕變也

耋 年八十曰耋從老省從至 徒結切

年八十曰耋者釋名八十曰耋耋鐵也皮膚變黑色如鐵也孫炎說爾雅云耋老人面如鐵色耋鐵聲近漢書孔光傳大馬齒耋方言耋老也宋衛兖豫之內曰耋注云八十爲耋釋言耋老也郭云八十爲耋易離卦大耋之嗟釋文馬云七十曰耋王肅云八十曰耋鄭云年逾七十馥案禮記古本云八十曰耋九十曰耄七年曰悼悼與耄有罪不加刑焉今本脫曰耋二字王肅言八十曰耋猶是善本也詩車鄰逝者其耋傳云耋老也八十曰耋僖九年左傳以伯舅耋老服杜並云七十曰耋宣十二年公羊傳使帥一二耋老而綏焉何云六十稱耋七十稱老馥案舍人注爾雅亦言六十 諸家無正文也

耄 年九十曰耄從老從蒿省 莫報切

書呂刑王享國百年耄荒釋文耄本作薹馥謂薹卽耄寫誤別作譽玉篇年九十曰譽廣雅作耄云老也廣韻耄年九十也 或借旄字禮記射義旄期稱道不亂孟子反其旄倪邊韶老子銘睎然老旄曲禮陸德明本作旄云旄本又作耄

年九十曰耄者玉篇耄邁也九十曰耄曲禮八十九十曰耄古本八十曰耋九十曰耄詩板匪我言耄傳云八十曰耄馥案車鄰傳云八十曰耋此耄不應重言八十蓋後人亂之楚詞七諫心惶悚而耄思注云九十曰耄馥謂此皆言九十與本書同者也釋名七十曰耄頭髮白耄耄然也書大禹謨耄期倦于勤傳云八十九十曰耄隱四年左傳老夫耄矣杜云八十曰耄昭元年左傳諺所謂老將至而耄及之者其趙孟之謂乎杜云八十曰耄耄亂也楚語女

無亦謂我老耄韋云八十日耄家語觀鄉射篇耄期稱道而不亂者注云八十九十日耄馥案此言七十八十皆無正文也

老也從老省旨聲 渠之切

老也者廣雅同釋名六十日耆耆指也不從力役指事使人也詩武耆定爾功皇矣上帝耆之箋竝云耆老也荀子臣道篇耆艾而信可以爲師注云五十日艾六十日耆

老人面凍黎若垢從老省句聲 古厚切

老人面凍黎若垢者黎當爲黧耇垢聲相近釋名耇垢也皮色驪悴恒如有垢者也或曰凍梨皮有斑黑如凍梨色也方言黎鮐老也燕代之北鄙曰梨秦晉之郊陳兗之會曰耇鮐注云梨言面色似凍梨鮐言背皮如鮐魚又㦣鯢乾都耇革老也皆南楚江湘之閒代語也注云皆老者皮色枯瘁之形也釋詁耇壽也孫炎云耇面如凍梨色如浮垢老人壽徵也舍人云耇觀也血氣精華觀竭言色赤黑如狗矣書君奭收罔勖不及耇造德不降鄭注耇老也書秦誓播棄犂老傳云鮐背之耇稱犂老正義老人面色似犂故稱犂老詩南山有臺遐不黃耇傳云耇老又行葦序外尊事黃耇箋云耇凍梨也士冠禮黃耇無疆注云耇凍梨也僖二十二年左傳雖及胡耇注云胡耇元老之稱周語敬事耇老韋云耇凍梨也吳語播棄黎老注云鮐背之耇稱黎老漢書韋賢傳年其逮耇顏注耇者老人面色如垢也師丹傳德爲國黃耇顏注黃者老人之稱也黃謂白髮落更生黃者也耇者老人面色不淨如垢也後漢書和帝紀可謂老成黃耇矣注云耇亦老也詩序曰外尊事黃耇論衡無形篇人少則髮黑老則髮白白久則黃人少則膚白老則膚黑黑久則黯若有垢矣髮黃而膚有垢故禮曰黃耇無疆

說文解字義證　卷二十五　四十四　連筠簃叢書　靈石楊氏栞

老人面如點也從老省占聲讀若耿介之耿 丁念切

老人面如點也者⿱耂占點聲相近玉篇⿱耂占老人面如墨點也廣韻⿱耂占老人面黑子廣雅⿱耂占老也

老人行才相逮從老省易省行象讀若樹 常句切

行象者當云易行象謂老人行象蜥易

讀若樹者樹當爲尌且行且尌也

久也從老省𠷎聲 殖酉切

久也者廣雅釋名竝同壽久聲相近漢官儀老者久也舊也董仲舒曰壽者醻也壽有短長由養有得失自行可久之道者其壽醻於久自行不可久之道者其壽亦醻於不久𠷎聲者本書無𠷎字春秋宣十四年曹伯壽卒三體石經作[illegible]

老也從老省丂聲 苦浩切

老也者本書序轉注者建類一首同意相受考老是也玉篇考壽考延年也詩大雅周王壽考列子釋文考成子一本作老成子

善事父母者從老省從子子承老也 呼教切

孝經說孝畜也畜養也

善事父母者者釋名孝好也愛好父母如所悅好也釋訓善父母爲孝詩六月張仲孝友傳云善父母爲孝周禮大司樂中和祗庸孝友注云善父母曰孝大司寇鄉制上德糾孝注云善父母爲孝賈誼書子愛利親謂之孝

子承老也者徐鍇本下有老省亦聲四字案本書之例凡從部首諧聲者則曰亦聲徐鉉不解而反刪之有非從部首得聲而加亦字者鉉皆存之竝非

文十

說文解字義證　卷二十五　四十五　連筠簃叢書　靈石楊氏栞

眉髮之屬及獸毛也象形凡毛之屬皆从毛 莫袍切

眉髮之屬者本書眉目上毛也髮根也釋名毛貌也冒也在表所以別形貌且以自覆冒也莊子逍遙游窮髮之北釋文李云髮猶毛也

及獸毛也者大戴禮有毛之蟲三百六十而麒麟爲之長

毛盛也從毛隼聲虞書曰鳥獸毴髦 而尹切 又人勇切

毛盛也者六經正誤周禮司裘注中秋鳥獸毴毨釋文毴音毛案尚書仲秋鳥獸毛毨仲冬鳥獸氄毛釋文毨先典反說文云仲秋鳥獸毛盛可選取以爲器用也氄如勇反徐而允反馬云溫柔貌說文毴字注仲秋鳥獸毛盛可選

取以為器用從毛先聲穌典切此毨字音義也其上𣭘字注毛盛也從毛隼聲虞書曰鳥獸𣭘髦而尹切又人勇切是𣭘與氄音義同也玉篇𣭘而勇而允二切衆也聚也其下氄字注云同上是𣭘即氄字也廣韻氄而隴切鳥細毛也亦作氄集韻𣭘乳勇切注引說文義又云或作𣯍氄諸家字書毛字並無作𣭘者𣭘字亦無音毛者其誤明矣黃生義府曰說文引書鳥獸氄毛作𣭘毛鄭注周禮仲秋鳥獸毨毨選即𣭘字之誤疏直音毛作非也書文仲秋毛毨仲冬𣭘毛鄭引釋仲秋獻良裘王乃行羽物此兼論互益鳥獸毛至冬益豐厚可用故鄭云然經言仲秋未必以秋為限也後人疑本釋仲秋不當牽仲冬為說故書𣭘為毨即音毛以就尚書鳥獸毛毨之文此昧理之甚者集韻因收毨字與毛重文韻會亦仍其失凡後世俗字日增皆由輯字書者胷中無涇渭止務博收故也　虞書曰鳥獸𣭘髦者堯典文彼作氄毛傳云鳥獸皆生耎毳細毛以自溫焉本書褎下引虞書作褎毛

𣯏　獸豪也從毛倝聲矦幹切

獸豪也者釋嘼未成豪狗郭云狗子未生𣯏毛者釋文𣯏謂長毛也

毨　仲秋鳥獸毛盛可選取以為器用從毛先聲讀若選穌典切

仲秋鳥獸毛盛可選取以為器用者毨選聲相近書堯典鳥獸毛毨周禮司裘中秋獻良裘王乃行羽物注云中秋鳥獸毛毨因其良時而用之

𣮓　以毳為𦇎色如虋故謂之𣮓虋禾之赤苗也從毛㒼聲詩曰毳衣如𣮓莫奔切

以毳為𦇎者本書𦇎西胡毳布也　色如虋故謂之𣮓者𣮓虋聲相近　虋禾之赤苗也者本書虋赤苗嘉穀也𣮓下云禾之赤苗謂之虋言𣮓玉色如之　詩曰毳衣如𣮓者王風大車文彼作璊傳云璊赬也釋文云說文作𣮓

氈　撚毛也從毛亶聲諸延切

扶南傳調斯國有青石染氈絳染氈馥案語林云王子敬謂偷兒石染青氈是我家舊物魏武與楊彪書今贈青氈牀褥三具即青石染也

撚毛也者本書撚蹂也方言撚續也韻集氈細𦇎也玉篇氈毛為席釋名氈旃也毛相著旃旃然也急就篇旃裘𩌏釋蠻夷民顏注以氈為裘王注匈奴傳被旃裘旃與氈同周禮掌皮共其毳毛為氈以待邦事淮南子越人見毳不知其可以為氈聖主得賢臣頌夫荷氈被毳者難與道純緜之麗密

文六

毳　獸細毛也從三毛凡毳之屬皆從毳此芮切

本書𦇎下引詩毳衣如𦇎　釋言氂罽也李巡本氂作毳　宋玉小言賦纖於毳末之微蔑　韓詩外傳背上之毛腹下之毳　新序雜事篇君之倉客六翮邪將腹背之毳也　韋誕筆經製筆之法傑者居前毳者居後　虞世南白鹿賦素毳呈采霜豪應圖　又師子賦勁豪柔毳

獸細毛也者一切經音義二三蒼毳羊細毛也說文獸細毛也又十四字林細羊毛也周禮掌皮共其毳毛注云毳

毛毛細縟者漢書鼂錯傳鳥獸毳毛顏注毳細毛也

𣰆　毛紛紛也從毳非聲甫微切

文二

尸　陳也象臥之形凡尸之屬皆從尸式脂切

陳也者釋詁文徐鍇曰李陽冰云尸展是也詩祈父有母之尸饔傳云尸陳也郊特牲尸陳也曲禮在牀曰尸注云尸陳也禮統尸之為言矢也陳也桓十五年左傳祭仲殺雍糾尸諸周氏之汪杜云殺而暴其尸以示戮也馥案論語肆諸市朝肆亦陳也莊四年傳楚武王荊尸宣十二年傳荊尸而舉注並云尸陳也成十七年傳皆尸諸朝注云陳其尸於朝又云一朝而尸三卿韓非引厲公語云吾一朝而夷三卿馥案夷即尸周禮凌人大喪共夷槃冰鄭注夷之言尸也晉語秦人殺冀芮而施之韋云陳尸曰施文云從欒氏者為大戮施韋云施陳也陳其尸也　象臥之形者論語寢不尸包注偃臥四體布展手足似死人

偫也從尸眞聲 堂練切

偫也者本書偫待也儲偫也屢通作眞考工記匠人凡行奠水磬折以參伍注云奠水渟水也

蹲也從尸古者居從古 九魚切

玉篇有古文作𡰥汗簡作𡰥云見說文 韓詩外傳孟子妻獨居踞孟子入戶視之白其母曰婦無禮請去之母曰何也曰踞 漢書沛公踞牀令兩女子洗足而見酈食其 異物志麕狼角正四據南人因以作踞牀 郭子王恬沐頭散髮踞坐胡牀 魏志獵者失鹿帝大怒踞胡牀拔刀欲斬之 後漢書魯恭傳蹲夷踞肆 王延壽王孫賦踡免蹲而狗踞 蹲也者後漢書郭太傳注引本書同玉篇大戴禮曰獨處而踞踞蹲也廣韻蹲踞大坐論語原壤夷俟馬注夷踞踞待孔子邢疏說文云踞蹲也蹲卽坐也 古者居從古者當爲古文居從立汗簡𡰥見說文葢解說古文之辭今闕古文而其辭譌入正文下也

俗居從足

類篇作𡲣又於足部踞下注云案說文尸部居字云俗居從足當作𡲣今本譌作踞顡案徐鍇本作𡲣

臥息也從尸自 許介切

黃君易所藏古銅印文曰莊屓

臥息也者本書齂下音訓並同一切經音義十一屓屓古文㚇皮冀反下義冀反西京賦云巨靈屓屓薛綜注作力怒也說文壯大也㚇從三目從大屓說文亦臥息也字從尸從自聲 從尸自者徐鍇本作自聲

動作切切也從尸肖聲 私列切

動作切切也者廣雅屑屑不安也方言迹迹屑屑不安也江沅之閒謂之迹迹秦晉謂之屑屑郭注皆往來之皃也又屑往勞也注云屑屑往來皆劬勞也祭義漆漆者容也注云漆漆讀如朋友切切迹漆切聲並相近爾雅屑謂之切昭五年左傳禮所以守其國行其政令無失其民者也而屑屑習儀以亟不亦遠乎漢書董仲舒傳凡所爲屑屑夙興夜寐務法上古者又將無補與王莽傳晨夜屑屑顏注屑屑猶切切動作之意東觀漢記王良以疾歸復徵道病過其友人友人不肎見曰不有忠言奇謀而取大位何其往來屑屑不憚煩也後漢書崔駰傳吾亦病子屑屑而不已也注云屑屑猶區區也閒居賦何能違卻下邑巻而屑從斗筲之役乎後魏裴安傳京師遼遠實憚棲屑 肖聲者惠棟曰書多士言桀大淫泆有辭釋文泆又作佾馬本作屑云過也棟謂屑當作屑與佾相近故誤作佾說文云屑動作切切也

轉也從尸襄省聲 如衍切

轉也者經典作輾詩關雎輾轉反側釋文輾亦作展澤陂輾轉伏枕

行不便也一曰極也從尸凷聲 古拜切

行不便也者釋詁㞩至也釋文孫云古屆字郭注方言亦云㞩古屆字本書㞩船著沙不行也 一曰極也者釋言屆極也郭云有所限極詩蕩靡屆靡究節南山君子如屆傳並云屆極瞻卬靡有夷屆采菽君子所屆箋並云屆極也陳啟源曰詩小雅後予極焉箋云極誅也魯頌致天之屆箋云屆殛也疏皆以爲釋言文今釋言云殛誅也不云

極又云屆極也不云殛意極殛二字通用乎然郭注殛誅引書鯀則殛死注屆極則云有所限極二字義並不相通孔疏所據豈孫李輩讀本異邪

髀也從尸九聲 苦刀切

釋名尻廖也尻所在廖牢深也 少牢饋食禮腊兩髀屬于尻內則兔去尻漢書東方朔傳尻益高鄧通傳顧見其衣尻帶後穿顏注衣尻帶後謂衣當尻上而居革帶之下處也王隱晉書孟猶軍人犖尻面天子傅元馳射馬賦鞭裁向腹奮尾跳尻 字或作脽呂氏春秋觀表篇古之善相馬者許鄙相脽注云脽後竅也脽讀如窮穹之穹 髀也者一切經音義十四引作脽也本書脽尻也御覽引作尻也徐鍇本同急就篇尻髖脊膂腰背呂顏注尻脽也廣雅脽髖尻也聲類尻臀也三蒼尻髖也

髀也從尸下丌居几 徒魂切

聲類屍尻也釋名臀殿也高厚有殿遌也字或作臋易夬卦臀無膚考工記其臋一寸急就篇盜賊繫囚榜笞臋顏注臋

脽也易困卦臀困于株木干寶曰兌爲孔穴坎爲隱伏隱伏在下而漏孔穴臀之象也周禮鄉師巡其前後之屯故書屯或爲臀鄭大夫讀屯爲課殿杜子春讀爲在後曰殿周語成公之生也其母夢神規其臀以墨韋云臀尻也漢書東方朔傳連脽尻顏注脽臀也崔鴻前燕錄慕容儁夢石虎齧其臀隋書刑法志笞者笞臀錢君大昭曰廣雅豚臀也曹憲音卓玉篇豚尻也案豚臀近涿蜀志張裕饒鬚先主嘲之曰昔吾居涿縣特多毛姓東西南北皆諸毛也涿令稱曰諸毛繞涿居乎裕卽答曰昔有作上黨潞長遷爲涿令者去官還家時人與書欲署潞則失涿署涿則失潞乃署曰潞涿君先主無鬚故裕以此及之馥案涿爲豚借潞爲露借髀也者本書髀股也今俗呼尻爲髀股是也

屍或從肉隼

或從肉隼者本書脽屍也馥疑脽卽脽之重出字因聲改爲隼耳

屍或從骨殿聲

從骨者本書髑臀骨也

尻也從尸旨聲 詰利切

從後近之從尸匕聲 女夷切

從後近之者本書暱日近也或從尼釋詁卽尼也郭云尼者近也尸子曰悅尼而來遠

從後相臿也從尸從臿 楚洽切

從後相臿也者玉篇屇從後相攝也 從臿者徐鍇本作臿聲

屆层也從尸乏 直立切

屆层也者廣雅屆层少也

柔皮也從申尸之後尸或從又 人善切

柔皮也者本書䩢耎也玉篇𡰣或爲耎本書痳皮剝也籀文從𡰣廣雅𡰣弱也

伏皃從尸辰聲一曰屋宇 珍忍切

一曰屋宇者本書宸屋宇也

屖遲也從尸辛聲 先稽切

屖遲也者玉篇屖屖遲也今作棲釋詁棲遲息也郭云棲遲游息也舍人云棲遲行步之息也詩衡門可以棲遲傳云棲遲游息也北山或棲遲偃仰漢書楊雄傳靈遲迟兮顏音棲遲陶潛詩棲遲詎爲拙丁公著孟子音釋屖音西義與棲遲同息也久也字從尸下辛或作屖牛字誤也漢費鳳碑棲遲歷稔李翊碑棲迟不就繁陽令楊君碑徲侇樂志婁壽碑徲徲衡門孔耽碑餘暇徲徲並卽屖遲

履也從尸非聲 扶沸切

履也者玉篇屝草屨也字書草曰屝麻曰屨皮曰履黃帝臣於則所造世本注草曰屝麻曰履廣雅屝屨也釋名齊人謂韋屨曰屝屝皮也以皮作之方言屝屨徐兗之郊謂之屝周禮鞮鞻氏注云鞮鞻四夷舞者所屝也今時倡蹋

鼓沓行者自有屝僖四年左傳共其資糧屝屨注云屝草屨孟子有業屨於牖上注云屨屝屨也愼子有虞之誅以屝屨當刖漢書武帝紀朕聞昔在唐虞畫象而民不犯顏云白虎通云畫象者其衣服象五刑也犯宮者屝屝草屨也或借菲字儀禮喪服菅屨傳曰菅菲也又疏屨傳曰疏屨者藨蒯之菲也又繩屨傳曰繩屨者繩菲也曲禮苞屨注云苞藨也齊衰藨蒯之菲也釋文菲屨也又鞮屨注云無絇之菲也晏子問下篇考菲履漢書刑法志菲履赭衣而不純顏注菲草履也鹽鐵論古者庶人鹿菲草芰杜預喪服要集菲草屨

終主從尸從死 式指切

終主也者玉篇在牀曰屍易師或輿屍后經作尸吳子僵屍而哀之史記魯世家不如殺以其屍與之漢書漢遣使至康居求谷吉等死師古曰死尸也東觀漢記董宣爲洛陽卒官惟布被覆屍王洽表編戶僵屍莽埋無主通作尸釋名既死曰尸尸舒也骨節解舒不復能自勝斂也周禮凌人大喪共夷槃冰注云夷之言尸也尸之槃曰夷槃牀曰夷牀衾曰夷衾移尸曰夷于堂皆依尸而爲言者也隱元年左傳賵死不及尸杜云尸未葬之通稱哀十四年左

傳將以尸入白虎通尸柩者何謂也尸之爲言失也陳也失氣亾神形體獨陳柩之爲言究也久也不復章也曲禮曰在牀曰尸在棺曰柩

屠　刳也從尸者聲　同都切

刳也者一切經音義二十四引同廣雅刳屠也燕策刳子腹及子之腸矣韓策抉眼屠腸尸子屠割肉知牛之長少史記信陵君傳臣乃市井之人鼓刀以屠鹽鐵論屠者解分中理可横以手而離也至其抽筋鑿骨非行金斧不能泆

屟　履中薦也從尸枼聲　穌叶切

履中薦也者一切經音義三十二屧鑿腹令空薦足者也又十四云東宮舊事曰絳地文履屜自副今江南婦女猶著屧子制如芯屧而卑下也史記屈賈列傳章甫薦屨·兮漸不可久南齊書江泌傳晝所屧夜讀書玉篇作屜

屋　居也從尸尸所主也一曰尸象屋形從至至所至止室屋皆從至　烏谷切

居也者當爲凥本書凥處也從尸得几而止　尸所主也者釋詁尸主也書五子之歌太康尸位傳云尸主也康王之誥序康王既尸天子傳云尸主也詩采蘋誰其尸之傳云尸主隱五年穀梁傳卑不尸大功范云尸主莊二十三年傳以是爲尸女也范云尸主也成十七年左傳殺老牛莫之敢尸襄二十七年傳非歸其尸盟也杜竝云尸主也宣十二年傳彘子尸之杜云主此禮學記當其爲尸則弗臣也注云尸主也爲祭主也延篤戰國策音義尸雞中之主　一曰尸象屋形者本書屚屚下竝云尸屋也　從至至所至止者本書室下云從至至所止也廣韻引風俗通屋止也　室屋皆從至者本書臺與室屋同意

籀文屋從厂

古文屋

本書握古文作𡴉釋言握具也釋文李本作幄云居位處之具也案本書無幄字詩權輿夏屋渠渠箋云屋具也正義以爲釋言文

屏　屏蔽也從尸幷聲　必郢切

論語蕭牆之內鄭注蕭之言肅也蕭牆謂屏也君臣相見之禮至屏而加肅敬焉是以謂之蕭牆吳語王背屏而立夫人向屏韋云屏寢門內屏也孫卿子天子外屏諸侯內屏禮也外屏不欲見於外內屏不欲見於內也大戴禮踐阼篇負屏而立盧注樹謂之屏雜記旅樹而反坫注云旅樹門屏也　明堂位疏屏注云屏謂之樹今桴思也刻之爲雲氣蟲獸如今闕上爲之矣　漢官典職省閣下大屏稱曰丹屏尚書郎含雞舌香伏其下奏事　皇侃論語義疏樹塞門謂立屏以障隔門別外內禮天子諸侯竝有之也臣來朝君至屏而起敬天子尊遠故外屏於路門之外爲之諸侯尊近故內屏於內門之內爲之今黃閣板障是也鄉大夫以簾士以帷又竝不得施之於門故當在庭階之處耳顧炎武曰陳氏禮書曰古者門皆有屏天子設之於外諸侯設之於內禮臺門而旅樹旅道也當道而設屏此外門之屏也治朝在路門之外天子當宁而立宁在門屏之間此路門之屏也國語曰王背屏而立夫人向屏此寢門內之屏也魯廟疏屏天子之廟飾此廟門之屏也月令天子田獵整設於屏外此田防之屏也晉天文志屏四星在端門之內近右執法然則先

王設屏非苟然也

屏蔽也者本書屏蔽也釋宮屏謂之樹李巡云垣當門自蔽名曰樹詩桑扈萬邦之屏傳云屏蔽也論語邦君樹塞門鄭注人君別內外於門樹屏以蔽之昭二十七年左傳屏王之耳目使不聰明月令整設於屏外注云屏門外之蔽郊特牲臺門而旅樹反坫注云屏謂之樹樹所以蔽行道管氏樹塞門塞猶蔽也呂氏春秋季秋紀輿受車以級整設於屏外注云屏樹垣也爾雅云屏謂之樹論語曰樹塞門者也又愼行篇屏王之耳目注云屏蔽也淮南時則訓皆正設於屏外注云屏樹垣也又主術訓天子外屏所以自障注云屏樹垣也爾雅曰門內之垣謂之樹諸侯在內天子在外故曰所以自障也白虎通所以設屏何所以自障也示不極臣下之敬故也天子德大故外屏諸侯德小所照見近故內屏風俗通屏鄉大夫以帷士以簾稍有第以自障蔽也示臣臨見自整屏氣處也晉書阮籍爲東平相徹去屏障使內外相對又天文志屏四星在端門之內屏所以壅蔽帝庭也

屢　重屋也從尸曾聲昨棱切

重屋也者本書樓重屋也

文二十三　重五

𡰥　汗簡引

遺文一

連筠簃叢書　靈石楊氏栞

曲阜桂馥學

尺　十寸也人手卻十分動脈爲寸口十寸爲尺尺所以指尺規榘事也從尸從乙乙所識也周制寸尺咫尋常仞諸度量皆以人之體爲法凡尺之屬皆從尺昌石切

漢書律歷志尺者蒦也　晉書摯虞傳將作大匠陳勰掘地得古尺尚書奏今尺長於古尺宜以古爲正潘岳以爲習用已久不宜復改虞駮曰昔聖人有以見天下之賾而擬其形容象物制器以存時用故參天兩地以正算數之紀依律計分以定長短之度其作之也有則故用之也有徵考步兩儀則天地無所隱其情準正三辰則懸象無所容其謬施之金石則音韻和諧措之規矩則器用合宜一本不差而萬物皆正及其差也事皆反是今尺長於古尺幾於半寸樂府用之律呂不合史官用之歷象失占醫署用之孔穴乖錯此三者度量之所緣生得失之所取徵皆絓閡而不得通故宜改今而從古也　王制古者以周尺八尺爲步今以周尺六尺四寸爲步注云周尺之數未詳聞也按禮制周猶以十寸爲尺蓋六國時多變亂法度或言周尺八寸則步更爲八八六十四寸　韓邦奇曰今尺惟車工之尺最準萬家不差毫釐少不同則不利載是孰使之然哉古今相沿自然之度也然今之尺則古之尺二寸也所謂尺二之軌天下皆同是也以木工尺去二寸則周尺也

十寸也者　淮南道應訓終日行不離咫尺高云八寸爲咫

人手卻十分動脈爲寸口十寸爲尺者本書寸十分也人手卻一寸動脈謂之寸口徐鍇曰十分一寸也人所診脈處五藏脈所會也趙庭光曰醫家有全身尺說文所稱則全身尺也

尺所以指尺規榘事也者指尺當爲指斥尺斥聲相近取聲以爲況也集韻斥指名後漢書孔融傳擬斥乘輿注云斥指也

乙所識也者乙卽丨部之乚鉤識也音居月切徐鍇曰漢書武帝讀東方朔上書輒乙其處是以乙爲記識也　考工記輪人凡斬轂之道必矩其陰陽注云矩謂刻識之也

周制寸尺咫尋常仞

連筠簃叢書　靈石楊氏栞

諸度量皆以人之體爲法者本書咫下云中婦人手長八寸謂之咫尋下云度人之兩臂爲尋八尺也仞下云伸臂一尋八尺夫下云人長八尺故曰丈夫案史記夏本紀聲爲律身爲度易曰近取諸身大戴禮主言篇布指知寸布手知尺舒肘知尋家語布指知尺舒肱知尋考工記車人之事半矩謂之宣注云矩法也所法者人也人長八尺而大節三頭也腹也脛也以三通率之則矩二尺六寸三分寸之二半矩尺三寸三分寸之一人頭之長也

中婦人手長八寸謂之咫周尺也從尺只聲 諸氏切

中婦人手長八寸謂之咫者中謂中人喪服記衣二尺有二寸注云其袖足以容中人之肱也又云袪尺二寸注云足以容中人之併兩手也士喪禮苴絰大鬲注云鬲搤也中人之手搤圍九寸曲禮注中人之迹尺二寸漢書律歷志取秬黍之中者此皆中字義也僖九年左傳天威不違顏咫尺杜云八寸曰咫魯語其長尺有咫韋云八寸曰咫家語辨物篇其長尺有咫注云咫八寸也漢書五行志長尺有咫張晏曰八寸曰咫列子湯問篇其劒長尺有咫釋文八寸曰咫鄭志趙商問天子巡守禮制丈八尺純四䊷何荅云咫八寸後漢書崔駰傳夫欲千里而咫尺未發注

云八寸爲咫文選長楊賦且旨者不覩咫尺五臣云八寸曰咫　周尺也者本書夫下云周制以八寸爲尺獨斷夏以十寸爲尺殷以九寸爲尺周以八寸爲尺通典禮十五引白虎通夏法日數十也日無不照尺所度無所不極故以十寸爲尺殷法十二月言一歲之中無所不成故以十二寸爲尺周據地而生地者陰也以婦人爲法婦人大率奄八寸故以八寸爲尺通鑑外紀夏禹十寸爲尺成湯十二寸爲尺武王八寸爲尺陳祥道曰周法十寸八寸皆爲尺考工記十寸尺也

說文王制八寸尺也

文二

𢼸也從到毛在尸後古人或飾系尾西南夷亦然凡尾之屬皆從尾 無斐切

乇爲正毛𠂢爲到毛觀𠫓爲到子則知到毛矣隸變從正毛非六書義莊子天下篇丁子有尾釋文李云世人謂右行曲波爲尾今丁子二字雖左行曲波亦是尾也馥謂右行曲波亦指隸書言也　戴侗曰至之義鳥自上而下故顚到之義取焉

𢼸也者廣雅同史記五帝本紀鳥獸字微集解云尚書微作尾字說文云尾交接也馥案交接者謂鳥獸雌雄相交也釋名尾微也承脊之末稍微殺也戰國策尾生高誘以爲魯人卽論語之微生高古今人表有尾生高尾生晦顏注卽微生畝　在尸後者易遯卦遯尾厲王云尾後尾之爲物最在體後者也秦策王若能爲此尾高云尾後也

連也從尾蜀聲 之欲切

詩干旄素絲祝之箋云祝當作屬屬著也桑柔具贅卒荒傳云贅屬也正義云贅猶綴也謂繫綴而屬之孟子曰太王屬其耆老書傳云贅其耆老是贅爲屬　淮南覽冥訓地黃主屬骨　新序義勇篇夫子絕知伯而去之三年矣今反从之是絕屬無別也　吳書虞翻謂孫策明府試鞭馬翻能疏步屬之

連也者釋名云屬續也恩相連續也喪服記袂屬幅注云屬猶連也淮南說林訓親莫親於骨肉節族之屬連也通

作聯漢書張耳陳餘列傳築甬道屬河顏注屬聯及也西域傳其南山東出金城與漢南山屬焉顏注屬聯也

無尾也從尾出聲 九勿切

無尾也者本書趉讀若無尾之屈埤倉屈短尾廣韻屈短尾鳥一切經音義十二淮南子屈奇之服許叔重曰屈短也奇長也馥案古詩我牛尾禿速禿速卽屈之反語

人小便也從尾從水 奴弔切

人小便也者一切經音義十一矢溺正體作屎經文作溺假借耳廣韻屎小便也或作溺廣雅屎溲也玉篇溲小便也字林屎小便也通俗文出脬曰屎襄十五年左傳師慧過宋朝將私焉杜云私小便定三年傳夷射姑旋焉杜云旋小便韓非內儲說刖跪因捐水郎門霤下類溺者之狀莊子知北游篇在屎溺史記范雎傳賓客飲者醉便溺睢太倉公傳難於大小溲溺赤漢書高帝紀溺儒冠張安世傳郎有醉便殿上者韓安國傳安國曰死灰獨不復然乎甲曰然卽溺之顏注溺讀曰屎周仁傳常衣獘補衣溺袴故爲不絜清顏注溺讀曰屎屎袴者爲小袴以藉其屎裹

陽者舊傳木蘭橋者今豬闌橋也劉和季於此養豬太守曰作此豬屎臭當易名作豬闌橋耳嵇叔夜與山巨源書每常小便而忍不起令胞中略轉乃起耳通鑑魏主就臧質求酒質封溲便與之又云魏檠崔浩置檻內衛士溲其上注云溲小便也又云慕容翰陽狂酣飲或臥自便利注云便溲也

文四

履 足所依也从尸从彳从夂舟象履形一曰尸聲凡履之屬皆从履 良止切

字書草曰扉麻曰屨皮曰履黃帝臣於則造 世本於則作履注云於則黃帝臣 古今注履者屨之不帶者也 方言絲作之者謂之履 急就篇履舄鞜裒絨緞紃顏注單底謂之履或以絲爲之複底而有木者謂之舄 三禮圖複下曰舄單下曰履夏葛冬皮 賈子天子黑方履諸侯素方履大夫素圓履 宋書五行志昔初作履者婦人員頭男子方頭員者順從之義所以別男女也 晉令履曰士卒百工履色無過綠青白奴婢履色無過純青 古儈賣者皆當著巾帖額題所儈賣者姓名一足著黑履一足著白履 徐乾古禮議謹案今時所謂履者自漢以前皆名屨左傳曰踊貴屨賤禮曰戶外有二屨不言二履賈誼曰冠雖弊不以苴履言履者猶足所履踐耳詩云糾糾葛屨可以履霜易者一物之別名履者足踐之通稱

足所依也者小爾雅廣服在足謂之履釋名履禮也飾足所以爲禮也 從夂者本書夂象人兩脛有所躧也 舟象履形者有舟旋之義易履卦視履考祥其旋元吉

〔篆〕 古文履從頁從足

屨 履也从履省婁聲一曰鞮也 九遇切

履也者廣雅同玉篇屨履屬麻作謂之屨也釋名屨拘也所以拘足也方言自關而西謂之屨中有木者謂之複舄鄭注周禮屨人云複下曰舄禪下曰屨古人言屨以通於複今人言屨以通於禪俗易語反與轂耕錄按屨無別制說文屨履也從履省婁聲古今注以木置履下乾腊不畏泥溼故曰舄以是知屨舄履之異名也但有禪下複下用木之異耳

𡳐 履下也从履省歷聲 郎擊切

履下也者本書靪下云補履下也徐鍇曰周禮注繶者以采絲礫履之下臣以爲履牆下連底處采絲編刺之歷歷然作礫假借當作此歷馥案史記東郭先生履有上無下足盡著地又案聲類歷鞮屬本書屨下云一曰鞮也疑此歷下訓

〔篆〕 履屬从履省予聲 徐呂切

屩 屐也从履省喬聲 居勺切

屩有耳有鼻宋書劉敬宣傳空中有放一隻芯屩於坐中墜敬宣食盤上已經人著耳鼻間並欲壞 鹵簿令羊車小史十四人並青耳屩 廣韻屩草履也 廣雅屝屩也 釋名屩屩蹻也出行著之蹻蹻輕便因以爲名也 急就篇屐屩素麤贏寠貧顏注屩即今之鞋也 史記平準書布衣屩而牧羊韋昭曰屩草履也又孟嘗君傳躡屩而見之 字或作繑管子輕重戊篇緦繑而踵相隨 又或作蹻管子輕重甲篇北郭者盡屨縷之㓝也請以令禁百鍾之家不得事鞽 又通作蹻韓非外儲說此其稱功猶贏勝而履蹻何犿注云猶贏勝之人履草屩也淮南氾論訓乃爲鞮蹻而超千里高云鞮蹻鞮履也史記虞卿傳躡蹻擔簦徐廣曰蹻草履也說苑知地道者履蹻風俗通義足常木蹻漢書卜式傳布衣中蹻而牧羊顏注蹻即今之鞋也南方謂之蹻王褒傳離疏釋蹻而享膏粱應劭曰釋此木蹻也臣瓚曰以繩爲蹻也顏注蹻即今之鞋耳瓚說是也

屐 屩也从履省支聲 奇逆切

屐也者莊子天下篇以跂蹻爲服釋文李云麻曰屩木曰屐屐與跂同屩與蹻同

古文苑僮約當作俎几木屐注云屐木履也 顏注急就篇屐者以木爲之而施兩齒所以踐泥 宋書謝靈運常著木屐上山則去前齒下山則去後齒 釋名屐搘也爲兩足搘以踐泥也又云帛屐以帛作之如屩者不曰帛屩者屩不可踐泥者也屐踐泥者也此亦可以步泥而浣之故謂之屐也 風俗通延熹中京師長者皆著木屐婦女始嫁作漆畫屐

五色采作系 汝南先賢傳戴良嫁女布裳木屐 世說阮遙集好屐或有詣阮見自吹火蠟屐因歎曰未知一生當箸幾量屐 義熙起居注兼黃門郎徐應祯出爲散騎箸屐出省閣有司奏免官 晉中興徵祥說舊爲屐者齒皆達名露卯泰元中忽不復徵名陰卯亦服妖也 搜神記屐婦人圓頭男子方頭 通鑑郗超稱謝元雖履屐閒未嘗不得其任注云履以皮爲之屐以木爲之 或通作芰 鹽鐵論散不足篇古者庶人鹿菲草芰

屩也者一切經音義十四說文屐屩也然則屐屩古蒔同類也漢書袁盎屐行七十里是也三蒼屐木屩也孔叢曰孔穿曳長裾振方屐見平原君此似木屐也異苑云介子推抱樹燒死晉文公伐以制屐也律文有革屐莊子有竹跂

文六　重一

舟 船也古者共鼓貨狄刳木爲舟剡木爲楫以濟不通象形凡舟之屬皆從舟 職流切

白帖古者觀落葉以爲舟 詩汎彼柏舟傳云柏木所以宜爲舟也覆案吳記孫皓問中書令張尚曰詩言汎彼柏舟惟柏中舟乎尚曰詩云檜楫松舟松亦中也 墨子辭過篇古之民未知爲舟車時重任不移遠道不至故聖王作爲舟車以便民之事其爲舟車也全固輕利可以任重致遠其爲用材少而爲利多是以民樂而利之

船也者廣雅同 方言舟自關而西謂之船 詩谷風方之舟之傳云舟船也 古者共鼓貨狄刳木爲舟剡木爲楫以濟不通者北堂書鈔引世本共鼓化狄作舟注云二人黃帝臣也易繫辭刳木爲舟剡木爲楫舟楫之利以濟不通墨子節用篇古者聖王爲大川廣谷之不可濟於是利爲舟楫覆案始作舟者諸說各異海內經番禺是始爲舟墨子非儒篇巧垂作舟呂氏春秋勿躬篇虞姁作舟物理論以爲化狐發蒙記以爲伯益

俞 空中木爲舟也從亼從舟從巜巜水也 羊朱切

空中木爲舟也者本書窬空中也淮南氾論訓乃爲窬木方版以爲舟航高云窬空也漢書音義孟康曰東南人謂鑿木空中如槽謂之窬 巜水也者五經文字巜音工外反

船 舟也從舟鉛省聲 食川切

舟也者周處風土記小曰舟大曰船 釋名船循也循水而行又曰舟言周流也 通俗文吳船曰𦪇晉船曰舶長二十丈載六七百人者是也

肜 船行也從舟彡聲 丑林切

船行也者集韻吳楚謂船行曰肜

舳 艫也從舟由聲漢律名船方長爲舳艫一曰舟尾 直六切

艫也者唐書楊元琰傳與張柬之共乘艫江中 一曰舟尾者徐鍇本作一曰尾鍇曰尾船尾方言後曰舳舳制水也注云今江東呼柁爲舳漢書武帝紀舳艫千里李斐曰舳船後持柁處也艫船前頭刺櫂處也鹽鐵論孰轡非其人則馬奔馳孰舳非其人則船覆傷或作䑳周惸功勳銘䑳老唱兮艫人歌隸變作䑳小爾雅廣器船頭謂之舳尾

謂之艫吳都賦宏舸連舳巨檻接艫 五臣云舳船前也艫船後也此皆與本書異

艫 舳艫也一曰船頭從舟盧聲 洛乎切

舳艫也者宋武帝詩舳艫引江飛 一曰船頭者李善注謝朓詩江淹詩引竝同方言首謂之閤閭注云今江東呼船頭屋謂之飛閭是也覆案艫閭聲相近廣韻艫舟後玉篇艫在船後此與小爾雅同

𦨶 船行不安也從舟刖省讀若兀 五忽切

船行不安也者玉篇船在水不安謂之𦨶 刖省者當爲刖省聲廣雅刖危也 讀若兀者方言僞謂之扤扤不安也郭注船動搖之皃覆案玉篇僞謂之仡仡不安也考工記輪人則是以大扤注云扤動搖皃張協七命搖刖峻挺李善注搖刖危皃

艐 船箸不行也從舟㚇聲讀若萃 子紅切

船箸不行也者廣韻引箸下有沙字集韻增韻竝同廣韻溢下云船箸沙也漢書司馬相如傳跆以艐路兮張揖曰

踏下也艐箸也皆下箸道也讀若莘者方言艐至也釋詁艐至也孫炎云艐古屆字本書屆行不便也顏注漢書艐音屆史記集解引徐廣曰艐音介通作戒詩烈祖既介既平傳云戒至也

朕　我也闕　直禁切

我也者釋詁文郭注古者貴賤皆自稱朕覆案離騷朕皇考曰伯庸

舫　船師也明堂月令曰舫人習水者从舟方聲　甫妄切

明堂月令曰舫人者通作榜子虛賦榜人歌張揖曰榜船也月令命榜人榜人船長也淮南時則訓令榜人入材葦也習水者者許公解釋舫人之文廣韻舫舫人習水者也

般　辟也象舟之旋从舟从殳殳所以旋也　北潘切

辟也者禮投壺主人般還曰辟李巡注爾雅婆娑盤辟舞也論語足躩如也苞氏曰盤辟皃也漢書儒林傳注蘇林曰不知經但能盤辟爲禮容　象舟之旋者本書恆上下一心以舟施馥謂施當爲旋字之誤也本書旋周旋旌旗

之指麾也風俗通舟人楫櫂猶尚畏怖不敢迎上與之周旋六書故舟在水土旋莫易焉故取類於舟釋言般還也釋文云還音旋易明夷明夷于左股馬融王肅作般云旋也日隨天左旋也大射儀且左還毋周注云左還反其位毋周右還而反東面也文十八年左傳奉以周旋定十五年傳將左右周旋玉藻周還中規釋文還本亦作旋漢書賈誼傳般紛紛其離此郵兮顏注般反也趙充國傳明主般師罷兵鄧展曰般還也地理志平原郡般縣如淳曰般音如回般之般顏云爾雅說九河云鉤般郭璞以爲水曲如鉤流般桓也抱朴子廣譬篇般旋之儀見憎於裸踞之鄉通作盤廣雅盤桓不進也後漢書張楷傳前此徵命盤桓未至易屯卦盤桓利居貞馬注盤桓旋也漢仲秋下旬碑作般桓薛綜注西京賦盤桓便旋也通鑑爾朱榮每見天子射中叫將相卿士悉皆盤旋或作跘賈誼書容經篇旋以微磬之容其始動也穆如驚倏其固復也旄如濯絲跘旋之容也通作班易屯卦乘馬班如正義引馬融云班旋不進也釋文云鄭本作般周書乃班孔晁云還鎬京也襄十年左傳水潦將降懼不能歸請班師杜云班還也哀二十四年傳役將班矣晉師乃還又或作洀管子小問篇意者君乘駁馬而洀桓注云洀古盤字

古文般从攴

服　用也一曰車右騎所以舟旋从舟𠬝聲　房六切

用也者易繫辭服牛乘馬正義云服用其牛書說命旨哉說乃言惟服傳云美其所言皆可服行　一曰車右騎所以舟旋者騎當爲騑小字本徐鍇本集韻六書故並作騑詩鄭風兩服上襄箋云兩服中央夾轅者正義云馬在內兩服者馬之上駕也僖十五年左傳晉與秦戰乘小駟慶鄭曰進退不可周旋不能君必悔之晉戎馬還濘而止注云還便旋也小駟不調故墮泥中僖二十三年傳其左執鞭弭右屬櫜鞬以與君周旋陳啟源曰服雖從舟旁然製字之義會意在車其以車得名者亦有二四馬外二爲驂內二爲服一也詩兩服上襄兩服齊首是也兩較謂之牝服二也詩不以服箱是也箱以容物在兩較之內故服箱相屬成文矣

古文服从人

從人者六書故以爲从卜案卜古文作片誤爲人蓋卜聲也

文十二　重二

䑠　小船

詩河廣曾不容刀正義及釋文並云說文作䑠小船音刀詩鞞琫容刀釋文云說文作䑠一切經音義九引郭注方言艇䑠也廣雅䑠舟也釋名三百斛曰䑠䑠貂也貂短也江南所名短而廣安不傾危者也

遺文一

方　併船也象兩舟省總頭形凡方之屬皆从方　府良切

鄉射記左足履物不方足注云方猶併也　史記蘇秦列傳車不得方軌正義云言不得兩車並行　後漢書蔡邕傳速速方轂注云蓋謂小人乘寵方轂而行　魯靈光殿賦方二軌而並入　併船也者高注淮南氾論訓云方並也齊語方舟設泭乘云方併也說苑江水出於岷山其始也大足以濫觴及至江之津不方舟不可渡也漢書酈食其傳蜀漢之粟方船而下顏注方併也後漢書班固傳方舟並騖注云方舟並

兩舟也馬融傳然後方餘皇連舼舟注云方猶竝也吳志
呂蒙傳獲馬三百匹方船載還宋書武帝紀方艦而下臧
質傳賊更方舫爲桁吳都賦方舟結駟五臣注方舟竝舟
也景福殿賦水方輕舟五臣注方竝也元和志後魏刁雍
上表論漕運欲造船二百艘二船爲一舫方舟順流五日
而至或作舫一切經音義二通俗文連舟曰舫併兩舟也
釋言舫舟也注云竝兩船史記張儀傳舫船載卒索隱云
謂竝兩船也王隱晉書顧榮紀瞻祓徵行至彭城見王路
塞絕遂解舫爲單舸而歸通作放荀子子道篇
不放舟不避風則不可涉也注云放讀爲方

方或從水

汸簡作㳁以爲古文云見說文

方舟也從方亢聲禮天子造舟諸矦維舟大夫方舟士特舟 胡郎切

或作亙顏氏家訓書證篇何法盛中興書乃以舟在二間爲舟航字謬也董彥遠謝除正字啟誤抒舟二間之爲航 又

通作杭詩河廣一葦杭之傳云杭渡
也郡國志餘杭舍杭登陸因以爲名
方舟也者後漢書李南傳向度宛陵浦里斻注云斻以舟
濟水也杜篤傳造舟於渭北斻涇流注云爾雅曰天子造
舟造竝也以舟相竝而濟也斻舟度也說文斻字在方部
今流俗不解遂與杭字相亂者誤也又或作航方言舟自
關而東或謂之舟或謂之航管子小匡篇遂至於西河方
舟設泭楚詞七諫將方舟而下流兮注云大夫方舟後漢
書張衡傳譬臨河而無航注云航船也禮天子造舟諸
矦維舟大夫方舟士特舟者禮無此文釋水天子造舟諸
矦維舟大夫方舟士特舟庶人乘泭郭云比船爲橋孫云
比舟爲梁李云比其舟而渡曰造釋文云郭圖云天子併
七船諸矦四大夫二士一詩大明造舟爲梁傳云天子造
舟諸矦維舟大夫方舟士特舟箋云天子造舟周制也殷
時未有等制昭元年左傳造舟於河杜
云造舟爲梁正義云比舟以爲橋也

文二 重一

仁人也古文奇字人也象形孔子曰在人下故詰屈

凡儿之屬皆從儿 如鄰切

仁人也者當云仁也人字衍古文仁字二在尸下此儿亦
在下故曰仁也廣雅人仁也釋名人仁也仁生物也故易
曰立人之道曰仁與義周語言仁必及人韋云博愛於人
爲仁莊子愛人利物謂之仁賈誼書心兼愛人謂之仁說
苑人而不愛則不能仁白虎通仁者不忍也施生愛人也
古文奇字人也者本書序奇字卽古文而異者也 在
人下故詰屈者玉篇作人在下五音集韻同
凡從儿之字皆以儿爲下體故曰人在下

高而上平也從一在人上讀若敻茂陵有兀桑里 五忽切

高而上平也者本書長從此云兀者高遠意也 讀若敻
者廣雅敻遠也漢書司馬相如傳儵敻遠去典引上哉敻
乎

孺子也從儿象小兒頭囟未合 汝移切

孺子也者徐鍇本作孩子也本書孺乳子也孩小兒笑也
廣雅兒嬰兒一切經音義二三替女曰嬰男曰兒 象小
兒頭囟未合者本書囟頭會匘蓋也內則男角女羈注云
夾囟曰角正義云囟是首腦之上縫故說文云兒其字象
小兒腦不合也魏校曰囟頂門也子在母胎諸竅尙閉惟
臍內氣囟爲之通氣骨獨未合旣生則竅開口鼻內氣尾
閭爲之洩氣囟乃漸
合陰陽升降之道也

信也從儿㠯聲 余準切

信也者釋詁文書堯典允恭克讓傳云允信也又允釐百
工史記作信飭百官皋陶謨庶尹允諧鄭注允信也堯典
惟明克允馬注當明其罪能使信服之說命允懷于茲傳
云信懷此學志詩定之方中終焉允臧傳云允信車攻允
矣君子箋云允信禮緇衣允也君子注云允信也小毖肇
允彼桃蟲常武王猶允塞時邁允王維后箋竝云允信也
文四年左傳君子是以知出姜之不允於魯也文十八年
傳明允篤誠襄五年傳成允成功杜注竝云允信也晉語
辱君之允令韋云允信也覈案兗從允亦爲信春秋元命
包五星流爲兗州兗信也李巡注爾雅沇州厥惟信謹故

曰沇沇信也

兌　說也從儿㕣聲　大外切

說也者兌說聲相近易說卦兌說也兌正秋也萬物之所說也王弼曰萬物成所以說也尚書說命禮記作兌命呂氏春秋勸學篇凡說者兌之也

充　長也高也從儿育省聲　昌終切

長也者長讀知亮切玉篇充滿也韓愈詩得時方長王管子內業篇凡食之道大充腸而形不藏注云大充謂過飽也周禮序官充人注云充猶肥也　高也者徐鍇曰𠫓在儿上也

文六

亮　明也從儿從高省

六書故引唐本

遺文一

兄　長也從儿從口凡兄之屬皆從兄　許榮切

長也者玉篇兄昆也引爾雅男子先生爲兄廣雅兄大也釋名兄荒也荒大也故青徐人謂兄爲荒也論語長幼之節書伊訓立敬惟長曲禮十年以長則兄事之詩克長克君箋云教誨不倦曰長是也　從儿從口者集韻從人口以制下白虎通兄者況也況父法也

兢　競也從二兄二兄競意從丰聲讀若矜一曰兢敬也　居陵切

汗簡兢見尚書說文通爲小篆

競也者襄十年左傳師競已甚杜云競爭競也襄二十六年傳臣不心競而力爭昭十三年傳國不競亦陵注云不競爭則爲人所侵陵　從二兄競意者二兄爭長也　從丰聲者丰非聲有誤　讀若矜者大禹謨汝惟不矜天下莫與汝爭能僖九年公羊傳矜之者何猶曰莫若我也　一曰兢敬也者通作兢本書肅持事振敬也戰戰兢兢也釋訓兢兢戒也書皐陶謨兢兢業業詩雲漢兢兢業業傳云兢兢恐也漢書外戚傳唯婚姻爲兢兢又通作矜韋孟詩矜矜先王孟子使諸大夫國人皆有所矜式

文二

先　首笄也從儿匕象先形凡先之屬皆從先　側琴切

本書夫下云從大一以象簪也　夢書簪者己之尊也　燕書張華賤所簪幘簪以遺高祖　通俗文幘導曰簪　釋名導所以導擽鬢髮使入巾幘之裏也　御覽引諸葛恢集詔答恢曰今送一犀導小物百　史記平原君詩楚爲玳瑁簪　韓詩外傳有婦人哭甚哀孔子使問之婦人曰鄉者刈蓍薪而亡吾蓍簪吾是以哀也非傷亡簪也蓋不忘故也　班固與弟超書今遺仲升玳瑁黑犀簪　江表傳魏文帝遣使於吳求通犀簪

首笄也者本書笄簪也廣雅笄鐕也蒼頡篇簪笄也所以持冠也釋名簪兓也以兓連冠於髮也又枝也因形名之

也隋書禮儀志引釋名簪建也所以建冠於髮也一曰笄笄係也所以拘冠使不墜也急就篇冠幘簪簧結髮紐顏注簪一名笄士冠禮皮弁笄注云笄者今之簪文選謝惠連擣衣詩簪玉出北房李善云魏臺訪議曰以玉爲笄也

簪　俗先從竹從朁

古曰笄今曰簪

兓　朁朁銳意也從二先　子林切

朁朁銳意也者玉篇作兓兓本書鐕可以綴著物者

文二　重一

皃　頌儀也從儿白象人面形凡皃之屬皆從皃　莫教切

楚詞九章情與貌其不變注云顏色爲貌　秦策不韋使楚服而見王后悅其狀高云狀皃　說苑修文篇書曰五事一曰貌貌者男子之所以恭敬婦人之所以姣好也行步中矩折旋中規立則磬折拱則抱鼓其以入君朝尊以嚴其以入

宗廟敬以忠其以入鄉曲和以順其以入州里鄉黨之中和以親　漢書王莽傳皃很自臧顏注皃古貌字也又古今人表昆辯卽齊貌辯本作皃譌爲昆

頌儀也者本書頌皃也儀當爲義本書義己之威義也經典通用儀詩鳲鳩其儀不忒柏舟威儀棣棣周禮司儀以詔儀容辭令揖讓之節

䫉　皃或從頁豹省聲

本書貇從此云美也

貌　籀文皃從豹省

從豹省者徐鍇本作從豸鍇曰豸獸豸豸然皃之嚴毅

覍　冕也周曰覍殷曰吁夏曰收從皃象形　皮變切

玉篇覍攀也所以攀持髮也以鹿皮爲之　釋名弁如兩手相合抃時也以爵韋爲之謂之爵弁以鹿皮爲之謂之皮弁

小爾雅廣服弁髦太古布冠冠而敝之者也　世本魯昭公作弁宋均曰制素弁也　書金縢王與大夫盡弁傳云皮弁詩甫田突而弁兮傳云弁冠也頍弁傳云弁皮弁也絲衣載弁俅俅箋云弁爵弁也　士冠禮三王共皮弁　周禮司服視朝則皮弁服夏官敍官弁師注云弁者古冠之大稱委貌緇布曰冠弁師職王之皮弁會五采玉璂象邸玉笄王之弁經弁而加環經諸侯及孤卿大夫之冕韋弁皮弁弁經各以其等爲之而掌其禁令馥案魏臺訪議五采玉一玉有五色者也　邸以象骨周緣弁下根柢如魏武帝所作弁抵凡有笄無纓　僖二十八年左傳楚子玉自爲瓊弁玉纓杜云弁以鹿子皮爲之　昭元年傳弁冕端委釋文本亦作弁端委無冕字馥案杜注弁冕冠也以冕冠訓弁則冕字衍文明矣　孟子以皮冠注云皮冠弁也　董巴輿服志爵弁一名冕廣八寸長尺二寸如爵形前小後大繒其上似爵頭色有收持笄所謂夏收殷冔者也　祠天地五郊明堂雲翹舞樂人服之　皮弁與委貌同制長七寸高四寸制如覆杯前高廣後卑錢所謂夏之毋追殷之章甫者也　行大射禮辟雍公卿諸侯大夫行禮者冠委貌執事者冠皮弁　五經通義皮弁冠前後玉飾　梁正三禮圖弁縫十二　三禮圖爵弁士助君祭之服服以祭其廟無旒韋弁王及諸侯其服也　三禮冠弁圖皮弁以鹿皮淺毛黃白色者爲之高尺二寸春三月習大射冠之行事　李孟悊儀禮章疏委貌與弁皆天子始冠之冠齊永明中高麗使臣冠折風中書郎王融戲之曰頭上定是何物答曰此則古弁之遺象也　隋書李子雄傳新羅遣使朝貢子雄問其冠制所由使者曰皮弁遺像安有大國君子而不識皮弁也　通典上古衣毛帽皮後代聖人見鳥獸冠角乃作冠纓黃帝造旒冕始用布帛唐虞以上冠布無緌夏后以牟追以收收所以收斂髮殷制章甫或以冔冔覆也自覆飾形制竝無文至周六冕章數始備故孔子曰服周之冕言中禮也

冕也者本書冕大夫以上冠也　璂弁飾　論語見冕者釋文鄭本作弁　周曰覍殷曰冔夏曰收者廣雅收冔冠也　釋名收夏后氏冠名也言收斂髮也　詩文王常服黼冔傳云冔殷冠也夏后氏曰收周曰冕　釋文冔字林作冔　士冠禮記周弁殷冔夏收注云弁名出於槃槃大也言所以自光大也冔名出於幠幠覆也言所以自覆飾也收言所以收斂髮也　郊特牲委貌周道也章甫殷道也毋追夏后氏之道也周弁殷冔夏收　檀弓周人弁而葬殷人冔而葬　王制夏后氏收而祭殷人冔而祭周人冕而祭　內則夏后氏收而祭燕衣而養老殷人冔而祭縞衣而養老周人冕而祭

元衣而養老　宣元年公羊傳已練可以弁冕注云弁禮所謂皮弁爵弁也皮弁武冠爵弁文冠夏曰收殷曰冔周曰弁加旒曰冕獨斷冕冠周曰爵弁殷曰冔夏曰收皆以三升漆布爲殼廣八寸長尺二寸加爵弁其上周黑而赤如爵頭之色天子十二旒三公九諸侯卿七其纓與組各如其綬之色

㒹　籀文覍從廾上象形

弁　或覍字

隸變作卞

文二　重四

兜　廱蔽也從儿象左右皆蔽形凡兜之屬皆從兜讀若瞽　公戶切

本書瞍瞽兜兜當作兜

廱蔽也者杜篤論都賦廱偃西戎通作雝詩無將大車維
塵雝兮箋云雝猶蔽也晉書地理志雝州以其四山之地
故以雝名焉亦謂西北之位陽所不及陰陽氣雝閼也又
作壅楚辭不忍見君之蔽壅韓詩外傳所友者十有二人
足以袪壅蔽矣說苑是故古者君始聽治大夫而一言士
而一見庶人有謁必達公族請問必語四方至者勿距可
謂不壅蔽矣陸機演連珠是以明哲之君時有壅蔽之累
通鑑魏靈太后務爲壅蔽不使帝知外事又通作擁內則
女子出門必擁蔽其面注云擁猶障也潛夫論此奸雄所
以遂黨進而處子所以愈擁蔽也讀若瞽者史記趙高
瞽惑二世又通作蠱釋詁蠱疑也杜注昭元
年左傳云蠱惑疾正義云心志惑亂之疾

兜 兜鍪首鎧也從兜從皃省皃象人頭也 當侯切

集韻毦兜鍪上毛飾 孝經援神契欲去惡鬼須具五刜五
人持大斧箸鐵兜鍪驅之 淮南氾論訓古者有鍪而綣領
以王天下者矣高云鍪頭著兜鍪帽 東觀漢記馬武與衆
將上隴擊隗囂身被兜鍪鎧甲又云祭遵薨遣校尉發騎士
四百人被元甲兜鍪送葬 吳志太史慈與孫策鬬得策兜
鍪 獻帝春秋孫策獲太史慈謂曰孤昔與鄉神亭之役若

說文解字義證　卷二十六　廿六　連筠簃叢書　靈石楊氏栞

爲鄉先如何慈曰不敢面欺若兜鍪帶不斷未可量也吳
歷諸葛恪使丁奉等皆解鎧但箸兜鍪北軍見裸身皆大笑
晉令軍列營步騎士以下皆箸兜鍪 陶侃荅溫嶠書奉
所送帳下得蘇峻兜鍪制作之巧用功殊多戰器不須似此
宋書柳元景傳乃脫兜鍪解所帶鎧惟箸絳納兩當 王
玫宋書陳伯紹討劉思道紹髻解兜鍪擊地見禽 南齊書
周盤龍傳世祖戲之曰卿箸貂蟬何如兜鍪 吳越春秋令
三百人被甲兜鍪而立 廣志犬戎皆以朱漆皮作兜鍪
御覽引庾翼書今致兜鍪白旄百副 通鑑齊永明中交州
刺史李叔獻求獻十二隊純銀兜鍪又云楊立感取帆布爲
牟甲注云牟兜牟也又云泰主登將士皆列鉾鎧爲奴休字
注云鉾頭鉾 寰宇記突厥有金山狀如兜鍪俗呼兜鍪爲
突厥因以爲號 或作鞮鍪長楊賦鞮鍪生蟣蝨 廣
韻漢書鞮鍪即兜鍪 韓策甲盾鞮鍪鮑注鍪兜鍪
兜鍪首鎧也者本書冑兜鍪也初學記引本書曰首鎧謂
之兜鍪集韻鏊首箸兜鉾也莊子鏊頭曹植表兩當鎧二
十領兜鍪自副長楊賦鞮鍪生蟣蝨李善引
本書鞮鍪首鎧也顏謂因賦而順稱鞮鍪

文二

先 前進也從儿從之凡先之屬皆從先 穌前切

前進也者論語先進於禮樂漢書百官公卿表太子太保
少傅屬官有先馬如淳曰前驅也國語曰句踐親爲夫差
先馬先或作洗也續漢書百官志太子洗馬比六百石本
注曰舊注云太子出則當直者在前導威儀 從之者本
書之出也
出進也

兟 進也從二先贊從此闕 所臻切

進也者通作贊書大禹謨益贊於禹曰馥謂進言於禹家
語游夏不能贊一辭亦謂不能進一辭臯陶謨贊贊襄哉
正義王肅云贊贊猶贊奏也案奏亦進意趙策秦攻趙鼓
鐸之音聞於北堂希卑曰夫秦之攻趙不宜急如此此召
兵也必有大臣欲衡者耳王欲知其人旦日贊羣臣而訪
之先言橫者則其人也馥謂贊羣臣言進羣臣也漢書東
方朔傳朔自贊曰孔光傳已刻
侯印書贊顏注並云贊進也

文二

說文解字義證　卷二十六　廿七　連筠簃叢書　靈石楊氏栞

禿 無髮也從儿上象禾粟之形取其聲凡禿之屬皆從
禿王育說蒼頡出見禿人伏禾中因以制字未知其
審 他谷切

玉篇秃籀文禿字 洪武正韻引文字音義禿籀文作秃
一切經音義十八蒼頡篇瘋禿也韻集瘋瘡病也春發謂之
燕瘋秋發謂癬瘋張揖雜字作瘺成元年穀梁傳季孫行
父禿 禮記禿者不冕馥案秦書苻堅徵張巨和至長安賜
以冠巨和以禿辭 御覽三百七十四引孫卿子曰傅說之
狀禿無鬚眉 呂氏春秋盡數篇輕水之所多禿與癭人
易林瘤癭禿疥爲身瘡害 漢書灌夫傳與長孺共一禿翁
張晏曰嬰年老又嗜酒頭禿 劉氏新論隨時篇玉笄所以
飾首而禿嫗以之挂杖 顏氏家訓或問俗名傀儡子爲郭
禿有故實乎荅曰風俗通云諸郭皆諱禿當是前代人有姓
郭而病禿者滑稽戲調故
後人爲其象呼爲郭禿
無髮也者本書頌禿也鬜鬢禿也釋名禿無髮沐禿也呂
氏春秋明理篇首禿傴尫注云禿無髮定命錄賈直言妻

十五載一沐其髩墮終爲禿婦 上象禾粟之形取其聲者謂取粟聲也禿粟聲近 王育說云云者廣韻引文字音義文同案王育漢章帝時人作大篆解說見唐元度十體書

禿皃從禿貴聲 杜回切

詩卷耳我馬虺隤傳云虺隤病也釋文隤說文作頹𩕢案頹傳寫誤也釋詁虺隤病也

文二

視也從儿從目凡見之屬皆從見 古甸切

韓詩外傳人生三月微的而後見

視也者廣雅同華嚴經音義上引蒼頡篇示見也案視示通詩視民不恌箋云視古示字

瞻也從見示 神至切

釋名視是也察是非也 書太甲視遠惟明洪範五事二曰視

瞻也者本書瞻臨視也 從見示者徐鍇本作示聲

古文視

亦古文視

漢啟母廟石闕銘昭眂後昆

求也從見麗聲讀若池 郎計切

求也者當云求視也集韻䚕求視也玉篇䚕索視之皃吳都賦䚕海陵之倉李善引蒼頡篇䚕索視之皃通作麗釋名麗離也言一目視天一目視地目明分離所視不同也

好視也從見委聲 於爲切

旁視也從見兒聲 五計切

旁視也者本書睨衺視也徐鍇本作內視鍇曰內視自視也鍇韻譜亦作內視

好視也從見𤔔聲 洛戈切

玉篇覶縷委曲也 吳都賦嗟難得而覶縷 唐書柳宗元傳秉筆覶縷不能成章 類篇覶俗從爾非是

好視也者集韻覶視皃 𤔔聲者𤔔非聲覶聲如羅 晉書傳咸疏臣所以不羅縷者冀因結奏得從私願也

笑視也從見彔聲 力玉切

笑視也者廣韻䙺眼曲䙺也通作睩宋玉招魂蛾眉曼睩目騰光些

大視也從見爰聲 況晚切

大視也者本書[illegible]下音義竝同

察視也從見㶣聲讀若鎌 力鹽切

㶣從羊說見㶣下

察視也者玉篇覝今作廉戴侗曰廉問廉察之廉別作覝徐鍇曰漢書多言廉得某情廉察視也當作此覝漢高帝

詔且廉問有不如吾詔者以重論之續漢書螟不入中牟河南尹袁安遣掾往察廉之洞簫賦廉察其賦歌李善云廉亦察也通典官制有廉訪使漢乙瑛碑乙君察舉守宅除吏孔子十九世孫麟廉請置百石卒史一人隸釋以麟廉爲人名非是

外博眾多視也從見員聲讀若運 王問切

諦視也從見雚聲 古玩切

諦視也者廣雅觀視也釋名觀翰也望之延頸翰翰也馥謂翰當爲榦本書榦睎也睎望也成六年左傳視流而行速杜云視流不端諦本書禘諦祭也論語禘自既灌而往者吾不欲觀之矣

古文觀從囧

華君以珣曰當從古文目作囧 馥案趙宧光曰古目作囧譌同囧

取也從見從寸寸度之亦手也 多則切

本書得古文作㝷取也者一切經音義一說文㝷取也尙書高宗夢㝷說是也察衛宏詔定古文官書㝷得二字同體馥案曲禮臨財毋苟得當作㝷　亦手也者韻會引徐鍇本下有見而手取之五字

觀也從見監監亦聲　盧敢切

觀也者廣雅同離騷皇覽揆余于初度兮王注覽觀也　監亦聲者當爲監聲

內視也從見來聲　洛代切

內視也者本書睞目睞謹也詒讀若反目相睞蒼頡篇內視曰睞竝當作䚕

顯也從見是聲　杜兮切

顯也者廣韻題現也

目有察省見也從見與聲　力小切

目有察省見也者見集韻引作兒廣韻引字林䚋目有所察本書瞟瞭也瞭察也

覰覷闚觀也從見朿聲　七四切

覰覷闚觀也者玉篇覰盜視兒也又屌屭盜視案方言凡相竊視南楚謂之闚自江而北謂之覷覷卽覰之或體廣韻覰覷也一切經音義十二云字林覷窺觀也亦覰也廣雅覷視也相候視也通俗文伏覰曰覷覷通作狙管子七臣七主篇從狙而好小察注云狙伺也史記留侯世家良與客狙擊秦皇帝博浪沙中集解服虔曰狙伺候也索隱應劭云狙伺也顏注漢書云狙謂密伺之

拘覻未致密也從見䖒聲　七句切

小見也從見冥聲爾雅曰覭髳弗離　莫經切

爾雅曰覭髳弗離者釋詁文彼作茀離郭云謂草木之叢茸翳薈也茀離卽彌離彌離者蒙蘢耳

內視也從見甚聲　丁含切

內視也者漢張壽碑䚖䚖虎視

遇見也從見冓聲　古后切

遇見也者詩草蟲亦旣覯止傳云覯遇抑莫子云覯公劉乃覯于京傳竝云覯見也裳裳者華我覯之子車舝鮮我覯爾箋竝云覯見也

注目視也從見歸聲　渠追切

注目視也者玉篇[illegible]目駐視也

窺也從見占聲春秋傳曰公使覘之信　敕豔切

窺也者廣韻引作闚覘視也廣雅覘視也檀弓晉人之覘宋者返注云覘闚視也魏氏春秋太祖常夜微出覘察諸吏或作䀡方言䀡視也凡相竊視南楚謂之闚或謂之䀡自江而北或謂之覘通作佔學記呻其佔畢注云佔視也又通作沾檀弓我喪也私沾注云沾讀曰覘覘視也　春秋傳曰公使覘之信者成十七年左傳文注云覘伺也

司也從見微聲　無非切

司也者廣雅覹視也通作微晉語公使覘之韋云覘微視也漢書郭解傳使人微知賊處顏注微伺問之也

暫見也從見炎聲春秋公羊傳曰覢然公子陽生　失冉切

暫見也者一切經音義十六說文覢暫見也不定也又卷六電闢中名覢電馥謂電暫見者也釋名電殄也乍見則殄滅也本書睒暫視兒玉篇覢暫覢也廣雅覢見也蒼頡篇覢覢視兒　春秋公羊傳曰覢然公子陽生者哀六年傳文彼作闖注云出頭貌

暫見也從見賓聲　必刃切

暫見也者廣韻[illegible]暫見也

[illegible]覟也從見樊聲讀若幡　附袁切

覢𩓨也者類篇引作覢𩓨暫見也

⿰氏見 病人視也從見氏聲讀若迷莫兮切

⿰卣見 下視深也從見卣聲讀若攸以周切

下視深也者玉篇⿰卣見下目也

⿰彤見 私出頭視也從見彤聲讀若郴丑林切

⿱冃見 突前也從見冃莫紅亾洪二切

突前也者一切經音義九⿱冃見云北反⿱冃見沒猶抵觸也又云⿱冃見莫勒反國語⿱冃見沒輕儳賈逵曰⿱冃見沒猶輕觸也又十二說文云⿱冃見突前也猶輕觸直進也字從冃從見今皆作冒馥案本書蠢下云吏抵冒取民財則生漢書禮樂志民人抵冒顏注抵忤也冒犯也趙充國傳抵冒渡湟水顏注抵冒犯突而前也冒音莫北反周禮太史若約劑亂則辟法注云謂抵冒盟誓者又云辨事者攷焉不信者誅之注云謂抵冒其職事又司約注云治者理其相抵冒上下之差

差也洪範咎徵曰蒙恆風若正義引鄭注蒙見冒亂

從見冃者冃當依戴侗引唐本作冃

覬 钦幸也從見豈聲几利切

钦幸也者李善注冊魏公九錫文引作幸也一切經音義二引同本書豈欲也钦奞也檀弓幸而至於旦注云幸覬也又云吾欲暴尩注云尩者面鄉天覬天哀而雨之後漢書盧芳傳臣非敢有所貪覬注云覬望也後魏書程駿對顯祖曰臣雖才謝呂望而陛下尊過西伯覬天假餘年竭六韜之效通作驥廣雅驥企也

覦 欲也從見俞聲羊朱切

欲也者李善注冊魏公九錫文引同廣韻覦覬覦欲得華嚴經音義覦謂有所冀望也桓二年左傳是以民服事其上而下無覬覦杜云下不冀望上位襄十五年傳能官人則民無覦心杜云無覬覦以求幸陳書蕭摩訶傳窺覦江左

⿱舂見 視不明也一曰直視從見舂聲丑尨切

⿰龠見 視誤也從見龠聲弋笑切

視誤也者廣韻⿰龠見視不定也

覺 寤也從見學省聲一曰發也古岳切

寤也者有二義一曰知覺本書斅覺悟也釋名覺告也昭三十一年公羊傳叔術覺焉何云覺悟也孟子使先覺覺後覺是也一曰睡覺本書寤寐覺而有言曰寤一切經音義三覺寤也謂眠後覺也詩王風尚寐無覺周禮六夢三曰思夢四曰寤夢注云覺時所思念之而夢覺時道之而夢成十年左傳晉侯夢大厲又云公覺列子周穆王篇古之眞人其覺自忘其寢不夢又云西極之南隅有國名古莽其民多眠五旬一覺以夢中所爲者實覺之所見者妄莊子齊物論且有大覺而後知此大夢也史記高祖本紀後人至高祖覺注云覺謂寢寐而寤也東觀漢記上曰我昨夜夢乘赤龍上天覺悟心中動悸三國典略高歡夢履眾星而行覺而內喜晉書張華夢見屋壞覺而惡之前燕錄慕容儁夢石虎齧其臂覺遂痛惡之博物志文王夢覺召太公傳子夢攀日月覺而不上天庭夢人九泉寤而不

及地下是也

一曰發也者廣韻覺發也漢書高帝紀有而勿言覺免顏注發覺者免其官

[illegible] 目赤也從見[illegible]省聲才的切

目赤也者孫觀察星衍曰玉篇[illegible]見也疑說文作目視[illegible]省聲者聲字衍

靚 召也從見青聲疾正切

召也者釋言召靚也廣雅召靚也又云靚呼也通作請廣韻靚古奉朝請亦作此字呂氏春秋分職篇今召客者酒酣高注召請也

親 至也從見亲聲七人切

至也者本書寴至也廣韻儭至也

覲 諸侯秋朝曰覲勞王事從見堇聲渠吝切

諸侯秋朝曰覲者詩韓奕韓侯入覲以其介圭入覲于王箋云諸侯秋見天子曰覲儀禮有覲禮鄭目錄云秋見曰

覲周禮大行人秋覲以比邦國之功注引司馬法秋以禮覲諸侯比同功馬融曰在西方者覲秋曲禮天子當依而立諸侯北面而見天子曰覲僖二十八年左傳出入三覲杜云凡三見王昭三十二年穀梁傳諸侯不享覲范云覲見也鄭駁異義云覲通名也秋之言覲據時所用禮　勞王事者勞上當有勤字覲勤聲相近

頫 諸侯三年大相聘曰頫頫視也從見兆聲 他弔切

諸侯三年大相聘曰頫者聘義故天子制諸侯比年小聘三年大聘注云比年小聘所謂歲相問也三年大聘所謂殷相聘也周禮典瑞瑑圭璋璧琮繅皆二采一就以頫聘注云大夫衆來曰頫寡來曰聘大行人殷頫以除邦國之慝注云殷頫謂一服朝之歲也昭五年左傳享頫有璋杜云頫見也管子小匡篇美爲皮幣以極聘頫於諸侯魏都賦侈所頫之博大頫視也者釋詁文彼作頫釋文作頫齊語以聯聘頫於諸侯韋云頫視也周禮大宗伯殷頫曰視注云殷頫謂一服朝之歲以朝者少諸侯乃使卿以大禮衆聘焉一服朝在元年七年十一年考工記玉人之事瑑圭璋八寸璧琮八寸以頫聘注云頫視也聘問也衆來曰頫特來曰聘論語宗廟之事如會同鄭注諸侯時見曰

會殷見曰同皇氏疏曰周禮六服各隨服而來是正朝有數也而時見曰會此無常期諸侯有不庭服者王將有征討之事則因朝覲王命爲壇於國外合諸侯而發禁亦隨其方若東方不服則命與東方諸侯共征之此是時見曰會也又王十二年一巡狩若王有事故則六服諸侯竝來京師朝王受法此是殷頫曰同也而鄭元注云殷頫曰同者周禮又有時聘曰問殷頫曰視竝是諸侯遣臣來京師也王有事故諸侯不得自來而遣臣來聘王此亦無定時是時聘曰問也又元年六服惟侯服獨來朝京師人少故諸侯竝遣臣來京師覜王是殷頫曰視也鄭元云殷見曰同者廣頫見之言通也

覒 擇也從見毛聲讀若苗 莫袍切

擇也者玉篇引詩左右覒之通作芼今詩作芼傳云芼擇也釋言芼搴也孫炎曰皆擇菜也

覕 蔽不相見也從見必聲 莫結切

蔽不相見也者玉篇覕覓見也莊子徐無鬼譬之猶一覕也司馬彪注覕暫見兒

䙹 司人也從見它聲讀若馳 式支切

𧢄 目蔽垢也從見𥃩聲讀若兜 當侯切

目蔽垢也者一切經音義九引本書䁗兜眵也本書眵下云一曰瞢兜兜竝當作覴顏注急就篇眵謂眇覴目之蔽垢也　讀若兜者小字本作讀若兜

文四十五　重三

覞 竝視也從二見凡覞之屬皆從覞 弋笑切

竝視也者廣韻作普視

䙺 很視也從覞肩聲齊景公之勇臣有成䙺者 苦閑切

齊景公之勇臣有成䙺者者孟子作成覵

䨘 見雨而止息從覞從雨讀若欷 虛器切

見雨而止息者本書霽遇雨不進止頦也惕息也

文三

欠 張口气悟也象气從人上出之形凡欠之屬皆從欠 去劒切

本書奄欠也從大從申申展也　詩終風釋文崔云毛訓嚏爲㰟今俗人云欠欠㰟㰟是也　士相見禮君子欠伸注云志倦則欠體倦則伸　素問二陽一陰發病主驚駭背痛善噫善欠　八十一難經假令得腎脈其外證面黑善恐欠張世賢注云欠氣相引也

張口氣悟也者御覽引作張口出氣也悟六書正譌作啎玉篇㰟下云欠㰟張口也通俗文張口運氣謂之欠㰟

欽 欠皃從欠金聲 去音切

欠皃者山海經剛山多神其音如欽通作嶔釋名欠嶔也開張其口脣聲嶔嶔也

欠皃從欠䜌聲 洛官切

喜也從欠吉聲 許吉切

喜也者廣雅同 廣韻欯笑也

出气也從欠從口 昌垂切

本書口部有吹字

出气也者水東日記令人以大舒氣作聲爲打吹氣

吹也一曰笑意從欠句聲 況于切

吹也者玉篇欨吹欨 一曰笑意者李善注琴賦引作笑皃廣蒼欨欨樂也

溫吹也從欠虖聲 虎烏切

溫吹也者廣韻歑溫吹氣息也玉篇歑出氣息也出曰歑入曰哈通作呼何書大傳陽盛則吁荼萬物而養之外也

陰盛則呼吸萬物而藏之內也故曰吁吸也者陰陽之交接萬物之終始注云吁荼氣出而溫呼吸氣入則寒

吹气也從欠或聲 於六切

集韻作欻

安气也從欠與聲 以諸切

安气也者本書余語之舒也廣韻歟歎也玉篇歟語末詞通作與論語歸與歸與皇氏疏與不定之詞也

翕气也從欠脅聲 虛業切

翕气也者翕當爲歙

吹气也從欠賁聲 普魂切

吹气也者李善注東都賦引同玉篇歕歕氣也口含物歕散也顏氏家訓見馬嘶歕陸梁莫不震懾

息也一曰气越泄從欠曷聲 許謁切

息也者本書愒息也廣韻歇休息也通作猲齊策猲疑虛猲高云猲喘息懼貌 一曰气越泄者本書喝㵣也㵣當作歇玉篇喝嘶聲也廣韻歇氣洩也玉篇歇臭味消息散也方言歇涸也注云歇泄气釋詁歇竭也宣十二年左傳憂未歇也杜云歇盡也顏延之和謝靈運詩芬馥歇蘭若徐鍇本有讀若香息盡歇六字鍇引鮑照曰薰歇㷩滅

喜樂也從欠雚聲 呼官切

本書歖從欠與歡同

喜樂也者李善注七命引同廣韻歡喜也廣雅歡樂也孟子而民歡樂之通作驩書無逸言乃雍史記作讙裴駰引鄭注讙喜悅也檀弓言乃讙注云讙喜說也坊記言乃讙注云讙當爲歡聲之誤也其既言天下皆歡樂其政教也

笑喜也從欠斤聲 許斤切

笑喜也者本書听笑皃䜣喜也漢書萬石君傳注晉灼曰許慎云䜣古欣字廣雅欣欣喜也釋詁欣樂也詩鳧鷖旨酒欣欣傳云欣欣然樂也孟子舉欣欣然有喜色楚辭九歌君欣欣兮樂康王云欣欣喜皃樂動聲儀人情喜則笑

矣或作忻東觀漢記上與鄧晨說故舊平生爲忻樂

笑不壞顏曰弞從欠引省聲 式忍切

笑不壞顏曰弞者一切經音義四哂字書作弞或作𢿾論語夫子哂之馬融曰哂笑也三蒼哂小笑檀弓未嘗見齒鄭注言笑之微又注曲禮笑不至矧云齒本曰矧大笑則見齗案鄭破矧爲斷非本書義鄧子心悅者顏不能不笑晉書載記千秋一言致相何奴矧之孫綽游天台山賦哂夏蟲之疑冰通鑑唐太宗與羣臣論止盜或請重法上哂之注云笑不壞顏曰哂或作矧曲禮笑不至矧 引省聲者疑弦省聲

意有所欲也從欠𥦗省 苦管切

意有所欲也者荀子注引同廣雅款款愛也荀子修身篇愚款端愨則合之以禮樂通之以思索注云款誠款也文選謝靈運詩語往實款然李善云款然謂如其所欲江淹雜體詩款睇在何辰謝惠連詠牛女詩款顏難久悰李善竝引字林款誠也意有所欲漢書司馬遷傳誠欲効其款款之愚宋書禮志塞神祇之款望 𥦗省者徐鍇本作𥦗

省聲

歎或從柰

𡴘也從欠气聲一曰口不便言居气切

𡴘也者本書𢿙欽𡴘也小爾雅非分而得曰幸通作冀僖三十三年左傳鄭有備矣不可冀也 一曰口不便言者本書吃言蹇難也玉篇欲口不便也亦作吃

貪欲也從欠谷聲余蜀切

貪欲也者曲禮欲不可從正義云心所愛爲欲六韜義勝欲則昌欲勝義則亾

詠也從欠哥聲古俄切

本書哥下云古文以爲謌字

詠也者蓺文類聚引作詠詩曰歌月令章句樂聲曰歌書舜典詩言志歌詠言聲依永律和聲玉篇歌詠聲也釋名

人聲曰歌歌柯也所歌之言是其質也以聲吟詠有上下如草木之有柯葉也故兗冀言歌聲如柯也急就篇五音總會歌謳聲顏注長言謂之歌詩園有桃我歌且謠傳云曲合樂曰歌劉㳂世祖登歌議歌所以詠德

歌或從言

口气引也從欠𦓤聲讀若車輇市緣切

口气引也者廣韻引字林同鄭有騶歂字子然然當爲嘫

心有所惡若吐也從欠烏聲一曰口相就哀都切

心有所惡若吐也者大荒北經共工臣相繇九首蛇身其所歍所尼卽爲源澤注云歍嘔猶噴吒太元竈次七脂牛正肪不濯釜而烹則歐歍之疾至注云歐歍吐逆聲 一曰口相就者集韻引作一曰口呴也

歍歡也從欠鼀聲才六切

歍歡也者聲類作嗚嘁廣韻歡收氣皃又歡歍聲又嘁歍嘁

俗歡從口從就

從就者廣韻嘁歍嘁口相就也

愁然也從欠尗聲孟子曰曾西𣢗然才六切

愁然也者玉篇𣢗𣢗悲皃 孟子曰曾西𣢗然者彼作蹵然注云蹵然猶蹵踖也非本書義

含笑也從欠今聲丘嚴切

含笑也者本書妗善笑皃

人相笑相歋瘉從欠虒聲以支切

人相笑相歋瘉者徐鍇韻譜作歋揄玉篇作歋歈廣韻歋歈手相弄人後漢書王霸傳市人皆大笑舉手邪揄之注云說文曰歋瘉手相笑也歋音弋支反瘉音踰或音由此云邪揄語輕重不同馥案本書人當爲手揄當作瘉續晉陽秋羅友在桓溫府乞祿許而不用同府人有得郡者溫爲作別友亦被命至尤晚溫問之荅曰民守且出門於

中路遇一鬼大見邪歈曰見汝送人作郡不見人送汝作郡民始怖終慙不覺淹緩

歊歊气出皃從欠高高亦聲許嬌切

歊歊气出皃者李善注寶鼎詩引作氣上出皃張揖字詁同集韻歊歊氣上烝漢書揚雄傳浡瀚雲而散歊烝敘傳曲陽歊歊亦朱其堂左思吳都賦歊霧漨浡 高亦聲者當爲高聲

有所吹起從欠炎聲讀若忽許物切

有所吹起者李善注赭白馬賦引同玉篇欻暴起也一切經音義六引蒼頡篇欻猝起也思元賦欻神化而蟬蛻兮舊注欻輕舉貌元包經厲仡仡𧺯欻欻通作忽王褒九懷霾土忽兮塺塺 讀若忽者徐鍇本作讀若忽忽飛韓愈詩指畫變怳欻注音忽馥案怳欻卽怳忽亦作慌忽一切經音義二十五引漢書音義怳忽眼亂也又卷三引漢書音義慌忽眼亂也西京賦欻從背見薛綜注欻之言忽也

欪欪戲笑皃從欠㞢聲許其切

蚑蚑戲笑皃者或作歎文賦或受歎於拙目李善云或於拙目受歎笑也又作嗤後漢書樊宏傳時人嗤之

𣢞𣢞气出皃從欠䍃聲 余昭切

吟也從欠肅聲詩曰其歗也謌 穌弔切

本書嘯籒文作歗

吟也者徐鍇本作吹鍇曰歗者吹氣出聲也成公綏嘯賦動脣有曲發口成音觸類感物因歌隨吟　詩曰其歗也謌者召南江有汜文彼作嘯箋云嘯蹙口而出聲

吟也從欠鷬省聲 他案切

吟也者廣雅同樂記一唱而三歎又云長言之不足故嗟歎之注云嗟歎和續之也文選曹子建與吳季重書鳳歎虎視李善云歎猶歌也趙宧光曰後代歌詞有歎即吟也

籒文歎不省

卒喜也從欠從喜 許其切

本書喜古文作歖

卒喜也者或作嘻易家人卦婦子嘻嘻鄭云驕佚喜笑之意漢書灌夫傳夫怒因嘻笑曰顏注嘻强笑也音許其反

訾也從欠矣聲 凶戒切又烏開切

訾也者當爲呰玉篇欸呰也一曰恚聲案本書呰苛也法言始皇方獵六國而翦牙欸注云牙欸切齒而怒也通作唉史記項羽紀亞父受玉斗置之地拔劒撞而破之曰唉豎子不足與謀索隱唉嘆恨發聲之詞

歐也從欠此聲 前智切

歐也者玉篇欪嘔也嘔下引老子終日號而不嘔嘔氣逆也集韻引蒼頡篇嘔欪也

吐也從欠區聲 烏后切

吐也者一切經音義十歐欲吐也江南或謂歐爲喀新序節士篇袁族目曰嘻汝乃盜也何爲而食我兩手據地而歐之不出喀喀然覆來喀或作衉晉語五伏弢衉血漢書丙吉傳醉歐丞相車茵申屠嘉傳因歐血而死山海經薄魚其音如歐注云如人嘔吐聲也或作嘔釋名嘔傴也將有所吐脊曲傴也顏注急就篇嘔逆吐而不下食也

欷也從欠虛聲一曰出气也 朽居切

欷也者一切經音義五字林欷歔涕泣皃也蒼頡篇泣餘聲也亦悲也離騷曾歔欷余鬱邑兮東方朔七諫泣歔欷而霑衿　一曰出气也者通作噓莊子齊物論仰天而噓釋文云吐氣爲噓漢書王襃傳呴噓呼吸如喬松注云呴噓皆開口出氣也

歔也從欠稀省聲 香衣切

歔也者玉篇欷悲也泣餘聲也漢書景十三王傳臣聞悲者不可爲絫欷顏注欷歔欷也　稀省聲者徐鍇本作希聲

盛气怒也從欠蜀聲 尺玉切

言意也從欠從鹵鹵亦聲讀若酉 与久切

欲歠也從欠渴聲 苦葛切

欲歠也者通作渴哀十一年左傳陳轅頗出奔鄭道渴孟子渴者易爲飲交州記浮石體虛而輕煮飲止渴杜夷幽求召渴者以臨河不待鞭策而自至

所謌也從欠噭省聲讀若叫呼之叫 古弔切

噭省聲者當作敫省聲噭從此歟　讀若叫呼之叫者徐鍇本作讀若噭

悲意從欠嗇聲 所力切

悲意者一切經音義九埤蒼歡恐懼也通俗文小怖曰歡公羊傳歡然而駭是也

盡酒也從欠樵聲 子肖切

盡酒也者本書釂下聲義同　樵聲者樵疑作潐本書潐盡也灬米易譌

監持意口閉也從欠緘聲 古咸切
監持意口閉也者小字本李燾本廣韻玉篇並作堅
字通作緘家語孔子觀於周廟有金人三緘其口

指而笑也從欠辰聲讀若蜃 時忍切
指而笑也者或作冁吳都賦東吳王孫冁然而
咍劉注云冁大笑皃莊周云齊桓公冁然而笑

昆干不可知也從欠鰥聲 古渾切
昆干不可知也者馥謂猶漫澷廣韻漫澷不可知也又作
歇云不可知也通作鰥楚詞天問舜閔在家父何以鰥堯
典所謂父頑楚詞所謂
鮌悻直以亾身是也

歠也從欠臿聲春秋傳曰歃而忘 山洽切
歠也者本書𩛧歃酒也一切經音義入唼𡐙蒼及聲類皆
作唼鴨食也離騷云鳧鴈皆唼梁藻兮上林賦云唼喋菁
藻皆是也字書唼喋也書亦作歃所洽反謂以口微吸之
也亦歃血也玉篇歃歃血也廣雅啐歃也有司徹二手執

挑匕枋以涗涾注云挑謂之歃讀如或舂或抗之抗字或
從挑者秦人語也晉語朱之盟楚人固請先歃韋云歃飲
血也淮南齊俗訓胡人彈骨越人𧑗臂中國歃血所由各
異其於信一也史記平原君傳毛遂謂楚王之左右曰取
雞狗馬之血來毛遂奉銅盤而跪進之楚王曰王當歃血
而定從晉吳隱之飲貪泉詩古人云此水一歃懷千金或
作唶後漢書馮衍傳唶血昆陽春秋傳曰歃而
忘者隱七年左傳文而彼作如服虔曰如而也

吮也從欠束聲 所角切
吮也者李善注風賦引同三蒼亦同本書吮欶也廣韻欶
口噏也通俗文含吸曰欶釋名欶促也用口急促也或作
嗽漢書鄧通傳文帝嘗病癰通常為上嗽吮之
汝南先賢傳蔡順母生瘡出膿順以口嗽之

食不滿也從欠甚聲讀若坎 苦感切
食不滿也者本書顑飯不飽面黃起行也廣韻歁食未飽
也玉篇㰝下云㰝歁不滿皃廣雅歁貪也方言晉魏河內
之北謂㥮曰殘楚謂之貪南楚江湘之閒謂之㰝注云言
歁㥮難猒也匡謬正俗問曰今人謂物少不充為欠義何

所取答曰許氏說文解字云歁食不滿也李登聲
類呂忱字林並音口感反今為欠者本為歁耳

欲得也從欠臽聲讀若貪 他含切
詩坎坎伐輪兮
漢石經作欿欿
欲得也者字林字書並同玉篇貪惏曰欿廣雅
欿欲也孟子如其自視欿然趙注欿然不以足

歠也從欠合聲 呼合切
歠也者李善注東都賦引同一切經音義
十二引作啜也本書啜嘗也廣韻欱嘗也

歉食不滿從欠兼聲 苦簟切
歉食不滿者禮記無㕦食謂歉薄之集韻嗛歉食也玉篇
嗛歉食皃管子形勢篇嗛食者不肥體廣雅歉少也又云
貪也通作嗛杜子春說周禮酒正引弟子職周旋而貳唯
嗛之視賈疏云謂弟子侍師飲酒之時周旋而貳者欲副
益酒尊之時嗛謂不滿唯酒尊不滿者視之更益
通作慊漢書文帝詔人民未有慊志史記作嗛

咽中息不利也從欠骨聲 烏八切
咽中息不利也者一切經音義十一引息上有
氣字玉篇氣息誤作氣甚通俗文大咽曰㰲

嚘也從欠因聲 乙冀切
嚘也者集韻欭氣逆
老子終日號而不嚘

屰气也從欠亥聲 苦蓋切
廣韻欬欬瘷　玉篇欬上欶也　釋名欬刻也氣奔至出入
不平調若刻物也　顏注急就篇欬嗽也　蒼頡篇齊郡謂
欶曰欬　昭二十四年左傳余左顧而欬　曲禮車上不廣
欬　月令季夏行春令國多風欬　周書時訓解立秋又五
日白露降白露不降民多欬病　易說立秋氣未當至而至
則少陽脈盛人病欬　春秋繁露人君好戰貪城邑則民病
欬嗽　後趙錄楊津入侍左右忽欬逆失聲遂吐數
升藏之衣袖　史記仲尼弟子列傳樂欬字子聲
屰气也者一切經音義二引同通俗文利喉曰謦欬字林
欬瘷也案一切經音義十引本書瘷屰气也周禮疾醫冬

時有嗽上氣疾注云嗽欬也上氣逆喘也素問秋傷於溼上逆而欬又黃帝問曰肺之令人欬何也岐伯對曰五藏六府皆令人欬非獨肺也此皆聚於胃關於肺使人多涕唾而面浮腫氣逆也呂氏春秋季夏紀國多風欬注云民病風欬上氣也南陽活人書欬逆者噦也後漢書和熹鄧后紀自力上原陵加欬逆唾血或作咳易通卦驗人足少陽脈盛多病咳嗽上炁咽喉腫注云立秋則陰炁脇陽炁未服故咳嗽咽喉腫也皇甫謐疏當暑煩悶加以咳逆

且唾聲一曰小笑從欠毄聲 許璧切

縮鼻也從欠翕聲丹陽有歙縣 許及切

縮鼻也者一切經音義五歙說文內息也引也謂引气息入也或作噏老子將欲噏之必固張之又通作翕莫書揚雄傳翕肩顏注翕斂也吳王濞傳脅肩絫足鄒陽傳脅肩低首顏注竝云脅翕也謂斂之也劉義慶幽明錄松上有雙白鳥下有大蛇張口翕之鳥不能去

蹴鼻也從欠咎聲讀若爾雅曰麐豭短脰 於糾切

蹴鼻也者本書皐下云言皐人蹙鼻苦辛之憂廣韻欲歐吐廣雅欲吐也或作咎哀二年左傳吾伏弢嘔血杜云嘔吐也釋文嘔本又作咎吐也　讀若爾雅曰麐豭短脰者釋獸文豭彼作麚

愁皃從欠幼聲 於虯切

本書呦或作㘬

咄歂無慙一曰無腸意從欠出聲讀若中 丑律切

詮詞也從欠從曰曰亦聲詩曰欥求厥寧 余律切

詮詞也者廣雅欥詞也漢書敘傳欥中龢為庶幾兮顏注欥古聿字韓詩歲聿其莫薛君章句聿詞也馥案書聿求元聖詩聿修厥德皆即欥字從曰者詩載見曰求厥章七月曰為改歲漢書引作聿抑曰喪厥國釋文云韓詩作聿喪緐予曰有先後予曰有奔奏王注楚辭並引作聿角弓見晛曰消釋文云韓詩作聿消劉向同馥案漢書楚元王傳引作聿消荀子非相篇引作晏然聿消大明曰嬪于京郭注爾雅引作聿戴君震毛鄭詩考正云蟋蟀首章傳聿遂震案文選注引韓詩薛君章句云聿詞也春秋傳引詩聿懷多福杜注云聿惟也皆以為詞助詩中聿曰遹三字互用爾雅遹自也述也禮記引詩聿追來孝今詩作遹七月篇曰為改歲釋文云漢書作聿角弓篇見晛曰消釋文云韓詩作聿劉向同傳於歲聿其莫釋之為遂於聿修厥德釋之為述箋於聿來胥宇釋之為自於我征聿至聿懷多福遹駿有聲遹求厥寧遹觀厥成遹追來孝竝釋之為述今考之皆承明上文之詞亘非空為詞助亦非發語詞而為遂為述為自緣詞生訓皆非也說文有欥字注云詮詞也從欠從曰曰亦聲引詩欥求厥寧然則欥蓋本文省作曰同聲假借用聿與遹詮詞者承上文所發端詮而繹之也　詩曰欥求厥寧者大雅文王有聲文彼作遹　曰亦聲者當為曰聲

不前不精也從欠二聲 七四切

不前不精也者本書趑下云趑趄行不進也莊三年穀梁傳次止也趙匡光曰春秋公次於滑左傳凡師一宿為舍再宿為信過信為次故曰不前馥案精擇也不擇者次之

古文次

饑虛也從欠康聲 苦岡切

饑虛也者廣雅四穀不升曰歑通作康方言康空也注云康或作歑虛字也又通作濂釋詁濂虛也釋文字又作歑同又通作康襄二十四年穀梁傳四穀不升謂之康注云康虛也釋文引爾雅音義康本或作荒荒亦邱虛之空無馥案易包荒鄭讀為康

詐欺也從欠其聲 去其切

詐欺也者本書諆欺也論語吾誰欺大學毋自欺也賈誼書道術篇仁義修立謂之任反任為欺史記循吏傳子產治鄭民不能欺子賤治單父民不忍欺西門豹治鄴民不敢欺

神食气也從欠音聲 許今切

神食气也者李善注七命引同字林亦同徐鍇曰禮周人上臭灌用鬱鬯又曰有飶其香神靈先享其气也詩生民

歆攸介攸止傳云歆饗又云其香始升上帝居歆箋云馨香上行上帝則安而歆饗之楚茨神嗜飲食箋云神乃歆嗜君之飲食少牢饋食禮以某妃配某氏尚饗注云饗歆也少儀洗盥執食飲者勿氣注云示不敢歆臭也僖十年左傳神不歆非類注云歆饗也僖三十一年傳鬼神非其族類不歆其祀注云歆猶饗也襄九年傳使其鬼神不獲歆其禋祀襄二十七年傳能歆神人注云歆享也定五年傳死者若有知也可以歆舊祀論衡祀義篇歆者內氣也薄葬篇閔死獨葬丘墓閉藏穀物乏匱故藏食物以歆精魂士虞禮聲三注云聲者噫歆也曾子問祝聲三告曰注云聲噫歆警神也馥謂歆從欠從音當有聲義

文六十五　重五

歋

後漢書王霸傳注引見歋下廣韻歋歈以手相弄

遺文一

歠也從欠酓聲凡㱃之屬皆從㱃　於錦切

歠也者㱃或作飲玉篇飲咽水也釋名飲奄也以口奄而引咽之也論語飯疏食飲水周禮膳夫飲用六清又酒正辨四飲之物一曰清二曰醫三曰漿四曰酏

古文㱃從今水

古文㱃從今食

㱃也從㱃省叕聲　昌說切

本書欱歠也歃歠也曲禮毋流歠注云大歠嫌欲疾越語國之孺子之遊者無不餔也無不歠也燕策酒酣樂進取熱歠廚人進斟羹孟子歠粥面深墨

歠也者李善注七發引同廣韻歠大歠江表傳典韋每賜食大飯長歠左右相屬數人益乃供

歠或從口從叏

文二　重三

慕欲口液也從欠從水凡次之屬皆從次　敘連切

慕欲口液也者一切經音義二涎諸書作次字林慕欲口液三蒼作涎小兒唾也又十四云江賦漬涙飛漾時有本作涎說文作次慕欲口液也賈誼新書垂涎相告束晳餅賦行人失涎於下風郭璞注爾雅云涎沫也方言緊格謂之樞注云即小兒次衣也樂記咏嘆之淫液之正義云其聲淫液是貪羨之貌靈樞經黃帝曰人之涎下者何氣使然岐伯曰飲食者皆入于胃胃之中有熱則蟲動蟲動則胃緩胃緩則廉泉開故涎下魏文帝詔蒲萄釀以爲酒道之固已流涎咽唾況親食之

次或從侃

籀文次

貪欲也從次從羑省羑呼之羑文王所拘羑里　似面切

貪欲也者一切經音義十二引作願欲也又十一引字林慕欲曰羨廣雅羨欲也詩皇矣無然歆羨曹植七啟羨此孔生孫綽賦亦何羨乎層城　從羑省羑呼之羑者本書羑相誘呼也　文王所拘羑里者本書羊部羑下云文王所拘羑里在湯陰書序殷始咎周鄭注咎惡也紂聞文王斷虞芮之訟後又三伐皆勝而始畏而惡之拘于羑里竹書帝辛二十三年囚西伯於羑里尸子文王幽於羑里琴操崇侯虎與文王列爲諸侯德不及文王常嫉妒之乃譖文王於紂曰西伯昌聖人也長子發中子旦皆聖人也三聖合謀君其慮之乃囚文王於羑里淮南道應訓屈商乃拘文王於羑里高云屈商紂臣羑里在河內湯陰史記殷本紀紂囚西伯羑里正義羑里城在相州湯陰縣北九里紂囚西伯城也周本紀帝紂乃囚西伯於羑里注云河內湯陰有羑里城西伯所拘處賈誼書紂作梏數千眠諸侯之不諂己者杖而梏之文王桎梏於羑里七年而後得免易林夏臺羑里文王所厄漢書地理志河內湯陰有羑里城西伯所拘處續漢書郡國志河內郡蕩陰有羑里城注云韋昭曰羑音酉文王所拘處隋圖經湯陰縣有防城卽紂囚文王於羑里築此城以防之後因曰防城通典相州湯陰古羑里城紂拘周文王之所漢蕩陰縣或通作牖尙

書大傳作牖進策紂醢鬼侯脯鄂侯文王聞之喟然而歎故拘之於牖里之庫百日而欲令之死班彪賦嗟西伯於牖城後漢書延篤傳文王牖里閔散懷金魏書地形志鄴縣有牖里城元和志湯陰紅牖里一名羑城在縣北九里紂拘西伯之所也封演聞見記相州湯陰縣北有羑里城周回可三百餘步其中平實高於城外地丈餘此開一門相傳文王演易之所曹子建詩紂文云崇侯何功乃用爲輔西伯何辜囚之囹圄囹圄旣成負土旣盈與立炮烙賊害忠貞觀此意是文王見囚之地紂使負土實此城也未詳子建所據

歠也從次厂聲讀若移以支切

私利物也從次次欲皿者徒到切

詩巧言君子信盜傳云盜逃也正義云風俗通亦云盜逃也言其晝伏夜奔逃避人也

私利物也者私當爲厶僖二十四年左傳竊人之財猶謂之盜文十八年傳竊賄爲盜定八年穀梁傳非其所取而取之盜荀子修身篇竊貨曰盜

次欲皿者五經文字盜從皿利於物欲器皿者盜之

文四　重二

歙食气屰不得息曰旡從反欠凡旡之屬皆從旡居未切

歙食气屰不得息曰旡者玉篇廣韻竝作屰气旡通作僾釋言僾唈也荀子禮論篇偒詭唈僾而不能無時至焉詩如彼遡風亦孔之僾箋云使人唈然如鄉疾風不能息

古文旡

屰惡驚詞也從旡咼聲讀若楚人名多夥乎果切

五行傳雞旤牛旤竝借此旤字

讀若楚人名多夥者史記陳涉世家楚人謂多爲夥

事有不善言琼也爾雅琼薄也從旡京聲力讓切

事有不善言琼也者廣韻引字統事有不善曰琼薄集韻就也韓詩室人交偏譙我馥案就當爲琼俗書作就與就形近致誤字或作亮釋詁亮導也又云亮右也又云左右亮也書無逸嚴恭寅畏天命自度漢石經度作亮益言太戊能自亮也南齊書顧歡傳昔有鴻飛天首積遠難亮魏志高柔傳昔仲尼亮司馬牛之憂晉庾亮字元規蓋取規箴之義通作諒廣韻諒數諫也諒也論語友諒通鑑宋武帝策秀孝顧法對策上覽之惡其諒也投策於地又通作涼詩大明涼彼武王傳云涼佐也釋文云韓詩作亮云相也

爾雅琼薄也者今爾雅無此文汗簡引古爾雅涼作琼本書涼薄也廣雅琼榑也曹憲云琼良音世人作琼榑之琼水旁著京失之矣榑步各反世人作榑榑之榑艸下著薄亦失之矣小爾雅廣言涼薄也詩桑柔職涼善背傳云涼薄也莊三十二年左傳虢多涼德注云涼薄也馥案僖十九年傳義士猶曰薄德卽涼德也閔二年傳尨涼冬殺林氏云衣之尨雜則有涼薄之意昭四年傳君子作法於涼其敝猶貪注云涼薄也御覽引釋名河西土田薄故曰涼

文三　重一

說文解字第九　義證第二十七

曲阜桂馥學

頁 頭也從百從儿古文䭫首如此凡頁之屬皆從頁百者䭫首字也 胡結切

頭也者本書䭫下云頁首也王君念孫曰頁卽首字不知何故轉爲胡結切說文䭫卽從頁聲馥謂頁頭聲相近古文䭫首如此者徐鍇本作頁者䭫首字

頭 首也從頁豆聲 度侯切

春秋元命苞頭者神所居上圓象天氣之府也歲必十二月故人頭長一尺二寸

首也者廣雅首謂之頭釋名頭獨也於體高而獨也急就篇頭頟頞頻眉目耳顏注頭者首之總名也

顏 眉目之閒也從頁彥聲 五姦切

詩君子偕老子之淸揚揚且之顏也　僖九年左傳天威不違顏咫尺　素問心熱病者顏先赤　古文苑大理箴天鑒在顏

眉目之閒也者本顏字訓今脫顏字誤屬顏下又失顏字訓也集韻顏顏眉目閒也引詩猗嗟顏兮馥案引詩者謂說文引詩也韻會顏說文眉目閒也引詩猗嗟顏兮廣韻顏眉目閒也玉篇顏詩云猗嗟顏兮顏眉目閒也字或作顏眉閒謂之顏又或作昭西京賦昭藐流眄注云昭眉睫之閒是也至顏字義見於諸書者如廣雅顏頟也小爾雅廣服顏頟也方言顏顙也東齊謂之顙汝潁淮泗之閒謂之顏詩君子偕老揚且之顏也傳云廣揚而顏角豐滿馥謂顏角卽頟角也蒼頡篇頟角曰顏宋策爲無顏之冠鮑云冠不覆頟曰無顏春秋元命苞在天爲文昌在人爲顏顙太一之謂也顏之言氣畔也陽立於五故顏博五寸史記高祖紀隆準而龍顏集解應劭曰顏頟顙也

籀文

玉篇作䭸屬首部

頌 皃也從頁公聲 余封切又似用切

漢楊統碑庶考斯之頌儀　通作容冠義禮文之始在於正容體玉藻君子之容舒遲見所尊者齊遬足容重手容恭目容端口容止身容靜頭容直氣容肅立容德色容莊賈誼書容有四起朝廷之容師師然翼翼然整以敬祭祀之容遂遂然粥粥然敬以婉軍旅之容湢然肅然固以猛喪紀之容怮然慑然若不還容經也

皃也者本書皃頌儀也廣韻頌形頌玉篇頌形容也釋名頌容也敘說其成功之形容也周禮鄉大夫退而以鄉射之禮五物詢衆庶四曰和容杜子春讀和容爲和頌謂能爲樂也管子有國頌篇注云頌容也詩序頌者美盛德之形容正義云易稱聖人擬諸形容象其物宜則形容者謂形狀容貌也漢書儒林傳魯高堂生傳士禮十七篇而魯徐生善爲頌蘇林曰漢舊儀有二郞爲此頌貌威儀事有徐氏徐氏後有張氏不知經但能盤辟爲禮容天下郡國有容史皆詣魯學之顏注頌讀與容同馥案王觀國曰史記魯徐生善爲容以容爲禮官大夫按字書頌字亦音容而頌亦作額有形容之義故詩序曰頌者美盛德之形容史記用容字漢書用頌字其義一也

籀文

本書松或從容

顱也從頁乇聲 徒谷切

顱也者集韻頭腦胮廣雅頭顱謂之髑髏

顱 頊顱首骨也從頁盧聲 洛乎切

頊顱首骨也者字書顱腦蓋也淮南說林訓牛蹏彘顱亦骨也後漢書馬融傳頭陷顱碎注云顱頟也文選射雉賦擬青顱而點項徐爰注顱頭也海賦顱骨成嶽五臣云顱骨頭骨也通鑑賊取武元衡顱骨而去注云顱首骨也晏氏類要澤州頭顱臺秦坑趙卒收頭顱築臺通作盧漢書武五子傳頭盧相屬於道顏注盧領骨也一切經音義十三當盧字宜作顱言馬面當顱刻金爲之所謂鏤鍚也詩注云眉上陽刻金飾之今當盧是

顛項也從頁翼聲 魚怨切

顚 頂也從頁眞聲 都秊切
墨子修身篇華髮隳
顚 齊語班序顚毛
頂也者釋言文郭云頭上方言顚頂上也後漢書蔡邕傳
爾有務世公子誨於華顚胡老注云顚頂也華顚謂白首
也

頂 顚也從頁丁聲 都挺切
顚也者蒼頡篇同廣韻頂顚頭
上易大過過涉滅頂虞云頂首也

𩠑 或從𩠐丁
小字本作或從𩠐作
徐鍇本作或從㫖作

𩕲 籒文從鼎
從鼎者丁
鼎聲相近

顙 頟也從頁桑聲 蘇朗切
易說卦震其於馬也爲的顙馵其於人也爲廣顙 詩猗嗟
抑若揚兮傳云揚廣揚正義云揚是顙之別名顙貴闊故言
廣揚 士喪禮主人哭拜
稽顙注云頭觸地無容
頟也者廣雅小爾雅並同方言頟顙也中夏謂
之頟東齊謂之顙孟子其顙有泚注云顙額也

題 頟也從頁是聲 杜兮切
頟也者李善注謝惠連擣衣詩引同廣雅亦同詩麟之定
傳云定題也釋言題題也郭云題頟也趙策黑齒雕題鮑
云刻其額楚詞招魂彫題黑齒注云題額也山海經后者
之山有獸焉文題注云題額也漢書司馬相如傳赤首圜
題張揖曰題額也揚雄傳徒角搶題顏注題領也吳都賦
雕題之士五臣云題額也小爾雅廣服題頭也開元文字
題頭也詩淸人箋云矛矜近上及室題釋文題頭也孟子
榱題數尺戴侗曰猶今言椽頭也史記優孟傳梗楓豫章
爲題湊集解蘇林曰以木累棺外木頭皆內向故曰題湊
漢書董賢傳剛柏題湊霍光傳梓宮便房黃腸題湊各一
具蘇林曰以柏木黃心致累棺外
故曰黃腸木頭皆內向故曰題湊

頟 顙也從頁各聲 五陌切
釋名頟鄂也有垠鄂也故幽州人則謂之鄂也 漢書地理
志平原郡龍頟縣顏注今書本頟字或作額而崔浩云有龍
頟村作頟者非 東觀漢記鄧后年五歲太夫人爲翦髮夫
人年老目冥翦中后頟雖痛忍不言一頟盡傷 謝承後漢
書城中好廣眉四方畫半頟 劉謐之龐郎賦其頭也頟平
而承枕四起 通鑑劉秉父子走至頟檐湖頟齊書誤作領
顙也者急就篇頭頟頞
頞眉目耳顏注頟顙也

頞 鼻莖也從頁安聲 烏割切
釋名頞鞍也偃折如鞍也 呂氏春秋遇合篇文王嗜菖蒲
菹孔子聞而服之縮頞而食之 漢書揚雄傳頞頤折頞
王粲羽獵賦潰頸破頞頞音遏當即此頞 吳書諸葛恪折
頞 廣頞 汝南先賢傳周燮欽頤折頞貌甚醜 古文苑王
孫賦突高匡而曲頞 梁書劉峻傳
夫靡顏膩理哆噅顣頞形之異也

鼻莖也者後漢書周燮傳注引同字林顏注急就篇並同
廣韻頞鼻莖也玉篇頞下云漢高祖隆準龍顏今漢書作隆
準李斐曰準鼻也列子釋文頞鼻上也孟子舉疾首蹙頞
而相告趙注蹙頞愁貌疏云頞鼻頸也皆蹙其鼻頞而愁
悶也李善曰孟子曰嚬蹙而言謂人嚬眉蹙頞憂皃也程
君瑤田曰孟子疾首蹙頞之字說文曰鼻莖也蹙其鼻莖
乃與疾首相貫是憂之形於面目者若作額頞之字與伸
眉連文則可人有所思輒伸眉以蹙其額蹙頞非憂之容
也馥案衛策若其眉目準頞鮑云頞
額也鮑說亦非準謂鼻頭頞謂鼻莖

齃 或從鼻曷
或從鼻曷者安曷聲相近鶡食臭敗胺肉臭敗
史記蔡澤傳魋顏蹙齃索隱蹙齃謂鼻蹙眉

頯 權也從頁𢀛聲 渠追切
權也者韻會引徐鍇本作面權也本書䪼面頯也廣韻頯
面秀骨玉篇漢高祖隆頯龍顏顏注急就篇頯兩頰之權
也集韻頯頰骨廣韻作頄云頄閒骨也易夬卦壯於頄王
注頄面權也鄭作頯頯夾面也蜀才作仇中山策若其眉

目準頰權衡鮑云權輔骨莊子大宗師篇其顙頯塊然也釋文頯權也洛神賦靨輔承權張銑頭責子羽文雙權隆起權或作顴集韻輔骨曰顴廣雅顴頄也周易釋文頯顴也翟云面顴頰閒骨也

頰　面旁也從頁夾聲古叶切

本書䩉頰也䐶頰肉也鬢頰髮也聯耳連於頰也　家語困誓篇河目隆顙注云顙頰也　世說郗公含飯著兩頰吐與二小兒

面旁也者釋名頰夾也兩旁稱也亦取挾斂食物也急就篇頰頤頸項肩臂肘顏注面兩旁曰頰

𩓨　籒文從𩑋

⿰㫐頁　頰後也從頁㫐聲古恨切

頰後也者俗謂之耳頤

頜　顄也從頁合聲胡感切

顄也者集韻頜頤旁廣雅顄頜也宣六年公羊傳絕其頜注云頜口也長楊賦皆稽顙樹頜五臣云頜耳下骨也通作頷漢書班超虎頭燕頷方言頷頤也南楚謂之頷秦晉謂之頷頤其通語也莊子千金之珠必在九重之淵驪龍頷下

顄　頤也從頁函聲胡男切

頤也者本書𦣝顄也胡牛顄垂也釋名輔車其骨强所以輔持口也或曰牙車牙所載也或曰頷頷含也口含物之車也或曰頰車亦所以載物也或曰䶂車䶂鼠之食積於頰人食似之故取名也凡繫於車皆取在下載上物也馥案頷當為顄漢書王莽傳莽為人侈口蹷顄顏注顄頤也或作啗洞簫賦䁎啗唅以紆鬱李善引說文顄頤也通作函通俗文口上曰臄口下曰函

頸　頭莖也從頁巠聲居郢切

本書亢人頸也象頸脈形　廣雅頸項也　釋名頸徑也徑挺而長也　玉藻頭頸必中　史記天官書七星頸為員官宋均云頸朱鳥頸也

頭莖也者顏注急就篇同

領　項也從頁令聲良郢切

項也者廣雅同風俗通楚王好廣領國人沒項詩頎人領如蝤蠐傳云領頸也正義云領一名頸故禮記曰其頸五寸又名項士冠禮云緇布冠缺項是也詩桑扈有鶯其領傳云領頸也

項　頭後也從頁工聲胡講切

頭後也者頭當為頸玉篇項頸後也廣韻頸在前項在後顏注急就篇項謂頸後頭下也釋名項确也堅确受枕之處也

⿰冘頁　項枕也從頁冘聲章荏切

項枕也者小字本李燾本集韻類篇並作項枕也廣韻枕頭骨後

顀　出額也從頁隹聲直追切

出額也者一切經音義五引作額出也又云今江南言顀頭胅額乃以顀為後枕高胅之名也

⿰不頁　曲頤也從頁不聲薄回切

曲頤也者或作碩集韻頭曲頤皃

顩　𪏮皃從頁僉聲魚檢切

𪏮皃者𪏮當為顲本書顲頭頰長也頰當為陝蒼頡篇顩狹面銳頤之皃蕭該漢書音義云字林顩醜也狹面銳頤之皃也

⿰尹頁　面目不正皃從頁尹聲余準切

面目不正皃者廣韻⿰尹頁面斜玉篇⿰尹頁面不平也

頵　頭頵頵大也從頁君聲於倫切

頭頵頵大也者李善注長笛賦引作頭頵頵也徐鍇本同鍇曰頭大也

䪻　面色顛顛皃從頁員聲讀若隕于閔切

面色顛顛皃者徐鍇本李燾本廣韻集韻類篇竝作顛顛兒面色篇海引作面急玉篇顛下引說文面急顛顛也顚同上廣韻顛與顛同集韻顛顛面急也玉藻色容顛顛鄭注云憂思貌也又注周禮保氏引鄭司農云車馬之容顛顛堂堂

⿰兼頁　頭頰長也從頁兼聲五咸切

頭頰長也者當云頭陜長也玉篇䪜頭頰面長皃頰亦當爲陜廣韻䪜面長皃

⿰后頁　頭大也從頁后聲常隻切

方言頎大也齊宋之閒曰頎詩簡兮頎人傳云頎人大德也白華頎人傳云妖大之人頭大也者御覽引作大頭也后聲者漢書律歷志后大也魏都賦頎畫精通李注云漢書揚雄上疏曰后畫之臣甚衆阮瑀爲曹公作書與孫權明棄頎交李注云史記蘇秦謂齊王曰此棄仇讐而得后交者也頎與后古字通

頒　大頭也從頁分聲一曰鬢也詩曰有頒其首布還切

大頭也者類篇引作大首貌玉藻大夫以魚須文竹崔靈恩何允本竝作頒廣韻頒魚大首通作墳詩苕之華牂羊墳首又通作汾詩韓奕汾王之甥傳云汾大也一曰鬢也者洪武正韻頒兩旁曰頒孟子頒白注頒斑也頭半白曰頒馥案王制斑白不提挈注云雜色曰斑詩曰有頒其首者小雅魚藻文傳云頒大首貌

顒　大頭也從頁禺聲詩曰其大有顒魚容切

大頭也者詩釋文引同詩曰其大有顒者小雅六月文傳云顒大貌

⿰羔頁　大頭也從頁羔聲口幺切

大頭也者集韻廣韻謂之顤廣韻顤頟大貌廣雅顤大也舊頡篇顤頭大也

顝　大頭也從頁骨聲讀若魁苦骨切

願　大頭也從頁原聲魚怨切

大頭也者廣韻顝首大骨廣雅顝大也讀若魁者骨魁聲不相近恐誤

顤　高長頭從頁堯聲五弔切

大頭也者集韻顤面短皃

高長頭者玉篇顟顤頭長皃

⿰敖頁　贅顤高也從頁敖聲五到切

贅顤高也者廣韻顤高頭也又云頭長廣雅顤顤高也

⿰岳頁　面前岳岳也從頁岳聲五角切

面前岳岳也者龍龕手鑑引作面前顓顓玉篇顓下云顓顓猶岳岳也

⿰𥄕頁　昧前也從頁𥄕聲讀若昧莫佩切

𩕔　面瘦淺𩕔𩕔也從頁霝聲郎丁切

⿰家頁　頭蔽額也從頁家聲五怪切

頭蔽額也者集韻引同又云謂頭凝徐鍇引字書頽頭惡也馥案此即衛太子蒯聵名也字或作頽廣韻䪼頽癡頑貌

頑　梱頭也從頁元聲五還切

梱頭也者成十年左傳鄭人立髡頑髡頑卽梱頭

⿰枝頁　小頭蔝蔝也從頁枝聲讀若規己恚切

小頭蔝蔝也者或與䫏通廣韻䫏小頭讀若規者蔝蔝謂小而圜也廣雅蔝圝也

顆　小頭也從頁果聲苦惰切

⿰昏頁　短面也從頁昏聲五活切又下括切

短面也者本書婚面醜也廣韻頲小頭皃

狹頭頲也從頁廷聲他挺切

狹頭頲也者韻會引無頲字狹當爲陜本書侹長皃

頭閑習也從頁危聲語委切

頭閑習也者廣韻頠頭也一曰閑習又云閑習容止馥案閑當爲嫺

面黃也從頁含聲胡感切

面黃也者離騷長顑頷亦何傷本書顑飯不飽面黃起行也

面不正也從頁爰聲于反切

舉頭也從頁支聲詩曰有頍者弁邱弭切

舉頭也者詩頍弁釋文引作舉頭皃玉篇頍舉頭皃　詩曰有頍者弁者小雅頍弁文傳云頍弁皃士冠禮緇布冠

缺項青組纓屬于缺注云缺讀如有頍者弁之頍緇布冠無笄者著頍圍髮際結項中隅爲四綴以固冠也項中有繦亦由固頍爲之耳今未冠笄者著卷幘頍象之所生也滕薛名蔮爲頍

内頭水中也從頁𠬸𠬸亦聲烏沒切

内頭水中也者本書𠬸入水有所取也沒沈也　𠬸亦聲者當爲𠬸聲

還視也從頁雇聲古慕切

還視也者書正義引同玉篇㬰下云顧也古字謂左右視也書太甲先王顧諟天之明命傳云顧謂常目載之鄭注書序顧命回首曰顧臨終出命故謂之顧顧將去之意也詩蓼莪顧我復我箋云顧旋視也匪風顧瞻周道箋云迴首曰顧昭十二年左傳無所還忌杜云還猶顧也蜀志先主顧自見其耳阮籍詠懷詩還顧望大梁

理也從頁從川食閏切

理也者本書循行順也廣雅理順也釋名順循也循其理也釋詁順敘也漢書藝文志順敘倉頡易說卦和順於道德而理於義樂記理發諸外而民莫不承順　從川者徐鍇本作川聲

顏色𩓈𩕥愼事也從頁㐱聲之忍切

顏色𩓈𩕥愼事也者𩓈𩕥雙聲廣雅𩓈慙也𩕥恥也

𩓈𩕥也從頁粦聲一曰頭少髮良刃切

一曰頭少髮者廣韻須顙頭少髮玉篇𩓈𩕥頭少髮兒

頭顓顓謹皃從頁耑聲職緣切

頭顓顓謹皃者世本昌意生高陽是爲帝顓頊顓者專也項者正也言能專正天之道也馥案本書叀下云專小謹也

頭頊頊謹皃從頁玉聲許玉切

低頭也從頁金聲春秋傳曰迎于門者顉之而已五感切

低頭也者本書趛低頭疾行也集韻頻頫俯首又云噤吟顉頤兒列子湯問篇顉其頤則歌合律注云顉曲頤也馥謂低頭則頤曲　春秋傳曰迎于門者顉之而已者襄二十六年左傳文彼作頷杜注頷搖其頭釋文頷本又作顉　徐鍇曰點頭以應也

下首也從頁屯聲都困切

下首也者楊注荀子王制篇引同周禮大祝九拜三曰頓首注云頓首拜頭叩地也燕策太子避席頓首通鑑沈約未至牀而憑空頓於牀下注云蹈而首先至地爲頓又云劉曜常乘赤馬無故蹶頓注云頓首低下不能舉也

低頭也從頁逃省太史卜書頫仰字如此楊雄曰人面頫方矩切

低頭也者集韻俯首而聽謂之頫廣韻頫下引薛綜云低頭聽漢書賈誼傳頫首係頸或作俯宣六年公羊傳俯而

闚其戶何注頫俛頭樂記進俯退俯或通作府列子王府而視之　逃省者徐鍇本作逃省聲韻會引作兆聲　太史卜書頫仰字如此者廣韻引作太史公書五音集韻同漢書鼂錯傳在俛仰之閒百

頫或從人免

古今字詁頫府今俛俯也　成二年左傳韓厥俛定其右杜云俛俯也

舉目視人皃從頁臣聲 式忍切

舉目視人皃者廣韻頭舉眉視人馥案舉眉揚眉也

倨視人也從頁善聲 旨善切

直項也從頁吉聲 胡結切

漢書楚元王傳封其子信爲羹頡侯

直項也者本書旒直項莽旒皃詩燕燕于飛頡之頏之傳云飛而上曰頡飛而下曰頏馥案頏人頸也依字義當謂

燕飛上下項頸之皃

頭頡頔也從頁出聲讀又若骨 之出切

素問齒痛頔腫

讀又若骨者集韻頔古忽切音骨面顴也廣韻頔面秀骨玉篇漢高祖隆頔龍顏馥案漢書作隆準應劭曰準頰權準也廣雅顴頄頔也急就篇頭頟頞頔眉目耳顏注頔兩頰之權也

白皃從頁從景楚詞曰天白顥顥南山四顥白首人也 胡老切

白皃者後漢書班固傳注引同字林亦同李善注李陵詩引作白首皃也馥案聲類顥白首皃也　楚詞曰天白顥顥者大招文蕭該漢書音義引楚詞昊白顥顥廣雅西方顥天呂氏春秋天有九野西方顥天淮南原道訓所謂天者純粹樸素質直皓白漢書敘傳超忽荒而躆顥蒼也顏注顥顥天也元氣顥汗故曰顥天禮樂志西顥沆碭秋氣肅殺韋昭曰西方少昊也顏注沆碭白氣之皃也馥案白位西方故少顥曰金天氏太皞位東方象日之明故曰伏羲氏司馬相如封禪書肇自顥穹生民魏王基碑臯天素皓爾之質案文選幽通賦皓爾太素曷渝色兮六臣注引曹大家曰皓白也素質也渝變也言人能篤信好學守死善道不漸染於流俗是爲白爾天質何有渝變之色馥謂注言白爾天質碑言天素皓爾之質是太素當爲天素皓即此顥宋人秋日啓金顥平分碧虛如拭　南山四顥白首人也者皇甫謐高士傳園公綺里季夏黃公角里先生並河內軹人當秦之末俱隱上洛商山寰宇記商州上洛縣楚山帝王世紀曰南山曰商山又名地肺山亦稱楚山史記留侯世家顧上有不能致者天下有四人四人者年老矣索隱曰四人四皓也謂東園公綺里季夏黃公角里先生漢書張良傳四人者從太子年皆八十有餘須眉皓白顏注所以謂之四皓顏之推觀我生賦悲四白之調護左思白髮賦皓首角里羣輔錄注云園公姓園名秉字宣明陳留襄邑人見陳留志夏黃公姓崔名廓字少通齊人見崔氏譜

大醜皃從頁樊聲 附袁切

好皃從頁爭聲詩所謂頱首 疾正切

詩所謂頱首者衛風碩人螓首蛾眉螓頱聲相近本書潧水即詩溱水

頭妍也從頁翩省聲讀若翩 王矩切

頭妍也者徐鍇本作䫂妍也廣韻䫂妍美頭又云䫂孔子頭也徐鍇曰書傳多言孔子反宇作此䫂字云頭頂四崖峻起象尼邱山　翩省聲者集韻引無聲字

讀若翩者翩當爲䎁廣韻集韻並音王矩切

謹莊皃從頁登聲 魚登切

謹莊皃者釋詁顗靜也廣韻作竫

頭鬢少髮也從頁肩聲周禮數目顧脰 苦閑切

頭鬢少髮也者本書鬜禿也聲亦同　周禮數目顧脰者考工記梓人爲筍虡文注云顧長脰貌故書顧或作牼鄭司農云牼讀爲鬜頭無髮之鬜

無髮也一曰耳門也從頁困聲苦昆切

無髮也者集韻頤頵秃無髮也玉篇顆頵秃通作髡孟子淳于髡　一曰耳門也者通作困樊氏相法人耳困長寸三分壽百二十歲一寸壽百歲如豆生卽成耳門前有仙人杖四理一百歲三理八十二理六十瀨鄉記老子耳有三門

秃也從頁气聲苦骨切

秃也者考工記釋文引同一切經音義六三蒼頷頭秃無毛也通俗文白秃曰頷廣雅頷秃也考工記作其鱗之而注云之而頰頷也通作扢淮南齊俗訓親母爲其子治扢秃而血流至耳見者以爲其愛之至也

頭不正也從頁從耒耒頭傾也讀又若春秋陳夏齧之齧盧對切

耒頭傾也者耒曲故頭傾　讀又若春秋陳夏齧之齧者當云春秋傳本書每引經文皆曰傳

傾首也從頁卑聲匹米切

傾首也者一切經音義八引作傾頭也又云蒼頡篇不正也廣雅䫌衺也淮南子云左頓右倪是也

司人也一曰恐也從頁契聲讀若禊胡計切

一曰恐也者通作契詩大東契契寤歎考工記輈人馬不契需注云契怯　讀若禊者徐鍇本作楔本書初刻亦作楔改爲禊本書無禊字

頭不正也從頁鬼聲口猥切

頭不正也者廣韻䫥大頭廣雅䫥大皃

頭偏也從頁皮聲滂禾切

本書詖古文以爲頗字

頭偏也者本書偏頗也昭二十年左傳君刑已頗何以爲盟主杜云頗不平十六年傳刑之頗類服注頗偏也定十年傳子分室以與獵也而獨卑魋亦有頗焉通作陂易泰卦無平不陂釋文徐甫寄反傾也又破何反偏也樂記商亂則陂注云陂傾也書洪範無偏無陂遵王之義傳云偏不平陂不正案唐元宗詔曰每讀尚書洪範至無偏無頗遵王之誼三復斯文竝皆協韻唯頗一字實則不倫又周易泰卦中無平不陂釋文陂字亦有頗音陂之與頗訓詁無別爲陂則文亦會意爲頗則聲不成文兼訪諸儒僉以爲然終非獨斷宜改頗爲陂馥案王逸注楚詞引易亦作頗唐人不曉皮之古音妄改經文斯爲專輒

顫也從頁尤聲于救切

顫也者一切經音義十五引同又卷七云謂掉動不定也又十一通俗文四支寒動謂之顫頏

頏或從疒

本書疚顫也

頭不正也從頁亶聲之繕切

頭不正也者蒼頡篇同複謂掉動故不正淮南說山訓故寒顫懼者亦顫此同名而異實

飯不飽面黃起行也從頁咸聲讀若戇下感下坎二切

飯不飽面黃起行也者本書頷面黃也廣韻作顑云面虛黃色又作鹹云食不飽也

面顑顲皃從頁㐭聲盧感切

面顑顲皃者集韻顑顲不飽廣韻顑顲顲瘦也又云面色黃皃聲類顑顲面瘠皃通作顑頷離騷長顑頷亦何傷王注顑頷不飽皃

熱頭痛也從頁從火一曰焚省聲附袁切

熱頭痛也者本書懣煩也玉篇煩憒悶煩亂也昭元年左傳至於煩乃舍也已無以生疾杜云煩不舍則生疾繁欽暑賦翕翕盛熱烝我層軒溫風淟涊動靜增煩

癡不聰明也從頁豪聲五怪切

癡不聰明也者廣韻引作癡顡不聰明也又云顡䪲顡又
䪲下云䪲顡癡瘨皃又䫝下云䫝顡無所聞也集韻顡䫝
癡不能聽又
䪲顡愚皃

頪 難曉也从頁米一曰鮮白皃从粉省 盧對切

難曉也者通作迷易坤卦先迷後得詩小雅俾民不迷列
子魯之君子迷之郵者　從頁米者戴侗引唐本从迷省
音闕　一曰鮮白皃从粉省者謂傅
粉也本書粉傅面者也䊹畫粉也

顦 顦顇也从頁焦聲 昨焦切

徐鉉所加

顇 顦顇也从頁卒聲 秦醉切

釋詁顇病也　大戴禮五帝德篇舜之少也惡顇勞苦
子神農形顇堯瘦將欲利萬人也　或作瘁詩瞻卬邦國殄
瘁傳云瘁病也漢書王莽傳引作顇蓼莪生我勞瘁箋云瘁
病也出車僕夫況瘁箋云御夫則益憔悴北山或盡瘁事國

箋云盡力勞病也韓子宓子賤治單父有子見之曰何瘁也
日官事急憂之故臞苔賓戲夕而焦瘁歎逝賦感貌瘁而鮮
歡　又作悴王隱晉
書劉伶貌甚醜悴

顦顇也者顦當爲醮本書醮面焦枯小也集韻關中謂癯
弱爲顦顇孟子民之顦顇於虐政鹽鐵論妻子好合子孫
保之不知老母之顦顇東觀漢記鄧閶顦顇形於顏色或
作憔悴昭七年左傳或憔悴事國國語曰以憔悴楚詞漁
父形容憔悴淮南說林訓有榮華者必有憔悴通鑑爾朱
榮見高歡憔悴未之奇也又作蕉萃成九年左傳雖有姬
姜無棄蕉萃注云
蕉萃陋賤之人

顝 繫頭殟也从頁昏聲 莫奔切

繫頭殟也者集韻引同又云謂頭被繫無知也廣韻顝頭
多殟顝玉篇莊子云問焉則顝然顝不曉也馥案廣韻殟
烏渾切病也又
陀骨切心悶

頦 醜也从頁亥聲 戶來切

醜也者
廣雅同

䫏 醜也从頁其聲今逐疫有䫏頭 去其切

醜也者廣雅同本書娸下引杜林說娸醜也淮南精神訓
視毛嬙西施猶䫏醜也高云䫏頭也方相氏黃金四目衣
豬稀世之䫏貌非生人也但具像百目䫏醜言極醜也列
子仲尼篇見南郭子果若欺魄而不可與接釋文云字書
作䫏顡人面醜也字或作䫏鄭注周禮方相氏云如今魌
頭也劉氏新論殊好篇軒皇愛嫫母之䫏醜袁孝政注云
䫏醜貌也風俗通俗說亾人魂氣遊揚故作魌頭以存之
言頭魌魌然盛大也或謂魌頭爲觸壙殊方語也字又作
倛荀子非相篇仲尼之狀面如蒙倛注云倛方相也其首
蒙茸然故曰蒙倛子虛賦曰蒙公先驅韓侍郎云四目爲
方相兩目爲倛愼子曰毛嬙西施天下之至姣也衣之以
皮倛則見之者皆走也　今逐疫有䫏頭者幽明錄廣陵
露白村人每夜見鬼怪異形醜惡因相率十人掘地得一
朽爛方相頭故老云有人冒雨葬遇劫一時散走方相頭
陷沒泥中續漢書先臘一日大儺逐疫鬼荊楚歲時記十
二月八日戴胡頭及作金剛力士以逐疫論衡解除篇昔

顓頊氏有子三人生而皆亾一居江水爲虐鬼一居若水
爲魍魎一居歐隅之閒主疫病人故歲終事畢驅逐疫鬼
因以送陳迎
新內吉也

籲 呼也从頁籥聲讀與籥同商書曰率籲衆戚 羊戌切

呼也者書泰誓無辜籲天傳云籲呼也民皆呼天告冤無
辜召誥以哀籲天王肅注以悲呼天也　商書曰率籲衆
戚者盤庚
文彼作感

顯 頭明飾也从頁㬎聲 呼典切

頭明飾也者廣雅顯明也釋詁顯光也詩假樂顯顯令德
箋云顯光也抑無曰不顯箋云顯明也曲禮不顯諫注云
顯明
也

䪿 選具也从二頁 士戀切

選具也者選當爲巽
本書巽具也顨巽也

文九十二　重八

頭

說見顏下

顲

說見顋下

頎

徐鍇本頎頭佳也從頁斤聲讀又若鬢鍇曰詩曰頎人其頎巨希反集韻引作頭佳皃六書故同

遺文三

頭也象形凡百之屬皆從百 書九切

頭也者玉篇引作人頭也廣韻同莊十二年公羊傳碎其首何云首頭禮含文嘉注云首頭也

面和也從百從肉讀若柔 耳由切

面和也者玉篇覭覫面柔也釋訓作戚施李巡云戚施和顏悅色以誘人是謂面柔也釋文戚施字書作覭頿詩新臺得此戚施傳云戚施不能仰者箋云戚施面柔下人以色故不能仰也　從肉者當爲肉聲　讀若柔者玉篇野王案柔色以蘊之是以今爲柔字

文二

顏前也從百象人面形凡面之屬皆從面 彌箭切

顏前也者顏額也面在額前故曰顏前釋名面漫也

面見也從面見見亦聲詩曰有靦面目 他典切

本書䩄徐鍇本云古文以爲靦　曹植表必以有靦之容瞻見穆穆之顏　宋書徐湛之傳靦然視息忍此餘生　顏氏家訓靦冒人閒

面見也者詩正義引作面見人靦謂當爲面皃也釋言靦姡也舍人云靦面皃也謂自專擅之皃李巡云靦人面姡然也吳語余雖靦然而人面哉吾猶禽獸也韋注靦面目之貌也後漢書樂成靖王黨傳有靦其面而放逸其心注云靦姡也言面姡然無媿　見亦聲者當爲見聲　詩曰有靦面目者小雅何人斯文傳云靦姡也

或從旦

埤蒼作此䩄字書作䩄玉篇又作䩄

頰也從面甫聲 符遇切

頰也者易咸其輔頰舌虞翻作酺云耳目之閒稱酺馬融云酺上頷也淮南說林訓靨酺在頰則好在顙則醜高云靨酺者頰上窐窐者脩務訓奇牙出靨酺搖注云將笑故好齒出靨酺頰邊文婦人之媚也通作輔廣雅輔頰也通俗文頰輔謂之嫵媚詩碩人巧笑倩兮傳云倩好口輔楚詞大招靨輔奇牙宜笑嗎只注云言美女頰有靨輔口有奇牙嗎然而笑尤媚好也馥案洛神賦靨輔承權王粲神女賦美姿巧笑靨輔奇牙應瑒神女賦離朱脣而耀雙輔

傅元詩巧笑靨酺

面焦枯小也從面焦 卽消切

面焦枯小也者本書顦顇也當作此醮廣韻醮面醮枯也玉篇引楚詞顏色醮顇案漁父形容憔悴顏色枯槁　從面焦者當爲焦聲

文四　重一

不見也象壅蔽之形凡丏之屬皆從丏 彌兗切

不見也者本書臱宀宀不見也䰘讀若宀　象壅蔽之形者壅當爲廱四面皆蔽也此與兜同意

文一

百同古文百也巛象髮謂之鬊鬊卽巛也凡首之屬皆從首 書九切

廣雅首君也　釋名首始也　釋詁首始也

百同者本書頁下云百者䭫首字也　巛象髮謂之䰕䰕卽巛也者本書古文子從巛象髮也𡿺下云巛象髮髮下云䰕髮也廣雅髮謂之䰕

䭫　下首也從首旨聲　康禮切

下首也者周禮大祝辨九𢷎一曰䭫首注云稽首拜頭至地也尙書大傳八伯咸進䭫首而和漢書諸侯王表厥角䭫首應劭曰䭫首首至地也通作稽字詁稽首古作䭫首一切經音義八稽古文䭫同苦禮反蒼頡篇稽首頓首也書舜典禹拜稽首傳云稽首首至地召誥拜手稽首傳云拜手首至手稽首首至地士相見禮士大夫則奠摯再拜稽首僖二十八年左傳重耳敢再拜稽首杜云稽首首至地宣六年公羊傳趙盾逡巡北面再拜稽首注云頭至地曰稽首穆天子傳再拜䭫首注云古稽字荀子大畧篇平衡曰拜下衡曰稽首史記晉世家晉侯三辭然後稽首受之集解賈逵曰稽首首至地長楊賦再拜稽首五臣云稽首首至地玉藻君賜稽首注云致首於地馥案哀十七年

左傳公會齊侯盟于蒙孟武伯相齊侯稽首公拜齊人怒武伯曰非天子寡君無所稽首又襄三年傳公稽首知武子曰天子在而君辱稽首寡君懼矣注云稽首首至地事天子之禮士昏禮婦拜扱地注云扱地手至地也婦人扱地猶男子稽首

𩠐　截也從首從斷　大丸旨沇二切

截也者本書截斷也廣雅𩠐斷也

剸　或從刀專聲

通俗文截斷曰剸　長笛賦剸揆度擬李善引字林剸截也又注聖主得賢臣頌引字林作截也　文王世子其刑罪則纖剸

文三　重一

県　到首也賈侍中說此斷首到縣県字凡県之屬皆從県　古堯切

到首也者一切經音義十六引同又云謂縣首於木上竿頭以肆其辜也　賈侍中說此斷首到縣県字者廣韻県倒縣首漢書曰三族令先黥劓斬左右趾県首菹其骨謂之具五刑玉篇野王謂縣首於木上竿頭以肆大辠秦制也廣雅県𥿍也鉅鹿郡鄡縣地理志作鄡通作梟史記高祖紀梟故塞王欣頭櫟陽市索隱梟縣首於木也漢書五行志劉屈氂妻子梟首廷尉淩事河內太守上民張太有狂病病發殺母弟應梟首遇赦謂不當除之梟首如故後漢書桓帝紀桀逆梟夷注云梟縣首於木也冊魏公九錫文袁譚高幹咸梟其首魏志高柔傳叛逆之類誠應梟縣晉律注云梟斬棄之於市者斬頭也令上不及天下不及地也張斐上律表梟首者惡之長魏書宋鴻貴不遵律令見律有梟首之罪乃生斷人手以水澆之然後斬決陳書文帝紀臨川太守駱文牙斬周迪傳首京師梟於朱雀航

縣　繫也從系持県　胡涓切

詩有瞽應田縣鼓　燕禮樂人縣　周禮小胥正樂縣之位漢書元帝紀縣蠻夷邸門顏注縣古懸字也　或作懸孟

子猶解倒懸

繫也者易繫辭縣象著明莫大乎日月　禮中庸日月星辰繫焉

文二

須　面毛也從頁從彡凡須之屬皆從須　相俞切

面毛也者俗說有人諂謝益云向在劉陽坐見一客殊毛謝曰正是我家阿瞻瞻多鬚故云爾易賁卦賁其須正義須是上附於面喪大記小臣爪手翦須漢書高帝紀美須髯顏注在頤曰須在頰曰髯後漢書蔡邕傳攝須理髯鄧粲晉紀劉剡稱桓溫鬚似蝟毛磔又云湞陽令羊嗣負而不治縣功曹吏共逐嗣嗣饒須乃以嗣內羊闌中釋名頤下曰鬚鬚秀也物成乃秀人成而鬚生也亦取須體幹長而後生也春秋元命苞髮精散爲鬚髯三國典畧李庶無鬚髯人謂天閹

髭　口上須也從須此聲　卽移切

口上須也者昭二十六年左傳至於靈王生而有頿或作髭洪武正韻在口上曰髭在下曰鬚在頰曰髯釋名口上曰髭髭姿也爲姿容之美也史記趙世家鬢麋髭髯班固幽通賦注衛亂子羔滅髭鬢衣婦人衣逃得出

頰須也從須從冄冄亦聲 汝鹽切

頰須也者漢書霍光傳美須䫇頰注䫇頰毛也或作顄後漢輿服志後世聖人見鳥獸有冠角顄胡之象遂作冠冕纓蕤以爲首飾或作髯廣韻髯頰毛一切經音義九髯頰毛也郭注山海經髯咽下須毛也釋名在頰耳旁曰髯隨口動搖冄冄然也　從須冄者本書冄毛冄冄也　冄亦聲者當爲冄聲

須髮半白也從須卑聲 府移切

須髮半白也者聲類顊䫇皃

短須髮皃從須否聲 敷悲切

短須髮皃者宣二年左傳宋城者謳于思于思棄甲復來馥謂思卽鬚借思字　否聲者玉篇作顊馥謂當作頾本書髻髮皃

文五

毛飾畫文也象形凡彡之屬皆從彡 所銜切

毛飾畫文也者文當爲彣本書彤下云丹飾也彡其畫也聿下云聿飾也從彡鬱下云彡其飾也彪下云虎文也彡象其文也鬽下云彡鬼毛集韻鬍飾謂之彡上林賦靚妝刻飾郭璞曰刻畫鬋鬢也

象形也從彡开聲 戶經切

易乾卦品物流形繫辭在地成形　書說命乃審厥象俾以形旁求于天下　桓十四年穀梁傳遠者察其貌而不察其形

象形也者釋名形有形象之異也周禮六書二曰象形　开聲者當爲井聲魏王基碑綜析無形齊隴東王感孝頌炳煥存形夢英篆書千文形端表正唐孫師範隸書孔廟碑臣聞彤氣肇分形字並從井

稠髮也從彡從人詩曰㐱髮如雲 之忍切

稠髮也者左傳正義詩釋文所引竝同馥謂稠當爲髗本書髗髮多也易既濟婦喪其茀虞作髴云髴髮謂鬒髮也一名婦人之首飾昭二十六年左傳有君子白皙鬒鬚眉南荒錄新州男子婦人皆鬒髮如雲每沐以灰投水中遂就水而沐之以彘膏塗其髮五六月稅秫未獲時民饑盡髡取髮鬻於市旣髡卽復以彘膏塗之至來年又可鬻矣字或作黰昭二十八年傳有仍氏生女黰黑而甚美光可以鑑杜云美髮爲黰正義黰卽鬒也服注髮美爲鬒或作縝廣雅縝黑也謝朓詩有情知望鄉誰能縝不變　從人者徐鍇本作人聲　詩曰㐱髮如雲者鄘風君子偕老文彼作鬒傳云鬒黑髮也如雲言美長也

㐱或從髟眞聲

飾也從彡攸聲 息流切

飾也者玉篇飾修飾也周禮隸僕祭祀修寑大宰祀五帝則掌百官之誓戒與其具修注云修埽除糞洒祭義宮室旣修注云謂埽除及黝堊檀弓入於其廄而修容焉

文彰也從彡章章亦聲 諸良切

本書紕采彰也　廣雅山龍彰也　釋言黼黻彰也　書益稷以五采彰施于五色　通作章易姤卦品物咸章書皋陶謨五服五章哉傳云尊卑彩章各異論語斐然成章學記水無當於五色五色弗得不章荀子法行篇故雖有珉之雕雕不若玉之章章注云章章素質明著也

文彰也者增韻說文彰從章從彡彡音杉毛髮貌然則說文以彰爲文章者謂鳥獸羽毛之文也如夏翟虎豹之屬通作章本書彣戫也戫有文章也詩六月織文鳥章又裳裳者華維其有章矣箋云章禮文也載見曰求厥章龍旂陽陽傳云言有文章也棫樸追琢其章傳云追彫也金曰彫玉曰琢箋云追琢玉使成文章考工記畫繢之事青與赤謂之文赤與白謂之章又云雜四時五色之位以章之謂之巧注云章明也繢繡皆用五采鮮明之是爲巧緇衣引詩出言有章注云文章也隱五年左傳昭文章杜云車服旌旗閔二年傳與夫人繡衣杜云取其文章順序宣十

四年傳於是有容貌采章杜云采章車服文章也襄三十一年傳動作有文言語有章昭二十五年傳爲九文六采五章以奉五色注云靑與赤謂之文赤與白謂之章秦策文章不成者不可以誅罰高云文章旌旗文章靑與赤謂之文赤與白謂之章文子昔者中黃子曰色有五色文章文心彫龍章者明也詩云爲章于天謂文明也其在文物赤白曰章章亦聲者當爲章聲

彫　琢文也從彡周聲都僚切

書五子之歌峻宇彫牆考工記刮摩之工有雕人禮有彫簋彫几彫弓

琢文也者徐鍇本作琢文也案漢書董仲舒傳良玉不琢注云謂琢刻爲文也廣雅彫畫也釋詁彫畫也一切經音義二引三蒼彫飾也釋言彫鏤也釋器玉謂之彫又云彫謂之琢郭云治玉名也通作雕書顧命雕玉仍几傳云彫刻鏤孟子則必使玉人雕琢之少儀國家靡敝則車不雕幾宣二年左傳厚斂以雕牆尉繚子治本篇夫無雕文刻鏤之事又通作錭荀子富國篇必將錭琢刻鏤又或作琱漢書郊祀志黼黻琱戈顏注琱戈刻鏤之戈也貢禹傳牆塗而不琱抱朴子鷩蹇矯首於琱輦

𢒊　清飾也從彡青聲疾郢切

清飾也者清當爲青此與彤同意彤丹飾也趙宧光曰青寶石名詩充耳以青乎而方書空青曾青與凡玉石中鶚青西青之類皆是也

㣎　細文也從彡𡭴省聲莫卜切

弱　橈也上象橈曲彡象毛氂橈弱也弱物并故從二𢎗而勺切

王君念孫曰龍之爲物至健故反㫐爲弓

橈也者本書橈曲木玉篇弱尩劣也釋名弱衄也又言委也昭七年左傳孟縶之足不良弱行

文九　重一

彣　䬙也從彡從文凡彣之屬皆從彣無分切

䬙也者本書䬙有文章也當作彣彰通作文釋名文者會集衆采以成錦繡會集衆字以成辭義如文繡然也僖二十四年左傳言身之文也僖二十三年傳舅犯曰吾不如衰之文也杜云有文辭也禮器先王之立禮也有本有文忠信禮之本也義理禮之文也玉藻笏大夫以魚須文竹注云文猶飾也䬙通作郁論語郁郁乎文哉

彥　美士有文人所言也從彣厂聲魚變切

美士有文人所言也者彥言聲相近文當爲彣樂記禮減而進以進爲文樂盈而反以反爲文注云文猶美也善也馥謂文亦當作彣釋訓美士爲彥郭云人所彥詠舍人云國有美士爲人所言道書太甲旁求俊彥傳云美士曰彥詩羔裘邦之彥兮傳云彥士之美稱

文二

文　錯畫也象交文凡文之屬皆從文無分切

易繫辭物相雜故曰文韓云剛柔交錯玄黃錯雜樂記五色成文而不亂中庸文理密察桓二年左傳火龍黼黻昭其文也杜云火畫火龍畫龍

錯畫也者釋天錯革鳥曰旟本書旟錯革畫鳥其上詩采芑約軝錯衡傳云錯衡文衡也哀十三年穀梁傳祝髮文身注云文身刻畫其身以爲文也齊策文車二駟鮑云文彩繪也史記越世家翦髮文身錯臂左衽注云錯臂亦文身謂以丹青錯畫其臂

斐　分別文也從文非聲易曰君子豹變其文斐也敷尾切

分別文也者本書辬別也論語斐然成章不知所以裁之也孔安國曰妄穿鑿以成文章不知所以裁制魏畧顧斐字文林通作匪考工記且其匪色注云匪采貌也詩淇奧有匪君子傳云匪文章貌釋文云本又作斐釋訓有斐君子郭云斐文貌　易曰君子豹變其文斐也者革卦文彼作蔚也釋文云說文作斐

辬　駁文也從文辡聲布還切

駮文也者廣韻𤦡駮也文也一切經音義十二蒼頡篇𤦡文皃也雜色爲𤦡廣雅𤦡文也西京賦上𤦡華以交紛纂文𤦡華文麗也或作斑檀弓貍首之斑然淮南說林訓見虎一文不知其武高云一文一斑也又通作般內則馬黑脊而般臂漏注云般臂前脛般般然也周禮內饔馬黑脊而般臂螻注云般臂臂毛有文郭注山海經引作斑臂又通作賁易賁釋文傅氏云賁古斑字文章皃鄭云文飾之皃王肅云有文飾黃白色高注呂覽賁色不純也引詩鶉之賁賁

微畫也從文𠩺聲 里之切

微畫也者廣韻引字統同本書剺劃也

文四

長髮猋猋也從長從彡凡髟之屬皆從髟 必凋切又所銜切

長髮猋猋也者髟猋聲相近李善注秋興賦云通俗文曰髮垂而髟匹料切說文曰白黑髮雜而髟字林亦同匡謬正俗云秋興賦云班鬢髟以承弁素髮颯以垂領讀者皆以髟爲杉音按許氏說文解字云彡毛飾畫之文也象形字林音山廉反此字既訓形飾所以形及彫字並從彡說文解字解髟字云長髮猋猋也從彡字林音方周反此字既指訓髮皃所以鬢髮之屬字皆從髟字安仁之辭正合義訓今讀秋興賦當音方周反不得謂之彡也玉篇髟長髮髟髟也長笛賦特𩬊昏髟李善云髟長髦也

根也從髟犮聲 方伐切

廣韻髮頭毛也　玉篇髮首上毛也引孝經身體髮膚　赭白馬賦垂梢植髮李善云髮額上毛也　素問腎之華在髮　草木子血之榮以髮

根也者本書茇從犮云草根也

犮聲者釋名髮拔也拔擢而出也

髮或從首

古文

頹髮也從髟賓聲 必刃切

晉語美鬢長大則賢注云鬢髮類也　蔡邕女誡攝鬢則思其心之整也

頹髮也者釋名鬢峻也所生高峻也又云其上連髮曰鬢鬢濱也濱崖也爲面額之崖岸也

髮長也從髟㒼聲讀若蔓 母官切

髮長也者漢書禮樂志掩回轅鬗長馳如淳曰鬗音樠鬗鬗長皃也

髮長也從髟監聲讀若春秋黑肱以濫來奔 魯甘切

髮長也者六書故䰐鬖髮垂散皃馥案通俗文毛長曰䰐鬖廣韻䰐鬖髮疏皃玉篇䰐髮多也

髮好也從髟差聲 千可切

髮好也者廣韻䰈髮多皃

髮好也從髟卷聲詩曰其人美且鬈 衢員切

髮好也者詩釋文引同　詩曰其人美且鬈者齊風盧令文傳云鬈好皃　雜記燕則鬈首

髮也從髟從毛 莫袍切

漢舊儀宂從僕射一人領旄頭又云中郎將一人施旄頭案旄即髦也漢書東方朔傳羽爲旄頭注引應劭曰旄頭今以羽林爲之髮正向上而長

髦也者一切經音義四引同又云髮中豪者也爾雅釋文毛中之長豪者髦列子釋文髦垂髮也馥案昭九年左傳豈如弁髦而因以敝之注云童子垂髦曲禮乘髦馬注云不鬋落也正義髦馬與童子垂髦同廣雅髦毛也釋名髦冒也覆冒頭頸也詩角弓如蠻如髦傳云髦美髮也　從毛者徐鍇本作毛聲

髮皃從髟臱聲讀若宀 莫賢切

髮皃者復古編鬢別作鬘非一切經音義一案西國結鬘師多用蘇摩那華行列結之以爲條貫無問男女貴賤皆

此莊嚴或首或身以爲飾好則諸經中有華鬘市天鬘寶鬘等同其事也字體從髟音所銜反㒼聲㒼音彌然反 讀若宀者本書㒼宀宀不見也瞞目旁薄緻宀宀也

髮多也從髟周聲直由切

髮多也者本書㐱稠髮也稠當作𩮀通作綢詩都人士綢直如髮傳云密直如髮

髮皃從髟爾聲讀若江南謂酢母爲𩰪奴禮切

髮皃者鄭注既夕記云兒生三月鬋髮爲鬌讀若江南謂酢母爲𩰪者集韻作䤚云麴糵謂之䤚

髮皃從髟咅聲步矛切

髮皃者玉篇𩬜髮好也字或作𩬜西京賦猛毅髬髵

髮至眉也從髟敄聲詩曰紞彼兩髦亡牢切

髮至眉也者通作髦既夕禮既殯主人脫髦注云兒生之月翦髮爲鬌男角女羈否則男左女右長大猶爲之飾存

之謂之髦所以順父母幼小之心至此尸柩不見喪無飾可以去之髦之形象未聞內則子事父母笄總拂髦未冠笄者拂髦總角注云髦者用髮爲之象幼時鬌其製未聞玉藻親沒不髦喪大記小斂主人脫髦 詩曰紞彼兩髦者鄘風柏舟文彼作髧彼兩髦傳云髦者髮至眉

髳或省漢令有髳長

呂氏讀詩記引釋文云韓詩作髳

漢令有髳長者徐鍇曰髳羌地名髳地之長也戴侗曰牧誓及庸蜀羌髳詩如蠻如髦戎夷多被髮髳案詩角弓如蠻如髦傳云髦夷髦也箋云髦西夷別名武王伐紂其等有八國從焉

女鬢垂皃從髟歬聲作踐切

女鬢垂皃者楚詞招魂盛鬋不同制注云鬋鬢也郭璞注上林賦刻飾刻畫鬋鬢也

鬋也一曰長皃從髟兼聲讀若慊力鹽切

鬋也者徐鍇韻譜鬑鬢垂皃戴侗曰今人有髮簾覆額寡髮者用之蓋髲之類玉篇髻鬑鬢髮疏薄皃 一曰長皃者玉篇鬑髮長皃

束髮少也從髟截聲子結切

束髮少也者廣韻引作束髮少小也又云婦人束小髻也又云露髻

髲也從髟易聲先彳切又大計切

髲也者廣雅髢謂之髲易既濟婦喪其茀釋文茀作髢詩君子偕老不屑髢也箋云髢髲也少牢饋食禮主婦被錫注云被錫讀爲髲鬄古者或剔賤者刑者之髮以被婦人之紒爲飾因名髲鬄焉此周禮所謂次也周禮追師掌王后之首服爲副編次注云次次第髮長短爲之所謂髲鬄曲禮斂髮毋髢注云髢髲也毋垂餘如髲也哀十七年左傳公自城上見已氏之妻髮美使髡之以爲呂姜髢杜云髢髲也莊子天地篇有虞氏之藥瘍也禿而施髢司馬云髢髲也漢書揚雄傳資娵娃之珍髢兮孟康曰髢髲也

鬄或從也聲

鬄也從髟皮聲平義切

釋名髲被也髮少者得以被助其髮也案詩采蘩被之僮僮傳云被首飾也 吳志薛綜上事漢朱崖叛以長吏覩其人好髮髡取爲髲故百姓怨叛 世說陶侃母頭髮委地下爲二髲賣得數斛米 南越志開平縣出髲 酉陽雜俎狒狒髮可爲髲

鬄也者詩君子偕老正義引作益髮也又云言人髮少聚他人髮益之

用梳比也從髟次聲七四切

用梳比也者本書梳理髮也玉篇曰飾爲髮通作次釋名次次第髮也士昏禮女次注云次首飾也今時髲也周禮追師掌王后之首服爲副編次注云次次第髮長短爲之所謂髲髢

潔髮也從髟昏聲古活切

潔髮也者篇海引作絜髮也徐鍇韻譜同字林竝同五經文字髻絜也一切經音義十一髻謂括束髮也廣韻髻結髻莊子人閒世見櫟社樹絜之百圍音義云絜約束也禮記大學絜矩之道注云絜猶結也挈也爾雅釋水絜九河之一注云水多約絜也南史王敬則以絳糾髻謂以絳絲絜髮也詩氓總角之宴傳云總角結髮也君子偕老不屑髢也傳云屑潔也箋云髢髲也不潔者不用髲爲善正義云不潔髢者言婦人髮美不用他髮爲髲而自潔美故云不用髲爲善馥案潔當爲絜不潔髢者不須絜髢而髮好自美也鄭注周禮挈壺氏云挈讀如絜髮之絜士喪禮主人髻髮注云髻髮者去笄纚而紒古文髻作括通作括宣十八年左傳既復命袒括髮注云以麻約髮莊子人閒世支離疏者會撮指天注云項椎也會音活向秀讀馥案士喪禮髻用組乃笄注云古文髻爲括

臥結也從髟般聲讀若槃 薄官切

臥結也者徐鍇曰古今注所謂槃桓髻廣韻䰉䰉頭曲髮爲之

結也從髟付聲 方遇切

結也者宋本作髻玉篇髩髻也廣韻髩露髻廣雅髩髻也通作副釋名王后首飾曰副副覆也以覆首亦言副貳也兼用衆物成其飾也詩君子偕老副笄六珈傳云副者后夫人之首飾編髮爲之周禮追師掌王后之首服爲副編次注云副之言覆所以覆首爲之飾其遺象若今步搖矣明堂位夫人副褘立於房中注云副首飾也今之步搖是也後漢書注副婦人首服三輔謂之假紒廣雅假結謂之髻續漢書皇后服有假結東觀漢記章帝詔東平王蒼以光烈皇后假髻帛巾各一衣一篋遺王晉中興書泰元中公主婦女緩鬢假髻以爲盛飾用髮豊多不可行戴乃先於籠上裝之名曰假髻

帶結飾也從髟莫聲 莫駕切

帶結飾也者李善注西京賦引作帶結頭飾也廣韻鬕婦人結帶類篇鬕袜額也西京賦朱鬕鬣髽植髮如竿薛綜注絳帕額露項髻植髮如竿

屈髮也從髟貴聲 邱媿切

屈髮也者廣雅⿱髟貴髻也急就篇冠幘簪簣結髮紐顏注結髮謂作結也紐謂結之⿱髟貴也

簪結也從髟介聲 古拜切

䯰結也者玉篇䯰與髻同髮結也東觀漢記明德后美髮爲四起大髻字或作紒士冠禮將冠者采衣紒注云紒結髮古文紒爲結雜記燕則鬈首注云猶若女有笄紒也干寶晉記初賈后造首紒之繪縛其髻天下化之名纈子髻也搜神記元康中婦人結曰纈子者既成以繒急束其環名曰纈子髻文選運命論椎紒而守敖庾海陵之倉李善云紒即髻字也于子正文引此而爲髻字王君念孫曰廣雅䯰髻也䯰與髻同字或作結又作紒二徐說文本皆有䯰字無髻字䯰字注云簪結也古拜切徐鉉本髻字收入新附云古通作結此字後人所加案曹憲此注云說文䯰即籀文髻字太平御覽引說文云髻結髮也則是說文原有髻字而䯰即髻之重文士冠禮將冠者采衣紒鄭注云紒結髮也古文紒爲結紒之或作結猶髻之或作䯰今說文䯰字訓爲簪結乃後人所改徐鉉不察反以髻字爲後人所加誤矣玉篇髻字注云結髮也䯰字注云同上此皆本於說文其下文云說文古拜切簪結也則宋人以誤本說文竄入者耳馥案枚乘梁苑賦靡陁長髻漢書尉佗魋髻東觀漢記梁鴻妻椎髻續漢書五行志京師婦女作墮馬髻側在一邊自梁冀家所爲人皆效之梁冀別傳冀未誅時婦人作不聊生髻又長安謠城中好高髻四方高一尺蔡邕女誡立髻則思其心之正也

髮鬣鬣也從髟巤聲 良涉切

髮鬣鬣也者集韻引作髮鬣鬣也案鬣當爲巤五音集韻鬣與巤同巤髮亂髮皃廣雅鬣毛也毛當爲髦曲禮豕曰剛鬣士虞禮敢用絜牲剛鬣明堂位夏后氏駱馬黑鬣周人黃馬繁鬣

鬣或從毛

或從豕

鬣也從髟盧聲 洛乎切

鬣也者廣韻髗毛也毛當爲髦篇海鬛髗髮起皃

髴若似也從髟弗聲敷勿切

髴若似也者疑後人亂之廣韻髴婦人首飾類篇髣髴髮亂皃

亂髮也從髟茸省聲而容切

亂髮也者廣韻髶髮多亂皃

髮隋也從髟隋省直追切

髮隋也者徐鍇本作墮六書故引李陽冰本髩墮也集韻髩髮落也又云子生三月翦髮也又云剃餘髮玉篇小兒翦髮爲髩廣雅髩墮也方言髩盡也注云髩毛物漸落去之名既夕記主人說髦注云兒生三月鬌髮爲髩男角女羈否則男左女右內則三月之末擇日翦髮爲鬌男角女羈注云鬌所遺髮也夾囟曰角午達曰羈也匡謬正俗問曰閭中俗謂髮落頭禿爲椎何也荅曰按許氏說文解字云髩髮墮也呂氏字林玉篇唐韻並直垂反今俗呼髩音訛故爲椎耳　隋省者徐鍇本作墮省聲

鬊髮也從髟䑞聲舒閏切

鬊髮也者本書首下云巛象髮謂之鬊鬊即巛也廣雅髮謂之鬊士喪禮巾柶鬊蚤埋於坎喪大記君大夫鬊爪實于綠中注云鬊亂髮也漢書天文志曰出時有黑雲狀如猋風亂鬊

䰃禿也從髟閒聲苦閑切

䰃禿也者字林同本書顧頭鬢少髮也廣韻䰃禿䰃也廣雅䰃禿也考工記數目顧脰注云故書顧或作牼鄭司農云牼讀爲䰃頭無髮之䰃

鬄髮也從髟從刀易聲他歷切

鬄髮也者本書鬀鬄也通作鬄曲禮乘髦馬注云髦馬不鬄落也詩泮水狄彼東南箋云狄當作鬄鬄治也釋文引韓詩作鬄云除也又通作剔後漢書馮魴傳衰等聞帝至皆自鬄剔注云剔音他狄反聲類曰亦鬄字音他計反謂剃去髮也王隱晉書蘇峻夢見鹵簿行列甚肅曰鄉犯鹵簿應髡刑節俛受剔　從刀易聲者徐鍇本作從髟剔聲本書刀部剔字徐鉉所加

髡鬄髮也從髟兀聲苦昆切

髡鬄髮也者急就篇鬼薪白粲鉗釱髡顏注髡鬄髮曰髡楚詞九章接輿髡首兮注云髡剔也張斐律序髡者刑之威秋凋落之象

或從元

或從元者本書䯗字論語作軏

鬀鬄髮也從髟弟聲大人曰髡小兒曰鬀盡及身毛曰鬄他計切

鬀鬄髮也者韻會引徐鍇本作鬀鬄髮也增韻同或作剃通鑑魏主親爲沙門師賢等下髮注云下髮剃髮也　大人曰髡者通鑑來歙下獄諸生守闕至有自髡剔者注引毛晃曰剃髮曰髡　小兒曰鬀者鄭注周禮薙氏云薙讀如鬀小兒頭之鬀　盡及身毛曰鬄者趙宧光曰盡及身毛今回回國夷法有之

鬆也從髟竝聲蒲浪切

鬆也者廣韻䰆䰆鬆亂毛玉篇䰆䰆擾髮亂

鬕也忽見也從髟彔聲彔籀文魅亦忽見意芳未切

彔聲彔籀文魅亦忽見意者彔當爲彔魅不常見故曰亦忽見意

喪結禮女子髽衰弔則不髽魯臧武仲與齊戰于狐鮐魯人迎喪者始髽從髟坐聲莊華切

廣雅髽髻也　淮南齊俗訓三苗髽首高云髽音撾以枲束髮

喪結也者禮記外傳髽者婦人有喪者結去纚而紒曰髽有布髽有麻髽挫折開散之名也　禮女子髽衰者衰當爲縗通作衰儀禮喪服布總箭笄髽衰三年注云髽露紒也猶男子之括髮斬衰括髮以麻則髽亦用麻也蓋以麻

自項而前交於額上卻繞紒如著幓頭焉小記曰男子冠而婦人笄男子免而婦人髽土喪禮婦人髽于室注云始死婦人將斬衰者去笄而纚將齊衰者骨笄而纚今言髽者亦去笄纚而紒也齊衰以上至笄猶髽髽之異於髻髮者既去纚而以髮爲大紒如今婦人露紒其象也檀弓曰南宮縚之妻之姑之喪夫子誨之髽曰爾毋從從爾爾毋扈扈爾其用麻布亦如著幓頭然　弔則不髽魯臧武仲與齊戰于狐鮐魯人迎喪者始髽者檀弓魯婦人之髽而弔也自敗於臺駘始也注云敗於臺駘魯襄四年秋也臺當爲壺字之誤也春秋傳作狐鮐時家家有喪髽而相弔去纚而紒曰髽禮婦人弔服大夫之妻錫衰士之妻則疑衰與皆吉笄無首素總襄四年左傳臧紇敗于狐駘國人逆喪者皆髽魯於是乎始髽杜云髽麻髮合結也正義髽之形制禮無明文先世儒者各以意說鄭衆以爲枲麻與髮相半結之馬融以爲屈布爲巾高四寸著於顙上鄭元以爲去纚而紒杜以鄭衆爲長故用其說

文三十八　重七

髻 結髮也　說見髟界下

遺文一

后 繼體君也象人之形施令以告四方故厂之從一口發號者君后也凡后之屬皆從后　胡口切

繼體君也者徐鍇通論引書嗣先人宅丕后釋詁后君也詩元鳥商之先后箋云后君也尚書大傳維王后元祀注云后君也鄭注曲禮后之言後書召誥越厥後王後民傳云謂先智王之後繼世君臣祭法夏后氏亦禘黃帝而郊鯀正義云夏云后氏者后君也受位於君故稱后春秋元命包繼體守文之君不害聖人之主文九年公羊傳繼文王之體守文王之法度范注文十二年穀梁傳引譙周曰國不可久無儲貳故天子諸侯十五而冠十五而娶禮十五爲成童以次成人欲人君之早有繼體史記外戚傳繼體守文之君易林睽之萃繼體守藩西京賦高祖創業繼體承基說苑修文篇春秋公薨於高寢高寢者始封君之寢也二路寢者繼體之君寢也繼體君世世不可居高祖之寢故高寢立中路寢左右然則天子之寢奈何曰亦三承明繼體守文之君之寢曰左右大路寢謂之承明何曰承乎明堂之後者也漢匡衡上疏云受命之王務在創業垂統傳之無窮繼體之君心存於承宣先王之德而褒大其功梁統上疏云至哀平繼體即位日淺潛夫論述赦篇古者惟始受命之君承大亂之極被前王之惡其民乃並爲敵讎罔不寇賊消義姦宄奪攘以革命受祚爲之父母故得一赦繼體以下則無違焉又三式篇先王之制繼體立諸侯以象賢也又釋難篇帝王繼體之君父事天王者爲子故父事天也崔寔政論繼體之君欲立中興之功者曷嘗不賴賢哲之謀乎漢劉瑜上書言中官不當比肩裂土競立胤嗣繼體傳爵蔡邕上疏臣聞孝文皇帝制喪服三十六日雖繼體之君父子至親不敢踰越獻帝傳雖有繼體守文之君不害聖人受命而王魏志高堂隆傳夏商之季皆繼體也又云三王可邁五帝可越非徒繼體守文而已也袁宏三國名臣贊劉后授之無疑心武侯受之無懼色繼體納之無貳情百姓信之無異辭復察繼體謂蜀後主禪晉穆帝詔繼體承基古今常道宋書禮志諸王子繼體爲王者婚姻吉凶悉依諸國公侯之禮南齊書文惠太子傳內外百司咸謂旦暮繼體文選謝朓詩皆風淪繼

體李善云繼體謂鬱林王昭業也齊書鬱林王文惠太子長子武帝崩王即位通鑑宋明帝詔以世祖繼體陷惑無遺以皇子智隨爲世祖子　施令以告四方者易姤象后以施命誥四方　故厂之從一口者徐鍇通論厂垂衣之象旁達之形覆桼上文云象人之形謂厂爲横𠂆也此又云故厂之從一口所未能詳　發號者君后也者本書君發號故從口令字云發號也北堂書鈔君以出令曾悼公曰臣之求君以出令也坊記高宗云三年其惟不言言乃讙注云其既言天下皆歡喜樂其政教覆謂言即發號政教即號令鄭注洪範云孔子說春秋曰政以不由王出不得爲政則是王君出之號也中子曰君之所以尊者令令不行是無君也故明君慎令樂動聲儀臣者當以發明君之號令賈誼書天子之言曰令令甲令乙是也潛夫論先王將發號施令諄諄如也

㖃 厚怒聲從口后后亦聲　呼后切

厚怒聲者通作詬唐書劉文靖傳君雅詬曰反人欲殺我耳音義云詬怒也

文二

司　臣司事於外者從反后凡司之屬皆從司　息茲切

臣司事於外者者集韻引同又云與后相反一曰后道覽
惠司家徧急違於君也增韻古文反后為司言后王之道
與有司相反也出納之吝謂之有司非君道也君道貴覽
大廣雅有司臣也書酒誥勿辯乃司民湎于酒傳以司民
為主民之吏周禮夏官司馬秋官司寇內則
衆子則使有司名之注云有司臣有事者也

詞　意內而言外也從司從言　似茲切

意內而言外也者易釋文引同韻會引徐鍇本作音內而
言外也鍇通論曰詞者音內而言外在音之內在言之外
也何以言之惟也思也曰也兮也斯也若此之類皆詞也
語之助也詩曰惟此文王又曰在城闕兮又曰神之格思
不可度思矧可斁思書曰曰雨曰霽詩曰今我來斯皆詞
也聲成文曰音此詞直音內之助聲不出於音故曰音之
內聲成文之內一助聲也言之外者直言曰言又一字曰
言惟思曰兮斯之類皆在句之外為助楚詞曰魂兮歸來
些些亦詞也在句之外也故曰音之內言之外為詞六書
正譌詞音內而言外也在音之內言之外也一切經音義

二十五直言曰言言己事也荅述為詞為人說也禮記三
年之喪言而不詞是也說文詞者意內而言外也亦審言
語也本書意察言而知意也從心從音馥案言當為音徐
鍇通論云心音者察音以知其心也　從司從言者徐
本作從言司聲馥謂當
云從司從言司亦聲

文二

卮　圜器也一名觛所以節飲食象人卪在其下也易曰君
子節飲食凡卮之屬皆從卮　章移切

玉藻母沒而杯圈不能飲焉注云圈屈木所為謂卮匜之屬
韓非子堂谿公謂韓昭侯曰今有白玉之卮無當有瓦卮
有當君寧何取　晉策楚有祠者賜其舍人卮酒　新序駿
人希見長者願請一卮酒　論衡自紀篇盆盎酌卮大小失
宜
圜器也者玉篇卮酒漿器也受四升急就篇蠡升參升半
卮觛顏注卮飲酒圜器也莊子寓言篇卮言日出釋文云
字略云卮圜酒器也　一名觛者漢書音義應劭曰卮飲
酒禮器也古以角作受四升馥案本書觛小觶也觶受四
升　易曰君子節飲食者頤象
文彼云君子以慎言語節飲食

膞　小卮有耳蓋者從卮專聲　市沇切

小卮有耳蓋者者急就篇槫榼椑榹匕箸籫顏注槫小卮
也上有蓋王注碑本作博字當從卮說文膞小卮也有耳
蓋者劉氏新論隨時篇明鏡
所以照形而盲者以之蓋卮

[illegible]　小卮也從卮耑聲讀若捶擊之捶　旨沇切

小卮也者廣雅[illegible]卮也　讀若
捶擊之捶者本書揣一曰捶之

文三

卪　瑞信也守國者用玉卪守都鄙者用角卪使山邦者
用虎卪土邦者用人卪澤邦者用龍卪門關者用符

卪貨賄用璽卪道路用旌卪象相合之形凡卪之屬
皆從卪　子結切

通作節釋名節赴也執以赴君命也襄二十五年左傳司馬
致節杜云節兵符三禮義宗節長尺二寸秦漢以下改為旌
麾之形夢溪筆談古之節如今之虎符其用則有圭璋龍
虎之別皆續將之英蕩是也漢人所持節乃古之旌也
瑞信也者易序卦節而信之故受之以中孚韓云既已有
節則宜信以守之周禮敘官掌節注云節猶信也行者所
執之信玉藻凡君召以三節注云節所以明信輔君命也
今漢使者擁節文八年左傳司馬握節以死注云節國之
符信也文十二年傳不腆先君之敝器使下臣致諸執事
以為瑞節注云節信也哀六年公羊傳與之玉節而走之
何云節信也西周策秦聞之必大怒而焚周之節高云節
符信也墨子大將使人行守操信符賜冠子節璽相信如
月應日　守國者云云者周禮掌節掌守邦節而辨其用
以輔王命守邦國者用玉節守都鄙者用角節凡邦國之
使節山國用虎節土國用人節澤國用龍節皆金也以英
蕩輔之門關用符節貨賄用璽節道路用旌節皆有期以

反節小行人達天下之六節山國用虎節土國用人節澤國用龍節皆以金爲之道路用旌節門關用符節都鄙用管節皆以竹爲之司市凡通貨賄以璽節出入之注云璽節印章如今斗檢封矣　象相合之形者徐鍇曰象半分之形守國者其卩半在內半在外孟子若合符節荀子儒效篇張法而度之則晻然若合符節注云符節相合之物也周禮門關用符節葢以全竹爲之剖之爲兩各執其一合之以爲驗也

令　發號也從亼卩力正切

本書序假借者本無其字依聲託事令長是也　釋名令領也理領之使不得相犯也　釋詁令告也　月令命相布德和令　趙策臣敬循衣服以待令甲　賈誼書天子之言曰令令甲令乙是也　風俗通時所制曰令漢書著於甲令　發號也者本書君下云發號故從口后下云發號者君后也易渙卦渙汗其大號書冏命發號施令罔有不臧文十七年左傳居大國之閒而從於強令杜云令號令也魏志武帝征蜀有歸志軍中請號因令曰雞肋

㔭　輔信也從卩比聲虞書曰㔭成五服毗必切

輔信也者玉篇同又云今作弼本書弼輔也通作比釋詁比俌也易比象比輔也詩杕杜胡不比焉箋云比輔也又通作毗書微子之命毗余一人　虞書曰卬成五服者益稷文彼作弼鄭注廣輔五服之教而成之

卶　有大度也從卩多聲讀若侈充豉切

有大度也者通作奓西京賦心奓體泰成公綏天地賦偉二儀之奓闊　讀若侈者書周官㣂不期侈

𠨲　宰之也從卩必聲兵媚切

卲　高也從卩召聲寔召切

高也者廣雅同法言種蠡不彊諫而山棲賢不足卲也

厄　科厄木節也從卩厂聲賈侍中說以爲厄裹也一曰厄蓋也五果切

科厄木節也者科厄雙聲猶婐姬也木有節者俗謂之厄節晉書和嶠傳嶠森森如千丈松雖磥砢多節目施之大廈有棟梁之用　賈侍中說以爲厄裹也者玉篇厄果也無肉骨也　一曰厄蓋也者當爲厄葢本書髆小厄有耳葢者

厀　脛頭卩也從卩桼聲息七切

脛頭卩也者素問厀者筋之府俗作膝急就篇股腳膝臏脛爲柱顏注膝脛頭節也

卷　厀曲也從卩𢍏聲居轉切

厀曲也者釋名厀伸也可曲伸也

卻　卩欲也從卩谷聲去約切

卩欲也者廣韻卻節也玉篇卻節卻也墨子辭過篇夫婦節而天地和風雨節而五穀熟衣服節而肌膚和

卸　舍車解馬也從卩止午讀若汝南人寫書之寫司夜切

舍車解馬也者本書夜舍也天下休舍也周禮敘官掌舍注云舍行所解止之處司戈盾及舍注云舍止也月令耕

者少舍注云舍猶止也方言發稅舍車也馥案發卽詩齊子發夕稅卽稅駕周禮典路辨其名物與其用說注云說謂舍車也趣馬掌駕說之頒釋文云說始銳反挈壺氏挈轡以令舍鄭司農云縣轡於所當舍止之處使軍望見知當舍止於此轡所以駕舍故以轡表舍宣十二年左傳雞鳴而駕日中而說注云說舍也襄二十五年傳行及弇中將舍又云遂舍枕轡而寢食馬而食駕而行定八年公羊傳皆說然息注云說解舍吳子馬疲人倦而不解舍漢章帝詔騑馬可輟解輟解之通鑑劉湛每入雲龍門御者解駕從卩止午者王君念孫曰韻會引徐鍇本從卩止午聲則是錯本原有聲字徐鉉去之　讀若汝南人寫書之寫者郭注方言云舍宜音寫顧炎武曰今人謂馬去鞍曰寫貨物去舟車亦曰寫與器之瀉者不寫義同後漢書皇甫規傳旋車完封寫之權門晉書潘岳傳發槅寫鞍皆自所憩說文作卸舍車解馬也讀若汝南人寫書之寫

𠨍　二卩也巽從此闕士戀切

二卩也巽從此者本書選遣也從辵巽巽遣之𠨍謂二卩所以遣也本書罷遣有罪也言有賢能入网而貫遣之遣

之當有己也

巳也闕 則候切

此巳之分半也

文十三

執政所持信也從爪從卪凡印之屬皆從印 於刃切

漢舊儀諸侯王印黃金橐駝鈕文曰璽列侯黃金印龜鈕文曰印丞相將軍黃金印龜鈕文曰章中二千石銀印龜鈕文曰章千石六百石四百石銅印鼻鈕文曰印 傳元印銘昔先王配天垂則乃設印章作信萬國 李尤印銘赤紱在服非印不明棨傳符節非印不行龜鈕縯鼻用爾作程

執政所持信也者一切經音義七引作玉信也玉篇印執政所持之也又信也釋名印信也所以封物爲信驗也亦言因也封物相因付也蒼頡篇印驗也三蒼印信也檢也

按也從反印 於棘切

書無逸厥亦惟我周太王王季克自抑畏 襄十年左傳子駟抑尉止曰爾車非禮也 後漢書明帝紀章奏若有過稱虛譽尚書宜抑而不省 方言抑安也廣雅同 燕策其民力竭也安猶取哉趙策秦與韓爲上交秦禍按移於梁矣秦與梁爲上交秦禍按攘於趙矣一本按作安 荀子上不能好其人下不能隆其禮安特將學雜識志順詩書而已耳注云安語助猶言抑也或作案覆謂詩抑磬控忌抑此皇父 呂氏春秋吳起謂商文曰今置質爲臣其主安重釋璽辭官其主安輕皆以抑安爲語助 或通作意論語抑與之與漢石經作意 大戴禮武王問師尚父曰黃帝顓頊之道存乎意亦忽不可得見與

按也者內則疾痛苛癢而敬抑搔之注云抑按 魏策乃按其行 楚詞九章情沈抑而不達兮注云抑按也 史記三王世家塞恩寬忍抑案不揚 漢書賈誼傳上不使人抑而刑之也 顏注抑謂按之也 易林抑按捫灸人復起 梁簡文帝箏賦陸離抑按 氾勝之區種大豆法覆土勿厚以掌抑之

俗從手

文二　重一

顏气也從人從卪凡色之屬皆從色 所力切

顏气也者玉篇禮記云色容顛顛色容厲肅此謂人面顏色也 詩魯頌載色載笑傳云色溫潤也 哀六年公羊傳色然而駭 哀十三年左傳司馬寅曰肉食者無墨 孟子歠粥面深墨 逸周書喜色油然以出 怒色厲然以侮 欲色嫗然以愉 懼色薄然以下 憂悲之色瞿然以靜

古文

色艴如也從色弗聲論語曰色艴如也 蒲沒切

色艴如也者韻會引徐鍇本作色怒也 韓策語曰怒於室者色於市 玉篇引孟子曾西艴然不悅 通作怫 莊子天地篇怫然作色 又通作勃 孟子王勃然變乎色 論語色艴如也者彼云君召使擯色勃如也又過位色勃如也 本書

孛下引論語色孛如也

縹色也從色𢏚聲 普丁切

縹色也者廣雅艵色也 字或作頩 楚詞玉色頩以脕顏兮 玉篇引作艵 宋玉神女賦艴薄怒以自持兮李善引廣雅頩色也 又引方言注頩怒色青皃 又作㤍 淮南齊俗訓仁發㤍以見容 高云㤍色也

文三　重一

事之制也從卪𠨍凡卯之屬皆從卯闕 去京切

事之制也者書洪範謀及卿士鄭注卿士六卿掌事者 隱三年左傳爲平王卿士賈逵曰卿士之有事者六卿也

從卪𠨍者戴侗曰唐本反卪爲𠨍 林罕曰卪止𠨍進也

章也六卿天官冢宰地官司徒春官宗伯夏官司馬秋官司寇冬官司空從卯皀聲 去京切

章也者廣雅同卿章聲相近釋名卿章也言貴盛章著也白虎通卿之爲言章也章善明理也書堯典平章百姓鄭注章明也　六卿云云者見周禮書周官六卿分職各帥其屬　皀聲者本書皀又讀若香

文二

辟　法也從卩從辛卩制其辠也從口用法者也凡辟之屬皆從辟　必益切

法也者釋詁文顏注急就篇字林廣雅竝同詩板無自立辟爾無正辟言不信傳竝云辟法也抑辟爾爲德箋云辟法也周禮鄉師以攷司空之辟鄭司農云辟法也曲禮夫曰皇辟注云辟法也宣九年左傳孔子曰詩云民之多辟無自立辟其洩冶之謂乎顧炎武曰以上辟爲僻下辟爲法當時有此解昭二十八年晉司馬叔游引此詩亦同漢張衡思元賦覽蒸民之多僻兮畏立辟以危身正用此也襄十年傳子孔當國爲載書以位序聽政辟杜訓辟爲法昭六年傳民知有辟則不忌於上杜云權移於法故民不畏上　從卩從辛卩制其辠也口用法也者本書辠犯法

也從辛從自言辠人蹙鼻苦辛之憂一切經音義九辟字從尸口辛者制其罪口用法也釋詁辟辠也文六年左傳辟制獄正義云依法斷治也檀弓品節斯注云制斷也

𨐨　治也從辟從廾周書曰我之不𨐨　必益切

治也者書釋文引作法也本書㓝下引易井法也　周書曰我之不𨐨者金縢文彼作弗辟傳云辟法也

⿱辟乂　治也從辟乂聲虞書曰有能俾⿱辟乂　魚廢切

治也者釋詁文彼作乂釋文云字又作⿱辟乂謚法解乂治也書君奭巫咸乂王家史記作治王家金樓子說蕃篇引同又保乂有殷王肅云乂治也禹貢雲土夢作乂傳云可爲耕作畎畝之治又淮沂其乂傳云二水已治正義乂訓治也故云二水已治洪範從作乂鄭注君言從則臣職治馬注出令而從所以爲治也晉書五行志言之不從是爲不乂乂治也召誥亦敢殄戮用乂民傳云用治民泰誓天其以予乂民傳云用我治民通作艾漢書五行志引洪範艾用三德應劭云艾治也顏注艾讀曰乂詩小旻或肅或乂傳云艾治也又通作辟洛誥其基作民明辟傳訓辟爲治　虞書曰有能俾⿱辟乂者堯典文彼作乂傳云乂治也史記作有使治者

文三

勹　裹也象人曲形有所包裹凡勹之屬皆從勹　布交切

裹也者玉篇裹包也詩公劉乃裹餱糧莊子大宗師裹飯而往倉之通作包書禹貢包匭菁茅詩野有死麕白茅包之樂記包之以虎皮　象人曲形有所包裹者勹包聲相近廣韻勹包也象曲身皃

匔　曲脊也從勹𥷚省聲　巨六切

曲脊也者六書正譌云此即匔躳之匔俗用鞠廣韻匔曲脊皃匔謹敬之皃玉篇匔巨六邱六二切曲脊也又躳邱六切又邱弓切匔匔謹敬皃又匔巨弓切匔匔馥案匔匔者即論語鞠躳廣雅匔匔謹敬也曹憲上音邱六反下音邱弓反史記魯世家及七年後還政成王北面就臣位匔匔如畏然集解徐廣曰匔匔謹敬貌也見三蒼音窮窮一本作蘜蘜也馥案匔匔者即匔匔之誤非重文也論語執圭鞠躳如也如不勝包曰鞠躳者敬慎之至聘禮記執圭

入門鞠躳焉如恐失之釋文窮劉音弓本亦作躳通俗文體不申謂之趜本書趜窮也

匍　手行也從勹甫聲　薄乎切

手行也者一切經音義十左傳正義引同字林亦同徐鍇本作裹也手裹行也釋名匍匐小兒時也匍猶捕也藉索可執取之言也匐伏也伏地行也人雖長大及其求事盡力之勤猶亦稱之詩生民誕實匍匐傳云兒以手行也谷風匍匐救之箋云盡力也問喪故匍匐而哭之注云匍匐猶顚蹷春秋後語伍子胥坐行匍匐莊子秋水篇且子獨不聞夫壽陵餘子之學行於邯鄲與未得國能又失其故行矣直匍匐而歸耳後漢趙壹曰趙女善舞行步媚蠱效者不獲匍匐失步通作蒲伏漢書韓信傳俛出袴下蒲伏又作扶服檀弓扶服救之漢書霍光傳扶服叩頭又作蒲服史記范雎傳膝行蒲服

匐　伏地也從勹畐聲　蒲北切

伏地也者左傳正義引同秦策嫂蛇行匍伏高注句曳地昭二十五年左傳懷錦奉壺飲冰以蒲伏焉正義云令司

鏵射竊往飲季孫之所似小兒伏地而手行

在手曰匊從勹米 居六切

在手曰匊者一切經音義十一引作撮也玉篇匊撮也詩椒聊蕃衍盈匊笅綠不盈一匊傳並云兩手曰匊或作掬釋名掬局也使相局近也小爾雅廣量一手之盛謂之溢兩手謂之掬曲禮受珠玉者以掬注云掬手中宣十二年公羊傳晉衆之走者舟中之指可掬矣何云以兩手曰掬劉氏新論利害篇銷金在鑪盜者弗掬

少也從勹二 羊倫切

少也者本書酌下云少少飲也

聚也從勹九聲讀若鳩 居求切

聚也者釋詁文彼作鳩釋文鳩說文作勼釋名鳩聚也風俗通鳩者聚也書堯典共工方鳩僝功傳云鳩聚隱八年左傳君釋三國之圖以鳩其民襄十六年傳敢使魯無鳩乎杜注並云鳩集也襄二十五年傳鳩藪澤昭十七年傳

五鳩鳩民者也杜注並云鳩聚也淮南地形訓濁漳出發包包當爲勹字之誤也山海經作發鳩東京賦悉率百禽鳩諸靈囿薛綜注鳩聚也後漢書馬融傳掔斂九藪之動物繯橐四野之飛征鳩之乎茲囿之中注云鳩聚也洪武正韻九聚也與鳩同說文作勼莊子禹親自操橐耜而九雜天下之川

徧也十日爲旬從勹日 詳遵切

徧也者釋言文彼作徇郭謂周徧馥案墨子公孟篇思慮徇通史記五帝本紀幼而徇齊索隱云幼而才智周徧詩江漢來旬來宣傳云旬徧也易豐卦雖旬无咎王云旬均也馥案本書均平徧也周禮均人豐年則公旬用三日焉注云旬均也讀如營營原隰之營易坤爲均今書亦有作旬者漢書翟方進傳方進旬歲閒免兩司隸顏注旬徧也滿也旬歲猶言滿歲也若十日之一周十日爲旬者書堯典期三百有六旬有六日大禹謨三旬傳云旬十日也五子之歌十旬弗反傳云十日曰旬周禮小宰旬終則令正日成注云旬十日也曲禮旬之外曰遠某日注云旬十日也宣十一年左傳事三旬而成注云十日爲旬呂氏春秋季春紀行之是令而甘雨至三旬注云十日爲旬

古文

通作宣本書歲下云宣徧陰陽釋言宣徧也詩大雅旣順迺宣傳云宣徧也文王宣昭義問淮南時則訓必宣以明

覆也從勹覆人 薄皓切

覆也者或作葆禮雜記羽葆正義云葆謂蓋也莊子齊物論此之謂葆光

膺也從勹凶聲 許容切

膺也者小字本作胷也玉篇匈匈沸撓聲僖二十八年左傳曹人兇懼兇兇聲也釋名胸猶啌也啌氣所衝也急就篇胂胑胷脇喉咽髃顏注胷膺上也僖二十八年左傳鞾傷於胸東胸見使者昭二十六年傳鈹交於胷唐石經初刻作匈說苑夫言者所以抒其匈而發其情也又云楚王曰楚國之有不穀也由身之有匈脇也孫楚反金人銘有石人大張其口而書其匈漢校官碑野無卬匈之結

匈或從肉

帀徧也從勹舟聲 職流切

帀徧也者廣雅同通作周本書帀周也小爾雅廣言周帀也易益釋文偏辭孟作徧云周帀也詩崧高周邦咸喜箋云周徧也周禮司會以周知四國之治司徒周知九州之地域廣輪之數司稼周知其名大祝辨九祭四曰周祭鄭注並云周猶徧也檀弓四者皆周注云周帀也隱十一年左傳周麾而呼杜云周徧也成二年傳齊師敗績逐之三周華不注昭十三年傳棄疾使周走而呼注云周徧也昭二十年傳吾將死之以周事子注云周猶終竟也韋注國語周帀也淮南時則訓星周於天高云謂二十八舍更見南方至是月周帀也漢書劉向傳周回五里有餘舟聲者漢孟郁脩堯廟碑委曲舟帀鄭箋詩大東云舟當作周又注考工記云故書舟作周

帀也從勹從合合亦聲 侯閤切

帀也者廣雅同廣韻匌周帀也通作合纂要天地四方曰六合莊子齊物論六合之外聖人存而不論

飽也從勹𣪊聲民祭祝曰厭匓 已又切又乙庶切

飽也者陳啟源曰左傳飫賜杜解飫爲饜唐韻飫飽也厭也案厭飫字本作匓匓飽也民祭祀曰厭匓者小字作祭祀集韻同徐鍇曰禮有陰厭陽厭厭匓也今禮作飫韻謂厭當作猒

重也從勹復聲 扶富切

重也者重當爲緟通作復詩大明序文王有明德故天復命武王也史記秦始皇本紀爲復道自阿房渡渭屬之咸陽漢書高帝紀上從復道上望見諸將往往偶語注云上下有道故謂之復

或省彳

高墳也從勹豕聲 知隴切

高墳也者釋名冢腫也象山頂之高腫起也釋詁冢大也疏云冢者封之大也釋山山頂冢疏云小雅山冢崒崩毛傳山頂曰冢周禮冢人注云冢封土爲丘壟象冢而爲之疏云山頂曰冢故云象冢而爲之也楚漢春秋惠帝崩太后欲爲高墳使從未央宮坐而見之東陽侯曰日夜見惠帝冢悲哀流涕無乃傷生也揚雄冢謀子雲卒弟子侯芭負土作墳號曰揚冢

文十五　重三

象人裹妊巳在中象子未成形也元气起於子子人所生也男左行三十女右行二十俱立於巳爲夫婦裹妊於巳巳爲子十月而生男起巳至寅女起巳至申故男季始寅女季始申也凡包之屬皆从包 布交切

象人裹妊巳在中象子未成形也者妊徐鍇本作任鍇曰任懷任也巳爲四月萬物含實故象人懷子也馥案本書孛人包也從子　元气起於子子人所生也者本書子下云十一月陽气動萬物滋人以爲偁徐鍇曰子在北方冬至夜半一陽所起故曰子人所生　男左行三十云云者徐鍇曰男自子左數次寅次卯爲左行凡三十得巳女自子右數次亥次戌次酉爲右行凡二十亦得巳至此會合夫婦懷任之義巳爲子謂所生子也巳初懷子男左行自巳次午次未凡十月得寅女右行自巳次辰次卯凡十月得申寅在東北爲夏正月萬物徹孚甲而出陽初出故爲男年之始申在西南爲夏七月陰气至此始出故爲女年之始也漢書律歷志人生自寅成於申離騷惟庚寅吾以降注云寅爲陽正故男始生而立於寅庚爲陰正故女始生而立於庚太平廣記引玉經天門子云陽生立於寅純木之精陰生立於申純金之精容齋續筆今之五行家學凡男子小運起於寅女子小運起於申莫知何書所載淮南子氾論訓篇云禮三十而娶許叔重注曰三十而娶者陰陽未分時俱生於子男從子數左行三十年立於巳女從子數右行二十年亦立於巳合夫婦故聖人因是制禮使男子三十而娶女二十而嫁其男子自巳數左行十得寅故人十月而生於寅故男子數從寅起女自巳數右行十得申亦十月而生於申故女子數從申起此說正爲起運也馥案孫子筭術今有孕婦行年二十九難九月未知所生荅曰生男術曰置四十九加難月減行年所餘以天除一地除二人除三四時除四五行除五六律除六七星除七八風除八九州除九其不盡者奇則爲男耦則爲女

兒生裹也從肉從包 匹交切

兒生裹也者一切經音義九引同又卷三說文兒生裹衣者曰胞也馥案今猶謂之衣胞廣雅人一月而膏二月而脂三月而胎四月而胞莊子外物篇胞有重閬注云胞腹中胎春秋說題辭人生於陰宋均注人生陰謂胞胎中詩小弁箋獨不處母之胞胎乎漢書外戚傳善藏我兒胞顏注胞胎之衣也東方朔傳同胞之徒蘇林曰胞音胞胎之胞也言親兄弟論衡四諱篇子生與胞俱出人之有胞猶木實之有扶也包裹兒身因與俱出若鳥卵之有殼宋書王敬則母爲女巫嘗謂人云敬則生時胞衣紫色會稽先賢傳闞澤在母胞八月叱聲震外　從包者當有包亦聲三字

瓠也從包從夸聲包取其可包藏物也 薄交切

瓠也者本書瓠匏也古今注匏瓠也懸瓠可以爲笙詩公劉酌之用匏匏有苦葉傳云匏謂之瓠魯語夫苦匏不材於人共濟而已漢書郊祀志共器陶匏顏注匏瓠也　從夸聲者當云從瓠省　包取其可包藏物也者玉篇匏取其團圓可包藏物也馥謂下當有包亦聲三字

文三

茍　自急敕也從羊省從包省從口口猶慎言也從羊羊與義善美同意凡茍之屬皆從茍己力切

自急敕也者釋言悈急也郭云急狹釋文悈本或作極又作亟同紀力反詩采薇豈不日戒玁狁孔棘箋云戒警勑軍事也棘急也覆案經師說此字多誤爲從艸之苟燕禮記賓爲苟敬注云苟且也假也聘禮記賓爲苟敬注云苟敬者主人所以小敬也大射禮注云阼階上近君近君則親寵苟敬私昵之坐詩抑無易由言無曰苟矣莫捫朕舌言不可逝矣箋云無曰苟且如是覆案苟逝聲相近若苟且之苟則音不協矣韓詩外傳論語曰君子於其言無所苟而已矣詩曰無易由言無曰苟矣此亦以爲苟且大學苟日新卽此茍今亦誤讀苟且字通作亟廣雅亟敬也方言自關而西秦晉之間凡相敬愛謂之亟　從羊羊與義善美同意者本書美下云與義善同意譱下云與義美同意

𦎫　古文羊不省

古文羊不省者李燾本作古文茍不省書洪範敬用五事古文作着用五事漢書因着譌爲着

敬　肅也從攴茍居慶切

王隱晉書石苞拜大司馬舊參軍於都督無敬故孫楚抗衡於苞苞以楚傲更相表裨參軍有敬隋書文學潘徽傳隋遣魏澹聘於陳陳人使徽接對之澹將反命爲啟於陳主曰敬奉弘慈曲垂餞送徽以爲伏奉爲重敬奉爲輕卻其啟而不奏澹立議曰曲禮注曰禮主於敬詩曰維桑與梓必恭敬止孝經曰宗廟致敬又云不敬其親謂之悖禮孔子敬天之怒成湯聖敬日躋宗廟極重上天極高父極尊君極貴四者咸同一敬五經未有異文不知以敬爲輕竟何所據徽難之曰向所論敬字本不全以爲輕但施用處殊義成通別禮主於敬此是通言猶如男子冠而字之注云成人敬其名也春秋有冀缺夫妻亦云相敬既於子則有敬名之義在夫亦有敬妻之說此可復並謂極重乎至若敬謝諸公固非尊地公子敬愛止施賓友敬問敬報彌見雷同敬德敬酬何關貴隔當知敬之爲義雖是不輕但敬之於語則有時混漫今云敬奉所以成疑聊舉一隅未爲深據澹不能對遂從而改焉　南齊書張敬兒本名苟兒宋明帝以其名鄙改焉　南史何敬容署名敬字則大作苟小爲文容字大爲父陸倕戲之曰公家苟既奇大父亦不小覆謂此雖戲言亦誤爲從艸之苟　夢溪筆談象數二今姓敬者或更姓文或更姓苟以文考之皆非也敬本從茍[illegible]從攴今乃謂之苟與文　邵博聞見後錄文潞公本姓敬其曾大父避石晉諱更姓文至漢復姓敬本朝避翼祖諱又更姓文初敬氏避諱各用其一偏或爲文氏或爲苟氏然敬字從茍音棘非苟也從攴非文也俱非其一偏也　肅也者本書肅持事振敬也釋名敬警也恆自肅警也賈誼書接遇肅正謂之敬反敬爲傲洪範恭作肅傳云心敬

文二　重一

鬼　人所歸爲鬼從人象鬼頭陰气賊害從厶凡鬼之屬皆從鬼居偉切

人所歸爲鬼者文六年左傳正義云字有聲相近而爲訓者鬼之爲言歸也春之爲言蠢也其類多矣玉篇天曰神

地曰祇人曰鬼鬼之言歸也釋訓鬼之爲言歸也祭法人死曰鬼注云鬼之言歸也祭義衆生必死死必歸土此之謂鬼骨肉斃於下陰爲野土禮運列於鬼神注云鬼者精魂所歸郊特牲魂氣歸於天形魄歸於地昭七年左傳鬼有所歸乃不爲厲列子天瑞篇晏子曰善哉古之有死也仁者息焉不仁者伏焉死也者德之徼也古者謂死人爲歸人注云徼者歸也韓詩外傳死者爲鬼鬼者歸也精氣歸於天肉歸於土血歸於水脈歸於澤聲歸於雷動作歸於風眼歸於日月骨歸於木筋歸於山齒歸於石膏歸於露毛歸於草呼吸之氣復歸於人漢書楊王孫傳精神者天之有也形骸者地之有也精神離形各歸其眞故謂之鬼鬼之爲言歸也論衡論死篇人死精神升天骸骨歸土故謂之鬼鬼者歸也風俗通義死者澌也鬼者歸也精神消越骨肉歸於土也曹植髑髏說夫死之爲言歸也李善注文選引老萊子曰人生於天地之閒寄也寄者固歸成伯璵禮記外傳壽者百二十過此不死爲失歸　陰气賊害從厶者小字本陰气上有鬼字徐鍇曰魂氣升於天其陰氣薄然獨存無所依也故純陰底滯之氣著人爲害賊者有所傷也厶音私

䰟 古文從示 汗簡引作䰟與本書由頭合

䰠 神也從鬼申聲 食鄰切 山海經䰠武羅司

神也者易繫辭精氣爲物游魂爲變鄭注游魂謂之鬼物終所歸精氣謂之神物生所信也詩聊樂我員韓詩作魂薛君章句云魂神也家語哀公問政篇孔子曰人生有氣有魄氣者神之盛也衆生必死死必歸土此謂鬼魂氣歸天此謂神大戴禮陽之精氣曰神文子太上養神其次養形列子天瑞篇精神者天之久骨骸者地之久屬天清而散屬地濁而聚精神離形各歸其眞故謂之鬼鬼歸也歸其眞宅釋文久當爲有漢書楊王孫曰精神者天之有骨骸者地之有淮南有精神訓高云精者人之氣神者人之守也樂動聲儀神守於心游於目窮於耳洪範五行傳陽曰神陰曰靈潛夫論人之所以爲人者非以此八尺之身也乃以其有精神也七啟可以和神可以娛腸李善云

神人之精爽也太平經曰眞人云人之精神常居空閑之處不居汙濁之門也欲思還神皆當齋戒不齋戒則精神不宜返人也皇極經世天之神棲乎日人之神棲乎目申聲者本書申神也風俗通義傳曰神者申也

䰟 陽气也從鬼云聲 戶昆切

吳季札葬其子曰骨肉復歸於土命也若魂氣則無不之也楚詞九歌身既死兮神以靈子魂魄兮爲鬼雄玉注招魂云魂者身之精也詩推度災曰物本爲魂宋均注云本卽原也魂者亦言未有形也無兆朕故謂之氣白虎通魂魄者何謂也魂猶伝伝也行不休於外也主於情魄者迫然著人主於性也魂者芸也情以除穢魄者白也性以治內鄭注大傳陰陽之神曰精氣情性之神曰魂魄內觀經動以營身之謂魂靜以鎭形之謂魄

陽氣也者玉篇魂陽游氣也人始生化曰魂昭七年左傳人生始化曰魄既生魄陽曰魂注云陽神氣也孔子答宰我曰骨肉斃於下陰爲野土其氣發揚於上爲昭明焄蒿悽愴魯菴徐氏曰陽氣爲魂附於體貌而人生焉骨肉斃於下其氣無所附麗則發散飛揚於上蓋陽氣輕清故升而上浮以從陽也文子天氣爲魂易乾鑿度雄含物魂注獨言雄主於陽故也呂氏春秋禁寒篇費神傷魂高云魂人之陽精也陽精爲魂陰爲魄淮南說山訓魄問於魂高云魄人陰神魂人陽神精神訓其魄不抑其魂不騰高云魄陰神魂陽神范應元注老子魂屬陽魄屬陰成伯璵禮記外傳人之精氣曰魂形體謂之魄合陰陽二氣而生也

魄 陰神也從鬼白聲 普百切

宣十五年左傳天奪之魄矣子華子生之所自謂之精兩精相薄謂之神隨神往反謂之魂竝精出入謂之魄

陰神也者文子地氣爲魄昭七年左傳人生始化曰魄杜注魄形也傳遜曰左氏所謂魄不專指形而言如下文所云魂魄能憑依於人及前所云奪伯有魄皆非形也說文曰魄陰神也韻書云魂神也陽也氣也魄精也陰也形也則形亦可以言魄而魄則不可以訓形矣昭十五年宋樂祁曰心之精爽是謂魂魄

魅 厲鬼也從鬼失聲 丑利切

玉篇魅鬽之類也禮緯顓頊有三子生而亾去一爲魅鬼西山經剛山是多神䰠其狀人面獸身一足一手其音如欽注云䰡或作媿

厲鬼也者玉篇厲虐也廣韻厲烈也猛也孟子厲民以自養禮表記不厲而威白帖當有道之日物不爲妖而棄常之人鬼或爲厲士喪禮疾病禱於五祀司命與厲祭法王爲羣姓立七祀有泰厲諸侯爲國立五祀有公厲大夫立三祀有族厲成十年左傳晉侯夢大厲被髮及地搏膺而踊注云厲鬼也襄十七年傳爾父爲厲注云厲惡鬼襄二十六年傳厲之不如注云厲惡鬼也昭七年傳匹夫匹婦強死其魂魄猶能馮依於人以爲淫厲晉語今夢黃能入於寢門不知人殺乎抑厲鬼耶韋云厲鬼惡鬼也賈誼書天地調和神民順億鬼不厲祟民不誘怨星經女嫦居南斗食厲東京賦爾乃卒歲大儺毆除羣厲或作䊊廣韻䊊無後鬼也

䰰 耗鬼也從鬼虛聲 朽居切

耗鬼也者李善注東京賦引同集韻引作秏玉篇秏減也敗也廣雅秏減也王制視年之豐秏唐石經作秏漢書董仲舒傳秏矣哀哉顏注秏虛也詩秏斁下土釋文引韓詩秏惡也後漢書章德竇皇后紀家既廢壞數呼相工問息

耗注云息耗猶言善惡也七啟耗精神乎虛廓李善引蒼頡篇耗消也襄二十八年左傳玄枵虛中也枵耗名也淮南時則訓秋行冬令耗注云零落也唐以正月十六日爲大耗張說詩上月今朝減人傳耗磨辰至宋猶沿此俗嘉祐雜錄云正月十六日大耗令京師局務休務一日本書夔神魖也漢書揚雄傳梢夔魖而抶獝狂孟康曰魖耗鬼也通作虛王延壽夢賦批釁毅所魅虛

魃　旱鬼也從鬼犮聲周禮有赤魃氏除牆屋之物也詩曰旱魃爲虐　蒲撥切

旱鬼也者大荒北經有係昆之山者有人衣青衣名曰黃帝女魃蚩尤作兵伐黃帝黃帝乃令應龍攻之冀州之野應龍畜水蚩尤請風伯雨師縱大風雨黃帝乃下天女曰魃雨止遂殺蚩尤魃不得復上所居不雨注云旱氣在也後漢書張衡傳夫女魃北而應龍翔注云女魃旱神也鄭志韋曜問傳曰魃天旱鬼也箋曰旱氣生魃天有常神人死爲鬼不審旱氣生魃柰何荅曰魃鬼人形眼在頂上天生此物則將旱天欲爲災何所不生而云有常神者邪易林魃爲菑虐風吹雲卻神異經南方有人長二三尺袒身目在頂上走行如風其名曰魃所見之國大旱赤地千里一名旱母遇者得之投溷中卽死通鑑開元八年春會天旱有魃注云魃旱神也寰宇記托跋氏仕堯時逐女魃於弱水北人賴其勳舜命爲田祖或作妭文字指歸女妭禿無髮所居之處天不雨後漢書注妭亦魃也周禮有赤魃氏除牆屋之物也者徐鍇曰周禮赤魃氏掌除牆屋謂除自埋之物若蠹及蝎之屬今周禮作犮　詩曰旱魃爲虐者大雅雲漢文傳云魃旱神也

鬽　老精物也從鬼彡彡鬼毛　密祕切

老精物也者左傳釋文引同李善注蕪城賦引作老物精也一切經音義六引同通俗文山澤怪謂之魑魅漢書王莽傳投諸四裔以御魑魅顏注魅老物精也論衡訂鬼篇鬼者老物之精也物之老者其精爲人抱朴子金丹篇凡小山皆無正神爲主多是木石之精千歲老物血食之鬼登涉篇萬物之老者其精悉能假託人形以眩惑人目而嘗試人惟不能於鏡中易其眞形古老魅若來其去必卻行可轉鏡對其後而視之若是老魅者必無踵也金樓子

志怪篇夜在山中見胡人者銅鐵精也見秦人者百歲木也通鑑黃門從官騶罵陳蕃曰死老魅注云物老而能爲一精怪曰魅易繫辭精氣爲物漢書宣元六王傳或明鬼神信物怪周禮春官凡以神仕者以夏日至致地示物鬽注云百物之神曰鬽宣三年左傳螭魅罔兩杜云魅怪物文十八年傳以禦螭鬽服注鬽人面獸身四足好惑人山林異氣所生以爲人害庾信枯樹賦木魅睗睒山精妖孽風俗通汝陽西門習武亭有鬼魅宿者輒死北部督郵郅以劒帶繫魅腳呼燈照之乃一老貍晉書韓友傳劉氏女病鬽友作皮囊縛口懸樹開視有二斤狐毛或作祙海內北經祙其爲物人身黑首從目注云祙卽魅也

魅　或從未聲

或從未聲者徐鍇本無聲字

𩲡　古文

古文者當云籀文從彖省從尾省聲本書彖下云彖見也彖籀文魅亦彖見意又彖下云從彖彖籀文鬽字馥謂彖當爲彖

𩴪　籀文從彖省從尾省聲

籀文者當爲古文

鬾　鬼服也一曰小兒鬼從鬼支聲韓詩傳曰鄭交甫逢二女鬾服　奇寄切

一曰小兒鬼者集韻鬾童鬼急就篇射鬾辟邪除羣凶顏注射鬾神獸名也鬾小兒鬼也射鬾言能射去鬾鬼易林旦生夕死名曰嬰鬼東京賦八靈爲之震慴況鬾蜮與畢方薛綜注鬾小兒鬼　韓詩傳曰鄭交甫逢二女鬾服者初學記引韓詩鄭交甫過漢皋遇二女妖服佩兩珠交甫與之言曰願請子之佩二女解佩與交甫而懷之去十步探之則亡矣回顧二女亦不見神仙傳江妃二女游于江濱逢鄭交甫交甫不知何人也目而挑之女遂解佩與之交甫行數步空懷無佩女亦不見蜀都賦娉江斐與神游吳

都賦江妃於是往來五臣云江妃解珮與鄭交甫者江賦感交甫之喪珮洛神賦感交甫之棄言兮悵猶豫而狐疑阮籍詩二妃遊江濱逍遙順風翔交甫懷玉佩婉孌有芬芳

鬼皃從鬼虎聲 虎烏切

鬼俗也從鬼幾聲淮南傳曰吳人鬼越人鬾 渠希切

鬼俗也者始安記吳越之境其人好巫鬼重淫祀陸機辨亾論術數則吳範趙達以禨祥協德淮南傳曰吳人鬼越人鬾者集韻南方之鬼曰鬾一說吳人曰鬼越人曰鬾字或作禨列子說符篇楚人鬼而越人禨注云禨祥也史記索隱按埤蒼云禨祆祥也列子云荊人鬼越人禨謂楚信鬼神越信禨祥者也淮南人閒訓孫叔敖將死謂其子曰有寑邱者其地确石而名醜荊人鬼越人禨人莫之利也高云禨祥也漢書音義引呂氏春秋荊人鬼而越人禨漢書景十三王傳彭祖不好治宮室禨祥顏注禨鬼俗也字或作鬾淮南子曰荊人鬼越人鬾禨祥總謂鬼神之事也

鬼彪聲䰰䰰不止也從鬼需聲 奴豆切

鬼彪聲䰰䰰不止也者通作啾杜甫詩天陰雨溼聲啾啾

鬼變也從鬼化聲 呼駕切

鬼變也者論衡訂鬼篇鬼者本生於人時不成人變化而去天地之性本有此化非道術之家不能論辯

見鬼驚詞從鬼難省聲讀若詩受福不儺 諾何切

見鬼驚詞者纂文魑人值鬼驚聲玉篇魑驚毆疫癘之鬼也徐鍇曰歲終大儺侲子口呼魑魑也　讀若詩受福不儺者小雅桑扈文彼作那

鬼皃從鬼賓聲 符眞切

可惡也從鬼酉聲 昌九切

本書𠷎古文以爲醜字

可惡也者本書亞醜也釋名醜臭也如臭穢也詩山有扶蘇乃見狂且傳云狂醜之人十月之交亦孔之醜傳云醜惡也昭二十八年左傳惡直醜正實蕃有徒戰國策又身自醜於秦注云與秦惡也史記殷本紀既醜有夏復歸于亳

神獸也從鬼隹聲 杜回切

徐鉉所加

文十七　重四

䰫 健也

一切經音義十二䰫仕交反便捷也謂勁速䰫健也說文作䰫健也廣雅䰫捷也聲類䰫疾也古文苑夢賦撲苕蕘注引玉篇䰫剽輕爲害之鬼

遺文一

鬼頭也象形凡由之屬皆從由 敷勿切

惡也從由虎省鬼頭而虎爪可畏也 於胃切

惡也者本書諲畏亞馥謂當爲畏惡廣雅畏惡也書序殷始咎周鄭注咎惡也始畏而惡之　鬼頭而虎爪可畏也者韻會引作徐鍇語九經字樣畏畏鬼頭虎爪人可畏也上說文下隸省

古文省

母猴屬頭似鬼從由從厶 牛具切

母猴屬者本書愚下云禺猴屬獸之愚者玉篇禺獸似獼猴也目赤尾長本草獼猴數種都名禺屬釋獸寓鼠曰嗛郭云寓謂獼猴之類寄寓木上馥案戴侗謂寓即說文之禺周禮司尊彝注引作禺南山經招搖之山有獸焉其狀如禺注云禺似獼猴而大赤目長尾今江南山中多有

文三　重一

厶 姦衺也韓非曰蒼頡作字自營爲厶凡厶之屬皆從厶 息夷切

通作私書周官以公滅私禮孔子閒居天無私覆地無私載日月無私照荀子臣道篇朋黨比周以環主圖私爲務貢誼書兼覆無私謂之公反公爲私

姦衺也者本書姦私也又鬼下云陰气賊害從厶 韓非曰蒼頡作字自營爲厶者五蠹篇古者蒼頡之作書也自環者謂之私背私謂之公公私之相背也乃蒼頡固以之之矣漢官儀令太尉司徒下書州郡事文皆稱公葢蒼頡作書自環者謂之私背私者謂之公

篡 屰而奪取曰篡從厶算聲 初宦切

屰而奪取曰篡者一切經音義二引同方言自關而西秦晉之閒凡取物而逆謂之篡釋詁篡取也郭云篡者奪取也莊子秋水篇帝王殊禪三代殊繼差其時逆其俗者謂之篡夫釋文篡取也史記陸賈曰湯武逆取而以順守之

漢書成帝紀篡囚徒梁孝王傳謀篡死罪囚衛青傳大長公主執囚青其友騎郎公孫敖與壯士往篡之故得不死顏注並云逆取曰篡趙廣漢傳杜建素豪俠賓客爲姦利廣漢收案致法宗族賓客謀欲篡取後漢書梁冀傳壽何冀出多從蒼頭篡取逋期歸法言問明篇鴻飛冥冥弋人何篡焉注云篡取也後漢書逸民傳注云篡字諸本或作慕法言作篡宋衷曰篡取也鴻高飛冥冥薄天雖有弋人何施巧而取也然今人謂以計數取物爲篡篡亦取也韓愈詩久嫌弋者篡謝靈運山居賦慕椹高林自注云椹味似菰菜而勝刊木而作之謂之慕馥謂慕當爲篡 從厶者一切經音義二盜位曰篡字從算從厶音私弒君之法理無外聲故從厶也

羑 相訹呼也從厶從羑 與久切

相訹呼也者本書訹誘也又羑從羑省羑呼之羑馥謂當作此羑書費誓誘臣妾僖十年左傳幣重而言甘誘我也文子去其誘慕史記句踐世家吳太宰嚭貪可誘以利魏毋邱儉作亂鄧艾督軍至樂嘉誘之因名誘城宋書廬陵王義眞傳引誘情性導達聰明詩草蟲箋云草蟲鳴阜螽躍而從之異種同類猶男女嘉時以禮相求呼通作牖詩板天之牖民正義云牖與誘通又牖民孔易樂記引作誘

誘 或從言秀

䛻 或如此

羑 古文

本書羊部羑進善也

文三　重三

嵬 高不平也從山鬼聲凡嵬之屬皆從嵬 五灰切

高不平也者楊倞注荀子非十二子篇引同李善注南都賦引作山石崔嵬高而不平也本書隗陮隗也玉篇陮隗不平也又崴下云崴嵬猶崔嵬不平也釋山石戴土謂之崔嵬案詩卷耳傳云崔嵬土山之戴石者釋名土戴石曰崔嵬因形名之也皆與爾雅異

巍 高也從嵬委聲 牛威切

張有曰世俗以從山者爲巍不從山者爲魏非也二字皆當從山葢一字而兩音爾楊愼曰後漢人好作隱語魏伯陽參同契後序云委時去害依託邱山循遊寥廓與鬼爲鄰古魏字作巍故云依託邱山馥案易運期說魏字云鬼在山禾女連隸作巍故云鬼在山

高也者方言巍高也論語巍巍乎其有成功或作魏閔元年左傳魏大名也服注魏喻巍巍高大也周禮冢宰正月之吉縣治象之法于象魏鄭司農云象魏闕也淮南本經訓魏闕之高上際青雲高云門闕高崇嵬嵬然故曰魏闕春秋佐助期漢以魏徵當塗袿世獻帝紀太史丞許芝奏故白馬令李雲上事曰許昌氣見於當塗高當塗高者魏也當代漢後漢書袁術傳少見讖書言代漢者當塗高注云當塗高者魏也獻帝傳當塗高者魏也象魏者兩觀闕是也梁書何胤傳闕謂之象魏象者法也魏者當塗而高大貌也字或作巋莊子天下篇巋然而有餘釋文巋本或作魏魯靈光殿賦巋然獨存又云巋嵬崒崇

文二

說文解字義證卷二十七

連筠簃叢書
靈石楊氏栞

說文解字弟九義證弟二十八

曲阜桂馥學

山　宣也宣气散生萬物有石而高象形凡山之屬皆從山所閑切

宣也者廣雅同山宣聲相近徐鍇通論山所以鎭地出雲雨以宣地氣故曰山宣也昭元年左傳宣汾洮注云宣猶通也傳又云節宣其氣注云宣散也春秋說題辭一歲三十六雨天地之氣宣晉書天地之有四瀆所以宣洩其氣馥謂山澤通气是也公羊傳山川有能潤千百里者天子秋而祭之注云此皆助天宣氣布功故祭天及之春秋說題辭陰含陽故石凝爲山山之爲言宣也含澤布氣調五行也宣气散生萬物者釋名山產也產生物也韋昭國語注山河所以宣地氣而出財用詩天作高山傳云作生也天生萬物於高山箋云天生此高山使興雲雨以利萬物孔叢子論書篇仁者何樂於山孔子曰夫山者歸然高子張曰高則何樂爾孔子曰夫山草木植焉鳥獸蕃焉財用出焉興吐風雲以通乎天地之閒陰陽和合雨露之澤萬物以成百姓咸饗此仁者之所以樂乎山也有石而高者廣雅土高有石山山產也鄭注周禮司徒云積石曰山詩小弁莫高匪山管子形勢篇山者物之高者也說苑山固以石而爲身春秋元命苞山者氣之苞所以含精藏雲故觸石而出春秋說題辭周易艮爲山爲小石石陰中之陽陽中之陰陰精輔陽故山含石石之爲言託也託立法也易乾坤鑿度山外陽內陰聖人以山含元氣積陽之氣成石可感天雨降石

潤然山澤通元氣

嶽　東岱南靃西華北恆中泰室王者之所以巡狩所至從山獄聲五角切

詩崧高維嶽傳云嶽四嶽也東嶽岱南嶽衡西嶽華北嶽恆正義云經典羣書多云五岳此傳惟言四岳者以堯之建官而立四伯主四時四方之岳而已不主中岳故堯典每云咨四岳而不言五也周禮大宗伯以血祭祭社稷五祀五嶽注云五嶽東曰岱宗南曰衡山西曰華山北曰恆山中曰嵩高山又大司樂凡日月食四鎭五嶽崩注云四鎭山之重大

連筠簃叢書
靈石楊氏栞

者謂揚州之會稽青州之沂山幽州之醫無閭冀州之霍山五嶽岱在兗州衡在荆州華在豫州嶽在雍州恆在并州碬案職方氏九州山鎮有嶽山無崧高爾雅釋山首列五山河南華河西嶽河東岱河北恆江南衡與鄭所稱五嶽同鄭志云周都豐鎬故以吳岳爲西岳周家定以岳山爲西岳不數崧高此鄭氏與古合者也　風俗通義東方泰山詩云泰山巖巖魯邦所瞻尊曰岱宗岱者長也萬物之始陰陽交代雲觸石而出膚寸而合不崇朝而徧雨天下其惟泰山乎故爲五嶽之長南方衡山一名霍霍者萬物盛長垂枝布葉霍然而大西方華山華者華也萬物滋然變華於西方也北方恆山恆者常也萬物伏藏於北方有常也中央曰嵩高嵩者高也詩云嵩高惟嶽峻極於天　昭四年左傳四嶽三塗杜注東嶽岱西嶽華南嶽衡北嶽恆　正義云釋山云河南華河東岱河北恆江南衡李巡曰華西嶽華山也岱東嶽泰山也恆北嶽恆山也衡南嶽衡山也釋例土地名云東嶽泰山奉高縣泰山也南嶽長沙湘南縣衡山也西嶽宏農華陰縣西南華山也北嶽中山曲陽縣西北恆山也郭璞注恆山名常山避漢文帝諱自爾雅於釋山發首言此四山明其卽是四嶽故注者皆以嶽解之且諸書史傳讖緯皆以岱衡華恆爲四嶽四嶽卽是此四山也釋山又云泰山爲東嶽華山爲西嶽

霍山爲南嶽恆山爲北嶽岱泰衡霍二文不同者此二嶽者皆一山而二名也白虎通云嶽者何嶽之爲言桷也桷功德也應劭風俗通云嶽桷也桷考功德黜陟也然則四方方有一山天子巡狩至其下桷考諸侯功德而黜陟之故謂之嶽也風俗通又云泰山山之尊者一曰岱宗岱始也宗長也萬物之始陰陽交代故爲五嶽長王者受命恆封禪之衡山一名霍山言萬物霍然大也華變也萬物成變由於西方也恆常也萬物伏北方有常也是解衡之與霍泰之與岱皆一山有二名也張揖云天柱謂之霍山漢書地理志云天柱在廬江灊縣風俗通亦云霍山廟在廬江灊縣如彼所云則霍山在江北而得與江南衡山爲一者本江南衡山一名霍山漢武帝移嶽神於天柱又名天柱爲霍山故漢魏以來衡霍別耳郭璞注爾雅云霍山今廬江灊縣灊水出焉別名天柱山漢武帝以衡山遼曠故移其神於此今其土俗人皆呼之爲南嶽南嶽本自以兩山爲名非從近來也而學者多以霍山不得爲南嶽又云從漢武帝來始乃名之卽如此言謂武帝在爾雅之前乎斯不然也是解衡霍二名之山也書傳多云五岳此傳云四嶽者中嶽嵩高卽太室是也下別言之故此云四嶽也馥案風俗通謂衡霍一山二名本屬臆說孔氏沿其謬而不知也　詩崧高正義云孝經鉤命決云五岳東岳岱南岳衡西岳華北岳恆中岳崧高是五岳又數崧高之文也故王肅之注尙書服虔之注左傳鄭於大宗伯注皆然春官大司樂云五岳四鎭崩令去樂注云四鎭山之重大者謂揚州之會稽青州之沂山幽州之醫無閭冀州之霍山五岳岱在兗州衡在荆州華在豫州岳在雍州恆在幷州司樂宗伯同是周禮而司樂之注不數崧高者蓋鄭有所案據更見異意也釋山發首云河南華河西岳河東岱河北恆江南衡陳此五山之名不復更言餘山雖不謂此五山爲五岳明有爲岳之理鄭緣此旨以司樂之文連言四鎭五岳幷之正九當九州各取一山以充之而夏官職方氏九州皆云其山鎭曰某山每州曰其大者而其文有岳山無崧高爾雅河西岳在五山之例取岳山與岱衡恆華爲五岳之數以其餘四者爲四鎭今司樂職方自相配足見一州之內最大山者其或崩圯王者當爲之變容岳山得從五岳之祀故傳會爾雅職方之文以見此意非謂五岳定名取岳山也其正名五岳必取崧高宗伯之注是定解也馥案鉤命決所稱五岳乃漢人之說大司樂注所稱乃周之五岳作崧高詩者雖未指中岳何名其爲岳山無疑孔氏謂必取崧高是定解失之　王觀國曰案南嶽者衡山也而爾雅以霍山爲南嶽者前漢郊祀志曰武帝巡南郡至江陵而東登禮灊之天柱山號曰南

嶽顏師古注曰灊廬江縣也蓋廬江有霍山卽天柱山之別名灊水出焉所謂灊霍者也漢武南巡憚衡山之遠而東至霍山卽祀以爲南嶽爾雅當舉衡山以爲南嶽而反舉霍山者非古也是以知爾雅非周公之作也　胡渭曰爾雅釋山云江南衡李巡曰南岳衡山也下文又云霍山爲南岳郭璞曰霍山今在廬江灊縣灊水出焉別名天柱山漢武帝以衡山遼曠故移其神於此今彼土俗人皆呼之爲南岳南岳本自以兩山爲名非從近來也而學者多以霍山不得爲南岳又云漢武帝來始乃名之卽如此言謂武帝在爾雅前乎斯不然矣渭按徐靈期記云衡山爲南岳其來尙矣至於軒轅乃以灊霍之山爲其副焉故爾雅云霍山爲南岳此蓋本方氏家言漢武信之遂移衡山之祭於灊霍其實南岳曰衡山初無二名釋山後一條當是漢人所附益璞據不經之言以衡山一名霍山自古已然非由漢武不亦謬乎　閻若璩曰崧高維嶽非當時以太室爲嶽乃詩人借嶽來贊美之曰有崧然而高者維是四嶽之山其山高大上至於天維是至天之大嶽降其神靈和氣以生甫國之矦及申國之伯爾雅撰於三百篇後緣此遂指實嵩高爲中嶽太史公又出於爾雅後幷補注堯典曰中岳嵩高也是殆忽却禹貢之太岳矣將堯有二中岳邪漢武登禮太室易曰崇高中嶽名益顯皆

爲爾雅所謨者或曰然則周竟無中岳乎余曰周仍以唐虞時霍山爲中岳矣觀職方河内曰冀州山鎮曰霍山可知荅自有宇宙便有此山黃帝正名百物蚤已定五嶽之稱禹主名山川又從而奠之下訖周秦恙不敢移登有如武帝以衡山遠移南嶽之祀於灊霍山者乎　邵君晉涵曰合經傳而總核之冀州之霍山與泰衡華恆唐虞之五嶽也華嶽泰恆衡周之五嶽也泰衡華恆嵩高漢初相傳之五嶽也華泰霍恆嵩高武帝所定之五嶽也知漢以前五嶽無定名則不惑於羣說之膠轕矣　丁君杰西嶽華山廟碑跋四嶽之稱見虞書毛詩序左傳五嶽之稱見周禮禮記東嶽所在古今無異辭矣南嶽秦漢之時有二說始皇渡淮水先之衡山南郡後浮江至湘山祠項羽立鄱君吳芮爲衡山王都邾孝武帝登禮灊之天柱山號曰南嶽是也北嶽金元以後亦有二說金世宗大定間或言今既都燕當別議五嶽名明馬文升胡來貢屢請改祠北嶽於渾源州是也西嶽中嶽異說滋多甚或一篇之文一人之書一書之注而前後不同大都以嵩高太華吳嶽太岳四山爲進退爾雅釋山既云河南華河西嶽別言山大而高崧則五嶽無嵩高矣又云華山爲西嶽嵩高爲中嶽登不數河西之嶽與史記帝堯本紀述舜事曰五月南巡狩八月西巡狩十一月北巡狩皆如初則唐虞無中嶽

矣封禪書釋尚書巡狩四嶽之名增其文曰中嶽嵩高也又云昔三代之君皆在河洛之閒故嵩高爲中嶽公羊傳隱公八年注引尚書亦曰十有一月朔巡守至於北嶽如西禮還至嵩如初禮登尚書傳本有二與鄭注書康誥云岐鎬之域處五嶽之外注周禮大宗伯五嶽云西曰華山中曰嵩高山則西周畿內無西嶽矣注大司樂又云華在豫州嶽在雍州雜問志亦云周都豐鎬故以吳嶽爲西嶽將大宗伯五嶽爲周以前之制與漢魏以來言四嶽者如毛氏詩崧高傳李巡爾雅注古文尚書舜典傳杜氏左傳昭公四年集解及春秋釋例言五嶽者如孝經鉤命決尚書虞夏傳水經說苑白虎通德論說文解字風俗通義服虔左傳解誼王肅尚書注京相播春秋土地名郭璞山海經傳於南嶽之名或不同而中嵩西華無不同者趙宋山齋易氏周禮總義竹埜葉氏禮經會元秀巖李氏周禮五嶽辨出主康成後說謂周都豐鎬以太華爲中嶽嶽山爲西嶽而不數嵩高元初仁山金氏資治通鑑前編出又就李說推之謂堯都冀州以嶽山爲西嶽太岳爲中嶽而不數太華近日朱氏鶴齡閻氏若璩胡氏渭生厥故喜新或同山齋竹埜秀巖或同仁山其說益岐其辨也亦益力吾謂禹本紀及水經皆云崑崙墟在西北去嵩高五萬里地之中也穆王之里西土也自瀍水禹之測崑崙也自

嵩高崑崙地之中嵩高中國之中中嶽之名所由來也唐虞有中嶽而書云咨四嶽國語云胙四嶽國中嶽不建官猶九州而八伯畿內不置伯也周亦有云四岳者詩序般巡守而祀四嶽河海左傳昭公四年司馬侯曰四嶽三塗陽城太室荊山中南九州之險不得云周無中嶽也禹貢之太岳職方爾雅之嶽山非嶽瀆之嶽猶五等諸侯之公之伯非公孤之公牧伯之伯職方渾言山鎮升雝之嶽冀之霍以爲嶽揚之會稽青之沂幽之醫無閭何一非嶽也改河西之嶽爲西嶽唐肅宗至德二年事周無明文秦漢亦無明文也史記漢書雖云武帝登禮中嶽太室猶隋文帝開皇十四年唐元宗天寶十載以霍山爲冀州鎮非漢以前嵩不名嶽隋以前霍不名鎮也且隋唐二帝既尊禮霍山霍山本爲嶽而降之鎮亦必無之理也顏氏匡謬正俗歐陽氏集古錄朱氏墨池編趙氏金石錄洪氏隸釋婁氏漢隸字原無名氏古文苑載漢碑有永和元年西嶽后闕銘延熹八年西嶽華山廟碑光和二年西嶽華山亭碑修西嶽廟碑修西嶽廟復民賦碑又有不知何年西嶽華山堂闕碑銘皆以華爲西嶽此碑爲延熹八年立文云周禮職方氏河南山鎮曰華謂之西嶽而光和二年修嶽廟碑文亦云周禮職方氏華謂之西嶽尤可證康成大司樂注之誤其云唐虞巡狩四嶽皆以四時之中月若不

知有中嶽者然則所見尚書本不同故禮記王制明言五嶽親三公其敘巡狩亦止四嶽也其解又云崇冠二州古曰雝梁與引職方河南豫州之文若相牴牾吾謂唐虞有梁州故禹貢華陽爲梁周無梁州故職方華山入豫漢兼夏周之制而改雝曰涼改梁曰益其時州無雝梁之名故尊之曰古山在華陰縣南縣屬京兆尹後屬宏農郡皆領於司隸山亦不在涼益之部故歸之古曰雝梁也何以不言豫漢實有豫州不可云古也何以云遂荒華陽何以云馮於幽岐華山之陽則梁其陰則雝高祖初封南鄭後都長安故以周之文武爲比也何以云奄有河朔曰王存元豐九域志云華山四州之際東北冀東南豫西南梁西北雝十字分之四隅爲四州碑言河南言河朔言雝梁舉四隅也

東岱南霍西華北恆中泰室者此漢制也武帝所定之五嶽也據當時所祠者言之也釋山云泰山爲東嶽華山爲西嶽霍山爲南嶽恆山爲北嶽嵩高爲中岳此亦漢人所增益郭景純信爲爾雅原文不知武帝以前無此說也釋山首云河南華河西嶽河東岱河北恆江南衡此乃周之五嶽鄭注大司樂五嶽岱在兗州衡在荊州華在豫州岳在雍州恆在幷州是也漢書地理志扶風汧縣吳山在西古文以爲汧山禹貢導岍及岐職方雝州其山鎮曰嶽山

蓋禹貢本名岍山古文謂之吳山爾雅職方謂之嶽山國語稱虞山卽吳山史記稱吳嶽以其爲西嶽合而稱之也尚書大傳五嶽謂岱山霍山華山恒山嵩山也漢書郊祀志宣帝改元神爵令祠官以禮爲歲事東嶽泰山于博中嶽泰室于嵩高南嶽灊山于灊西嶽華山于華陰北嶽常山于上曲陽說苑五嶽者何謂也泰山東嶽也霍山南嶽也華山西嶽也常山北嶽也嵩高山中嶽也水經禹貢山水澤地嵩高爲中嶽在潁川陽城縣西北泰山爲東嶽在泰山博縣西北霍山爲南嶽在廬江灊縣西南華山爲西嶽在宏農華陰縣西南恒山爲北嶽在中山上曲陽縣西北博物志五嶽華岱恒衡嵩纂要嵩泰衡華恒謂之五嶽　東岱者書舜典歲二月東巡狩至于岱宗五經通義泰山五嶽之長羣神之主詩時邁及河喬嶽傳云喬高也高岳岱宗也白虎通東方爲岱宗者言萬物更相代於東方也　南霍者白虎通南方霍山者霍之爲言護也言萬物護也太陽用事護養萬物也廣雅天柱謂之霍山漢志廬江郡灊縣天柱山在南有祠史記封禪書上巡南郡至江陵而東登禮灊之天柱山號曰南岳集解云應劭曰灊縣屬廬江南岳霍山文穎曰天柱山在灊縣南有祠宋書世祖紀霍山是曰南嶽實維國鎭寰宇記壽州六安縣霍山一名衡山一名天柱山在縣南五里隋開皇九年以江南衡山爲南岳廢霍山爲名山邵君晉涵曰史記封禪書云上巡南郡至江陵而東登禮灊之天柱山號曰南嶽太史公意以天柱山本非南嶽武帝强號曰南嶽爾太平御覽引徐靈期南岳記云衡山者五嶽之南嶽也其來尚矣至於軒轅乃以灊霍之山爲副焉故爾雅曰霍山爲南嶽葢因其副焉至漢武南巡又以衡山遼遠道隔江漢於是乃徙南嶽之祭於廬江灊山亦承軒轅副義也按軒轅以灊霍爲副於古籍無徵此海上怪迂之士妄引黃帝不足爲信漢武所据讖緯大率類此矣郭云南岳本自以兩山爲名非從近者郭意以衡霍爲一山也尚書大傳有中祀霍山及與南方霍山之文大傳爲後人裒集不盡可据應劭謂衡一名霍傅會漢制實則衡之與霍自爲兩山通典引三禮義宗云唐虞以衡山爲南嶽周氏以霍山爲南嶽此見爾雅前後異文求其故而不得强爲之詞然未嘗不以衡山霍山爲二山也水經釋禹貢山水澤地云霍山爲南岳在廬江灊縣西南衡山在長沙湘南縣南是亦以霍山衡山爲二山也以爾雅前後覈之釋地所云梁山卽爲衡山此由於聲之轉也釋山上云江南衡下云霍山爲南嶽卽使衡山別名霍山不得一篇之中互舉其名況大霍之

爲義由於大山宮小山也今天柱山中峯小而四圍有大山以宮繞之衡州之衡山則中峯獨高而前後左右諸山皆在其下揆諸雅訓天柱可名之曰霍衡山不得名之曰霍此可以目驗而知也馥案毛晃禹貢指南曰案霍山有二在冀州者又謂太岳在荆州者又謂天柱山灊水出焉禹貢既修太原至于岳陽又云壺口雷首至于太岳水經太岳山在河東永安縣南夏官職方氏河內曰冀州其山鎭曰霍山注云霍山在彘史記趙世家晉伐霍霍公求奔齊晉大旱卜之曰霍太山爲祟召霍君於齊復之徐廣曰霍泰山在河東永安縣寰宇記霍邑縣霍山一名太岳在縣東三十里馥謂此皆言冀州之霍山也　西華者漢華山廟碑云周禮職方氏河南山鎭曰華謂之西嶽白虎通西方爲華山者華之爲言穫也言萬物成熟可得穫也　北恒者白虎通北方爲恒山恒者常也萬物伏藏於北方有常也書禹貢太行恒山舜典十有一月朔巡狩至于北岳傳云北岳恒山周禮職方正北曰幷州其山鎭曰恒山注云在曲陽管子恒山北臨代南俯趙春秋元命苞昴畢間爲天街散爲冀州分爲趙國立爲常山注云常山卽恒山也是畢昴之精史記夏本紀常衞既從索隱曰此文改恒山恒皆作常避漢文帝諱故也漢書地理志常山郡上曲陽恒山北岳在西北幷州山常山圖經北岳恒山在縣西北一百四十里尚書禹貢太行恒山至于碣石有恒水出焉隋圖經大茂山恒山之異名寰宇記定州曲陽縣北岳恒山在縣西北一百四十里　中泰室者泰室卽嵩高山後漢書靈帝紀建寧五年夏四月復崇高山名爲嵩高山注云前書武帝祠中嶽改嵩高爲崇高東觀記曰使中郎將堂谿典請雨因上言改之名爲嵩高山廣雅外方謂之嵩白虎通中央爲嵩山言其後大之也地理志潁川郡崈高縣武帝置以奉太室山是爲中嶽古文以崇高爲外方山也馥案武帝紀元封元年登禮嵩高置奉邑名曰崇高韋昭曰嵩高有太室少室之山山有石室故名西征記嵩山東曰太室西曰少室相去十七里嵩其總名也謂之室者以其下各有石室焉仙經云嵩高山東南大巖下石孔方圓一丈西方北入五六里有太室高三十餘丈周員三百步自然明燭相見如日月無異郭璞太室山贊嵩維嶽宗華岱恒衡氣通元漠神洞幽明嵬然中立衆山之英昭四年左傳周幽爲太室之盟注云太室中嶽馥案傳又云四嶽三塗陽城太室於四嶽外別言太室是周時不爲嶽矣何休注公羊引尚書四嶽乃云還至嵩如初禮此沿史記之誤也　王者之所以巡狩所至者天子五載一巡

狩至其方嶽尚書言四嶽而不及中嶽以非巡狩所至也至周禮始備五嶽之名舜典歲二月東巡狩至于岱宗五月南巡狩至于南岳八月西巡狩至于西岳十有一月朔巡狩至于北岳傳云岱宗泰山爲四岳所宗南岳衡山西岳華山北岳恆山史記封禪書歲二月東巡狩至於岱宗岱宗泰山五月巡狩至南嶽南嶽衡山也八月巡狩至西嶽西嶽華山也十一月巡狩至於北嶽北嶽恆山中嶽嵩高也馥案舜典不及中嶽疑史記爲人所亂白虎通巡狩所以四時出何當承宗廟故不踰時也以夏之仲月者同律度當得其中也二月八月晝夜分五月十一月陰陽終尚書曰二月東巡狩至于岱宗柴五月南巡狩至于南嶽八月西巡狩至于西嶽十有一月朔巡狩至于北嶽者何謂也嶽之爲言桷桷功德隱八年公羊解詁巡猶循也守猶守也循行守視之辭亦不可國至人見爲煩擾故至四嶽足以知四方之政而已詩序般巡狩而祀四嶽河海也正義云岳實有五而稱四者天子巡狩遠適四方至於其方之岳有此祭禮於中岳無事故序不言焉楊慎曰尚書舜陟方家語作五十載陟方岳左思吳都賦梁岷豈有陟方之館行宮之基與以陟方對行宮益以爲天子巡狩事也

古文象高形

岱　太山也從山代聲　徒耐切

太山也者廣雅岱宗謂之泰山郭注方言云岱泰山釋地中有岱岳與其五穀魚鹽生焉釋山河東岱郭云岱宗泰山書舜典至于岱宗傳云岱宗泰山爲四嶽所宗禹貢海岱惟青州鄭注東嶽曰岱山古尚書說岱爲山宗周禮職方氏河東曰兖州其山鎭曰岱山注云岱山在博桓十六年公羊傳越在岱陰齊何云岱岱宗泰山也僖三十一年傳觸石而出膚寸而合不崇朝而徧雨乎天下者惟太山爾郭注東山經云泰山卽東岳岱宗也今在泰山奉高縣西北從山下至頂四十八里三百步也詩含神霧五岳視三公岱宗爲之長高注淮南地形訓云泰山在泰山郡是爲東嶽史記五帝本紀登丸山及岱宗正義泰山東岳也在兖州博城縣西北三十里也漢地理志泰山郡博岱山在西北求山上馥案職方之山漢志皆爲注明岱爲五岳長何獨無注求山上三字當爲兖州山括地志泰山一曰岱宗東岳也在兖州博城縣西北三十里風俗通岱始也泰山山之尊者一曰岱宗宗長也萬物之始陰陽交代故爲五岳之長後漢書安帝紀幸太山柴告岱宗注云太山王者告代之處爲五岳之宗故曰岱宗三禮義宗東岳所以謂之岱者代謝之義陽春用事除故生新萬物更相生代故岱爲名也伍輯之從征記泰山於所經諸山非最高而岑崿軒舉凌跨衆阜雲霞草木藹然靈異邱淵之齊記泰山東岳也瀛博二縣共界漢武封禪割此縣以供祀泰山故曰奉高寰宇記乾封縣泰山一曰岱宗在縣西北三十里尸子曰太山中有神房阿閣三十六天之一也

島　海中往往有山可依止曰島從山鳥聲讀若詩曰蔦與女蘿　都皓切

海中往往有山可依止曰島者初學記海中山曰島釋名海中可居者曰島島到也人所奔到也書禹貢島夷皮服傳云海曲謂之島正義云島是海中之山九章筭術所云海島邈絕不可踐量是也史記司馬相如傳正義水中山曰島揚雄解嘲渤澥之島文選吳都賦島嶼緜邈五臣云海中有山曰島謝靈運山居賦島嶼綢邈自注云蒱洲有山謂之島嶼括地志百濟國西南渤海中有大島十五所皆置邑落有人居屬百濟又倭國武皇后改曰日本國在

百濟南隔海依島而居凡百餘小國隋書倭國在大海之中依山島而居史記正義按海州東海縣有島山去岸八十里通鑑垣崇祖遣羸弱入島注云島海中山也齊乘沙門島其相臨屬則有鼉磯島牽牛島大竹島小竹島歷歷海中蒼秀如畫或作隝漢書田儋傳與其徒屬五百餘人入海居隝中韋昭曰海中山曰隝司馬相如傳阜陵別隝郭璞曰水中山也敘傳伏於海隝又作隯西京賦薛綜本長風激於別隯注云水中之洲曰隯　鳥聲者釋名島亦言鳥也物所赴如鳥之下也

峱　山在齊地從山狃聲詩曰遭我于峱之閒兮　奴刀切

山在齊地者詩釋文引無地字齊乘臨淄南十五里峱山字或作巎廣韻巎平巎山名在齊與峱同漢志臨菑名營邱故齊詩曰子之營兮遭我虖巎之閒兮顏注巎山名也字或作峱亦作巎音皆乃高反盧君文弨曰元史有巎巎其署名或作猱夒猱之本字音乃刀反巎音亦同今人誤書作夔龍之夔讀亦因之而誤馥案巎巎字子山觀其表德當以峱爲正　詩曰遭我于峱之閒兮者齊風還文彼于作乎傳云峱山名崔集注本作巎水經注引詩誤作猺

嶧 葛嶧山在東海下邳从山睪聲夏書曰嶧陽孤桐 羊益切

葛嶧山在東海下邳者釋山屬者嶧釋文引本書同漢志東海郡下邳縣葛嶧山在西古文以爲嶧陽續漢書郡國志下邳國下邳葛嶧山本嶧陽山注云山出名桐伏滔北征記曰今檗根往往而存晉書地理志下邳國下邳縣葛嶧山在西古嶧陽也水經禹貢山水澤地嶧陽山在下邳縣之西元和郡縣志下邳縣嶧陽山在縣西六里九域志下邳縣有嶧陽山寰宇記嶧陽山在下邳縣西六里西征記下邳城西五里有葛嶧山禹貢所謂嶧陽山也馥案自唐以後多誤爲鄒嶧山通典引禹貢嶧陽孤桐注云嶧山在今魯郡鄒縣也鄒山記鄒山古之嶧山言絡繹相連屬也今猶多桐樹封氏聞見記兗州鄒繹山其處生梧桐傳以爲禹貢繹陽孤桐者也土人云此桐所以異於常桐者諸山皆發地兼土惟此山大石攢倚石間周回皆通人行山中空虛故桐木絕響以是珍而入貢也按漢書地理志下邳縣西有葛繹山古之繹陽下邳也郭緣生述征記云繹山在下邳西北多生梧桐則禹貢繹陽下邳者是也胡

渭曰林少穎云禹貢嶧山即詩所謂保有鳧繹渭按漢志東海下邳縣葛嶧山在西古文以爲嶧陽魯國騶縣故邾國嶧山在北嶧繹古字通今兗州府鄒縣東南有嶧山一名邾繹亦曰鄒嶧此即鳧繹之繹左傳邾文公卜遷於繹史記秦始皇刻石頌功德者也水經注泗水歷下邳縣逕葛嶧山東即奚仲所遷之邳繹元和志謂之嶧陽山邳州新志云俗名距山以其與沂水相距也此乃禹貢之嶧陽漢志極其分明林氏混而一之大謬　夏書曰嶧陽孤桐者禹貢徐州文傳云嶧山之陽特生桐中琴瑟正義云地理志云東海下邳縣西有葛嶧山即此山也鄭注嶧山今在下邳西

葛嶧山也

嵎 封嵎之山在吳楚之閒汪芒之國从山禺聲 噳俱切

封嵎之山在吳楚之閒汪芒之國者本書鄋北方長狄國也在夏爲防風氏在殷爲汪芒氏玉篇嵎山在吳越也通典湖州春秋時屬吳吳滅屬越越滅屬楚兼得古之防風國焉史記曰汪罔氏之君守封禺之山汪罔氏即防風國魯語客曰防風氏何守也仲尼曰汪芒氏之君也守封嵎之山者也韋注封封山嵎嵎山在今吳郡永安縣輿地志嵎山古防風氏之都寰宇記湖州武康縣古防風氏之國防風山在縣東一十八里先名封嵎山唐天寶六年敕改焉

嶷 九嶷山舜所葬在零陵營道从山疑聲 語其切

九嶷山舜所葬在零陵營道者大荒南經赤水之東有蒼梧之野舜與叔均之所葬也注云舜巡狩死於蒼梧而葬之墓今在九嶷之中海內經南方蒼梧之丘蒼梧之淵其中有九嶷山舜之所葬在長沙零陵界中注云山今在零陵營道縣南其山九谿皆相似故云九疑古者總名其地爲蒼梧也楚詞九歌九疑繽兮並迎注云九疑山名舜所葬也九懷道幽路兮九疑注云過舜墓也洪興祖補注云山海經蒼梧山舜葬於陽丹朱葬於陰禮記舜葬於蒼梧之野如淳曰舜葬九嶷九嶷在蒼梧馮乘縣故或曰舜葬蒼梧也史記五帝本紀舜葬於江南九疑是爲零陵秦始皇本紀望祀虞舜於九疑山貨殖傳九疑蒼梧以南集解徐廣曰九疑山在營道縣南漢書武帝紀望祀虞舜於九嶷文穎曰九嶷山半在蒼梧半在零陵顏注嶷音疑其山九峯形勢相似故曰九嶷山地理志零陵郡營道縣九嶷

山在南諸侯王表亙九嶷顏注九嶷山名有九峯在零陵營道續漢書郡國志零陵郡營道南有九嶷山注云舜之所葬論衡實知篇始皇出游至雲夢望祀虞舜於九嶷古文苑九嶷山碑逮於虞舜聖德光明太階以平人亦有終遂葬九嶷解體而升崔駰南巡頌顧九嶷嘆虞舜之風郭注方言云九嶷山名今在零陵營道縣帝王世紀帝有虞氏崩於鳴條殯以瓦棺葬於蒼梧九嶷山之陽是爲零陵在今營道皇覽舜冢在零陵營浦縣其山九谿皆相似故曰九嶷水經注湘水云營水西流逕九嶷山下蟠基蒼梧之野峯秀數郡之閒羅巖九舉各導一溪岫壑負阻異嶺同勢游者疑焉故曰九嶷山大舜窆其陽商均葬其陰湘中記九嶷山在營道縣北九山相似行者疑惑故名之曰九嶷山又云衡山九嶷皆有舜廟遙望衡山如陣雲沿湘千里九向九背乃不復見溫子昇舜廟碑陟方之駕遂往蒼梧之窆不歸又云疑山永逝湘水長違謝靈運石首城詩游湘歷九嶷李善云九嶷山在長沙零陵舜帝所葬也王歆之神境記九嶷山望見舜廟張謂虞帝廟碑九嶷嵯峨湘雲五色通典延唐縣下云漢泠道縣有九嶷山其山九谿皆相似故名之舜所葬括地志九嶷山在永州唐興縣東南一百里九域志道州寧遠縣有九嶷山營道縣有

營道山元和志道州延唐縣本漢泠道縣地九疑山在縣東南一百里舜所葬也九山形相似見者疑惑故爲名舜廟在山下

㟨 山在蜀湔氐西徼外從山敃聲 武巾切

山在蜀湔氐西徼外者字或作嶓廣雅蜀山謂之嶓山漢書地理志嶓嶓既蓺水經注大江逕汶江道汶出徼外嶓山西玉輪阪下又或作岷禹貢岷嶓既蓺岷山導江詩江有沱箋云岷山道江東別爲沱釋文岷山名在蜀荀子子道篇昔者江出於岷山海內東經岷三江首中山經岷山江水出焉東北流注於海注云岷山今在汶山郡廣陽縣西大江所出顏案此說與漢志本書俱不合廣陽晉所更漢汶江縣名漢書郊祀志瀆山蜀之岷山也顏注岷山在湔氐道水經禹貢山水澤地岷山在蜀郡湔氐道西酈注云漢書以爲瀆山者也又注江水云岷山卽瀆山也又謂之汶阜山在徼外江水所道也河圖括地象曰岷山之精上爲井絡帝以會昌神以建福華陽國志岷山一名沃焦山其尉曰羊膊江水所出任豫益州記大江源始發羊膊嶺下括地志岷山在岷州溢洛南一里連綿至蜀二千里

皆名岷山郭璞岷山贊岷山之精上絡東井始出一勺終至淼溟作紀南夏天清地靜王羲之與謝安書蜀中山川如岷山夏含霜雪攷之前聞崑崙之中也閻若璩曰元和志汶山縣載岷山而樂史因之蔡沈又因之蔡傳引地志岷山在蜀郡湔氐道西徼外在今茂州汶山縣江水所出也豈不大謬漢湔氐道縣在唐爲松州廣德初陷吐蕃宋亦爲吐蕃地今爲松潘衛在成都府西北七百六十里岷山又在衛西北二百二十里曰大分水嶺江源出焉或曰卽古羊膊嶺云相距五百八十餘里豈一地乎或通作汶管子覇形篇望汶山注云汶音岷岷山江水所從出魏策昔者三苗之居汶山在其南燕策蜀地之甲輕舟浮於汶乘夏水而下江楚策秦西有巴蜀方船積粟起於汶山循江而下史記夏本紀汶嶓既蓺索隱汶一作岷在蜀郡湔氐道西徼外江水所出封禪書自華以西名山七有瀆山蜀之汶山也漢樊毅修西岳廟碑堯命伯禹浚江開汶蜀志秦宓曰蜀有汶阜之山江出其腹元和志汶山縣下云按汶山卽岷山也列子湯問篇釋文周禮云貉踰汶則死鄭元云汶水在魯城北先儒相因以爲魯之汶水皆大誤也案史記汶與嶓同武巾切謂汶江也非音問之汶案山海經大江出汶山郭云東南逕蜀郡東北經巴東江夏至廣陵入海韓詩外傳云昔者江出於汶山其始也足以濫觴是也又楚詞云隱汶山之清江固可明矣且列子與周禮通言水土性異則遷移有傷故舉四瀆以言之案今魯之汶水濶不踰數十步源不過二百里揭厲皆渡斯須往還豈狐貉暫遊生死頓隔矣楊愼曰史記弁騑爲汶山郡司馬溫公類篇曰汶音岷鄭中記引禹貢岷嶓既蓺及岷山之陽岷山導江皆作汶蓋古字通用也三國志蜀後主至湔登觀坂觀汶水之流王右軍與周益州撫書曰要欲一遊目汶嶺五代史蜀主王建貶衛尉少卿李綱爲汶川尉徐無黨注汶讀作岷而今汶川縣誤呼作問音蜀焉得齊南魯北之水乎

⿰山几 山也或曰弱水之所出從山几聲 居履切

山也或曰弱水之所出者弱當作溺本書溺水自張掖刪丹西至酒泉合黎餘波入于流沙此⿰山几山卽楚詞之窮后十六國春秋謂之蘭門山漢張掖刪丹西南山也廣韻⿰山几女⿰山几山名弱水所出馥案此誤也九域志女⿰山几山在河南府壽安縣神仙傳葛仙翁於女几山學仙馥謂別是一山非弱水所出

巀 巀嶭山在馮翊池陽從山𢧜聲 才葛切

巀嶭山在馮翊池陽者池陽今爲涇陽縣在西安府北五十里巀嶭山又在縣北七十里史記司馬相如傳九嵕巀嶭集解引漢書音義巀嶭山在池陽縣北漢志左馮翊池陽縣巀嶭山在北顏注巀嶭卽今俗呼嵳峩山是也揚雄傳椓巀嶭而爲弋顏注巀嶭卽所謂嵳峩山也在京師之北晉書地理志扶風郡池陽縣有巀嶭山晉地道記池陽有巀嶭山在北郡國縣道記巀嶭山在雲陽縣東北十里一名慈峨山俗呼嵯峨山頂有雲起卽雨里人以爲黃帝鑄鼎於此山元和志三原縣本漢池陽縣巀嶭山在今縣西北六十里字或作嵏後漢書馮衍傳陟九嵕而臨嵏嶭兮注云嵏嶭山一名嵳峩在今三原縣北

嶭 巀嶭山也從山辥聲 五葛切

崋 山在弘農華陰從山華省聲 胡化切

通作華廣雅華山謂之太華書武成所過名山大川傳云名山華岳秦策天下有比志而軍華下高云華山之下又云見

說趙王於華屋之下高云華山名言趙王屋淸高似山也易是類謀西嶽𡵂玉芊鄭注玉芊華山之精郭璞華山賛華嶽靈峻削成四方爰有神女是挹玉漿其誰游之龍駕雲裳名山記華岳有三峯直上數千仞基廣而峯峻疊秀迄於嶺表有如削成今博山香鑪形實象之

山在弘農華陰者釋山河南華郭云華陰山周禮職方氏河南曰豫州其山鎭曰華注云華山在華陰僖十五年左傳南及華山注云華山在弘農華陰縣西南西山經太華之山削成而四方其高五千仞其廣十里注云卽西岳華陰山也今在弘農華陰縣西南呂氏春秋愼大覽乃稅馬於華山高注華山在華陰南西嶽也又注淮南時則訓云太華今弘農華陰山是爲西嶽史記夏本紀終南敦物索隱云華山古文以爲敦物在扶風武功縣東漢書地理志京兆尹華陰縣太華山在南括地志華山在華州華陰縣南八里古文以爲敦物辛氏三秦記華山在長安東三百里不知幾千仞如半天之雲胡渭曰禹貢華陽黑水惟梁州正義云周禮職方氏華山在豫州界內此梁州境東據華山之南不得其山故言陽山之西則雍州境也竊謂職方九州之山川與禹貢不同雍旣有嶽山爲鎭故華屬豫

今以禹貢之太華爲豫州山彼兗之鎭曰岱亦將以禹貢之岱爲兗州山乎其不可也明矣葢境上之山非一州所得專青徐共是岱荆豫共是荆而太華則雍梁豫共之華北爲雍華南爲梁華東爲豫豫雖不言西界觀雍梁可見也九域志云華山四州之際東北冀東南豫西南梁西北雍十字分之四隅爲四州此言實獲我心

𡶇　山在鴈門從山𦎫聲　古博切

山在鴈門者漢志鴈門郡有𡶇縣後漢書王霸傳霸及諸將還入鴈門攻盧芳將尹由於𡶇注云𡶇縣名屬鴈門郡有𡶇山馬通鑑魏主畋於𡶇山注云𡶇山縣卽漢晉鴈門之𡶇縣魏曰𡶇山天平二年分屬繁畤郡隋志雁門𡶇縣有𡶇山㶟水經注山在繁畤之西㶟水之南

崵　山在遼西從山昜聲一曰嵎銕崵谷也　與章切

崵山在遼西者崵上脫首字本書凡山之單名者則云山在某處雙名則曰某山在某處此當云首崵山與巖辥山同例玉篇首崵山在遼西通作陽史記伯夷列傳隱於首陽山集解馬融曰首陽山在河東蒲坂華山之北河曲之中正義曹大家注幽通賦云夷齊餓於首陽山在隴西首陽又戴延之西征記洛陽東北首陽山有夷齊祠今在偃師縣西北又孟子云夷齊避紂居北海之濱首陽山說文云首陽山在遼西史傳及諸書夷齊餓於首陽凡五所各有案據先後不詳　一曰嵎銕崵谷也者本書堣堣夷在冀州陽谷立春日日値之而出引尚書宅嵎夷馥案列子作堣夷又作隅夷廣韻作嵎峓書堯典釋文云尚書考靈曜及史記作禺銕夏本紀嵎夷索隱云今文尚書及帝命驗竝作禺鐵徐鍇曰古文尚書夷作銕古文鐵金旁夷作銕故與夷相亂後人譌作鐵

岵　山有草木也從山古聲詩曰陟彼岵兮　侯古切

山有草木也者釋名山有草木曰岵岵怙也人所怙取以爲事用也釋山多草木岵　詩曰陟彼岵兮者魏風陟岵文傳云山無草木曰岵與本書異王肅說詩依爾雅

屺　山無草木也從山己聲詩曰陟彼屺兮　墟里切

詩終南有紀有堂釋文云紀本亦作屺

山無草木也者釋名山無草木曰屺屺圮也無所出生也或作峐釋山無草木峐釋文云三蒼字林聲類竝云猶屺字音起　詩曰陟彼屺兮者魏風陟岵文傳云山有草木曰屺與本書異

嶨　山多大石也從山學省聲　胡角切

山多大石也者字或作礐釋名山多大石曰礐礐學也大石之形學學然也釋山多大石礐郭云多礐石

嶅　山多小石也從山敖聲　五交切

山多小石也者字或作磝釋名山多小石曰磝磝堯也每石堯堯獨處而出見也釋山多小石磝郭云多礓礫或通作敖宣十二年左傳晉師在敖鄗之閒注云敖鄗二山在滎陽縣西北晉語范獻子聘於魯問具山敖山括地志滎澤縣西南殷之敖地在敖山之陽閻若璩曰敖山在河陰縣皇甫謐曰仲丁自亳徙囂卽敖也

岨　石戴土也從山且聲詩曰陟彼岨矣　七余切

石戴土也者字或作砠釋名石戴土曰岨岨臚然也釋山土戴石爲砠郭云土山上有石者與本書異　詩曰陟彼

岨矣者周南卷耳文彼作砠傳云石山戴土曰砠陳啓源曰砠岨實同一字今本詩及爾雅皆作砠說文引詩作岨爾雅云土戴石爲砠而毛傳反之疏以爲傳寫之誤今案說文釋名皆與毛同劉許皆漢人時毛學未盛而二書之釋岨皆合於傳則傳寫之誤當在爾雅

岡　山脊也從山网聲　古郎切

山脊也者釋名山脊曰岡岡亢也在上之言也釋山山脊岡郭云謂山長脊書允征火炎崐岡傳云山脊曰岡詩卷耳陟彼高岡傳云山脊曰岡公劉迺陟南岡箋云山脊曰岡後漢書周燮傳有仙人草廬結之於岡畔注云山脊曰岡謝靈運山居賦自注山脊曰岡鄧德明南康記贛縣有馬脊岡其形如馬脊故以爲名也

岑　山小而高從山今聲　鉏箴切

山小而高者釋山文郭注言岑崟釋名山小而高曰岑岑嶃也嶃嶃然也方言岑高也注云岑崟峻皃也

崟　山之岑崟也從山金聲　魚金切

山之岑崟也者岑崟疊韻本書嚴崟也廣雅岑崟高也張協雜詩周文走岑崟羽獵賦玉石嶜崟李善引李彤單行字曰嶜崟高大皃字或作嶔玉篇嶔下云嶔崟山勢也一切經音義十三嶔崟謂山阜之勢高倚傾也僖三十三年公羊傳爾郎亦必於殽之嶔巖李翁黽池碑脩崤嶔之道後漢書注崤山一名嶔岑山文選招隱士嶔崟碕礒兮注云山阜嶮崅也海賦沙石之嶔李善曰沙石嶔岑也思元賦慕歷阪之嶔崟又或作𡽽崯蜀都賦𡽽崯乎數州之閒又通作唫穀梁傳女亦必於殽之巖唫之下釋文唫本作崟

崒　崒危高也從山卒聲　醉綏切

崒危高也者廣雅崒高也釋山未及上翠微郭云近上旁陂馥謂翠微崒危聲相近又云山頂冢崒者厜㕒郭云謂峯頭巉巖詩十月山冢崒崩箋云崒者崔嵬後漢書班固傳巖峻崔崒通作卒詩漸漸之石惟其卒矣箋云卒者崔嵬謂山巔之石也

巒　山小而銳從山䜌聲　洛官切

山小而銳者埤蒼巒山小而銳韓詩外傳山銳則不高楚詞七諫登巒山而四望漢書揚雄傳鋑邱跳巒顏注山小而銳曰巒

密　山如堂者從山宓聲　美畢切

山如堂者者廣韻引作山脊也釋山山如堂者密郭云形如堂室者尸子曰松柏之鼠不知堂密之有美樅詩終南有紀有堂大荒東經有大人之堂注云亦山名形狀如堂室耳後漢書鍾皓傳歸隱密山元和志密縣下云爾雅曰山如堂者密因以爲名

岫　山穴也從山由聲　似又切

山穴也者本書復巖穴也釋山山有穴爲岫郭云謂巖穴張協雜詩幽岫峭且深李善云說文曰山有穴曰岫顏謂此引爾雅誤稱說文七啓出山岫之潛穴吳都賦倒岬岫五臣云山有穴曰岫薛注東京賦云山有穴曰岫葉大慶攷古質疑云陶淵明雲無心以出岫稽中散幽憤詩采薇山阿散髮岩岫亦謂散髮於岩穴之閒耳魏徐幹七喻云

棲遲乎窮谷之岫陸士衡詩王鮪懷河岫抱朴子藏夜光於嵩岫又云攻美玉不於荆山之岫不得連城之尺璧也既曰山又曰岫是其意皆如爾雅之言所謂山之穴也馥案陸詩之河岫言地穴也

籀文從穴

𡸄　高也從山陖聲　私閏切

高也者小爾雅廣詁峻高也通作駿詩駿極于天孔子閒居作峻詩駿命不易大學作峻又通作陖史記司馬相如傳經陖赴險漢書作峻

峻　𡸄或省

嶞　山之嶞嶞者從山從憜省聲讀若相推落之憜　徒果切

山之嶞嶞者者字林嶞山之施嶞者玉篇嶞施山卑長也釋山巒山嶞郭云謂山形長狹者御覽引爾雅山狹而高曰巒小曰嶞詩般嶞山喬嶽傳云嶞山山之嶞嶞小者也

嶘　尤高也從山棧聲　士限切

尤高也者當爲危高玉篇嶘危高皃廣韻嶘山皃也

崛　山短高也從山屈聲　衢勿切

山短高也者廣韻崛山高而短又云危崛山皃玉篇崛特起也埤蒼崛特立也史記崫然獨立

巁　巍高也從山蠆聲讀若厲　力制切

巍高也者玉篇作巁云巍也馥案古有巁山氏

峯　山耑也從山夆聲　敷容切

徐鉉所加

巖　岸也從山嚴聲　五緘切

岸也者六書故引作厈廣韻巖險也隱元年左傳制巖邑也虢叔死焉注云恃制巖險而不修德鄭滅之正義云鄭

語史伯爲桓公詐謀云虢叔恃勢鄶仲恃險

嵒　山巖也從山品讀若吟　五咸切

山巖也者李善注江淹擬古詩引本書同又注琴賦引字林同　從山品者徐鍇本作品聲

⿰山絫　㠑也從山絫聲　落猥切

㠑也者廣韻絫嶵山狀靈光殿賦作巆集韻崐巆山貌

㠑　山皃從山皐聲　徂賄切

山皃者靈光殿賦嵯峨嶵嵬又云巋嶵穹崇

峼　山皃一曰山名從山告聲　古到切

嶞　山皃從山隓聲　徒果切

疑與隓同

嵯　山皃從山𢀩聲　昨何切

山皃者玉篇嵯嵯峨高皃又巃下云巃嵸嵯峨皃廣雅嵯峨高也楚詞招隱士山氣巃嵸兮石嵯峨史記司馬相如傳崔巍嵳峩後漢書馮衍傳瞰太行之嵳峩兮注云嵳峩大貌衛恆書勢山岳嵳峩而連岡陸機從軍行崇山鬱嵳峩寰宇記普康縣乾峨山其山四面嵯峨

峨　嵯峨也從山我聲　五何切

崝　嶸也從山青聲　七耕切

嶸也者玉篇崝嶸高峻皃方言崝高也注云崝嶸高峻之貌也淮南繆稱訓岸崝者必陀高注崝峭也漢書揚雄傳陟西岳之嶢崝顏注嶢崝謂嶕嶢而崝嶸也地有崝嶸淵見宋書臨川王傳或作崢廣韻崢嶸山峻楚策上崢山踰深谿楚辭遠游下崢嶸而無地兮史記司馬相如傳刻削崢嶸漢書西域傳臨崢嶸不測之深顏注崢嶸深險之貌也後漢書班固傳金石崢嶸注云崢嶸高峻也馮衍傳觀壺口之崢嶸注云崢嶸深邃貌陳紀傳將有累卵之危崢

嶸之險也張協七命其居也崢嶸幽藹

嶸　崝嶸也從山榮聲　戶萌切

崝嶸也者字或作嵤廣雅崢嵤深冥也又作嶒漢白石神君碑陟景山登崢嶒

⿰山巠　谷也從山巠聲　戶經切

谷也者玉篇⿰山巠石谷也廣韻作硎云谷名在麗山昔秦密種瓜處

崩　山壞也從山朋聲　北滕切

論語邦分崩離析孔安國曰欲去曰崩又君子三年不爲禮禮必壞三年不爲樂樂必崩　成五年左傳梁山崩將召伯宗謀之問將若之何曰山有朽壞而崩可若何國主山川故山崩川竭君爲之不舉降服乘縵徹樂出次祝幣史辭以禮焉

山壞也者釋名崩壞之形也詩閟宮不虧不崩箋云虧崩皆謂毀壞也隱三年穀梁傳高曰崩范注梁山崩京房易

復卦傳自上下者爲崩厥應大山之𠂤顚而下

古文從𠂤

山脅道也從山弗聲 符勿切

山脅道也者謂阪上道也廣韻岪山曲楚詞招隱士山曲岪

山名從山敄聲 亡遇切

山名者玉篇嵍亡刀切丘也嵍亡勞莫柔二切前高後平丘名釋丘前高旄丘釋文旄字林作嵍詩旄丘釋文旄字林作嵍云嵍丘也山部又有嵍字亦云嵍丘亡付反又音旄顏氏家訓書證篇柏人城東北有一孤山世俗或呼爲宣務山或呼爲虛無山莫知所出余嘗爲趙州佐共太原王邵讀柏人城西門內碑碑是漢桓帝時柏人縣民爲縣令徐整所立銘曰山有巏嵍王喬所仙方知此巏嵍山也巏字遂無所出嵍字依諸字書卽旄丘之旄也旄字字林一音亡付反今依附俗名當音權務耳入鄴爲魏收說之收大嘉歎值其爲趙州莊嚴寺碑銘因云權務之精卽用

此也隋書禮儀志後齊所祭山川有宣務山新唐書地理志韓定辭爲鎭州王鎔書記聘燕帥劉仁恭劉命馬彧延接彧贈詩云邃林芳草綿綿思盡日相攜步麗譙別後讙嵍山上望羨君時復見王喬後彧荅聘常山王命定辭接於公館定辭問讙嵍山在何處彧曰此隋郡之故事何謙光而下問也

焦嶢山高皃從山堯聲 古僚切

焦嶢山高皃者字林同焦嶢疊韻玉篇嶕下云嶕嶢山高廣韻嶕嶢山危廣雅嶕嶢高也方言嶢高也注云嶕嶢高峻之貌也漢書揚雄傳泰山之高不嶕嶢則不能浡滃雲而散歊烝顏注嶕嶢高皃也九域志河南府永寧縣有嶕嶢山

山陖也從山戕聲 慈良切

九嵏山在馮翊谷口從山㚇聲 子紅切

九嵏山在馮翊谷口者漢志左馮翊谷口縣九嵏山在西史記司馬相如傳九嵏嶻嶭集解引漢書音義云九嵏山在左馮翊谷口縣西顏注漢書九嵏山今在醴泉縣界東都賦秦嶺九嵏西都賦前乘秦嶺後越九嵏西京賦其遠則有九嵏甘泉羽獵賦邇乃虎落三嵏後漢書班固傳其陰則冠以九嵏注云九嵏山尤高峻故偁冠云三輔黃圖咸陽在九嵏山渭水北三秦記長安城西有九嵏山元和志醴泉縣本漢谷口縣地在九嵏山東九域志醴泉縣有九嵏山寰宇記醴泉縣谷口城漢縣城也在今縣東北四十里古城是也屬左馮翊九嵏山高六百五十丈周迴十五里按四夷郡國縣道記云九嵏山東連仲山西當涇水出處故謂之谷口通鑑唐高祖獵於九嵏注云九嵏山在雍州醴泉縣

陬隅高山之節從山從卪 子結切

陬隅高山之節者劉逵注吳都賦引作陬隅兩山之節也一切經音義七引作陬隅兩高山之節也本書陬阪隅也廣韻陬下云陬隅又㟴下云㟴嵎玉篇㟴下云㟴嵎高崖也山𠂤相向初學記陬隅高者曰岊符子東海有鼇焉海中隱淪如岊其高槪天詩節彼南山傳云節高峻貌陳啓源曰趙凡夫以詩節字爲岊之譌此有理也說文岊字注

與毛傳高峻義元不相背釋文云節在切反又如字又音截凡三音其如字乃岊之音也後儒專讀爲截音詩詁遂以池陽巀嶭山當之誤矣　從卪者徐鍇曰巺從卪卪亦高也

嵬高也從山宗聲 鉏弓切

藝文類聚七引俗說昔傳亮北征在河中流或人問之曰潘安仁作懷舊賦前瞻太室旁眺嵩邱嵩邱太室一山何云前瞻旁眺哉亮對曰有嵩邱山去太室七十里此是寫書誤耳馥案李善文選注引作小說河南郡圖經嵩邱在縣西南十五里卽亮所云崇邱崇通作嵩隸變爲崧詩崧高維嶽毛傳崧高皃釋山山大而高崧釋名山大而高曰嵩嵩竦也亦高稱也

嵬高也者本書高崇也釋詁崇高也大射儀大侯之崇注云崇高也魯語若爲小而崇韋云崇高也後漢書杜篤傳故因爲述大漢之崇注云崇高盛也

大高也從山隹聲 昨回切

此字後人所加徐鍇說崖字云今俗作崔省厂也又疑義篇曰案說文有摧漼等字而無此字此當是崔字之省也

文五十三　重四

屾　二山也凡屾之屬皆從屾　所臻切

二山也者僖三十二年左傳其北陵文王之所辟風雨也注云兩山相嶔故可以辟風雨

嵞　會稽山一曰九江當嵞也民以辛壬癸甲之日嫁娶從屾余聲虞書曰予娶嵞山　同都切

會稽山者水經注淮水云國語曰吳伐楚墮會稽獲骨焉節專車吳子使來聘且問之客執骨而問曰敢問骨何爲大仲尼曰丘聞之昔禹致羣神於會稽之山防風氏後至禹殺之其骨專車此爲大也蓋丘明親承聖旨錄爲實證矣又按劉向說苑辨物王肅之叙孔子二十二世孫孔猛所出先人書家語並出此事故塗山有會稽之名　一曰九江當嵞也者漢書地理志九江郡當塗縣應劭曰禹所娶塗山侯國也有禹虛輿地志當塗即夏禹所娶塗山氏

之國也晉書地理志當塗縣古塗山國續漢書郡國志九江郡當塗注云帝王世紀曰禹會諸侯塗山元和志濠州鍾離縣下云塗山在縣西九十五里又云當塗縣故城本塗山氏國在縣西南一百十七里禹娶於塗山即此也寰宇記濠州鍾離縣漢屬九江郡塗山在縣西九十五里文字音義嵞山古國名夏禹娶之今宜州當塗縣也　民以辛壬癸甲之日嫁娶者徐鍇曰尚書傳禹方治水以辛日娶甲日復往治水在家三日鍇曰嵞山民其先俗以辛日娶亦或後人見禹之聖其後有天下因以成俗也水經淮水云又東過當塗縣北酈注云淮水自莫邪山東北逕馬頭城北魏馬頭郡治也故當塗縣之故城也呂氏春秋曰禹娶塗山氏女不以私害公自辛至甲四日復往治水故江淮之俗以辛壬癸甲爲嫁娶日也禹墟在山西南縣即其地也　虞書曰予娶嵞山者益稷文彼云予創若時娶于塗山楚詞天問禹之力獻功降省下土四方焉得彼嵞山女而通之於台桑閔妃匹合厥身是繼胡維嗜欲不同味而快鼂飽注云言禹治水道娶者憂無繼嗣耳何特與衆人同嗜欲苟欲飽快一朝之情乎故以辛酉日娶甲子日去而有啓也呂氏春秋音初篇塗山氏之女候禹於塗山之陽乃作歌曰候人兮猗實始作爲南音周公召公取風焉以爲周南召南史記外戚世家夏之興也以塗山索隱韋昭云塗山國名禹所娶在今九江大戴禮云禹娶塗山氏之女謂之女僑生啓也夏本紀禹曰予辛壬娶塗山癸甲生啓予不子正義云禹辛日娶至甲四日往理水及生啓不入門我不得名子以故能成水土之功吳越春秋禹年三十未娶行塗山恐時暮失嗣曰吾之娶也必有應矣乃有白狐九尾而造於禹禹曰白者吾服也九尾者其證也於是塗山人歌曰綏綏白狐九尾龐龐成於家室我都攸昌於是娶塗山女帝王世紀禹始納塗山女合婚於台桑有白狐九尾之瑞至是爲攸女故連山易曰禹娶塗山之子名攸漢書古今人表女趫禹妃塗山氏女生啓史記索隱引世本塗山氏女名女嬌史記正義引同閻若璩曰說文所引書重在字多約其成文如重嵞字則約予創若時娶于塗山爲予娶嵞山重載字則約有大艱于西土西土人亦不靜越茲蠢爲我有載於西非眞有是句他可類推

文二

屵　岸高也從山厂厂亦聲凡屵之屬皆從屵　五葛切

岸高也者廣韻屵高山狀　厂亦聲者當爲厂聲

岸　水厓而高者從屵干聲　五旰切

水厓而高者者小爾雅廣詁岸高也釋丘重厓岸郭云兩厓累者爲岸又云望厓洒而高岸郭云厓水邊洒謂深也視厓峻而水深者曰岸馥案孫炎李巡俱訓洒爲陗詩新臺有洒傳云洒高峻也楚詞九章上高巖之峭岸兮峭與陗同詩氓淇則有岸皇矣誕先登於岸傳云岸高位也襄二十五年左傳牧隰皋注云隰皋水厓下溼爲芻牧之地正義云詩九皋毛鄭以爲澤之坎是皋爲水岸也荀子勸學篇淵生珠而崖不枯注云崖岸也宥座篇三尺之岸注云岸崖也三十國春秋殷仲堪見流棺於水乃接焉門前之溝忽起爲岸有人通夢於仲堪曰水中之岸其名爲州君將爲州也通作顏顧炎武曰河渠書引洛水至商顏下服虔曰顏音崖崖當作岸漢書古今人表屠岸賈作屠顏賈是也

崖　高邊也從屵圭聲　五佳切

高邊也者本書嵰崖也隒水隈崖也邊行垂崖也徐鍇曰崖水邊地有垠堮也無垠堮而平曰汀襄二十八年左傳伯有廷勞於黃崖杜云黃水名莊子山木篇君其涉於江而浮於海望之而不見其崖秋水篇涇流之大兩涘渚崖之閒不辨牛馬通作厓釋邱涘爲厓郭注謂水邊

嵟 高也從屵隹聲 都回切

高也者李善注南都賦引作高大也或作崔詩南山崔崔傳云崔崔高大也

崩也從屵肥聲 符鄙切

崩也者集韻㠑壞也通作肥列子黃帝篇口所偏肥晉國黜之注云按說文字林竝作㠑又作圮皆毀也字從其省

嶏 崩聲從屵配聲讀若費 蒲沒切

崩聲者五音集韻嶏山壞聲 配聲者本書圮或從手從非配省聲

文六

广 因广爲屋象對刺高屋之形凡广之屬皆從广讀若儼然之儼 魚儉切

洪武正韻棟頭曰广本書麻從此云人所治在屋下馥謂广卽庵字隸嫌其空故加奄變象形爲諧聲黃山谷張謙中楊升庵謂古無庵字坐不識此广字也广變爲庵猶閂變隧閂本象形隧則諧聲矣漢衡方碑有庵字廣雅庵舍也釋名衾广也其下廣大如广受人也又云草圓屋曰蒲蒲敷也總其上而敷下也又謂之庵庵奄也所以自覆奄也廣雅廜廯庵也通俗文屋平曰廜廯魏略李勝爲河南尹廳事前廜廯壞令人治之廜廯卽蒲聲之轉拾遺記漢任末編茅爲庵或作菴郭沖條孔明五事敕軍門臥旗息鼓不得妄出菴幔後漢書皇甫規持節監關中兵會軍中大疫死者十三四規親入菴廬巡視通典周武帝攻高齊兵去之後齊人謂柏菴爲帳幔不疑兵退又周使永昌公椿屯雞栖原伐柏爲菴以立營通作闇書無逸乃或亮陰鄭本作闇云闇廬也論語高宗諒闇鄭注闇謂凶廬也喪服四制引書高宗諒闇注云闇讀如鶉鵪之鵪闇謂廬也尚書大傳高宗梁闇鄭注闇讀如鵪謂廬也

因广爲屋者趙宧光曰當是因厂爲屋佩觿引作因巖爲屋馥案因就也洪武正韻引同廣韻亦同後漢書申屠蟠傳因樹爲屋傳子管寧因山爲廬墨子辭過篇古之民未知爲宮時就陵阜而居十道志馬援征武溪蠻取壺頭山穿岸爲室以避炎氣馥案武陵記山邊有石窟卽馬援所穿室也魏書鄭修傳依巖結宇北史李謐傳結宇依巖憑崖鑿室韓愈詩開廊架崖广象對刺高屋之形者刺達切埤蒼庵康也玉篇庵廁也廁庵也廣雅易廁庵也

府 文書藏也從广付聲 方矩切

昭二十五年左傳公居於長府杜云長府官府名定元年傳吾視諸故府注云求故事定四年傳其載書云藏在周府可覆視也魏策手受大府之憲漢官儀宰尹下曰少府言別爲小藏故曰少府 韓揚天文要集離珠五星在須女北離珠爲藏府也

文書藏也者一切經音義九說文府藏也三蒼府文書財物藏也風俗通府聚也公卿牧守文書財貯所聚也馥謂府不專主文書凡藏皆爲府爾雅九府釋文府猶庫藏也書禹貢六府孔修金履祥曰府官府也六府水火金木土

穀之府也立政百司庶府傳云百官有司主券契藏吏論語魯人爲長府鄭注長府藏名也藏財貨曰府成七年左傳因諸軍府杜云軍藏府也襄九年傳使西鉏吾庀府守杜云府六官之典襄十一年傳夫賞國之典也藏在盟府杜云司盟之府有賞功之制賈公彥云凡物所聚皆曰府官人所聚曰官府在人身飲食所聚謂之六府廣雅府官也曲禮在官言官在府言府注云府謂版圖文書之處府謂寶藏貨賄之處也王制天子百里之內以共官注云官謂其文書財用其言文書者周禮冢宰府六人史十有二人注云府治藏史掌書者又宰夫五曰府掌官契以治藏注云治藏藏文書及器物內則閭史書爲二其一藏諸閭府其一獻諸州史州史獻諸州伯州伯命藏諸州府僖五年左傳勲在王室藏於盟府杜云盟府司盟之官周書嘗麥解太史乃藏之於盟府以爲歲典大聚解乃召昆吾冶而銘之金版藏府而朔之史記高祖本紀沛公入咸陽蕭何收秦丞相府圖籍文書趙世家簡子書而藏之府老子列傳周守藏室之史也馥案漢書東觀爲老氏藏室注云老子爲柱下史四方所記文書皆歸於柱下言東觀多經籍鹽鐵論藏於紀府中論凡亾國之君其府未嘗無先王之書也漢成帝時劉歆校祕書見府中古文春秋左氏大

好之魏志文帝紀其以此詔藏之宗廟副在尚書祕書三府陳矯傳車駕嘗卒至尚書門矯跪問帝曰陛下欲何之帝曰欲案行文書耳江淹表府之延閣注云閣書府也劉歆七畧武帝廣獻書之路百年之間書積如邱山故外有太常博士之職內則延閣廣內祕室之府通鑑臺軍焚燒江陵府舍官曹文書一時蕩盡

廱 天子饗飲辟廱從广雝聲 於容切

廣韻辟廱天子教宮　詩靈臺於樂辟廱傳云水旋邱如璧曰辟廱以節觀者又泮水箋云辟廱者築土雝水之外圓如璧四方來觀者均也又振鷺于飛于彼西雝箋謂辟雝在西郊故曰西雝疏案王制殷人養國老於右學養庶老於左學周人養國老於東郊養庶老於虞庠虞庠在國之西郊是則西郊乃周之小學　王制天子曰辟廱注云辟明也廱和也所以明和天下也　五經異義古春秋左氏說天子靈臺在大廟雍之靈沼謂之辟廱韓詩說辟廱者天子之學圓如璧壅之以水示圓言辟取辟有德不言辟水言辟廱者取其雝和也所以教天下春射秋饗尊事三老五更在南方七里之內蓋以茅草取其潔清也　史記封禪書天子曰明堂辟雍集解韋昭曰水外四周圓如辟雍蓋以節觀者也封禪書

又云灃滈有昭明天子辟池索隱云即周天子辟雍之地故周文王都酆武王都滈既立靈臺則亦有辟雍耳張衡亦以辟池為雍也　桓譚新論王者作圓池如璧形實水其中以圜壅之名曰辟雍言其上承天地以班教令流轉王道周而復始　白虎通天子立辟雍何所以行禮樂宣德化也辟者璧也象璧圓又以法天於雍水側象教化流行也辟之言積也積天下之道德也雍之言壅也壅天下之殘賊故謂之辟雍也　漢有河閒古辟雍記見張純傳　蔡邕月令論取其周水圜如璧則曰辟廱又明堂論辟雍外圓內方擬王者動作法天地圓水四周譬德廣四海也　三輔黃圖文王辟雍在長安西北四十里三輔決錄辟雍水四周於外象四海也　李尤辟雍銘惟王所建方中圓外清流四帀蕩滌濁穢　王沈辟雍頌唐虞三代威崇辟雍養老之制也　楊慎曰辟雍非學名說文廦牆也廱天子饗宴辟廱也以說文觀之則與詩鎬京辟雍於樂辟雍之義皆合矣辟雍為天子學名自王制始有此說王制漢文帝時曲儒之說而可信乎孟子曰夏曰校殷曰序周曰庠學則三代共之使天子之學曰辟雍為周之制則孟子固言之矣　戴君震曰詩靈臺四章於論鼓鐘於樂辟廱傳云水旋邱如璧曰辟廱以節觀者震案辟廱於經無明文漢初說禮者規放故事始援大雅魯頌立

說謂天子曰辟廱諸侯曰頖宮如誠學校重典不應周禮不一及之而但言成均瞽宗孟子陳三代之學亦不涉乎此他國且不聞有所謂泮宮者周鼎銘曰王在辟宮獻工錫章左氏春秋曰鄭伯享王於闕西辟史記曰豐鎬有天子辟池謹周曰成王作辟上宮此單言辟者也周頌曰于彼西雝傳云雝澤也古銘識有曰王在雝上宮此單言雝者也其曰辟上雝上則以名池名澤而作宮其上宮因水為名也趙岐注孟子雪宮云離宮之名也宮有苑囿臺池之飾禽獸之饒此詩靈臺靈沼靈囿與辟廱連稱抑亦文王之離宮乎閒燕則游止肆樂於此不必以為太學於詩辭前後尤協矣

天子饗飲辟廱者洪武正韻辟廱說文作廦廱李紹明曰辟雍說文作廦廱藝文類聚引作辟廱天子饗飲處也馥案饗當為鄉說苑辟雍天子鄉飲之處宋書禮志晉武帝太始六年帝臨辟廱行鄉飲酒之禮傳元有辟廱鄉飲酒賦五經通義天子立辟廱者何所以行禮樂宣德化教導天下之人使為士君子養三老事五更與諸侯行禮之處也續漢書禮儀志明帝率羣臣躬養三老五更於辟雍行大射之禮

庠 禮官養老夏曰校殷曰庠周曰序從广羊聲 似陽切

鄉射禮注云序無室庠之制有堂有室也　鄉飲酒義主人拜迎賓於庠門之外注云庠鄉學也明堂位注云庠之言詳也於以考禮詳事也

禮官養老者王制有虞氏養國老於上庠養庶老於下庠夏后氏養國老於東序養庶老於西序殷人養國老於右學養庶老於左學周人養國老於東膠養庶老於虞庠虞庠在國之西郊注云周之小學爲有虞氏之庠制是以名庠云　夏曰校殷曰庠周曰序者漢書公孫所奏與本書同孟子夏曰校殷曰序周曰庠

廬 寄也秋冬去春夏居從广盧聲 力居切

寄也者小爾雅廣言同釋名寄止曰廬廬慮也取自覆慮也急就篇室宅廬舍樓殿堂顏注廬別室也一曰田野之室也漢書食貨志在野曰廬周禮遺人十里有廬注云廬若今野候徙有房也詩信南山中田有廬箋云中田田中也農人作廬焉以便其田事公劉于時廬旅傳云廬寄也襄三十年左傳廬井有伍閔二年傳立戴公以廬於曹杜注並云廬舍也正義云言隨宜寄舍耳管子小匡篇狄人攻衛衛人出旅於曹詩序東徙渡河野處漕邑齊語衛人

出廬於曹韋云廬寄也周語國無寄寓韋云不爲廬舍可以寄羇旅之客　秋冬去春夏居者一切經音義三廬別舍也釋名云寄止曰廬案黄帝爲廬以避寒暑春秋去之冬夏居之故云寄止也宣十五年公羊解詁在田曰廬在邑曰里又云春夏出田秋冬入保城郭月令孟夏之月命農勉作毋休於都注引王居明堂禮毋宿於國又季秋之月乃命有司曰寒氣總至民力不堪其皆入室王居明堂禮仲秋農隙民畢入於室楊愼曰說文廬寄舍也秋冬去春夏居葢古者一夫五畝之宅二畝半在邑城中之奠居二畝半在田野外之寄居詩云中田有廬是也

宮中也從广廷聲　特丁切

易節卦不出戶庭无咎　詩抑洒掃庭內又山有樞子有庭內弗洒弗掃　周禮閽人掌埽門庭　莊子逍遙遊大有徑庭

中庭也從广畱聲　力救切

宮中也者本書序令說文字未央庭中魏書江式傳作宮中玉篇庭堂堦前也

中庭也者楚詞九歎刜讒賊於中廇今注云中廇堂中央也通作霤郊特牲家主中霤而國主社祭法王爲羣姓立七祀諸侯爲國立五祀皆有中霤注云中霤主堂室居處月令中央土其祀中霤注云中霤猶中室也土主中央而神在室古者複穴是以名室爲霤雜記襚者降受爵弁服於門內霤將命玉藻頤霤正義云霤屋簷身俯故頭臨前垂頤如屋霤哀六年公羊傳至於中霤注云中央曰中霤又或作㴊宣二年左傳三進及㴊

樓牆也從广屯聲　徒損切

廡也從广牙聲周禮曰夏庌馬　五下切

廡也者庌廡聲相近廣韻庌廳也通俗文客堂曰庌一切經音義十七今言廳庌是也劉逵注蜀都賦廡庌也廣雅庌舍也釋名庌正也屋之正大者也　周禮曰夏庌馬者夏官圉師文注云故書庌爲訝鄭司農云當爲庌元謂庌廡也廡所以庇馬涼也又趣馬辨四時之居治以聽馭夫注云居謂牧庌所處疏云牧庌者放牧之處皆有庌廄以蔭馬也吳子治兵篇夫馬必安其處所冬則溫廄夏則涼廡

堂下周屋從广無聲　文甫切

春秋內事軒轅氏以土德王天下始有堂廡　東觀漢記馬援初見帝引入上在宣德殿南廡下

堂下周屋者後漢書梁鴻傳注李善注雪賦懷舊賦引竝同一切經音義四引亦同又十七云說文堂下周屋曰廡幽冀之人謂之庌玉篇廡堂下周屋也幽冀人曰庌釋名大屋曰廡廡幠也幠覆也并冀人謂之庌晉𩔖廡堂下周屋也急就篇門戶井竈廡囷京顏注廡周屋也謂幠覆之也漢書召信臣傳覆以屋廡顏注廡周室也後漢書張酺傳可作稾蓋廡注云廡屋也　侯覽傳高廡百尺注云廡廊下周屋也

籒文從舞

廡也從广虜聲讀若鹵　郎古切

廡也者廣韻𢉚庵舍玉篇𢉚府也庵也廣雅𢉚庵也通作廬戰國策蘇秦說魏襄王曰廬廡之數也

廚也從广包聲　薄交切

廚也者史記司馬相如傳正義引作廚屋廣韻庖食廚也廣雅庖廚也王制天子諸侯無事則歲三田三曰充君之庖注云庖今之廚也魯語以實廟庖韋云庖廚也孟子是以君子遠庖廚也一切經音義十七庖之言包也周禮敘官庖人注云庖之言苞也裹肉曰苞苴疏云庖者今之廚轉作包者欲取庖人主六獸六禽以借庖廚有裹肉之意也

庖屋也從广尌聲　直株切

庖屋也者一切經音義十七引本書同蒼頡篇主食者也急就篇廚宰切割給使令顏注廚庖屋也陸該字林㡡帳也似廚形

兵車藏也從車在广下　苦故切

六書故古有庫門門旁葢藏車故謂之庫門古稱廄庫車馬竝言也

兵車藏也者初學記說文曰庫兵車所藏也帑金布所藏也故藏之爲名也謂之庫藏凡安國治民從近制遠者必

先賓之故天有天庫藏府之星春秋文曜鉤曰軫南衆星曰天庫韓揚天文要集曰天積者天子藏府也馥案荆州星占五車一名庫文曜鉤咸池曰天潢五帝車舍也宋均注云舍庫也五帝車之庫府釋名庫舍也物所在之舍也故齊魯謂庫曰舍也急就篇壂壘廥廄庫東箱顏注庫兵車所藏也月令審五庫之量蔡氏章句一曰車庫二曰兵庫三曰祭器庫四曰樂器庫五曰宴器庫曲禮在庫言庫注云庫謂車馬兵甲之處也樂記車甲衅而藏之府庫檀弓軍有憂則素服哭於庫門之外又云所舉於晉國管庫之士注云庫物所藏商君書湯武破桀紂海內無患遂築五庫藏五色兵偃武也曹毗魏都賦白藏之庫戎儲攸歸注云白藏庫在西城有屋一百七十四閒爾雅秋爲白藏因以爲名漢書蕭何立東闕前殿武庫三輔黃圖武庫蕭何造以藏兵器呂后改庫曰靈金藏拾遺錄大上皇以寶劍賜高祖及呂后藏於瑤庫守者見白氣從戶中出如龍蛇呂氏更瑤庫名曰靈金藏及諸呂擅權白氣亦滅惠帝卽位以此貯禁兵名曰靈金府馥案當作靈金

廄 馬舍也從广𣪘聲周禮曰馬有二百十四匹爲廄廄有僕夫居又切

馬舍也者顏注急就篇廄生馬所聚也韋昭辨釋名長水校尉其廄近水故以爲名詩𩥭鴦乘馬在廄論語廄焚皇氏曰廄養馬之處也莊二十九年左傳春新作延廄書不時也凡馬日中而出日中而入杜云日中春秋分也治廄當以秋分因馬向入而脩之今以春作故曰不時漢舊儀天子六廄未央廄承華廄皆萬匹又云太僕牧師苑分養三十萬頭擇取給六廄東觀漢記漢安元年始置承華廄舍晉中興書王尼出徵賤以門役送護軍府養馬諸名士齎羊酒坐廄下與尼炙羊飲酒而去周禮曰馬有二百十四匹爲廄廄有僕夫者夏官校人文彼云乘馬一師四圉三乘爲皁皁一趣馬三皁爲繫繫一馭夫六繫爲廄廄一僕夫注云鄭司農云四匹爲乘元謂二耦爲乘自乘至廄二百一十六匹徐鍇曰凡二百十六應乾之筴此二百十四傳寫誤馥案一切經音義九亦作十四是唐本已誤玉篇廄二百六十四馬也六十當爲十六

𠫤 古文從九

𠙽卽叀之古文本書叀下云叀者如叀馬之鼻釋名廄句也句聚也牛馬之所聚也

序 東西牆也從广予聲徐呂切

仲尼燕居立則有序大戴禮曾子退負序而立

東西牆也者釋宮東西牆謂之序郭注所以序別內外畢君以珣曰牆當作廂書顧命傳云東西牆謂之序正義曰釋宮文彼作東西廂此變言之也馥案古詩鳴鶴散立東西廂顏注急就篇東廂東序之屋也鄭注禮亦作牆士冠禮主人玄端爵韠立于阼階下直東序西面大射儀賓升立於西序鄉飲酒禮主人坐奠爵於序端燕禮賓升立於序內注竝云東西牆謂之序

廦 牆也從广辟聲北激切

牆也者徐鍇韻譜廦廦廱鍇繫傳云廦所謂廦廱通作辟戴延之西征記洛陽南有平昌門道東辟雍牆去靈臺三里莊二十一年左傳鄭伯享王於闕西辟昭二十五年公羊傳以人爲菑何云菑周埒垣也所以分別內外衛威儀今大學辟雍作側字疏云猶言周帀爲埒牆漢時大學辟雍所讀者作側字

廣 殿之大屋也從广黃聲古晃切

殿之大屋也者廣雅廣大也孟子居天下之廣居檀弓見若覆夏屋者矣注云今之門廡旁廣而卑漢書王吉傳夫廣夏之下顏注廣夏大屋也僖二十八年左傳西廣東宮杜云楚有左右廣又太子有宮甲馥謂廣者初爲大屋以藏甲後因以表兵如庫藏兵車也本書堂殿也御覽引云殿堂之高大者也釋名殿有殿鄂也漢書霍光傳鴞數鳴殿前樹上顏注古者室屋高大則通呼爲殿耳非止天子宮中黃霸傳丞相請與中二千石博士雜問郡國上計長吏守丞爲民興利除害者爲一輩先上殿顏注殿丞相所坐屋也後漢書蔡茂傳夢坐大殿注云屋之大者古通呼爲殿也魏志張遼傳爲起第舍又特爲遼母作殿葉大慶攷古質疑嘗攷許慎說文殿堂之高大者也唐徐堅初學記引蒼頡篇曰殿大堂也商周以前其名不載史記始皇紀始曰作前殿石林燕語謂初未有稱殿皆起於秦者其本於堅之所記而云乎大慶續見高承事物紀原云禮記與白虎通俱曰天子之堂史記秦始皇作朝宮渭南宮先

作前殿阿房商君書有言天子之殿則是秦自孝公已然矣蓋秦始曰殿也大慶亦嘗攷之通鑑外紀晉平公布蒺藜於殿下師曠刺足曰五鼎之具不當烹藜藿人主堂殿不當生蒺藜齊景公怒有罪者縛至置殿下說苑齊大旱晏子曰君誠避宮殿暴露與靈山河伯共憂其幸而雨乎又云晉平公爲馳逐之車立之於殿下又魏文侯御廩災文侯素服避正殿戰國策要離之刺慶忌也蒼隼擊于殿上家語楚王將游荆臺司馬期諫王怒之令尹子西賀於殿下又齊有一足鳥下止於殿前景公使問孔子孔子曰此鳥名商羊水祥也又史記優孟傳楚莊王欲以棺槨葬馬優孟入殿門仰天大哭諸書殿之名已見於春秋戰國不始於秦也況六韜五將篇太公曰凡國有難君避正殿此其來也遠矣然則徐堅石林燕語高承皆謂起於秦者其然豈其然乎

廥　芻槀之藏從广會聲　古外切

芻槀之藏者後漢書蘇不韋傳注引同顏注急就篇廥芻槀所居也廣雅廥倉也韓非內儲說昭奚恤之用荆也有燒倉廥窌者而不知其人昭奚恤令吏執販茅者而問之果燒也史記平準書虛郡國倉廥以販貧民趙世家邯鄲

廥燒索隱云廥積芻槀之處天官書胃爲天倉其南衆星曰廥積正義云芻槀六星在天苑西主積槀草者漢書音義如淳曰芻槀積爲廥也晉書天文志天廩四星一曰天廥姜師度爲陝州刺史太原倉水陸所湊師度使依高爲廥唐高宗征討四夷京師養廄馬萬匹芻廥寖虛肅宗至平涼朔方留後杜鴻漸條上士馬倉廥

庾　水槽倉也從广臾聲一曰倉無屋者　以主切

水槽倉也者集韻引作漕復古編亦誤作槽廣雅庾倉也魏都賦京庾流衍五臣云庾倉也漢書文帝紀發倉庾應劭曰水漕倉曰庾胡公曰在邑曰倉在野曰庾續漢書百官志太倉令主受郡國轉漕穀　一曰倉無屋者者三蒼解詁庾倉無屋也釋名庾裕也言盈裕也露積之言也盈裕不可勝受所以露積之也詩甫田曾孫之庾箋云庾露積穀也楚茨我庾維億傳云露積曰庾正義云甫田言曾孫之稼如茨如梁此衆稼也又曰曾孫之庾如坻如京是積粟也下言乃求千斯倉乃求萬斯箱欲以萬箱載稼于倉納庾是庾未入倉矣故曰露積言露地積聚之九章筭術平地委粟是也周語野有庾積韋云露積穀也計倪子內經野無積庾廩糧則不屬漢官儀太倉之粟充溢露積

庰　蔽也從广并聲　必郢切

蔽也者李善注洞簫賦引同廣韻庰隱僻也無人處字統云廁廣雅庰廁也通作屏急就篇屏廁清溷糞土壤顏注屏僻宴之名也屏廁清溷其實一耳思元賦坐大陰之屏室兮李善曰說文曰庰蔽也屏與庰古字通

廁　清也從广則聲　初吏切

玉篇廁部邊云古文廁　成十年左傳晉侯如廁陷而卒哀十五年傳迫孔悝於廁　史記李斯見吏舍廁中鼠食不潔漢書朱虛侯殺呂產於郎中府吏廁　易林腫脛病腹陷廁污辱　晉書王戎偽藥發墮廁　周景式孝子傳管寧經海遇風思惟無嘗念嘗如廁不冠　襄陽記劉季和上廁從香烟上過　洛陽要記陳宛盛其居止廁上朮湯盥手塊板覆蔽糞穴爲都城第一　輟耕錄今寺觀削木爲籌置溷圊中名曰廁籌北史齊文宣王嗜酒淫泆肆行狂暴雖以楊愔爲相使進廁籌然則愔所進者豈即此與按說文廁清也從广則聲廣韻初吏切閑也雜也次也圊也居高臨垂邊曰廁高岸夾水曰廁史記太倉公傳豎奉劍從王之廁汲黯傳衛青大將軍侍中上踞廁見之注如淳曰廁音則謂牀邊據牀

視之一云溷廁也廁牀邊側漢書注如淳曰廁溷也孟康曰廁邊側也師古曰如說是也仲馮曰廁當從孟說愚意古者見大臣則御坐爲起夫武帝固以奴隸待青亦不應踞溷圊而見之然漢文居霸北臨廁使慎夫人鼓瑟注韋昭曰高岸夾水爲廁即此推之則凡廁者皆取其在兩物閒爲義又郅都傳賈姬如廁有野彘入廁命都擊之則此之如廁亦恐非是溷圊他如劉安別傳謫守都廁三年莊子庚桑篇適其偃注偃屏廁也屏廁則以偃溲儀禮旣夕禮甸人築坅坎隸人涅廁塞廁萬石君傳建取親中裙廁腧身自浣洒注孟康曰廁行清腧行中受糞函也至於晉侯食麥脹如廁陷而卒趙襄子如廁執豫讓高祖鴻門會如廁召樊噲等及如廁見柏人金日磾如廁擒莽何羅范曄佯從置廁中李斯如廁見鼠陶侃如廁見朱衣王敦如廁食棗劉寔誤入石崇廁郭璞被髮廁上劉季和廁上置香鑪沈慶之夢鹵簿入側中崔浩焚經投廁中錢義廁神李赤廁鬼蒯聵盟孔悝於廁曹植戒露頂入廁之類則眞溷圊矣複案曹毗戒張願不宜露頂入廁此云曹植誤也

清也者廣韻引作圊也五音集韻同六書故說文曰廁清也今人作圊玉篇圊溷也字林圊七情反廣雅圊圂庰廁

也皆廁之別名也釋名廁言人雜在上非一也或曰圂言溷濁也或曰圊至穢之處宜常修治使潔清也或曰軒前有伏似殿軒也急就篇屏廁清溷糞土壤顏注廁之言側也亦謂僻側也清言其處特異餘所常當加潔清也八十一難經平人日再至圊馬融尙書注清絜也思元賦澄澂盝而爲清舊注清靜也宣三年公羊傳養帝牲三牢之處謂之滌何休云滌者取其蕩滌潔清周禮凌人秋刷注云刷清也秋涼冰不用可以清除其室玉府注云褻器清器虎子之屬漢書武五子傳廁中豕羣出壞大官竈顏注廁養豕圂也桓譚新論博士弟子譚生居東寺連三夜有惡夢以問人教以晨起淸中說之風俗通義魯相右扶風臧仲英孫女年三四歲必之求之不能得二三日乃於淸中糞下啼通鑑隋文帝曰我爲下利昨夜欲近廁注云廁圊也

廛　一畝半一家之居從广里八土　直連切

一畝半一家之居者廣韻引作一晦半也一家之居也桼一畝半當爲二畝半宜十五年穀梁傳古者三百步爲里名曰井田井田者九百畝公田居一注云出除公田八十畝餘八百二十畝故井田之法八家共一井八百畝餘二

十畝家各二畝半爲廬舍公羊解詁聖人制井田之法而口分之一夫一婦受田百畝公田十畝廬舍二畝半凡爲田一頃十二畝半八家而九頃共爲一井故曰井田韓詩外傳古者八家而井田方里爲一井廣三百步長三百步爲一里其田九百畝廣一步長百步爲一畝廣百步長百步爲百畝八家爲鄰家得百畝餘夫各得二十五畝家爲公田十畝餘二十畝共爲廬舍各得二畝半廣雅廛凥也方言廛凥也東齊海岱之閒或曰廛或曰踐注云周官云夫一廛宅也周禮遂人夫一廛田百畝注云廛城邑之居孟子所云五晦之宅樹之以桑麻者也廛人注云廛民居區域之稱載師以廛里任國中之地注云廛民居之區域也孟子願受一廛而爲氓又云廛無夫里之布則天下之民皆悅而願爲之氓矣詩伐檀胡取禾三百廛兮傳云一夫之居曰廛釋文古者一夫田百畝別受都邑五畝之地居之故孟子云五畝之宅是也通作壇鄭注廛人云故書廛爲壇杜子春讀壇爲廛或作壥漢書揚雄傳有田一壥　從广里八土者何休注宣十五年公羊傳說井田之制云一里八十戶八家共一巷馥謂此從里八土之義

屋牝瓦下一曰維綱也從广閔省聲讀若環　戶關切

屋牝瓦下者所謂屋棧也急就篇板柞所產谷口斜顏注板謂木瓦也柞屋棧也亦謂之䈷王氏補注爾雅屋上薄謂之筄注屋笮棧六書故椽上必設笮然後安瓦今人謂之棧集韻𨭚鐶也欂屋笮板本書笮在瓦之下棼之上玉篇瓪牝瓦甑瓾牡瓦九章筭術今有一人三日爲牡瓦三十八枚一人二日爲牝瓦七十六枚戴侗曰牝瓦仰盎者也仰瓦受覆瓦流所謂瓦溝也　一曰維綱也者本書絹持綱紐也聲義相近　閔省聲者當從戈聲後人以環戈音異改爲閔省聲說見閔下

屋階中會也從广悤聲　倉紅切

屋階中會也者徐鍇曰階東西階也會者其中階相向處

廣也從广侈聲春秋國語曰俠溝而𢉖我　尺氏切

廣也者廣當爲廣本書廣闊也廣雅𢉖大也　春秋國語曰俠溝而𢉖我者吳語齊宋徐夷曰吳既敗矣將夾溝而𢉖我我無生命矣注云𢉖擊曰𢉖

廉　仄也從广兼聲　力兼切

仄也者本書玉下云銳廉而不技開元文字廉棱也廣雅廉棱也書皋陶謨簡而廉傳云有廉隅顧命夾兩階𡰥傳云堂廉曰𡰥正義云廉者棱也所立在堂下近於堂棱詩抑維德之隅傳云隅廉也鄉飲酒禮設席於堂廉注云側邊曰廉儒行砥厲廉隅樂記廉以立志注云廉廉隅也韓詩外傳其廉不可劌也漢書賈誼傳廉遠地則堂高顏注廉側隅也揚雄自敘不修廉隅以徼名當世晉令鞭用牛皮生革去四廉

開張屋也從广秅聲濟陰有𢈈縣　宅加切

集韻𢈈漢侯國名在成武通作秺秺縣名在濟陰漢書功臣表秺侯商邱成史記建元以來侯者年表亦作秺　或作垞輿地志垞古嵩國王維詩有南垞北垞

開張屋也者開張卽席張本書席卻屋也　濟陰有𢈈縣者漢書地理志作秺通鑑魏尉元軍于秺注云秺縣漢屬濟陰郡後漢省其地當在唐曹州界

高屋也從广龍聲 薄江切
高屋也者顏注急就篇龐者高屋之名龐氏之先胄產殷
富好爲室屋鄉黨榮慕謂之龐家遂以立氏通作龐廣雅
權室
也

山居也一曰下也從广氏聲 都禮切
一曰下也者本書下底也易困卦困于株木王肅注謂最
處底下也釋器邸謂之柢郭云根柢皆物之邸邸卽底通
語
也

礙止也從广至聲 陟栗切
礙止也者易訟卦有孚窒馬讀爲躓猶止也廣韻躓礙也
本書疐礙不行也從叀引而止之也文選七發發怒庢沓
注云言初發怒礙止而涌沸漢有盩庢縣元和志山曲曰
盩水曲曰庢釋詁底待也郭云底止也止亦待也昭元年
左傳勿使有所壅閉湫底注云底
滯也晉語戾久將底底著滯淫

安止也從广嬰聲鉅鹿有廮陶縣 於郢切
鉅鹿有廮陶縣者見漢志
廣韻廮陶縣名在趙州

舍也從广犮聲詩曰召伯所废 蒲撥切
舍也者詩釋文引作草舍也玉篇废草舍也通作茇劉芳
詩義疏茇草舍也又通作拔傳十五年左傳反首拔舍杜
注拔草舍止詩曰召伯所废者召南甘棠文彼作茇傳
云茇草舍也正義云周禮仲夏教茇舍注云舍草止也軍
有草止之法然則茇者草
也草中止舍故云茇舍

中伏舍從广卑聲一曰屋庳或讀若逋 便俾切
一曰屋庳者玉篇庳卑下屋也襄三十一年左
傳宮室卑庳通作埤漢書五行志塞埤擁下

蔭也從广比聲 必至切
蔭也者釋言文舍人曰庇蔽也孫炎曰庇覆之廕也玉篇
庇覆廕也一切經音義九通俗文自蔽曰庇淮南人閒訓
蔭暍人於樾下考工記輪人弓長六尺謂之庇軹表記雖
有庇民之大德鄭注竝云庇覆也文七年左傳公族公室
之枝葉也若去之則本根無所庇廕矣襄三十一年傳大
官大邑身之所庇也晉語若君實庇廕膏澤之周語用是
則族可以庇韋云庇覆也宗族可以覆廕字
或作庀襄八年左傳以待彊者而庀民焉

屋下衆也從广芡芡古文光字 商署切
屋下衆也者本書品衆庶也無從卌卌數之積也與庶同
意釋詁庶衆也堯典庶績咸熙史記作衆功皆興禹貢庶
土交正鄭本作衆土皋陶謨庶明勵翼鄭云庶衆也詩天
保以莫不庶傳云庶衆也抑庶人之愚雞鳴無庶予子憎
生民庶無罪悔小明我事孔庶箋竝云庶衆也靈臺庶民
子來箋云衆民各以子成父事而來攻之論語庶矣哉孔
注庶衆也言衛人衆多論衡藝增篇尚書曰毋曠庶官庶
衆也西都賦於是旣庶且富五臣注庶衆也　從芡者本
書枕充也庶
亦充滿意

儲置屋下也從广寺聲 直里切
儲置屋下也者本書儲偫也偫待也詩臣工庤乃錢鎛傳
云庤具也通作峙釋詁峙具也書費誓峙乃芻茭又峙乃
楨榦詩崧高以峙其粻又通作跱後漢書章帝
紀所經道上郡縣無得設儲跱注云跱具也

行屋也從广異聲 與職切
行屋也者字或作帟廣雅帟帳也釋名小幕曰帟張在人
上帟帟然也周禮幕人設重帟注云重帟復帟也鄭司農
云帟平
帳也

屋麗廔也從广婁聲一曰穜也 洛侯切
屋麗廔也者本書爾下云麗爾猶靡麗也冏下云窗牖麗
廔闓明徐鍇曰麗廔猶玲瓏也漏明之象玉篇廲下云廲
廔綺窻通作婁孟子離婁卽麗廔又通作樓長門賦離樓
梧而相撐顏注急就篇樓謂重屋離樓然也又婁者疏目
之籠亦言其孔樓樓然也釋名樓謂牖戶之閒有射孔婁
婁然也　一曰穜也者謂穜廔也本書𥷑下云穜樓也崔
寔云漢趙過教民耕殖其法三犂共
一牛一人將之下種挽樓皆取備焉

屋從上傾下也從广隹聲都回切

屋從上傾下也者王篇㢈厥也

屋頓也從广發聲方肺切

屋頓也者定三年左傳邾子自投於牀廢於鑪炭注云廢墮也

久屋朽木從广酉聲周禮曰牛夜鳴則庮臭如朽木與久切

久屋朽木者月令孟春之月其臭羶注云木之味臭也列子饗香以爲朽周禮曰牛夜鳴則庮者天官內饔文臭如朽木者許公解說之文鄭司農云庮朽木臭也內則牛夜鳴則庮注云惡臭也

少劣之居從广堇聲巨斤切

少劣之居者本書寠無禮居也廣韻廑小屋漢書董仲舒傳廑能勿失買誼傳其次廑得舍人顏注廑與僅同劣也

通作僅桓三年公羊傳僅有年也注云僅猶劣也僖十六年傳僅逮是月也注云劣及是月也又通作堇廣雅堇少也漢書地理志豫章出黃金然堇堇物之所有或作廑射義蓋廑存者釋文廑又音僅少也

尊先祖皃也從广朝聲眉召切

書堯典受終于文祖王肅注文祖廟名　士喪禮巫止於廟門外注云凡宮有鬼神曰廟　曾子問大廟火注云大廟始祖廟　一切經音義十四韓詩鬼神所居曰廟　漢舊儀廟者所以藏主　齊職儀周有守禮之官掌先王之宗廟也

幽明錄廟方四丈不作墉

尊先祖皃也者本書祖始廟也廣雅廟皃也釋名廟貌也先祖形貌所在也祭法設廟祧壇墠而祭之注云廟之言貌也宗廟者先祖之尊貌也孝經爲之宗廟以鬼享之舊注云宗尊也廟貌也親雖亾沒事之若生爲立宮室四時祭之若見鬼神之容貌孝經援神契廟者所以尊祖也荀子禮論篇疏房檖貌注云貌廟也尚書大傳廟者貌也白虎通廟者貌也象先祖之尊貌也所以有屋何所以象生之居也詩清廟箋云廟之言貌也死者精神不可得而見但以生時之居立宮室象貌爲之耳服注左傳云明堂祖廟五經異義明堂盛皃也桓二年公羊解詁廟之爲言貌也思想儀貌而事之故曰齋之日思其居處思其笑語思其志意思其所樂思其所嗜祭之日入室僾然必有見乎其位周旋出入肅然必有聞乎其容聲出戶而聽愾然必有聞乎其歎息之聲孝子之至也三輔黃圖宗廟宗尊也廟貌也所以髣髴先人尊貌也蔡邕月令論取其宗祀之貌則曰清廟取其正室之貌則曰太廟魏氏春秋夫謚以表行廟以存容王嬰古今通論周曰宗廟尊其生存之貌

古文

士冠禮筮于庿門釋文庿古廟字詩清廟釋文廟本又作庿古今字也孝經釋文廟本或作庿

人相依宜也從广且聲子余切

人相依宜也者通作徂釋詁徂存也

屋迫也從广曷聲於歇切

卻屋也從广屰聲昌石切

卻屋也者廣韻引作卻行也一切經音義二十二引作卸屋也趙宧光長箋引同或作斥漢書東方朔傳斥而營之顏注斥却也思元賦斥西施而弗御兮舊注斥却也昭十六年左傳大國之求無禮以斥之何饜之有馥案斥謂卻之也史記淮南王傳王使郎中令斥免注云斥斥荀子榮辱篇恭儉者偋五兵也注云偋當爲屏卻也

陳輿服於庭也從广欽聲讀若歆許今切

陳輿服於庭也者周禮司裘大喪廞裘飾皮車注云皮車遣車之革路故書廞爲淫鄭司農云淫裘陳裘也司服大喪共其廞衣服注云故書廞爲淫鄭司農云淫讀爲廞廞陳也大師大喪帥瞽而廞作匶謚注云故書廞爲淫鄭司農云淫陳也陳其生時行迹爲作謚司兵大喪廞五兵注云故書廞爲淫鄭司農云淫陳也淫讀爲廞囿人凡賓客喪紀牽馬而入陳廞馬亦如之

空虛也從广膠聲洛蕭切

復古編廖霩廖從广廖霩從雨郭別作寥廓非洪武正韻廖霩開朗貌空虛也者五音集韻廖空中虛皃字或作廖楚辭九辨泬廖兮天高而氣清又作寥埤蒼寂寥無人也釋名疏寥也寥寥然也楚辭遠游上寥廓而無天司馬相如難蜀父老文猶鷦鵬已翔乎寥廓之宇李善云空廓寥寥也陸機歎逝賦或寥廓而僅半謝朓詩寥廓已高翔

文四十九　重三

厂 山石之厓巖人可居象形凡厂之屬皆從厂 呼旱切

山石之厓巖人可居者本書广因厂爲屋廣雅厈厓也

厈 籒文從干

厓 山邊也從厂圭聲 五佳切

山邊也者本書陳厓也廣雅陳厓方也御覽引本書邊者厓也山邊謂之厓

厜 厜㕒山顚也從厂𠂢聲 姊宜切

厜㕒山顚也者釋山山頂冢孫炎曰謂山巔也又崒者厜㕒郭注謂山峯頭巉巖詩十月山冢崒崩傳云山頂曰冢箋云崒者崔嵬釋文崔徂回反爾雅作厜才規反嵬五回反爾雅作㕒五規反

㕒 厜㕒也從厂義聲 魚爲切

厰 崟也一曰地名從厂敢聲 魚音切

崟也者厰崟聲相近玉篇厰山石下五音集韻崟厰山厓狀也　一曰地名者僖三十三年穀梁傳巖唫之下顏謂即厰崟

厬 仄出泉也從厂晷聲讀若軌 居洧切

仄出泉也者韻會晷下云爾雅水醮曰厬注謂水醮盡也禮韻舊注泉仄出誤汍下云仄出泉也爾雅汍泉穴出注仄出也從旁出也禮韻舊注水厓土誤案說文厬字注仄出泉也汍字注水厓土徐鍇曰案爾雅汍泉穴出作此汍字水醮曰厬作此厬字以明說文舊注之文並也舊韻承用說文舊注今依徐說以爾雅釋文互正之覆案詩大東有洌氿泉傳云側出曰氿泉釋名側出曰氿泉氿軌也流狹而長如車軌也此皆借氿爲厬厬氿聲相近後漢書黃憲傳譬諸氿濫雖清而易挹注云爾雅曰側出氿泉正出濫泉覆謂爾雅之氿泉本是汍泉亦側出猶㲻泉亦側出也爾雅水醮曰厬者後人旣誤讀汍泉爲氿泉不得不改水醮之汍爲厬矣此互誤之原委也

厎 柔石也從厂氐聲 職雉切

柔石也者廣雅厎礪也曹憲注厎細於礪釋名脂厎也著面柔滑如厎石也急就篇治禮掌故厎厲身顏注細石曰厎禹貢礪厎砮丹傳云厎細於礪皆磨石也正義云鄭云礪磨刀刃石也精者曰厎穀梁傳天子之桷斲之礱之加密石焉范注以細石磨之晉語斲其椽而礱之加密石焉韋云密密理石謂厎也先粗礱之加以密厎齊策身被甲厎劍鮑云厎厎同礪也西山經苕水其中多厎礪注云磨石也精爲厎麤爲礪也賈誼楚文飾甲厎兵尸子夫昆吾之金而銖父之鐵使于越之工鑄之以爲劍而弗加厎礪則以刺不入以擊不斷磨之以礱礪加之以黃厎則刺也

無前擊也無下孔叢雜訓篇厲必由厎所以致其刃也尚書大傳其桷天子斲其材而礱之加密石焉注云密石厎之也淮南地形訓黑水宜厎說林訓鏌邪斷割厎礪之力說山訓厲利劍者必以柔厎漢書梅福傳故爵祿束帛者天下之厎石高祖所以厲世摩鈍也顏注厎細石也王褒傳越厎斂其咢晉灼曰厎石出南昌故曰越也王尊傳厎節首公顏注厎厲也說苑厎礪之旁多頑鈍又云晉人已勝智氏歸而繕甲厎兵鹽鐵論厎所以致於刃張協劍銘淬以清波礪以越厎李尤金馬書刀銘礪以越厎

砥 厎或從石

厥 發石也從厂欮聲 俱月切

發石也者本書𧤼從此云角有所觸發也廣韻作蹶云發石漢律有蹶張士蹶發石張挽强

厲 旱石也從厂蠆省聲 力制切

旱石也者一切經音義二厲磨石也厎細於厲皆可以磨刀刃急就篇治禮掌故厎厲身顏注黑石曰厲詩公劉取

厲取鍛箋云取鍛厲斧斤之石可以利器僖三十三年左傳則束載厲兵秣馬矣哀十六年傳勝自厲劍萘策綴甲厲兵高云厲利也利其兵器史記梁孝王世家褚先生補曰視其劍新治問長安中削厲工工曰梁郎某子來治此劍韓詩外傳劍雖利不厲不斷漢書枚乘傳磨礱底厲商注底柔石也厲旱石也皆可以磨者蕭望之傳底厲鋒鍔顏注底柔石厲旱石梅福傳引論語必先厲其器蕪城賦飢鷹厲吻李善曰厲摩也或作礪玉篇礪下云崘崙礪石可磨刃廣雅礪磨也詩公劉釋文厲本又作厲書費誓礪乃鋒刃傳云磨礪鋒刃說命若金用汝作礪傳云鐵須礪以成利器中山經陰山多礪石注云礪石中磨者荀子勸學篇金就礪則利韓非內儲說援礪砥刀利猶干將也說苑建本篇礪可以致刃也鹽鐵論於越之鋌不礪匹夫賤之廣志礪石出首陽山有紫白彩色出南昌者最善今武庫有數枚治御刀金履祥曰礪砥今郢石是也元和郡縣志肅州貢礪石　蠆省聲者本書蠆從虫萬聲力制切此厲本從蠆當作蠆省聲

或不省

雙蠆爲蠆非從[illegible]也漢郭旻碑策書褒厲是也校官碑初厲清肅劉熊碑賞進厲頑蠆從萬隸省也

厱諸治玉石也從厂僉聲讀若藍魯甘切

厱諸治玉石也者或作礛䃴一切經音義九通俗文細厲謂之磫礭礛䃴治玉磫礭治金淮南云待礛䃴而成器是也廣韻礛䃴青礪玉篇礛䃴治玉之石也青礪也或作厱廣雅礛䃴礪也淮南脩務訓玉堅無敵鏤以爲獸首尾成形礛諸之功說林訓璧瑗成器礛諸之功高云礛諸治玉之石魏文帝典論造百辟寶劍淬以清漳厲以礛䃴注云礛䃴青礪石也曹植寶刀賦礪以五方之石鑑以中黃之壞劉氏新論慎言篇斯言一玷非礛䃴所磨通作斂易林斂諸攻玉讀若藍者淮南說山訓玉待礛諸而成器高云礛諸攻玉之石礛音藍又注說林訓云礛一讀曰廉

治也從厂秝聲郎擊切

治也者本書厤從麻麻調也麻當作厤

石利也從厂異聲讀若枲胥里切

美石也從厂古聲侯古切

唐厗石也從厂屖省聲杜兮切

唐厗石也者玉篇厗古銻字本書銻下云鎕銻火齊漢志厗奚縣孟康音題

石聲也從厂立聲盧荅切

石地惡也從厂兒聲五歷切

石地惡也者集韻礊𠩵石地

石地也從厂金聲讀若紟巨今切

字或作庈左傳魯有費庈父

石閒見從厂甫聲讀若敷芳無切

石閒見者玉篇𠩗石文見也五音集韻𠩗石文見皃

厲石也從厂昔聲詩曰他山之石可以爲厝倉各切又七互切

厲石也者詩鶴鳴釋文引同又云字林同一切經音義九說文厝厲石也摩也通作錯廣雅錯摩也禹貢錫貢磬錯正義治玉石曰錯法言有刃者礱諸有玉者錯諸不礱不錯焉攸用後漢書隗囂傳牽馬操刀奉盤錯鍉遂割牲而盟[illegible]索玉篇鍉鋒也錯鍉言摩刀刃也字或作碏左傳衛大夫石碏又作磋本書瘯下云磋垢瓦石詩淇奧如切如磋傳云象曰磋釋訓如切如磋郭云骨象須切磋而爲器又或作剒釋器犀謂之剒釋文剒本或作厝詩曰他山之石可以爲厝者小雅鶴鳴文彼作錯傳云錯石也可以琢玉

石大也從厂尨聲莫江切

石大也者集韻類篇引作石大皃方言厖深之大也自關而西秦晉之閒凡大皃謂之厖釋詁厖大也成十六年左傳民生敦厖杜云厖大也周語敦厖純固通作龐淮南俶眞訓通乎無㙺而復往於敦龐或作硥篇海硥石皃

岸上見也從厂從屮省讀若躍以灼切

廣韻嶠下云大厓产嶠皃产魚偃切集韻崖下云逆約切嶭嶠大厓皃嶭卽产之俗體從屮省者徐鍇本作從屮省聲馥案此諧聲字也當從出省聲出篆作屮與屮形近易誤廣韻产岸上見也說文作产此𠩺嶭宋集韻产岸上出見皃此從出之證徐鉉刪去聲字因屮聲不相近也

辟也從厂夾聲胡甲切

辟也者本書陝隘也

側傾也從人在厂下阻力切

側傾也者本書傾仄也頃仄也廣雅仄陋也書洪範無反無側馬注側傾側也考工記車人行山者仄輮注云故書仄爲側鄭司農云側當爲仄論語孟之反卽左傳孟之側成十六年春秋公子側卽子反慧遠廬山記高崖仄宇漢書五行志昌邑王賀遣中大夫之長安多治仄注冠頍注言形側立而下注也

籀文從矢矢亦聲

反也從厂辟聲普擊切

反也者小字本作仄玉篇廣韻同廣雅辟幽也通作辟曲禮辟陋詔之注云謂傾頭與語也徐鍇曰春秋左傳辟陋在夷當作此辟字馥謂辟陋卽堯典側陋

隱也從厂非聲扶沸切

隱也者釋言文士虞禮几在南厞用席注云厞隱也于厞隱之處從其幽闇特牲饋食禮厞用筵注云厞隱也喪大記甸人取徹廟之西北厞薪用爨之正義引熊氏云厞謂西北隅厞隱之處東京賦厞司旌五臣注厞隱也或作陫楚詞九歌隱思君兮陫側

笮也從厂猒聲一曰合也於輒切又一琰切

笮也者本書鎮博壓也壓當爲厭周禮巾車厭翟注云次其羽使相迫也漢書劉向傳抑厭遂退顏注厭謂不伸也一曰合也者一切經音義一蒼頡篇伏合人心曰厭字從厂厂音呼旱反猒聲山東音於葉反

仰也從人在厂上一曰屋梠也秦謂之桷齊謂之产魚毀切

一曰屋梠也秦謂之桷齊謂之产者本書梠楣也櫋梠也檐櫋也楣秦名屋櫋聯也齊謂之檐楚謂之梠檐秦名爲屋椽周謂之榱齊魯謂之桷馥案屋梠謂檐櫋與桷異物此云秦謂之桷桷當爲榱類篇产余廉切櫋也通作危春秋後語魏人將殺范痤痤登危而說

文二十七　重四

說文解字弟九　義證弟二十九

曲阜桂馥學

丸　圜傾側而轉者從反仄凡丸之屬皆從丸胡官切

莊子徐無鬼市南宜僚弄丸　宣二年左傳晉靈公從臺上彈人而觀其避丸也　束晳餅賦四時從用無所不宜唯牢丸乎　或借桓字烏桓即烏丸　又借垸字列子黃帝篇痀僂承蜩者纍五丸而不墜　圜傾側而轉者者淮南時則訓圜而不垸高注垸轉也漢書蒯通傳猶如阪上走丸也　從反仄者徐鍇曰仄一面敧而不可回也是故仄而可反爲丸丸可左可右也

鷙鳥食已吐其皮毛如丸從丸咼聲讀若骫於跪切

鷙鳥食已吐其皮毛如丸者今獵者飲鷹必待吐丸而後放

丸之孰也從丸而聲奴禾切

闕芳萬切

文四

危　在高而懼也從产自卪止之凡危之屬皆從危魚爲切

在高而懼也者釋名危阢也阢阢不固之言也論語危言危行鄭注危猶高也　從产自卪止之者韻會引徐鍇本作從产人在厂上自卪止之也鍇繫傳云孝經曰在上不驕高而不危制節謹度滿而不溢故從卪

敧䧢也從危支聲去其切

敧䧢也者一切經音義十一引作敧䧢傾側不安也字從危支聲本書䧢敧也玉篇敧傾低不正亦作攲攲字云今作不正之攲又攲字云攲䧢不正韓詩外傳三孔子觀於周廟有攲器焉使子路取水試之滿則覆中則正虛則攲荀子宥坐篇注云攲器傾攲易覆之器魏都賦躞攲其中宋書廬江王禕傳徼幸攲䧢僅得自免或作崎嶇廣雅崎嶇傾側也玉篇崎嶇山路不平南都賦下蒙籠而崎嶇鸚鵡賦崎嶇重阻李善引埤蒼崎嶇不平也陶潛歸去來辭亦崎嶇而經邱李善引埤蒼崎嶇不安也又作踦䟢魏都賦山阜猥積而踦䟢西征賦軌踦䟢以低仰

文二

石　山石也在厂之下口象形凡石之屬皆從石常隻切

禮記外傳社主用石注云石土中堅者　物理論土精爲石石氣之核也氣之生石猶人筋絡之生爪牙也　山石也者字鑑引作山骨也增韻亦訓山骨本書山有石而高　賈逵左傳注石山岳之物春秋說題辭周易艮爲山爲小石石陰中之陽陽中之陰陰精輔陽故山含石

磺　銅鐵樸石也從石黃聲讀若穬古猛切

管子地數篇上有鉛者其下有鉒銀上有丹砂者其下有鉒金上有慈石者其下有銅金此山之見榮者也　通雅鉒金鉒銀皆丱也　漢書地理志豫章郡鄱陽縣下云武陽右十餘里有黃金采顏云采者謂采取金之處　俗作礦華陽國志廣漢涪水有金銀之礦太康地志梅根鐵冶出綠礬礦寰宇記龍焙監所出礦石曰白礦曰黃礁礦曰黑牙礦曰松礦

曰水曠礦曰黑牙礁礦曰光牙礦曰土卯白礦曰馬肝礁礦曰桐梅礁礦曰紅礁夾生白礦曰赤生銅礦通鑑雲南王異牟尋齎生金詔韋皋注云金礦未經鍛鍊者爲生金　又作鑛元和郡縣志雅州榮經縣銅山在縣北三里卽文帝賜鄧通鑄錢之所後以山假與卓王孫其山今出銅鑛邛州臨溪縣孤石山有鐵鑛大如蒜子魏書食貨志崔亮奏恆農郡銅青谷有銅鑛計一斗得銅五兩四銖葦池谷鑛計一斗得銅五兩鸞帳山鑛計一斗得銅四兩河內郡王屋山鑛計一斗得銅八兩南青州苑燭山齊州商山竝是往昔銅官舊跡見在又云延昌三年有司奏長安驪山有銀鑛二石得銀七兩桓州又上言白登山有銀鑛八石得銀七兩錫三百餘斤詔竝置銀官常令采鑄　又作鉚元和郡縣志伊陽縣銀鉚窟在縣南五里今每歲稅銀一千兩太原縣羊山出金鉚萬泉縣絳山出銅鉚交城縣狐突山出鐵鉚隋書食貨志晉王廣聽於鄂州白紵山有銅鉚處錮銅鑄錢鶴頂新書丹砂始生鉚石二百年成丹砂三百年而成鉛又二百年而成銀又二百年化而爲金本艸錫恡脂李時珍曰此乃波斯國銀鉚也

銅鐵樸石也者江賦其下則金礦丹礫李善引本書作銅鐵樸也廣韻礦金璞也廣雅鐵朴謂之礦四子講德論精

鍊鐵於曠朴庸人視之忽焉巧冶鑄之然後知其幹也淮南子脩務訓苗山之鋌許注鋌銅鐵璞也昭二十九年左傳遂賦晉國一鼓鐵以鑄刑鼎杜注共鼓石爲鐵計令一鼓而足南齊書劉悛傳獻蒙山銅一斤又銅石一斤

卝 古文礦周禮有卝人

周禮有卝人者地官敘官卝人注云卝之言礦也金玉未成器曰礦俗作丱曲禮注司貨丱人也釋文云丱人掌金玉錫石未成器者

碭 文石也从石昜聲 徒浪切

文石也者漢書地理志梁國碭縣山出文石顏注碭文石也其山出焉故以名縣司馬相如傳琨玉旁唐顏注旁唐文石也唐字本作碭續漢書郡國志梁國碭山出文石晉書地理志梁國下邑縣有碭山山出文石

碝 石次玉者从石耎聲 而沇切

釋地西南之美者有華山之金石焉郭注黃金礝石之屬釋文礝本或作碝　詩青青子佩傳云士佩瓀珉瓀釋文作碝

玉藻士佩瓀玟　管子揆度篇陰山之礝碈　中山經扶豬之山其上多礝石郭注今雁門中出礝石　石次玉者廣雅碝石之次玉漢書司馬相如傳碝石碔砆張揖曰皆石之次玉者碝石白者如冰半有赤色傳又云蜀石黃碝郭璞曰碝石黃色後漢書班固傳碝碱采緻注云碝石次玉者

砮 石可以爲矢鏃从石奴聲夏書曰梁州貢砮丹春秋國語曰肅愼氏貢楛矢石砮 乃都切

石可以爲矢鏃者鏃當爲族廣雅砮鏃也書禹貢傳砮石中矢鏃呂氏春秋貴直篇立於矢石之所及高注矢箭石砮也異物志夷州土無銅鐵磨礪青石以作矢此石砮楛矢之類　夏書曰梁州貢砮丹者禹貢荊州貢砮丹梁州貢砮磬蜀都賦碧砮芒消劉注云砮可作箭鏃禹貢梁州厥貢砮磬石華陽國志蜀志臺登縣山有砮石火燒成鐵剛利禹貢厥賦砮是也元和郡縣志鐵石山在臺登縣東三十五里有砮石火燒成鐵極剛利　春秋國語曰肅愼氏貢楛矢石砮者魯語仲尼在陳有隼集於陳侯之庭而死楛矢貫之石砮其長尺有咫陳惠公使人以隼如仲尼之館問之仲尼曰隼之來也遠矣此肅愼氏之矢也昔武王克商通道於九夷百蠻使各以其方賄來貢使無忘職業於是肅愼氏貢楛矢石砮其長尺有咫賈逵注云砮矢鏃之石也家語辨物篇石砮注云砮箭鏃漢書五行志石砮應劭曰砮鏃也昭九年左傳肅愼燕亳吾北土也注云肅愼北夷在玄菟北三千餘里竹書帝舜二十五年息愼氏來朝貢弓矢周書王會解稷愼大麈注云稷愼肅愼也又云夷用閭木注云夷東北夷也木生水中黑色而光其堅若鐵大荒北經大荒之中有山名曰不咸有肅愼氏之國注云今肅愼國去遼東三千餘里其人皆工射弓長四尺勁彊箭以楛爲之長尺五寸青石爲鏑此春秋時隼集陳侯之庭所得矢也書序成王既伐東夷肅愼來賀馬本肅作息注云北夷也肅愼國記其檀弓三尺五寸楛矢長尺有咫石砮晉書肅愼氏傳肅愼氏一名挹婁在不咸山北土無鹽鐵有石砮皮骨之甲檀弓三尺五寸楛矢長尺有咫其國東北有山出石其利入鐵將取之必先祈神周武王時獻其楛矢石砮魏志明帝紀肅愼氏獻楛矢陳留王紀肅愼國獻其國弓三十張長三尺五寸楛矢一尺八寸石砮三百枚宋書武帝紀肅愼國重譯獻楛矢石砮王沈魏書東夷矢用楛青石爲鏃魏志挹婁弓長四尺力如弩

矢用楛長尺八寸青石爲鏃古肅愼氏之國也括地志靺鞨國古肅愼也在京東北萬里已下東及北各抵大海其人多勇力善射弓長四尺如弩矢用楛長一尺八寸青石爲鏃隋書靺鞨傳自拂涅以東矢皆石鏃卽古之肅愼氏也通典挹婁魏時通焉云卽古肅愼之國也周武王及成王時皆貢楛矢石砮唐書黑水靺鞨居肅愼地其矢石鏃長二寸蓋楛砮遺法寰宇記挹婁國卽古肅愼之國其人善射弓長四尺力如弩矢用楛長尺八寸青石爲鏃皆施毒中人卽死又云勿吉國亦古肅愼地矢皆石鏃長二寸通鑑挹婁獻楛矢石砮於趙注云挹婁古肅愼氏之國也其國東北有山出石其利如鐵取以爲砮李心傳曰鴨綠水之源蓋古肅愼氏之地王明逸曰女眞卽古肅愼之地今產楛矢石砮石出黑龍江口名水花石堅利如鐵蘇軾石砮記余自儋耳北歸江上得古箭鏃槊鋒而劍脊其廉可劇而其質卽石此卽所謂楛矢石砮容齋隨筆東坡作石砮記云禹貢荊州礪砥砮丹及箘簵楛梁州貢砮磬至春秋時隼集於陳廷楛矢貫之石砮長尺有咫問於孔子孔子不近取之荊梁而遠取之肅愼則荊梁之不貢此久矣顏師古曰楛木堪爲笴今幽以北皆用之以此考之用楛爲矢至唐猶然而用石爲砮則自春秋以來莫識矣

按晉書挹婁傳有石砮楛矢國有山出石其利入鐵周武王時獻其矢砮魏景元末亦來貢晉元帝中興又貢石砮後通貢於石虎虎以夸李壽者也唐書黑水靺鞨傳其矢石鏃長二寸蓋楛砮遺法然則東坡所謂春秋以來莫識恐不考耳予家有一砮正長二寸豈黑水物乎閻若璩曰肅愼氏即今寧古塔東去一千里日混同江江邊有榆樹松樹枝既枯墮入江爲波浪所激盪不知幾何年化爲石可取以爲箭鏃榆化者上松次之西南去六百里曰長白山山巔之陰及黑松林獨生楛木可取以爲矢質堅而直不爲燥溼所移馥案今青州都統慶霖贈余以器言得自黑龍江色黑而堅似木似石謂之木變石蓋即砮石也

礜 毒石也出漢中從石與聲　羊茹切

淮南子墬形訓弱土之氣御於白天白天九百歲生白礜白礜九百歲生白澒白澒九百歲生白金　急就篇黃芩伏苓礜茈胡顏注云礜礜石也　述征記洛水底有礜石故上無冰　博物志鸛水鳥也伏卵時數入水卵冷取礜石周圍繞卵以助煖氣方術家取鸛巢中礜石爲眞也　庚辛玉冊礜陽石也生山谷水中濯出似礬有文理橫𢧐在其中爲生

新唐書地理志太原郡貢礜　吳興記長城縣有白石山出白礜石極精好　湘州記湘東山多礜石　荊州記湖縣鹿山多礜石每至嚴冬其上不得停霜雪　抱朴子取一把礜丸內一活魚口中與無藥者俱投沸膏中　其啣藥者浮戲潛不死馥案曹植辯道論云甘始言取鯉魚一雙令一者藥俱投沸膏中有藥者奮尾鼓鰓游行沈浮有若處淵其一者已熟而可噉余時問可試不言是藥去此萬里非自行不能得也馥謂此方士欺人語所謂藥即礜石耳

毒石也者周禮瘍醫注云今醫方有五毒之藥作之合黃堥置石膽丹砂雄黃礜石慈石其中燒之　西山經皋塗之山有白石焉其名曰礜可以毒鼠注云今礜石殺鼠蠶食之而肥淮南說林訓人食礜石而死蠶食之而不饑注云礜石出陰山一曰能殺鼠容齋四筆讀黃伯思東觀餘論內評王大令書一節曰靜息帖云礜石深是可疑事兄熹患散輒發癰散者寒食散之類散中蓋用礜石是石性極熱有毒故云深可疑也劉表在荊州與王粲登障山見一岡不生百草粲曰此必古冢其人在世服生礜石熱蒸出外故草木焦滅鑿看果墓礜石滿塋又今洛水冬月不冰古人謂之溫洛下亦有礜石今取此石置甕水中水亦不冰又鸛伏卵取以助煖氣其烈酷如此固不宜餌服子敬之語實然淮南子曰人食礜石死蠶食之而不饑予仲兄文安公鎭金陵因秋暑減食當塗醫湯三益教以服礜石圖己而欲啖日進遂加意服之越十月而毒作鼻衄血出斗餘自是數數不止竟至精液皆竭追於捐館偶見其語使人追痛因書之以戒未來者　出漢中者范子計然礜石出漢中色白者善本草礜石一名青分石一名立制石一名固羊石名醫一名白礜石一名太白石一名澤乳一名食鹽生漢中山谷及少室陶云今蜀漢亦有而好者出南康南野溪及彭城界中洛陽城南塹常取少室生礜石內水中令水不冰蘇恭曰今漢川武當西遼坂名礜石谷即是眞出處圖經云漢中者外形紫赤內白如霜中央有臼形狀如齒其塊小於白礜石而肌粒大數倍乃如小豆許白礜石粒細才若粟米耳吳氏本草白礜石一名鼠鄉一名太白一名澤乳一名食鹽神農岐伯辛有毒桐君有毒黃帝甘有毒李氏大寒主溫熱生漢中或生魏興或生少室十二月采

碣 特立之石東海有碣石山從石曷聲　渠列切

特立之石者詩百夫之特正義云孤特秀立後漢書馬融廣成頌顧介特之實功注云介特謂孤介特立也漢書揚

雄傳碣以崇山師古曰碣特立貌　東海有碣石山者東海當爲勃海史記天官書中國山川東北流其維首在隴蜀尾沒於勃碣漢書地理志燕地勃碣之閒師古曰碣石也郭璞江賦往來勃碣注云伏琛齊地記勃海郡東有碣石謂之勃碣寰宇記幽州薊縣勃海碣石皆郡界漢志右北平郡驪成大揭石山在縣西南遼西郡絫縣有揭石水禹貢太行恆山至于碣石入于海又云夾右碣石入于河史記河作海索隱曰地理志云碣石山在北平驪成縣西南太康地理志云樂浪遂城縣有碣石山長城所起又水經云在遼西臨渝縣南水中蓋碣石山有二此云夾右碣石入于海當非北平之碣石漢書武帝紀元封元年復東巡海上至碣石注文穎曰在遼西絫縣絫縣今罷屬臨榆此石著海旁師古曰碣碣然特立之貌也晉太康地記遼西郡肥如縣有碣石山碣然而立在海旁故名文選高唐賦若浮海而望碣石五臣注碣石海畔山半在水中後漢書班固傳揚波濤於碣石注云碣石海畔山也馮衍傳衙碣石與洞庭注云碣石海畔山也在今平州東通典平州盧龍縣下云有碣石山碣然而立在海旁故名之高適燕歌行摐金伐鼓下渝關旌旆逶迤碣石閒通鑑魏主至黃山宮登碣石山觀滄海案魏收地形志遼西郡肥如縣

有黃山碣石又案通鑑地理通釋秦築長城所起自碣石此碣石在高麗界中當名爲左碣石其在平州南三十餘里者卽古大河入海處爲禹貢之碣石亦曰右碣石水經碣石山在遼西臨渝縣南水中酈注云大禹鑿其石右夾而納河秦始皇漢武帝皆嘗登之海水西侵歲月逾甚而苞其山故言水中矣又云漢司空掾王璜言往昔天嘗連北風海水溢西南出侵數百里故張君云碣石在海中蓋淪於海水也昔燕齊遼曠分置營州今城屆海濱海水北侵城垂淪者半王璜之言信而有徵碣石入海非無證矣又云濡水逕樂安亭南東與新河故瀆合又東南至絫縣碣石山文穎曰碣石在遼西絫縣絫縣竝屬臨渝地理志曰大碣石山在右北平驪成縣西南王莽改曰揭石也漢武帝亦嘗登之以望巨海而勒其石於此今枕海有石如甬道數十里當山頂有大石如柱形往往而見立於巨海之中潮水大至及潮波退不動不沒不知深淺世名之天橋柱也狀若人造要亦非人力所就韋昭亦指此爲碣石閻若璩曰蘇秦說燕曰南有碣石之饒秦始皇三十二年之碣石使燕人盧生求羨門高誓刻碣石門二世元年春東行郡縣李斯從到碣石刻始皇所立刻石封禪書竝海上北至碣石巡遼西貨殖傳夫燕勃碣之閒一都會也尚

得謂碣石不在昔平州今昌黎等縣處耶胡渭曰漢志右北平驪成縣下云大揭石山在縣西南莽曰揭石遼西郡絫縣下云有揭石水南入官不言有山也及文穎注武紀曰碣石在遼西絫縣絫縣今罷入臨渝此石著海旁謂此山臨渝海旁之孤石與班固異自穎始水經有魏晉閒人所附益故亦云碣石在臨渝後漢志無驪成劉昭補注遂於臨渝言碣石晉省臨渝入肥如故後魏志碣石在肥如隋省肥如入新昌尋又改新昌曰盧龍故隋志碣石在盧龍自後漢迄隋言此山之所在曰絫縣曰臨渝曰肥如曰盧龍縣名四變而山則一要皆在今昌黎縣東絫縣故城之西

也

古文

礛　厲石也一曰赤色从石兼聲讀若鎌　力鹽切

徐鍇引管子曰不赦者痤疽之礛石

韓詩外傳君子礛乎其廉而不劌也

厲石也一曰赤色者徐鍇本無一曰二字廣雅礛䃭也玉篇礛赤䃭石名醫別錄越砥陶云今細䃭石也出臨平李時珍曰俗稱爲羊肝石因形色也

案礛爲黑厲底爲青厲各以色別

碬　厲石也从石段聲春秋傳曰鄭公孫碬字子石　乎加切

厲石也者增韻平聲九麻無碬字去聲二十九換有之注云礪石詩作鍛廣韻碬礪石丁貫切玉篇碬都亂切礪石也廣雅碬礪也曹憲音都玩反王觀國曰鍛碫腶椵之類皆從段毛居正六經正誤詩公劉取厲取鍛作鍜誤鍛從段段徒亂反非從叚也段音檟陳啟源曰詩取鍛釋文云鍛丁亂反本又作碬說文碬厲石字林大喚反案今說文作碬徐音乎加切陸徐不同當必有一誤矣案廣雅釋器云礱碬礪也曹憲音都玩反可見唐以前說文元作碬故音與陸同釋文當不誤也春秋傳鄭公孫碬今本作段亦作段印段亦段段迭見宋褚師段作殳部段字此三子皆字子石名亦宜同而今監本注疏二文錯出近世書都無善本俗人澗窩其多誤固宜王君引之曰九經字樣碬音霞見春秋案陸德明毛詩音義鍛丁亂反引說文云碫礪石又引字林大喚反則碫之音段相承自古唐以前未聞有音霞者也碬從石段聲故鄭公孫碬左傳止作段則所謂見春秋者亦必音段而不音霞矣玉篇碬都亂切礪

石也碬下加切磍碬高下也碬碬字體各異音義俱別又安可讀碬厲之碬爲磍碬之碬乎徐鍇徐鉉音說文碬字爲乎加切葢沿唐元度之誤而不知耳李君威曰說文譚長說段或作段與段相似因誤以碬爲碬或借段字袁淑眞隱傳河上丈人其子得千金之珠丈人曰取石來段之春秋傳曰鄭公孫碬字子石者襄二十七年左傳公孫段賦桑扈急就篇萬段鄉顏注言其厚重如石之段可爲鄉也春秋鄭有印段字子石公孫段字伯石孫子曰如段之投卵王應麟補注本作碬說文春秋傳鄭公孫碬乎加反廣韻段徒玩反碬礪石丁貫反宋褚師段字子石馥案水經注沁水引左傳作公孫段昭三年傳鄭伯如晉公孫碬相晉侯嘉焉授之以策伯石再拜稽首受策以出襄二十二年傳鄭公孫黑肱有疾歸邑於公召室老宗人立段注云段子石三十年傳子石入注云子石印段二十九年經仲孫羯會鄭公孫段城杞注云公孫段伯石也三十年傳子產爲政有事伯石注云伯石公孫段馥案印碬字子石公孫碬字伯石本書以子石爲公孫碬字者襄二十七年左傳二子石從杜云二子石印段公孫段

礫　小石也从石樂聲　郎擊切

韓詩外傳泰山不讓礫石韓非內儲說下僖矦浴湯中有礫

小石也者爾雅序剟其瑕礫釋文云小礨石釋山多小石礙郭注多礨礫通俗文地多小石謂之礨礫釋名小石曰礫礫料也小石相枝柱其間料料然出內氣也楚詞惜誓相與貴夫礫石注云小石爲礫

⿱巩石 水邊石從石巩聲春秋傳曰闕⿱巩石之甲 居竦切

水邊石者廣韻⿱巩石水邊大石又云水島石也 春秋傳曰闕⿱巩石之甲者傳借鞏字昭十五年左傳闕鞏之甲杜云闕鞏國所出鎧定四年傳分唐叔以闕鞏杜云甲名

磧 水陼有石者從石責聲 七迹切

水陼有石者者晉書音義引字林磧小渚有石也玉篇磧水渚石水淺石見廣雅磯磧也三蒼磧水中沙灘也吳都賦翫其磧礫而不窺玉淵注云磧礫淺水見沙石之貌說文曰磧水渚有石也

碑 豎石也從石卑聲 府眉切

大戴禮諸矦釁廟篇雍人拭羊宰夫入廟門碑南北面東上顧炎武曰聘禮賓自碑內聽命又曰東面北上上當碑南注云宮必有碑所以識日景引陰陽也凡碑引物者宗廟則麗牲焉以取毛血其材宮廟以石窆用木祭義君牽牲既入廟門麗於碑注云麗繫也謂牲入廟繫著中庭碑也雜記宰夫北面於碑南東上此注家所指在宮廟之中一碑爲賓指之碑一爲麗牲之碑者也碑之字本從石窆用木者取其便於事也

豎石也者五音集韻引作豎石紀功德徐鍇本同鍇曰古宗廟立碑以繫牲耳非石也後人因於其上紀功德則此從石碑字秦以來製也史記秦始皇本紀刻石頌秦功德玉篇碑銘石又臥石碑案臥當爲豎豎石謂宮廟之碑銘石謂墓隧之碑釋名碑被也此本葬時所設也施轆轤以繩被其上以引棺也臣子追述君父之功美以書其上後人因焉故建於道陌之頭顯見之處名其文就謂之碑也

䃍 陊也從石家聲 徒對切

陊也者隊從高隊也廣韻䃍䃍礧䃍物墜也漢書敘傳薄姬䃍魏師古曰䃍古墜字徐鍇新附墜字云古通用䃍釋詁墜落也

隕 落也從石員聲春秋傳曰隕石于宋五 于敏切

落也者釋詁文本書隕從高下也廣韻磒石落列子周穆王篇王若磒虛焉注云磒墜也 春秋傳曰磒石于宋五者僖十六年經文彼作隕杜云隕落也

䃖 碎石隕聲從石炙聲 所責切

碎石隕聲者隕當爲磒廣韻䃖石墮聲也

硞 石聲從石告聲 苦角切

硠 石聲從石良聲 魯當切

石聲也者韻會引徐鍇本作硠硠石聲廣雅硠硠聲也玉篇硠磕石聲史記司馬相如傳礧石相擊硠硠礚礚若靁霆之聲

礐 石聲從石學省聲 胡角切

石聲者廣韻礐礐硞水石聲也江賦礐硞㟯㠑注云皆水激石嶮峻不平之貌

硈 石堅也從石吉聲一曰突也 格八切

石堅也者廣韻硈石狀釋言硈鞏也郭云硈然堅固釋詁劼固也釋文云劼或作硈字

磕 石聲從石盍聲 口太切又苦盍切

石聲者一切經音義十八說文磕石聲也今江南凡言打物破爲磕破廣韻硍磕石聲馥案王逸九思雷霆兮硍磕字林磕大聲也楚詞九懷東注兮磕磕洪注云磕石聲俗作礚廣雅礚聲也楚詞九章憚涌湍之礚礚九懷鉅寶遷兮砏磤王注聲礚礚也尙書大傳百川趨於海洶洶磕磕藉田賦鼓鞞礚隱以砰礚李善引字指曰礚大聲也吳都賦濞焉洶洶隱焉礚礚

盇聲者徐鍇作蓋省聲

硻 餘堅者從石堅省 口莖切

說文解字義證　卷二十九　十　連筠簃叢書　靈石楊氏栞

餘堅者者樂記石聲磬磬以立辨史記樂書石聲硜硜以
立別論語子擊磬于衛荷蕢曰鄙哉硜硜乎何注此硜硜
者謂此磬聲也釋名磬罄也其聲罄罄然堅緻也馥案磬
硜器名磬謂器空皆非聲當作此磬與釋名磬堅義合論
語鏗爾玉篇音口耕切亦即此磬本書臤堅也讀若鏗鏘
之鏗或作礥太元礥陽氣微動動而礥礥物生之難也又
閑云陽氣閑於陰礥然物咸見閑又閑次五礥而閑而拔
我奸而非石如石厲澗曰礥閑如石其敵堅也堅省者
徐鍇本作
堅省聲

磿 石聲也從石厤聲 郎擊切

石聲也者玉篇磿磿石
小聲馥案當爲小石聲

磛 礹石也從石斬聲 鉏銜切

礹石也者玉篇𥖟礹山皃本書碞磛碞也或作嶃上林賦
嶃巖參差又借漸字詩漸漸之石維其高矣傳云漸漸山
石高峻箋云山石漸漸
然高峻不可登而上

礹 石山也從石嚴聲 五銜切

石山也者經典借巖字詩泰山巖巖又
節彼南山維石巖巖傳云巖巖積石皃

礐 堅也從石㱿聲 楷革切

堅也者磬部磽
确磽确堅也

确 礐石也從石角聲 胡角切

玉篇确磽确 文選吳都賦庸可共世而論巨細同年而議
豐确乎 通鑑天德故城僻處确瘠注云确磽确也瘠土薄
也 易林咸之益耕石不生馥案哀十一年左傳猶獲石田
也 王肅云石田不可耕韓詩外傳云豐膏不獨樂磽确不獨
苦 說苑正諫篇譬猶石田無所用之孝經援神契九州凡九
百十萬八千二十四頃磽确不墾者千五百萬二千頃俗
作埆詩邱中有麻傳云邱中磽埆之處瞻彼阪田箋云阪田
崎嶇墝埆之處宣十二年公羊傳錫之不毛之地注云墝埆
不生五穀曰不毛淮南原道訓舜耕歷山田者爭處墝埆以
封壤肥饒相讓物理論地有堉墝埆注云墝埆薄地也後漢
書陳龜傳今西州邊鄙土地堉埆
注云埆音覺又音確謂薄土也
礐石也者謂堅也一切經音義一引通俗文物堅鞕謂之
确淮南人間訓有寑邱者其地确石而名醜後漢書寇榮
傳尙書背繩墨案空劾不復質确其過注云确實也說文
云确音胡角反此苦角反馥案此即確字礐石堅故爲确
實

㱿 确或從㱿

磽 礊石也從石堯聲 口交切

本書墽磽也 孟子則地有肥磽注云磽薄也 漢書景帝
紀郡國或磽陿師古曰磽謂磽确瘠薄也 賈山傳地之磽者
雖有善種不能生焉師古曰磽确瘠薄也 易林巽之蹇礉
磽禿白不生黍稷 唐書大食傳土磽嶸不可耕 俗作墝
呂氏春秋辯土篇樹肥無使扶疏樹墝不欲專
生而族居肥而扶疏則多秕墝而專居則多死
礊石也者玉篇磽堅
硬也廣韻磽石地

硪 石巖也從石我聲 五河切

石巖也者玉篇硪峨硪山高皃
郭璞江賦陽侯砐硪以岸起

碞 磛碞也從石品周書曰畏于民碞讀與巖同 五銜切

磛嵒也者嵒當爲碞或作巉巖字林巉巖山皃玉篇巉巖
高危後漢書班彪傳注巉巖山石高峻之貌 從石品者
徐鍇本作品聲 周書曰畏于民碞者召誥文彼作用顧
畏于民碞困學紀聞云說文引書顧畏于民嵒多言也厄
輒切馥案嵒字引左
傳次于嵒北不引書

磬 樂石也從石殸象縣虡之形殳擊之也古者毋句氏作磬 苦定切

急就篇鐘磬鞀簫鼙鼓鳴顏注云鐘則以金磬則以石皆所
用合樂也古者毋句作磬 書禹貢泗濱浮磬傳云泗水涯
水中見石可以爲磬 抱扑子浮磬息音未別於衆石顧
炎武曰石生於土而得夫水火之氣火石多水石少泗濱磬

石得水之精者也故浮　水經注泗水過呂縣南水上有石梁曰呂梁晉太康地記云水出磬石書所謂泗濱浮磬者也　江賦浮磬肆乎陰濱五臣云浮磬石也可爲磬石生南岸故云陰濱水北曰陽　括地志泗水至彭城呂梁出石磬　九域志下邳縣有磬石山　寰宇記下邳縣磬石山在縣西南八十里禹貢泗濱浮磬孔安國注云水中見石可以爲磬案泗水中無此石其山在泗水之南四十里今取磬石上供樂府其山出石大小擊之其聲清亮與孔說不同後周書高琳母嘗祓禊泗濱見一石光彩朗潤遂持以歸是夜夢一人謂之曰此浮磬之精若能寶持必生令子俄而有妊生子因名琳　禹貢梁州貢砮磬金履祥曰磬石磬漢於鍵爲水濱得古磬十六枚益其土人所琢也　中山經其水其中多鳴石注云晉永康元年襄陽郡上鳴石似玉色青擿之聲聞七八里　九州要記青石縣有青石山天下青石無佳於此可爲磬　元和郡縣志夔州九真縣安鎮山出石磬勝於湘洲零陵者　通禮義纂天地尚質用石磬宗廟及殿庭尚文用玉磬必用之者磬清正直陰陽之察主於金石也　五經要義磬立秋之樂也　沈文阿左傳義疏按樂緯坤主立秋樂用磬　樂叶圖徵撞鐘以知君鐘音調則君道得擊磬以知民磬音調則民道得鐘磬之音能動千里也　白虎通禮樂篇磬者夷則之氣也象萬物之成也其氣磬故曰磬有貴賤焉有親疏焉有長幼焉朝廷之禮貴不讓賤所以明尊卑也鄉黨之禮長不讓幼所以明有年也宗廟之禮親不讓疏所以明有親也此三者行然後王道得王道得然後萬物成天下樂之故樂用磬也

樂石也者集韻類篇竝引作樂名也西山經小華之山其陰多磬石注云可以爲樂石匡謬正俗或問曰秦始皇嶧山刻石文云刻茲樂石樂石何也答曰許慎說文解字曰磬樂石也樂石即磬也禹貢稱徐州嶧陽孤桐泗濱浮磬言泗水之濱有石可以爲磬蓋秦之所刻即是磬石近泗濱故謂之樂石所以獨嶧山之文以稱之他刻石文則無此語也馥案秦所刻者磬石故稱樂石而本書樂石二字則當爲石樂觀訓義縣虡殳擊云云皆釋器不及石石爲八音之一故磬曰石樂也籀文不從石知非石名矣廣韻磬石樂器書舜典於予擊石附石傳云石磬也宋書樂志八音二曰石石磬也　殸象縣虡之形者殸當爲声程君瑤田曰尸磬之形也所以縣者維結股上必橫厭股斯形求惟肖焉曲禮立則磬折垂佩以磬折狀立容若今縣磬如覆矩則是匍匐之容非立容矣三禮圖股廣三寸長尺三寸半十六枚同一筍虡謂之編磬　古者毋句氏作磬者毋當爲毋風俗通引世本毋句作磬郭注山海經引世本同廣雅毋句氏磬十六枚注云毋句堯臣也明堂位叔之離磬注云叔未聞也世本作曰無句作磬皇侃義疏云無句叔之別名

殸　籀文省

籀文省者後人加省字篆文因籀文加石非籀文省石作殸也阮侍郎元曰殸之爲字声象形殳指事從石乃後人所加其形象石之虛縣物虛縣未有不空者故從缶爲罄器中空也釋詁罄空盡也左傳曰室如縣罄國語作磬正此義也

硜　古文从巠

樂記石聲磬磬以立辨史記樂書作石聲硜硜以立別

礙　止也从石疑聲　五溉切

本書凝流也軌凝車也　法言君子篇子未覩禹之行水歟一東一北行之無礙也　隸變作㝵梁設無㝵大會言來者無止也

止也者廣韻礙距也通俗文限至曰礙法言問道篇礙諸以禮樂吳注礙止也

硩　上摘山巖空青珊瑚墮之从石折聲周禮曰有硩蔟氏　丑列切

上摘山巖空青珊瑚墮之者墮當爲陊吳都賦硩陊山谷劉注云硩者言其如硩擿而陊落山谷者李善引本書釋之云珠玉潛伏土石閒隨四時長故硩毀陊落山谷之土石也五臣云硩擿也陊落也言寶玉生於山谷爲人之所摘落也　周禮曰有硩蔟氏者衍曰字秋官敘官硩蔟氏注云鄭司農云硩讀爲擿元謂硩古字從石折聲

硟　以石扞繒也从石延聲　尺戰切

以石扞繒也者扞玉篇五音集韻竝作衦案玉篇衦隨也廣韻衦衦擊集韻硟擣繒石衦硟石又云帛已涑衦者曰

縞方言䃣機陳魏宋楚自關而東謂之梴䃣謂此言擣擊非本書義扞當爲杅本書杅摩展衣廣韻梴杅繒石也又云展繒石徐鍇繫傳今俗所謂碾也急就篇縹綟綠紈皁紫硟顏注硟以石輾繒色尤光澤也

碎　䃺也从石卒聲　蘇對切

䃺也者䃺當爲𥗋本書𥗋碎也或作糜楚辭招魂糜散而不可止王注糜碎也

破　石碎也从石皮聲　普過切

石碎也者碎破也子華子韋革雖柔擴之則裂礦石雖堅攻之則碎故古之制字字爲之破而文亦如之馥疑未二語有闕譌

礱　䃺也从石龍聲天子之桷椓而礱之　盧紅切

䃺也者䃺當爲摩廣韻作磨詩如琢如磨釋文本又作摩昭十二年左傳摩厲以須漢書梅福傳厲世摩鈍是也廣雅礱磨也荀子性惡篇鈍金必將待礱厲然後利法言學行篇夫有刀者礱諸說苑建本篇砥礪琢磨非金也而可以利金　天子之桷椓而礱之者晉語趙文子爲室斵其椽而礱之韋注礱磨也莊二十四年穀梁傳引禮天子之桷斵之礱之尚書大傳其桷天子斵其材而礱之注云礱礪之也

研　䃺也从石开聲　五堅切

䃺也者䃺當爲摩廣韻研磨也後漢書蘇竟傳昔以磨研編削之才與國師公校定祕書

䃺　石磑也从石靡聲　模臥切

諸書借磨字晉書天文志周髀家云天圓如張蓋地方如棊局天旁轉如推磨而左行日月右行隨天左轉故日月實東行而天牽之以西沒譬之於蟻行磨石之上磨左旋而蟻右去磨疾而蟻遲故不得不隨磨以左迴焉吳均說餅云安定噎鳩之麥洛陽董德之磨　稽含八磨賦外兄劉景宣作爲磨奇巧特異策一牛之任轉八磨之重因賦之曰方木矩跱圓質規旋下靜以坤上轉以乾巨輪內建八部外連　袁淑俳諧集廬山公九錫文嘉麥既熟寔須精麪負磨回衡迅若飛電盛宏之荊州記當湯縣有麥城東有驢磨城傳云伍員造此城以攻麥城故假之驢磨之名鄴中記石虎又有磨車置石磨于車上行十里輒磨麥一斛　輟耕錄尙會局進御麥麪其磨在樓上於樓下設機軸以旋之驢畜之蹂踐人役之往來皆不能及且無塵土臭穢所侵乃巧工瞿氏造焉

石磑也者淮南原道訓攻大䃺堅高云䃺磑也

磑　䃺也从石豈聲古者公輸班作磑　五對切

䃺也者一切經音義十五磑北土名也江南呼磨也釋名磑磨也急就篇碓磑扇隤舂簸揚顏注磑所以䃺也古者魯班作磑方言磑或謂之䃴注云即磨也　古者公輸班作磑者廣韻磑磨也世本曰公輸般作之

碓　舂也从石隹聲　都隊切

廣韻引廣雅䃣碓也　字林梔碓衡　周禮封人注錞于圜如碓頭大上小下　太元守次八曰無杵其碓舉　晉諸公讚征南杜預作連機碓　王隱晉書石崇水碓有三千餘區　孔融肉刑論水碓之巧勝於斷木掘地　鄴中記石虎又有舂車木人乃作行碓于車上車動則木人踏碓舂行十里成米一斛

舂也者玉篇碓所以舂也顏注急就篇同李善長笛賦注引本書同

䃩　舂已復擣之曰䃩从石沓聲　徒合切

舂已復擣之曰䃩者玉篇䃩再舂也廣雅䃩舂也

磻　以石箸隿繳也从石番聲　博禾切

以石箸隿繳也者後漢書馬融傳注引同徐鍇韻譜磻石可爲鏃纂文磻射石也謝靈運山居賦緡綸不投罝羅不披磻弋靡用蹄筌誰施自注云八種皆是漁獵之具西京賦磻不特絓往必加雙薛綜注沙石膠絲爲磻磻李善注引說文磻以石著繳也嵇叔夜贈秀才入軍詩流磻平皋李善引說文與前同楚策被礛磻引微繳折清風而抎矣姚伯聲云磻以石維繳也馥案玉篇磻以石維繳也皇氏論語義疏云解繳射者多家一云古人以細繩系丸而彈謂之繳射也集韻磻通作碆碆石可爲矢鏃廣韻碆礸繳石史記楚世家若王之於弋誠好而不厭則出寶弓碆新繳集解云徐廣曰以石傳弋繳曰碆索隱云碆作磻音播

䃴 研也從石箸聲 張略切

研也者本書櫡字云研謂之櫡

硯 石滑也從石見聲 五甸切

白帖吳都有硯石山 寰宇記雍州萬年縣硯石西川水出硯山之硯盤谷 釋名硯研也研墨使和濡也 石滑也者當爲滑石也 汀賦綠苔鬖髿乎研上李善曰說文硯滑石也研與硯同 本書滑利也玉篇硯石滑所以研墨

砭 以石刺病也從石乏聲 方廉方驗二切

以石刺病也者本書剽字云砭刺也窜字云入脈刺穴謂之窜 一切經音義十八攻病曰藥石古人以石爲針今人以鐵皆謂療病者也 廣雅石鍼謂之策 急就篇灸刺和藥逐去邪 襄四年左傳官箴王闕 宋本正義每官各爲箴辭以戒王若箴之療疾故名箴焉 馥案文選序箴興於補闕 五臣注箴所以攻疾防患亦猶針石之針以療疾也 洪武

正韻箴誡醫者以箴石刺病故有所諷刺而救其失者謂之箴 古者以石爲箴 左傳美疢不如惡石是也 今人多以鐵爲之 襄二十三年左傳藥石也 服注云石砭也 傳又云美疢不如惡石 夫石猶生我 杜注云愈己疾也 管子法法篇痤睢之礦石 東山經高氏之山其下多箴石 注云可以爲砭針治癰腫者 素問異法方宜論東方之域魚鹽之地海濱傷水 其病爲癰瘍 其治宜砭石 故砭亦從東方來 王砅注云砭石如玉可以爲鍼 秦策扁鵲怒而投其石 高云石砭所以砭彈人臃腫也 史記扁鵲傳疾在血脈鍼石之所及也 馥案新序作疾在肌膚 鹽鐵論所貴良醫者貴其審消息而退邪氣也 非貴其下鍼石而鑽肌膚也 又云拙醫不知脈理之腠血氣之分 妄刺而無益於疾 傷肌膚而已矣 非扁鵲之用鍼石 文選七發今太子之病可無藥石針刺灸療而已 韓詩外傳扁鵲砥鍼礪石 易林針頭刺手百病瘳愈 漢書藝文志用度鍼石湯火所施 師古曰石謂砭石即石箴也 古者攻病則有砭 今其術絕矣 後漢書趙壹傳鍼石運乎手爪 注云古者以砭石爲鍼 凡鍼之法右手象天左手法地 彈而怒之 搔而下之 此運手爪也 潛夫論治身有黃帝之術 治世有孔子之經 然病不愈而亂不治者 唯鍼石之法誤 而五經之言誣也 南史王僧孺多識古事 侍郎金元起欲注素問 訪以砭石 僧孺答曰 古人當以石爲針 必不用鐵 說文有此砭字 許慎云以石刺病也 東山經高氏之山多針石 郭璞云可以爲砭針 春秋美疢不如惡石 服子慎注云石砭石也 季世無佳石 故以鐵代之耳 新唐書糾謬云孫思邈傳導以藥石救以鈹劑 案字書無鈹字 當作砭 說文云以石刺病也 或作砨 玉篇砨刺也以石刺病也 砭同上

䃒 石地惡也從石鬲聲 下革切

石地惡也者玉篇䃒石也埆也 馥案左傳所謂如得石田無所用之

砢 磊砢也從石可聲 來可切

磊砢也者玉篇磊砢衆小石皃 上林賦水玉磊砢 郭璞注磊砢魁礨貌也

磊 衆石也從三石 落猥切

衆石也者字林同 本書隊磊也 蒼頡篇磊磊磊砢也 古詩磊磊澗中石

文四十九 重五

礎 柱下石

一切經音義十一引 又云即柱礎也

礩 柱下石也

太平御覽引 今見徐鉉新附 廣雅礎碣磌礩也 尚書大傳大夫有石材 庶人有石承 注云石材柱下質也 戰國策董安于之治晉陽以黃銅爲柱礩 廣志易石有五色者光澤以爲柱礩

磾 染繒黑石出琅邪山

廣韻十二齊引 集韻磾黑石可染繒出琅邪

遺文三

長 久遠也從兀從匕兀者高遠意也久則變化亾聲𠂆者倒亾也凡長之屬皆從長 直良切

本書序假借者本無其字依聲託事令長是也馥案此字借義獨多書咸建五長周禮乃施則於都鄙而建其長此借爲官長也書立敬惟長借爲長幼也易元者善之長借爲宗長也孟子無物不長借爲生長也易君子道長借爲消長也孟子今交九尺四寸以長借爲長短也論語長一身有半借爲兂長也釋文音直亮反文選文賦故無取乎兂長世說王恭曰恭作人無長物皆此音

久遠也者廣韻長久也遠也廣雅長久也詩商頌長發其祥箋云長猶久也老子天地所以能長且久者以其不自生故能長生詩魯頌順彼長道箋云長遠也文選古詩道路阻且長　兀者高遠意也者本書兀高而上平也　久則變化者化當爲𠤎　亾聲者李陽冰曰亾非聲徐鍇曰說文傳寫貲多聲字馥謂聲字當有

𠑷 古文長

𠑿 亦古文長

肆 極陳也從長隶聲 息利切

極陳也者肆經典作肆書牧誓昏棄厥肆祀弗荅傳云肆陳也正義詩云肆筵設席肆者陳設之意毛傳以肆爲陳也詩楚茨或肆或將傳云肆陳行禮或肆之筵傳云肆陳也正義肆陳釋詁文馥案今釋詁無此文時邁肆于時夏箋云肆陳也周禮小胥凡縣鐘磬半爲堵全爲肆注云鐘磬者編縣之二八十六枚而在一虡謂之堵鐘一堵磬一堵謂之肆鄭司農云以春秋傳曰歌鐘二肆復案襄十一年左傳歌鐘二肆注云肆列也縣鐘十六爲一肆二肆三十二枚周禮士師協日刑殺肆之三日疏云肆陳也殺訖陳尸也馥案論語疏引鄭注肆猶申也陳也今無此文論語吾力猶能肆諸市朝鄭云有罪既刑陳其尸曰肆書序肆命徂后鄭注肆命者陳政教所當爲也袁宏三國名臣贊嘉謀肆庭王觀國曰周禮宗伯以肆獻祼享先王鄭氏云肆者進所解牲體也觀國案肆者解牲體而陳之故陳牲之官又有肆師

𨽸 或從髟

镾 久長也從長爾聲 武移切

久長也者玉篇镾今作彌廣雅彌久也爾雅釋言彌終也詩生民誕彌厥月傳云彌終也書顧命既彌留傳云已久留周禮眡祲掌十煇之法七曰彌注云彌者白虹彌天也哀二十三年左傳以肥之得備彌甥也杜云彌遠也宋玉招魂容態好比順彌代些王逸注彌久也

镻 蛇惡毒長也從長失聲 徒結切

蛇惡毒長也者惡當爲蚻本書蚻虺屬張次立本蚻镻也玉篇镻蚻也蛇毒長也釋魚镻蚻郭云蝮屬大眼最有毒今淮南人呼蚻子釋文镻說文云蛇毒長也

文四　重三

勿 州里所建旗象其柄有三游雜帛幅半異所以趣民故遽稱勿勿凡勿之屬皆從勿 文弗切

鶡冠子王鈇篇伍人有勿故不奉上令有餘不足居處之狀而不輒以告里有司謂之亂家其罪伍長以同　脟書其旝勿拄軍亦畫其事號加之以雲氣

州里所建旗者　經典借物字周禮大司馬鄉遂載物注云鄉遂鄉大夫也　象其柄有三游者本書㫃字古文从勿蓋象旗旗之衆也　雜帛幅半異者釋名雜帛爲物以雜色綴其邊爲燕尾也將帥所建象物色雜也鄉射禮記旌各以其物無物則以白羽與朱羽糅杠長三仞以鴻脰韜上二尋注云旌總名也雜帛爲一物大夫士之所建也無物者謂小國之州長也其鄉大夫一命其州長士不命不命者無物此翿旌也翿亦所以進退衆者士喪禮爲銘各以其物亾則以緇長半幅䞓末長終幅廣三寸書于末注云以銘明旌也雜帛爲物大夫之所建也以㫃者爲不可別故以其旗識識之今文銘爲旐也周禮司常雜帛爲物注云雜帛者以白素飾其側白殷之正色又云大夫士建物注云

大夫士雜帛言以先王正道佐職也　故遽稱勿勿者顏
會引徐鍇本故宂遽稱勿勿本書悤多遽悤悤也禮祭義
勿勿乎其欲饗之也注云勿勿猶勉勉也大戴禮曾子立
事篇君子終身守此勿勿也盧辯注勿勿猶勉勉也馥案
詩黽勉從事漢書引作密勿顏氏家訓勉學篇世中書翰
多稱勿勿相承如此不知所由或有妄言此忽忽之殘缺
耳案說文勿者州里所建之旗也象其柄及三斿之形所
以趣民事故悤遽者稱爲勿勿楊慎曰今世流俗妄於勿
勿中斜加一點謂爲匆字失其眞矣案杜牧之詩浮生長
勿勿趙宧光曰晉人行書每稱勿勿王廙頓乏勿勿王劭
勞悴勿勿羲之吾勿勿不知堪臨始終否又吾頃至
勿勿又氣乏之勿勿獻之勞益勿勿又頃比復勿勿

勿或从㫃

昜　開也从日一勿一曰飛揚一曰長也一曰彊者眾皃　與章切

開也者韻會引徐鍇曰日開明也勿旌旗也得風開展一
所以開也馥案開謂明也尚書明四目韓詩外傳作開四

目當云從旦勿旦者開陽也勿在日旁爲㝠勿在旦下爲
開春秋運斗樞斗第六星曰開陽廣韻北斗七星六爲開
陽　一曰飛揚者本書旞旌旗飛揚皃揚飛舉也颺風所
飛揚也廣雅陽揚也釋名陽揚也陽氣在外發揚也釋言
越揚也郭注謂發揚詩沔水載飛載揚大明時維鷹揚傳
云如鷹之飛揚也考工記矢人中强則揚注云揚飛也漢
高帝歌大風起兮雲飛揚　一曰長也者漢書董仲舒傳
陽常居大夏而以生育養長爲事書洪範曰燠傳云燠以
長物正義云易繫辭云寒往則暑來暑往則寒來寒暑相
推而歲成焉是言天氣有寒有暑暑長物而寒成物也

文二　重一

冄　毛冄冄也象形凡冄之屬皆从冄　而琰切

毛冄冄也者本書顋從此云頰須也釋名在頰旁曰髯隨
口動搖冄冄然也筆墨法作筆當以纖梳去穢毛使不冄
茹

文一

而　頰毛也象毛之形周禮曰作其鱗之而凡而之屬皆从而　如之切

本書荋從此云艸多葉　釋名輿棺之車曰輀輀耳也縣於
左右前後銅魚搖絞之屬耳耳然也馥案耳當爲而輀本作
輀
頰毛也者俗作髵西京賦猛毅髬髵薛綜注髬髵作毛鬣
也或借耏字孟康漢書注師子有頰耏師古曰耏亦頰旁
毛也音而後漢書章帝紀㠯而之類注云字書曰耏多須
貌音而言須鬢多蒙冒其面　周禮曰作其鱗之而者考
工記梓人爲筍虡文
注云之而頰頌也

耏　罪不至髡也从而从彡　奴代切

禮記故聖人耐以天下爲一家鄭注耐古能字傳書世異古
字時有存者則亦有今誤矣正義曰案說文云耐者鬚也鬚
謂頤下之毛象形字也古者犯罪以髡其鬚謂之耐罪故字
從寸寸爲法也以不虧形體猶堪其事故謂之耐漢書惠帝

紀中具有其事古之能字爲此耐字取堪能之義故古之能
字皆作耐字後來能字乃假借能三足鼈爲能是後世傳書世
人殊異耐字恐作能也故云傳書世異今書雖悉作能或有
作耐字者則此耐以天下爲一家及樂記云人不耐無樂仍
作耐字是古字時有存者云則亦有今誤矣者今書雖存古
字爲耐亦有誤不安寸直作而字則易屯彖云利建侯而不
寧及劉向說苑能字皆爲而也是亦有今誤矣案鄭注樂記
耐古能字後世變之此獨存焉古以能爲三台字兩注雖異
其意同矣彼云後世變之卽此傳書世異也彼云此獨存焉
卽此云古字時有存者云古以能爲三台字者謂今世以能
字爲堪能之能古者以能字爲三台字是古今異也馥案引
本書耐者鬚也耐當爲而先言而爲鬚下言髡其鬚謂之耐
　後漢書光武紀耐罪亡命吏以文除之注云耐輕刑之名
前書音義曰一歲刑爲罰作二歲刑已上爲耐　論衡四諱
篇　象刑重者髡鉗之法也若完城旦以下施刑綵衣系躳冠
帶　漢書刑法志諸當完者完爲城旦舂臣瓚曰文帝除肉
刑皆有以易之故以完易髡今既曰完不復云以完代完也
此當言髡者完也　史記索隱云王粲詩云許歷爲完士一
言猶敗秦江遂曰漢令稱完而不髡曰耐　後
漢書明帝紀完城旦舂注云完者謂不加髡鉗

罪不至髡也者趙宧光曰古肉刑髡罪已輕耏又其輕者而彡毛皆全故曰罪不至髡　從而從彡者徐鍇本作從彡從而而亦聲

耐　或從寸諸法度字從寸

或從寸者三蒼耐字本從刀杜林改從寸漢書高帝紀令郎中有罪耐以上請之應劭曰輕罪不至於髡完其耏鬢故曰耏古耐字從彡髮膚之意也杜林以爲法度之字皆從寸後改如是　諸法度字從寸者韻會引作徐鍇語

文二　重一

豕　彘也竭其尾故謂之豕象毛足而後有尾讀與豨同按今世字誤以豕爲彘以彘爲豕何以明之爲啄琢從豕蠡從彘皆取其聲以是明之凡豕之屬皆從豕　式視切

彘也者小爾雅廣獸豕彘也急就篇六畜蕃息豚豕豬顏注豕者彘之總名也方言豬關東西或謂之豕詩漸漸之石有豕白蹢傳云豕豬也　竭其尾故謂之豕者豕尾聲相近韻會引徐鍇曰竭舉也　按今世字云云者類篇不載顏謂當云按今世字誤以豕爲彘以彘爲豕何以明之爲啄琢從豕蠡從彘皆取其聲以是明之此非許公之文蓋後人因辨俗體加之從豕者俗多從豕漢書蠡吾侯作蠡

𧰨　古文

豬　豕而三毛叢居者從豕者聲　陟魚切

豕而三毛叢居者者本草嘉祐圖經曰其皮每一孔生三毛此即三毛叢居義也但豬非三毛叢居當是豭字訓錯入豬下而脫豭篆文也定十四年左傳盍歸吾艾豭釋文云艾字林作豭三毛聚居者馥案玉篇豭老豬也廣韻豭豭猳豕又案方言豬關東西或謂之彘或謂之豕釋獸豕子豬郭云今亦曰彘江東呼豨皆通名

豰　小豚也從豕𣪊聲　步角切

小豚也者左傳晉先縠當作此豰故稱彘子

豯　生三月豚腹豯豯皃也從豕奚聲　胡雞切

字或作豯周禮職方氏幽州其澤藪曰豯養　生三月豚者玉篇豕生三月曰豯廣韻豯豚也方言豬其子或謂之豯　腹豯豯皃也者豯豯當爲奚奚本書奚大腹也

豵　生六月豚從豕從聲一曰一歲豵尚叢聚也　子紅切

生六月豚者小爾雅廣獸豕小者謂之豵　一曰一歲豵尚叢聚也者豵叢聲相近字林豵豕生六月也一曰一歲曰豵詩騶虞壹發五豵傳云一歲曰豵七月言私其豵傳云豕一歲曰豵

豝　牝豕也從豕巴聲一曰二歲能相把拏也詩曰一發五豝　伯加切

牝豕也者增韻豝婁豬牝豕馥案字說豝所謂婁豬巴猶婁也顏注急就篇豕其牝曰豝詩吉日發彼小豝箋云豕牝曰豝字或作豝釋獸豕牝豝　一曰二歲能相把拏也者豝把聲相近拏當爲拏字林豝牝豕也一曰二歲豕鄭司農注大司馬云二歲爲豝　詩曰一發五豝者召南騶虞文傳云豕牝曰豝

豜　三歲豕肩相及者從豕幵聲詩曰並驅從兩豜兮　古賢切

三歲豕肩相及者者豜肩聲相近廣韻豜豕三歲廣雅豣一歲爲豵二歲爲豝三歲爲肩四歲爲特後漢書馬融傳豵特肩注云韓詩齊風曰並驅從兩肩兮薛君傳曰獸三歲曰肩詩七月獻豜于公傳云三歲曰豜伐檀傳又云三歲曰特周禮大司馬注云鄭司農云一歲爲豵二歲爲豝三歲爲特四歲爲肩五歲爲慎字或作狷晏子春秋公孫接曰接一搏特狷呂氏春秋知化篇譬之猶懼虎而刺狷注云獸三歲曰狷也　詩曰並驅從兩豜兮者齊風還文彼作肩傳云獸三歲曰肩釋文云本亦作豜夏官大司馬注鄭司農引詩亦作肩

豶 羠豕也從豕賁聲 符分切

易林豶豕童牛　朱穆絕交論游豶蹂冢而莫之禁也　墨子非儒篇豶彘起以其善突也

羠豕也者趙宧光曰羠訓騬羊騬訓犗馬犗訓騬牛豶訓羠豕豶羠騬犗皆割勢異名方言讀若闅或讀若敦皆豶譌也易豶豕之牙崔憬曰說文豶劇豕今俗猶呼劇豬是也然以豕本剛突劇乃性和雖有其牙不足害物是制於人也馥案虞翻云劇豕稱豶令不害物一切經音義十六說文豶羠豕也羠騬也謂犍豕也玉篇豶犗也廣雅豶犗也爾雅釋文豶謂犍豬易釋文引劉云豕去勢曰豶陸希聲易傳豶豕之去勢者字或作獖韓非十過篇公姤而好內豎刁自獖以爲治內

何休注云豶虧勢也

豭 牡豕也從豕叚聲 古牙切

春秋繁露求雨篇以豭豬一置之於里北門之外　史記中尼弟子列傳冠雄雞佩豭豚　韓非內儲說釁之以雞豭馥案豕亥形近誤從亥俗又作猳　說苑釁之以猳　易林牝牛牡猳

牡豕也者廣雅豭豰牡也急就篇豭豶狡犬野雞雛顏注豭牡豕也隱十一年左傳鄭伯使卒出豭行出犬雞以詛射穎考叔者正義豭謂豕之牡者祭祀例不用牝且宋人謂宋朝爲艾豭明以雄豬喻也定十四年左傳既定爾婁豬盍歸吾艾豭釋文云豭牡豕也哀五年左傳與豭從之正義豭是豕之牡者史記秦始皇本紀夫爲寄豭索隱豭牡豬也漢書翟方進傳與豭豬連繫都亭下顏注豭牡豕也

豰 上谷名豬豰從豕殳省聲 營隻切

上谷名豬豰者初學記太平御覽引豬下並有曰字廣韻豰豬之別名

䝐 豶也從豕隋聲 以水切

豶也者釋獸文郭云俗呼小豶豬爲䝐子玉篇䝐豕俗呼爲豶豬也顏注急就篇豶犗豕亦謂之䝐

豤 齧也從豕艮聲 康很切

齧也者本書齦齧也玉篇豤豕齧地涿豬涿地廣韻豤豕食皃

豷 豕息也從豕壹聲春秋傳曰生敖及豷 許利切

春秋傳曰生敖及豷者襄四年左傳文彼作生澆及豷本書奡字云虞書曰若丹朱奡讀若傲論語奡湯舟馥案書無若丹朱傲劉向引作敖管子若敖之在堯

豧 豕息也從豕甫聲 芳無切

豢 以穀圈養豕也從豕𢍏聲 胡慣切

以穀圈養豕也者本書圈養畜之閑也廣雅檻圈也月令案芻豢注云養牛羊曰芻犬豕曰豢樂記豢豕爲酒注云以穀食犬豕曰豢昭二十九年左傳故國有豢龍氏賈注云豢養也穀食曰豢哀十一年傳是豢吳也夫杜云豢養也荀子榮辱篇今使人生而未嘗睹芻豢稻粱也注云豢圈也以穀食於圈中莊子齊物論篇民食芻豢釋文云司馬云牛羊曰芻犬豕曰豢以所食得名也淮南時則訓案芻豢注云草養曰芻穀養曰豢潛夫論司原氏遇夫俗惡之豨盡芻豢犨囷倉以養之袁淑俳諧集大蘭王九錫文資豢養於人主雖無爵而有秩俗作犧莊子達生篇吾將

三月豢汝釋文云司馬云豢養也

豠 豕屬從豕且聲 疾余切

豕屬者廣雅豠豕也

豲 逸也從豕原聲周書曰豲有爪而不敢以撅讀若桓 胡官切

俗作獂北山經乾山有獸焉其狀如牛而三足其名曰獂其鳴自詨

逸也者當云豕屬寫者誤也戴侗曰唐本說文豲豕屬也廣韻豲豕屬廣雅豕屬有豲周書曰豲有爪而不敢以撅者圍若𤖟曰出周書周祝解說文脫逸字馥案本併逸周書傳寫升逸字於注首故周書上脫逸字

豨 豕走豨豨從豕希聲古有封豨脩虵之害 虛豈切

纂文梁州以豕爲豬河南謂之彘吳楚謂之豨　廣雅豨豕也　方言豬南楚謂之豨　釋草茢薽豕首郭注今江東呼

豨首蘱案藥草豨苓今呼豬苓豕韋氏又稱豨韋氏韓策是公擇豨而割也通鑑或謂高駢曰蠻寇逼近成都萬一豨突柰何注云豨豕也豕健於突袁淑俳諧集大蘭王九錫文北燕伯使使者豪豨冊命大蘭王字俗作豨玉篇豨楚人呼豬聲墨子耕柱篇狗豨猶有鬭列子黃帝篇奮猪如奮八注云楚人呼猪作豨莊子知北游篇正獲之問於監市履豨也注云豨大豕也史記田敬仲完世家豨膏棘軸所以爲滑也索隱豨膏猪脂也 潛夫論賢雅篇昔有司原氏者燎獵中野鹿斯東奔司原縱譟之西方之衆有逐豨者聞司原之譟也競舉音而和之南齊書扶南國傳屬雞及豨爲樂

豕走豨豨者韻會引徐鍇本作豕走豨豨聲也字書豨東方名豕也一曰豨豕走也漢書食貨志豬突豬勇師古曰東方名豕曰豨一曰豕走也 古有封豨脩蛇之害者淮南本經訓逮至堯之時封豨脩蛇皆爲民害堯乃斷脩蛇於洞庭擒封豨於桑林高云封豨大豕脩蛇大蛇吞象三年而出其骨定四年左傳吳爲封豕長蛇以荐食上國昭二十八年傳生伯封實有豕心謂之封豕杜注封大也大荒北經有封豕注云大豬也羿射殺之史記天官書奎曰封豕漢書天文志作封豨漢書楊雄傳昔有彊秦封豕其士應劭曰淮南子云堯之時窫窳封豨鑿齒皆爲民害後

漢書馬融傳拔封豨注云豨豬也吳都賦封豨蓰五臣云封豨大豬也魏文帝校獵賦𨷲封豨郭璞封豕贊有物貪婪號曰封豕荐食無饜肆其殘毀羿乃飲羽獻帝效技

豖 豕絆足行豕豕从豕繫二足 丑六切

豕絆足行豕豕者廣韻引作豕絆足行豕豕然也玉篇彩字云豕絆行皃蘱案豕與馵同意

豦 鬭相丮不解也从豕虍豕虍之鬭不解也讀若蘮蒘艸之蘮司馬相如說豦封豕之屬一曰虎兩足舉 强魚切

本書虡或从金从豦漢書賈山傳縣石鑄鐘虡師古曰虡猛獸之名後漢書董卓傳注引前書音義虡鹿頭龍身神獸也蘱案漢書本作鐻顏注及音義謂豦爲猛獸也

豕虍之鬭不解也者集韻引作豕虍之鬭不相捨蘱案豕虍當合作豦字㝹者分爲虍豕又因上文改作豕虍虍非獸名 讀若蘮蒘艸之蘮者釋艸蘮蒘竊衣本書無蘮蒘字蘮非聲當讀若蘮蒘艸之蒘 司馬相如說豦封豕之屬者玉篇豦封豦豕屬也

豙 豕怒毛豎一曰殘艾也从豕辛 魚既切

豕怒毛豎者爾雅翼說豪豬云見人則怒其豪白色盡豎蓋是怒氣所發 一曰殘艾也者艾當爲刈本書脫刈字㝹者改作艾 从豕辛者六書正譌云辛者剛也故爲剛毅字

豩 二豕也豳从此闕 伯貧切又呼關切

文二十二 重一

豛

說見豬下

豥

釋獸豕四蹢皆白豥釋文豥字林下才反詩漸漸之石有豕白蹢箋云四蹢皆白曰駭釋文駭爾雅說文皆作豥古哀反

遺文二

㣇 脩豪獸一曰河內名豕也从彑下象毛足凡㣇之屬皆从㣇讀若弟 羊至切

脩豪獸者㣇或作貄釋獸貄修豪郭云豪毛長 一曰河內名豕也者趙宧光曰當是河內偁豕曰㣇也 下象毛足者當云下象毛足尾

籒文

古文

彙 豕屬从㣇胃聲 呼骨切

从㣇者从籒文也

豪　豕鬣如筆管者。出南郡。从希，高聲。乎刀切

豕鬣如筆管者者，戴侗曰：此所謂豪猪也，今人謂之箭猪。玉篇：豪猪毛如笄而端黑也。北山經：譙明之山有獸焉，其狀如貆而赤豪。注云：貆，豪猪也。西山經：鹿臺之山，其獸多白豪。注云：豪貆猪也。又云：竹山有獸焉，其狀如豚而白毛，大如笄而黑端，名曰豪彘。注云：貆猪也，夾髀有麄豪，長數尺，能以脊上豪射物，亦自爲牝牡。漢書楊雄傳：柂豪猪。師古曰：豪猪一名希貒也，自爲牝牡者也。郭璞豪彘贊：剛鬣之族，號曰豪豨，毛如攢錐，中有激矢，厥體兼資，自爲牝牡。

新唐書南詔傳：尋傳蠻射豪猪，生食其肉。

豪　籀文从豕。

蝟　蟲，似豪猪者。从希，胃省聲。于貴切

一切經音義十八：蝟有兔蝟、鼠蝟等也。廣雅：虎王，蝟也。炙轂子：刺端分兩歧者蝟，如棘針者蝲。本草蝟皮條下陶隱居云：田野中時有此獸，人犯近，便藏頭足，毛刺人不可得捉，能跳入虎耳中，而見鵲便自仰腹受啄，物有相制，不可思議爾。淮南子：鵲矢中蝟。易林：虎飢欲食，爲蝟所伏。又云：如蝟見鵲，不敢拒格。史記龜策傳：蝟辱於鵲。集解云：郭璞曰：蝟能制虎，見鵲仰地。淮南萬畢曰：鵲令蝟反腹者，蝟憎其意而心惡之也。字俗作猬。說苑：鵲食猬，猬食鵕鸃。西京賦：摣狒猬。薛注云：猬，其毛如刺。又作彙。釋獸：彙，毛刺。郭云：今蝟狀似鼠。爾雅翼：彙之爲獸，小小耳，其狀似鼠而毛刺，大者如小㹠，小者如瓜，脚短，刺尾長寸餘，蒼白色，見人則藏面腹下，圓輥如栗房，攢毛外刺，不可摶執。漢元封二年，大雪深數尺，牛馬跲縮如蝟，蓋似此也。

蟲似豪猪者者，廣韻引作蟲也，似豪猪而小。馥案：此即爾雅翼所言大者如小㹠是也。通志：蝟有兩種，一種作猪蹄，一種作鼠脚。漢書賈誼傳：反者蝟毛而起。師古曰：蝟，蟲名也，其毛爲刺。通鑑：淮陽王道玄，飛矢集其身如蝟毛。注云：蝟，蟲，似豪猪而小。馥案：此注與廣韻引本書同。

蝟　或从虫。

㣇　希屬。从二希。息利切

連筠簃叢書　靈石楊氏栞

㣇　古文𢑚。虞書曰：𢑚類于上帝。

虞書曰𢑚類于上帝者，舜典文，彼作肆。馥案：類當爲禷。

文五　重五

彑　豕之頭，象其銳而上見也。凡彑之屬皆从彑。讀若罽。居例切

豕之頭者，廣韻：彑，彙頭。玉篇：彑，彙類也。馥謂類當作頭。象其銳而上見也者，彑、銳聲相近。讀若罽者，罽當爲罽，罽即古文銳也。

彘　豕也。後蹏廢謂之彘。从彑，矢聲。从二匕，彘足與鹿足同。直例切

豕也者，纂文：豕，河南謂之彘。廣雅：彘，豕也。方言：猪，關東西或謂之彘。後蹏廢謂之彘者，謂上脫故字，彘、廢聲相近。天文家謂牽牛六星其蹏廢。士喪禮：廢敦。注云：廢敦，敦無足者。从二匕彘足與鹿足同者，本書鹿象頭角四足之形，鹿篆作从，彘亦从从，故云从二匕。左从反匕者，即後蹏廢也。

連筠簃叢書　靈石楊氏栞

彖　豕也。从彑，从豕。讀若弛。式視切

本書蠡、𧉡並从此，寫者誤从彖。豕也者，居易錄：彖似犀而角小，知吉凶，耳大如掌，目常含笑，生於兩粵，東曰茅犀，西曰猪神，遇之則吉。馥案：當作此彖，世俗誤爲彖。

豭　豕也。从彑，下象其足。讀若瑕。乎加切

豕也者，或與豭通。方言：猪，北燕朝鮮之閒謂之豭，吳揚之閒謂之猪。

彖　豕走也。从彑，从豕省。通貫切

豕走也者，玉篇：彖，豕走挩也。廣雅：彖，挩也。

文五

㣇　小豕也從彖省象形從又持肉以給祠祀凡㣇之屬皆從㣇（徒魂切）

小豕也者玉篇豚豕子也急就篇六畜蕃息豚豕豬顏注豚謂豕之始生者也方言豬其子或謂之豚小爾雅廣獸豕彘也彘豬也其子曰豚論語歸孔子豚孔注豚豕之小者從彖省者彖當作象從又持肉以給祠祀者本書𥙊以豚祠司命祭以手持肉以从之誤

豚　篆文從肉豕

䘚　豚屬從㣇衞聲讀若罽（于歲切）

文二　重一

豸　獸長脊行豸豸然欲有所司殺形凡豸之屬皆從豸（池爾切）

豹　似虎圜文從豸勺聲（北教切）

陸璣詩疏毛赤而文黑謂之赤豹毛白而文黑謂之白豹廣志狐死首邱豹死首山是性之異也　詩羔裘豹飾傳云緣以豹皮也

似虎圜文者急就篇豹狐距虛豺犀兕顏注豹似皃塗而圜文字林豹似虎貝文馥案貝文卽錢文也本草衍義豹毛赤黃其紋黑如錢而中空比比相次此獸猛健過虎

貙　貙獌似貍者從豸區聲（敕俱切）

周禮注今立秋有貙劉疏云漢時苑中有貙劉卽爾雅貙似貍劉殺也云立秋貙殺物漢儀注立秋貙膢蘇林曰貙虎屬常以立秋日祭獸王者亦以此日出獵還以祭宗廟故有貙膢之祭　鹽鐵論涼風至殺氣動天子行微刑始貙劉以順天氣　蔡邕曰貙獸常以立秋日還飼母猛摶摯王者亦以此日出獵還以祭宗廟謂之貙膢

貙獌似貍者者本書獌字引爾雅貙獌似貍字林貙似貍而大一名獌釋獸貙獌似貍郭云今山民呼貙虎之大者爲貙豻馥案漢書司馬相如傳蝘蜓貙豻郭璞曰貙似貍而大釋獸又云貙似貍郭云今貙虎也大如狗文如貍

貚　貙屬也從豸單聲（徒干切）

貙屬也者卽貙貚也漢書僻貙豻周禮射人士以三耦射豻侯鄭司農云豻者獸名也獸有貙豻

貔　豹屬出貉國從豸毘聲詩曰獻其貔皮周書曰如虎如貔貔猛獸（房脂切）

漢書司馬相如傳生貔豹郭璞曰貔執夷虎屬也　陸璣詩疏貔似虎或曰似羆一名執夷一名白狐其子爲豰遼東人謂之白羆馥案玉篇豰貔子廣韻豰似豹而小

豹屬者字林貔豹屬一曰白狐釋獸貔白狐郭云一名執夷虎豹之屬郭璞贊書稱猛士如虎如貔貔盖豹屬亦曰執夷白狐之云似是而非　出貉國者詩韓奕傳云追貊之國來貢　詩曰獻其貔皮者大雅韓奕文　周書曰如虎如貔者牧誓文鄭注云貔一名白狐虎類也貔猛獸者詩韓奕傳云貔猛獸也曲禮前有摯獸則載貔貅注云貔貅亦摯獸也書曰如虎如貔

豼　或從比

豺　狼屬狗聲從豸才聲（士皆切）

一切經音義十一引蒼頡解詁豺似狗白色有爪牙迅捷善搏噬也　易說卦爲黔喙之屬馬云黔喙肉食之獸謂豺狼之屬黔黑也　四子講德論牧獸者不畜豺　劉氏新論言苑篇豺形似犬而健於犬　王制豺祭獸然後田獵　文子上仁篇豺未祭獸罝罦不得通於野　周書時訓解霜降之日豺乃祭獸　西京賦剛蟲搏摯五臣注剛蟲鷹豺也條殺氣以祭鳥獸　呂氏春秋季秋紀豺則祭獸戮禽注云豺獸也似狗而長毛其色黃於是月殺獸四圍陳之世所謂祭獸

狼屬者釋獸豺狗足郭云脚似狗釋文引字林豺狼屬狗足顏注急就篇豺[犭采]毛而狗足史記司馬相如傳搏豺狼正義曰杜林云豺似貊白色說文云狼爪馥謂當云狼屬狗爪　狗聲者爾雅字林皆作狗足文元年左傳䜛目而豺

聲忍人也昭二十八年左傳伯石始生子容之母走謁諸姑姑視之及堂聞其聲而還曰是豺狼之聲也史記秦始皇本紀秦王為人豺聲

貐　猰貐似貙虎爪食人迅走從豸俞聲　以主切

猰貐似貙虎爪食人迅走者爪當爲叉本書無猰字釋獸猰貐類貙虎爪食人迅走郭云迅疾釋文猰字亦作猰或作窫貐案本書宀部有窫字或是郭薛綜注西京賦窫窳窳也類貙虎爪食人漢書揚雄傳窫窳其民應劭曰窫窳類貙虎爪食人淮南子本經訓堯之時猰貐爲民害高云猰貐獸名狀若龍首或曰似貍善走而食人物類相感志引孫炎云猰貐獸中最大者龍頭馬尾虎爪長四尺善走以人爲食遇有道君隱藏無道君出食人矣

貘　似熊而黃黑色出蜀中從豸莫聲　莫白切

本草圖經豹白色者別名貘唐世多畫貘作屏白居易有贊序之　白居易貘屏贊序貘者象鼻犀目牛尾虎足生南方山谷中寢其皮辟溫圖其形辟邪贊云邈哉奇獸生於南國其名曰貘非鐵不食　漢書司馬相如傳其獸則庸旄貘犛郭

璞曰貘似熊庳腳銳鬐骨無髓食銅鐵貘音貊　神異經南方有獸名曰齧鐵大如水牛色如漆食鐵飲水其糞可作兵器其利如鋼也　劉氏新論殊好篇走貊美鐵袁孝政注云獸好食鐵　居易錄貘生銅坑中食銅鐵鍊糞爲兵可以切玉接溺爲水可以銷鐵

似熊而黃黑色者白帖引郭知元韻貘食鐵獸似熊黃黑色一切經音義十九貘又作貊字林似熊黃黑出蜀一曰白豹也六書故引字林貘似熊而白又引廣志色蒼白周書王會不令支玄貘注云貘白狐玄貘則黑狐列子釋文尸子云程中國謂之豹越人謂之貘按爾雅熊虎醜其子狗豹貘熊虎之子也山海經云南山多貘豹郭注云貘是豹之白者豹郭虎生非類也據程是貘之別名也按貘似熊毛又黃而黑有光澤者古文苑蜀都賦貔犛貊縮注云貊說文作貘似熊而黃黑色出蜀中蔎索貊貘聲相近詩貊其德音韓詩作莫管子制分篇屠牛坦朝解九牛而刀可以莫鐵注云莫猶削也釋獸貘白豹郭云似熊小頭庳腳黑白駁能舐食銅鐵及竹骨骨節强直中實少髓皮辟溼或曰豹白色者別名貘釋文引字林似熊而白黃出蜀郡一曰白豹　出蜀中者蜀都賦戟食鐵之獸劉注貊獸毛黑白臆似熊而小以舌舐鐵須臾便數十斤出建寧郡也　埤雅貘獸似熊象鼻犀目師首豺髮小頭庳腳黑白駁雜能舐食銅鐵蜀都賦云戟食鐵之獸即貘是也南中八郡志貊大如驢狀頗似熊多力食鐵所觸無不拉華陽國志南中志永昌郡古哀牢國有貊獸食鐵　西山經南山獸多猛豹注云猛豹似熊而小毛淺有光澤能食蛇食銅鐵出蜀中　爾雅翼貘今黔蜀中時有之象鼻犀目牛尾虎足土人鼎釜多爲所食頗爲山居之患　寰宇記雅州嚴道縣邛崍山有獸名豹似熊而斑能食銅鐵

𧳜　猛獸也從豸庸聲　余封切

猛獸也者史記司馬相如傳獸則[牛庸]旄貘犛徐廣曰[牛庸]音容獸類也

貜　㚼貜也從豸矍聲　王縛切

㚼貜也者本書㚼犬屬腰已上黃腰已下黑食母猴或曰㚼似狌狌出蜀北囂山中大首而馬尾字或作貜西山經臯塗之山有獸焉其狀如鹿而白尾馬足人手而四角名曰貜如郭注貜如前兩腳似人手音猳貜之貜又贊云貜

如之獸鹿狀四角馬足人手其尾則白貌兼三形攀木緣石古文苑蜀都賦獑胡雖貜猨蝠獲猱復案雖當爲蜼上林鼠雖雙飛蝠

貀　獸無前足從豸出聲漢律能捕豺貀購百錢　女滑切

唐書長慶中河東節度使李聰貢貀三頭貀猛健之獸也防虞籠檻甚於豺虎及至林苑往往噬人　字或作貀　玉篇貀與貀同爾雅釋文貀本又作貀魏書鮮卑有貂貀皮毛柔愞故天下以爲名裘晉書夫餘國出貂貀唐書點戛斯國服貴貂貀又云開元時于闐獻貀

獸無前足者釋獸貀無前足郭云晉太康七年召陵扶夷縣檻得一獸似狗豹文有角兩足即此種類也或說貀似虎而黑無兩足釋文引字林云獸無前足似虎而黑玉篇貀似豹無前足廣韻貀獸名似貍蒼黑無前足善捕鼠　漢律能捕豺貀購百錢者集韻引漢律捕虎購錢三百其狗半之狗熊虎子爾雅熊虎醜其子狗郭注引律曰捕虎一購錢三千其狗半之馥案列子釋文說白豹云爾雅熊虎醜其子豹豹熊虎之子也是狗狗皆豹之譌昭七年

左傳正義引李巡亦作狗

貈　似狐善睡獸從豸舟聲論語曰狐貈之厚以居　下各切

經典作貉字列子湯問篇貉踰汶則死矣釋文云周禮貉踰汶則死鄭注云汶水在魯城北先儒相因以爲魯之汶水皆大誤也案史記汶與嶓同武巾反謂汶江也山海經大江出汶山韓詩外傳云昔者江出于汶山又楚詞隱汶山之清江固可明矣且列子與周禮通言水土性異則遷移有傷故舉四瀆以言之今魯之汶水闕不踰數十步源不過二百里揭厲皆渡斯須往還豈狐貉遊生死頓隔矣說文云貉狐類也皆生長邱陵旱地今江邊人云狐不渡江是明踰越大水則傷本性遂致死也

似狐善睡獸者列子注貈音鶴似狐善睡獸也埤雅引字林貈似貍善睡本草衍義貉形如小狐毛黃褐色毛詩義問貉狐之類漢書楊惲傳古與今如一邱之貉師古曰貉獸名似狐而善睡墨客揮犀貉狀似兔人或擊之行數十步輒睡字林貈雌貈王篇貈似狐善睡　舟聲者本書㢘或作𢊁讀若狐貈之貈集韻引舊說說文从舟誤當从亘聲馥案集韻以貈貊爲一故有是說　論語曰狐貈之厚以居者貈論語作貉釋文云貉依字作貈論語與衣狐貉者立釋文云貉依字當作貈考工記貉踰汶則死釋文云貉獸名依字作貈爾雅莫貈太平御覽引鄭志荅王瓚作莫貉詩七月一之日于貉取彼狐狸爲公子裘

豻　胡地野狗從豸干聲　五旰切

胡地野狗者爾雅釋文引字林同又引陳國武注子虛賦云豻胡地野犬似狐黑喙周禮射人士以三耦射豻侯注云大射禮豻作干讀如宜豻宜獄之豻豻胡犬也三禮射侯圖豻侯者以胡犬皮爲鵠亦以爲飾玉藻麛裘青豻褎注云豻胡犬也淮南道應訓青豻白虎高云豻音岸胡地野犬漢書司馬相如傳蟃蜒貙豻郭璞曰豻胡地犬也似狐而小

犴　豻或從犬詩曰宜犴宜獄

詩曰宜犴宜獄者小雅小宛文彼作岸傳云岸訟也釋文云韓詩作犴云鄉亭之繫曰犴集韻犴野犬也犬所以守故謂獄爲豻後漢書崔駰傳獄犴塡滿漢書刑法志豻不平之所致也韋昭曰鄉亭之繫曰豻朝廷曰獄

貂　鼠屬大而黃黑出胡丁零國從豸召聲　都僚切

一切經音義四今人謂黑貂爲鴨盧貂　玉篇貂鼠如犬　爾雅翼貂好在木上亦謂之栗鼠　漢官儀侍中金蟬左貂貂內勁悍而外溫潤其色紫蔚而不耀　廣志貂出扶餘挹婁　魏志烏丸傳挹婁國出好貂今所謂挹婁貂是也　東觀漢記建武二十五年烏桓獻貂皮又云蔡彤爲遼東太守鮮卑奉貂裘二領　山海經注今扶餘郎濊貊故地出貂皮　梁元帝謝齎貂蟬啟挹婁之毳曲降鴻恩　江總華貂賦貴豐貂於挹婁

鼠屬大而黃黑者後漢書東平王蒼傳帝以蒼冒涉寒露遣謁者賜貂裘注引本書同　出胡丁零國者通鑑注丁零種落本居中山爾雅翼丁零國今人謂之貂零魏書丁令在康居北出貂鼠皮譯子皮通典丁令魏時聞焉在康居北出名鼠皮或以爲此丁令卽匈奴北丁令而此丁令在烏孫西似其種別也

貉　北方豸種從豸各聲孔子曰貉之爲言惡也　莫白切

玉篇貉蠻貉也史記趙世家奄有河宗至于休溷諸貉正義云貉音陌戎狄之地也　經典作貊案周禮甸祝表貉杜子春讀貉爲百爾所思之百又肆師鄭注貉讀爲十百之百又大司馬表貉卽詩旣伯旣禱急就篇戎伯總閱什伍鄰顏注篇本伯字或作貉貉卽蒐貉之類者也　書武成華夏蠻貊論語蠻貊之邦　列子貊越之東　風俗通貊者略也言無禮法　字俗作貃　史記天官書胡貉月氏

北方豸種者詩韓奕其追其貊傳云追貊戎狄國也釋文貊說文作貉云北方人也論語蠻貊釋文云說文作貉云北方人也字林貉北方人也本書羌下云東方貉馥案言東北方也漢書高帝紀北貉燕人來致梟騎助漢應劭曰北貉國也師古曰貉在東北方三韓之屬皆貉類也後漢書光武紀遼東徼外貊人注云貊人穢貊國人也陳啟源曰孟子言貊五穀不生此北方氣寒之證說文亦以貊爲北方詩其追其貊又與奄受北國文連其爲北垂荒裔無疑矣　孔子曰貉之爲言惡也者書肅慎之命序海東諸夷駒麗扶餘馯貊之屬釋文貊說文作貉北方豸種孔子曰貉之爲言貊貊惡也書周官釋文引同白虎通禮樂篇言貉舉惡也

貆 貉之類從豸亘聲 胡官切

貉之類者貉當爲貈釋獸貈子貆詩胡瞻爾庭有縣貆兮箋云貉子曰貆釋文貉依字作貈周書王羆傳羆語使人曰老羆當道卧貆子安得過郭子云孫秀降晉武帝妻以姨妹妻嘗怒秀罵爲貉子

貍 伏獸似貙從豸里聲 里之切

廣韻貍野貓 廣雅狉貍也 急就篇貍兔飛鼯狼麋麐顏注貍一名狉亦謂之貔江淮陳楚謂之貔其子貄王氏補注貍者狐之類狐口銳而尾大貍口方而身文黃黑彬彬蓋次於豹故稱聖人虎別君子豹別辯人貍別山鬼乘赤豹從文貍也 大射儀奏貍首注云貍之言不來也 史記封禪書設射貍首漢書郊祀志作設射不來徐廣曰貍一名不來 桓譚新論鄙人謂狐爲貍以瑟爲箜篌此非徒不知狐與瑟乃不知貍與箜篌也 魏志淸河令徐季龍使人獵令管輅筮其所得輅曰當獲小獸雖有爪牙微而不彊雖有文章蔚而不相非虎非雉其名曰貍獵人暮歸果如輅言 字俗作貍 寰宇記桂嶺縣貍多品類有囊貍屯貍狎貍雷貍掘螺貍狗貍通額貍狶貍嚶貍

連筠簃叢書 靈石楊氏栞

伏獸似貙者埤雅貍似貙而小文彩斑然存問有黑理一道周禮射人若王大射則以貍步張三侯注云玄謂貍善搏者也行則止而擬度焉樂記左射貍首舊說貍之取物則伏下其頭然後必得言射亦必中如貍之取物矣夏小正七月貍子肇肆傳曰肇始也肆遂也言其始遂也其或曰肆殺也金履祥曰貍伏擊益至此時而始肆也

貒 獸也從豸耑聲讀若湍 他耑切

廣雅貒貆也 釋獸貒子貗郭云貒豚也一名貛 本草圖經貒狐之類似犬而矮尖喙黑足褐色與貛貉三種而大抵相類頭足小別 本草衍義貒肥矮毛微灰色頭連脊毛一道黑觜尖黑尾短闊烝食之極美 周禮草人鹹潟用貆注云貆貒也 淮南齊俗訓狟貉得埵防弗大而豫高云狟狟豚馥案貆狟並即貛字

獸也者釋獸釋文云貒說文字林云獸似豕而肥 楚詞九思貒貉兮蟫蟫洪注貒似豕而肥

貛 野豕也從豸雚聲 呼官切

淮南子貛貉爲曲穴馥案貉當爲貈 魏百官名三公拜賜貛皮韃一

野豕也者方言貛關西謂之貒注云貛豚也郭注爾雅猩猩狀如貛㹠

貁 鼠屬善旋從豸穴聲 余救切

鼠屬者一切經音義二十一引作禺屬其鼠屬乃貁也洪武正韻貁獸似猿卬鼻長尾舊云鼠屬誤一切經音義六狖古文蜼字林余繡反江東名也又音余季反建平名也山海經鬲山多蜼郭璞曰似獼猴而大蒼黑色尾長四尺似獺尾頭有兩歧天雨則倒懸於樹以尾塞鼻江東養之捕鼠爲物捷健爾雅蜼卬鼻而長尾是也又二十一引蒼頡篇狖似貓搏鼠出河西爾雅翼蜼狖也蜼讀如贈遺之遺又讀如橘柚之柚其作柚音者或爲狖馥案貁即狖之俗體廣雅狖蜼也尾長四五尺曹憲音柚謝靈運入彭蠡湖口詩乘月聽哀狖李善云狖蜼也玉篇狖黑猿也類篇引字林狖獸名如猴卬鼻長尾子華子崇偃積拱猱狖逃焉楚詞九歌猿啾啾兮狖夜鳴淮南齊俗訓深谿峭岸峻木尋枝猿狖之所樂也覽冥訓猿狖顛蹶而失木枝高云狖猿屬說林訓蝯狖之捷來格高云狖蝯屬仰鼻而長尾吴都賦狖鼯猓然五臣云異物志曰狖猿類露鼻尾長四五尺樹上居雨則以尾塞鼻建安臨海皆有之西京賦猿狖超而高援揚雄反離騷猿狖擬而不敢下後漢書班固傳猿狖失木注云蒼頡篇曰狖似貍音以救反吴錄地理志安陽縣多狖似猿而露鼻雨則以尾反塞鼻劉氏新論殊好篇昏后巖巖輪菌糺結猿狖之所便也寰宇記鮮卑有貂狖嚬子貂嚬並鼠屬狖猴屬也術數家以三十六禽配辰每辰而三之其配申者爲猿猴狖 善旋者北山經歸山有獸焉名曰驒善還注云還旋旋舞也一切經音義二十一引作善遊水經注江水云僰道縣山多猶猢似猴而短足好游巖樹一騰百步乘空若飛 穴聲者穴當當爲宂散之宂本書歂從宂廣韻貁歂同音余救切

連筠簃叢書 靈石楊氏栞

文二十　重二

𤉡 如野牛而青象形與禽离頭同凡𤉡之屬皆從𤉡 徐姊切

本書卷首標目作𤉡徐鍇李燾本並同蓋象其足尾之形玉篇作兕 急就篇豹狐距虛豻犀兕顏注云兕似野牛而色青重千斤一角角甚大 釋獸兕似牛郭云一角青色重千斤 詩何草不黃匪兕匪虎傳云兕虎野獸也 鄉射記大

夫兕中注云兕獸名似牛一角　論語虎兕出於柙　宣二
年左傳犀兕尚多　晉語昔吾先君唐叔射兕於徒林韋云
兕似牛而青善觸人　南山經禱過之山其下多犀兕注云
兕似水牛青色一角重三千斤　史記司馬相如傳兕象野
犀正義曰兕狀如水牛　古文苑蜀都賦其旁則有期牛兕
旄注云兕如水牛角在額上古人以爲爵謂之兕觥　郭璞
山海經圖贊兕惟壯獸似牛青黑力無不傾自焚以革皮充
武備角助文德　范應元老子注兕猛獸狀如牛青色一角
虎鼻識神物　劉欣期交州記兕出九德有一角角長三尺
餘形如馬鞭柄　南越志西羣縣東暨於海其中多水兕形
似牛　廣志𤘽角斑
似瑇瑁足有十爪也
如野牛而青者　藝文類聚引作如野牛而青皮堅厚可以
爲鎧御覽引作如野牛青毛其皮堅厚可爲鎧詩左傳論
語正義所引並同一切經音義十九南州異物志𤘽角長
二尺餘形似馬鞭柄其皮堅可爲鎧甲蔡氏月令章句犀
兕水牛之屬以爲甲盾鼓鞞　與禽离
頭同者本書禽字云禽离兕頭相似

（古文兕）古文從儿

與獸頭同

文一　重一

易　蜥易蝘蜓守宮也象形祕書說日月爲易象陰陽也一曰從勿凡易之屬皆從易　羊益切

蜥易蝘蜓守宮也者本書蝘字云在壁曰蝘蜓在草曰蜥
易漢書東方朔傳是非守宮卽蜥蜴顏注云爾雅蠑螈蜥
蜴蝘蜓守宮是則一類耳揚雄方言云其在澤中者謂之
蜥蜴故朔曰是非守宮則蜥蜴也　象形者本書劵从易
省勿行象徐鍇曰易象析易行也　祕書說日月爲易象
陰陽也者陰陽當爲霒易易繫辭易者象也參同契日月
爲易虞翻注云字从日下月洪武正韻引大傳四營而成
易於文日月爲易白虎通日月之光明則如易矣參同契
又云離已日精坎戊月光復案易上經以坎離終下經既
濟未濟亦坎離也此卽日月爲易之義董彥遠謝除正字
啟定經之名誤合日月之爲易祕書緯書也鄭志張逸問
禮注曰書說者何書也荅曰尙書緯也當爲注時在文網
中嫌引祕書故諸所牽圖讖皆謂之說三蒼讖祕密書也
漢書藝文志有圖書祕記十七篇百官表蘇昌爲太常坐
籍霍山書泄祕書免山本傳云山坐寫祕書西京賦匪惟
翫好乃有祕書小說九百本自虞初五臣注祕書道術書
後漢書楊厚傳厚祖父春卿善圖讖學戒子統曰吾綈袠
中有先祖所傳祕記爾其修之晉書陳訓傳少好祕學天
文算歷陰陽占候無不畢綜　一曰從勿者
書堯典平在朔易尚書大傳史記並作伏物

文一

象　長鼻牙南越大獸三秊一乳象耳牙四足之形凡象之屬皆從象　徐兩切

春秋運斗樞搖光之星散而爲象　釋地南方之美者有梁
山之犀象焉郭云象牙骨　詩泮水元龜象齒　周禮職方
氏其利丹銀齒革注云齒象齒也　襄二十四年左傳象有
齒以焚其身　淮南說林訓見象牙乃知其大於牛　釋氏
書象牙生必因雷　沈懷遠南越志象牙長一丈餘脫其牙
則藏之　元和郡縣志驩州貢象牙　南州異物志象身倍

數牛而目則如豕其鼻長七八尺其所食物皆鼻取之性馴
良爲人所養夷人服乘之　郭璞贊象實魁梧體巨貌詭身
兼十牛目不踰豨鼻爲口役　望頭若尾馴良承教聽言則跪
素牙玉潔載籍所美服重致遠行如邱徙　通鑑注安南出
象處曰象山歲一捕之縛欄道旁中爲大穽以雌象前行爲
媒遺甘蔗於地傳藥蔗上雄象來食蔗漸引入欄閉其中就
穽中教習馴擾之始甚咆哮穽深不可出牧者以言語諭之
久則漸解人意　淳化中上苑一馴象斃太宗命取膽不獲
使問徐鉉鉉曰當在前左足剖足果得問其故
鉉曰象膽隨四時今其斃在春故知左足也
長鼻牙者南山經禱過之山其下多象注云象獸之最大
者長鼻大者牙長一丈性妒不畜淫子史記司馬相如傳
兕象野犀正義曰象大獸長鼻牙長一丈吳都賦猰貐貙
象五臣注象生九眞日南山中大者其牙鼻長一丈　南
越大獸者太康地記秦滅六國南開百越置象郡漢書地
理志日南郡故秦象郡論衡物勢篇長仞之象爲越僮所
鉤吳録地理志九眞郡龐縣多象生山中郡內及日南饒
足晉諸公讚南越致馴象於皋澤中養之爲作車黃門鼓
吹數十人令越人騎之每正朝大會皆入充庭帝行則以
象車導引以試橋梁後象以鼻擊害人悉送還越　三季

一乳者白帖引作五歲一乳太平廣記古訓云象孕五歲始產　象曰牙四足之形者當云象耳牙足尾之形

豫象之大者賈侍中說不害於物從象予聲羊茹切

豫之大者者老子豫兮若冬涉川范應元注豫象屬先事而疑或借與字曲禮定猶與也正義云說文云猶獸玃屬與亦是獸名象屬此二獸皆進退多疑人多疑惑者似之也

豫古文

文二　重一

曲阜桂馥學

馬怒也武也象馬頭髦尾四足之形凡馬之屬皆從馬莫下切

漢書𠩺奮傳建爲郎中令奏事下建讀之驚恐曰書馬者與尾而五今迺四不足一獲譴死矣服虔曰作馬字下曲者五建時上書誤作四顏注馬字下曲者爲尾並四點爲四足凡五　春秋說題辭地精爲馬十二月而生應陰紀陽以合功故人駕馬任重致遠利天下月行度疾故馬善走　魚豢典畧神馬者河之精也代馬陰之精　鄭注尚書大傳馬畜之疾行者也　東觀漢記閒武帝歌天馬沾赤汗今親見其然血從前髆上小孔中出　神異經西南大宛宛邱有良馬日行千里至日中而汗血　洪武正韻馬生於午稟火氣而生火不能生木故有肝無膽膽木之精氣也木臟不足故食其肝者死　相馬經伯樂曰馬頭爲王欲得方目爲丞相欲得明脊爲將軍欲得強腹爲城郭欲得張四下爲令欲得長眼

欲得高匡鼻孔欲得大鼻頭有王火字口中欲得赤膝骨員而張耳欲得相近而前豎小而厚凡相馬之法先除三羸五駑乃相其餘大頭小頸一羸弱脊大腹二羸小頸大蹄三羸其五駑者大頭緩耳一駑長頸不折二駑短上長下三駑大胳短脇四駑淺髖薄髀五駑

怒也者馬怒聲相近趙宧光曰釋名之法解聲之所自出也馬字古音明古切與怒諧匡謬正俗怒字古讀有二音今山東河北人讀書但知怒有去聲失其眞矣馥案高誘讀怒如彊弩之弩玉篇馬武獸也怒也急就篇騏驪馳驟怒步超定八年左傳林楚怒馬後漢書第五倫傳鮮車怒馬顏氏家訓建康令王復性既儒雅未嘗乘騎見馬嘶歕陸梁莫不震懾乃謂人曰正是虎何故名爲馬乎武也者馬武聲相近釋名馬武也韋昭辨釋名大司馬馬武也大總武事也周禮司馬鄭注馬者武也言爲武者也襄六年左傳司武而梏於朝難以勝矣杜云司武司馬少儀不擢馬正義云投壺立籌爲馬馬有威武射者所尚也白虎通大司馬主兵不言兵言馬者馬陽物乾之所爲行兵用馬不以傷害爲名故言馬也鴻範論馬者兵象也馥案廣雅武怒並云健也漢書高祖紀北貉燕人來致梟騎助漢

應劭曰梟健也馥謂馬訓武怒言其健也

古文

寫者誤加彡與籒文無別籒文有髦謂加彡是古文無彡矣

籒文馬與影同有髦

當云籒文馬與影同有髦

牡馬也从馬陟聲讀若郅 之日切

牡馬也者詩騭釋文云牡馬草木疏云騭馬也說文同廣雅騭雄也釋畜牡曰騭郭云今江東呼駁馬爲騭馥案史記平準書作父馬顏氏家訓詩云騭騭牡馬江南書皆作牝牡之牡河北本悉爲放牧之牧鄴下博士見難云騭頌既美僖公牧於坰野之事何限騲騭乎或借陟字夏小正執陟攻駒卽月令執騰駒

馬一歲也从馬一絆其足讀若弦一曰若環 戶關切

馬一歲也者御覽引作馬一歲曰馬纂文馬一歲爲馬二歲爲駒八歲爲馭別作駭玉篇駭馬一歲白帖齒色歲齒也毛色也从馬一絆其足者與豕同意趙宧光曰馬一歲稍稽絆其足未就銜勒也左傳魯子家羈字駒魏武雜令蹄人者絆其足廄律畜生噛人者絆之

馬二歲曰駒三歲曰駣从馬句聲 舉朱切

急就篇犙犻特犗羔犢駒顏注馬子曰駒詩漢廣傳云六尺以上曰馬五尺以上曰駒淮南時則訓執騰駒高注馬五尺以下曰駒夏小正四月執陟攻駒傳云執也者始執駒也執駒也者離之去母也執而升之君也攻駒也者教之服車數舍之也

馬二歲曰駒三歲曰駣者御覽引同小字本作三歲曰駣此因本書無駣字改作駣也周禮校人執駒鄭司農云二歲曰駒三歲曰駣又庾人教駣攻駒鄭司農云馬三歲曰駣二歲曰駒

馬八歲也从馬从八 博拔切

馬八歲也者御覽引作八歲曰馭本書馴下云馬八歲曰馴也　从八者徐鍇本作八聲

馬一目白曰瞯二目白曰魚从馬閑聲 戶閒切

馬一目白曰瞯二目白曰魚者釋畜文彼作瞯張協七命天驥之駿眸瞯黑照注云瞯馬目也詩驔有驔有魚傳云二目白曰魚

馬青驪文如博棊也从馬其聲 渠之切

馬青驪文如博棊也者博當爲簙韻會引徐鍇本文作色馥案孔叢執節篇犬馬之名皆因其形色而名焉一切經音義四引作馬文如棊也文選七發將爲太子馴騏驥之馬李善引作馬驪文如棊也急就篇騏驪馳驟怒步超顏注騏者青驪之馬文如棊也書顧命四人綦弁馬本綦作騏云騏青黑色詩鳲鳩其弁伊騏傳云騏騏文也正義云馬之青黑色者謂之騏駉有騂有騏傳云蒼祺曰騏馥案祺當爲綦小戎駕我騏馵傳云騏綦文也正義云色之青黑者名爲綦馬名爲騏知其色作綦文

馬深黑色从馬麗聲 呂支切

馬深黑色者史記匈奴傳北方盡烏驪馬索隱云說文云驪黑色詩駉有驪有黃傳云純黑曰驪釋文云說文字林云深黑色馬也小爾雅廣詁驪黑也急就篇騂騩騅駮驪驊驢顏注深黑色曰驪檀弓戎事乘驪注云馬黑色曰驪穆天子傳盜驪注云驪黑色也後漢書李忠傳卽以所乘大驪馬及繡被衣物賜之注云馬色黑而青曰驪

青驪馬从馬肙聲詩曰駜彼乘駽 火玄切

青驪馬者釋畜青驪駽郭云今之鐵驄馥案北方謂之鐵青　詩曰駜彼乘駽者魯頌有駜文傳云青驪曰駽

馬淺黑色从馬鬼聲 俱位切

馬淺黑色者卽盜驪也顏注急就篇騩淺黑色也後漢書班超傳漢使有騧馬注云續漢及華嶠書騧字竝作騩說文馬淺黑色音京媚反晉書輿服志騩馬淺黑色漢舊儀有天地大變天下大過皇帝使侍中持節乘四白馬賜上尊十斛養牛一頭策告殃咎使者去半道丞相上病使者還未白事尚書以丞相不起聞丞相不勝任使者奉策書

駕騩騟馬即時布衣步出府免爲庶人丞相有他過使者奉策書駕騅騩馬即時步出府乘棧車牝馬歸田里思過馥案所駕馬皆素色騩淺黑騅蒼黑騟白色

驑　赤馬黑毛尾也從馬畱聲　力求切

赤馬黑毛尾也者毛當爲髦顏注急就篇赤馬黑髦曰騮詩騧有騮有雒傳云赤身黑鬣曰騮釋文云字林云赤馬黑髦尾也詩小戎騏騮是中箋云赤身黑鬣曰騮呂氏春秋孟夏紀駕赤騮注云騂馬黑尾曰騮史記秦本紀驊騮騄耳之駟集解郭璞曰今名馬驃赤者爲棗騮騮赤馬也史記又云乃用騮駒徐廣云赤馬黑髦曰騮漢書郊祀志其牲用騮駒顏注騮赤馬黑鬣尾也字或作驑齊民要術驑馬驪肩善馬也

騢　馬赤白雜毛從馬叚聲謂色似鰕魚也　乎加切

馬赤白雜毛者釋畜彤白雜毛騢郭云即今之赭白馬彤赤馥案顏延之有赭白馬賦詩騧有騢有騢傳云彤白雜毛曰騢　謂色似鰕魚也者玉篇騢赭白色似鰕魚也

騅　馬蒼黑雜毛從馬隹聲　職追切

馬蒼黑雜毛者釋畜蒼白雜毛騅詩騧有騅有駓毛傳同顏注急就篇蒼白雜色曰騅漢書項籍傳駿馬名騅顏注蒼白雜毛曰騅蓋以其色名之戴侗曰爾雅蒼白雜毛徐本說文蒼黑雜毛按蒼黑之說近是馥謂烏騅是也

駱　馬白色黑鬣尾也從馬各聲　盧各切

馬白色黑鬣尾也者集韻引作黑髦尾釋畜白馬黑鬣駱郭引明堂位夏后氏駱馬黑鬣詩騧釋文云樊孫爾雅竝作白馬黑髦尾也馥案高注淮南時則訓白馬黑毛曰駱毛當爲髦詩四牡嘽嘽駱馬傳云白馬黑鬣曰駱月令駕白駱注云白馬黑鬣曰駱呂氏春秋孟秋紀注同周書王會青馬黑鬣王注鬣即鬣字馥案廣雅作朱鬣獨與衆異

駰　馬陰白雜毛也從馬因聲詩曰有駰有騢　於眞切

馬陰白雜毛也者釋畜文郭云陰淺黑今之泥驄集韻引作馬陰白雜毛黑類篇韻會引同徐鍇本作馬陰白黑喙詩皇皇者華我馬維駰傳云陰白雜毛曰駰

驄　馬青白雜毛也從馬悤聲　倉紅切

東觀漢記桓典爲御史常乘驄馬京師畏憚爲之語曰行行且止避驄馬御史

馬青白雜毛也者唐書吐谷渾傳嘗得波斯草馬放入青海因生驄駒通鑑王琬乘隋煬帝驄馬注云馬青白曰驄　悤聲者六書故云驄馬蔥青色馥案本書總帛青色爾雅青謂之蔥此驄當從蔥省聲

驈　驪馬白胯也從馬矞聲詩曰有驈有騜　食聿切

驪馬白胯也者釋畜文彼作跨郭云驪黑色跨髀閒廣韻驈黑馬白髀　詩曰有驈有騜者魯頌駉文彼作皇傳云驪馬白跨曰驈　馥案本書無騜字

駹　馬面顙皆白也從馬尨聲　莫江切

馬面顙皆白也者史記正義引同廣韻駹黑馬白面顏注急就篇面顙皆白謂之駹釋畜面顙皆白惟駹郭云顙額史記匈奴傳東方盡青駹馬索隱青駹青色馬也周禮巾車革路龍勒注云龍駹也以白黑飾韋雜色爲勒易說卦

震爲龍釋文虞干作駹虞云蒼色干云雜色

騧　黃馬黑喙從馬咼聲　古華切

宋明帝以騧字旁似禍改作⿰馬瓜寰宇記唐太宗十驥八曰流金騧

黃馬黑喙者釋畜白馬黑脣駩黑喙騧郭云今之淺黃色者爲騧馬釋文云毛詩傳說文字林皆云黃馬黑喙曰騧駩孫本作犉云與牛同稱馥案本書犉黃牛黑脣以此證之騧是黃馬詩小戎騧驪是驂傳云黃馬黑喙曰騧

䯄　籀文騧

籀文當作彡旁

驃　黃馬發白色一曰白髦尾也從馬㶾聲　毗召切

黃馬發白色一曰白髦尾也者史記衛青傳以冠軍矦去病爲驃騎將軍正義云說文云驃騎黃馬鬣白色一曰髦尾馥疑此文有譌本書騂馬頭有發赤色者儵青黑繒發白色也與此發字義同

駓　黃馬白毛也從馬丕聲 敷悲切

黃馬白毛也者戴侗曰唐本作黃馬白雜毛馥案當云馬黃白雜毛也釋畜黃白雜毛駓郭云今之桃華馬詩駉有駓有駓傳云黃白雜毛曰駓釋文駓字又作䮆字林作駓馥案字林別有䮆字云走也此當爲駓

驖　馬赤黑色從馬戴聲詩曰四驖孔阜 他結切

馬赤黑色者玉篇驖馬如鐵赤黑色月令冬駕鐵驪詩曰四驖孔阜者秦風駟驖文彼作驖傳云驖驪漢書地理志車鄰四驖小戎之篇亦作四

⿰馬岸　馬頭有發赤色者從馬岸聲 五旰切

馬頭有發赤色者者徐鍇本作馬頭有白發色鍇曰所謂白發言色有淺處若將起然玉篇⿰馬岸馬白額至脣

馰　馬白額也從馬的省聲一曰駿也易曰爲馰顙 都歷切

覲禮匹馬卓上九馬隨之注云卓讀如卓王孫之卓卓猶的也以素的一馬以爲上書其國名後當識其何產也

馬白額也者相馬經馬白額名曰的盧齊民要術白從額上入口名俞膺一名的顱奴乘客死主乘棄市大兇馬也襄沔記劉備依劉表表欲取備備覺偽如廁潛遁出所乘馬名的顱從襄陽城西檀溪水中而渡被溺不得出備既急乃曰的顱今日危矣可不努力乎的顱乃一踴三丈遂得過溪而去晉書庾亮傳亮所乘馬有的顱馥案本書所言馬色曰額曰頭曰鬣曰面顙曰喙而不及目隋西域圖記云大宛馬烏馬騮馬多白目口馬驄馬多赤目黃馬赤馬多黑目惟目色自別餘色與常馬不異是則目色惟大宛馬有之也　一曰駿也者字林作駿　易曰爲馰顙者說卦傳文彼作的虞云的白顙額也本書的下引易爲的顙釋畜的顙白顛舍人云的白也顙額也額有白毛今之戴星馬也詩車鄰有馬白顛傳云白顛的顙也

駁　馬色不純從馬爻聲 北角切

馬色不純者一切經音義十七字林斑駁色不純也通俗文黃白雜謂之駁犖顏注急就篇色不純曰駁易說卦傳乾爲駁馬宋衷注云天有五行之色故爲駁馬釋畜宗廟齊毫郭云尚純釋畜又云駵白駁淮南說林訓騂駁不入牲注云犧牲以純色也詩東山皇駁其馬傳云騮白曰駁正義云謂馬色有騮處有白處孫炎曰騮赤色也李善注赭白馬賦引劉芳詩義證曰彤白雜毛曰駁彤赤也郎赭白也或通作駮寰宇記駮馬國在結骨之北其馬色並駁故以名云

馵　馬後左足白也從馬二其足讀若注 之戍切

馬後左足白也者釋畜後右足白驤左白馵郭云後左腳白陳啓源曰釋畜有二馵一厀上皆白惟馵一左足白馵孔氏詩疏引郭注云馬厀上白爲惟馵後左足白者眞名馵今郭注無此二句詩小戎駕我騏馵傳云左足白曰馵齊民要術馬後左右足白不利人廣韻作騳云馬左足白　讀若注者徐鍇本下有易曰爲馵足五字案虞翻云馬白後左足爲馵震爲左爲足初陽爲白也

驔　驪馬黃脊從馬覃聲讀若簟 徒玷切

驪馬黃脊者與騽下訓互誤此當云馬豪骭也增韻五音集韻洪武正韻並云驔馬豪骭陳啓源曰詩駉有驔有魚傳云豪骭曰驔正義云釋畜云四骹皆白驓無豪骭白之名傳言豪骭白者謂豪毛在骭而白長也如正義言則傳豪骭下當有一白字否則曰字當作白馥案聲類豪長毛也六韜得犬戎氏文馬豪毛穆天子傳天子之豪馬豪牛

驠　馬白州也從馬燕聲 於甸切

馬白州也者釋畜白州驠郭云州竅廣韻驠馬竅白廣雅州臀也北山經倫山有獸焉其川在尾上注云川竅也馥案川爲州之誤

騽　馬豪骭也從馬習聲 似入切

馬豪骭也者本驔字訓此當云驪馬黃脊玉篇騽驪馬黃脊又馬豪骭馥謂又云者乃宋人據本書增入釋畜驪馬黃脊騽郭云脊背毛黃釋文云騽說文作驔音簟字林云又音譚今爾雅本亦有作驔者據此則驔騽二訓唐本已誤

⿰馬倝　馬毛長也從馬倝聲 侯旰切

馬毛長也者廣韻駁䮂蕃中大馬出異字苑馥謂蕃馬毛長故名䮂

馬逸足也從馬從飛司馬法曰飛衛斯輿 甫微切

馬逸足也者玉篇騛兔古之駿馬也廣韻騛兔馬而兔走呂氏春秋離俗覽飛兔要褭古之駿馬也或借飛字漢書袁盎傳騁六飛馳不測山 從飛者徐鍇本作飛聲 飛衛斯輿者集韻類篇竝引作騛

駿馬以壬申日死乘馬忌之從馬敖聲 五到切

駿馬者高注呂覽云驁千里馬名也荀悅漢紀成帝諱驁驁之字曰俊馥案廣韻駿馬之俊

千里馬也孫陽所相者從馬冀聲天水有驥縣 几利切

千里馬也者論語驥不稱其力釋文驥古之善馬也離騷乘騏驥以馳騁兮注云騏驥駿馬也言乘駿馬一日可致千里呂氏春秋貴卒篇所謂驥者爲其一日千里也桓譚新論夫畜生賤也然有尤善者皆見記識故馬稱驊騮驥騄 孫陽所相者者徐鍇曰孫陽卽伯樂也舊多云驥長鳴於蒲坂伯樂見而識之也馥案隋書經籍志有伯樂相馬經

馬之良材者從馬夋聲 子峻切

韓非十過篇屈產之乘寡人之駿馬也 七發此亦天下之至駿也太子能彊起乘之乎 前秦錄姚襄有駿馬日行千里 劉恢詩東皋有一駿名曰千里駒 馬之良材者者一切經音義二引作馬之才良者也穆天子傳天子之駿注云駿者馬之美稱楚詞七諫駑駿雜而不分兮注云良馬爲駿也

良馬也從馬堯聲 古堯切

良馬也者赭白馬賦品驍騰李善引本書同一切經音義十三引作良馬駿名也戴侗曰漢書梟騎借用梟

馬小皃從馬垐聲讀若箠 之壘切

本書[illegible]從[illegible]馬旁在右

籀文從[illegible]

馬高六尺爲驕從馬喬聲詩曰我馬維驕一曰野馬 舉喬切

馬高六尺爲驕者公羊解詁天子馬曰龍高七尺以上諸侯曰馬高六尺以上卿大夫士曰駒高五尺以上馥案駒卽驕高注淮南修務訓馬五尺以下爲駒 詩曰我馬維驕者小雅皇皇者華文彼作駒釋文云本亦作驕 一曰野馬者不受控制故爲驕縱莊子在宥篇僨驕而不可係者其惟人心乎史記司馬相如傳天蟜据以驕驁兮

馬七尺爲騋八尺爲龍從馬來聲詩曰騋牝驪牡 洛哀切

馬七尺爲騋八尺爲龍者釋畜曰馬八尺爲駥郭云周禮曰馬八尺以上爲駥馥案後漢書注引爾雅作龍周禮庾人馬八尺以上爲龍七尺以上爲騋六尺以上爲馬漢舊儀大宛汗血馬皆高七尺 詩曰騋牝驪牡者詩無此文葢說詩者之言爾雅騋牝驪牡郭注詩云騋牝三千馬七尺以上爲騋見周禮又元駒褭驂郭注元駒小馬別名褭驂曰鄭注檀弓引爾雅騋牝驪牡元以元字上屬又注周禮庾人引爾雅騋牝驪牡元駒褭驂賈疏云騋中所有牝則驪色牡則元色兼有駒褭驂是賈疏亦與郭異又案論語敢用元牡亦牡元連文本書所引無元字或脫漏非與鄭不同也

馬名從馬雚聲 呼官切

馬名從馬僉聲 魚窆切

馬名從馬此聲 雌氏切

馬名從馬休聲 許尤切

馬赤鬣縞身目若黃金名曰媽吉皇之乘周文王時犬戎獻之從馬從文文亦聲春秋傳曰媽馬百駟畫

馬也西伯獻紂以全其身無分切

馬赤鬣縞身目若黃金名曰媽吉皇之乘者媽字衍當云名曰吉皇之乘博物志文馬赤鬣身白目若黃金名古黃之乘馥案古當爲吉周書王會犬戎文馬而赤鬣縞身目若黃金名吉皇之乘符瑞圖王者車馬有節則見騰黃騰黃者神馬也其色黃一名乘黃亦曰飛黃或曰吉黃東京賦擾澤馬與騰黃李善云山海經曰大封國有文馬縞身朱鬣名曰吉良瑞應圖曰騰黃神馬一名吉光然則吉良騰黃一馬而異名也馥案抱朴子騰黃之馬吉光之獸海外西經奇肱之國其人乘文馬注云文馬即吉良也纂文媽黃目之馬也宋書符瑞志白馬朱鬣王者任賢良則見苻堅時大宛獻天馬朱鬣五色　周文王時犬戎獻之者文王當爲成王漢書王莽傳天重以三能文馬晉灼曰許愼說文馬縞身金精周成王時犬戎獻之海內北經犬封國曰犬戎國有文馬縞身朱鬣目若黃金名曰吉量之乘壽千歲注云周書曰犬戎文馬赤鬣白身目若黃金名曰吉黃之乘成王時獻之六韜曰文身朱鬣眼若黃金項若雞尾名曰雞斯之乘大傳曰駮身朱鬣雞目山海經亦有吉黃之乘壽千歲者惟名有不同說有小錯其實一物耳今博舉之以廣異聞也　文亦聲者當爲文聲

日媽馬百駟畫馬也者宣二年左傳文彼作文字王肅云畫馬爲文正義云謂文飾彫畫之朱其尾鬣之類也馥案定十年左傳公子地有白馬四公嬖向魋魋欲之公取而朱其尾鬣以與之齊策敝邑有文馬二駟　西伯獻紂以全其身者六韜商王拘周伯昌於羑里太公與散宜生以金千鎰求天下珍物以免君之罪於是得犬戎氏文馬豪毛朱鬣目如黃金名雞斯之乘以獻商王尚書大傳西伯既戕耆紂囚之牖里散宜生遂之犬戎氏取美馬駮身朱鬣雞目者取九匹男陳於紂之廷紂出見之還而觀之曰此何人也散宜生趨而進曰吾西蕃之臣昌之使者紂曰非子辠也崇矦也遂遣西伯伐崇禮說文王得白馬朱鬣淮南道應訓散宜生乃以千金求天下之珍怪得騶虞雞斯之乘史記周本紀紂囚西伯於羑里閎夭之徒乃求驪戎之文馬而獻之紂乃赦西伯正義按駮馬赤鬣縞身目如黃金文王以獻紂也琴操崇矦虎譖文王於紂乃囚文王於羑里將欲殺之於是文王四臣散宜生等周流海內經歷風土得美女二人水中大貝白馬朱鬣以獻於紂陳於中庭紂立出西伯古今樂錄紂囚文王於羑里欲殺之於是文王四臣太顛宏夭散宜生南宮适之屬周流海內經歷風土得白馬朱鬣以獻於紂陳其中庭紂見之仰天而嘆曰嘻哉此誰寶散宜生趨而進曰是西伯之寶以贖刑罪紂曰於寡人何其厚也立出西伯金樓子箴戒篇殷帝紂囚西伯羑里西伯乃獻獸黃金目毛如織錦

騎 馬彊也從馬支聲章移切

馬彊也者通俗文彊健曰騎廣雅騎強也

駜 馬飽也從馬必聲詩云有駜有駜毗必切

馬飽也者飽當爲肥徐鍇韻譜玉篇廣韻五經文字並作肥　詩云有駜有駜者魯頌有駜文傳云駜馬肥彊貌

駫 馬盛肥也從馬光聲詩曰四牡駫駫古熒切

馬盛肥也者玉篇駫馬肥壯盛貌　詩曰四牡駫駫者後人亂之當云駉駉牧馬陳啓源曰詩駉敘下釋文云駉古熒反說文作驍又作駫今說文駉字引詩在駉之野牧馬苑也駫字引詩四牡駫駫馬盛肥也二字徐皆古熒切然

則駫乃詩之駉字駉乃別字馥案玉篇駉與駫同可與釋文互證詩駉駉牧馬在坰之野傳云駉駉良馬腹幹肥張也即本書盛肥詩借駉字或通作洸詩武夫洸洸釋訓洸洸武也

騯 馬盛也從馬旁聲詩曰四牡騯騯薄庚切

馬盛也者或借旁字詩清人駟介旁旁釋文云王云旁旁彊也　詩曰四牡騯騯者小雅車攻文彼作龐龐傳云龐龐充實也

䭰 䭰䭰馬怒皃從馬卬聲吾浪切

䭰䭰馬怒皃者廣韻䭰馬怒驚䭰也或借昂字楚辭卜居寧昂昂若千里之駒乎

驤 馬之低卬也從馬襄聲息良切

馬之低卬也者戴侗曰漢書交龍襄首借襄字

驀 上馬也從馬莫聲莫白切

騎 跨馬也從馬奇聲 渠羈切

玉篇馬下云黃帝臣相乘馬 周禮大司馬帥師執提注云提謂馬上鼓有曲木提持鼓立馬髦上者故謂之提疏云先鄭𦵔據當時已有單騎舉以況周其實周時皆乘車無輕騎法也 昭二十五年左傳左師展將以公乘馬而歸正義古者服牛乘馬馬以駕車不單騎也至六國之時始有單騎蘇秦所云車千乘騎萬匹是也劉炫謂此左師展將以公乘馬而歸欲共公單騎而歸此騎馬之漸也 曲禮前有車騎則載飛鴻 正義古人不騎馬經典無言騎者今言騎者當是周末時禮 論語策其馬皇氏曰六籍唯用馬乘車無騎馬之文唯曲禮云前有車騎是騎馬目今云策其馬不知爲騎馬以爲乘車也 顧炎武曰詩云古公亶父來朝走馬古者馬以駕車不可言走曰走者單騎之稱程大昌雍錄曰恐此時或已變乘爲騎不暇駕車按王應麟謂六韜言騎戰其書當出於周末又引公羊傳齊侯唁公以鞍爲几公羊亦周末之書也史記樊噲傳沛公留車騎獨騎馬噲等四人步從

跨馬也者釋名騎支也兩腳枝別也

駕 馬在軛中從馬加聲 古訝切

呂氏春秋勿躬篇乘雅作駕

馬在軛中者一切經音義十四引字林馬在軛中曰駕又二十二引三蒼載曰乘馬曰駕

𩣡 籀文駕

騑 驂旁馬從馬非聲 甫微切

襄八年左傳騑也受其咎杜云騑子駟名

驂旁馬者李善注洛神賦引作驂駕一切經音義五驂旁馬曰騑詩小戎騧驪是驂箋云驂兩騑也檀弓脫驂而賻之注云騑馬曰驂覲禮使者降以左驂注云騑馬曰驂後漢書章帝紀騑馬可輟解輟解之注云夾轅者爲服馬服馬外爲騑馬徐廣曰馬在中曰服在外曰騑騑亦名驂

騈 駕二馬也從馬幷聲 部田切

五經異義天子駕數易孟京春秋公羊說天子駕六毛詩說天子至大夫同駕四士駕二詩云四騵彭彭武王所乘龍旂承祀六轡耳耳魯僖所乘四牡騑騑周道倭遲大夫所乘謹案禮王度記曰天子駕六諸侯與卿同駕四大夫駕三士駕二庶人駕一說與易春秋同 說苑天子乘馬六匹諸侯四匹大夫三匹元士二匹下士一匹 哀十七年左傳良夫乘衷甸兩牡正義四馬爲上乘兩馬爲中乘其諸侯大夫士惟駕二無四二十七年陳成子以乘車兩馬賜顏涿聚之子士喪禮云賵以兩馬是惟得駕兩無上乘也韓詩外傳古者命於其君然後得乘飾車騈馬未得命者不得乘飾車騈馬

駕二馬也者詩小戎駕我騏馵釋文引王肅注駕兩馬者肅又云古者一轅之車夏后氏駕兩馬謂之麗殷益以一騑謂之驂周人又益以一謂之駟顏謂麗即騈也故凡對偶謂之騈麗容齋續筆漢功臣表許盎以騈鄰說衛騈鄰者二馬曰騈謂並兩騎爲軍翼也

驂 駕三馬也從馬參聲 倉含切

駕三馬也者李善注北征賦引作旁馬也一切經音義八說文驂駕三馬也旁馬曰驂居右爲驂乘者備非常也詩

大叔于田兩驂如舞傳云在旁曰驂桓三年左傳驂絓而止注云驂騑馬正義云說文云騑驂旁馬是騑驂爲一也初駕馬者以二馬夾轅而已又駕一馬與兩服爲參故謂之驂又駕一馬乃謂之駟故說文云驂駕三馬也駟一乘也兩服爲主以漸參之兩旁二馬遂名爲驂故總舉一乘則謂之駟指其騑馬則謂之驂 衛策拊驂無答服高云兩旁曰驂轅中曰服

駟 一乘也從馬四聲 息利切

一乘也者左傳正義引同玉篇駟四馬一乘也詩清人駟介旁旁箋云駟四馬也詩干旄良馬六之傳云四馬六轡正義上章四之謂服馬之四轡也加一騑馬益一轡故言五之也又加一驂更益一轡故六之也穆天子傳獻良馬十駟郭云四馬爲駟謂四十匹也馥案四馬一乘因以乘爲四數少儀乘壺酒孟子發乘矢是也

駙 副馬也從馬付聲一曰近也一曰疾也 符遇切

副馬也者後漢書魯恭傳賜駙馬從駕注云駙副也非正所乘皆爲副說文曰駙副馬也漢舊儀中黃門駙馬漢書

蘇武傳宦騎與黃門駙馬爭船顏注駙副也百官公卿表駙馬都尉掌駙馬顏注駙副馬也非正駕車皆爲副馬通鑑魏王珪問諸將若殺副馬爲三日食足乎注云凡北人用騎兵各乘一馬又有一馬爲副馬通鑑又云賀拔勝追高歡段韶射勝馬斃之比副馬至歡已逸去一曰近也者文選求通親親表駙馬奉車李善引本書同本書近附也附當爲駙俗作附廣雅附近也

馬和也從馬皆聲 戶皆切

馬和也者廣韻⿰馬皆馬性和也

馬搖頭也從馬我聲 五可切

駊騀也從馬皮聲 普火切

駊騀也者玉篇駊騀馬搖頭也廣韻駊騀馬惡行

馬行皃從馬舀聲 土刀切

馬行皃者纂文作騊云馬行也或借陶字詩清人駟介陶陶傳云陶陶驅馳之皃

馬行頓遲從馬竹聲 冬毒切

馬行威儀也從馬癸聲詩曰四牡騤騤 渠追切

馬行威儀也者儀當爲義玉篇騤馬强行 詩曰四牡騤騤者小雅采薇文傳云騤騤彊也

馬行徐而疾也從馬學省聲 於角切

集韻⿱𦥯馬羊諸切說文馬行徐而疾引詩四牡⿱𦥯馬⿱𦥯馬類篇同玉篇⿱𦥯馬馬行徐而疾⿱𦥯馬馬腹下聲廣韻⿱𦥯馬馬行皃⿱𦥯馬馬腹下鳴類篇馬鳴腹謂之⿱𦥯馬馥案本書有⿱𦥯馬⿱𦥯馬兩字傳寫脫⿱𦥯馬字今以⿱𦥯馬之注闌入⿱𦥯馬下而闕⿱𦥯馬字注也

馬行疾也從馬侵省聲詩曰載驟駸駸 子林切

馬行疾也者廣雅駸駸疾也阮籍詩青驪逝駸駸陸機詩駸駸策素騏 詩曰載驟駸駸者小雅四牡文傳云駸駸驟貌釋文引字林與本書同

馬行相及也從馬從及讀若爾雅小山馺大山峘 穌荅切

馬行相及也者本書𨗽行皃一曰此與馺同馥案廣韻迨遝行相及也遝即𨗽字玉篇馺馹馬行皃廣雅馺及也方言馺馬馳也郭注馺馺疾皃也文選甘泉賦輕先疾雷而馺遺風三輔黃圖馺娑宮馺娑馬行疾皃馬行迅疾一日之閒徧宮中言宮之大也 從及者徐鍇本作及聲 讀若爾雅小山馺大山峘者釋山文彼作岌

馬行疾也從馬仌聲 房戎切

馬步疾也從馬耴聲 尼輒切

馬行仡仡也從馬矣聲 五駭切

馬行仡仡也者本書仡勇壯也趍直行也漢書司馬相如傳仡以佁儗兮張揖曰仡舉頭也西京賦羣獸駓騃薛君韓詩章句云趍曰駓行曰騃或借俟字詩吉日儦儦俟俟傳云趍則儦儦行則俟俟後漢書馬融傳注引韓詩駓駓俟俟俟俟

馬疾步也從馬聚聲 鉏又切

馬疾步也者廣雅驟犇也急就篇騏駹馳驟怒步超顏注疾步曰驟成十八年左傳杞伯於是驟朝於晉正義驟是疾行之名國語驟救傾危以時賈注驟疾也宋書傅弘之傳弘之姚弘馳道內緩服戲馬或馳或驟

馬疾走也從馬匃聲 古達切

馬疾步也從馬風聲 符嚴切

馬馳也從馬區聲 豈俱切

馬馳也者玉篇驅驟也奔馳也廣雅驅犇也詩山有樞弗馳弗驅正義走馬謂之馳策馬謂之驅馥謂本書馬馳當爲馳馬

古文驅從攴

易比卦王用三驅鄭作歐　說苑君道篇當堯之時益掌歐
禽　漢書禮樂志不示以大化而獨歐以刑罰賈誼傳或歐
之以法令田叔傳孟舒登歐之哉顏注竝云歐與驅同　又
借歐字史記趙世家歐代地漢書食貨志歐民而歸之農
從攴者顏師古曰歐字
從攴攴音普木反也

馳 大驅也從馬也聲 直离切
大驅也者廣韻馳騖也疾驅也一切經音義十七疾走
曰馳廣雅馳犇也莊十年左傳公將馳之詩車攻不失其
馳孫子作戰篇馳車千駟孟子好馳馬試劍史記絳侯世
家上自勞軍至霸上及棘門軍直馳入又云將軍約軍中
不得
驅馳

騖 亂馳也從馬敄聲 亾遇切
亂馳也者一切經音義七騖疾馳也廣雅騖犇也齊策邯
鄲之中騖鮑注騖亂馳也韓非外儲說牽馬推車則不能
進代御執轡持策則馬咸騖矣後漢書光武紀今此誰賊
而馳騖擊之乎注引前書音義直騁曰馳亂馳曰騖蔡邕

釋誨前車已覆襲軌而騖文選射雉
賦彼游田之致獲或乘危以馳騖

⿱𠛱馬 次弟馳也從馬𠛱聲 力制切
次弟馳也者就列不
亂也集韻⿱列馬馴也

騁 直馳也從馬甹聲 丑郢切
直馳也者廣雅騁犇也韓詩章句騁馳也襄二十六年左
傳而騁告公定八年傳林楚怒馬及衢而騁杜注竝云騁
馳也

駾 馬行疾來皃從馬兌聲詩曰昆夷駾矣 他外切
馬行疾來皃者廣韻駾奔突也　詩曰昆夷駾矣者大雅
緜文彼作混夷傳云駾突正義云說文云駾馬疾行皃引
詩混夷
駾矣

⿰馬失 馬有疾足從馬失聲 大結切
馬有疾足者玉篇⿰馬失馬疾走也廣韻⿰馬失馬行疾也詩駉傳
云驛驛善走也釋文作善足漢律置傳有高足中足下足
尸子夫買馬不論足力以
白黑爲儀必無走馬矣

駻 馬突也從馬旱聲 侯旰切
馬突也者當爲突馬也漢書刑法志是猶以鞿而御駻突
如淳曰駻突惡馬也字或作馯淮南氾論訓是猶無鏑銜
橜策錣而御馯馬也
高注馯馬突馬也

駧 馳馬洞去也從馬同聲 徒弄切
馳馬洞去也者集韻類篇竝引作馳駧去
也玉篇駧馬疾走易乾鑿度駈駧元化

驚 馬駭也從馬敬聲 舉卿切
馬駭也者吳子治兵篇戢其耳目無令驚駭
習其馳逐閑其進止國策宣子至橋馬驚

駭 驚也從馬亥聲 侯楷切

驚也者廣雅駭驚起也蒼頡篇駭驚也哀六年公羊傳諸
大夫見之皆色然而駭孔叢嘉言篇馬方駭鼓而驚之六
轡不禁周禮大司馬鼓皆駴釋文駴
本亦作駭馥案英雄記整兵駭鼓

⿰馬㐬 馬奔也從馬㐬聲 呼光切

騫 馬腹縶也從馬寒省聲 去虔切
馬腹縶也者縶當爲熱徐鍇本作熱鍇曰馬腹病字
書騫馬病廣韻騫馬腹熱韻會云舊韻注作縶誤

駐 馬立也從馬主聲 中句切
本書⿺辶馬馬不
行也讀若住
馬立也者釋名駐株也如株木不動也蒼頡篇駐止也漢
書韓延壽傳今旦明府早駕久駐未出東觀漢記梁商門
無駐馬請謁之賓英雄記呂布駐馬青瑣門外招王允曰
公可以去乎魏文帝臨渦賦駐馬書鞭晉中興書元帝至
河陽爲津吏所止從者以馬鞭
拂之曰宮禁貴人而被汝駐邪

馴　馬順也從馬川聲 詳遵切

馬順也者文選鸚鵡賦能馴擾以安處李善引說文馴順也列子黃帝篇無不柔馴者釋文馴順也一切經音義二十廣雅馴擾也善也亦從也淮南說林訓馬先馴而後求良鹽鐵論馴馬不馴御者之過也史記五帝紀能明馴德徐廣曰馴古訓字小司馬曰史記馴字徐廣皆讀曰訓訓順也言聖德能順人也案洪範于帝其訓史記作順馬融同故注云于天爲順也

駗　馬載重難行也從馬㐱聲 張人切

馬載重難行也者玉篇駗驙馬載重難行也

驙　駗驙也從馬亶聲易曰乘馬驙如 張連切

駗驙也者猶趁蟺也廣雅驙難也　易曰乘馬驙如者屯卦文彼作邅如乘馬班如馬融作驙云驙如難行不進之皃震爲馬馬足故驙如也

驇　馬重皃從馬執聲 陟利切

集韻驇驇馬行不前皃案莊子在宥篇天下始喬詰卓鷙釋文卓鷙行不平皃

馬重皃者史記晉世家惠公馬鷙不行索隱謂馬重而陷之於泥秦本紀晉君弃其軍與秦爭利還而馬鷙國語晉師潰戎馬還濘而止馥謂馬重易陷陷則益重

驧　馬曲脊也從馬鞠聲 巨六切

本書匔曲脊也趜窮也通俗文體不申謂之趜

騬　犗馬也從馬乘聲 食陵切

犗馬也者本書羠騬羊也廣雅騬犗也周禮校人攻特先鄭云攻特謂騬之廋人教駣攻駒後鄭云攻駒騬其蹄齧者後唐郭崇韜謂魏王繼曰騬馬亦不可乘

馻　系馬尾也從馬介聲 古拜切

系馬尾也者玉篇馻結馬尾廣韻馻馬馬尾結也

騷　擾也一曰摩馬從馬蚤聲 穌遭切

擾也者廣雅騷擾也詩常武徐方繹騷傳云騷擾動也　一曰摩馬者俗謂搔馬廣韻爬搔也

馽　絆馬也從馬口其足春秋傳曰韓厥執馽前讀若輒 陟立切

襄二十五年左傳子展執縶而見　呂氏春秋仲夏紀游牝別其羣則縶騰駒　淮南子是猶兩絆騏驥而求其致千里也韓詩外傳如皆守社稷則孰負羈縶而從　東觀漢記光武雖發師旁縣人馬席薦鞾靬皆有成頁　漢獻帝春秋申脰就羈蹴足入絆　吳時外國傳月支貢人以舶載馬到加營國售之若於路失羈絆但將頭皮示之亦售半價　楊偉時務論雖剛怒飍戾蹄齧之馬若足拘靽縶口銜轡勒箠策畢至則躡躡循軌　杜夷幽求胡羈鏤絆

絆馬也者韻會引徐鍇本絆馬足也本書絆馬縶也馽字云馽馬絆也楚辭九思赴崑山兮馽騄王注馽駿馬而絆

之莊子馬蹄篇連之以羈馽釋文崔云馽絆前兩足也經典竝用縶字一切經音義一縶絆也拘執也顏注急就篇在足曰靽廣雅縶絆也詩白駒縶之維之傳云縶絆有客言授之縶以縶其馬箋云縶絆也成九年左傳南冠而縶者誰也杜注縶拘執襄十五年公羊傳夫負羈縶何注縶馬絆也楚辭九歌霾兩輪兮縶四馬王注縶絆也莊子秋水篇東海之鼈左足未入而右膝已縶矣釋文引三蒼縶絆也思元賦縶騕褭以服箱舊注縶羈也通鑑尒朱榮廄有悍馬高歡不加羈絆而翦之注云縶足曰絆　春秋傳曰韓厥執馽前者成二年左傳文彼作韓厥執縶馬前杜注縶馬絆也　讀若輒者昭二十年穀梁傳輒者何也兩足不能相過齊謂之綦楚謂之踂衛謂之輒釋文輒本亦作縶劉兆云如見絆縶也鄭注士喪禮綦讀如馬絆綦之綦

縶　馽或從糸執聲

與䭾同意秦公子縶字子䮕盧植曰䮕作驥

或從糸執聲者徐鍇本作或從執糸

駘　馬銜脫也从馬台聲　徒哀切

馬銜脫也者後漢書崔寔傳御委其轡馬駘其銜注引本書同

駔　壯馬也从馬且聲一曰馬蹲駔也　子朗切

牡馬也者類篇引作馬壯也五音集韻引作壯馬也戴侗曰徐本說文曰牡馬也唐本說文曰奘馬也集韻奘或作駔五音集韻駔與奘同大也玉篇駔猶麤也駿馬也方言秦晉之閒凡人之大謂之奘或謂之壯魏都賦冀馬塡廄而駔駿李善引說文駔壯馬也五臣云駔壯也謂冀北所生馬塡溢廄中而呈壯駿也赭白馬賦於時駔駿充階街今李善引說文駔壯也王融曲水詩序駔駿亟列廣絕交論附駔驥之旄端李善引說文駔壯馬也七發鍾岱之牡齒至之車又駕飛軨之車乘牡駿之乘顏謂兩牡字竝當作壯畢君以珣曰廣雅粗麤弁大也說文奘駔大也釋言奘駔也郭注今江東呼大爲駔駔猶麤也廣雅訓大之粗麤字卽駔字張揖郭璞俱溷駔麤粗爲一義或魏晉時有此語非古訓也說文原訓奘馬初譌爲壯又譌爲牡廣韻麆大也駔駿馬案駔大字本作駔卽魏都賦所云駔駿者

是廣韻以駔爲駿馬而別出麆字訓大尤謬說文音子朗切徐鍇韻譜音徂朗切駔从且聲不應有朗音爾雅釋文駔在魯反又子朗反沈集注本作麆音同孫炎二本幷作將且而無奘駔沈集衆本今爲一字據釋文此言是沈合將且爲一字因有子朗之音此諸書踵誤之由也集韻之奘在朗切或作駔大也以駔爲奘之或體襲沈之本爾雅之誤又云麆大也通作駔麆坐五切麆卽釋文所云沈合將且爲一字者其通作麆則承廣韻也玉篇駔猶麤也在古切此訓與爾雅郭注同無子朗之音說文麆麤子也與爾雅同可證廣韻集韻之誤馥案爾雅郭注當歸似斬而麆大釋文云麆本今作麤此亦駔麆相溷李善讀駔爲于助反後人或於子朗之音改助爲助周禮典瑞駔圭璋璧琮琥璜之渠眉鄭注駔讀爲組考工記玉人駔琮五寸鄭注駔讀爲組釋文駔音祖此可定駔之本音而知子朗之謬矣

一曰馬蹲駔也者本書怚驕也淮南氾論訓注云駔驕駔類篇引本書一曰市會後漢書注引本書駔會也御覽駔儈類引本書駔馬也此有闕誤廣韻駔會馬市人淮南子段干木晉國之大駔注云駔市儈也史記貨殖傳駔儈會兩家交易者

如今之度市

騶　廄御也从馬芻聲　側鳩切

廄御也者玉篇騶養馬人名成十八年左傳程鄭爲乘馬御六騶屬焉杜注乘馬御乘車之僕也六騶六閑之騶襄二十三年傳豐點爲孟氏之騶月令季秋天子乃教田獵命僕夫七騶咸駕楚策使人發騶徵莊辛於趙韓非說林有欲以御見荆王者衆騶妒之外儲說韓宣子曰吾馬菽粟多矣甚臞何也周市對曰使騶盡粟以食雖無肥不可得也漢書敘傳滕公廄騶東方朔傳朔給騶朱儒顏注騶本廄之御騶也後以爲騎謂之騶騎後漢書梁冀傳使黃門令具瑗將左右廄騶注云騶騎士也宋均傳令兩騶扶之注云騶養馬者亦曰騶騎張讓趙忠傳凡詔所徵求皆令西園騶密約勑注云騶養馬人王隱晉書嵇喜爲太僕廄騶

驛　置騎也从馬睪聲　羊益切

置騎也者廣雅驛置驛也文十六年左傳楚子乘驛會師于臨品杜注驛傳車也襄二十七年傳子木使驛謁諸王杜注驛傳也孟子速於置郵而傳命許白雲云馬遞曰置步遞曰郵史記孝文本紀太僕見馬遺財足餘皆以給置

傳索隱案廣雅云置驛也續漢書云驛馬三十里一置故樂彥亦云傳置一也言乘傳者以傳次受名乘置者以馬取匹如淳云律四馬高足爲傳置四馬中足爲馳置下足爲乘置一馬二馬爲軺置急乘一馬曰乘也漢書劉屈氂傳乘疾置以聞顏注置謂所置驛也李陵傳因騎置以聞顏注騎置謂驛騎也西域傳事有便宜因騎置以聞顏注騎置卽今之驛馬也馮奉世傳燔燒置亭顏注置謂置驛之所也顧炎武曰史記張敖傳要之置置驛也如曹相國世家取祁善置田橫傳至尸鄉廄置之置漢書馮奉世傳燔燒置亭是也東觀漢記衛颯爲桂陽太守列亭置驛風俗通漢改郵爲置置者度其遠近之閒置之也漢有廄律魏改爲郵驛令李衛公問對陛下勑自突厥至回紇部落凡置一驛六十六處以通斥堠斯已得策矣後漢書西域傳十里一亭三十里一置魏畧大秦國郵驛亭置如中國十里一亭三十里一置後唐與服志驛馬三十里一置顧炎武曰古人以三十里爲一舍左傳楚子入鄭退三十里而許之平注以爲退一舍而詩言我服既成于三十里周禮遺人三十里有宿宿有路室然則漢人之驛馬三十里一置有自來矣漢書陳湯傳段會宗爲烏孫兵所圍驛騎上書東觀漢記東平王蒼病上置馬傳起居以千里爲程魏

新律序秦世舊有廄置乘傳副車食廚漢初承秦不改後以費廣稍省故後漢但設騎置而無車馬北史周本紀行幸洛陽帝親御驛馬四皇后及文武侍衛並乘馹以從顧炎武曰漢書高帝紀乘傳詣雒陽師古曰傳若今之驛古者以車謂之傳車其後又單置馬謂之驛騎竊疑此法春秋時當已有之如楚子乘驛會師於臨品祁奚乘驛而見范宣子楚子以馹至於羅汭子木使馹謁諸王楚人謂遊吉曰吾將使驛奔問諸晉而以告國語晉文公乘馹自下脫會秦伯於王城呂氏春秋齊君乘馹而自追晏子及之國郊皆事急不暇駕車或是單乘驛馬而注疏家未之及也馥案漢王溫舒爲河內守具私馬五十匹自河內至長安以奏事此亦單騎之證也或借繹字詩常武徐方繹騷箋云繹當作驛徐國傳遽之驛

馹 驛傳也從馬日聲 人質切

驛傳也者本書傳遽也釋言馹傳也郭注傳車驛馬之名舍人曰馹尊者之傳也馥案昭五年左傳楚子以馹至於羅汭晉語晉侯乘馹自下脫會秦伯於王城晏子春秋齊君乘馹而自追晏子此皆尊者之傳

騰 傳也從馬朕聲一曰騰犗馬也 徒登切

傳也者一切經音義十二說文騰傳也傳音知戀反謂傳遞郵驛也後漢書隗囂傳因數騰書隴蜀注引本書同一曰騰犗馬也者去勢曰犗經典皆以騰爲牡故有乘匹之說未聞其爲犗也詩閟宮不震不騰傳云騰乘也易屯卦乘馬班如鄭注馬牡曰乘呂氏春秋季春紀是月也乃合累牛騰馬游牝于牧高注累牛父牛也騰馬父馬也皆將羣游從牝于牧之野風合之又注淮南時則訓云騰馬騰駒躍踶善將羣者也

䮴 苑名一曰馬白頟從馬隺聲 下各切

駉 牧馬苑也從馬冋聲詩曰在駉之野 古熒切

詩曰在駉之野者魯頌駉文彼云駉駉牧馬在坰之野薄言駉者傳云駉駉良馬腹幹肥張也坰遠野也牧之坰野則駉駉然案駉駉當爲駫駫說見駫下詩以駉代駫以坰代駉

駪 馬衆多皃從馬先聲 所臻切

馬衆多皃者詩皇皇者華駪駪征夫傳云駪駪衆多之皃

駮 獸如馬倨牙食虎豹從馬交聲 北角切

郭璞贊駮惟馬類實畜之英驤首騰旄嘘天雷鳴氣無不凌吞虎辟兵　李白賦別有白貘飛駮牙若錯劍

獸如馬倨牙食虎豹者釋畜文詩晨風隰有六駮傳云駮如馬倨牙食虎豹正義倨牙者蓋謂其牙倨曲也後漢書馬融傳倨牙黔口或作居牙淮南本經訓句爪居牙張指注子虛賦作鋸牙陳書武帝紀鉤爪鋸牙之獸文選七命句爪摧鋸牙捭虞世南師子賦鉤爪鋸牙藏鋒畜銳周處風土記猲獢五魚狼牙鋸齒一切經音義十七駮獸名鋸牙食虎豹者也郭知元韻駮獸名似馬鋸牙食虎豹逸周書王會篇義渠以茲白茲白者若白馬鋸牙食虎豹孔注茲白一名駮博物志茲白狀如酋耳尾長參其身食虎豹海外北經北海有獸焉其名曰駮狀如白馬鋸牙食虎豹西山經中曲之山有獸焉其狀如馬而白身黑尾一角虎牙爪音如鼓其名曰駮是食虎豹可以御兵管子小問篇桓公問曰今者寡人乘馬虎望見而不敢行其故何也管仲對曰意者君乘駮馬而游桓迎日而馳乎公曰然管仲

曰此駮象也駮食虎豹故虎疑焉說苑記晉公問師曠平漢書司馬相如傳楚王乃駕馴駮之駟劉原父使契丹時順州山中有獸如馬食虎豹北人不識原父曰此所謂駮也馥案今河陝之閒有此獸俗呼馬頭所在無虎或借駮字易說卦爲駮馬正義言此馬有牙如鋸能食虎豹王廙云駮馬能食虎豹取其至健也

駃 駃騠馬父驘子也從馬夬聲 古穴切

廣韻駃馬日行千里　一切經音義二駃騠駿馬也列女傳曰生月超其母是也　白帖燕王會樂毅以駃騠良馬肉也　廣雅駃騠馬屬也　逸周書正北請令以駃騠爲獻淮南齊俗訓六騏驥駟駃騠高注駃騠北翟之良馬也史記李斯傳駿良駃騠不實外廄　漢書司馬相如傳駃騠驢驘郭璞曰駃騠生三日而超其母　鄒陽傳食以駃騠孟康曰駃騠駿馬也生七日而超其母　鹽鐵論騾驢駃騠實於外廄　後漢書杜篤傳鞭駃騠注云駃騠駿馬也生七日而超其母也　董卓傳卓孫年七歲爲作小鎧使騎駃騠馬隋六閑五曰左右駃騠閑　通典駃騠駿馬也生十日而超其母　發蒙記駃騠刳其母腹而生　蘇源明上疏至有乘馬駃驢入宣政紫宸者　廣志作浹蹄

駃騠馬父驘子也者白帖引作驢子爾雅翼引作驢母史記索隱引作驘子又引字林馬父驘子北狄之良馬也

駃騠也從馬是聲 杜兮切

驢父馬母從馬𣎆聲 洛戈切

呂氏春秋愛士篇趙簡子有兩白騾而甚愛之 史記匈奴傳其奇畜則有驢驘 漢書西域傳驢非驢馬非馬若龜茲王所謂驘也 鹽鐵論驘驢之用不中牛馬之功 唐書藩鎮傳吳少誠地少馬乘騾以戰號騾子軍尤悍銳

驢父馬母者古今注驢爲牡馬爲牝卽生騾 楚辭九歎同駑驘與椉駔兮王注馬母驢父生子曰驘 漢書霍去病傳單于遂乘六驘顏注驘者驢種馬子堅忍 齊民要術驢覆馬生驘則準常以馬覆驢所生驘形容壯大彌復勝馬 通典驘驢種而馬生之也 通鑑魏主餉蠕蠕驢及騾胡注騾驢父馬母堅耐健走 爾雅翼驘者馬牝驢牡所生似驢而健於馬舊非中國所產故漢書以爲匈奴奇畜也馬力在前髆驢力在後髀驘力在腰騎乘者隨其力所在而進退之驘股有鎖骨故不能生其狀大骨若臼而口小小骨若杵而頭大小口銜大頭故不可出此驘所以不滋息 𣎆聲者韻會引徐鍇本作𣎆省聲驢字云或不省

或從贏

似馬長耳從馬盧聲 力居切

袁淑廬山公九錫文音隨時興晨夜不默仰契元象俯協漏刻應更鳴聲豪分不易摯壺著稱未足比德斯爾之智也青脊隆身長頰廣額脩尾後垂巨耳雙磔斯又爾之形也嘉麥既孰實維精麪圓磨回衡迅若風轉惠我衆庶神祇獲薦斯又爾之能也 顧炎武日自秦以上傳記無言驢者嘗考驢之爲物至漢而名至孝武而得充上林至孝靈而貴幸後漢書五行志靈帝於宮中西園駕四白驢躬自操轡驅馳周旋以爲大樂於是公卿貴戚轉相放效至乘輜軿以爲騎從互相侵奪賈與馬齊然其種大抵出於塞外自趙武靈王騎射之後漸資中國之用

似馬長耳者急就篇補注驢似馬長耳其毛厖褐能旋磨及馱負 孔帖帝謂李忠臣卿耳大眞貴兆對曰臣驢耳大龍耳小 詩話咸通中以進士車服僭差不許乘馬皆跨長耳或嘲之曰今年敕下盡騎驢

說文解字義證　卷三十　五十四　連筠簃叢書　靈石楊氏栞

驢子也從馬冡聲 莫紅切

驢子也者急就篇補注驢其子名⿰馬冡 集文驢一曰漠驪其子曰⿰馬冡 蟲異賦注引總龜曰牛父驢母所生謂之駏⿰馬冡 集韻歕歕驢鳴

驒騱野馬也從馬單聲一曰青驪白鱗文如鼉魚 代何切

驒騱野馬也者漢書司馬相如傳蛩蛩驒騱郭璞曰驒騱駏驉類也傳又云軼野馬 穆天子傳野馬日走五百里 鹽鐵論驒騱驛馬盡爲我畜 通鑑張說曰血非野馬必不畏刺注云非人家及廄牧所畜而自孳生於野者謂之野馬

一曰青驪白鱗文如鼉魚者釋畜青驪驎驒郭注色有深淺斑駁隱粼今之連錢驄釋文驒說文云馬文如鼉魚韓詩字林皆云白馬黑髦 史記匈奴傳驒騱索隱云說文云野馬屬一云青驪白鱗文如鼉魚

驒騱馬也從馬奚聲 胡雞切

說文解字義證　卷三十　五十五　連筠簃叢書　靈石楊氏栞

騊駼北野之良馬從馬匋聲 徒刀切

海外北經北海內有獸其狀如馬名曰騊駼郭注陶塗兩音 揚雄解嘲後陶塗注云北方國名出良馬因以爲名 郭璞贊騊駼野駿產自北域交頸相摩分背翹陸雖有孫陽終不在服 漢舊儀天子六廄有騊駼廄 三輔黃圖騊駼廄在長安城外 隋六閑四曰左右騊駼閑

騊駼北野之良馬者字林騊駼北狄良馬也一曰野馬馥案釋畜騊駼馬下文云野馬郭注野馬如馬而小出塞外據字林則騊駼野馬爲一物 衛策遺衛君野馬四百高注野馬騊駼也 淮南主術訓騎驥馬而服騊駼高注騊駼野馬也 通典騊駼野馬類也 周書王會解禺氏騊駼注云騊駼馬屬又云請令以騊駼駃騠爲獻 漢書司馬相如傳轊騊駼史記集解徐廣曰騊駼似馬而青

騊駼也從馬余聲 同都切

衆馬也從三馬 甫虯切

衆馬也者御覽引字林驫衆馬行也玉篇驫走皃廣韻驫衆馬走皃吳都賦驫駴䮮矞李善注衆馬走皃

文一百一十五　重八

𩦺　馬行徐而疾詩曰駟牡𩦺𩦺

說見鷽下

駂　黑馬驪白雜毛

釋畜驪白雜毛駂郭注今之烏驄釋文駂音保說文云黑馬驪白雜毛詩大叔于田乘乘鴇傳云驪白雜毛曰鴇釋文鴇音保驪白雜毛曰鴇依字作駂

駣

御覽引云馬一歲曰馵二歲曰駒三歲曰駣八歲曰馱玉篇廣韻並云駣馬四歲也

驏　馬臥土中也　張扇反

藝文類聚引索字林驏馬臥土中也玉篇驏馬轉臥土中廣韻驏馬土浴

遺文四

解廌獸也似山牛一角古者決訟令觸不直象形从豸省凡廌之屬皆从廌　宅買切

解廌獸也者或借豸字宣十七年左傳庶有豸乎注云豸解也釋文解音蟹董巴與服志獬豸神羊也金樓子興王篇常年之人得神獸若羊名曰獬豸隋書禮儀志引蔡邕曰解豸如麟一角　似山牛一角者神異經有獸如牛一角名曰獬豸　古者決訟令觸不直者太元堅次八惟用解蟵之貞注云解蟵好直之獸也又難上九角解豸終以直其有施注云解豸直獸也有疑則以角觸之終能為人別曲直故可施行困學紀聞引作角觟䚦論衡是應篇儒者說云觟䚦者一角之羊也性知有罪皋陶治獄其罪疑者令羊觸之有罪則觸無罪則不觸斯葢天生一角聖獸助獄為驗故皋陶敬羊起坐事之神異經東北荒中有獸如牛一角毛青四足似熊見人鬭則觸不直聞人論則咋不正名曰獬豸一名任法獸故立獄皆東北依所在也漢書司馬相如傳弄解廌張揖曰解廌似鹿而一角人君刑罰得中則生於朝廷主觸不直者宋書符瑞志獬豸知曲直獄訟平則至東晳元居釋朝養觸邪之獸廷有指佞之艸唐書侯思止傳高元禮教曰上如問君不識字宜對獬豸不學而能觸邪胡廣注漢官篇御史法冠一名獬豸豸獸名知人曲直觸邪佞漢官儀左傳南冠而縶楚冠也秦滅楚以其冠賜近臣御史服之即今解廌冠也古有解廌獸觸不直者故執憲以其形用為冠令觸人也續漢書輿服志法冠一曰柱後或謂之獬豸冠獬豸神羊能別曲直楚王常獲之故以為冠牛僧儒象化解解豸之性觸而瑰飾獬豸冠足以象觸邪

解廌屬从廌孝聲闕　古孝切

篇海作𧳰云瑞獸也

獸之所食艸从廌从艸古者神人以廌遺黃帝帝曰何食何處曰食薦夏處水澤冬處松柏　作甸切

漢書景帝紀廣薦大莽　唐書南詔傳越賧之西多薦艸

獸之所食艸者管子問篇馬牛之肥腯其老而死者皆舉之其就山藪林澤食薦者幾何注云薦艸之美者八觀篇薦艸多衍則六畜易繁也注云薦茂艸也莊子齊物論麋鹿食薦釋文司馬云美艸也崔云甘艸也郭璞云六畜所食曰薦韓非內儲說若如臣者猶獸鹿也惟薦艸而就漢書終軍傳北胡隨畜薦居蘇林曰薦艸也後漢書馬融傳其土毛則推牧薦艸注引莊子麋鹿食薦或借荐字定四年左傳吳爲封豕長蛇以荐食上國襄四年左傳戎狄荐居正義服虔云荐艸也言狄人逐水艸而居徙無常處劉炫案莊子云麋鹿食荐荐即荐是艸也服言是　古者神人云云者御覽引作春夏處水澤秋冬處竹箭松筠白帖解廌神奇之獸一名任法狀如牛古者決訟令之以觸不直黃帝時有遺者帝問何食飲曰食薦春夏處水澤秋冬處松柏宗懍引風俗通獬豸食棟蕧疑薦棟聲誤

刑也平之如水从水廌所以觸不直者去之从去　方乏切

釋名法逼也莫不欲從其志逼正使有所限也　文子問老法安所生曰法生於義義生於衆適合乎人心此治之要也愼子治國無其法則亂守法而不變則衰有法而行私謂之不法以力役法者百姓也以死守法者有司也以道變法者君長也

刑也者刑當從井爲荆本書荆下引易井法也經典皆用刑字釋詁刑法也書呂命惟作五虐之刑曰法　平之如水從水者本書水準也灋讞議辠也與法同意桓子新論治獄如水習鑿齒曰夫水至平而邪者取法鏡至明而醜者忘怒水鏡之所以能窮物而無怨者以其無私也水鏡無私猶以免謗況大人君子懷樂生之心流矜恕之德法行於不可不用刑加乎自犯之罪罰之而非私誅之而不怒天下有不服者乎續漢書百官志廷尉平一人掌平決詔獄華嶠後漢書吳雄以明法律斷獄平爲廷尉魏志高柔曰廷尉天下之平也安得以至尊喜怒而毀法乎天文錄平星主天下之獄事若今廷尉之象故星贊曰平星執法正綱紀也

法 今文省

佱 古文

文四　重二

鹿 獸也象頭角四足之形鳥鹿足相似從匕凡鹿之屬皆從鹿 盧谷切

獸也者韻會引徐鍇本作山獸爾雅疏引作解角獸也衞波傳鹿生三年其角自墮　鳥鹿足相似從匕者鳥當爲㲋形誤本書云㲋足與鹿同又云㲋從二匕與鹿足同

麚 牡鹿從鹿叚聲以夏至解角 古牙切

牡鹿者顔注急就篇鹿牡者曰麚釋獸鹿牡麚又麔麚短脰俗作麚中山王文木賦麚宗驤旅通鑑魏改元神麚注云麚牡鹿也　以夏至解角者月令仲夏之月鹿角解易通卦驗鹿者獸之陰也應陰解角也夏至太陽始屈陰氣始升

麟 大牝鹿也從鹿粦聲 力珍切

大牝鹿也者牝當爲牡玉篇麟大麚也東京賦解罘放麟薛注大鹿曰麟陸璣詩疏今并州界有麟大小如鹿非瑞應麟也故司馬相如賦射麋脚麟謂此麟也

⿸鹿耎 鹿麛也從鹿耎聲讀若便弱之便 奴亂切

鹿麛也者鹿字衍吳都賦翳薈無麢麛李善引說文麢麛也集韻麢麛也廣雅麢麛也揚雄蜀都賦麢麛鹿麛顔謂麢卽麛之省文　讀若便弱之便者曹憲麢音奴侯反集韻音奴亂切隸體需變作而與耎通魏書鮮卑有貂豽麛子皮毛柔蠕後漢書作蝡

⿸鹿速 鹿迹也從鹿速聲 桑谷切

鹿迹也者字林同　速聲者速當爲速釋獸鹿其迹速速亦當作速釋文作𨘢音素卜反似誤本書迹籀文作速廣雅踈迹也踈卽速變辵從足傳寫誤從束此如楝字郭璞音霜狄反廣韻作楝音桑谷切其誤正同玉篇踈獸迹也

踈速音相近字林𨘢一曰鹿子䴢謂本書亦當有此義今脫周禮迹人禁麛卵者

麛 鹿子也從鹿弭聲 莫兮切

鹿子也者一切經音義四麛麑鹿之子也釋獸鹿其子麛呂氏春秋孟春紀無麛無卵高注鹿子曰麛也淮南時則訓注同漢書貨殖傳蝝魚麛卵顔注麛鹿子也字或作麑魯語獸長麑麌韋注鹿子曰麑淮南主術訓不取麑夭鹽鐵論挬捕麑㲉後漢書劉陶傳虎豹窟於麑場古今人表鉏麛左傳作麑論語麑裘玉藻注引作麛

麉 鹿之絕有力者從鹿幵聲 古賢切

鹿之絕有力者者釋獸鹿絕有力麉又云麢絕有力豜釋文豜郭音與上麉字同詩七月獻豜于公正義云釋獸釋鹿與麢皆云絕有力豜箋意蓋以豜爲鹿麢有力者也

麒 仁獸也麇身牛尾一角從鹿其聲 渠之切

本書羿字云杜林以爲麒麟字　春秋保乾圖歲星散爲麟春秋運斗樞機星得則麟生　孝經援神契德至鳥獸則

麒麟臻 白帖麟者麕身狼尾馬足含仁戴義雄鳴曰游聖雌鳴曰歸昌王者不刳胎則在郊 廣雅麒麟狼題肉角含仁懷義音中鐘呂步行中規折還中矩游必擇土翔必後處不履生蟲不折生艸不羣居不旅行不入穽陷不羅罘罔文章彬彬故呼爲大角之獸 說苑麒麟含仁懷義音中律呂行步中規折旋中矩擇土而踐位平然後處不羣居不旅行份兮其有質文也幽閒則循循如也動則有容儀 孔叢子記問篇叔孫氏之車子曰鉏商樵於野而獲獸焉衆莫之識以爲不祥棄之五父之衢冉有告夫子曰麕身而肉角豈天之妖乎夫子曰今何在吾將觀焉遂往謂其御高柴曰若求之言其必麟乎到視之果信 鶡冠子度萬篇麒麟者元枵之獸陰之精也 春秋孔演圖麟木精也宋均注云木精生水故曰陰木氣好土土黃木青故麟色青黃 五經異義今春秋公羊說麐者木精一角赤目爲火候古春秋左氏說麐生於火而游於中央軒轅大角之獸奉德侯陳欽說麐西方毛蟲金精也 京房易傳麟有五采腹下黃高丈二 月令章句天官五獸中有大角軒轅之信凡麟生于火游于土故脩其母致其子五行之精也視明禮脩則麒麟臻又頌云皇矣大角降生靈獸視明禮脩麒麟來兮 郭璞贊麟惟靈獸與麐同體習在隱蹤仁表不抵孰爲來哉宣尼揮涕韡綜

頌懿哉麒麟惟獸之伯世平覿景否則戢足德以衛身不布牙角 瑞應圖麟王者嘉祥也羊頭狼蹄圓頂身有五彩腹下黃高一丈二尺含仁抱義 不羣居不旅行彬彬乎其有文章食嘉禾之實飲珠玉之英 何法盛徵祥記麟麐身牛尾狼頭一角黃色馬足

仁獸也者哀十四年春秋經西狩獲麟杜注麟者仁獸公羊傳麟者仁獸也何注狀如麕一角而戴肉設武備而不爲害所以爲仁也周書王會麟者仁獸也春秋孔演圖麟仁獸木之精也曹植仁孝論禽獸惟白虎麒麟稱仁獸者以其明盛衰知治亂也何法盛徵祥記麒麟者毛蟲之長仁獸也 麋身牛尾一角者麋當爲麐初學記引作麐身牛尾肉角 御覽引作馬身牛尾肉角一切經音義二引作麋身牛尾一角角頭有肉釋獸麐麕身牛尾一角 郭注角頭有肉 陸璣詩疏麟麕身牛尾馬足黃色員蹄一角角端有肉 牟子麟麕身牛尾鹿蹄馬背 京房易傳麟麕身牛尾狼額馬蹄 說苑麒麟麕身牛尾圓頂一角 詩麟之角傳云麟角所以表其德也 箋云麟角之末有肉示有武而不用家語辨物篇有麐而角者何也孔子往觀之曰麟也 劇秦美新肉角之獸 李善云麟也 漢書武帝紀獲白麟 顏注麟麐身牛尾馬足黃色圜蹄一角角端有肉勸進表一角之獸李善引感精符曰麟一角明海內共一主也古文苑大赦賦捫麒麟之肉角注云麒麟瑞獸一角角端有肉後漢書班固傳肉角馴毛注云肉角謂麟也搜神記麟如麕羊頭頭上有角其末有肉西涼武昭王麒麟頌一角圓蹄行中規矩史記司馬相如傳獸則麒麟角端索隱郭璞云麒似麟而無角顏案傳記言一角皆曰麟不曰麒或有麒麟並舉而無單屬麒者據郭氏說則麐身牛尾一角六字當在麐下後人改移於此

麐 牝麒也從鹿吝聲 力珍切

牝麒也者白帖牡曰麒牝曰麟史記司馬相如傳獸則麒麟角觿索隱引張揖云雄曰麒雌曰麟何法盛徵祥記麒麟者牡曰麒牝曰麟牡鳴曰游聖牝鳴曰歸昌

麋 鹿屬從鹿米聲麋冬至解其角 武悲切

春秋運斗樞搖光星散爲麋 本艸麋生南山山谷及淮海邊陶云今海陵閒最多千百爲羣多牝少牡其角大益人事

出彭祖傳中 急就篇狸兔飛鼯狼麋麐 顏注麋似鹿而大冬至則解角目上有眉因以爲名也 馥案鐘鼎款識眉壽多作麋壽 類從麋目下有竅夜即能視 漢五行志麋之爲言迷也蓋牝獸之淫者也

鹿屬者字林同西山經西皇之山其獸多麋鹿郭注麋大如小牛鹿屬也楚辭九歌麋何食兮庭中王注麋獸名似鹿也 麋冬至解其角者一切經音義八蒼頡篇麋以冬至解角者也字林麋以冬至日解角夏小正十有一月隕麋角傳云隕墜也日冬至陽氣至始動諸向生皆萌蓢符矣故麋角隕記時焉爾周書時訓解冬至又五日麋角解麋角不解兵不藏淮南時則訓仲冬之月麋角解高注應微陽天文訓毛羽者飛行之類也故屬於陽日者陽之主也是故春夏則羣獸除日至而麋角解高注冬至麋角解夏至鹿角解

麎 牝麋也從鹿辰聲 植鄰切

牝麋也者釋獸麋牝麎 顏注急就篇麋其牝者曰麎詩吉日其祁孔有箋云祁當作麎麎麋牝也某氏爾雅注引詩作麎與鄭同周禮大司馬注鄭司農云五歲爲愼元謂愼讀爲麎麋牝曰麎

大麇也狗足從鹿旨聲 居履切

山海經女几之山多麖麂郭注麂似麞而大猥毛豹脚 本艸鹿生東南山谷圖經云今有山林處皆有而均房湘漢閒尤多實麞類也其皮作履舄勝於衆皮衍義云麂小於麞但口兩邊有長牙好鬬其聲如擊破鈸鈸 大麇也者麇當爲麞釋獸麐大麠 狗足者釋獸麐旄毛狗足一切經音義十三麐似麞而大猥毛狗足也

或從几

急就篇狸兔飛鼯狼麇麐黃注麐卽麂也

麞也從鹿囷省聲 居筠切

詩吉日傳云麕牝陸本作牡音茂 詩野有死麕釋文作麏云本亦作麕又作麇獸名也 郭璞爾雅音麕或作麏或作麇 哀十四年公羊傳有麏而角者釋文麏本又作麇亦作麕 李善曰麏與麇音義同五臣云桂林有麇 麞也者陸璣詩疏麏麞也青州謂之麏伏候古今注麞一名麕青州人謂麕爲麞急就篇麇麈麖麀皮給履顏注麇

卽今之麞也哀十四年左傳逢澤有介麇焉釋文麇麞也蕪城賦階鬭麏鼯李善云公羊傳有麇而角者劉兆曰麇麞也

籀文不省

麋屬從鹿章聲 諸良切

麋屬者麋當爲麇廣雅麇麞也麋亦麇之譌韋昭曰楚人謂麕爲麃郭璞曰麃卽麞釋草麋舌本草作麋舌音徂倫切圖經云麞類甚多麕其總名也有有牙者有無牙者然其牙不能噬齧崔豹古今注麞有牙而不能噬鹿有角而不能觸是也俗作獐考工記注齊人謂麕爲獐呂氏春秋博志篇使獐疾走馬弗能至已而得者其時顧也高注反顧稽其時故見得也

麋牝者從鹿咎聲 其久切

釋獸麔麎短脰

麋牝者者牝當爲牡釋獸麋牡麔顏注急就篇麋其牡者曰麔

大鹿也牛尾一角從鹿畺聲 舉卿切

大鹿也牛尾一角者釋獸文彼作麠郭注麠卽麞馥案本書麃麠屬玉篇麠大麃中山經歷山其獸多麖郭注似鹿而小黑色漢書地理志山多麈麖顏注麖似鹿而小吳都賦頳麖麖五臣云麖大麇也史記封禪書郊雍獲一角獸若麃然有司曰陛下肅祗郊祀上帝報享錫一角獸蓋麟云索隱引韋昭云體若麕而一角楚人謂麕爲麃

或從京

或從京者本書鱷或從京

麠屬從鹿爂省聲 薄交切

麠屬者字林同陸璣詩疏林慮山下人語曰四足之美有麃兩足之美有鷏麃似鹿而小

麋屬從鹿主聲 之庾切

名苑鹿之大者曰麈羣鹿隨之皆視麈所往麈尾所轉爲準於文主鹿爲麈古之談者揮焉 許詢有黑白麈尾兩銘 華陽國志郪縣宜君山出麈尾 九州要記元武山有麈尾入貢 麋屬者御覽引作鹿屬也大而一角戴侗引唐本大力一角玉篇麈獸似鹿一切經音義十六引字林麈似鹿而大一角也周書王會稷愼大麈注云麈似鹿漢書司馬相如傳沈牛麈麋張揖曰麈似鹿而大顏注地理志麈似鹿而大又注急就篇麈似鹿尾大而一角談說者飾其尾而執之以爲儀夏小正十有二月隕麈角傳云蓋陽氣且睹也

狻麑獸也從鹿兒聲 五雞切

狻麑獸也者釋獸狻麑如虦貓食虎豹郭注卽獅子也或作猊廣韻狻猊師子屬一走五百里穆天子傳狻猊野馬走五百里

山羊而大者細角從鹿咸聲 胡毚切

揚雄蜀都賦獸則麙羊野麋

山羊而大者者釋畜羊六尺爲羬郭注引尸子大羊爲羬六尺釋文本亦作麙西山經錢來之山有獸焉其狀如羊而馬尾名曰羬羊郭注今大月氏國有大羊如驢而馬尾爾雅六尺爲羬謂此羊也又作𤟹廣韻𤟹羊有力也

大羊而細角從鹿霝聲郎丁切

大羊而細角者玉篇麢麢羊也角入藥釋獸麢大羊郭注麢羊似羊而大角圓銳好在山崖閒西山經翠山其陰多旄牛麢麝郭注麢似羊而大角細上林賦足壄羊張揖云壄羊麢羊也似羊而青宋祁初山川記九眞有麢羊大如犊牛俗作羚本草羚羊角生石城山川谷及華陰山陶云今出建平宜都諸蠻中及西域多兩角一角者勝角甚多節蹙蹙圓繞圖經云其形似羊色青而大其角長一二尺有節如人手指握痕又至堅勁陳藏器云羚羊夜宿以角挂木不著地元和郡縣志當州貢羚羊又借靈字後漢書西南夷傳有靈羊可療毒

鹿屬從鹿圭聲古攜切

如小麋臍有香從鹿䠶聲神夜切

如小麋臍有香者麋當爲麇御覽引云黑色麞如小麋臍有香釋獸麝父麕足郭注脚似麕有香又注西山經麝似獐而小有香本草麝香陶云麝形似麞常食柏葉又噉蛇五月得香往往有蛇皮骨談苑商汝山中多麝絕愛其臍每爲人所逐勢且急即自投高巖舉爪裂出其香就縶而死猶拱四足以保其臍秦嘉與婦書令奉麝香一片可以辟惡氣趙辟公雜說西北之麝噬虺而食柏故其香結唐書杜鴻漸傳獻麝臍五石元和郡縣志同州貢麝香寰宇記歸州秭歸縣麝香山在縣東南多麝

似鹿而大也從鹿與聲羊茹切

蜀都賦麢麌鹿麝

似鹿而大也者集韻郊羊大者曰羬麌

旅行也鹿之性見食急則必旅行從鹿丽聲禮麗皮納聘蓋鹿皮也郎計切

旅行也者埤雅云說文麗旅行也詩曰儦儦俟俟或羣或友則以鹿性旅行故趨則儦儦行則俟俟也說苑麒麟不旅行鹿之性見食急則必旅行者服虔左傳注鹿得美草呦呦相呼毛詩草蟲經鹿飲食則皆鳴相召志不相忌也淮南泰族訓鹿鳴興於獸而君子大之者取其見食而相呼也　禮麗皮納聘蓋鹿皮也者三五歷紀古者麗皮爲禮崔駰婚禮文委禽奠鴈配以鹿皮經典作儷士冠禮主人酬賓束帛儷皮注云儷兩也皮鹿皮也士昏禮納徵元纁束帛儷皮注云儷兩也皮鹿皮聘禮上介奉幣儷皮注云儷猶兩也皮麋鹿皮公羊解詁儷皮者鹿皮古史考伏犧制嫁娶以儷皮爲禮南齊書裴昭明傳禮納徵儷皮爲庭實鹿皮也成十一年左傳鳥獸猶不失儷又不能庇其伉儷而亡之杜注儷耦也淮南繆稱訓與俗儷走而內行無繩

古文

汗簡引作丽案本書麗從丽聲聲字後人加之蓋從古文

籀文麗字

汗簡引作

牝鹿也從鹿從牝省於虯切

莊君述祖曰夏小正鹿人從當作麀從麀字從反人誤作正人故一字分爲兩字

牝鹿也者顏注急就篇鹿牝者曰麀釋獸鹿牝麀詩靈臺麀鹿攸伏傳云麀牝也孟子趙注麀鹿牝鹿也襄四年左傳忿其國恤而思其麀牡釋文麀鹿牝也一切經音義九牝牸也

或從幽聲

文二十六　重六

行超遠也從三鹿凡麤之屬皆從麤倉胡切

行超遠也者隱元年公羊釋文引說文麤大也馥案玉篇廣雅竝云麤大也本書闕此義

鹿行揚土也從麤從土直珍切

鹿行揚土也者鹿旅行故揚土玉篇塵埃塵也昭三年左傳湫隘囂塵杜注塵土

籀文

文二　重一

㲋　獸也似兔青色而大象形頭與兔同足與鹿同凡㲋之屬皆從㲋　丑畧切

獸也似兔青色而大者玉篇或作㚟顏延之自陳表息㚟肅微中山經綸山其獸多㚟郭注㚟似兔而鹿脚青色　頭與兔同足與鹿同者本書兔字云兔頭與㲋頭同鹿字云鳥鹿足相似鳥當作㲋

籀文

毚　狡兔也兔之駿者從㲋兔　士咸切

鮑昭擬古詩伐木青江湄設罝守毚兔　夏侯湛獵兔賦覶毚兔之所隱乃精望而審發　廣志兔大者曰毚　蒼頡解

詁毚大兔也

狡兔也者狡當爲訬經典竝作狡詩巧言躍躍毚兔傳云毚兔狡兔也韓詩趯趯毚兔謂狡兔數往來逃匿其迹秦策引詩躍躍毚兔高注毚狡也齊策狡兔有三窟史記淮陰矦傳狡兔死西京賦毚兔聯遾薛綜注毚狡兔也　兔之駿者者玉篇毚駿兔也馥案駿猶良也新序雜事篇昔者齊有良兔曰東郭㕙齊策夫韓國盧天下之駿狗也東郭㕙海內之狡兔也或曰駿兔大兔也詩爲下國駿厖傳云駿大也

獸名從㲋吾聲讀若寫　司夜切

讀若寫者王君念孫曰寫古讀若湑故詩蓼蕭裳裳者華車舝三篇與湑語處爲韻說文御從卸聲卸從午聲讀若汝南人寫書之寫是則寫卸御午吾聲竝相近也

獸也似狌狌從㲋夬聲　古穴切

獸也者廣雅〓狭也曹憲〓音決狭音烏郎反郭璞曰今江東呼貉爲狭〓廣雅〓狖也字林狖謂之〓玉篇〓狭〓也或作〓〓獸似貍　似狌狌者周書王會都郭狌狌狌狌若黃狗人面能言海內南經狌狌知人名其爲獸如豕而人面或作猩猩釋獸猩猩小而好啼大荒北經有青獸人面名曰猩猩

文四　重一

兔　獸名象踞後其尾形兔頭與㲋頭同凡兔之屬皆從兔　湯故切

春秋運斗樞玉衡星散而爲兔　玉篇兔毛可爲筆　古今注兔口有缺尻有九孔　論衡兔舐毫而孕及其生子從口而出

象踞後其尾形者兔好踞乚象後其尾也　兔頭與㲋頭同者本書㲋頭與兔同

逸　失也從辵兔兔謾訑善逃也　夷質切

失也者逸失聲相近廣雅逸失也北史齊高祖紀見一赤兔每搏輒逸桓八年左傳隨侯逸杜注逸逃也宣十七年

傳晉人緩之逸杜注緩不拘執使得逃去也成十六年傳乃逸楚四成二年傳馬逸不能止荀子哀公篇其馬將失或與佚通論語逸民本書作佚民夷逸漢石經作夷佚書無逸史記作無佚盤庚惟予一人有佚罰傳云佚失也成二年公羊傳佚獲也何注佚獲者已獲而逃亡也論衡貧罰篇王良之善御也鞭策不載而千里可期然不可以無鞭策者以馬之有佚也　兔謾訑善逃也者集韻慢訑弛縱意馥案本書謾欺也沇州謂欺曰詑言兔陽不動乘虛而逃以欺人也

冤　屈也從兔從冂兔在冂下不得走益屈折也　於袁切

屈也者一切經音義四冤猶屈也或借苑字詩都人士我心苑結傳云苑猶屈也屈或作曲廣雅冤曲也　兔在冂下不得走益屈折也者益九經字樣作善一切經音義十九同輟耕錄善訓多詩載馳女子善懷鄭箋善猶多也漢書岸善崩善亦多也莊子庚桑楚尋常之溝巨魚無所還其體而鯢鰌爲之制注云制折也小魚得曲折也馥謂兔在冂下猶小魚在溝

娩 兔子也娩疾也從女兔 芳萬切

兔子也者廣雅娩兔子也釋獸兔子嬎郭注俗呼曰䨲釋文作娩云本或作嬎玉篇䨲娩也字林䨲兔子也顏注急就篇兔其子曰嬎 娩疾也者本書㲜疾也 從女兔者當云兔聲盧君文弨曰說文娩從女兔芳萬切萬當爲遇娩從兔得聲形近誤爲萬廣韻娩在赴細下是矣而又出孚万一切宋人加之

㲜 疾也從三兔闕 芳遇切

疾也者玉篇㲜急疾也 今作趠趠疾也亦作赴

文五

萈 山羊細角者從兔足苜聲凡萈之屬皆從萈讀若丸 寬字從此 胡官切

山羊細角者者孟喜易萈萈山羊也張揖子虛賦注野羊麢羊也顏師古曰野羊今所謂山羊非麢羊矣杜預奏事臣前在南間魏興北山有野羊大者數百斤試令求今者得牝牡一其形不異土羊然是野獸土所稀有馥案萈麢皆細角而形大 讀若丸者論語夫子莞爾而笑釋文莞作萈易萈陸夬夬虞翻曰萈如夫子萈爾而笑之萈

文一

犬 狗之有縣蹏者也象形孔子曰視犬之字如畫狗也 凡犬之屬皆從犬 苦泫切

狗之有縣蹏者也者縣蹏在前足上徐鍇曰縣蹏足趾高顏注急就篇狡少犬也謂狗之有縣蹄者也廣志狗有縣蹄短尾之號傳元走狗賦足縣鉤爪甯戚相牛經縣蹄欲得如八字五音集韻釆獸縣蹄馥案易剝牀以辨虞注指閒稱辨辨即釆字曲禮正義通而言之狗犬通名若分而言之則大者爲犬小者爲狗故月令皆爲犬而周禮有犬人職無狗人職也

狗 孔子曰狗叩也叩气吠以守從犬句聲 古厚切

釋畜未成豪狗郭注狗子未生𩍿毛者 九家易斗爲犬斗訕故犬臥訕也 春秋考異郵七九六十三陽氣通故斗運狗三月而生也宋均注狗陽至於三故狗各高三尺斗之精所生也 孔子曰狗叩也叩气吠以守者狗叩守三字聲相近爾雅釋文引字林狗家獸也餘與本書同玉篇狗家畜以吠守白帖犬有守禦之勞包氏論語章句犬以守禦易說卦傳艮爲狗九家云艮止主守禦也周禮犬人疏云艮卦在丑艮爲止以能吠守止人則屬艮昭二十三年左傳吏人之與叔孫居於箕者請其吠狗正義云狗有吠守者檀弓仲尼之畜狗死注云畜狗馴守鄭注大傳犬畜之以口吠守者也漢書五行志犬以吠守晉書天文志狗二星主吠守張淵觀象賦天狗接狼以吠守通鑑東魏楊愔曰畜狗求吠今以數吠殺之恐將來無復吠狗

獀 南越名犬獿獀從犬叜聲 所鳩切

玉篇獀秋獵也經典作蒐隱五年左傳春蒐夏苗又案論語人焉廋哉方言廋隱也文十八年左傳服讒蒐慝注云蒐隱也是獀廋並借蒐字

南越名犬獿獀者名犬六書故引作犬名五音集韻南越人謂犬爲獿獀

尨 犬之多毛者從犬從彡詩曰無使尨也吠 莫江切

犬之多毛者者增韻犬𤟭毛者爲尨釋畜絕有力狣尨狗也穆天子傳天子之豪馬豪牛尨狗豪羊注云尨尨茸謂猛狗或曰尨亦狗名馥案僖五年左傳狐裘尨茸杜注尨茸亂貌七修類稿唐武后時藥王韋善俊有犬名烏尨或借尨字說苑如尨之守戶 詩曰無使尨也吠者召南野有死麕文傳云尨狗也

狡 少狗也從犬交聲匈奴地有狡犬巨口而黑身 古巧切

少狗也者玉篇狡獸名少狗也淮南俶眞訓狡狗之死也割之有濡高注狡少也詩彼狡童兮傳云昭公有壯狡之志 匈奴地有狡犬巨口而黑身者白帖匈奴獻豹犬錐口赤身四尺急就篇豭豶狡犬野雞雛顏注狡犬匈奴中大犬也鉅口赤身周書王會匈奴狡犬狡犬者巨身四足馥謂當爲四尺

獪 狡獪也從犬會聲 古外切

狡獪也者狡當爲訬本書訬訬獪方言央亡嘿尿婚獪也江湖之閒或謂之無賴或謂之獪凡小兒多詐而獪謂之央亡或謂之嬻尿或謂之婚婚娗也或謂之猾皆通語也

犬惡毛也從犬夒聲 奴刀切

犬惡毛也者廣韻獿長毛犬纂文獿㹪皆多毛犬也字林獿多毛犬也爾雅旄毛郭注旄毛獿長

短喙犬也從犬曷聲詩曰載獫猲獢爾雅曰短喙犬謂之猲獢 許謁切

短喙犬也者玉篇作獥云獥獢犬短喙也周處風土記猲獢五魚狠互鋸齒蔡氏清論短喙之犬脩頭之馬詩曰載獫猲獢者秦風駟驖文彼作歇驕傳云歇驕田犬也短喙曰歇驕釋文歇本又作猲 爾雅曰短喙犬謂之猲獢者釋畜短喙猲獢

猲獢也從犬喬聲 許驕切

詩作驕釋文本又作獢

長喙犬一曰黑犬黃頭從犬僉聲 虛檢切

長喙犬者釋畜長喙獫詩毛傳長喙曰獫

一曰黑犬黃頭者初學記引作黃顱

黃犬黑頭從犬主聲讀若注 之戍切

狂見廣雅

短脛狗從犬卑聲 薄蟹切

短脛狗者脛當爲胵玉篇猈狗短胵 廣韻猈犬短頸徐鍇韻譜猈短頸狗

犗犬也從犬奇聲 於离切

犗犬也者廣韻猗犗犬出字林 趙宧光曰猗犗竝割勢異名

犬視皃從犬目口 古闃切

闕處是聲字徐鍇本可證本書奘從攸聲讀若叔是其例

竇中犬聲從犬從音音亦聲 乙咸切

犬暫逐人也從犬黑聲讀若墨 莫北切

犬暫逐人也者戴侗引唐本暫作潛

犬從艸暴出逐人也從犬卒聲 麤沒切

犬從艸暴出逐人也者玉篇猝犬從草中暴出也言倉猝暴疾也突也今作卒馥案廣韻卒急也司馬相如上書卒然遇軼才之獸史記秦本紀不可以應卒

猩猩犬吠聲從犬星聲 桑經切

犬吠不止也從犬兼聲讀若檻一曰兩犬爭也 胡黯切

犬吠不止也者徐鍇本作不正韻會同鍇繫傳曰謂小犬學吠聲未正玉篇作不出㺌與⿰犭監義同廣韻⿰犭監惡犬吠不

止也

小犬吠從犬敢聲南陽新亭有𤡔鄉 荒檻切

小犬吠者玉篇𤡔小犬馥謂當有吠字廣韻𤡔小犬聲 南陽新亭者兩漢志南陽無新亭或新野新都之誤

犬吠聲從犬畏聲 烏賄切

犬吠聲者集韻猥犬衆吠也

獿㺒也從犬夒聲 女交切

獿㺒也者類篇獿㺒謂犬吠 廣韻獿犬驚集韻犬驚吠皃

犬獿獿咳吠也從犬翏聲 火包切

犬獿獿咳吠也者咳當爲駭玉篇㺒犬擾駭也五音集韻獿㺒犬駭吠聲

犬容頭進也從犬參聲一曰賊疾也 山檻切

犬容頭進也者增韻作頤進
一日賊疾也者廣雅獫賊也

嗾犬厲之也從犬將省聲 卽兩切

嗾犬厲之也者廣韻嗾使犬宣二年左傳公嗾夫獒焉
厲當爲勸本書勸勉力也俗作勵小爾雅獎率勵勸也

齧也從犬戔聲 初版切

齧也者史記晉
世家先縱齧狗

惡健犬也從犬刪省聲 所晏切

惡健犬也者廣韻狦獸
名似狼廣雅狦狠也

吠鬭聲從犬艮聲 五還切

吠鬭聲者玉篇集
韻竝作犬鬭聲

犬鬭聲從犬番聲 附袁切

犬怒皃從犬示聲一曰犬難得代郡有狋氏縣讀又若銀 語其切

犬怒皃者玉篇狋犬怒也兩犬爭也漢書東方朔傳狋吽
牙者兩犬爭也　一曰犬難得者集韻類篇竝引作犬難
附代郡有狋氏縣者見漢
志讀又若銀者孟康音權

犬吠聲從犬斤聲 語斤切

犬吠聲者玉篇犷與狺同楚辭九辨猛犬
狺狺而迎吠兮賈岱宗大狗賦夜吠狺狺

犬獡獡不附人也從犬舄聲南楚謂相驚曰獡讀若愬 式畧切

爾雅釋文引廣雅殷虞晉獒楚獷韓獹宋猔皆良犬也猔音
鵲馥案猔卽獡桓譚新論犬首韓盧宋猔　鄭注少儀畜
養者當呼之名謂若韓盧宋鵲之屬　魏文帝云狗於古則
韓盧宋鵲　博物志宋有駿犬曰鵲　孔叢執節篇韓盧宋
鵲盧黑色鵲白色　賈岱宗大狗賦昔宋人有鵲子之譽
大荒北經叔歜國有黑蟲如熊狀名曰猎猎注云或作獡同
犬獡獡不附人也者玉篇獡獡犬不附人而驚皃　南楚
謂相驚曰獡讀若愬者徐鍇本讀若南楚相驚曰獡　方言
獡驚也宋衛南
楚凡相驚曰獡

犬獷獷不可附也從犬廣聲漁陽有獷平縣 古猛切

犬獷獷不可附也者一切經音義二獷彊也說文獷犬不
可附也劇秦美新狃獷而不臻李善引說文獷犬不可親
附也漢書敘傳獷獷亾秦滅我聖文顏注獷獷麤惡之貌
言無親也劉騊駼與李子堅書吏民彊獷南齊書顧歡傳
戎氣強獷陳書南康王子方泰傳少麤獷與諸惡少年羣
聚馥案玉篇獷猝犬不伏牽卽不可附意　漁陽有獷平
縣者見漢志服虔音鞏魏志武帝紀攻鮮于輔於
獷平裴注引續漢書郡國志獷平縣名屬漁陽郡

犬形也從犬爿聲 鉏亮切

犬形也者視犬之字如畫狗後漢書馬
援傳畫虎不成反類於狗言似狗形也

妄彊犬也從犬從壯壯亦聲 徂朗切

國策韓盧者天下
之壯犬也卽此奘

犬如人心可使者從犬敖聲春秋傳曰公嗾夫獒 五牢切

犬如人心可使者者如當爲知釋畜狗四尺爲獒釋文引
說文作知左傳釋文及正義字林集韻增韻韻會通志竝
同使如左傳使鶴之使廣韻嗾使犬周處風土記犬則馴
良捷警難狎易使也宣六年公羊傳靈公有周狗謂之獒
何注周狗可以比周之狗所指如意　春秋傳
曰公嗾夫獒者宣二年左傳文杜注獒猛犬也

怒犬皃從犬需聲讀若槈 奴豆切又乃侯切

怒犬皃者玉篇獳犬怒也　讀若槈者易
需卦歸藏作溽廣韻擩搙諰譳竝屬槈紐

犬食也從犬從舌讀若比目魚鰈之鰈 他合切

犬食也者玉篇狧犬食也與括同九家易犬火之精畏水不敢飲但舌舐水石本書舐歠也漢書吳王濞傳狧糠及米從舌者徐鍇本作舌聲　讀若比目魚鰈之鰈者本書無鰈字釋地東方有比目魚其名謂之鰈玉篇狧鰈同

狎 犬可習也從犬甲聲 胡甲切

賈誼書欲以刑罰慈民辟以鞭狎狗雖久弗親矣

犬可習也者字林狎習也釋詁狎習也襄四年左傳民狎其野杜注狎習也襄六年傳少相狎杜注狎親習也周語未狎君政韋注狎習也曲禮賢者狎而敬之鄭注狎習也又不好狎注云八則習爲好狎經典借甲字詩芄蘭能不我甲傳云甲狎也箋以爲狎習釋文云韓詩作狎書多方甲于內亂釋文引鄭王竝作狎

狃 犬性驕也從犬丑聲 女久切

犬性驕也者左傳正義引作狃也徐鍇本作犬性忕也鍇繫傳曰忕慣習也廣韻狃習也相狎也釋言狃復也郭注狃伏復爲穢謂伏當爲忕忕從小大之大俗從犬故誤爲伏書君陳狃于姦宄傳云習于姦宄詩大叔于田將叔無

狃傳云狃習也桓十三年左傳莫敖狃於蒲騷之役杜注狃忕也正義云說文狃狎也忕習也郭璞云貫忕也今俗語皆然則狃忕皆貫習之義晉語今我不擊歸必狃一大不可狃況國乎韋注狃忕也不擊而歸秦必狃忕而輕我也後漢書馮異傳狃忕小利注云狃忕慣習也或作忸荀子議兵篇忸之以慶賞注云忸與狃同

犯 侵也從犬巳聲 防險切

書大禹謨茲用不犯于有司　論語其爲人也孝弟而好犯上者鮮矣　曲禮介冑則有不可犯之色

侵也者廣韻犯干也侵也廣雅犯侵也釋詁犯勝也郭注陵犯得勝也史記灌夫起舞屬丞相丞相不起夫從坐上語侵之

猜 恨賊也從犬青聲 倉才切

恨賊也者廣韻猜疑也恨也玉篇同小爾雅廣言猜恨也方言猜恨也僖九年左傳耦俱無猜杜注兩無猜恨史記吳起傳猜忍人也

猛 健犬也從犬孟聲 莫杏切

郊特牲虎豹之皮示服猛也　地理志西河郡有虎猛縣

健犬也者廣雅猛健也韓策齊大夫諸子有犬大猛

犺 健犬也從犬亢聲 苦浪切

健犬也者廣雅犺健也

㹤 多畏也從犬去聲 去劫切

多畏也者經典用怯字釋名怯脅也見敵恐脅也後漢書光武紀見小敵怯見大敵勇賈誼書反勇爲怯易林鷙房遝怯如猬見鵲偃示怒腹不敢拒格

杜林說㹤從心

獜 健也從犬粦聲詩曰盧獜獜 力珍切

健也者廣韻獜獜犬健也出說文廣雅獜健也詩曰盧令令傳云盧田犬令令纓環聲非本書義漢志金城郡有令居縣令音力延切令獜聲近借令字

獧 疾跳也一曰急也從犬睘聲 古縣切

疾跳也者玉篇獧跳也廣韻獧躍也或借儇字方言儇疾也楚之閒謂之倢郭注言便倢也一曰急也者本書懁急也廣雅獧急也玉篇獧與狷同續漢書范丹自以狷急不能從容常佩韋後漢書陰興傳豐亦狷急孫巖宋書少帝幼而狷急

倏 走也從犬攸聲讀若叔 式竹切

走也者韻會引作犬走疾也字鑑引同廣韻倏忽犬走疾也讀若叔者莊子大宗師翛然而往徐邈音叔

狟 犬行也從犬亘聲周書曰尚狟狟 胡官切

玉篇狟武皃也今作桓　漢桓道縣魏志作狟道　廣雅桓桓武也　釋訓桓桓烈烈威也郭注皆嚴猛之貌　詩周頌

桓桓武王箋云桓桓有威武之武王魯頌桓桓于征傳云桓桓威武皃漢書地理志河南郡原武莽曰原桓隴西郡襄武莽曰相桓安定郡安武莽曰安桓左馮翊武城莽曰桓城西河郡武車莽曰桓車五原郡武都莽曰桓都鴈門郡武州莽曰桓州遼東郡武次莽曰桓次河閒國武隧莽曰桓隧周書曰尙狟狟者牧誓文彼作桓桓鄭注桓桓威武皃

過弗取也從犬巿聲讀若孛蒲沒切

過弗取也者當云過也拂取也玉篇犻犬過集韻犻拂取也犻犻竝犻之異文

犬張耳皃從犬易聲陟革切

犬張耳皃者朱君文藻曰徐鍇本作犬開張耳皃開當爲闕

犬張斷怒也從犬來聲讀又若銀魚僅切

讀又若銀者左傳厥慭公羊作屈銀

走犬皃從犬而丿之曳其足則刺犮也蒲撥切

走犬皃者玉篇廣韻九經字樣竝作犬走皃　從犬而曳之者本書厂抴也　曳其足則刺犮也者本書癶足剌癶也

曲也從犬出戶下戾者身曲戾也郎計切

曲也云云者字林戾曲也　從犬出戶而身曲戾也

犬相得而鬭也從犬蜀聲羊爲羣犬爲獨也一曰北嚻山有獨㺔獸如虎白身豕鬣尾如馬徒谷切

犬相得而鬭也者犬好鬬故難朋聚　羊爲羣犬爲獨也者羣從羊獨從犬詩吉日或羣或友傳云獸三曰羣曲禮大夫不掩羣正義羣謂禽獸共聚也廣韻獨單獨詩毛傳獨單也方言一蜀也南楚謂之獨　一曰北嚻山云云者北山經北嚻之山有獸焉其狀如虎而白身犬首馬尾彘鬣名曰獨㺔集韻獸㺔獸名如虎而豕鬣

獨㺔獸也從犬谷聲余蜀切

秋田也從犬璽聲息淺切

釋天秋獵爲獮釋文獮說文從繭或作禰從示玉篇獮與獮同秋曰獮殺也又璽與繭同蠶繭也徐鍇本禰秋畋也從示爾聲馥案獮爲獮之誤稱爲獮之誤禰爲祢之異文本書闕璽字史記魯世家作肹誓徐廣曰一作鮮一作獮索隱鮮獮也言於肹地誓衆因行獮田之禮以取鮮獸而祭故字或作鮮或作獮徐鍇曰按經義獮少也取禽獸少也馥謂徐讀爲鮮少不如索隱之說義長

秋田也者釋詁獮殺也郭注秋獵曰獮應殺氣也管子小匡篇秋以田曰獮齊語秋以獮治兵韋注秋田曰獮周禮肆師獮之日涖卜來歲之戒鄭注秋田爲獮大司馬遂以獮田鄭注秋田爲獮獮殺也秋田主用罔中殺者多也隱五年左傳故春蒐夏苗秋獮冬狩杜注獮殺也以殺爲名順秋氣也周語獮於既烝韋注秋田曰獮獮殺也順時始殺也漢書刑法志秋治兵以獮顏注治兵觀威武也獮應殺氣也主父偃傳春蒐秋獮諸侯春振旅秋治兵所以不忘戰也顏注春爲陽中其行木也秋爲陰中其行金也金木兵器所資故於此時蒐獮治兵也獮應殺氣也西京賦

白日未及移晷已獮其十七八薛注獮殺也宋書禮志獮者殺也從秋氣所殺多也

獮或從豕宗廟之田也故從豕示

經典作獮字

宗廟之田也者徐鍇說禰字云獵者所以爲宗廟之事也左傳曰鳥獸之肉不登於俎則君不射故從示廣雅王者以四時畋以奉宗廟白虎通王者諸侯所以田獵何爲苗除害上以共宗廟下以簡集士衆也穀梁傳四時之田皆爲宗廟之事也

放獵逐禽也從犬巤聲良涉切

尸子宓犧氏之世天下多獸故教民以獵也

放獵逐禽也者集韻韻會引作效獵類篇引作校獵

獵也從犬尞聲力照切

獵也者文選七啓獠徒雲布李善引本書同釋天宵田爲獠郭注管子曰獠獵畢弋今江東亦呼獵爲獠或曰即今夜獵載鑪照也馥案詩大叔于田火烈具舉正義云此爲宵田故持火炤之漢書司馬相如傳於是乃羣相與獠於蕙圃文穎曰宵獵爲獠

狩 犬田也從犬守聲易曰明夷于南狩 書究切

犬田也者類篇引作火田也韻會同釋天火田爲狩孫炎曰放火燒艸守其下風周禮羅氏蜡則作羅襦鄭注今俗放火張羅其遺教王制昆蟲未蟄不以火田春秋桓七年焚咸邱杜注焚火田也正義云以火焚地明爲田獵定元年左傳田於大陸焚焉杜注火田並見燒也周語迭田於大陸焚而亦聿注田以火田也管子輕重甲篇齊之北澤燒火光照堂下注云獵而行火曰燒列子黃帝篇趙襄子率徒十萬狩於中山藉芿燔林扇赫百里韓非內儲說魯人燒積澤天北風火南倚恐燒國哀公懼自將衆趣救火者左右無人盡逐獸而火不救漢書刑法志冬大閱以狩顏注狩火田文選七發徼墨廣博望之圻李善云墨燒田也言逐獸於燒田廣博之所而觀望之有圻堮也易曰

明夷於南狩者明夷九三文

臭 禽走臭而知其迹者犬也從犬從自 尺救切

禽走臭而知其迹者犬也者玉篇犬逐獸走而知其迹故字從犬徐鍇曰犬走以鼻知臭故從自馥案禽走者野禽走逃也走屬野禽不屬犬徐語未了賈岱宗大狗賦逆風長厲野禽是覓鼻嗅微香眼裁輕迹周禮迹人鄭注迹之言迹知禽獸處馥在嶧縣見夜獵者放犬入山隨其後犬臭露草知貛狸所在

獲 獵所獲也從犬蒦聲 胡伯切

獵所獲也者本書捷獵也軍獲得也月令章句獵者捷取之名也韓詩趯趯毚兔遇犬獲之獲得也謂狡兔數往來逃匿其迹有時遇犬得之周禮大司馬獲者取左耳鄭注獲得也得禽獸者取左耳當以計功山虞及獘田植虞旗于中致禽而珥焉鄭注田上樹旗令獲者皆致其禽而校其耳以知獲數也襄二十四年左傳收禽挾囚杜注禽獲也馥案展獲字季禽是也襄三十一年傳譬如田獵射御貫則能獲禽若未嘗登車射御則敗績厭覆是懼何暇思獲定九年傳得用焉曰獲杜注若麟爲田獲俘爲戰獲公羊傳旗獲而過我也何注旗獲建旗縣所獲得以過魯也子虛賦烏有先生問曰今日畋樂乎又問獲多乎又與使者出田乃欲勠力致獲以娛左右又鈞獵者之所得獲西京賦置互擺牲頒賜獲鹵七命叩鉦數校舉麾旌獲宋書禮志殿中郎率其屬收禽以實獲車

獘 頓仆也從犬敝聲春秋傳曰與犬犬獘 毗祭切

頓仆也者一切經音義四引作仆也踣也釋言獘踣也孫炎曰前覆曰踣襄三十年左傳泰侈者因而獘之杜注因其罪而獘踣之隱元年傳必自獘閔元年傳難不已將自獘襄二十七年傳單獘其死哀二年傳鄭人擊簡子中肩獘于車中杜注並云獘踣也晉語不與皆獘韋注獘踣也千金序晉朝南移士族不習水土皆患軟脚之疾染者莫不獘踣此皆本爾雅者也釋木木自獘神郭注獘踣覆案神即槇字仆木也又立死甾翳者翳詩皇矣毛傳孔疏俱作獘獘與立死對言亦踣也周禮獸人及獘田大司馬獘旗誅後至者司常及致民置旗獘之鄭注始置旗以致民民至仆之檀弓射之獘一人又吾得正而獘焉斯已矣表記獘而後已鄭注並訓仆也僖七年左傳旣不能彊又不

能弱所以獘也僖十四年傳失援必獘襄二十四年傳象有齒以焚其身服注焚讀曰僨僨僵也爲生齒而僵其身定八年傳與一人俱獘杜注獘仆也哀八年傳魯雖無與立必有與獘范式碑潤枯獘於荆漢 春秋傳曰與犬犬獘者僖四年左傳文彼作獘晉語犬獘韋注獘死也

斃 獘或從死

獻 宗廟犬名羹獻犬肥者以獻之從犬鬳聲 許建切

宗廟犬名羹獻者曲禮犬曰羹獻 犬肥者以獻之者釋詁享獻也本書亯獻也周禮宰夫膳獻

犿 獟犬也從犬幵聲一曰逐虎犬也 五甸切

獟犬也者廣韻獟狂犬類篇獟獷也史記匈奴傳誅獟騂一曰逐虎犬也者初學記引字林犿逐虎犬也廣韻犿逐獸犬

獟 犿犬也從犬堯聲 五弔切

狾犬也者玉篇獟狾狗也狂狗也
廣雅獟狂也纂文獟屈尾犬也

狾犬也從犬折聲春秋傳曰狾犬入華臣氏之門 征例切

狾犬也者狾或作猘折制聲相近莊子尋常之溝而鯢鰌爲之制注云制折也纂文猘狂犬也本草拾遺猘犬狂犬也淮南說林訓猘狗不自投於河吳歷曹公聞孫策平定江南常呼猘兒難與爭鋒宋書張暢傳弟收嘗爲猘犬所傷醫者云食蝦蟇可療北史王晞傳獨孤信署爲開府記室晞稱先被犬傷不赴有故人疑其所傷非猘書勸令赴通鑑東魏斛律羌舉曰黑獺舉國而來欲一決譬猘狗或能噬人字又作瘈後漢書馬融傳獄瘈熊注云瘈亦狂也又作𤠿廣韻𤠿狂犬別名　春秋傳曰狾犬入華臣氏之門者襄十七年左傳文彼云國人逐瘈狗瘈狗入於華臣氏之門釋文瘈字林作狾云狂犬也漢書五行志引作狾顏注狾狂也呂氏春秋適威篇遂應猘狗而弒子陽高注國人有逐猘狗之擾哀十二年左傳國狗之瘈無不噬也杜注瘈狂也

狂 狾犬也從犬㞷聲 巨王切

晉書五行志早歲犬多狂死

古文從心

從心者書微子我其發出狂正義狂生於心而出於外應璩詩積念發狂癡是其事也廣雅狂癡也韓非解老篇心不能審得失之地則謂之狂　老子馳騁田獵令人心發狂

類 種類相似唯犬爲甚從犬頪聲 力遂切

玉篇類種類也　荀子禮論先祖者類之本也楊注類種類也　後漢劉平傳平抱弟仲女曰仲不可以絕類

狄 赤狄本犬種狄之爲言淫辟也從犬亦省聲 徒歷切

赤狄本犬種者初學記御覽竝引云狄赤犬也案此三字當在赤狄上春秋宣三年赤狄侵齊宣十五年晉滅赤狄潞氏十六年滅赤狄甲氏及留吁杜注皆赤狄別種成三年左傳晉郤克衞孫良夫伐廧咎如討赤狄之餘焉　狄之爲言淫辟也者狄辟聲近本書孔子曰貉之爲言惡也此亦應出孔子廣雅狄辟也白虎通狄者易也辟易無別也大戴禮千乘篇北辟之民曰狄肥以戾

狻 狻麑如虦貓食虎豹者從犬夋聲見爾雅 素官切

狻麑如虦貓食虎豹者釋獸文御覽引云狻小狗也馥謂是狻字本義狻麑又一義廣韻狻猊師子猛獸薛綜注西京賦狻狻猊也一曰師子郭璞注穆天子傳狻猊師子亦食虎豹　見爾雅者後人加之本書無此文例

玃 母猴也從犬矍聲爾雅云玃父善顧攫持人也 俱縛切

古今注猴五百歲化爲玃　抱朴子對俗篇獼猴壽八百歲變爲猿猿壽五百歲變爲玃　陸璣詩疏獼猴楚人謂之沐猴老者爲玃　漢書司馬相如傳蜼玃飛蠝張揖曰玃似獼猴而大　字或作蠼史記相如傳其上則有赤猿蠼蝚正義蠼蠼劬猿猴類

母猴也者廣韻爾雅釋文一切經音義五竝引作大母猴也呂氏春秋察傳篇狗似玃玃似母猴母猴似人　爾雅

云玃父善顧者釋獸文彼作貜郭注好顧盻　玃持人也者玃攫聲相近郭注爾雅玃能攫持人賈誼書攫齧搏擊之獸鮮鄭注尙書其威當如獸之將攫搏也考工記凡攫網援簭之類羽獵賦熊羆之挐玃靈光殿賦奔虎攫挐五臣注攫舉爪也挐以手持也易林南山大玃盜我媚妾爾雅翼博物志云蜀山南高山上有物如猴長七尺人行健走名曰猴玃或曰猳玃又名馬化伺行道婦女有好者輒盜之以去

猶 玃屬從犬酋聲一曰隴西謂犬子爲猶 以周切

玃屬者史記索隱引云獸名多疑玉篇猶猿屬也崔浩云猶猿類也卬鼻長尾性多疑釋獸猶如麂善登木老子猶兮若畏四鄰范應元注猶玃屬水經注江水云焚道縣山多猶猢似猴而短足好游巖樹一騰百步或三百丈順往倒反乘空若飛　一曰隴西謂犬子爲猶者初學記引纂文同一切經音義六案說文隴西謂犬子爲猶猶性多豫在人前故凡不決者謂之猶豫也顏氏家訓書證篇禮云定猶豫決嫌疑離騷曰心猶豫而狐疑先儒未有釋者案尸子曰五尺犬爲猶說文云隴西謂犬子爲猶吾以爲人將犬行犬好豫在人前待人不得又來迎候如此往還至

於終日斯乃豫之所以爲未定也故稱猶豫

狙 玃屬從犬且聲一曰狙犬也暫齧人者一曰犬不齧人也 親去切

玃屬者廣雅狙獼猴也列子黃帝篇宋有狙公者愛狙養之成羣注云好養猿猴者因謂之狙公也莊子齊物論猿猵狙以爲雌司馬注狙一名猵猵似猿而狗頭喜與雌猿交也崔注猵狙一名獦牂其雄喜與雌猿爲牝牡玉篇玃狙獸名馥案文十四年左傳邾人辭曰齊出玃且長玃且邾定公名也借且字玃狙卽玃狙　一曰狙犬也暫齧人者者暫謂伏伺而猝出也三蒼狙伺也通俗文伏伺曰狙漢書諸侯王表騁狙詐之兵應劭曰狙伺也史記留侯世家良與客狙擊秦皇帝博浪沙中服虔云狙伺候也應劭云狙伺也一云狙伏伺也謂狙之伺物必伏而候之故今云狙候是也　一曰犬不齧人者者玉篇作犬不絜也

猴 夒也從犬侯聲 乎溝切

玉篇猴獼猴也　史記項羽紀人言楚人沐猴而冠耳張晏曰沐猴獼猴也　王延壽王孫賦有王孫之狡獸形陋觀而醜儀顏狀類乎老公軀體似乎小兒眼睚瞵以眈䀏視睒睫以映睫鼻䶕鼽以歘欸耳聿役以嘀知口嗛呥以鹸𪘏脣䩉嚁以䶈齦崖崖以𪙅𪙿噍唯𠯿而囁𪘥儲糧食於兩頰稍委輸於胃脾踡兔蹲而狗踞聲歷鹿而喔咿或嗃嗃而嗀嗀又嚾嚶其若啼　夒也者廣韻猴獼猴猱也廣雅猱獼猴也

㺃 犬屬要已上黃要已下黑食母猴從犬㱿聲讀若構 火屋切 或曰穀似牂羊出蜀北嚻山中犬首而馬尾

犬屬云云者本書玃穀玃也玉篇穀似犬惡也上黃下黑風土記后穀似狢而形短常捕取猴猿字或作穀廣韻穀獸名似豹而小食獮猴又名黃腰釋獸貔白狐其子穀釋文穀本又作穀漢書司馬相如傳獑胡穀蛫郭璞曰穀似貙而大要以後黃一名黃要食獮猴南都賦穀玃猱㹶戲其巔李善引說文穀類犬腰以上黃以下黑　或曰云云者古文苑蜀都賦猶穀畢方注引本書同西山經臯塗之山有獸焉其狀如鹿而白尾馬足人手而四角名曰玃如馥謂人手當爲犬首

狼 似犬銳頭白頰高前廣後從犬良聲 魯當切

急就篇貍兔飛鼯狼麋麐　釋獸狼牡貛牝狼　詩還竝驅從兩狼兮傳云狼獸名陸璣疏其鳴能小能大善爲小兒啼聲以誘人去數十步其猛捷者雖善用兵者不能免也其膏可煎和其皮可爲裘故禮記狼臅膏又曰君之右虎裘厥左狼裘　豳風狼跋其胡載疐其尾草蟲經云老狼項下有袋求食滿腹向前行乃觸之退後又自踏踐上疐其尾進退有患故詩以況跋前疐後　史記蘇秦傳秦雖欲深入則狼顧正義云狼性怯走常還顧　馥案呂氏春秋說篇云已而得者其時顧也高注反顧稽其時故見得也　似犬者廣韻狼犲狼字林狼獸似犬玉篇亦有獸字顏注急就篇狼似青狗西陽雜俎狼大如狗蒼色

狛 如狼善驅羊從犬白聲讀若蘗甯嚴讀之若淺泊 匹各切

如狼者玉篇狛獸如狼與𤝞同廣韻𤝞似狼　善驅羊者史記譬使豺狼之逐羣羊也　甯嚴讀之若淺泊者泊當爲酒本書酒淺水也

獌 狼屬從犬曼聲爾雅曰貙獌似貍 舞販切

狼屬者字林同謝靈運山居賦自注獌似貙而長狼之屬　爾雅曰貙獌似貍者釋獸文字林獌一曰貙也山居賦注狼一曰貙

狐 䄏獸也鬼所乘之有三德其色中和小前大後死則丘首從犬瓜聲 戶吳切

本草陶注江東無狐皆出北方及益州形似貍而黃亦善能爲魅　周書王會青邱狐九尾　海內經元狐蓬尾郭注蓬叢也說苑曰蓬狐文豹之皮　古詩狐欲渡河無奈尾何　述征記北風勁河冰始合要須狐行云此物善聽聽冰下無

水聲然
後過河
祅獸也者孟子釋文狐狢妖獸也顏注急就篇狐妖獸也
易小狐汔濟干寶曰狐野獸之妖者封德彝贊妖禽孽狐
當晝則伏抱朴子玉策記狐滿三百歲暫變爲人形元中
記千歲之狐爲淫婦百歲之狐爲美女道士鬼所乘之
者顏注急就篇狐鬼所乘馥案乘猶馮也左傳后不能言
或馮焉　有三德云云者白帖御覽所引邱首下有謂之
三德四字馥案其色黃故曰中和鼻尖尾大故曰小前大
後廣志狐死首邱豹死守山白虎通狐死首邱不忘本也
禮記狐死正邱首仁也楚辭九章鳥飛反故鄉兮狐死必
首邱文子飛鳥反鄉兔走歸窟狐死首邱寒螿翔水各依
所生　瓜聲者埤雅引
作從孤省恐屬臆改

獺　如小狗也水居食魚從犬賴聲　他達切

本草衍義獺四足俱短頭與身尾皆褊毛色若故紫帛大者
身與尾長三尺餘食魚居水中出水亦不死亦能休於大木
上世謂之水獺嘗縻置大水甕中於其間旋轉如風水爲之
成旋壠起四面高中心凹下觀者駭目其皮西戎將以飾毳

服領袖問之云塵垢不著如風霾翳目即就袖口拭目中口
即出又毛端果不著塵亦一異也馥案通鑑王琨攀車獺尾
痛哭胡注獺毛可以辟塵故懸之於車援神契獸蟄伏獺
祭魚　王制獺祭魚然後虞人入澤梁　夏小正正月獺獻
魚　周書時訓解獺不祭魚國多盜賊　月令孟春之月獺
祭魚鄭注此時魚肥美獺將食之先以祭也　淮南時則訓
孟春之月獺祭魚高注獺猵水禽也取鯉魚於水邊四面陳
之謂之祭魚又有柴獺遁甲開山圖霍山南岳其獸多柴獺
注云山邊水
故有柴獺
如小狗也者徐鍇本作小狗也無如字馥謂小字誤當云
水狗也廣韻獺水狗　水居食魚者徐鍇本無水居二字
既稱水狗自不應復言水居矣玉篇獺如猫居水食魚也
淮南子獺穴知水之高下月令章句獺毛蟲西方白虎之
屬水居而殺魚者也漢書賈誼傳偭蟂獺以隱處兮應劭
曰蟂獺水蟲害魚者也文選補亡詩有獺有獺在河之涘
淩波赴汨噬魴捕鯉獺又有白者續齊諧記魏明帝於洛
水見白獺不可得侍臣曰聞獺嗜鯔魚乃不避死可以此
之候

猵　獺屬從犬扁聲　布玄切

博物志猵頭如馬腰已下似蝙蝠毛嫩大可五斤　蜀都賦
其深則有猵獺沈鱓　鹽鐵論水有猵獺而池魚勞　宋書索
虜傳養魚者
除其猵獺
獺屬者本草圖經獺有兩種有獱獺獱音賓或音編形大
頭如馬身似蝙蝠淮南子云養池魚者不畜猵獺許慎注
猵獺類
是也

獱　或從賓

漢書揚雄傳蹈獱獺　廣雅獱獺也　三蒼解詁獱似青
狐居水中食魚　孟子爲淵敺魚者獺也趙注獺獱也

猋　犬走皃從三犬　甫遙切

衛媪公剸漢書
古今人表作猋
犬走皃者楚辭九歌猋遠
舉兮雲中王注猋去疾也

文八十三　重五

狌　見本書
鼬下

遺文一

㹜　兩犬相齧也從二犬凡㹜之屬皆從㹜　語斤切

獄　司空也從㹜臣聲復說獄司空　息茲切

一切經音義十四伺埤蒼作覗字林音獄或作司廣雅伺候
也亦察也狙也周禮師氏司王朝鄭注司猶察也　方言
凡相竊視自江而北謂之覗　漢書文三
王傳左右弄口積使上下不和更相眄伺
司空也者獄司聲相近吳志周魴傳看伺空隙漢印有營
司空丞地理志京兆尹船司空顏注本主船之官遂以爲
縣淮南兵略訓隧路亟行輜治賦丈均處軍輯井竈通此
司空之官也高注司空補空修繕者　復說者復著人名

上脫其姓　獄司空者廣韻犾辨獄相察玉篇犾辨獄官也祭也今作伺視書汝作士鄭注士察也主察獄訟之事月令正義引焦氏荅崇精問曰獄漢曰若盧魏曰司空容齋續筆漢獄名有水司空掖受祕獄之名文選潘岳關中詩當乃明實否則證空李善注其言當者明示以事實其理否者顯告之獄空

獄　确也從犾從言二犬所以守也魚欲切

确也者獄确聲近釋名獄确也實确人之情偽也春秋元命苞獄者核确也或作埆集韻埆獄也顏注急就篇獄之言埆也取其堅牢也詩行露誰謂女無家何以速我獄傳云獄埆也釋文盧植云相質㲉爭訟者也崔云埆者埆正之義一云獄名鄭駁異義獄者埆也囚證於角核之處周禮謂之圜土　從言者鄭駁異義從言者謂以言相爭也二犬所以守也者顏注急就篇獄從二犬所以守備也荀子宥坐篇獄犴不治楊注獄從二犬象所以守者

文三

鼠　穴蟲之總名也象形凡鼠之屬皆從鼠書呂切

春秋運斗樞玉衡星散而為鼠　盧元明劇鼠賦須似麥稜半垂眼如豆角中劈耳類槐葉初生尾若杯酒餘瀝　穴蟲之總名也者猶佳為鳥之短尾總名鳥為長尾禽總名白帖穴蟲鼠也此言鼠之總名也書禹貢鳥鼠同穴襄二十三年左傳夫鼠晝伏夜動不穴於寢廟畏人故也盧元明賦跡實排虛巢居穴處莊子應帝王篇鼷鼠深穴乎神丘之下墨子非儒篇鼸鼠藏藏於穴也夏小正田鼠出出於穴也皆言鼠為穴蟲也　象形者徐鍇曰上象齒下象腹爪尾鼠好齧傷故象齒

⿰鼠番　鼠也從鼠番聲讀若樊或曰鼠婦附袁切

鼠也者玉篇⿰鼠番白鼠廣雅白⿰鼠番　或曰鼠婦者本書蟠鼠婦蝜謂⿰鼠番之於蟠猶鼢作蚡也玉篇⿰鼠番一名瓮底蟲

⿰鼠各　鼠出胡地皮可作裘從鼠各聲下各切

皮可作裘者鹽鐵論中者罽衣金縷燕⿰鼠各代黃

鼢　地行鼠伯勞所作也一曰偃鼠從鼠分聲房吻切

廣志鼢鼠深目短尾　本草拾遺蚡鼠是野田中尖嘴鼠也方言蚍蜉犁鼠之場郭注犁鼠蚡鼠也　周禮草人墳壤用麋故書墳作蚡鄭司農云墳壤多蚡鼠也　爾雅釋文鼢字林作⿰鼠賁　地行鼠者爾雅釋文引作地中行鼠廣韻引字林同釋獸鼢鼠郭注地中行者　伯勞所作也者初學記引云伯勞之所化也廣韻引字林百勞所化白帖亦是化字玉篇蚡伯勞所化　一曰偃鼠者莊子釋文引本書同字或作鼴廣雅鼹鼠鼢鼠本草鼹鼠在土中行陶注俗中一名隱鼠一名鼢鼠形如鼠大而無尾黑色長鼻甚強常穿耕地中行討掘即得衍義云鼴鼠鼢鼠也今京畿田中甚多脚絕短尾長寸許目極小項尤短字又作鼹玉篇鼴大鼠

蚡　或從虫分

䶄　䶄令鼠從鼠平聲薄經切

䶄令鼠者玉篇䶄䶄鼢鼠⿰鼠令⿰鼠冬斑鼠也廣韻⿰鼠冬⿰鼠令斑鼠廣雅䶄鼠䶄鼠玉篇⿰鼠令音如勇切御覽引爾雅⿰鼠冬鼠音䶄荅謂⿰鼠令即⿰鼠冬以其斑也

鼶　鼠也從鼠虒聲息移切

鼠也者釋獸鼶鼠郭注引夏小正鼶鼬則穴今大戴禮作鼬鼪則穴類篇鼶鼬鼠名淮南時則訓季春之月田鼠化為鴽高注田鼠鼢鼠也馥謂鼢即鼶字又作䶋集韻䶋鼶鼬鼠名

⿰鼠留　竹鼠也如犬從鼠畱省聲力求切

竹鼠也者廣韻⿰鼠留食竹根鼠　如犬者劉欣期交州記竹鼠如小狗子食竹根出封溪縣閩中呼之為⿰鼠畾複於大理見一鼠似鼢而花面土人呼竹鼠　畱省聲者字或作鼺漢書鮮卑國以豹貂鼲子皮毛為裘新唐書地理志房陵郡貢竹鼺又或作貓莊子天地篇執畱之狗釋文畱本又作貓司馬云竹鼠也肥美人多珍之玉篇作⿰鼠卯從寅卯之卯食物本草⿰鼠卯鼠食竹根居土穴中大如兔人多食之味如鴨

鼫　五技鼠也能飛不能過屋能緣不能窮木能游不能渡谷能穴不能掩身能走不能先人從鼠石聲常隻切

五技鼠也云云者游當爲汓勸學篇作泅藝文類聚引作浮蓋汓之誤釋獸鼫鼠釋文孫云五技鼠也字林同蔡伯喈勸學篇云五技者能飛不能上屋能緣不能窮木能泅不能渡瀆能走不能絕人能藏不能覆身是也許氏說文亦云然易晉如鼫鼠正義引勸學篇鼫鼠五能不成一技九家云碩鼠喻貪謂四也體离欲升體坎欲降游不度瀆不出坎也飛不上屋不至上也緣不極木不出离也穴不掩身五坤薄也走不先足外震在下也五技皆劣四爻當之故曰晉如碩鼠也荀子勸學篇梧鼠五技而窮注云梧當爲鼫蓋本誤爲鼯傳寫誤爲梧耳蟖𧏾鼫馥案顏氏家訓引諺云多爲少善不如執一鼫鼠五能不成伎術其字作鼯大戴禮勸學篇作鼫經典多借碩字九家易見前易林碩鼠四足飛不上屋古今注碩鼠有五能而不成伎術撕鶹鼫詩碩鼠正義云釋獸有鼫鼠孫炎曰五技鼠舍人樊光同引此詩以碩鼠爲彼五技之鼠許慎云云此謂之五技

鼨 豹文鼠也从鼠冬聲 職戎切

豹文鼠也者釋獸鼨鼠豹文鼮鼠郭注於鼨鼠云未詳於鼮鼠云鼠文彩如豹者漢武帝時得此鼠孝廉郎終軍知之賜絹百匹釋文鼨說文字林皆云豹文鼠也黃生義府曰說文鼨豹文鼠也與郭注爾雅異按爾雅豹文二字在鼨鼠之下鼮鼠之上郭以爲鼮鼠是以二字下屬也許以爲鼨鼠是以二字上屬也然詳前後文勢上屬爲是郭因終對而誤說文不誤也馥案鼮鼠爲竇攸事郭屬終軍亦誤謝承後漢書竇攸爲郎世祖會百寮於靈臺得鼠如豹文問羣臣攸曰鼮鼠詔曰何以知曰見爾雅案書如攸言賜帛三百匹勑諸王子從攸受爾雅竇氏家傳及摯虞三輔決錄注並同徐陵謝賚燭監賞荅齊國移文啓云竇攸之對鼮鼠顏謂鼨爲鼮之誤唐書盧藏用傳其弟若虛在隴西有獲異鼠者豹文虎臆大如拳職方辛怡諫謂爲鼮鼠而賦之若虛曰非也此許慎所謂鼨鼠豹文而形小者一坐驚服馥案鼨鼮皆有斑彩鼨小鼮大鼮卽鼫鼠

𪕍 籀文省

䶠 鼠屬从鼠益聲 於革切

玉篇別作螠鶂易部下

𧳜 或从豸

鼷 小鼠也从鼠奚聲 胡雞切

春秋成七年鼷鼠食郊牛角

小鼠也者字林同玉篇鼷小鼠也螫毒食人及鳥獸皆不痛今之甘口鼠也博物志鼷鼠之最小者或謂之甘鼠謂其口甘爲其所食者不知覺也釋獸鼷鼠郭注小螫毒者左傳正義引爾雅色黑而小有毒漢書景十三王傳臣聞社鼷不灌顏注鼷小鼠

鼩 精鼩鼠也从鼠句聲 其俱切

精鼩鼠也者精玉篇作鼱釋獸鼩鼠郭注小鼱鼩也亦名鼣鼩李巡曰一名鼷鼠漢書東方朔傳猶鼱鼩之襲狗如淳曰鼱鼩小鼠也

鼸 𪕮也从鼠兼聲 丘檢切

釋名鼸鼠之食積於頰

𪕮也者釋獸鼸鼠郭注以頰裹藏食釋文引字林𪕮鼠也馥謂鼢爲𪕮之誤夏小正二月田鼠出田鼠者嗛鼠也玉篇鼸田鼠也月令田鼠化爲駕卽鼸鼠

𪕮 鼠屬从鼠今聲讀若含 胡男切

鼠屬者徐鍇本作鼸屬 讀若含者廣雅𪕮作鼢曹憲音胡貪反

鼬 如鼠赤黃而大食鼠者从鼠由聲 余救切

如鼠云云者一切經音義十一引字林鼬似鼠赤黃而大爾雅釋文引同徐鍇本鼬如鼦赤黃色尾大食鼠者釋獸鼬鼠郭注今鼬似鼦赤黃色大尾啖鼠江東呼爲鼪莊子徐無鬼篇藜藋柱乎鼪鼬之逕馥案鼬卽鼠狼或稱黃鼬或稱狼貓取其豪製筆謂之狼豪鼠須

䶂 胡地風鼠从鼠勺聲 之若切

胡地風鼠者爾雅釋文引字林鼩鼠出胡地廣韻鼩鼠屬能飛食虎豹出胡地周書王會渠叟以鼩犬鼩犬者露犬也能飛食虎豹馥謂鼩犬即鼩鼠

䶕　鼠屬從鼠宂聲　而隴切

鼠屬者玉篇䶕䶕鼠也

鼭　鼠似雞鼠尾從鼠此聲　即移切

鼠似雞鼠尾者玉篇鼭似雞而鼠尾見即大旱字或作蚩東山經栒狀之山有鳥焉其狀如雞而鼠毛其名曰蚩鼠

鼲　鼠出丁零胡皮可作裘從鼠軍聲　乎昆切

集韻鼲鼲鼠屬一劉楨荅魏文帝啓鼲貂之尾綴侍臣之幘邢子才讓侍中表貂鼲映首曹植上疏鼲鼬讙譁於林木

鼠出丁零胡者徐鍇本作先零胡馥案先零羌也本書貂下亦云出胡丁零國或作丁令冊魏公九錫文鮮卑丁令重譯而至魏書丁令在康居北出貂鼠皮鼲子皮或作昆字魏略丁令國在康居北出名鼠皮白昆子青昆子皮可作裘者鹽鐵論鼲貂狐貉充於內府又云今富者鼲鼯狐白鳧翥後漢書鮮卑傳又有貂豽鼲子皮毛柔蠕故天下以為名裘注云貂鼲並鼠屬魏文帝與東吳書今賜趙咨白鼲子裘一領吳書吳王解所著鼲子裘以賜陸遜晉令山鹿白豹白狐黃貂斑白鼲子渠搜國裘皆禁服也夏侯孝若羊太常辛夫人傳夢上天夫人鼲子帔絳以錦不宜服字或作鍕江表傳魏文帝遣使之吳求鍕皮張纘謝賚果然褥啓元豹青鍕未能適體

鼬　斬鼬鼠黑身白要若帶手有長白毛似握版之狀類蝯蜼之屬從鼠胡聲　戶吳切

斬鼬鼠云云者徐鍇本作獑猢鍇繫傳云版手版也廣雅作鼹鼬玉篇鼬鼬鼠也黑身白䯱廣韻鼬鼬似猿黑身白䯱手有長白毛善超坂絕巖也或作獑胡陸璣詩疏猿之白䯱者為獑胡漢書司馬相如傳獑胡縠蛫張揖曰獑胡似獼猴頭上有髮要以後黑史記作螹胡徐廣曰似猨黑身又作獑猢廣韻獑猢獸名似猿毛詩草蟲經猱屬猴也老者為獑猢獑猢駿捷也其鳴嗷嗷而悲西京賦攫獑猢薛注獑猢猿類而白腰以前黑蜀地志獑猢似猴為獸奇捷常在樹上欻焉騰躍百五十步若鳥寰宇記引郡國志僰道有獸名獑猢似猿而足短一騰一百五十步如迅鳥之飛取此皮為狐白之用盈百方成

文二十　重三

能　熊屬足似鹿從肉㠯聲能獸堅中故稱賢能而彊壯稱能傑也凡能之屬皆從能　奴登切

熊屬足似鹿者廣韻能獸名熊屬足似鹿晉語今夢黃能入於寢門韋注能似熊　㠯聲者能與台耐聲相近禮運故聖人耐以天下為一家鄭注耐古能字樂記故人不耐無樂鄭注耐古書能字也漢書鼂錯傳揚粵之人性耐暑顏注能讀曰耐揚雄逐貧賦堪寒能暑史記天官書魁下六星兩兩相比名曰三能注云即三台天文錄三台星一名三能玉篇能三足鼈也釋魚鼈三足能並讀奴臺切離騷又重之以修能與下文佩為韻東方朔畫贊若乃遠心

曠度瞻志宏才倜儻博物觸類多能與才為韻陸機挽歌三秋猶足收萬世安可思殉沒身易亡殺子非所能與思為韻潘尼瑇瑁椀賦包神藏智備體兼才高下斯處水陸皆能文若綺波背負蓬萊與才來為韻　能獸堅中故稱賢能者玉篇能多技藝也徐鍇曰堅中骨節實也郭注爾雅貘白豹云骨節彊直中實少髓韓非十過篇隰朋其為人也堅中而廉外夫堅中則足以為表廉外則可以大任馥案此言人之堅中可為賢能也本書罷從能言有賢能而入网而貫遣之周禮大宰以八柄詔王馭萬民四曰使能鄭注能多才藝者孟子能者在職楚策今富摯能鮑注言有材能離騷又重之以修能洪注能本獸名熊屬故有絕人之材者謂之能　而彊壯稱能傑也者增韻能木健獸名故凡稱有才力者皆曰能急就篇晏奇能王應麟注能獸名熊屬多力故有絕人之才者謂之能月令贊傑俊鄭注傑俊能者也古文苑蜀都賦戶豹能黃注云說文能獸名堅中而彊壯

文一

熊　獸似豕山居冬蟄從能炎省聲凡熊之屬皆從熊　羽弓切

切

獸似豕者本草圖經熊形類大豕史記正義熊大身人足黑色顏謂犬身當爲豕身　山居冬蟄者一切經音義二引下有其掌似人掌名曰蹯八字疑非本書之言詩斯干維熊維羆箋云熊羆在山周禮穴氏掌攻蟄獸鄭注蟄獸熊羆之屬冬藏者也夏小正九月熊羆貊貉䶂鼬則穴山海經熊山有穴焉夏啓而冬閉易通卦驗小雪陰寒熊羆入穴淮南地形訓熊羆蟄藏史記正義熊羆冬至入穴而蟄至春而出也異苑熊獸藏於山穴之裏不得見穢積搜神記熊無穴或居大樹孔中徐鍇曰熊陽物故冬蟄馥謂陽獸故爲男子之祥　炎省聲者猶風從凡聲昭七年左傳正義云張叔皮論云賓爵下化田鼠上騰牛哀虎變鯀化爲熊久血爲燐積灰生蠅傅元潛通賦云聲伯忌瓊瑰而弗占兮書言諸而暮終嬴正沈璧以祈福兮鬼告凶而命窮黃母化而爲黿兮鯀殛變而成熊二者所韻不同或疑張叔爲能著作郎王劭云古人讀雄與熊者皆于陵反張叔用舊音傅元用新音張叔亦作熊也按詩無羊正月及襄十年衛卜禦寇之繇皆以雄韻陵劭言是也

罷 如熊黃白文從熊罷省聲　彼爲切

如熊黃白文者釋獸文郭注似熊而長頭高脚猛憨多力能拔樹木關西呼曰猳羆西山經嶓冢之山獸多熊羆郭注羆似熊而黃白色史記正義羆大於熊黃白色陸璣詩疏羆有黃羆有赤羆大於熊

䍿 古文從皮

文二　重一

曲阜桂馥學

火 燬也南方之行炎而上象形凡火之屬皆從火　呼果切

洪範五行二曰火　春秋考異郵火者陽之精也　河圖陽精散而分布爲火　鹽鐵論春生夏長故火生於寅　古史考燧人氏初作火　尸子燧人上觀星辰下察五木以爲火　禮含文嘉燧人始鑽木取火　燬也者火燬聲相近易林魁行搖尾逐雲吹火又從風吹火牽騏驥尾釋名火亦言燬也物入中皆毁壞也元命苞火之爲言委隨也故其字人散二者爲火也　南方之行者易說卦離爲火正義取南方之行也子華子南方陽極而生熱熱生火賜冠于泰鴻篇以火照物天下盡火也使居南方主夏計倪子祝融治南方僕程佐之使主火白虎通火在南方南方者陽在上萬物垂枝火之爲言委隨也言萬物布施火之爲言化也陽氣用事萬物變化也漢書五行志火南方揚光輝爲明者也申鑒南方火也居之不燋　炎而上者洪範火曰炎上昭十七年左傳炎帝以火

紀子華子陽之氣爲火陰之氣爲水火則上炎水則下注易乾坤鑿度火內弱外剛外威內暗性上不下聖人知炎光不入於地

炟 上諱　當割切

後漢書肅宗孝昭皇帝炟注引伏侯古今注炟之字曰著

𤈦 火也從火尾聲詩曰王室如𤈦　許偉切

火也者𤈦火聲相近玉篇火𤈦也方言煤火也楚轉語也猶齊言𤈦火也注云𤈦音燬煤呼隗反　詩曰王室如𤈦者周南汝墳文彼作燬傳云燬火也釋文燬音毁齊人謂火曰燬字書作𤈦𤈦音毁說文同一音火尾反或云楚人名火曰煤齊人曰燬吳人曰𤈦此方俗訛語也馥按後漢書列女傳引詩亦作𤈦韓詩薛君章句𤈦烈火也

燬 火也從火毀聲春秋傳曰衛侯燬　許偉切

火也者釋言文燬火聲相近詩汝墳釋文云燬郭璞又音貨廣韻燬火盛晉書溫嶠傳至牛渚磯燬犀角而照之

春秋傳曰衛侯燬者
僖二十五年經文

燹　火也從火豩聲 穌典切

火也者廣韻引字統燹野火也玉
篇同五音集韻引字林燹逆燒

焌　然火也從火夋聲周禮曰遂籥其焌焌火在前以焞焯龜 子寸切又倉聿切

然火也者徐鍇本無火字韻會同　周禮曰遂籥其焌者
春官華氏文彼作龡云凡卜以明火爇燋遂龡其焌契以
授卜師注云焌讀如戈鐏之鐏謂以契柱燋火而吹之也
契既然以授卜師用作龜也周禮大卜凡國大貞卜立君
卜大封則眡高作龜注云鄭司農云作龜謂鑿龜令可爇
也玄謂作龜謂以火灼之以作其兆也焌火在前以焞
焯龜者許公說禮之文士喪禮楚焞置於燋在龜東注云
楚荆也荆焞所以鑽灼龜者燋炬也所以然火者也三禮
圖楚焞以荆為之然以灼龜必以荆
者凡木心皆圓而荆心方是以用之

尞　柴祭天也從火從昚昚古文慎字祭天所以慎也 力照切

柴祭天也者本書祡下云燒柴焚燎以祭天神燎當為尞
玉篇尞祡尞祭天也釋天祭天曰燔柴郭云既祭積薪燒
之覲禮祭天燔柴祭法燔柴於泰壇祭天也或通作燎馬
融東巡頌祇燎乎羣神呂氏春秋季冬紀乃命四監收秩
薪柴以供寢廟及百祀之薪燎注云燎者積
聚柴薪置璧與牲於上而燎之升其煙氣

然　燒也從火肰聲 如延切

本書肰古文作
作[illegible]亦從火
燒也者廣雅⿱艹⿱難灬爇
也孫炎字叔然

⿱艹難　或從艸難

或從艸難者當為或從⿱艹難文當作⿱艹⿱難灬本書⿱艹難草也諸書省
艸作⿱難灬集韻然古作⿱難灬廣韻⿱難灬下引陸佐公石闕銘刜酢
⿱難灬炭淮南說林訓槁竹有火弗鑽不⿱難灬漢書地理志上郡
高奴有洧水可⿱難灬五行志見巢⿱難灬盡墮地顏注竝云⿱難灬古
然字後漢書侯瑾傳暮還輒⿱難灬柴以讀書注
云⿱難灬古然字劇秦美新⿱難灬除仲尼之篇籍

爇　燒也從火蓺聲春秋傳曰爇僖負羈 如劣切

一切經音義十一焫古文爇而悅反通俗文然火曰焫焫亦
燒也　郊特牲既奠然後焫蕭合羶薌　秦策秦且燒焫獲
君之國補注云焫即爇字　廣雅焫爇也馥謂以爇訓焫則
焫爇不同文徐鉉謂本書無爇字不知艸部蓺即爇之譌
燒也者蒼頡篇爇燒然也昭二十七年左傳遂令攻郤氏
且爇之國人弗爇令曰不爇郤氏與之同罪或取一編菅
焉或取一秉秆焉國人投之遂弗爇也令尹炮之杜云爇
燒也邵寶曰國人取菅秆投之而弗舉火令尹乃舉火然
之淮南兵畧訓毋爇五穀高云爇音熱燒也東觀漢記遇
大風雨引車入道旁舍焉異抱薪鄧禹爇火光武對竈燎
衣後漢書廉范傳令軍士各交縛兩炬三頭爇火後魏書
崔浩夜夢秉火爇李順寢室或通作熱淮南說林訓握火
提人反先之熱高云猶以火投人先自熱爛也　春秋傳
曰爇僖負羈者僖二十八年左傳文彼有氏字杜云爇燒
也

燔　爇也從火番聲 附袁切

爇也者釋天祭天曰燔柴郭注積薪燒
之列子黃帝篇藉芿燔林注云燔燒也

燒　爇也從火堯聲 式昭切

爇也者廣雅同
廣韻爇燒也

烈　火猛也從火𠛱聲 良辥切

火猛也者方言烈爆也馥按蔡中郎聞燒桐火烈聲知為
良木火烈即暴也戰國策聞弦者音烈而高飛注云烈猛
也書允征天吏逸德烈于猛火漢書晁錯傳天下明知禍
烈及己也顏注猛火曰烈賈逵左傳注烈山炎帝之號

炪　火光也從火出聲商書曰予亦炪謀讀若巧拙之拙 職悅切

火光也者類篇引作火不光也不字後人加　商書曰予亦炪謀者盤庚文彼作拙傳云是我拙謀成汝過馥按上文云予若觀火炪當爲炪借拙字

熚　熚䉈火皃从火畢聲 卑吉切

熚䉈火皃者徐鍇本作熚炥玉篇同炥䉈聲相近集韻熚䉈火不時出而滅一曰火盛皃

䉈　熚䉈也从火䉈聲䉈籒文悖字 敷勿切

籒文悖字者悖當爲誖悖或體

烝　火气上行也从火丞聲 煑仍切

火气上行也者本書䭃飯气烝也蒸當爲烝詩烝之浮浮特牲饋食禮東烝栗擇集韻烝氣之上達也釋天冬祭于烝何休說烝氣盛皃或通作蒸內則魴鱮蒸列子注溫蒸同乎炎火唐九成宮醴泉銘無鬱蒸之氣

烰　烝也从火孚聲詩曰烝之烰烰 縛牟切

烝也者釋訓烰烰烝也郭云氣出盛孫炎曰炊之氣詩韓奕炰鼈鮮魚箋云炰鼈以火孰之也正義按字書炰毛燒肉也缹烝也服虔通俗文曰燺煑曰缹然則炰與缹別而此及六月云炰鼈者音皆作缹然則炰與缹以火孰之謂烝煑之也馥按缹炰截然二義不得强同炰字音作缹者釋文炰徐音甫九反此即缹字音也玉篇缹火孰也鄭箋炰以火孰之亦缹字義是詩本作缹也字書炰毛燒肉與本書炰毛炙肉同陳啟源曰毛燒不可施於鼈炰作缹爲當馥按缹鼈者烝鼈也缹卽烰之異文烰轉爲炰者字包聲相近罨學捊抱脬胞可證隱八年公羊經公及莒人盟於包來左氏作浮來呂氏春秋烰人卽庖人漢書楚元王傳浮邱伯鹽鐵論作包邱子是也內則魴鱮蒸雛燒皇氏疏云魴鱮二魚皆烝孰之雛是小鳥火中燒之觀此則魚烝鳥燒原自判然廣雅燀謂之缹鹽鐵論古者燔黍食稗而燀豚以相饗燀豚烝豚也傳元七謨炰珠崖之鼈劉劭七華炰南海之蠵竝當作烰　詩曰烝之烰烰者大雅生民文彼作浮浮傳曰浮浮氣也釋文浮爾雅說文竝作烰云烝也

煦　烝也一曰赤皃一曰溫潤也从火昫聲 香句切

烝也者方言煦熱也廣雅同　一曰溫潤也者詩小宛箋云煦嫗養之樂記天地訢合陰陽相得煦嫗覆育萬物注云氣曰煦體曰嫗

熯　乾皃从火漢省聲詩曰我孔熯矣 人善切

乾皃者廣韻熯火乾本書熯乾也高注戰國策乾燥也淮南說林訓一膊炭熯掇之則爛指初學記引本書作烝火也馥謂烝火燥火也通俗文燥煑曰缹是也論衡熯一炬火爨一鑊水　詩曰我孔熯矣者小雅楚茨文傳云熯敬也釋詁熯敬也本書戁敬也

炥　火皃从火弗聲 普活切

集韻沸與[illegible]同

熮　火皃从火翏聲逸周書曰味辛而不熮 洛蕭切

火皃者廣韻熮火爛玉篇熘熮也集韻熘燥也

[illegible]　火皃从火兩省聲讀若粦 良刃切

火皃者集韻燭息火存謂之[illegible]

[illegible]　火色也从火雁聲讀若鴈 五晏切

熲　火光也从火頃聲 古迥切

火光也者釋詁熲光也詩無將大車不出于熲箋云熲光也楚詞九思神光兮熲熲秋興賦珥金貂之熲熲五臣云熲熲光明皃段熲字紀明

爚　火飛也从火龠聲一曰爇也 以灼切

火飛也者誤與下熛字訓同一切經音義八初學記李善注琴賦景福殿賦竝引作火光也玉篇爚光也廣韻爚煜燿光明又儵爚光皃呂氏春秋期賢篇今夫爚蟬者務在乎明其火振其樹而已按荀子作燿蟬　一曰爇也者廣韻爍下云爚爍或通作灼廣雅灼爇也漢書霍光傳灼爛者在於上行詩節南山箋云憂心如火灼爛之矣

火飛也從火𤐫聲讀若摽 甫遙切

本書𤐫下訓同　呂氏春秋突泄一熛焚宮燒積　淮南說林訓一家失熛百家皆燒　史記淮陰侯傳熛至風起　漢書敘傳勝廣熛起　陳琳檄吳文與熛俱滅

火飛也者甘泉賦熛訛碩麟　風賦激颺熛怒　李善引本書竝同　後漢書張衡傳揚芒熛而絳天兮　注引字林熛飛火也　廣韻熛飛火　三蒼熛迸火也　讀若摽者徐鍇本作瘭

火熱也從火高聲詩曰多將熇熇 火屋切

火熱也者當作大熱　一切經音義二十埤蒼熇熱皃也　或借嗃字　易家人嗃嗃　釋文云鄭云苦熱之意　劉作熇熇　詩曰多將熇熇者大雅板文　傳云熇熇然熾盛也

交木然也從火交聲 古巧切

交木然也者玉篇交木然之以燎柴天也　燎當爲尞　本書尞柴祭天也

小熱也從火干聲詩曰憂心𤆓𤆓 直廉切

小熱也者玉篇𤆓燎也　干聲者畢君以珣曰覕從𤆓聲讀若鎌則非干聲矣　羊音壬當作羊聲　方言苂眠明也　亦由羊而譌覕當作覢　詩曰憂心𤆓𤆓者當爲憂心如羙　節南山憂心如惔　傳云惔燔也　釋文云說文作𤆓方廉反　𤆓當爲羙　本書燅釋文引作燅　亦當爲燅

所以然持火也從火焦聲周禮曰以明火爇燋也 即消切

所以然持火也者玉篇燋炬火也所以然火也　集韻持荊然火以灼龜也　士喪禮卜人抱龜燋先奠龜西面　又云楚焞置於燋在龜東　注云燋炬也所以燃火者也　莊子逍遙遊篇日月出矣而爝火不息　釋文云爝本亦作燋　燋所以然持火者　周禮曰以明火爇燋也者春官菙氏文　注云杜子春云明火以陽燧取火於日　玄謂以契柱燋火而吹之也　契既然以授卜師用作龜也

燒木餘也從火岸省聲 他案切

淮南時則訓季秋之月草木黃落乃伐薪爲炭　古文苑僮約焚薪作炭　抱樸子至理篇柞柳速朽者也而燔之爲炭則可億載而不敗焉

燒木餘也者徐鍇本作燒木未炭也　一切經音義二十二引釋名火所燒餘木曰炭　急就篇薪炭萑葦炊孰生　顏注木之已燒者曰炭　岸省聲者徐鍇本作屵聲

束炭也從火差省聲讀若齹 楚宜切

束炭也者未詳其義　廣雅羨曝也

交灼木也從火教省聲讀若狡 古巧切

玉篇與烄同

火气也從火犮聲 蒲撥切

火气也者玉篇炦氣上也

死火餘𤍽也從火從又又手也火既滅可以執持 呼恢切

死火餘𤍽也者廣韻引作死火也　玉篇九經字樣竝同　月令毋燒灰　注云火之滅者爲灰　漢書韓安國傳死炭獨不復然乎

灰炱煤也從火台聲 徒哀切

灰炱煤也者本書無煤字　玉篇煤炱煤也　炱炲煤烟塵也　廣韻煤炱煤灰集屋也　通俗文積烟以爲炱煤　呂氏春秋任數篇嚮者煤炱入甑中　高云煤炱煙塵也　素問黑如炲者死　王砅云炲謂炱煤也　白帖顏回炊有炲煤入甑中　回乃拾之

盆中火從火畏聲 烏灰切

遼東有煻煨池

盆中火者玉篇煨盆中火爊也通俗文熱灰謂之煻煨煨亦爊也廣韻煻煨火集韻爊煨也戰國策犯白刃蹈煨炭

熄　畜火也從火息聲亦曰滅火　相即切

畜火也者謂火種也故子女稱息　亦曰滅火者徐鍇本無此文易革卦水火相息釋文云馬云滅也李斐注漢書同說文作熄孟子猶以一杯水救一車薪之火也不熄則謂之水不勝火莊子逍遙遊日月出矣而爝火不息

烓　行竈也從火圭聲讀若冋　口迥切

行竈也者字林同玉篇烓煁也廣韻煁烓行竈　讀若冋者李燾本作冋冋口迥切徐鍇本音烏攜反爾雅釋文郭音恚字林口頰反顧口井烏攜二反詩白華釋文音恚又邱珩反呂忱音口穎反馥按郭注方言音口類反乃知類爲類之誤本書耿從耳炯省聲李燾本改作烓省聲此皆王子韶陸佃重修之繆李燾仍其失可

煁　烓也從火甚聲　氏任切

烓也者釋言文郭云今之三隅竈舍人云煁烓竈也詩白華卬烘于煁傳云煁烓竈也

燀　炊也從火單聲春秋傳曰燀之以薪　充善切

炊也者廣雅小爾雅並同　春秋傳曰燀之以薪者昭二十年左傳文杜云燀炊也

炊　爨也從火吹省聲　昌垂切

東觀漢記梁鴻比舍先炊已呼鴻及熱釜炊鴻曰鴻不因人熱者也滅竈更然火

爨也者月令注云薪施炊爨急就篇薪炭萑葦炊孰生顏注炊孰生者謂烝煮生物使之爛孰也宣十五年左傳析骸以爨史記宋世家作析骨而炊漢書郊祀志晉巫祠五帝東君雲中君巫社巫祠族人炊之屬顏注炊謂饎爨也

烘　尞也從火共聲詩曰卬烘于煁　呼東切

尞也者釋言文彼作燎郭云謂燒燎舍人云烘以火燎也集韻烘火乾物馥謂當爲燎　詩曰卬烘于煁者小雅白華文傳云烘燎也

齌　炊餔疾也從火齊聲　在詣切

炊餔疾也者餔當爲釜玉篇作釜離騷反信讒而齌怒王注齌疾也案九歌吾與君兮齋速借齋爲齌注訓齋戒非是

熹　炙也從火喜聲　許其切

炙也者玉篇熺熾也月令湛熾必潔淮南時則訓作湛熹考工記鍾氏染羽以朱湛丹秫三月而熾之昭十年左傳柳熾炭於位樂記天地訢合注云訢讀爲熹熹猶烝也李善注歸去來辭引聲類熹亦熙字廣雅熙熾也吳書陳熾字公熙

煎　熬也從火前聲　子仙切

熬也者方言煎火乾也凡有汁而乾謂之煎內則淳熬煎醢加於陸稻上沃之以膏曰淳熬注云熬亦煎也魏策易牙乃煎熬燔炙新序管仲善斷割之隰朋善煎熬之

熬　乾煎也從火敖聲　五牢切

乾煎也者本書䰩熬也方言熬火乾也凡以火而乾五穀之類自山而東齊楚以往謂之熬周禮舍人共飯米熬穀內則爲熬捶之去其皾編萑布牛肉焉屑桂與薑以洒諸上而鹽之乾而食之注云熬於火上爲之也今之火脯似矣後漢書逸讓傳傳曰函牛之鼎以烹雞多汁則淡而不可食少汁則熬而不可熟

𪌎　熬或從麥

或從麥者本書糗熬米麥也廣雅從黍作𪍑云乾也

炮　毛炙肉也從火包聲　薄交切

禮含文嘉燧人始鑽木取火炮生爲熟令人無腹疾　古史考古者茹毛飲血燧人鑽火而人始裹肉而燔之曰炮禮運以炮注云裹燒之也

毛炙肉也者本書炙炮肉也從肉在火上玉篇炮炙肉也廣韻炮合毛炙物也詩瓠葉炮之燔之傳云毛曰炮閟宮

毛炰胾羹傳云毛炰豚也周禮封人注云毛炰豚者爓去其毛而炰之家語問禮篇以炮以燔注云毛曰炮楚詞招魂胹鼈炮羔洪注炮合毛炙物漢書楊惲傳亨羊炰羔顏注炰毛炙肉也卽今所謂爊也

㶼 炮肉以微火溫肉也從火衣聲烏痕切

炮肉者廣韻玉篇竝作炮炙也廣雅㶼煨也玉篇與煨同廣雅煨煴也　以微火溫肉也者五音集韻㶼䕲物灰中令其熟也

熷 置魚筩中炙也從火曾聲作滕切

置魚筩中炙也者廣韻熷蜀人取生肉於竹中炙

𤐹 以火乾肉從火稫聲符逼切

以火乾肉者徐鍇本作焙肉案本書無焙字周禮籩人注云鮑者於𤐹室中糗乾之䱃侗引作煏室集韻𤐹或作煏煏亦作㷄方言㷄火乾也凡以火而乾五穀之類關西隴冀以往謂之㷄初學記引方言㷄作𤐹廣雅𤐹暴也馥謂暴當作爆　稫聲者當爲𤐹省聲故籀文下云不省

⿰火稫 籀文不省

徐鍇本無此文一切經音義七𤐹古文㷄𤐹二形

爆 灼也從火暴聲蒲木切

灼也者廣雅曝熱也

煬 炙燥也從火昜聲余亮切

炙燥也者一切經音義二十引同集韻煬燥也方言煬炙也注云今江東呼火熾猛爲煬

㸕 灼也從火隺聲胡沃切

爤 孰也從火蘭聲郎旰切

孰也者廣雅同篇海引作火孰廣韻爤火熟方言爛熟也自河以北趙魏之閒火熟曰爛顏注急就篇爛烝煑生物使之爛熟也詩生民載燔載烈箋云烈之言爛也正義云說文云烈火猛也爛火孰也俱是火孰之意故箋云烈之言爛也

燗 或從閒

爢 爤也從火靡聲靡爲切

爤也者玉篇爢熟也廣雅爢熟也釋名糜煑米使糜爛也馥謂糜爛當作爢或借糜字孟子糜爛其民而戰之漢書賈山傳無不糜滅又借靡字淮南人閒訓夫鴻鵠之未孚於卵也一指蔑之則靡而無形矣盧諶贈劉琨詩序意氣之閒靡軀不悔李善注靡爛也又客難至則靡耳李云說文靡爛也馥謂客難借靡字李引爢義以釋之

尉 從上案下也從𡰣又持火以尉申繒也於胃切

歐陽詹同州韓城縣西尉廳壁記云說文曰尉畏也亦慰也主也故字從𡰣示寸寸者寸量禮度以敬上示者示陳敎令以諭下𡰣者典職司以居位敬上所謂畏諭下所謂慰居位所謂主全茲三者以莅王爵則仕義周是以古之人嘉用尉

字爲官號馥按此說與本書大異或誤引他書之文通俗文火斗曰尉　淮南子炮烙始乎熨斗注云熨斗尉斗也紂見尉斗爛人手遂作炮烙之刑馥按帝王世紀紂欲重刑乃先作大尉斗以火爇之使人舉不能勝輒爛手　晉書韓伯傳母爲伯作襦令伯捉尉斗伯曰火在斗中而柄尙熱東觀漢記大醫皮巡寒疝病發冀得火以尉背俗作熨新序扁鵲曰疾在腠理湯熨之所及也齊民要術染潢治書法其新寫者須以熨斗縫縫熨而潢之范成大驂鸞錄鈷鉧熨斗也　從上案下也者漢書百官公卿表太尉應劭曰自上安下曰尉龔遂傳尉安牧養焉車千秋傳尉安衆庶顏注尉安之字本無心也是以漢書往往存古體字焉韋昭辨釋名廷尉縣尉皆古官也以尉尉民心也隋書李遠奉尉斗於高祖曰願以此尉安天下　又云李穆奉尉斗於楊堅曰願公執威柄以尉安天下　從𡰣者玉篇𡰣古文夷字夷平也後漢書光武紀注云廷尉尉平也杜甫詩美人細意尉帖平　以尉申繒也者本書奄下云申展也魏策衣焦不申玉篇尉申帛也廣韻尉火展帛也

⿰龜火 灼龜不兆也從火從龜春秋傳曰龜⿰龜火不兆讀若焦

卽消切

灼龜不兆也者雜記卜人作龜注云作龜謂揚火灼之以出兆太元蓍次二錯於靈蓍焯於龜資六韜武王與周公旦望紂之陣引軍止之太公曰君何不馳也周公曰天時不順龜燋不兆魏書諸帝子孫列傳昔軒轅卜兆龜焦通鑑魏主曰黃帝卜而龜焦天老曰吉黃帝從之注引字書灼龜不兆爲焦　從龜者徐鍇本作龜聲　春秋傳曰龜𪚺不兆者定九年左傳衛侯將如五氏卜過之龜焦又哀二年傳從之卜戰龜焦杜並云兆不成

灸　灼也從火久聲舉友切

廣雅灸爇也　莊子盜跖篇邱所謂無病而自灸也　史記倉公傳不當關灸鑱石　鹽鐵論灸刺稽滯開利百脈　七發今太子之病可無藥石針刺灸療而已　宋書徐羨之傳謝晦久病連灸不堪見客　會稽後賢記吳歸命侯宋謂仙女充後宮仙乃灸面　北齊　藥方牌云灸兩手又云灸瘡三壯又云巳豆和艾作炷灸瘡　隋書趙王杲傳蕭后當灸杲請先試炷

灼也者本書卜下云灼剝龜也象灸龜之形　急就篇灸刺和藥逐去邪　顏注灸以火艾灼病也　後漢書光武紀敢灸灼奴婢論如律　通鑑田興爲風痺灸灼滿身注云灸灼艾也

灼　炙也從火勺聲之若切

灸也者當爲炙本書炙灼也　楚詞七諫唐虞點灼而毀議注云灼炙也　詩憂心如熏傳云熏灼也　或通作焯太元焯於龜資

煉　鑠冶金也從火柬聲郎電切

鑠冶金也者本書鍊冶金也　廣雅鍊爇也

燭　庭燎火燭也從火蜀聲之欲切

庭燎火燭也者御覽引作庭燎火炬也　藝文類聚引作庭燎大燭　施注蘇詩引同　詩庭燎之光傳云庭燎大燭　一切經音義二十二蒼頡篇燭照也然火爲照也　士喪禮燭俟於饌東注云燭燋也火在地曰燎執之曰燭　燕禮甸人執大燭於庭閽人爲大燭於門外注云燭燋也疏云古者無麻燭而用荊燋故少儀云主人執燭抱燋鄭云未爇曰燋但在地曰燎執之曰燭於地廣設之則曰大燭其燎亦名大燭故詩云庭燎之光毛云庭燎大燭也鄭云夜未央而於庭設大燭毛鄭並指此甸人執大燭之文也　周禮閽人設門燎注云燎地燭也　司烜氏共墳燭庭燎注云墳大也樹於門外曰大燭於門內曰庭燎皆不以照衆爲名　雜記君堂上二燭下二燭大夫堂上一燭下二燭士堂上一燭下一燭注云滅燎而設燭正義有喪則於中庭終夜設燎至曉滅燭而日光未明故須燭以照祭饌也　周語設庭燎韋云設大燭於庭謂之庭燎

熜　然麻蒸也從火悤聲作孔切

然麻蒸也者五音集韻引作然麻莖也　本書菆麻蒸也黂麻[illegible]也　廣雅熜炬也　旣夕禮二燭俟於殯門外注云燭用蒸　周禮司烜氏共墳燭庭燎注云故書墳爲蕡鄭司農云蕡麻燭也　漢書蒯通傳卽束縕請火於亾肉家注云縕亂麻　七諫菎蕗雜於廢蒸王逸注枲翮曰廢煸竹曰蒸言持菎蕗香直之草雜於廢蒸燒而然之　甘泉賦樵蒸焜上五臣注樵蒸炬火也　梁書劉峻傳自課讀書常燎麻炬從夕達旦　詩毛傳顏叔子使鄰婦執燭放於乎旦蒸盡縮屋而繼之

灺　燭㶳也從火也聲徐野切

燭㶳也者廣雅㶳灺也

㶳　火餘也從火聿聲徐刃切

火餘也者經典作燼　孝經序得之者皆煨燼之餘正義引本書同　一切經音義九引作火之餘木也　玉篇㶳火餘木也　成二年左傳請收合餘燼杜云燼火餘木　廣雅燼餘木　小爾雅廣詁燼餘也　詩桑柔具禍以燼箋云災餘曰燼　吳語安受其燼韋云燼餘也　徐鍇本有一曰薪也四字　馥按張景陽雜詩尺燼重尋桂李善引本書燼薪也　方言藎餘也自關而西秦晉之閒炊薪不盡曰藎　李善注長笛賦云藎與燼同

焌　堅刀刃也從火卒聲七內切

荀子解蔽篇有子惡臥而焠掌注云焠灼也子虛賦脟割輪焠韋昭曰焠謂割鮮焠輪也堅刀刃也者本書刃刀堅也三蒼解詁焠作刃鋻也廣雅焠鋻也史記天官書火與水合為焠刺客傳得趙人徐夫人匕首取之百金使工以藥焠之漢書王褒傳及至巧冶鑄干將之樸清水焠其鋒顏注焠謂燒而內水中以堅之也鋒刃芒端也崔寔政論鐵焠醢中令脆易治馥按醢能敗鐵故脆也以水焠之則堅矣字或作淬集韻熸下云灼鐵淬之蔡邕勸學木以繩直金以淬剛聖主得賢臣頌清水淬其鋒太平廣記有蒲元者常為孔明鑄刀劍言蜀惟江水爽烈是天分其野大金之元精也漢水鈍弱及涪江水皆不任淬刀劍典論造百辟劍淬以清漳晉太康地記汝南西平縣有淵水可用淬刀劍特堅利

煣 屈申木也從火柔柔亦聲 人久切

屈申木也者申當為曲玉篇煣以火屈曲木廣韻煣烝木使曲也易繫辭煣木為耒耒頭曲也通作揉考工記揉輻必齊注云揉謂以火槁之李善注長笛賦引作以火橋之晏子今夫車輪山之直木也良匠揉之其圓中規虞世南

公子先生論夫木之性直匠者揉以為輪新序揉桑以為樞　柔亦聲者當為柔聲

燓 燒田也從火楙楙亦聲 附袁切

燒田也者廣雅燓燒也字或作焚集韻燓縱火焚也郊特牲季春出火為焚也注謂焚萊也　楙亦聲者當為楙聲

熑 火煣車網絕也從火兼聲周禮曰煣牙外不熑 力鹽切 廣韻熑煣韌

火煣車網絕也者增韻引作火熑廣韻集韻並引作車輞毄疑火熑輮輞絕也本書無輞字徐鍇韻譜熑燒車輞繫傳棱下云車輞即車輪外圍也廣雅輮輞也考工記輪人牙也者以為固抱也鄭司農以牙為輮書亦或為輮世閒謂之輞書顧命釋文車渠車輞也後漢輿服志天子獵車重輞釋名輞罔也謂罔羅周輪之外也　周禮曰煣牙外不熑者考工記輪人文彼云凡揉牙外不廉而內不挫旁不腫謂之用火之善注云廉絕也牙當為㸦本書㸦車輞會也集韻篤鑊規車輞則也鹽鐵論古者椎車無柔

燎 放火也從火尞聲 力小切

放火也者詩釋文引同字林亦同書盤庚若火之燎于原後漢書周紆傳燎火雖微卒能燎野詩旱麓民所燎矣箋云熂燎除其旁草又正月燎之方揚箋云火田曰燎張華詩燎獵野獸盡潘尼火賦及至焚野燎原陸火赫羲林木摧拉沙粒並糜騰光絕覽雲散霓披去若風驅疾若電逝芬輪行轉倏忽橫厲震響達乎八冥流光燭乎四裔庾肩吾遠看放火詩風前細塵起月裏黑烟生發餘看喬木侵光識遠城

火飛也從火𡘮與䙴同意 方昭切

火飛也者一切經音義十三引同　與䙴同意者徐鍇本與𦥯䙴同意闕鍇曰𦥯從臼囟䙴從囟𦥯從臼取其其捧以上之意

⿰火曹 焦也從火曹聲 作曹切

焦也者廣韻⿰火曹火餘木也字林⿰火曹燒木焦也廣雅⿰火曹灺也蒼頡篇⿰火曹燒木餘也

𤓉 火所傷也從火雥聲 卽消切

火所傷也者廣韻焦傷火也搜神記吳人有燒桐以爨者蔡邕請其材削以為琴燒不盡因名焦尾宗躬孝子傳吳人陳遺為郡吏母好食鎗底焦飯遺在役恒帶一囊每煮食取焦者以貽母或借燋字詩雲漢箋草木燋枯如見焚燎韓詩外傳抱羽毛而赴烈火入則燋也　雥聲者徐鍇曰雥音雜旁紐所謂古字音與今小異馥謂雥古音屬尤幽侯韻雥為侵以下九部之入聲古韻當分尤幽侯之字與侵以下九部入聲之字相配

焦 或省

本書譙潐蕉嶕鷦樵燋鐎醮等字並從此

烖 天火曰烖從火𢦏聲 祖才切

天火曰烖者宣十六年左傳文春秋桓十四年御廩災僖二十年西宮災襄九年宋災昭九年陳災昭十八年宋衛陳鄭災定二年雉門及兩觀災哀三年桓宮僖宮災杜注並云天火曰災周語火無災燀魏志延康二年天火燒萬

餘家

或從宀火

古文從才

易復卦有災眚釋文作灾云本又作烖鄭作裁

籀文從巛

火气也從火垔聲烏前切

梁簡文帝詠煙詩乍如落霞發頗似巫雲登映光飛百仞從風散九層　淮南天文訓壬午冬至甲子受制木用事火煙青七十二日戊子受制土用事火煙黃七十二日丙子受制火用事火煙赤七十二日庚子受制金用事火煙白七十二日壬子受制水用事火煙黑七十二日而歲終

火气也者本書熏火煙上出也增韻煙火鬱氣陸機演連珠煙出夫火非火之和周禮大宗伯注禋之言煙也周人尚臭煙氣之臭聞者

或從因

古文

籀文從宀

從宀者本書禋字籀文亦從宀

焆焆煙皃從火肙聲因悅切

焆焆煙皃者本書焥下云讀若煙火炔炔篇海炔與焆同焆焆煙皃廣韻焆煙氣

鬱煙也從火𥁕聲於云切

鬱煙也者一切經音義四引同又云絪緼光氣也集韻熢焞煙鬱皃詩雲漢藴隆蟲蟲釋文云蘊本又作熅韓詩作鬱同易天地絪緼班固典引作烟熅本書作壹壹廣韻壹鬱也史記賈生傳堙鬱漢書作壹鬱

望火皃從火皀聲讀若馰顙之馰都歷切

望火皃者玉篇炮望見火五音集韻炮望見火光

火熱也從火𦎫聲大甘切又徐鹽切

火熱也者當爲大熱廣雅爝燂也內則五日則燂湯請浴釋文云燂溫也

明也從火𦎧聲春秋傳曰𤏸燿天地他昆切

明也者廣雅同　春秋傳日𤏸燿天地者傳無此文國語以淳燿惇大天明地德

明也從火丙聲兵永切

明也者廣韻炳煥明也李善注兩都賦序引蒼頡篇炳著明也字或作昞廣雅昞明也又通作邴莊子大宗師邴邴乎梁簡文注邴邴明貌

明也從火卓聲周書曰焯見三有俊心之若切

明也者或借灼字琴賦華容灼爚發采揚明李善引本書灼明也書呂刑灼于四方陳書儒林鄭灼字茂昭　周書曰焯見三有俊心者立政文彼作灼

明也從火昭聲之少切

中庸日月所照　莊二十二年左傳有山之材而照之以天光

明也者本書明照也易乾鑿度清明昭哲鄭注炤明也宋書鮑照字明遠

盛赤也從火韋聲詩曰彤管有煒于鬼切

盛赤也者一切經音義十八引作煒盛明貌也亦赤也廣韻煒光煒漢書王莽傳青煒登平如淳曰青氣之光煇也　詩曰彤管有煒者邶風靜女文傳云煒赤貌箋云彤管筆赤管也　鄭注周易朱深曰赤

盛火也從火從多昌氏切

從多者徐鍇本作多聲　馥按侈移誃諸字皆從多聲

熠 盛光也從火習聲詩曰熠燿宵行羊入切

盛光也者笙賦𤇯韡煜熠李善引本書同一切經音義七引字林熠光盛也詩曰熠燿宵行者豳風東山文傳云熠燿燐也燐螢火也正義熠燿者螢火之蟲飛而有光之貌馥按毛傳未嘗言熠燿爲螢火之名而本草云螢火亦名熠燿此誤讀毛傳而附會者詩又云倉庚于飛熠燿其羽豈倉庚亦名熠燿邪

煜 燿也從火昱聲余六切

燿也者一切經音義三引同又引埤蒼光燿熾盛貌也廣雅煜熾也

燿 照也從火翟聲弋笑切

照也者廣雅燿照也昭三年左傳焜燿寡人之望服虔云燿照也賈逵國語注燿明也字或作燿莊二十二年左傳光遠而自他有燿者也荀子致仕篇夫燿蟬者務在明其火振其樹而已

煇 光也從火軍聲況韋切

光也者玉篇煇燿光也詩庭燎有煇傳云煇光也周禮眡祲掌十煇之法鄭司農云煇謂日光炁也杸章氏注云日有薄食暈珥釋文暈本又作煇易剛健篤實煇光唐石經作煇軍聲者惠棟曰與君音威同例馥案集韻煇亦音許云切西京賦金𤇯玉階彤庭煇煇珊瑚林碧瑀珉璘彬

煌 煌煇也從火皇聲胡光切

煌煇也者韻會引徐鍇本作煌煌煇也廣雅煌煌光也蒼頡篇煌光也詩大明檀車煌煌傳云煌煌明也史記封禪書煥炳煇煌宋玉高唐賦煌煌熒熒奪人光精字或作爌戰國策炫爌於道

焜 煌也從火昆聲胡本切

煌也者急就篇靳靷韅靭色焜煌顏注色焜煌者言其光采盛也甘泉賦樵蒸焜上李善引字書焜煌火貌馥按廣韻焜火光

炯 光也從火冋聲古迥切

光也者廣雅炯炯光也蒼頡篇炯明也或借扃字襄五年左傳引逸詩我心扃扃杜云扃扃明察也馥按玉篇炯炯明察也本此

爗 盛也從火𣌭聲詩曰爗爗震電筠輒切

詩曰云云者小雅十月之交文本書雷下云雷雷震電兒

爓 火門也從火閻聲余廉切

火門也者李善注蜀都賦引作火爓也一切經音義一引作火爓爓也戴侗曰唐本說文作火爓爓也玉篇爓火焰也西都賦光爓朗以景彰李善引字林爓火貌也

炫 爓燿也從火玄聲胡畎切

爓燿也者一切經音義三引作炫燿也玉篇炫燿光也埤蒼炫光貌史記田單傳牛尾炬火光明炫燿

光 明也從火在儿上光明意也古皇切

明也者廣雅同釋名光晃也晃晃然也亦言廣也所照廣遠也釋詁緝熙烈顯昭皓頻光也詩敬之學有緝熙于光明又南山有臺邦家之光箋云光明也

炗 古文

灮 古文

熱 溫也從火埶聲如列切

溫也者釋名熱爇也如火所燒爇也易稽覽圖夏至之後三十日極溫周書周祝解天地之間有滄熱五經通義曰任牽牛則寒在東井則暑牽牛宿外遠人故寒東井宿內近人故溫天收其聲地藏其熱方士傳燕有谷地美而寒鄒衍吹律而溫氣至續漢書太原舊俗一月寒食老小不堪周舉爲幷州宣示愚民使還溫食東晳近遊賦脅汗衫以當熱

熾 盛也從火戠聲昌志切

熾古文熾

盛也者釋言文詩六月玁狁孔熾傳云熾盛也解嘲二老歸而周熾

汗簡引作㸐

燠熱在中也從火奥聲烏到切

熱在中也者廣雅燠煖也釋言燠煖也郭云今江東通言燠舍人曰燠溫煖也詩無衣安且燠兮傳云燠煖也桓十四年穀梁傳無冰時燠也書洪範曰燠傳云煖以乾物或省作奥詩小明日月方奥傳云奥煖也或借隩字堯典厥民隩釋文馬云暖也

煖溫也從火爰聲况袁切

俗作暖楚辭天問何所冬暖

溫也者廣雅煖煗也又說月衡云正月不溫七月不涼樂記煖之以日月束晳餅賦三春之初陰陽交際寒氣既除

溫不至熱三輔黃圖溫室殿冬處之溫煖也王褒聖主得賢臣頌襲狐貉之溫者不憂至寒之淒愴孫綽三月三日詩溫風煖煖劉峻廣絕交論敘溫郁則寒谷成暄

煗溫也從火耎聲乃管切

魯語海多大風冬煗文選賓戲孔席不煗

溫也者廣雅溫煖也

炅見也從火日古迥切

見也者見當爲光廣韻炅光也類篇作炅云火光

炕乾也從火亢聲苦浪切

乾也者一切經音義三蒼頡篇炕乾極也鴻範五行傳有炕陽之應謂大旱也漢書五行志炕陽暴虐顏云炕陽者枯涸之意

燥乾也從火喿聲穌到切

易乾卦火就燥說卦燥萬物者莫熯乎火鬼谷子摩篇抱薪趨火燥者先然

乾也者玉篇燥乾燥也廣雅燥乾也釋名燥燋也晉灼注漢書云大官常以十月作沸湯燖羊胃以末椒薑扮之訖暴使燥則謂之脯

烕滅也從火戌火死於戌陽氣至戌而盡詩曰赫赫宗周褒似烕之許劣切

滅也者廣雅同容齋續筆火衰於戌故烕爲滅者詩釋文引作戌聲增韻火物也戌諧聲也從火戌陽氣至戌而盡者本書戌滅也九月陽气微萬物畢成陽下入地也火死於戌

詩曰赫赫宗周褒似烕之者小雅正月文傳云烕滅也

焅旱气也從火告聲苦沃切

旱气也者廣雅焅謂之熘廣韻熘焅熱或作酷烈史記曹相國世家百姓離秦之酷酷吏傳皆以酷烈爲聲漢書公孫弘傳若湯之旱則桀之餘烈也

燾溥覆照也從火𩏂聲徒到切

溥覆照也者周禮司几筵每敦一几注云敦讀爲燾燾覆也或通作幬中庸無不覆幬注云幬亦覆也幬或作燾襄二十九年左傳如天之無不幬也賈本作燾云燾覆也後漢書朱穆傳夫天不崇大則覆幬不廣注云幬亦覆幬與燾同

爟取火於日官名舉火曰爟周禮曰司爟掌行火之政令從火雚聲古玩切

鄭玄別傳玄在家見大風起詣縣曰某時當有火災宜祭爟廣設禁備衛公兵法諸軍馬擬停三五日即須去軍一二百里安置爟烽或通作權漢書郊祀志通權火高誘注呂氏春秋讀爟如權

取火於日官名舉火曰爟周禮曰司爟掌行火之政令者畢君以珣曰周禮夏官司爟掌行火之政令秋官司烜氏掌以夫遂取明火於日說文以司爟司烜氏溷而爲一後人亂之徐鍇本爟下無或烜字而別出烜字云或與爟同據此則取火於日官名六字當在烜下卽秋官司烜氏是也而烜義亦與爟同用故云或與爟同也馥按玉篇爟舉火也廣雅爟炬也廣韻爟下無烜字重文

烜或從亘

徐鍇本云臣鍇按說文烜字在爟字下注云或從亘今此特出而注云或與爟同又別無切音疑傳寫之誤馥按此非徐鍇語乃張次立之說傳寫誤稱臣鍇也玉篇烜況遠切火盛見釋訓赫兮烜兮陸德明本作烜云吁遠反烜者光明宣著今竝作咺字音同馥按此皆不言烜與爟同也

熢燧候表也邊有警則舉火從火逢聲 敷容切

淮南泰族訓縣熢未轉而日在其前高云縣熢邊候見虜舉熢轉相受行道里最疾者也 甘氏天文占爟舉烽表遠近

沇浮爟四星在軒轅尾而邊地警備烽候相望寇至則舉烽火十丈如今之井桔槔大鍾其頭若警急然火放之權重木低則末仰人見烽火 史記周本紀幽王爲熢燧大鼓有寇至則舉熢火正義云晝日然熢以望火煙夜舉燧以望火光也熢土魯也燧炬火也皆山上安之有寇舉之又司馬相如傳夫邊郡之士聞烽舉燧燔皆攝弓而馳荷兵而走集解云漢書音義曰烽如覆米篼縣著桔槔頭有寇則舉之燧積薪有寇則燔然之索隱曰烽見敵則舉燧有難則焚烽主晝燧主夜 漢書韓安國傳匽燧隙然後敢牧馬又賈誼傳斥候望烽燧不得臥文穎曰邊方備寇作高土櫓櫓上作桔皋桔皐頭兜零以薪草置其中常低之有寇卽火燃舉之以相告曰烽又多積薪寇至卽燃之以望其烟曰燧晝則燔燧夜乃舉烽 東觀漢記馬城繕治障塞起烽燧十里一候晉令誤舉烽燧罰金一斤入兩故不舉者弃市 丹陽記江寧縣北白馬城吳時爲烽火之所闔揚都賦注烽火以炬置於孤山頭皆緣江相望或百里或五十里或三十里寇至則舉以相告一夕可行萬里孫權時會暮烘於西陵鼓三竟達吳都 蔡謨與弟書軍中耳目當用鼓烽烽可遙見鼓可遙聞形聲相傳須臾百里非人所及想得先知耳通典烽臺於高山四顧險絕處置之無山亦於孤迥平地置下築羊馬城高下任便常以三五爲準臺高五丈下闊二丈上闊一丈形圓上建圓屋覆之屋逕闊一丈六尺一面跳出三尺以板爲上覆下棲屋上置突竈三所臺下亦置三所竝以石灰飾其表裏復置柴籠三所流火繩三條在臺側近上下用屈膝梯上收下乘屋四壁開覷賊孔及安視火筒置旗一口鼓一面弩兩張拋石壘木停水甕乾糧麻藴火鑽火箭蒿艾狼糞牛糞每晨及夜平安舉一火聞警舉二火見煙塵舉三火見賊燒柴籠如每晨及夜平安火不來卽烽子爲賊所捉一烽六人五人爲烽子遞如更刻觀視動靜一人烽率知文書符牒轉牒 唐兵部烽式云寇賊不滿五百人放烽一炬得蕃界事宜知欲南入放兩炬蕃賊五百騎以上放三炬千人放四炬餘寇萬人亦四炬其放烽一炬至所管州縣鎭止兩炬以上者竝至京元放烟火處卽錄狀馳驛奏聞若依式放烽至京訖賊回者放烽一炬報平安凡放烽報賊者三應三滅告平安者兩應兩滅

燧候表也者燧當作𨺓或作隧廣雅𨺓虞候望也方言𨺓虞望也注云今云烽火是也史記李將軍傳然亦遠斥候索隱云按許愼注淮南云斥度也候視也望也蔡邕戍邊上書曰旣到徙所乘塞守烽職在候望馥按本書𨺓塞上

亭守𨺓火者𨺓訓燧候表義取互見也

爝苣火祓也從火爵聲呂不韋曰湯得伊尹爝以爟火釁以犧豭 子肖切

苣火祓也者楚策君獨無意湔祓僕也莊子逍遙遊篇日月出矣而爝火不息釋文云字林云爝炬火也呂氏春秋舉難篇桓公郊迎客夜開門爝火甚盛淮南道應訓爝火甚衆高云爝炬火也後漢書周紆傳爝火雖微卒能燎野

呂不韋曰湯得伊尹爝以爟火釁以犧豭者呂氏春秋本味篇湯得伊尹祓之於廟爝以爟火釁以犧豭注云周禮司爟掌行火之政令火者所以祓除其不祥置火於桔皐爝以照之釁以牲血塗之曰釁爟讀曰權衡之權又贊能篇管夷吾至齊境桓公使人以朝車迎之祓以爟火釁以犧豭焉注云火所以祓除其不祥也周禮司爟掌行火之政令故以爟火祓之也淮南氾論訓洗之以湯沐祓之以爟火 劉氏新論妄瑕篇齊桓深知甯戚乃夜舉火而爝之以爲卿相

熭　暴乾火也從火彗聲（于歲切）

暴乾火也者徐鍇本無火字玉篇熭曝乾也廣韻熭曬乾廣雅熭曝也六韜日中不熭是謂失時漢書賈誼傳黃帝曰日中必熭孟康曰熭音衛日中盛者必暴熭也顏氏家訓河間邢芳語吾云賈誼傳云日中必熭注熭暴也曾見人解云此是暴疾之意正言日中不須臾卒然便昃耳此釋爲當乎吾謂邢曰此語本出太公六韜案字書古者暴曬字與暴疾字相似唯下少異後人專輒加傍日耳言日中時必須暴曬不爾者失其時也晉灼已有詳釋芳笑服而退

熙　燥也從火巸聲（許其切）

燥也者盧諶荅劉琨詩仰熙丹崖李善引本書同郭璞鹽池賦熙金葩之融炎嘯賦發徵則隆冬熙烝閒居賦熙春寒往李善引廣雅熙熾也吳書陳熾字公熙

文一百一十二　重十五

徐鍇本有炙字云炙也從火夕聲旨石反長孫訥言曰差之一畫詎惟千里見炙從肉莫究厥由輒意形聲固當從夕及其晤矣彼乃乖斯若靡馮焉他皆倣此

炎　火光上也從重火凡炎之屬皆從炎（于廉切）

火光上也者李善引字林無上字洪範火曰炎上王肅注火之性炎盛而升上允征火炎崑岡玉石俱焚釋訓炎炎熏也詩雲漢赫赫炎炎傳云炎炎熱氣也六韜熒熒不救炎炎奈何蔡邕釋誨懼煙炎之毀熸

燄　火行微燄燄也從炎臽聲（以冄切）

火行微燄燄也者一切經音義七引燄燄下有然字玉篇燄火行貌廣韻燄燄火初著也書洛誥無若火始燄燄厥攸灼敘弗其絕傳云無令若火始然燄燄尚微其所及灼然有次敘不其絕莊十四年左傳人之所忌其氣燄以取之注引書無若火始燄燄漢書梅福傳引書作庸庸注云庸庸微小貌也

㷔　火光也從炎舌聲（以冄切）

𤑹　侵火也從炎㐭聲讀若桑葚之葚（力荏切）

侵火也者未詳其義廣韻𤑹火貌玉篇𤑹火貌

煔　火行也從炎占聲（舒贍切）

火行也者廣韻煔火上行貌玉篇煔火光也

燅　於湯中爚肉從炎從熱省（徐鹽切）

於湯中爚肉也者廣韻引無於字六書故同一切經音義四引作熱湯爚肉也通俗文以湯煮物曰爚韻會引徐鍇本亦作爚玉篇燅湯中爚肉也韓詩渫爚也既夕記菅筲三其實皆瀹注云米麥皆湛之湯郊特牲燗祭注云燗或爲腤玉篇腤瀹也生熟半也廣韻瀹與䰜同䰜肉肉及菜湯中薄出之通俗文以湯去毛曰燅楚詞大招炙鴰烝鳧煔鶉敶只注云煔瀹也敘案燅當作燅或借燗字周禮封人注云毛炮豚者燗去其毛而炮之禮器郊血大饗腥三獻燗一獻熟注云燗沈肉於湯也祭義燗祭注云湯肉曰燗釋文云燗音尋郊特牲有虞氏之祭也尚用氣血腥燗祭用氣也注云燗或爲燖晉書載記苻生傳活燗雞豚鵞

三五十爲羣放之殿中有司徵乃燅尸俎注云燅溫也古文燅皆作尋記或作燖春秋哀十二年左傳夏公會吳于橐臯吳子使太宰嚭請尋盟子貢對曰今吾子曰必尋盟若可尋也亦可寒也賈注尋溫也中庸溫故而知新注云溫讀如燖溫之溫論語集解云溫尋也漢書蒯通傳昨暮夜犬得肉爭鬬相殺請火治之顏注治謂尋治亦犬從熱省者徐鍇本作熱省聲

或從炙

一切經音義四字詁古文錴今作燅同陸氏釋文引作錴從炙㚔聲按廣韻燅下有錴字云說文同上玉篇燅湯爚肉䏗按㚔當作羙

燮　大孰也從又持炎辛辛者物孰味也（蘇俠切）

此即又部燮之籀文重出於此羊誤從辛說見燮下

粦　兵死及牛馬之血爲粦粦鬼火也從炎舛（良刃切）

兵𠂢及牛馬之血爲粦粦鬼火也者列子天瑞篇馬血之爲轉鄰也人血之爲野火也注云說文作粦又作燐皆鬼火也淮南子云久血爲燐也案淮南氾論訓久血爲燐高云血精在地久則爲燐遙望炯炯若然火詩東山正義亦引作燐又說林訓抽簪招燐有何爲驚高云燐血精似野火招之應聲而至論衡論𠂢篇人之兵𠂢也世言其血爲燐血者生時之精氣也人夜行見燐不象人形渾沌積聚若火光之狀燐𠂢人之血也其形不類生人之血也　從炎舛者當爲舛聲

文八　重一

火所熏之色也從炎上出囧囧古窗字凡黑之屬皆從黑 呼北切

本書赤白青黃各訓方色此黑獨不及玉篇引韓康伯云北方陰色善補前人之闕　抱朴子水行爲黑　釋名黑晦也如晦冥時色也

火所熏之色也者本書熏火煙上出也　從炎上出囧者廣韻囪竈突　囧古窗字者徐鍇本無此文鍇繫傳語也

齊謂黑爲黸從黑盧聲 洛乎切

齊謂黑爲黸者增韻云說文引方言文也廣雅黸黑也法言彤弓黸矢或通作盧孔叢執節篇申叔問曰犬馬之名皆因其形色而名焉唯韓盧宋鵲獨否何也子順荅曰盧黑色鵲白色非色而何　書文侯之命盧弓一盧矢百傳云盧黑也荀子大畧篇大夫黑弓定四年公羊傳注士盧弓字又作旅僖二十八年文四年左傳皆云旅弓矢干

沃黑色從黑會聲 惡外切

沃黑色者鄭瑗井觀瑣言閩南人謂雨淋曰沃玉篇[illegible]淺黑也廣雅[illegible]黑也

深黑也從黑音聲 乙減切

深黑也者韻會引徐鍇本作深慘色慘當爲黲廣雅黯黑也楚詞九辨彼日月之照明兮尚黯黮而有瑕史記孔子世家黯然而黑王隱面有疵黯晉蔡黯字墨

中黑也從黑厭聲 於琰切

中黑也者一切經音義九引作面中黑子也玉篇黶黑子廣韻黶面有黑子廣雅黶黑也莊子庚桑楚篇有生黶也釋文司馬云黶有疵也史記高祖本紀左股有七十二黑子正義許北人呼爲黶子吳楚謂之誌誌記也漢書賈誼傳屢如黑子之著面顏注黑子今所謂黶子也

小黑子從黑殹聲 烏雞切

小黑子者廣雅黳黑也

白而有黑也從黑旦聲五原有莫䵣縣 當割切

古今人表熊亶即楚世家熊䵣功臣表有翕侯僕䵣

白而有黑也者字統黑而有點曰䵣

五原有莫䵣縣者見漢志如淳音切怛

雖皙而黑也從黑箴聲古文名黬字皙 古咸切

古人名黬字皙者史記仲尼弟子列傳曾蒧字皙奚容蒧字子皙左傳楚公子黑肱鄭公孫黑並字子皙

赤黑也從黑易聲讀若煬 餘亮切

赤黑也者昭十五年左傳吾見赤黑之祲

淺青黑也從黑參聲 七感切

淺青黑也者玉篇今謂物將敗時顏色黲黲也廣雅黲黑也

青黑也從黑奄聲 於檻切

青黑也者一切經音義十一纂文黤黮深黑也漢書引詩有黤淒淒

微青黑色從黑幼聲爾雅曰地謂之黝 於糾切

微青黑色者廣雅黝黑也小爾雅廣詁黝黑也釋器黑謂之黝郭云黝黑貌周禮牧人陰祀用黝牲毛之注云黝讀爲幽幽黑也又守祧其祧則守祧黝堊之注云鄭司農云黝讀爲幽幽黑也莊二十三年穀梁傳禮天子諸侯黝堊

注云黝堊黑色玉藻幽衡注云幽讀爲黝黑謂之黝或借幼字大戴禮誥誌篇幽幼也　爾雅曰地謂之黝者釋宮文郭云黑飾地也

黗　黃濁黑從黑屯聲他衮切

黃濁黑也者水經注濁水上承大黑泉廣韻黗黑狀廣雅黗黑也

點　小黑也從黑占聲多忝切

小黑也者本書者老人面如點也漢書司馬遷傳適足以發笑而自點耳顏注點汙也釋器滅謂之點郭云以筆滅字爲點

黚　淺黃黑也從黑甘聲讀若染繒中束緅黚巨淹切

淺黃黑也者玉篇黚淺黃色又黑也廣雅黚黑也　讀若染繒中束緅黚者本書無緅字黚當如論語之紺

黅　黃黑也從黑金聲古咸切

黃黑也者玉篇黅黃黑如金也

黦　黑有文也從黑冤聲讀若飴𥂔字於月切

黑有文也者玉篇黦與黦同廣雅黦黑也周禮染人夏纁玄注云故書纁作黦　讀若飴𥂔字者𥂔當作䝼本書䝼豆飴也

⿱算黑　黃黑而白也從黑算聲一曰短黑讀若以芥爲齏名曰芥荃也初刮切

一曰短黑者廣韻⿱算黑短黑貌也集韻⿰黑豊瘁謂之⿱算黑　讀若以芥爲齏名曰芥荃也者本書荃芥脃也

䵫　黑皴也從黑幵聲古典切

黑皴也者徐鍇本作皴本書無皴皴字當爲皯本書皯面黑气也廣韻䵫黑貌廣雅䵫黑也

黠　堅黑也從黑吉聲胡八切

堅黑也者集韻引作堅固也玉篇黠堅也黑也漢書趙充國傳以尤桀黠皆斬之顏注桀堅也黠惡也爲惡堅也馥謂當爲黠堅也桀惡也

黔　黎也從黑今聲秦謂民爲黔首謂黑色也周謂之黎民易曰爲黔喙巨淹切

小爾雅廣詁黔黑也　襄十七年左傳邑中之黔實慰我心注云子罕黑色而居邑中　莊子天運篇烏不日黔而黑司馬云黔黑也　墨子今瞽曰黔者黑也雖明目者無以易之　淮南修務訓孔子無黔突　漢書敘傳墨突不黔顏注黔黑也　古今人表禽敖即檀弓黔敖　黎也者徐鍇本作黧本書無黧字釋鳥倉庚黧黃也本書作黧黃　蕭該漢書音義引字林黔黧黑也廣雅黎黑也釋名上青曰黎似藜州色也　秦謂民爲黔首謂黑色也者史記秦本紀更名民曰黔首　應劭曰黔亦黎黑也　秦繹山刻石文黔首康定　廣雅黔首民也　墨子貴義篇黔首黑也　祭義以爲黔首則正義云凡人以黑巾覆頭故謂之黔首

魏策先王必欲少留而扶社稷安黔首也　秦謂之黎民者詩雲漢周餘黎民箋云黎衆也非本書義　易曰爲黔喙者說卦文彼云爲黔喙之屬馬云黔黑也

黕　滓垢也從黑冘聲都感切

滓垢也者楚詞九辯或黕點而汙之洪注引本書同本書沈一曰濁黕也一切經音義七黕垢濁也玉篇黕黕點垢濁藉田賦翠幕黕以雲布李善曰魏文帝愁霖賦玄雲黕其四塞黕黑貌也

黨　不鮮也從黑尚聲多朗切

不鮮也者鮮當爲鱻黨或作曭楚辭遠游時曖曃其曭莽兮注云日月晻黮而無光也

黷　握持垢也從黑賣聲易曰再三黷徒谷切

書說命黷于祭祀時謂弗欽　公羊傳亟則黷黷則不敬注云黷渫黷也　漢書枚皋傳嫚黷貴幸顏云黷垢濁也後漢書陳元傳嫚黷微詞注云黷垢濁也　陸機漢功臣贊上黷下黷　北山移文或先貞而後黷　宋書禮志祭不欲數

數則
覿

握持垢也者李善注頭陁寺碑引字林覿持垢也又注江
淹雜體詩引蒼頡篇覿垢覿也易曰再三覿者蒙卦文
彼作瀆崔憬云瀆古覿字表記引易再三瀆注云瀆之
言褻也洪範五行傳若煩數瀆或不精嚴神不告也

黵 大污也從黑詹聲 當敢切

大污也者廣韻黵大污垢黑集韻黵黑污也通
典梁制劫身皆斬遇赦降死者黵面爲劫字

黴 中久雨青黑從黑微省聲 武悲切

中久雨青黑者韻會引徐鍇本作物中久雨玉篇黴黴敗
也廣韻黴黴黧垢腐貌廣雅黴黑也又云敗也淮南說山
訓文公棄荏席後黴黑高云晉文公棄其臥席
之下黴黑者黴音梅王褒九懷蘇蘊兮黴黧

黜 貶下也從黑出聲 丑律切

貶下也者玉篇黜退也貶也下也書舜典黜陟幽明傳云
黜退其幽者書序周公相成王將黜殷作大誥鄭注黜貶

退也論語三黜或借絀字
王制不孝者君絀以爵

䵘 䵘姍下色從黑般聲 薄官切

䵘姍下色者玉篇䵘姍下
色貌䵘謂俯下其顏色

黱 畫眉也從黑朕聲 徒耐切

六書故云唐本說文或從代徐本無黛字　通俗文染青石
謂之點黛　隋書漕國出青黛　本草青黛從波斯國來及
太原并廬陵
南康等染澱
畫眉也者韻會引徐鍇本作畫眉墨也玉篇黱畫眉黑也
列子周穆王篇粉白黛黑楚策彼周鄭之女粉白墨黑
一本作黱楚詞大招粉白黛黑施芳澤只注云黛畫眉鬢
黑而光淨韓非顯學篇故善毛嬙西施之美無益吾面用
脂澤粉黛則倍其初賈誼書嘗傳白黱黑鹽鐵論傳白黛
青者衆東觀漢記明德馬后眉不施黛獨左眉角小缺補
之如粟蔡邕協初賦粉弛黛落郭璞上林賦注靚
妝粉白黛黑也趙宦光曰漢宮中妝有遠山眉

儵 青黑繒發白色也從黑攸聲 式竹切

青黑繒發白色也者本書驃下云黃馬發白色發字
義同廣雅儵黑也　攸聲者式竹切音爲攸之入聲

黬 羔裘之縫從黑或聲 于逼切

羔裘之縫者釋訓文彼作緎郭注縫飾羔皮之名詩召南
羔羊之革素絲五緎傳云緎縫也正義孫炎曰緎縫之界
緎然則縫合羔羊皮爲裘縫卽皮之界緎因名裘縫爲緎
初學記引郭氏毛詩拾遺云羔裘晏兮三英粲兮毛詩注
曰三英三德也英謂古者以素絲英飾裘卽上文素絲五
紽也馥按詩傳云古者素絲以英裘是郭說所本黬俗作
䋩玉篇䋩
羔裘縫

䵦 䵦謂之垽垽滓也從黑殿省聲 堂練切

䵦謂之垽者釋器文彼作澱郭云滓澱也今江
東呼垽　垽滓也者本書澱滓垽也垽澱也

黮 桑葚之黑也從黑甚聲 他感切

廣雅黮黑也　聲類黮深黑也　家語辨樂解黮而黑
注云黮黑貌　淮南主術訓問瞽師黑何若曰黮然
桑葚之黑也者一切經音義六引作桑甚之色黑也又十
三云黤黮不明淨也玉篇黮黤黮不明淨也詩泮水食我
桑黮傳云黮桑實也王觀
國曰詩用黮字取其色也

黭 果實黭黯黑也從黑弇聲 烏感切

果實黭黯黑也者六書故引唐本果實黭黯也荀子彊國
篇黭然而雷擊之注引本書黭黑色一切經音義十九纂
文黭黯深黑也五音
集韻黭黯果實壞貌

黥 墨刑在面也從黑京聲 渠京切

墨刑在面也者易睽卦其人天且劓虞云黥額爲天書呂
刑墨辟疑赦傳云刻其額而涅之曰墨刑又爰始淫爲劓
刵椓黥鄭注黥謂鷻黥人面周禮司刑掌五刑之法墨罪
五百注云墨黥也先刻其面以墨窒之書傳曰非事而事
之出入不以道義而誦不祥之辭者其刑墨秦策黥劓其
傅高云刻其額以墨實其中曰黥漢書刑法志其次用鑽

鑿韋昭曰鑿黥刑也志又云墨罪五百顏注墨黥也鑿其
面以墨涅之後漢書朱穆傳臣願黥首繫趾注云黥首謂
鑿額涅墨也晉令奴婢亡加銅青若墨黥黥兩眼後再
亡黥兩頰上三亡橫黥目下皆長一寸五分廣五分

剠　黥或從刀

易睽卦注四剠釋文說文或
作黥字馥案當云或作剠字

⿰黑殸　⿰黑殸者忘而息也從黑殸聲　於檻切

⿰黑殸者忘而息也者玉篇⿰黑殸⿰黑殸然忘也廣
韻⿰黑殸⿰黑殸然自得方言⿰黑殸忘也廣雅同

黟　黑木也從黑多聲丹陽有黟縣　烏雞切

多聲者與移同例　丹陽有黟縣者漢志郡作丹揚縣作
丹陽晉書地理志作丹楊注云丹楊山多赤柳在西九域
志歙州歙縣有黟山圖經新安貢柹心黑木黝之名縣職
此之由馥案顏注漢志云黝音伊字與黟同元和郡縣志
黝縣貢柹心木縣由此得名說文
黟字從黑多後傳譌遂寫黝字

文三十七　重一

黛

戴侗引唐本
黱或從代

遺文一

囪　在牆曰牖在屋曰囪象形凡囪之屬皆從囪　楚江切

在牆曰牖在屋曰囪者本書牖穿壁以木為交窻也窻通
孔也釋名窗聰也於內窺外為聰明也蒼頡解詁窗正牖
也牖旁窗也所以助明者也考工記匠人營國四旁兩夾
窻注云窻助戶為明每室四戶八窻李尤銘天設窻牖開
光照陰施於明堂以象八風或借蔥字定九年
左傳載蔥靈賈逵云蔥靈衣車也有蔥有靈

窗　或從穴

〔古文〕　古文

本書㷋從
炎上出囪

悤　多遽悤悤也從心囪囪亦聲　倉紅切

多遽悤悤也者本書遽窘也勿下云故遽稱勿勿顏氏家
訓引云故悤遽者稱勿勿晉書王彪之傳無故悤悤先自
猖蹶衛恆四體書勢張伯英下
筆必為楷則號悤悤不暇艸

文二　重二

焱　火華也從三火凡焱之屬皆從焱　以冉切

玉篇熛火焱也漢書鑿坎寘熅火顏云火無焱也　謝靈運
撰征賦嗟殘賊之將糜熾餘焱於海濟　續搜神記高榮見
山中火起樹顛火焱響動　殷臣火浣布賦
葉與焰潔翹與炎敷焱熒華實焚灼萼珠
火華也者後漢書班固傳焱焱炎炎注引本書同文選七
啟風厲焱舉思元賦焱回回其揚靈李善引本書並同甘
泉賦焱感黃龍兮李善引字林焱火光也楚詞九章陽焱
焱而復顧洪注焱火華也魯公西赤晉羊舌赤並字華

熒　屋下鐙燭之光從焱冂　戶扃切

玉篇熒熒猶灼灼也　高唐賦煌煌熒熒
奪人光精　說苑熒熒不滅炎炎柰何
屋下鐙燭之光者徐鍇繫傳引秦嘉詩熒熒華燭漢書敘
傳守突奧之熒燭顏云熒熒小光之燭也　從焱冂者徐
鍇曰冂猶室也馥案本書勞下云熒火燒
冂隋書王劭傳熒字三火明火德之盛也

燊　盛皃從焱在木上讀若詩曰莘莘征夫一曰役也　所臻切

盛皃者廣韻燊熾也　讀若詩曰莘莘征夫者小雅皇皇
者華文彼作駪駪國語韓詩外傳並作莘莘本書無莘字
廣韻侁行皃引詩侁侁征夫　一曰役也者徐鍇本一
曰嶷一曰役馥謂嶷當為薿薿盛也役者征夫行役也

文三

炙　炮肉也從肉在火上凡炙之屬皆從炙　之石切

廣雅炙炙爇也馥案當是炙炙二字一從久一從肉　東觀漢記羌人炙肉未熟長跪前割血流指閒進於竇固固輒爲噉不穢也　漢書武五子傳炙胡巫上林中服虔曰炙燒也

炮肉也者家語問禮篇以烹以炙注云炮之曰炙　從肉在火上者急就篇膹膾炙胾各有形顏注炙謂炙之於火上也詩瓠葉燔之炙之傳云炕火曰炙正義炕舉也謂以物貫之而舉於火上以炙之禮運以炙注云貫之火上

𤎅 籒文

廣韻弗𤎅炙具馥謂𤎅卽𤎅字

䊩 宗廟火孰肉從炙番聲春秋傳曰天子有事䊩焉以饋同姓諸侯　附袁切

廣雅䊩肉也　蔡邕與袁公書酌清醴䊩乾魚　經典借燔字廣韻炙下引周書黃帝始燔肉爲炙古史考古者茹毛飲血燧人初作燧火人始燔炙魏策易牙乃煎熬燔炙周禮內饔注肉物胾燔之屬釋文云膰音燔本亦作燔

宗廟火孰肉者詩行葦或燔或炙箋云燔肉也生民載燔載烈傳云傳火曰燔瓠葉炮之燔之傳云毛曰炮加火曰燔襄二十二年左傳與執燔焉釋文燔又作膰祭肉也成十三年傳祀有執膰注云膰祭肉定十四年穀梁傳脤者何也俎實也祭肉也生曰脤孰曰膰異義古春秋左氏說祳社祭之肉盛之以蜃宗廟之肉名曰膰今春秋公羊穀梁說生居俎上曰祳孰居俎上曰膰禮運以燔注云加於火上少儀燔亦如之注云燔炙也家語問禮篇以炮以燔注云加火曰燔也子路初見篇致膰於大夫注云膰祭肉也孟子燔肉不至趙注膰炙者爲燔詩云燔炙芬芬史記周本紀顯王致文武胙於秦孝公注云胙膰肉也　春秋傳曰天子有事膰焉者僖二十四年左傳宋先代之後也於周爲客天子有事膰焉注云有事祭宗廟也膰祭肉尊之故賜以祭胙釋文膰周禮又作鐇字　以饋同姓諸侯者周禮大宗伯以脤膰之禮親兄弟之國注云脤膰社稷宗廟之肉以賜同姓之國同福祿也

𤎱 炙也從炙寮聲讀若㸋燎　力照切

炙也者一切經音義十三引作火炙之也又卷七云今江北謂炙手足爲炙𤎱廣韻𤎱火炙字林𤎱炙也　讀若㸋燎者或通作燎後漢書光武於竈上燎衣

文三　重一

赤 南方色也從大從火凡赤之屬皆從赤　昌石切

南方色也者洪武正韻易乾爲大赤至陽也釋名赤赫也太陽之色也周禮大宗伯以赤璋禮南方考工記畫繢之事南方謂之赤淮南天文訓太陰在丑曰赤奮若高注赤陽色易通卦驗離南方也夏至日中赤氣出直離此正氣也鄭注周易南方赤色抱朴子火行爲赤東觀漢記建武四年皇子陽生顏赤色上以色赤名之曰陽

烾 古文從炎土

書禹貢厥土赤埴墳釋文埴鄭作戠讀曰熾馥案蜀都賦丹砂赩熾劉淵林注引禹貢李善注引鄭注熾赤也馥謂丹砂赤上此從土之義

赨 赤色也從赤蟲省聲　徒冬切

詩雲漢蘊隆蟲蟲釋文徐徒冬反爾雅作爞案爞卽赨變赤從火而蟲則不省韓詩作烔廣韻烔熱氣烔烔出字林廣雅烔熱也或作𤊠類篇𤊠赤色烔變爲𤊠猶赨變爲爞爞烔皆赨之別體𤊠又烔之別體也

赤色也者管子地員篇其種大苗細苗赨莖黑秀箭長注云赨卽赤也太元蛛黃疑金

𧹞 日出之赤從赤穀省聲　火沃切

赧 面慙赤也從赤𠬝聲周失天下於赧王　女版切

面慙赤也者方言赧媿也秦晉之閒凡媿而見上謂之赧注云小爾雅曰面赤媿曰赧孟子觀其色赧赧然注云面赤心不正之皃也韓詩外傳孟嘗君赧然汗出至踵後漢書延篤傳可不慙赧注云色媿曰赧　周失天下於赧王者自魯哀公十四年至周赧王五十九年凡二百二十有四年秦昭襄王滅周集韻鄤狐邑在洛南百五十里秦遷周赧王於此文選西征賦踰十葉以逮赧邦分崩而爲二五臣云自敬王元王定王哀王思王考王威王烈王安王而及赧王十代周分爲二史記周本紀周君赧王卒劉伯莊音義云赧是慙恥之甚輕微危弱寄住東西足爲慙赧

故號之曰赧漢書人表赧王延愼靚王子帝王世紀赧王名誕雖居天子之位號爲諸侯之所役逼與家人無異名負責於民無以得歸乃上臺避之故周人名其臺曰逃責臺赧非謚謚法無赧正以微弱竊缺逃責赧然慙媿故號曰赧百

赬 赤色也從赤巠聲詩曰魴魚赬尾 敕貞切

赤色也者本書璊玉赬色也廣雅赬赤也釋器再染謂之赬郭云染赤陳啟源曰爾雅注以赬爲淺赤又諸侯赤芾而斯干傳謂諸侯黃朱是黃朱乃赤也據此二文則赤淺於朱赬又淺於赤然細分則異槪舉則通說文云赬赤色也亦以赬赤爲一矣士喪禮赬裏注云赬赤也喪大記大夫以元赬注云赬赤也射雉賦鶩綺翼而赬撾徐爰注赬赤也詩曰魴魚赬尾者周南汝墳文傳云赬赤也韓詩同哀十七年左傳如魚竀尾杜注竀赤色

䞓 赬或從貞

南方草木狀赬桐花連枝萼皆深紅之極者俗呼貞桐花貞音訛也

⿰赤丁 或從丁

浾 棠棗之汁或從水

泟 浾或從正

玉篇廣韻赬下無浾泟重文玉篇水部浾側加切浾滓也又棠木汁泟恥京切赤也亦作赬類篇水部浾貪辛切棠棗木汁可以染又莊加切棠木汁泟丑成切棠棗之汁集韻赬與赬䞓同文引本書赤色也浾與泟同文引本書浾棠棗之汁竝音檉貞切馥謂浾泟二字自爲一義本書誤爲赬之重文浾棠棗之汁改浾爲赬又加或從水三字

赭 赤土也從赤者聲 之也切

范子計然石赭出齊郡赤色者善蜀赭出蜀郡 本草代赭生齊國山谷赤紅青色如雞冠有澤染爪甲不渝者良唐本注云靈州鳴沙縣界河北平地掘深四五尺得者皮上赤滑中紫如雞肝大勝齊代所出者 寰宇記武安縣赭山在縣東南十八里出赭土徐州彭城縣赭土山在縣北三十五里禹貢徐州厥貢惟土五色漢書郊祀志王莽使徐州貢五色土卽此山也

赤土也者一切經音義十四引三蒼同廣雅赭赤也詩顏如渥丹釋文云丹韓詩作沰沰赭也簡兮赫如渥赭箋云赭然如厚傅丹尉繚子敵白者堊之赤者赭之史記司馬相如傳其土則丹青赭堊張揖曰赭赤土也出少室山漢書張敞傳偷長以赭汙其衣裾顏注赭赤土也南都賦赭堊流黃注引山海經海若之山其上多赭郭璞曰赭赤土也馥案西山經石脆之山其陰灌水出焉而北流於愚水其中有流赭以涂牛馬無病郭注赭赤土也

⿰倝赤 赤色也從赤倝聲讀若浣 胡玩切

讀若浣者本書澣或作浣

赫 火赤皃從二赤 呼格切

火赤皃者方言炖烌㷋赫也注云皆火盛熾之皃

文八　重五

大 天大地大人亦大故大象人形古文大也凡大之屬皆從大 徒蓋切

天大地大人亦大者本書三下云天地人之道也易繫辭易之爲書也廣大悉備有天道焉有人道焉有地道焉老子故道大天大地大王亦大域中有四大而王居其一焉人法地地法天天法道道法自然大戴禮曾子大孝篇天之所生地之所養人爲大矣文七年左傳正德利用厚生賈逵曰正德人德利用地德厚生天德淮南地形訓天一地二人三戴侗曰天以氣覆乎上地以形載乎下人立乎其中獨以心知故人者天地之心而氣之帥也能盡其心則可以與天地參與天地參則可以爲天地萬物之主宰矣斯之爲大人大人者與天地合其德故曰人亦大 故大象人形者本書亢下云從大大人也羌下云東夷從大大人也九經字樣大象人形 古文大也者徐鍇本作古文人也鍇曰古文亦以此爲人字也

奎 兩髀之閒從大圭聲 苦圭切

兩髀之閒者廣雅胯奎也莊子徐無鬼豕蝨擇奎蹄曲隈孔閒股腳自以爲安室利處天文書西方十六星象兩髀故曰奎

持也從大俠二人 古狎切

僖二十六年左傳夾輔成王 俠二人者顏注漢書云俠之言挾以權力俠輔人也書多方爾曷不夾介乂我周王法言作俠介

覆也大有餘也又欠也從大從申申展也 依檢切

覆也者本書揜覆也釋言蒙荒奄也郭云奄奄覆也詩閟宮奄有下國又奄有龜蒙遂荒大東箋竝云奄覆 大有餘也者廣雅奄大也詩皇矣奄有四方傳云奄大也 又欠也者謂欠伸也曲禮君子欠伸正義志疲則欠體疲則伸 申展也者莊子刻意篇熊經鳥伸

奢也從大亏聲 苦瓜切

奢也者集韻夸夸夵自大廣雅夸大也呂氏春秋下賢篇富有天下而不騁夸注云夸詫而自大也漢書賈誼傳夸者死權臣瓚曰謂夸泰也字或作侉書畢命驕淫矜侉傳云矜其所能以自侉大

奢查也從大亘聲 胡官切

奢查也者玉篇查大口也或借宣字秦詛楚文宣奓競縱

夵大也從大瓜聲 烏瓜切

夵大也者俗作摦徐鉉新附摦橫大也廣韻摦寬也昭二十一年左傳小者不窕大者不摦注云窕細而不滿摦橫而不入也

空大也從大歲聲讀若詩施罟濊濊 呼括切

空大也者玉篇奯空也大目也廣韻奯大開目也 讀若詩施罟濊濊者徐鍇本作泧泧本書濊下引詩後人加之本書無濊字此當爲詩曰施罟奯奯謂罟目大也後人加讀若字

大也從大戜聲讀若詩戴戴大猷 直質切

讀若詩戴戴大猷者小雅巧言文彼作秩秩書堯典平秩東作史記作便程東作本書戜讀若詩威儀秩秩

大也從大戼聲 匹貌切

大也者謂空大也木工鑿空曰奅或借戼字晉書古辰皆陰戼今露戼

大也從大云聲 魚吻切

徐鍇本有讀若齳三字疑齳當爲齳

大也從大氐聲讀若氐 都兮切

漢樊毅修華岳碑受茲奃福

大也從大介聲讀若蓋 古拜切

大也者釋詁文彼作介方言夵大也東齊海岱之閒曰夵通作介易晉卦受茲介福虞翻云介大也兌卦介疾有喜

釋文馬云介大也書多方爾曷不夾介乂我周王傳訓介爲大詩小明介爾景福傳云介大也生民歆攸介攸止傳云介大也昭二十四年左傳士伯立於乾祭而問於介衆注云介大也哀十四年傳逢澤有介麇焉注云介大也

䀏大也從大此聲 火戒切

䀏大也者玉篇引作䀏大聲也廣韻同

大也從大弗聲讀若予違女弼 房密切

大也者廣雅同 讀若予違女弼者詩佛時仔肩釋文云佛鄭音弼

大也從大屯聲讀若鶉 常倫切

大約也從大從㓞易曰後代聖人易之以書契 苦計切

本書券契也券別之書以刀判契其旁故曰契券 釋名契刻也刻識其數也 周禮質人掌稽市之書契注云書契取予市物之券也其券之象書兩札刻其側 老子是以聖人執左契 管子大匡篇客與有司別契注云別契謂分別其

契以知眞僞也列子說符篇宋人有游於道得人遺契者歸而藏之密數其齒告鄰人曰吾富可待矣 愼子書契所以立公信也荀子君道篇合符節別契券者所以爲信也易林符左契右相與合齒 東觀漢記樊重臨終遺令焚削文契晉中興書閔帝在關中與氐羌破鐵券約不役使 文選晉紀總論如室斯構而去其鑿契五臣云鑿契也馥案箋即木工斧鑿刻有銀鋙也 隋書突厥無文字刻木爲契魏書帝紀敘不爲文字刻木紀契而已 唐制殿門啟閉設魚契刻檀爲魚別刻檀板爲坎足以容魚一置門使所一留宮中發鑰較勘相同始開謂之勘契 大約也者集韻約契也詩擊鼓戍生契濶韓詩契濶約束也鄭箋云與其伍約周禮小宰聽取予以書契先鄭云書契符書也後鄭云書契謂出予受入之凡要凡薄書之最目獄訟之要辭皆曰契小宰又云聽稱責以傅別注云傳別謂券書也傳傳著約束於文書司會凡在書契版圖者之貳注云書謂簿書契其最凡也疏云最凡謂計要之多少以爲契要太史凡邦國都鄙及萬民之有約劑者藏焉注云約劑要盟之載辭及券書也司約凡大約劑書於宗彝小約劑書於丹圖曲禮獻粟者執右契注云契券要也學記大信不約襄十年左傳使王叔氏與伯輿合要王叔

氏不能舉其契注云要契之辭正義合要者使其各爲要約言語兩相辨答哀十四年傳使季路要我吾無盟矣注云子路信誠故欲得與相要誓哀十一年傳請三刻而踰之注云與衆三刻約信燕策必得約契以報太子易林言無要約不成券契文心彫龍券者束也明白約束古文苑有僮約 從㓞者徐鍇本作㓞聲 易曰後代聖人易之以書契者繫辭文彼作後世鄭注書之於木刻其側爲契各持其一後以相考合

夷 平也從大從弓東方之人也 以脂切

平也者老子遺道若纇范應元注引本書夷正也馥謂正爲平之譌詩草蟲我心則夷又出車玁狁于夷節南山式夷式已召旻實靖夷我邦桑柔亂生不夷傳竝云夷平也 從大者本書羌下云唯東夷從大大人也 方之人也者王制東方曰夷公羊解詁同後漢書東夷傳夷者抵也言仁而好生萬物抵地而出論語子欲居九夷傳馬融注九夷東方之夷有九種也皇侃疏東有九夷一元菟二樂浪三高麗四滿飾五鳧臾六索家七東屠八倭人九天鄙

文十八

亦 人之臂亦也從大象兩亦之形凡亦之屬皆從亦 羊益切

人之臂亦也者本書掖臂下也玉篇亦臂也胳也今作掖此亦兩臂也又書云亦行有九德坤蒼亦在肘後有司徹司馬枇羊亦注云亦脅脊脅皆一骨也董斯張曰蜀夾江縣酒官碑云南由市人爲闍北抵湖出爲亾楊用修僅引唐韻亾即亦字未詳其義按說文人之臂亦也郎掖門也馥案廣韻亦俗作亾程君瑤曰書亦行有九德謂以九德扶掖其行也今人以亦爲亦然之亦而別作掖漢書人表曹嚴公亦姑或作夜姑詩衡門敘以誘掖其君釋文掖音亦戶經作亦釋名腋繹也言可張翕尋繹也馥按漢有張掖郡五臣文選注掖庭在天子左右如肘掖輟耕錄慍羝謂腋氣也教坊記范漢女開元二十一年出內有姿媚而微慍羝 從大者大人也詩噫嘻亦服爾耕箋云亦大也馥謂從大故有大義

夾 盜竊褱物也從亦有所持俗謂蔽人俾夾是也弘農陝字從此 失冉切

盜竊褱物也者本書褱俠也初刻作夾後改俠 從亦有所持俗謂蔽人俾夾是也者當爲俾挾本書挾俾持也 弘農陝字從此者本書陝弘農陝也漢書弘農有陝縣九域志雷首山今在陝州陝音閃中從兩入與陝字不同陝音狎中從兩人

文二

夨 傾頭也從大象形凡夨之屬皆從夨 阻力切

傾頭也者本書仄側傾也籀文從夨作仄玉篇夨今竝作側廣韻夨左曰夨也或通作吳長笛賦傾吳倚伏

⿰吉夨 頭傾也從夨吉聲讀若孑 古屑切

頭傾也者類篇奊奊頭衺態或借頡字莊子胠篋篇頡滑堅白李云頡滑不正之語也

奊 頭衺骫奊態也從夨圭聲 胡結切

類篇奊或作奊玉篇奊别爲字云奊奊也頭衺骫奊態也者本書骫骨曲骫奊也廣雅奊衺也賈誼書奊苟無節

姓也亦郡也一曰吳大言也从夨口 五乎切

姓也亦郡也者後人加之李君威曰說文惟女部解人姓邑部解郡名凡假借字皆不解一曰吳大言也者一曰吳三字亦後人加之方言吳大也詩絲衣不吳不敖傳云吳譁也陸德明本作虞云說文作吳吳大言也何承天云吳字誤當作吳從口下大故魚之大口者名吳胡化反音話此音恐驚俗也馥案詩本作吳史記武帝紀引詩作虞假借字陸謂說文作吳是本書有引詩之文今闕也詩泮水不吳不揚箋云吳譁也釋文云吳鄭如字譁也又作吳音話同馥謂吳六朝別體字漢書郊祀志引詩不吳不敖顏云吳讙譁也後漢書戴就傳爈鋘斧使就挾於肘腋鋘卽鋘字

古文如此

疑作吘从口从介介籀文大字

徐鍇本有𡗗字云日西也从夨日聲臣鍇按易曰日昃之離作此字會意齊會反馥案本書𡉢下臣鉉等曰今俗別作昃非是

文四　重一

屈也从大象形凡夭之屬皆从夭 於兆切

屈也者本書走从夭止夭止者屈也　从大象形者一切經音義二云字从大丿形不申也韻會引徐鍇本從大丿象形

高而曲也从夭从高省詩曰南有喬木 巨嬌切

高而曲也者釋詁喬高也釋木上句曰喬又云句如羽喬又云如木楸曰喬郭云楸樹性上竦又云槐棘醜喬郭云枝皆翹竦又云小枝上繚爲喬郭云謂細枝皆翹繚上句者名爲喬木書禹貢厥木惟喬傳云喬高也詩伐木遷于喬木傳云喬高也孟子非謂有喬木之謂也注云喬高也山海經竹山其上多喬木注云枝上竦者謝靈運山居賦說木云夌岡上而喬竦郤君晉灝曰釋木云句如羽喬又云小枝繚上爲喬是樹枝盤曲而小枝銳上者爲喬山之銳而高者似之故釋山云銳而高嶠嶠郎喬字之或體也馥案或借橋字詩山有橋松釋文云橋本作喬王云高也周書周公三撻伯禽往見商子商子曰南山有橋父道也北山有梓子道也盍往觀之而伯禽往觀橋梓明日朝伯禽俯而趨周公迎而撫之又借驕字史記顏高字子驕　詩曰南有喬木者周南漢廣文傳云喬上竦也

吉而免凶也从屰从夭夭死之事故死謂之不幸 胡耿切

小爾雅非分而得謂之幸　中庸小人行險以徼幸　宣十六年左傳善人在上則國無幸民諺曰民之多幸國之不幸也　晉語趙襄子曰吾聞之德不純而福祿竝至謂之幸荀子富國篇朝無幸位民無幸生　吉而免凶也者論語罔之生也幸而免　夭死之事故死謂之不幸者論語不幸短命死矣論衡幸偶篇顏回早夭孔子曰不幸短命死矣短命稱不幸則知長命者幸也短命者不幸也檀弓幸而至於旦僖十九年左傳得死爲幸馥案言得考終卽爲大幸

走也从夭賁省聲與走同意俱从夭 博昆切

走也者釋言文一切經音義七奔疾走也釋名奔變也有急變奔赴之也釋宮中庭謂之走大路謂之奔書武成駿奔走漢官儀虎賁古官也書稱武王伐紂虎賁三百人言其猛怒如虎之奔赴平帝元始元年更名虎賁郎古有勇者孟賁改奔爲賁　賁省聲者徐鍇本作卉聲　俱从夭者後人加之

文四

交脛也从大象交形凡交之屬皆从交 古爻切

交脛也者本書尣行脛相交也王制南方曰蠻雕題交趾漢書地理志有交趾郡交州記南定縣人足骨無節臥者更扶始得起故山海經云交脛國人腳脛曲戾相交所以謂之交趾

說文解字義證《卷三十一　星　連筠簃叢書　靈石楊氏栞

衺也從交韋聲 羽非切

衺叓也者本書衺叓也徐鍇云所謂僻違馥案通作違桓二年左傳昭德塞違正義塞違謂閉塞違邪又昭二十六年傳君無違德論衡引作回德文十八年傳靖譖庸回注云回邪也詩大明厥德不回傳云回違也又常武徐方不回箋云回猶違也

縊也從交從糸 古交切

縊也者廣雅縊絞也急就篇纍繘繩索絞紡纑顏注絞即糾也士喪禮綪絞橫三縮一廣終幅析其末注云絞所以收束衣服爲堅急者也喪服斬衰裳苴絰杖絞帶傳曰絞帶者繩帶也昭元年左傳公子圍入問王疾縊而殺之杜云縊絞也孫卿曰以冠纓絞之哀二年傳若其有罪絞縊以戮杜云絞所以縊人物蔡邕廣連珠絜絲之絞以彈琴晉陽秋桓溫送星人絹一匹星人詣主簿習鑿齒曰賜絹令僕自絞通鑑陳霸先以手巾絞杜棱悶絕於地 從交從糸者當云交亦聲

文三

尣曲脛也從大象偏曲之形凡尣之屬皆從尣 烏光切

尣曲脛也者本書瘇脛气足腫籀文從尣九經字樣大字象人形曲其右足爲尣尣曲脛人也

古文從㞷

易大有匪其尪虞云足尪體行不正書洪範六曰弱傳云尪劣馥案昭七年左傳孟縶之足不良弱行注云跛也或借匡字荀子正論篇是猶傴巫跛匡大自以爲有知也注云匡讀爲尪廢疾之人又或作尫荀子王霸篇是故百姓賤之如尫注云字書無尫字蓋當爲尪病人也

厀病也從尣從骨骨亦聲 戶骨切

厀病也者聲類尳骨差也 骨亦聲者當爲骨聲

蹇也從尣皮聲 布火切

蹇也者本書跛行不正也蹇跛也瘸跛病也集韻尳尥足橫皃玉篇尳蹇也今爲跛易離卦釋文跛依字作尳或作骳漢書枚乘傳其文骫骳曲隨其事

尳𡯽行不正從尣左聲 則箇切

尳𡯽行不正者本書齹下云齒差跌皃徐鍇謂當從𡯽增韻尳𡯽足偏癈五音集韻尳𡯽足橫皃

行不正也從尣㫃聲讀若燿 弋笑切

不正也從尣兼聲 古咸切

不正也者玉篇尲尬尬行不正廣韻同

尲尬也從尣介聲 公八切又古拜切

行脛相交也從尣勺聲牛行腳相交爲尥 力弔切

行脛相交也者本書了尥也 牛行腳相交爲尥者集韻牛行足外出也玉篇牛行後脛相交

𡰓不能行爲人所引曰𡰓𡰘從尣從爪是聲 都兮切

𡰓不能行爲人所引曰𡰓𡰘者本書提挈也攜提也曲禮長者與之提攜注云提攜牽將行 從爪者覆手提攜也

𡰓𡰘也從尣從爪巂聲 戶圭切

𡰓𡰘也者玉篇𡰘下云不能行爲人所引

股尪也從尣亏聲 乙于切

股尪也者集韻引李陽冰曰尪體屈曲

厀中病也從尣從羸 郎果切

厀中病也者本書羸瘦也玉篇𡱁厀疾也集韻𡱁𡱁膝病廣韻𡱁𡱁腰膝痛也 從羸者當爲羸聲

文十二　重一

昆吾圜器也象形從大象其蓋也凡壺之屬皆從壺

戶姑切

玉篇有籒文作𠙴

昆吾圜器也者急就篇甄缶盆盎甕罃壺顏注壺圜器也腹大而有頸三禮圖圜壺受一斛腹方足口圓方壺受一斛腹圜足口方聘禮八壺注云壺酒尊也燕禮兩方壺注云壺酒器也禮器門內壺注云壺大一石襄二十八年左傳以俎壺投殺人昭十五年傳樽以魯壺注云魯所獻壺樽昭二十五年公羊傳國子執壺漿何云壺禮器腹方口圓曰壺反之曰方壺有爵飾漢書東方朔傳壺者所以盛也徐鍇曰昆吾紂臣作瓦器馥案尸子夏桀臣昆吾作陶本書匋下云古者昆吾作匋詩長發昆吾夏桀傳云有昆吾國者箋云昆吾己姓也鄭語昆吾爲夏伯昭十八年左傳是昆吾稔之日也注云昆吾夏伯也家語夏桀昆吾自滿而無極亢意而不節斬刈黎民如草芥焉天下討之如誅匹夫呂氏春秋昆吾作陶高云昆吾爲夏伯制作陶冶埏埴爲器史記天官書昔之傳天數者有夏昆吾殷本紀諸侯昆吾氏爲亂湯乃興師自把鉞以伐昆吾楚世家陸終生子六人其長一曰昆

吾昆吾氏夏之時嘗爲侯伯桀之時湯滅之集解虞翻曰昆吾名樊爲己姓封昆吾說苑昆吾自臧而滿意窮高而不衰故當時而虧敗迄今而逾惡漢書人表昆吾顏注湯所誅也左傳注言昆吾以乙卯日與桀同誅博物志周書云昆吾氏獻切玉刀符子適昆吾之邱世本昆吾者衛是也哀十七年左傳衛侯夢於北宮見人登昆吾之觀杜云衛有觀在古昆吾之虛今濮陽城中括地志濮陽縣古昆吾國故城在縣西三十里

壹　壹壺也從凶從壺不得泄凶也易曰天地壹壺 於云切

壹壺也者廣韻壹鬱也史記賈生傳堙鬱漢書作壹鬱壹通作䋮大戴禮少閒篇所謂失政者疆蔓未虧人民未變鬼神未亡水土未䋮盧辯注䋮猶亂韓詩外傳曰陰陽相勝氛祲䋮氳也壹通作緼漢朱龜碑星精壹緼從壺不得泄凶也者五音集韻壹鬱不得泄也易曰天地壹壺者繫辭文彼作絪縕虞本作氤氲班固典引作烟熅廣雅同

文二

壹　專壹也從壺吉聲凡壹之屬皆從壹 於悉切

專壹也者專當爲嫥本書嫥壹也僖九年穀梁傳壹明天子之禁注云壹猶專也商子農戰篇國大民愚不淫於言則民樸壹

懿　專久而美也從壹從恣省聲 乙冀切

專久而美也者釋詁懿美也詩烝民好是懿德傳云懿美也文十八年左傳忠肅共懿僖二十四年傳不廢懿親杜注並云懿美也

文二

㚔　所以驚人也從大從羊一曰大聲也凡㚔之屬皆從㚔一曰讀若瓠一曰俗語以盜不止爲㚔㚔讀若籋 尼輒切

所以驚人也者五經文字㚔所以犯驚人也一曰大聲也者大當爲羊集韻引作笑笑爲羊之譌一曰讀若瓠者當云讀若瓠讘謂㚔聲如讘也本書讘下云河東有狐讘縣漢書功臣表瓠讘侯扞者顏注瓠讀與狐同王子侯年表陽城項王子劉息封瓠侯顏注瓠即瓠字是瓠讘即狐讘

睪　司視也從橫目從㚔令吏將目捕辠人也 羊益切

司視也者玉篇睪伺人也捕罪也令吏將目捕辠人也者令五音集韻引作令益辠當時所見也凡吏出捕輒將兩人一通信息謂之線一能識認謂之眼

執　捕辠人也從丮從㚔㚔亦聲 之入切

釋名執懾也使畏懾己也韓詩執競執服也僖十七年左傳齊人以爲討而止公杜云內諱執皆言止孟子執之而已孔叢子刑論篇孟氏之臣叛自歸武伯將執之夫子曰今其自反罪以反除又何執焉捕辠人也者書召誥徂厥亡出執傳云出見執殺昭七年左傳爲章華之宮納亡人以實之無宇之閽入焉無宇執

之有司弗與曰執人於王宮其罪大矣無宇曰若從有司是無所執逃臣也檀弓肆諸市朝而妻妾執

㚔 圉囹所以拘辠人從㚔從口一曰圉垂也一曰圉人掌馬者 魚舉切

圄囹所以拘辠人者本書圄獄也釋言圄禁也郭云禁制秦詛楚文拘圉其叔父周禮校人執駒注云執猶拘也漢書東方朔傳囹圄空虛王襃聖主得賢臣頌昔周公躬吐捉之勞故有圉空之隆經典通作圄釋名獄又謂之囹圄圄領也圉御也領錄囚徒禁御之也初學記囹令也圄悟也令罪人入其中自悔悟也宣四年左傳圉伯嬴於轑陽而殺之杜云圉囚也月令省囹圄注云囹止也所以止罪人出入於舍蔡邕章句囹牢也圄止也所以止出入皆罪人所舍也尉繚子今夫決獄小圄不下十數中圄不下百數大圄不下千數覈案圉圄聲相近禹貢朱圉漢志作朱圄顏注圄與圉同公羊傳衛孔圄左傳作圉樂汁圖柷圉卽柷敔 一曰圉垂也者釋詁文郭云宇圉柷外垂也舍人曰圉邊垂也詩桑柔孔棘我圉召旻我居圉卒荒傳並云圉垂也隱十一年左傳亦聊以固吾圉也杜云圉邊垂

也 一曰圉人掌馬者者旣夕禮圉人夾牽之注云圉人養馬者周禮敘官圉師注云養馬曰圉又圉人掌養馬芻牧之事又校人乘馬一師四圉鄭司農云養馬爲圉檀弓圉人浴馬注云圉人掌養馬者莊三十二年左傳圉人犖注云圉人掌養馬者僖十七年傳故名男曰圉注云圉養馬者二十八年傳誰扞牧圉注云馬曰圉襄二十六年傳左師見夫人之步馬者問之圉人歸以告夫人二十七年傳使圉人駕注云圉人養馬者昭七年傳馬有圉注云養馬曰圉二十九年傳御龍氏服虔曰御養也養馬曰圉哀十四年傳將圉馬於成注云圉畜養也管子小問篇桓公觀於廄問廄吏曰廄何事最難廄吏未對管仲對曰夷吾嘗爲圉人矣傳馬棧最難晏子景公使圉人養所愛馬尉繚子賞及牛童馬圉淮南覽冥訓斯徒馬圉高云牛曰牧馬曰圉說苑景公有馬其圉人殺之齊職儀諸廄有圉師牧人養馬之官通鑑柳公綽所乘馬踶殺圉人注云圉人掌養馬者

盩 引擊也從㚔攴見血也扶風有盩厔縣 張流切

引擊也者擊當爲繫本書盭從盩徐鍇曰盩者繫辠人見血也 扶風有盩厔縣者見漢志元和郡縣志盩厔漢舊縣武帝置屬右扶風山曲曰盩水曲曰厔

報 當辠人也從㚔從𠬝𠬝服辠也 博号切

徐鍇繫傳引尚書報以庶尤史記張湯爰書論訊鞫報漢書胡建傳知吏賊傷奴辟報故不窮審蘇林曰報論也斷獄爲報

當辠人也者急就篇乏興猥逮詗讂求輒覺沒入檄報留顏注報者處當罪人也言有乏興猥逮及詗讂者其事發覺身則沒入爲奴婢或沒其家財則爲檄書處當其罪而留之也史記張釋之傳廷尉奏當一人犯蹕當罰金索隱崔浩云當謂處其罪也路温舒緩刑書奏當之成 𠬝服辠也者𠬝當爲㞋徐鍇音展覈案本書㞋從尸從又𠬝從此故曰𠬝服罪也謂慹振而服也

𥷚 窮理辠人也從㚔從人從言竹聲 居六切

窮理辠人也者理玉篇作治月令詰誅暴慢注云問其罪窮治之也周禮大司馬制軍詰禁注云詰猶窮治也康誥

旣道極厥辜疏云以窮治其罪詩篤公劉芮鞫之卽傳以鞫爲究案究亦窮也漢書張湯傳李文事下減宣宣嘗與湯有隙及得此事窮竟其事經典或作鞠集韻鞫問謂之[illegible]釋言鞫窮也書呂刑獄成而孚輸而孚傳云謂上其鞫劾文辭正義云漢世問罪謂之鞫詩谷風昔育孔有鞫傳云鞫窮也雲漢鞫哉庶正瞻卬鞫人忮忒箋並云鞫窮也周禮小司寇讀書用法先鄭云如今讀鞫已乃論之漢書張湯傳傳爰書訊鞫顏注鞫窮也謂窮覈之也後漢書和帝紀復置若盧獄官注云漢舊儀曰主鞫將相大臣也蔡邕橋公碑臨淄令賂財贓多罪正受鞫就刑晉令獄結竟呼囚鞫語罪狀囚若稱枉欲乞鞫者許之也宋書謝莊傳孝宣立鞫訊之法又借鞫字集韻[illegible]鞫訊也廣韻鞫推窮也盤庚爾惟自鞫自苦傳云鞫窮也詩南山曷又鞫止傳云鞫窮也文王世子其刑罪則纖剸亦告於甸人注云告讀爲鞫讀書用法曰鞫齊策事敗而好鞫之鮑云鞫窮也史記李斯傳於是羣臣諸公子有罪輒下高令鞫治之漢書刑法志今遣廷史與郡鞫獄李奇曰鞫窮也獄事窮竟也酷吏傳縱一切捕鞫顏注鞫窮也謂窮治也敘傳許相理而鞫條應劭曰鞫窮也後漢書鄧騭傳罪無申證獄不訊鞫注云鞫窮也

〔篆〕或省言

文七　重一

奢 張也從大者聲凡奢之屬皆從奢式車切

張也者御覽引下有反儉曰奢四字本書侈奢也夸奢也左傳張吾軍以臨之

奓 籀文

秦詛楚文宣奓競縱宋書五行志桓元飲倉恣奓劉劭趙都賦愛及富人郭庾之倫貲衍陶衞奓溢无垠舊唐書陸贄傳奓言無驗不必用西京賦心奓體忕李善引聲類奓侈字也昌氏切馥案東京賦奢未及奓亦分奢奓爲二

奲 富奲奲皃從奢單聲丁可切

富奲奲皃者玉篇奲寬大也廣雅奲大也　單聲者本書䵐單聲嘽下引詩嘽嘽駱馬痑下引詩痑痑駱馬

文二　重一

亢 人頸也從大省象頸脈形凡亢之屬皆從亢古郎切

人頸也者廣韻頏咽頏蒼頡篇亢咽也漢書張耳陳餘傳絕亢而死蘇林曰亢頸大脈也俗所謂胡脈也顏注亢者總謂頸耳婁敬傳夫與人鬬不搤其亢拊其背未能全勝張晏曰亢喉嚨也後漢書隗囂傳士至投死絕亢而不悔者矣注云亢喉嚨也顧炎武曰史記批亢擣虛索隱曰亢言敵人相亢拒也非也此與劉敬傳搤其肮之肮同釋鳥亢鳥嚨郭云嚨謂喉嚨亢即咽樊光云亢鳥之頸也俗作吭蜀都賦弄吭清渠舞鶴賦引負吭之纖婉

頏 亢或從頁

詩燕燕于飛頡之頏之本書頡直項也

〔篆〕 直項莽夋皃從亢從夋夋倨也亢亦聲岡朗切又胡朗切

直項莽夋皃者項玉篇引作頸莽亢以聲爲義本書沆莽沆大水也　夋倨也者本書夋倨也

文二　重一

夲 進趣也從大從十大十猶兼十人也凡夲之屬皆從夲讀若滔土刀切

進趣也者莊君述祖曰柳宗元陸文通墓表後之學者窮老盡氣左視右顧莫得而夲音土刀切人或誤讀本末之本　大十猶兼十人也者大卽人也

〔篆〕 疾也從夲卉聲拜從此呼骨切

疾也者篷皋俗作倏忽

暴 疾有所趣也從日出夲廾之薄報切

疾有所趣也者詩終風且暴傳云暴疾也廣雅暴猝也荀子富國篇暴如邱山注云卒起之貌史記項羽紀何興之暴也　從日出者釋天日出而風爲㬥　夲廾之者趣而承之也㬥本是及時急事之義自周易稱暴客周禮有禁暴氏遂專爲酷虐一義矣

〔篆〕 進也從夲從中允聲易曰𡙇升大吉余準切

進也者本書㡉下云導車所以載全羽以爲允允進也　易曰𡙇升大吉者升卦文彼作允

奏 奏進也從夲從廾從中中上進之義則候切

奏進也者玉篇作進奏也文心雕龍奏者進也廣雅奏進也急就篇甘𧥞殊美奏諸君顏注奏進也言此殊絕甘美之食且進之於君上小爾雅廣詁奏進也書敷奏以言奏庶艱食鮮食敷同日奏同功傳竝訓進漢書丙吉傳數奏甘毳食物韓延壽傳爭奏酒炙景十三王傳或有先祖舊書多奉以奏獻王者顏注竝云奏進也論衡逢遇篇以夏進鑪以冬奏扇　從夲從廾從中者江君聲曰夲中皆進也廾則奉而進之此於六書爲會意　中上進之義者本書中艸木初生也丨象出形

〔篆〕 古文

〔篆〕 亦古文

皋　气皋白之進也從夲從白禮祝曰皋登謌曰奏故皋奏皆從夲周禮曰詔來鼓皋舞皋告之也古勞切

東觀漢記馬援上書成皋令印白下羊丞印四下羊尉印白下人人下羊一縣長吏印文不同馥案繆篆與隸相通不守六書故文無定形

气皋白之進也者進字鑑六書故竝引作道馥謂當爲進　從夲從白者徐鍇本作從白從夲聲馥謂當爲夲亦聲　禮祝曰皋者士喪禮始死復魂之辭云皋某復鄭云皋長聲也周禮大祝來瞽令皋舞注云皋讀爲卒嗥呼之嗥來嗥者皆謂呼之入楊慎曰史記漢高祖紀爲亭長告歸之田服虔音嗥呼之嗥按東觀漢記田邑傳邑年三十歷卿大夫號罷歸嗥與號同古者當有此音又左傳魯人之皋說文禮祝曰皋皆可互證　登謌曰奏者詩樂具入奏桓九年左傳樂奏服注云樂奏人上堂也　周禮曰詔來鼓皋舞者春官樂師文彼作瞽鄭司農云瞽當爲鼓皋當爲告呼擊鼓者又告當舞者持鼓與舞俱來也　皋告之也者許公說禮之文皋告聲相近春秋定四年盟於皋鼬鹽鐵論作誥鼬

文六　重二

夰　放也從大而八分也凡夰之屬皆從夰古老切

放也者玉篇放散也

界　舉目驚界然也從夰從眀眀亦聲九遇切

舉目驚界然也者集韻界驚而舉目視經典借瞿字玉藻視容瞿瞿梅梅正義云瞿瞿驚遽之貌雜記見似目瞿聞名心瞿注云瞿然驚變也檀弓曾子聞之瞿然又云瞿瞿如有求而弗得又云瞿然失席荀子非十二子篇學者之嵬瞿瞿然史記吳王濞傳王瞿然曰索隱劉氏瞿音九具反又說文云矍遠視貌音九縛反馥謂二說幷非當作界漢書東方朔傳吳王瞿然易容又借矍字東都賦矍然失容李善注引本書驚視貌也又或作懼史記晏子懼然攝衣冠謝　眀亦聲者當爲眀聲

奡　嫚也從百從夰夰亦聲虞書曰若丹朱奡讀若傲論語奡盪舟五到切

嫚也者本書嫚侮易也　虞書曰若丹朱奡者益稷文彼作無若丹朱傲釋文云傲字又作奡本書緐下云虞書丹朱如此　讀若傲者本書傲倨也婺侮易也㱊下引春秋傳生敖及㱊　論語奡盪舟者孔注奡多力能陸地行舟離騷澆身被服強圉兮洪注論語曰奡盪舟奡卽澆也聲轉字異天問惟澆在戶何求於嫂王注澆古多力者也論語澆盪舟漢書人表奡顏注楚詞所謂澆者也

昦　春爲昦天元气昦昦從日夰夰亦聲胡老切

釋天春爲蒼天夏爲昊天　鄭箋詩云昊天天大號也黍離悠悠蒼天傳云蒼天以體言之尊而君之則稱皇天元氣廣大則稱昊天仁覆閔下則稱旻天自上降監則稱上天據遠視之蒼蒼然則稱蒼天正義云爾雅釋天以四時異名此傳言天各用所宜爲稱鄭君和合二說故異義天號今尚書歐陽說春曰昊天夏曰蒼天秋曰旻天冬曰上天爾雅亦云

古尚書說與毛同謹按尚書堯典羲和以昊天總勑以四時故知昊天不獨春也左傳夏四月孔丘卒稱曰旻天不弔非秋也玄之聞也爾雅者孔子門人所作以釋六藝之言蓋不誤也春氣博施故以廣大言之夏氣高明故以遠大言之秋氣或生或殺故以閔下言之冬氣閉藏而清察故以監下言之皇天者至尊之號也六藝之中諸稱天者以情所求言之矣非必於其時稱之浩浩昊天求天之博施悠悠蒼天求天之高明旻天不弔求天之生殺當得其宜上天同雲求天之所爲當順其時也此之求天猶人之說事各從其主耳若察於是則堯命羲和欽若昊天孔丘卒稱旻天不弔無可怪耳是鄭君和合二說之事也爾雅春爲蒼天夏爲昊天歐陽說春爲昊天夏爲蒼天鄭旣言爾雅不誤當從爾雅而又從歐陽之說以春昊夏蒼者鄭爾雅與孫郭本異故許愼旣載今尚書說卽言爾雅亦云明見爾雅與歐陽說同

春爲昦天者九經字樣昦春天也尚書考靈曜東方昊天其星房心高彪碑恩如皓春楚詞九思惟昊天兮昭靈陽氣發兮清明風習習兮和煖百草萌兮華榮注云昊天夏天也馥案旣曰陽氣發又曰和煖又曰百草萌則春天明矣　元气昦昦者堯典欽若昊天傳云昊天言元氣廣大詩雨無正浩浩昊天漢書敘傳超忽荒而躆顥蒼也顏注

顥顥天也元氣顥汗故曰顥天物理論元氣浩大則稱皓天皓天元氣也皓然而已無他物焉

臩驚走也一曰往來也從夰臦周書曰伯臩古文臦古文冏字 具往切

驚走也者廣韻作驚走皃廣雅臩臩走也　一日往來也者廣韻引作往來皃玉篇類篇並同　周書曰伯臩者書序穆王命伯冏爲周太僕正作冏命傳云伯冏臣名也釋文云冏字亦作臩馥案臩即臩之譌史記周本紀乃命伯臩申誡太僕國之政作臩命集解云孔安國曰伯冏名姚立方曰紀謂太僕國之政非太僕正也命伯臩申誡之非命伯冏爲太僕正也與書序絕不相侔漢書人表伯㚇顏云穆王太僕也㚇音居永反馥案㚇即此臩寫謬帝王世紀穆王即位命伯臩爲太僕今尙書君牙伯冏二篇是也焦氏筆乘冏命伯冏說文冏作臩唐杜依奏省官疏伯景爲太僕同音相借　古文臦古文冏字者當云臩古文冏字

文五

夰籀文大改古文亦象人形凡夰之屬皆從夰 他達切

籀文大改古文者大古文也言籀文改大爲介也本書爽篆文作爽益一從古文一從籀文　亦象人形者本書火象人形言此籀文亦然本書央從介云介人也

奕大也從夰亦聲詩曰奕奕梁山 羊益切

大也者方言文詩巧言奕奕寢廟傳云奕奕大貌噫嘻亦服爾耕箋云亦大也正義釋詁作奕音義同王觀國學林引本書大也行也美容也馥案詩新廟奕奕箋云佼美也方言奕僷容也自關以西凡美容謂之奕或謂之僷　詩曰奕奕梁山者大雅韓奕文傳云奕奕大也

奘駔大也從夰從壯壯亦聲 徂朗切

駔大也者方言奘大也秦晉之閒凡人之大謂之奘釋言奘駔也郭云今江東呼大爲駔駔猶麤也經典通作壯釋詁壯大也易大壯大者壯也昭二十二年左傳陳大夫齧壯而頎　壯亦聲者當爲壯聲

臯大白澤也從夰從白古文以爲澤字 古老切

大白澤也者皋經典通作皋襄十七年左傳澤門之皙詩正義引作皋門詩鶴鳴于九皋薛君韓詩章句以皋爲九折之澤孫叔敖碑收九睪之利漢隸字源以爲九澤服虔漢書注皋澤也　古文以爲澤字者澤當爲皋隸體皋作睪故誤爲澤馬伏波所謂四下羊者即睪字所謂白下入入下羊者變𠬞爲皋

奚大腹也從夰𦃃省聲𦃃籀文系字 胡雞切

大腹也者本書豯從奚云生三月豚腹豯豯皃貕從奚䑑類皆大腹者也晉郗奚字黃羊按釋畜𤳟羊黃腹山海經丹熏之山有耳鼠食之不脤注云脤大腹也見埤倉音采　𦃃籀文系字者本書𦃃從爪絲

耎稍前大也從夰而聲讀若畏偄 而沇切

讀若畏偄者本書偄弱也考工記輈人行數千里馬不契需鄭司農云需讀若畏需之需按隸體需變作耎故耎亦爲需

⿱圌夰大皃從夰圌聲或曰拳勇字一曰讀若傿 乙獻切

圌聲者本書圌讀若書卷之卷　或曰拳勇字者拳當爲捲本書捲气勢也國語曰有捲勇

奰壯大也從三大三目二目爲圌三目爲奰益大也一曰迫也讀若易虙羲氏詩曰不醉而怒謂之奰 平祕切

壯大也者一切經音義七贔古文奰同說文奰壯大也謂作力怒也詩云不醉而怒曰贔淮南地形訓食木者多力而奰水經注說孟門云渾洪贔怒又引華嶽開山圖曰巨靈胡者所謂巨靈贔屭首冠靈山者也　二目爲圌者圌當爲㗊　三目爲奰益大也者一切經音義十一西京賦巨鼇贔屭薛綜注云作力怒也說文壯大也從三目從大三目益大也　讀若易虙羲氏詩曰不醉而怒謂之奰者謂讀若虙或若奰也詩無此文大雅蕩篇內奰于中國傳云奰怒也不醉而怒曰奰按本書㿜滿也玉篇㿜氣滿也馥謂氣滿怒也詩當爲㿜本書言讀若㿜

文八

夫　丈夫也從亣一一以象簪也周制以八寸為尺十尺為丈人長八尺故曰丈夫凡夫之屬皆從夫甫無切

丈夫也者本書男丈夫也玉篇丈丈夫也顏注急就篇夫者丈夫之謂也尚書太誓逸篇勉哉夫子鄭注夫子丈夫之稱曲禮若夫注云言若欲為丈夫也檀弓夫夫也注云猶言此丈夫也郊特牲夫也者夫也注云夫之言丈夫也大戴禮本命篇男者任也子者孳也男子者言任天地之道如長萬物之義也故謂之丈夫丈者長也夫者扶也言長扶萬物也宣十二年左傳非夫也杜云非丈夫昭元年傳抑子南夫也注云言丈夫定八年公羊傳如丈夫何注云丈夫大人稱也論衡氣壽篇譬猶人形一丈正形也名男子為丈夫尊公嫗為丈人不滿丈者失其正也雖失其正猶乃為形也夫形不可以不滿丈之故謂之非形從亣一以象簪也者集韻引作從一大御覽引云從一大象人形也一象簪形冠而既簪人二十而冠成人也故成人曰丈夫冠義章甫殷道也注云章明也殷質言以表明丈夫喪服小記丈夫冠而不為殤文十二年穀梁傳男子二十而冠冠而列丈夫　周制以八寸為尺十尺為丈者本

說文解字義證　卷三十一　奚　連筠簃叢書　靈石楊氏栞

書咫八寸曰咫周尺也丈十尺也　人長八尺故曰丈夫者考工記人長八尺崇於戈四尺殳長尋有四尺崇於八四尺國策鄒忌修八尺淮南天文訓古之為度量輕重生乎天道黃鍾之律修九寸物以三生三九二十七故幅廣二尺七寸音以八相生故人修八尺韓棄八寸為尺人長八尺則是八八六尺四寸也孟子曹交曰交聞文王十尺湯九尺今交九尺四寸以長是曹交較常人修一尺二寸湯修八寸文王修一尺六寸

規　有法度也從夫從見居隨切

通俗文晝圓曰規　世本倕作規榘準繩　援神契春執規夏持衡秋執矩冬持權　漢書王莽傳考圖合規　律歷志衡運生規規圓生矩規者所以規圓器械令得其類也矩者所以矩方器械令不失其形也規矩相須陰陽位序圓方乃成　後漢書馬援傳埶如轉規注云規圓也

有法度也者本書巨規巨也詩序沔水規宣王也箋云規者正圓之器也淮南時則訓規者所以員萬物也規之為度也轉而不復員而不垸優而不縱廣大以寬感動有理發通有紀優優簡簡百怨不起規度不失生氣乃理　從夫從見者一切經音義二十五規模也字從夫從見言丈夫之見必合規矩字統丈夫識用必合規矩故規從夫也

㚘　竝行也從二夫輦字從此讀若伴侶之伴薄旱切

竝行也者廣雅儷扶也玉篇儷與儷同偶也通作伴楚詞九章眾駭遽以離心兮又何以為此伴也　輦字從此者本書輦從扶扶在車前引之韻謂引輦者皆竝行　讀若伴侶之伴者扶即伴之正文本書伴大皃不言伴侶本書亦無侶字聲類侶伴侶也

陸璣詩疏麟不侶行

文三

立　住也從亣立一之上凡立之屬皆從立力入切

釋名立林也如林木森然各駐其所也　曲禮立必正方　賈誼書固頤正視平肩正背臂如抱鼓足閒二寸端面攝纓端股整足體不搖肘曰經立因以微磬曰共立因以磬折曰肅立因以垂佩曰卑立　立容也

住也者本書無住字侸下云立也尌下云立也駐下云馬立也

說文解字義證　卷三十一　著　連筠簃叢書　靈石楊氏栞

竦　臨也從立從隶力至切

戴侗曰竦書傳皆借用涖亦借用莅　陳士元讀注論語莊以涖之當如說文作竦徐鍇曰又有本字湮沒假借獨行若春秋莅盟本宜作竦今為莅是也　老子以道莅天下釋文莅本無此字說文作竦　北魏李仲璇孔子廟碑作此竦字

臨也者臨視也釋詁涖視也書周官莅事惟煩傳云臨政事必煩詩采芑方叔涖止傳云涖臨士冠禮吾子將莅之注云莅臨也周禮鄉師以涖匠師注云故書涖作立鄭司農云立讀為涖涖謂臨視也又州長凡州之大祭祀大喪皆涖其事又黨正以歲時涖校比注並云涖臨也曲禮涖官行灋縉衣恭以涖之祭統必身親涖之檀弓苟無禮義忠信誠慤之心以涖之坊記故君子信讓以涖百姓注並云涖臨也大戴禮曾子本孝篇祭祀則莅之以敬盧辯注云莅臨春秋僖三年左氏經公子友如齊涖盟杜注涖臨也隱四年傳陳人執之而請涖于衛杜注請衛人自臨討之隱七年傳陳五父如鄭涖盟杜注涖臨也成十一年傳郤犨來聘且涖盟杜注公請受盟故使大夫來臨之襄二

十八年傳嘗於太公之廟慶舍涖事杜注臨祭事昭十五年傳其往涖事乎二十四年傳晉侯使士景伯涖問周故定元年傳魏子涖政杜注並云涖臨也晉語使奚齊涖事韋注涖臨也秦策莅政有頃高注莅臨也孟子莅中國而撫四夷也趙注莅臨也

從隶者徐鍇本作隶聲

磊𥪝重聚也從立𦎫聲丁罪切

磊𥪝重聚也者廣韻𥪝木實垂貌或借敦字詩行葦敦彼行葦傳云敦聚貌

直也從立耑聲多官切

直也者廣雅端直正也孟子端人也漢書賈誼傳選天下之端士

等也從立專聲春秋國語曰竱本肇末旨兗切

等也者廣雅竱齊也春秋國語曰竱本肇末者齊語文彼作肇韋云竱等也肇正也謂先等其本以正其末也漢衡方碑□本肇末闕處當是竱字

敬也從立從束束自申束也息拱切

敬也者廣韻引國語竦善抑惡漢書東方朔傳寡人將竦息而覽焉或借聳字楚語昔殷武丁能聳其德至於神明注云聳敬也　束自申束也者本書申七月陰气成體自申束釋名竦從也體皮皆從引也

亭安也從立爭聲疾郢切

亭安也者徐鍇韻譜作停安廣韻同本書無停字亭即停也本書甹定息也讀若亭釋名亭定也定於所在也文選神女賦立躑躅而不安呂氏春秋貴因篇竫立安坐而至者注云竫正也後漢書崔駰傳竫潛思於至賾兮或與靜通廣雅安靜也書堯典靜言庸違詩氓靜言思之箋云靜安柏舟靜言思之傳云靜安也大學知止而后有定定而后能靜靜而后能安漢帝堯碑竫恭祈福蔡邕王子喬碑作靜躬祈福又與靖通盤庚自作弗靖馬注靖安也詩昊天有成命肆其靖之傳云靖和也箋云終能和安之僖九年左傳君務靖亂文十八年傳以靖國人又云靖譖庸回注云靖安也昭元年傳將恃大國之安靖己又云不靖其能其讎從之注云安靖賢能則衆附從史記秦本紀文公

太子卒殤諡為竫公

諡法柔德安衆曰靖

立竫也從立青聲一曰細皃疾郢切

立竫也者本書婧竦立也集韻靖竦立也　一曰細皃者山海經有小人國名靖人郭璞贊焦僥極麼靖人惟小四體俱足眉目方了馥案列子東北極有竫人長九寸或借婧字思元賦舒訬婧之纖腰兮舊注訬婧細署貌

待也從立矣聲牀史切

待也者釋詁文孟子可立而待也晉語質將善而賢良贊之則濟可竢也漢書彭宣傳竢寘溝壑顏注竢古俟字賈誼傳竢罪長沙顏注竢古俟字竢待也經典作俟書顧命諸侯出廟門俟傳云待王後命金縢歸俟爾命馬注待汝命詩相鼠不死何俟靜女俟我于城隅傳並云俟待也鄉射禮執旌負侯而俟注云俟待也今文俟為立論語原壤夷俟馬注俟待也春秋莊八年師次於郎以俟陳人蔡人穀梁云俟待也字或作竢高彪碑竢期朝莫

或從巳

健也一曰匠也從立句聲讀若齲逸周書有竘匠丘羽切

不正也從立𠑹聲火鼃切

不正也者廣韻竵物不正

負舉也從立曷聲渠列切

負舉也者禮運五行之運迭相竭也注云竭猶負戴也

待也從立須聲相俞切

五經文字須今借為須待字本作須今不行已久　張揖上廣雅表以須方徠　士昏禮記某固敬具以須　成十二年左傳日云莫矣寡君須矣　韓策獻書大王御史須以決事　史記張儀傳立須之有頃又仲尼弟子列傳樊須字子遲　馥案易歸妹遲歸有時陸績云遲待也　東觀漢記郭伋行部還入美稷界先期一日遂止於野亭須期乃入　或借胥

字史記趙世家太后盛氣而胥之入集解云胥猶須也待也者釋詁文漢書翟方進傳又出逢帝舅成都侯商道路下車立須過迺就車顏注須待也易歸妹以須釋文須待也書顧命伯相命士須材傳訓須爲待多方天惟五年須暇之子孫鄭訓須爲待桑汗簡須古文倚書作須詩匏有苦葉卬須我友傳云我獨待之士昏禮某敢不敬須士喪禮擯者出告須注竝云須待也吳語晉既軟諸侯之柄以臨我將成其志以見天子吾須之不能注云不能待見天子荀子王制篇須而待之漢書食貨志詔書且須後吳王濞傳抬次舍須大王楊惲傳須富貴何時顏注竝云須待也後漢書何敞傳上書須報朱浮傳今軍資未充故須後麥百注竝云須待也魏志趙儼傳觀聽者必謂我顧望有所須待也通鑑魏元帝紀斯須城外倚梯登城注云須待也言其間無多時於此可待也

或從芻

或從芻者小字本李燾本竝有聲字

痿也從立𣎆聲 力臥切

痿也者本書𤸇瘚中病也類篇𥪕𣎆弱立貌

偓竣從立夋聲國語曰有司已事而竣 七倫切

偓竣也者本書佺偓佺仙人也偓佺卽偓竣後人加仙人字廣雅竣止也或借逡字書皋陶謨夙夜浚明有家傳云浚須也　國語曰有司已事而竣者齊語文彼司下有於字韋云竣退伏也或借逡字釋言逡退也郭注引外傳已復於事而逡又借踆字東京賦千品萬官已事而踆李善引管仲曰有司已事而踆踆與竣同

見鬼鬽皃從立從彔彔籀文鬽字讀若虙羲氏之虙 房六切

見鬼鬽皃者集韻𥪖𥪖鬼見也　彔籀文鬽字者本書鬽古文作𥸨籀文作彔　讀若虙羲氏之虙者本書[illegible]讀若易虙羲氏琵下下又作庖犧

驚皃從立昔聲 七雀切

驚皃者集韻䇌竦也

短人立竨竨皃從立卑聲 傍下切

短人立竨竨皃者集韻竨與矲同廣雅矲䂪短也馥謂卽矲䂪也方言桂林之閒謂人短爲矲䂪

北地高樓無屋者從立曾聲 七耕切

北地高樓無屋者者趙宦光曰北地多以磚石壘壁作庫樓以避火盜外不見屋望之如臺故曰北地高樓無屋廣韻竲巢高也或作橧禮運先王未有宮室夏則居橧巢晏子春秋古者嘗有處橧巢窟穴而不惡西京賦橧桴重棼

文十九　重二

併也從二立凡竝之屬皆從竝 蒲迥切

併也者釋言文郭引詩竝坐鼓瑟本書併竝也禮運竝於鬼神鄭注竝併也

廢一偏下也從竝白聲 他計切

焦氏筆乘竝下日爲普竝下白爲普鄭知元曰白頭蒜苑不知普替之分　廢一偏下也者戴侗引唐本普廢也經典皆作替釋詁替廢止也郭云替廢皆止住也釋言替廢也李巡曰去之廢也書大誥不敢替上帝命傳云不敢廢天命詩楚茨勿替引之名昰胡不自替傳竝云替廢也僖七年左傳君盟替矣僖二十四年傳王替隗氏杜竝云替廢也昭二十六年傳攜王奸命諸侯替之定十五年傳驕近亂替近疾通鑑諸葛殷病風疽搔捫不替手注云替廢也

或從曰

或從兟從曰

少牢饋食禮勿替引之　書大誥不敢替上帝命三體石經作替

文二　重二

囟 頭會匘蓋也象形凡囟之屬皆從囟 息進切
九經字樣囟囟音信上說文下隸變巤腦等字從之
細思等字亦從之今隸省從田馥謂猶田省作由
頭會匘蓋也者一切經音義十二引作頭會腦蓋也顉空
也史記張耳陳餘列傳頭會箕斂韓詩外傳人生三年腦
合而後能言廣韻囟亦作顖家語本命解三年顖合然後
能言方書頂中央旋毛中爲百會百會前一寸半爲前頂
百會前三寸卽囟門張仲景方序衞汎好醫術少師仲景
撰小兒顱顖方三卷 象形者內則男角女羈注云夾囟
曰角正義囟是首腦之上縫故說文云從乂其字
象小兒腦不合也馥案本書兒象小兒頭囟未合
𦞅 或從肉宰
集韻頊腦膟
𡿺 古文囟字
巤 毛巤也象髮在囟上及毛髮巤巤之形此與籒文子
字同 良涉切
毛巤也者毛當爲髦通俗文豬毛曰巤或借鬣字廣雅鬣
髦也士虞禮敢用絜牲剛鬣曲禮豕曰剛鬣明堂位夏氏
駱馬黑鬣孔叢雜訓篇子思適齊齊君之嬖臣美須眉齊
君曰假貌可相易寡人不惜此之須眉於先生也子思曰
無此須鬣非伋所病也 象髮在囟上及毛髮巤巤之形
者玉篇引作象髮在囟上及毛巤之形也馥案巤巤當爲
鬣鬣本書鬣髮鬣鬣也 此與籒文子字同者
同下當有意字本書子籒文作𢀈云囟有髮
毘 人臍也從囟囟取气通也從比聲 房脂切
人臍也者本書臍肶臍也肶當作毗 從囟囟取气通也
從比聲者玉篇引作從囟從比取其氣所通也魏校六書
精蘊囟頂門也子在母胎諸竅尙閉惟臍內氣囟爲之通
骨獨未合旣生則竅開口鼻內氣尾閭爲之洩囟乃漸合
陰陽升降
之道也
文三 重二

思 容也從心囟聲凡思之屬皆從思 息茲切
本書鳳下云鸛顙鴛思思卽今腮
字復古編思別作腮顋䰄竝非
容也者春秋繁露王者貌曰恭言曰從視曰明聽曰聰思
曰容容者言無不容容作聖聖者設也王者心寬大無不
容則聖能施設事各得其宜也漢書五行志思心之不容
是謂不聖思心者心思慮也容寬也孔子曰居上不寬吾
何以觀之哉言上不寬大包容臣下則不能居聖位馥案
容本作容故曰寬大曰包容後人因尙書作睿疑容字誤
故作容幸容字之形未盡沒也尙書大傳五事曰心惟思
思之不容是謂不聖鄭注云容當爲睿睿通也書洪範思
曰容傳云必通於微正義云王肅云睿通也思慮苦其不
深故必深思使通於微也書釋文引馬云睿通也是馬鄭
王竝作睿字鄭注洪範以凶短折爲思不容之罰馥案凶
短折皆促迫之象正與寬容反對吳太元元年八月朔大
風華覈以爲役繁賦重區霧不容之罰也晉書五行志引
此於思心不容下是吳時讀洪範猶作思曰容易臨卦象
君子以教思无窮容保民无疆書有容德乃大又云其心
休休焉其如有容論語寬則得衆管子形勢解人主之裁
大故容物多而衆人得比焉樂動聲儀宮爲君君者當寬
大容衆故其聲宏以舒其和淸以柔韓詩外傳寬而容衆
百姓信之詩誥天子之德光被四表格於上下無不覆燾
無不持載此之謂容堯典欽明文思安安考靈曜作晏晏
釋名安晏也天地以溫和覆載萬物故寬容
覆載爲晏馥案此承上文思字釋晏字義
慮 謀思也從思虍聲 良據切
釋名慮旅也旅衆也易曰一致百慮慮及衆
物以一定之也 周禮大司馬大役與慮事
謀思也者方言慮謀思也釋詁慮謀也釋言謀心也郭云
謀慮以心書洪範汝則有大疑謀及乃心傳云先盡汝心
以謀慮之漢書五行志思心者心思慮也詩雨無正弗慮
弗圖箋云慮謀也周禮朝士令邦國都家縣鄙慮刑貶鄭
云慮謂謀也謂當圖謀緩刑宣十一年左傳使封人慮事
杜云慮事謀慮計功鬼谷子謀篇御覽引作謀慮篇秦策
願大王有以慮之也高云慮謀也韓非內儲說越王慮伐
吳何休注慮謀也禮含文嘉五祀南郊北郊西郊東郊中
兆正謀注云謀者方欲迎氣齋戒自端正謀慮其事也漢
書哀帝紀詔將軍中二千石舉明兵法有大慮者顏注慮

謂謀策思慮賈誼傳慮亾不帝制
而天子自爲者顏注慮大計也

文二

曲阜桂馥學

人心土藏在身之中象形博士說以爲火藏凡心之
屬皆從心　息林切

釋名心纖也所識纖微無物不貫心也　文子心者形之主
也神者心之寶也　淮南子夫心者五藏之主也所以制使
四支流行血氣　史記正義心重十二
兩中有七孔三毛盛精汁三合主藏神
土藏者高注呂氏春秋季夏紀云心火也一曰心土異義
今文尚書歐陽說肝木也心火也脾土也肺金也腎水也
古尚書說脾木也肺火也心土也肝金也腎水也謹按月
令春祭脾夏祭肺季夏祭心秋祭肝冬祭腎與古尚書同
在身之中者顏注急就篇心最在中央爲諸藏之所主
博士說以爲火藏者漢書百官表博士秦官也事通古
今漢舊儀博士秦官博者通於古今辨於然否漢官解詁
博士稽合同異講語五始魏志博士者道之淵藪六藝所

宗晉中興書博士之職博習舊聞訓教學徒急就篇脾胃
腹肝肺心主　顏注心火藏也　夏小正傳曰大火者心也　馥
案堯典日永星火馬注謂心星　襄九年左傳古之火正或
食於心是故心爲大火　馥案釋天大火謂之大辰郭注大
火心也　素問升明之紀其類火其藏心又云南方生熱熱
生火火生苦苦生心又云岐伯曰夏脈者心也南方火也
八十一難經心南方火也子華子心之精爲火其氣爲離
其色赤其狀如覆蓮其神爲朱鳥其氣上通於舌又云火
宿於心炎上而排下其神躁而無準人之暴急以取禍者
心使之然也　春秋元命苞心者火之精成於五故人心長
五寸　淮南時則訓季夏之月祭先心高注心火也白虎通
心所以爲禮何心火之精也南方尊陽在上卑陰在下禮
有尊卑故心象火色赤而銳也　華氏中藏經心者屬於火
王於夏　鄭駁異義今醫病之法以肝爲木心爲火脾爲土
肺爲金則有瘳也若反其術不死爲劇　馥案本書脾土藏
腎水藏肺金藏肝木藏獨無火藏脾既爲土則心不應復
爲土博士
說是也

喘也從心從自自亦聲　相卽切

喘也者，本書喘疾息也玉篇息喘息也方言餽喙咽息也廣雅喙息也詩桑柔箋使人唈然如鄉疾風不能息也正義息謂喘息史記張耳陳餘列傳時閒不容息索隱云時機之迅速其閒不容一喘息頃也

情 人之陰气有欲者从心青聲 疾盈切

易觀其所感而天地萬物之情可見矣 楚詞九章情與貌其不變注云志願爲情 參同契性主處內立置鄞鄂情主營外築垣城郭 陸機演連珠情生於性非性之適故性充則情說 賀瑒曰性之與情猶波之於水靜則是水動則是波靜時是性動則是情

人之陰气有欲者者廣韻引作人之陰气有所欲也本書魄陰神也書仲虺之誥惟天生民有欲無主乃亂傳云無君主則恣情欲必致禍亂周書文酌解民生而有欲文子人之情欲平嗜慾亂之樂記人生而靜天之性也感於物而動性之欲也又云小人樂得其欲注云欲謂邪辟也禮運何謂人情喜怒哀懼愛惡欲七者弗學而能孝經援神契性者魂之使情者魄之主情生於陰以計念性生於陽以理契淮南原道訓人生而靜天之性也感而後動性之

害也物至而神應知之動也知與物接而好憎生焉好憎成形而知誘於外不能反己而天理滅矣故達於道者不以人易天外與物化而內不失其情高注謂不失其無欲之本情白虎通情性者何謂也性者陽之施情者陰之化也人稟陰陽氣而生故內懷五性六情情者靜也性者生也此人所稟六氣以生者也故鉤命決曰情生於陰欲以時念也性生於陽口以就理也陽氣者仁陰氣者貪故情有利欲性有仁也漢書董仲舒傳性者生之質也情者人之欲也申鑒雜言篇或曰仁義性也好惡情也仁義常善而好惡或有惡故有情惡也曰不然好惡者性之取舍也實見於外故謂之情爾必本乎性矣仁義者善之誠者也何嫌其常善好惡者善惡未有所分也何怪其有惡凡言神者莫近於氣有氣斯有形有神斯有好惡喜怒之情矣故人有情猶氣之有形也氣有白黑神有善惡形與白黑偕情與善惡偕故氣黑非形之咎情惡非情之罪也易稱乾道變化各正性命是言萬物各有性也觀其所感而天地萬物之情可見矣是言情者應感而動者也昆蟲草木皆有性焉不盡善也天地聖人皆稱情焉不主惡也又曰爻象以情言亦如之凡情意心志者皆性動之別名也情見乎辭是稱情也言不盡意是稱意也中心好之是稱心也以制其志是稱志也惟所宜各稱其名而已情何主惡之有故曰必也正名又云凡陽性升陰性降升難而降易善陽也惡陰也故善難而惡易縱民之情使自由之則降於下者多矣後漢書張衡傳夫情勝其性流遯忘反豈惟不肖中才皆然注云性者生之質情者性之欲性善情惡情勝則荒淫也周書蘇綽傳人受陰陽之氣以生有清有性性則爲善情則爲惡北史李公緒傳古人有言性情生於慾又曰人之性靜慾實汨之然則性也者所受於天神識是也故爲形骸之主情也者所受於性嗜慾是也故爲形骸之役由此言之性情之辨斷焉殊異楊愼曰劉晝言烟生於火而礙火者烟也情生於性而害性者情也李善曰性者本質也情者外染也易曰利貞者性情也王弼注云不性其情何能久行其正字義云寂然不動爲性感而遂通爲情然感有不同通亦有異感而中節則是性其情感而乖戾則是情其性羣動息而夜氣淸與秋冬歸根復命無異故曰利貞者性情也

性 人之陽气性善者也从心生聲 息正切

廣雅性質也 孝經援神契性者生之質 論語孔注性者人之所受以生也鄭注性謂人受血氣以生有賢愚吉凶

人之陽气性善者也者本書魂陽气也論衡本性篇董仲舒覽孫孟之書作情性之說曰天之大經一陰一陽人之大經一情一性性生於陽情生於陰陰氣鄙陽氣仁曰性善者是見其陽也謂惡者是見其陰者也白虎通人之六情所以扶成五性六情喜怒哀樂愛惡五性仁義禮智信性屬陽所以五五陽數情屬陰所以六六陰數

志 意也从心之聲 職吏切

徐鉉所加

意 志也从心察言而知意也从心从音 於記切

志也者後漢宋意字伯志 从心察言而知意也者徐鍇本無从心二字本書詧字云言微親詧也詞字云意內而言外也馥案言者心之聲也墨子云信言合於意也晉韓不信字伯音

恉 意也从心旨聲 職雉切

本書敘曉學者達神恉

意也者廣雅恉意也或借旨字易繫辭傳其旨遠王制有旨無簡不聽注云有其意無其誠者不論以爲罪公羊疏問曰春秋說云春秋設三科九旨其義如何荅曰旨者意也晉書阮瞻傳諷誦遺言不若親承音旨又借指字書大誥率寧人有指疆土王肅注云有旨意孟子言近而指遠史記張湯傳承上指漢書景十三王傳文約指明嚴助傳令助論意風指於南越顏注云以天子之意指諷告也司馬遷傳卽以此指推言陵功顏注云指意也李廣傳豈朕之指哉顏注云指意也鹽鐵論議者貴其辭約而指明楊惲曰何休公羊注以手通指曰指謂指以敬人以手通意也指意也又云以目通指曰瞚史云頤指氣使亦是以頤通指也陸佃易爻觀我朵頤注云以頤通指曰朵劉敞漢書補注蹻足附耳注云以足通指曰蹻

悳 外得於人內得於己也從直從心 多則切

漢北海相景君碑銘蓄道修悳　漢書地理志平原郡有安悳縣　經典借德字詩莫我肯德高誘引作得論語民無得而稱焉釋文云本亦作德又何德之衰漢石經作得史記孟嘗君傳齊湣王不自得索隱云得一作德後漢書西域傳和得漢曹全碑作和德

外得於人內得於己也者悳得聲相近本書得行有所得也釋名德得也得事宜也周禮師氏敏德以爲行本注云德行內外在心爲德施之爲行韓非解老篇德者內也得者外也上德不德言其神不淫於外也神不淫於外則身全身全之謂德德者得身也鶡冠子環流篇所謂德者能得人者也學記禮樂皆得謂之有德德者得也鄉飲酒義德也者得於身也故曰古之學術道者將以得身也賈誼書施行得理謂之德說苑夫德者得於我又得於彼故可行

𢛳 古文

直古文作𥄂此從四未詳　漢鄭固碑悳能簡乎聖心

應 當也從心雁聲 於陵切

當也者釋詁文一切經音義六引字林應當也詩賚我應受之僖十年左傳應乃懿德

慎 謹也從心眞聲 時刃切

謹也者本書謹愼也廣雅愼謹也書益稷愼乃在位正義當謹愼汝所在之位也

昚 古文

忠 敬也從心中聲 陟弓切

敬也者論語季康子問使民敬忠以勸如之何周禮小宰三曰廉敬注云敬不解於位也書伊訓爲下克忠傳云事上竭誠也大戴禮小辨篇知忠必知中　賈誼書愛利出中謂之忠

愨 謹也從心㱿聲 苦角切

謹也者本書韓愨也廣雅愨謹也荀子正名篇故其民愨則易使易使則公故壹於道法而謹於循令矣禮器是故七介以相見也不然則已愨注云愨愿貌東京賦民去末而反本咸懷忠而抱愨後漢書竇融傳非忠孝愨誠孰能如此注引本書同

𢡱 美也從心頪聲 莫角切

美也者𢡱經典借藐字釋詁藐藐美也詩瞻卬藐藐昊天箋云藐藐美也崧高旣成藐藐傳云藐藐美貌

快 喜也從心夬聲 苦夬切

方言自關而西曰快　易旅象得其資斧心未快也　孟子然後快於心與　秦策君侯何不快甚也　太元掜繫絕繻心誠快也

喜也者一切經音義十三字林快喜也馥案後漢書華陀傳體有不快言不悆也悆喜也

愷 樂也從心豈聲 苦亥切

本書豈部有愷字云康也

樂也者釋詁文賈逵文十八年左傳注愷和也經典借豈字詩魚藻豈樂飲酒箋云豈亦樂也青蠅豈弟君子箋云豈弟樂易也載驅齊子豈弟傳云言文姜於是樂易然又借凱字孔子閒居凱弟君子注云凱弟樂易也

快也從心匧聲 苦叶切

快也者一切經音義三字林㥦快也漢書文帝紀天下人民未有㥦志顏注云㥦快也

常思也從心今聲 奴店切

釋名念黏也意相親愛心黏著不能忘也 釋訓勿念勿忘也 詩文王無念爾祖傳云無念念也 書大禹謨念茲在茲

思也從心付聲 甫無切

常思也者方言文釋詁念思也哀二十七年左傳他日請念杜注云言季孫不能用子贛臨難而思之

敏也從心從目害省聲 許建切

敏也者謚法博聞多記曰憲

平也從心登聲 直陵切

平也者玉篇憕心平也

敬也從心難聲 女版切

敬也者釋詁文彼作戁釋文云戁郭音罕詩楚茨我孔戁矣傳云戁敬也

闓也從心斤聲司馬法曰善者忻民之善閉民之惡 許斤切

遲也從心重聲 直隴切

重厚也從心軍聲 於粉切

重厚也者或借渾字方言渾盛也注云們渾肥滿也

厚也從心𦎫聲 都昆切

厚也者釋詁文書舜典惇德允元史記作厚內則皆有惇史注云惇史史惇厚晉語守學彌惇韋注云惇厚也後漢書第五倫傳省其奏議惇惇歸諸寬厚注云惇惇純厚之貌也經典借敦字易臨卦敦臨吉正義敦厚也詩閟宮敦商之旅釋文敦王徐都門反厚也樂記及夫敦樂而無憂注云敦厚也中庸敦厚以崇禮

慨也從心亢聲一曰易忼龍有悔 苦浪切又口朗切

慨也者集韻忼志懣燕策復爲羽聲忼慨史記項羽本紀悲歌忼慨漢書鄒陽傳陽爲人有志畧忼慨不苟合字或作慷後漢書齊武王縯傳性剛毅慷慨有大節楊震傳乃慷慨謂其諸子門人注云慷慨悲歎長門賦意慷慨而自卬魏武帝短歌行慨當以慷成公綏嘯賦中嬌厲而慨慷 一曰易忼龍有悔者九經字樣引易同

忼慨壯士不得志也從心既聲 古溉切

忼慨壯士不得志也者一切經音義四云說文忼慨壯士不得志於心情憤恚也文選樂府詩忼慨惟平生李善引本書忼慨壯士不得志於心也洞簫賦注引同馬汧督誄注引與今本同秋興賦注引字林同

愊也從心困聲 苦本切

愊也者玉篇悃志純一也

誠志也從心畐聲 芳逼切

誠志也者當爲至誠廣韻愊愊至誠漢書楚元王傳發憤悃愊顏注云悃愊至誠也後漢書章帝紀安靜之吏悃愊無華注引本書悃愊至誠也論衡明雩篇禮之心悃愊樂之意歡欣悃愊以玉帛效心歡欣以鐘鼓驗意雩祭請祈人君精誠也

謹也從心原聲 魚怨切

謹也者廣雅愿慤也小爾雅廣言愿謹也書臯陶謨愿而恭鄭注云愿謂容貌恭正周禮大司寇國刑上愿糾暴注云愿慤愼也襄三十一年左傳愿吾愛之不吾叛也杜注云愿謹善也楚語吾有妾而愿韋注云愿慤也詩衡門敘愿而無立志釋文愿謹也後漢書淳于恭傳辭氣愿款注云愿謹也梁冀傳豈以其地居亢滿而能以愿謹自終者乎注云愿慤也宋齊語錄虞愿字士恭

慧 儇也從心彗聲 胡桂切

成十八年左傳周子有兄而無慧 大戴禮慧種生聖 賈誼書亟見窕察謂之慧

儇也者本書儇慧也方言儇慧也注云謂慧了古文論語好行小慧鄭注云小慧謂小小之才知魯讀慧爲惠今從古馥案列子逢氏有子少而惠漢書昌邑王淸狂不惠亦借惠字

憭 慧也從心尞聲 力小切

慧也者本書憭不憭也一切經音義二十一引作不了也廣韻憭不明了也玉篇憭意精明也韋昭國語敘侍中賈君敷而衍之其所發明大義畧舉爲已憭矣或通作了後漢書孔融傳小而了了大未必奇宋書戴法興傳彭城王覔一了了令史

恔 憭也從心交聲 下交切又古了切

類篇作恔引方言恔快也今方言作校後漢書蓋勳傳欲得快司隸校尉誰可作者

憭也者玉篇恔點也廣韻恔憭慧也

瘱 靜也從心㾜聲 於計切

本書嫕靜也於計切 文選五臣本神女賦澹清靜其愔嫕今注云嫕一計切李善本作嫕字毛晉刻李善本作嫕注云淑善也說文曰嫕靜也蒼頡篇嫕密也馥案嫕傳寫之誤而此瘱字亦誤本書嫛婗也從女殹聲瘱當爲嫕從心嫛省聲廣韻嫕於計切婉嫕柔順皃張華女史箴婉嫕淑愼李善云漢書曰孝平王皇后爲人婉嫕有節操服虔曰嫕音翳桑之翳曹大家列女傳注婉柔和嫕深邃也通鑑漢和帝紀南陽樊調妻婉嫕又案文選洞簫賦其妙聲則淸靜厭瘱李善引曹大家列女傳注瘱深邃也五臣本作瘱注云李善本作瘱字據此則嫕瘱混淆久矣

靜也者本書靜審也方言瘱諦審也齊楚曰瘱秦晉曰諦

悊 敬也從心折聲 陟列切

本書口部有悊字此當作惁字之誤也玉篇惁先歷切愸也廣韻惁先擊切敬也

悰 樂也從心宗聲 藏宗切

樂也者廣雅悰樂也漢書廣陵王胥歌曰出入無悰爲樂亟韋昭曰悰樂也魏文帝折楊柳行端坐苦無悰謝朓遊東田詩戚戚苦無悰

恬 安也從心甛省聲 徒兼切

安也者方言恬靜也注云恬淡安靜吳語今大夫老而又不自安恬逸注云恬猶靜也漢書嚴安傳心旣和平其性恬安賈誼傳因恬而不知怪顏注云恬安也宣元六王傳天子普覆德布於朝而恬有博言顏注云恬安也閒博郛言安而受之洞簫賦時恬淡以綏肆李善引本書同

恢 大也從心灰聲 苦回切

老子天網恢恢 文選出師表恢志士之氣

大也者類篇云說文恢大也謂志大也一切經音義七引字林恢大也又卷三引蒼頡解詁恢亦大也襄四年左傳

用不恢於夏家杜注云恢大也

恭 肅也從心共聲 俱容切

或借共字漢書王褒傳共惟春秋法五始之要服虔曰共敬也顏師古曰共讀曰恭又借龔字梁元帝檄龔行天罰

肅也者廣雅恭肅也釋訓肅肅恭也釋詁恭敬也洪範恭作肅賈誼書接遇愼容謂之恭

憼 敬也從心從敬敬亦聲 居影切

敬也者廣雅憼敬也

恕 仁也從心如聲 商署切

一切經音義二蒼頡篇恕如也聲類以心度物曰恕 論語子貢問曰有一言而可以終身行之者乎子曰其恕乎己所不欲勿施於人 離騷羌內恕己以量人兮注云以心揆心爲恕 子華子人之心莫便乎恕陵彼而先擠跂而望乎後之人便於恕故也古之制字者如■爲恕 賈誼書以己量人謂之恕

仁也者廣雅恕仁也

忎 古文省

怡 和也從心台聲 與之切

論語兄弟怡怡 內則下氣怡色 和也者方言紛怡喜也湘潭之閒曰紛怡一切經音義一爾雅怡懌樂也舊注怡心之樂也懌意解之樂也

慈 愛也從心茲聲 疾之切

子華子人之心莫隱乎慈赤子匍匐使我心惻隱於慈故也古之制字者■爲慈 賈誼書惻隱憐人謂之慈反慈爲忍 愛也者玉篇慈愛也引左氏傳父慈子孝釋名慈字也字愛物也內則慈以甘旨注云慈謂愛敬進之也文十八年左傳宣慈惠和服注上愛下曰慈杜注慈者愛出於心恩被於物也韓非子愛子者慈於子

忯 愛也從心氏聲 巨支切

愛也者釋訓忯忯愛也李巡曰忯忯和適之愛也

⿰忄虒 忯⿰忄虒不憂事也從心虒聲讀若移 移爾切

忯⿰忄虒不憂事也者忯或作侈集韻恃事曰侈

恮 謹也從心全聲 此緣切

謹也者廣雅恮謹皃集韻恮懽也廣雅恮懽也

恩 惠也從心因聲 烏痕切

惠也者詩鴟鴞恩斯勤斯傳云恩愛馥案本書恚惠也書皐陶謨安民則惠禮月令行慶施惠

懘 高也一曰極也一曰困劣也從心帶聲 特計切

高也者懘或借帶字鄭駟帶字子上 一曰極也者懘或作殢玉篇殢極困也廣雅殢極也 一曰困劣也者懘又作僀集韻僀僀困劣貌或借滯字成十八年左傳命百官振廢滯

憖 問也謹敬也從心猌聲一曰說也一曰甘也春秋傳曰昊天不憖又曰兩君之士皆未憖 魚覲切

詩十月之交不憖遺一老箋云憖者心不欲自彊之辭也正義曰說文云憖肯從心也言初時心所不欲後始勉彊而肯從故云心不欲自彊之辭馥案本書今闕此訓小爾雅憖願也楚語吾憖寘之於耳以憖御人憖庇州犁韋注竝訓願字或作慭漢平輿令薛君碑不慭遺君 問也者玉篇引作閒也廣韻慭閒也字林慭閒也 謹敬也者謹韻會作愼 一曰說也者張揖字詁慭笑皃也思元賦戴勝慭其既歡兮舊注慭笑皃詩十月之交釋文引韓詩慭閒也 一曰甘也者甘玉篇引作且廣韻慭且也字書慭且也詩釋文引爾雅慭且也杜注左傳慭且也應箋曰慭且詞也 春秋傳曰昊天不慭者哀十六年左傳文彼云昊天不弔不慭遺一老 又曰兩君之士皆未慭者文十二年左傳文杜注慭缺也釋文引方言慭傷也

懭 闊也一曰廣也大也一曰寬也從心從廣廣亦聲 苦謗切

經典借曠字詩率彼曠野孟子曠安宅而弗居晉師曠字子野 闊也者漢書元帝紀衆僚久曠顏注曠古曠字曠空也不得其人則職事空廢書皐陶謨無曠庶官傳曠空也昭十年左傳棄德曠宗杜注曠空也莊二十八年傳狄之廣莫杜注廣莫狄地之曠絕也漢書賈山傳曠日十年顏注曠空也論衡藝增篇尙書曰毋曠庶官曠空也毋空衆官寘非其人與空無異故言空也文選謝惠連詩修渚曠淸容劉楨詩彌曠十餘旬李善竝引蒼頡篇曠疏曠也漢書五行志師出過時之謂廣 一曰廣也者周禮車僕廣車之萃注云廣車橫陳之車也釋文廣古曠反大司徒周知九州之地域廣輪之數疏云馬融云東西爲廣南北爲輪釋文廣古曠反士冠禮素韠上廣一尺下廣二尺釋文度廣狹曰廣古曠反通鑑凡言廣若干胡注俱音古曠反 大也者廣雅懭大也淮南繆稱訓故言之用者昭昭乎小哉不言之用者曠曠乎大哉史記鄭世家居曠林集解引

賈逵曰曠大也魏志論文帝無曠大之度或借廣字荀子王霸篇人主胡不廣焉注云廣開泰貌　一曰寬也者寬當爲覺韓詩懬彼淮夷薛君曰懬覺悟之貌今詩憬彼淮夷釋文云憬說文作懬音獷本書矍字云讀若詩穬彼淮夷之穬據釋文所引當作懬

飾也從心戒聲司馬法曰有虞氏悈於中國 古拜切

飾也者飾當爲飭增韻作飭龔君麓正曰爾雅釋言悈褊急也郭注皆急狹謹案整飭之則斂束說文述其本義爾雅述其引伸之義也馥案本書諽飾也讀若戒飾亦當爲飭又案本書誡敕也飭讀若敕　司馬法曰有虞氏悈於中國者中國當爲國中司馬法有虞氏戒於國中欲民體其命也夏后氏誓於軍中欲民先成其慮也殷誓於軍門之外欲民先意以待事也周將交刃而誓之以致民志也

謹也從心𤔌聲 於靳切

謹也者謹當爲慬本書無慬字寫者改作謹廣韻慬憂哀也公羊傳慬然後得免㥯經典借隱字詩柏舟如有隱憂

傳云隱痛也檀弓拜稽顙哀戚之至隱也稽顙隱之甚也書盤庚尙皆隱哉隱三年公羊傳過時而日隱之也何云隱痛也穀梁傳故隱而卒之范云隱猶痛也隱十一年穀梁傳隱之不忍地也范云隱猶痛也莊元年公羊傳隱之也何云隱痛莊四年穀梁傳失國故隱而葬之范云隱痛也定三年左傳君以弄馬之故隱君身杜云隱憂約也孟子王若隱其無罪而就死地又云皆有怵惕惻隱之心荀子儒效篇隱隱兮其恐人之不當也楊云隱隱憂戚貌漢書韓安國傳此仁人之所隱也崔瑗座右銘隱心而後動

行賀人也從心從夂吉禮以鹿皮爲贄故從鹿省 邱竟切

行賀人也者徐鍇曰夂行也廣雅慶賀也大宗伯以賀慶之禮親異姓之國疏云謂侯國有喜王使大夫以物慶賀之也公羊傳慶子家駒注云慶賀淮南本經訓當此之時無慶賀之利　吉禮以鹿皮爲贄者本書麗字云禮麗皮納聘蓋鹿皮也

寬嫺心腹皃從心宣聲詩曰赫兮愃兮 況晚切

寬嫺心腹皃者玉篇愃寬心也方言注今江東人呼快爲愃列子力命篇墨杘單至嘽咺憋懯四人相與游於世胥如志也注云鄭元注禮記云愃寬綽皃說文云愃寬閒心腹皃馥案殷敬順釋文引作寬閒心腹皃　詩曰赫兮愃兮者衛風淇奧文彼作咺傳云咺威儀容止宣著也馥案禮記引詩作喧皆借字

順也從心孫聲唐書曰五品不愻 蘇困切

順也者一切經音義十五字林愻順也經典借遜字書多士臣我多遜傳云多爲順事太甲有言遜于汝心說命惟學遜志劉脩碑鄉黨遜遜如也又借孫字論語奢則不孫又近之則不孫僖十五年左傳不孫卜右慶鄭吉弗使杜云惡其不孫不以爲車右內則孫友視志注云孫順也學記不陵節而施之謂孫注云孫順也又孫其業也注云孫猶恭順也緇衣恭以蒞之則民有孫心注云孫順也惠棟曰緇衣孫心當作愻一字誤分爲二說文愻順也又借巽字堯典汝能庸命巽朕位鄭訓巽爲順　唐書曰五品不愻者舜典文彼作孫閻若璩曰案伏生今文以下王肅鄭

康成古文以上統名虞夏書無別而稱之者玆說文於引今堯典舜典臯陶謨益稷之文皆曰虞書於引禹貢甘誓之文皆曰夏書固魏晉閒本之所由分乎惟於今舜典五品不愻作唐書與大傳說堯典謂之唐傳同四引洪範皆曰商書與左氏傳同却與賈氏所奏異豈愼也自亂其例與抑有誤

實也從心塞省聲虞書曰剛而𡫡 先則切

實也者堯典欽明文思安安鄭本作文𡫡注云道德純備謂之𡫡尙書考靈耀堯聰明文𡫡晏晏經典借塞字中庸不變塞焉鄭注中庸塞猶實也書舜典溫恭允塞詩燕燕其心塞淵釋文引崔集注塞實常武王猷允塞箋云守信自實滿定之方中秉心塞淵箋云塞充實也禮孔子閒居志氣塞乎天地注云塞滿也祭義致禮樂之道而天下塞焉注云塞充滿也　塞省聲者當作寒聲疑後人改之　虞書曰剛而𡫡者臯陶謨文彼作塞孔傳云剛斷而實塞馥案冀鈠謂陽處父剛而不實

信心也從心旬聲 相倫切

信心也者列子釋文恂信也漢書李廣傳李將軍恂恂如鄙人口不能出辭及死之日天下知與不知皆爲流涕彼其中心誠信士大夫也顏注恂恂誠謹貌也敘傳李廣恂恂實獲士心或借詢字釋詁詢信也注引方言宋衛曰詢今方言作恂又借洵字詩宛邱洵有情兮傳云洵信也靜女洵美且異有女同車洵美且都叔于田洵美且仁溱洧洵訏且樂箋並云洵信也釋文云韓詩作恂敻侚曰詩于嗟洵兮洵有情兮皆信也

忱　誠也從心冘聲詩曰天命匪忱　氏任切

誠也者書湯誥尚克時忱大誥越天棐忱康誥天畏棐忱說命王忱不艱盤庚爾忱不屬多方爾曷不忱裕之于爾多方傳並訓爲誠詩大明天難忱斯傳云忱信也詩曰天命匪忱者大雅蕩文彼作其命匪諶傳云諶誠也

惟　凡思也從心隹聲　以追切

凡思也者方言文釋詁惟思也詩生民載謀載惟箋云惟思也書盤庚人惟求舊又盤庚作惟涉河以民遷王肅並訓爲思後漢書橋元傳懷舊惟顧注云惟思也文選求通親親表臣伏自惟省

懷　念思也從心褱聲　戶乖切

念思也者方言懷思也釋詁懷思也詩野有死麕有女懷春常棣兄弟孔懷南山曷又懷止傳並云懷思也東山伊可懷也載馳女子善懷蝃蝀懷婚姻也小明豈不懷歸大明聿懷多福箋並云懷思也宣八年左傳辟不懷也宣十四年傳懷於魯矣昭十二年傳宴語之不懷杜注並云懷思也謚法解懷思也魏文帝苦寒行遠行多所懷

惀　欲知之皃從心侖聲　盧昆切

欲知之皃者皃疑作思玉篇惀思也廣韻惀欲曉知也集韻思求曉知謂之惀或借論字詩靈臺於論鼓鐘傳云論思也又借綸字易繫辭故能彌綸天地之道釋文引京房云綸知也

想　冀思也從心相聲　息兩切

冀思也者徐鍇曰希冀而思之也故司馬遷曰讀其書想見其爲人玉篇想思也後漢書王霸傳夢想賢士晉書謝安傳悠悠遐想

㥏　深也從心㒸聲　徐醉切

深也者玉篇㥏意思深也

慉　起也從心畜聲詩曰能不我慉　許六切

起也者玉篇慉興也漢韓勑後碑憤慉之思戴君震曰詩蓼莪拊我畜我箋訓畜爲起起如晉語世相起也之起韋注云起扶持也詩畜我承拊我下拊撫摩也畜扶持也畜當作慉　詩曰能不我慉者邶風谷風文彼作不我能慉傳云慉養也釋文云毛興也王肅養也說文起也馥案孫毓引毛傳亦曰慉興也

𢡃　滿也從心𠶷聲一曰十萬曰𢡃　於力切

漢張納功德敘光乎𢡃年或借𠶷字樊毅修華嶽碑垂曜𠶷輪又作億張表碑億載彌以新又借億字李翕西狹頌倉庾惟億億卽億省

滿也者𢡃或借臆字方言臆滿也廣雅同　一曰十萬曰𢡃者經典借億字易震卦億喪貝鄭注十萬曰億書洛誥

公其以予萬億年敬天之休傳云十千爲萬十萬爲億疏云楚語云百姓千品萬官億醜每數相十是古十萬曰億今之筭術乃萬萬爲億也詩胡取禾三百億兮傳云萬萬曰億箋云十萬曰億正義云萬萬曰億今數然也傳以時事言之故今九章筭術皆以萬萬爲億箋以詩書古人之言故合古數言之知古億十萬者以田方百里於今數爲九百萬畝而王制云方百里爲田九十億畝是億爲十萬也五經筭術甄鸞案黃帝爲法數有十等及其用也乃有三等十等者謂億兆京垓秭壤溝澗正載也三等者爲上中下也其下數者十十變之若言十萬曰億十億曰兆十兆曰京也中數者萬萬變之若言萬萬曰億萬萬億曰兆萬萬兆曰京也上數者數窮則變若言萬萬曰億億億曰兆兆兆曰京也據此而言鄭用下數毛用中數矣詩豐年萬億及秭傳云數萬至萬曰億楚茨我庾維億傳云萬萬曰億箋云十萬曰億假樂子孫千億箋云十萬曰億王制方一里者爲田九百畝方十里者爲方一里者百爲田九萬畝方百里者爲方十里者百爲田九十億畝注云億今十萬楚語官有十醜爲億醜韋注十萬曰億古數也今人乃以萬萬爲億鄭語出千品具萬方計億事材兆物收經入行姟極韋注賈唐說皆以萬萬爲億鄭後司農云十萬

曰億十億曰兆從古數也後漢書王景傳景雖簡省役費然猶以百億計注云十萬曰億也

[illegible] 籒文省

悹 憂也從心官聲 古玩切

憂也者廣韻悹悹憂無告也詩傳云悹悹無所依廣雅悺憂也後漢書桓帝紀中常侍左悺注云說文曰悹憂也音工奐反今作心旁官卽悹字或作痯釋訓痯痯病也郭注賢人失志懷憂病也

憀 憀然也從心翏聲 洛蕭切

憀然也者玉篇憀賴也廣韻憀無憀賴也淮南兵略訓上下不相寧吏民不相憀高注憀賴也或借聊字秦策上下相愁民無所聊高注愁則民無所聊賴漢書張耳傳使天下父子不相聊張升與任彥堅書今將老弱處於窮澤漸漬汀濘當何聊賴劉孝儀謝酒啟歲暮不聊在陰卽慘

愙 敬也從心客聲春秋傳曰以陳備三愙 苦各切

漢帝堯碑魯峻碑魏孔羨碑竝作恪

愙敬也者釋詁文彼作恪一切經音義三恪古文愙同字林愙恭也亦敬也書盤庚恪謹天命傳云敬謹天命詩那執事有恪傳云恪敬也襄二十三年左傳敬共朝夕恪居官次昭七年傳叔父陟恪杜注恪敬也昭十六年傳苟有位於朝無有不共恪魯語引詩執事有恪韋注恪敬也春秋傳曰以陳備三恪者襄二十五年左傳文彼云庸以元女大姬配胡公而封諸陳以備三恪杜注周得天下封夏殷二王後又封舜後謂之恪幷二王後爲三國其禮轉降示敬而已故曰三恪孔叢荅問篇封夏殷之後以爲二代紹虞帝胤備爲三恪恪敬也禮之如賓客也非謂特有二代別有三恪也

愯 懼也從心雙省聲春秋傳曰駟氏愯 息拱切

懼也者字林愯惶遽也千字文愯懼恐惶蒼頡篇愯驚也字或作雙漢書刑法志雙之以行昭六年左傳作聳周語身聳除潔韋注聳懼也又作㩳說苑於是㩳然大恐又作𢥠魏都賦𢥠焉相顧原注𢥠懼也左傳曰駟氏𢥠懼李善曰張以㩳先瓏反今本竝爲矆矆大視呼縛反馥案李所謂張蓋張孟陽注今作劉淵林注　春秋傳曰駟氏愯者昭十九年左傳文彼作聳注云聳懼也

懼 恐也從心瞿聲 其遇切

恐也者本書恐懼也廣韻懼怖懼方言懼驚也

愳 古文

怙 恃也從心古聲 侯古切

恃也者釋言文廣韻怙恃怙書康誥我西土惟時怙冒傳云怙恃也宣十五年左傳怙其雋才而不以茂德茲益罪也昭元年傳怙富而卑其上定四年傳無怙富無恃寵逸周書謚法解怙恃也魏略王淩旣蒙赦加怙舊好不復自疑宋略以謝靈運王僧達之才華輕躁重以怙其庇蔭召禍宜哉

恃 賴也從心寺聲 時止切

賴也者廣雅賴恃也一切經音義一韓詩無父何怙怙賴也無母何恃恃負也書大禹謨萬世永賴正義云萬代常所恃賴論語則以爲厲己也鄭注厲讀爲賴恃賴也隱七年左傳不賴盟矣桓三年公羊傳恃有年也何注恃賴也襄二十四年左傳若吾子賴之杜注賴恃用之通鑑吳朱后曰宗廟有賴可矣胡注賴恃也

慒 慮也從心曹聲 藏宗切

慮也者釋言文郭注謂謀慮也釋文慒音因字書作悰蔌秦悰俗又作誴集韻誴謀也

悟 覺也從心吾聲 五故切

覺也者本書斆覺悟也玉篇悟覺悟也心解也廣韻悟心了書顧命今天降疾殆弗興弗悟文選江淹詩寥寥心永悟李善引聲類悟心解也或借寤字漢書元后傳天子感寤曹植周成王贊初疑周公終焉克寤又借晤字顧炎武言唐道因法師碑才晤聰晤竝是悟字

[illegible] 古文悟

憮　愛也韓鄭曰憮一曰不動從心無聲 文甫切

愛也者廣雅憮愛也　韓鄭曰憮者方言文又云陳楚江淮之閒曰憐宋衛邠陶之閒曰憮或曰俺釋訓矜憐撫掩之也郭注撫掩猶撫拍謂慰卹也馥案撫掩當爲憮俺集韻俺衣廉切愛也

㤅　惠也從心旡聲 烏代切

惠也者釋詁惠愛也昭二十年左傳古之遺愛也賈注愛惠也　旡聲者從旡之古文旡反旡也古文作㤅

𢟪　古文

㥠　知也從心胥聲 私呂切

知也者本書諝知也玉篇㥠才智之稱也字林忬㥠知也通俗文多意謂之忬㥠廣雅忬㥠智也

慰　安也從心尉聲一曰恚怒也 於胃切

安也者廣雅慰安也書呂刑今爾罔不由慰日勤傳訓安詩凱風莫慰母心傳云慰安也緜迺慰迺止傳云慰安烝民以慰其心箋云以慰安其心漢書車千秋傳慰安黎庶隋書李遷奉尉斗於高祖曰願以此慰安天下　一曰恚怒也者本書䛮慰也詩車舝以慰我心傳云慰安也安釋文作怨王申爲怨恨之意韓詩作以慍我心慍恚也本或作慰安也是馬融義馥案孫毓載毛傳作慰怨也王肅述毛亦云新昏指褒姒大夫不遇賢女徒見褒姒讒巧嫉妒故其心怨恨

𢡱　謹也從心㪿聲讀若毳 此芮切

謹也者謹當爲懂勇也列子說符篇無以立懂於天下　讀若毳者本書毳䜚精戇也

⿱篤心　⿱篤心箸也從心篤聲 直由切

⿱篤心箸也者史記請借前箸爲陛下籌之或曰箸當爲著龜策傳上有擣著下有神龜擣借字當作⿱篤心　篤聲者本書無篤字籌壺矢也

怞　朗也從心由聲詩曰憂心且怞 直又切

朗義未詳玉篇怞憂恐也王褒九懷孔余思兮怞怞　詩曰憂心且怞者小雅鼓鍾文彼作妯

㥸　㥸撫也從心某聲讀若侮 亡甫切

㥸撫也者玉篇廣韻類篇引作憮也無㥸字撫當爲憮釋詁㥸愛也郭注㥸韓鄭語今江東通呼爲憐方言㥸憐也

忞　彊也從心文聲周書曰在受德忞讀若旻 武巾切

彊也者玉篇忞自勉強也經典借暋字釋詁暋強也書康誥暋不畏死傳云暋強也　周書曰在受德忞者立政文彼作其在受德暋傳訓彊

慔　勉也從心莫聲 莫故切

勉也者釋訓慔慔勉也

愐　勉也從心面聲 彌殄切

勉也者釋詁文彼作勔方言自關而東周鄭之閒曰勔釗郭注勔亦訓勉也

怈　習也從心曳聲 余制切

習也者一切經音義十二引字林同或借裔字方言裔習也郭注謂玩習也廣雅裔習也或作忕釋詁貫習也郭注貫貫忕也釋文忕音逝張揖雜字音曳云狃忕過度馥案詩大叔于田傳云狃習也桓十三年左傳莫敖狃於蒲騷之役注云狃忕也後漢書馮異傳狃忕小利注云狃忕慣習也公山不狃字子洩洩借字當作怈

懋　勉也從心楙聲虞書曰時惟懋哉 莫候切

勉也者釋詁文彼作茂郭注書曰茂哉茂哉字又作懋亦作悉同釋訓懋懋勉也書盤庚懋建大命鄭注訓勉康誥懋不懋傳云不勉者勉東京賦咸懋力以耘耔五臣注懋勉也經典借茂字易无妄先王以茂對時育萬物釋文引馬云茂勉也詩節南山方茂爾惡傳云茂勉也昭八年左傳引周書茂不茂注云茂勉也　虞書曰時惟懋哉者舜典文彼作惟時懋哉　史記作惟是勉哉

⿱矛心　或省

慕 習也從心莫聲 莫故切

習也者徐鍇曰愛而習翫模範之也馥案史記司馬相如慕藺相如之爲人習其爲人也所謂心慕之手追之

悛 止也從心夋聲 此緣切

書泰誓惟受罔有悛心 韓非難四篇過而不悛亾之本也 鄭康成書敘贊猶復疑惑未悛

止也者小爾雅廣詁悛止也方言悛改也自山而東或曰悛隱六年左傳長惡不悛注云悛止也成十三年傳康猶不悛襄五年傳羿猶不悛襄七年傳孫子無辭亦無悛容昭三年傳君日不悛杜注竝云悛改也襄二十八年傳子家弗聽亦無悛志杜注悛改瘉也晉語夙之事君也不敢不悛吳語無使失悛韋注竝云悛改也周書芮良夫解遂失悛注云悛改

㥢 肆也從心隶聲 他骨切

肆也者方言肆欲爲㥢

懙 趣步懙懙也從心與聲 余呂切

趣步懙懙也者本書趣安行也韓愈詩懙懙江南子或作懙漢書敘傳長倩懙懙蘇林曰懙懙行步安舒也又借譽字昭二年左傳季氏有嘉樹焉宣子譽之服虔注譽游也宣子游其下夏諺曰一游一譽爲諸侯度馥案孟子作豫趙注豫亦游也引左傳爲證孫子兵法雖優游暇譽令猶行也

慆 說也從心舀聲 土刀切

說也者玉篇慆喜也廣韻慆說樂昭元年左傳於是有煩手淫聲慆堙心耳又云君子之近琴瑟以儀節也非以慆心也尚書大傳師乃慆前歌後舞鄭注慆喜也經典借陶字釋詁鬱陶喜也檀弓人喜則斯陶注云陶鬱陶也詩王風君子陶陶傳云陶陶和樂貌後漢書杜篤傳梗稻陶遂注引韓詩陶暢也

懕 安也從心厭聲詩曰懕懕夜飲 於鹽切

安也者廣雅懕安也釋訓懕懕安也經典借厭字方言厭安也詩小戎厭厭良人傳云厭厭安靜也 詩曰懕懕夜飲者小雅湛露文彼作厭厭傳云厭厭安也韓詩作愔愔薛君云愔愔和說之貌馥案昭十二年左傳祈昭之愔愔嵇康琴賦愔愔琴德皆安和意

憺 安也從心詹聲 徒敢切

安也者一切經音義六說文憺安也謂憺然安樂也憺亦恬靜也廣韻憺安緩楚辭九歌蹇將憺兮壽宮注云憺安也或借澹字廣雅澹安也漢書賈誼傳澹虖若深淵之靚顏注澹安也司馬相如傳澹乎自持顏注安靜意也楊雄傳海內澹然又云澹泊爲德顏注澹泊安靜也又借淡字後漢書班彪傳何其守道恬淡之篤也注云恬淡猶清靜也

怕 無爲也從心白聲 匹白切又葩亞切

無爲也者一切經音義二十一怕靜也謂恬然寂靜也憺怕無爲也廣雅憺怕靜也祝睦後碑怕然執守老子我獨怕兮其未兆范應元注怕靜也說文無爲也或借泊字漢書司馬相如傳泊乎無爲後漢書蔡邕傳明哲泊焉不失所寧注云泊猶靜也

恤 憂也收也從心血聲 辛聿切

憂也者釋詁文本書卹憂也易小畜血去惕出馬云當作恤憂也書舜典惟刑之恤哉釋文恤憂也大誥無毖于恤傳云無勞于憂詩杕杜而多爲恤祈父胡轉予于恤傳竝云恤憂也谷風遑恤我後桑柔告爾憂恤蓼莪出則銜恤箋竝云恤憂也周禮大司徒以誓教恤則民不怠注云恤謂災危相憂民有凶患憂之則民不懈怠又孝友睦婣任恤注云恤振憂貧者昭十二年左傳且言曰恤恤乎晉語君欲勿恤其可乎韋注恤憂也 收也者收當爲救玉篇恤救也孫炎說爾雅恤憂云恤救之憂也

忓 極也從心干聲 古寒切

極也者本書㦤懃也玉篇㦤極也懃極也馥案極疲也世說顧和謁王導導小極對之疲睡商芸小說載問沐啟云沐伏久勞極不審尊體何如帝荅之曰去垢甚佳身不極也

喜歘也從心雚聲爾雅曰懽懽愮愮憂無告也 古玩切

喜歘也者玉篇歘悅也廣雅歘愛也晉語歡之故也韋注歡愛此女之故又君之使我非歡也韋注非歡愛我也馥案此借歡字秦策許楚漢中以懽之高注與楚漢中以喜之也趙策皺邑寡君使下臣三至王廷而使不得通使若無罪願大王無絕其懽衛策智伯欲伐衛遺衛君野馬四百璧一南文子有憂色衛君曰大國大懽而子有憂色何或借讙字韓策故直進百金者以交足下之讙又借懽字詩板老夫灌灌傳云灌灌猶款款也爾雅曰懽懽愮愮憂無告也者釋訓文彼作灌灌釋文云灌本或作懽愮本又作搖樊本作遙馥案詩中心搖搖傳云憂無所愬玉篇愮憂也引詩憂心愮愮

懽也琅邪朱虛有愓亭從心禺聲 噳俱切

懽也者愓與娛同西京賦窮歡極娛　琅邪朱虛有愓亭者漢志琅邪有朱虛縣

飢餓也一曰憂也從心叔聲詩曰惄如朝飢 奴歷切

飢餓也者釋言惄飢也郭注惄然飢意　一曰憂也者詩小雅惄焉如擣　詩曰惄如朝飢者周南汝墳文傳云惄飢意也李巡本作輖與今詩同韓詩作朝李巡說爾雅惄宿不食之飢也郭璞引詩作調

勞也從心卻聲 其虐切

勞也者玉篇㥧疲力也本書御徼御受屈也方言御勞也廣雅御極也本草勞極洒洒注云極御倦也史記司馬相如傳徼御受屈集解引郭璞曰御疲極也索隱司馬彪云御倦也說文云御勞也燕人謂勞爲御漢書司馬相如傳徼谻受詘蘇林曰谻音倦谻之谻傳又云與其窮極倦谻郭璞曰窮極倦谻疲憊也馥案蘇林以御爲御音小司馬以御御爲一字

憸詖也憸利於上佞人也從心僉聲 息廉切

憸詖也者廣韻憸憸詖也書立政國則罔有立政用憸人馬注憸利佞人也又注盤庚云憸利見事小小之人經典借險字詩卷耳敘無險詖私謁之心崔靈恩云險詖不正也漢書敘傳趙敬險詖禮樂志民漸漬惡俗貪饕險詖不閑義理顏注言行險曰詖南齊書王奐傳險詖之性自少及長梁書王亮傳成茲險詖呂氏春秋審分篇諂諛詖賊巧佞之人宋書劉湛傳奸詖夙著南齊書張敬兒傳足下猥含禍詖文選顏延之詩徒遭良時詖李善引蒼頡篇詖諂佞也或借陂字荀子讒人罔極險陂傾側注云陂與詖同憸或作譣廣雅譣詖也

息也從心曷聲 去例切

息也者釋詁文彼作愒舍人云臥之息也釋文愒本或作愒同周禮野廬氏宿息井樹注云賓客所宿及晝止者也詩民勞汔可小愒菀柳不尚愒焉傳竝云愒息也宋書陶潛傳策扶老以流憩謝靈運山居賦愒曾臺兮陟雲根詩甘棠召伯所憩傳云憩息也釋文本又作愒息也孟子安居而天下息徐幹七喻作憩一切經音義二憩說文作愒蒼頡篇作𢢘同馥案玉篇𢢘息也或借𡏻字詩假樂民之攸𡏻傳云𡏻息也成二年左傳引詩作𡏻杜注𡏻息也字又作偈漢書揚雄傳度三巒兮偈棠棃顏注偈讀曰憩

精戇也從心毳聲 千短切

精戇也者集韻毳呼骨切戇也本書戇謹也讀若毳謹當爲懂毳即此毳

疾利口也從心從冊詩曰相時思民 息廉切

疾利口也者書周官無以利口亂厥官畢命商俗靡靡利口惟賢立政國則罔有立政用憸人釋文憸本又作思同命爾無昵于憸人釋文憸本亦作思　詩曰相時思民者集韻引作商書類篇同盤庚文彼作憸后經作散假借

褊也從心及聲 居立切

褊也者釋言褊急也郭注謂急狹釋名急及也操切之使相逮及也淮南繆稱訓伋伋於不己知者不自知也高注伋急也後漢書范丹傳以狷急不能從俗常佩韋於朝詩魏風維是褊心陸機詩憂深使心褊

憂也從心辡聲一曰急也 方沔切

憂也者廣雅辯憂也　一曰急也者辯或作徧玉篇㥏徧性狹也莊子山木篇有虛船來觸舟雖有惼心之人不怒

又借卞字定三年左傳莊公卞急而好潔杜注卞躁急也

極　疾也從心亟聲一曰謹重皃己力切

疾也者釋詁文彼作亟列子力命篇㥘㤸情露謰極凌誶四人相與游於世注引方言極急也又云疾也淮南覽冥訓安之不極高注極急也襄君麗正曰釋言悈急也釋文曰本或作極又作亟謹案經典或作戒如詩六月我是用戒鹽鐵論所引可證或作棘詩采薇玁狁孔棘文王有聲匪棘其欲鄭箋並云棘急也正義曰棘急釋言文素冠棘人欒欒兮毛傳棘急也正義曰棘急釋言文彼棘作悈悈棘音義同是也或作革禮器引詩匪革其猶鄭注革急也正義曰革急釋言文是也然則悈極亟戒棘革六字古同音假借通用馥案本書亟敏疾也亟急也檀弓柳莊寢疾公曰若疾革雖當祭必告注云革急也釋文革本又作亟　一曰謹重皃者本書茍自急救也極茍聲相近

懁　急也從心瞏聲讀若絹古縣切

急也者玉篇懁心急也廣韻懁急性史記貨殖傳民俗懁急集解云徐廣曰懁急也或借獧字孟子獧者有所不為

不屑不潔是獧也又作狷論語不得中行而與之必也狂狷乎孟子子豈若是小丈夫然哉趙注我豈若狷狷急小丈夫後漢書范丹狷急不能從俗　讀若絹者莊子列御寇篇有順懁而達者釋文懁徐音絹三蒼云腝急也史記環淵楚人蓺文志作蜎字

𢙾　恨也從心巠聲胡頂切

恨也者恨當為很孟子悻悻然趙注引論語悻悻然小人悻當為婞本書婞很也論語作硜硜硜當為𢙾

怰　急也從心從弦弦亦聲河南密縣有怰亭胡田切

急也者本書趚急走也趙宧光曰內經有怰脈通借弦字史記倉公傳脈長而弦　河南密縣有怰亭者漢志河南有密縣廣韻怰亭名在密縣

慓　疾也從心𤋲聲敷沼切

疾也者廣韻慓性急又云急疾廣雅慓急也史記高祖本紀項羽為慓悍猾賊漢書作慓

懦　駑弱者也從心需聲人朱切

駑弱者也者本書無駑字女部嫷弱也禮記正義引說文懦柔也案本書儒柔也方言儒輸愚也郭注儒輸猶懦撰也僖元年左傳懦而不能強諫杜注懦弱也釋文云字林懦音乃亂反懦音讓朱反云弱也襄三十一年傳韓子懦弱釋文懦乃亂反昭元年傳晉少懦矣杜注懦弱也釋文懦乃亂反馥案字林別出愞字凡釋文音乃亂反者皆當作愞玉篇愞乃亂乃過二切弱也廣韻愞而兗切弱也漢書武帝紀太守坐畏愞棄市如淳曰軍法行逗留畏愞者要斬愞音如掾反通鑑注於懦字亦音乃亂反葢懦愞通借故形聲相淆也僖二年穀梁傳達心而懦范注懦弱昭二十三年左傳不懦不耆杜注懦弱列子周穆王篇覿形懦夫也注云懦弱也或借需字哀六年左傳需事之下也賈注懦下也秦策需弱者用而健者不用矣又云其需弱者來使鮑注需即懦

恁　下齎也從心任聲如甚切

本書飪古文作恁

下齎也者徐鍇曰心所齎卑下也俗言如此也後漢書班固傳宜亦勤恁旅力以充厥道注云說文曰恁念也音人甚反馥案玉篇恁念也廣韻同廣雅恁思也據此則唐本說文訓念

忒　失常也從心代聲他得切

失常也者忒經典作忒書洪範民用僭忒或借貸字月令大酋監之毋有差貸注云差貸謂失誤有善有惡也又借慝字樂記世亂則禮慝而樂淫莊二十五年左傳唯正月之朔慝未作傳云夏六月朔日有食之鼓用牲于社非常也秋大水鼓用牲于社于門亦非常也

怚　驕也從心且聲子去切

驕也者廣韻怚與嫭同憍也方言注怚音驕怚嵇康詩恃愛肆驕怚淮南氾論訓段干木晉國之大駔也高注駔驕怚

悒　不安也從心邑聲於汲切

不安也者一切經音義四字林悒不安也蒼頡篇悒悒不舒之皃也大戴禮曾子立事篇君子終身守此悒悒盧注悒悒憂念也離騷忳鬱邑余侘傺兮韓詩外傳於是楚王蓋悒如也鹽鐵論大夫視文學悒悒而不言也文選求自試表是以於悒而竊自痛者也魏志杜襲傳悒悒於此欲兼之乎吳志虞翻傳孫策好馳騁遊獵翻諫止策曰君言是也然時有所思端坐悒悒是以行耳或借邑字楚辭九章氣於邑而不可止宋玉風賦㪢溷鬱邑史記商君傳安能邑邑待數十百年魏上尊號奏臣等伏讀詔書於邑益甚又云大夏必鬱邑於會稽之山陰

悆 悇也嘾也從心余聲周書曰有疾不悆悆喜也 羊茹切

悇也者廣雅悆悇也 嘾也者嘾當爲憛寫者以本書闕憛字改爲嘾集韻憛憂意類篇憛遑遽也楚辭七諫心悇憛而煩冤兮王注悇憛憂愁貌賈誼書佳態怳志從容爲說焉則雖王公大人孰能無悇憛耆心而巓一視之馮衍顯志賦終悇憛而洞疑李賢注引廣倉悇憛禍福未定也梁書裴子野傳性不憛憛情無汲汲或省作覃廣雅覃悇懷憂也 周書曰有疾不悆者金縢文彼云王有疾弗豫傳云武王有疾不悅豫釋文豫本又作忬正義云顧命云

王有疾不懌懌悅也故不豫爲不悅豫也馥案忬俗字予余通借故悇變爲忬玉篇忬安也東京賦儕多福以安悆薛注悆宁也陳書廢帝紀自前朝不悆任總邦家隋書劉昉傳及帝不悆召昉屬以後事 悆喜也者集韻悇樂也琴賦若和平者聽之則怡養悅悆汗簡悆古文尚書豫釋詁豫樂也易雜卦傳豫怡也鄭注豫行出而喜之意孟子夫子若有不豫色然趙注謂孟子去齊有恨心顏色不悅也又吾何爲不豫哉注云何爲不悅豫乎俗又作預杜預字元凱凱卽愷字樂也又作愉廣雅愉喜也爾雅釋詁愉樂也祭義必有愉色荀子王霸篇安重閒靜莫愉焉注云愉樂也詩山有樞他人是愉傳云安閑之樂也東京賦其樂愉愉漢書樂志高賢愉愉民所懷注云愉愉悅懌也

忒 更也從心弋聲 他得切

更也者釋言爽忒也孫炎云變雜不一易豫卦四時不忒虞注忒差迭也馥案本書迭更迭也孝經引詩其儀不忒鄭注忒差也詩抑昊天不忒箋云不差忒也嚝卬鞠人忮忒傳云忒變也閟宮享祀不忒箋云忒變也馥案本書變更也書洪範衍忒鄭本作貣云卦象多變故言衍貣也管子如四時之不貣

憪 愉也從心閒聲 戶閒切

愉 薄也從心俞聲論語曰私覿愉愉如也 羊朱切

薄也者詩鹿鳴視民不恌傳云恌愉也周禮大司徒以俗教民則民不愉注云愉謂朝不謀夕也疏云愉苟且也經典借偷字釋言恌偷也論語則民不偷包注不偷薄也昭十六年左傳晉國韓子不可偷也杜注偷薄也又借媮字廣雅媮㜲也襄三十年左傳晉未可媮也杜注媮薄也晉語媮居幸生賈山至言媮合取容韋孟諷諫詩悉民以匱我王以媮

懱 輕易也從心蔑聲商書曰以相陵懱 莫結切

輕易也者一切經音義六引作相輕傷也本書傷輕也廣韻懱輕懱玉篇懱輕也易也侮也廣雅懱輕也經典借蔑字易剝卦蔑貞凶鄭云輕慢成十三年左傳蔑死我君正義云輕蔑文公以爲死無知矣 商書曰以相陵懱者今書無此文

愚 戇也從心從禺禺猴屬獸之愚者 麌俱切

戇也者一切經音義四愚癡也戇愚也論語古之愚也直 禺猴屬獸之愚者者本書禺母猴屬史記項羽紀人言楚人沐猴而冠耳

戇 愚也從心贛聲 陟絳切

愚也者玉篇戇愚戇廣韻佯戇愚也字林戇愚也荀子大略篇悍戇好鬭似勇而非注云戇愚也史記汲黯傳甚矣汲黯之戇也索隱云戇愚也三王世家愚戇而不逮事廣韻憧戇憧兒頑皃集韻戇憧愚皃漢書王陵少戇顏注戇愚也後漢書董卓傳唯孫堅小戇注引說文同字書憨愚也馥案憨卽戇戇有淦音

㥒 姦也從心采聲 倉宰切

姦也者本書姦私也集韻㥒與猜同案管子君臣篇止詐拘姦厚國之道也

惷 愚也從心舂聲 丑江切

愚也者蒼頡解詁惷愚也戇也廣雅惷愚也周禮司刺三赦曰惷愚注云惷愚生而癡騃童昏者表記惷而愚淮南道應訓惷乎若新生之犢而無求其故

騃也從心從疑疑亦聲一曰惶也五概切

騃也者本書誒騃也癡不慧也佁癡皃讀若騃方言癡騃也玉篇㥯癡疾也一曰惶也者史記龜策傳齋戒以待譺然索隱曰求龜者齋戒以待[illegible]譺然也馥案譺然者恐求之不得也

很也從心支聲之義切

很也者玉篇忮不媢勁很詩雄雉不忮不求莊子天下篇不忮於衆釋文竝引字書忮很也漢書地理志民俗懻忮顏注忮很也外戚傳宦吏忮很酷吏傳汲黯爲忮顏云忮意堅也通鑑陸佚曰長安風俗豪忮胡注忮很也漢唐扶頌夷粵拂掘忮强難化

勇也從心旱聲侯旰切

勇也者一切經音義三蒼頡篇悍桀也說文悍勇也有力也字從心廣韻悍猛悍周禮大宗伯注䲣性悍後漢書烏桓鮮卑傳其性悍塞注引說文同或借旱字史記賈誼傳水激則旱注云讀與悍同

意也從心從能他代切

意也者玉篇態意美也司馬相如封禪書旼旼穆穆君子之態　從心從能者徐鍇本從心能姿之餘也馥謂當爲能聲能讀如耐

或從人

一切經音義五態又作[illegible]同意态也謂度人情皃也

異也從心圣聲古壞切

異也者一切經音義六怪異也驚怪也凡奇異非常皆曰怪白虎通異之言怪也凡行之詭異曰怪長笛賦波散廣衍實可異也嘗距劫遻又足怪也周禮大司樂大傀異烖注云傀猶怪也

放也從心象聲徒朗切

放也者廣韻像放像或作婸馥案本書婸放也

惰也從心曼聲一曰慢不畏也謀晏切

惰也者廣韻慢怠也或作僈集韻僈舒遲也荀子不苟篇君子寬而不僈修身篇由禮則治通不由禮則勃亂提僈　一曰慢不畏也者本書嫚曰狎習相慢也玉篇慢輕侮也不畏也釋名慢漫也漫漫心無所限忌也謝惠連詩雖好相如達不同長卿慢

慢也從心台聲徒亥切

慢也者書湯誓有衆率怠弗協馬注怠惰也周禮小宰去其淫怠注云怠懈慢也檀弓吉事雖不怠注云怠惰也文十二年公羊傳俾君子易怠注云易怠猶輕惰也六韜敬勝怠則吉怠勝敬則滅或借殆字論語思而不學則殆釋文云依義當作怠

怠也從心解聲古隘切

怠也者釋言文玉篇懈怠也史記商君傳事末利及怠而貧者舉以爲收孥索隱云怠者懈也以言懈怠不事事之人經典借解字詩烝民夙夜匪解揚雄元后誄作懈桓天命匪解箋云不解倦者雜記三日不怠三月不解桓八年公羊傳疏則怠何注怠解文十五年左傳君弱不可以怠襄二十八年左傳無怠於德杜注竝云怠解也趙策使君疑二君之心而解於攻趙也

不敬也從心㯓省春秋傳曰執玉憜徒果切

不敬也者冉元成戒子孫詩供事靡憜　春秋傳曰執玉憜者僖十一年左傳文彼云天王使召武公內史過賜晉侯命受玉惰過歸告王曰晉侯其無後乎王賜之命而惰於受瑞先自棄也已而何繼之有禮國之幹也敬禮之輿也不敬則禮不行禮不行則上下昏何以長世

惰或省𨸏

玉篇情怠也易也　書盆稷股肱惰
哉　曲禮臨祭不惰　玉藻惰游之士

嫷　古文

本書嫷或省作媠　郭注爾雅鶺鶹鴟鶇一名嗔翠釋文云
嗔字又作媠字書云古以爲懈惰字　漢書兩龔傳媠嫚無
狀谷永傳車
馬媠游之具

愯　懼也從心從聲讀若悚 息拱切

懼也者西京賦怵悼慄而愯兢或借聳字成十四年左傳
無不聳懼襄四年傳邊鄙不聳杜注聳懼　讀若悚者本
書無悚字當爲竦釋詁竦懼也
詩長發不戁不竦傳云竦懼也

怫　鬱也從心弗聲 符弗切

鬱也者玉篇怫意不舒治也字林怫鬱心不安也楚辭七
諫心怫鬱而內傷漢書鄒陽傳太后怫鬱泣血無所發怒
顏注怫鬱蘊積也後漢書來歷傳歷怫然注引字林怫鬱
也魏樂府詩中心何怫鬱琴賦怫惘煩冤李善云聲蘊積

不安貌風賦曰勃鬱煩冤或借拂字劉向九歎憂心展轉
愁拂鬱兮又借茀字漢書景十三王傳內茀鬱憂哀積顏
注茀音怫又借沸字溝洫志魚沸
鬱兮柏冬日史記河渠書作沸鬱

忦　忽也從心介聲孟子曰孝子之心不若是忦 呼介切

忽也者玉篇㤂字云語爲人所忦礙也馥案忦礙忽忽不
省也晏子春秋忽忽矣若之何漢書揚雄傳時人多忽之
或借挈字文選封禪文挈三神之歡又借契字漢書毋將
隆傳契國威器　孟子曰孝子之心不若是忦者彼云夫
公明高以孝子之心爲不
若是恝趙注恝無愁之貌

忽　忘也從心勿聲 呼骨切

忘也者廣雅忽忘也史記司馬相如傳芒芒怳忽俗作惚
老子惟恍惟惚七發恍兮惚兮法言神心惚恍又借芴字
莊子至樂篇
芒乎芴乎

忘　不識也從心從亾亾亦聲 武方切

書微子之命予嘉乃德曰篤不忘　士冠禮壽考不忘　周
禮司刺三宥一曰遺忘　莊子大宗師回坐忘達生篇氣下
而不上則
使人善忘
不識也者列子病忘釋文云不
記事也漢有程不識高不識

𢝊　忘也𢝊兜也從心㒼聲 母官切

忘也者玉篇廣韻同　𢝊兜
也者𢝊兜即𥅫兜或作謾兜

恣　縱也從心次聲 資四切

縱也者玉篇縱恣也七發縱恣於曲房隱間之中詩隰有
萇楚序疾恣也箋云恣謂淫戲不以禮也書太甲縱敗禮
或借從字漢書王
吉傳放從自若

愓　放也從心昜聲一曰平也 徒朗切

放也者廣韻愓不憂廣雅婸愓嬉游戲也方言婸愓游也
江沅之閒謂戲爲婸或謂之愓或謂之嬉荀子榮辱篇愓

愓憍暴修身篇加愓悍而不順注云韓侍郎云愓與蕩同
字作心邊易謂放蕩兇悍也或借蕩字廣雅蕩置也馥案
論語隱居放言包注放置也書畢命以蕩陵德傳云放蕩
也莊四年左傳楚武王將伐齊入告夫人鄧曼曰余心蕩
鄧曼歎曰王祿盡矣盈而蕩天之道也先君其知之矣故
臨武事將發大命而蕩王心焉漢書東方朔傳指意放蕩
後漢書孔融傳跌蕩放言注云無儀檢也又借湯字詩子
之湯兮傳云湯蕩也箋云言遊蕩無不爲也　一曰平也
者經典借蕩字書洪範王道蕩蕩詩
載驅魯道有蕩論語君子坦蕩蕩

憧　意不定也從心童聲 尺容切

意不定也者玉篇憧行意往來不定貌廣雅憧憧往來也
易咸卦憧憧往來趙策今王憧憧乃輦建信以與强秦角
逐

悝　啁也從心里聲春秋傳有孔悝一曰病也 苦回切

啁也者即調也玉篇啁言相調也世說王丞相每調之東
京賦由余以西戎孤臣而悝秦穆公於宮室注云悝猶啁

也與詼同廣雅詼調也漢書東方朔傳頗復詼諧又云朔與枚皋郭舍人俱在左右詼啁而已枚乘傳枚皋詼笑類俳倡蜀志馬忠傳詼啁大笑春秋傳有孔悝者哀十五年左傳衛孔圉取太子蒯聵之姊生悝一曰病也者玉篇悝疾也字或作㾕釋詁㾕病也舍人云猶𢡆之病也又借里字詩雲漢云如何里釋文云本亦作㾕爾雅作悝兹同王曰㾕病也馥案陸氏所見爾雅作悝

權詐也從心矞聲　古穴切

權詐也者本書譎權詐也玉篇憰變詐也廣韻憰妄語也

誑也從心狌聲　居況切

誑也者本書誑謬也謬狂者之妄言也馥謂狂當作㤮

狌之皃從心況省聲　許往切

狌之皃者廣雅怳狂也廣韻怳懺怳玉篇懺怳驚皃

變也從心危聲　過委切

變也者變下脫詐字一切經音義三說文恑變詐也謂變異詐妄也玉篇恑異也或通作詭陸機辨亡論古今詭趣注云詭變也後漢書班固傳殊形詭制注云詭異也漢書劉輔傳此其言必有卓詭切至當聖心者顏注詭異於衆也莊子齊物論是其言也其名爲弔詭注云弔詭至怪也文六年穀梁傳詭辭而出注云不以實告人東京賦瑰異譎詭晉中興書錢鳳疑溫嶠王敦曰太眞昨醉豈得以此相詭貳

有二心也從心巂聲　戶圭切

有二心也者廣韻懏離心也廣雅懏離也釋詁貳疑也郭注有貳心者詩大明無貳爾心白華二三其德莊十四年左傳傳瑕貳杜云有二心於己僖九年傳吾與先君言矣不可以貳襄二十四年傳夫諸侯之賄聚於公室則諸侯貳杜注貳離也襄二十六年傳吾受命於先人不可以貳又云臣不能貳通外內之言以事君昭十三年傳貳偷之不暇杜注貳不壹晉語懏民國移心焉韋注懏離也楚語民之精爽不懏貳者韋注懏離也貳二也趙策恐天下之驚覺故微伐韓以貳之鮑注貳疑也經典借攜字謚法怠政交外曰攜桓八年左傳偏敗衆乃攜矣閔元年傳開攜貳僖七年傳招攜以禮杜注攜離也僖十三年傳重施而不報其民必攜杜注不義故民離僖二十八年傳不如私許復曹衞以攜之杜注攜離也文七年傳親之以德皆股肱也誰敢攜貳成十八年傳逞姦而攜服杜注攜離也襄四年傳我德則睦否則攜貳二十六年傳且人曰弱兵而我弗許則固攜吾民矣二十九年傳遠而不攜杜注攜貳昭十三年傳諸侯事晉未敢攜貳周語百姓攜貳韋注攜離也貳二心也魏志袁術傳其兄弟攜貳司馬彪戰畧誘閒攜貳思元賦結精遠游使心攜舊注攜離也通鑑荀勖謂司馬昭曰宜杖正義以伐違貳注云貳攜貳也

心動也從心季聲　其季切

心動也者字林同方言[illegible]悸也郭注謂悚悸也集韻[illegible]與悸同心動也馥案大禹謨夔夔齋慄郎[illegible][illegible]或借痵字靈光殿賦心猑猑而發痵

幸也從心敫聲　古堯切

幸也者檀弓幸而至於旦注云幸覬也玉篇憿行險也經典借徼字中庸小人行險以徼幸漢書高帝紀願大王以幸天下晉灼曰臣民被其德以爲徼幸也又或作儌一切經音義八儌冀冀幸也說文從心作憿又借僥字班固弈旨優者有不遇劣者有僥幸

善自用之意也從心銛聲商書曰今女懖懖　古活切

善自用之意也者書盤庚釋文引作拒善拒當爲歫玉篇懖愚人無知也廣韻懖懖愚懖無知桓十三年左傳莫敖狃於蒲騷之役將自用也又云莫敖使徇於師曰諫者有刑馥謂此卽歫善自用　商書曰今女懖懖者盤庚文彼作今汝聒聒傳云聒聒無知之貌正義云王肅云聒聒拒善自用之意也

古文從耳

從耳者有耳無聞也鄭注尚書聒讀如聒耳之聒聒聒難告之貌

貪也從心元聲春秋傳曰忨歲而潵日　五換切

貪也者廣雅同廣韻忨忨貪　春秋傳曰忨歲而漱日者昭元年左傳文彼作主民翫歲而愒日杜注翫愒皆貪也晉語今忨日而漱歲怠偷甚矣韋注忨偷也漱遲也徐鍇本作㵣釋言愒忨也愒貪也本書翫下引春秋傳翫歲而愒日又作渴詩雲漢箋云時天旱渴雨釋文作愒云貪也魏畧董遇教學者先讀百徧學者云苦渴無日遇言當以三餘

惏 河內之北謂貪曰惏從心林聲 盧含切

河內之北謂貪曰惏者方言晉魏河內之北謂惏曰殘楚謂之貪南楚江湘之閒謂之歁注云言歁惏難厭也方言又云叨惏殘也陳楚曰惏左傳釋文引方言殺人而取其財曰惏正義引同五經文字殺人而取其財曰惏玉篇惏貪也僖二十四年左傳狄固貪惏成七年傳爾以讒慝貪惏事君昭二十八年傳貪惏無饜大戴禮保傅篇饑而惏盧辯注惏貪殘也本書婪貪也

懜 不明也從心夢聲 武亘切

不明也者本書夢不明也懵惛也廣韻夢心悶闇也賈誼書行充其宜謂之義反義為懜或借夢字釋訓夢夢亂也孫炎云昏昏之亂也詩抑視爾夢夢傳云夢夢亂也又視天夢夢傳云王者為亂夢夢然俗作懵文選江淹擬古詩㳂牒懵浮賤李善引本書懵不明也又作𢜵集韻𢜵憕癡也又作懞晉涼武昭王述志賦哀餘類之忪懞遡靡依而靡仰周禮遂人以下劑致甿注云甿猶懵懵無知貌釋文懵本又作懜同莫崩反

愆 過也從心衍聲 去虔切

過也者釋言文彼從籀文作諐一切經音義三引有失也二字按哀十六年左傳失所為愆本書遝過也易歸妹愆期虞云愆過也書大禹謨帝德罔愆說命其永無愆傳竝云愆過也泰誓尚猷詢茲黃髮則罔所愆傳云今我庶幾以道謀此黃髮賢老則行事無所過矣詩氓匪我愆期傳云愆過也假樂不愆不忘蕩既愆爾止楚茨式禮莫愆箋竝云愆過也伐木乾餱以愆箋云獲愆過於人論語侍於君子有三愆孔安國曰愆過也俗作㥶漢武帝齊王策文厥有㥶不臧注云㥶與愆同

𡩺 或從寒省

諐 籒文

廣韻愆過也辛古文諐籒文案本書辛辠也讀若愆詩蕩釋文愆本又作諐緇衣引詩不諐于儀注云諐過也漢書薺望之傳帥意亾諐顏注諐古愆字文選北征賦猶數功而辭諐五臣云諐過也盧湛覽古詩負荊謝厥諐李善云尚書曰思免厥諐孔安國曰諐過也古文苑諸青衣賦泰繆思諐與愆同周景武孝子傳管寧泛海遇風思惟諐咎

嫌 疑也從心兼聲 戶兼切

疑也者本書嫌疑也漢書趙充國傳喻得避慊之便顏注慊亦嫌字詩采薇正義云易文言曰陰疑於陽必戰為其嫌於無陽故稱陽焉鄭云嫌讀如羣公溓之溓古書篆作立心與水相近讀者失之故作溓溓雜也

惑 亂也從心或聲 胡國切

亂也者廣雅同廣韻惑迷惑鬻子知善不行者謂之狂知惡不改者謂之惑夫狂與惑者聖人之戒也大戴禮曾子立事篇喜怒異慮惑也經典通作或易乾卦文言或之者疑之也正義云經稱或是疑惑之辭孟子無或乎王之不智也論語辨惑釋文云本亦作或

怋 怓也從心民聲 呼昆切

怓也者詩民勞釋文引同本書怋亂也廣韻怋亂也集韻怋與惛同詩以謹惛怓釋文惛說文作怋云怓也或借泯字書呂刑泯泯棼棼傳云泯泯為亂棼棼同惡逸周書祭公解泯泯芬芬孔注泯芬亂也

怓 亂也從心奴聲詩曰以謹惛怓 女交切

亂也者詩民勞釋文引同廣韻怓心亂廣雅怓亂也詩曰以謹惛怓者大雅民勞文傳云惛怓大亂也

惷 亂也從心舂聲春秋傳曰王室日惷惷焉一曰厚也 尺允切

亂也者廣雅同或借蠢字釋言蠢不遜也郭云蠢動為惡不謙遜也　春秋傳曰王室日蠢蠢焉者昭二十四年左

傳文彼作今王室實蠢蠢焉一曰厚也者本書僖富也廣雅僖厚也

不憭也從心昏聲 呼昆切

釋訓傳傳洄洄惛也管子四時篇五漫漫六惛惛孰知之哉孟子吾惛不能進於是矣趙注王言我情思惛亂不能行此仁政莊子知北游惛然若亾而存大戴禮曾子立事篇怒之而觀其不惛也賈誼書彼世主不學道理則嘿然惛於得失不知治亂存亾之所由忳忳然猶醉也通鑑宋南郡王義宣惛沮無復神守

不憭也者廣韻惛不明了也廣雅惛癡也秦策惛於教高注惛不明也燕策心惛然恐不能須臾鮑注憂思昏瞀

昏聲者當從民作昬

癡皃從心气聲 許既切

癡皃者气或作疙廣雅疙癡也

寱言不慧也從心衞聲 于歲切

寱言不慧也者廣韻衞寱言廣雅衞寱也管子形勢解推譽不小之謂衞哀二十四年左傳是衞言也杜注衞過也釋文云字林作衞云夢言意不慧也

亂也從心貴聲 胡對切

亂也者後漢書何進傳天下憒憒亦非獨我曹罪也注引本書同廣雅憒憒亂也蜀志蔣琬傳事不當理則憒憒矣幽通賦周賈盪而貢憒兮曹大家曰貢潰也憒亂也潰亂於善惡馥案貢憒當爲憒憒玉篇憒心動也廣韻憒憒也曹注潰當爲憒廣雅憒憒也憒亦憒之譌或借潰字召旻潰潰回遹傳云潰潰亂也

憎惡也從心己聲 渠記切

憎惡也者惡當爲諅經典通行惡字廣韻憚忌惡也本草某草惡某草本書諅忌也禁吉凶之忌也詩序𧮯斯不妒忌箋云忌有所諱惡於人瞻卬維予胥忌傳云忌怨也檀弓爲懿伯之忌鄭注忌怨也昭三年左傳還懿伯之忌杜注忌怨也

悁也從心分聲 敷粉切

論語今之矜也忿戾孫子謀攻篇將不勝其忿而蟻附之注云將忿不待攻器成又九變篇忿速可侮注云忿疾急之人楚詞九章懲違改忿兮注云忿恨也

悁也者戰國策張儀曰秦忿悁含怒之日久也史記魯仲連鄒陽列傳棄忿悁之節後漢書竇融傳忿悁之間改節易圖

忿也從心肙聲一曰憂也 於緣切

忿也者一切經音義五引作恚也後漢書陳蕃傳有何悁悁注引本書悁恚忿通鑑注引同漢書賈捐之傳今陛下不忍悁悁之忿思元賦詹注引字林悁忿恨也李善引字林悁含怒也　一曰憂也者憂當爲𢝊經典承用憂字後漢書張衡傳情悁悁而思歸注引本書同洞簫賦哀悁悁之可懷兮李善引本書悁悒憂皃一切經音義二十聲類悁憂皃也詩澤陂中心悁悁傳云悁悁猶悒悒也考工記廬人刺兵欲無蜎鄭司農讀爲悁邑之悁吳質荅東阿王書乃質之所以憤積於胸臆懷眷而悁邑者也

籀文

恨也從心黎聲一曰怠也 郎尸切

一曰怠也者徐鍇繫傳黎遲也故爲怠馥案本書遲徐也

恨也從心圭聲 於避切

恨也者詩緜正義引作怒也廣韻恚怒恨也玉篇恚恨怒也

恚也從心夗聲 於願切

恚也者本書訧慰也慰謂恚怒詩思齊神罔時怨箋云神明無是怨恚

古文

恚也從心奴聲 乃故切

匡謬正俗怒有二音詩小雅君子如怒大雅逢天僤怒讀爲上聲邶風逢彼之怒小雅畏此譴怒讀爲去聲今山東河北人但知怒有去聲不知有上聲失其眞矣

恚也者詩正義引本書恚怒也

憝 怨也從心敦聲周書曰凡民罔不憝 徒對切

怨也者本書懟怨也晉書音義引字林憝惡也法言重黎篇楚憞羣策而自屈其力注云憞惡也通作譈方言譈𢡜所疾也宋魯凡相惡謂之譈𢡜若秦晉言可惡矣周書曰凡民罔不憝者康誥文彼云凡民自得罪寇攘姦宄殺越人于貨暋不畏死罔弗憝傳云自強爲惡而不畏死人無不惡之者經又云元惡大憝傳云大惡之人猶爲人所大惡孟子引作凡民罔不譈

慍 怒也從心𥁕聲 於問切

怒也者一切經音義十說文慍怨也又卷二慍恚也怨也恨也又卷五說文慍怒也蒼頡篇慍恨也又十三說文慍怒也恚也廣雅慍怒也爾雅釋訓慘慘慍也李巡云慘慘憂怒之慍也易夬卦若濡有慍釋文慍恨也詩柏舟慍于羣小傳云慍怒也韓詩以慍我心薛君章句慍恚也檀弓舞斯慍注云慍猶怒也襄二十三年左傳季氏以公鉏爲馬正慍而不出吳語吳王若慍而又戰韋注慍怒也孫子火攻篇主不可以怒而興師將不可以慍而致戰論語人不知而不慍釋文鄭云怨也詩緜肆不殄厥慍傳云慍恚也正義云說文云慍怨也恚怒也有怨者必怒之故以慍爲恚馥據此知本書作怨字諸書則兼怒意南風歌可以解吾民之慍兮此謂民氣蘊結不作怒解

惡 過也從心亞聲 烏各切

過也者論語不念舊惡定五年左傳吾以志前惡杜注惡過也

憎 惡也從心曾聲 作滕切

惡也者當爲譖本書譖相毀也經典承用惡字廣雅憎惡也方言宋魯凡相惡謂之譈憎詩雞鳴無庶予子憎傳云無見惡於夫人隱三年左傳周鄭交惡杜注兩相疾惡也

怫 恨怒也從心弗聲詩曰視我怫怫 蒲昧切

恨怒也者當爲很廣雅怫怒也　詩曰視我怫怫者小雅白華文彼作邁邁傳云邁邁不說也釋文邁韓詩及說文竝作怫韓詩云意不說好也許云很怒也

忍 怒也從心刀聲讀若顡 魚既切

從心刀聲者集韻引舊說从刀心會意顡謂刀顡聲不相近本書瘛尺制切徐鍇謂說文無恝字顡疑忍即恝之誤詩大東契契寤歎傳云契契憂苦也論語有心哉何晏云謂契契然也劉向九歎孰契契而委𢶏兮王逸云契契憂貌也契當作恝玉篇恝心事也集韻恝心有事也又云忿與恝同本書忦憂也

㥯 怨恨也從心彖聲讀若膎 戶佳切

怨恨也者玉篇㥯恚也恨也怨也廣雅㥯恨也　彖聲者彖當爲彖本書彖讀若弛類篇㥯玄圭切　讀若膎者㥯慀音義同類篇慀戶佳切慣慀心不平又乃計切恨也

恨 怨也從心艮聲 胡艮切

怨也者廣韻怨恨也

懟 怨也從心對聲 大淚切

怨也者釋言文字林同本書怏不服懟也列子黃帝篇釋文懟怨也孟子以懟父母趙注以怨懟於父母也莊三十一年穀梁傳財盡則怨力盡則懟注云懟恚恨也孫子地形篇大吏怒而不服遇敵懟而自戰

悔 悔恨也從心每聲 荒內切

悔恨也者廣雅悔恨也詩雲漢宜無悔怒傳云悔恨也史記李廣傳王朔謂廣曰將軍自念豈嘗有所恨乎廣曰羌降者八百餘人吾詐而盡殺之至今大恨漢書劉向傳前吾邱壽王死陛下至今恨之今殺寬後將復大恨矣

小怒也從心壴聲 充世切

壴聲者本書壴中句切聲不相近

怏 不服懟也從心央聲 於亮切

不服懟也者一切經音義二引作心不服也玉篇怏懟也不服也廣雅怏懟也蒼頡篇怏懟也史記白起傳白起之遷其意尚怏怏不服有餘言高祖本紀此常怏怏今乃事少主絳侯世家此怏怏者非少主臣也或借鞅字方言鞅懟也郭注鞅猶怏也史記伍子胥傳常鞅鞅怨望淮陰侯傳由此日怨望居常鞅鞅羞與絳灌等列

懣 煩也從心從滿 莫困切

煩也者李善注雪賦引同字林亦同廣韻懣煩悶方言郝鮮洌水之閒煩懣謂之漢漫楚詞獨便悁而煩毒思元賦倉煩毒以迷惑兮史記倉公傳故煩懣食不下則絡脈有過皇甫謐上疏曰隆冬倮袒食冰當暑煩悶琴賦懲躁雪煩李善云雪蕩煩懣也御覽引華陀事云廣陵太守陳登得胷中煩滿魏志作煩懣漢書佞幸傳憂滿不食顏注滿讀曰懣音悶賈誼旱雲賦羣生悶滿而愁憤四子講德論傳曰詩人感而後思思而後積積而後滿滿而後作案下文云是以刺史感懣紓音而詠至德兩滿字並即懣字　從滿者徐鍇本作滿聲

憤 懣也從心賁聲 房吻切

懣也者一切經音義三引同又云憤怒氣盈盛也情感也方言紕顡懣也郭注謂憤懣也論語不憤不啟皇氏曰憤謂學者之心思義未得而憤憤然也楚詞九章發憤以抒情注云憤懣也莊子盜跖篇富人侅溺於馮氣若負重行而上也釋文馮音憤憤滿也馥案集韻馮與憤同懣也漢章帝詔朕思遲直士側席異聞其先至者各已發憤吐懣後漢書桓譚傳不勝憤懣陸機弔魏武帝文於是遂憤懣而獻弔云爾宋書南郡王義宣傳臨書慨懣僖十五年左傳亂氣狡憤鄭注憤怒氣充實也或借賁字禮記廣賁之音作而民剛毅

悶 懣也從心門聲 莫困切

易乾卦遯世无悶　楚策瘨而殫悶旄不知人　宋書晉平王傳馬驚墮地頓悶不識人　稽康與山巨源書又有心悶疾頃轉增篤　嚴夫子哀時命遂悶歎而無名

懣也者一切經音義十二蒼頡篇懣悶也廣雅惆懣也孟子阨窮而不憫注云憫懣也廣韻惛懣忽疾皃也呂氏春秋本生篇下爲匹夫而不惛高注惛讀憂悶之悶義亦然也論威篇外婚之地高注婚音悶謂絕氣之悶

惆 失意也從心周聲 敕鳩切

失意也者一切經音義二引作惆悵失志也玉篇惆悵悲愁也荀子禮論惆然不嗛注云惆然悵然也楚辭九辯然惆悵而自悲又云惆悵兮而私自憐字或作怊廣韻怊悵恨莊子怊乎若嬰兒之失其母注云怊悵也

悵 望恨也從心長聲 丑亮切

望恨也者釋名望惘也視遠惘惘也

愾 太息也從心從氣氣亦聲詩曰愾我寤歎 許旣切

太息也者五音集韻通志及小字本並作大釋名氣愾也愾然有聲而無形也祭義出戶而聽愾然必有聞乎其太息之聲王僧儒與何烱書愾其長息　詩曰愾我寤歎者曹風下泉文箋云愾歎息之意　氣亦聲者當爲氣聲

懆 愁不安也從心喿聲詩曰念子懆懆 七早切

戴君震毛鄭詩考正月出三章勞心慘兮震案慘七感切方言云殺也說文云毒也音義皆與詩不協蓋懆字轉寫譌爲慘耳懆千到切故與照燎紹韻說文懆愁不安也引詩念子懆懆今詩中正月篇憂心慘慘北山篇或慘慘劬勞抑篇我心慘慘皆懆懆之譌釋文於北山篇云字亦作懆於白華篇念子懆懆云亦作慘慘蓋未能決定二字音義　顧炎武詩本音案漢人文多以喿字作參墨子一人奉水將灌之一人摻火將益之操字作摻靜夜閒鼓聲而謲譟字作謲大戴禮摻泥而就家人晏子春秋擁札摻筆操字作摻漢書王莽傳郭欽封剽胡子西域傳作劋胡子禮記玉藻注幧頭儀禮士喪禮注作幓頭李翕析里橋郙閣頌懆字作慘荊州從事范鎮碑藻字作蔘而檀弓繆幕魯也讀爲綃蓋亦繰之異文矣　陳第毛詩古音考按說文懆愁不安也從心喿聲孫愐以七早反音之又慘毒也從心參聲孫愐以七感反音之此其文形既異音義不同宜易辨也迨後俗書旣勝音釋亦淆懆之與慘彼此互錯雖通人不能釐正矣故北山之慘慘劬勞慘慘畏咎宜讀慘白華之念子懆懆宜讀懆月出之勞心慘兮抑之我心慘慘皆宜改而從懆因文求義以義酌文庶得之矣　增韻謹案詩小雅白華篇念子懆懆陸音七感反又引說文七倒反云亦作慘慘北山詩或慘慘劬勞陸音七感

反字亦作懆葢俗書懆與慘更互譌舛陸氏不加辨正而互音之非也白華詩懆字當作草慥二音不當作七感反字作慘者亦非北山詩慘字當作七感反字不當作懆又陳風月出詩勞心慘兮當作懆誤作慘　楊氏談苑江左吳淑爲校理古樂府中有摻字者淑多改爲操葢章草之變　馥案釋詁慘憂也釋訓悄悄慘慘慍也郭云皆賢人愁恨李巡云慘慘憂怒之慍也漢校官碑德之絕摻議郎元賓碑卽有殊摻此皆變喿爲參也雜記緦服繰纓注云繰當爲澡麻帶絰之澡聲之誤也釋文繰依注音繅所銜反詩江漢箋云非可以兵急躁切之也正義本或作懆蹙之者誤也定本云非可急躁切之公羊爲躁字則慘非也　馥謂陸孔此說於喿參之辨不誤

愁不安也者六經正誤引作愁不申也詩白華釋文亦引作申　一切經音義二十二引作憂皃也　詩曰念子懆懆者小雅白華文

愴　傷也從心倉聲　初亮切

傷也者琴賦愀愴傷心李善引本書同廣韻愴悽愴祭義必有悽愴之心王逸九思余感時兮悽愴後漢書喬元傳

曹操過其墓輒悽愴

怛　憯也從心旦聲　得案切又當割切

列子黃帝篇怛然內熱　風賦中心慘怛　李陵荅蘇武書祗令人增忉怛耳　潘岳寡婦賦怛驚悟兮無聞　稽康幽憤詩怛若創痏

憯也者廣韻怛悲慘也方言怛痛也詩甫田勞心怛怛又匪風中心怛兮傳云怛傷也漢書王吉傳引作㥁

悬　或從心在旦下詩曰信誓悬悬

或從心在旦下者徐鍇本從心旦聲詩曰信誓悬悬昆散反錯以悬自爲音義不作怛之或體馥謂此如㤪忿各爲義意　詩曰信誓悬悬者衛風氓文彼作旦旦傳云信誓旦旦然箋云我其以信相誓旦旦耳言其懇惻款誠釋文旦說文作悬釋訓旦旦悔爽忒也郭注傷見絕棄恨士失也釋文旦本或作悬

憯　痛也從心朁聲　七感切

詩甫無正憯憯日瘁　老子咎莫憯於欲得

痛也者李善注風賦引本書同廣雅憯痛也郭注方言憯懆小痛也漢書鼂錯傳法令煩憯顏注憯痛也通鑑齊顯祖內暴內外憯憯各懷怨毒注云憯憯痛毒之意成十三年左傳斯是用痛心疾首

慘　毒也從心參聲　七感切

毒也者廣雅同李善注琴賦引字林亦同史記酷吏傳雖慘酷斯稱其位矣

悽　痛也從心妻聲　七稽切

痛也者玉篇悽悽愴也傷也釋訓哀哀悽悽懷報德也郭注悲苦征役思所生也史記秦本紀寡人思念先君之意常痛於心祭義霜露既降君子履之必有悽愴之心

恫　痛也一曰呻吟也從心同聲　他紅切

痛也者釋言文廣雅同本書侗痛也書盤庚乃奉其恫傳云恫痛也詩思齊神罔時恫傳云恫痛也桑柔哀恫中國

箋云恫痛也史記燕世家百姓恫恐索隱恫痌痛也後漢書張衡傳恫後辰而無及注云恫痛也思元賦舊注同　一曰呻吟也者匡謬正俗關中謂呻吟爲呻恫

悲　痛也從心非聲　府眉切

詩七月女心傷悲　淮南原道訓憂悲多恚病乃成積

痛也者廣雅同漢書楚元王傳言多痛切　從心非聲者子華子古之制字者非其心也則失類而悲

惻　痛也從心則聲　初力切

痛也者廣雅同易井卦行惻也釋文引本書同一切經音義二說文惻痛也謂惻然心中痛也

惜　痛也從心昔聲　思積切

痛也者廣雅同

愍　痛也從心敃聲　眉殞切

痛也者廣雅同秦策天下莫不傷高注傷慇也字詁古文慇今作悶詩載馳序悶衛之亾釋文悶一本作慇魯閔公史記漢書竝作慇又或作愍歎逝賦愍城闕之丘荒

痛也從心殷聲 於巾切

痛也者廣雅同詩正月憂心慇慇傳云慇慇然痛也或通作殷詩北門憂心殷殷釋文本又作慇

痛聲也從心依聲孝經曰哭不㥖 於豈切

痛聲也者孝經釋文引同廣韻㥖念痛聲也字或作偯一切經音義三偯於豈反哭餘聲也禮閒傳大功之哭三曲而偯注云偯餘聲從容也雜記童子哭不偯又云中道嬰兒失其母焉何常聲之有注云所謂哭不偯釋文偯說文作㥖漢李翊夫人碑誰不切兮作偯聲 依聲者釋訓哀哀懷報德也裴瑜云哀音依甘氏星經依烏漢書天文志作哀烏白居易詩坐依桃葉妓自注依音哀文心雕龍哀者依也悲實依心故曰哀也 孝經曰哭不㥖者喪親章文彼作偯注云氣竭而息聲不委曲顏氏家訓引亦作偯桓譚新論古孝經千八百七十二字今異者四百餘字

簡存也從心簡省聲讀若簡 古限切

簡存也者釋訓存存萌萌在也郭注萌萌未見所出簡音萌爾雅邢疏云萌字書作懵說文作簡 讀若簡者徐鍇繫傳引書簡在上帝之心

動也從心蚤聲一曰起也 穌遭切

動也者釋詁文彼作騷隋書李德林傳軍中慅慅人情大異經典用騷字詩常武徐方繹騷孫子用間篇內外騷動漢書賈誼傳作離騷賦顏注憂動曰騷王莽傳天下騷動思元賦拂雲岫之騷騷李善云騷騷風動貌

動人心也從心咸聲 古禫切

動人心也者釋詁感動也詩野有死麕無感我帨兮傳云感動也易咸卦彖聖人感人心而天下和平樂記其感人心昭二十一年左傳心是以感 咸聲者易咸彖咸感也臨卦咸臨虞云咸感也

不動也從心尤聲讀若祐 于救切

不動也者不字誤玉篇忧心動也廣韻忧動也或通作尤昭二十一年左傳司馬乃與公謀逐華貙公飲之酒厚酬之賜及從者司馬亦如之張匄尤之曰必有故杜云尤怪賜之厚馥謂怪其厚而心動也

怨仇也從心咎聲 其久切

怨仇也者玉篇㤹怨㤹也或通作咎書欽般始咎周傳云咎惡也馥謂怨惡也

憂皃從心員聲 王分切

憂皃者愪俗作忶集韻忶心悶也

憂皃從心幼聲 於虯切

憂皃者廣韻怮怮憂也玉篇怮憂懑也

憂也從心介聲 五介切

憂也者廣雅同五音集韻忦懂也

憂也從心羊聲 余亮切

憂也者釋詁文郭注今人云無恙謂無憂也古文苑夢賦轉禍爲福永無恙兮注引本書同周禮司儀注問君曰君不恙乎問大夫曰二三子不恙乎呂氏春秋異用篇孔子之弟子從遠方來者孔子荷杖而問之曰子之公不有恙乎搏杖而揖之問曰子之父母不有恙乎置杖而問曰子之兄弟不有恙乎杙杖而倍之問曰子之妻子不有恙乎 賈誼書容經篇孔子問子貢曰子之兄弟亦得無恙乎 世說行人安穩布帆無恙匡謬正俗風俗通義釋無恙云上古之時草居露宿恙噬人蟲也善食人心人恆苦患之凡相問曰無恙乎非謂疾也按爾雅云恙憂也楚辭九辯云還及君之無恙此言及君之無憂豈謂不被蟲噬乎漢元帝詔貢禹曰今生有疾何恙不已乃上疏乞骸骨此言病何憂不差而乞骸骨豈又被蟲食心邪凡言無恙謂無憂耳安得食人之蟲總名恙乎

憂懼也從心耑聲詩曰惴惴其慄 之瑞切

憂懼也者釋訓惴惴懼也廣韻惴憂心也詩小宛惴惴小心孟子吾不惴焉注云惴懼也後漢書王吉傳郡中惴恐

注云惴懼也耑專音相近或讀惴爲諸延切太公金匱黃帝居人上惴惴如臨深淵惴淵爲韻爾雅慱慱憂也卽惴惴詩曰惴惴其慄者秦風黃鳥文本書無慄字

憂也從心鈞聲 常倫切

憂也者集韻𢟪或作忳離騷忳鬱邑余侘傺兮王注忳憂貌也

憂也從心丙聲詩曰憂心怲怲 兵永切

憂也者廣韻怲憂心也釋訓怲怲憂也 詩曰憂心怲怲者小雅頍弁文傳云怲怲憂盛滿也

憂也從心炎聲詩曰憂心如惔 徒甘切

憂也者詩雲漢如惔如焚傳云惔燎之也釋文惔音談燎也說文云炎燎也馥謂炎乃惔之誤陸氏所見本訓燎不訓憂 詩曰憂心如惔者小雅節南山文傳云惔燔也箋云憂心如火灼爛之矣釋文惔說文作炗本書炗下引詩憂心炗炗卽節南山之文此所引詩後人加之

憂也從心叕聲詩曰憂心惙惙一曰意不定也 陟劣切

憂也者釋訓惙惙憂也易訟卦患至掇也鄭作惙云憂也 詩曰憂心惙惙者召南草蟲文傳云惙惙憂也

憂也從心𥏫省聲 式亮切

憂也者廣雅同或通作傷方言悼惄悴慭傷也釋詁傷思也郭注感思也釋文傷字書作慯釋訓傷憂思也詩卷耳維以不永傷傳云傷思也小弁我心憂傷張衡四愁詩何爲懷憂心煩傷 𥏫省聲者當爲傷本書𥏫從傷省

憂也從心秌聲 士尤切

憂也者本書𢚬愁也

憂皃從心弱聲讀與惄同 奴歷切

憂皃者一切經音義四愵思也傷也 讀與惄同者本書惄憂也方言愵憂也自關而西秦晉之閒或曰惄詩惄如調飢釋文本又作惄韓詩作愵馥案惄當爲惄

憂困也從心臽聲 苦感切

憂困也者惂俗作𢚁集韻𢚁不得志也又作轗廣韻轗軻坎壈也軻轗軻不遇也孟子居貧轗軻故名軻字子居

憂也從心攸聲 以周切

憂也者釋訓悠悠思也郭注皆憂思詩關雎悠哉悠哉傳云悠思也雄雉悠悠我思十月悠悠我里傳云悠悠憂也 或通作攸漢書五行志御於忧攸釋訓儵儵嘒嘒罹禍毒也釋文儵樊本作攸引詩攸攸我思

憂也從心卒聲讀與易萃卦同 秦醉切

憂也者蒼頡篇同方言悴傷也宋謂之悴

憂也從心圂聲一曰擾也 胡困切

憂也者廣雅同 一曰擾也者史記范雎傳是天以寡人慁先生徐廣曰亂先生也音溷漢書陸賈傳無久慁公爲也文選風賦注引字林溷亂也 賦借溷字注所引實慁字訓也

楚潁之閒謂憂曰𢡆從心埶聲 力至切

楚潁之閒謂憂曰𢡆者釋詁文彼作悝郭引詩悠悠我悝今詩作里釋文本或作痙廣韻𢡆憂也方言𢡆傷也楚潁之閒謂之𢡆馥謂𢡆當爲𢡆

憂也從心于聲讀若吁 況于切

憂也者釋詁文彼作盱郭引詩云何盱矣按卷耳云何吁矣傳云吁憂也郭蓋引此而作盱字釋文盱本或作忓同

憂也從心中聲詩曰憂心忡忡 敕中切

憂也者釋訓忡忡憂也擊鼓憂心有忡傳云憂心忡忡然 或作𢥞楚詞九歌極勞心兮𢥞𢥞王注𢥞𢥞憂心貌洪氏補注引本書同 詩曰憂心忡忡者召南草蟲文小雅出車文同

憂也從心肖聲詩曰憂心悄悄 親小切

憂也者廣韻悄悄憂貌詩月出勞心悄兮傳云悄憂也 詩曰憂心悄悄者邶風柏舟文傳云悄悄憂貌也

慽　憂也從心戚聲倉歷切

僖十五年左傳二三子何其慽也　昭十一年左傳葬齊歸公不慼　後漢書王商傳居喪哀慽　千字文慽謝歡招　漢平都相蔣君碑終以哀慼　或借戚字　檀弓哀戚之至趙策愚者之笑賢者戚焉

憂也者廣雅慼慼憂也釋言懆慼也郭注戰慄者憂慼書盤庚率籲衆慼傳云率和衆憂之人多方不肯慼言于民傳云不肯憂言於民金縢未可以戚我先王鄭注戚憂也詩小明自詒伊戚傳云戚憂也宣二年左傳引作慼易復卦注頻蹙之貌釋文作戚千寂反憂也楚策汗明蹙焉

𢝊　愁也從心從頁於求切

愁也者玉篇引作𢝊愁也本書愁憂也釋詁𢝊思也邢疏憂者愁思也　從頁者戴侗曰蜀本作頁聲馥謂頁即首字本書頁古文䭫首字如此曲禮下于帶則憂鄭注憂則低也

患　憂也從心上貫吅吅亦聲胡丱切

憂也者孝經正義引同又云廣雅曰患惡也經傳之稱患者多矣論語不患人之不己知又曰不患無位又曰不患貧而患不均左傳曰宣子患之皆是憂惡之詞也孟子然後知生於憂患而死於安樂也謝惠連秋懷詩少小嬰憂患　從心上貫吅者當爲從心上毌毌古文毌詩皇矣串夷即緄夷之混夷昆毌聲相近本書琨或作瑻　吅亦聲者

後人所加

𢙦　古文從關省

𢜶　亦古文患

恇　怯也從心匡匡亦聲去王切

後漢書張步傳時國無嗣主內外恇懼又梁鴻傳口囂囂兮余訕嗟恇恇兮誰留　宋書盧陵王義眞傳下令遠近恇然失圖又張邵傳朝廷恇懼又劉鍾傳計其人情恇撓必不久安　王儉褚淵碑羣后恇動於下

怯也者廣雅恇怯也魏志袁紹傳韓馥素恇怯宋書謝晦傳庾登之恇怯隋書虞世基傳卿是書生定猶恇怯韓愈詩恇怯頻窺覘或通作匡禮器衆不匡懼注云匡猶恐也

㤲　思皃從心夾聲苦叶切

思皃者一切經音義十二引作恐皃也

懾　失气也從心聶聲一曰服也之涉切

失气也者史記衛青傳懾慴者弗取索隱引本書同一切經音義十二字書懾失常也廣韻懾失常也曲禮貧賤而知好禮則志不懾注云懾猶怯惑樂記柔氣不懾注云懾猶恐懼也陳書戚袞傳諸人懾氣皆失次序　一曰服也者廣雅字林竝同本書偏心服也

憚　忌難也從心單聲一曰難也徒案切

通俗文旁驚曰憚　僖十五年左傳不憚征繕以立圉也宣四年左傳畜老猶憚殺之襄二十八年傳其何勞之敢憚大戴禮曾子立事篇君子終身守此憚憚　或作嘽集韻嘽狐邑名在洛南百五十里秦遷周赧王於此

忌難也者難當爲惡廣韻憚忌惡也本書忌憎惡也一切經音義三憚畏也詩雲漢我心憚暑箋云憚猶畏也　一曰難也者一切經音義三憚難也方言荆吳之人相難謂之展若秦晉之言相憚矣詩緜蠻豈敢憚行箋云憚難也論語過則勿憚改鄭注憚難也僖七年左傳何憚於病杜注憚難也魯語不憚以吾故韋注憚難也

悼　懼也陳楚謂懼曰悼從心卓聲徒到切

懼也者一切經音義三惶憂悼在心之皃也　陳楚謂懼曰悼者方言悼哀也陳楚之閒曰悼馥謂哀當爲懼方言又云灼驚也郭注猶恐灼也廣雅灼驚也一切經音義七灼惕者謂憂懼也馥謂灼灼竝當爲悼

恐　懼也從心巩聲丘隴切

懼也者釋詁文素問腎在志爲恐注云恐所以懼惡也

𢖶　古文

慴　懼也從心習聲讀若疊之涉切

懼也者釋詁文史記項羽本紀一府中皆慴伏七發恐虎豹慴鷙鳥讀若疊者詩時邁莫不震疊傳云疊懼也正義云釋詁文彼疊作慴音義同鹽鐵論引詩作慴廣絕交論四海疊其燻灼

恐也從心尗聲丑律切

恐也者玉篇怵悚懼也廣雅怵懼也

敬也從心易聲他歷切

敬也者一切經音義五引作驚也又卷七惕怵惕悚懼也玉篇惕懼也易乾卦夕惕若厲釋文惕怵惕也鄭云懼也廣雅同書冏命怵惕惟厲傳云怵惕懷懼也襄二十二年左傳無日不惕杜注惕懼也

或從狄

漢書王商傳無怵愁憂

或從狄者易狄聲近

本書逖古文作逷

戰慄也從心巩聲戶工切又工恐切

戰慄也者本書無慄字徐鍇韻譜作栗釋詁戰慄懼也廣雅㤨懼也方言蛩㤨戰慄也荆吳曰蛩㤨蛩㤨恐也

苦也從心亥聲胡槩切

苦也者廣雅同廣韻恗患苦玉篇恗恨苦也一切經音義十二通俗文患愁曰恗恗亦苦也恨也本書該讀若心中滿該當作滿恗

恐也從心皇聲胡光切

恐也者廣雅蒼頡篇竝同本書懝惶也漢書朱博傳王卿得敕惶怖李尤函谷關賦矦伯過而震惶

惶也從心甫聲普故切

惶也者廣韻悑惶懼也淮南詮言訓故福至則喜禍至則怖後漢書郎顗傳怔營惶怖第五倫傳其巫祝有依託鬼神詐怖愚民

或從布聲

悑也從心執聲之入切

悑也者莊子田子方篇慹然似非人釋文引本書同漢書朱博傳以是豪强慹服

憊也從心毄聲苦計切

憊也者廣雅㦤憊極也玉篇㦤極也通作罊郭注爾雅云今江東呼厭極爲罊陸佃新義引作罊

㦤也從心葡聲蒲拜切

㦤也者廣韻憊疲劣玉篇憊極也疲勞也廣雅憊羸困也俗作憊一切經音義七通俗文疲極曰憊憊疲劣也馥案憊病也病如孟子今日病矣之病易遯卦遯之厲有疾憊也鄭注憊困也既濟三年克之憊也虞云坎爲勞故憊也檀弓曾子聞之瞿然曰呼注云呼虛憊之聲釋文憊羸困也列子晝則呻呼即事夜則昏憊而熟寐莊子山木篇何先生之憊邪又云貧也非憊也宣十五年公羊傳華元曰憊矣司馬子反曰嘻甚矣憊漢書樊噲傳又何憊也顏注憊力極也又借敗字荀子解蔽篇惡敗而出妻

或從疒

毒也從心其聲周書曰來就惎惎渠記切

毒也者僖二十八年左傳莫余毒也已宣十二年傳楚人惎之傳遽曰楚人將毒害之宣四年傳管蔡啓商惎閒王室杜注惎毒也以毒亂王室哀元年傳惎澆能戒之二十七年傳趙襄子由是惎知伯杜注竝云惎毒也周書曰來就惎惎者今無此文疑即秦誓未就予忌左傳釋文惎音忌

辱也從心耳聲敕里切

辱也者論語遠恥辱也周禮司救恥諸嘉石鄭注恥辱之也昭五年左傳恥匹夫不可以無備況國乎杜注言不可辱也

青徐謂慙曰㥏從心典聲他典切

青徐謂慙曰惧者方言惧慙也荆陽青徐之閒曰惧若梁益秦晉之閒言心內慙矣徐鍇繫傳引左思賦惧墨而謝

辱也從心天聲 他點切

書堯典否德忝帝位　詩瞻卬無忝皇祖　韓詩外傳故養身者忌家養志者忌身身且不愛孰能忝之

辱也者釋言文書太甲忝厥祖傳云忝辱也詩小宛無忝爾所生傳云忝辱也

媿也從心斬聲 昨甘切

書仲虺之誥惟有慙德

孟子吾甚慙於孟子

媿也者小爾雅不直失節謂之慙慙媿也

慙也從心而聲 女六切

慙也者一切經音義十九引三蒼同方言山之東西自媿曰恧小爾雅心慙曰恧漢書王莽傳處之不慙恧顏注恧媿也後漢書張衡傳苟中情之端直兮莫吾知而不恧注云恧慙也或作忸書五子之歌顏厚有忸怩孟子鬱陶思君爾忸怩又作聽埤蒼聽慙也

慙也從心作省聲 在各切

慙也者廣韻怍慚怍釋言愧慙也莊子釋文引作怍慙也論語其言之不怍馬融曰怍慙也宣六年公羊傳寡公心怍焉何注怍慙貌後漢書劉玄傳更始羞怍俛首刮席不敢視注云怍顏色變也禰衡傳顏色不怍注云怍羞也七霸妻傳沮怍不能仰視注云怍慙也字或作怎荀子儒效篇無所儗怎注云謂無疑滯慙怎也賈誼書道語談說不怎於朝廷又借迮字

說苑翟黃迮然而慙

哀也從心粦聲 落賢切

哀也者廣雅方言竝同玉篇憐矜之也呂氏春秋人主胡可以不務哀士字或作怜集韻憐說文哀也或作怜

泣下也從心連聲易曰泣涕㦁如 力延切

泣下也者易釋文引同經典借漣字詩氓泣涕漣漣釋文云漣漣泣貌　易曰泣涕㦁如者屯卦文彼作泣血漣如

能也從心刃聲 而軫切

太公金匱武王書鋒云忍之須臾乃全女軀　昭元年左傳魯以相忍爲國

能也者能讀爲耐樂記故人不耐無樂注云耐古書能字也禮運故聖人耐以天下爲一家注云耐古能字錢君大昭曰廣雅忍耐也皇侃論語疏忍猶容耐也楊倞荀子注耐忍也高誘呂氏春秋注忍能也能耐也詩漸漸之石箋云豕之性能水釋文能奴代反本又作耐漢書食貨志能風與旱鼂錯傳其性能寒其性能暑趙充國傳漢馬不能冬西域傳不能饑渴

顏師古皆讀能爲耐

厲也一曰止也從心弭聲讀若沔 彌兖切

厲也者集韻同玉篇㥹厲也　一曰止也者廣韻同或通作弭玉篇弭止也襄二十五年左傳自今以往兵其少弭矣後漢書趙壹傳銷弭時災又借彌字周禮彌災兵

懲也從心乂聲 魚肺切

懲也者或借乂字後漢書竇融傳其後匈奴懲乂注云懲創也說文云忢亦懲也又借艾字詩小毖予其懲而毖後患傳云懲艾也釋文艾字或作忢閟宮荆舒是懲箋云懲艾也禮表記以怨報怨則民有所懲鄭注懲謂創艾楚詞離騷非余心之可懲注云懲艾也九歎

悲余性之不可改兮屢懲艾而不迻

忢也從心徵聲 直陵切

忢也者廣雅同一切經音義八詩傳曰懲止也又革也案改革前失曰懲也楚詞九歌首雖離兮心不懲注云懲忢也漢書傳介子傳樓蘭龜茲數反覆而不誅無所懲忢楚元王傳引詩胡憯莫懲顏注懲忢也又與承通哀四年左傳諸大夫恐其又遷也

承杜注承音懲蓋楚言

覺寤也從心景聲詩曰憬彼淮夷 俱永切

此文後人所加故在部末詩憬彼淮夷釋文云憬說文作懬音獷馥案韓詩作獷薛君曰獷覺寤之貌本書曑下引詩作穬本作廣後人改爲獷又誤爲穬

文二百六十三　重二十三

忕 習也

詩四月廢爲殘賊傳云廢忕也正義云說文云忕習也恆爲惡行是慣習之義釋文忕時世反詩蕩箋此言時人忕於惡釋文忕市制反又時設反說文云習也桓十三年左傳正義引同後漢書馮異傳忸忕小利註云忸忕慣習也

懂

本書慬謹也當爲懂寫者因本書無懂改爲謹玉篇懂憂也廣韻懂憂哀也定八年公羊傳懂然後得免

遺文二

惢 心疑也从三心凡惢之屬皆从惢讀若易旅瑣瑣 又才規方累二切

心疑也者魏都賦神惢形茹李善引本書同

繠 垂也从惢糸聲 如壘切

垂也者盧諶時興詩繠繠芬華落李善引字書繠垂也馥謂詩借繠字注依詩作繠字而所引則繠字也

文二

曲阜桂馥學

水 準也北方之行象眾水並流中有微陽之气也凡水之屬皆从水 式軌切

玉篇水流律也春秋元命苞水之爲言演也陰化淖濡流施潛行也故其立字兩人交一以中出者爲水一者數之始兩人譬男女言陰陽交物以一起也 淮南天文訓積陰之寒氣爲水鹽鐵論秋生冬死故水生於申 管子水地篇水者地之血氣如筋脈之通流者也 元中記天下之多者水焉浮天載地高下無不至萬物無不潤 抱朴子黃帝曰天在地外水在天外浮天而載地者水也 物理論所以立天地者水也 吐元氣發日月經星辰皆由水而興又曰九州之外皆水也 顧子水有四德沐浴羣生深流萬世是仁也揚淸激濁蕩去滓穢是義也柔而難犯弱而難勝是勇也道江疏河惡盈流謙是智也 韓詩外傳問者曰夫智者何以樂於水也曰夫水者緣理而行不遺小閒似有智者動而之

下似有禮者蹈深不疑似有勇者障防而淸似知命者歷險致遠卒成不毀似有德者天地以成羣物以生國家以寧萬事以平品物以正此智者所以樂於水也

準也者水準聲相近集韻準數軌切本書灋刑也平之如水從水廣韻水準也釋名水準也準平物也爾雅疏引白虎通水之爲言準也考工記輈人輈注則利準鄭注故書準作水栗氏爲量權之然後準之鄭注準故書或作水輪人水之以眂其平沈之均也釋言坎銓也樊光注坎水也水性平銓亦平也易繫辭易與天地準鄭注準平也管子水地篇水者萬物之準也尚書大傳非水無以準萬里之平淮南齊俗訓視高下不差尺寸明主弗任而求之乎浣準高注浣準水望之平說林訓水靜則平平則淸淸則見物之形弗能匿也故可以爲正尚書帝命驗五府黑日元矩注云黑帝汁光紀之府名日元矩矩法也水精元昧能權輕重故謂之元矩漢書律歷志以井水準其槩李尋傳水爲準平王道公正修明則百川理落脈通說苑夫水者秤量必平盈不求槩韋昭辨釋名平準令主平物價使相依準通鑑注準揆平之物漢有水衡官史記有平準書北方之行者白帖水冠五行之始易說卦坎爲水正義云

取其北方之行也書洪範五行一曰水春秋元命苞水者
天地之包幕五行之始焉萬物之所由生元氣之津液也
計倪子內經元冥治北方白辯佐之使主水鶡冠子泰鴻
篇以水沈物天下盡水也使居北方主冬子華子北方陰
極而生寒寒生水申鑒北方水也蹈之不沈白虎通水位
在北方北方者陰氣在黃泉之下任養萬物水之為言準
也陰化沾濡漢書五行志水北方終藏萬物者也又李尋
傳五行以水為本其星元武婺女天地所紀終始所生抱
朴子水行為智為黑　象衆水竝流中有微陽之气也者
爾雅釋文引作象衆泉竝流著微陽之氣也本書乁烑支
流也馥謂水字中畫從乁坎古文作☵中畫陽也元命苞
水者元氣之腠液也周語川氣之導也乾坤鑿度水內剛
外柔性下不上恒附於氣也子華子陰之正氣其色黑
水陽也而其伏為陰書洪範正義五行之體水最微

汃 西極之水也从水八聲爾雅曰西至汃國謂四極府巾切

西極之水也者廣韻汃西極水名　爾雅曰西至汃國謂
四極者釋地文彼作邠釋文邠說文作汃字音同廣韻汃

西方極遠之國列子湯問篇西行至豳人民猶是也注引
爾雅為證漢書司馬相如傳右西極郭璞曰西極國也文
穎曰爾雅曰西至於豳國為西極在長安西故言右離騷
朝發軔於天津兮夕余至乎西極淮南地形訓西方曰西
極之山曰
閶闔之門

河 水出焞煌塞外昆侖山發原注海从水可聲乎哥切

釋名河下也隨地下處而通流也　春秋說題辭河之為言
荷也荷精分布懷陰引度也孝經援神契河者水之伯上
應天漢　史記大宛傳于窴之西則水皆西流注西海其東
水東流注鹽澤鹽澤潛行地下其南則河源出焉　漢書西
域傳西域在匈奴之西烏孫之南南北有大山中央有河其
河兩原一出葱嶺山一出于闐于闐在南山下其河北流與
葱嶺河合東注蒲昌海蒲昌海一名鹽澤者也去玉門陽關
三百餘里廣袤三百里其水亭居冬夏不增減皆以為潛行
地下南出於積石為中國河云　禹貢導河積石　淮南地
形訓河水出昆侖東北陬貫勃海入禹所導積石山　高注勃
海大海也河水自昆侖由地中行禹導而通之至積石山
海外北經禹所導積石之山河水所入注云河出昆侖而潛

行地下至葱嶺復出注鹽澤從鹽澤復行南出於此山而為
中國河遂注海也書曰導河積石言時有壅塞故導利以通
之　西山經積石之山其下有石門河水冒以西流郭注積
石山今在金城河關西南羌中河水行塞外東入塞內
括地志大積石山在吐谷渾界小積石山在枹罕縣西北
後漢書段熲傳自張掖追西羌且鬬且行四十餘日至河首
積石山出塞三千餘里　唐書吐谷渾傳君集道宗行空荒
二千里閱月次星宿川達柏海上望積石山覽觀河源　元
和郡縣志積石山一名唐述山今名小積石在枹罕縣西北
七十里按河出積石山在西南羌中注於蒲昌海潛行地下
出於積石為中國河故今人目彼山為大積石山此山為小
積石山按禹貢導河積石至于龍門又曰導洛自熊耳按洛
水出上洛西山經熊耳之北所言導者皆謂紀所施功不必
自其源也　胡渭曰水經崑崙墟在西北去嵩高五萬里地
之中也其高萬一千里河水出其東北陬屈從其東南流入
於渤海又東與于闐河合南河又東北逕于闐北又東北逕
彌國北又東逕且末國北北河又東北流分為二水枝流出
焉北河自疏勒逕流南河之北又東逕莎車國南又東南逕
溫宿國又東逕姑墨國南又東逕注賓城南又東逕樓蘭城
南又東注於泑澤又出海外南至積石山下有石門河水冒

以西南流（渭按此二十字舊在前今移置於此）又東入塞過敦煌酒泉張掖郡
南按水經敘西域兩源較漢書尤為明備惟是積石一山錯
簡在渤海之下葱嶺之上遂來後人之彈射而不知此非其
本文乃妄庸人之所竄易也　春秋釋例河出西平西南二
千里從西平東北經金城故北地朔方五原至故雲中南經
平陽河東之西界東經河東河內之南界東北經汲郡頓邱
陽平平原樂陵之東南入海馥案此河道與禹貢不同益據
當時言之　釋水河出崑崙虛色白所渠并千七百一川色
黃百里一小曲千里一曲一直　文十二年公羊傳河曲疏
矣河千里而一曲也　物理論河色黃赤衆川之流蓋濁之
也百里一小曲千里一大曲　河圖絳象黃河出昆侖山東
北流千里折西而行至於蒲山南流千里至於華山之陰東
流千里至於桓雍北流千里至於下津河水九曲長九千里
人於渤海　史記殷本紀載湯誥之言曰東為江北為濟西
為河南為淮四瀆已修萬民乃有居　博物志四
瀆河出昆侖墟江出岷山濟出王屋淮出桐柏
水出焞煌塞外昆侖山者山當為虛本書崐崘邱謂之崐
崘虛釋地西北之美者有崑崙虛之璆琳琅玕焉釋水河
出崑崙虛河圖括地象崐崘之墟有五城十二樓河水出
四維多玉水經崑崙墟在西北博物志地部之位起形高

大者有昆侖墟其泉南流入中國名曰河也河圖始開圖黃帝問風后曰余欲知河之始開風后曰河凡有五皆始開乎昆侖之墟海內西經海內昆侖之墟在西北山經敦薨之山敦薨之水出焉而西流注於泑澤出於昆侖之東北隅實惟河原郭注卽河水出昆侖之墟淮南子昆侖虛中有增城九重凡此諸說皆偁昆侖虛亦或偁邱如西山經昆侖之邱是實惟帝之下都河水出焉大荒經西海之南流沙之濱赤水之後黑水之前有大山名曰昆侖之邱古文苑靈河賦咨靈川之遐源兮於昆侖之神邱是也其偁山者廣韻泑昆侖山下澤也昆侖山記昆侖山一名昆侖邱風俗通義河出燉煌塞外昆侖山發源注海此卽據本書之文亦偁山為可疑也易林泉出昆侖流為九河十洲記昆陵卽昆侖中狹上廣故曰昆侖博物志昆侖出五色流水東南流黃水入中國為河成公綏大河賦覽百川之宏壯莫尚美於黃河潛昆侖之峻極出積石之嵯峨發原注海者廣雅昆侖虛河水出其東北陬入東海漢書地理志金城郡河關縣積石山在西南羌中河水行塞外東北入塞內至章武入海過郡十六行九千四百里禹貢導河積石至于龍門南至于華陰東至于底柱又東至于孟津東過洛汭至于大伾北過降水至于大陸又北播

為九河同為逆河入于海釋水江河淮濟為四瀆四瀆者發源注海者也釋名瀆獨也各獨出其所而入海也許敬宗曰瀆者獨也獨能赴海也淮南說山訓江出岷山河出昆侖濟出王屋潁出少室漢出嶓冢分流舛馳注於東海所行則異所歸者一管子水有大小有遠近水出山而流入海者命曰經水引他水及歸於大水入海者命曰枝水

可聲者本書序形聲者以事為名取譬相成江河是也賈公彥說周禮六書云書有六體形聲實多若江河是左形右聲鳩鴿是右形左聲草藻是上形下聲婆娑是下形上聲圃國是外形內聲闠衡戫辮壑嬴是內形外聲此形聲之等有六也

泑　澤在昆侖下從水幼聲讀與淤同於糾切

澤在昆侖下者御覽引作澤在昆侖虛下廣韻泑昆侖山下澤也水經河水又東注於泑澤酈注卽所謂蒲昌也史記大宛列傳于寘之西則水皆西流注西海其東水東流注鹽澤鹽澤潛行地下其南則河源出焉鹽澤去長安可五千里正義漢書云鹽澤去玉門關三百餘里廣袤三四百里其水皆潛行地下南出於積石山為中國河括地志云蒲昌海一名泑澤一名鹽澤亦名輔日海亦名穿蘭亦名臨海在沙州西南漢書地理志敦煌郡正西關外有白龍堆沙有蒲昌海西山經不周之山北望諸毗之山臨彼嶽崇之山東望泑澤河水所潛也其原渾渾泡泡郭注河南出昆侖潛行地下至葱嶺出于闐國復分流岐出合而東流注泑澤已復潛行南出於積石山而為中國河也泑澤卽蒲澤一名蒲昌海廣三四百里其水停冬夏不增減去玉門關三百餘里卽河之重源所謂潛行也又長沙之山泚水出焉北流注於泑水注云水色黑也馥案大荒經所謂赤水之後黑水之前有昆侖邱者黑水卽泑也西山經槐江之山邱時之水出焉而北流注於泑水南望昆侖其光熊熊其氣魂魂馥案經言南望是昆侖在黑水之前矣

涷　水出發鳩山入於河從水東聲德紅切

此水當與漳沁相次

水出發鳩山入於河者水經注濁漳水云漳水又東涷水注之水西出發鳩山東逕余吾縣故城南又東逕屯留縣

故城北又東流注於漳故許慎曰水出發鳩山入關從水章聲也馥案涷水當為涑水章聲當為東聲入關當為入壺關漳水逕壺關縣故城西也本書今作入於河後人亂之寰宇記八十川水出潞州長子縣界發鳩山西南合沁水此川長八十里因名八十川馥謂卽涷水

涪　水出廣漢剛邑道徼外南入漢從水咅聲縛牟切

水出廣漢剛邑道徼外南入漢者邑當為氐漢書百官表縣有蠻夷曰道漢書音義徼塞也以木柵水為蠻夷界地理志廣漢郡剛氐道涪水出徼外南至墊江入漢過郡二行千六十九里又涪縣莽曰統睦應劭曰涪水出廣漢南入漢華陽國志漢中志剛氐縣涪水所出水經涪水出廣魏涪縣西北南至小廣魏與梓潼水合酈注涪水出廣漢屬國剛氐道徼外東南流逕涪縣西又東南逕縣竹縣北又東南逕南安郡南又南枝津出焉西逕廣漢五城縣為五城水又西至成都入於江又水經梓潼水出其縣北界西南入於涪又西南至小廣魏南入於墊江酈注亦言涪水至此入漢水元和志涪州武龍縣涪江水在縣南而北流注於蜀江又云射洪縣有梓潼水與涪江合流急如箭

夲射江口蜀人謂水口曰洪因名射洪九域志綿州巴西縣有涪水

潼 水出廣漢梓潼北界南入墊江从水童聲 徒紅切

水出廣漢梓潼北界南入墊江者墊當爲褺本書褺下云巴郡有褺江縣地理志廣漢郡梓潼縣應劭曰潼水所出南入墊江元和志梓州因梓潼水爲名也又云岐江水下流即梓潼水寰宇記梓州鹽亭縣梓潼水源出劍州陰平縣豆圌山后穴東南經綿州鹽泉縣流入當縣又云開州新浦縣墊江水源自縣高梁山東北流於縣南入常渠水

江 水出蜀湔氐徼外崏山入海从水工聲 古雙切

釋名江公也小水流入其中公共也 廣雅江貢也 風俗通江者貢也所出珍物可貢獻也 江源記平康縣有羊膊嶺江發源之所馥案腸當爲膊李膺益州記羊膊嶺水分二派一東南流爲大江一西南流爲大渡河寰宇記羊膊山在平康縣山下有二神湫大江始發之所金履祥尙書注岷山數百峯大西山爲最大雪山峯闕其後冬夏如爛銀一谷名鐵豹嶺者有西岳廟廟下名羊膊后江水正源也 詩四月滔滔江漢南國之紀箋云江也漢也南國之大水紀理衆

川使不壅滯 禹貢三江既入鄭注左合漢爲北江會彭蠡爲南江岷江居其中則爲中江故書稱東爲中江者明岷江至彭蠡與南北合始得稱中也 楊愼曰江出岷山其源實自蜀西戎萬山來至鼎州而沫水自嶲州合大渡河穿夷界十山以會之至敘州而馬湖江會之又十五里而南廣江會之至瀘州而內江又自資簡會之至重慶而嘉陵江自利閬果合等州會之至涪州而黔江合南夷諸水會之至萬縣而開江水自開達等州會之夫然後總而入峽是江自峽而西受大水凡八及出峽而下岳陽則會之者洞庭湖所受湖南北諸水也又自是而下鄂渚則會之者漢口所受興元諸水也又自是而下黃州東四十五里則會之者巴河也又自是而下九江則會之者彭蠡今名鄱陽湖所受江東西諸郡水也又自是而下則會之者皖水所受淮西諸水也夫然後總而入海是以自峽而東又受大水凡五畧計天下之水會於江者居天下之半其名稱之大而可考者凡十有三故曰江源其出如甕而能滔滔萬里達海所受者衆也 胡渭曰華陽國志李冰穿郫江檢江檢江即流江自漢以來皆以郫江爲沱水流江爲大江水經所敘江水自都安以至成都者攷其原委皆流江也然流江實非大江江原縣郫水近世謂之大皁江者則岷江之正流也而班氏以爲首受江故鄭康成云沱之類鄠與郫俱爲沱而流江於是乎爲大江矣

水出蜀湔氐徼外崏山入海者崏當作嶓氐下當有道字地理志蜀郡湔氐道禹貢嶓山在西徼外江水所出東南至江都入海過郡七行二千六百六十里胡渭曰江自松潘至泰州行七千九百六十里自泰州至海門入海又四百里通計得八千三百餘里二當作八或是七闔若璩曰漢志言江行二千二百六十里案水經江水東過夷陵縣南注說宜昌縣流頭灘而引袁山松曰自蜀至此五千餘里干寶晉紀吳使紀陟如魏司馬昭問吳戍備幾何對曰西陵至江都五千七百里宜昌今宜都縣在西陵之東自江發源松潘至此四千四五百里西陵今宜昌府治東湖縣自此至江都不過四千里山松與陟言皆誇然共計亦當有八千餘里二當作八馥案過郡七者蜀郡犍爲巴郡南郡江夏廬江廣陵也地理志又云會稽毗陵縣江在北東入海又地理志嶓山之陽顏注嶓山在蜀郡湔氐西江所出經典用岷字禹貢岷山導江家語夫江始於岷山其源可以濫觴郡國志蜀郡湔氐道岷山在西徼外括地志江水源出岷州南岷山南流至益州郎東南流入蜀至瀘州東流經三峽過荊州與漢水合風俗通義江出蜀郡湔

氐徼外岷山入海海內東經岷三江首大江出汶山郭注今江出汶山郡升遷縣岷山東南經蜀郡犍爲至江陽東北經巴東建平宜都南郡江夏弋陽安豐至廬江南界東北經淮南下邳至廣陵郡入海楚詞九章隱岷山以清江王注岷山江所出也高誘注呂氏春秋有始篇江水云江水出岷山在蜀西徼外淮南地形訓江出岷山東流絕漢入海左還北流至於開母之北右還東流至於東極高注開母山名在東海中地形訓又云何謂六水曰河水赤水遼水黑水江水淮水注云江出岷山在蜀西徼外荊州記江出岷山其源若甕口可以濫觴在益州建寧灄江縣潛行地底數里至楚都遂廣十里陸游入蜀記嘗登岷山欲窮江源而不可得蓋自蜀郡之西大山廣谷谽谺起伏西南走蠻箐中皆岷山也則江所從來遠矣范成大吳船錄江源自西戎來由岷山澗壑中出而合於都江今世所云止自中國言耳或借汶字禹貢岷嶓既藝岷山導江史記並作汶海內東經大江出汶山輿地廣記汶山在茂州汶山縣西俗謂之鐵豹嶺禹之導江發迹於此管子霸形篇望汶山注云汶音岷岷山江水所從出于華子江之源出於汶山其大如甕口其流可以濫觴順沿而下控諸羣荊廣袤數千里方舟然後可以濟此無他故也所受於下流

者非一壑也春秋釋例江水出汶山升遷縣岷山經南郡江夏至廣陵入海元和志大江水一名汶江至汶山故郡乃廣二百步又云茂州汶山縣汶江北自翼州南流經縣西二里九域志茂州汶山縣有汶山岷江六經正誤考工記貉踰汶則死注汶水在魯北釋文汶音問水名按列子湯問篇鸜鵒不踰濟貉踰汶則死矣殷敬順釋文汶母巾反鄭元云汶水在魯城北先儒相因以爲魯之汶水皆大誤也按史記汶與嶓同母巾反謂汶江也非音問之汶案山海經大江出汶山郭云東南逕蜀郡東北逕巴東江夏至廣陵入海韓詩外傳云昔者江出於汶山其始也足以濫觴是也又楚辭云隱汶山之清江固可明矣且列子與周禮通言水土異性則遷移有傳故舉四瀆以言之案今魯之汶水澗不踰數十丈源不過二百里揭厲皆渡斯須往還豈狐貉暫游生死頓隔乎說文云貉狐類也皆生長邛陵旱地今江邊人云狐不渡江是明踰越大水則傷本性遂致死也三國志蜀後主至湔登觀坂看汶水之流五代史王建貶衛尉少卿李綱爲汶川尉徐無黨注汶讀作岷　工聲者本書序形聲者以事爲名取譬相成江河是也

沱　江別流也出㟭山東別爲沱從水它聲　徒何切

江別流也者初學記引作陂也從水它聲馥案本書陂沱也蓋沱有二義一爲陂一爲江沱今脫陂義　出岷山東別爲沱者出上當有江字釋水江爲沱郭璞音義沱水自蜀郡都安縣揃山與江別而更流禹貢岷山導江東別爲沱毛晃曰按地理志南郡枝江縣江沱在西此荊州之沱也蜀郡郫縣江沱在西北此梁州之沱也凡江水別出皆名爲沱此言東別爲沱纔於岷山導江之下是江始出而別流者則當在梁州詩言江有沱其荊州之沱歟胡渭曰河渠書蜀守冰穿二江二江一是流江乃冰所創造一是郫江卽禹貢之沱時必淤淺冰復從而濬之遂幷數爲二江地理志蜀郡郫縣禹貢江沱在西東入大江括地志繁江水受郫江禹貢曰岷山導江東別爲沱源出益州新繁縣通典彭州唐昌縣下云禹貢岷山導江東別爲沱沱水在此寰宇記益州沱水在州西南唐隆縣界皂里江是也晉太康地記江沱在新繁縣蕭廣濟注江賦云觸玉壘山東回爲沱李膺益州記沱水八都田江胡渭曰郫江卽禹貢梁州之沱郫江號北江惟東合湔雒又東南至江陽入江者爲禹貢之江沱餘皆後人所穿鑿

浙　江水東至會稽山陰爲浙江從水折聲　旨熱切

史記秦始皇本紀至錢唐臨浙江　虞喜志林注錢唐江口浙山正居江中潮水投山下折而曲　江水東至會稽山陰爲浙江者江水當作漸江水水經漸江出三天子都注云山海經謂之浙江寰宇記引顧野王云今永康縉雲山是三天子之都今在績谿縣東九十里案績谿屬安徽今水出安徽黟縣者爲漸江流至會稽山陰爲浙江本書脫去漸字遂不知爲何江之水矣孔稚珪北山移文馳妙譽於浙右李善引字書與本書同廣韻浙江名在東陽玉篇浙發源東陽至錢塘入海地理志丹陽郡黟縣漸江水出南蠻夷中東入海又后城縣分江水首受江東至餘姚入海胡渭謂分江水在今池州府貴池縣馥案丹陽郡故鄣在漢初屬會稽郡地此水自首受至入海皆不出會稽一郡卽浙江也莊子外物篇自制河以東釋文制依字應作浙漢書音義音逝河亦江也北人名水皆曰河浙江今在餘杭郡後漢以爲吳會分界司馬云浙江今在會稽錢塘馥案浙或作淛論語片言可以折獄者鄭注魯讀折爲制是也海內東經折江出三天子都在蠻東在閩西北入海注云案地理志浙江出新安黟縣南蠻中東入海今錢塘浙江是也蠻卽歙也水經漸江水出三天子都北過餘杭東入於海酈注山海經謂之浙江也地理志云水出丹陽黟縣南蠻中呂氏春秋曰越王之栖於會稽也有酒投江民飲其流而戰氣自倍所投卽浙江也許愼晉灼竝言江水至山陰爲浙江

涐　水出蜀汶江徼外東南入江從水我聲　五何切

水出蜀汶江徼外東南入江者趙宧光曰汶當爲臨臨改作岷元和志嘉州玉津縣涐江在縣城下水經注江水云涐水出徼外逕汶江道呂忱曰渽水出蜀許愼以爲涐水也出蜀汶江徼外從水我聲南至南安入大渡水大渡水又東入江胡渭曰禹貢和夷厎績水經注引鄭說云和夷和上夷所居之地和水卽涐水和涐聲相近字從而變地理志云靑衣縣禹貢蒙山谿大渡水東南至南安入渽水出汶江縣徼外南至南安東入江過郡三行三千四十里渽乃涐字之誤說文涐水出蜀汶江徼外東南入江從水我聲故知渽當作涐和夷者涐水南之夷也又曰大渡河卽涐水羊膊嶺卽汶江徼外之山涐水所出水經江水東南過犍爲武陽縣靑衣水沫水從西南來合而注之此

郎二水會涐水入江處也以今輿地言之涐水自茂州徼外南流經黎大所西折而東經所南又東經建昌衛越嶲營北又東經峨眉縣南又東至嘉定州南合青衣沫水又東入大江此水之南蓋卽經所謂和夷也禹導和水使入江而其地已厎績矣或曰何以知不在水北曰古者桓有和音故鄭康成䟽和爲桓晉地道記云梁州自桓水以南爲夷書所謂和夷厎績此說是也但不當䟽和爲桓耳馥案玉篇廣韻涐𣶃竝見涐出說文𣶃出字林而不知爲一字也我䖍易誤尙書洛誥公無困哉漢書元后傳杜欽傳竝引作困我

湔 水出蜀郡緜虒玉壘山東南入江从水前聲一曰手瀚之 子仙切

水出蜀郡緜虒玉壘山東南入江者地理志蜀郡緜虒玉壘山湔水所出東南至江陽入江過郡三行千八百九十里又廣漢郡雒縣章山雒水所出南至新都谷入湔郡國志蜀郡緜虒道注云華陽國志曰有玉壘山出璧玉湔水所出水經注湔水出緜虒道元和志茂州汶川縣玉壘山在縣東北四里又云彭州導江縣玉壘山在縣西北二十

九里灌口山在縣西北二十六里漢蜀文翁穿湔江溉灌故以灌口名山九域志茂州汶川縣有玉壘山寰宇記永康軍導江縣玉壘山湔水所出郭璞江賦云玉壘作東鄙之標是也李膺益州記云在沈黎郡去蜀城南八百里在導江縣西北二十九里古文苑蜀都賦湔山巖巖注云湔山湔水所出一名玉壘山在成都西北晏氏類要玉壘山湔水所出或借煎字僮約蜀郡王子淵以事到煎上注云玉壘山在成都西北湔水出焉亦名湔山湔水所經行之地故名煎上煎與湔同　一曰手瀚之者集韻引作手瀚也廣韻湔洗也三蒼湔濯也字林湔浣也水經注引作半浣水也半當爲手戰國策汙明見春申君曰君獨無意湔祓臣也說苑汙辱難湔灑漢書武五子傳以湔酒大王顏注湔瀚也洒濯也魏志華佗傳病若在腸中便斷腸湔洗北史竇泰傳渡河湔裙產子必易玉燭寶典元日至月晦士女悉湔裳酹酒於水湄以爲度厄通鑑烏承玼說史思明曰若歸款朝廷以自湔洗易於反掌耳又高仁厚使阡能諜語寨中人曰尙書欲拯救湔洗汝曹注云湔滌也亦洗也言百姓爲賊所汚染湔洗與維新

沫 水出蜀西徼外東南入江从水末聲 莫割切

水出蜀西徼外東南入江者史記索隱引云水出蜀西南徼外與青衣合東南入江馥案徐鍇本亦有南字顏注漢書溝洫志沫水出蜀西南徼外東南入江文選江賦注引作水出蜀西塞外東南入江武蓋切九經字樣沫水出蜀水經沫水出廣柔徼外東南過旄牛縣北又東至越嶲靈道縣出蒙山南東北與青衣水合東入於江又云青衣水出青衣縣西蒙山東與沫水合也地理志蜀郡青衣縣禹貢蒙山谿大渡水東南至南安入涐案蒙山谿卽水經之青衣水大渡水卽此沫水二水合流會涐水入江非自入江也涐水卽涐水續漢書郡國志蜀郡屬國漢嘉下云沫水從西來史記河渠書蜀守冰鑿離碓辟沫水之害司馬相如傳西至沫若水索隱張揖曰沫水出蜀廣平徼外與青衣水合也華陽國志漢嘉縣有沫水音妹又音末蜀都賦演以潛沫劉逵注有水出岷山之西東流過漢嘉南流有高山上合下開水經其中曰沫水水潛行曰演此二水伏流故曰演以潛沫唐書李德裕傳出清溪下沫水而左盡爲蠻有九域志嘉州龍游縣有沫水寰宇記嘉州羅目縣大渡河一名沫水在縣南一百八十步末聲者顏注溝洫志沫音本末之末

溫 水出犍爲涪南入黔水从水𥁕聲 烏魂切

水出犍爲涪南入黔水者涪當爲符地理志犍爲郡符縣溫水南至鄨入黚水黚水亦南至鄨入江顏注黚音紀炎反馥案涪屬廣漢郡非犍爲也黔黚涪符音相近水經注延江水云溫水一曰煖水出犍爲符縣而南入黚水黚水亦出符縣南與溫水會闕駰謂之闕水俱南入鄨水鄨水於其縣而東注延江水又云西水北岸有黚陽縣許慎曰溫水南入黚蓋鄨水以下津流沿注之通稱也故縣受名焉元和志成都府溫江縣大江俗謂之溫江

灊 水出巴郡宕渠西南入江从水鬵聲 昨鹽切

水出巴郡宕渠西南入江者灊經典借潛字或借涔字書禹貢沱潛既道地理志作灊史記夏本紀沱涔已道水經潛水出巴郡宕渠縣又南入於江馥案酈氏誤以爲禹貢梁州之潛故注多不合

沮 水出漢中房陵東入江从水且聲 子余切

水出漢中房陵東入江者水經沮水出漢中房陵縣東南過臨沮縣界又東南過枝江縣東南入於江酈注云沮水

出東汶陽郡沮陽縣西北景山卽荊山首也故淮南子曰沮出荊山高誘云荊山在左馮翊懷德縣葢以洛水有漆沮之名故也斯謬證亘杜預云水出新城郡之西南發阿山葢山異名也沮水與漳水合焉又東南逕長城東又東南流注於江謂之沮口也中次八經荊山之首曰景山睢水出焉東南流注於江注云今睢水出新城魏昌縣東南發阿山東南至南郡枝江縣入江也初學記云荊州記沮縣西北半里有雁浮山是山海經所謂景山沮水之所出也元和志永清縣本漢房陵縣地沮水出縣西南景山東南入於漢江左傳曰江漢沮漳楚之望也應劭曰沮水出漢中房陵東入江毛晃曰荊州沮水在房陵左傳所謂江漢沮漳楚之望也導川云漆沮既從卽雍州之沮也徐鍇繫傳云王粲所謂

倚曲沮之長洲

滇　益州池名從水眞聲　都年切

益州池名者池徐鍇韻譜作沱馬注禹貢沱湖也廣韻滇池在建寧地理志益州郡滇池縣滇池澤在西北十道志姚州雲南郡益夷越之地漢武開之置益州部有滇池澤華陽國志南中志滇池縣故滇國也有澤水周迴二百里

所出深廣下流淺狹如倒流故曰滇池長老傳言池中有神馬或交馬卽生駿駒俗稱之曰滇池駒日行五百里譙周異物志滇池在建寧界有大澤水周二百餘里水乍深廣乍淺狹似如倒池故俗云滇也通鑑諸葛亮遂至滇池注云滇池縣屬益州郡池周回二百餘里水源深廣而末益淺狹有似倒流故謂之滇池滇音顛或借顛字子虛賦文成顛歌注云益州顛池縣

其人能西南夷歌顛與滇同

涂　水出益州牧靡南山西北入澠從水余聲　同都切

水出益州牧靡南山西北入澠者本書無澠字當爲繩地理志益州郡牧靡縣南山臘谷涂水所出西北至越巂入繩過郡二行千二十里李奇曰靡音麻卽升麻殺毒藥所出也又越巂郡遂久縣繩水出徼外東至僰道入江又蜀郡旄牛縣若水南至大莋入繩水經注若水云繩水出徼外山海經曰巴遂之山繩水出焉東南流分爲二水其一水枝流東出逕廣柔縣東流注於江其一水南逕旄牛道至大莋與若水合自下亦通謂之爲繩水矣又云繩水又東涂水注之水出建寧郡之牧靡南山縣山並卽草以立名山在縣東北烏句山南五十里山生牧靡可以解毒百卉方盛烏多誤食烏喙口中毒必急飛往牧靡山啄牧靡以解毒也涂水導源臘谷西北流至越巂入繩寰宇記巂州臺登縣

有繩水

沅　水出牂牁故且蘭東北入江從水元聲　愚袁切

水出牂牁故且蘭東北入江者本書無牁字當爲柯地理志牂柯郡故且蘭沅水東南至益陽入江過郡二行二千五百三十里顏注牂柯係船杙也華陽國志云楚頃襄王時遣莊蹻伐夜郎軍至且蘭椓船於岸而步戰既滅夜郎以且蘭有椓船牂柯處乃改其名爲牂柯又武陵郡臨沅縣應劭曰沅水出牂柯入於江郡國志武陵郡臨沅注云荊州記曰縣南臨沅水水源出牂柯且蘭縣至郡界分爲五谿故曰五谿蠻後漢書南蠻傳乘船泝沅水入武谿擊之注云沅水出牂柯故且蘭東北經辰州潭州嶽州經洞庭湖入江也海內東經沅水出象郡鐔城西東注江入下巂西合洞庭中注云象郡今日南也鐔城縣今屬武陵水經沅水出牂柯且蘭縣爲旁溝水又東至鐔城縣爲沅水東逕無陽縣又東北過臨沅縣南又東至長沙下巂縣西北入於江寰宇記沅水出牂柯故且蘭東北經靈溪長沙

己陵郡入洞庭通江也

淹　水出越巂徼外東入若水從水奄聲　英廉切

水出越巂徼外東入若水者玉篇作東南入若水漢志蜀郡旄牛縣鮮水出徼外南入若水若水亦出徼外南至大莋入繩過郡二行千六百里水經淹水出越巂遂久縣徼外東南至青蛉縣又東過姑復縣南東入於若水酈注呂忱曰淹水一日復水也馥疑復水當爲姑復水又案酈注葉榆水逕姑復縣西與淹水合是淹先會葉榆而後入若也水經若水至會無縣淹水東南流注之酈注繩水又逕三絳縣西又逕姑復縣北對三絳縣淹水注之三絳一曰小會無故經曰淹

至會無注若水

溺　水自張掖刪丹西至酒泉合黎餘波入于流沙從水弱聲桑欽所說　而灼切

本書屼下云或曰弱水之所出　禹貢導弱水　釋文弱本或作溺　廣雅崑崙虛弱水出其西南陬入南海　楚詞九懷

浮溺水兮舒光哀時命弱水汨其爲難兮路中斷而不通水經注河水云漢書西域傳黎軒條支臨西海長老傳聞條支有弱水西王母亦未嘗見自條支乘水西行可百餘日近日所入也或河水所通西海矣魏略前世謬以爲弱水在條支西今弱水在大秦西新唐書高仙芝傳娑夷河弱水也

水自張掖刪丹者郡國志張掖郡刪丹弱水出括地志弱水在張掖縣南山下十道志今張掖有合黎水淮南地形訓弱水出自窮石至於合黎餘波入於流沙絕流沙南至南海注云窮石山名在張掖北元和志刪丹縣弱水在縣南山下胡渭曰案近志弱水出山丹衛西南窮石山離騷夕次於窮石即此淮南子云弱水出窮石山也北流逕其衛西又西北逕甘州衛北又西逕合黎山與張掖河合張掖河古羌谷水也一名合黎水出衛西吐谷渾界北流逕張掖縣北合弱水爲張掖河自下通兼弱之目又曰漢志觻得縣下云[illegible]羌谷水出羌中東北至居延入海過郡二行二千二百里案羌谷水者張掖河之上源也其下流與弱水合則弱水入居延海可知矣過郡二者張掖酒泉也自合黎山至居延海行千五百里泝其源而計之則有二千二百里矣就禹貢言出刪丹者爲弱水

之正源出觻得者爲弱水之別源正源主也別源客也志家徇今而忘古迷進主客易位故云羌谷水入居延海而刪丹弱水之下則闕而不言讀者以意會可也西至酒泉合黎者禹貢弱水既西鄭注衆水皆東此獨西流故紀其西下也又導弱水至于合黎正義云顧氏云地說書合黎山名鄭元亦以爲山名馥案禹貢山水澤地合離山在酒泉會水縣東北注云合黎山也元和志甘州張掖縣合黎山俗名要塗山在縣西北二百里禹貢導弱水至于合黎鄭注禹貢云凡言導者發源於上未成流凡言自者亦發源於上未成流凡言至于者或山或澤皆非水名史記夏本紀弱水至於合黎餘波入於流沙正義括地志云合黎一名羌谷水一名鮮水一名覆表水今名副投河亦名張掖河南自吐谷渾界流入甘州張掖縣今案合黎水出臨松山東而北流歷張掖故城下又北流經張掖縣二十三里又北流經合黎山折而北流經流沙磧之西入居延海行千五百里集解云鄭元曰地理志流沙居延西北名居延澤地記曰弱水西流入合黎山腹餘波入於流沙通於南海馬融王肅皆言合黎流沙是地名索隱云廣志流沙在玉門關外有居延澤居延城又山海經云流沙出鍾山西南行昆侖墟入海案是地兼有水故一云地名一云水名馬鄭不同亦有由也地理志張掖郡刪丹縣桑欽以爲道弱水自此西至酒泉合黎馥案欽字君長見漢書儒林傳唐書以水經爲欽作今水經無此文儒林傳孔安國數傳至桑欽說尚書之文也漢書司馬相如傳經營炎火而浮弱水兮杭絕浮渚涉流沙應劭曰弱水出張掖刪丹西至酒泉合黎餘波入於流沙　餘波入于流沙者禮記王制自西河至流沙千里而遙楚詞招魂西方之害流沙千里些注云流沙沙流而行也尚書曰餘波入於流沙地理志居延縣居延澤在東北古文以爲流沙元和志居延海郎居延澤古文以爲流沙者風順流行故曰流沙禹貢山水澤地流沙地在張掖居延縣東北酈注尚書所謂流沙者也形如月生五日也弱水入流沙流沙與水流行也廣志流沙在玉門關外南北二千里東西數百里有三斷后曰三瀧晉書地理志西海郡居延澤尚書所謂流沙也周書鄯善西北有流沙數百里唐書西域傳吐谷渾西北有流沙數百里通典合黎水弱水並在張掖縣界其北又有居延澤郎古流沙地又云燉煌郎古流沙地其沙風吹流行五代史晉天福三年高居誨使于闐還言自靈州過黃河三十里始涉沙入党項界曰細腰沙神樹沙至三公沙自此沙行四百餘里至黑堡沙沙尤廣

洮　水出隴西臨洮東北入河从水兆聲土刀切

水出隴西臨洮東北入河者地理志隴西郡臨洮縣洮水出西羌中北至枹罕東入河禹貢西傾山在縣西南馥案十三州志枹罕縣在郡西二百一十里水經河水云又東過隴西河關縣北洮水從東南來流注之酈注沙州記曰洮水與墊江水俱出嵹臺山山南郎墊江源山東則洮水源山海經曰白水出蜀郭景純注云從臨洮之西傾山東南流入漢而至墊江故段國以爲墊江水也洮水同出一山故知嵹臺西傾之異名也寰宇記洮州臨潭縣洮水源出西傾山亦曰嵹臺山在縣西南二百三十六里郎吐谷渾界元和志洮州臨潭縣洮水出縣西南三百里

涇　水出安定涇陽开頭山東南入渭雝州之川也从水巠聲古靈切

廣雅涇徑也　詩六月侵鎬及方至于涇陽　元和志雲陽縣本漢舊縣屬左馮翊涇水在縣西南二十五里　胡渭曰周禮雍州其川涇汭詩大雅曰淠彼涇舟烝徒楫之邶風曰涇以渭濁湜湜其沚皆禹貢之涇水也水經無涇水之目渭

水篇中於入渭處僅附見一語而寰宇記原州平高縣笄頭山一名崆峒山下引水經注云薟大隴山之異名莊子謂黃帝學道於廣成子薟在此山百泉縣涇水下引水經涇水出安定涇陽縣高山注云山海經曰高山涇水出焉東流注於渭入關謂之入水彈箏峽下引水經注云涇水徑都盧山山路之內常有如彈箏之聲行者聞之鼓舞而去又云弦歌之山峽口水流風吹滴崖響如彈箏之韻因名涇州靈臺縣蒲川下引水經注云蒲川水出南山蒲谷東北合細川水又東北合且氏川水郱州宜祿縣芮水下引水經注云汭水又東逕宜祿川俗謂之宜祿川水芹川下引水經注云出羅山縣千子山山一名千子嶺東流逕宜祿縣北眞寧縣大陵水下引水經注云大陵小陵水出逕和南殊川西南逕寧陽城故豳詩云夾其皇澗陵水卽皇澗也乾州永壽縣高泉下引水經注云甘泉卽高泉山也耀州雲陽縣涇水下引水經注云涇水東流歷峽謂之涇峽五龍谷泉下引水經注云五龍水出雲陽宮西南雍州醴泉縣谷口城下引水經注云九嵕山東仲山西謂之谷口卽寒門也此皆言涇水而今本無之是水經元有涇水篇宋初尚存後乃亡之耳

水出安定涇陽开頭山者地理志安定郡涇陽縣开頭山在西禹貢涇水所出東南至陽陵入渭過郡三行千六十

里雍州川顏注开音苦見反又音牽此山在今靈州東南土俗語訛謂之汧屯山馥案六十里鄭注尚書引作六百里又案开括地志作笄與地志作雞並與顏讀異史記五帝本紀西至於空桐登雞頭索隱山名也後漢王孟塞雞頭道在隴西一曰空桐山之別名正義括地志云笄頭山一名崆峒山在原州平高縣西百里禹貢涇水所出輿地志云或卽雞頭山也淮南地形訓涇出薄落之山高注薄落之山一名笄頭山在安定臨涇縣西廣雅薄落謂之汧頭寰宇記雍州長安縣涇水出薄落山括地志涇水源出原州百泉縣西南笄頭山涇谷後漢書隗囂傳王孟塞雞頭道注云雞頭山道也雞或作笄圖經笄頭山在涇陽西禹貢涇水所出淮南子云薄落山一名笄頭山水經注云大隴之山異名耳莊子謂廣成子學道於崆峒山未詳孰是今此見有柏堂在山頂上不知何代所置也後漢書隗囂使王孟塞雞頭道謂此山也通典涇水出今平涼郡平高縣元和志笄頭山一名崆峒山在縣西一百里卽黃帝謁廣成子學道之處又平涼縣下云涇水源出縣西南涇谷南流經都盧山山路之中常如彈箏之聲故行旅因謂之彈箏峽九域志渭州平涼縣有笄頭山涇水寰宇記原州百泉縣漢朝那縣地涇水源出縣西南涇谷又渭州平涼縣可藍山一名都盧山皆涇水源與开頭山相連亘又涇州保定縣彈箏峽在原州百泉縣界都盧山涇水所出南流山谷之閒水聲清響有如彈箏東南入渭者水經注渭水云涇谷水東北流注於渭山海經曰涇谷之山涇水出焉東南流注於渭是也急就篇涇水注渭街曲顏注涇水出安定汧頭山至陽陵而入渭禹貢涇屬渭汭鄭注涇水渭水發源皆幾二千里然而涇小渭大屬於渭而入於河地理志云涇水出今安定涇陽西开頭山東南至京兆陽陵行千六百里入渭詩谷風涇以渭濁傳云涇渭相入而清濁異箋云涇水以有渭故見渭濁成十三年左傳師還濟涇杜云涇水出安定東南經扶風京兆高陵縣入渭也襄十四年傳及涇不濟釋例涇水出安定朝那縣西東南經新平扶風至京兆高陵縣入渭漢書司馬相如傳出入涇渭顏注涇水出安定涇陽开頭山東至陽陵入渭西山經高山涇水出焉而東流注於渭海內東經涇水出長城北山北入渭郭注今涇水出安定朝那縣西笄頭山東南經新平扶風至京兆高陵縣入渭三輔黃圖涇水出安定涇陽开頭山東至陽陵入渭三秦記涇渭合流三百里清濁不雜雝州之川也者周禮職方氏正西曰雍州其川涇汭注云涇出涇陽馥案本書載職方之浸其書

川者惟此一見疑後人加之

渭　水出隴西首陽渭首亭南谷東入河从水胃聲杜林說夏書以爲出鳥鼠山雝州浸也　云貴切

廣雅渭⿰亻胃也　春秋說題詞渭之爲言布也渭渭流行貌

水出隴西首陽渭首亭南谷者廣韻秦始置隴郡後魏置渭州水經渭水出隴西首陽縣渭谷亭南鳥鼠山東入於河注云渭水出首陽縣首陽山渭首亭南谷山在鳥鼠山西北此縣有高城嶺嶺上有城號渭源城渭水出焉通典渭水出今隴西郡渭源縣渭源縣志鳥鼠山在縣西二十里又西五里爲南谷山

東入河者地理志渭水東至船司空入河高注淮南地形訓渭水東會於灃又入河春秋閔二年虢公敗犬戎於渭汭釋例曰渭水出隴西狄道縣鳥鼠同穴山東經南安天水洛陽扶風始平京兆至宏農華陰縣入河西山經鳥鼠同穴之山渭水出焉而東流注於河海內東經渭水出鳥鼠同穴山東注河郭云鳥鼠同穴山今在隴西首陽縣渭水出其東經南安天水畧陽扶

風始平京兆宏農華陰縣入河括地志渭有三源竝出鳥鼠山東流入河三輔黃圖渭水出隴西首陽縣鳥鼠同穴山東北至華陰入河顏注司馬相如傳渭水東北至華陰入河　胃聲者徐鍇本作謂省聲杜林說夏書以為出鳥鼠山者禹貢導渭自鳥鼠同穴地理志隴西郡首陽縣禹貢鳥鼠同穴山在西南渭水所出史記夏本紀涇屬渭汭索隱云渭水出首陽縣鳥鼠同穴山郡國志隴西郡首陽有鳥鼠同穴山渭水出淮南地形訓渭出鳥鼠同穴高注鳥鼠同穴山在隴西首陽西南渭水所出馥案此皆鳥鼠同穴竝稱括地志渭水源出渭源縣西七十六里鳥鼠山今名青雀山博物志渭出鳥鼠隋書豆盧勣傳鳥鼠山俗呼為高武隴其下渭水所出元和志鳥鼠山今名青雀山在渭源縣西七十六里渭水所出凡有三源竝下此皆單稱鳥鼠不連同穴鄭注禹貢鳥鼠之山有鳥焉與鼠飛行而處之又有止而同穴之山焉此則以鳥鼠與同穴為二山也水經注渭水三源合注東北流逕首陽縣西與別源合水南出鳥鼠山渭水谷尚書禹貢所謂渭出鳥鼠者也地說曰鳥鼠山同穴之枝榦也渭水出其中東北流過同穴枝開馥案此與鄭同雝州浸也者周禮職方氏正西曰雍州其浸渭洛地理志渭水雝州浸高誘注淮南以渭為雍州川似誤

漾 水出隴西柏道東至武都為漢从水羕聲余亮切

水出隴西柏道東至武都為漢者楊行峒曰酈道元所見本作獂道獂以聲誤為桓桓又以形誤為相宋本及小字本作相毛晉本又誤為柏也馥案獂道地理志屬天水郡國志屬漢陽亦非隴西不知何由誤也地理志隴西郡氐道禹貢養水所出至武都為漢郡國志隴西郡氐道養水出此鄭注禹貢漾水出隴西氐道至武都為漢博物志漾出嶓冢水經漾水出隴西氐道縣嶓冢山東至武都沮縣為漢水又東南至廣魏白水縣西又東南至葭萌縣東北與羌水合又東南過巴郡閬中縣又東南過江州縣東東南入於江酈云常璩華陽國志曰漢水有二源東源出武都氐道縣漾山為漾水禹貢導漾東流為漢是也西源出隴西西縣嶓冢山會白水逕葭萌入漢始源曰沔案沔水出東狼谷逕沮縣入漢漢中記曰嶓冢以東水皆東流嶓冢以西水皆西流即其地勢源流所歸故俗以嶓冢為分水嶺即此推沔水無西入之理劉澄之云有水從阿陽縣南至梓潼漢壽入大穴暗通岡山郭景純亦言是矣岡山穴小本不容水水成大澤而流與漢合庾仲雍又言漢水自武遂川南入蔓葛谷越野牛逕至關城合西漢水故諸言漢者多言西漢水至葭萌入漢又曰始源曰沔是以經云漾水出氐道縣東至沮縣為漢水東南至廣魏白水診其沿注似與三說相符而未極西漢之源矣然東西兩川俱受沔漢之名者義或在茲矣班固地理志司馬彪袁山松郡國志竝言漢有二源東出氐道西出西縣之嶓冢山闞駰云漢或為漾漾水出崑崙西北隅至氐道重源顯發而為漾水又言隴西西縣嶓冢山在西西漢水所出南入廣魏白水又云漾水出獂道東至武都入漢許慎呂忱竝言漾水出隴西獂道東至武都為漢水不言氐道然獂道在冀之西北又隔諸川無水南入疑出獂道之為謬矣又曰漢漾也東為滄浪水山海經曰嶓冢之山漢水出焉而東南流注於江然東西兩川俱出嶓冢而同為漢水者也孔安國曰泉始出為漾其猶濛耳而常璩專為漾山漾水當是作者附而為山水之殊目矣川流隱伏卒難詳照地理潛閟變通無方復不可全言闞氏之非也雖津流派別枝渠勢懸原始要終潛流或一故俱受漢漾之名納方土之稱是其有漢川漢陽廣漢漢壽之號或因其始或據其終雖異名互見猶為漢漾矣川共目殊或亦在斯魏地形志華陽郡嶓冢縣有嶓冢山漢水出焉庾仲雍漢水記漢水出廣漢漾水出嶓冢東流至武都而與漢水合已漢志漢水二源東源出縣之養山名養西漢出隴西之嶓冢山會白水經葭萌入漢始源曰沔故曰漢沔梁州記漢水發源隴西之氐道嶓冢山南都賦注漢水源出隴西嶓冢山經武都至武關山歷南陽界出沔口入江元和志嶓冢山在興元府金牛縣東二十八里漢水出焉經南鄭縣南去縣一百步禹貢嶓冢導漾東流為漢是也寰宇記三泉縣本漢葭萌縣地漾水一名漢水一名沔水源出縣東二十八里嶓冢山今縣南有故漾水關即漢李固解印綬處通鑑劉璋將扶禁助萬餘人由閬水上注云閬水即西漢水禹貢所謂嶓冢導漾東流為漢者也黃度曰漢有沔漾之名皆東漢水也地理志西漢水出西縣嶓冢山南入廣漢白水益潛漢也經不著其所出自古皆以為東西兩漢俱出嶓冢則或然矣而西漢固無沔漾之名地理志漾水出隴西氐道至武都為漢武都東漢水受氐道水名沔則是沔漾俱為東漢矣獨氐道武都脈絡不通川渠阻隔武都受漾為不可據而桑欽遂從氐道漾水為西漢之源由是愈紛錯酈道元委曲遷就通之以潛伏之流證之以難驗之論更覺齟齬故當廢諸說而一之以經文杜佑通典奏

州上邽縣嶓冢山西漢水所出經嘉陵曰嘉陵江經閬中曰閬江漢中金牛縣嶓冢山禹導漾水東流爲漢水亦曰沔水共說爲可據新城王尚書蜀道驛程記出沔縣西門曲折行亂山中沔水流經其中至金牛驛北望見嶓冢山一小水自西東流即所謂嶓冢導漾者也合五丁峽東流爲沔自寧羌州行十里渡水過百牢關關下有分水嶺東水皆北流至五丁峽北合漾水入沔嶺西水皆南流逕七盤關龍洞合嘉陵水爲川江常璩言沔出嶓冢合白水爲西漢明與導漾之文相悖閻若璩曰氐道無考參以元和志鳳州兩當河池二縣並云永嘉之後地沒氐羌縣名絕矣晉永嘉末氐人楊茂搜自號氐王據武都自後郡縣荒廢則氐道縣之不知所在豈得已哉然郭璞注山海經嶓冢今在武都氐道縣南常璩撰漢中志東漢水源出武都氐道又並隸武都郡與漢制不同閻氏又問曰班志武都最亂道者武都縣下注東漢水受氐道水七字試武都縣爲郡治傍仇池山遠在東漢發源處三四百里之上豈有反下受漾水之理胡渭曰漢志隴西西縣下云禹貢嶓冢山西漢水所出南入廣漢白水東南至江州入江過郡四行二千七百六十里此與氐道養水全無交涉水經非一時一手作漾水篇首云漾水出隴西氐道縣嶓冢山東至武都沮縣爲漢水此不過依漢志氐道一條以立文惟加嶓冢沮縣爲不同耳其所謂漢水即東漢也亦與西縣之西漢全無交涉及觀下文東南逕白水葭萌閬中至江州入江則又確是西漢水與武都一條全無交涉矣首尾橫決必魏晉閒人所續也胡氏又曰嶓冢山孔傳不言所在郡縣而正義引地理志以實之曰隴西郡西縣嶓冢山西漢水所出夫此水即嘉陵水之上源非禹貢之所謂嶓冢導漾東流爲漢者也而班固以西縣之嶓冢爲禹貢之嶓冢謬矣自是以後言嶓冢者率依班氏如張衡西京賦云終南太一連岡乎嶓冢潘岳西征賦云面終南而背雲陽跨平原而連嶓冢玩其辭意皆主隴西而言司馬彪郡國志亦云漢陽郡西縣有嶓冢山無異議也自後魏正始中析沔陽地置嶓冢縣以表其山而名始著酈道元卒於孝昌二年上距正始置縣之時凡二十餘歲本朝典故生所親見而注水經不言豈事在成書之後不及追改抑亦因其晚出而疑之乎然漾水注引漢中記曰嶓冢以東水皆東流嶓冢以西水皆西流故俗以嶓冢爲分水嶺作者亦似知班氏之謬而以禹貢嶓冢爲當在漢中也者不然於漢中記奚爲詳及隴西之山邪由此觀之則魏收以前已有知嶓冢在漢中者不待地形志出而後知也

連筠簃叢書　靈石楊氏栞

潁達豈未之考乎然班志雖以西縣嶓冢爲禹貢之山而養水則自繫氐道之下不言出某山自水經云漾水出氐道縣嶓冢山而氐道亦有嶓冢矣常璩華陽國志云東源出武都氐道縣漾山爲漾水而氐道之嶓冢且有漾山之名矣郭璞注山海經云嶓冢今在武都氐道縣南酈注水經云東西兩源俱出嶓冢而同爲漢水則似一山跨二縣之境而在西縣者爲西源在氐道者爲東源矣輒轉迷惑愈久愈訛說經者不能出其窠臼而禹貢之嶓冢幾不可問矣西縣故城在秦州西南常璩郭璞皆云氐道屬武都而晉志武都郡無之則此縣之不可考久矣要之二縣在隴西皆古雍州域也而禹貢嶓冢乃梁州之山不應闌入雍域故惟魏收所言爲得其實又曰禹貢以嶓冢繫梁州而漢志嶓冢在雍域之隴西其一誤也禹貢云嶓冢導漾而漢志以嶓冢所出爲西漢水而漢志則出氐道二誤也禹貢之潛乃漾水枝津西出爲西漢水而漢志以爲出西縣之嶓冢三誤也漢志不言漾水出何山而水經云出氐道縣嶓冢山是氐道亦有嶓冢四誤也漾者東漢之源續水經者以西漢接漾水爲一川五誤也漾水枝津皆自東入西酈注從舊說云西漢水至葭萌入漢六誤也川流離合地上灼然可見而酈注惑闞駰之說以爲原始要終潛流或一故東西俱受漢漾之名七誤也羣言淆亂學者靡所折衷今說漢水當排棄諸家專主禹貢以沮沔爲漢之別流以西漢爲漾之枝津而氐道水則存而不論是亦理亂絲解連環之術也又曰氐道漾水至武都爲東漢水卒莫有能言其所經者今案酈注濁水出濁城北東流與丁令溪水會又東逕武街城南又東宏休水注之又東逕白石縣南又東南渥陽水注之又東與仇鳩之水合又東與河池水合又東南與故道水合水出陳倉縣之大散嶺西南流入故道川謂之故道水西南逕故道城東又西南入廣業郡界與沮水枝津合謂之兩當溪水上承武都沮縣之沮水瀆西南流注於兩當溪又西南注於濁水又南逕槃頭郡東而南合鳳溪水又東注於漢水觀此文則漢志以沮水枝津上承氐道水下爲東漢水可知也氐道雖未詳其處所以地望度之當在西縣之東河池之西上邽之南下辨之北濁水所受有丁令溪水宏休水渥陽水皆出其北益自氐道來也其中或有漢志所謂養水者但今無可攷耳然沮水枝津上承沮瀆自東入西非自西入東也昔之觀水作記者不察地勢之高下不辨川流之去來遂以爲氐道養水合濁水兩當溪由枝津以達沮沔是爲東漢之源而不知其非也班固因之故有此誤水經於

連筠簃叢書　靈石楊氏栞

武都下加沮縣二字葢亦以氐道水下通沮水爲東漢之源也然漢志不言養水出何山而水經復附會之曰嶓冢則氐道亦有嶓冢山矣常璩知其非是故又因水以名其山曰漾山而爲之殊目要之氐道水所出別是一山非嶓冢也近世言漢水者皆知班固之誤而不知其誤所由來故詳著其原委如此又曰案通典嶓冢山有二一在天水上邽一在漢中金牛雍大記云西漢水在西和縣源出嶓冢山西流與馬池水合此乃上邽之嶓冢在今秦州又云漢江源出沔縣嶓冢山東流入金州此乃金牛之嶓冢禹貢嶓冢導漾乃沔縣之嶓冢非秦州之嶓冢知嶓冢有二則東西二漢源流各自了然漾之與沔本爲一流與隴西之嶓冢都無交涉

瀁 古文從養

禹貢鄭本史記夏本紀竝作瀁 地理志作養顏注養古弋向反字本作漾或作瀁

漢 漾也東爲滄浪水從水難省聲 呼旰切

廣雅漢逹也 十道志江漢二水會於鄂州之西界 元和志裴秀云漢氏釋淮水改秩漢水爲四瀆以其國所氏

漾也者禹貢嶓冢導漾東流爲漢傳云泉始出山爲漾水東南流爲沔水至漢中東流爲漢水地理志隴西郡西縣禹貢嶓冢山西漢所出南入廣漢白水東南至江州入江過郡四行二千七百六十里馥案過郡四者隴西武都廣漢巴郡也郡國志漢陽郡西縣故屬隴西有嶓冢山西漢水莊四年左傳漢汭釋例云漢出武都沮縣經襄陽至江夏安陽縣入江僖四年傳漢水以爲池杜注漢水出武都至江夏南入江西山經嶓冢之山漢水出焉而東南流注於沔郭注嶓冢今在武都氐道縣南至江夏安陸縣入江卽沔水海內東經漢水出鮒魚之山郭注書曰嶓冢導漾東流爲漢案水經漢水出武都沮縣東狼谷經漢中魏興至南鄉東經襄陽至江夏安陸縣入江別爲沔水又爲滄浪之水淮南地形訓漢出嶓冢高注嶓冢漢陽縣西界漢水所出南入廣漢東南至雒州入江博物志漢出嶓冢括地志漢水源出梁州金牛縣東二十八里嶓冢山華陽國志漢中志漢有二源東源出武都氐道漾山因名漾禹貢流漾爲漢是也西源出隴西嶓冢山會白水經葭萌入漢始源曰沔故曰漢沔地形志華陽郡嶓冢縣有嶓冢山漢水出焉元和志秦州上邽縣嶓冢山在縣西南五十八里漾水之所出也東流爲漢水又金牛縣本漢葭萌縣地嶓冢山在縣口二十八里漢水所出黃度曰漢有沔漾之名皆東漢水也陸游曰嘗登嶓冢山有泉涓涓出山間是爲漢水之源通典天水郡上邽縣嶓冢山西漢水所出今經嘉陵曰嘉陵江經閬中曰閬中江漢中郡金牛縣地有嶓冢山禹導漾水至此爲漢水亦曰沔水顏師古云漢上曰沔馥案西漢出上邽之嶓冢東漢出金牛之嶓冢分屬二郡遠不相涉葢因東漢出於嶓冢俗以西漢所出之山亦名嶓冢後人不知有兩嶓冢故諸說多誤惟通典可據周禮職方氏荊州其川江漢林之奇曰江漢發源梁州而職方爲荊州川則荊亦兼梁地 東爲滄浪水者顏注地理志云漾出隴西氐道東流過武關山南爲漢出荊山東南爲滄浪之水卽漁父所歌者也水經注沔水云漢水中有洲名滄浪洲庾仲雍漢水記謂之千齡洲非也是世俗語譌音與字變矣地說曰水出荊山東南流爲滄浪之水是近楚都故漁父歌曰滄浪之水淸兮可以濯我纓滄浪之水濁兮可以濯我足余按尙書禹貢言導漾水東流爲漢又東爲滄浪之水不言過而言爲者明非他水決入也葢漢沔自下有滄浪通偁爾纏絡鄢郢地連紀鄀咸楚都矣漁父歌之不違水地考按經傳宜以尙書爲正爾古文苑漢津賦發源自乎嶓冢引漾澧而東征又云順乘流以上

下竆滄浪乎三澨永初山川記夏水古文以爲滄浪卽漁父所云滄浪之水淸今滄浪水合流出鐔城北界山此葢後人名之非古滄浪也禹貢鄭注滄浪之水今謂之夏水來同故世變名焉庾仲雍漢水記云武當縣西四十里漢水中有洲名滄浪洲也史記索隱馬融鄭元皆以滄浪爲夏水卽漢河之別流也漁父歌曰滄浪之水淸兮可以濯我纓是此水也荊州圖經武當縣西北四十里有滄浪洲長四里廣十三里禹貢稱漢水東流爲滄浪水疑此洲是也元和志均州武當縣漢水去縣西北四十里水中有洲名滄浪洲則禹貢云又東爲滄浪之水寰宇記漢陽縣漢水一名沔水西自汶川縣界流入劉澄之永初山川記云沔口古文以爲滄浪水卽屈原遇漁父所云滄浪之水是也林之奇曰張平子南都賦流滄浪而爲隍廓方城而爲墉李善注引左氏傳屈完所謂楚國方城以爲城漢水以爲池則是滄浪卽漢水也葢漢水至於楚地則其名爲滄浪之水也

滄 古文

浪 滄浪水也南入江從水㫗聲 來宕切

滄浪水也者括地志均州武當縣有滄浪水隋圖經漢水經琵琶谷至滄浪洲即漁父棹歌處九域志鼎洲龍陽縣有滄浪水寰宇記均州鄖鄉縣有滄浪洲南入江者永初山川記沔口古以爲滄浪水屈原遇漁父處括地志嶓冢山水始出山沮洳故曰沮水東南爲滄水又爲沔水至漢中爲漢水至均州爲滄浪水始欲出大江爲夏口又爲沔口漢江一名沔江也通鑑地理通釋漢入江處謂之沔口廣輿記沔口在漢陽府城西

沔 水出武都沮縣東狼谷東南入江或曰入夏水從水丏聲 彌兖切

水出武都沮縣東狼谷者郡國志武都郡沮縣沔水出東狼谷地理志武都郡沮縣沮水出東狼谷南至沙羨南入江過郡五行四千里荊州川元和志興州順政縣本漢沮縣地沮水出縣東北八十二里以其初出沮洳然故名沮水寰宇記興州順政縣本漢沮縣地沔水一名沮水源出縣東北八十二里山谷下通典興州順政縣地沔水發源於此一名沮水胡渭曰漢郊祀志泰祠沔於漢中地理志漢中有沔陽縣武都下云東漢水一名沔則沔漢互稱其

來已久而沮縣下又云沮水出東狼谷南至沙羨南入江荊州川按周禮荊州川曰江漢而無沮是沮即沔也胡口氏又曰沔水一名沮水出武都沮縣東狼谷東南流至沮口與漾水合漾一於是兼有沔稱故傳云漢上曰沔凡水有隨地異名者漾東流爲漢又東爲滄浪之水是也有因他水決入而互受通稱者漢上曰沔是也廣韻沔漢水別名博物志沔出月台郭注方言云沔水今在襄陽禹貢迴于沔鄭注或謂漢爲沔漢書郊祀志沔祠漢中顏注沔漢水之上名也後漢書岑彭傳彭乃潛兵度沔水注云沔水源出武都東狼谷中郎漢水之上源也梁州記漢發源嶓西氐道縣之嶓冢山東至於夏口合江縣帶四州之域經途五千餘里謂之沔水水經沔水出武都沮縣東狼谷中東南逕江夏雲杜縣東夏水從西來注之又南至江夏沙羨縣北南入於江酈注沔水一名沮水闞駰曰以其初出沮洳然故曰沮水也縣亦受名焉又東南逕沮水戍而東南流注漢曰沮口所謂沔漢者也尚書曰嶓冢導漾東流爲漢山海經所謂漢出鮒嵎山也東北流得獻水口庾仲雍云是水南至關城合西漢水漢水又東北合沮口同爲漢水之源也故如淳曰此方人謂漢水爲沔水孔安國曰漾水東流爲沔蓋與沔合也至漢中爲漢水是互相通稱矣

東南入江者地理志武都郡武都縣東漢水受氐道水一名沔過江夏謂之夏水入江應劭曰沔水出武都東南入江又曰沔水出江別至南郡華容爲夏水過郡入江故曰江夏禹貢傳云漾東南流爲沔水至漢中東流爲漢水正義應劭云沔水自江別至南郡華容爲夏水過江夏郡而入江既云江別明與此沔別也依地理志漢水之尾變爲夏水是應劭所云沔水下尾亦與漢合乃入於江也或曰入夏水者鄭注尚書引地理志潛水至武都爲漢至江夏謂之夏水馥案即此沔水然夏入沔非沔入夏漢志南郡華容夏水首受江東入沔水經沔水過江夏雲杜縣東夏水從西來注之又夏水云夏水東至江夏雲杜縣入於沔酈注鄭元注尚書滄浪之水言今謂之夏水永初山川記夏水古文以爲滄浪因此言之水應由沔今按夏水是江流沔非沔入夏假使沔注夏其勢西南非向書又東之文余亦以爲非也

湟 水出金城臨羌塞外東入河從水皇聲 乎光切

水出金城臨羌塞外者地理志金城郡臨羌縣西北至塞外有西王母石室僊海鹽池北則湟水所出趙充國傳先

零豪言願時渡湟水北顏注湟水出金城臨羌塞外東入河後漢桓帝紀段熲擊當煎羌於湟中注云湟水名在今鄯州湟水縣寰宇記鄯州湟水縣西皇山有水出其陽一名湟河亦謂樂都水西自吐谷渾界入漢破匈奴取西河地開湟中處月氏即此湟水東入河者地理志湟水東至允吾入河元和志湟水出青海東北亂山中東南流至蘭州西南入黃河

汧 水出扶風汧縣西北入渭從水开聲 苦堅切

水出扶風汧縣者當如漆下稱右扶風地理志右扶風汧縣吳山在西古文以爲汧山雍州山北有蒲谷鄉弦中谷雍州弦蒲藪汧水出西北入渭芮水出西北東入涇詩芮阸雍州川也郊祀志汧洛二淵爲小山川後漢書隗囂傳復使來歙至汧注云汧水名因以爲縣屬右扶風釋水汧出不流郭云水泉潛出便自停成污池郝疏云以其初出不流停成弦蒲澤藪故曰汧出不流也水經注汧水出汧縣之蒲谷鄉弦中谷決爲弦蒲藪爾雅曰水決之澤爲汧三輔舊事初秦都渭北渭南作長樂宮橋通二宮閒表河以爲秦東門表汧以爲秦西門二門相去八百里賜十

三州志汧水出汧縣西北九域志隴州汧源縣有汧水馥案即今之汧陽河也字或作岍禹貢導岍及岐釋文岍字又作汧史記夏本紀道九山汧及岐索隱汧一作岍按有汧水故其字或從山或從水猶岐山然也馥案山因水得名當作水旁括地志汧山在隴州汧源縣西六十里其山東鄰汶岫西接隴岡汧水出焉　西北入渭者水經注汧水又東南逕隃麋縣故城南歷慈山逕都夷縣平陽故城南又東流注於渭

澇　水出扶風鄠北入渭從水勞聲魯刀切

水出扶風鄠者當稱右扶風郊祀志霸產豐澇涇渭長水皆不在大山川數顏注豐澇出鄠元和志鄠縣牛頭山在縣西南二十三里南接終南在上林苑中西京賦云紘黃山而款牛首是也澇所自出潘岳關中記涇渭霸滻豐鎬澇潏上林賦所謂八川分流也史記司馬相如傳作潦字索隱姚氏云潦或作澇　北入渭者水經渭水又東過槐里縣南又東澇水從南來注之酈注澇水出南山澇谷北逕漢宜春觀東又北逕鄠縣故城西北注甘水而亂流入於渭顏注漢書司馬相如傳潦音牢水名也出鄠縣西南山潦谷而北流入於渭史記索隱引姚氏曰澇水出鄠縣北注渭

漆　水出右扶風杜陵岐山東入渭一曰入洛從水桼聲親吉切

玉篇有古文作洷穆天子傳天子舍于漆澤

水出右扶風杜陵岐山者杜陵當爲杜陽水經漆水出扶風杜陽縣俞山東北入於渭酈注云山海經曰羭次之山漆水出焉北流注於渭蓋自北而南矣尚書禹貢太史公禹本紀云導渭水東北至涇又東過漆沮入於河孔安國曰漆沮一水名矣亦曰洛水也出馮翊北周太王去邠度漆踰梁山止岐下故詩云民之初生自土沮漆又曰率西水滸至于岐下是符禹貢本紀之說許慎說文稱漆水出右扶風杜陽縣岐山東入渭從水桼聲又云一曰漆城池也潘岳關中記曰關中有涇渭灞滻酆鄗漆沮之水酆鄗漆沮四水在長安西南鄠縣漆沮皆南注酆鄗水北注鬬山鬬門麗山西北有溫池溫池西南八十里岐山在杜陽北長安西有渠謂之漆渠班固地理志云漆水在漆縣西闞駰十三州志又云漆水出漆縣西北至岐山東入渭今有水出杜陽縣岐山北漆溪謂之漆渠西南流注岐水但川土音異今說互出考之經史各有所據識淺見浮無以辨之矣又云十三州志曰馮翊萬年縣西有涇渭北有小河謂漆水也又注渭水云雍水又東南流與橫水合水出杜陽山其水南流謂之杜陽川東南流左會漆水水出杜陽縣之漆溪謂之漆渠故徐廣曰漆水出杜陽之岐山者是也書禹貢漆沮既從灃水攸同傳云漆沮之水已從入渭灃水所同同之於渭又又東過漆沮入于河傳云漆沮二水名亦曰洛水出馮翊北正義地理志云漆水出扶風漆縣依十三州記漆水在岐山東入渭則與漆沮不同矣此云會於涇又東過漆沮是漆沮在涇水之東故孔以爲洛水一名漆沮水經云鄭渠在太上皇陵東南濁水入焉俗謂之漆水又謂之漆沮其水東流注於洛水志云出馮翊懷德縣東南入渭以水土驗之與毛詩古公自土沮漆者別也彼漆即扶風漆水也詩緜自土沮漆傳云沮水漆水也又潛猶與漆沮傳云漆沮岐周二水也史記夏本紀漆沮旣從索隱漆水出右扶風漆縣西地理志扶風郡漆縣下云水在縣西不言所出葢謂縣以水得名非謂水出於此縣也杜陽下云杜水南入渭顏注大雅緜之詩曰人之

初生自土沮漆齊詩作自杜言公劉避狄而來居杜與漆沮之地郡國志右扶風漆縣有漆水注云地道記曰水在縣西耿弇傳屯兵於漆注云漆縣屬右扶風故城在今豳州新平縣也漆水在西晉書地理志新平郡漆縣漆水在西晉書地道記漆水在漆縣西寰宇記鳳翔府普潤縣漆水源出縣東南漆溪馬氏名物疏漆水出自鳳翔府麟游縣西普潤廢縣故漢漆縣也流經岐山北大麟水自西北注之與杜水合齊詩所謂自杜沮漆是也胡渭曰扶風有二漆水漢志漆縣下云水在縣西不言其所出入水經云出杜陽縣俞山東北入於渭說文云出杜陽岐山東入渭闞駰云出漆縣西北岐山東入渭酈道元云周太王去邠度漆踰梁山止岐下故詩曰民之初生自土沮漆又曰率西水滸至于岐下此一漆也闞駰云有水出杜陽縣岐山北漆溪謂之漆渠西南流注岐水酈道元云杜水出杜陽山東南流合漆水水出杜陽之漆谿謂之漆渠南流合岐水至美陽縣注於雍水隋志扶風普潤縣有漆水此又一漆也元和志云漆水在新平縣西九里北流注於涇今麟游縣東南亦有漆水與此異寰宇記云按注水經曰漆水自宜祿界來又東過漆縣北即今邠州所治也今縣西九里有白土川東北流經白土原東陳陽原西又東北注

涇水恐是漢之漆水但古今異名耳麟游之漆水南流與
杜陽水合非漢之漆水也胡氏又曰詩大雅自土沮漆傳
云沮水漆水也周頌猗與漆沮傳云漆沮岐周二水也此
皆謂扶風之漆沮程大昌雍錄謂禹貢漆沮惟富平石川
河正當其地確不可易 東入渭者水經漆水出杜陽縣
俞山東北入於渭十三州志漆水出漆縣西北岐山東入
渭括地志漆水源出岐州普潤縣東南岐山漆溪東入渭
西山經翰次之山漆水出焉北流注於渭詩地理考引段
氏曰漆沮有二皆出雍州東入於渭特有上流下流之別
詩漆沮入於渭之上流書漆沮入於渭之下流 一曰入
洛者會洛入渭也十三州志漆沮即洛水水經水又東
過華陰縣北酈注洛水入焉闞駰以為漆沮之水也地理
志漆沮既從顏注漆沮即馮翊之洛水也又五行志引史
記周幽王二年三川皆震顏注涇渭洛也洛即漆沮也雍
錄漆在沮東洛在漆沮東漆至華原而西合沮漆又東
南至同州白水縣乃合乎洛而南流合渭三水雖分而自
水縣溷為一流故孔安國班固皆指懷德入渭之水為洛
水而曰洛水即漆沮也通典漆沮之水今京兆府華原富平
一界亦曰洛水馥案徐鍇本下有
一曰漆城池五字水經注引同

滻 水出京兆藍田谷入霸從水產聲 所簡切

水出京兆藍田谷者當云京兆尹南陵本書以水所出之
縣屬於郡下此獨無縣非例也地理志京兆尹南陵沂水
出藍田谷北至霸陵入霸水霸水亦出藍田谷北入渭師
古曰兹水秦穆公更名以章霸功視子孫沂音先歷反馥
按沂當為泝正作㴙玉篇㴙大也充滿也秦穆公欲以章
霸功之開拓充盛故名㴙水後世讀㴙為桑故切但主㴙
泝一義遂不解先歷反為何字矣師古曰兹水者師字衍
文寰宇記云古謂之兹水即本漢志馥謂志當云古曰產
水滻作產猶澧作豐產兹形近致誤視子孫下當有師古
曰三字蓋先歷反乃顏所釋字音也司馬相如傳終始霸
產顏注霸水出藍田谷西北而入渭產水亦出藍田谷北
至霸陵入霸馥案所說產水與沂水同郊祀志霸產豐澇
顏注霸產出藍田馥案當云藍田谷 入灞者小字本作
霸水經滻水出京兆藍田谷北入於灞三輔黃圖產水出
藍田谷北至霸陵入霸水經渭水又東過霸陵縣北霸水
從西北流注之寰宇記藍田縣灞水源出藍田谷即秦嶺
水之下流東南自商州上洛縣
界流入又西北流合滻水入渭

洛 水出左馮翊歸德北夷界中東南入渭從水各聲 盧各
切

水出左馮翊歸德北夷界中東南入渭者地理志左馮翊
褒德縣洛水東南入渭雍州浸又北地郡歸德縣洛水出
北蠻夷中入河馥案本書兼兩說後人亂之也周禮職方
氏雍州其浸渭洛鄭注洛出懷德冀州其浸汾潞鄭注潞
出歸德是歸德所出乃潞水非洛水漢志歸德之洛潞之
譌也本書當云水出左馮翊褒德東南入渭雍州浸徐鍇
本有雍州浸三字其歸德北夷界中六字本潞下訓溷入
於此漢書音義晉灼曰洛水在馮翊懷德縣東南入渭詩
瞻彼洛矣傳云洛宗周溉浸水也周語幽王三年西周三
川皆震韋注三川涇渭洛關中記渭與涇洛一名漆沮水
一名洛水出馮翊為關中三川周幽王時三川震是也與
涇灞滻澇潏灃滈為八水通鑑陽休之對高歡曰河洛伊
為三川涇渭洛亦為三川注云涇渭洛之洛指關中洛水
史記河渠書臨晉民願穿洛以溉重泉正義洛漆沮水也
初學記周禮雍州其川洛汭此洛一名漆沮出馮翊此關
輔之水非河南洛水寰宇記馮翊縣洛水自西北澄城縣

界流入亦曰沮水王應麟詩地理考易氏曰按漢志左馮
翊懷德縣即彊梁原之洛水北絛荊山在縣西正洛水之
源也應麟按懷德即京兆之富
平縣今屬耀州即馮翊之地

淯 水出宏農盧氏山東南入沔從水育聲或曰出酈山
西 余六
切

本書酈南陽淯陽
鄉精育陽染也

水出宏農盧氏山者當云盧氏熊耳山地理志宏農郡盧
氏熊耳山在東伊水出東北又有育水南至順陽入沔過
郡二行六百里又南陽郡育陽縣應劭曰育水出宏農盧
氏南入於沔元和志宏農縣熊耳山在縣南五十里南都
賦淯水盪其胸李善引山海經攻離之山淯水出焉南流
注於漢郭璞曰今淯水在淯陽縣南馥案注漢者所謂沔
漢也 東南入沔者水經沔水東過襄陽縣北又從縣東
屈西南淯水從北來注之酈注襄陽城東有東白沙白沙
北有三洲東北有宛口即淯水所入也 或云出酈山西
者文有脫謬晉書音義引字林淯水出酈縣西北山中南

入漢地理志南陽郡酈縣育水出西北南入漢中山經支
離之山淯水出焉南流注於漢注云今淯水出酈縣西北
山中南入漢

汝　水出宏農盧氏還歸山東入淮从水女聲　人渚切

釋名汝南在汝水南也汝陰在汝水陰也　閻若璩四書釋
地或謂汝水絕迹於禹貢而孟子言決汝得毋近鑿空余曰
觀爾雅從釋地已下至九河皆禹所制名中有曰水自汝出
爲濆又曰汝有濆此豈禹一無所事於汝而被以是名與又
豈汝自天然入於淮而無須禹力與故決汝二字正可補經
文之不備善乎太史公言書缺有閒矣其軼乃時時見於他
說洵有味哉但難得會心人於千載之下耳胡渭曰孟子此
言決汝而經絕無其事不知孟子於此何以獨多誤竊謂此
文當云禹疏九河瀹濟漯決江漢排淮
泗而注之海則字字與禹貢相符矣
水出宏農盧氏還歸山者地理志汝南郡女陽縣應劭曰
汝水出宏農入淮又定陵縣高陵山汝水出東南至新蔡
入淮過郡四行千三百四十里成十七年左傳楚公子申
救鄭師於汝上釋例汝水出南陽魯縣大盂山東北至河
南梁縣東南經襄城潁川汝南至汝陰褒信縣入淮海內
東經汝水出天息山南入淮極西北注云今汝水出南陽
魯陽縣大盂山東北至河南梁縣東南經襄城潁川汝南
至汝陰褒信縣入淮淮極地名春秋說題辭汝出猛山汝
之爲言女也宋均注云女取其生孕也淮南地形訓汝出
猛山高注猛山一名高陵山在汝南定陵縣汝水所出東
南至新蔡入淮括地志汝水源出汝州魯山縣西伏牛山
亦名猛山至豫州郾城縣名濆博物志汝出燕泉晉書地
道記高陵山汝水所出元和志汝州魯山縣汝水出縣西
一百五十里天息山一名伏牛山水經汝水出河南梁縣
勉鄉西天息山酈云地理志曰出高陵山卽猛山也亦言
出南陽魯陽縣之大盂山又言出宏農盧氏縣還歸山博
物志汝出燕泉山竝異名也今汝水西出魯陽縣之大盂
山蒙柏谷西卽盧氏界也　東入淮者水經汝水東至原
鹿縣南入於淮酈注所謂汝口
水側有汝口戍淮汝之交會也

潩　水出河南密縣大隗山南入潁从水異聲　與職切

水出河南密縣大隗山者縣字衍按後有瀷字聲義竝同
蓋一字也徐鍇韻譜潩水名瀷同六書故云潩說文作瀷

晏氏類要潩水音翼廣韻潩水名在河南密縣出文字音
義地理志河南郡密縣大騩山潩水所出南至臨潁入潁
元和志河南府密縣下云大騩山在縣東南五十里本具
茨山黃帝見大隗於具茨之山故亦謂之大騩山瀷水源
出於此寰宇記文同字作潩九域志東京開封府陽陵縣
有潩水水經潩水出河南密縣大騩山酈注大騩卽具茨
山也潩水出其阿流而爲陂俗謂之玉女池又云時人謂
之敕水非也敕潩音相類故字從聲變耳淮南本經訓淌
游瀷減高注瀷讀燕人強春言敕之敕覽冥訓潦水旬月
不雨則涸而枯澤受瀷而無源者高注瀷讀燕人強春言
敕同也元和志許州長社縣瀷水俗名勑水經縣西其源
出密縣大騩山　南入潁者水經瀷水東南入於潁又潁
水云潁水過汝南濦強縣北洧水從河南密縣東流注之
酈注潩水入焉非洧水也元和志馬嶺山在密縣南十五
里洧水所出蔑
謂此亦潩水也

汾　水出太原晉陽山西南入河从水分聲或曰出汾陽北山冀州浸　符分切

昭元年左傳昔金天氏有裔子曰昧爲玄冥師生允格臺駘
臺駘能業其官宣汾洮障大澤以處太原帝用嘉之封諸汾
川沈姒蓐黃實守其祀今晉主汾而
滅之矣由是觀之則臺駘汾神也
水出太原晉陽山者詩彼汾沮洳傳云汾水也晉語景霍
以爲城而汾河涑澮以爲淵　西南入河者郭注方言云
汾水出太原經絳北西南入河僖十六年左傳涉汾注云
汾水出太原南入河成六年傳有汾澮以流其惡注云汾
水出太原經絳北西南入河水經汾水又西至汾陰縣北
西注於河括地志汾水西南流入絳州至蒲州入河也
或曰出汾陽北山者地理志太原郡汾陽縣北山汾水所
出西南至汾陰入河過郡二行千三百四十里冀州寖
案過郡二太原河東也桓三年左傳逐翼侯於汾隰釋例
云汾水出太原故汾陽縣東南至晉陽縣西南經西河平
陽至河東汾陰縣入河晉語吾命之以汾陽之田百萬韋
云賈侍中云汾水名海內東經汾水出上窳北而西南注
河注云今汾水出太原晉陽故汾陽縣東南經晉陽西南
經西河平陽至河東汾陰入河北山經管涔之山汾水出
焉而西流注於河注云山今在太原郡故汾陽縣北秀容
山水至汾陰縣北西入河晏氏類要管岑山在宜芳縣北

一百三十里本漢汾陽縣前趙錄劉曜嘗隱於管岑山水經汾水出太原汾陽縣管涔山隋圖經大業十六年敕於汾州北臨汾水起汾陽宮郎管涔山汾河源所出之處括地志汾水源出嵐州靜樂縣北百三十里管涔山北東南流入幷州郎西南流入絳州至蒲州入河也通典嵐州靜樂縣下云有管涔山汾水所出元和志嵐州靜樂縣本漢汾陽縣地管涔山在縣北一百三十里汾水源出焉九域志憲州靜樂縣有管涔山汾水寰宇記嵐州靜樂縣管涔山在縣北一名管涔山山海經云汾水所出涔音岑管音姦土人云其山多菅草或以爲名又爲管字淮南地形訓汾出燕京高云燕京山在太原汾陽汾水所出西南至汾陰入河冀州浸前趙錄汾水出管岑山之陽十三州記汾水出周武縣之燕京山蓋管岑之異名也冀州浸者周禮職方氏河內曰冀州其浸汾潞注云汾出汾陽

澮 水出霍山西南入汾從水會聲 古外切

竹書紀年晉出公五年澮絕於梁

水出霍山者徐鍇本作水出河西霍山馥案河西當爲河東地理志河東郡彘縣霍大山在東冀州山玉篇澮水出

平陽絳縣西元和志霍邑縣霍山一名太岳在縣西東二里禹貢曰壺口雷首至于太岳鄭元注曰今河東彘縣霍太山是也水經澮水出河東絳縣東澮交東高山酈注澮水東出絳高山亦曰河南山又曰澮山西南與諸水合謂之澮交元和志絳州翼城縣澮高山在縣東南二十五里澮水出焉九域志絳州翼城縣有澮水馥案澮水西逕翼城南不出於翼城故曰有　西南入汾者春秋釋例澮出平陽絳縣西南入汾水經澮水又西至王澤注於汾水

沁 水出上黨羊頭山東南入河從水心聲 七鴆切

水出上黨羊頭山者徐鍇本作水出上黨穀遠地理志上黨郡穀遠縣羊頭山世靡谷沁水所出郡國志上黨郡穀遠下注云上黨記曰有羊頭山沁水所出晏氏類要羊頭山在上黨壺關縣九域志潞州長子縣有羊頭山元和志潞州長子縣羊頭山在縣東五十六里後漢安帝時羌寇河東以任尙爲御史擊破於羊頭山謂此也寰宇記澤州高平縣本漢涅氏縣屬上黨郡羊頭山在縣北三十五里山海經云神農嘗五穀之所山形象羊頭水經沁水出上黨涅縣謁戾山酈注沁水卽涅水也或言出穀遠縣羊頭山世靡谷地理志上黨郡涅氏縣涅水也顏注涅水出焉故以名縣也北山經謁戾之山沁水出焉南流注於河郭注謁戾山在上黨郡涅縣沁水至滎陽縣東北入河或出穀遠縣羊頭山也馥案寰宇記緜上縣本漢穀遠縣地屬上黨郡羊頭山一名謁戾山在縣東北五十里沁水所出此以謁戾羊頭爲一山與郭說異元和志緜上縣本漢穀遠縣地羊頭山在縣東北五十里沁水所出又云沁水一名少水出縣東南二十四里覆甑山左傳曰齊侯伐晉封少水爲京觀也馥案水經注引京相璠曰少水今沁水也廣韻沁州本漢穀遠縣後魏置沁源縣武德初置州因沁水以名通鑑安慶緒間李嗣業在河內涉沁水攻之注云沁水出沁州沁源縣東南出山而東流過河內縣北慶緒自鄴屯河內須度沁水郡縣釋名沁河源出沁源縣有二一自縣西北縣山東谷南流一自縣東北馬圈溝南流俱至交口郇合流入黃河魏司馬孚請造石門表曰臣被明詔興河內水利臣旣到檢行沁水源出銅鞮山屈曲周迴水道九百里魏土地記河內郡野王縣西七十里有沁水左逕沁水城西附城東南流也東南入河者海內東經沁水出井陘山東東南注河水經沁水東南至滎陽縣北東入於河又河水云又東北過武德縣東沁水從西北來注之地理志沁水東南至滎陽入河顏注今沁水至懷州

武陟縣界入河此云至滎陽疑轉寫錯誤馥案郭注山海經亦云沁水至滎陽縣北東入河

沾 水出壺關東入淇一曰沾益也從水占聲 他兼切

水出壺關者徐鍇本作水出上黨壺關地理志上黨郡壺關縣沾水東至朝歌入淇又沾縣下應劭曰沾水出壺關郡國志注壺關今名無畢馥謂畢當作睾卽皐字者見地理志　一曰沾益也者廣雅同俗作添玉篇添益也庾信橙賦香添然蜜梁簡文帝七勵若乃越梅變實楚醴方添

潞 冀州浸也上黨有潞縣從水路聲 洛故切

冀州浸也者周禮職方氏冀州其浸汾潞鄭注潞出歸德圖經後周於襄垣縣立潞州以其浸汾潞爲名馥謂冀州上當有水出北地歸德北夷界中入河十二字今溷入洛字下諸言潞者竝作洛字地理志北地郡直路縣沮水出東西入洛禹貢正義引水經沮水出北地直路縣東入洛水淮南地形訓洛出獵山高云獵山在北地西北夷中西山經泰冒之山洛水出焉晉灼引水經云洛水出上郡雕陰泰冒山過華陰入渭地理志上郡故匈歸顏注匈歸者

言匈奴歸附其郡有雕陰道又有洛都襄洛二縣西山經白於之山洛水出於其陽而東流注於渭括地志洛水源出慶州洛源縣白於山東南流經鄜丹同三州至華陰北南流入渭雍錄洛水出塞後經鄜坊同三州乃入渭元和志慶州洛源縣本漢歸德縣地屬北地郡大業元年改爲洛源縣因洛水所出爲名洛水源出白於山一名女郎山在縣北三十里寰宇記洛水源出白於山經上郡雕陰縣秦望山南過襄樂郡又東南過馮翊衙縣地也寰宇記坊州下云洛水在州東北四十里按山海經云出自杵山地理志云出北地歸德縣北蠻夷中從鄜州洛川縣西南入中部鄜城二縣過入同州白水縣陳啟源曰漢歸德今慶陽府合水縣隋置洛源於其東北蓋指洛水之初入塞爲源以名縣也山海經白於之山洛水出其陽東流以注於渭寰宇記白於山一名女郎山在合水縣北三十里亦謂洛出合水縣與隋洛源意同皆言洛之源也上黨有潞縣者地理志上黨郡潞縣故潞子國郡國志上黨郡潞縣注引上黨記潞濁漳也縣城臨潞十三州志潞縣潞水出焉九域志潞州潞城縣有潞水元和志潞州潞城縣本漢潞縣屬上黨郡漳水一名潞水在縣北闕駰曰潞水在縣北爲冀州浸即漳水也按王猛與慕容評相樂於潞州評鬻水與軍人絹疋水二石則此無他大川可以爲浸所有惟漳水耳故世俗尚謂濁漳爲潞水也

漳　濁漳出上黨長子鹿谷山東入清漳清漳出沾山大要谷北入河南漳出南郡臨沮从水章聲諸良切

濁漳出上黨長子鹿谷山者地理志上黨郡長子縣鹿谷山濁漳水所出周禮職方氏河內曰冀州其川漳注云漳出長子翁君樹培曰古布文有䟣予即長子古文長從邑寰宇記潞州長子縣鹿谷山冀州圖經山在縣西有大道入壺口東出達襄國西登奚斯巨嶺以達河東經阻千里郡國志上黨郡屯留下注引上黨記有鹿谷山濁漳所出北山經發鳩之山漳水出焉東流注於河郭注漳濁漳元和志潞州長子縣發鳩山在縣西南六十五里濁漳水出焉寰宇記上黨縣下引河北記濁漳源出發鳩山地理志信都國信都縣故漳河故虖池河皆在北東入海禹貢絳水亦入海胡渭曰漢志雜采古記故漳絳二水並存實一川也漳絳本入河及河徙之後漳絳循河故道而下故酈元云水流閒關所在著目信都復見絳名而東入於海也然漢志信都之絳水則又有別志云故漳河在北東入海禹貢絳水亦入海蓋縣北故漳卽禹河之故道而絳水出其南則漳水之徙流酈元所謂絳瀆者也濁漳注云漳水自南宮縣故城西又北絳瀆出焉今無水故瀆東南逕九門城南又東南逕南宮城北又東南逕繚城縣故城北左逕安城南又東北逕辟陽亭又北逕信都城東散入澤渚西至於信都城東連於廣川縣之張甲故瀆同歸於海故地理志曰禹貢絳水在信都東入於海也蓋漢時信都之漳水從其縣南故地志以爲絳水而目縣北之瀆曰故漳河其後漳又復北道故水經敘漳水仍自信都縣西東北過下博縣胡氏又曰水經注濁漳所經以今輿地言之皆禹貢降水之所經也又曰宋張洎云降水卽濁漳也地理志上黨屯留縣下云桑欽言降水出西南東入海酈道元引此文作入漳云絳水發源屯留下亂漳津與漳俱得通稱也水經所敘漳水自平恩以下皆禹河之故道河自斥漳又東北逕平恩曲周以至鉅鹿其西畔爲大陸也毛晃禹貢指南濁漳水一名降水導河序北過降水至于大陸是也九域志河北東路冀州信都郡定武軍有昌亭城水經云漳水東北至昌亭今滹沱衡漳水今長盧河則其故瀆也鄴縣圖經濁漳水在縣西水東北津有丙樂　淸滿東西五里俗謂紫陌河此處卽俗巫爲河伯娶婦處也

入清漳者地理志濁漳水東至鄴入清漳又魏郡武始縣漳水東至邯鄲入漳郭注北山經或曰濁漳出長子縣鹿谷山而東至鄴入清漳水經濁漳水出上黨長子縣西發鳩山過平舒縣東南入海馥案水經以濁漳流長清漳入於濁漳蓋以合流之下屬濁漳也潛邱劄記云漢志濁漳入清漳清漳東北至阜城入大河阜城在今阜城縣東二十里此與禹貢漳入河處不合蓋河既徙後之新道也水經清漳入於濁漳濁漳東北過平舒縣南東入海平舒乃東平舒今霸州大城縣此又河既徙班氏以後之新道也

清漳出沾山大要谷者沾下山上有闕文蓋言沾縣之某山也據水經山海經當是少山地理志上黨郡沾縣大黽谷清漳水所出東北至邑成入大河過郡五行千六百八十里冀州川馥案黽卽要字北地郡大黽顏注黽卽古要字也吳仁傑曰古文要作𡝩與黽相近水經注清漳水出大黽谷注云大要谷是也邑成當爲昌成鄭注禹貢言至安平阜成入河續漢志安平國故信都延光元年改其屬縣有阜成故昌城應劭曰前志作昌成是也過郡五者上黨郡魏郡廣平國鉅鹿郡信都國也鄭注禹貢漳水在上黨沾縣大要谷東北至安平阜成入河水經清漳水出上黨沾縣西北少山大要谷東至武安縣南黍窖邑入於

濁漳酈注漳水出鹿谷山與發鳩連麓而在南淮南子謂之發苞山故異名互見也又云淮南子曰清漳出謁戾山高誘云山在沾縣今清漳出沾縣故城東北俗謂之沾山其山亦曰鹿谷山水出大要谷寰宇記平定軍樂平縣卽漢沾縣清漳水出縣西南少山少山一名河逢山福地記曰河逢山在樂平沾縣高八百丈可避兵水此卽恆山之佐命也玉海引薛氏曰濁漳出潞州長子縣東至磁州武安縣入清漳清漳出平定軍樂平縣合庳池易水東北至滄州清池入海清漳卽衡水也信都記衡水亦曰長蘆水卽濁漳之下流也水有袁潭渡歷下博城北而逶迤東注謂之九爭曲水味鹹苦俗稱苦河亦謂之黃漳河是也元和志潞州涉縣清漳水一名涉河在縣南一里九域志遼州遼山縣有清漳水　北入河者地理志清漳水東北至邑成入大河又廣平國㾓章縣下應劭曰漳水出沾北入河禹貢至于衡漳鄭注橫漳漳水橫流入河北山經少山清漳之水出焉東流於濁漳之水注云清漳出少山大要谷至武安縣南黍窖邑入於濁漳或曰東北至邑成入於大河也淮南地形訓清漳出楬戾濁漳出發包高云楬戾山在上黨發包山一名鹿苦山亦在上黨長子二漳合流經魏郡入清河　南漳出南郡臨沮者不及所入疑有闕

漏地理志南郡臨沮縣禹貢南條荊山在東北漳水所出東至江陵入陽水陽水入沔行六百里水經漳水出臨沮縣東荊山又南至枝江縣北烏扶邑入於沮酈云地理志曰東至江陵入陽水注於沔非也今漳水於當陽縣之東南百餘里而右會沮水也宣四年左傳師於漳澨釋例云漳水出新城沶鄉縣南至荊山東南經襄陽南郡當陽縣入沮哀六年傳江漢沮漳楚之望也土地名云漳經襄陽至南郡當陽入沮中山經荊山漳水出焉而東南流注於睢注云荊山今在新城沶鄉縣南漳水出荊山至南郡當陽縣入沮水寰宇記漳沮二水並出建安界而合流於當陽縣北王粲登樓賦挾清漳之通浦倚曲沮之長洲贈士孫文始詩遷於荊楚在漳之湄

淇　水出河內共北山東入河或曰出隆慮西山從水其聲　渠之切

水出河內共北山者地理志河內郡共縣周共故國北山淇水所出晉書地理志汲郡共縣北山淇水所出詩毖彼泉水亦流于淇桑中送我乎淇之上矣傳並云淇水名也禹貢北過降水鄭注今河內共縣北山共水出焉東至魏郡黎陽縣入河近所謂降水也降讀當如鄘降於齊師之降聲轉爲共葢周時國於此地者惡言降故改謂之共耳十三州記昔共伯復歸於國逍遙得意於共山之首寰宇記淇口水出共山東至衛縣西一里過又南流二十三里與清水合入河謂之淇水口馥案所稱共山卽北山東入河者地理志淇水東至黎陽入河隋圖經清淇西自魏郡朝歌界入分爲二派一在郡東一在郡西俱南流入河通典衛州衛縣下云淇水出共山東至今縣界入河謂之淇水口　或曰出隆慮西山者玉篇淇水出林慮山水經淇水出河內隆慮縣西大號山東過內黃縣南爲白溝屈從縣東北與洹水合又東北過廣宗縣東爲清河又東北過漂榆邑入於海淮南地形訓淇出大號高注大號山在河內共縣北或曰在臨慮西北山經沮洳之山淇水出焉南流注於河注云今淇水出汲郡隆慮縣大號山東過河內縣南爲白溝元和志衛州共城縣漢屬河內郡淇水源出縣西北沮洳山

蕩　水出河內蕩陰東入黃澤從水𦻏聲　徒朗切

水出河內蕩陰者地理志河內郡蕩陰蕩水東至內黃澤西山羑水所出亦至內黃入蕩水經蕩水出河內蕩陰縣

西山東九域志大名府內黃縣有蕩水或借湯字趙策魏安釐王使將軍救趙止於湯陰寰宇記湯陰縣湯水在縣治北源出縣西牟山去縣三十五里又云湯陰縣古羑里之地在七國時魏之蕩陰漢以爲湯陰縣屬河內郡因蕩水爲名集韻云或從竹通作湯廣韻簜吐郎切水名在鄴今蕩陰縣單作湯又蕩徒朗切水名出湯陰馥案從艸之蕩宋人重修所加　東入黃澤者水經蕩水東北至內黃縣入於黃澤程君瑤田曰字林林慮黃水發源䣊囷之山谷按林慮卽漢志河內郡屬之隆慮隆慮之下文以蕩陰云蕩水東至內黃澤然則內黃澤者疑卽林慮黃水來至此滙爲澤也魏郡內黃縣下應劭曰春秋吳子晉侯會於黃池今黃澤在西臣瓚以爲陳留郡屬之外黃有黃溝則黃澤不得在魏郡師古是瓚說余謂黃池自非黃澤而黃澤當爲林慮黃水之所滙足證字林之說矣

沇　水出河東東垣王屋山東爲泲從水允聲　以轉切

漢書天文志角亢氐沇州　春秋元命苞五星流爲沇州葢取沇水以爲名焉　通典兗之爲言端也信也端言陽精端端故其氣纖殺也　禹貢濟河惟兗州史記作沇　葉盛水東日記崑山盧熊通篆籀之學嘗爲兗州知州旣視篆卽具

奏以印文兗字誤類袞字官署印款時尙循宋制云馥案隸作兗兌卽允字一橫爲水之中畫二爲中畫之上下今書作兗全失隸體矣

水出河東東垣王屋山者地理志河東郡垣縣禹貢王屋山在東北沇水所出東南至武德入河軼出滎陽北地中又東至琅槐入海過郡九行千八百四十里郡國志河東郡垣縣有王屋山兗水出馥案兩漢志並單作垣不稱東垣鄭注職方兗水出東垣史記集解引鄭注禹貢沇水出河東東垣王屋山郭注山海經亦稱東垣劉昭注郡國志引博物記曰山在東狀如垣然則東字不誤疑漢志傳寫脫漏晉書地理志河東郡垣縣王屋山在東北沇水所出通典絳州垣縣下云東北有王屋山沇水所出元和志河南府王屋縣王屋山在縣北十五里週迴一百三十里高三十里禹貢底柱析城至于王屋是也寰宇記澤州陽城縣本漢濩澤縣屬河東郡王屋山在縣南五十里括地志兗水出懷州王屋縣北十里王屋山頂崖下石泉渟不流其深不測至縣西北二里平地其源重發而東南流爲湨水水經云湨東至溫縣西北爲泲或借聯字北山經王屋之山聯水出焉而西流注於泰澤注云王屋山今在河東

東垣縣北書曰至于王屋也地理志王屋山沇水所出聯沇聲相近殆一水耳沇卽濟也又譌爲衍水經注濟水又東逕原城南東合北水亂流東南注分爲二水一水東南流俗謂之爲衍水卽沇水也衍沇聲相近轉呼失實也東爲泲者廣韻沇濟水別名地理志導沇水東流爲泲顏注泉出王屋山名爲沇流去乃爲泲也寰宇記沇水出王屋山東流至濟源縣而名濟水

古文沇

本書下有沿字口部台讀若沇州之沇

泲 沇也東入於海從水𠂔聲　子禮切

徐鍇繫傳泲今多作濟故與常山濟水相亂此則四瀆之濟　廣雅泲濟也　釋名泲濟也源出河北濟河而南也　水經注風俗通曰濟出常山房子縣贊皇山廟在東郡臨邑縣今按二濟同名所出不同鄉源亦別斯乃應氏之非矣　釋名濟南濟水在其南也濟北濟水在其北也濟陰在濟水之陰也馥案陰當爲陽後人改之水以北爲陽　隱三年左傳

鄭伯之車僨於濟　吳語西屬之濟注云濟水也馥案此謂河南之濟　燕策齊有淸濟濁河秦策濟淸河濁高注濟水淸河水濁　述征記河內溫縣有濟入於黃河謂之濟源　唐書許敬宗傳帝曰書稱浮于濟漯今濟與漯斷不相屬何故而然對曰夏禹導沇水東流爲濟入於河今自漯至溫而入河水自此泆地過河而南出爲滎又泆而至曹濮散出於地而合而東汶水自南入之所謂泆爲滎東出于陶邱北又東會于汶是也古者五行皆有官水官不失職則能辨味與色潛而出合而更分皆能識之　夢溪筆談古說濟水伏流地中今歷下凡發地下皆是流水東阿亦濟水所經取井水煮膠謂之阿膠其性趨下淸而且重用攪濁水則淸故以治淤濁及逆上之疾也　通典濟水因王莽末旱渠涸不復截河過今東平濟南淄川北海界中有水流入於海謂之淸河實菏澤汶水合流而曰濟河蓋因舊名非本濟水也　元和志濟水自王莽末入河同流於海知河南之地無濟水矣自後所說皆襲舊名如鄆州之須昌濟州之長淸盧縣齊州之臨邑豐齊全節臨濟章邱淄州之濟陽長山鄒平高苑靑州之博昌諸縣界中並有濟水其後則不經博昌而改從棣州之蒲臺入海是皆襲舊名而實非濟也　潛邱劄記以水經注元和志寰宇記諸書考之濟水最南漯水在中河水最

北今者小淸所經自歷城以東如章邱鄒平長山新城高苑博興樂安諸縣皆古濟水所行而大淸所經自歷城以上至東阿固皆濟水故道而自歷城東北如濟陽齊東靑城諸縣則皆古漯水所行蒲臺以北則古河水所經蓋唐宋時河行漯川其後大淸兼行河漯二川其小淸所行則斷爲濟水故道也　盛君百二曰地理志卞縣下云泗水至方與入泲蕃縣下云梁水至胡陵入泲郡國志臨邑有泲瀆廟諸泲字並誤作沛水經泗水篇菏水過沛灉作縣鄉道元曰菏卽濟水之苞注以成湖澤昔許由隱於沛灉作澤卽是縣也蓋取澤爲名夫縣因澤名非沛而何又地理志秦泗水郡漢改沛郡沛亦當作泲泲卽泗也蓋泲至乘氏縣分爲二其一東北流至博昌入海其一東南流爲菏水注泗以入淮注泗之後泲泗亦復通稱矣泲雖別爲菏而仍以濟名漢胡陵縣有留侯觀魚臺下臨菏水春秋公矢魚於棠卽此而公羊傳以棠爲濟上邑是也按水經濟水篇自乘氏以至湖陸陸騂陵卽分沛之上菏自沛灉作縣以至睢陵卽入淮之泗而皆以爲濟水又云菏水東至湖陸南東入於泗又東過沛縣東北鄒氏故曰濟與泗亂故濟納互稱矣互稱者縣臨泗水乃曰沛故特釋之猶泗水郡之爲沛郡也漢高爲泗上亭長而稱沛公亦然合此參之泲之當爲沛明矣左傳齊侯田於沛杜云沛澤

名此亦沛之訛蓋在沛水旁傳昌相近之處也

沇也者地理志東郡臨邑縣有沛廟顏注沛亦濟水字也禹貢導沇水東流爲濟傳云泉源爲沇流去爲濟水經濟水出河東垣縣東王屋山爲沇水又東至溫縣西北爲濟水酈注河水云成皋大伾山在河內修武武德之界濟沇之水與滎播澤出入自此卽經所謂濟水從北來注之者周禮職方氏河東曰兖州其川河沛莊三十年春秋公及齊侯遇於魯濟注云濟水歷齊魯界在齊界爲齊濟在魯界爲魯濟漢官解詁兖衞濟河胡廣注引濟河惟兖州楊雄兖州牧箴悠悠濟河兖州之寓九州記濟水一名沇水出濟源山元和志兖州在濟河之閒因濟水發源爲名博物志濟出王屋山爾雅釋文濟出河東東垣縣王屋山或云出河內溫西北平地淮南地形訓濟出王屋高注王屋山在河東東垣縣東北史記夏本紀浮於濟漯索隱云濟水出河東東垣縣王屋山東其流至濟陰故應劭云濟水出平原濟陰縣東元和志濟水有二源東源週迴七百步深不測西源週迴六百八十五步深一丈皆瀦之以周牆源出王屋山後漢書王景傳建武十年陽武令張汜上言河決積久日月侵毀濟渠所漂數十許縣注云濟水出

今洛州濟源縣西北東流經溫縣入河度河東南入鄭州又東入滑曹鄆濟齊青等州入海卽此渠也王莽末旱因枯涸但入河內而已西征記濟水自大伾入河與河水鬭而東流　東入於海者禹貢導沇水東流爲濟入于河溢爲滎東出于陶邱北又東至于菏又東北會于汶又北東入于海顏師古云沇水而爲濟截河內爲滎澤陶邱今在曹州定陶西南過荷澤又與汶水會北折而東入於海僖三十一年左傳分曹地自洮以南東傳於濟釋例濟自滎陽卷縣東經陳留至濟陰北經高平東經濟北東北經濟南至樂安博昌縣入海海內東經濟水出共山南東邱絕鉅鹿澤注渤海唐書許敬宗傳帝曰天下洪流巨谷不載祀典濟甚細而在四瀆何哉對曰瀆之爲言獨也不因餘水獨能赴海者也狀雖微細獨而尊也元和志博昌縣海浦在縣東北二百八里卽濟水東流入海之處水口謂之海浦胡渭曰濟瀆入海之道自唐以來亦數變初經高苑縣北又東北至博昌入海其後則不由博昌通典云舊濟合在今博昌縣界今無元和志蒲臺縣下云海在縣東一百四十里海畔有一沙阜俗呼爲鬬口淀是濟水入海之處海潮與濟相觸故名蓋其時濟水改道從蒲臺東北入海也宋南渡後劉豫導濼水東行入濟水故道爲小清河仍經高苑縣北至樂安縣入海及金皇統中縣令高通改由縣南長沙溝至博興合時水又東北至樂安由馬車瀆入海

洈　水出南郡高城洈山東入繇從水危聲過委切

水出南郡高城洈山者地理志南郡高成縣洈山洈水所出東入繇繇水南至華容入江寰宇記荊州松滋縣洈山下云地理志高城縣洈山洈水所出東入繇卽爲此也中山經宜諸之山洈水出焉而南流注於漳注云今洈水出南郡東洈山至華容縣入江也　東入繇者或作油字水經注洈水出高城縣洈山東逕其縣下東至孱陵縣入油水也

溠　水在漢南從水差聲荊州浸也春秋傳曰脩涂梁溠側駕切

水在漢南者後漢書馬融傳浸以波溠注云水經注云溠水出黃山在今隨州棗陽縣東北元和志隨縣斷蛇邱在

縣北二十五里溠水在邱西四十里九域志隨州唐城縣有溠水荊州浸也者周禮職方氏河南曰豫州其浸波溠鄭注春秋傳曰楚子除道梁溠營軍臨隨則溠宜屬荊州在此非也丁君杰曰溠實豫州浸疑後人改說文以合職方注春秋傳曰脩涂梁溠者莊四年左傳文彼作除道梁溠注云溠水在義陽厥縣西東南入鄖水正義云釋例曰義陽厥縣西有漈水源出縣北從縣西東南至隨縣入鄖水杜以漈解溠蓋聲相近而字轉耳水經注溳水云溠水出隨縣西北黃山南逕㵐西縣西又東南逕隨縣故城西楚武王伐隨除道梁溠謂此水也又南流注於溳

洭　水出桂陽縣盧聚山洭浦關爲桂水從水匡聲去王切

水出桂陽縣盧聚山者縣山二字並衍方言南楚瀑洭之閒郭注洭水出桂陽水經洭水出桂陽縣盧聚（洭浛本誤作灌）東南過含洭縣南出洭浦關爲桂水酈注云水出桂陽縣西北上騎山盧谿爲盧谿水東南流逕桂陽縣故城謂之洭水地理志曰洭水出桂陽南至四會是也寰宇記英州浛洭縣地有洭浦地理志南海郡中宿縣有洭浦官艘謂此如雲夢官樓船官陂官湖官之官水經作關酈注洭水出關右合溱水謂之洭口元和志廣州湞陽縣洭浦故關在

縣西南四十五里地理志桂陽郡含洭縣下應劭曰洭水所出東北入沅馥案水經注云瀆注漢書沅在武陵去洭遠又隔湘水不得入沅　洭浦關爲桂水者當如水經云南出洭浦關爲桂水海內東經湟水出桂陽西北山東南注肄水水經注洭水山海經謂之湟水漢武帝元鼎元年路博德爲伏波將軍征南越出桂陽下湟水卽此水矣桂水其別名也地理志桂陽郡桂陽縣下應劭曰桂水所出東北入湘水經鍾水出桂陽南平縣都山北過其縣東又北過鍾亭與灌水合酈注鍾水卽嶠水也庾仲初曰嶠水南入始興秦水注於海北入桂陽湘水注於江是也讚曰嫦从灕耤酃林灌水卽桂水也灌桂聲相近故字隨讀變經仍其非矣桂水出桂陽縣北界山山壁高聳三面特峻石泉縣注瀑布而下北經南平縣而東北流屆鍾亭右會鍾水通爲桂水也故應劭曰桂水出桂陽東北入湘馥案灌當爲滙元和志郴州臨武縣雜水在縣南卽桂水也

潓　水出廬江入淮從水惠聲　胡計切

水出廬江者玉篇集韻竝引作廬江洪君亮吉曰漢志廬江之決水疑卽說文之潓水以音近而淆馥案徐邈讀決

爲古惠反則與潓聲近矣　入淮者當爲入灌此沿漢志之誤漢志云決水北至蓼入淮淮乃灌之譌

灌　水出廬江雩婁北入淮從水雚聲　古玩切

水出廬江雩婁者地理志廬江郡灌水出又雩婁縣下云決水北至蓼入淮又有灌水亦北至蓼入決二淮字竝當爲灌水經注決水云灌水導源廬江金蘭縣西北東陵鄉大蘇山卽灌水也許愼曰出雩婁縣俗謂之澮水楮先生所謂神龜出於江灌之閒嘉林之中蓋謂此水也馥案澮水卽決水字異聲同酈元謂灌水卽淮水蓋含灌水不能別尋一淮水又惑於誤本之漢志難除淮水之目遂遷就其說以爲一水　北入淮者當爲北入潓水經注灌水東北逕蓼縣故城西而北注決水故地理志曰決水北至蓼入淮灌水亦至蓼入決馥謂決水卽潓水北至蓼入淮者當爲入灌

漸　水出丹陽黟南蠻中東入海從水斬聲　慈冉切

李燾本漸次也

案廣雅塹次也

水出丹陽黟南蠻中者李燾本無南蠻中三字地理志丹陽郡黟漸江水出南蠻夷中東入海顏注黟音伊字本作黝其音同羅願新安志謂夷字衍又謂蠻中二字亦誤當作率山水經漸江水出三天子都北過餘杭東入於海酈云山海經謂之浙江也元和志休寧縣漸江一名浙江源出縣東南橫郡山東流經歙縣又東南入睦州界　東入海者李本作南入海水經注浙江又東注於海故山海經曰浙江在閩西北入海

泠　水出丹陽宛陵西北入江從水令聲　郎丁切

水出丹陽宛陵者地理志丹陽郡宛陵縣清水徐鍇曰清泠同也　西北入江者地理志清水西北至蕪湖入江

[氵箄]　水在丹陽從水箄聲　匹卦切

玉篇廣韻竝作潷

水在丹陽者簰或省作渒宋書長沙景王道憐傳芍陂有舊溝引渒水入陂寰宇記壽州六安縣渒水枕縣西門外三十步源出多智山

溧　水出丹陽溧陽縣從水栗聲　力質切

水出丹陽溧陽縣者縣字衍地理志丹陽郡溧陽下應劭曰溧水所出南湖也徐鍇引作南入湖晉書地理志丹陽郡溧陽縣溧水所出元和志溧陽縣溧水在縣西六里寰宇記溧陽縣溧水西自溧水縣界流入九域志江寧府溧陽縣有溧水廣韻溧水縣在宣州吳越春秋伍子胥奔吳至溧陽山謙之丹陽記江寧烈洲吳舊津所也亦曰溧洲馥案栗列聲相近

湘　水出零陵陽海山北入江從水相聲　息良切

湘中記湘水至清雖深五六丈見底了了石子如摴蒱矢五色鮮明白沙如霜雪赤岸如朝霞

水出零陵陽海山者地理志零陵郡零陵縣陽海山湘水所出北至酃入江過郡二行二千五百三十里郡國志零陵陽朔山湘水出郭注方言云湘水名今在零陵水經湘水出零陵始安縣陽海山海內東經湘水出舜葬東南陬西環之入洞庭下郭注今湘水出零陵營道縣陽朔山入江史記屈原傳浩浩沅湘兮正義云說文云沅水出牂柯

東北流入江湘水出零陵縣陽海山北至酃入江案二水皆經岳州而入大江也王觀國曰今全桂二州之閒有陽海山有水自山出至山下則分流爲二其一向南流者爲離水其一向北流者爲湘水其地在漢屬零陵郡寰宇記桂州興安縣陽海山在縣城北一百七十里注水經云陽海山一名陽朔山其山自永州零陵縣西南迤邐岡巒連亙不絕此山卽湘灕二水之源又云桂州臨桂縣湘水今名小湘江源出臨源縣陽海山湘灕同源分爲二水水在全義嶺上南流爲灕水北流爲湘水元和志桂州全義縣本漢始安縣之地屬零陵郡湘水縣東南八十里陽朔山下經零陵郡西十里陽朔山卽零陵山也其初則觴爲之舟至洞庭日月若出入其中　北入江者史記正義引有至酃二字與漢志同水經湘水北至巴邱山入於江元和志湘水北入青草湖卽巴邱湖周迴二百六十五里俗云卽古雲夢澤也

汨　長沙汨羅淵屈原所沈之水從水冥省聲　莫狄切

長沙汨羅淵者九域志岳州平江縣有汨水庾闡弔賈誼文涉湘川而觀汨水佩觿集汨莫的翻汨羅江應劭曰汨

水在羅故曰汨羅昭五年左傳楚子以馹至於羅汭杜注羅水名楚詞七諫測汨羅之湘水兮注云汨水在長沙羅縣下注湘水史記索隱云地理志長沙有羅縣羅子之所徙荆州記羅縣北帶汨水水經注湘水云湘水又北汨水注之水東出豫章艾縣桓山西南逕吳昌縣又西逕羅縣北亦謂之羅水又西逕玉笥山又西爲屈潭卽汨羅淵也又西逕汨羅戍南西流注於湘春秋之羅汭矣世謂之汨羅口一統志汨羅江名在湘陰縣北十里源出豫章流經湘陰分二水一南流曰汨水一經古羅城曰羅水至屈潭復合故曰汨羅西流入湘　屈原所沈之水者玉篇引作屈平廣韻汨羅水名在豫章屈原所沈之處史記屈原傳於是懷石遂自投汨羅以死賈誼弔屈原文側聞屈原兮自沈汨羅造託湘流兮敬弔先生新序屈原自投湘水汨羅之中而死風俗通懷王佞臣上官子蘭斥遠忠臣屈原作離騷之賦自投汨羅水水經注汨水又西爲屈潭卽汨羅淵也屈原懷沙自沈於此故淵潭以屈爲名荆州記羅縣北帶汨水水源出豫章艾縣界西流注湘沿汨西北去縣三十里名爲屈潭屈原自沈處宋書顏延之傳道經汨潭爲湘州刺史張紀祭屈原以致其意曰弭節羅潭艤舟汨渚又云望汨心欷瞻羅思越抱朴子屈原投汨羅之日人竝命舟楫以迎之至今以爲競渡荆楚歲時記五月五日俗爲屈原投汨羅日傷其死所竝命舟檝以拯之續齊諧記屈原以五月五日投汨羅而死楚人哀之每於此日以筒貯米投水祭之通典湘陰縣下云縣北有汨水卽屈原懷沙自沈之處俗謂之羅江元和志湘陰縣汨水東北自洪州建昌縣界流入西經玉笥山又西經羅國故城爲屈潭卽屈原懷沙自決之處又西流入於湘水　冥省聲者與幎從冥聲同

溱　水出桂陽臨武入匯從水秦聲　側詵切

水出桂陽臨武者地理志桂陽郡臨武縣秦水東南至湞陽入匯行七百里元和志溱水一名始興大江馥案桂陽縣後割屬始興也水經匯水南出匯浦關爲桂水酈注關在中宿縣匯水出關右合溱水謂之匯口又水經溱水出桂陽臨武縣南繞城西北屈東流至曲江縣安聶邑東屈西南流過湞陽縣出匯浦關與桂水合南入於海酈注溱水導源縣西南北流逕縣西而北與武谿合山海經曰肄水出臨武西南而東南注於海入番禺西肄水蓋溱水之別名也又云溱水又西南匯水入焉山海經所謂湟水出桂陽西北山東南注肄入敦浦西者也又云溱水又南

注於鬱而入於海海內東經肄水出臨晉西南而東南注海馥案水經注引作臨武云肄卽溱水別名　入匯者地理志桂陽縣匯水南至四會入鬱林過郡二行九百里應劭曰桂水所出東北入湘水經注匯水云徐廣曰湟水一名匯水出桂陽通四會亦曰灌水也水經溱水出匯浦關與桂水合馥案桂爲匯之下流卽匯水

深　水出桂陽南平西入營道從水罙聲　式針切

水出桂陽南平者水經深水出桂陽盧聚西北過零陵營道縣南又西北過營浦縣南又西北過泉陵縣西北七里至燕室邪入於湘酈注呂忱曰深水一名遂水導源盧溪西入營水亂流營波同注湘津許愼云深水出桂陽南平縣也經書桂陽者縣本隸桂陽郡後割屬始興縣有盧溪盧聚山在南平縣之南九疑山東也　西入營道者趙一清曰據水經當云西至營道入湘

潭　水出武陵鐔成玉山東入鬱林從水覃聲　徒含切

水出武陵鐔成玉山者地理志武陵郡鐔成玉山潭水所出東至阿林入鬱過郡二行七百二十里馥案阿林縣屬

鬱林郡水經注溫水云潭水出武陵郡鐔成縣玉山東流逕鬱林郡潭中縣又逕中留縣東阿林縣西右入鬱水方言湘潭之原注云潭水名出武陵音譚亦音淫元和志韶州曲江縣玉山在縣東南十里東入鬱林者林字衍謂入鬱水也應劭曰潭水東至阿林入鬱元和志鬱水一名西江水九域志貴州鬱林縣有鬱江地理志鬱林郡廣鬱縣鬱水首受夜郎豚水東至四會入海又牂牁郡夜郎縣豚水東至廣鬱

油 水出武陵孱陵西東南入江从水由聲 以周切

水出武陵孱陵西者水經注孱陵縣有白石山油水所出又江水注云公安縣有油水水東有景口卽武陵郡界東南入江者水經油水出武陵孱陵縣西界東過其縣北又東北入於江又江水云油水從東南來注之馥案從東南來與本書東南入不合疑本書作東北

⿰氵買 水出豫章艾縣西入湘从水買聲 莫蟹切

水出豫章艾縣者縣字衍玉篇漢書云⿰氵買水出豫章馥案漢志豫章郡不言此水水經⿰氵買水出豫章艾縣西過長沙

羅縣西西入湘者徐鍇本作西北入湘水經⿰氵買水西至纍石山入於湘水酈注纍石山在羅口北⿰氵買水又在羅水南流注於湘謂之東町口者也又注湘水云湘水又北逕白沙戍西又北右會東町口⿰氵買水也

湞 水出南海龍川西入溱从水貞聲 陟盈切

水出南海龍川者吳錄湞石山湞水所出元和志廣州湞陽縣湞石山在縣北四十里湞水所出又韶州曲江縣湞水在縣東一里元鼎五年征南越樓船將軍下橫浦入湞水卽此水寰宇記韶州曲江以湞水同曲因以名之　西入溱者漢志桂陽郡湞陽縣下應劭曰湞水出南海龍川西入秦馥案臨武溱水字亦作秦水經溱水過湞陽縣酈注溱水又西南歷皐口太尉二山之閒是曰湞陽峽溱水出峽左則湞水注之水出南海龍川縣西逕湞陽縣南右注溱水

溜 水出鬱林郡从水留聲 力救切

水出鬱林郡者徐鍇本無郡字地理志鬱林郡有中留縣顏注留音力救反水名郡國志作澑水經注溫水云鬱水右則留水注之水南出布山縣下逕中留入鬱

潩 水出河南密縣東入潁从水異聲 與職切

與前潩字同　六書故潩亦作瀷

潕 水出南陽舞陰東入潁从水無聲 文甫切

水出南陽舞陰者小字本作舞陽水經潕水出潕陰縣西北扶予山東過其縣南又東過西平縣北又東過郾縣南又東過定潁縣北東入於汝酈注山海經曰朝歌之山潕水出焉東南流注於滎經書扶予者其山之異名乎潕水於潕陰縣北左會潕水其道稍西不出其縣南且邑號潕陰故無出南之理出南則爲陽也非直不究又不思矣地理志潁川郡舞陽縣下應劭曰舞水出南寰宇記舞陰縣舞水在縣北六十里字或作潕九域志沂州費陽縣有潕水　東入潁者水經謂入汝彼注汝水云汝水又東南流逕郾城西又東南流潕水注之

滶 水出南陽魯陽入城父从水敖聲 五勞切

水出南陽魯陽者水經注汝水云汝水又逕郟縣故城南滶水注之水出魯陽縣之將孤山東南流許愼云水出南陽魯陽入父城从水敖聲呂忱字林亦言在魯陽入城父者酈氏注汝水引作父城彼注又云汝水又東南與龍山水會水出龍山龍溪北流際父城縣故城東昔楚平王大城城父以居太子建馥案昭十九年左傳費無極言於楚子曰若大城城父而寘太子焉以通北方王收南方是得天下也王說從之故太子建居於城父注云城父今襄城城父縣蘅君震曰城父縣當爲父城縣考楚之城父邑漢置縣改曰父城屬潁川郡晉屬襄城郡晉譙郡有城父縣漢屬沛郡是襄城郡之父城漢晉皆不稱城父也

瀙 水出南陽舞陽中陽山入潁从水親聲 七吝切

水出南陽舞陽中陽山者舞陽當爲舞陰中陽山水經注引同地理志作中陰山玉篇瀙水出南陽舞陰五音集韻引字林瀙水名在豫州地理志南陽郡舞陰縣中陰山瀙水所出東至蔡入汝中山經葴山瀙水出焉東南流注於汝水郭注或曰視宜爲瀙瀙水今在南陽也水經瀙水出潕陰縣東上界山東過吳房縣南又東過灈陽縣南又東

過上蔡縣南東入汝酈注郭景純曰出葴山許慎云出中陽山皆山之殊目也九域志蔡州遂平縣有瀙水入潁者漢志山海經水經竝云入汝

淮 水出南陽平氏桐柏大復山東南入海從水佳聲 戶乖切

水出南陽平氏桐柏大復山者地理志南陽郡平氏縣禹貢桐柏大復山在東南淮水所出東南至淮陵入海過郡四行三千二百四十里青州川胡渭曰淮陵故城在今盱眙縣西北八十五里距海甚遠淮何得於縣界入海淮陵乃淮陰之訛三千字亦太遠馥案淮陵水經作淮浦臨淮郡有淮浦縣又按過郡四者南陽汝南九江臨淮也地理志淮沂其乂顏注淮出大復山又復陽縣下應劭曰在桐柏大復山之陽郡國志南陽郡平氏桐柏大復山淮水出注云荊州記曰桐柏淮源涌發其中潛流三十里東出大復山南荊州副圖桐柏山禹貢所謂導淮自桐柏者也其山則雲峯秀峙林惟椅柏潛潤吐雷伏流數里水經淮水出南陽平氏縣胎簪山東北過桐柏山東至廣陵淮浦縣

入於海酈注風俗通曰南陽平氏縣桐柏大復山在東南淮水所出也淮均也春秋說題辭曰淮者均其勢也釋名曰淮圍也圍繞揚州北界東至於海也爾雅曰淮爲滸然淮水與醴水同源俱導西流爲醴東流爲淮潛流地下三十許里東出桐柏之大復山南謂之陽口海內東經淮水出餘山餘山在朝陽東義鄉西入海淮浦北郭注云今淮水出義陽平氏縣桐柏山東北經汝南汝陰淮南譙國下邳經淮陰縣入海朝陽縣今屬新野春秋說題辭淮出桐柏高注呂氏春秋淮水云淮水出桐柏山在南陽平氏縣也古文苑桐柏廟碑淮出平氏始於大復潛行地中見於陽口鄭注尚書桐柏山在南陽平氏東南風俗通淮出南陽平氏桐柏大復山東南入海禹貢海岱及淮淮沂其乂詩云淮水湯湯晉書地理志義陽郡西平氏縣桐柏山在南通典唐州桐柏縣下云因山爲名淮水所出元和志桐柏縣桐柏山在縣西南九十里淮水出桐柏山一名大復山寰宇記桐柏縣淮水出廢平氏縣桐柏山東流桐柏山其陽有淮瀆祠胎簪山在桐柏縣西北三十里九域志唐州桐柏縣有桐柏山淮水壽春府有淮瀆禹貢指南淮水出胎簪山東北過桐柏胎簪葢桐柏之旁小山也在南陽平氏縣東南入海者見釋名山海經風俗通馥案淮爲四瀆之一白虎通巡狩篇瀆者濁也中國垢濁發源東注海佳聲者顧炎武曰淮從鳥佳之佳後人誤讀爲淮沂其乂之淮而呼爲槐河按淮字當從佳人之佳乃得聲今本說文亦誤馥謂此說非也淮之從佳猶槐之從鬼顧氏於從鬼之槐又何說邪按昭十二年左傳有酒如淮有肉如坻寡君中此爲諸侯師顏延之和謝監靈運詩惜無爵雉化何用充江淮去國還故里幽門樹蓬藜古不讀戶乖切也故釋名云淮圍也

滍 水出南陽魯陽堯山東北入汝從水蚩聲 直几切

水出南陽魯陽堯山者地理志南陽郡魯陽縣魯山滍水所出東北至定陵入汝郡國志南陽郡雉縣下注引博物記滍水出水經滍水出南陽魯陽縣之堯山東北過潁川定陵縣西北又東過郾縣南東入於汝酈注堯山在太和川太和城東北滍水出焉張衡南都賦曰其川瀆則滍澧瀄瀻發源巖穴布濩漫汗漭沆洋溢總括急趨箭馳風疾者也九域志汝州魯山縣有滍水晉書杜預傳激用滍淯諸水以浸原田萬餘頃襄十八年左傳涉於魚齒之下杜注魚齒山之下有滍水故言涉東觀漢記上與王尋戰大破之赴水溺死者以萬數滍水爲之不流元和志魯山縣

本漢魯陽縣屬南陽郡滍水出縣西大柏山寰宇記舞陽縣滍水在縣北四十五里水經云滍水出魯陽縣西東北過定陵入於汝定陵在今縣北六十里集韻泜與滍同注引本書同僖三十三年左傳晉陽處父侵蔡楚子上救之與晉師夾泜而軍杜注泜水出魯陽縣東經襄城定陵入汝東北入汝者水經注滍水東逕西不羹亭南亭北背汝水於定陵城北東入汝又注汝水云又東南逕定陵縣故城北北水右則滍水左入焉

澧 水出南陽雉衡山東入汝從水豊聲 盧啟切

水出南陽雉衡山者地理志南陽郡雉縣衡山澧水所出東至郾入汝後漢書馬融傳面據衡陰注云衡陰衡山之北山海經曰雉山澧水出焉東曰衡山地理志云雉縣衡山澧水所出在今鄧州向城縣北中山經雉山澧水出焉東流注於視水馥案雅山漢書注引作雉山視水水經注作涀水葢澧與涀合而後入汝涀即芹溝水水經注汝水云芹溝水導源葉縣東逕潕陽城北又東逕定陵縣南又東南流注醴卽呂忱所謂涀水又云汝水又東得醴水口水出南陽雉縣亦云導源雉衡山卽山海經云衡山也郭景純以爲南岳非也馬融廣成頌曰面據衡陰指謂是山

在雉縣界故世謂之雉衡山依山海經不言有水然醴水東流歷唐山下卽高鳳所隱之山也醴水又東南與皐水合又東南逕唐城北又屈而東南流逕葉縣故城北又逕其城東與燒車水合又東逕葉公廟北又東與葉西陂水會又東注葉陂又東逕郾縣故城南左入汝山海經曰醴水東流注於涀水也又注瀙水云又東北澧水注之水出雉衡山東南逕建城東建當爲卷字讀誤耳郡國志云葉縣有卷城其水又東流入於瀙王粲贈孫文始詩悠悠澹澧十道志澧州在澧水之北故取爲名寰宇記唐州方城縣衡山漢志衡山澧水所出卽桐柏之連岡也史記夏本紀汶山導江東別爲沱又東至于澧索隱云按騷人所歌濯余佩於醴浦明醴是水虞喜志林以醴是江沅之別流而醴字作澧也禹貢指南楚詞云遺子佩兮澧浦澧音禮今澧州澧水在焉澧字從水從豊豊音禮豆登之屬與豐字不同漢地理志作醴

東入汝者見水經注

溳 水出南陽蔡陽東入夏水从水員聲 王分切

水出南陽蔡陽者水經溳水出蔡陽縣東南過隨縣西又南過江夏安陸縣西又東南入於夏鄽注溳水出縣東南

大洪山在隨郡之西南竟陵之東北溳水出於其陰時人以溳水所導故亦謂之爲溳山矣寰宇記安州汉川縣溳水在縣東十七里源自隨州東陽縣大紅山經雲夢縣界左傳定四年吳從楚師及淸發淸發溳水之別名九域志安州安陸縣有溳水隨州隨縣有溳水

東入夏水者見水經

淠 水出汝南弋陽垂山東入淮从水畀聲 匹備切又匹制切

水經注泄水自濡谿逕安豐縣北流注於淠

水出汝南弋陽垂山者或誤爲淠字寰宇記光州固始縣淠水在縣西五十里源出光山縣陰山穎案鄽注言出垂山西北流歷陰山關

東入淮者水經注淮水又東北淠水注之水出弋陽縣南垂山

濦 水出汝南上蔡黑閭澗入汝从水㥯聲 於力切

文當作濦

水出汝南上蔡黑閭澗者水經注汝水云汝水又東南左會濦水水上承汝水別流於奇領城東東南流爲練溝逕召陵縣西東南流注至上蔡西岡北爲黃陵陂陂水東流於上蔡岡東爲蔡塘又東逕平輿縣故城南爲濦水九域志蔡州汝陽縣有濦水

入汝者水經注濦水又東南左迆爲葛陂陂水東出爲鮦水濦水自葛陂東南逕新蔡縣故城東而東南流注於汝

意聲者集韻引作濦當爲㥯聲因篆誤也隸體乃作濦

⿰氵囟 水出汝南新郪入潁从水囟聲 穌計切

水出汝南新郪者或借細字地理志汝南郡細陽顏注居細水之陽故曰細陽細水本出新郪水經注潁水云細水上承陽都陂陂水枝分東南出爲細水細水又南逕細陽縣又東南逕細陽縣故城南又東南積而爲陂謂之次塘又東南流屈而西南入潁

入潁者水經注引地理志細水出細陽縣東南入潁今漢志無此文

灈 水出汝南吳房入瀙从水瞿聲 其俱切

水出汝南吳房者地理志汝南郡灈陽下應劭曰灈水出吳房東入瀙也後漢書吳漢傳成子旦爲灈陽侯注云灈陽縣名屬汝南郡在灈水之陽因以爲名其地今豫州吳房縣也水經灈水出汝南吳房縣西北奧山東過其縣北

入於汝

入瀙者水經作入汝鄽注灈水東逕灈陽縣故城西東流入瀙水亂流逕其縣南又東入於汝水

潁 水出潁川陽城乾山東入淮从水頃聲豫州浸 余頃切

或借洞字高士傳下隨投洞水而死

水出潁川陽城乾山者寰宇記引本書作陽乾山括地志晉地道記竝作陽乾山地理志潁川郡陽城縣陽乾山潁水所出東至下蔡入淮元和志潁陽縣陽乾山在縣東二十五里潁水一源出陽乾山水經潁水出潁川陽城縣西北少室山鄽云山海經曰潁水出少室山地理志曰出陽城縣陽乾山今潁水有三源奇發右水出陽乾山之潁谷中水導源少室通阜東南流逕負黍亭東與右水合左水出少室南溪東合潁水故作者互舉二山言水所發也昭元年左傳勞趙孟於潁注云潁水出陽城縣襄十年傳與楚師夾潁而軍注云潁水出陽城至下蔡入淮宣十年傳逐楚師於潁北釋例云潁水出河南陽城縣陽乾山東南經潁川汝陰至淮南下蔡縣入淮釋水潁爲沙顏按易需卦需于沙正義云沙水旁之地詩大雅鳧鷖在沙是也邵君晉涵曰水經注潁水自臨潁縣西流注小㶏水出焉爾

雅曰潁別爲沙是小濦水卽沙水矣呂氏春秋離俗篇乃自投於潁水而死注云潁出於潁川陽城西山中也史記鄭世家潁谷之考叔正義云括地志云潁水源出洛州嵩高縣東南三十里陽乾山今俗名潁山泉源出山之東谷其側有古人居處俗名潁墟故老云是考叔之故居卽酈元注水經所謂潁谷也釋名潁川因潁水以爲名也博物志潁出少室晉地道記潁水出陽乾山 東入淮者水經潁水東南至愼縣東南入於淮鄭云春秋昭公十二年楚子狩于州來次于潁尾蓋潁水之會淮也海內東經潁水出少室山入淮注云今潁水出河南陽城縣乾山東南經潁川汝陰至淮南下蔡入淮 豫州浸者漢志引職方荊州浸曰潁湛顏云潁水出陽城陽乾山宜屬豫州許愼又云湛水豫州浸並未詳也通典周禮職方荊州浸曰潁湛潁水出陽城乾山宜屬豫州在此非也

洧 水出潁川陽城山東南入潁从水有聲 榮美切

水出潁川陽城山者地理志潁川郡陽城縣陽城山洧水所出東南至長平入潁過郡三行五百里詩褰裳涉洧傳云洧水名也成十七年左傳公會尹武公單襄公及諸侯伐鄭自戲童至於曲洧杜注今新汲縣治曲洧城臨洧水

襄元年傳敗其徒兵於洧上昭十九年傳龍鬬於時門之外洧淵杜注洧水出滎陽密縣東南至潁川長平入潁三國典畧東魏慕容紹宗高岳等堰洧水以灌潁川括地志洧水在鄭州新鄭縣北三里古新鄭城南九域志河南府登封縣有陽城山洧泉元和志告成縣本漢陽城縣陽城山在縣東北三十八里 東南入潁者水經洧水出河南密縣西南馬領山東過習陽城西折入於潁春秋釋例洧水出滎陽密縣西北陽城山東南至潁川長平縣入潁史記蘇秦列傳東有宛穰洧水正義云在新鄭東南流入潁顏注漢書洧水出滎陽密縣東南至潁川長平入潁也

濦 水出潁川陽城少室山東入潁从水㥯聲 於謹切

水出潁川陽城少室山者廣韻作濦云水名在潁川地理志汝南郡濦强下應劭曰濦水出潁川陽城水經濦水出濦强縣南澤中東入潁酈注濦水不出潁川陽城縣少室山東流注於潁水元和志登封縣少室山在縣西十里高十六里周迴三十里潁水源出焉潁水有三源右水出陽乾山中水導源少室左水出少室南溪東合潁水竹書紀年顯王二十三年孫何取濦陽水經注潁水云中水導源少室通阜東南流逕負黍亭東亦或謂是水爲濦水字或作溵元和志陳州溵水縣本漢汝陽縣屬汝南郡溵水經縣北去縣三里又蔡州郾城縣下云大溵水上承汝水自襄城至岐頟城分流南爲汝水北爲溵水小溵水在縣西北六十里至縣合爲大溵水 東入潁者水經潁水過南頓縣北濦水從西來流注之酈注濦水於樂嘉縣入潁不至於頓寰宇記商水縣溵水從西華縣南來經縣西四里過入潁水

渦 水受淮陽扶溝浪湯渠東入淮从水過聲 古禾切

水受淮陽扶溝浪湯渠者浪徐鍇本作狼水經注引本書作蒗蕩渠僖十九年左傳正義云凡水首從水出謂之受流歸他水謂之入漢書之例爲然過經典作渦地理志淮陽國扶溝縣渦水首受狼湯渠東至向入淮過郡三行千里顏注狼音浪又陳留曾渠水首受狼湯渠東至陽夏入渦渠藝文類聚引地理書滎陽有浪蕩渠通俗文渠在浚儀曰莨蕩也寰宇記莨宕渠卽汴河之別名水經河水東過滎陽縣北蒗蕩渠出焉又後漢書王景傳永平十二年議修汴渠夏發卒數十萬遣景與王吳修渠築堤自滎陽東至千乘海口千餘里明年夏渠成馥按水經注載王景

事於蒗蕩渠下後漢書注云汴渠卽蒗蕩渠也水經潁水至新陽縣北蒗蕩渠水從西北來注之酈注經云蒗蕩渠者百尺溝之名別也水經又云陰溝水出河南陽武縣蒗蕩渠東南至沛爲過水又東南至下邳淮陵縣入於淮酈注陰溝始亂蒗蕩終別於沙而過水出焉過水受沙水於扶溝縣許愼又曰過水首受淮陽扶溝縣蒗蕩渠不得至沛方爲過水也爾雅曰過爲洵郭景純曰大水洪爲小水也呂忱曰洵過水也通典河陰縣下云汴渠在縣南二百五十步坤元錄曰亦名莨蕩渠今名通濟渠首受黃河漢書有滎陽漕渠如淳曰今礫溪口是也水經云河水又東過滎陽北莨蕩渠出焉酈元注云大禹塞滎澤開渠以通淮泗後漢書云初平帝時河汴決壞明帝永平中乃令王景理渠隄坤元錄又云自宋武北征之後復皆堙塞隋煬帝大業元年更令開導名通濟渠西通河洛南達江淮煬帝巡幸每泛舟而往江都焉又亳州譙縣下云有渦水魏黃初中文帝自譙循渦入淮老子內傳生於陳國渦水李樹下魏文帝集建安十八年至譙州余兄弟拜墳墓乘馬游觀經東園渦水乃駐馬書鞭作臨渦賦王粲浮淮賦從王師以南征浮淮水而遐逝背渦浦之曲流望馬邱之高篚三國典畧侯景衆大潰爭赴渦水水爲之不流後魏孝

文帝於漢山桑縣地置渦州北臨渦水魏書地形志南譙郡有渦陽縣九域志開封府太康縣有渦水寰宇記開封府太康縣渦水首受蔡水東流經縣正北又借過字晉戶苞鎮淮南聞吳欲爲寇築壘過水以自固東入淮者水經淮水云又東過當塗縣北過水從西北來注之酈注淮水又北沙水注之經所謂蒗蕩渠也淮水於荆山北過水東南注之魏志武帝紀軍至譙作輕舟自渦入淮馥案漢淮陵縣有渦口晉揚州刺史牽宏擊吳丁奉於渦口卽過水入淮處

泄　水受九江博安洵波北入氐從水世聲　余制切

水受九江博安洵波者博安當爲博鄉洵波當爲芍陂地理志廬江郡灊縣沘水北至壽春入芍陂水經泄水出博安縣北過芍陂西與沘水合西北入於淮酈注博安縣地理志之博鄉縣也泄水自縣上承沘水於麻步川西北出歷濡谿謂之濡水水經淮水云又東北至九江壽春縣西泄水沘水合北注之酈注沘水云又東北逕博安縣泄水出焉北入氐者趙一清曰九江不聞有氐水蓋泄水合沘水以入淮而或誤以爲入沘水經沘水篇云泄水從南

來注之善長糾之曰沘陽無泄水蓋誤引壽春之沘泄巨因沘訛而爲氐

汳　水受陳畱浚儀陰溝至蒙爲雝水東入于泗從水反聲　皮變切

後漢書明帝紀十三年詔曰自汴渠決敗六十餘歲加頃年以來雨水不時汴流東侵日月益甚水門故處皆在河中漭瀁廣溢莫測圻岸蕩蕩極望不知綱紀今兗豫之人多被水患迺曰縣官不先人急好興它役又或以爲河流入汴幽冀蒙利故曰左隄彊則右隄傷左右俱彊則下方傷宜任水埶所之使人隨高而處公家息壅塞之費百姓無陷溺之患議者不同南北異論朕不知所從久而不決今既築隄理渠絕水立門河汴分流復其舊迹陶邱之北漸就壤墳故薦嘉玉潔牲以禮河神

水受陳畱浚儀陰溝者地理志河南郡滎陽縣卞水在西南馥案卞今作汴俗寫飯字亦作飰皆惡反字也宋書謝靈運傳次師於汳上猶存篆之正體陳畱風俗傳浚儀周時梁伯所居國都竹書紀年梁惠王爲大溝以行圃田之水水經汳水出陰溝於浚儀縣北又東至梁郡蒙縣爲獲水酈注陰溝卽蒗蕩渠也汳承旃然而東自王賁灌大梁水出縣南不逕其北夏水洪泛則是瀆津通故渠卽陰溝也於大梁北又曰浚水矣故圈稱著陳畱風俗傳曰浚水逕其北者也又東汳水出焉故經云汳出陰溝于浚儀縣北也又注濟水云出河之濟卽陰溝之上源也史記秦始皇二十二年王賁攻魏引河溝灌大梁元和志河陰縣本漢滎陽縣地汴渠在縣南二百五十步亦名莨蕩渠禹塞滎澤開渠以通淮泗後漢初汴決壞明帝永平中命王景修築渠隄十里立一水門令更相洄注無復潰漏之患曾鞏曰昔禹於滎澤下分大河爲陰溝出之淮泗至浚儀西北復分二渠或曰鴻溝始皇疏之以灌魏郡者是也或曰浪宕渠自滎陽五池口來注鴻溝者是也或曰浚儀渠漢明帝時循河流故瀆作渠渠成流注浚儀者是也宋至道中上問汴水疏鑿之由張洎對曰禹於滎澤下分大河爲陰溝引注東南以通淮泗至大梁浚儀復爲二渠一渠東經陽武中牟臺下爲官渡水一渠始皇鑿川灌郡謂之鴻溝卽出河之溝亦曰莨菪渠今莨菪渠是也　至蒙爲雝水東入於泗者寰宇記宋城縣蒙澤在縣北三十五里左氏傳宋萬弑閔公於蒙澤杜注云蒙澤宋地蒙縣也雝水

當爲獲水地理志梁國蒙縣獲水首受甾獲渠東北至彭城入泗過郡五行五百五十里水經獲水出汳水於梁郡蒙縣北又東過蕭縣南睢水北流注之又東至彭城縣北東入於泗又泗水又東南過彭城縣北注云泗水又南淮水入焉馥案淮當爲獲水經濟水又東過彭城縣北獲水從西來注之是也或曰汳入獲獲受睢睢入泗雝水當爲睢水水經睢水出梁郡鄢縣東過睢陽縣南又東過相縣南屈從城北東流當蕭縣南入於陂酈注睢水出陳畱縣西蒗蕩渠東北流經言出鄢非矣睢水東南流入於泗謂之睢口經言止蕭縣非也地理志陳畱郡浚儀縣睢水首受狼湯水東至取慮入泗僖十九年左傳宋公使邾文公用鄫子於次睢之社注云睢水受汴東經陳畱梁譙沛彭城縣入泗寰宇記陳畱縣睢溝在縣東南五里輿地志云汴水自滎陽受睢水東至陳畱彭城南入泗水

潧　水出鄭國從水曾聲詩曰潧與洧方渙渙兮　側詵切

水出鄭國者後人加國字本謂山陽郡之鄭縣也詩釋文引本書亦無國字本書鄭下云宗周之滅鄭徙潧洧之上鄶下云妘姓所封潧洧之閒水經潧水出鄭縣西北平地酈注潧水出鄶城西北雞絡塢下南注於洧詩所謂溱與

洧者也世亦謂之爲鄶水也詩褰裳涉溱傳云溱水名也
馥案溍作溱者猶蜻首作螓首也元和志新鄭縣溱水源
出縣西北三十里平地寰宇記新鄭縣溱洧二水溱水在
縣北洧水在縣南　詩曰溍與洧方涣涣兮者鄭風溱洧
文彼作溱傳云
溱洧鄭兩水名

淩　水在臨淮從水夌聲 力膺切

水在臨淮者地理志泗水
國淩縣淩水出南入淮

說文解字弟十一　義證弟三十四

曲阜桂馥學

濮　水出東郡濮陽南入鉅野從水僕聲 博木切

水出東郡濮陽者水經注瓠子河云秦始皇置東郡治濮
陽縣濮水逕其南故曰濮陽也又引京相璠曰濮水故道
在濮陽南水經瓠子河出東郡濮陽縣北河東至濟陰句
陽縣爲新溝又東北過廩丘縣爲濮水馥案此乃濮之枝
渠地理志陳留郡封丘縣濮渠水首受泲東北至都關入
羊里水酈注瓠子北有都關縣故城縣有羊里亭瓠河逕
其南爲羊里水釋例土地名哀二十七年傳濮下注云濮
自陳留酸棗縣受河東北經濟陰至高平鉅野縣入濟史
記衛世家石碏與陳侯共謀因殺州吁于濮索隱曰賈逵
云濮陳地按濮水首受河又受汴汴亦受河東北至離狐
分爲二俱東北至鉅野入泲則濮在曹衛之閒賈言陳地
非也若據地理志陳留封丘縣濮水受泲當言陳留水也
春申君傳王又割濮磨之北集解云徐廣曰濮水北於鉅
野入濟馥謂此皆濮渠也　南入鉅野者地理志東郡濮
陽縣下應劭曰
濮水南入鉅野

濼　齊魯閒水也從水樂聲春秋傳曰公會齊侯于濼 盧谷切

齊魯閒水也者五經文字濼齊水名玉篇濼水在濟南寰
宇記歷城縣濼水在縣西南二百步曾鞏齊州二堂記歷
城之西有泉涌出高或至數尺其旁之人名之曰趵突之
泉盖泉自渴馬之崖潛流地中而至此復出也其注而北
則謂之濼水水經注濟水云濟水又東北濼水入焉水出
歷城縣故城西南泉源上奮水涌若輪又北流注于濟謂
之濼口也　春秋傳曰公會齊侯于濼者桓十
八年經文杜注濼水在濟南歷城縣西北入濟

漷　水在魯從水𩫏聲 苦郭切

水在魯者春秋襄十九年取邾田自漷水杜注漷水出東
海合鄉縣西南經魯國至高平湖陸縣入泗哀二年季孫
斯叔孫州仇仲孫何忌帥師伐邾取漷東田及沂西田范
甯云漷沂皆水名九域志兗州鄒縣有漷水寰宇記費縣

郯水源出縣西南連青山下左氏襄十九年取邾田自郯水今按水發源自山下東北流又折而西南流入徐州滕縣界水經泗水云又西過瑕邱縣東屈從縣東南流漷水從東來注之酈注漷水出東海合鄉縣其水西南流入邾又逕魯國鄒山東南而西南流春秋左傳所謂嶧山也又西南逕蕃縣故城南又西逕薛縣故城北又西逕仲虺城北又西至湖陸縣入于泗故京相璠曰薛縣漷水首受蕃縣西注山陽湖陸是也經言瑕邱東誤百

瀞 魯北城門池也从水爭聲士耕切又才性切

魯北城門池也者顧炎武曰公羊閔公二年傳桓公使高子將南陽之甲立僖公而城魯或曰自鹿門至於爭門者是也或曰自爭門至於吏門者是也注爭門吏門並闕按說文瀞魯北城門池也从水爭聲士耕切是瀞門即以此水名省文作爭爾後人以瀞字省作淨音才性切而梵書用之自南北史以下俱爲才性之淨而魯之爭門不復知矣馥案字或作埩廣韻埩魯城北門池也

濕 水出東郡東武陽入海从水㬎聲桑欽云出平原高唐他合切

水出東郡東武陽者郡國志東郡東武陽濕水出又平原郡高唐濕水出又平原有濕陰縣應劭曰東武陽在武水之陽水經注以武水即濕水六書故云濕漢志作漯禹貢浮于濟漯達于河孟子瀹濟漯而注諸海是也史記夏本紀浮於濟漯索隱漯水出東郡東武陽縣北至千乘縣而入于海地理志東郡東武陽禹治漯水東北至千乘入海過郡三行千二十里穆天子傳天子自五鹿東征釣于漯水又云天子飲於漯水之上注云漯水今濟陰漯陰縣音沓揚雄兗州箴濟漯既通水經注河水云故瀆又東北入東武陽縣東入河又有漯水出焉戴延之謂之武水也鄭注尚書漯水出東郡東武陽陳琳爲袁紹檄豫州文青州涉濟漯太康地記漯沃縣屬樂陵國元和志齊州臨邑縣漯水北去縣七里通典漯水在漢之東郡東武陽縣今魏郡莘縣有東武陽城無此水矣漯音他合反又棣州蒲臺縣下云漢漯沃縣漢志千乘郡溼沃水經注河水作漯沃又引地理風俗記曰千乘縣西北五十里有大河河北有漯沃城又與隰陰後漢書襄楷傳平原隰陰人注云隰陰縣在隰水之南漢書王子侯表濕成侯忠史記作隰郎西

河之隰城縣哀二十三年左傳戰於犂邱杜云犂邱隰也釋文作濕云本又作隰隰隸變從㬎北魏鄭羲碑原隰生光又變從累建城鄉侯劉靖碑隰作隰釋地下溼曰隰陸德明本作隰云隰本或作隰音習後魏武德于府君義橋碑隰又作隰荀子不苟篇窮則弃而儑楊注儑當爲濕字書無儑字韓詩外傳作弃而累也五經文字濕兗州水名經典相承以爲燥溼之溼別以漯爲此字華嚴經音義溼失入反經本有作濕者音他合反此乃平原郡之水名耳廣川書跋郙閣頌醳散關之嶄漯徒朝陽之平燦漯當作濕燦當作燦馥案孫叔敖碑下濕磽确皆以濕爲溼字入海者地理風俗記漯水東北至千乘入海唐高宗問許敬宗曰書稱浮于濟漯今濟漯斷不相屬敬宗曰不言合漯者漯自東武陽至千乘入海也桑欽云出平原高唐者此出欽所作地理志班志平原郡漯陰下應劭曰漯水出東武陽東北入海又高唐下桑欽言漯水所出功臣表㬎望侯冷廣以濕沃公士又濕陰定侯昆邪魏書地形志樂陵郡有濕沃縣平原郡博平縣有濕水宗俱碑陰平原濕陰郭巨石室畫象平原濕陰韓勑後碑陰平原濕陰王宣蘇衡等題名平原濕陰馬象黃度曰以水經注元和志寰宇記諸書考之濟水最南漯水在中河水最北今者小清所經自歷城以東如章邱鄒平長山新城高苑博興樂安諸縣皆古濟水所行而大清所經自歷城以上至東阿固皆濟水故道而自歷城東北如濟陽齊東青城諸縣則皆古漯水所行蒲臺以北則故河水所經蓋宋時河嘗行漯瀆及河去則大清兼行河漯二瀆其小清所行則斷爲濟水故道也胡渭曰漢志東郡東武陽縣下云禹治漯水東北至千乘入海又平原郡高唐縣下云桑欽言漯水所出今按禹引河自大伾山西折而北循大陸東畔入海而漯首受河自黎陽宿胥口始不起東武陽也水經注所敘河水自宿胥口又東右逕滑臺城又東北逕黎陽縣南又東北逕涼城縣又東北逕伍子胥廟南又東北爲長壽津河之故瀆出焉河水又東逕鐵邱南又東北逕濮陽縣北又東北逕衛國縣南又東逕鄄城縣北又東北逕范縣之秦亭西又東北逕委粟津皆古漯水也自周定王五年河徙從宿胥口東行漯川至長壽津始與漯別其津以西漯水之故道悉爲河所占而上游較短矣然河之故瀆不經東武陽亦不經高唐迨漢成帝建始末河決館陶由東武陽絕漯水而東北至高唐又絕漯水東北至千乘入海雖嘗塞治而故道猶存王莽始建國三年復決於此莽爲元城冢墓計不隄塞明帝永平中王景脩之遂爲大河之經

流自是委粟津以西漯水之故道又爲河所占上游益短矣漯水一出於武陽再出於高唐據成帝後言之百

水出山陽平樂東北入泗從水包聲匹交切

水出山陽平樂者地理志山陽郡平樂侯國泡水東北至沛入泗沛本或作沛水經注泗水云泡水即豐水之上源也水上承大薺陂東逕己氏縣故城北又東逕平樂縣右合泡水又東逕豐縣故城南又東合黃水水上舊有梁謂之泡橋元和志沛縣泡水即豐水也西去縣百五十步九域志徐州沛縣豐縣俱有泡水或通作苞通鑑步尼公引兵趣苞橋沛縣民燒苞橋夜於林中擊鼓魏以宋兵大至爭渡苞水東北入泗者水經注泡水又東逕沛縣故城南述征記曰城極大四周壍通豐水豐水於城南東注泗即泡水也

菏澤水在山陽胡陵禹貢浮于淮泗達于菏從水苛聲古俄切

菏澤水在山陽胡陵者胡當爲湖禹貢釋文引作水出山陽湖陵南玉篇菏澤水在山陽湖陵南禹貢山水澤地菏

水在山陽湖陸縣南禹貢豫州導菏澤被孟豬傳云菏澤在湖陵地理志沛陰郡禹貢菏澤在定陶東案括地志謂之龍池又名九卿陂非菏水也鄭注禹貢云自導弱水已下言過言會者皆是水名言至于者或山或澤皆非水名覆案經云又東至于菏然則菏爲澤名也傳寅禹貢集解云許氏說文云菏澤水在山陽胡陵而班固以爲在定陶何也葢在定陶者其澤也在湖陵者其流也其流東與泗合在今單州之魚臺魚臺在單之東北百里而近正古胡陵地也水經泗水又屈東南過湖陸縣南酈注地理志故湖陵縣也菏水在南王莽改曰湖陸應劭曰尚書一名湖陵章帝封東平王蒼子爲湖陸侯更名湖陸也戴君震曰今漢書地理志山陽郡湖陵下云禹貢浮于泗淮通于河水在南莽曰湖陸應劭曰尚書一名湖章帝封東平王倉子爲湖陵侯更名湖陵此條舛誤者八泗淮當作淮泗一也通于河當作通于菏二也水在南當作菏水在南三也尚書二字當在禹貢二字上不當在應劭曰下四也應劭時稱湖陸已久所引應劭語宜爲地理風俗記湖陸縣之文一名湖當是一名湖陵校漢書者妄刪陵字以起下文有陵字爲更名互五也倉當作蒼六也爲湖陵侯當作爲湖陸侯七也更名湖陵當作更名湖陸八也道元此注亦有尚書二字益校書者據漢志譌本增入說文菏字下云菏澤水在山陽湖陵引禹貢浮于淮泗達于菏而水經濟水內敘菏水云又東南過湖陸縣南東入於泗水道元注亦引尚書浮于淮泗達于菏今尚書本皆譌作達于河以尚書及前後漢書水經注互有舛誤彼此紛糾僅就一處訂正終難了徹故備論之漢志泗水至方與入沛實入菏故謂之菏沛水經泗水又南過方與縣東菏水從西來注之酈注菏水即沛水之所苞注以成湖澤也而東與泗水合于湖陵縣西六十里穀庭城下水經洙水又東過方與縣北爲菏水菏水又東過湖陸縣南東入于泗水案由淮達泗由泗達菏禹貢之故道如此元和志魚臺縣下云菏水即濟水也一名五丈溝西自金鄉縣界流入去縣十里又東南流合泗水胡渭曰菏澤在陶邱之東北相去不遠濟水伏流至陶邱北上奮馳波跳沫東北匯于菏澤又東北絕鉅野至琅槐入海者爲濟瀆其一枝東南流至湖陵入泗者後人目之曰菏水漢志湖陵縣下云菏水在南者是湖陵今爲魚臺縣地也許慎云菏澤水在湖陵謂澤之下流入泗者亦未爲誤自孔傳襲其文曰菏澤在湖陵而遺一水字則在湖陵者爲澤矣釋至于菏又增一水字曰菏澤之水則定陶之菏澤與湖陵之菏水無別矣酈道元

時孔傳已盛行故宗其說言尚書有導菏澤之說自陶邱北東至於菏水又以湖陵入泗爲澤水所鍾而不知此特菏澤之下流其所鍾則在定陶也且豫州導菏澤被孟豬乃導菏澤之餘波南入于孟豬非謂東南至湖陵入泗之菏水酈乃混而爲一種種紕繆皆爲孔傳所誤　禹貢浮于淮泗達于菏者禹貢當作夏書今書作河韻會　浮于淮泗達于河說者牽合傳會或指鴻溝引河入泗爲禹迹或謂當時必有可達之理今按說文菏字注引禹貢此文則是達于菏非達于河許慎所見葢古文尚書後人傳寫例以上下文達于河之句改菏爲河陸德明又以河音如字遂啟後人淮泗不能達河之疑然其下復云說文作菏工可切水出山陽湖陵南則非九河之河明矣如字之音陸氏誤也金履祥曰浮于淮泗達于河古文尚書作達于菏說文引書亦作菏菏澤與濟水相通而泗水上可以通菏下可以通淮徐州浮淮入泗自泗達菏也閻若璩曰浮于淮泗達于河陸德明引說文作菏葢菏者澤名爲濟水所經又東至于菏者是在豫之東北即徐之西北舟則自淮而泗自泗而菏然後由菏入濟以達于河此徐之貢道也或曰曷不詳言之余曰以上文兗州浮于濟漯達于河矣青州便浮于汶達于濟不復言達于河矣又次徐州浮于

淮泗達于菏亦不復言達于濟矣至楊州則沿于江海達于淮泗且不復言達于菏不復言者蒙上文也一層脫卸一層雖由當日水道之自然而其敘法從變字法從簡眞屬聖經之筆

泗 受泲水東入淮从水四聲 息利切

地理志魯國卞縣泗水西南至方與入泲過郡三行五百里青州川 水經泗水出魯卞縣北山酈注地理志曰出濟陰乘氏縣又云出卞縣北經言北山皆爲非矣山海經曰泗水出魯東北余昔因公事沿歷徐沇路逕洙泗因令尋其源流水出卞縣故城東南桃墟西北墟有漏澤澤西連岡通阜西北四十許里岡之西際便得泗水之源也博物志曰泗出陪尾蓋斯阜者矣 括地志泗水源在兗州泗水縣東陪尾山其源有四道因以爲名 元和志泗水源出陪尾山其源有四四泉俱導因以爲名馥案此皆發源之泗魯語宣公夏濫於泗淵注云泗在魯城北馥案此謂與洙合流之泗 地理志泲陰郡乘氏縣泗水東南至睢陵[illegible]入淮過郡六行千一百一十里馥案此受泲之泗泗之末流也受泲水者徐鍇本作水受泲水馥案受泲水者郎菏水也閻若璩日或問王伯厚謂漢志有兩泗水其一濟陰郡乘氏縣注泗水東至睢陵入淮又一泗水魯國卞縣注西南至方與入泲泲自泲之譌其說信乎余曰殆王氏考之不審泗一而已安得復出乘氏乘氏漢縣寰宇記在鉅野縣西南五十七里班固祇當於卞縣下注曰禹貢泗水出陪尾山西南至方與與菏合又東南至睢陵入淮只此已足更進一層睢陵仍當作淮陰泗入淮在今清河縣東南謂之泗口亦名清口睢陵則今睢寧縣治耳馥案水經濟水又東至乘氏縣西分爲二其一水東南流其一水從縣東北流入鉅野澤酈注南爲菏水北爲濟瀆馥案漢志乘氏之泗水郎泲水泗既入泲泲又南流爲菏則竝受泗之通稱矣說文受泲水泲郎東南流之菏水漢志言入說文言受實不相背說文泗次菏下固有意也水經泗水又南過方與縣東菏水從西來注之酈注菏水郎濟水之所苞注以成湖澤也而東與泗水合於湖陵縣西六十里穀庭城下馥謂此條若不與泲水參看則漢志說文皆不可通閻氏謂泗不得復出乘氏疏矣又案漢志出卞者泗之源也入泲者乃其中流非末流也乘氏有泗者言入泲之後與泲合而東入淮其合泲在乘氏非謂泗出乘氏也蓋泲郎菏故金仁山謂泗水上可通菏下可入淮也說文祇言其受泲入淮而不及其出卞一節者或因此一節與洙水合

流故就其分流受泲處擧之與東入淮者地理志乘氏泗水東南至睢陵入淮馥案乘氏以下之泗水經以爲泲水乃泲之枝流合於泗而自乘氏入淮者泗之經流也本書謂受泲水東入淮者泲之枝流隨泗入淮實泗入淮也郭注海內東經云今泗水至高平湖陸縣東南經沛國彭城下邳至臨淮下相縣入淮胡渭曰說文泗受泲水東入淮其所謂泲郎菏水也酈善長云泲在湖陸西而左注泗泗泲合流地記或言泲入泗泗亦言入泲故有入泲之文渭按班固謂泗入濟許愼謂泗受濟而不言菏以菏郎濟也水經濟水篇所敘自乘氏以至湖陸郎分濟之菏自沛縣以至睢陵郎入淮之泗也通典兗州刺史劉遐自彭城退屯泗口寰宇記宿遷縣有泗口馥案淮水經宿遷縣界郎泗入淮之處故曰泗口

洹 水在齊魯閒從水亘聲 羽元切

趙策相與會於洹水之上 韓非子初見秦篇昔紂爲天子甲兵百萬左飲於淇谿右飲於洹谿淇水竭而洹水不流 竹書紀年文丁三年洹水一日三絕 魏志武帝紀畱蘇由審配守鄴公進軍到洹水 北史齊高祖紀同會鄴挾洹水而軍 隋書禮儀志後齊所祭山川有洹水 圖經安陽紂都在淇洹二水之閒

水在齊魯閒者齊當爲晉水經洹水出上黨泫氏縣東過隆慮北又東北出山過鄴縣南又東過內黃縣北東入于白溝酈注水出洹山山在長子縣也又云許愼說文呂忱字林竝云洹水出晉魯之閒馥案河朔訪古記亦引作晉字此水出漳德府林縣東北流至安陽縣城北折而東南流入衛河去齊地遠矣廣韻洹水名在鄴玉篇洹水出汲郡隆慮縣成十七年左傳初聲伯夢涉洹杜注洹水出汲郡林慮縣東北至魏郡長樂縣入清水釋例洹出汲郡林慮縣東北至信城入張甲河北山經神囷之山黃水出焉而東流注于洹注云洹水出汲郡林慮縣東北至魏郡長樂入清水隋圖經洹水出隆慮縣西北俗謂之安陽河郎聲伯夢涉之水源出林慮山下平地九域志相州林慮縣有洹水寰宇記林慮縣漢隆慮縣屬河內郡洹水出縣西北俗謂安陽河郎聲伯夢涉之所源出林慮山東平地林慮山在縣西二十里輿地廣記相州臨漳縣本鄴縣後周分東北界置洹水縣

灉 河灉水在宋從水雝聲 於容切

河灘水在宋者釋水水自河出爲灘爻云灘反入郭云卽河水決出而復入者河之有灘猶江之有汜廣韻作澭云水名在宋又作雍淮南人閒訓楚莊王勝晉於河雍之閒列子黃帝篇雍水之潘爲淵注云雍音擁河水決出還復入也釋名水從河出曰雍沛言在河岸限內時見雍出則沛然也

澶淵水在宋從水亶聲 市連切

澶淵水在宋者玉篇澶淵在頓邱縣南十三州志澶水在頓邱西南三十五里伏流至繁城西南郡國志沛國杼秋有澶淵聚水經注河水云大河之北卽東武陽縣也左會浮水故瀆故瀆上承大河于頓邱縣而北出東逕繁陽縣故城南應劭曰縣在繁水之陽張晏曰縣有繁淵春秋襄公二十年經書公與晉侯齊侯盟于澶淵杜預曰在頓邱縣南今名繁淵澶淵卽繁淵也亦謂之浮水焉馥案今本杜注繁淵作繁汙云此衛地又近戚田范甯亦云衛地九域志澶州臨河縣有澶淵寰宇記澶淵在臨河縣東南十七里在黎州東北八十里馥案臨河縣魏東黎縣地魏分汲郡置黎陽郡所領有東黎縣此非宋地

洙水出泰山葢臨樂山北入泗從水朱聲 市朱切

水出泰山葢臨樂山者地理志泰山郡葢縣臨樂子山洙水所出西北至葢入池水池當爲泗泗本作洍與泗形近誤也戴侗曰太山葢縣今沂水縣寰宇記沂水縣本漢東莞縣漢葢縣城在縣西北八十里本齊邑漢以爲縣景帝封王皇后兄信爲葢侯後漢屬泰山郡隋開皇十六年於此城置東安縣屬莒州後廢入沂水縣又云艾山一名樂山在新泰縣東北三十里馥案水經沂水出葢縣艾不當在新泰臨樂山一名雕崖山在蒙陰縣東北一百三十里沂水縣西北一百七十里水經洙水出泰山葢縣臨樂山西南至卞縣入于泗酈注地理志臨樂山洙水所出西北至葢入泗水或作池字葢字誤也洙水西南流于卞城西西南入泗水亂流西南至魯縣東北又分爲二水水側有故城兩水之分會也洙水西北流逕孔里北是謂洙泗之閒矣春秋之浚洙非謂始導矣葢深廣之耳馥案經言西南誤酈注亦沿其誤春秋莊九年冬浚洙杜注洙水在魯城北下合泗釋例洙水出魯國東北西南入沇水下合泗馥案出字誤當云經魯國東北也入沇水者入泲也泗泲合流故曰合泗　北入泗者泗在洙南而云北入者臨樂山在陪尾之東南洙水西北流以入泗至魯城北復分流洙在北泗在南

沭水出青州浸從水朮聲 食聿切

水出者下有闕文地理志琅邪郡東莞縣術水南至下邳入泗過郡三行七百一十里青州寖顏注術水卽沭水也音同水經沭水出琅邪東莞縣西北山東南過其縣東又東南過莒縣東又南過陽都縣東入於沂馥謂山當是沂山或轉寫脫沂字廣韻沭水名在琅邪今沭陽縣在海州通典沭水出東海郡沭陽縣沭音述元和志泗州漣水縣下云沭水俗名漣水西南自海州沭陽縣界流入寰宇記沂水縣沭水出縣西北沂山南職方氏青州其浸沂沭在縣界七十里又東南入於泗水又云沭陽縣沭水在城東南七十步引東流七十里入車路瀆齊乘水經注大弁山與小泰山連麓沭水出焉漢志謂之術水元和志云俗名漣水出沂山東麓又云沭水自厚邱縣分爲二今名南漣北漣也胡渭曰以今輿地言之沭水出沂水縣歷莒州沂州郯城至沭陽縣西北分爲二水其一南至邳州入泗卽齊乘所謂南漣水也其一爲左瀆北至海州與安東之游水合自下游流通稱又北至贛榆入海卽齊乘所謂北漣水也字或作潏玉篇潏水在琅邪任緒釣魚處　青州浸者周禮職方氏正東曰青州其浸沂沭注云沭出東莞

沂水出東海費東西入泗從水斤聲一曰沂水出泰山葢青州浸 魚衣切

水出東海費東者水經注許慎說文云沂水出東海費縣東西入泗從水斤聲呂忱字林亦言是矣淮南地形訓時泗沂出臺台術高云時泗沂皆水名臺台術皆山名玉篇沂水出泰山琅邪縣通典沂山在今琅邪郡沂水縣卽沂水所出也馥案水經注云鄭玄云沂出沂山亦或云臨樂山水有二源南源所導世謂之柞泉北水所發俗謂之魚窮泉俱東南流合成一川齊乘云鄭康成云沂水出沂山按今蒙陰縣東北地名南河川小阜之下有曰狗泉此沂源也東南逕馬頭固山有泉東流與之合北望沂山五十里殊無別源疑沂山水源古流今竭亘胡渭云按沂山在今青州府沂水縣北一百十里無沂源又雕崖山在縣西北一百七十里沂水於此發源是謂狗泉葢卽康成所謂沂山也臨樂艾山雕崖疑卽沂山支阜之異名齊乘所謂狗泉者卽北源之魚窮泉其出馬頭固山者卽南源之柞

泉也 西入泗者御覽引無西字水經作南入泗寰宇記沂水經下邳縣北分爲二水一水於城北西南入泗水一水經城東屈曲從縣南亦注泗謂之小沂水通鑑注泗水東南流過下邳縣西沂水南流亦至下邳縣西而南入於泗 一曰沂水出泰山蓋者地理志泰山郡蓋縣沂水南至下邳入泗過郡五行六百里青州浸又引書淮沂其乂顏注沂出泰山郡國志泰山郡蓋沂水出廣韻沂水名出太山博物志沂出太山水經沂水出泰山蓋縣艾山南過下邳縣西南入於泗襄十八年左傳東侵及濰南及沂土地名沂水出東莞蓋縣艾山南經琅邪東海至下邳縣入泗吳語闕爲深溝於商魯之閒北屬之沂注云沂水名出泰山蓋縣南至下邳入泗鄭注職方沂山沂水所出也在蓋 青州浸者周禮職方氏青州其山鎮曰沂山其浸沂沭馥案漢官解詁徐魯惟沂禹貢沂屬徐至周則徐入青矣故曰青州浸

洋 水出齊臨朐高山東北入鉅定從水羊聲似羊切

水出齊臨朐高山者徐鍇本作石膏山地理志齊郡臨朐石膏山洋水所出東北至廣饒入鉅定顏注洋音祥馥案

洋當爲洋音瀰水經巨洋水出朱虛縣泰山北過其縣西又北過臨朐縣東又北過劇縣西又東北過壽光縣西又東北入於海酈注泰山卽東小泰山也巨洋水卽國語所謂具水矣袁宏謂之巨昧王韶之以爲巨蔑亦或曰朐瀰皆一水也而廣其目焉巨洋水自朱虛北入臨朐縣又東北逕委粟山又東北洋水注之水西出石膏山西北石澗口東南逕逢山祠西又東南歷逢山下卽石膏山也而東北流世謂之石溝水東北流出於委粟山北而東注於巨洋謂之石溝口地理志石膏山洋水所出是也巨洋水又西北流而注於巨淀矣東北逕望海臺西東北流又東北注於海也馥案巨洋水竝當作洋巨洋卽朐瀰也巨蔑卽巨昧之轉音也皆與洋聲相近齊語使海於有蔽渠弭於有渚賈侍中云海海濱也渠弭裨海也馥謂渠弭卽巨昧朐瀰之異稱亦與洋聲相近後漢書耿弇傳追至鉅昧水上注云鉅昧水名一名巨洋水在今青州壽光縣西九域志青州臨朐縣有洱水齊乘云洋水今謂之洱河出沂山西麓卽東泰山也馥謂洋洱聲亦相近玉篇洋以爾切亦瀰字類篇瀰瀰水盛皃或作洋馥謂二書雖不以洋爲水名實有從羊之字矣益都楊君峒曰世謂陽水卽洋水案陽水導源漢之廣縣非出臨朐川土不同自非一水詩泌之洋洋河水洋洋竝當爲洋洋卽新臺之河水瀰瀰也周禮萍氏禁川游者注云備波洋卒至沈溺也此洋字亦當爲洋或曰洋字見於經傳豈得無其字馥曰山海經西山經昆侖之邱洋水出焉而西南流注于醜塗之水水經注沔水云洋水導源巴山東北流入漢寰宇記洋州眞符縣本漢安陽縣地洋水出縣東巴嶺據此則固有洋水矣本書或有洋洋二文形相類遂去其一今以洋當洋字之訓猶鼏當鼏字之訓矣 北入鉅定者先入巨洋合巨洋以入鉅定也水經注淄水又東逕巨淀縣故城南征和四年漢武帝幸東萊臨大海三月耕巨淀卽此也縣東南則巨淀湖蓋以水受名也

濁 水出齊郡厲嬀山東北入鉅定從水蜀聲直角切

水出齊郡厲嬀山者厲當作廣嬀山當作爲山地理志齊郡廣縣爲山濁水所出玉篇濁水出齊郡廣縣水經注淄水云呂忱曰濁水一名瀾水出廣縣爲山世謂之冶嶺山北流注巨淀 東北入鉅定者地理志濁水東北至廣饒入鉅定水經注淄水又東北馬車瀆水注之受巨淀淀卽濁水所注也馥案鉅定卽鉅澱濁水所注故成鉅澱釋名

濁瀆也汁滓演瀆也

漑 水出東海桑瀆覆甑山東北入海一曰灌注也從水旣聲古代切

水出東海桑瀆覆甑山者東海當爲北海地理志北海郡桑犢縣覆甑山漑水所出九域志濰州北海縣有漑水寰宇記濰州北海縣漑源山在州東南六十里山形如塔舊名塔山地理志云覆甑山漑水所出水經云漑水出塔山是山有二名天寶六年敕改爲漑源山 東北入海者地理志漑水東北至都昌入海 一曰灌注也者洞簫賦過江流川而漑其山李善引本書漑猶灌也本書浸川澤所仰以灌漑也莊子逍遙遊時雨降矣而猶浸灌秋水篇百川灌河注云灌注也史記河渠書西門豹引漳水漑鄴漢書溝洫志此渠皆可行舟有餘則用漑顏注漑灌也養生論夫爲稼於湯之世偏有一漑之功者雖終歸於燋爛必一漑者後枯然則一漑之益固不可誣也梁典到漑字茂灌或借槩字七發於是澡槩胷中李善云槩與漑同

濰 水出琅邪箕屋山東入海徐州浸夏書曰濰淄其道 從水維聲 以追切

水出琅邪箕屋山者地理志琅邪郡箕縣禹貢維水北至都昌入海過郡三行五百三十里青州𣹰也鄭注禹貢引地理志濰水出琅邪箕屋山本書屋山二字據漢志也齊乘濰水水經云出琅邪箕縣濰山許愼呂忱云箕屋山淮南子云覆舟山廣異名耳實一山也卽今淸風山在莒州莒縣北百里漢箕侯國地胡渭曰說文濰水出琅邪箕屋山謂琅邪郡箕縣之屋山非名箕屋也水經濰水出琅邪箕縣濰山襄十八年左傳東侵及濰注云濰水在東莞東北至北海都昌縣入海漢書韓信傳與信夾濰水陳顏注濰水出琅邪北箕縣東北經臺昌入海卽禹貢所云濰淄其道者也寰宇記莒縣下云箕漢縣宣帝封城陽荒王子文爲侯卽此邑後漢省併東莞據郡國縣道記引漢志云濰水北至都昌入海又許愼說文呂忱字林並云濰水出琅邪箕屋山入海又水經云濰水出琅邪箕縣東今按箕山在今縣北八十里箕縣蓋因山爲名今故城在縣東北一百餘里其山在濰水之西是也又云濰水源出縣東北

濰山去縣八十三里東北流入諸城縣界禹貢濰淄其道淮南子濰出覆舟山皆濰之異名括地志密州莒縣濰山濰水所出隋志濰水在北海郡下密縣元和志輔唐縣濰山在縣東北八十三里濰水所出也顧炎武曰濰水其字或省水作維或省糸作淮又或從心作惟總是一字漢書地理志琅邪郡朱虛下箕下作維靈門下橫下折泉下作淮上文引禹貢惟甾其道又作惟一卷之中異文三見古人之文或省或借其旁並從鳥隹之隹則一爾後人誤讀爲淮沂其乂之淮而呼此水爲槐河失之矣又曰馬文煒曰漢書王子侯表城陽頃王子東淮侯類封北海按北海郡別無淮水蓋濰字之異文又曰通鑑梁武帝紀魏李叔仁擊邢杲於惟水胡三省注惟當作濰　東入海者水經濰水又東北過都昌縣東又東北入於海徐廣曰濰水出東莞而東北流至北海都昌縣入海　徐州浸者周禮職方氏無徐州地理志作青州　夏書曰濰淄其道者禹貢青州文本書無淄字濰地理志引作維顏注維水出琅邪箕屋山

浯 水出琅邪靈門壺山東北入濰從水吾聲 五乎切

水出琅邪靈門壺山者地理志琅邪郡靈門縣壺山浯水所出水經注濰水云浯水出浯山世謂之巨平山也地理志曰靈門縣有高夈山壺山浯水所出今是山西接浯山許愼說文言水出靈門壺山世謂之浯汶矣三齊記昔者堰浯水灌田數萬頃今尚有餘堰而稻田畦畛存焉寰宇記按郡國縣道記靈門在今縣西南六十里當沂水縣東北一百里有巨平山在縣北浯水側近其山一名浯山　浯水源出此山　東北入濰者地理志浯水東北入維水經注浯水東北流而注於濰水寰宇記浯水東北至密州北流入濰胡渭曰浯水世謂之浯汶浯合東汶入濰故有此名

汶 水出琅邪朱虛東泰山東入濰從水文聲桑欽說汶水出泰山萊蕪西南入泲 亾運切

述征記泰山郡水皆名汶有北汶嬴汶柴汶牟汶皆源別流同詩地理攷董氏曰出萊蕪者今須城之汶是也出朱虛者今濰之東南有大汶小汶是也曾氏曰汶水有二出萊蕪縣原山入濟者徐州之汶也出朱虛泰山北又東北入濰者青州之汶也

水出琅邪朱虛東泰山者地理志琅邪郡朱虛縣東泰山汶水所出東至安邱入維括地志朱虛故城在青州臨朐縣東周禮職方青州其山鎭曰沂山寰宇記云卽東泰山也齊乘臨朐縣沂山卽公玉帶請漢武所封之東泰山也馥案此爲東汶吳語遵汶之上韋注汶齊水名是也沂山在今沂州府沂水縣北一百十里唐爲東鎭今山無汶源水經汶水出朱虛縣泰山酈注伏琛晏謨並言水出縣東南峿山山在小泰山東　東入濰者水經汶水北過淳于縣西又東北入於濰酈注故夏后氏之斟灌國也其城東北則兩川交會也寰宇記濰州北海縣汶水在縣東南六十里源出沂水縣小泰山入縣界合濰水入海　桑欽說汶水出泰山萊蕪者地理志泰山郡汶水出萊蕪西入濟又萊蕪縣下云禹貢汶水出西南入泲桑欽所言　又浮于汶顏注汶水出泰山郡萊蕪縣原山水經注泲水云李欽曰汶水出泰山萊蕪縣西南入濟馥案李當爲桑欽郡國志泰山郡萊蕪有原山淄水出注云杜預曰汶水出經汶水出泰山萊蕪縣原山酈注汶出牟縣故城西南阜下俗謂之胡盧堆牟縣古牟國俗謂是水爲牟汶也括地

志淄州淄川縣東南七十里原山元和志乾封縣汶水源出縣東北原山西有流經縣理南去縣三里僖元年左傳公賜季友汶陽之田杜注汶水出泰山萊蕪縣西入濟後漢章帝紀宗祀五帝於汶上明堂注云汶水出太山朱虛縣萊蕪山從征記汶水出萊蕪西南流通典汶水出今魯郡萊蕪縣界　西南入泲者禹貢浮于汶達于濟又導沇水云又東北會于汶傳云泲與汶合許敬宗對高宗曰沇濟自溫入河伏地南出爲滎澤又伏而出曹濮之閒汶水從入之故書又言浮汶達濟水經泲水又東北過壽張縣西界安民亭南汶水從東北來注之淮南地形訓汶出弗其流合於濟高誘云弗其山在北海朱虛縣東水經注云余按誘說是乃東汶非經所謂入濟者也蓋其誤證耳春秋釋例汶水出泰山萊蕪縣西南經濟北至東平須昌縣入濟寰宇記萊蕪縣汶水出此邑卽閔子騫所謂則吾必在汶上矣是也西南流入泲詩地理攷引曹氏曰汶在齊南魯北閔子在汶上者欲北如齊也

治　水出東萊曲城陽邱山南入海从水台聲　直之切

水出東萊曲城陽邱山者玉篇作陽曲山地理志東萊郡曲城縣陽邱山治水所出　南入海者地理志治水南至

泲入海

寖　水出魏郡武安東北入呼沱从水𡨦聲𡨦籒文寑字　子鴆切

廣韻浸下云寖上同出字林馥案漢書作寖

水出魏郡武安者玉篇寑水出武安縣東　東北入呼沱者地理志魏郡武安寖水東北至東昌入虖沱河周禮職方氏并州其川虖池元和志繁畤縣本漢舊縣屬雁門郡秦戲山一名武夫山在縣東南九十里滹沱水出焉　𡨦聲者宋本作𡨦　籒文寑字者宋本作寑

渪　水出趙國襄國之西山東北入寖从水禺聲　噳俱切

水出趙國襄國之西山者之字衍寰宇記邢州龍岡縣泰以爲信都縣項羽更名襄國漢因不改渪水一名澧水俗謂之百泉河源出縣東南平地以其導源總納衆泉合成一川故也又云百泉河在州東南八里水自平地而出其泉無數故曰百泉是澧河之上源也又沙河縣本漢襄國縣地沙河卽渪水也渪水在縣西北七十一里俗名沙河水郡國志牛缺遇盜於沙渪之閒玉篇渪水出襄國縣東今作虞　東北入濅者地理志趙國襄國西山渠水所出東北至任入濅　渠水卽渪水

虒　水出趙國襄國東入渪从水虒聲　息移切

水出趙國襄國東入渪者地理志趙國襄國馮水東至朝平入渪馮水卽虒水不知何以譌爲馮

渚　水在常山中邱逢山東入渪从水者聲爾雅曰小州曰渚　章與切

水在常山中邱逢山者地理志常山郡中邱逢山長谷諸水所出諸卽渚　東入渪者地理志諸水東至張邑入濁濁當爲渪　爾雅曰小州曰渚者釋水文彼作陼釋文云陼字又作渚李巡曰四方有水獨高可處故曰渚釋邱如渚者陼邱郭云水中洲爲陼本書如渚者陼邱水中高者也聲類陼或作渚釋邱又云澤中有邱都邱馥案鄭注檀

弓云南方謂都爲猪釋名小洲曰渚渚遮也體高能遮水使從旁囘也廣雅渚處也馥案州居也孫炎注九河覆鬴云水中多渚往往而有可居之處狀如覆釜之形詩召南江有渚傳云渚小洲也水岐成渚文十年左傳王在渚宮注云小洲曰渚齊語渠弭於有渚韋注水中可居者曰渚中山經南望墠渚高注水中小洲名渚漢書司馬相如傳且齊東陼鉅海蘇林曰小洲曰陼顏注東有大海之陼字與渚同也吳都賦洲渚馮隆五臣云小洲曰渚馥案潯陽記有鵲渚卽杜預所云廬江舒縣東南鵲尾洲也

洨　水出常山石邑井陘東南入於泜从水交聲祁國有洨縣　下交切

水出常山石邑井陘者徐鍇本作井陵山鍇曰漢書石邑縣西有井陵山洨水所出今或作井陘誤也馥案地理志常山郡井陘縣應劭曰井陘山在南音刑又石邑縣井陘山在西洨水所出寰宇記石邑縣水一名童水　東南入於泜者於字衍地理志洨水東南至廮陶入泜　祁國有洨縣者地理志沛郡洨縣注云洨水所出南入淮　馥案此

別是一水

濟　水出常山房子贊皇山東入泜從水齊聲　子禮切

春秋說題辭濟齊也齊度也直也風俗通濟者齊也齊其度量也

水出常山房子贊皇山者地理志常山郡房子縣贊皇山石濟水所出郡國志常山國房子贊皇山濟水所出晏氏類要贊皇縣本漢鄗縣之地有贊皇山元和志贊皇縣贊皇山在縣東南二十六里穆天子傳至房子登贊皇山是也濟水源出贊皇山西北流去縣南十里北山經敦與之山槐水出焉而東流注於泜澤寰宇記贊皇縣槐水隋圖經云槐水出贊皇山一曰渡水亦曰濟水東入泜者地理志濟水東至廮陶入泜風俗通謂入沮或稱泜爲沮

泜　水在常山從水氐聲　直尼切

水在常山者有闕文地理志常山郡元氏縣泜水首受中邱西山窮泉谷東至堂陽入黃河北山經敦與之山泜水出於其陰而東流注於彭水注云今泜水出中邱縣西窮泉谷東注於堂陽縣入於漳水馥案隋書地理志房子有

彭水元和志趙州臨城縣漢屬常山郡敦與山在縣西南七十里泜水所出漢書張耳韓信擊破趙井陘斬陳餘泜水上吳質在元城與魏太子牋重以泜水漸漬疆宇

濡　水出涿郡故安東入漆涑從水需聲　人朱切

水出涿郡故安者廣韻濡水名出涿郡乃官切地理志涿郡故安縣閻鄉易水所出東至范陽入濡也水亦至范陽入淶顏注言易水又至范陽入淶也濡音乃官反馥案顏注易水乃濡水之訛謂濡水亦至范陽入淶也水經濡水從塞外來東南過海陽縣西南入於海昭七年左傳盟于濡上注云濡水出高陽縣東北至河閒鄚縣入易水水經注易水云其水又東南流歷故安縣北而南注濡水濡水又東南流於容城縣西北大利亭東南合易水而注巨馬水也故地理志曰故安縣閻鄉易水所出至范陽入濡水闞駰亦言是矣又注巨馬水云地理志曰淶水東南至容城入於河河即濡水也又注濡水云汙水西北入難河濡難聲相近北俗語譌耳寰宇記易縣本漢故安縣濡水源出縣西北窮獨山南谷馥案或稱聖女水通鑑元嘉九年秋七月魏主至濡水注音乃官反濡水即灤水廣輿記灤河在永平府又云永平府灤州商孤竹國漢海陽縣馥案水經注玄水又西南逕孤竹城北西入濡水通鑑開元二年薛訥繫契丹行至灤水山峽中爲伏兵所敗即濡水也

東入漆涑者漆涑當爲淶渠水經注易水云濡水合渠許慎曰濡水入淶淶渠二號即巨馬之異名又注巨馬水云即淶水也又云巨馬河亦曰渠水也

灅　水出右北平浚靡東南入庚從水壘聲　力軌切

水出右北平浚靡者徐鍇本作浚靡南玉篇水出浚靡縣南水經注鮑邱水云庚水又西南流灅水注之水出右北平俊靡縣王莽之俊麻也東南流世謂之車軬水又東南流謂之北黃水又屈而爲南黃水魏書道武帝西幸馬邑觀灅源通鑑魏主珪規度灅南將建新都注云自灅水南抵夏屋山皆灅南地也

東南入庚者當云東入庚以南字屬浚靡下地理志右北平郡浚靡縣灅水南至無終東入庚又無終縣浭水西至雍奴入海顏注浭音庚郎所云入庚者同一水也馥案志云灅水入庚顏謂浭庚同也水經注灅水又西南入於庚水庚水世亦謂之爲柘水也

沽　水出漁陽塞外東入海從水古聲　古胡切

水出漁陽塞外者地理志漁陽郡漁陽縣沽水出塞外東南至泉州入海水經沽河從塞外來南過漁陽狐奴縣北西南與濕餘水合爲潞河酈注沽河出禦夷鎮西北九十里丹花嶺下寰宇記潞縣漢屬漁陽郡潞河一名沽河一名鮑邱水水經注鮑邱水入潞通得潞河之稱矣

東入海者水經沽水與清河合東入於海

沛　水出遼東番汗塞外西南入海從水巿聲　普蓋切

水出遼東番汗塞外者汗當爲汗顏師古注漢志音寒

西南入海者地理志遼東郡番汗縣沛水出塞外西南入海

浿　水出樂浪鏤方東入海從水貝聲一曰出貝水縣　普拜切

水出樂浪鏤方者應劭曰樂浪故朝鮮國也朝鮮傳復修遼東故塞至浿水爲界顏注浿水在樂浪水經浿水出樂浪鏤方縣隋書來護兒傳遼東之役率樓船指滄海入自浿水唐書李勣爲浿江道大總管

一曰出貝水縣者地

理志樂浪郡浿水縣水西至增池入海水經注云許愼云浿水出鏤方一曰出浿水縣十三州志曰浿水縣在樂浪東北鏤方縣在郡東葢出其縣南逕鏤方也　東入海者水經浿水東南過臨浿縣東入于海

瀤　北方水也從水褱聲 戶乖切

北方水也者北山經獄法之山瀤澤之水出焉而東北流注於泰澤

㶟　水出鴈門陰館累頭山東入海或曰治水也從水纍聲 力追切

水出鴈門陰館累頭山者水經㶟水出鴈門陰館縣至漁陽雍奴縣西入笥溝酈注笥溝潞水之別名也水經沽河云南過漁陽狐奴縣北西南與濕餘水合為潞河又東南至雍奴縣西為笥溝酈注㶟水入焉俗謂之合口也寰宇記代州鴈門縣本漢廣武縣地屬太原郡後漢屬鴈門郡累頭山在縣西北六十里卽句注陘西北三十五里山也後漢書王霸傳可從溫水漕注云水經注曰溫餘水出上谷居庸關東又東過軍都縣南又東過薊縣北益通以運

漕也馥案溫餘水卽水經之濕餘水濕當為㶟隸書濕作漯故誤為濕又誤為溫地理志上谷郡軍都縣溫餘水卽水經濕餘水出上谷居庸關東者也霸所漕者溫水非溫餘水注引溫餘水誤也溫水卽㶟水東入海者地理志㶟水東至泉州入海　或曰治水也者地理志鴈門郡陰館縣累頭山治水所出　水經注㶟水出於累頭山一曰治水胡渭曰漢志代郡平舒縣有祁夷水北至桑乾入治治卽㶟水亦名桑乾河治或通作台漢書燕剌王旦傳使人祠葭水台水晉灼曰地理志台水在鴈門

⿰氵虘　水出北地直路西東入洛從水虘聲 側加切

水出北地直路西者經典借沮字地理志北地郡直路縣沮水出東西入洛馥案水經注引作出西東入洛水經沮水出北地直路縣東過馮翊祋祤縣北東入於洛酈注濁水與沮水合分為二水一水東南出卽濁水也至白渠與澤泉合俗謂之漆水又謂之為漆沮水入於渭水其一水東出卽沮水也寰宇記耀州華原縣沮水自邠州入縣界合漆水入富平石川河　東入洛者水經注沮水逕粟邑縣故城北又東北流注於洛水也

泒　水起鴈門葰人戍夫山東北入海從水瓜聲 古胡切

水起鴈門葰人戍夫山者地理志葰人屬太原郡魏志武帝紀將征烏桓鑿渠自呼沲入泒水名平虜渠馥案司馬懿征公孫淵至饒陽鑿滹沱入泒水以運糧通鑑慕容麟追長孫肥至泒水注云泒水在中山馥案水經注滱水云唐水出中山城言城中有山故曰中山也輿地志盧奴城北臨滱水面泒河馥案水經注滱水云漢高祖立中山郡魏皇始二年破中山立安州天興三年改曰定州治水南盧奴縣之故城　東北入海者水經沽河云沽河與清河合東入於海清河者泒河尾也

滱　水起北地靈丘東入河從水寇聲滱水卽漚夷水并州川也 苦候切

水出北地靈丘者靈丘不屬北地地理志代郡靈丘縣滱河東至文安入大河過郡五行九百四十里幷州川水經滱水出代郡靈丘縣高氏山寰宇記定州安喜縣滱水亦名唐河在縣北八里西北自唐縣界流入隋圖經云唐河

卽滱馥案水經注滱水又東逕左人城南城在唐縣西北亦或謂之為唐水也又東恆水從西來注之卽禹貢所謂恆衛既從也唐書賈敦頤傳瀛州濵滹沱滱二水歲溢溫壞室廬漫衍數百里馥案水經注滱水歷安國縣東分為二水一水枝分流入滹沱　東入河者北山經高是之山滱水出焉東流注於河郭注滱水過博陵縣南又東北入於易水水經注滱水至長城注於易水馥案酈注易水云逕鄚縣故城北東至文安縣與滹沱河合是以班固闞駰之徒咸以斯水謂之南易馥謂滱所入卽南易長城在今文安縣界　滱水卽漚夷水并州川也者周禮職方氏并州其川虖池漚夷注云漚夷祁夷與出平舒胡渭曰按漢志代郡平舒縣有祁夷水北至桑乾入治卽㶟水亦名桑乾河漢桑乾縣故城在今山西大同府蔚州西北平舒則州屬廣靈縣也縣南有壺流河卽古祁夷水源出縣西東北流至蔚州入桑乾河不經曲陽縣界鄭說非是水經注云滱水卽漚夷之水也元和志靈邱縣本漢舊縣屬代郡漚夷水一名滱水出縣西北高是山周禮曰并州其川漚夷謂此也錢君大昕曰地理志川曰虖池嘔夷注嘔夷出平舒按師古之注本於鄭氏周禮注葢以祁夷當嘔夷也然孟堅實以滱水為嘔夷故於代郡靈邱縣云滱河東

至文安入大河幷州川而於平舒之祁夷水不云幷州川是班與鄭異也顏注宗鄭却失孟堅之旨

淶　水起北地廣昌東入河從水來聲幷州浸洛哀切

水起北地廣昌者廣昌不屬北地地理志代郡廣昌縣淶水東南至容城入河過郡三行五百里幷州𡩋通典淶水在今安邊郡飛狐縣界元和志淶水縣淶水一名巨馬河在東北二里袁紹崔巨業攻固安不下公孫瓚敗之於淶水𠇍者六七千人卽此水也　東入河者玉篇淶水出代郡東南入河　幷州浸者周禮職方氏正北曰幷州其浸淶易注云淶出廣昌

泥　水出北地郁郅北蠻中從水尼聲奴低切

水出北地郁郅北蠻中者地理志北地郡郁郅縣泥水出北蠻夷中又泥陽縣應劭曰泥水出郁郅北蠻中晉地道記泥水出郁郅北蠻中史記酈商傳蘇駔軍於泥陽正義泥谷水源出羅川縣東北泥陽源側有泉於泥中潛流二十餘步而流入泥谷寰宇記坊州中部縣泥水水經云泥水出翟道縣泥谷今按圖經泥谷水在縣西北五十里源自

㮯棬谷來通鑑後秦主萇軍於泥源

湳　西河美稷保東北水從水南聲乃感切

西河美稷保東北水者𥘉印本無北字水經注河水又左得湳水口水出西河郡美稷縣東南流羌人因水以氏之漢沖帝時羌湳狐奴歸化蓋其渠帥也其水俗亦謂之爲遄波水東流入於河文選潘岳關中詩虛皛湳德李善注湳羌號也說文曰湳水出西河美稷縣故羌人因水爲姓

漹　水出西河中陽北沙南入河從水焉聲乙乾切

水出西河中陽北沙者水經汾水云又南過大陵縣東注汾水於縣左迆爲鄔澤廣雅曰水自汾出爲汾陂其陂東西四里南北十餘里陂南接鄔地理志曰九澤在北幷州藪也呂氏春秋謂之大陸又名之曰漚洟之澤俗謂之鄔城泊許愼說文曰漹水出西河中陽縣北沙南入河卽此水也　焉聲者焉當爲㠯酈注所謂鄔澤也廣韻𤅷水鳥集韻𤅷水名篆譌從焉音漹形變讀乙乾切實應讀安古切酈引本書原作𤅷後人據誤本說文改爲漹　南入

河者中陽瀕河故𤅷入河也

涶　河津也在西河西從水垂聲土禾切

⿰氵旟　水也從水旟聲以諸切

洵　過水中也從水旬聲相倫切

過水中也者集韻引作過水經注陰溝水云過水受沙水於扶溝縣爾雅曰過爲洵呂忱曰洵過水也九域志金州洵陽縣有洵水

涻　水出北囂山入邙澤從水舍聲始夜切

水出北囂山者廣韻引文字音義涻水出北囂山也入邙澤者徐鍇本作邛澤北山經北囂之山涻水出焉而東流注於邛澤馥案㡉水亦云注邛澤

⿰氵刃　水也從水刃聲乃見切

水也者集韻引有出上黨三字　刃聲者廣韻㲼式羊切音商水名𤄫謂當從升轉寫譌從刃音隨形變矣

淔　水也從水直聲恥力切

水也者集韻引同又云一曰出潁川

淁　水也從水妾聲七接切

涺　水也從水居聲九魚切

⿰氵臮　水也從水臮聲其冀切

氿　水也從水九聲羽求切

水也者廣韻泦水名在高密

涃　水也從水困聲苦頓切

困聲者𥘉印本作因音於眞切宋本小字本李燾本並同集韻洇伊眞切說文水名

淉　水也從水果聲　古火切

⿰氵貟　水也從水貟聲讀若瑣　穌果切

浝　水也從水尨聲　莫江切

水也者浝或作瀧水在梁鄒縣水經注謂郎古之袁水

⿰氵乳　水也從水乳聲　乃后切

泈　水也從水宊聲宊古文終　職戎切

水也者廣韻作泈云水名在襄陽

洦　淺水也從水百聲　匹白切

玉篇作湎

淺水也者當爲淺水皃本書狛甯嚴讀之若淺泊廣韻洦水淺皃顏氏家訓嘗游趙州見栢人城北有一小水土人亦不知名後讀城西徐整碑云洦流東指衆皆不識吾按說文洦淺水皃古貌字也此水漢來無名矣直以淺貌目之或當郎以洦爲名乎

汘　水也從水千聲　倉先切

洍　水也從水𦣞聲詩曰江有洍　詳里切

詩曰江有洍者徐鍇本作一曰詩江有洍廣韻引同

澥　勃澥海之別名也從水解聲一說澥即澥谷也　胡買切

勃澥海之別名也者初印本作郣澥海之別也無名字宋本集韻類篇並同別者猶江別爲沱本書郣郣海地梁張騫詠躍魚詩何用游溟澥且躍天淵池漢書音義勃澥海別枝名也齊都賦注海旁曰勃斷水曰澥或作渤澥子華子琅邪之東渤澥稽天非一水之鍾也子虛賦浮渤澥五臣云渤澥海分支水名陳書徐陵傳譬渤澥而俱深周書武帝紀守瀆隟者悟渤澥之泓澄漢書揚雄傳作勃解又作勃海戰國策蘇秦說齊曰北有勃海齊都賦海旁出爲勃勃海亦曰薄海薄即勃聲之轉史記索隱曰崔浩云勃旁跌也旁跌出者橫在齊北應劭曰海之橫出者曰勃史記天官書中國山川東北流其維首在隴蜀尾沒於勃碣漢書天文志作勃海碣石武帝紀元光三年河水徙從頓邱東南流入勃海地理志薊南通齊趙勃碣之間顏注勃勃海也又勃海郡顏注在勃海之濱因以爲名又稱渤海列子殷湯篇其吞運於渤海之尾初學記按東海之別有渤澥出說文故東海共稱渤海禹貢又北播爲九河同爲逆河入于海傳云同合爲一大河名爲逆河而入於渤海史記河渠書同爲逆河入於渤海溝洫志同王粲爲荀或與孫權檄云昨令將帥戰士就渤海七八百里演習舟楫魏志張郃從擊袁譚於渤海圖經渤海實滄州之地屬趙分居多寰宇記幽州薊縣渤海碣石皆郡界胡注通鑑楊僕從齊浮渤海以討朝鮮云僕浮渤海蓋自青萊以北幽平以南皆濱於海其海通謂之渤海非指渤海郡而言也齊乘海岱惟青州謂東北跨海西南距岱跨小海也本名渤海亦謂之渤澥海別枝名也北自平州碣石南至登州沙門島是謂渤海之口闊五百里西入直沽幾千里焉又稱少海韓非子齊景公與晏子游於少海登柏寢之臺又稱北海僖四年左傳楚子使於齊侯曰君處北海又謂之

裨海齊語渠弭於有渚韋注渠弭裨海是也列子曰渤海之中有大壑名曰歸墟歸墟者尾閭也閭若璩曰按齊都賦云海旁出爲渤今海自山東登州成山折而西徑寧海州福山蓬萊招遠縣又西徑萊州掖縣昌邑濰縣又西徑青州壽光樂安諸城縣北界折而西北徑濟南利津霑化海豐縣又北徑直隸河間鹽山滄州靜海縣東界又北至天津衛折而東徑順天寶坻豐潤縣又東徑永平灤州樂亭盧龍昌黎縣又東出山海關徑遼東寧遠廣寧衛南界折而南徑海蓋復金四衛西界又折而東徑金州南界有旅順口南與登州海口相對皆謂之渤海歷覽太史公書如河渠書同爲逆河入於渤海謂永平府之渤海也封禪書四曰陰主祠三山五曰陽主祠之罘六曰月主祠之萊山皆在齊北並渤海謂登萊兩府之渤海也蘇秦列傳說齊宣王未嘗倍泰山絕清河涉渤海張守節正義曰渤海滄州也則指天津衛之海言朝鮮列傳遣樓船將軍楊僕從齊浮渤海至王險王險城名非海之在遼東而何皆渤海也奈何有臣瓚者徒知漢以渤海名郡遂狹視渤海謂禹貢河入海乃在碣石武帝元光三年河移徙東郡更注渤海禹時不注也若以太史公書禹貢原文一渤字爲誤不知非誤也正謂碣石邊之渤海也胡渭曰漢書臣瓚曰

禹貢夾右碣石入于河則河入海乃在碣石武帝元光三年河徙從東郡更注勃海禹時不注也今按武帝紀元光三年春河水徙從頓丘東南流入勃海用此四字以足上句文勢非河先不入勃海至元光徙流而始入勃海也尋讀之意蓋以禹貢九河同爲逆河自碣石入於海故云禹時不注而不知漢人所謂勃海者其北一碣石半即逆河之故道也河豈能越勃海而至碣石哉總之勃海甚廣占漢遼西右北平勃海千乘北海東萊六郡之境跨古冀兖青三州之界自禹時以迄唐宋河之所入皆勃海也濟漯濰淄之所入亦勃海也　一說澥即澥谷也者本書解水衡官谷也玉篇嶰亦作澥吳都賦說竹云梢雲無以踰嶰谷弗能連李善注解谷崑崙北谷也漢書律歷志黃帝使泠綸自大夏之西崑崙之陰取竹之解谷生其竅厚均者斷兩節閒而吹之以爲黃鐘之宮孟康曰解谷一說崑崙之北谷名也

漠 北方流沙也一曰清也从水莫聲 慕各切

北方流沙也者李善注雪賦引本書同釋名北方沙漠平廣淮南時則訓雁北鄉高云將至北漠中也易林沙漠北塞純無水泉地理志張掖郡居延縣居延澤在東北古文以爲流沙胡渭曰沙漠自西而東且迤北居延澤雖非禹貢之流沙亦即此沙漠之地李陵歌經萬里兮度沙漠注云匈奴沙漠地劉歆宗廟議單于遠通漠北鹽鐵論處沙漠之中生不食之地盧諶贈崔溫詩北眺沙漠垂鮑昭舞鶴賦憐霜雁之違漠五臣云謂雁背沙漠以就溫也成公綏嘯賦又似鴻雁之將雛羣鳴號乎沙漠又鴻雁賦資弱水之陰岸兮有沙漠之絕渚魏書蠕蠕狂地無山有沙漠流水新唐書狄仁傑傳東距滄海西隔流沙北横大漠南阻五嶺天所以限中外也通鑑柔然追敕勒至西漠注云西漠者大漠之西偏也又云自陰山以北皆大漠有白漠黑漠瀚漠或作幕字漢書武帝紀衛青將六將軍絕幕顏注幕者今之突厥中磧耳應劭曰幕匈奴之南界臣瓚曰沙土曰幕程大昌北邊備對幕者漠也言沙磧廣莫望之漠漠然也　一曰清也者釋言文樊光曰漠然清皃李善注顯志詩引本書作寂也又引作無爲也楚詞遠游漠虛靜以恬愉兮又云野寂漠其無人鵩鳥賦眞人恬漠兮五臣云至眞之人其性靜漠或借莫字昭二十八年左傳引詩莫其德音說云德正應和曰莫杜注莫然清靜

海 天池也以納百川者从水每聲 呼改切

廣雅海晦也釋名海晦也主承穢濁其水黑如晦也尚書考靈曜海之言晦昏無所睹也　五經異義古尚書說六宗云海爲澤宗易林海爲水宗聰明且聖　天池也者初學記海一云天池莊子逍遙遊南溟者天池也又云窮髮之北有溟海者天池也史記日者傳地不滿東南以海爲池晉書天文志九坎閒十星曰天池一曰天海　以納百川者者玉篇海大也受百川萬谷流入禹貢江漢朝宗于海傳云百川以海爲宗老子滄海所以能爲百谷王者以其下之月令章句受衆流注曰海鄉飲酒義洗之在阼其水在洗東祖天地之左海也注云海水之委也淮南氾論訓百川異源皆歸於海易林水流趨下遂成東海吳都賦百川派別歸海而會傳元詩百川皆赴海又釋法篇浩浩大海百川歸之

溥 大也从水尃聲 滂古切

大也者詩北山溥天之下傳云溥大又車攻東有甫草韓作圃薛君云圃博也有博大之茂草也中庸溥溥淵泉

[illegible] 水大至也从水闇聲 乙感切

水大至也者徐鍇韻譜玉篇廣韻竝作大水至

洪 洚水也从水共聲 戶工切

洚水也者本書州下云昔堯遭洪水民居水中高土書堯典湯湯洪水方割傳云洪大孟子洚水者洪水也趙注洪大也又云昔者禹抑洪水而天下平史記河渠書作鴻水

洚 水不遵道一曰下也从水夅聲 戶工切又下江切

水不遵道者廣韻洚水流不遵道水經注河水云不遵其道曰降書堯典湯湯洪水方割蕩蕩懷山襄陵浩浩滔天傳云言水奔突有所滌除包山上陵盛大若漫天孟子水逆行謂之洚水又云書曰洚水警余趙注水逆行洚洞無涯故曰洚水又云洪水横流氾濫於天下　一曰下也者本書降下也大禹謨降水儆予傳云水性流下故曰下水

衍 水朝宗于海也从水从行 以淺切

水朝宗于海也者徐鍇本作水朝宗于海皃也廣雅衍達也梁書高祖諱衍字叔達易需于沙衍在中也虞云衍流也從水從行者字統水朝宗于海故從水行

潮 水朝宗于海從水朝聲 直遙切

水朝宗于海者潮朝聲相近御覽引作朝也禹貢江漢朝宗于海鄭注江漢合爲一共赴海猶諸侯之同心尊天子而朝事之周禮大宗伯以賓禮親邦國春見曰朝夏見曰宗鄭注朝猶朝也欲其來之早也宗尊也欲其尊王也馥案言水赴海亦如諸侯之見天子也詩沔彼流水朝宗于海箋云水流而入海小就大也尚書大傳大水小水東流歸海也荀子宥坐篇孔子觀於東流之水曰夫水其萬折也必東李尤盟津銘洋洋河水朝宗於海徐幹齊都賦川瀆則洪河洋洋發源崑崙九流分逝北朝滄淵

濥 水脈行地中濥濥然從水㚼聲 弋刃切

水脈行地中濥濥然者柳印本然作也字本書巠水脈也從川在一下一地也廣韻濥引水也江賦潛濥之所汨淈或通作演周語夫水土演而民用也韋注水土氣通爲演演猶潤也演則生物民得用也說苑夫水土演而民用足也土無所演民乏財用蜀都賦演以潛沫劉注水潛行曰演

連筠簃叢書 靈石楊氏栞

滔 水漫漫大皃從水舀聲 土刀切

水漫漫大皃者徐鍇本作水漫天皃韻譜滔水漫天馥案堯典浩浩滔天傳云浩浩盛大若漫天詩四月滔滔江漢傳云滔滔大水貌漢書戶奮傳閎者河水滔陸晉灼曰滔漫也

涓 小流也從水肙聲爾雅曰汝爲涓 古玄切

小流也者一切經音義十二引字林水小流涓涓然也六韜涓涓不塞將爲江河荀子法行篇涓涓源水不雝不塞後漢書丁鴻傳夫壞崖破巖之水源自涓涓陶潛歸去來辭泉涓涓而始流潘岳射雉賦泉涓涓而吐溜爾雅曰汝爲涓者釋水汝爲濆又云汝有濆馥案爲濆之濆因有濆而誤也當作涓

混 豐流也從水昆聲 胡本切

豐流也者廣雅混混流也孟子源泉混混漢書司馬相如傳汩乎混流顏注混流豐流也郭璞水泉讚姊出同歸混混東會集韻混與滾同杜甫詩不盡長江滾滾來

潒 水潒瀁也從水象聲讀若蕩 徒朗切

水潒瀁也者李善注西京賦引字林同廣韻潒水大之貌瀁混瀁水貌玉篇瀁瀁瀁無涯際也集韻瀁滉瀁水貌廣雅浩浩潒潒流也淮南覽冥訓潦水不泄瀇瀁極望漢明帝詔漭瀁廣溢莫測圻岸吳志薛綜傳加又洪流滉瀁有成山之難吳都賦頹溶沆瀁海賦沖融沆瀁修張良廟教淵流浩瀁詩維水泱泱傳云泱泱深廣貌馥謂泱即瀁讀若蕩者玉篇潒今作蕩廣雅蕩潒浩盪也書堯典蕩蕩懷山襄陵

漦 順流也一曰水名從水𠩺聲 俟甾切

汭 水相入也從水內內亦聲 而銳切

水相入也者水經注引字林同玉篇廣韻竝引作水相入皃史記五帝本紀正義引作水涯曰汭五音集韻汭小水

連筠簃叢書 靈石楊氏栞

入大水也郭注方言淮汭云汭水口也書堯典釐降二女于嬀汭水經注河水云歷山有舜井嬀汭二水出焉南曰嬀水北曰汭水尚書所謂釐降二女于嬀汭也孔安國曰居嬀水之內皇甫謐曰納二女于嬀水之汭馬季長曰水所出曰汭然則汭似非水名而今見有二水異源同歸渾流西注入於河馥謂異源同歸即水相入也引馬注水所出當作水所入禹貢雝州涇屬渭汭馬注屬入也水所入曰汭又至于龍門西河會于渭汭閻若璩曰禹貢渭汭與洛汭之汭同一解蓋河之南洛之北其兩閒爲汭也在今鞏縣河自北來渭自東注實交會於今華陰縣故曰渭汭汭字解有作水北者有作水之隈曲者有作水曲流者有作水中州者總不若說文汭水相入也於此處爲確解左氏一書莊四年曰漢汭閔二年曰渭汭宣八年曰滑汭昭元年曰雒汭四年曰夏汭五年曰羅汭二十四年曰豫章之汭二十七年曰沙汭定四年曰淮汭哀十五年曰桐汭水名下繫以汭者衆矣又何疑於禹貢哉詩谷風涇以渭濁湜湜其沚傳云涇渭相入而清濁異昭四年左傳楚沈尹射奔命於夏汭杜云夏汭漢水曲入江今夏口也昭二十七年傳令尹子常以舟師及沙汭而還水經注渠水云沙水東流注於淮謂之沙汭又注河水云洛水于鞏縣東

遻洛汭北對瑯邪渚入於河謂之洛卩矣馥案昭元年左傳館於雒汭即此是也又水經注渭水云左傳閔公二年虢公敗犬戎於渭隊服虔曰隊謂汭也王肅云汭入也內亦聲者當爲內聲書禹貢渭汭正義引鄭云汭之言內也堯典嬀汭釋文汭水之內也莊四年左傳漢汭杜注汭內也閔二年傳渭汭正義汭字以內爲聲明是水之隈曲之內也

潚清也從水肅聲 子叔切

潚清也者李善注思元賦引字林同玉篇潚水深清也廣雅潚清也

長流也一曰水名從水寅聲 以淺切

長流也者廣韻演水長流皃釋名演延也言蔓延而廣也海賦東演析木　一曰水名者集韻演音引水名

流散也從水奐聲 呼貫切

流散也者易風行水上渙正義渙者散釋之象詩訪落繼猶判渙傳云渙散也老子渙兮若氷之將釋郭璞木泉讚

川瀆觭錯渙瀾流帶

俠流也從水必聲 兵媚切

俠流也者李善注魏都賦引作水駛流也廣韻泌水泆流釋言泆徹也江賦長波泆渫注云泆渫水湯瀳也詩衡門泌之洋洋正義云泌者泉水涓流不已乃至廣大也或借毖字廣雅毖流也詩邶風毖彼泉水本書昽下引詩作泌魏都賦泉毖涌而自浪李善云毖與泌同

水流聲從水昏聲 古活切

水流聲者詩碩人北流活活傳云活活流也長笛賦汩活澎濞

活或從聒

水流湝湝也從水皆聲一曰湝湝寒也詩曰風雨湝湝 古諧切

水流湝湝也者詩鼓鐘淮水湝湝　詩曰風雨湝湝者鄭風風雨文彼作淒淒廣韻湝風雨不止淒俗作凄玉篇凄寒也邶風淒其以風嚴氏詩緝謂淒從仌故寒聽說也

湝流也從水玄聲上黨有泫氏縣 胡畎切

湝流也者徐鍇本作泫湝流水後漢書張衡傳水泫沄而涌濤注云泫沄竝水流貌　上黨有泫氏縣者見地理志寰宇記澤州高平縣本漢泫氏縣屬上黨郡

水流皃從水彪省聲詩曰滮池北流 皮彪切

水流皃者滮經典作淲廣雅淲淲流也　詩曰滮池北流者小雅白華文傳云滮流貌栁印本作淲沱

疾流也從水或聲 于逼切

疾流也者本書惐水流也六書故引作水流疾惐惐也淮南本經訓淌游瀷淢高注皆文畫擬象水勢之皃南都賦漻淚淢汨江賦㵳淢濜湏

流清皃從水劉聲詩曰瀏其清矣 力久切

流清皃者廣韻瀏水清　詩曰瀏其清矣者鄭風溱洧文傳云瀏深貌馥案言深清也

礙流也從水薉聲詩曰施罟濊濊 呼括切

礙流也者韓詩濊濊流貌廣雅泧泧流也馥謂泧即濊詩泮水鑾聲噦噦本書引作鉞鉞　詩曰施罟濊濊者衛風碩人文彼作施罛濊濊馥謂此引詩後人加之本書奯讀若詩施罟濊濊本書無濊字當作詩曰施罟奯奯後人加讀若二字釋文引馬融說云濊大魚網目大豁也與本書奯空大也義合是詩作奯奯不作濊濊明矣

沛也從水旁聲 普郎切

沛也者玉篇滂字云滂浡滂沛也廣雅滂滂沛沛流也楚辭九歎波逢洶湧濆滂沛兮吳都賦包湯谷之滂沛

深廣也從水𡈼聲一曰汪池也 烏光切

深廣也者玉篇汪水深廣也廣韻亦有水字後漢書黃憲傳汪汪若千頃陂淮南俶眞訓汪然平靜　一曰汪池也

者一切經音義四通俗文亭水曰汪池之泥濁者也小爾雅廣器汪池也方言楚謂之汪桓十四年左傳尸諸周氏之汪杜注汪池也僖二十三年傳瑕覆于周氏之汪杜注車傾覆池水中

漻　清深也從水翏聲　洛蕭切

清深也者玉篇漻浩漻清水廣雅漻清也莊子天地篇漻乎其清也徐鍇本有讀若牢三字

泚　清也從水此聲　千禮切

清也者謝朓始出尚書省詩寒流自清泚李善引本書同廣韻泚水清也

況　寒水也從水兄聲　許訪切

寒水也者佩觿作況云寒氷

沖　涌搖也從水中聲讀若動　直弓切

或作浺海賦浺瀜沆瀁

汎　浮皃從水凡聲　孚梵切

浮皃者詩二子乘舟汎汎其景傳云如乘舟而無所薄汎汎然迅疾而不礙也史記司馬相如傳羣浮乎其上汎淫氾濫隨風澹淡索隱曰郭璞云皆鳥任風波自縱漂皃廣雅汎汎氾氾浮也詩溱與洧方渙渙兮釋文渙說文作汎汎音父弓反馥案陸氏所見本當有引詩之文父弓反者如風鳳芃皆從凡得聲廣韻汎房戎切集韻符風切

沄　轉流也從水云聲讀若混　王分切

轉流也者釋言沄沆也釋文引說文云沄轉流也一曰沆馥案今闕下三字柳宗元懲咎賦泝湘流之沄沄　讀若混者集韻混淪流水轉皃

浩　澆也從水告聲虞書曰洪水浩浩　胡老切

澆也者類篇引作饒也禮記王制用有餘曰浩　虞書曰洪水浩浩者堯典湯湯洪水方割蕩蕩懷山襄陵浩浩滔天

沆　莽沆大水也從水亢聲一曰大澤皃　胡朗切

莽沆大水也者玉篇沆漭沆廣皃一切經音義七引通俗文水廣大謂之漭沆也釋言沄沆也郭注水流漭沆水經注引風俗通沆漭也言乎淫淫漭漭無涯際也高唐賦涉漭漭南都賦漭沆洋溢西京賦滄池漭沆薛注漭沆猶洸瀁亦寬大也江賦沆瀁晶溔海賦沖瀜沆瀁羽獵賦鴻濛沆茫魯都賦又有鹽池漭沆　一曰大澤皃者博物志停水東方曰都一名沆續述征記齊人謂湖爲沆

泬　水從孔穴疾出也從水從穴穴亦聲　呼穴切

水從孔穴疾出也者釋水氿泉穴出馥按潏水一名泬水以其湧出也　穴亦聲者當爲穴聲

濞　水暴至聲從水鼻聲　匹備切

水暴至聲者吳都賦濞焉洶洶五臣注濞水暴至聲也上林賦洶濞沆溉史記司馬相如傳澎濞沆瀣索隱曰司馬彪云洶濞水聲長笛賦汩活澎濞

灂　水小聲從水爵聲　士角切

水小聲者史記司馬相如傳瀺灂霣墜索隱引本書灂水之小聲也高唐賦巨石溺溺之瀺灂兮

潝　水疾聲從水翕聲　許及切

水疾聲者韻會引徐鍇本水流疾聲也集韻潝或作㴔上林賦汩㴔漂疾

滕　水超涌也從水朕聲　徒登切

水超涌也者本書涌滕也玉篇詩曰百川沸滕水上涌也或通作騰史記司馬相如傳橫流逆折轉騰潎洌後漢書荀彧傳山東騰沸吳都賦濆薄沸騰五臣注波浪湧起爲沸騰也

潏　涌出也一曰水中坻人所爲爲潏一曰潏水名在京兆杜陵從水矞聲　古穴切

涌出也者本書矞滿有所出也廣韻潏泉出皃李巡注爾雅云水泉從下上出曰涌泉漢書音義潏水聲而非水也

馥案水聲涌出之聲一曰水中坻人所爲爲潏者釋水小沚曰坻人所爲爲潏郭云人力所作御覽引舍人云人力於水中爲居止釋文云按郭圖水中自然可居者爲洲人亦於水中作洲而小不可止住者名潏潏水中地也釋名人力所爲之曰潏潏衝也堰使水鬱衝也魚梁水碓之謂也一曰潏水名在京兆杜陵者地理志右扶風鄠縣鄠水出東南又有潏水皆北過上林苑入渭三輔黃圖潏水在杜陵從皇子陂西北流經昆明池入渭水經注渭水云泬水上承皇子陂于樊川其地即杜之樊鄉也西北流逕杜縣之杜原西又北逕長安城西與昆明池水合又北流注渭亦謂是水爲潏水也故呂忱曰潏水出杜陵縣史記司馬相如傳酆鄗潦潏索隱曰姚氏云潏水出杜陵今名泬水自南山皇子陂西北流注昆明池入渭顔注漢書云地理志鄠縣有潏水北過上林苑入渭而今之鄠縣則無此水許愼云潏水在京兆杜陵此即今所謂沇水從皇子陂西北流經昆明池入渭者也蓋爲字或作水旁穴與亢字相似俗人因名沇水乎將鄠縣潏水今則改名人不識也寰宇記雍州萬年縣沇水說文云潏水出杜陵今名沇水自南山皇子陂西北流入又云長安縣漕水即沇水也東自萬年縣界流入亦謂潏水亦謂高都水漢末王氏

五候大修池沼引高都水入城即此水

洸 水涌光也從水從光光亦聲詩曰有洸有潰 古黃切

水涌光也者徐鍇韻譜洸水涌玉篇洸水皃集韻洸與滉同水深廣貌江賦瀇滉𣶒泫 從光光亦聲者當云光聲 詩曰有洸有潰者邶風谷風文傳云洸洸武也此本爾雅非本書義

波 水涌流也從水皮聲 博禾切

水涌流也者釋水大波爲瀾小波爲淪直波爲徑

澐 江水大波謂之澐從水雲聲 王分切

江水大波謂之澐者通作沄杜甫詩沄沄逆素浪

瀾 大波爲瀾從水闌聲 洛干切

大波爲瀾者釋水文郭注言渙瀾釋文作瀾孟子觀水有術必觀其瀾注云瀾水中大波也海賦洪濤瀾汗

漣 瀾或從連

釋水河水清且瀾漪釋文云李依詩作漣釋名風吹水波成文曰瀾瀾連也波體泛流相連及也詩漸漸之石箋云與衆豖涉入水之波漣 釋文漣一本作瀾

淪 小波爲淪從水侖聲詩曰河水清且淪漪一曰沒也 力迍切

小波爲淪者釋水文郭注言蘊淪薛君韓詩章句從流而風曰淪釋名水小波曰淪淪倫也小文相次有倫理也長笛賦波瀾鱗淪 詩曰河水清且淪漪者魏風伐檀文漪彼作猗傳云小風水成文轉如輪也馥謂漪當爲猗語詞也上文漣猗直猗皆釋漣直而不釋猗是也莊子大宗師而已反其眞而我猶爲人猗 一曰沒也者廣雅同書微子今殷其淪喪水經注碣石淪沒於洪波

漂 浮也從水𤐫聲 匹消切又匹妙切

浮也者洞簫賦漂乍弃而爲他李善引本書同廣雅浮漂也孫子兵勢篇激水之疾至於漂石者勢也

浮 氾也從水孚聲 縛牟切

氾也者玉篇水上曰浮禹貢浮于濟漯傳云順流曰浮詩小雅載沈載浮論語乘桴浮于海穆天子傳天子浮於滎水越語范蠡遂輕舟而浮於五湖淮南說山訓百人抗浮

濫 氾也從水監聲一曰濡上及下也詩曰畢沸濫泉一曰清也 盧瞰切

氾也者後漢書班固傳注引作泛也宋祁校漢書敘傳引字林濫氾濫也家語三恕篇夫江始出於岷山其源可以濫觴管子地圓篇濫車之水注云其水深淜能氾車楚詞九辯何氾濫之浮雲兮 一曰濡上及下也者集韻引作濡上濡漬也魯語宣公夏濫於泗淵注云濫漬也 詩曰畢沸濫泉者小雅采菽觱沸檻泉傳云觱沸泉出貌檻泉正出也初印本作觱沸濫泉宋本作觱本書沸下又引詩畢沸濫泉大雅瞻卬觱沸檻泉箋云檻泉正出涌出也觱

沸出貌涌泉之源所由者深釋水濫泉正出正出涌出也釋名水正出曰濫泉濫銜也如人口有所銜口闓則見也漢書敘傳懷氿濫而測深乎重淵應劭曰側出曰氿泉正出曰濫泉　一曰清也者郭泰別傳奉高之器譬諸氾濫雖清而易挹

氾　濫也從水巳聲　孚梵切

濫也者楚詞卜居將氾氾若水中之鳧乎漢書賈誼傳氾乎若不繫之舟

泓　下深皃從水弘聲　烏宏切

下深皃者一切經音義十七引作下深大也吳都賦泓澄奫潫李善引本書亦作下深大也廣雅泓泓深也江賦極泓量而海運

湋　回也從水韋聲　羽非切

回也者本書淵回水也淀回泉也徐鍇本一曰水名廣韻湋水名漢書溝洫志關中靈軹成國湋渠注云水出韋谷

元和志武德三年分岐山縣置圍川縣取湋川水爲名近代訛作圍

測　深所至也從水則聲　初側切

深所至也者玉篇廣深曰測釋言湝深測也郭注測亦水深之別名淮南說林訓以篙測江篙終而以水爲測惑矣班固荅賓戲懷氿濫而測深乎重淵

湍　疾瀨也從水耑聲　他耑切

疾瀨也者許注淮南云湍水疾也廣韻湍急瀨也廣雅湍瀨也御覽湍下引謚陽縣閒羽瀨永嘉郡百簿瀨桂陽耒陽兩瀨華嚴經音義湍疾瀨也淺水流於砂上曰湍一切經音義四水流沙上曰瀨瀨淺水也楚詞九章長瀨湍流泝江潭兮王注湍亦瀨也漢書溝洫志水湍悍顏注急流曰湍吳都賦混濤并瀨劉逵注瀨急湍也劉德明南康記贛水奔流二百餘里橫波嶮瀨二十四處

淙　水聲也從水宗聲　藏宗切

水聲也者沈約詩百丈注懸淙韓愈詩東流水淙淙

激　水礙衺疾波也從水敫聲一曰半遮也　古歷切

水礙衺疾波也者一切經音義十一引作水文礙邪疾急曰激也又十四引莊子汙者激司馬彪曰流急曰激孟子激而行之可使在山　一曰半遮也者或通作徼字書徼遮也史記司馬相如傳徼郤受詘索隱曰司馬彪云徼遮也

洞　疾流也從水同聲　徒弄切

疾流也者本書駉馳馬洞去也西都賦潰渭洞河李注引本書同馥案水經有洞過水亦謂其流疾也

潘　大波也從水旛聲　孚袁切

大波也者元結引東泉詩此流又高懸潘潘在長空

洶　涌也從水匈聲　許拱切

涌也者上林賦洶涌滂湃吳都賦濞焉洶洶高唐賦濞洶洶其無聲兮李善云說文曰洶洶涌也謂水波騰皃

涌　滕也從水甬聲一曰涌水在楚國　余隴切

滕也者釋名水上出曰涌泉釋水濫泉正出正出涌出也李巡云水泉從下上出曰涌泉詩觱沸檻泉箋云檻泉正出涌出也昭五年公羊傳濆泉者何直泉也直泉者何涌泉也呂氏春秋本味篇高原之山其上有涌泉焉論衡狀留篇泉暴出者曰涌七發波涌而濤起或借騰字詩十月之交百川沸騰後漢馮衍傳風騰波涌　一曰涌水在楚國者方言沅涌澆幽之語注云涌水今在南郡華容縣也莊十八年左傳閻敖游涌而逸杜云涌水在南郡華容縣水經江水云又東南當華容縣南涌水入焉酈注水自夏水南通於江謂之涌口二水之閒春秋所謂閻敖游涌而逸者也盛弘之荊州記江津東十餘里中有夏洲又二十餘里有涌口所謂閻敖游涌而逸寰宇記荊州江陵縣東南五十里有涌水源東行百餘里會於江

湁　湁湒灊也從水拾聲　丑入切

滃涫瀵也者本書涫沸涌皃涫或作潗玉篇上林賦云滃潗鼎沸鼎沸謂水微轉細涌也顏注言水之流如爨鼎沸也周成雜字滃潗水沸之貌也海賦湏淬潗湆

涳　直流也從水空聲　哭工切又苦江切

汋　激水聲也從水勺聲井一有水一無水謂之瀱汋　市若切

激水聲也者釋名井一有水一無水曰瀱汋瀱竭也汋有水聲汋汋也　井一有水一無水謂之瀱汋者釋水文中山經視山有井焉名曰天井夏有水冬竭又超山其陽有井冬有水而夏竭玄中記貴州有漏汋一日百盈百竭應漏刻

瀱　井一有水一無水謂之瀱汋從水罽聲　居例切

渾　混流聲也從水軍聲一曰洿下皃　戶昆切

混流聲也者渾混聲相近史記司馬相如傳汩乎渾流文選作混流七命浿海渾瀇涌其後李善引本書渾流聲也玉篇渾水濆涌之聲也　一曰洿下皃者謂渾濁也老子渾兮其若濁

洌　水清也從水列聲易曰井洌寒泉食　良辥切

水清也者李善注長笛賦引作清也廣雅洌清也　易曰井洌寒泉食者井卦文本書初刻無食字後乃補入御覽玉篇風俗通引易並無食字

淑　清湛也從水叔聲　殊六切

清湛也者廣雅淑清也

溶　水盛也從水容聲　余隴切又音容

水盛也者甘泉賦溶方皇于西清李注溶盛貌

澂　清也從水徵省聲　直陵切

清也者廣雅方言同後漢書張衡傳澂淟涊而為清注云澂清也又儒林傳贊淵源誰澂俗作澄易損卦君子以懲忿窒欲釋文鄭云猶清也蜀才作澄賈誼書澄五湖而定東海吳志孫靜傳頃連雨水濁兵飲之多腹痛令促具甖缶數百口澄水通鑑成都之水取摩訶池泥汁澄而飲

清　朖也澂水之皃從水青聲　七情切

朖也者釋名清青也去濁遠穢色如青也文子清之為明杯水見眸子濁之言闇河水不見泰山詩大明會朝清明正義晚則塵昏旦則清故謂朝旦為清明古詩曰清晨登隴首是清亦古今之通語也　澂水之皃者玉篇清澄也考工記㡛氏湅帛清其灰而盝之注云清澄也於灰澄而出盝晞之

湜　水清底見也從水是聲詩曰湜湜其止　常職切

水清底見也者詩釋文引作水清見底徐鍇韻譜湜水見底玉篇湜水清也廣雅湜清也　詩曰湜湜其止者邶風谷風文彼作沚箋云湜湜持正貌非本書義

潣　水流浼浼皃從水閔聲　眉殞切

水流浼浼皃者潣浼聲相近廣韻潣與浼同水流平皃

滲　下漉也從水參聲　所禁切

下漉也者徐鍇本漉水下皃繫傳云水下所謂滲漉一切經音義四滲盡也下漏曰滲廣雅漉滲也方言漉極也注云滲漉極盡也淮南主術訓不涸澤而漁高注涸澤漉池也史記司馬相如傳滋液滲漉通鑑到彥之自淮入泗水滲日行纔十里注云說文水下漉為滲漉或作盝考工記㡛氏清其灰而盝之

潿　不流濁也從水圍聲　羽非切

不流濁也者廣韻潿水不流濁皃

溷　亂也一曰水濁皃從水圂聲　胡困切

亂也者字林同玉篇楚辭云世溷濁而不分兮溷亂也易噬嗑注不溷乃明釋文溷雜也亂也秦策書策稠濁高云

濁亂也通作渾漢書劉向傳賢不肖渾淆　一曰水濁皃
者老子渾兮其若濁風賦愸溷鬱邑李注愸溷煩濁之貌

濁也從水屈聲一曰滑泥一曰水出皃 古忽切

濁也者法言吾子篇書惡淫辭之淈法度也注云淈濁也
一曰滑泥者本書滑多汁也廣韻淈淈泥廣雅滑淖也
楚辭漁父何不淈其泥而揚其波　一曰水出皃者史記
樗里子傳滑稽多智正義云滑讀爲淈水流自出言其智
計宣吐如泉
流出無盡

回泉也從水旋省聲 似沿切

回泉也者一切經音義十八引作洄淵也廣韻漩洄漩釋
水過辨回川郭注旋流李善注江賦引淮南子注九旋之
淵至深荀子臣道篇水深則回注云回旋流也水深不湍
峻則多旋流也華嚴經音義三蒼湲深也謂河海中洄旋
之處
是也

深也從水隺聲詩曰有漼者淵 七罪切

詩曰有漼者淵者小雅
小弁文傳云漼深也

回水也從水𣶒象形左右岸也中象水皃 烏玄切

回水也者本書叟從又在回下回古文回回淵水也華嚴
經音義水洄曰淵禹貢東匯澤爲彭蠡鄭注匯回也漢與
江鬭轉東成其澤矣考工記匠人欲爲淵則句於矩注云
大曲則流轉流轉則其下成淵魯語宣公夏濫於泗淵管
子度地篇出地而不流者命曰淵水列子黃帝篇鯢桓之
潘爲淵止水之潘爲淵流水之潘爲淵濫水之潘爲淵沃
水之潘爲淵氿水之潘爲淵雍水之潘爲淵汧水之潘爲
淵肥水之潘爲淵殷敬順釋文潘本作蟠蟠洄流也張協
雜詩回淵可比心陸機漢高帝功臣頌大畧淵回史記仲
尼弟子列傳顏回字子淵急就篇褚回池顏注回池猶顏
回字子淵之義也南齊書褚淵
字彥回陶氏家傳陶回字公淵

淵或省水

或省水者後人亂之九經字樣𣶒古文淵本書肅從𦘒在
𣶒上前云從水𣶒此云或省水先有淵字正文而後有省
體豈淵之從𣶒正文反從省體邪斯不然矣前象
形云云郎解此字川左右岸也𣶒中象水皃也

古文從口水

古文從口水者當作（）
水舊刻李燾本篆作

滿也從水爾聲 奴禮切

滿也者玉篇作瀰深也盛也詩新臺河水瀰瀰傳云瀰瀰
盛貌釋文云說文云水滿也馥案俗言美滿盎瀰滿語也

水搖也從水詹聲 徒濫切

水搖也者李善注高唐賦琴賦引同又注東京賦引作水
搖貌也玉篇澹水動皃史記天官書水澹澤竭漢書司馬
相如傳汎淫氾濫隨風澹淡與波搖蕩奄薄水陼又難蜀
父老文灑沈澹災蘇林曰言分其沈澹搖動之災也七發
湍流遡波又澹淡之李善注澹淡搖蕩之貌也東
都賦西盪河源東澹海漘魏武帝樂府水何澹澹

旁深也從水尋聲 徐林切

旁深也者江淹雜體詩秋榮冒水潯李善引本書潯旁深
也又注江賦引許注淮南云潯水涯也又注七發引字林
潯水涯也廣韻旁
深水涯二義兼收

谷也從水平聲 符兵切

水皃從水出聲讀若窋 竹律切又口兀切

水皃者玉篇泏水出兒廣韻同倉頡篇泏水通皃文子通
原篇原流泏泏沖而不盈讀若窋者廣韻泏苦骨切漚
池

水至也從水薦聲讀若尊 又在甸切

水至也者徐鍇本作水至兒易坎卦水洊至
唐石經作洊讀若尊者集韻薦徂昆切

土得水沮也從水𣎆聲讀若麷 竹隻切

土得水沮也者集韻澬水土和也
月令地氣沮泄是謂發天地之房

滿　盈溢也從水㒼聲　莫旱切

盈溢也者本書盈滿器也溢器滿也廣韻滿盈也廣雅滿充也書大禹謨不自滿假傳云滿謂盈實

滑　利也從水骨聲　戶八切

利也者周禮食醫調以滑甘疏云滑者通利往來考工記軸有三理三者以爲利也注云利滑密也內則滫瀡以滑之注云齊人謂滑曰瀡

濇　不滑也從水嗇聲　色立切

不滑也者本書澀不滑也一切經音義七濇古文澀今作澀不滑也東方朔別傳新雨生枝滑枯枝澀故鵲立枯枝上後漢書周磐傳磐神養和不以榮利滑其生術

澤　光潤也從水睪聲　丈伯切

光潤也者廣韻潤澤也徐鍇繫傳引山海經濁澤而有光釋名下而有水曰澤言潤澤也易潤之以風雨虞云潤

澤也書畢命澤潤生民考工記弓人瘠牛之角無澤注云少潤氣少儀澤劒首注云金器弄之易以汗澤正義云澤謂光澤玩弄劒首則生光澤聘義溫潤而澤襄二十八年左傳獻車於季武子美澤可以鑑僖三十一年公羊傳河海潤于千里注云潤澤及于千里定元年穀梁傳毛澤未盡注云言秋百穀之潤澤未盡也孟子若夫潤澤之又君子之澤趙注澤者滋潤之澤文子水之道也上天則爲雨露下地則爲潤澤子華子水函太一之中精故能潤澤百物而行乎地中說苑潤澤草木崔瑗七依加以脂粉潤以滋澤春秋經傳集解序若江海之浸膏澤之潤姚規注易云澤則流潤意林引鬼谷子天生草木以雨潤澤之蔡邕女訓澤髮則思其心之潤也博物志酒泉延壽縣有山出泉著器中如凝膏然極明謂爲石澤學師未思等題名張澤字君潤三國典畧王潤字子澤會稽先賢傳闞澤字德潤

淫　浸淫隨理也從水㸒聲一曰久雨爲淫　余箴切

浸淫隨理也者徐鍇曰隨其脈理而浸漬也釋名淫浸也浸淫旁入之言也廣韻浸浸淫也列子因復指河曲之淫

隈書無逸則其無淫于觀于逸于遊于田鄭注淫者侵淫不止周禮小宰去其淫怠注云淫放濫也考工記匠人爲溝洫善防者水淫之注云淫讀爲淫液之淫幰氏湅帛淫之以蜃曲禮毋淫視正義謂流移也樂記聲淫及商又云咏歎之淫泆之莊二十二年左傳君子曰酒以成禮不繼以淫義也以君成禮弗納於淫仁也襄二十八年傳歲在星紀而淫於元枵昭元年傳淫生六疾陰淫寒疾陽淫熱疾風淫末疾雨淫腹疾晦淫惑疾明淫心疾詩賓之初筵序云沈湎淫液韓子神不淫放則身全史記孝武本紀侵尋於泰山矣索隱侵尋即浸淫也小顏云浸淫漸染之義蓋尋淫聲相近假借用耳漢書司馬相如傳浸淫促節上林賦封疆畫界者非爲守禦所以禁淫也郭璞曰欲以杜絕淫放耳長門賦神怳怳而外淫論衡自紀篇淫讀古文論語浸潤之譖鄭注譖人之言如水之浸潤漸以成之離騷謠諑謂余以善淫陳啟源曰古之言淫者多矣於星言淫於雨言淫於水言淫於刑言淫於遊觀田獵言淫皆言過其常度耳樂之五音十二律長短高下皆有節焉鄭聲靡曼幼眇無中正和平之致使聞之者導欲增悲沈溺而忘反故曰淫也　一曰久雨爲淫者月令淫雨蚤降注云淫霖也雨三日以上爲霖莊十一年左傳天作淫雨害於

粢盛字或作霪淮南修務訓禹沐浴霪雨

瀸　漬也從水韱聲爾雅曰泉一見一否爲瀸　子廉切

漬也者字林廣雅並同通俗文漬謂之瀸泇曲禮四足曰漬注云漬謂相瀸汙而死也春秋莊十七年齊人瀸于遂公羊云瀸者何瀸積也釋文云積本又作漬癸穀復華下民租田口䈕狀仍雨甘雪瀸潤宿麥或借漸字考工記注漚漸也詩旣漸車帷裳史記貨殖傳漸漬於失教漢書郊祀志漸臺高二十餘丈顏注漸浸也三輔黃圖瀸臺在太液池中瀸浸也言爲池水所浸也董仲舒傳漸民以仁鼂錯傳丈五之溝漸車之水顏注漸讀曰瀸謂浸也　爾雅曰泉一見一否爲瀸者釋水文郭注瀸纔有貌廣韻瀸泉水出微皃

泆　水所蕩泆也從水失聲　夷質切

水所蕩泆也者蕩當爲潒釋名水泆出所爲澤曰掌水停處如手掌中也今兗州人謂澤曰掌也禹貢溢爲滎鄭本溢作泆

潰 漏也從水貴聲 胡對切

漏也者徐鍇本有亦決也三字字林潰旁決也漢書文帝紀大水潰出顏注旁決曰潰後漢書班固傳潰渭洞河注引蒼頡篇曰潰旁決也文三年左傳沈潰凡民逃其上曰潰杜云潰眾散流移若積水之潰自壞之象也

沴 水不利也從水㐱聲五行傳曰若其沴作 郎計切

水不利也者五音集韻引作水不和也莊子陰陽之氣有沴釋道安諫苻堅曰東南卑濕沴氣易構其沴作者漢書孔光傳引洪範五行傳曰六沴之作顏注沴惡氣也晉戾谷永傳曰六沴作見若是共御六罰既侵六極其下顏注此洪範之傳也沴災氣也五行志唯金沴木服虔曰沴害也如淳曰沴音拂戾之戾義亦同尚書大傳維金沴木注云沴殄也凡六氣相傷謂之沴王觀國曰沴者相違之義也五行之性相違而不相爲用則災禍由之以生古之論五行者有六沴謂金沴木也木沴金也水沴火也火沴水也金木水火沴土也金木水火土沴天也六沴之作皆緣五事之不修故五行爲之相違而沴焉

淺 不深也從水戔聲 七衍切

不深也者詩匏有苦葉深則厲淺則揭

洔 水暫益且止未減也從水寺聲 直里切

水暫益且止未減也者益當爲溢謂水少少溢出即止未減損也

渻 少減也一曰水門又水出丘前謂之渻丘從水省聲 息井切

少減也者本書媘減也釋名省嗇也約少之言也鄉飲酒義拜至獻酬辭讓之節繁及介省矣注云小減曰省僖二十一年左傳貶食省用史記集解序殊恨省略漢書李廣傳莫府省文書注云省少也　又水出丘前謂之渻丘者釋丘水出其前渻丘

淖 泥也從水卓聲 奴教切

泥也者字林濡甚曰淖蒼頡篇淖深泥也通俗文和濕曰淖廣雅溏淖也成十六年左傳有淖於前杜注淖泥也漢書韋元成傳天雨淖不駕駟馬車而騎至廟門顏注淖泥也

濢 小溼也從水翠聲 遵誄切

小溼也者小當爲下玉篇濢下溼也廣韻同本書隰阪下溼也

溽 溼暑也從水辱聲 而蜀切

溼暑也者廣韻溽溽暑濕熱廣雅溽溼也月令季夏之月土潤溽暑江賦林無不溽

涅 黑土在水中也從水從土日聲 奴結切

黑土在水中也者論語釋文引同玉篇涅水中黑土廣雅涅黑也論語不曰白乎涅而不緇孔安國曰涅可以染皁者言至白者染之涅而不黑山海經孟門之山其下多黃堊涅石淮南說山訓流言雪汙譬猶以涅拭素也高云涅黑也史記屈原傳皭然泥而不滓索隱曰泥音涅　日聲者聲不相近五經文字云從日從土馥案本書陧從毀省

五結切疑涅亦從呈

滋 益也從水茲聲一曰滋水出牛飲山白陘谷東入呼沱 子之切

益也者昭三年左傳庶民罷敝而宮室滋侈二十六年傳吾滋不從也杜注並云滋益也定三年傳邾子怒命執之弗得滋怒　茲聲者茲當爲𢆶本書𢆶艸木多益　一曰滋水出牛飲山白陘谷者地理志常山郡南行唐牛飲山白陸谷滋水所出趙一清曰漢志白陸谷說文作白陘谷俗本漢書誤也寰宇記無極縣滋河從鎮州九門縣東北界入無極界東南入滹沲河兩岸高阜無堤說文云出牛飲山白陘谷馥案滋資聲近　東入呼沱者北山經高是之山滋水出焉而南流注於虖沱寰宇記引水經滋水又東至新市縣入滹沱河

淴 青黑色從水曶聲 呼骨切

廣韻作[illegible]　集韻云隸作淴　書益稷在治忽史記作來始滑骨郎圖之譌

青黑色者廣韻引作青黑皃集韻瀆去色曰淊
呂氏春秋水之性淸土者抇之高云抇濁也

浥 溼也從水邑聲 於及切
溼也者玉篇浥溼潤也廣雅浥溼也釋名溼浥也詩厭浥行露傳云厭浥溼意也漢書司馬相如傳踰波趨浥郭璞曰浥湆陷也齊民要術收子薄布陰乾勿令浥鬱

沙 水散石也從水從少水少沙見楚東有沙水 所加切
水散石也者詩鳧鷖正義引作水中散石也馥謂如散木之散文子水之性欲淸沙石穢之　楚東有沙水者水經注渠水云新溝又東北流逕牛首鄉北謂之牛建城又東北注渠卽沙水也音蔡許愼正作沙音言水散石也從水少水少沙見矣楚東有沙水謂此水也昭二十七年左傳令尹子常以舟師及沙汭而還注云沙水名土地名沙汭楚東地

𣲡 譚長說沙或從尐 尐子結切

易需卦需于沙釋文沙鄭作沚馥案沚卽此沚形誤水經注云音蔡蔡當爲察察尐聲近

瀨 水流沙上也從水賴聲 洛帶切
水流沙上也者李善注月賦引同華嚴經音義引作淺水流沙上也一切經音義四說文水流沙上曰瀨瀨淺水也字林瀨水流沙上也水淺流曰瀨也漢書司馬相如傳北揭石瀨顏注石而淺流曰瀨魏都賦石瀨湯湯五臣云石瀨有石而淺流史記南越傳爲戈船下厲將軍徐廣曰厲一作瀨應劭曰瀨水流沙上也論衡書虛篇溪谷之深流者安詳淺多沙石激揚爲瀨又狀留篇湍瀨之流沙石轉而大石不移景福殿賦瀨戲鱷鱗謝靈運過七里瀨詩石淺水潺湲又山居賦瀨排沙以積邱元和志建德縣七里瀨在縣東北十里

濆 水厓也從水賁聲詩曰敦彼淮濆 符分切
水厓也者釋水汝爲濆本書涓下引作汝爲涓括地志汝水至豫州郾城縣名濆經典作墳周禮大司徒辨其山林川澤邱陵墳衍原隰之名物注云水厓曰墳廣雅墳厓也釋地墳莫大於河墳郭云墳大防李巡曰墳謂厓岸狀如墳墓名大防也詩遵彼汝墳傳云墳大防也楚詞九章登大墳以遠望兮注云水中高者爲墳詩云遵彼汝墳後漢書百官志司空浚溝洫修墳防之事馥案本書坋大防也諸書借墳爲坋李巡謂狀如墳墓失之胡渭曰詩汝墳傳曰汝水名墳大防也箋以爲汝水之側淮濆傳云濆涯也箋以爲淮水大防毛鄭彼此互異正義遂謂濆從水墳從土故其義有別而實不然爾雅釋邱濆大防康成注大司徒墳衍云水厓曰墳酈道元以滋爲水側之濆是知濆與墳字別而義同其互異者乃所以互相備耳　詩曰敦彼淮濆者大雅常武文彼作鋪敦淮濆傳云濆厓馥案汝墳正義引此作墳厓後漢書馮緄傳敷敦淮濆注云水涯曰濆

涘 水涯也從水矣聲周書曰王出涘 牀吏切
水涯也者本書無涯字類篇引作厓小字本徐鍇韻譜竝作厓釋邱涘爲厓郭云謂水邊馥案本書邊行垂厓也詩葛藟在河之涘蒹葭在水之涘大明在渭之涘傳竝云涘厓也僖元年公羊傳自南涘何注涘水涯莊子秋水篇兩涘渚崖之閒釋文云涘涯也江賦櫟杞穨薄於潯涘五臣注潯涘皆岸也或借汜字幽通賦半疆大於南汜曹大家

曰汜涯也閑居賦或禊於汜五臣云汜水岸也　周書曰王出涘者太誓逸篇文彼云太子發升舟中流白魚入於王舟王跪取出涘以燎鄭注涘涯也王出於岸上燔魚以祭

滸 水厓也從水午聲 呼古切
水厓也者經典作滸廣韻滸水岸釋邱岸上滸郭注岸上地釋水滸爲滸又滸水厓郭注水邊地邢疏謂水邊厓岸之地詩葛藟在河之滸傳云水厓曰滸緜率西水滸傳云滸水厓也趙注孟子滸水涯也江漢江漢之滸箋云滸水涯也後漢書馮衍傳秣吾馬於潁滸注引字林滸水涯也

氿 水厓枯土也從水九聲爾雅曰水醮曰氿 居洧切
水厓枯土也者廣韻同　爾雅曰水醮曰氿者釋水文彼作厬釋文云厬字又作漸馥案釋水氿泉穴出穴出仄出也厬氿二訓與本書互異釋名側出曰氿泉氿軌也流狹而長如車軌也詩大東有冽氿泉傳云側出曰氿泉列子黃帝篇氿泉之播爲淵注云氿音軌水泉從旁出也應劭注漢書側出曰氿泉此皆與爾雅同

漘 水厓也從水脣聲詩曰寘河之漘 常倫切

水厓也者許注淮南同本書阪水阜也廣雅漘厓也釋邱夷上灑下曰漘郭云厓上平坦而下水深者爲漘孫炎云平上陗下故名曰漘詩葛藟在河之漘傳云漘水隒也正義云隒是山岸漘是水岸故曰水隒後漢書班固傳東瞻海漘注云漘水涯 詩曰寘河之漘者魏風伐檀文彼作寘之河之漘兮傳云漘厓也

浦 瀕也從水甫聲 滂古切

瀕也者詩釋文藝文類聚白帖並引作水瀕也徐鍇本同本書瀕水厓人所賓附玉篇水源枝注江海邊曰浦廣雅浦厓也詩常武率彼淮浦傳云浦涯也楚詞望涔陽兮極浦呂氏春秋召類篇堯戰於丹水之浦注云浦岸也一曰崖也漢書司馬相如傳行乎洲淤之浦顏注浦水涯也地理志臨淮郡淮浦縣應劭曰浦涯也風土記大水有小口別通曰浦江夏記南浦在縣南三里離騷曰送美人兮南浦以其在縣之南故稱南浦述異記上虞縣有魚馳步吳中有瓜步江中有魚步湘中有靈妃步按吳楚謂浦爲步蓋語訛耳 馥案廬江箏笛浦亦稱步

沚 小渚曰沚從水止聲詩曰于沼于沚 諸市切

小渚曰沚者釋水文彼作陼釋邱水出其右正邱釋名作沚邱釋名小渚曰沚沚止也小可以止息其上也詩蒹葭宛在水中沚傳云小渚曰沚鳧鷖在渚傳云渚沚也箋云水中之有渚猶平地之有邱也谷風湜湜其沚箋云小渚曰沚隱三年左傳澗谿沼沚之毛杜注沚小渚也楚詞九懷淹低佪兮京沚注云水中可居爲洲小洲爲渚小渚爲沚或借持字穆天子傳以飲於枝持之中郭注水岐成持詩小渚也音止 詩曰于沼于沚者召南采蘩文傳云沚渚也

沸 畢沸濫泉從水弗聲 分勿切 又方未切

畢沸濫泉者宋本及類篇並作滭徐鍇本濫下引詩亦作滭詩采菽觱沸檻泉傳云觱沸泉出貌檻泉正出也瞻卬觱沸檻泉箋云檻泉正出涌出也觱沸出貌釋水濫泉正出正出涌出也釋名水正出曰濫泉濫銜也如人口有所銜口閭則見也詩十月之交百川沸騰傳云沸出隋書地理志襄陵郡梁縣有濫泉元和志絳水一名沸泉水出絳山東谷懸流奔壑一十許丈異苑白容縣延陵季子廟前井恆自涌沸故曰沸井 或借弗字漢書司馬相如傳滭弗宓汨顏注滭弗盛皃也

潀 小水入大水曰潀從水從眾詩曰鳧鷖在潀 徂紅切

小水入大水曰潀者廣韻潀水會也 從眾者徐鍇本作眾聲 詩曰鳧鷖在潀者大雅鳧鷖文傳云潀水會也

派 別水也從水從𠂢𠂢亦聲 匹賣切

別水也者當爲水別也本書𠂢水之衺流別也廣韻派分流也吳都賦百川派別五臣注引字說水別流爲派廣雅水自汾出爲派

汜 水別復入水也一曰汜窮瀆也從水巳聲詩曰江有汜 詳里切

水別復入水也者徐鍇本作水別復入也韻會同釋水決復入爲汜郭注水出去復還釋名水決復入爲汜汜已也如出有所爲畢已而還入也水經注濟水云菏水東北出於定陶縣北屈左合汜水汜水西分濟瀆東北逕濟陰郡南爾雅曰濟別爲濋呂忱曰水決復入爲汜廣異名也汜水又東合於菏瀆昔漢祖既定天下即帝位於定陶汜水之陽張晏曰汜水在濟陰界取其汜愛弘大而潤下也汜水之名於是乎在矣馥案汜愛是讀爲孚梵切與釋名異顧炎武曰開封之汜水左傳本音凡從巳而今呼爲濛汜之汜音祀以字形之似而誤也 一曰汜窮瀆也者瀆當爲瀆本書瀆通溝也古文作𧯘釋邱窮瀆郭注水無所通者容齋續筆水絕於巳故汜字之訓說文以爲窮瀆 詩曰江有汜者召南江有汜文傳云決復入爲汜本書洍下引詩江有洍漢書敘傳半𡉏大於南汜顏注汜江水之別也荊州記江津東十餘里中有夏洲洲之首江之汜也故屈原云經夏首而西浮

湀 湀辟深水處也從水癸聲 求癸切

湀辟深水處也者徐鍇本作流水錯韻譜作流川釋水湀闢流川郭注通流玉篇湀闢流泉廣韻湀泉水通川

濘 滎濘也從水寧聲 乃定切

滎濘也者七命何異促鱗之游汀濘李善引本書濘滎小水也此引滎字訓爲之或作濴瀯漢書揚雄傳梁弱水之濎濴兮顏注濎濴小水之皃也

滎　絕小水也從水熒省聲戶扃切

絕小水也者李善注甘泉賦引字林同韓詩外傳滎澤之水無吞舟之魚字或作濴集韻濴絕小水也

洼　深池也從水圭聲一佳切又於瓜切

深池也者方言洼洿也自關而東或曰洼莊子齊物論似洼者注洼訓深

漥　清水也一曰窊也從水窐聲一穎切又屋瓜切

清水也者一切經音義七引作小水也韻譜漥當爲積集韻洿漥也玉篇漥牛蹏積水也又曰窊也者一切經音義引字林音隱云漥或作窊一瓜反廣雅漥下也老子漥則盈范應元注當作窊凹也汙下也地之窊下者水趨之必盈

潢　積水池從水黃聲乎光切

積水池者集韻引作積水也增韻同一切經音義十七說文潢久積水池也大曰潢小曰洿洿濁水也又十一云潢池也積水曰潢也小曰洿大曰潢方言氾澆潤洼洿也注云皆洿池也荆州呼潢也隱三年左傳潢汙行潦之水杜注潢汙渟水漢書敘傳應龍潛於潢汙顏注潢汙渟水也後漢書杜篤傳彼埳井之潢汙注云潢汙渟水也孫子行軍篇軍旁有險阻潢井注云潢者池也文選海賦決陂潢而相波字或作湟夏小正湟潦生苹傳云湟下處也有湟然後有潦

沼　池水從水召聲之少切

池水者一切經音義二十三引作小池也廣韻沼池沼蒼頡解詁沼池也廣雅沼池也風俗通孫子有金城湯池之說後人因此開地爲池以養魚鼈圜曰池曲曰沼詩采蘩于沼于沚正月魚在于沼傳竝云沼池也禮運龜龍在宮沼注云沼池也隱三年左傳澗谿沼沚之毛杜注沼池也孟子王立於沼上趙注沼池也

湖　大陂也從水胡聲揚州浸有五湖浸川澤所仰以灌漑也戶吳切

大陂也者廣雅湖池也風俗通義謹按傳曰陂者繁也言因下鍾水以繁利萬物也今陂皆以灌漑續漢書郭泰謂黃叔度汪汪若萬頃陂　揚州浸有五湖者莊子逍遙游大浸稽天周禮職方氏東南曰揚州其浸五湖注云五湖在吳南鄭注禹四海異物云五湖揚州浸也今屬吳管子夏人之王鑿五湖墨子兼愛篇禹治天下南爲江漢淮汝東流注之五湖吳語伍子胥曰與我爭五湖之利者非越乎越語興師伐吳至於五湖呂氏春秋禹通三江五湖淮南子要略禹剔河而導九岐鑿江而通九路辟五湖而定東海賈誼書大禹鑿河而道之九牧鑿江而導之九路澄五湖而定東海史記河渠書於吳則通渠三江五湖貨殖傳夫吳有三江五湖之利說苑君道篇禹灑五湖而定東海吳地記吳王起臺於姑蘇山太史公云余登姑蘇望五湖五湖去此臺二十餘里越絕書越王旣往平吳春祭三江秋祭五湖覆案世之說五湖者有三一曰五湖各有其名也義興記太湖射湖貴湖陽湖洮湖是爲五湖吳中志五湖謂貢湖遊湖胥湖梅梁湖金鼎湖爲五也二曰震澤

郎太湖也禹貢震澤傳云吳南太湖名正義云五湖郎震澤吳錄書云三江旣入震澤底定震澤吳西南太湖也釋地吳越之閒有具區郭注今吳縣南太湖郎震澤是也三曰太湖爲五湖也程大昌禹貢論太湖一湖而得名五湖張勃吳錄五湖者太湖之別名以其周行五百餘里故以五湖爲名虞翻川瀆記太湖東通松江南通霅溪西通荆溪北通滆湖東連韭溪凡五道謂之五湖韋昭曰五湖者胥湖蠡湖洮湖滆湖就太湖而五實一湖也陸龜蒙曰太湖上象咸池五車之氣故一水五名葉少蘊云周官九州有澤藪有川有浸揚州澤藪爲具區其浸爲五湖旣以具區爲澤藪則震澤郎具區也太湖乃五湖之總名耳胡渭云揚州澤藪曰具區其川三江其浸五湖浸郎後世所謂湖也澤藪之水淺或盈或縮湖則渟蓄淵深四時不改今太湖自包山以西水極淵深郎古之五湖而平望八赤震澤之閒水瀰漫而甚淺則古之具區也澤浸之別以此雲夢澤方八九百里獨巳邱湖常滿而不涸是亦浸也藪謂此三說以太湖爲五湖者是　浸川澤所仰以灌漑也者鄭注職方云浸可以爲陂灌漑者地理志寖曰五湖顏注浸謂引以灌漑者風俗通曰湖者川澤所仰以灌漑也

汥 水都也從水支聲 章移切

水都也者廣韻汥水都名風俗通水澤所聚謂之都亦曰瀦或作豬禹貢大野旣豬檀弓洿其宮而豬焉鄭注南方謂都爲豬

洫 十里爲成成閒廣八尺深八尺謂之洫從水血聲論語曰盡力乎溝洫 況逼切

十里云云者考工記匠人文地官遂人百夫有洫注云遂溝洫澮皆所以通水襄十年左傳子駟爲田洫注云洫田畔溝也襄三十年傳田有封洫注云洫溝也莊子庚桑楚篇夫尋常之溝釋文八尺曰尋倍尋曰常尋常之溝則周禮洫澮之廣深也洫廣深八尺或借淢字詩文王有聲築城伊淢傳云淢成溝也箋云方十里曰成淢其溝也廣深各八尺正義淢洫音同史記夏本紀致費於溝淢論語曰盡力乎溝洫者包注方里爲井井閒有溝溝廣深四尺十里爲成成閒有洫洫廣深八尺也

溝 水瀆廣四尺深四尺從水冓聲 古侯切

水瀆者呂氏春秋季春紀導達溝瀆釋名水注谷曰溝田閒之水亦曰溝溝搆也縱橫相交搆也廣四尺深四尺者考工記匠人九夫爲井井閒廣四尺深四尺謂之溝地官遂人十夫有溝注云遂廣深各二尺溝倍之

瀆 溝也從水賣聲一曰邑中溝 徒谷切

溝也者本書隫通溝也 一曰邑中溝者一切經音義十二引云又邑中曰瀆也六書故邑屋中水竇也禮運城郭溝池以爲固史晨碑修通邑中大溝說苑昔者莊王伐陳舍於有蕭氏謂路室之人曰巷其不善乎何溝之不浚也

渠 水所居從水渠省聲 彊魚切

玉篇渠溝渠 史記有河渠書 地理志朔方郡渠搜莽曰溝搜又北地郡義渠道莽曰義溝 水所居者渠居聲相近風俗通謹按傳曰渠者水所居也秦時韓人鄭國穿渠孝武帝時趙中大夫白公復穿渠故其語曰田於何所池陽谷口趙國在前白渠起後舉鍤爲雲決渠爲雨涇水一石其埿數斗且溉且糞長我稷黍衣食京師數百萬口又鄭當時穿渠以利漕道若此非一官民俱賴其饒焉

瀶 谷也從水臨聲讀若林一曰寒也 九尋切

一曰寒也者本書凜寒也臨凜聲相近

湄 水艸交爲湄從水眉聲 武悲切

水艸交爲湄者釋水文李巡曰水中有草木交會曰湄釋名水草交曰湄湄眉也臨水如眉臨目也詩蒹葭在水之湄傳云湄水隒也字或作堳廣雅堳厓也又借麋字詩巧言居河之麋傳云水草交謂之麋釋文麋本又作湄僖二十八年左傳余賜女孟諸之麋杜注水草之交曰麋寰宇記虞城孟諸澤俗呼爲湄臺

洐 溝水行也從水從行 戶庚切

溝水行也者周禮稻人以溝蕩水注云謂以溝行水也 從行者當云行聲

澗 山夾水也從水閒聲一曰澗水出弘農新安東南入洛 古莧切

山夾水也者釋山文廣雅澗閒也釋名山夾水曰澗澗閒也言在兩山之閒也詩考槃在澗又于以采蘩于澗之中傳竝云山夾水曰澗匡謬正俗詩傳曰山夾水曰澗此引爾雅正文言兩山夾水名之爲澗居然可曉而劉周之徒又音夾爲頰於義無取亦爲專輒易漸卦鴻漸于干釋文詩傳云涯也又澗也荀王肅云山閒澗水也 一曰澗水出弘農新安者禹貢伊洛瀍澗傳云澗出澠池山胡渭曰新安澠池本二縣澗水出新安穀水出澠池流同而源異今乃云澗出澠池山是以穀源爲澗源也毛晃禹貢指南按地理志弘農郡黽池縣注穀水出穀陽谷東北至穀城入雒新安縣注禹貢澗水在東南入雒二水異縣各源同入洛則水經謂穀澗通稱未必然也馥案夏本紀伊雒瀍澗索隱澗水出弘農新安縣東與本書合東南入洛者山海經白石之山澗水出其陰北流注於穀 地理志新安縣禹貢澗水在東南入洛水經澗水出新安縣白石山東南入於洛括地志澗水源出洛州新安縣東白石山東北與穀水合流經洛州郭內東流入洛也胡渭曰新安無雒漢志云澗入雒要其歸也其實澗東合穀至河南入雒

澳　隈厓也其內曰澳其外曰隈從水奧聲　於六切

隈厓也者本書隩水隈厓也爾雅釋文隩本或作澳廣雅澳厓也水經注淇水云肥泉博物志謂之澳水詩云瞻彼淇澳毛言澳隈也申鑒時事篇若亂之墜於澳也注云澳厓內近水之地或借奧字詩瞻彼淇奧禮記引作澳　其內曰澳其外曰隈者徐鍇曰淮南子漁者以其隈澳曲岸相讓內謂岸內曲隈外曲也詩曰汭鞫之卽書堯典厥民隩鄭注隩內也釋邱隩隈厓內爲隩外爲隈邢疏云隈當作鞫傳寫誤也詩公劉芮鞫之卽傳云芮水厓也鞫究也箋云芮之言內也水之內曰隩水之外曰鞫正義釋邱云隩隈也厓內爲隩外爲鞫李巡曰厓內近水爲隩其外爲鞫孫炎云內曲裏也外曲表也是水之內曰隩水之外曰鞫也馥案鄭注賦方引詩作芮沛畢君以珣曰說文其外曰隈隈字誤當作鞫爾疋隩隈厓內爲隩外爲鞫釋文鞫如字居六反字林作垢云隈厓外也九六反是爾疋原本作鞫無疑說文用爾疋成文今作隈者後人依爾疋譌本改之也徐鍇引詩汭鞫之卽則鍇本作鞫今作隈者後人又依說文譌本改之也馥案玉篇垢居六切涯也水外爲垢廣韻垢與院同曲岸水外曰院

澩　夏有水冬無水曰澩從水學省聲讀若學　胡角切

夏有水冬無水曰澩者釋山文集韻夏上有山字

澩或不省

𤅩　水濡而乾也從水鸏聲詩曰𤅩其乾矣　呼旰切又乇干切

水濡而乾也者濡如濡濡之濡乾如旱乾水溢乾封縣之乾春秋莊九年戰于乾時杜注時水旱則竭涸故曰乾時釋天在申曰涒灘李巡曰灘單盡也字或作灘釋水灘沙出一切經音義十引郭注今江東呼水內沙堆爲灘洛陽北河中有中灘池是也五音集韻灘水中沙出通作灘河陽縣南有水灘城　詩曰𤅩其乾矣者王風中谷有蓷文彼作暵傳云暵於貌釋文暵徐音漢說文云水濡而乾也字作𤅩又作灘皆他安反

灘　俗𤅩從隹

汕　魚游水皃從水山聲詩曰烝然汕汕　所晏切

魚游水皃者廣韻汕魚乘水上　詩曰烝然汕汕者小雅南有嘉魚文傳云汕汕樔也箋云樔者今之撩罟也釋文引本書同馥案釋器罺謂之汕毛傳本此

決　行流也從水從夬廬江有決水出於大別山　古穴切

行流也者一切經音義二引作下流也管子君臣下篇決之則流塞之則止襄三十一年左傳不如小決使道孟子性猶湍水也決諸東方則東流決諸西方則西流　從夬者徐鍇本作夬聲　廬江有決水者本書肢讀若決水之決地理志廬江郡雩婁縣決水北至蓼入淮水經決水出廬江雩婁縣南大別山北過其縣東又北過安豐縣東又北入於淮寰宇記壽州霍邱縣決水在縣南二百五十里說文云行流也從水史聲廬江有決水出大別山又蘇林解地理志云雩婁縣有決水北至蓼入淮今據在雩婁縣城南屈曲至光州固始縣入淮今呼史水卽爲訛謬也又云光州固始縣決水在縣東三里源出霍山縣版戶山流入縣界　出於大別山者當云雩婁大別山水經注引許愼曰出雩婁縣書內方至于大別寰宇記壽州六安縣大別山在新縣西南三百七十里

灓　漏流也從水䜌聲　洛官切

漏流也者集韻引有一曰漬也四字本書䜌抒滿也滿當爲漏魏策昔王季歷葬於楚山之尾灓水齧其墓姚伯聲云說文灓漏流也一曰漬也墓爲漏流所漬故曰灓水齧其墓

滴　水注也從水啻聲　都歷切

水注也者本書涿流下滴也瀝水下滴瀝靈光殿賦動滴瀝以成響

注　灌也從水主聲　之戍切

灌也者洞簫賦聲礚礚而注淵李善引本書同一切經音義一引作灌也瀉也廣韻注灌注也詩文王有聲豐水東注

𣳚　溉灌也從水芺聲　烏鵠切

溉灌也者本書澆𣳚也經典作沃一切經音義四通俗文溉灌曰沃沃亦澆也漬也書說命啟乃心沃朕心正義當

闓女心所有以灌沃我心也成六年左傳沃饒而近盬服注土平有溉曰沃襄二十五年傳井衍沃賈注下平曰衍有溉曰沃列子黃帝篇沃水之潘爲淵注云沃水泉從上流下也史記周本紀猶其有原隰衍沃也集解引唐固曰有溉曰沃

湝 所以攤水也從水昔聲漢律曰及其門洒湝 所責切

所以攤水也者徐鍇本作廱漢書五行志廱河三日不流王莽傳作邕廣雅湝匽也 漢律曰及其門洒湝者史記貨殖傳洒削薄技也洒削卽洒湝

澨 埤增水邊土人所止者從水筮聲夏書曰過三澨 時制切

埤增水邊土人所止者者水經注淯水左右舊有二澨所謂南澨北澨者水側之濆聚楚詞九歌夕濟兮西澨王注澨水涯也宣四年左傳師于漳澨杜注漳澨漳水邊成十五年傳聘而從之則決睢澨杜注澨水涯胡渭曰水邊卽

說文解字義證 卷三十四 連筠簃叢書 靈石楊氏栞

匡埤增之土卽大防防大故爲人所止也左傳成十五年華元決睢澨睢卽睢水澨則其防也故曰決 王逸注西澨云水涯杜預注漳澨云水邊義皆與說文合 夏書曰過三澨者禹貢文傳云三澨水名入漢鄭注在江夏竟陵縣界史記索隱云水經云三澨地名在南郡邔縣北孔安國鄭玄以爲水名今竟陵有三參水俗云是三澨水寰宇記安州汉川縣汉水源出郢州長壽縣磨石山東南流名澨水至復州景陵縣界名汉水禹貢山水澤地三澨地在南郡邔縣北沱鄉注尙書曰導漢水過三澨地說曰沔水東行過三澨合流觸大別山阪故馬融鄭玄王肅孔安國等咸以爲三澨水名也許愼言澨者埤增水邊土人所止也按春秋左傳文公十有六年楚軍次於句澨以伐諸庸宣公四年楚令尹子越師於漳澨定公四年左司馬戌敗吳師於雍澨昭公二十三年司馬薳越縊於薳澨服虔或謂之邑又謂之地京相璠杜預亦云水際及水邊地名也今南陽淯陽二縣之閒淯水之濆有南澨北澨矣而諸儒之論水陸相半又無山源出處之所津途關路惟鄭玄及劉澄之言在竟陵縣界經云邔縣北沱然沱流多矣論者疑焉而不能辨其所在

津 水渡也從水聿聲 將鄰切

水渡也者古文苑漢津賦注云都道所湊爲津說文曰津渡也釋水九河有鬲津郭注水多阸狹可隔以爲津而橫渡書泰誓大會于孟津正義津是渡處論語使子路問津馬鄭注津濟渡之處晉語亦爲君之東游津梁之上離騷麾蛟龍使梁津兮注云以蛟龍爲橋乘之以渡王隱晉書杜蔑啟建河橋於富平津續漢志河東大陽縣有茅津北屈縣有采桑津甘氏星經天津九星在虛北河中主津瀆津梁

[illegible] 古文津從舟從淮

㴔 無舟渡河也從水㴱聲 皮冰切

無舟渡河也者玉篇徒涉曰㴔經典借馮字釋訓馮河徒涉也李巡曰無舟而渡水曰徒涉釋文馮河依字當作㴔易泰卦包荒用馮河正義無舟渡水馮陵於河詩小旻不敢馮河傳云馮陵也徒涉曰馮河論語暴虎馮河孔注馮河徒涉哀九年左傳是謂如川之滿不可游也杜注不可馮游詩百朋六韜作百馮

說文解字義證 卷三十四 連筠簃叢書 靈石楊氏栞

潢 小津也從水橫聲一曰以船渡也 戶孟切

小津也者或借潢字天官書旁有八星絕漢曰天潢 一曰以船渡也者玉篇方舟謂之潢潢航也廣韻潢方舟也一曰荊州人呼渡津舫爲潢或作橫廣雅潢筏也方言方舟謂之潢郭注揚州人呼渡津舫爲杭荊州人呼潢音橫或借杭字詩誰謂河廣一葦杭之傳云杭渡也又借橫字六韜大船一名天橫以濟大水又借桄字廣雅艕謂之桄集韻艕船前桄也

泭 編木以渡也從水付聲 芳無切

編木以渡也者集韻泭併木以渡廣韻泭小木筏也筏云大曰筏小曰桴乘之渡水方言泭謂之簰簰謂之筏筏秦晉之通語也顏案三國志注引郭注方言云泭水中簰也簰或作箄後漢書岑彭傳乘枋箄下江關注云枋箄以竹木爲之浮於水上鄧訓傳縫革爲船置於箄上以渡河注云箄木筏也釋言舫泭也郭注水中簰筏孫炎云方木置水中爲泭筏也釋水庶人乘泭郭注併木以渡詩漢廣不可方思傳云方泭也釋文泭本亦作游又作桴或作柎

竝同谷風方之舟之箋云方泭也齊語方舟設泭韋注編木曰泭楚詞九章乘氾泭以下流兮注云編竹木曰泭楚人曰泭秦人曰撥也吳志妃嬪傳宜伐蘆葦以爲泭佐船渡軍字或作𥱼廣雅𥱼筏也又作柎管子輕重甲篇筞者冬不爲杠夏不束柎以觀凍溺又作桴一切經音義二桴編竹木也大者曰筏小者曰桴江南名箄論語乘桴浮於海馬曰編竹木大者曰栰小者曰桴

渡　濟也從水度聲徒故切

濟也者釋言濟渡也詩匏有苦葉濟有深涉或借度字方言過度謂之涉濟注云猶今云濟度漢書賈誼傳度江河亾維楫

沿　緣水而下也從水㕣聲春秋傳曰主沿夏與專切

緣水而下也者沿緣聲相近一切經音義二十二字林從水而下曰沿順流也沿亦緣也禹貢沿于江海古文作均鄭注均讀曰沿沿順水行也文十年左傳沿漢泝江杜注沿順流定四年傳子沿漢而與之上下杜注沿緣也或借巡字祭義陰陽長短終始相巡注云巡讀如沿漢之沿　春秋傳曰主沿夏者昭十三年左傳文主當爲王杜注順流爲沿

泝　逆流而上曰泝洄泝向也水欲下違之而上也從水屰聲桑故切

逆流而上曰泝洄者釋水文孫炎曰逆渡者逆流也俗作泝文十年左傳沿漢泝江杜注泝逆流哀四年傳吳將泝江入郢杜注逆流曰泝吳語率師沿海泝淮以絕吳路韋注逆流而上曰泝後漢書班固傳泝測其源李注逆流曰泝吳都賦泝洄順流五臣注泝逆流上也宋書張興世傳乃令輕舸泝流而上　泝向也水欲下違之而上也者向當爲回一切經音義十九三蒼逆流之水曰泝泝洄也馥案違之而上卽解回字義回猶違也昭二十六年左傳君無違德論衡變虛篇引作回德

遡　泝或從辵朔

詩蒹葭遡洄從之傳云逆流而上曰遡洄　七發遡流遡波李注遡波逆流之波也　本書謝或作謝惣

洄　泝洄也從水從回戶灰切

泝洄也者宋書張興世傳舫人洄洑　從回者徐鍇本作回聲

泳　潛行水中也從水永聲爲命切

潛行水中也者釋水潛行爲泳郭注水底行也列子黃帝篇因復指河曲之淫隈曰彼中有珠泳可得也注云泳潛行水中也詩漢之廣矣不可泳思傳云潛行爲泳谷風泳之游之箋云潛行爲泳晉書謝玄傳小將田泓乃沒水潛行

潛　涉水也一曰藏也一曰漢水爲潛從水朁聲昨鹽切

涉水也者玉篇潛水中行也廣雅潛沒也宋書胡藩傳全鎧入水潛行三十許步方得登岸晏子治少不能游潛行逆流百步順流九里　一曰藏也者易文言陽氣潛藏又曰潛之爲言也隱而未見行而未成書洪範沈潛剛克詩

正月潛雖伏矣　一曰漢水爲潛者釋水漢爲潛郭注書曰沱潛既道音義云有水從漢中沔陽南流至梓潼漢壽入大穴中通峒山下西南潛出一名沔水舊俗云卽禹貢之潛也水經注漾水云劉澄之云有水從阿陽縣南至梓潼漢壽入大穴中暗通岡山郭景純亦言是矣岡山穴小本不容水水成大澤而流與漢合又注潛水云潛水蓋漢水枝分潛出故受其稱耳今爰有大穴潛水入焉通岡山下西南潛出謂之伏水或以爲古之潛水鄭玄曰漢別爲潛其穴本小水積成澤流與漢合大禹自導漢疏通卽爲西漢水也故書曰沱潛旣道馥案此注在水經潛水下經之潛當爲譙鄭氏誤以爲禹貢之潛故與經不符而說此潛水則了了矣禹貢浮于潛逾于沔鄭注或謂漢爲沔史記夏本紀沱涔已道集解云漢爲涔索隱云涔亦作潛潛出漢中安陽縣西北入漢蜀都賦演以潛沬劉注禹貢梁州云沱潛既道有水從漢中沔陽縣南流至梓潼漢壽縣入穴中通岡山下西南潛出今名複水舊說云禹貢潛水也郡國志犍爲郡江陽下注云潛從縣南流至漢嘉縣入大穴中通剛山下西南潛出庾仲雍云墊江有別江出長壽縣卽潛水也括地志潛水一名復水今名龍門水源出利州緜谷縣東龍門山大石穴下也元和志緜谷縣本漢

葭萌縣地潛水出縣東北龍門山書曰沱潛既道是也又云龍門山在利州綿谷縣東北八十二里潛水所出寰宇記引梁州記蔥嶺山有石穴高數十丈其狀如門號爲龍門輿地紀勝龍門洞在綿谷縣北凡爲洞者三有水自第三洞發源貫通兩洞下合嘉陵江此卽潛水也胡渭曰梁州之潛一而已漢廣漢郡有葭萌縣蜀改曰漢壽屬梓潼郡故郭璞云西南至梓潼漢壽縣入大穴中卽樂史所謂三泉故縣南有大寒水西流至龍門山入大石穴者也晉改漢壽曰晉壽故庾仲雍云墊江有別江出晉壽卽潛水太元中分晉壽置興安縣隋改曰緜谷唐因之故隋志云緜谷縣有龍門山元和志云潛水出緜谷縣龍門山明改曰廣元縣故近志縣東北有龍門山潛水出焉縣名五變其地一也今縣北有龍門洞王象之輿地紀勝曰龍門洞在緜谷縣北凡爲洞者三自朝天程入谷十五里有石洞及第二第三洞有水自第三洞發源貫通兩洞下合嘉陵江渭按此卽禹貢之潛水也然廣元舊志云源出縣北一百三十餘里木寨山流經神宣驛又南二十里經龍洞口至朝天驛北穿穴而出入嘉陵江與括地元和志不同意者木寨山乃水自沔陽來之所經而人誤以爲出敟元和志龍門山在縣東北八十里今以舊志所言考之木寨山

南十餘里爲神宣驛又南二十里爲龍洞口又南二十里爲朝天驛去縣八十里恰與龍門之里數相符蓋朝天驛之穴卽龍門山之穴也其輿地紀勝所謂自第三洞發源貫通兩洞者卽舊志所謂經龍洞口至驛北穿穴而出郭璞所謂入大穴通峒山下西南潛出者也自此以下歷昭化劒州蒼溪閬中南部蓬州南充合州至巴縣入大江禹通謂之潛後人稱爲西漢水至唐又稱嘉陵江而潛之名遂晦其水出隴西西縣嶓冢山者自爲嘉陵江之發源下流與潛水合而潛水實不出於彼也

淦　水入船中也一曰泥也從水金聲　古暗切

一曰泥也者本書沈濁黕也諸書借沈字莊子達生篇沈有履注云沈水汙泥也漢書刑法志山川沈斥顏注斥卽斥鹵沈卽川澤風俗通山澤篇沈澤之無水斥鹵之類也或通作涵廣韻涵水入船

汵　淦或從今

泛　浮也從水乏聲

浮也者漢書郊祀志泛泛滇滇從高斿

汓　浮行水上也從水從子古或以汓爲沒　似由切

浮行水上也者廣韻汓人浮水上一切經音義十七江南言拍浮爲汓淮南說林訓舟覆乃見善汓經典借游字華嚴經音義游浮於水上也列子釋文浮水曰游廣雅浮游也爾雅順流而下曰泝游孫炎曰順渡者順流也書君奭若游大川正義游者入水浮渡之名詩蒹葭遡游從之傳云順流而涉曰遡游周禮萍氏禁川游者注云備波洋卒至沈溺也祭義舟而不游緇衣故大人不倡游言注云游猶浮也莊十八年左傳閻敖游涌而逸杜注游涌水而走列子黃帝篇能游者可教也注云浮水曰游文子善游者必溺符子惠子曰有一人溺流而下呼施救之施應曰吾不善游方將爲子告急於東越之王簡其善游者以救子可乎韓非說林篇假人於越而救溺子越人雖善游子必不生矣淮南地形訓食水者善游能寒高注魚鼈鶩之屬齊俗訓游者不能拯溺手足有所急也詮言訓渡水而無游數雖強必沈有游數雖羸必遂說林訓游者以足蹷以手抻不得其數愈蹷愈敗及其能游者非手足者矣說

苑今舟中水而運甚殆治裝衣而下游乎後漢書馬援傳男兒溺死何傷而拘游哉注云游浮也劉氏新論貴速篇瀹波漂人必奔游拯之南州異物志合浦有民善游兒年十餘便敎入水求珠又云合浦之習水者善游入如沈竈出如輕鳧唐書柏良器傳擇弩手善游者沿汴渠夜入通鑑商胡以巨舟濟河北兵至中流悉殺之有獸醫游水得免又云高仁厚募善游者鑿賊舟又云李歸仁爲郭子儀伏兵所敗游水而逸又云韓晃將王栖曜游汴水夜入寧陵城古或以汓爲沒者方言潛沈也游也郭注潛行水中亦曰游釋言流游也郭注云潛行游水底

泅　汓或從囚聲

一切經音義十一泅正字作汓說文云浮　水上者也　列子說符篇人有濱河而居者習於水勇於泅　中鑒政體　篇濟大川者太上乘舟其次泅泅者勞而危乘舟者逸而安　南齊書張敬兒傳乘舡艋過江中江遇風船覆左右丁壯者各泅走　御覽引袁山松白鹿詩序荊門山臨江北岸有一白鹿泅過注云泅音囚言浮過也　顧炎武曰越世家乃發習流二千習流謂士卒中之善泅者別爲一軍索隱乃曰流放之罪人非也庾信哀江南賦彼鮮牙而鉤爪又循江而習流

砅　履石渡水也從水從石詩曰深則砅　力制切

履石渡水也者楚詞九歎櫂舟杭以横濿兮注云濿渡也由膝以上爲濿也經典通作厲詩有狐在彼淇厲列子說符篇有一丈夫方將厲之注云厲涉水也史記司馬相如傳横厲飛泉以正東正義厲渡也後漢書班超傳超更從它道厲渡注云由帶以上爲厲馥案諸書皆本爾雅與本書異　詩曰深則砅者邶風匏有苦葉文彼作厲傳云以衣涉水爲厲謂由帶以上也釋文引韓詩至心曰厲釋水濟有深涉深則厲淺則揭揭者揭衣也以衣涉水爲厲繇膝以下爲揭繇膝以上爲涉繇帶以上爲厲馥案鄭注論語由膝以上爲厲戴君震曰詩之意以水深必依橋梁乃可過喻禮義之大防不可犯若淺水則褰衣而過尚不濡衣水經注云段國沙州記吐谷渾於河上作橋謂之河厲此可證橋有厲之名衛詩淇梁淇厲並舉厲固梁之屬也就茲一字爾雅失其傳說文得其傳

濿　砅或從厲

湊　水上人所會也從水奏聲　倉奏切

水上人所會也者一切經音義十一字林湊水上人所會也湊亦聚也廣雅湊聚也賈注國語湊聚也王注楚詞湊聚也周書作雒解以爲天下之大湊注云湊會也燕策士爭湊燕漢書溝洫志水行地下湊潤上徹謝靈運山居賦衆流所湊

湛　沒也從水甚聲一曰湛水豫章浸　宅減切

沒也者論衡明雩篇變復之家以久雨爲湛久暘爲旱旱應亢陽湛應沈溺漢書五行志左氏昭公二十四年十月癸酉王子鼂以成周之寶圭湛于河史記河渠書搴長茭兮湛美玉經典借沈字廣雅沈沒也小爾雅沈沒也書洪範沈潛剛克詩菁菁者莪載沈載浮襄十八年左傳沈玉而濟定三年傳執玉而沈尚書大傳沈四海周禮大宗伯以貍沈祭山林川澤覲禮祭川沈釋天祭川曰浮沈戰國策城之不沈者三板又學者沈於所聞　一曰湛水豫章浸者周禮職方氏正南曰荆州其浸潁湛鄭注潁宜屬豫州在此非也湛未聞馥案本書豫章浸當爲豫州與鄭說合地理志荆州竊曰潁湛顏注潁水宜屬豫州許愼又云湛水豫州浸並未詳也丁君杰曰職方荆州其浸潁湛豫州其浸波溠汲冢書周周地理志因之鄭康成注周官未聞湛水所在又誤以波爲滎播而疑潁宜屬豫溠宜屬荆於地形頗合不知說文己證周官地理志之誤矣說文潁豫州浸湛豫州浸溠荆州浸是許氏所見周官最爲善本至水經卷六之湛水出河內軹縣郎河水篇中所云東逕平陰縣北湛水從北來注之者與豫州之浸渺不相涉襄十六年左傳楚公子格帥師及晉師戰于湛阪注云襄陽昆陽縣北有湛水東入汝土地名昆陽縣北有蒲城蒲城北有湛水水經注汝水云湛水出犨縣北魚齒山西北東南流歷魚齒山下爲湛浦方五十餘步春秋襄公十六年晉伐楚報楊梁之役楚公子格及晉師戰於湛阪楚師敗績遂侵方城之外今水北悉枕翼山阜於父城東南湛水之北山有長阪蓋郎湛水以名阪故有湛阪之名也湛水又東南逕蒲城北京相璠曰昆陽縣北有蒲城蒲城北有湛水者是也湛水又東於汝水九曲北東入汝杜預亦以是水爲湛水矣周禮荆州其浸潁湛鄭玄云未聞蓋偶有不照也今考地則不乖其土言水則有符經文矣郡國志潁川郡昆陽有湛水元和志汝州龍興縣湛水在縣東三十里

𣸣　古文

湮　沒也從水垔聲　於眞切

沒也者集韻湮沒水中也廣雅湮沒也釋詁湮落也郭注湮沈落也

休　沒也從水從人　奴歷切

沒也者玉篇引孔子曰君子休於日小人休於水今禮記緇衣作溺注云覆沒不能自理出也方言出休爲抍又云湼休也廣雅湼沒也又云溺沒也釋名亦於水曰溺溺弱也不能自勝之言也詩桑柔載胥及溺樂記姦聲以濫溺而不止眞誥有人拜河水河伯敎以水行不溺法徐鍇本有讀與溺同四字

沒　沈也從水𠬛聲　莫勃切

沈也者沈當爲湛本書湛沒也𠬛入水有所取也顯內頭水中也小爾雅沈沒也僖四年左傳昭王南征而不復高注戰國策引作沒而不復唐石經剜增沒字襄二十四年傳何沒沒也杜注沒沒沈滅之言莊子達生篇若乃夫沒人則未嘗見舟而便操之也注云沒人謂能鶩沒於水底說苑不臨於深淵何以知沒溺之患

渨 沒也從水畏聲烏恢切

沒也者廣韻渨渨沒廣雅渨沒也

說文解字弟十一 義證弟三十五 曲阜桂馥學

滃 雲气起也從水翁聲烏孔切

雲气起也者玉篇滃鬱川谷吐氣皃易林潼滃蔚薈江賦氣滃渤以霧杳

泱 滃也從水央聲於良切

滃也者集韻引同又云謂雲氣起皃徐鍇引漢武內傳七月七日泱鬱雲起詩白華英英白雲傳云英英白雲皃釋文英韓詩作泱射雉賦天泱泱以垂雲通作盎釋名盎齊盎滃也滃滃然濁色也周禮酒正辨五齊之名三曰盎齊注云盎猶翁也成而翁翁然葱白色如今酇白矣

淒 雲雨起也從水妻聲詩曰有渰淒淒七稽切

雲雨起也者初學記引作雨雲起也御覽同初學記雨雲曰油雲雪雲曰同雲䨴按廣韻淒雲皃五音集韻淒雲興

皃皆專言雲 詩曰有渰淒淒者徐鍇本無此文

渰 雲雨皃從水弇聲衣檢切

雲雨皃者御覽引作雨雲皃也纂要雨雲曰渰雲亦曰油雲初學記渰雲陰皃引孟子曰油然作雲沛然下雨張協雜詩淒風起東谷有渰興南岑雖無箕畢期膚寸自成霖 徐鍇本有詩曰有渰淒淒六字小雅大田文也彼作萋萋傳云萋萋雲行皃呂氏春秋引詩有晻淒淒興雲祁祁段君玉裁曰雲自下而上雨自上而下故素問曰地氣上爲雲天氣下爲雨諸書皆言興雲作雲斷無言興雨者錢君大昕曰漢書食貨志引詩有渰淒淒興雲祁祁按韓詩外傳引詩亦作興雲漢無極山碑亦有興雲祁祁之文益漢世經師傳授皆然顏之推家訓云詩有渰萋萋興雲祁祁毛傳渰陰雲皃萋萋雲行皃渰已是陰雲何勞復云興雲雲當爲雨俗寫誤爾班固靈臺詩云習習祥風祁祁甘雨此其證也之推仕南北朝雖疑雲爲誤字不聞據他本以正之則六朝本亦皆作興雲矣大雅韓奕篇云祁祁如雲可證祁祁爲雲行皃非轉寫之誤後漢書左雄傳作興雨祁祁或後人校改

溟　小雨溟溟也從水冥聲　莫經切

小雨溟溟也者玉篇溟濛小雨太元少上九密雨溟沐潤於枯瀆

洓　小雨零皃從水朿聲　所責切

小雨零皃者零當爲霝

瀑　疾雨也一曰沫也一曰瀑賈也從水暴聲詩曰終風且瀑　平到切

疾雨也者纂要疾雨曰驟雨通作暴釋天暴雨謂之涷郭注今江東呼夏月暴雨爲涷雨離騷云令飄風兮先驅使涷雨兮灑塵是也思元賦涷雨沛其灑塗舊注涷雨暴雨也巴郡謂暴雨爲涷雨淮南覽冥訓降扶風雜涷雨高注涷雨暴雨也韓詩外傳國無道則飄風厲疾暴雨折木說苑飄風暴雨須臾而畢法言晨風陵雨李軌注陵雨暴雨也詩頍弁先集維霰傳云霰暴雪也　一曰沫也者玉篇作沫一切經音義十蒼頡解詁水濆起曰瀑也　一曰瀑

賈也者李善注江賦引同　瀑聲者當作㬥本書㬥疾有所趣也　詩曰終風且瀑者邶風終風文彼作暴傳云暴疾也玉篇瀑疾風也

澍　時雨澍生萬物從水尌聲　常句切

時雨澍生萬物者一切經音義六三蒼澍時雨也百卉霑洽也說文上古時雨所以澍生百物者也又卷一澍時雨也謂潤生百穀者也說文上古時雨所以澍生百物者是也馥按所引數見皆有上古二字李賢注後漢書李善注魏都賦所引皆有所以二字尸子神農氏治天下欲雨則雨五日爲行雨旬爲穀雨旬五日爲時雨馥按此卽上古之時雨通鑑漢明帝謝公卿百僚遂應時澍雨注云說文曰雨所以澍注萬物故曰澍音注淮南泰族訓若春雨之灌萬物也渾然而流沛然而施無地而不澍無物而不生馥謂胡身之引作澍注卽淮南所云灌也澍注聲相近釋名雨輔也言輔時生養也邱季彬禮統雨者輔時生養均徧故謂之雨東觀漢記陽嘉元年嘉澍沾渥後漢書明帝紀長吏各絜齋禱請冀蒙嘉澍注云說文云時雨所以澍生萬物鍾離意傳遂應時澍雨焉注云說文云時雨所以澍生萬物故曰澍謝承後漢書百里嵩爲徐州刺史出巡遇甘雨輒澍司馬彪續漢書北海靜王興遷宏農太守甘雨降澍鹽鐵論時雨澍澤論衡雷虛篇天施氣氣渥爲雨故雨潤萬物名曰澍又自然篇汲井決陂灌溉園田物亦生長霈然而雨物之莖葉根荄莫不洽濡程量澍澤孰與汲井決陂哉月令正義謂之穀雨者言雨以生百穀漢朱龜碑養善繇時雨之澍品物

湒　雨下也從水咠聲一曰沸涌皃　姊入切

雨下也者廣雅湒湒雨也一切經音義十二字林湒雨聲湒湒也　一曰沸涌皃者沸當爲灒本書湁湁湒灒也集韻湒灒沸聲　一切經音義十二字林湒灒也或作濈漢書司馬相如傳湁濈鼎沸

澬　久雨涔資也一曰水名從水資聲　才私切又卽夷切

久雨涔澬也者玉篇涔澬久雨淮南主術訓時有涔旱災害之患高注涔久雨水潦也　一曰水名者廣韻澬水名在邵陵水經澬水出零陵郡梁縣路山

潦　雨水大皃從水尞聲　盧皓切

雨水大皃者一切經音義一說文潦雨水也謂聚雨水爲洿洿潦也長笛賦秋潦漱其下趾兮曹攄思友人詩霖潦淹庭除李善注竝引作雨水也無大皃二字纂要雨水曰潦詩采蘋于彼行潦傳云行潦流潦也隱三年左傳潢汙行潦之水杜注潦流潦服虔云行潦道路之水孟子河海之於行潦注云行潦道傍流潦也王勃滕王閣序潦水盡而寒潭清

濩　雨流霤下皃從水蒦聲　胡郭切

雨流霤下皃者七命溟海渾濩涌其後李善注引本書濩霤下皃也潘尼苦雨賦聽長霤之涔涔

涿　流下滴也從水豕聲上谷有涿縣　竹角切

流下滴也者廣雅涿漬也方言瀧涿謂之霑漬周禮有壺涿氏　上谷有涿縣者徐鍇本有鹿字漢志上谷郡涿鹿縣應劭曰黃帝與蚩尤戰於涿鹿之野又涿郡涿縣應劭曰涿水出上谷涿鹿縣十三州志涿郡南有涿水北至上

谷爲涿鹿河水經注濛水云涿水出涿鹿山世謂之張公泉東北流逕涿鹿縣故城南黄帝與蚩尤戰於涿鹿之野畱其民於涿鹿之阿卽于是也

奇字涿從日乙

雨瀧瀧皃從水龍聲力公切

雨瀧瀧皃者廣韻瀧瀧涑沾漬方言瀧涿謂之霑漬

渿沛也從水柰聲奴帶切

渿沛也者五音集韻引同宋小字本李燾本竝作沛之也廣韻集韻類篇竝同玉篇渿渿沛水波皃司馬相如上林賦奔揚滯沛蓋渿爲作滯

久雨也從水高聲乎老切

久雨也者本書沇陵上滈水也

雨漊漊也從水婁聲一曰汝南謂飲酒習之不醉爲漊力主切

雨漊漊也者漊漊猶褸褸也 一曰汝南謂飲酒習之不醉爲漊者玉篇漊飲酒不醉增韻漊習醉不醉似誤

小雨也從水微省聲無非切

小雨也者五音集韻作溦云溦微小雨也

微雨也從水蒙聲莫紅切

微雨也者初學記引作溦雨曰濛玉篇濛微雨皃字或作霥廣雅霥霥雨也

陵上滈水也從水冘聲一曰濁黕也直深切又尸甚切

陵上滈水也者徐鍇本滈作滴韻會及吳均增修復古編竝同元和志茂州汶川縣濕坂樹木森沈常有水滴未嘗暫燥故曰濕坂或通作涔潘尼苦雨賦聽長霤之涔涔 一曰濁黕也者莊子達生篇沈有履注云沈水汙泥也漢刑法志除山川沈斥注云斥卽斥鹵沈卽川澤風俗通沈澤之無水斥鹵之類也

雷震洅洅也從水再聲作代切

雷震洅洅也者集韻引同玉篇洅雷聲震徐鍇繫傳謂雷聲震屋霤水聲散也

泥水淊淊也一曰繅絲湯也從水臽聲胡感切

泥水淊淊也者玉篇淊淊泥也廣韻淊水和泥集韻淊淊水淖

水澤多也從水圅聲詩曰僭始既涵胡南切

水澤多也者涵通作淊廣韻灅淊水滿也 詩曰僭始既涵者小雅巧言文傳云涵容也

漸溼也從水挐聲人庶切

漸溼也者漸當爲瀐通俗文淹漬謂之瀐洳玉篇溮與洳同廣韻沮洳漸溼白帖得沮洳之澤無旱暵之憂廣雅瀐洳溼也三蒼沮漸也釋地下溼曰隰李巡云謂土地窊下常沮洳名爲隰也禹貢厥土惟塗泥鄭注塗泥漸洳也詩

魏風彼汾沮洳傳云沮洳其漸洳者僖四年公羊傳大陷於沛澤之中注云漸洳曰澤孫子軍爭篇不知山林險阻沮澤之形者不能行軍注云水草漸洳者爲沮孝經援神契萊沛所生注云沛水旁漸洳不可耕者法言問道篇雷頂漸礫堯舜乎潘岳懷舊賦水漸軔以凝冱寰宇記酸棗縣汝池爾雅沮洳也其地下濕水潦日洳後人音訛呼爲汝瀞通鑑崔浩曰南方下濕注云東南之地卑濕沮洳漢鄗閣須醳散闢之𡾰漯卽漸濕

澤多也從水憂聲詩曰既瀀既渥於求切

澤多也者通作優廣雅優渥也詩瞻卬天之降罔維其優矣傳云優渥也易林春多膏澤夏潤優渥 詩曰既瀀既渥者小雅信南山文箋云成王之時陰陽和風雨時冬有積雪春而益之以小雨潤澤則饒洽釋文云優說文作瀀

漬也一曰涔陽渚在郢中從水岑聲鉏箴切

漬也者江賦栫澱爲涔通作湛考工記鍾氏染羽以朱湛丹秫鄭司農云湛漬也內則湛諸美酒注云湛亦漬也月令湛熾必絜注云湛漬也或者曰漬當爲積淮南俶眞訓夫牛蹏之涔無尺之鯉高注涔潦水水潦之年大道上之

積水又說林訓宮池涔則溢旱則涸　一曰涔陽渚在郢中者楚詞九歌望涔陽兮極浦注云涔陽江碕名洪氏補注今澧州有涔陽浦胡渭曰江陵縣西南二十里有虎渡口南江從此東南流注於澧水同入洞庭葢郎所謂涔水也澧州志云涔水爲岷江別派從公安入境爲四水口又東南流過焦圻一箭河至匯口入澧故稱涔澧楚詞望涔陽兮極浦今公安舊縣東南有涔陽鎮郎其地也馥按集韻作涔郎丁切水名引楚詞望涔陽兮極浦未知何據

漚也從水責聲前智切

漚也者通俗文水浸曰漬考工記㡆氏湅絲以涚水漚其絲注云漚漸也

久漬也從水區聲烏候切

久漬也者廣雅漚漬也詩東門之池可以漚麻傳云漚柔也哀八年左傳拘鄫人之漚菅者曰何故使吾水滋氾勝之書夏至後二十日漚枲漢書揚雄傳棍申椒與菌桂兮赴江湖而漚之顏注漚漬也今漚麻也

濡也從水足聲士角切

濡也者徐鍇本作小濡皃也馥謂小當爲水廣韻浞水濕玉篇浞漬也廣雅濡漬也詩匏有苦葉濟盈不濡軌傳云濡漬也易林浞浞促促塗泥至轂促當爲泥

霑也從水屋聲於角切

霑也者本書霑雨霡也霡濡也玉篇渥霑濡皃廣雅渥漬也詩簡兮赫如渥赭傳云渥厚漬也終南顏如渥丹箋云渥厚漬也信南山既優既渥既霑既足考工記㡆氏渥淳其帛注云渥讀如繒人渥菅之渥釋文渥與漚同

灌也從水隺聲口角切又公沃切

灌也者灌猶浸也莊子時雨降矣而猶浸灌玉篇㴫霑也漬也

霑也從水合聲侯夾切

霑也者書大禹謨好生之德洽于民心正義洽謂霑漬優渥洽於民心言潤澤多也

露多也從水農聲詩曰零露濃濃女容切

露多也者字或作𩆸廣韻𩆸露多廣雅𩆸𩆸露也
詩曰零露濃濃者小雅蓼蕭文傳云濃濃厚皃

雨雪瀌瀌從水麃聲甫嬌切

雨雪瀌瀌者詩小雅角弓文箋云雨雪之盛瀌瀌然廣韻瀌雪皃廣雅瀌瀌雪也

薄冰也一曰中絕小水從水兼聲力鹽切

宋濂曰許慎說文解字唐人所鈔舊本則曰溓力簟反从水从兼或从廉薄冰也一云中繩小水又云淹也徐鉉所定新本則又曰溓力鹽反從水兼聲薄冰也一日中絕小水不言或從廉以予觀之冰必水字之誤繩必絕字之訛所謂溓則水之淺薄者爾由其淺薄小水故中絕也若試作繩作冰則於義難爲訓矣雖日郭璞山海經傳有山河無險四徹中繩及酈道元水經注有水自下通爲繩之語終不若絕字爲暢意者鉉見唐本之謬爲之校定如此亦未可知也又按顧野王云溓與濂同里兼里忝含鑒三反薄也大水中絕小水出也其說與鉉正合豈鉉之所校定者實有本如此邪馥謂宋說非是當作薄冰

薄冰也者素問夏三月之病至陰不過十月陰陽交期在溓水馥案此言水始冰郎死也潘岳寡婦賦水溓溓以微凝李善注引本書同丁儀妻寡婦賦水溓溓而晨結
一曰中絕小水者玉篇廣韻竝作大水中絕小水出也

水石之理也從水從阞周禮曰石有時而泐盧則切

水石之理也者本書阞地理也玉篇泐石散泐博物志地以石爲之骨川爲之脈管子水者地之血氣如筋脈之通流者也春秋元命包神農世白阜圖地形脈道注云白阜爲神農畫地形通水道之脈　從阞者徐鍇本作阞聲
周禮曰石有時而泐者考工記文而彼作以鄭司農云泐謂石解散也

凝也從水帶聲直例切

凝也者楚詞九章淹回水而凝滯漁父聖人不凝滯於物

著止也從水氏聲直尼切

著止也者本書坻著也
徐鍇引左傳物乃泜伏

水裂去也從水虢聲 古伯切

水裂去也者方言漷激水也

水索也從水斯聲 息移切

水索也者一切經音義十二引字林同難蜀父老文灑沈澹災李善注灑或作澌字書澌水索也集韻水索曰澌五經文字澌盡也玉篇澌水盡又去索散也蒼頡解詁索盡也方言澌索也注云盡也廣雅索盡也書牧誓惟家之索傳云索盡也鄉射禮取矢不索注云索猶盡也檀弓吾離羣而索居注云索猶散也襄八年左傳悉索敝賦杜云索盡也史記貨殖傳此有知盡能索耳終不餘力而讓財矣滑稽傳冠纓索絕索隱按索訓盡言冠纓盡絕也孔衍春秋後語亦作冠纓盡絕也漢書外戚傳俟自見索言之顏注索盡也說苑索也者盡也論衡論死篇禽獸之死也其肉盡索古文苑僮約奴老力索注云索盡也北征記有索水水易索盡因名劉琨與丞相箋覩此哀歎使人氣索通鑑馬援曰年迫日索注云索盡也通作斯檀弓我喪也斯沾注云斯盡也

水涸也或曰泣下從水气聲詩曰汔可小康 許訖切

水涸也者廣韻汔水盡涸廣雅汔盡也集韻今謂去飯水為汔易未濟小狐汔濟濡其尾无攸利干寶曰說文曰汔涸也小狐力弱汔乃可濟水既未涸而乃濟之故尾濡而无所利也 或曰泣下者疑為立下孟子其涸也可立而待也 詩曰汔可小康者大雅民勞文傳云汔危也箋云汔幾也昭二十年左傳引詩杜注汔期也

渴也從水固聲讀若狐貈之貈 下各切

月令八月水始涸 周書時訓解水不始涸甲蟲為害

渴也者廣雅涸盡也方言盪歇涸也注云謂渴也釋詁涸竭也釋文作渴云音竭本或作歇史記封禪書秋涸凍索隱按字林涸竭也賈逵國語注涸竭也呂氏春秋慎大覽商涸旱注云涸枯也

涸亦或從水鹵舟

鹵當為卤 玉篇作𣶒

盡也從水肖聲 相邀切

盡也者釋名消削也言減削也易泰卦小人道消通作脩詩中谷有蓷暵其脩矣傳云脩且乾也

盡也從水焦聲 子肖切

盡也者釋水水醮曰厬郭注謂水醮盡釋文醮盡也字或作潐同通作湫廣雅湫盡也

盡也從水曷聲 苦葛切

經典釋文條例水旁作曷俗以為飢渴字字書以為水竭之字

盡也者廣雅同書泰誓傳云吉人渴日以為善凶人渴日以行惡通作竭月令毋竭川澤宣十二年左傳盈而以竭夭且不整注云水遇夭塞不得整流則竭涸也又通作歇方言歇涸也宣十二年左傳憂未歇也襄二十九年傳難未歇也注並云歇盡也

水虛也從水康聲 苦岡切

水虛也者釋詁康虛也郭引方言云漮之言空也釋文引說文云水之空也通作康詩賓之初筵酌彼康爵箋云康虛也襄二十四年穀梁傳四穀不升謂之康注云康虛也淮南天文訓十二歲一康高注康空也字又作䡖急就篇輜軺轅軸輿輪䡖顏注䡖之言空也

幽溼也從水一所以覆也覆而有土故溼也㬎省聲 失入切

幽溼也者廣韻溼水霑也釋名溼浥也詩厭浥行露傳云厭浥溼意也釋地下者曰溼鬼谷子摩篇平地注水溼者先濡詩中谷有蓷暵其溼矣傳云鵻遇水則溼馥按傳意謂幽溼也故訓暵為於貌 一所以覆也覆而有土故溼也者風賦毆溫致溼索問中央生溼溼生土也

幽溼也從水音聲 去急切

幽溼也者佩觿集湆幽溼五經文字湆幽深也廣雅湆溼也

洿濁水不流也一曰窳下也從水夸聲哀都切

濁水不流也者李善注荅賓戲引同一切經音義十八大曰潢小曰洿說文濁水不流池也三蒼停水曰洿又十二字林濁水不流曰洿謂行潦之水也洿池也廣雅洿深也濁也方言氾浼潤洼洿也注云皆洿池也孟子數罟不入洿池淮南精神訓苦洿之家決洿而注之江漢書敘傳振拔洿塗顏注洿停水也晉書束晳傳汲郡吳澤汙水停洿一曰窳下也者窳當爲窊本書窊下也北史齊皇甫亮所居宅洿下標牓賣之將買者問其故荅云爲宅中水淹不泄雨即流入牀下

浼污也從水免聲詩曰河水浼浼孟子曰女安能浼我武辠切

污也者方言浼洿也東齊海岱之閒曰浼易林浼浼促促塗泥至轂字或作醃廣雅醃污也詩曰河水浼浼者邶風新臺文傳云浼浼平地也李文仲字鑑引本書云又水流平貌詩河水浼浼馥按廣韻浼水流平貌孟子曰汝安能浼我者彼作爾焉能浼我哉

污薉也一曰小池爲污一曰涂也從水亏聲烏故切

薉也者一切經音義三字林污薉也釋名污洿也如洿泥也宣十五年左傳川澤納污杜注受污濁或借洿字方言氾浼潤洼洿也廣雅作污文六年左傳治舊洿注云治理洿穢齊策必以其血洿其衣論衡譴告篇屈原疾楚之臭洿故稱香潔之辭一曰小池爲污者漢書王莽傳豬其宮室以爲污池納垢濁焉翟方進傳莽盡壞義弟宅污池之顏注污停水也說苑汙池水潦注焉菅蒲生之從上觀之知其非源也隱三年左傳潢汙行潦之水杜注潢汙停水服虔云不流謂之汙周語猶塞川原而爲潢污也韋注大曰潢小曰污呂氏春秋達鬱篇水鬱則爲污注云水淺不流曰污史記莊子傳我寧游戲污瀆之中自快索隱汙瀆潢汙之小渠也賈生傳彼尋常之汙瀆兮索隱汙潢也顏注漢書云水不泄爲汙論衡效力篇潢汙兼口不雨泥輒見者無所通也荀子非相篇是以終身不免埤汙傭俗楊倞注埤汙皆下也豬水處謂之汙亦地之下者也史記滑稽傳汙邪滿車一曰涂也者本書杇所以涂也字書汙涂也

湫隘下也一曰有湫水在周地春秋傳曰晏子之宅湫隘安定朝那有湫泉從水秋聲子了切又即由切

隘下也者昭十二年左傳湫乎攸乎杜注湫愁隘春秋傳曰晏子之宅湫隘者昭三年左傳文彼云景公欲更晏子之宅曰子之宅近市湫隘囂塵不可以居杜注湫下隘安定朝那有湫泉者泉當爲淵唐人避諱改之漢地理志安定郡朝那有湫淵祠郊祀志湫淵祠朝那蘇林曰湫淵在安定朝那縣方四十里停水不流冬夏不增不減不生草木元和志朝那湫泉今周回七里蓋近代減耗水經注河水云高平川水有五源咸出隴山西東水發源縣西南二十六里湫淵淵在四山中湫水北流西北出長城北與次水會

潤水曰潤下從水閏聲如順切

水曰潤下者書洪範文王肅注水之性潤萬物而退下漢書溝洫志水行地下凑潤上徹

準平也從水隼聲之允切

平也者廣雅同本書水準也易繫辭傳易與天地準鄭注準平也月令先定準直正義準謂輕重平均祭義推而放諸東海而準注云準猶平也莊子天道篇平中準大匠取法焉尙書大傳非水無以準萬里之平漢武帝置平準官史記有平準書漢書律歷志繩直生準準者所以揆平取正也韋昭辨釋名平準令主平物價使相依準宋順帝名準流約宋書省作准

汀平也從水丁聲他丁切

平也者集韻引同又云謂水際平也玉篇江水際平沙也文字集畧汀水際平地楚詞九歌搴汀洲兮杜若注云汀平也

汀或從平

汩水吏也又溫也從水丑聲人九切

水吏也者當爲水文玉篇汩女六切泥也泥當爲泥泥居六切水文也汩泥音義同集韻淑汩水皃廣韻蹢汩水文聚海賦葩華蹴汩李善注蹴汩蹴聚也　又溫也者溫當爲溼集韻汩溼也溼俗作濕與溫形誤汩別作㴌玉篇㴌溼也

瀵　水浸也從水糞聲爾雅瀵大出尾下方問切

水浸也者李善注江賦引同按浸者讀如揚州浸有五湖之浸郭注爾雅云今河東汾陰縣有水口如車輪許濆沸湧出其深無限名之爲瀵馮翊郃陽縣復有瀵亦如之相去數里而夾河河中陼上又有一瀵瀵原皆潛相通在汾陰者人壅其流以爲陂種稻呼其本所出處爲瀵魁東山經跂踵之山有水焉廣員四十里皆涌郭注今河東汾陰縣有瀵水源在地底濆沸涌出其深無限即此類也隋書楊尚希傳出拜蒲州刺史引瀵水立隄防開稻田數千頃　糞聲者徐鍇本下有讀若粉三字　爾雅曰瀵大出尾下者徐鍇本無此文繫傳所引也

⿰氵辠　新也從水辠聲七辠切

新也者廣韻⿰氵辠新水狀也徐鍇曰詩新臺有漼本此字馥按詩作洒釋文洒七罪反韓詩作漼音同云鮮貌

瀞　無垢薉也從水靜聲疾正切

無垢薉也者顏注急就篇沐浴揃搣寡合同云言其妍瀞少對偶也思元賦澄淟涊而爲清舊注清瀞也通作靜詩既醉籩豆靜嘉箋云籩豆之物潔清而美東京賦滌濯靜嘉薛綜注靜潔也周語靜其巾羃韋注靜潔也楚詞遠游漠虛靜以恬愉兮漢舊儀靜官令車駕在前先驅靜清所徼以示重慎賈注左傳云肅然清靜謂之清廟鄭注雜記雍人拭羊云拭靜也又通作靚漢書王莽傳清靚無塵俗作淨詩閟宮有侐傳云侐清淨也齊策清淨貞正以自虞宋書庾炳之傳性好潔時般沖亦好淨

瀎　拭滅皃從水蔑聲莫達切

拭滅皃者本書無拭字徐鍇本作滅瀎拭滅皃鍇曰左傳三數叔魚之惡不爲瀎滅本此字今作末假借馥按滅瀎當爲搣瀎廣韻瀎搣集韻搣搣瀎拭搣本書搣瀎拭也

泧　瀎泧也從水戉聲讀若茱樧之樧又火活切馥按玉篇泧桑結切又呼括許月二切本書祇一切何以言又

瀎泧也者玉篇作泧瀎　讀若茱樧之樧者史記倉公傳望之殺然黃徐廣曰殺音蘇葛反馥按瀎泧即字林所謂抹摋也釋名摩娑猶末殺也漢書谷永傳末殺災異

洎　灌釜也從水自聲其冀切

灌釜也者史記封禪書水而洎之徐廣曰灌水於釜中曰洎音冀呂氏春秋應言篇市丘之鼎以烹雞多洎之則淡而不可食少洎之則焦而不熟襄二十八年左傳公膳日雙雞饔人竊更之以鶩御者知之則去其肉而以其洎饋正義說文云洎灌釜也周禮士師職云祀五帝則洎鑊水鄭元云洎謂增其沃汁也然則洎者添釜之名添水以爲肉汁遂名肉汁爲洎

湯　熱水也從水昜聲土郎切

熱水也者月令如以熱湯孟子冬日則飲湯楚詞九歌浴蘭湯兮沐芳華列子湯問篇及其日中如探湯

渜　湯也從水耎聲乃管切

湯也者廣韻渜浴餘汁也士喪禮渜濯棄於坎注云沐浴餘潘水

洝　渜水也從水安聲烏旰切

洏　洝也一曰煮孰也從水而聲如之切

洝也者徐鍇本作安通作濡莊子徐無鬼有濡需者注云濡需謂偷安須臾之頃　一曰煮孰也者本書胹爛也玉篇洏不孰而煮內則濡豚注云凡濡謂亨之以汁和也

涗　財溫水也從水兌聲周禮曰以涗漚其絲輸芮切

財溫水也者趙宧光曰財才裁纔通借馥按馬援傳但使衣食財足　周禮曰以涗漚其絲者考工記文彼作以涗水漚其絲注云故書涗作湄鄭司農曰湄水溫水也

灊也從水官聲酒泉有樂涫縣古丸切

灊也者荀子解蔽篇涫涫紛紛孰知其形注云涫涫沸貌楚詞哀時命氣涫灊其若波春秋繁露薾待繰以涫湯而後能爲絲史記龜策傳賜如涫湯索隱涫沸也　酒泉有樂涫縣者地理志同

涫溢也今河朔方言謂灊溢爲涾從水沓聲徒合切

涫溢也者玉篇涾沸溢也

淅灡也從水大聲徒蓋切又代何切

淅灡也者李善注策秀才文引作灡也廣韻洮清汏也莊子天下篇泠汏於物注云猶沙汏也後漢書陳元傳洮汏學者之累惑注洮汏猶洗濯也晉書孫綽傳沙之汏之瓦礫在後齊民要術作醬法熱湯浸豆黃良久淘汏漉而烝之

淅也從水簡聲古限切

淅也者淮南要畧訓所以洮汏滌蕩至意高注洮汏潤也馥案潤當爲灡通作簡秦策簡練以爲揣摩高注簡汏也

汏米也從水析聲先擊切

汏米也者詩生民正義引同通俗文淅米謂之洮汏纂要莫淅箕也士喪禮祝淅米于堂南面用盆注云淅汏也

浚乾漬米也從水竟聲孟子曰夫子去齊滰淅而行其兩切

浚乾漬米也者廣雅滰盪也淮南兵畧訓百姓開門而待之淅米而儲之高注淅漬也馥謂滰者漉淅米使乾孟子曰夫子去齊滰淅而行者彼云孔子之去齊接淅而行注云淅漬米也不及炊避惡亟也詩生民正義孟子曰孔子去齊接淅而行謂洮米未炊漉之而去言其疾也

浸沃也從水叜聲疏有切

浸沃也者小字本作茯馥謂沃當爲汏詩生民釋之叟叟傳云釋淅米也叟叟聲也釋文叟字又作溲濤米聲也爾雅作溞音同釋訓溞溞淅也郭注洮米聲

抒也從水夋聲私閏切

抒也者徐鍇曰抒取出之也本書抒挹也襄二十四年左傳而謂子浚我以生乎杜注浚取也

浚也從水歷聲一曰水下滴瀝郎擊切

浚也者瀝通作歷詩魚麗于罶傳云麗歷也馥案麗卽籭一曰水下滴瀝者靈光殿賦動滴瀝以成響江淹擬謝臨川詩乳竇既滴瀝李善引本書並同拾遺記甘雨濛濛似露委草木則滴瀝雨也史記滑稽傳時賜餘瀝馥按餘瀝餘滴也通鑑鄭漢章命取酒割臂血瀝酒共飲之又云周岌與楊復光瀝酒爲盟注引史炤曰以酒滴瀝也

浚也從水鹿聲盧谷切

浚也者月令仲春之月毋漉陂池釋文漉竭也漉或作盝釋詁盝竭也方言盝涸也廣雅盝盡也

漉或從彔

淅米汁也一曰水名在河南熒陽從水番聲普官切

淅米汁也者一切經音義九引同蒼頡篇潘泔汁也士喪禮祝淅米于堂南面用盆管人盡階不升堂受潘煮于垼用重鬲又云外御受沐入注云沐管人所煮潘也喪大記御者差沐于堂上注云差淅也淅飯米取其潘以爲沐也王制湯沐之邑注云沐用潘釋文潘米汁也哀十四年左傳使疾而遺之潘沐注云潘米汁可以浴頭齊民要術芹藘忌潘泔異苑有人成瘕病醫令服秫米潘新唐書南詔傳越賧產馬歲中飲以米潘字或作潘廣韻潘米汁一曰水名在河南熒陽者顏注急就篇耿潘扈云潘水名也在熒陽廣韻周文王畢公之季孫食采於潘因氏焉出廣宗河南二望馥按地因水名故望出河南

潘也從水蘭聲洛干切

潘也者周禮稾人注云雖其潘灡戔餘不可褻也通作瀾廣雅潘瀾也內則面垢燂潘請靧注云潘米瀾也

周謂潘曰泔從水甘聲古三切

周謂潘曰泔者一切經音義九江北名泔江南名潘廣雅泔灡也趙宧光曰通謂之泔灡定命錄賈直言妻髽髻經膏沐迨十五載始一沐髻墮於泔盆

久泔也從水脩聲 息流切又思酒切

久泔也者戴侗曰泔久則酢故今人謂飲食之酢氣爲滫本書𢿱滫米器也玉篇滫米泔也史記三王世家漸之滫中徐廣曰滫者淅米汁也內則滫瀡以滑之注云秦人溲曰滫荀子勸學篇蘭槐之根是爲芷其漸之滫君子不近庶民不服楊倞注滫溺也馥按溺當爲溲以溲爲小便故變爲溺耳淮南人間訓申菽杜茝美人之所懷服也及漸之於滫則不能保其芳矣高注滫臭汁也水經河水注香醑之色清白若滫漿焉或作𥺌內則爲稻粉𥺌溲之注云𥺌讀與滫瀡之滫同

滓垽也從水殿聲 堂練切

滓垽也者本書𩵋謂之垽垽滓也廣雅澱謂之滓爾雅澱謂之垽郭注滓澱也今江東呼垽夢溪筆談滋字書亦作

淀蒲濫反廣韻淀蒲鑑切與滋同淖也風俗通諺云涇水一石其淀數斗江賦淌澱爲涔水經注汶水又西合一水西南入茂都澱澱陂水之異名也又云易水又東淀水注之水上承二陂于容城縣東南謂之大淀澱小淀澱漢志齊郡鉅定水經注作巨淀馥按縣東南有巨澱湖定淀皆澱也一切經音義十二灤陂池也山東名爲灤鄴東有鸕鷀灤是也幽州呼爲淀音殿魏都賦掘鯉之淀五臣云淀者如淵而淺也顏氏家訓江陵高偉向幽州淀中捕魚盧思道孤鴻賦且夷心於潕淀或借奠考工記匠人凡行奠水磬折以參伍鄭司農云奠讀爲停謂行停水

澱滓濁泥從水於聲 依據切

澱滓濁泥者後漢書杜篤傳畎瀆潤淤注引作澱滓也廣韻淤濁水中泥也玉篇淤水中泥草又濁也一切經音義二字林淤澱滓也今謂水中泥爲淤是也上林賦行乎洲淤之浦

澱也從水宰聲 阻史切

澱也者李善注長笛賦江淹擬殷東陽興矚詩引並同釋名泥之黑者曰滓急就篇糟㯏汁滓槀莝芻顏注滓澱也

史記屈原傳不獲世之滋垢嚼然泥而不滓者也鹽鐵論文學死守渣滓之語而終不移

濁也從水念聲 乃忝切

漬也從水龠聲 以灼切

漬也者既夕菅筲三其實皆瀹注云皆湛之湯馥謂猶內則湛諸美酒

釃酒也一曰浚也從网從水焦聲讀若夏書天用勦 子小切

釃酒也者詩伐木傳云以筐曰釃廣雅灑盪也　讀若夏書天用勦絕者勦當爲剿本書剿下引書天用剿絕其命

側出泉也從水殸聲殸籀文磬字 去挺切

側出泉也者玉篇𣿰出酒也釋名𣿰猶傾也側器傾水漿也馥按本書上下文皆言酒疑此亦言側出酒玉篇必有所受後人以爾雅有側出泉改之也

莤酒也一曰浚也一曰露皃從水胥聲詩曰有酒湑我又曰零露湑兮 私呂切

莤酒也者廣雅湑盪也士冠禮旨酒既湑注云湑清也詩鳧鷖爾酒既湑箋云湑酒之泲者也　一曰露皃者詩蓼蕭傳云湑湑然蕭上露皃　詩曰有酒湑我者小雅伐木文傳云湑莤之也馥按上章釃酒有䓨傳云以筐曰釃以藪曰湑正義藪草也釃酒者或用筐或用草於今猶然用草者用茅也　詩曰零露湑兮者小雅蓼蕭文

沈於酒也從水面聲周書曰罔敢湎于酒 彌兗切

沈於酒也者沈漢書作湛鹽鐵論酒足以合歡而不湛詩蕩天不湎爾以酒釋文云飲酒齊色曰湎賓之初筵序云沈湎淫液韓詩夫飲之禮不脫屨而即序者謂之禮既而上坐者謂之宴能飲者飲之不能飲者已謂之醧齊顏色均衆寡謂之沈閉門不出客謂之湎故君子可以宴可以醧不可以沈不可以湎典論孝靈帝末百司皆湎於酒李德裕納誨箴漢鷙流湎皋白浮鍾書無逸惟耽樂之從論衡引此而釋之云長夜之飲糟邱酒池不舍晝夜書又曰

則其無淫于觀于游于田漢書谷永傳引云其無淫于酒
無逸于游田　通作湎史記樂書流湎沈佚漢書樂志湛
沔自若周書曰罔敢湎于酒
者酒誥文傳云無敢沈湎于酒

漿　酢㯃也從水將省聲 即良切

酢㯃也者通用漿字釋名漿將也飲之寒溫多少與體相
將順也詩大東或以其酒不以其漿公食大夫禮飲酒漿
飲注云飲酒清酒也將飲載漿也玉藻五飲上水漿酒醴
酏韓詩外傳鮑叔有疾管仲爲之不食不內漿史記信陵
君列傳薛公藏於賣漿家袁子歲在申酉乞漿得酒
禮記外傳共王后及世子食後之六飲其次曰漿

古文漿省

涼　薄也從水京聲 呂張切

薄也者本書涼下云爾雅涼薄也廣雅涼薄
也莊三十二年左傳號多涼德杜注涼薄也

淡　薄味也從水炎聲 徒敢切

薄味也者顏延之五君詠向秀甘淡薄通作啖史記叔孫
通傳呂后與陛下攻苦食啖索隱按孔文祥云與帝共攻
冒苦難俱食淡也按說文云淡薄味也
顏注漢書啖當作淡淡謂無味之食也

涒　食已而復吐之從水君聲爾雅曰太歲在申曰涒灘 他昆切

食已而復吐之者孫炎說爾雅云涒灘萬物吐秀傾垂之
貌爾雅曰太歲在申曰涒灘者釋天文淮南天文訓太
陰在申歲曰涒灘歲星舍東井輿鬼
以五月與之晨出東方斗牽牛爲對

澆　沃也從水堯聲 古堯切

沃也者小字本作芺一切經音義三引作灌漬也氾勝
之書湯有旱災伊尹作爲區田教民糞種負水澆田

液　盡也從水夜聲 羊益切

盡也者徐鍇本作津琴賦蒸靈液以播雲洞簫賦玉液浸
潭而承其根李善注竝引作津也一切經音義二引作津
潤也玉篇液津也字書津液也蒼頡篇津汁也黃庭經外
應兩耳百液津郊祀志莽起八風臺於宮中順風作湯液
素問有湯液醪醴論藝文志湯液經法三十二卷事物紀
原湯液經出於商伊尹皇甫謐曰仲景論伊尹湯液爲十
數
卷

汁　液也從水十聲 之入切

液也者字林液汁也顏注急就篇汁瀋也方言斟汁也史
記張儀列傳廚人進斟索隱斟謂羹汁公食大夫禮大羹
湆不和注云大羹湆煮肉汁也今文湆爲汁士昏禮大羹
湆在爨注云大羹湆煮肉汁也今文湆皆作汁有司徹羊
肉湆注云肉湆肉在汁中者馥按佩觿集湆大羹禮
少儀凡有湆者不以齊字或作脏廣雅羹謂之脏

滒　多汁也從水哥聲讀若哥 古俄切

多汁也者本書漏滒泥廣雅滒淖也淮南原道
訓甚淖而滒高注滒亦淖也饘粥多瀋者謂滒

灝　豆汁也從水顥聲 乎老切

豆汁也者玉篇灝煮豆汁趙宧光曰釋
氏以灝浴身故四月八日以豆浴佛

溢　器滿也從水益聲 夷質切

器滿也者一切經音義十六字林溢滿也廣雅溢
滿也爾雅溢盈也孝經滿而不溢所以長守富也

洒　滌也從水西聲古文爲灑埽字 先禮切

滌也者李善注謝朓始出尚書省詩引同一切經音義八
字林洒濯也玉篇洒濯也滌也今爲洗馥按書酒誥厥父
母慶自洗腆致用酒傳以洗爲潔賈誼贈陸機詩吾子洗
然李善引莊子吾洒然異之禮月令律中姑洗注引周語
所以脩絜百物漢書律歷志洗絜也言陽氣洗物辜絜之
也　古文爲灑埽字者周禮隸僕掌五寢之埽除糞洒之
事注云洒灑也鄭司農云洒當爲灑玄謂論語曰子夏之
門人小子當洒埽應對七發灑練五藏大射儀射人宿視
滌注云滌謂溉器埽除射宮詩七月十月滌場傳云滌埽
也抑篇洒埽庭內傳云洒灑東山洒埽穹窒箋云洒灑論
語釋文洒正作灑晉語父生不得供備洒埽之臣韋注洒
灑也孟子願比死者壹洒之漢書平帝紀洒心自新徐邈

荅王琨曰洗馬出則在馬前清道故曰洗馬馥按清道亦灑埽也

洒也從水條聲 徒歷切

洒也者詩正義華嚴經音義並引作洗也玉篇洒今爲洗漢書司馬相如傳滌器於市中顏注滌洒也

和也從水戢聲 阻立切

和也者詩無羊其角濈濈

汁也從水審聲春秋傳曰猶拾瀋也 昌枕切

汁也者釋名宋魯人皆謂汁爲瀋方言斟汁也注云或曰瀋汁檀弓爲榆沈注云以水澆榆白皮之汁釋文沈本又作瀋春秋傳曰猶拾瀋也者哀三年左傳文注云瀋汁也釋文北土呼汁爲瀋

歠也從水弭聲 緜婢切

歠也者廣雅同徐鍇本作歠歠也 弭聲者本書麛讀若弭水

歠歠也一曰吮也從水算聲 㒸倦切又先活切

玉篇作潠

歠歠也者玉篇潠歠也歠也

盪口也從水欶聲 所右切

盪口也者李善注思元賦引同江賦漱㲚生浦五臣云漱盪也通鑑梁武帝日止一食或遇事繁日移中則嗽口以過注云嗽當作漱滌口也又引音隱云漱飯畢盪口也

滄也從水同聲 戶褧切

滄也者字或作洞集韻北燕謂禁曰洞玉篇洞冷也禁寒極也廣韻泂寒也

寒也從水倉聲 七岡切

寒也者本書滄寒也逸周書天地之道有滄熱列子湯問篇日初出滄滄涼涼

冷寒也從水靚聲 七定切

冷寒也者本書清寒也集韻楚人謂冷曰瀞廣雅瀞寒也通作淨方言淬寒也注云淬猶淨也方言又云淚淨也注云皆冷貌也廣韻瀴瀞冷也瀞誤爲瀞

滅火器也從水卒聲 七內切

濯髮也從水木聲 莫卜切

釋名沐禿也沐者髮下垂禿者無髮皆無上貌之稱也僖二十四年左傳沐則心覆正義韋昭云沐則低頭故心反覆也

濯髮也者急就篇沐浴揃搣寡合同顏注濯髮曰沐書顧命王乃洮額水馬曰洮洮髮也鄭曰洮額爲濯詩采綠予髮曲局薄言歸沐伯兮自伯之東首如飛蓬豈無膏沐誰適爲容

洒面也從水未聲 荒內切

玉篇頮火內切洒面也沬同上又莫貝切水名沬亾活莫葢二切水名廣韻沬無沸切水名𣲖𣵂沬莫撥切水名在蜀又武泰切案二書沬下並云水名沬下莫葢武泰二切即沬字音也檀弓瓦不成味注云味當作沬沬靧也釋文味依注音沬亾曷反靧音悔洗面靧謂此以沬爲洗面則沬爲水名矣而顏注漢書三言沬從午未之未所未能詳

洒面也者李善注解嘲引同內則面垢燂潘請靧漢書律歷志王乃洮沬水顏注沬洗面也沬即頮字也禮樂志霑赤汗沬流赭李奇曰沬音靧面之靧顏注沬者言被面如頮也字從水旁午未之未音呼內反淮南厲王傳高帝蒙霜露沬風雨顏注沬亦頮字也沬洗面也音胡內反從午未之未外戚傳弟子增欷洿沬悵兮晉灼曰沬音水沬面之沬言涕淚洿集覆面下也顏注沬音呼內反字從午未之未也

古文沬從頁

書顧命王乃洮頮水釋文頮說文作沬云古文作頮馬云頮頮面也漢書司馬遷傳士無不起躬流涕沬血飲泣孟康曰沬音頮顏注沬古頮字頮洒面也言流血在面如盥頮馥案釋文引本書頮爲沬之古文顏注則以沬爲頮之古字孟康

之音又不以沬頮同文而皆不言湏爲古文玉篇頮爲正文沬爲同文湏爲古文廣韻靧爲正文頮爲同文諸說不同未能審定

浴 洒身也從水谷聲 余蜀切

洒身也者顏注急就篇澡身曰浴論衡譏日篇沐去首垢洗去足垢盥去手垢浴去身垢

澡 洒手也從水喿聲 子皓切

洒手也者李善注長笛賦引作洗手也本書盥澡手也華嚴經音義引蒼頡篇盥也風俗通俗說二人共澡手令人爭鬭魏志管寧傳夏時詣水中澡灑手足

洗 灑足也從水先聲 穌典切

灑足也者灑御覽引作洒小字本同內則足垢燂湯請洗漢書黥布傳王方踞牀洗顏注洗濯足也酈食其傳沛公方踞牀令兩女子洗顏注洗足也音先典反

汲 引水於井也從水從及及亦聲 居立切

引水於井也者本書綆下云汲井綆也井下云·譬之象也譬下云汲缾也易井卦可用汲王明並受其福莊子至樂篇綆短者不可以汲深

淳 淥也從水𦎧聲 常倫切

淥也者襄二十五年左傳表淳鹵鹵謂鹹地淳謂漏地

淋 以水沃也從水林聲一曰淋淋山下水皃 力尋切

以水沃也者字林同玉篇淋水澆也 一曰淋淋山下水皃者徐鍇本作山水下也韻會同李善注七發洪淋淋焉引作山下水也三蒼解詁淋漉水下也

渫 除去也從水枼聲 私列切

除去也者李善注南都賦引作去除也易井渫不食荀云渫除去穢濁清潔之意也釋文黃云治也馥案治除義通萃卦君子以除戎器釋文本又作治王肅姚陸云除猶修治向秀易義渫者浚治去泥濁也風俗通不停污曰井渫

澣 濯衣垢也從水榦聲 胡玩切

濯衣垢也者通作幹宋書江湛傳嘗爲上所召値澣衣稱疾經日衣成然後赴俗作澣玉篇澣濯也三蒼澣洗也詩葛覃薄澣我衣箋云澣謂濯之百柏舟如匪澣衣箋云衣之不澣則憒辱無照察

浣 澣或從完

濯 澣也從水翟聲 直角切

澣也者玉篇濯澣濯詩洞酌可以濯罍傳云濯滌也

涑 澣也從水束聲河東有涑水 速侯切

澣也者廣雅同玉篇涑濯生練也一切經音義一濯生練曰涑去舊垢曰浣一云以手曰涑以足曰浣也通作漱莊三十一年公羊傳臨民之所漱浣也注云無垢加功曰漱去垢曰浣齊人語也曲禮諸母不漱裳注云漱澣也內則

將御者齊漱澣又云冠帶垢和灰請漱注云手曰漱 河東有涑水者廣韻涑水名在河東成十三年左傳伐我涑川注云涑水出河東聞喜縣西南至蒲坂縣入河水經涑水出河東聞喜縣東山黍葭谷西南注于張陽池酈注涑水一名洮水按昭元年左傳宣汾洮即此涑水又注河水云涑水又西南流注於河春秋左傳謂之涑川者也九域志解州聞喜縣安邑縣俱有涑水元和志夏縣本漢安邑地屬河東郡涑川在縣北四十里左傳晉侯使呂相絕秦曰伐我涑川按川東西三十里南北七里寰宇記涑川在夏縣北四十里從聞喜縣界接河中猗氏縣東北有青原南距安邑沃野彌望一百餘里又云蒲州河東縣涑水冀州圖云東從絳郡界流入至長陽城南爲陂

潎 於水中擊絮也從水敝聲 匹蔽切

於水中擊絮也者集韻引同玉篇潎漂潎也廣韻漂水中打絮韓信寄食於漂母廣雅漂潎也方言潎清也鄭司農注考工記弓人云剽讀爲湖漂絮之漂越絕書子胥至溧陽界中見一女子擊絮於瀨水之中史記淮陰侯列傳諸母漂集解引韋昭曰以水擊絮爲漂莊子逍遙游篇宋人有善爲不龜手之藥者世世以洴澼絖爲事馥案玉篇無

澼字洴下云水澼也澼即瀎之異文本書箈蔽絮簀也蔽當作瀎廣韻箈漂絮簀

涂也從水從土尨聲讀若隴（又亾江切）

本書土部有垄字玉篇引作木貢切乃是本音

涂也者廣雅同通俗文泥塗謂之瀧頑釋名塗杜也杜塞孔穴也

汛也從水麗聲（山豉切）

汛也者李善注陸機演連珠引淮南注灑猶汛也一切經音義八通俗文以水掩塵曰灑謂以水灑散之也晉語公子使奉匜沃盥既而揮之韋注揮灑也

灑也從水卂聲（息晉切）

灑也者廣韻汛灑玉篇汛洒埽也劇秦美新汛埽前聖數千載功業

以繒染爲色從水杂聲（而琰切）

以繒染爲色者周禮天官有染人虞溥厲學篇工人之染先修其質後事其色質修色積而染工畢矣呂氏春秋當染篇墨子見染素絲者而歎曰染於蒼則蒼染於黃則黃所以入者變其色亦變五入而以爲五色矣故染不可不愼也杂聲者本書無杂字漢銅印文作㴲從朵

滑也從廾從水大聲（他蓋切）

滑也者廣韻太過也宣四年左傳伯棼射王汏輈杜注汏過也箭過車轅上賈誼書道術篇厚志隱行謂之潔反潔爲汏是汏即泰字惠棟曰左傳汏輈唐石經作汏說文曰泰滑也昭廿六年傳云齊子淵射洩聲子中楯瓦繇朐汏輈輈入者三寸杜云汏矢激明汏爲滑也蘇軾詩以我兩足爲四蹄聳踊滑汏如鳧鷖徐鉉云本音他達切案本書屵滑也引詩屵兮達兮玉篇達滑也廣韻達泥滑韓愈詩磴蘚達拳跼廣韻汏足滑洞簫賦順敘卑汏李善引字林汏滑也

古文泰

海岱之閒謂相汚曰瀶從水閻聲（余廉切）

海岱之閒謂相汚曰瀶者廣雅瀶汙也方言瀶洿也東齊海岱之閒或曰涴或曰瀶

汚灑也一曰水中人從水贊聲（則旰切）

汚灑也者玉篇灒相汚灑也一切經音義三灒又作濺唛二形同子旦反說文灒相汚灑也史記五步之內以血濺大王衣作濺楊泉物理論云恐不知味而唾唛作唛江南行此音山東音湔子見反廣韻灒水濺集韻灒或作湔湔濺鄭注士虞禮云槃以盛棄水爲淺洿人也玉篇湔水湔也通俗文旁沾曰湔僖二十三年左傳奉匜沃盥既而揮之杜注揮湔也正義以溼手揮之使水湔汙其衣齊策臣請以臣之血湔其衽高注湔汙也湔灑一一曰水中人者中讀如中酒之中

腹中有水气也從水從愁愁亦聲（士尤切）

愁亦聲者當爲愁聲

乳汁也從水重聲（多貢切）

乳汁也者一切經音義八通俗文乳汁曰湩今江南亦呼乳爲湩也玉篇江南人呼乳爲湩廣雅湩謂之乳列子力命篇乳湩有餘注云湩乳汁也周穆王篇具牛馬之湩以洗王之足注云湩乳也史記匈奴傳得漢食物皆去之以示不如湩酪之便美也集解湩乳汁也謝承後漢書李善本李元家奴元亦有孤孫續奴婢謀殺續善抱續逃親自哺養乳爲生湩唐書回鶻傳具羣馬湩肉待使客通鑑程名振襲鄴閭婦人乳有湩者悉縱遣之

鼻液也從水夷聲（他計切）

鼻液也者李善注長笛賦引同易萃卦齎咨涕洟鄭云自目曰涕自鼻曰洟桓譚新論鄙人得脡醬而美之惡與人其食小唾其中而共者因洟其醬遂棄而俱不得食焉通鑑齊帝之爲太原公也與永安王浚皆見世宗帝洟出浚責左右曰何不爲二兄拭鼻或通用涕素問泣涕者腦也腦者陰也髓者骨之充也故腦滲爲涕王砅注云鼻竅通腦故腦滲爲涕流於鼻中矣古文苑僮約鼻涕長一尺字又作鮷三蒼鮷鼻液也

潸 涕流皃從水散省聲詩曰潸焉出涕 所姦切

涕流皃者一切經音義十九字林潸涕淚下貌也

詩曰潸焉出涕者小雅大東文傳云潸涕下皃

汗 人液也從水干聲 矦旰切

人液也者御覽引作身液也馥案湊爲鼻液唾爲口液則汗爲身液也釋名汗涆也出在於表涆涆然也後漢書胡廣傳政令猶汗往而不反注云易曰渙汗其大號劉向曰汗出而不反者也

泣 無聲出涕曰泣從水立聲 去急切

無聲出涕曰泣者易屯卦泣血漣如九家易掩目流血泣之象也詩雨無正鼠思泣血傳云無聲曰泣血正義說文云哭哀聲也泣無聲出淚也則無聲謂之泣矣連言血者以淚出於目猶血出於體故以淚比血禮記曰子皐執親之喪泣血三年注云無聲而血出是也

晉語無洵涕韋注無聲涕出爲洵涕也

涕 泣也從水弟聲 他禮切

泣也者一切經音義三涕淚也玉篇目汁出曰涕字林涕泣也無聲而淚曰泣詩澤陂涕泗滂沱傳云自目曰涕自鼻曰泗襄二十三年左傳臧孫入哭甚哀多涕

湅 澣也從水柬聲 郎甸切

湅也者或通作練七發灑練五藏李善注練猶汰也

𤅊 議辠也從水獻與法同意 魚列切

議辠也者易中孚君子以議獄緩死或通作獻詩泮水淑問如皋陶在泮獻囚正義所囚者服辠之人察獄之吏當受其辭而斷其罪故使善聽獄如皋陶者獻之字又作讞玉篇讞獄也廣韻讞正獄文王世子獄成有司讞於公晏子春秋獄讞不中漢書于定國傳冬月治請讞飲酒益精明顏注讞平議也張湯傳上所是受而著讞法廷尉挈令顏注書於讞法挈令以爲後式也論衡定賢篇事之難者莫過於獄獄疑則有請讞風俗通建寧中京師長者皆以方葦笥爲裝具時有識者竊言葦方笥郡國讞篋也今用之天下皆當有罪讞於理官也後黨錮皆讞廷尉人名悉入葦方笥中斯爲驗矣東觀漢記緱氏女爲父報讐縣令欲論殺申屠蟠進諫乃爲讞得減死論續漢書百官志治書侍御史注云選明法律者爲之凡天下諸讞疑掌以法律當其是非後漢書襄楷傳州郡覈習又欲避請讞之煩注云廣雅曰讞疑也謂罪有疑者讞於廷尉也謝承後漢書橋元遷齊國相有孝子爲父報讐橋愍其至孝欲上讞減死從水獻者徐鍇本作獻聲

與法同意者本書灋刑也平之如水

渝 變污也從水俞聲一曰渝水在遼西臨渝東出塞 羊朱切

讀會引徐鍇本有易曰渝安貞五字

變污也者釋言渝變也易豫卦冥豫成有渝无咎王注必渝變然後無咎詩羔裘舍命不渝傳云渝變也板篇敬天之渝箋云渝變也隱六年左傳鄭人來渝平桓元年傳盟曰渝盟無享國僖四年傳專之渝二十八年傳有渝此盟杜注並云渝變也二十四年傳又渝周召杜注變周召親兄弟之道齊策以色交者華落而愛渝韓詩外傳夫五色

雖明有時而渝後漢書班固傳光藻朗而不渝爾注云渝變也一曰渝水在遼西臨渝者地理志遼西郡臨渝縣渝水首受白狼東入塞外又交黎縣渝水首受塞外南入海水經注小遼水云白狼水又東北出東流分爲二水右水疑即渝水也西南循山逕一故城西世以爲河連城疑是臨渝縣之故城王莽曰馮德者矣渝水又東南逕一故城東俗曰女羅城又南逕營邱城西其水東南入海東出塞者酈注謂白狼水分爲二一爲渝水一水東北出塞爲白狼水

減 損也從水咸聲 古斬切

損也者廣韻減減耗詩巧言僭始既涵釋文涵韓詩作減減少也文十七年左傳克減侯宣多杜注減損也

滅 盡也從水威聲 亾列切

盡也者釋詁文本書威滅也陽氣至戌而盡詩桑柔滅我立王箋云滅盡也

漕 水轉轂也一曰人之所乘及船也從水曹聲 在到切

水轉轂也者轂當爲穀本書轉運也庾水漕倉廣韻水運曰漕王隆小學篇以水通輸曰漕僖十三年左傳秦於是乎輸粟于晉自雍及絳相繼命之曰汎舟之役杜注從渭水運入河汾周書文傳解是故土多發政以漕四方四方流之管子輕重戊篇齊郎令隰朋漕粟於趙魏策粟糧漕庾不下十萬趙策秦以牛田水通糧鮑云通糧漕也史記殷本紀盈鉅橋之粟集解許愼曰鉅鹿水之大橋有漕粟也蕭相國世家轉漕給軍索隱漕水運也司馬相如傳郡又多爲發轉漕萬餘人漢書武帝紀穿漕渠通渭如淳曰水轉運曰漕張良傳河渭漕輓天下西給京師鹽鐵論中土罷於轉漕東觀漢記李熊說公孫述曰蜀地有浮水轉漕之便古今注永平十年作常山呼沱蒲吾渠通漕船也後漢書章帝紀罷常山呼沱石臼河漕班固傳東郊則有通溝大漕注並云漕水運也王霸傳委輸可從溫水漕以省陸轉輸之勞鄧艾爲尙書郞大積軍糧又通漕運乃著濟河論虞詡擊羌運糧艱澀詡燒石翦木開漕於是水運通利徐陵丹陽上庸路碑儲蓄者因於轉漕水經注汾水云漢永平中治呼沱石臼河蓋資承呼沱之水轉山東之漕自都慮至羊腸倉將憑汾水以漕太原用實秦晉魏書倉貨志刳木爲舟用興上代鑿渠通運利盡中古是以漕

輓河渭留侯以爲偉談方舟蜀漢酇生稱爲口實豈直張純之奏見美東都陳勰之功事高晉世其爲利諡所從來久矣白帖盧承慶典選校百官考有坐漕舟溺者中上承慶以失所載考中下馥案此皆水運也史記秦本紀卒與之粟以船漕車轉自雍相望至絳漢書枚乘傳轉粟西鄉陸行不絕水行滿河如淳曰言漢京師仰須山東漕運以自給百吳都賦唱櫂轉轂李善注言遠人唱歌檝船乘車轉轂以向吳都漢書曰轉轂百數馥案唱櫂水運轉轂陸運此皆水陸並進也韻會引徐鍇本作轉穀六書故同廣韻漕水運穀史記平準書漕轉山東粟以給中都官索隱說文云漕水轉穀也馥案轉轂車運故史記云轉粟於過者拜爵漕乃船運故曰水轉穀蕪城賦拖以漕渠李善注漕渠邗溝也左氏傳曰吳城邗溝通江淮杜預曰通糧道說文曰漕水轉穀也五臣云引水轉穀曰漕張納碑泝流轉漕穀恒輸沮績漢書百官志太倉令主受郡國轉漕穀唐書崔損傳作漕艫轉糧一日人之所乘及船也者漢書趙充國傳臣前部士入山伐材木大小六萬枚皆在水次水解漕下顏注漕下以水運木而下也

泮　諸侯鄉射之宮西南爲水東北爲牆從水從半半亦聲普半切

諸侯鄉射之宮者徐鍇本作饗射泮或作頖明堂位頖宮周學也注云頖之言班也於以班政敎也禮器故魯人將有事於上帝必先有事於頖宮注云頖宮郊之學也詩所謂頖宮也又通作畔顧炎武曰史晨碑飲酒畔宮者泮之異文也益州太守高朕修周公禮殿記亦作畔宮西南爲水東北爲牆者五經通義諸侯不得觀四方故缺以東南半天子之學故曰泮宮泮之言半也天子曰辟雍謂以土雍水外員如辟故曰辟雍義取四方來觀者平均耳泮宮水雍其半蓋東西門以南通水北無水也白虎通諸侯曰泮宮者半於天子宮也明尊卑有差所化少也半者象璜也獨南面禮儀之方有水耳其餘壅之言垣宮名之別尊卑也明不得化四方也詩泮水傳云泮水泮宮之水也天子辟雍諸侯泮宮箋云泮之言半也半水者蓋東西門以南通水北無水也　半亦聲者當爲半聲

漏　以銅受水刻節晝夜百刻從水屚聲盧后切

周禮夏官敍官挈壺氏注云世主挈壺水以爲漏　喪大記君喪虞人出木角狄人出壺雍人出鼎注云木給爨竈角以

爲斛水斗壺漏水之器也冬漏以火爨鼎沸而後沃之易乾鑿度注八卦生物謂載之八節一卦生三氣各得十五日今言晝六爻則中分之大史司漏刻者每氣兩箭由是生焉史記司馬穰苴傳立表下漏索隱下漏謂下滴漏以知刻數也桓譚新論余爲郞典刻漏燥濕寒溫輒與度故有昏明晝參以晷景暮夜參以星宿則得其正　漢書王莽傳考星以漏應劭曰推五星行度以漏刻也　漢雜事鼓以動衆夜漏鼓鳴則起晝漏壺乾鐘鳴則息　後漢書律歷志孔壺爲漏浮箭爲刻下漏數刻以考中星昏明生焉張衡漏水轉渾天儀制以銅爲器再疊差置實以清水下各開孔以玉虯吐漏水入兩壺右爲夜左爲晝又云鑄金銅仙人居左壺爲金胥徒居右壺皆以左手把箭右手指刻以別天時早晚陸機漏刻賦爾乃挈金壺以南羅藏幽水而北戢擬洪殺於徧鐘順卑高而爲級激懸泉以遠射跨飛途而遙集伏陰蟲以承波吞恆流其如挹　王廙洛都賦挈壺司刻漏尊瀉流仙叟秉尺隨水沈浮指日命分應則唱籌　絕照觀漏刻賦歷玉階而升陝訪金壺之盈闕觀騰波之吞瀉視金箭之登沒箭既沒而後登波長瀉而弗歸注沈穴而海漏射懸途而電飛　孫綽漏刻銘乃制妙器挈壺是銓累筒三階積水成淵器滿則盈乘虛赴下靈虯吐注陰蟲承瀉　陸倕新漏

刻銘序今之宮漏出自會稽漏水違方導流乖則六日無辨五夜不分於是俯察旁羅登臺升庫測於地四參以天一建武遺臺咸和餘舛金箭方員之制飛流吐納之規變律改經一皆懲革以考辰正晷測表候陰不謬圭撮無乖黍累　殷夔漏刻法爲器之重圓皆徑尺差立於木輿踋蹲之上爲金龍口吐水轉注入踋蹲經緯之中流於衡渠之下自午至子亦五十刻壺口上有蓋其中天浮載箭出於蓋蓋上鑄金爲司辰具衣冠以兩手執箭　李蘭漏刻法以銅爲渴烏以引器中水於銀龍口中吐之　以玉壺玉管流珠馬上奔馳行漏流珠者水銀之別名　唐書官品志率更令掌漏刻

以銅受水刻節晝夜百刻者藝文類聚引作盛水李善注劉琨荅盧諶詩序引作以銅盆受水分時晝夜百刻也洪武正韻刻鍥也鍥漏以候日晷曰刻故因謂晷度曰刻時分八刻晝夜共百刻馥案李善所引分時即時分八刻當於分時絕句詩東方未明傳云挈壺氏掌漏刻者正義刻謂置箭壺內刻以爲節而浮之水上令水漏而刻下以記晝夜昏明之度數也馥案刻以爲節即本書刻節本書當有闕文周禮挈壺氏凡軍事縣壺以序聚㯻凡喪縣壺以代哭者皆以水火守之分以日夜鄭注以火守壺者夜則明火視刻數也分以日夜者異晝夜漏也漏之箭晝夜共

百刻冬夏之閒有長短焉太史立成法有四十八箭樂記百度得數而有常注云百度百刻也春秋莊七年左氏經夜中星隕如雨杜注夜中者以水漏知之正義漏者晝夜百刻於時春分之月夜當五十刻二十五刻而夜半也鬻子有冥有旦有晝有夜然後以爲數逢行珪注云天有三百六十度一日一度三百六十日一周天一日之中晝夜百刻以定之爲數也靈樞經漏水下百刻以分晝夜漢書哀帝紀漏刻以百二十爲度顏注舊漏晝夜百刻今增其二十此本齊人甘忠可所造今賀良等重言遂施行之馥案後以良等所言無驗復蠲除宣帝紀神光並見爛燿齋宮十有餘刻又云鸞皇集長樂宮東闕樹上飛下止地留十餘刻馥案此言晝漏昌邑王傳夜漏未盡一刻東方朔傳微行以夜漏下十刻乃出馥案此言夜漏漢舊儀冬至晝四十一刻後九日加一刻至立春晝四十六刻夜五十四刻後漢書律歷志永元十四年待詔太史霍融上言官漏刻率九日增減一刻不與天相應或時差至二刻半不如夏歷密詔書下太常令史官與融以儀校天課度遠近太史令舒承梵等對案官所施漏法令甲第六常符漏品孝宣皇帝三年十二月乙酉下建武十年二月壬午詔書施行漏刻以日長短爲數率日南北二度四分而增減一

刻一氣俱十五日日去極各有多少今官漏率九日移一刻不隨日進退夏歷漏隨日南北爲長短密近於官漏分明可施行詔令計吏到班子四十八箭邯鄲五經析疑漢制又以先冬至三日晝冬至後三日晝漏四十五刻夜五十五刻先夏至三日晝夏至後三日晝漏六十五刻夜三十五刻元嘉起居注以日出入定晝夜冬至晝四十刻夏至夜亦宜四十刻夏至晝六十刻冬至夜亦宜六十刻春秋分晝夜各五十刻今減夜限日出前日入後昏明際各二刻半以益晝夏至晝六十五刻冬至晝四十五刻二分夜五十五刻而已梁漏刻經漏刻之作肇於黃帝之日宜乎夏商之代冬至晝漏四十五刻冬至之後日長九日加一刻夏至晝漏六十五刻夏至之後日短九日減一刻隋天文志昔黃帝創觀漏水制器取則以分晝夜其法總以百刻分於晝夜冬夏二至春秋二分減益昏旦隨氣增損冬夏二至之閒晝夜長短凡差二十刻每差一刻爲一箭冬至互起其首凡有四十一箭晝有朝有禺有中有晡有夕夜有甲乙丙丁戊昏旦有星中每箭各有其數皆所以分時代守更其作役梁天監六年武帝以晝夜百刻分配十二辰辰得八刻仍有餘分乃以晝夜爲九十六刻一辰有全刻八焉五代史馬重績傳重績言漏刻之法以中星考

晝夜爲一百刻八刻六十分刻之二十爲一時時以四刻十分爲正此自古所用也今失其傳以午正爲時始下侵未四刻十分而爲午由是晝夜昏曉皆失其正請依古改正堯典正義馬融云古制刻漏晝夜百刻晝長六十刻夜短四十刻晝短四十刻夜長六十刻晝中五十刻夜亦五十刻融之此言據日出見爲說天之晝夜以日出入爲分人之晝夜以昏明爲限日未出前二刻半爲明日入後二刻半爲昏損夜五刻以裨於晝則晝多於夜復校五刻古今歷術與太史所候皆云夏至之晝六十五刻夜三十五刻冬至之晝四十五刻夜五十五刻春分秋分之晝五十五刻夜四十五刻此其不易之法也然今太史細候之法則校常法半刻也從春分至於夏至晝漸長增九刻半夏至至於秋分所減亦如之從秋分至於冬至晝漸短減十刻半從冬至至於春分其增亦如之又於每氣之閒增減刻數有多有少不可通而爲率漢初未能審知率九日增減一刻和帝時待詔霍融始請改之鄭注書緯考靈曜仍云九日增減一刻猶尚未覺誤也詩東方未明正義太史之官立爲法定作四十八箭以一年有二十四氣每一氣之閒又分爲二通率七日強半而易一箭故周年而用箭四十八也歷言晝夜考以昏明爲限馬融王肅注尙書以

爲日永則晝漏六十刻夜漏四十刻日短則晝漏四十刻夜漏六十刻日中宵中則晝夜各五十刻者以尚書有日出日入之語遂以日見爲限尚書緯謂刻爲商鄭作士昏禮目錄云日入三商爲昏舉全數以言百其實日見之前日入之後距昏明各有二刻半減晝五刻以裨夜故於歷法皆多校五刻也鄭於堯典注云日中宵中者日見之漏與不見者齊也日永者日見之漏五十五刻日不見之漏四十五刻又與馬王不同者鄭言日中宵中者其漏齊則可矣其言日永日短之數則與歷甚錯馬融言晝漏六十夜漏四十減晝以裨夜矣鄭意謂其未減又減晝五刻以增之是鄭之妄說百漏刻之數見在史官古今歷算莫不符合鄭君獨有此異不可強爲之辭顧炎武日一日十二時計刻則以百刻爲日今歷家每時有十刻則一百二十刻矣何以謂之百刻乎日歷家有大刻有小刻初一初二初三初四正一正二正三正四謂之大刻合一日計之得九十六刻其不盡者置一初初於初一之上置一正初於正一之上謂之小刻每刻只當大刻六分之一合一日計之爲初初者十二爲正初者十二又得四大刻合前爲百刻宋王逵蠡海集言百刻之說每刻分爲六十分百刻共得六千分散於十二時每時得五百分如此則一時占八

刻零二十分將八刻截作初正各四刻卻將二十分零數分作初初正初微刻各一十分也困學紀聞所載易氏之說亦同

澒　丹沙所化爲水銀也從水項聲　呼孔切

丹沙所化爲水銀也者玉篇水銀謂之澒徐鍇引淮南子云壯土之氣御於赤天赤天七百歲生赤丹赤丹七百歲生赤澒赤澒七百歲生赤金又云正土之氣生黃澒偏土之氣生青澒壯土之氣生赤澒弱土之氣生白澒史記集解引越絕書澒池六尺索隱云澒以水銀爲池俗作汞廣韻汞水銀滓廣雅水銀謂之汞本草水銀一名汞生符陵平土出於丹砂陶云今水銀有生熟此云生符陵平土者是出朱砂腹中亦別出砂池皆青白色最勝出於丹砂者是今燒粗末朱砂所得色小白濁不及生者甚能消化金銀使成泥人以鍍物是也圖經云今出秦州商州道州邵武軍而秦州乃來自西羌界經云出於丹砂者乃是山石中採粗次朱砂作爐置砂於中下承以水上覆以盆器外加火煅養則烟飛於上水銀溜於下其色小白濁按廣雅水銀謂之澒丹竈家乃名汞蓋字亦通用耳其爐蓋上灰亦名澒粉是也

萍　苹也水艸也從水苹苹亦聲　薄經切

苹也者後人加之　水艸也者廣韻萍水上浮萍玉篇萍艸無根水上浮釋艸萍蓱郭注水中浮萍江東謂之薸詩采蘋正義引釋草苹萍舍人曰苹一名蓱月令季春之月蓱始生注云蓱萍也其大者曰蘋呂氏春秋季春紀萍始生注云萍水藻周書時訓解穀雨之日萍始生萍不生陰氣憤盈周禮秋官敘官萍氏注云鄭司農云萍讀爲蛢或爲萍號起雨之萍玄謂今天問萍號作萍爾雅曰萍蓱其大者蘋讀如小子言平之平萍氏主水禁萍之草無根而浮取名於其不沈溺楚詞九懷竊哀兮浮萍汎淫兮無根王注自比如蘋隨水浮游天問靡蓱九衢王注言寧有蓱草生於水中無根乃蔓衍於九交之道淮南子萍樹根於水萬畢術老血爲萍注云聚血之精至黃泉也郭璞贊萍之在水猶卉植地靡見其布漠爾鱗被物無常託孰知所寄杜篤怨論夫萍之浮與菱之浮相似菱植根萍隨波夏侯湛浮萍賦流息則寧濤擾則動浮輕善移勢危易盪司馬彪萍詩汎汎江漢萍漂蕩永無根何晏詩願爲浮萍草

託身寄清池劉繪咏萍詩微根無所綴細葉詎須莖北史馮元興浮萍詩有草生碧池無根水上蕩夏小正七月湟潦生苹傳云湟下處也有湟然後有潦有潦而後有苹草也馥按浮萍生於三月此言七月生別是一草家語致思篇此所謂萍實者也注云萍水草也庾肩吾賦得池萍詩本欲歎無根還驚能有實馥案結實者非浮萍庾詩誤也范子計然水萍出三輔色青者善元和志袁州萍鄉縣以地多生萍草因以爲名馥謂此皆非浮萍　苹亦聲者當爲苹聲

濊　水多皃從水歲聲　呼會切

水多皃者李善注長笛賦引同

汩　治水也從水曰聲　于筆切

治水也者釋詁淈治也郭云淈書序作汩音同耳詩泮水屈此羣醜箋云屈治也正義云屈治釋詁文彼屈作淈某氏引此詩是音義同也書敘帝釐下土方設居方別生分類作汩作傳云汩治詩黍苗泉流既清傳云水治曰清周

語決汨九川韋云汨通也書洪範鯀湮洪水汨陳其五行傳云汨亂也治水失道亂陳其五行馥謂以汨爲亂與正義反

文四百六十五　重二十三

本書倴讀若汝南倴水今無倴字玉篇亦無徐鍇本浲大水也從水夆聲胡翁反本書有洚無浲韻會引徐鍇本潙水名從水爲聲又云出河東虞鄉縣歷山西西流至蒲阪本書有嬀無潙

說文解字弟十一義證弟三十六

曲阜桂馥學

二水也闕凡沝之屬皆從沝之壘切

集韻闆人謂水曰沝

水行也從沝㐬㐬突忽也力求切

本書沝籀文作𣹢此與𣹢皆本籀文水行也者字林同詩常武如川之流

篆文從水

從水者變籀文

徒行厲水也從沝從步時攝切

徒行厲水也者當作濿本書砅或作濿履石渡水也廣韻涉徒行渡水也廣雅涉渡也方言過度謂之涉濟注云猶今云濟度釋水濟有深涉深則厲淺則揭揭者揭衣也以衣涉水爲厲繇膝以下爲揭繇膝以上爲涉繇帶以上爲厲詩濟有深涉傳云由膝以上爲涉劉向九歎擢舟杭以橫濿兮又云橫汨羅以下濿王注濿渡也通作厲列子說符篇縣水三十仞圜流九十里有一丈夫方將厲之上林賦越壑厲水大人賦橫厲飛泉以正東

篆文從水

文三　重二

水厓人所賓附瀕蹙不前而止從頁從涉凡瀕之屬皆從瀕符眞切

水厓人所賓附者瀕賓聲相近後漢書張衡傳翩儐處彼湘瀕注云瀕水涯也宋書何尙之傳袁淑與尙之書含南瀕之操尙之宅在南澗寺側故書云南瀕毛詩所謂于以采蘋南澗之瀕也詩召旻池之竭矣不云自頻傳云頻厓

也箋云頻當作濱厓猶外也釋文案張揖字詁云瀕今濱則瀕是古濱字一切經音義七字林濱水厓也廣雅濱厓也方言江濱謂之思注云濱水邊書禹貢海濱廣斥傳云濱涯也泗濱浮磬漢志作瀕詩北山率土之濱傳云濱涯也宣十二年左傳其俘諸江南以實海濱楚世家作濱之南海僖四年傳君其問諸水濱公羊傳濱海而東注云濱涯也漢書后蒼傳歷山濱海顏注濱海者循海涯而行也西都賦鄠杜濱其足五臣注濱水涯也　瀕蹙不前而止者瀕當作顰本書無蹙字臯字云言臯人蹙鼻苦辛之憂易復卦頻復注云頻蹙之貌釋文作蹙憂也馥謂當作慼孟子己頻顣注云不悅廣韻顣頞鼻頣促皃集韻顣頞䫜鼻也

顰　涉水顰蹙從瀕卑聲　符眞切

涉水顰蹙者廣韻顰眉蹙也玉篇顰蹙憂愁不樂之狀也通作頻易巽卦頻巽吝王注頻頻蹙不樂而窮不得已之謂也正義頻者頻蹙憂戚之容也字或作嚬陸機百年歌呼吸嚬蹙反側難通鑑秦彥畢師鐸嚬蹙而已注云攢眉爲嚬皺頞爲蹙又或作顰方言顰遠也注音頻又或作矉通俗文蹙頞曰矉莊子至樂篇髑髏深矉蹙頞天運篇西施病心而矉其里　從瀕卑聲者當爲從瀕從卑瀕亦聲

文二

く　水小流也周禮匠人爲溝洫梠廣五寸二梠爲耦一耦之伐廣尺深尺謂之く倍く謂之遂倍遂曰溝倍溝曰洫倍洫曰巜凡く之屬皆從く　姑泫切

水小流也者詩節南山正義云匠人注云壟中曰畎說文云畎小流也言水小不能自通須人畎引之則畎是壟中小水之名　周禮云云者考工記匠人文彼云匠人爲溝洫耜廣五寸二耜爲耦一耦之伐廣尺深尺謂之畎田首倍之廣二尺深二尺謂之遂九夫爲井井閒廣四尺深四尺謂之溝方十里爲成成閒廣八尺深八尺謂之洫方百里爲同同閒廣二尋深二仞謂之澮馥案畎當爲甽遂人凡治野夫閒有遂遂上有徑十夫有溝溝上有畛百夫有洫洫上有涂千夫有澮澮上有道萬夫有川川上有路以達于畿注云遂溝洫澮皆所以通水於川也遂廣深各二尺溝倍之洫倍溝澮廣二尋深二仞漢書食貨志以趙過爲搜粟都尉過能代田一晦三甽歲代處故曰代田古法也后稷始甽田以二耜爲耦廣尺深尺曰甽長終晦一晦三甽一夫三百甽而播種於三甽中顏注甽壟也楊愼曰呂覽引后稷書曰能使吾土靖而甽浴土乎又曰上田棄畝下田棄甽又耜博八寸所以成甽也又曰畝欲廣以平甽欲小以深以此證之則漢志言甽田始於后稷有徵

𤰝　古文く從田從川

古文く從田從川者徐鍇本作古文く从田川自田之川也後漢書章帝紀注引作田中之溝馥案鄭注書益稷云畎田間溝也禹貢羽畎夏翟鄭注周禮染人引作甽呂氏春秋辨土篇故晦欲廣以平甽欲小以深下得陰上得陽然後咸生稽康養生論或益之以畎澮

畎　篆文く從田犬聲六畎爲一畝

書益稷濬畎澮距川傳云一畝之閒廣尺深尺曰畎

六畎爲一畝者程君瑤田曰猶云六尺爲一畝也又曰溝洫廣深之度起於畎考工記匠人爲溝洫耜廣五寸二耜爲耦一耦之伐廣尺深尺謂之畎此人力所爲在田閒者然田閒之畎又分爲兩事一爲百畝行列之畎因以爲田閒水道之始一夫百畝中容萬步司馬法六尺爲步步百爲畝然則畝廣六尺長六百尺詩所謂禾易長畝是也百畝則百畎矣陸德明釋文引司馬云壠上曰畝壠中曰畎指謂此畎也壠陂阪之名平地中之高者也有畎然後有壠有壠斯有畝故曰壠上曰畝兩壠之中則畎故曰隴中曰畎也周書曰若稽田既勤敷菑惟其陳脩爲厥疆畎按爾雅田一歲曰菑方言云反草曰菑然則敷菑者以耜發田爲耕反草之事既耕去其草矣然後陳其行列而脩治之以爲疆畎此古人爲畎之事也信南山之詩我疆我理南東其畝畫其經界之謂疆分其地理之謂理是故疆之以成井所以別夫也理之以成畝所以爲畎也畝有東南故畎有縱横順其地理以分之而已矣故左傳賓媚人曰先王疆理天下物土之宜而布其利今吾子疆理諸侯而曰盡東其畝而已無顧土宜所謂土宜者東南之宜所謂物而布之者相其地理之順以分畫之云爾此古人爲畎之道也一爲播種行列之畎漢書食貨志趙過能爲代

田一畝三甽歲代處故曰代田古法也后稷始爲甽田以二耜爲耦廣尺深尺爲甽長終畝一夫三百甽而播種於甽中苗生葉以上稍耨壠草因隤其土以附苗根故其詩曰或芸或芓黍稷儗儗芸除草也秄附根也言苗稍壯每耨輒附根比盛暑壠盡而根深能風與旱故儗儗而盛也夫畝廣六尺甽廣尺畝三甽三尺也餘三尺與甽相閒分高下所謂壠也以長畝平列百行是爲一夫百畝廣六百尺其始也畝一壠盡百畝百壠今更爲甽以播種一夫三百甽亦三百壠耨壠草隤其土於甽以附根則甽浸高壠浸下屢隤屢附壠與甽平故曰壠盡而根深也古人甽田芸芓之法畧具於此

文一　重二

巜　水流澮澮也方百里爲巜廣二尋深二仞凡巜之屬皆從巜　古外切

徐鍇本有讀若澮同四字

水流澮澮也者巜澮聲相近釋名注溝曰澮澮會也小溝之所聚會也釋水水注川曰谿注谿曰谷注谷曰溝注溝曰澮注澮曰瀆郭注此皆道水轉相灌注所入之處名周禮稻人以澮寫水注云澮田尾去水大溝孟子溝澮皆盈鄭注尚書畎田閒溝也澮所以通水於川也崔氏集崔瑗爲汲令有澤田不殖五穀瑗爲開澮興造民賴其利方百里爲巜廣二尋深二仞者周禮遂人千夫有澮注云澮廣二尋深二仞書益稷傳云方百里之閒廣二尋深二仞曰澮考工記匠人爲溝洫方百里爲同同閒廣二尋深二仞謂之澮莊子庚桑楚篇夫尋常之溝釋文八尺曰尋倍尋曰常尋常之溝則周禮洫澮之廣深也洫廣深八尺澮廣二尋深二仞也

𡿺　水生厓石閒粼粼也從巜粦聲　力珍切

水生厓石閒粼粼也者李善注江賦引作水生崖閒粼粼然也廣韻粼水在石閒詩揚之水白石粼粼傳云粼粼清澈也

文二

川　貫穿通流水也虞書曰濬く巜距川言深く巜之水會爲川也凡川之屬皆從川　昌緣切

貫穿通流水也者川穿聲相近貫當爲毌玉篇川流也貫穿也通也釋名川穿也李巡注爾雅水流而分交錯相穿故曰川也李蕭遠曰水通之斯爲川塞之斯爲淵考工記匠人爲溝洫專達於川注云謂澮直至於川復無所注入左傳宣汾洮馥謂宣卽貫穿通流之意不流則爲巛矣虞書曰濬く巜距川者益稷文彼作畎澮鄭注澮所以通水於川也言深く巜之水會爲川也者呂祖謙曰川流畎澮轉相入以達於海所以使之有所歸也金履祥曰禹貢不曰通流而曰濬源者所謂濬畎澮距川則田里無水潦壅塞之患也

巠　水脈也從川在一下一地也巠省聲一曰水冥巠也　古靈切

水脈也者本書永下云象水巠理之長　從川在一下一地也者本書濱下云水脈行地中濱濱然　一曰水冥巠

也者或作溟涬玉篇溟涬水盛皃

巠　古文巠不省

巟　水廣也從川亾聲易曰包巟用馮河　呼光切

水廣也者通作荒桓十三年左傳莫敖縊于荒谷盛宏之荆州記江陵縣東有三湖湖東有水名長谷水經注湖水東通荒谷　易曰包巟用馮河者泰卦文彼作荒釋文漢書幷作巟馮當爲淜

𡿦　水流也從川或聲　于逼切

水流也者六書故引作水流疾彧彧也本書減疾流也

𡿧　水流也從川曰聲　于筆切

水流也者廣雅𡿧𡿧流也或作汩徐鍇引相如賦汩乎順流楚辭九章浩浩沅湘兮分流汩兮王注汩流也九歎江湘油油長流汩兮南都賦漻淚淢汩

㳞　水流㳞㳞也從川列省聲良辥切

水流㳞㳞也者㳞㳞分流也本書𤃬水裂去也裂當為㳞　列省聲者徐鍇本作歺省聲

邕　四方有水自邕城池者從川從邑於容切

徐鍇本有讀若雝三字

四方有水自邕城池者者城廣韻引作成漢書王莽傳邕河水不流通作雍周禮敘官雍氏注云雍謂隄防止水者也信九年穀梁傳毋雍泉詩泮水箋辟廱築土雝水之外圓如璧桓譚新論辟雍實水其中以圜雍之地理志右扶風雍縣應劭曰四面積高曰雍水經注雍奴縣四方有水曰雍不流曰奴歸藏上有高臺下有雝池淮南時則訓補決竇塞蹊徑遏溝瀆止流水雝谿谷又作廱漢書五行志廱河三日不流俗作壅史記秦本紀河決不可復壅巴陵有澭湖趙冬曦詩序云澭湖者沅湘澧汨之餘波夏潦奔注則泆為此湖馥案范氏岳陽風土記作灉湖失其義矣

𡿲　籀文邕

𡿧　害也從一雝川春秋傳曰川雝為澤凶祖才切

害也者玉篇天反時為𡿧通作災玉篇災害也書堯典眚災肆赦傳云過而有害當緩赦之僖十三年左傳天災流行中庸災害竝至史記龜策傳身乃無災班固幽通賦彌五辟而成災又通作栽釋詁栽危也詩大雅不栽我躬中庸栽及其身者也又通作甾史記秦始皇本紀甾害絕息又通作菑詩大雅無菑無害　從一雝川者雝當為邕五經文字𡿧象川不通形國語為川者決之使導晉書四瀆者天地之所以宣洩其氣不可塞也　春秋傳曰川雝為澤凶者宣十二年左傳文彼作川壅為澤無凶字

侃　剛直也從㐰㐰古文信從川取其不舍晝夜論語曰子路侃侃如也空旱切

剛直也者廣韻侃強直也論語吾未見剛者又云友直　從㐰㐰古文信者本書剛古文作𠇍亦從古文信從川　取其不舍晝夜者馥謂當有川亦聲三字論語子在川上曰逝者如斯夫不舍晝夜　論語曰子路侃侃如也者彼云子路行行如也冉有子貢侃侃如也

州　水中可居曰州周繞其旁從重川昔堯遭洪水民居水中高土故曰九州詩曰在河之州一曰州疇也各疇其土而生之職流切

水中可居曰州者釋水文李巡云四方皆有水中央獨可居孫炎曰水中有平地可居者也廣雅州居也釋名水中可居者曰州州聚也人及鳥物所聚息之處也方言水中可居為州王注楚詞水中可居者曰州孔晁注周書王會水中可居曰州漢書司馬相如傳行乎州淤之浦顏注水中可居者曰州晉書殷仲堪傳水中有岸其名為州南史盆州市橋忽生一州俗作洲書舜典流共工于幽洲傳云水中可居者曰洲說命入宅于河傳云河洲也正義水不可居而入宅於河知在河之洲也海外北經范林方三百里在三桑東洲環其下注云洲水中可居者楚語雲連徒洲韋注水中之可居曰洲墨子尚賢篇昔者傳說居北海之洲圜土之上淮南地形訓樂民拏閭在昆侖弱水之洲高

注水中可居曰洲漢書賈損之傳皆在南方海中洲居顏注水中可居者曰洲地理志北地郡靈州顏注水中可居者曰洲此地在河之洲隨水高下未嘗淪沒故號靈洲文選吳都賦洲渚馮隆五臣注水中可居曰洲　周繞其旁者周當為匊州匊聲相近　昔堯遭洪水民居水中高土故曰九州者書堯典帝曰咨四岳湯湯洪水方割蕩蕩懷山襄陵浩浩滔天下民其咨新語四瀆未通洪水為害禹乃決江疏河通之四瀆致之於海大小相引高下相受百川順流各歸其所然後人民得去高險處平土禹貢是降邱宅土鄭注水害既除於是下邱居土舜典肇十有二州傳云肇始也禹治水之後舜分冀州為幽州并州分青州為營州始置十二州馬注禹平水土置九州舜以冀州之北廣大分置并州燕齊遼遠分燕置幽州分齊為營州於是為十二州在九州之後也鄭氏曰舜以青州越海分齊為營冀州南北太遠分魏為并燕以北為幽楊慎曰淮南子神農大九州桂州迎州神州等是也至黃帝以來惟於神州之內分為九州黃帝以後少昊高辛皆仍九州惟舜時暫置十二州故書曰肇十有二州肇之為言始也前此九州而今為十二州也至夏還為九州馥案堯遭洪水之時十二州尚未肇作仍是黃帝以來之九州故曰九州魯

語共工氏之子曰后土能平九土韋昭云九州之土春秋命歷敘人皇氏分九州是也惟班固皇甫謐別爲一說地理志堯遭洪水懷山襄陵天下分絕爲十二州使禹治之水土既平制九州帝王世紀堯遭洪水分爲十二州今虞書是也及禹平水土還爲九州今禹貢是也馥案此皆謂堯爲十二州與馬鄭異　詩曰在河之州者闗雎文彼作洲傳云水中可居者曰洲　一曰州疇也各疇其土而生之者風俗通周禮五黨爲州州疇也本書𤰝耕治之田也

古文州

文十　重三

水原也象水流出成川形凡泉之屬皆從泉 疾緣切

河圖九州殊題水泉剛柔各異青徐其泉鹹以酸荆揚其泉酸以苦梁州其泉苦以辛兗豫其泉甘以酸雍冀其泉辛以鹹

水原也者一切經音義十二水自出爲泉孟子源泉混混

象水流出成川形者泉布上字中畫皆斷作𠂢上象水

原下象川形甘氏星經天泉十星主灌溉溝渠之事馥案書益稷濬畎澮距川泉通於畎澮流出會爲川也禹貢九川滌源疏滌泉源無使閉塞則九州之川通流以入於海也文子邱夷而泉塞僖九年穀梁傳毋雍泉周語晉聞古之長民者不防川

泉水也從泉緐聲讀若飯 符萬切

泉水也者徐鍇曰阪泉本此字僖二十五年左傳遇黃帝戰於阪泉之兆

文二

三泉也闕凡灥之屬皆從灥 詳遵切

水泉本也從灥出厂下 愚袁切

水泉本也者玉篇徐鍇韻譜復古編洪武正韻並作水原本也一切經音義三原水之本也昭九年左傳木水之有本原孟子有本者如是文子原泉所出也委泉所聚也漢書司馬相如傳乃堙洪原顔注水本曰原傳又云梁孫原

李奇曰於孫水之本作橋梁俗作源北堂書鈔水背源而流竭禹貢九川滌源史記作原詩竹竿泉源在左傳云泉源小水之源月令命有司爲民祈祀山川百源注云衆水始所出爲百源學記或源也或委也注云源泉所來也典引斟酌道德之淵源蔡邕注云水本曰源

篆文從泉

篆文從泉則從灥者本籒文

文二　重一

長也象水巠理之長詩曰江之永矣凡永之屬皆從永 于憬切

長也者釋詁文方言同書堯典日永星火傳云永長也舜典歌永言史記作歌長言馬本同詩卷阿維以不永懷常棣況也永歎文王永言配命傳並云永長也考槃永矢弗諼振鷺以永終譽既醉永錫爾類楚茨永錫爾極箋並云

永長也周禮大祝求永貞注云永長也士冠禮永乃保之注云永長也中庸引詩以永終譽注云永長也尚書中候配永循機注云永長也三輔黃圖永巷永長也宮中之長巷東觀漢記鮑永字君長

象水巠理之長者徐鍇本象水巠理之長永也字鑑同　詩曰江之永矣者後人加之羕下引詩作羕

水長也從永羊聲詩曰江之羕矣 余亮切

水長也者釋詁羕長也齊侯鎛鐘銘子子孫孫羕保用亯蜀志彭羕字永年通作養夏小正時有養日時有養夜養長也　詩曰江之羕矣者周南漢廣文彼作永傳云永長通作羕文選登樓賦川既漾而濟深李善引韓詩江之漾矣薛君云漾長也馥案韓詩本作羕因賦羕字亦寫作漾李注多如此

文二

水之衺流別也從反永凡𠂢之屬皆從𠂢讀若稗縣 匹卦切

水之衺流別也者本書𠂢別水也集韻𠂢水邪流五經文字𠂢象邪流之形從反永者徐鍇曰反卽分𠂢也 讀若稗縣者徐鍇本作讀若蜀稗縣 馥案俾縣屬項邛蜀無稗縣有郫縣

𧖴 血理分衺行體者從𠂢從血 莫獲切

血理分衺行體者者徐鍇本作行體中者釋名腎主引水氣灌注諸脈也文子人生一月而膏二月而脈注云漸生筋脈鹽鐵論扁鵲撫息脈而知疾所由生拙醫不知脈理之腠血氣之分妄刺而無益於疾傷肌膚而已矣僖十五年左傳亂氣狡憤陰血周作張脈僨興外彊中乾公孫尼曰人有九竅脈理當川谷也春秋繁露體有空竅理脈川谷之象也易通卦驗每卦六爻旣通於四時二十四氣人之四支二十四脈亦存於期燕丹子脈勇之人怒而面靑史記扁鵲過齊桓侯曰君有疾在血脈不治恐深漢書張敖傳仰絕亢而死蘇林曰亢頸大脈也三國典略周武帝不豫柳昇私問姚僧垣曰至尊貶膳日久脈候何如潛夫論凡治病者必先知脈之虛實氣之所結然後爲之方故疾可愈而壽可長也高湛養生論王叔和撰成脈經十卷唐書許允宗言古之上醫惟是別脈脈旣精別然後識病

輟耕錄人稟天地五行之氣以生手三陽三陰足三陽三陰合爲十二經以環絡一身往來流通無少間斷其脈應於兩手三部焉夫脈者血也脈不自動氣實使之故有九候之法內經云脈者血之府說文云血理分衺行體者從𠂢從血亦作脈通釋云五藏六府之氣血分流四體也釋名云脈幕也幕絡一體字從肉從𠂢音普拜切水之衺流也脈字從𠂢取脈行之象無求子云脈之字從肉從𠂢又作衇蓋脈以肉爲陽衇以血爲陰華佗云脈者血氣之先也氣血盛則脈盛氣血衰則脈衰血熱則脈數血寒則脈遲血微則脈弱氣血平則脈緩晉王叔和分爲七表八裏可謂詳且至矣史記正義手三陽之脈從手至頭長五尺五六合三丈手三陰之脈從手至胷中長三尺五寸三六一丈八尺五六三尺合二丈一尺足三陽之脈從足至頭長八尺六八合四丈八尺足三陰之脈從足至胷長六尺五寸六六三丈六尺五六三尺合三丈九尺人兩足蹻脈從足至目長七尺五寸二七一丈四尺二五一尺合一丈五尺督脈各長四尺五寸二四八尺二五一尺合九尺凡脈長一十六丈二尺也此所謂十二經脈長短之數也寸口脈之大會手太陰之動也人一呼脈行三寸一吸脈行三寸呼吸定息脈行六寸人一日一夜凡一萬三千五百吸脈行五十周於身漏水下百刻營衛行陽二十五度行陰二十五度爲一周也故五度復會於手太陰寸口者五藏六腑之所終始故法於寸口也

衇 衇或從肉

𧖵 籒文

𧡨 衺視也從𠂢從見 莫狄切

衺視也者廣雅覛視也釋詁覛相也郭注覛謂相視也周語古者太史順時覛土韋注覛視也文選西京賦覛往昔之遺館薛綜注覛視也後漢書杜篤傳覛平樂注云覛視也宋書周朗傳覛我周之軫迹

𥉮 籒文

文三 重三

谷 泉出通川爲谷從水半見出於口凡谷之屬皆從谷 古祿切

泉出通川爲谷者一切經音義九引作泉之通川者曰谷本書𡏢通溝也古文從谷急就篇輸屬詔作谿谷山顏注山瀆無所通曰谿泉出通川曰谷僖九年穀梁傳毋雍泉范注專水利以障谷僖三年公羊傳無障谷何注無障斷川谷專水利也水注川曰溪注溪曰谷漢書司馬相如傳振溪通谷文子川竭而谷虛說苑武王伐紂過谷發梁示民無返志也釋水注川曰谿注谿曰谷李巡云水出於山入於川爲谿水相屬曰谷 從水半見者本書酋从酉水半見於上 出於口者鄭子眞居谷口

谿 山瀆無所通者從谷奚聲 苦兮切

山瀆無所通者者釋山文郭注所謂窮瀆者釋邱窮瀆汜郭注水無所通者廣雅谿谷也定七年左傳敗尹氏於窮谷隱三年左傳澗谿沼沚之毛注云谿亦澗也老子爲天下谿王注谿不求物而物自歸之呂氏春秋愼行篇行不可不孰不孰如赴深谿高注有水曰澗無水曰谿春秋說題辭谿者隱也深虛繞山宋均注無水曰谷有水曰谿管

子度地篇山之溝一有水一毋水者命曰谷水

通谷也從谷害聲 呼括切

通谷也者玉篇無所不流曰通也上林賦谽呀豁閜宜春宮賦通谷豁乎谽谺水經注引爾雅通谷者微郭景純曰微水邊通谷也

空谷也從谷翏聲 落蕭切

空谷也者廣雅豂空也詩白駒在彼空谷韓作穹谷薛君章句穹谷深谷也又桑柔有空大谷

大長谷也從谷龍聲讀若聾 盧紅切

大長谷也者集韻谾豅瀾谷空皃漢書司馬相如傳巖巖深山之谾谾兮晉灼曰谾音籠古豅字也蕭該音義曰谾或作豅長大貌也吳儆浮邱仙賦谾壑與賁

谷中響也從谷厷聲 戶萌切

谷中響也者法言問道篇或問大聲曰非雷非霆隱隱谹谹久而愈盈王巾頭陀寺碑夫幽谷無私有至斯響高僧傳谷之應聲語雄而響厲孫楚笑賦九洪聲於通谷一切經音義二谹字從谷取響應不窮也

深通川也從谷從𣦵𣦵殘地阬坎意也虞書曰睿畎澮距川 私閏切

本書叡从叔从谷此睿叡之半體

深通川也者書舜典濬川傳云有流川則深之使通利釋言濬深也舍人云濬下之深也鄭氏易恆初六濬恆象曰始求深也通作浚詩小弁莫浚匪泉莊九年春秋浚洙從谷從𣦵𣦵殘地阬坎意也者韻會引徐鍇本从𣦵谷𣦵殘也谷阬坎意也虞書曰睿畎澮距川者益稷文本書川下引作睿く巜距川

睿或從水

古文睿

望山谷谸谸青也從谷千聲 倉絢切

望山谷谸谸青也者高唐賦仰視山巔肅何芊芊李善云說文曰谸望山谷芊芊青也千芊古字通馥案當云望山谷谸谸青也谸芊古字通楊慎曰陸機文賦清麗千眠注光色盛貌一作谸緜望山谷青谸谸也見說文轉作芊緜韋莊詩可憐芳草更芊緜列子美哉國乎鬱鬱芊芊潘岳藉田賦碧色肅其芊芊又通作仟顏延年觀北湖田收詩積翠亦蔥仟

文八 重二

凍也象水凝之形凡仌之屬皆從仌 筆陵切

凍也者廣韻仌水凍也玉篇仌冬寒水結也韓詩說仌者窮谷陰氣所聚　象水凝之形者考工記水有時以凝周書時訓解立冬之日水始冰月令孟冬之月水始冰淮南子水冬則凝而為冰漢書五行志劉向以為冰者陰之盛而水滯者也潘岳寡婦賦水溓溓而微凝本書溓薄冰也論衡論死篇隆冬之月寒氣用事水凝為冰文子冬冰可折夏條可結馥案本書籒文𣃔云从草在仌中仌寒故折

水堅也從仌從水 魚陵切

王覺九經明音後人以冰代仌以凝代冰顧炎武曰仌於隸楷不能獨成文故後人加水焉

水堅也者增韻字鑑洪武正韻竝作冰堅懷舊賦水漸軔以凝沍李善引字林凝冰也馥謂冰下脫堅字當云凝仌堅也七命霜鍔水凝李善引字書凝冰之絜也馥謂水始仌仌未堅也水澤腹堅乃為堅仌故曰堅仌至易坤卦象曰履霜堅冰陰始凝也月令季冬之月冰方盛水澤腹堅注云腹厚也此月日在北陸冰堅厚之時也詩七月傳冰盛水腹堅則命取冰於山林昭四年左傳夫冰以風壯杜注冰因風寒而堅列子湯問篇堅冰立散莊子在宥篇其寒凝冰陸機苦寒行渴飲堅冰漿又飲馬長城窟行俯涉堅冰川樂府隴西篇冰堅可蹈王嘉拾遺記井池冰堅可琢張衡髑髏賦冬冰之凝何如春冰之消淮南說山訓冰之泮愈其凝也晏子陰冰凝陽冰厚五寸者寒溫節也尸子朔方之寒冰厚六尺又云大寒凝冰裂地淮南詮言訓大寒地坼冰凝論衡變動篇北方至寒凝冰坼土劉氏新

論大質篇大寒慘悽凝冰裂地戴延之西征記淩雲臺有氷井以六月持去經日猶堅梁武帝詩白水凝澗谿雪賦湯谷凝溫泉氷隋書律歷志十一月大雪節氷益壯盧思道傳壯氷云厚晉書庾氷字季堅漢繁陽令楊君碑陰李氷元固

冰　俗氷從凝

釋器氷脂也孫炎本作凝脂　書臯陶謨庶績其凝古文作氷　考工記凝土以爲器注云凝堅也　漢書五行志工冶鑄金鐵金鐵氷滯涸堅不成者衆劉敞曰氷音凝　陸機演連珠沈寒凝海

癛　寒也從仌㐭聲　力稔切

寒也者李善注寡婦賦引同本書𤃬寒也俗作凜廣韻凜寒狀閒居賦於是凜秋暑退李善引字書凜寒也文選序增氷爲積水所成積水曾微增氷之凜何哉五臣注凜冷也風俗通暑則鬱烝寒則凜凍

凊　寒也從仌青聲　七正切

寒也者廣雅同本書瀓冷寒也曲禮凡爲人子之禮冬溫而夏凊注云溫以禦其寒凊以致其涼呂氏春秋仲春紀大熱在上民凊是走有度篇冬不用爨非愛爨也凊有餘也注云凊寒也通作清莊子人閒世篇爨無欲清之人釋文清字宜從冫從冫者假借也

凍　仌也從仌東聲　多貢切

仌也者廣韻凍凍凌月令孟冬地始凍初學記引風俗通氷壯曰凍馥案左傳氷以風壯

滕　仌出也從仌朕聲詩曰納于滕陰　力膺切

仌出也者詩七月三之日納于夌陰四之日其蚤孫皓問藏之既晚出之又蚤何鄭荅豳土晚寒故夏正月納氷夏二月仲春大蔟用事陽氣出地始溫故禮應開氷先薦寢廟此詩言氷出之候也天官夌人春始治鑑夏頒氷掌事此周禮氷出之候也月令仲春天子乃獻羔開氷先薦寢廟此禮記氷出之候也昭四年左傳古者日在北陸而藏氷西陸朝覿而出之又云祭寒而藏之獻羔而啟之此春秋氷出之候也或云出當爲𡨦玉篇滕仌室也天官夌人掌氷正歲十有二月令斬氷三其夌注云夌氷室也呂氏春秋季冬紀氷方盛水澤復命取氷氷已入注云入夌室也詩云二之日鑿氷沖沖三之日納于夌陰此之謂也漢書成帝紀大官夌室火惠帝紀未央宮夌室災顏注竝云夌室藏氷之室也三輔黃圖夌室在未央宮鄴中記氷井臺則夌室也又云氷井臺有氷室三水經注河水云朝廷又置氷室於斯阜室內有氷井春秋左傳曰日在北陸而藏氷常以十二月采氷於河津之隘峽后之阿北陰之中即邠詩二之日鑿氷沖沖矣而納于井室所謂納于夌陰者也　詩曰納于滕陰者豳風七月文彼作夌傳云夌陰氷室也釋文云說文作滕

凌　滕或從夌

凘　流仌也從仌斯聲　息移切

流仌也者晉書音義引字林同玉篇凘解仌也廣韻凘夌凘御覽引風俗通積氷曰夌又云氷流曰凘楚詞九歌流凘紛兮將來下王注流凘解氷也七諫赴湘沅之流凘兮王注與流凘俱浮劉歆遂初賦激流凘之漻淚兮後漢書王霸傳及至虖沱河候吏還白河水流凘崔鴻後趙錄后勒統步卒四萬濟河先是流凘風猛軍至氷泮濟畢流凘大至

凋　半傷也從仌周聲　都僚切

半傷也者廣韻凋落木華海賦爲凋爲瘵通作彫廣雅彫傷也曹憲曰說文凋落之字从仌論語歲寒然後知松柏之後彫也何晏謂松柏小彫傷釋文依字當作凋昭八年左傳民力彫盡杜云彫傷也通鑑李茂貞遺朱全忠書僕以獘甲彫弓從公陳力注云半殘爲彫又通作雕晉書李重傳雕獘之迹

冬　四時盡也從仌從宍宍古文終字　都宗切

月令天氣上騰地氣下降天地不通閉塞而成冬　周書時訓解小雪之日虹藏不見又五日天氣上騰地氣下降又五日閉塞而成冬　呂氏春秋貴信篇冬之德寒寒不信其地不剛地不剛則凍閉不開

四時盡也者御覽引作終也盡也玉篇冬終也廣雅冬終也白虎通五行篇冬之爲言終也尸子冬爲信北方爲冬

冬、終也漢書律歷志冬終也月令章句冬終也萬物於是終也三禮義宗十月立冬爲節者冬、終也立冬之時萬物終成本書時四時也廣韻冬四時之末也隱六年公羊傳春秋編年四時具然後爲年六韜春道生萬物榮夏道長萬物成秋道斂萬物盈冬道藏萬物靜盈則藏藏則復起莫知所終莫知所始史記歷書物乃歲具生於東次順四時卒於冬分時索隱冬盡之後分爲來春故曰冬分也陸機感時賦歷四時以迭感悲此歲之已寒傅元大寒賦五行倏而竟鶩兮四節紛而電逝諒暑往而寒來十二月而成歲

𣅝 古文冬從日

冶 銷也從仌台聲羊者切

銷也者一切經音義二說文冶燒也三蒼冶銷鑠也遭熱卽流遇冷卽合與冰同意故字從仌海賦陽冰不冶五臣注冶銷也新論畫水鏤冰與時銷釋

凔 寒也從仌倉聲初亮切

寒也者本書滄寒也廣雅滄寒也漢書枚乘傳欲湯之滄一人炊之百人揚之無益也不如絕薪止火而已鄭氏曰滄寒也通作滄列子湯問篇日初出滄滄涼涼注云滄本又作滄周書曰天地之間有滄熱善用道者終無竭孔鼂注滄寒也釋文云桓譚新論亦述此事作愴涼

冷 寒也從仌令聲魯打切

𠗊 寒也從仌圅聲胡男切

寒也者廣雅同

滭 風寒也從仌畢聲卑吉切

風寒也者廣韻滭寒風詩七月釋文觱說文作滭

冹 一之日滭冹從仌犮聲分勿切

一之日滭冹者詩豳風七月文彼作觱發傳云觱發風寒也馥謂飄風發發匪風發兮皆此冹字

凓 寒也從仌桌聲力質切

寒也者徐鍇本作寒皃也鍇曰寒使人戰栗也玉篇栗栗冽寒皃通作慄方言蛩烘戰慄也釋詁戰慄懼也釋言蔆慄也樊光注云氷凜也書舜典夔夔齋慄后經作栗湯誥慄慄危懼詩黃鳥惴惴其慄莊子大宗師登高不慄史記義縱傳其後郡中不寒而慄漢書楊惲傳衆毁所歸不寒而慄又通作栗史記齊悼惠世家股戰而栗戴侗曰論語使民戰栗寒稟恐懼振搖不自止也

瀨 寒也從仌賴聲洛帶切

玉篇無瀨字

文十七　重三

冽

詩大東有冽氿泉傳云冽寒意也正義說文冽寒皃故字从仌又下泉正義云冽字當從仌玉篇冽寒氣也栗冽寒皃嘯

賦冽飄眇而清昶李善引字林冽寒皃長笛賦正瀏栗以風冽聖主得賢臣頌虎嘯而谷風冽詩七月二之日栗烈傳云栗烈寒氣也馥案栗烈卽凓冽冽彼下泉傳云冽寒也本書颲列風也列亦當爲冽又案詩東山箋云古者聲栗裂同是栗冽雙聲也

遺文一

雨 水從雲下也一象天冂象雲水霝其間也凡雨之屬皆從雨王矩切

大戴禮曾子天圓篇陰陽之氣各盡其所則靜矣偏則風俱則雷交則電亂則霧和則雨陽氣勝則散爲雨露陰氣勝則凝爲霜雪春秋元命苞陰陽和而爲雨　素問清陽爲天濁陰爲地地氣上爲雲天氣下爲雨　春秋說題辭一歲三十六雨天地之氣宣十日小雨應天文十五日大雨以升運也、京房易飛候太平之時十日一雨凡歲三十六雨此休徵之祥時若之應

木從雲下也者隱九年左傳正義引同又云然則雨者天上下水之名御覽引釋名雨羽也如鳥羽動則散初學記引釋名雨水從雲下也雨者輔也言輔時生養詩雨無正序云雨自上下者也董仲舒雨雹對二氣之初烝也若有若無若虛若實若方若圓攢聚相合其體稍重故雨乘虛而墜一象天者文子水之道上天爲雨露下地爲江河冂象雲者垂覆之象水霝其閒也者非水也后鼓文作雨丨不出冂

古文

當有古文作𠕲

靁 陰陽薄動靁雨生物者也從雨畾象回轉形 魯回切

物理論積風成雷孫子急電無停光疾雷無餘聲洪範論陽用事百八十三日而終陰用事百八十三日而終雷出地百八十三日而入地入地百八十三日而復出地是其常經也論語讖雷震百里聲相附宋均注雷動百里故因以制國雷聲相附謂諸侯之政教所至相附也鄭炎對事或問古者封建諸侯皆云百里取象於雷雷何取也炎曰易震

爲雷亦爲諸侯雷震驚百里曰何以知之炎曰以其數知之夫陽動爲九其數卅六陰爲八其數卅二震一陽動二陰靜故曰百里

陰陽薄動靁雨生物者也者呂氏春秋開春篇開春始雷則蟄蟲動矣韓詩外傳天施地化陰陽和合動以雷霆潤以風雨穀梁傳陰陽相薄感而爲雷淮南天文訓陰陽相薄感而爲雷激而爲霆亂而爲霧易繫辭雷風相薄又動萬物者莫疾乎雷又天地解而雷雨作雷雨作而百果草木皆甲坼又雷以動之又鼓之以雷霆潤之以風雨又天下雷行物與无妄九家易物受之以生无有災妄又云雷雨者興養萬物乾坤鑿度雷能鼓萬物息者起之閉者啟之洪範五行傳雷於天地爲長子以其首長萬物爲出入也雷二月出地百八十日雷出則萬物出八月入地百八十日雷入則萬物入入則除害出則興利人君之象也漢書五行志於易雷以二月出其卦曰豫言萬物隨雷出地皆逸豫也以八月入其卦曰歸妹言雷復歸入地則孕毓根核保藏蟄蟲避盛陰之害出地則養長華實發揚隱伏宣盛陽之德入能除害出能興利人君之象也後漢書郎顗傳雷者所以開發萌芽避陰除害萬物須雷而解資雨而潤故經曰雷以動之雨以潤之五經通義天所以有雷霆風雨霜雪霧露何欲以成歲潤萬物因以見災異也畾象回轉形者趙宧光曰說文櫑壘纍壜儡𩰷罍竝言畾聲而獨靁言形他文不言靁省闕畧審矣

古文靁

亦古文靁

本書櫑籀文作罍云刻木作雲靁象雲從云象雲回轉形古文作の又囩從云回也是云亦回意畾閒二回當爲回卽古文の字因下籀文誤爲回

籀文靁閒有回回靁聲也

籀文兩當有上一橫

籀文靁閒有回者當云籀文靁畾閒有回然則古文畾閒非回矣　回靁聲也者詩終風虺虺其雷傳云暴若震雷之聲虺虺然馥謂虺虺猶回回也釋名雷硠也如轉物有所硠雷之聲也

霣 雨也齊人謂靁爲霣從雨員聲一曰雲轉起也 于敏切

雨也者雨當爲霝本書瀑疾雨也一曰霣也馥案一曰者別爲一義非疾雨矣蓋謂霝也廣雅霣雷也　從雨員聲者徐鍇本有讀若混三字　一曰雲轉起也者玉篇霣雷起出雨也馥謂當爲雲起

古文霣

霆 靁餘聲也鈴鈴所以挺出萬物從雨廷聲 特丁切

靁餘聲也鈴鈴所以挺出萬物者霆挺聲相近易繫辭鼓之以雷霆釋文京云霆者雷之餘气挺生萬物也說文同馥謂挺生當爲挺出一切經音義二蒼頡篇霆霹靂也說文雷餘聲所以挺出萬物者也霆亦雷也釋天疾雷爲霆霓郭注雷之急擊者謂霹靂北堂書鈔引作疾雷謂之霆公羊傳霆擊夷伯之廟五經通義震與霆皆霹靂也漢書賈山傳雷霆之所擊無不摧折者顏注霆疾雷也楚元王傳雨雪靁霆顏注霆雷之急者也

霅 霅霅震電皃一曰衆言也從雨譶省聲 丈甲切

霅霅震電皃者蕭該漢書音義引字林同詩十月之交爗爗震電傳云爗爗震電皃漢書敘傳游說之徒風颺電激竝起而救之其餘猋飛景附煜霅其閒者葢不可勝載春秋隱九年大雨震電一曰衆言也者本書譶多言也霅譶聲近

電 陰陽激燿也從雨從申 堂練切

五經通義電雷光也　物理論風晴熱熱氣散爲電　釋名電殄也作見則殄滅也　易通卦驗立夏電見　周書時訓解始電不始電君無威振　夏侯孝若電賦攢雲開而飛火絳煙起於雲中

陰陽激燿也者說苑同一切經音義二十一電陰陽激燿也關中名覢電今吳人名䨶䨻十州記猛獸兩目如䨶䨻之光春秋公羊經隱九年大雨震電何注電者陽氣也有聲名曰雷無聲名曰電易稽覽圖雷有聲名曰雷有光名曰電曾子陰陽交則電河圖陰陽相薄爲雷陰激陽爲電春秋元命苞陰陽激爲電呂氏春秋仲春紀雷乃發聲始電高注震氣爲雷激氣爲電董仲舒雨雹對運動抑揚更相動薄則薰蒿歊烝而風雨雲霧雷電雪雹生焉氣上薄爲雨下薄爲霧風其噫也雲其氣也雷其相擊之聲也電其相激之光也　從申者御覽引作申聲本書虹籒文从申云申電也

𩇓 古文

震 劈歷振物者從雨辰聲春秋傳曰震夷伯之廟 章刃切

廣雅震雷也　隱九年穀梁傳震雷也　詩十月之交爗爗震電傳云震雷也　常武震驚徐方如雷如霆徐方震驚　蜀志先主傳云先主方食失匕箸裴注引華陽國志於時正當雷震先主曰一震之威何至於此　成二年左傳畏君之震

劈歷振物者者隱九年左傳正義引同震振聲相近詩時邁薄言震之韓詩作振書舜典震驚朕師史記作振僖九年公羊傳震之者何猶曰振振然唐郭震字元振鄭注易震卦震動也國語陰陽分布震雷出滯釋名震戰也所擊輒破若攻戰也又曰辟歷辟析也所歷皆破析也史記天官書天雷電蝦虹辟歷夜明者陽氣之動者也後漢書蔡邕傳辟歷數發五經通義震與霆皆霹靂也釋天疾雷爲霆霓郭云雷之急擊者謂霹靂昭四年左傳雷出不震正義言有雷而不爲霹靂也後漢書張衡傳豐隆軒其震霆兮注云震霆霹靂也文選七發夏則雷霆霹靂之所感也羽獵賦霹靂列缺吐火施鞭晉中興書義熙三年六月霹靂震太廟鴟尾徹壁柱法苑珠林師曠占曰春雷始起其音格格霹靂者所謂雄雷旱氣也其鳴依依不大霹靂者所謂雌雷水氣也洪邁曰辟歷二字古不從雨　春秋傳曰震夷伯之廟者僖十五年經文杜注震者雷電擊之

䨟 籒文震

雪 凝雨說物者從雨彗聲 相絕切

凝雨說物者者雪說聲相近釋名雪綏也水下遇寒氣而凝綏綏然也御覽引曾子陰氣勝則凝爲雪春秋元命包陰凝爲雪淮南天文訓陽氣勝則散而爲雨露陰氣勝則凝而爲霜雪董仲舒雨雹對其寒月則雨凝於上體尚輕微而因風相襲故成雪焉五經通義春澳氣爲雨寒凝爲雪李顒雪賦何時雪之嘉澤亦應變而俱凝隨同雲而下降固霑渥之所興沈約雪贊獨有凝雨姿貞婉而無殉劉璠雪賦天地否閉凝而成雪伏系之雪賦結陰凝雪夏侯孝若寒雪賦玄澤閉凝歷義疏大雪十一月節月之初氣也言太陰之氣以大水凝爲雪故曰大雪夏小正農及雪澤易說卦說萬物者莫說乎澤樊毅復華下民租田口筭狀仍雨甘雪㵂潤宿麥西岳記甘雪滋禾黍氾勝之書雪爲五穀之精

霄 雨霓爲霄從雨肖聲齊語也 相邀切

雨霓爲霄者釋天文彼作雨霓爲霄雪郭注詩曰如彼雨雪先集維霰霰冰雪雜下者謂之霄雪疏云霄即消也詩頍弁釋文云霰消雪也韻會霄雪今人所謂㴱雪也著物則消

霰 稷雪也從雨散聲 穌甸切

釋名霰星也冰雪相摶如星而散也　詩頍弁如彼雨雪先集維霰傳云霰暴雪也箋云將大雨雪始必微溫雪自上下遇溫氣而摶謂之霰久而寒勝則大雪矣韓詩章句霰霙也覆案玉篇霙雨雪雜下　曾子陰之專氣爲霰　春秋穀梁說雹者陰脅陽之象霰者陽脅陰之符也　董仲舒雨雹對寒有高下上煖下寒則上合爲雨下凝爲冰霰雪是也　洪

範五行傳盛陰雨雪凝滯而冰寒陽氣薄之不相入則散而爲霰故沸湯之在閉器而湛於寒泉則爲冰及雪之消亦冰解而散此驗也 夏侯孝若寒雪賦集洪霰之淅瀝 文選雪賦霰淅瀝而先集雪紛糅而遂多

稷雪也者御覽廣韻竝引作積雪也埤雅霰閩俗謂之米雪言其霰粒如米所謂稷雪義葢如此馥案雲南亦呼雪米書益稷藻火粉米傳云粉若粟冰

䨘 霰或從見

雹 雨冰也從雨包聲 蒲角切

釋名雹跑也其所中物皆摧折如人所蹴跑也 昭四年左傳申豐對季武子言藏冰出冰不以時則雷風爲害而雨雹 僖二十九年大雨雹范甯曰雹者陰脅陽臣使君之象 陽氣之在水雨則溫熱陰氣薄而脅之不相入轉而成雹 曾子陽之專氣爲雹雹者氣之化也 白虎通雹之爲言合也陰氣專精積合爲雹 魏書靈徵志洪範論曰陽之專氣爲雹陰之專氣爲霰 此言陽專而陰脅之陰專而陽薄之不能相入則轉而爲雹 相雨書以天方雨時視雲有五色黑赤

竝見者卽雹 風角占徵動羽有雹 陸璣詩惟徵動羽惟陰脅陽雨冰作沴凝氣爲祥 西京雜記元光元年七月京師雨雹鮑敞問董仲舒曰雹何物也何氣而生之仲舒曰陰氣脅陽氣天地之氣陰陽相半和氣周回朝夕不息陽德用事則和氣皆陽建巳之月是也故謂之正陽之月陰德用事則和氣皆陰建亥之月是也故謂之正陰之月十月陰雖用事而陰不孤立此月純陰疑於無陽故謂之陽月詩人所謂日月陽止者也四月陽雖用事而陽不獨存此月純陽疑於無陰故亦謂之陰月自十月已後陽氣始生於地下漸冉流散故云息也陰氣轉收故言消也日夜滋生遂至四月純陽用事自四月已後陰氣始生於天上漸冉流散故云息也陽氣轉收故言消也日夜滋生遂至十月純陰用事二月八月陰陽正等無多少也以此推移無有差慝運動抑揚更相動薄則熏蒿歊烝而風雨雲霧雷電雪霰生焉氣上薄爲雨下薄爲霧風其噫也雲其氣也雷其相擊之聲也電其相擊之光也二氣之初烝也若有若無若實若虛若方若圓攢聚相合其體稍重故雨乘虛而墜風多則合速故雨大而疏風少則合遲故雨細而密其寒月則雨凝於上體尚輕微而因風相襲故成雪焉寒有高下上煖下寒則上合爲大雨下凝爲冰霰雪是也雹霰之流也陰氣暴上雨則凝結成雹焉太平之世則風不鳴條開甲散萌而已雨不破塊潤葉津莖而已雷不驚人號令啟發而已電不眩目宣示光耀而已霧不塞望浸淫被洎而已雪不封條淩殄毒害而已雲則五色而爲慶三色而成矞露則結味而成甘結潤而成膏此聖人之在上則陰陽和風雨時也政多紕繆則陰陽不調風發屋雨溢河雪至牛目雹殺驢馬此皆陰陽相盪而爲祲沴之妖也

雨冰也者雨凝也月令仲夏行冬令則雹凍傷穀注云陽爲雨陰起脅之凝爲雹 蔡邕章句雨凝爲雹春秋考異郵陰氣之專精凝合生雹雹之爲言合也 漢含孳專以精幷氣凝爲雹宋均注謂若曾僖公脅於齊以妾爲妻尊重齊發無回曲之心感陰水氣乃使結而不解散

禮統雨凝曰雹造化權輿雹者雨之冰也

𩂣 古文雹

雨當作𠕲 ⻗象形雹中心四故○中加・

霝 雨零也从雨㗊象零形詩曰霝雨其濛 郎丁切

雨零也者廣韻引作雨落也后鼓文霝雨奔流經典相承以零代霝詩小明涕零如雨又定之方中靈雨既零傳云

零落也野有蔓草零露漙兮箋云零落也夏小正八月栗零傳云零也者降也曹植湯禱桑林贊皇靈感應時雨以零雪賦微霰零密雪降 㗊象零形者廣韻引作㗊象雨零形 詩曰霝雨其濛者豳風東山文彼作零箋云歸又道遇雨濛濛然

䨣 雨零也从雨各聲 盧各切

雨零也者零當爲霝張揖上廣雅表墳典散䨣廣雅䨣䨣雨也

零 餘雨也从雨令聲 郎丁切

餘雨也者御覽引作徐雨也玉篇廣韻同初學記引纂要徐雨曰零雨

𩅰 小雨財零也从雨鮮聲讀若斯 息移切

小雨財零也者初學記引作小雨纔落曰𩅰御覽引作小雨裁落也趙宧光曰世知纔借訓僅而不信財才裁之聲同習與不習爾 韻會引徐鍇本作小雨裁霽也 讀若斯者釋詁鮮善也釋文鮮本或作𣦰沈云古斯字詩瓠葉有

免斯首箋云斯白也今俗語斯白之字作鮮齊魯之間聲近斯禹貢析支大戴記作鮮支

霢　霢霂小雨也從雨脈聲莫獲切

霢霂小雨也者釋名霢霂小雨也言裁霢歷霑漬如人沐頭惟及其上枝而根不濡也釋天小雨謂之霢霂詩信南山益之以霢霂傳云小雨曰霢霂

霂　霢霂也從雨沐聲莫卜切

霢霂也者通作沐太元少上九密雨溟沐潤於枯瀆

䨘　小雨也從雨酸聲素官切

䨢　微雨也從雨𢦔聲又讀若芟子廉切

微雨也者微當爲溦本書溦小雨也𢦔或作䨢集韻細雨謂之䨢

𩅰　小雨也從雨眾聲明堂月令曰𩅰雨職戎切

明堂月令曰𩅰雨者禮記月令淫雨早降鄭注今月令作衆雨

霃　久陰也從雨沈聲直深切

久陰也者初學記御覽竝引作雲久陰也通鑑注引作久陰曰霃通作沈月令季春行秋令則天多沈陰通鑑魏陸叡上言沈雨炎陽自成厲疫洪範沈潛剛克馬注沈陰也陰伏之謀謂賊臣亂子非一朝一夕之漸文五年左傳史記宋世家竝作沈漸

䨩　久雨也從雨兼聲力鹽切

久雨也者纂要久雨曰苦雨

𩃬　久雨也從雨𠧪聲胡男切

久雨也者廣雅𩃬霖也

霖　雨三日已往從雨林聲力尋切

雨三日已往者徐鍇本作凡雨三日已上爲霖釋天久雨謂之淫淫謂之霖郭注雨三日以上爲霖書說命若歲大旱用汝作霖雨傳云霖三日雨隱九年左傳大雨霖凡雨自三日以往爲霖月令淫雨蚤降注云淫霖也雨三日以上爲霖漢書高帝紀七月大霖雨顏注雨三日以上爲霖纂要久雨曰苦雨亦曰愁霖後漢書安帝紀夫霖雨者人怨之所致初學記漢應瑒魏文帝繆襲晉傅玄陸雲竝有喜霽賦嵇含有悅晴詩以苦陰霖而喜悅晴霽也

䨙　霖雨也南陽謂霖䨙從雨㐺聲銀箴切

霖雨也者䨙通作淫釋天久雨謂之淫淫謂之霖月令淫雨早降注云淫霖也左傳天作淫雨害於粢盛南陽謂霖䨙曰䨙者小字本李燾本竝作南陽謂霖䨙集韻引同本書初印亦同後乃改之御覽引作南陽名霖雨曰䨙

䨜　雨聲從雨眞聲讀若資即夷切

雨聲者御覽引同讀若資者玉篇䨜雨聲䨜同上本書濱久雨涔濱也

𩂣　雨皃方語也從雨禹聲讀若禹王矩切

方語也者集韻北方謂雨曰𩂣呂静說讀若禹者徐鍇本作讀若瑀

𩃫　小雨也從雨兪聲子廉切

小雨也者通作𩃫䨢

霑　雨㲽也從雨沾聲張廉切

雨㲽也者一切經音義二霑濡也三蒼霑漬也法言問道篇霑項漸襟堯舜乎通鑑李克用朱全忠罷酒從者皆霑醉注云霑醉言飲酒大醉得襟霑溼通作沾史記陳丞相世家汗出沾背滑稽傳置酒而天雨陛楯者皆沾寒

𩅾　濡也從雨染聲而琰切

濡也者詩匏有苦葉濟盈不濡軌傳云濡漬也文賦終流離於濡翰五臣云濡染也通作染廣雅染汙也書允征舊染汙俗

霤　屋水流也從雨留聲力救切

屋水流也者潘岳悼亡詩晨霤承檐滴李善引霤屋承水也琴賦據神淵而吐溜李善引溜水流也寡婦賦霤泠泠而夜下兮李善引霤屋水也一切經音義十五引作屋水流下也玉篇霤雨屋水流下也釋名霤流也水從屋上流下也

屚　屋穿水下也從雨在尸下尸者屋也　盧后切

屋穿水下也者徐鍇本作屋穿水入也詩何以穿我屋屚通作漏釋名西北隅曰屋漏禮每有親戚者輒撤屋之西北隅薪以爨竈煮沐供諸喪用時若值雨則漏遂以名之也釋宮西北隅謂之屋漏舍人云古者徹屋西北扉以炊浴汲者訖而復之古謂之屋漏也詩抑相在爾室尚不愧于屋漏傳云西北隅謂之屋漏應璩與韋誕書夫以原憲懸磬之居而值皇天無已之雨室宇漸而作漏堂館洽而爲泥　尸者屋也者本書屋下云尸象屋形

䨣　雨濡革也從雨從革讀若膊　匹各切

雨濡革也者革當爲鞏濡鞏謂澱滓需濡也集韻湁陂濼也又云濼或作䨣玉篇䨣雨也濼陂濼也山東名濼幽州

名澱　從革者徐鍇本作革聲　讀若膊者集韻䨣音粕

霽　雨止也從雨齊聲　子計切

雨止也者李善注江文通詩引同字林亦同一切經音義七通俗文雨止日霽今南陽人呼雨止爲霽初學記引纂要雨晴日霽洪範日霽鄭注如雨止之雲氣在上者也後漢書安帝紀連雨未霽注云霽雨止也陳忠傳常雨大水必當霽止注云霽亦止也

霋　霽謂之霎從雨妻聲　七稽切

霽謂之霎者釋天文彼作濟謂之霽

霩　雨止雲罷皃從雨郭聲　苦郭切

雨止雲罷皃者六書正譌廓霩開朗皃別作寥廓竝非廣雅廓空也楚辭遠游上寥廓而無天七啟令予廓爾身輕若飛通鑑漢章帝報東平王書得王深策恢然意解注云恢然猶廓然也

露　潤澤也從雨路聲　洛故切

潤澤也者玉篇露天之津液下所潤萬物也釋名露慮也覆慮物也詩蓼蕭零露湑兮箋云露者天所以潤萬物月令章句露者陰之液也晉語是先王覆露子也韋云露潤也春秋元命包露以潤草謝承後漢書陵零甘露降膏潤草木五經通義和氣津液凝爲露露從地出晉中興書甘露者仁澤也陸機詩寒露垂鮮澤顧愷之湘川賦宵露潤澤應瑒車渠盌銘浸瓊露以潤形論衡是應篇爾雅言甘露時降萬物以嘉謂之醴泉醴泉乃謂甘露也必謂其降下時適潤養萬物未必露味甘也欲驗爾雅之甘露以萬物豐熟災害不生此則甘露降下之驗也甘露下是則醴泉矣

霜　喪也成物者從雨相聲　所莊切

詩蒹葭白露爲霜傳云白露凝戾爲霜　詩含神霧陽氣終白露凝爲霜宋均注白露行露也陽終陰用事故曰白露凝爲霜也　曾子陰氣勝則凝爲霜　月令章句露凝爲霜　白虎通霜之爲言亡也陽以散亡　孝經援神契霜以挫物

春秋元命包霜以殺木感精符霜殺伐之表季秋霜始降鷹隼擊王者順天行誅以成肅殺之威　韓詩外傳夫霜雪雨露殺生萬物者也　辨命論嚴霜夜零蕭艾與芝蘭竝盡　五經通義寒氣凝以爲霜霜從地升也　傅元釋法篇秋霜蕭殺　顧愷之湘川賦凋霜夜凝　喪也者霜喪聲相近釋名霜喪也其氣慘毒物皆喪也　成物者者京房氣候霜成就萬物　春秋考異郵霜者陰精冬令也四時代謝以霜收殺　霜之爲言亡也物以終也

霚　地气發天不應從雨敄聲　亡遇切

俗作霧釋名霧冒也氣蒙亂覆冒物也春秋元命包霧陰陽之氣也陰陽怒而爲風亂而爲霧氣蒙冒覆地之物也甘泉賦翕赫曶霍霧集而蒙合兮五經通義陰亂則爲霧　霧從地升也晉書天文志霧者衆邪之氣陰來冒陽　地气發天不應者釋天地氣發天不應曰霧霧謂之晦郭注言晦冥釋文字林作霿音同本亦作霧

雺　籒文省

釋天天氣下地不應曰雺地氣發天不應曰霧霧謂之晦郭注雺言蒙昧霧言晦冥玉篇雺與霚同天氣下地不應也霧與霿同地氣發天不應也與爾雅同廣韻雺與霿同莫紅切天氣下地不應曰雺又莫候切注同霚與霧同亾遇切引元命包陰陽亂爲霧又引爾雅地氣發天不應曰霧五經文字云霚雺霧三同竝莫候反地氣發天不應上說文中籒文下經典相承隸變霿莫弄反天氣下地不應霿晦也馥案雺當依廣韻與霿同非霚之籒文也洪範曰蒙傳云蒙陰闇正義雺聲近蒙王肅云雺天氣下地不應闇冥也鄭注雺者氣不釋鬱鬱冥冥也周禮注引作曰蟊尙書大傳厥咎雺注云雺冒也君臣心有不明則相蒙冒矣易稽覽圖雺者霿也李善文選注雺與蒙同袁宏三國名臣贊以雺與用控楝爲韻唐書李宗閔傳人人駭栗連月雺晦惠楝曰尙書曰蒙徐邈音亾鉤反明字本作雺凡此皆雺與霿同之證也

霾 風雨土也从雨貍聲詩曰終風且霾 莫皆切

風雨土也者釋名風而雨土曰霾霾晦也言如物塵晦之色也釋天風而雨土爲霾孫炎曰大風揚塵土從上下也古今注漢昭帝元鳳三年天雨黃土晝夜昏霾晉書天文志凡天地四方昏濛若下塵十日五日以上或一月或一

時雨不沾衣而有土名曰霾　詩曰終風且霾者邶風終風文傳云霾雨土也

霿 天气下地不應曰霿霿晦也从雨瞀聲 莫弄切

洪範乃命卜筮鄭注卜五占之用謂雨濟圛霧克也史記宋微子世家曰涕曰霧徐廣曰一作巳洟曰被馥案霧當爲霿被當爲稸漢書五行志傳曰思心之不睿是謂不聖厥咎霿　天气下地不應曰霿者廣韻五經文字晉書音義竝同范子計然曰風爲天氣雨爲地氣風順時而行雨應風而下命曰天氣下地氣上陰陽交通萬物成矣素問淸陽爲天濁陰爲地地氣上爲雲天氣下爲雨雨出地氣出天馥謂反乎此則爲霿矣　霿晦也者釋言晦冥也春秋僖十五年九月己卯晦公羊云晦冥也漢書五行志心區霿則冥晦霿通作蒙洪範曰蒙釋名蒙日光不明蒙蒙然也京房易傳蒙如塵雲臣私祿及親茲謂罔辟厥異蒙大臣厥小臣茲謂蔽蒙微日不明若解不解後漢書黃瓊傳蒙氣數興日闇月散注云蒙陰闇也郎顗傳正月以來陰闇連日易內傳久陰不雨亂氣也蒙之比也蒙者君臣上下相冒亂也易稽覽圖日食之比陰得陽蒙之比也陰冒陽也鄭元注蒙氣也比非一也邪臣謀覆冒其君先霧從夜皆起或從夜半或平旦君不覺悟日中不解遂成蒙君復不覺悟下爲霧也吳志孫亮傳四轉五復蒙霧連日晉書天文志凡連陰十日晝不見日夜不見月亂風四起欲雨而無雨名曰蒙　稸聲者爾雅釋文霧字林作霿本亦作霧馥案霧當爲霿玉篇稸亂明爾雅以霿爲霧故釋文云霧字林作霿也　本書無稸字

霓 屈虹青赤或白色陰气也从雨兒聲 五雞切

本書㡯讀若虹蜺之蜺　釋天蜺爲挈貳郭注蜺雌虹也見離騷挈貳其別名見尸子　音義虹雙出色鮮盛者爲雄雄曰虹闇者爲雌雌曰霓馥案楚辭建雄虹之采旄處雌霓之標顚孟子若大旱之望雲霓也趙注霓虹也雨則虹見舊疏引爾雅雲出天之正氣霓出地之正氣雄謂之虹雌謂之霓則雲陽物也陰陽和而旣雨則雲散而霓見矣　河圖塡星爲虹蜺春秋演孔圖蜺者斗之亂精也斗失度則蜺見京房易傳蜺日旁氣也其占云妻乘夫則見之陰勝陽之表也月令章句陰陽不和婚姻失序則生此氣

屈虹青赤或白色者孔帖天復三年三月庚申有曲虹在日東北河圖稽耀鉤霓者氣也起在日側其色青赤白黃張璠漢紀光和元年虹晝見色青赤尙書考靈曜注日旁白者爲虹日旁青赤者爲霓潘尼雨賦收絳霓於漢陰史記刺客傳白虹貫日楚詞天問白蜺嬰茀注云蜺雲之有色似龍者也楊文雲賦浮素霓之逶迤　陰气也者御覽引作陰陽气也春秋元命包虹霓者陰陽之精　兒聲者廣韻霓五結切南史王筠傳沈約製郊居賦示筠草筠讀至雌霓連蜷約撫掌欣忭曰僕常恐人呼爲霓增韻范忠文公鎮試學士院詩用彩霓字學士以沈約郊居賦雌霓連蜷讀霓爲入聲謂鎮爲失韻釋名霓齧也其體斷絕見於非時此災氣也傷害於物如有所食齧也馥案此亦讀五結切

⿱雨執 寒也从雨執聲或曰早霜讀若春秋傳墊阸 都念切

寒也者寒當爲塞本書阸塞也　讀若春秋傳墊阸者成六年襄九年左傳竝作墊隘本書墊下亦引作墊隘九經字樣云傳⿱雨執隘經典相承作墊馥案本書當云春秋傳曰⿱雨執阸後人加讀若字又改⿱雨執爲墊

雩 夏祭樂于赤帝以祈甘雨也從雨亐聲 羽俱切

春秋繁露大雩者何旱祭也 祭法雩宗祭水旱也注云雩之言吁嗟也馥案漢盧江雩婁縣讀爲吁閭 春秋大雩賈逵曰言大雩者别於山川之雩左傳啟蟄而郊龍見而雩服注一說郊祀天祈農事雩祭山川而祈雨也 郊梁書許懋傳降敕問凡求陰陽應各從其類今雩祭燔柴以火祈水意以爲疑懋荅曰雩祭燔柴經無其文良由先儒不思故也按周宣雲漢之詩曰上下奠瘞毛注云上祭天下祭地奠其幣瘞其物以此而言爲旱而祭天地竝有瘞埋之文不見有燔柴之說若以祭五帝必應燔柴者今明堂之禮又無其事且禮又云埋少牢以祭時時之功是五帝此又是不用柴之證矣昔雩壇在南方正陽位有乖求神而已移於東實柴之禮猶未革請停用柴其牲牢等物悉從坎瘞以符周宣雲漢之說詔竝從之 馥案阮湛三禮圖雩壇在巳梁之壇在正南故許懋以爲乖 范注定元年穀梁傳載其禱詞曰方今大旱野無生稼寡人當死百姓何謗不敢煩民請命願撫萬民以身塞無狀 夏祭者服注左傳雩夏祭天名也雩遠也遠爲百穀求膏雨也淮南時則訓仲夏之月大雩帝注云雩者吁嗟其聲以求雨之祭詩正義云月令仲夏大雩雩以龍見爲之當在孟夏之日爲月令者錯至於仲夏失正雩之月 爲樂于赤帝者樂謂舞也本書舞樂也月令仲夏之月大雩帝用盛樂春秋文耀鉤太微宮有五帝坐星赤帝曰赤熛怒五經通義天神之大者曰昊天上帝其佐曰五帝南方赤帝赤熛怒家語五帝篇季康子問於孔子曰舊聞五帝之名而不知其實請問何謂五帝孔子曰昔邱也聞諸老耼曰天有五行木火金水土分時化育以成萬物其神謂之五帝王肅注云五帝五行之神佐天生物者後世讖緯皆爲之名亦爲妖怪妄言月令注云雩祀五精之帝司巫注云雩旱祭也天子於上帝諸侯於上公之神高注淮南時則訓帝者天之主宰詩序噫嘻春夏祈穀於上帝也箋云月令孟春祈穀於上帝夏則龍見而雩是與馥謂祈穀春祭祭上帝啟蟄而郊也雩夏祭祭赤帝龍見而雩也所謂上公者定元年穀梁傳雩者爲旱求者也求者請也焉請哉請乎應上公古之神人有應上公者通乎陰陽君親帥諸大夫道之而以請焉 以祈甘雨也者月令大雩帝注云雩吁嗟求雨之祭也春秋桓五年大雩范甯云雩者旱祭請雨之名左傳龍見而雩服注龍角亢也謂四月昏龍星體見萬物始盛待雨而大故雩祭以求雨也荀子彊國篇雩而雨何也曰無何也猶不雩而雨也注云雩求雨之禱也說苑大旱則雩祭而請雨

䨙 或從羽雩羽舞也

雩羽舞也者集韻雩䍃羽也雩祭所執釋訓舞號雩也郭注雩之祭舞者吁嗟而請雨孫炎云雩之祭有舞有號周禮司巫若國大旱則帥巫而舞雩注云雩旱祭也又女巫旱暵則舞雩注云使女巫旱祭從陰也又舞師教皇舞帥而舞旱暵之事注云皇舞象羽舞旱暵之事謂雩也暵熱氣也馥案皇本書作翌云樂舞以羽翿自翳其首以祀星辰也讀若皇桓五年公羊傳大雩者何旱祭也何注雩旱請雨祭名君親之南郊以六事謝過自責曰政不一與民失職與宮室榮與婦謁盛與苞苴行與讒夫倡與使童男女各八人舞而呼雩故謂之雩漢儀郡國旱公卿官長以次行雩禮舞童二佾莊子有桑林之舞淮南云湯旱以身禱於桑山之林馥謂此雩舞之始論語風乎舞雩皇氏曰舞雩請雨之壇處也請雨祭謂之雩雩吁也民不得雨故吁嗟也祭而巫舞故謂爲舞雩也

需 須也遇雨不進止須也從雨而聲易曰雲上於天需 相俞切

哀六年左傳需事之下也杜注需疑也十四年傳需事之賊也杜注言需疑則害事 須也者廣雅同本書須待也須通作須易需卦象需須也又歸妹以須虞注須需也干寶曰需坤之游魂也雲深在天而雨未降翺翔東西須之象也 遇雨不進止須也者本書靁見雨而止息易序卦需不進也書序太康失邦昆弟五人須於洛汭馬注須止也後漢書張衡傳雖老氏曲全進道若退然行亦以需 而聲者顧炎武曰說文需从雨而聲葢讀而爲如如也古而字即讀爲如故耎字說文曰从大而聲馥案需鄭氏易作秀云陽氣秀而不直前 歸藏易作溽本書獳讀若槈是需秀溽聲相近 易曰雲上於天需者需卦象文

䨢 水音也從雨羽聲 王矩切

水音也者集韻䨢通作羽玉篇羽北方名羽音在冬時周禮大司樂姑洗爲羽樂記羽爲物月令其音羽注云羽數四十八屬水者以爲最清物之象也六韜敵人驚動則聽之間人嘯呼之音者羽也注云羽屬水水聲清亮嘯呼之

聲似之管子地員篇二七十四尺而至於泉呼音中羽其泉鹹鬼谷子中經徵羽不相配注云徵火羽水性氣不同燕策復爲羽聲炕慨漢書律歷志五聲羽爲水劉歆鍾律書羽五行爲水

文四十六　重十一

雲 山川气也從雨云象雲回轉形凡雲之屬皆從雲 王分切

廣雅雲運也釋名雲猶云云衆盛意也又言運也運行也禮統雲者運氣布恩普博也春秋說題辭雲之爲言運也觸石而起謂之雲含陽而起以精運也初學記引春秋元命包陰陽聚爲雲河圖帝通紀雲者天地之本也洪範五行傳雲者起於山彌於天呂氏春秋應同篇山雲草莽水雲魚鱗河圖始開圖黃泉之埃上爲黃雲青泉之埃上爲青雲赤泉之埃上爲赤雲白泉之埃上爲白雲元泉之埃上爲元雲兵書韓雲如布趙雲如牛楚雲如日宋雲如車魯雲如馬衛雲如犬周雲如輪秦雲如美人魏雲如鼠齊雲如絳衣越雲如龍頭蜀雲如囷

山川气也者御覽引同本書气雲气也易繫辭山澤通氣禮孔子閒居天降時雨山川出雲成公綏雲賦山澤通氣華岱興雲云象雲回轉形者本書沄轉流也囩回也詩正月昏姻孔云傳曰云旋也

云 古文省雨

秦策楚燕之兵云翔不敢校史記作雲翔古文省雨者徐鍇本作古文雲

㔽 亦古文雲

霒 雲覆日也從雲今聲 於今切

雲覆日也者相兩書日上有冠雲四方黑者大雨覆案天文要集斗不欲雲覆之黑雲覆之大雨此言雲覆日亦如雲覆斗也玉篇霒沈雲皃釋天弇日爲蔽雲楚詞九辯然霒曀而莫達洪注云霒雲覆日也大戴禮文王官人篇生民有霒陽盧辯注言人含陰陽之氣通作陰洪範惟天陰隲下民釋文陰馬云覆也詩鴟鴞迨天之未陰雨月令天多沈陰蔡氏章句陰者密雲也沈者雲之重也

侌 古文或省

本書陰從此

㐆 亦古文霒

史記朝鮮列傳朝鮮相路人相韓陰漢書作韓陶顏籀㐆加自作陰誤爲陶

文二　重四

魚 水蟲也象形魚尾與燕尾相似凡魚之屬皆從魚 語俱切

莊子朽瓜化爲魚物之變也

水蟲也者玉篇魚水中蟲特牲饋食記魚十有五注云魚水物以頭枚數陰中之物取數於月十有五日而盈魚尾與燕尾相似者本書燕枝尾又云角與刀魚相似

鰖 魚子已生者從魚憜省聲 徒果切

魚子已生者者集韻魚初生曰鰖憜省聲者當爲隋聲

䱐 籒文

鮞 魚子也一曰魚之美者東海之鮞從魚而聲讀若而 如之切

魚子也者魯語魚禁鯤鮞韋注鯤魚子鮞未成魚也南史吉翂傳鯤鮞螻蟻尚貪其生一曰魚之美者東海之鮞者呂氏春秋本味篇文高注鮞魚名

魼 魚也從魚去聲 去魚切

魚也者玉篇魼亦作鰈鰈比目魚鰨同上廣韻魼與鰈同比目魚別名本書㭰讀若比目魚鰈之鰈釋地東方有比

目魚兩不比不行其名謂之鰈郭注狀似牛脾鱗細紫黑色一眼兩片相合乃得行今水中所在有之江東又呼爲王餘魚上林賦禺禺魼鰨郭璞曰魼比目魚狀似牛脾細鱗紫色兩相合乃得行馥疑魼下有或體鰈字傳寫脫漏

魶 魚似鼈無甲有尾無足口在腹下從魚納聲 奴荅切

魚似鼈者廣雅魶鯢也類篇魶魚有四足如龜而行疾戴侗曰魶魚類鮎而四足按如龜之說未然里中漁人屢嘗獻此目擊其狀乃類鮎郡城中嘗因大水獲此以爲蛟龍爲召巫祝禳而送之江寰宇記云爾雅云鯢似鮎四足聲如小兒今商州山溪内亦有此魚謂之納魚 無足者當爲四足史記司馬相如傳禺禺鱋魶徐廣曰魶一作鰨郭璞曰鰨鯢魚也似鮎有四足聲如嬰兒廣韻魶鯢也玉篇鯢大魚似鮎四足陳藏器本草案鯢魚一名王鮪在山溪中似鮎有四脚長尾能上樹天旱則含水上山以葉覆身鳥來飲水因而取之伊洛閒亦有聲如小兒啼故曰鯢魚一名䱱魚一名人魚膏然燭不滅秦始皇冢中用之史記秦始皇本紀以人魚膏爲燭徐廣音義云人魚似鮎四脚北山經決決之水其中多人魚其狀如鯑魚四足其音如嬰兒注云或曰人魚卽鯢魚也似鮎而四足聲如小兒啼

水經注洛水云廣志曰鯢魚聲如小兒嗁有四足形如鯪鱓可以治牛出伊水也釋魚鯢大者謂之鰕異物志鯢魚有四足如龜而行疾有魚之體而以足行故曰鰕魚含水仰天不動小鳥就飲因而吞之

鰨 虛鰨也從魚㬱聲 土盍切

虛鰨也者字書鰨魚似鮎四足北戶錄引唐韻鰨魚名四足戴侗曰薄魚扇土而行者今謂之鰨鰨漢書司馬相如傳禺禺魼鰨

鱒 赤目魚從魚尊聲 慈損切

赤目魚者字林同釋魚鮅鱒郭注似鯶子赤眼孫炎云鱒好獨行爾雅翼鱒魚目中赤色一道橫貫瞳魚之美者今謂之赤眼鱒食螺蚌喜獨行極難取見網輒遁詩九罭之魚鱒魴傳云鱒大魚也御覽引陸機疏云鱒似鯶魚而鱗細於鯶赤眼多細文

魚也從魚欶聲 力珍切

鰫 魚也從魚容聲 余封切

魚也者集韻鰫似鰱而黑五音集韻鰫似鱒而黑

魚也從魚胥聲 相居切

魚也者北山經滑水其中多滑魚其狀如鱓赤背其音如梧注作鰖魚

鮪 鮥也周禮春獻王鮪從魚有聲 榮美切

鮥也者當爲鮥說見鮥下詩潛有鱣有鮪碩人鱣鮪發發傳茲云鮪鮥也釋文鮪似鱣大者名王鮪小者名叔鮪沈云江淮閒曰叔伊洛曰鮪海濱曰鮥陸機疏鮪魚形似鱣而色青黑頭小而尖似鐵兜鍪口在頷下其甲可以摩薑大者不過七八尺益州人謂之鱣鮪大者爲王鮪小者爲叔鮪一名鮥肉色白味不如鱣也今東萊遼人謂之尉魚或謂之仲明仲明者樂浪尉也溺死海中化爲此魚又云河南鞏縣東北崖上山腹有穴舊說此穴與江湖通鮪從此穴而來北入河西上龍門入漆沮故張衡賦云王鮪岫居山穴爲岫謂此穴也薛綜注西京賦云王鮪居山穴中

長老言王鮪之魚由南方來出此穴中入河水見日月眩浮水上流行七八十里釣人見而取之以獻天子用祭其穴在河南小平山水經河水又東過鞏縣北酈注縣北有山臨河謂之崟原邱其下有穴謂之鞏穴言潛通淮浦北達於河直穴有渚謂之鮪渚成公綏大河賦曰鱣鯉王鮪春暮來游周禮春薦鮪然非時及佗處則無故河自鮪穴已上又兼鮪稱呂氏春秋稱武王伐紂至鮪水紂使膠鬲候周師卽是處矣博物志河陰岫穴出鮪魚焉後漢書馬融傳春獻王鮪注云鮪鱣屬也大者爲王鮪小者爲叔鮪

周禮春獻王鮪者天官漁人文夏小正二月祭鮪不必記記鮪何也鮪之至有時美物也鮪者魚之先至者也而其至有時謹記其時馥案他書皆作三月月令季春之月薦鮪於寢廟呂氏春秋季春紀薦鮪於寢廟注云鮪魚似鯉而小淮南時則訓季春薦鮪於寢廟注云鮪魚似鯉而大馥案古今注鱣之大者曰鮪

鯍也周禮謂之魱從魚恆聲 古恆切

鯍也者魱省作魱玉篇魱鱛鮪也吳都賦坙魱鱛注云魱鱛鮪也東山經碧陽其中多鱣鮪注云鮪卽鱏也似鱣而

長鼻體無鱗甲別名鮔鰽一名鱑也史記司馬相如傳鮔鰽漸離郭璞曰鮔鰽鮪也李奇注周洛曰鮪蜀曰鮔鰽出鞏山穴中三月遡河上能度龍門之限則爲龍矣

鮔鯍也從魚兂聲武登切

鮔鯍也者字或作鰽玉篇鰽鮔鰽魏武四時食制鰽一名黃魚大數百斤骨軟可食出江陽犍爲古文苑蜀都賦后鰽水螭注云鮔鰽魚名后鰽猶后燕后蠏之類

叔鮪也從魚各聲盧各切

叔鮪也者釋魚文彼作鮛郭注鮪鱣屬也大者名王鮪小者名鮛鮪今宜都郡自京門以上江中通出鱏鱣之魚有一魚狀似鱣而小建平人呼鮥子即此魚也釋文鮥字林作鮥巨救反又云鮥字林作鮥音格本書鮥鮥二字與字林異或後人據爾雅改之

魚也從魚系聲古本切

魚也者玉篇鯀大魚也或作鯤列子殷湯篇有魚焉其廣數千里其長稱焉其名爲鯤莊子逍遙游北冥有魚其名爲鯤

魚也從魚眔聲古頑切

魚也者詩敝笱其魚魴鰥傳云鰥大魚孔叢抗志篇衛人釣於河得鰥魚焉其大盈車

鱣也從魚里聲良止切

鱣也者釋魚鯉鱣舍人曰鯉一名鱣郭璞曰鯉今赤鯉魚鱣大魚似鱏而短鼻口在頷下體有邪行甲無鱗肉黃大者長二三丈今江東呼爲黃魚馥案舍人與本書合郭以爲二魚其說云先儒及毛詩訓傳皆謂此魚有兩名今此魚種類形狀有殊無緣强合之爲一物詩魚麗于罶鱨鯉釋文毛及前儒皆以鮎釋鰋鱧爲鯇鱣爲鯉唯郭注爾雅是六魚之名今目驗毛解與世不協或恐古今名異逐世移耳馥謂此說最爲平愼毛傳說文舍人孫炎並同未可據今而疑古也鯉本鱣屬今之鯉魚謂之赤鯉猶鱓本大魚今之鱓魚謂之蛇鱓皆冒大魚之名高注淮南云鮪似鯉而大李奇注史記鮪能度龍門之限則爲龍馥謂俗誤以赤鯉上龍門也古今注鯉之大者曰鱣鱘藏占鼎有黃亘利得鱣鯉詩衡門豈其食魚必河之鯉成公綏大河賦鱣鯉王鮪暮春來游臨海異物志鯉魚長百步俗傳有七里鱣魚孫綽望海賦文鯉黃鱣大魏諸州記小平津有洞穴鯉魚從穴中出入河大者重千斤色青皮如鮫魚皮有珠文口在頷下

鯉也從魚亶聲張連切

鯉也者一切經音義十五鱣大黃魚也口在頷下體無鱗甲肉黃大者長二三丈江東呼爲黃魚是也古今注鯉之大者曰鱣鱣之大者曰鮪詩碩人鱣鮪發發傳云鱣鯉也釋文鱣大魚口在頷下長二三丈江南呼黃魚又四月匪鱣匪鮪箋云鱣鯉也又潛有鱣有鮪傳云鱣大鯉也陸璣疏出江海三月中從河下頭來上身形似龍銳頭口在頷下背上腹下皆有甲縱廣四五尺今於盟津后磧上釣取之大者千餘斤可烝爲臛又可爲鮓魚子可爲醬鄭注大傳鱣鯉也郭注山海經鱣魚大魚也口在頷下體有連甲也江賦叔鮪王鱣李善云王鱣鱣之大者猶曰王鮪南越

志鱣鰭屬也長鼻輭骨長數丈而骨可啖水經注河水云河水又南得鯉魚淵爾雅曰鱣鮪也出鞏穴三月則上渡龍門得渡爲龍矣否則點頷而還

籒文鱣

魚當作𩵋

魚也從魚専聲旨兖切

魚也者廣韻鱄魚名出洞庭湖呂氏春秋本味篇魚之美者洞庭之鱄

魚名從魚同聲一曰鱶也讀若絝襱直隴切

魚名者玉篇鰯鮦也馥案萊沂海中有蟹大者徑尺殼有兩錐呼爲鮦蟹即此魚也一曰蠡也者韻會引作鱧玉篇鮦鱧魚也釋魚鰹大鮦小者鮵注云今青州呼小鱺爲鮵讀若絝襱者地理志汝南郡鮦陽孟康曰鮦音紂紅反廣韻集韻皆與紂同音誤矣

⿰魚蠡 鮦也從魚蠡聲 盧啟切

鮦也者詩魚麗魴鱧傳云鱧鮦也御覽引陸璣疏爾雅曰鱧鮦也許慎以爲鯉魚璣以爲似鯉頰狹而厚字或通作蠡本草蠡魚一名鮦魚生九江池澤陶云今皆作鱧字舊言是公蠣蛇所變然亦有相生者至難死猶有蛇性韓詩外傳蠡躍鮫奮鼓佩曰鱧魚之摯者鱗黑駁首左右各有竅如七星雌雄相隨將子哫食衆魚埤雅諸魚中惟此魚膽甘可食有舌鱗細有花文一名文魚與蛇通氣其首戴星夜則北嚮蓋北方之魚也

⿰魚婁 魚名一名鯉一名鰜從魚婁聲 洛侯切

魚名者玉篇⿰魚婁大青魚一名鯉者所謂青鯉也古今注兗州人謂青鯉爲青馬此謂三十六鱗之鯉一名鰜者玉篇鰜⿰魚婁也集韻鰜魚名大而青

鰜 魚名從魚兼聲 古甜切

魚名者玉篇鰜⿰魚婁也集韻鰜魚名大而青

鯈 魚名從魚攸聲 直由切

魚名者廣韻鯈與鮋同云鮂鮋小魚廣雅鰷鯈也釋魚鮂黑鰦郭注即白鯈魚江東呼爲鮂爾雅翼鯈白鰷也其形纖長而白今人謂之參埤雅鯈江淮之間謂之鰷本草鰲注云長數寸狀如柳葉今俗呼鰲鰷莊子秋水篇鯈魚出游釋文白魚也何晏景福殿賦瀨戲鰋鯈荀子榮辱篇鯈鉢者浮陽之魚也楊倞注鯈鉢魚名浮陽謂此魚好浮於水上就陽也秋興賦玩游鯈之潎潎何敬祖詩流目玩鯈魚字或作鰷詩潛鰷鰋鯉箋云鰷白鰷也又借儵字淮南覽冥訓不得其道若觀儵魚高注儵魚小魚可觀見而不可得後漢書樊儵字長魚

⿰魚豆 魚名從魚豆聲 天口切

鯾 魚名從魚便聲 房連切

魚名者玉篇鯾魴魚也爾雅釋文鯿字又作鯾字林云魚也案魚似魴而大頳細而長爾雅翼宋張敬兒爲刺史獻齊高帝一千八百頭即此也海內北經大鯾居海中注云鯾即魴也後漢書馬融傳魴鱮鱏鯿注云鯿魴之類也襄陽耆舊傳峴山下漢水中出鯿魚味極肥而美襄陽人采捕遂以槎斷水因謂之槎頭縮項鯿魚

鯿 鯾又從扁

魴 赤尾魚從魚方聲 符方切

釋魚魴魾郭注江東呼魴魚爲鯿一名魾詩魚麗于罶魴鱧又衡門豈其食魚必河之魴陸璣疏魴今伊洛濟潁魴魚也廣而薄肥恬而少力細鱗魚之美者遼東梁水魴特肥而厚尤美於中國魴故其鄉語曰居就糧梁水魴說苑夫投綸錯餌迎而吸之者陽橋也其爲魚也薄而不美若忘若存若不食者魴也其爲魚也博而厚味廣州記魴魚廣而肥恬魚之美者也楚公子魴字子魚赤尾魚者字林同一切經音義十九魴赤尾魚也詩汝墳魴魚赬尾傳云魚勞則尾赤正義魴魚尾本不赤赤故爲勞也馥案此誤也曾在沅江得一魚鱗白肉細而尾赤眞魴也

鰟 魴或從旁

玉篇鰟籀文

鱮 魚名從魚與聲 徐呂切

魚名者埤雅鱮魚亦或謂之鰱也爾雅翼鯇食草鱏食螺蚌鱮乃食鯇矢宜其味之不美爾詩敝笱其魚魴鱮箋云鱮似魴而弱鱗陸璣疏似魴厚而頭大魚之不美者故俚語曰网魚得鱮不如啗茹華陽國志沔陽縣度水有二源一曰清檢二曰濁檢有魚穴清水出鱮濁水出鮒常以二月八月取後漢書馬融傳魴鱮鱏鯿潘岳西征賦素鱮揚鬐內則魴鱮蒸

鰱 魚名從魚連聲 力延切

魚名者廣雅鰱鱮也陸璣疏鱮其頭尤大而肥者徐州人謂之鰱寰宇記湞昌縣鰱水多鰱魚因名鰱水

鮍 魚名從魚皮聲 敷羈切

魚名者玉篇鮍鰅魚也王襃雜章云奉鮍皮

䱂 魚名從魚幼聲讀若幽 於糾切

魚名者玉篇䱂鱮魚也

鮒 魚名從魚付聲 符遇切

魚名者玉篇鮒鰿魚廣雅鮒鰿也顏注急就篇鮒今之鰿魚也亦呼爲鯽易井谷射鮒王肅注鮒小魚少牢禮魚用鮒十有五而俎莊子外物篇周顧視車轍中有鮒魚焉神異經東南海中有恆洲有溫湖鮒魚生焉長八尺荊州記荊州有美鮒踰於洞庭溫湖水經注度口水有二源一曰濁檢出好鮒晉羊舌鮒字叔魚

⿰魚巠 魚名從魚巠聲 仇成切

魚名者尚書大傳大都⿰魚巠魚注云⿰魚巠魚今江南以爲鮑

鰿 魚名從魚脊聲 資昔切

魚名者玉篇鰿鮒也廣韻鰿鮒也唐本草鯽魚一名鮒魚蜀本注云形亦似鯉色黑而體促肚大而脊隆所在池澤

皆有之

鱺 魚名從魚麗聲 郎兮切

魚名者戴侗曰鱺鰻也玉篇鱺魚似蛇無鱗甲其氣辟蠹蟲也廣雅鱺鮦也類篇鱺小鮦也本草鰻鱺魚陶隱居云能緣樹食藤花形似鱓又有鰌亦相似而短也圖經云似鱓而腹大青黃色云是蛟蜃之類善攻碕岸使輒頹阤近江河居人酷畏之趙辟公雜說凡聒抱者鵁鶄雀也影抱者黿鼉也有鰻鱺者以影漫於鱧魚則其子皆附鱧之鬐鬣而生故謂之鰻鱺也馥案有赤色者玉篇鰑赤鱺也

鰻 魚也從魚曼聲 母官切

魚也者廣韻鰻鯠魚也集韻鯠鰻鯠魚也鯠字林作鯠戴侗曰魚無鱗而搏長腹白決吻如蛇

鱯 魚名從魚蒦聲 胡化切

徐鍇本有讀若瓠三字

魚名者玉篇鱯似鮎而大廣韻鱯魚名似鮎白大廣志鱯魚似鮎大口本草蜀本圖經鱯魚有二種口腹俱大者名鱯背青而口小者名鮎北山經洧水其中有鱯黽注云鱯似鮎而大白色也水經注度口水有二源一曰清檢出佳鱯

魾 大鱯也其小者名鮡從魚丕聲 敷悲切

大鱯也其小者名鮡者釋魚魾大者鱯郭注鱯似鮎而大白色釋魚又云鰲鰊郭注未詳釋文鰲廣雅云魾鰲埤蒼云鰲鰊魾也字林鰊作鯠音七

鱧 鱯也從魚豊聲 盧啟切

鱯也者字林鱧⿰魚果也唐注本草蚺蛇其形似鱧魚或言鱧魚變爲之也

⿰魚果 鱧也從魚果聲 胡瓦切

鱧也者廣韻⿰魚果魚似鮎也廣雅鮠⿰魚果也大⿰魚果謂之鱯詩魚麗魴鱧傳云鱧鮦正義釋魚云鱧鯇舍人曰鱧名鯇郭璞

曰鱧鮦偏檢諸本或作鱧⿰魚重或作鱧鯇若作鮦似與郭璞正同又與舍人有異或有本作鱧⿰魚果者馥案毛傳郭注以鱧爲蠡故釋爲鮦

鱨 揚也從魚嘗聲 市羊切

揚也者集韻類篇引作揚徐鍇本同字書鱨黃頰魚也玉篇鱨黃鱨魚林朝儀蟲異賦注鱨今黃鱨魚也性浮而善飛躍故一名揚詩魚麗鱨鯊傳云鱨揚也陸疏鱨一名揚今黃頰魚似燕頭魚身形厚而長大頰骨正黃魚之大而有力解飛者徐州人謂之揚黃頰通語也今江東呼黃鱨魚亦名黃揚魚尾微黃大者長尺七八寸許陳啟源曰孟詵食療本草有黃顙魚卽魚麗之鱨也亦名黃鱨魚又名黃頰魚無鱗而色黃羣游作聲軋軋故又名觖軋又名黃魟陸元恪以爲名黃揚正以色黃而性揚也馥案說苑夫投綸錯餌迎而吸之者陽橋也宓子賤廟碑作陽鱎荀子榮辱篇儵鉢者浮陽之魚也注云浮陽謂此魚好浮於水上就陽也此皆作陰陽之陽初學記引毛詩義疏鮪魚益州人謂之鮪鱨案薛綜云王鮪出穴見日月眩浮水上流行七八十里馥謂其浮似鱨故曰鮪鱨

鱏　魚名從魚覃聲傳曰伯牙鼓琴鱏魚出聽　余箴切

魚名者一切經音義十七鱏魚鼻長七八寸重千斤玉篇鱏鮪也字林鱏長鼻魚也重千斤後漢書馬融傳魴鱮鱏鯿注云鱏口在頷下大者長七八尺長笛賦鱏魚噞於水裔字或作鱘陳藏器本草鱘魚生江中背如龍長一二丈鼻上肉作脯名鹿頭一名鹿肉新唐書地理志丹陽郡貢鱘鮓趙宧光曰鱏大鼻魚也外無鱗內無骨其鼻如冠等身之半皆鬭脆也大者千斤觸網即仰身待縛人言其惜冠也海虞方言讀若鰽婁東方言讀若尋或改作鱘因聲而謬遂其譌也　傳曰伯牙鼓琴鱏魚出聽者荀子昔者瓠巴鼓瑟而鱏魚出聽伯牙鼓琴而六馬仰秣通作淫淮南說山訓瓠巴鼓瑟而淫魚出聽高注淫魚喜音出頭於水而聽之淫魚長頭身相半長丈餘鼻正白身正黑口在頷下似鬲獄魚而身無鱗出江中也曰帖瓠巴鼓琴鱏魚出聽江淹雜體詩淵魚猶伏浦聽者未云疲李注淵魚鱏魚也韓詩外傳昔伯牙鼓琴而淵魚出聽蜀都賦感鱏魚劉注鱏魚出江中頭與身正半口在腹下淮南子曰瓠巴鼓瑟鱏魚出聽伯牙鼓琴駟馬仰秣

鯢　刺魚也從魚兒聲　五雞切

刺魚也者集韻作鮆音粹宋玉對楚王問尺澤之鯢莊子庚桑楚尋常之溝巨魚無所還其體而鯢鰌爲之制注制折也謂小魚得屈折也又云趣灌瀆守鯢鮒

鰼　鰌也從魚習聲　似入切

鰌也者釋魚文郭注今泥鰌孫炎云鰼尋也尋習其泥厭其清水

鰌　鰼也從魚酋聲　七由切

鰼也者埤雅今泥鰌也似鱓而短無鱗以涎自染難握與魚爲牝牡莊子所謂麋與鹿交鰌與魚游一名鰼玉篇鰌狀如鱓而小字林鰌似鱓短小也莊子達生篇養鳥者食之以委蛇司馬彪云委蛇泥鰌通鑑注鰌魚今江淮間湖蕩河港皆有之春二月時人取食之其味甘美至三月人不甚食謂之楊花鰌史鰌字子魚

鯇　魚名從魚完聲　戶版切

魚名者類篇鯇與鯶同郭注爾雅鯇今鯶魚似鱒而大陳藏器本草鯇魚似鯉生江湖間嶺表錄異新龍等州山田開爲町疃貯水先買鯇魚子散於田內一二年後魚兒長大食草根竝旣盡爲熟田爾雅翼云南牂柯人以桐葉飼魚鄉人養鯇魚者每春以草養之頓能肥大秋後食以桐葉以封魚腹則不復食亦不復瘦以待春復食也

魠　哆口魚也從魚乇聲　他各切

哆口魚也者玉篇魠名黃頰廣雅鰔鰄河魠魭鱨魠也韓詩外傳魚之哆口垂腴者魚畏之史記司馬相如傳鰅鰫鰬魠徐廣曰魠音託哆口魚也漢書音義郭璞曰魠鰄也一名黃頰馥案集韻鰔魠也一曰黃頰

鮆　飲而不食刀魚也九江有之從魚此聲　徂禮切

玉篇鮆鮆魚也魛䰵魛魚　鄭注周禮鼈人貍物鱴刀含漿之屬　南山經苕水北流注於具區其中多鮆魚注云鮆魚狹薄而長頭大者尺餘太湖中今饒有之一名刀魚　江賦鯼鮆順時而往還李善曰常以三月八月出故曰順時　爾雅翼鮆魚長頭而狹薄其腹背如刀刃故以爲名大者長尺餘可以爲膾　戴侗曰鮆魚生江河鹹淡水中春則上側薄

類刀其大者曰母鮆宜膾　趙宧光曰今江南在在有之海出者佳而孕子江出大而不孕湖出有大小二種竝味薄不珍　異苑蝴蝶變作鮆　爾雅釋文鮆字或作鱭齊民要術注鱭一名刀魚　馥案方言凡物生而不長大謂之鮆又曰鮆飲而不食刀魚也者釋魚鮤鱴刀郭云今之鮆魚也亦呼爲魛魚釋文刀字亦作魛字林云刀魚飲而不食漢書貨殖傳鮐鮆千斤顏注鮆魛魚也飲而不食者

九江有之者廣韻鮆魚名常以春時出九江

鮀　鮎也從魚它聲　徒何切

鮎也者齊民要術有作鮀臛法本草蜀本圖經云有二種口腹俱大者名鱯背青而口小者名鮎口小背黃腹白者名鮠一名河豚三魚竝堪爲臛美而且補　祝鮀字子魚

鮎　鰋也從魚占聲　奴兼切

鰋也者釋魚鰋鮎孫炎曰鰋一名鮎詩魚麗鰋鯉傳云鰋鮎也楚詞九思鱣鮎兮延延王注鮎鰋也詩詁今詳鮎狀腹平著地故得偃名永嘉郡記𣻌湖溪中多大鮎有流得一頭者鬚大五六圍魏武四時食制䱗鮎

鰋 鮀也從魚妟聲 於幰切

鰋 鰋或從匽

鮷 大鮎也從魚弟聲 杜兮切

大鮎也者廣雅鮷鮎也字或作鮧廣韻鮧鮎也類篇鮧魚名鮎也江東語戴侗曰鮎魚無鱗哆口豕頰長須多次江東謂之鮧其大者謂之鮷言其哆口也字又作鯷類篇鯷魚名鮎鯷廣雅鯷鮎也郭注爾雅鮎別名鯷江東通呼鮎爲鮧爾雅翼鮧魚偃額兩目上陳口方頭大尾小身滑無鱗謂之鮎魚言黏滑也一名鯷魚善登竹以口銜葉而躍於竹上大抵能登高其有水堰處輒自下騰上愈高遠而未止諺曰鮎魚上竹謂是故也本草鮧魚陶云此是鯷也今人皆呼慈音即是鮎魚作臛食之云補本草綱目鯷魚古曰鰋今曰鮎北人曰鰋南人曰鮎趙策鯷冠秫縫鮑注鯷大鮎以其皮爲冠地理志會稽海外有東鯷人孟康音題晉灼音鯷字又作鯑山海經人魚其狀如鯑魚

鱱 魚名從魚賴聲 洛帶切

魚名者通作賴本草黃賴魚一名鉠軋無鱗埤雅鉠軋魚其膽春夏近上秋冬近下馥案即黃頰魚羣游作聲軋軋故又名鉠軋

⿰魚朁 魚名從魚朁聲 鉏箴切

魚名者南越志鱣鱕屬也韓詩外傳瓠巴鼓瑟鱕魚出聽

⿰魚翁 魚名從魚翁聲 烏紅切

魚名者本草漳州海中有海⿰魚翁魚取其糞乾之盛器可辟蠅

⿰魚臽 魚名從魚臽聲 戶賺切

魚名者山海經西水南流注於河其中有⿰魚臽父之魚其狀如鮒魚而彘身食之已嘔異苑諸魚欲產⿰魚臽魚輒以頭衝其腹⿰魚臽魚自生亦更相撞觸俗謂衆魚之生母

鱖 魚名從魚厥聲 居衛切

魚名者玉篇鱖魚大口細鱗斑彩爾雅翼鱖魚巨口而細鱗鬐鬣皆圓黃質黑章皮厚而肉緊特異常魚其斑文尤鮮明者雄也稍晦昧者雌也凡牛羊之屬有肚故能嚼魚無肚不嚼鱖有肚能嚼本草鱖魚背有黑點味尤重昔仙人劉憑常食石桂魚今此魚猶有桂名恐是此也生江溪間山海經注鱖魚大口大目細鱗有斑彩戴侗曰鱖魚之摯者決吻鋸齒箴鬣豹文雌雄將子啖食衆魚魚之美者張志和漁父詞桃花流水鱖魚肥

鯫 白魚也從魚取聲 士垢切

白魚也者史記貨殖傳鯫千石鮑千鈞正義鯫謂雜小魚也鮑白也馥案當云鮑謂雜小魚也鯫白魚也字或作鱖玉篇鯫白魚也

鱓 魚名皮可爲鼓從魚單聲 常演切

魚名者本書鼉下云水蟲似蜥易長大驒下云文如鼉魚史記索隱引作鱓魚禹四海異物江鱓鄭注鱓或作鼉鼉狀如蜥蜴長六七尺呂氏春秋古樂篇顓頊令鱓先爲樂倡鱓乃偃寑以其尾鼓其腹史記太史公自序鼉鱓與處

馥案今人所食鱓魚其形似蛇者名爲蛇鱓本書蟬下云非蛇鱓之穴無所庇後漢楊震傳蛇鱓卿大夫服之象也其形似鱓又小如蛇故名蛇鱓本草蜀本圖經云生湖畔土窟中形似守宮而大長丈餘背尾俱有鱗甲今江南諸州皆有之 皮可爲鼓者古文苑蜀都賦注引同夏小正二月剝鱓以爲鼓也李斯上書樹靈鼉之鼓通作鼉詩靈臺鼉鼓逢逢周書王會會稽以鼉注云其皮可以冠鼓月令季夏伐蛟取鼉注云甲類皮可以冒鼓高注淮南時則訓鼉魚屬皮可以作鼓上林賦樹靈鼉之鼓張揖注以鼉皮爲鼓也通作鮀本草鮀魚生南海池澤陶云鮀皮可以冒鼓 單聲者後漢書馬融傳右提蛟鼉與淵鼉爲韻注云鼉音壇

鮸 魚名出薉邪頭國從魚免聲 亾辨切

魚名者戴侗曰鮸海魚似鱸而肉粗杜寶大業拾遺錄吳郡獻海鮸乾膾帝以示羣臣曰今日之膾來數千里亦是一時奇味又云鮸魚大者長四五尺鱗細紫色無細骨不腥 出薉邪頭國者薉邪頭東夷也徐鍇曰廣韻濊貊夫餘國名或作獩貊漢志樂浪郡有邪頭昧周書王會北有稷愼東則濊良魏志濊南與辰韓北與高句麗沃沮接後

漢書東夷傳濊及沃沮句驪本皆朝鮮之地寰宇記濊國亦朝鮮之地自謂與句麗同種言語法俗大抵相類山海經貊國在漢水東北郭注今扶餘國即濊貊故地魏志夫餘國其印文言濊王之印國有故城名濊城葢本濊貊之地而夫餘王其中後漢書東夷傳夫餘國在玄菟北千里北有弱水地方二千里本濊地也

魵魚名出薉邪頭國從魚分聲符分切

魚名者釋魚魵鰕郭注魵出穢邪頭國見呂氏字林通作斑魚參魏畧濊國出斑魚皮漢時恆獻之郭義恭廣志斑文魚出東夷濊國獻其皮通典濊亦朝鮮之地東窮大海西至樂浪其海出班魚皮漢時常獻之

⿰魚虜魚名出樂浪潘國從魚虜聲郎古切

出樂浪潘國者樂浪郎周書王會之巨夷潘徐鍇本作番漢志樂浪郡無潘國隋書新羅國在高麗東南居漢時樂浪之地

鰸魚名狀似蝦無足長寸大如叉股出遼東從魚區聲豈俱切

狀似蝦無足長寸大如叉股者無字衍集韻引作狀如鰕足長寸大如叉股

鯜魚名出樂浪潘國從魚妾聲七接切

魚名者或通作妾釋魚鮬鱖歸郭注小魚也似鮒子而黑俗呼爲魚婢江東呼爲妾魚居易錄白妾魚一名婢妾臉如芙蕖膚如凝脂有天然肉結長四尺五寸臍下有帶白光映人作膾香脆水陸無方者䅉案或云此魚行以三爲率一前二後

魳魚名出樂浪潘國從魚市聲博葢切

魚名者北山經敦水其中多魳魳之魚食之殺人

⿰魚匊魚名出樂浪潘國從魚匊聲一曰鰤魚出江東有兩乳居六切

魚名出樂浪潘國一曰鰤魚出江東有兩乳者晉書音義引云鰤魚出樂浪潘國一名江豚多膏少肉一曰出江有兩乳字林鰤魚有兩乳出樂浪一日出江徐鍇本一日鰤出九江有兩乳一日溥浮廣雅鱄鮮鰤也玉篇鱄鮮魚一名江豚欲風則踊本草江豚別名鯆魚魏武帝食制謂之鮮鰤史記伍子胥傳縣東門之上正義東門鰽門謂鮮門也郭注爾雅鱀魚尾如鰤魚廣韻鯆鮮魚名亦作鰤又江豚別名天欲風則見塼蒼鮮鰤魚也王隱晉書夏統常學戲船登舟作鮮鯆之狀楊慎曰說文鰤魚葉子奇曰奔鮮也名𧲣非魚非鮫色如鮎有兩乳在腹下雌雄陰陽類人

魦魚名出樂浪潘國從魚沙省聲所加切

魚名云云者六書故引同又云鯊海中所産以其皮如沙而得名哆口無鱗胎生其類尤多大者伐之盈舟寰宇記漳州出鯊魚皮

鱳魚名出樂浪潘國從魚樂聲盧各切

鮮魚名出貉國從魚羴省聲相然切

鰅魚名皮有文出樂浪東暆神爵四年初捕收輸考工

周成王時揚州獻鰅從魚禺聲魚容切

魚名皮有文者史記司馬相如傳鰅鰫鰬魠徐廣曰鰅音娛皮有文出樂浪又禺禺鱋魶徐廣曰禺禺魚牛也漢書注郭璞曰禺禺皮有毛黃地黑文閔二年左傳歸夫人魚軒服虔曰魚獸名詩采薇象弭魚服傳云魚服魚皮也陸璣疏魚服魚獸之皮也魚獸似豬東海有之一名魚貍其皮背上斑文腹下純青今以爲弓鞬步叉者也出樂浪東暆者本書暆下云樂浪有東暆縣漢志同周成王時揚州獻鰅者周書王會揚州禺禺

鱅魚名從魚庸聲蜀容切

魚名者史記鰅鰫鰬魠張融海賦魚則何儸鰅鰫鯔鰜何曰今海魚肉如㲉謂之鱅東山經棫蠡之山食水出焉而東北流注於海其中多鱅鱅之魚其狀如犂牛其音如㲉鳴陳藏器本草鱅魚嶺南人作鮑魚劉元紹云其臭如屍海人食之所謂海上有逐臭之夫也

鰂 鰞鰂魚名从魚則聲 昨則切

鰞鰂魚名者鰞小字本作烏玉篇作鰞晉書夏統傳操柂正櫓折旋中流初作鯔鰞躍後作鮪鯙引鰞郎烏鰂也字又作鯎周書伊尹受命於湯賜鯎鰂之醬是也爾雅翼鰞鰂狀如革囊兩帶極長腹中有墨背上獨一骨形如樗蒲子而長名海螵蛸古今注烏鰂一名河伯度事小史一切經音義十七埤蒼鰞鰂魚腹中有骨出南郡背有一骨闊二寸許有鬐甚長口中有墨瞋則潠人臨海記云以其懷板含墨故號小史魚也戴侗曰鰞鰂形如革囊口在腹下足生口旁兩須如纜又名纜魚腹有墨又名墨魚嶺表錄異烏賊魚只有骨一片如龍骨而輕虛以指甲刮之即爲末亦無鱗而肉翼前有四足每潮來即以二長足捉石浮身水上有小蝦魚過其前即吐涎惹之取以爲食廣州邊海人往往採得大者率如蒲扇煠熟以薑醋食之極脆美或入鹽渾淹爲乾槌如脯亦美吳中好食之元和郡縣志明州貢烏鰂骨玉篇鰂又作鱡諸書通作賊曹毘揚都賦魚則琵琶烏賊南越志烏賊魚常自浮水上烏見以爲死便往啄之乃卷取烏故謂之烏賊今雅烏化爲之又云烏賊魚有矴遇風涙便起虬前一鬚下矴而住腹中血及

說文解字義證　卷三十六　哭　連筠簃叢書　靈石楊氏栞

膽正黑中書世謂烏賊懷墨而知禮故俗曰是海君白事小史江東人或取其墨書契以紿人物書迹如淡墨逾年墨消空紙耳本草烏賊魚生東海池澤陶隱居云此是鷃烏所化作今其口腳具存猶相似耳其魚腹中有墨今作好墨用之圖經云能吸波噀墨以溷水所以自衞使水匿形不爲人所害又云性嗜烏每曝水上有飛烏過謂其已死便啄其腹則卷取而食之以此得名言爲烏之賊害也形若革囊口在腹下八足聚生口旁只一骨厚三四分似小舟輕虛而白又有兩鬚如帶可以自纜故別名纜魚萬震烏賊魚贊烏賊有骨絕短八足集足在口縮喙在腹形類鞋囊其名烏賊吸波噀墨迷射水慝字又作鰂夢溪筆談宋明帝好食蜜漬鱁鮧乃今之烏鰂腸也

鯽 鰂或从即

鮐 海魚名从魚台聲 徒哀切

海魚名者史記正義李善注七命所引竝同古文苑蜀都賦注引亦同顏注急就篇鮐海魚也鹽鐵論萊黃之鮐不可勝食釋詁鮐背耇老壽也舍人曰背若鮐魚也釋名九十曰鮐背詩行葦黃耇台背箋云台之言鮐也大老則背有鮐文

鮊 海魚名从魚白聲 旁陌切

徐鍇本有讀若書白不黑六字

海魚名者廣韻作鱴集韻音杞廣雅鮊鱎也馥案此魚無鱗燕尾大者長七八尺肉不美其子可鹽藏登萊人重之新字林云魚子脯曰膭子

鰒 海魚名从魚夏聲 蒲角切

夏當作复

海魚名者戴侗曰鰒肉似扁肉漢書王莽傳啗鰒魚顏注鰒海魚也音雹曹植表先王喜鰒魚臣前以表徐州臧霸遺鰒魚二百枚足以供事魏志末盧國人好捕鰒魚水無深淺皆沈沒取之後漢書伏隆傳張步遣使隨隆詣闕上書獻鰒魚注云郭璞注三蒼云鰒似蛤偏著石廣志曰鰒無鱗有殼一面附石細孔雜雜或七或九本草云石決明

說文解字義證　卷三十六　咒　連筠簃叢書　靈石楊氏栞

一名鰒魚焦氏筆乘顏之推云鰒即石決明肉旁一年以一孔至十二孔而止以合歲數登州所出其味珍絕然漢以前未聞其貴至王莽欲敗時但飲酒啗鰒魚而光武時張步據靑徐遣使詣闕上書獻鰒魚又臨淄太守吳臣賜鰒魚百枚則兩漢時已自珍之

鮫 海魚皮可飾刀从魚交聲 古肴切

海魚者玉篇鯋鮫魚陳藏器本草沙魚一名鮫魚子隨母行驚即從口入母腹其魚狀皃非一皮上有沙堪揩木如木賊也李時珍云鮫魚長丈許腹有兩洞貯水養子一腹容三四子朝從口出暮還入母腹楊孚交州異物志鮫之爲魚其子既育驚必歸母還入其腹小則如之大則不復陳啟源曰鮫魚一名沙魚背皮粗錯如眞珠辨有鹿沙虎沙鋸沙諸種出東南近海郡任昉述異記虎魚老則爲鮫漢書司馬相如傳其中則有神龜蛟鼉張揖曰蛟狀魚身而蛇尾皮有珠顏師古曰張說蛟者乃是鮫魚非蛟龍之蛟也皮可飾刀者廣韻鮫魚名皮有文可飾刀戴侗曰海魚鯊類其皮麤錯堅厚可飾刀室蟲異賦注鮫海魚也似鼉而無足背紋粗錯皮間有珠可以飾刀本草鮫魚皮

即裝刀靶鯌魚皮也異物志鮫魚皮可以飾刀其子驚則入腹中劉欣期交州記鮫魚出合浦長三尺背上有甲珠文堅强可以飾刀口又可以鑢物山海經漳水多鮫魚注云鮫鯌魚類也皮有珠文而堅尾長三四尺末有毒螫人皮可飾刀劍口錯治材角今臨海郡亦有之湯四方獻令請令以魚皮之鞞孔注鞞刀削尚書大傳南海魚革注云魚革今以飾小車之纏兵室之口後漢輿服志佩刀乘輿黃金通身貂錯半鮫魚鱗金漆錯雌黃室五色罽隱室華吳都賦扈帶鮫函五臣云鮫函者以鮫皮飾刀靶案其皮又可爲甲荀子議兵篇楚人鮫革犀兕以爲甲注云以鮫魚皮及犀兕爲甲是也又可飾旗孝經援神契鮫珠旗朱均日鮫魚之珠有光耀可以飾旗是也其須又可飾笏三禮圖大夫笏飾以魚須初學記注云鮫魚須是也新唐書地理志永嘉郡臨海郡漳浦郡俱貢鮫革通典永嘉郡貢鮫魚皮三十張漳浦郡二十張潮陽郡十張臨海郡百張元和郡縣志溫州貢鮫魚皮三十張

鱷 海大魚也從魚畺聲春秋傳曰取其鱷鯢渠京切

海賦魚則橫海之鯨 吳都賦於是乎長鯨吞航脩鯢吐浪莊子逍遙遊北冥有魚其名爲鯤釋文鯤大魚名也崔譔

云鯤當爲鯨簡文同 風土記海中有鯨魚長數千里穴處海底出則潮下入則潮上出入有時故有上下魏武四時食制東海有大魚如山長五六里謂之鯨鯢次有如屋者時亦岸上膏流九頃其鬚長一丈廣三尺厚六寸瞳子如三升椀大骨可爲方臼寰宇記惠州海豐縣多鯨魚其大吞舟漁人於海嶼上得鯨頭骨如數百斛圖頂上一孔大於磧俗以爲珠穴 異物志鯨魚長數十里或亦沙中得之者皆無目俗云其目化爲明月珠也 廣州記鯨鯢長百丈大亦梅之雌曰鯢雄曰鯨目即明月珠亦不見有眼睛而噴浪翁於雲日 崔豹古今注鯨海魚也大者長千里小者數十丈一生數萬子常以五月六月就岸邊生子至七八月導引其子還入海中鼓浪成雷噴沫成雨水族驚畏之皆逃匿莫敢當其雌曰鯢大者亦長千里眼睛爲明月珠 曹毘觀濤賦於是神鯨來往乘波躍鱗噴氣合霧噫水成津骸喪成島嶼之墟目落爲明月之珍 吳筠檄江神文按驪龍取其頷下之珠捌鯨魚拔其眼中之寶 任昉述異記南海有珠即鯨目瞳夜可以鑒謂之夜光 唐書黑水靺鞨傳大拂涅開元天寶間獻鯨睛 春秋孔演圖海精亦彗星出注云海精鯨魚春秋考異郵鯨魚亦彗星合注云鯨魚陰物生於水今出而亦是將有兵相殺之祥也故天應之以妖彗 淮南覽冥訓鯨魚亦而彗星出高注鯨魚大魚也長數里

海大魚也者一切經音義十九許叔重注淮南子云鯨魚之王也李善注吳都賦魚大者莫若鯨也楚詞九懷鯨鱏兮幽潛注云鯨鱏大魚也後漢書班固傳於是發鯨魚注云海岸中有大魚名鯨春秋傳曰取其鱷鯢者宣十二年左傳文彼云取其鯨鯢而封之杜注鯨鯢大魚名後漢書薛宣傳古者明王伐不敬取其鱷鯢

鯨 鱷或從京

本書鱷或从京

鯁 魚骨也從魚叓聲古杏切

魚骨也者後漢書來歙傳注引同又云會骨留咽中爲鯁集韻引字林亦同

鱗 魚甲也從魚粦聲力珍切

魚甲也者玉篇鱗魚龍之鱗也管子四時篇陰生金與甲注云陰氣凝結堅實故生金爲爪甲也呂氏春秋孟春紀

其蟲鱗高注鱗魚屬也龍爲之長許注淮南時則訓鱗龍之屬也

鮏 魚臭也從魚生聲桑經切

魚臭也者當爲殑鮏或作鯹廣雅鯹臭也通作胜通俗文魚臭曰胜又作腥呂氏春秋水居者腥急就篇肌膈腨腊魚臭腥顏注腥者魚之臭

鱢 鮏臭也從魚喿聲周禮曰膳膏鱢穌遭切

鮏臭也者玉篇鱢鮏鱢也廣雅鱢臭也晏子春秋食魚無反則惡其鱢 周禮膳膏鱢者天官庖人文彼作臊鄭司農云膏臊豕膏也杜子春云膏臊犬膏非本書義

鮨 魚胎醬也出蜀中從魚旨聲一曰鮪魚名旨夷切

玉篇有古文從示

魚胎醬也者本書胎豕肉醬也博物志西羌仲秋月取赤頭鯉以爲鮨陸氏詩疏鱣魚子可爲醬晉武帝與山濤書

兼致魚醬一斗齊民要術作魚醬法鮐魚鱭魚第一䱉魚亦中大率魚一斗黃衣三升白鹽二升乾薑一升橘皮一合調均內甕子中泥封日暴熟以酒解之廣雅鮨鱅也釋器魚謂之鮨郭注鮨鮓屬也公食大夫禮牛鮨注云內則謂鮨爲膾然則膾用鮨　出蜀中者集韻蜀以魚爲醬曰鮨廣志武陽小魚大如鍼號一斤千頭蜀人以爲醬脂通作浯續漢書犍爲郡南安縣有魚浯津通鑑建武十二年吳漢破公孫述將魏黨公孫永於魚浯津注云浯音浮　一曰鮨魚名者集韻引作一曰魚名鮨也爾雅釋文鮥字林作鮥巨救反鮥字林作鮥音格云當䱛也本書鮥叔鮪鮥當互馥案當依字林作鮥叔鮪鮥當互鮨卽當互或有謂鮥爲鮪者故鮨一曰鮪魚名

鮺 藏魚也南方謂之魿北方謂之鮺從魚差省聲 側下切

玉篇有籒文作䰼

藏魚也者周禮膳夫共祭祀之好羞注云若荊州之鮺魚字或作鮓世說有人遺張華鮓者華見之曰此龍肉也遂以苦酒沃之鮓中有五色光矣司徒孟宗爲雷池監以鮓餉母世說以爲陶侃事唐書地理志孟州貢黃魚鮓又通

作差衛庾公差字子魚俗作鮓釋名鮓菹也以鹽米釀魚而爲菹也楊泉五湖賦鹹鹽白糝雜以茱萸連㭟柳鮓積如陵邱陶侃故事蘇峻上成帝十斛鮓陸璣詩疏鱣魚大者千餘斤可爲鮓南越志鱸魚大如五斗匳長丈黃肥唯以作鮓謝元與兄書手釣所獲魚爲二坩鮓今奉送唐書地理志潤州土貢鱘鮓齊民要術凡作鮓取新鯉魚去鱗使鬍別有皮水浸漉著盤中以白鹽散之迮去水炙一半炊秔米飯爲糝幷茱萸橘皮好酒合和之布魚於甕中一行魚一行糝赤漿出傾卻白漿出味酸便熟　南方謂之魿者集韻南方謂鮺曰鱣䱖謂魿鰽聲相近

魿 鮺也一曰大魚爲鮺小魚爲魿從魚今聲 徂慘切

鮺也者魿或作鯵廣雅鯵鮺也　一曰大魚爲鮺小魚爲魿者玉篇魿大魚爲鮓小魚爲鯵戴侗曰蘞鹵魚也越人以大者爲鮺細者爲鯵

鮑 饐魚也從魚包聲 薄巧切

饐魚也者戴侗引唐本作瘞魚也馥案釋名鮑魚鮑腐也埋藏奄使腐臭也玉篇鮑漬魚也今謂裛魚陶注本草鮑魚俗人呼爲鯷魚字似鮑又言鹽鯷之以成故也顏注急就篇鮑亦海魚加之以鹽而不乾者也戴侗曰鮑浥魚也以鹽浥而暴藏之海魚惟浥藏能久家語與不善人居如人鮑魚之肆久而不聞其臭易林敗魚鮑室臭不可息史記秦始皇本紀棺載轀涼車中會暑上轀車臭乃載一石鮑魚以亂其臭論語讖漸於蘭則芳漸於鮑則臭說苑顏淵曰同閒鮑魚蘭芷不同篋而藏馥案乾魚亦爲鮑周禮籩人膴鮑魚鱐注云鮑者於楅室中糗乾之出於江淮也史記貨殖傳鮑千鈞索隱鮑鱄魚也謂破開中頭尾不相離爲鮑謂之鱄關者也

魿 蟲連行紆行者從魚令聲 郎丁切

蟲連行紆行者者馥謂者當爲兒廣韻魿魚連行兒鄭注考工記云連行魚屬紆行蛇屬

鰕 魵也從魚叚聲 乎加切

魵也者本書騢下云馬赤白雜毛謂色似鰕魚也馥案魵一名斑魚馬色似之

鰝 大鰕也從魚高聲 胡到切

大鰕也者吳都賦罩鰝鰕五臣云鰝鰕大魚名也釋魚鰝大鰕郭注鰕大者出海中長二三丈鬚長數尺今青州呼鰕魚爲鰝馥案郭以爲長須之蟲非本書義

䲒 當互也從魚咎聲 其久切

玉篇無此字

當互也者釋魚文彼作䱛郭云海魚也似鯿而大鱗肥美多鯁今江東呼其最大長三尺者爲當䱛釋文鮥字林作鮥音格云當䱛也馥案本書𩼮與字林同今同爾雅者或後人改之也今猶謂鰲魚爲鮥魚類篇䱛魚出有時吳人以爲珍卽今鰣魚戴侗曰䱛魚似鯿而大生江海中四五月大上肥美而多骨江南珍之以其出有時又謂時魚謂鰣時二字當爲鮨張融海賦魚則何羅鱅鮨集韻鮥與鰽同按異物志鱛魚體鳥所化故腹中有鳥腎二枚

魧 大貝也一曰魚膏從魚亢聲讀若岡 古郎切

大貝也者釋魚貝大者魧釋文字林作蚢云大貝也江賦紫蚢如渠注引爾雅大貝曰蚢一曰魚膏者淮南萬畢

術取蚖脂爲鐙置水中卽見諸物楊愼曰蚖魚卽嫋婦魚也多膏以爲燈照酒食則明照紡績則暗佛經謂之饞燈云

鮩 蚌也从魚丙聲 兵永切

蚌也者廣韻鮩蛤鮩與蠯同本書蠯蜌也

鮚 蚌也从魚吉聲漢律會稽郡獻鮚醬 巨乙切

蚌也者集韻鮚大蛤抱朴子小蟹不歸而鮚敗漢書地理志會稽鄞縣有鮚埼亭顏注鮚音結蚌也長一寸廣二分有一小蟹在其腹中埼曲岸也其中多鮚故以名亭字或作蛣述異記淮海之人呼璅蛣爲蟹奴江賦璅蛣腹蟹注云南越志璅長寸餘大者長二三寸腹中有蟹子如榆莢合體共生俱爲蛣取食　漢律會稽郡獻鮚醬者徐鍇本有三斗二字王應麟漢制考引同

鮅 魚名从魚必聲 毗必切

魚名者釋魚鮅鱒郭注似鯶子赤眼

⿰魚瞿 魚名从魚瞿聲 九遇切

玉篇無此字

鯸 魚名从魚侯聲 乎鉤切

魚名者廣志鯸魚一名河豚輟耕錄類篇引博雅云鯸鮐魨也背青腹白觸物卽怒其肝殺人正今人名爲河豚者也然則豚當爲魨馥案今廣雅魨誤作魹玉篇鯸鮐鯢也食其肝殺人本草集解河豚一名鯸鮧藏僩曰亦謂之鯢又謂鳥狼亦謂探魚其黃者謂之黃鯢尤毒生淡水者謂之河豚本草橄欖療鯸鮐毒人誤食此魚肝迷悶者可煮汁服之必解

鯛 骨耑脃也从魚周聲 都僚切

骨耑脃也者徐鍇本作魚骨耑脃鍇曰小魚也玉篇鯛魚名馥謂魚名鯛其骨耑脃本書脫魚字

⿰魚卓 烝然⿰魚卓⿰魚卓从魚卓聲 都教切

玉篇無此字

烝然⿰魚卓⿰魚卓者詩作罩徐鍇曰⿰魚卓⿰魚卓衆也廣雅淖淖衆也

鮁 鱣鮪鮁鮁从魚犮聲 北末切

玉篇無此字

鱣鮪鮁鮁者詩碩人作發發傳云發發盛皃釋文馬云魚著罔尾發發然韓詩作鱍呂氏春秋注引作潑潑荀子榮辱篇鯈⿰魚本者浮陽之魚也注云鯈⿰魚本魚名今字書無⿰魚本字蓋當爲鮁說文云卽鱣鮪鮁鮁字蓋鯈魚一名鯈鮁

⿰魚夫 鯕魚出東萊从魚夫聲 甫無切

鯕魚者趙宧光曰鯕上當有⿰魚夫字馥案廣韻⿰魚夫下云⿰魚夫鯕魚名出東萊者今萊州三四月閒此魚極多大頭豐脊色微紅萊人謂之夾鯕

鯕 魚名从魚其聲 渠之切

魚名者玉篇鯕⿰魚夫鯕

鮡 魚名从魚兆聲 治小切

魚名者本書魾大鱯也其小者名鮡爾雅同廣韻鮡魚名似鮎而大集韻鮡魚名似鮎白色

⿰魚匕 魚名从魚匕聲 呼跨切

匕聲者或作魤廣韻魤五禾切魚名又或作鮀集韻鮀與魤同

鱻 新魚精也从三魚不變魚 相然切

新魚精也者精或作鯖西京雜記婁護游五侯之門每旦五侯饋餉之婁合所餉爲鯖稱五侯鯖周禮䲣人辨魚物爲鱻薨注云鱻生也薨乾也又膳夫凡其死生鱻薨之物鄭司農云鮮謂生肉薨謂乾肉又庖人冬行鱻羽膳膏羶杜子春云鱻魚也江賦食惟蔬鱻通作鮮書益稷曁稷播奏庶艱食鮮食鄭本作鱻云鱻食謂魚鼈也詩韓奕炰鼈

鮮魚箋云鮮魚中膾者也蜀都賦鮮以紫鱗劉逵注鮮魚膾也內則冬宜鮮羽膳膏羶注云鮮生魚也顧炎武曰史記陸賈傳數見不鮮必秦時人語猶今人所謂常來之客不殺雞也

文一百三　重七

鱻　二魚也凡鱻之屬皆從鱻　語居切

二魚也者徐鍇本下云闕

𤄶　捕魚也從鱻從水　語居切

捕魚也者易繫辭以佃以漁馬云取獸曰佃取魚曰漁詩魚麗傳獺祭魚然後漁正義謂獺聚其魚以祭先然後可捕魚百釋文漁本或作㪇同取魚也㪇案周禮有㪇人隱五年左傳遂往陳魚而觀之杜注陳設張也公大設捕魚之備而觀之文子堯使水處者漁尸子燧人之世天下多水故教人以漁魯連子古善漁者宿沙瞿子漢書地理志舜漁雷澤顏注漁捕魚也江賦或漁或商五臣注漁謂捕魚人也初學記漁之爲事也有釣網罟笭罛罾罺罩涔罶笱筌梁罨箄䍡銛之類各以用之得魚一也　從鱻從水者當云鱻亦聲

漁　篆文𤄶從魚

從魚者爲篆文是𤄶本籀文

文二　重一

燕　玄鳥也籋口布翄枝尾象形凡燕之屬皆從燕　於甸切

釋鳥巂周下云燕燕也以上燕字屬巂下燕字屬鳦或曰詩燕燕于飛漢童謠燕燕尾涎涎皆連言之馥案左傳疏云或單呼燕或重名燕燕異方語也殺謂變飛則稱燕燕古詩思爲雙飛燕銜泥巢君屋春秋運斗樞瑤光星散爲燕　莊子山木篇鳥莫知於鷾鴯司馬彪云鷾鴯燕也陶注本草鷰有兩種有胡有越紫胷輕小者是越鷰胷斑黑聲大者是胡鷰禽經燕背飛向宿又云燕以狂昕夏小正二月來降燕乃睇燕乙也降者下也言來者何也莫能見其始出也故曰來降言乃睇何也睇者眄也眄者視可爲室者也　魏明帝短歌行翩翩春燕端集余堂陰匿陽縣節遷自常厥貌淑美元衣素裳銜上繕巢有式宮房不規自圓無矩而方傳咸燕賦序有言燕今年巢在此明歲故復來者其將逝翦爪識之其後果至焉馥案蕭詮詠銜泥燕詩爪截還猶短　夏小正陟玄鳥蟄陟升也元鳥者燕也陟而後蟄也馥案晉中興書郗鑒與千餘家避難於魯國嶧山掘野鼠蟄燕而食之古詩翩翩堂前燕春藏夏來見夏侯湛玄鳥賦順陰陽以出處隨寒暑而游蟄又云及至大火西景商風吹衣遂匿形於深穴斂六翮而不飛寰宇記壽陽縣鷰嶺隋圖經曰嶺多蟄鷰因以名之

玄鳥也者本書乙玄鳥也初學記燕一名玄鳥齊人呼乙廣雅玄鳥燕也戴侗曰燕乙意而皆因其聲而命之玄則以其色也夢溪筆談世以玄爲淺黑色不然也玄乃赤黑色鷰羽是也故謂之玄鳥周書時訓解春分之日玄鳥至月令仲春之月玄鳥至以其色玄故謂之玄鳥蔡氏章句玄鳥燕也月令仲秋之月玄鳥歸注云玄鳥燕也五經鉤沈桃林披華而玄鳥入宇　籋口布翄枝尾者御覽引作岐尾本書籋箝也西都賦列棼橑以布翼詩燕燕箋云差池其羽謂張舒其尾翼正義實翼也而兼言尾者以飛時尾亦舒張故也　象形者本書燕者請子之候作巢避戊己所貴者故象形

文一

龍　鱗蟲之長能幽能明能細能巨能短能長春分而登天秋分而潛淵從肉飛之形童省聲凡龍之屬皆從龍　力鐘切

莊君逑祖曰鐘鼎文龍字从辰巳之巳右邊作㔾巳爲蛇象龍蛇同類　河圖黃金千歲生黃龍青金千歲生青龍赤金千歲生赤龍白金千歲生白龍玄金千歲生玄龍　抱朴子有自然之龍有蛇蠋化成之龍　春秋元命包龍之言萌也陰中之陽故言龍舉而雲興　初學記引淮南子夫蛟龍伏潛於川而卵剖於陵其雄鳴上風其雌鳴下風而化者形精之至也人不見龍之飛舉而能高者風雨奉之也管輅別傳龍者陽精以潛於陰幽靈上通和氣感神二物相扶故能興雲　韓非說難夫龍之爲蟲也可擾狎而騎也然其喉下有逆鱗徑尺人有嬰之則必殺人

鱗蟲之長者後漢書注引同曾子問諸夫子鱗蟲之精者曰龍任子䖝龍爲介蟲之長論衡龍虛篇傳言鱗蟲三百龍爲之長星經注凡有鱗之類皆屬於水故龍爲鱗蟲之長淮南時則訓其蟲鱗注云鱗蟲龍爲之長　能幽能明云云者初學記引云能幽能明能小能大能長能短春分而登天秋分而入川後漢書注引云能幽能明能小能巨能短能長春分而登天秋分而入川白帖龍能幽能明能大能長能短春分而登天秋分而入池順也玉篇龍能幽明大小登天潛水也廣雅龍能高能下能小能巨能幽能明能短能長淵深是藏敷和其光管子水地篇龍生於水被五色而遊故神欲小則化如蠶蠋欲大則藏於天下欲上則淩於雲氣欲下則入於深泉變化無日上下無時謂之神鄭注大傳龍蟲之生於淵行於無形游於天者也瑞應圖黃龍者四龍之長四方之正色神靈之精也能巨能細能幽能明能短能長乍存乍亡賈誼書龍之神也其惟兹乎能與細細能與巨巨能與高高能與下下吾故曰龍變無常能幽能章說苑神龍能爲高能爲下能爲大能爲小能爲幽能爲明能爲短能爲長昭乎其高也淵乎其下也薄乎天光高乎其著也一有一亡忽微哉斐然成章虛無則精以和動作則靈以化於戲允哉君子辟神也法言

問神篇或曰龍必欲飛天乎曰時飛則飛時潛則潛既飛且潛食其不妄形其不可得而制也歟易林龍生於淵因風昇天後漢書張衡傳夫玄龍迎夏則陵雲而奮鱗樂時也涉冬則淈沉而潛蟠避害也傳元龍贊麗哉神龍誕應陽精潛景九淵飛曜天庭屈伸從時變化無形偃伏汙泥上淩太清劉琬神龍賦大哉龍之爲德變化屈伸隱則黃泉出則升雲　從肉飛之形童省聲者韻會引作从肉㠯肉飛之形戴侗引唐本从肉从飛及童省馥案古人制字凡貴者象形魚既象形則龍不應諧聲王君念孫曰古龍字當作㐰上象其角下象其飛騰之形

龗　龍也從龍霝聲　郎丁切

龕　龍皃從龍含聲　口含切

含聲者本書初刻作合改爲含小字本李燾徐鍇本包希魯補義並作合戴侗曰徐本合聲唐本今聲玉篇作龕从今九經字樣龕從龍從今聲作龕訛增韻龕上从今俗从合誤五音集韻龕俗作龕六書正譌龕從龍合聲俗作龕非字鑑說文龕从龍合聲增韻上从今古字誤古銅印作龕从合釋言洵龕也釋文字或作含本今作龕顧炎武唐韻正說文龕从龍合聲合乎聲則音含釋名含合也合口停之也續漢輿服志鳳皇闟戟薛綜曰闟之言函也馥謂當依唐本從今本書歁讀若含謝朓詩西龕收組練李善云龕與戡音義同馥案戡本作戓從今聲廣韻覃部字如含昤貪戓領彶皆從今聲

𪚰　龍耆脊上𪚰𪚰從龍幵聲　古賢切

龍耆脊上𪚰𪚰者徐鍇韻譜玉篇廣韻竝作鬐集韻鬐龍背堅骨

龖　飛龍也從二龍讀若沓　徒合切

飛龍也者也當爲皃玉篇龖飛龍皃廣韻龖龍飛之狀易乾卦飛龍在天

文五

飛　鳥翥也象形凡飛之屬皆從飛　甫微切

鳥翥也者白虎通鳥所以飛者何鳥者陽也飄輕故飛也象形者徐鍇曰上旁飛者象鳥頭頸長毛馥案卂從飛

而羽不見是飛之左右皆象羽

翼　翄也從飛異聲　與職切

翄也者易明夷于飛垂其翼書皋陶謨庶明勵翼正義言如鳥之羽翼而奉戴之

翼　篆文𩙪從羽

篆文從羽則從飛者本籀文徐鍇本𩙪籀文翼玉篇同

文二　重一

非　違也從飛下翄取其相背凡非之屬皆從非　甫微切

違也者廣雅同書說命無恥過作非　從非下翄取其相背者隸作非即飛之下體

𩇬　別也從非己聲　非尾切

別也者本書斐分別文也周禮大宰匪頒之式先鄭云匪分也廩人掌九穀之數以待國之匪頒後鄭云匪讀爲分

披靡也从非麻聲 文彼切

披靡也者本書旇旌旗披靡也史記項羽本紀項王大呼馳下漢軍皆披靡

相違也从非告聲 苦到切

相違也者玉篇靠理相違也

牢也所以拘非也从非陛省聲 邊兮切

牢也者所以拘非也者一切經音義十三引同又云家語大子周陛執之王肅曰陛獄牢也字從非陛省聲洪武正韻陛犴牢獄所以拘非也玉篇陛牢也所以拘罪人也俗作狴禮部韻狴犴獄名

文五

疾飛也从飛而羽不見凡卂之屬皆从卂 息晉切

疾飛也者戴侗曰唐本說文隼从卂省馥案爾雅鷹隼醜其飛也翬詩采芑箋云隼急疾之鳥也或通用迅後魏書

諸曹走使謂之鳧鴨取飛之迅疾也

回疾也从卂營省聲 渠營切

回疾也者徐鍇本作回飛疾也廣韻煢回飛也

文二

曲阜桂馥學

玄鳥也齊魯謂之乚取其鳴自呼象形凡乚之屬皆从乚 烏轄切

玄鳥也者徐鍇本作燕燕玄鳥也本書燕玄鳥也釋鳥燕燕鳦詩燕燕于飛傳云燕燕鳦也玄鳥傳云玄鳥鳦也南齊書顧歡傳昔有鴻飛天首積遠難亮越人以爲鳧楚人以爲乙齊魯謂之乚者初學記燕一名玄鳥齊人呼乙郭注爾雅齊人呼鳦取其名自呼者呼當依徐鍇本作謼戴侗曰燕乚意而皆因其聲而命之 象形者本書焉下云燕者請子之候作巢避戊己故象形

乚或从鳥

通也从乚从子乚請子之候鳥也乚至而得子嘉美之也古人名嘉字子孔 康董切

通也者本書龠三孔道德經孔德之容注云謂空虛能容也史記舜本紀爲匿空旁出注云空音孔太玄羨次五孔道夷如注云通道也考工記注好璧孔也 乚請子之候鳥也乚至而得子嘉美之也者本書焉下云燕者請子之候嘉下云美也周書時訓解春分之日玄鳥至玄鳥不至婦人不娠詩天命玄鳥降而生商傳云春分玄鳥降湯之先祖有娀氏女簡狄配高辛氏帝帝率與之祈于郊禖而生契商頌譜有娀氏之女名簡狄者吞鳦卵而生契離騷簡狄在臺嚳何宜玄鳥致貽女何嘉注云言簡狄侍帝嚳於臺上有飛燕墮其卵嘉而吞之因生契鄭注月令高禖云後王以爲禖官嘉祥而立其祠焉 古人名嘉字子孔者啖助曰春秋時名嘉者多字孔顧炎武曰桓二年孔父嘉爲司馬杜氏以孔父名而嘉字非也孔父字而嘉其名按家語本姓篇曰宋湣公熙生弗父何何生宋父周周生世子勝勝生正考父考父生孔父嘉嘉其後以孔爲氏然則仲尼氏孔正以王父之字而楚成嘉鄭公子嘉皆字子孔亦其證也鄭康成注喪禮曰某甫字也若言山甫孔甫是亦以孔父爲字說文孔從乙從子乙至而得子嘉美之也

古人名嘉字子孔容齋隨筆三代之時天下書同文故春秋左氏所載人名字不以何國大抵皆同鄭公子歸生魯公孫歸父蔡公孫歸生楚仲歸齊析歸父皆字子家楚成嘉鄭公子嘉皆字子孔鄭公孫段印段宋褚師段皆字子石鄭公子喜宋樂喜皆字子罕楚公子黑肱鄭公孫黑孔子弟子狄黑皆字子晳魯公子翬鄭公孫揮皆字子羽邾子克楚鬭克周王子克宋司馬之臣克皆字曰儀晉籍偃荀偃鄭公子偃吳言偃皆字曰游晉羊舌赤魯公西赤皆字曰華楚公子側魯孟之側皆字曰反魯冉耕宋司馬耕皆字曰牛顏無繇仲由皆字曰路馥案宋司馬耕本書作牼引春秋傳宋司馬牼字牛

乙 人及鳥生子曰乳獸曰產從孚從乙乙者玄鳥也明堂月令玄鳥至之日祠于高禖以請子故乳從乙請子必以乙至之日者乙春分來秋分去開生之候鳥帝少昊司分之官也而主切

人及鳥生子曰乳者書堯典釋文引同本書字乳也穀乳也孿一乳兩子也孚卵孚也玉篇乳生也字也鳥之生子曰乳一切經音義二蒼頡篇乳字也字養也謂養子也廣雅乳生也書堯典鳥獸孳尾傳云乳化曰孳史記倉公傳菑川王美人懷子而不乳索隱乳生也月令季冬雉雊雞乳周書時訓解大寒之日雞始乳　獸曰產者獸當爲嘼方言凡人嘼乳而雙產謂之釐孳　明堂月令玄鳥至之日祠於高禖以請子者五經異義王者一歲七祭天地仲春后妃郊禖亦祭天也盧植注禮云高禖居明顯之處故謂之高月令仲春之月玄鳥至至之日以太牢祠於高禖天子親往注云玄鳥燕也燕以施生時來巢人堂宇而孚乳娶嫁之象也媒氏之官以爲候高辛氏之世玄鳥遺卵娀簡吞之而生契後王以爲媒官嘉祥而立其祠焉變媒言禖神之也鄭志王權問以注言之先商之時未有高禖生民詩曰克禋克祀以弗無子傳以爲古者必以高禖爲姜嫄禋祀上帝而生稷是則郊禖之祀非以生契之後立也譙喬荅曰先商之時自必有禖氏祓除之祀位在南郊蓋以元鳥至之日然其禋祀乃於上帝也娀簡狄吞乙子有子之後後王以爲禖官嘉祥祀之以配帝謂之高禖呂氏春秋仲春紀是月也玄鳥至至之日以太牢祀于高禖注云玄鳥燕也春分而來秋分而去傳曰玄鳥氏司啟者也周禮禖氏以仲春之月合男女於時也奔則不禁因祭其神於郊謂之郊禖郊音與高相近故或言高禖王者后妃以玄鳥至日祈繼嗣於高禖詩玄鳥傳云玄鳥鳦也春分玄鳥降湯之先祖有娀氏女簡狄配高辛氏帝帝率與之祈于郊禖而生契故本其爲天所命以玄鳥至而生焉詩生民傳云弗去也去無子求有子古者必立郊禖焉玄鳥至之日以太牢祠于郊禖天子親往后妃率九嬪御乃禮天子所御帶以弓韣授以弓矢于郊禖之前馥案禮當爲醴謂醴酒也月令章句高禖祀名高猶尊也吉事先見之象蓋謂人所以祈子孫之祀也玄鳥感陽而至其來主爲字乳蕃滋故重其至日因以用事簡娀以玄鳥至之日有事高禖而生契焉故詩云天命玄鳥降而生商后率九嬪御后者天子適妻也妃命也嬪婦也御妾也周禮天子一后三妃九嬪二十七世婦八十一御妾以應外朝公卿大夫之數也世婦不見卑者文略御妾皆行世婦可知也后妃將九嬪女御皆爲禖祭以祈孕妊乃醴天子所御帶以弓韣天子所御謂后妃以下至妾姙有萌芽者也韣弓衣也祝以高禖之命飲以醴酒帶以弓韣尚使得男也授以弓矢于高禖之前弓矢者男子之事也漢書枚皐傳武

帝春秋二十九迺得皇子羣臣喜故皐與東方朔作皇太子生賦及立皇子禖祝顏注禮記月令祀於高禖高禖求子之神也武帝晚得太子喜而立此禖祠而令皐作祭祀之文也　請子必以乙至之日云云者本書丣下云二月萬物冒地而出象開門之形故二月爲天門鄭注月令謂燕以施生時來故云開生之候鳥昭十七年左傳玄鳥氏司分者也注云玄鳥燕也以春分來秋分去呂氏春秋仲秋紀玄鳥歸注云玄鳥燕也春分而來秋分而去淮南地形訓燕雁代飛注云燕春分而來雁春分而去燕秋分而北雁秋分而南故曰代飛法言問明篇或曰奚取於朱鳥哉曰時來則來時往則往能來能往者朱鳥之謂歟注云朱鳥燕別名也廣雅朱鳥燕也夏侯湛玄鳥賦順陰陽以出處魏明帝短歌行翩翩春燕端集余堂陰匿陽顯節運自常僖五年左傳正義云春秋之半稱春秋分文子上仁篇陰陽調日夜分故萬物春分而生秋分而成生與成必得和之精故積陰不生積陽不化陰陽交接乃能成和注云此天地之氣和平故萬物得以生成也論衡說日篇曰道夏北至東井冬南至牽牛故冬夏節極皆謂之至春秋未至故謂之分

文三　重一

不　鳥飛上翔不下來也從一一猶天也象形凡不之屬皆從不方久切

鳥飛上翔不下來也者釋詁下落也呂氏春秋羣鳥翔而不下沈約詠湖中雁詩鷩飛竟不下周禮有服不氏　一猶天也者詩有鳥高飛亦傅于天　象形者徐鍇本作不象形

否　不也從口從不不亦聲方久切

本書口部有否字　不也者玉篇否可否也集韻否口不許也

文二

至　鳥飛從高下至地也從一一猶地也象形不上去而至下來也凡至之屬皆從至脂利切

鳥飛從高下至地也者易小過象有飛鳥之象焉王注不宜上宜下卽飛鳥之象詩有鷙鷺于下周禮翨氏注鳥來下則掎其足淮南畢萬術人面擊地飛鳥自下注云取蘖木爲人形以鳥血涂人面以擊地飛鳥自下春秋文三年雨螽于宋何休云本飛從地上而下至地易臨卦至臨虞云至下也　一猶地也者本書氏至也从氏下箸一一地也　不上去者不上翔之象　而至下來者至下來之象樂記物至知知注云至來也雜記大功將至注云至來也本書來天所來也書太誓逸篇有火自上復于下至于王屋流爲雕五至以穀俱來中候合符后注云赤烏五至猶五來夏小正來降燕乃睇降者下也言來者何也莫能見其始出也

𡉀　古文至

從土與篆文從一猶地意同

到　至也從至刀聲都悼切

至也者釋詁文詩韓奕靡國不到

臻　至也從至秦聲側詵切

至也者釋詁薦摯臻也郭注薦進也摯至也故皆爲臻臻至也易坎象傳水洊至釋文引京房本作水臻至詩泉水遄臻于衛傳云臻至雲漢饑饉薦臻傳云臻至也雨無正則靡所臻箋云行而無所至菀柳于何其臻箋云臻至也考工記嘉量銘允臻其極漢書武帝紀何施而臻此與司馬相如傳及臻厥成顏注竝云臻至也王吉傳則福祿其輳而社稷安矣顏注輳與臻同至也

𨔁　忿戾也從至至而復遜遜遁也周書曰有夏氏之民叨𨔁𨔁讀若摯丑利切

忿戾也者廣韻𨔁叨𨔁也　至而復遜遜遁也者本書遜遁也兩遜字徐鍇本竝作孫春秋莊元年夫人孫于齊閔二年夫人姜氏孫于楚公羊穀梁云孫猶孫也禮學記入學鼓篋孫其業也論語孫以出之皆以孫爲遜字或作跮

集韻跮作前卻也　周書曰有夏氏之民叨𨔁者多方文彼云亦惟有夏之民叨懫傳云有夏之民貪叨忿懫而逆命釋文懫說文之二反馥案當云說文作𨔁之二反𨔁讀若摯者旣夕禮注云輖摯也釋文作䡖引字林竹二反

臺　觀四方而高者從至從之從高省與室屋同意徒哀切

釋宮闍謂之臺孫炎云闍積土如水渚所以望氣祥也月令可以處臺榭注云闍者謂之臺禮器天子諸侯臺門鄭注闍者謂之臺疏云兩邊築闍爲基是其形四方也　定四年左傳邾子在門臺杜云門上有臺　古今注城門皆築土爲之累土曰臺故亦謂之臺門也　五經異義公羊說天子有靈臺以觀天文有時臺以觀四時施化有囿臺以觀鳥獸魚鼈諸侯當有時臺囿臺諸侯卑不得觀天文無靈臺皆在國之東南二十五里東南少陽用事萬物著見用二十五里者古行五十里朝行暮反也

觀四方而高者者觀卽左傳雉門兩觀之觀本書觀門觀也釋名觀者於上觀望也月令可以居高明注云高明謂樓觀也襄三十一年左傳宮室卑庳無觀臺榭服虔注天子曰靈臺諸侯曰觀臺哀十七年傳衛侯夢于北宮見人

登昆吾之觀杜注衛有觀在於昆吾氏之虛宋玉賦昔者楚襄王與宋玉游於雲夢之臺望高唐之觀曹植七啟崇景山之高臺迎清風而立觀王篇臺四方高也釋名臺持也築土堅高能自勝持也釋宮四方而高曰臺公羊解詁四方而高曰臺詩大雅經始靈臺傳云四方而高曰臺僖五年左傳公既視朔遂登觀臺以望杜注觀臺臺上構屋可以遠觀者也哀元年傳宮室不觀杜注觀臺樹又云今聞夫差次有臺榭陂池焉注云積土四方而高曰臺呂氏春秋仲夏紀可以處臺榭注云積土爲高曰臺魏志王觀字偉臺從之者當爲從屮從高省者本書高崇也象臺觀高之形與室屋同意者本書室從至至所止也屋從至至所至止本書遷晋竝從此

到也從二至人質切

文六　重一

鳥在巢上象形日在西方而鳥棲故因以爲東西之西凡西之屬皆從西先稽切

魏李仲璇孔子廟碑棲作西漢嚴發碑西遲衡門鳥在巢上象形者弓象鳥囗象巢日在西方而鳥棲者廣韻引作鳥西徐鍇本同故因以爲東西之西者詩自西自東淮南時則訓孟秋之月招搖指申其位西方白虎通五行篇西方者遷方也萬物遷落也本書引徐巡說木至西方戰栗

西或從木妻

詩可以棲遲史記越世家保棲於會稽鄒誕云保山曰棲猶鳥棲於木以避害也秦策猶連雞之不能俱止於棲字或作栖後漢書陳蕃傳車如雞栖馬如狗

古文西

本書訛古文從此

籀文西

姓也從西圭聲戶圭切

姓也者徐鍇引張說梁四公記有䙡闖

文二　重三

西方鹹地也從西省象鹽形安定有鹵縣東方謂之㡿西方謂之鹵凡鹵之屬皆從鹵郎古切

釋言滷矜鹹苦也矜集韻引作鹶玉篇鹶苦也廣雅作䶢大也西方鹹地也者左傳正義一切經音義九引竝同襄二十五年左傳表淳鹵杜云淳鹵埆薄之地賈逵云淳鹹也天生曰鹵人生曰鹽鹽在正東方鹵在正西方也春秋昭元年晉荀吳帥師敗狄于大鹵注云大鹵大原晉陽縣左傳

晉中行穆子敗無終及羣狄于大原注云大鹵也公羊經作大原傳云此大鹵也穀梁經作大原傳云中國曰大原夷狄曰大鹵穀謂大原西方也玉篇鹵鹹也釋名地不生物曰鹵鹵鑪也如鑪火處也易說卦其於地也爲剛鹵虞云澤水潤下故鹹釋文鹵鹹土也鹽鐵論輕重篇邊郡寒凍裂地衝風飄鹵晉書楊方傳荒萊之特苗鹵田之善秀崔氏家傳崔瑗爲汲令開溝造稻田薄鹵之地更爲沃壤寰宇記滄州鹽山縣鹹土在縣東七十里東西南北一百五十里地帶海濱其土鹹鹵海潮朝夕所及百姓取而煎之爲鹽從鹵省當從鹵省安定有鹵縣者地理志同徐鍇曰左傳晉有大鹵之地安定在晉也東方謂之㡿西方謂之鹵者左傳正義引同一切經音義九天生曰鹵人生曰鹽鹽在正東方鹵在正西方也爾雅十藪齊有海隅郭注海濱廣斥地理志齊地負海舄鹵釋言滷苦也郭云滷苦地也玉篇滷苦地也引書海濱廣滷字林滷鹽地書禹貢海濱廣斥鄭注斥謂地鹹鹵史記夏本紀作廣潟徐廣曰一作澤又作斥周禮草人凡糞種鹹潟用貆注云潟鹵也管子輕重丁篇故山地者山也水地者澤也薪芻之所生者斥也呂氏春秋魏文侯時史起爲鄴令引漳水以灌田民歌之曰決漳水以灌鄴旁終古斥鹵生稻粱

史記河渠書溉澤鹵之地索隱澤一作舄本或作斥史記貨殖傳山東食海鹽山西食鹽鹵又云太公望封於營邱地潟鹵徐廣曰潟鹵鹹地也漢書宣帝紀常困於蓮勺鹵中如淳云蓮勺縣有鹽池縱廣十餘里其鄉人名爲鹵中顏注鹵者鹹地也今在櫟陽縣東其鄉人謂此中爲鹵鹽池也刑法志除山川沈斥顏注斥鹹鹵之地食貨志原陵淳鹵之地晉灼曰舄鹵之田不生五穀也地理志廣平國有斥章縣應劭曰其國斥鹵故曰斥章魏郡有斥邱縣闞駰曰地多斥鹵故曰斥邱論衡書解篇地無毛則爲瀉土晉書束皙傳舄鹵成原其利甚重水經注沮水云溉澤鹵之地四萬餘頃白帖變雲雨於黃污化膏腴於舄鹵通鑑魏宏農王謂涼州土地鹵瘠注云鹹地曰鹵

鹺　鹹也從鹵差省聲河內謂之鹺沛人言若虘　昨何切

鹹也者廣雅同　河內謂之鹺者類篇鹺鹹也河內語曲禮鹽曰鹹鹺注云大鹹曰鹺今河東云　沛人言若虘者沛國有酇縣與鹺聲近

鹹　銜也北方味也從鹵咸聲　胡毚切

銜也者廣雅同鹹銜聲相近釋言鹹苦也郭注苦卽大鹹淮南地形訓鍊苦生鹹洪範潤下作鹹傳云鹹水鹵所生史記主父偃傳地固澤鹹鹵　北方味也者月令孟冬之月其味鹹盛德在水

文三

鹽　鹹也從鹵監聲古者宿沙初作煑海鹽凡鹽之屬皆從鹽　余廉切

周禮鹽人祭祀共其苦鹽散鹽注云鄭司農云散鹽湅治者元謂散鹽鬻水爲鹽禮又云凡齊事鬻鹽以待戒令注云鬻鹽湅治之　管子輕重甲篇今齊有渠展之鹽請君伐菹薪煑泲水爲鹽注云渠展齊地泲水所流入海之處可煑鹽之所也　郡國志閩州地邊大海俗織竹爲釜以蠣殼屑泥之煑鹽轉久彌密　本草圖經東海北海南海鹽者今滄密楚秀溫台明泉福廣瓊化諸州官場煑海水作之以給民食者又謂之澤鹽其煑鹽之器漢謂之牢盆今或鼓鐵爲之或編竹爲之上下周以蜃灰廣丈深尺平底寘於竈背謂之鹽盤南越志所謂鐵篾爲鼎和以牡蠣是也然後於海濱掘地爲坑上布竹木覆以蓬茅又積沙於其上每潮汐種沙鹵鹹淋於坑中水退則以火炬照之鹵氣衝火皆滅因取海鹵注盤中煎之頃刻而就馥案宋黃晉直得巳官鐵盆今山東登州有古銅盆卽煑鹽之器　延篤與李文德書猷晉國鄗瑕之鹽　鹽鐵論錯幣篇文帝時縱民得煑鹽又通有篇云若各居其處食其食則是胸鹵之鹽不出　益州記汶山越嶲煑鹽法各異汶山有鹹石先以水漬既而煎之越嶲先燒炭以鹽井水沃炭刮取鹽　廣志鹽體因於水故多產於海濱齊地記齊有皮邱坑民煑坑水爲鹽色如白石　魏略漢令哀牢民家出鹽一斛以爲賦　晉令凡民不得私煑鹽犯者四歲刑主吏二歲刑　魏書食貨志自遷鄴後於滄瀛幽青四州之境傍海煑鹽　魏土地記勃海郡高城縣東北一百里北盡漂榆東臨巨海民咸煑海水借鹽爲業　文心彫龍宗經篇是仰山而鑄銅煑海而爲鹽也　元和郡縣志萊州膠水縣有平度故城城西北有土山古今煑鹽處　寰宇記諸城縣濱海有鹵澤九所皆海潮侵蕩久成鹹土以土煑鹽多收其利蒲臺縣海畔有一沙阜俗呼爲鬬口淀淀土有井可食百姓於其下煑鹽鹽城監古之鹽亭也歷代海岸煎鹽之所

鹹也者鹽鹹聲相近　古者宿沙初作煑海鹽者水經注引字林作夙沙徐鍇本同急就篇蕪荑鹽豉醯酢醬顏注鹽生於鹹水者也古者夙沙氏初煑海爲鹽其後又出河東大鹵臨邛火井焉世本宿沙作煑鹽宋衷注宿沙齊靈公臣齊濱海故得爲魚鹽之利孔融肉刑議夙沙亂齊詹連子宿沙瞿子善煑鹽使煑積沙雖十宿沙不能得也宋志宿沙衛在齊地齊居海濱故多魚鹽之利寰宇記安邑縣鹽宗廟在縣東南十里按呂忱云宿沙氏煑海謂之鹽宗尊之也以其滋潤生人可得置祠

盬　河東鹽池袤五十一里廣七里周百十六里從鹽省古聲　公戶切

蒞守已曰盬者苦鹽之名　周禮鹽人祭祀共其苦鹽杜子春讀苦爲盬謂出鹽直用不湅治　宋史食貨志鹽類有二引池而成者曰顆鹽周官所謂盬鹽也鬻海鬻井鬻鹻而成者曰末鹽周官所謂散鹽也　潛夫論志氏姓苦城城名也在鹽池東北後人書之或爲枯齊人聞其音則書之曰車燉煌見其字呼之曰車城其在漢陽者不喜枯苦之字則更書

之日古城氏　竹書穆王十五年冬王觀於鹽澤　後漢書章帝紀幸安邑觀鹽池　靈帝紀遣守宮令之鹽監穿渠爲民興利　注云前漢地理志及續漢郡國志竝無鹽監今蒲州安邑縣西南有鹽城也　蘋案鹽監即監鹽縣　北魏元雍奏云鹽池天藏也　御覽鹽池鹽生水中夕取朝復千車萬騎適意多少　集韻陳楚謂鹽池爲鹽　成六年左傳晉謀去故絳大夫曰郇瑕之地沃饒而近盬　服虔曰盬鹽池也　漢書貨殖傳猗頓用盬鹽起　顏注盬鹽池也於盬造鹽故曰盬鹽　唐博士崔敖曰鹽池乃黃河陰潛之功浸淫中條融爲巨浸　涇野呂氏曰鹽池之成以大河北自蒲州折而東向轉曲之閒瀆畜匯有此奧衍　七修類稿天地之元氣寓之於水之故水能載乎地也然水體輕清者則上浮而淡重濁者則浚下而鹹故曰海鹹河淡鹽井有深至五六十丈者東南卑下煮海而爲鹽易成而最廣所謂斥鹵潤下水泉鹹滷積而成鹽巨沙漠有鹽澤河東有鹽池者又非是歟　郭璞鹽池賦水潤下以作鹹莫斯鹽之最靈傷峻嶽以發源池茲爾而海渟嗟玄液之潛洞羌莫知其所生　王冀洛都賦東有鹽池玉潔冰鮮不勞煮浚成之自然　續漢書民曹主簿功作鹽池苑囿　陳啟源曰呂氏讀詩記引董氏曰說文煮海爲鹽煮池爲鹽今說文竝無董氏所云況池鹽乃風結成不用

煮煮池語尤爲妄說

河東鹽池者徐鍇本河東上有古字蘋謂古當爲苦也二字鹽苦聲相近周禮苦鹽杜子春讀苦爲鹽漢地理志河東郡安邑縣鹽池在西南晉地理志河東郡解縣有鹽池穆天子傳戊子至于盬注云盬鹽池今在河東解縣北經景山南望鹽販之澤郭注即鹽池也今在河東猗氏縣史記貨殖傳猗頓用盬鹽起正義云河東鹽池是畦鹽作畦若種韭一畦天雨下池中鹹淡得均即畎池中水上畦中深一尺許以日暴之五六日則成鹽若白礬石大小如雙陸呼爲畦鹽東觀漢記賈復爲縣掾迎鹽河東水經注河水云沃水又東北流注鹽池地理志曰鹽澤在東北者也今鹽池西南去沃陽縣故城六十五里池水澂渟淵而不流東西三十里南北二十里又注涑水云涑水西南逕監鹽縣故城城南有鹽池上承鹽水水出東南薄山西北流逕巫咸山北其水又逕安邑故城南又西流注于鹽池地理志曰鹽池在安邑西南許慎謂之鹽長五十一里廣七里周百一十六里从鹽省古聲呂忱曰夙沙初作煮海鹽河東鹽池謂之鹽今池水東西七十里南北十七里紫色澂渟潭而不流水出石鹽自然印成朝取夕復終無減

損惟山水暴至雨澍潢潦奔泆則鹽池用耗故公私共堨水徑防其淫濫謂之鹽水亦謂之爲堨水山海經謂之鹽販之澤也本草圖經河東鹽池今解州安邑兩池所種鹽最爲精好解人取鹽於池旁耕地沃以池水每得南風急則宿夕成鹽滿畦彼人謂之種鹽太康地記鹽池在河東安邑縣有司鹽都尉唐會要安邑解縣兩池置榷鹽使新唐書食貨志蒲州安邑解縣有池五總曰兩池歲得鹽萬斛以供京師元和志解縣鹽池在縣東十里女鹽池在縣西北三里東西二十五里南北二十里鹽味少苦不及縣東大池鹽俗言此池亢旱鹽即凝結如逢霖雨鹽則不生寰宇記解縣鹽池在縣東五里安邑縣鹽池在縣南五里其池周迴一百一十四里許慎謂之鹽鹽呂忱曰宿沙氏煮海謂之鹽河東謂之鹽通鑑漢章帝幸安邑觀鹽池注云安邑屬河東郡鹽池在縣西南又云大曆十二年秋霖河中府池鹽多敗注云河中府官下安邑解縣皆有鹽池閻若璩曰解縣與安邑縣鹽總謂之兩池官置使以領之每歲收利納一百六十萬貫袤五十一里廣七里周百十六里者水經注後漢書注引竝同御覽引作袤五十里廣六里周一百十四里左傳正義引作周總百一十六里魏都賦注猗氏南有鹽池東西六十四里楊佺期雒陽

記河東鹽池長七十里廣七里水氣紫色元和志安邑縣鹽池在縣南五里即左傳郇瑕氏之地沃饒近盬是也今索池東西四十里南北七里西入解縣界

鹼 鹵也從鹽省僉聲　魚欠切

鹵也者鹹地之人於日未出看地上有白若霜者掃而煎之便成鹼矣字或作鹻戴侗曰鹻鹵之凝著者并州末鹽刮鹽煎煉味最下者通作鹹本草鹵鹹生河東鹽池唐本注云此是鹹土名鹵鹹今人熟皮用之

文三

戶 護也半門曰戶象形凡戶之屬皆從戶　侯古切

易節卦不出戶庭　詩豳風塞向墐戶　論語誰能出不由戶

護也者廣雅同戶護聲相近釋名戶護也所以謹護閉塞也宣十二年左傳屈蕩戶之杜注戶止也漢書樊噲傳詔戶者無得入羣臣王嘉傳坐戶殿門失闌免顏注掌守殿門止不當入者而失闌入之

半門曰戶者御覽同六書

精蘊戶室之口也凡室之口曰戶堂之口曰門內曰戶外曰門一扉曰戶兩扉曰門字書一扉曰戶兩扉曰門在於堂室曰戶在於宅區域曰門玉篇戶所以出入也一扉曰戶兩扉曰門急就篇門戶井竈廡囷京顏注大曰門小曰戶

𢨥 古文戶從木

汗簡引作𢨥　廣韻𢨥牖也一曰小戶通俗文小戶曰𢨥

扉 戶扇也從戶非聲甫微切

戶扇也者一切經音義十一說文戶扇謂之扉集韻以木曰扉以葦曰扇襄二十八年左傳子尾抽桷擊扉三注云扉門闔也

扇 扉也從戶從翄省式戰切

扉也者廣雅同韻會引徐鍇本作戶扉也月令乃修闔扇注云用木曰闔用竹葦曰扇荀子華門不扇呂氏春秋知

接篇蓋以楊門之扇注云楊門門名扇扉也東觀漢記應奉嘗詣袁賀賀時將出行閉門造車匠於閤內開扇出半面視奉通鑑侯景以長柯斧斫東掖門羊侃鑿扇為孔以槊刺殺二人注云扇門扇也　從翄省者戴侗曰唐本从羽徐本翄省聲

房 室在旁也從戶方聲符方切

室在旁也者房旁聲相近六書故房室旁夾室也釋名房旁也室之兩旁也成九年左傳季文子如宋致女復命公享之穆姜出於房再拜尚書大傳古后夫人侍於君前息燭後舉燭至於房中釋朝服襲燕服然後入御於君馥案古者宮室之制前堂後室前堂之兩頭有夾室後室之兩旁有東西房顧命在西房是也

戾 輜車旁推戶也從戶大聲讀與釱同徒蓋切

輜車旁推戶也者字林輧車有衣蔽無後轅者謂之輜馥謂有衣蔽故有旁推戶也射雉賦衷料戾以徹鑒杜注定九年左傳蔥靈輜車名正義此車前後有蔽兩旁開蔥可以觀望蔥中豎木謂之靈今人猶名蔥木為靈子

戹 隘也從戶乙聲於革切

隘也者本書隘陋也陋陜也阸當為戹經典通作阸史記律書後且擁兵阻阸漢書諸侯王表至虖阸陿河洛之閒應劭曰阸者狹也吳都賦邦有湫阸而踡跼俗又作阨昭元年左傳彼徒我車所遇又阨注云地險不便車定四年傳還塞大隧直轅冥阨注云二者漢東之隘道史記秦始皇本紀閉關據阨

肁 始開也從戶從聿治小切

始開也者廣韻肁開也離騷肁錫余以嘉名王注肁始也通作肇釋詁肇始也書舜典肇十有二州仲虺之誥肇我邦于有夏傳竝訓始詩生民以歸肇祀維清肇禋傳竝云肇始也小毖肇允彼桃蟲箋云肇始也夏小正貍子肇肆肇始也逸周書謚法解肇始也漢書古今人表棨啓期顏注即棨啓期馥案啓當作肁肁與戶竝訓開隸體戶作啓肁作肇與啓形近致誤後漢書班固傳肇自高而終平世注云肇始也晉尚書郎欒肇字永初後漢和帝紀帝諱肇伏侯古今注肇之字曰始馥案帝名乃從戈之肇

扆 戶牖之閒謂之扆從戶衣聲於豈切

戶牖之閒謂之扆者釋宮文彼作牖戶郭注窗東戶西也禮云斧扆者以其所在處名之音義云禮有斧扆者形如屏風畫為斧文置於扆也因名為斧扆御覽引本書亦作牖戶通俗文奧內曰扆釋名扆倚也在後所依倚也華嚴經音義引珠叢天子施扆於戶牖以為障蔽也顧命狄設黼扆綴衣牖閒南嚮傳云扆屏風畫為斧文置戶牖閒荀子儒效篇負扆而坐注云戶牖之閒謂之扆通作依詩公劉既登乃依箋云既登堂負扆而立覲禮天子設斧依于戶牖之閒注云依如今綈素屏風也有繡斧文所以示威也斧謂之黼士虞禮佐食無事則出戶負依南面注云戶牖之閒謂之依據此則士亦有扆惟天子畫斧文臣周禮司几筵王位設黼依依前南鄉鄭云依其制如屏風然曲禮天子當依而立明堂位天子負斧依南鄉而立注斧依為斧文屏風於戶牖之閒周書明堂解天子之位負斧扆南面立魏書李謐明堂制度論引鄭氏三禮圖云扆縱廣八尺畫斧文於其上今之屏風也

[篆] 閉也從戶劫省聲口盍切

閉也者廣韻閉戶曰扅士喪禮徹帷注云徹帷扅之雜記朝夕哭不帷注云緣孝子心欲見殯肂也既出則施其扅鬼神尚幽闇也釋文扅字林戶臘反閉也纂文云古闔字玉篇羌據公荅二反皆云闔也馥案今玉篇云閉戶聲

扃　外閉之關也从戶回聲古熒切

外閉之關也者李善引作外閉門之關也本書閎外閉也廣韻扃戶外閉關出禮入戶奉扃注云扃門關木也莊子胠篋篇固扃鐍釋文崔李云扃關也呂氏春秋君守篇中欲不出謂之扃外欲不入謂之閉後漢書東夷傳門不夜扃注云扃關也

文十　重一

門　聞也从二戶象形凡門之屬皆从門莫奔切

半門曰戶亦象開門當作門　玉篇有古文作門　唐解庄書浮圖贊𨵦俯蔭雲門

聞也者門聞聲相近廣韻門問也聞也馥案問當爲開書闢四門玉篇門人所出入也在堂房曰戶在區域曰門釋名門捫也在外爲人所捫摸也

從二戶者廣韻門字從兩戶

閶　天門也从門昌聲楚人名門曰閶闔尺量切

天門也者夏小正四月初昏南門正南門者星也王希明口南門天之外門也楚詞九歌廣開兮天門易林登崑崙入天門樂府詩天門開詄蕩蕩前綏聲歌清輝溢天門

楚人名門曰閶闔者玉篇閶闔天門也楚詞叫帝閽使開關兮倚閶闔而望予王注閶闔天門也吳越春秋子胥爲吳造大城立閶門者象天門通閶闔風也御覽引吳地記昌門者吳王闔閭所作也名曰閶闔門孫權記注閶門吳西郭門夫差作以天門通閶闔故名之馥案西方曰閶闔風故以名西門淮南原道訓排閶闔鑰天門高注閶闔始升天之門也天文大象賦儼閶闔以洞開注云宮牆兩藩正南門如門象者名閶闔西京賦表嶢闕於閶闔五臣注閶闔天門也大人賦排閶闔而入帝宮後漢書杜篤傳排閶闔寇恂傳閶闔九重張衡傳出閶闔兮降天塗注並云閶闔天門三輔黃圖宮之正門曰閶闔注云閶闔天門也

宮門名閶闔者以象天門也

闈　宮中之門也从門韋聲羽非切

宮中之門也者釋宮宮中之門謂之闈郭注謂相通小門也周禮保氏使其屬守王闈注云闈宮中之巷門明堂月令論禮記古大明堂之禮曰膳夫是相禮日中出南闈見九侯反問於相日側出西闈視五國之事日入出北闈視帝節猷爾雅曰宮中之門謂之闈王居明堂之禮又別陰陽門東南稱門西北稱闈故周官有門闈之學師氏教以三德守王門保氏教以六藝守王闈然則師氏居東門南門保氏居西門北門也月令問荅問者曰中冬令曰奄尹申宮令謹門閭今曰門閭何也曰閽尹者內官也主宮室出入宮中宮中之門曰闈閽尹之職也閭里門非閽尹所主知當作闈也士虞禮記主婦亦拜賓注云拜之於闈門之內闈門如今東西掖門閔二年左傳賊公于武闈注云宮中小門謂之闈哀十四年傳攻闈與大門服注宮中之門曰闈吳語乃匍匐將入棘闈注云闈門也漢書敘傳皆及旹君之門闈應劭曰宮中門謂之闈三輔黃圖闥宮中小門也西京賦天梁之宮寔開高闈薛綜注宮中之門謂之闈張衡觀象賦注闈門宮中之門也

閻　閻謂之樆樆廟門也从門詹聲余廉切

閻謂之樆者釋宮文彼作檐本書檐下引作檐玉篇引語林大夫向閻而立

閎　巷門也从門厷聲戶萌切

巷門也者玉篇閎巷頭門也釋宮衖門謂之閎孫炎曰衖舍閒道也李巡曰閎衖頭門也郭注左傳曰盟諸僖閎閎閎頭門纂要巷門謂之閎襄三十一年左傳高其閈閎杜注閎門也成十七年傳𡪤衣乘輦而入于閎杜注閎巷門

閨　特立之戶上圜下方有似圭从門圭聲古攜切

特立之戶者一切經音義十九引作特立之門也玉篇宮中門小者曰閨特立之門也洪武正韻引漢文翁傳出入閨閤釋宮宮中之門謂之闈其小者謂之閨宣六年公羊傳有人荷畚自閨而出者何云宮中之門謂之閨其小者謂之閨晏子內篇寡人欲朝夕見爲夫子築室于閨內可乎離騷閨中旣邃遠兮注云小門謂之閨楊慎曰梁戴暠從軍行長安夜刺閨謂有急報投刺於宮門也南史陳文帝每夜刺閨馥案大夫亦有閨史記晉世家使鉏麑刺趙

眉盾閨門開文選七發今大夫貴人之子必宮居而閨處
上圜下方有似圭者本書圭上圜下方荀子解蔽篇俯
而出城門以爲小小之閨也注云閨小門也淮南氾論訓
夫醉者俛入城門以爲七尺之閨也馥謂城門上圜下方
似閨故醉者
誤以爲閨

閤　門旁戶也从門合聲　古沓切

史記汲黯爲東海太守臥閤內不出　漢書韓延壽閉閤思
過　謝承後漢書宰晃使收縛鍾離意彭修排閤直入又華
松爲司隸校尉閉閤不通私書　獻帝春秋伍孚詣董卓語
畢辭出卓送至閤　漢官舊儀問君侯應閤奴名白事以方
尺板叩閤
大呼奴名

門旁戶也者釋宮小閨謂之閤說苑正諫篇景公正晝被
髮乘六馬御婦人以出正閨馥謂正閨別於旁戶也朱鶴
齡曰說文閣與閤異閤門旁小戶也漢公孫宏開東閤以
延賢人益避當門而東向開一小門引賓客以別於官屬
也顧炎武曰閤者門旁小戶也因設館於其旁即謂之閤
漢書公孫宏傳開東閤以延賢人師古曰閤者小門也東

向開之避當庭門而引賓客以別於掾史官屬如今官署
角門旁有延賓館是也故蕭望之傳言自引出閤而雋不
疑傳暴勝之爲直指使者不疑至門勝之開閤延請毛晃
曰唐制天子日御前朝見羣臣日常參朔望御便殿見羣
臣謂之入閤前殿之立仗
自東西閤而入故曰入閤

闒　樓上戶也从門㒸聲　徒盍切

樓上戶也者廣韻闒門樓上屋也
司馬法鼓聲不過閶鼙聲不過闒

閈　門也从門干聲汝南平輿里門曰閈　侯旰切

門也者左傳釋文爾雅釋文玉篇廣韻增韻後漢書注文
選注竝引作閭一切經音義二十三閈門也謂巷門也廣
雅閈里也御覽引風俗通閈城外郭內之里門也閈扞也
言爲人藩屏以扞難也漢書敘傳綰自同閈應劭曰閈音
扞楚名里門爲閈後漢書馬援傳援素與述同里閈又成
武孝侯順傳順與光武同里閈注云閈里門也通鑑唐高
祖令里閈相從立社注云閈閭也里門謂之閈　汝南
平輿里門曰閈者郡國志汝南郡平輿注云見說文

**閭　里門也从門呂聲周禮五家爲比五比爲閭閭侶也
二十五家相羣侶也**　力居切

月令孟夏門閭無閉　書武成式商容閭　呂氏春秋期賢
篇魏文侯過段干木之閭而軾之　齊策女朝出而晚來則
吾倚門而望女暮出而不還則吾倚閭而望　公羊解詁田
作之時春父老及里正旦開門坐塾上晏出後時者不得出
莫不持樵者不得入　說苑正諫篇景公飲酒移於晏子家
前驅報閭曰君至　干寶晉紀總論外閭不閉　晉書賈充
字公閭父逵謂充後當有
充閭之慶故以爲名字焉

里門也者書武成正義引作族居里門也史記曹世家云
令軍毋入釐負羈之宗族閭廣雅閭里也字林閭里門也
急就篇閭里鄉縣趣辟論顏注里門曰閭周禮秋官敘官
脩閭氏注云閭謂里門成二年公羊傳相與踦閭而語何
云閭當道門史記萬石君傳萬石君徙居陵里內史慶醉
歸入外門不下車漢書陳勝傳發閭左戍漁陽九百人顏
注閭里門也張敞傳吏坐里閭閭出者顏注閭謂里之門
也于定國傳始定國父于公其閭門壞父老方共治之于

公謂曰少高大門閭令容駟馬高蓋車後漢書安帝紀㪍
表門閭注云里門謂之閭西都賦閭閻且千五臣注閭里
門也昭十三年左傳遇諸棘闈杜云棘里名闈門也周
禮五家爲比五比爲閭者地官大司徒文彼云地官令五
家爲比使之相保五比爲閭使之相受又族師五家爲比
十家爲聯五人爲伍十人爲聯四閭爲族八閭爲聯　閭
侶也二十五家相羣侶也者一切經音義二十二引作伴
侶閭侶聲相近周禮閭胥鄭司農云二十五家爲閭成元
年穀梁傳相與立胥閭而語范云胥閭門名疏云即周禮
二十五家也詩將仲子無踰我里傳云二十五家爲里

閻　里中門也从門臽聲　余廉切

里中門也者顏注急就篇同廣雅閻謂之衖
後漢書班固傳閭閻且千注云閻里中門也

壛　閻或从土

闠　市外門也从門貴聲　胡對切

市外門也者御覽引云闤闠市門也本書闤闠字廣韻闤
闠市門纂要市巷謂之闤市門謂之闠古今注市牆曰闤

市門曰闠西京賦通闤帶闠注云闠市營也市門曰闠吳
都賦開市朝而普納橫闠閈而流溢五臣云闠閭市門也
劉逵注蜀都賦闠市巷也闠市外內門也三輔黃圖長安
城南北爲會市闤門環列商賈居之庾信荅移市教賣卜
屠羊請辭新闠史記孟嘗君傳君獨不見夫朝趨市者乎
明旦側肩爭門而入兩京記東京豐都市四面各開三門
邸凡三百
一十二區

闉　城內重門也從門垔聲詩曰出其闉闍 於眞切

城內重門也者內當爲曲文選謝瞻詩分手東城闉顏延
之登巴陵城樓詩登闉訪川陸李善注竝引作城曲重門
也詩正義云說文云闉闍城曲重門謂闉爲曲城九經字
樣闉城曲重門也孫子謀攻篇攻城之法距堙三月而後
已注云距堙者踊土稍高而前以附其城也馥案築土攻
城有似於闉故曰距堙堙卽闉矧繚予乘闉發機是也
詩曰出其闉闍者鄭風出其東門文傳云闉曲城
也正義闉是門外之城卽今之門外曲城是也

闍　闉闍也從門者聲 當孤切

闉闍也者集韻引作闉闍城門臺也玉篇闍城門臺也釋
言闍臺也郭注城門臺釋宮闍謂之臺郭注積土四方孫
炎云積土如水渚所以望氣祥也詩出其闉闍傳云
闍城臺也禮器天子諸侯臺門鄭云闍者謂之臺

闕　門觀也從門欮聲 去月切

廣雅象魏闕也　周禮大宰正月之吉縣治象之法于象魏
使萬民觀治象鄭云象魏闕也　莊二十一年左傳鄭伯享
王于闕西辟杜云闕象魏也服虔曰西辟西偏也　哀三年
傳魯災季桓子御公立于象魏之外命藏象魏曰舊章不可
亾也杜云象魏門闕　淮南俶眞訓身處江湖之上而神游
魏闕之下高注魏闕王者門外闕也所以縣教象之書于象
魏也巍巍高大故曰魏闕　蜀志譙周嘗問杜瓊曰昔周徵
君以爲當塗高者魏也其義何也瓊荅曰魏闕名也當塗而
高聖人取類而言爾裴注引李雲上事云當塗高者魏也象
魏者兩觀闕是也　白虎通門必有闕者何闕者所以飾門
別尊卑也　漢官典職司徒府與蒼龍闕對厭於尊者不敢
稱府　三輔舊事未央宮東有蒼龍闕北有元武闕　關中
記未央宮東有青龍闕北有元武闕漢書所謂北闕者也又
曰建章宮闕鳳在上故號鳳闕　繁欽建章鳳闕賦上規圜

以穹隆下矩折而繩直長楹森以駢停修桷揭以舒翼　水
經注引穎容曰闕者上有所失下得書之於闕所以求論譽
于人故謂之闕又水經注孔廟東南五百步有雙石
闕　元和郡縣志伊闕山兩山相對望之若闕故名
門觀也者水經注穀水下後漢書班固傳注引竝同徐鍇
曰爲二臺於門外作樓觀於上上員下方以其闕然爲道
謂之闕以其上可遠觀謂之觀六書故宮城上爲樓觀闕
其下爲門所謂闕門也釋名闕缺也在門兩旁中央缺然
爲道也觀者於上觀望也釋宮觀謂之闕孫炎云宮門雙
闕舊章縣焉使民觀之因謂之觀古今注闕觀也古每門
樹兩觀於其前所以標表宮門也其上可居登之則可遠
觀故謂之觀人臣將至此則思其所闕故謂之闕其上皆
丹堊其下皆畫雲氣仙靈奇禽怪獸以昭示四方焉水經
注引風俗通魯昭公設兩觀於門是謂之闕禮記昔者仲
尼與於蜡賓事畢出游於觀之上注云觀闕也月令可以
居高明注云高明謂樓觀之屬昭二十五年公羊傳設兩觀
注云禮天子外闕兩觀諸侯內闕一觀春秋定二年雉門
及兩觀災杜云兩觀闕也哀元年左傳宮室不觀杜注觀
臺榭穀梁傳諸母兄弟不出闕門注云闕兩觀也韋述兩
京新記東京紫微宮城正南承天門外闕觀相夾三輔黃

圖闕觀也周置兩觀以表宮門其上可居登之可以遠觀
故謂之觀李尤闕銘皇上尊嚴萬姓載依國都攸處建設
端闈表樹兩觀雙闕巍巍魏志明帝作凌霄觀始構有鵲
巢其上侍中高堂隆曰起闕而鵲巢不得居之像后氏星
經闕邱二星在南河主天子門闕諸侯之兩觀也梁書何
允傳允謂王果曰吾昔於齊朝欲樹雙闕世傳晉室欲立
闕王丞相指牛頭山云此天闕也是則未明立闕之意闕
者謂之象魏縣象法於其上浹日而收之象者法也魏者
當塗而高大皃也今梁德告始不宜遂因前謬沈約上建
闕表萬雉之外兩觀弗興空指南峯縣法無所邱仲孚傳
初起雙闕以仲孚領大匠　欮聲
者風俗通同徐鍇本作厥省聲

閞　門欂櫨也從門弁聲 皮變切

門欂櫨也者門與柱皆有欂櫨本書㮰欂櫨也枅屋櫨也
櫨柱上柎也廣韻閞欂櫨戶上木釋宮閞謂之槉郭注柱
上欂也亦名枅又曰楮舍人云朱儒下小方木馥
案下當爲上閞或作栟玉篇栟門柱上欂櫨也

𨳲　門扇也從門介聲 胡介切

門扇也者徐鍇本作門扉也廣雅閉扉也

闔 門扇也一曰閉也從門盍聲 胡臘切

門扇也者御覽引作門扉也徐鍇本作門扉釋宮闔謂之扉月令仲春之月乃修闔扇注云用木曰闔用竹葦曰扇呂氏春秋仲春紀乃修闔扇注云闔扇門扇也僖二十年左傳凡啓塞從時服虔云闔扇所以開鍵閉所以塞月令仲春修闔扇孟冬修鍵閉莊十二年公羊傳𢿱著乎門闔何注闔扇襄十八年左傳以枚數闔杜注闔門扇也二十八年傳子尾抽桷擊扉三杜注扉門闔也禮少儀排闔疏云推門扇也史記樊噲傳排闔直入荀子儒效篇故外闔不閉注云闔門扇也呂氏春秋行論篇乃爲却四十里而舍於盧門之闔注云盧門宋城門闔扉也通鑑東魏高永樂不納高敖曹敖曹拔刀穿闔未徹而追兵至 一曰閉也者本書閉闔門也篆文戾古闔字玉藻閏月則闔門左扉襄十七年左傳吾儕小人皆有闔廬以辟燥溼寒暑注云闔謂門戶閉塞定八年傳築者闔門注云閉門吳語乃闔左闔塡之以土楚詞天問何闔而晦何開而明注云言天何所闔閉而晦冥何所開發而明曉乎吳越春秋王出

宮夫人送王不過屏因反闔其門韓詩外傳學而不已闔棺乃止蜀志杜瓊闔門自守不與世事後漢書班固傳張千門而立萬戶順陰陽以開闔後漢書鄧騭傳闔門靜居注云闔閉也

闑 門梱也從門臬聲 魚列切

門梱也者廣韻闑門中礙也釋宮橛謂之闑郭注門閫又橛謂之杙在地者謂之臬郭注卽門橛也曲禮出入君門由闑右注云闑門橛玉藻君入門介拂闑又云公事自闑西私事自闑東字或作槷士冠禮布席于門中闑鄭注闑門橛也古文作槷昭八年穀梁傳以葛覆質以爲槷范注槷門中臬詩車攻傳褻纏質以爲槸釋文云槸門中臬中論虛道篇聽不過閾槷之內

閾 門榍也從門或聲論語曰行不履閾 于逼切

門榍也者本書榍限也限門榍也玉篇閾門限也釋宮柣謂之閾郭注閾門限士冠禮闑西閾外注云閾閫也曲禮不踐閾注云閾門限也玉藻賓入不中門不履閾注云閾門限僖二十二年左傳見兄弟不踰閾杜注閾門限襄二十七年傳牀笫之言不踰閾杜注閾門限魯語閨門與之言皆不踰閾韋云閾門限也漢書王莽傳思不出乎閾顏注閾門橛也後漢書和熹鄧皇后紀思不踰閾注云閾門限也班固傳仍增崖而衡閾注云閾門限 論語曰行不履閾者孔注閾門限鄭注不當棖闑之中央

𨵹 古文閾從洫

從洫者洫或聲相近

閬 門高也從門良聲巴郡有閬中縣 來宕切

門高也者本書阬閬也韻謂阬閬猶㢛宦玉篇閬閬高門皃思元賦集太微之閬閬李善引字林閬閬高皃詩緜皐門有伉傳云伉高皃漢書揚雄傳閌閬閬其寥廓兮似紫宮之崢嶸 巴郡有閬中縣者地理志同

闢 開也從門辟聲 房益切

開也者廣雅小爾雅竝同釋言開闢也書舜典闢四門傳云開闢四方之門未開者宜二年左傳晨往寢門闢矣國

語作辟韋注辟開也

𨳨 虞書曰闢四門從門從𠬞

此古文尙書字當以古文書之古今字詁闢古開字闢古闢字

闖 闢門也從門爲聲國語曰闖門而與之言 韋委切

闢門也者廣韻闖斜開門一切經音義七字詁闖今作闚同三蒼闖小開門也字林闖開也闢也廣雅闖開也 國語曰闖門而與之言者魯語公父文伯之母季康子之從祖叔母也康子往焉闖門與之言皆不踰閾韋注闖闢也

闡 開也從門單聲易曰闡幽 昌善切

開也者廣雅蒼頡篇竝同聲類闡大開也後漢書班固傳紹天闡繹者注云闡開也呂氏春秋決勝篇隱則勝闡矣注云闡布也 易曰闡幽者繫辭文韓注闡明也

開 張也從門從幵 苦哀切

張也者道德經將欲翕之必故張之孔子弟子琴牢字子開亦字張

閞 古文

書費誓序東郊不開徐邈本作闢音開

闓 開也從門豈聲苦亥切

闓也者本書忻闓也司馬法曰善者忻民之善閑民之惡廣雅闓開也方言開戶楚謂之闓注云亦開字也易繫辭開物成務王肅本作闓詩載驅齊子豈弟箋云豈讀當爲闓考工記知者創物注云謂始闓端造器物若世本作者是也吳志孫權傳童謠曰闓昌門出天子

閜 大開也從門可聲大杯亦爲閜火下切

大開也者廣韻閜大裂廣雅閜開也　大杯亦爲閜者方言閜桮也其大者謂之閜急就篇橢杅槃案桮閜盌顏注閜大桮也字或作盉廣雅盉杯也又通作雅東觀漢記今日歲首請上雅壽注雅酒閜也別作盉劉景升兒設有三

杯命曰伯雅仲雅季雅

閘 開閉門也從門甲聲烏甲切

閟 閉門也從門必聲春秋傳曰閟門而與之言兵媚切

閉門也者詩閟宮又載馳我思不閟傳竝云閟閉也閔二年左傳今命以時卒閟其事也注云冬十二月閟盡之時莊三十二年傳見孟任從之閟注云閟不從公　春秋傳曰閟門而與之言者今無此文

閣 所以止扉也從門各聲古洛切

所以止扉也者釋宮所以止扉謂之閣郭云門辟旁長橛也左傳曰高其閈閎閎長杙即門橜也左傳釋文引爾雅云衖門謂之閎是也爾雅又云所以止扉謂之閎然爾雅本止扉之名或作閣釋宮又云樴謂之杙大者謂之栱長者謂之閣廣雅閣止也

閒 隟也從門從月古閑切

隟也者乃隙之譌小字本譌同李燾本徐鍇本不誤小爾雅廣詁閒隙也襄三十一年左傳逢執事之不閒而未得見昭十三年傳諸侯有閒矣哀二十七年傳故君臣多閒注竝云閒隙也

⿵門外 古文閒

⿵門阿 門傾也從門阿聲烏可切

門傾也者廣韻⿵門阿砢欲傾貌上林賦坑衡閜砢郭璞曰閜砢相扶持也

閼 遮擁也從門於聲烏割切

遮擁也者擁當爲廱列子楊朱篇勿壅勿閼釋天太歲在甲曰閼逢李巡曰萬物鋒芒欲出廱遏未通故曰閼逢漢書景十三王傳今臣雍閼不得聞顏注雍讀曰壅雍塞也閼猶止也召信臣傳開通溝瀆起水門提閼顏注閼所以壅水高頤碑閼斷苞組錢君大昕曰後漢書杜篤傳廱偃西戎遏與閼同廱偃猶壅遏也馥案諸書通作遏釋天在卯曰單閼李巡曰閼止也淮南天文訓作單遏高注遏止也左傳虞閼父陳球碑作遏父呂氏春秋古樂篇民氣鬱

閼而滯著注云閼讀曰遏止之遏春秋繁露引書閼密八音晉太康地記西北之位陽所不及陰氣壅閼太平御覽引作壅遏

⿵門繇 開閉門利也從門繇聲一曰縷十紘也昌沇切

開閉門利也者徐鍇本門下有戶字本書繇弓便利也馥謂繇隨從也隨從故利　繇聲者當作䌛當云從門從䌛門亦聲　一曰縷十紘者本書緯十縷爲綹

⿵門曷 門聲也從門曷聲乙鎋切

門聲也者廣韻⿵門曷門扇聲韓愈征蜀聯句詩拔門呀拗⿵門曷

⿵門鄉 門響也從門鄉聲許亮切

門響也者當爲鄉釋宮兩階閒謂之鄉注云人君南鄉當階門也吳都賦肅肅階⿵門鄉注云兩階閒曰⿵門鄉

闌 門遮也從門柬聲洛干切

門遮也者字鑑引作門越也本書橫關木也廣雅闢遮也戰國策無河山以關之孝經鉤命決先立春七日勑門閫無關鑰以迎春之精史記楚世家雖儀之所甚願爲門闌之厮者亦無先大王通作闌孟子既入其苙趙注苙闌也方言苙圂也郭注謂闌圂也漢書王莽傳與牛馬同蘭顏注蘭謂遮蘭之若牛馬蘭圈也

閑 闌也從門中有木 戶閒切

木部重出閑字後人加之

闌也者本書牢閑養牛馬圈也柎闌足也廣雅闌閑也閑止也易乾卦閑邪存其誠宋衷曰閑防也家人閑有家馬融曰閑闌也書畢命雖收放心閑之維艱論語大德不踰閑小德出入可也昭六年左傳是故閑之以義杜注閑防也桓二年穀梁傳孔父閑也范云閑謂扞禦漢書百官表龍馬閑駒注閑闌養馬之所也夏小正五月頒馬將閒諸則䕶謂閒當作閑詩比物四驪閑之維則是也　從門中有木者韻會引繫傳閑猶闌也以木歫門也

閉 闔門也從門才所以歫門也 博計切

闔門也者易坤卦天地閉釋文引字林云闔也桓五年左傳閉蟄而烝注云建亥之月昆蟲閉戶文子聖人法蠡蚌而閉戶　才所以歫門也者月令修鍵閉正義引何氏曰鍵是門扇之後樹兩木穿上端爲孔閉者謂將扁關門以內孔中

閡 外閉也從門亥聲 五溉切

外閉也者本書扃外閉之關也廣雅礙閡也易大畜閑輿衛王注閑闌也乾鑿度凡五十所以大閡物而出之者也漢書律歷志該臧萬物而雜陽閡種也孟康曰閡臧塞也陰雜陽氣臧塞爲萬物作種也晉灼曰外閉曰閡後漢書隗囂傳又多設支閡注云支柱障閡文選求通親親表隔閡之義殊於胡越

闇 閉門也從門音聲 烏紺切

閉門也者梁書樂藹傳王嶷爲荊州刺史藹領州主簿或譖藹廨門如市嶷遣覘之方見藹闇閤讀書

關 以木橫持門戶也從門𢇍聲 古還切

以木橫持門戶也者今呼腰關玉篇關扃也廣韻槿橫關柱管類關所以閉也方言關閉也三國典略東魏以孫騰兼尙書左僕射府庫關鑰一以委之顧炎武曰關者所以拒門之木說文關以木橫持門戶也左傳臧孫紇斬鹿門之關呂氏春秋孔子之勁舉國門之關而不肯以力聞賈誼書豫讓曰我事中行之君與帷而衣之與關而枕之晉連子曾若門關舉之以便則可以一指持中而舉之非便則兩手不能關非益加重于非加羅也彼所起者非舉勢也漢書楊惲傳有奔車抵殿門門關折馬死於廣漢傳斬其門關而去宋書少帝紀帝走出昌門追者以門關踣之王鎮惡傳軍人緣城得入門猶未及下關唐書李訓傳閹者欲扃鐍之爲中人所叱執關而不能下

闟 關下牡也從門龠聲 以灼切

關下牡也者本書摽挈闟牡也一切經音義十六說文捶闟下牡也案爲牝牡所以封固闟令不可開也䕶案所引數見並同未審何字之誤趙宧光曰闟今之鎖牡也釋典謂之戶鉤天官書有鉤鈐鍵閉二星玉篇闟閉闟令不可開廣雅闟戶牡也小爾雅廣服鍵謂之闟月令修鍵閉注云鍵牡閉牝也正義云凡鏁器入者謂之牡受者謂之牝

俗云鍵鎖須開者鎖筒也蔡邕章句云鍵關牡也所以止扉或謂之剡移顏氏家訓亦作剡移廣韻扊扅戶牡所以止扉也百里奚妻琴歌烹伏雌炊扊扅淮南說林訓盜跖見飴曰可以黏牡高注牡門戶籥牡也漢書司馬遷傳大道之要去健羨服虔曰門戶健牡也翟方進傳閉門牡開五行志章城門門牡自亡顏注牡所以下閉者也谷永傳關動牡飛辟爲無道臣爲非通作鑰察文牡出鑰者也人作鑰子鑰母非也方言戶鑰自關而東陳楚之閒謂之鍵自關而西謂之鑰一切經音義十四引作闟漢書天文志鍵閉一星近鉤鈐主關鑰謂之天鍵東宮舊事守鑰四人對番上下南史梁元帝紀江夏宮南門鑰牡飛又戴法興傳法興臨死封閉庫藏使家人謹錄鑰牡通鑑齊鬱林王別作鑰鈎夜開西州後閤注云鈎所以啟鑰今謂之鑰匙抱朴子堅玉鑰于命門又通作籥書金縢啟籥見書鄭注籥開藏之管也王肅云籥開藏占兆書管也月令愼管籥注云管籥搏鍵器也周禮司門掌授管鍵以啟閉國門鄭司農云管謂籥也鍵謂牡僖三十二年左傳鄭人使我掌其北門之管杜注管籥也越語請委管籥注云管籥取鍵器也引月令修鍵閉愼管籥趙策齊閔王將之魯魯人投其籥不果納易乾鑿度易者爲道德苞籥鄭注齊魯

之閽名門戸及藏器之管爲籥淮南時則訓脩楗閉愼管籥注云楗鎖須閉鎖筒管籥鎖匙史記蕭相國世家高祖出征何每居守管籥通鑑梁臨川王宏庫屋垂百閒關籥甚嚴注云籥關牡也

闐　盛皃從門眞聲　待年切

盛皃者當云闐闐盛皃本書嗔盛氣也引詩振旅嗔嗔今詩作闐爾雅釋天亦作闐廣雅闐闐盛也玉藻盛氣顚實揚休注云顚爲闐揚讀爲陽聲之誤也盛身中之氣使之闐滿其息若陽氣之體物也通作塡藉田賦震震塡塡

闛　闛闛盛皃從門堂聲　徒郎切

闛闛盛皃者通作堂論語堂堂乎張也

閹　豎也宮中奄閽閉門者從門奄聲　英廉切

豎也者御覽引云門豎也內豎倍寺人之數注云豎未冠者又月令命奄尹申宮令注云奄尹主領奄豎之官也僖二十八年左傳曹伯之豎侯獳杜云豎掌通內外者成十六年傳穀陽豎獻飲於子反杜注內豎通鑑祖珽執政欲

黜諸奄豎注云豎童僕未冠者也新唐書姚崇傳后氏臨朝喉舌之任出閽人之口臣願宦豎不與政可乎袁楚客上魏元忠書閹豎者給宮掖掃除事古以奴隸畜之南史傳粹傳小人柱側宦豎弄權　宮中奄閽閉門者者一切經音義十說文閹豎宮中閽昏閉門者也周禮閽十人鄭玄曰閹精氣閉藏者今謂之宦人也主閉門戸故曰閹玉篇閹宦人也閉門者也詩巷伯箋云巷伯奄官奄官上士四人掌王后之命於宮中爲近故謂之巷伯周禮天官敘官內小臣奄上士四人又酒人奄十人注云奄精氣閉藏者今謂之宦人守祧奄八人注云奄如今之宦者呂氏春秋仲冬紀命閹尹高注閹宮官襄十七年左傳齊侯使夙沙衛唁臧堅堅曰使其刑臣禮於士注云夙沙衛奄人故謂之刑臣二十七年傳寺人御而出注云寺人奄士襄二十九年公羊傳閽者何門人也刑人也注云以刑爲閽解非外儲說因令奄將宮人之美妾二十人幷遺季也西都賦閽尹閽寺五臣注閽寺皆刑餘人掌宮禁門戸後漢書宦者列傳易曰天垂象聖人則之宦者四星在皇位之側故周禮置官亦備其數閽者守中門之禁寺人掌女宮之戒又云王之正內者五人月令仲冬命閹尹審門閭謹房室詩之小雅亦有巷伯刺讒之篇然宦人之在王朝者其來舊矣將以其體非全氣情志專良通關中人易以役養乎崔鴻前秦錄張蚝割陰自誓遂爲閹人後漢書楊秉傳臣案國舊典宦豎之官本在給使省闥司昏守夜賓武傳武白太后曰故事黃門常侍但當給事省內典門戸

閽　常以昏閉門隸也從門從昏昏亦聲　呼昆切

常以昏閉門隸也者御覽閽昏也門常昏閉故曰閽郎守門隸人也易說卦爲閽寺宋衷曰閽人主門天官閽人掌守王宮之中門之禁注云閽人司昏晨以啟閉門者刑人墨者使守門中門於外內爲中若今宮闕門詩召旻昏椓靡共箋云昏椓皆奄人也昏其官名也正義云掌戮墨者使守門宮者使守內刖者使守囿則墨刖皆亦爲閽非獨宮刑者矣但內門則用奄以守之其外門則用墨百天子五門雉門爲中門是雉門以內用奄庫門以外用墨其囿則用刖也內則深宮固門閽寺守之注云閽掌守中門之禁也春秋襄二十九年閽弑吳子餘祭杜注閽守門者唐書許康佐傳帝讀春秋至閽弑吳子餘祭問閽何人鄭李訓曰古閽寺小官人也董巳輿服志禁門曰黃闥中人主之通鑑燕朱夫人矯詔絕內外遣閽寺傳問而已論語晨門曰奚自何晏曰晨門者閽人也皇侃曰晨門守石門晨

昏開閉之吏也莊十九年左傳鬻拳弗納杜注鬻拳楚大閽釋文閽守門人也昭五年傳若吾以韓起爲閽定二年傳閽乞肉焉釋文閽守門人也祭統閽者守門之賤者也離騷吾令帝閽開闔兮注云閽主門者也易曰厲薰心虞翻本作閽漢官解詁光祿動動猶閽也易曰爲閽寺詩甫無正淪胥以鋪韓詩作薰漢書敘傳烏乎史遷薰胥以刑發謂遷受宮刑薰卽閽也

昏亦聲者當爲昏聲

闚　閃也從門規聲　去隓切

閃也者本書視下云視覷闚觀也玉篇視盜視貌也字林闚傾頭門內視也方言闚視也凡相竊視南楚謂之闚易觀卦闚觀利女貞虞云竊觀稱闚豐卦闚其戸闃其无人釋文引李登云小視馥案本書窺小視也論語何晏本闚見室家之好成二年公羊傳踊于棓而闚客楚詞九歎望南郢而闚之注云闚視也韓非子喩老篇不闚於牖可以知天道老子作窺莊子秋水篇用管闚天

⿵門䜌　妄入宮掖也從門䜌聲讀若闌　洛干切

妟入宮掖也者初學記內至禁省爲殿門外出大道爲掖門應劭注漢書掖者言在司馬門之旁掖雒陽故宮名有南掖門北掖門東掖門西掖門三輔黃圖掖門在兩旁如人臂掖也漢宮中謂之禁中謂宮中門閤有禁非侍衛通籍之臣不得妄入傅元詩我家近宮掖玉篇闌妄也無符傳出入爲闌春秋決獄兵所居比司馬闌入者髡周禮士師一曰宮禁注云古之禁書亾矣今宮門有符籍又宮正幾其出入鄭司農云若今時宮中有罪禁止不得出亦不得入及無引籍不得入宮司馬殿門也讀若闌者賈誼書等齊篇天子宮門曰司馬闌入者爲城旦漢書成帝紀闌入尚方掖門景十三王傳相彊劾繫倡闌入殿門汲黯傳而文吏繩以爲闌出財物如邊關乎應劭曰闌妄也臣瓚曰無符傳出入爲闌也王嘉傳坐戶殿門失闌免顏注戶止也嘉掌守殿門止不當入者而失闌入之故坐免也外戚傳闌入殿中下獄當死酷吏傳譴責延年何以不移書宮殿門禁止大司農而令得出入宮於是覆劾延年闌內罪人法至死西域傳今邊塞未正闌出不禁顏注言邊塞有闌出逃亾之人而主者不禁續漢書五行志注引風俗通南宮中黃門寺有一男子長九尺服白衣黃門解步呵問汝何等人白衣妄入宮掖又云天戒若曰菫卓不當

專制奪矯如白衣無宜闌入宮也唐書宦者傳有五局二曰宮闈局門闌

𨳿 登也從門二二古文下字讀若軍敶之敶 直刃切

二古文下字者戴侗曰徐本从丅唐本從丄

閃 闚頭門中也從人在門中 失冉切

闚頭門中也者一切經音義十七引作窺頭貌也又作字書作覘

閱 具數於門中也從門說省聲 弋雪切

具數於門中也者本書算從具具具也昭元年左傳弗去懼選注云選數也恐數其罪讟該漢書音義引字林閱具數也廣雅閱數也書呂刑閱實其罪正義云簡練核實多方克閱于乃邑謀介正義云謂簡閱其事春秋桓六年大閱賈逵云簡車馬於廟也襄九年左傳商人閱其禍敗之釁必始於火杜注閱猶數也商人數所更歷恆多火炎襄二十四年傳齊社蒐軍實杜注因閱數軍器二十五年傳數甲兵杜注閱數之昭十四年傳然丹簡上國之兵鄭康成曰簡謂比數之周禮大田之禮簡衆也疏云簡閱也謂閱其車徒之數遂大夫簡稼器注云簡猶閱也又鄙長若歲時簡器與有司數之注云簡稼器也大司馬中冬教大閱注云大閱簡軍實郊特牲然後簡其車賦而歷其卒伍注云簡歷謂算具陳列之也

說省聲者徐鍇本作兌聲

闋 事已閉門也從門癸聲 傾雪切

事已閉門也者一切經音義七引說文事已曰闋闋亦止息也終也史記留侯世家歌數闋索隱云謂曲終也說文云闋事已也馥案所引皆無閉門字詩節南山俾民心闋傳云闋息後漢書楊璇傳不闋時月注云闋息也燕禮記賓拜酒主人答拜而樂闋文王世子有司告以樂闋注云闋終也大射儀樂闋注云闋止也呂氏春秋古樂篇投足以歌八闋注云闋終廣雅闋訖也文選七命繁肴既闋李善引蒼頡篇闋訖也漢書王莽傳轉掠求食日闋而已顏注闋盡也隨日盡也

闞 望也從門敢聲 苦濫切

望也者廣雅同或作瞰東都賦瞰四裔而抗稜李善引字書瞰望也

闊 疏也從門活聲 苦括切

疏也者廣雅同詩擊鼓于嗟闊兮漢書王莽傳闊其租賦注云闊寬也諸葛豐傳闊何闊後漢書馬融傳憲令寬賒文禮簡闊成公綏天地賦偉二儀之參闊虞翻別傳公試策馬前行臣疏步能及之馥謂疏步闊步也

閔 弔者在門也從門文聲 眉殞切

弔者在門也者劉向與子歆書董生有言弔者在門賀者在閭玉篇傷痛爲閔詩汝墳序婦人能閔其君子東山序其情而閔其勞鴟鴞子之閔斯箋云當哀閔之僖三年穀梁傳一時言不雨者閔雨也范云閔憂也宣十二年左傳寡君少遭閔凶杜云閔憂也

𢙾 古文閔

上從古文民當作𡲬

闖　馬出門皃從馬在門中讀若郴丑禁切

馬出門皃者哀六年公羊傳開之則闖然公子陽生也何注闖出頭皃釋文引字林云馬出門皃

文五十七　重六

闠

見闠下

遺文一

耳　主聽也象形凡耳之屬皆從耳而止切

釋名耳耏也耳有一體屬著兩邊耏耏然　主聽也者當云主聽者也急就篇頭領頰頸眉目耳顏注耳主聽者也

耴　耳垂也從耳下垂象形春秋傳曰秦公子耴者其耳下垂故以爲名陟葉切

耳垂也者列子湯問篇貊越之東有輒休之國釋文輒說文作耴耳垂也蓋儋耳之類是也　春秋傳云云者案左傳有晉靈公輒衛出公輒魯叔輒叔孫輒而無秦公子耴秦公子當是鄭公子襄九年左傳公孫輒杜云子耳

䎎　小垂耳也從耳占聲丁兼切

小垂耳也者玉篇引作小耳垂篇海引作小耳垂皃廣韻䎎耳小垂龍龕䎎耳小垂耽耳大垂

耽　耳大垂也從耳冘聲詩曰士之耽兮丁含切

老聃呂氏春秋不二篇作老耽　耳大垂也者淮南地形訓夸父耽耳在其北方高云耽耳耳垂在肩上　詩曰士之耽兮者衛風氓文傳云耽樂也作酖　字解

聃　耳曼也從耳冄聲他甘切

耳曼也者廣韻聃耳漫無輪本書鍰讀若老聃藝文類聚引抱朴子老子耳長七寸史記老子名耳字伯陽謚曰聃索隱云許愼云聃耳漫也故名耳字聃今作字伯陽非正也瀨鄉記老子名耳號曰聃神仙傳老子一名重耳外字聃老子碑銘聃然老旄之貌也曾子問吾聞諸老聃注云老聃古壽考者之號也晉中興書孝宗穆皇帝諱聃字彭子

聃或從甘

聸　垂耳也從耳詹聲南方聸耳之國都甘切

史記鄭世家祝聸當作聸左傳作耼　南方聸耳之國者玉篇引作南方有聸耳之國字或作儋大荒北經有儋耳之國任姓注云其人耳大下儋垂在肩上朱崖儋耳鏤畫其耳亦以放之也漢書武帝紀儋耳郡應劭曰儋耳者種大耳渠率自謂王者耳尤緩下肩三寸顏注字本作聸後漢書南蠻傳珠崖儋耳二郡其渠帥貴長耳皆穿而縋之垂肩三寸杜篤傳連緩耳瑣雕題注云

緩耳耳下垂卽儋耳也楊孚異物志儋耳南方夷生則鏤其頰皮連耳匡分爲數支狀如雞腸纍纍下垂至肩九州記哀牢人皆儋耳穿鼻其渠帥自謂王者耳皆下肩三寸庶人則至肩而已水經注溫水云山海經曰離耳國彫題國皆在鬱水南林邑記曰漢置九郡儋耳與焉民好徒跣耳廣垂以爲飾然則儋耳卽離耳也呂氏春秋任數篇南撫多顯北懷儋耳

耿　耳箸頰也從耳烓省聲杜林說耿光也從光聖省凡字皆左形右聲杜說非也古杏切

耳箸頰也者楚詞曾頰倚耳曲眉規只　烓省聲者集韻類篇通志六書故竝引作炷省聲小字本作炷案本書炷從火圭聲讀若回口迥切小字本作讀若冋口迥切此卽元豐初王子韶陸佃重修所改又據以改烓爲炷爾雅釋文炷口頴反顧口井烏攜二反王陸改炷字之音者據此也案郭注方言炷音口類反類誤爲頴又轉爲口井王陸不審輒改舊音失之　杜林說耿光也從光聖省者書立政以覲文王之耿光又丕顯上帝之耿命傳云耿光也晉

語其光耿于民矣注云耿猶照也　凡字皆左形右聲杜說非也者後人加之本書不駁舊說

聯　連也從耳耳連於頰也從絲絲連不絕也力延切

連也者廣雅同聯連聲相近一切經音義三聯亦連也謂相續不斷也周禮八灋治官府三曰官聯以會官治鄭司農云聯讀爲連古書連作聯聯謂連事通識於頰也者擊頰謂之掌耳從絲絲連不絕也者一切經音義三引同本書綴聯也緜聯微也聲類聯緜不絕也非有先生論緜緜聯聯殆哉世之不絕也

聊　耳鳴也從耳卯聲洛蕭切

耳鳴也者蔡邕廣連珠臣聞目瞤耳鳴近夫小戒也楚辭耳聊啾而懭慌注云聊啾耳鳴字或作膠廣韻膠耳中鳴也埤蒼膠耳鳴也集韻膠與聊同膠嘈耳鳴王延壽夢賦作聊嘈

聖　通也從耳呈聲式正切

通也者廣雅同藝文類聚引風俗通聖者聲也通也言其聞聲知情通於天地調暢萬物白虎通聖人篇聖者通也

道也聲也道無所不通明無所不照聞聲知情與天地合德日月合明四時合序鬼神合吉凶洪範睿作聖傳云於事無不通謂之聖無逸此厥不聽漢石經聽作聖汗簡卯字釋云聽亦作聖多方罔可念聽傳云事無可念言無可聽案上文惟聖罔念作狂惟狂克念作聖則念聽當爲念聖謂紂不念作聖也說命后從諫則聖馥謂從諫不逆於耳大傳思之不容是謂不聖注云心明曰聖孔子說休徵曰聖者通也大戴禮有倮之蟲三百六十而聖人爲之長鄉飲酒義仁義接賓主有事俎豆有數曰聖注云聖通也所以通賓主之意也家語聖者德合天地變通無方也傳子聖人之通如天地諸子之異如四時四時相反天地合而通之神異經西南大荒中有人知河海水斗斛識山石多少知天下鳥獸言語知百穀可食識草木鹹苦名曰聖一名先通一名無不達姚信士緯曰聖人窮神知化獨見先識王觀國曰古之人精通一事者亦或謂之聖漢張芝精草書謂之草聖隋劉臻精兩漢書謂之漢聖唐衛大經邃於易謂之易聖嚴子卿馬綏明皆善圍棋謂之棋聖張衡馬忠皆善刻削謂之木聖蓋言精通其事而它人莫能及也從耳者楊愼曰聲入心通之謂聖故其字从耳謚法聖聞周達曰昭

聰　察也從耳悤聲倉紅切

察也者釋名聾聽不察也書洪範五事四曰聽傳云察是非又聽曰聰傳云必微諦詩兔爰尚寐無聰傳云聰聞也又小旻或哲或謀傳云有明哲者有聰謀者箋引書聰作謀又敬之不聰敬止箋云耳不聰達於敬之之意秦策王何不聽乎高云聽察也楚詞七諫遭値君之不聰注云聽遠曰聰

聽　聆也從耳悳王聲他定切

聆也者釋名聽靜也靜然後所聞審也書太甲聽德惟聰士昏禮命之曰敬恭聽宗爾父母之言

聆　聽也從耳令聲郎丁切

聽也者廣雅同廣韻聆以耳取聲一切經音義二十二引蒼頡篇聆聽也耳所聽曰聆淮南齊俗訓所居聆聆高注聆聆意曉解也漢書敘傳妣聆呱而刻石兮

職　記微也從耳戠聲之弋切

記微也者白虎通智者知也獨見前聞不惑於事見微者也經典通用從言之識以此職爲官職又以幟代識行之既久遂爲借義所奪今人不知識爲幟之正文職爲識之本字矣本書箋表識書也一切經音義十三引字林作表職書也本書史下云記事者也事下云從史職也馥案廣雅疏識也釋名記紀也紀識之也易大畜君子以多識前言往行以畜其德書益稷書用識哉周禮保章氏掌天星以志星辰日月之變動注云志古文識識記也內則記有成注云記猶識也檀弓小子識之論語默而識之又云賢者識其大者又云女以予爲多學而識之者與史記孝武紀鼎文鏤無款識索隱識猶表識漢書劉向傳不可不識也元后傳尚頗識之顏注識記也後漢書虞詡傳以采綖縫賊裾爲幟注云幟記也崔駰達旨大庭尙赫胥罔識凡識竝當作職言出驚俗不遑顧矣

聒　讙語也從耳昏聲古活切

讙語也者李善注長笛賦江賦引竝同廣韻聒聲擾一切經音義二十聒蒼頡篇擾亂耳孔也字林讙語也鄭注盤庚聒讀如聒耳之聒王逸注九思多聲亂耳爲聒襄二十六年左傳聒而與之語服注聒讙也莊子天下篇雖天下

不取強聒而不舍者也釋文云謂強聒其耳而語之也抱朴子春蛙長譁而醜音見患於聒耳

聥　張耳有所聞也从耳禹聲　王矩切

張耳有所聞也者蒼頡篇聥驚也馥謂聞聲而驚也

聲　音也从耳殸聲殸籒文磬　書盈切

音也者本書音聲也生於心有節於外謂之音宮商角徵羽聲也絲竹金石匏土革木音也書舜典聲依永律和聲傳云聲謂五聲宮商角徵羽也樂記仲夏之月止聲色注云聲謂樂也詩白華鼓鐘于宮聲聞于外

聞　知聞也从耳門聲　無分切

知聞也者玉篇廣韻一切經音義十四並引作知聲也廣雅聞智也馥謂智即知字玉篇知覺也易繫辭百姓日用而不知書舜典予欲聞六律五聲八音論語子在齊聞韶三月不知肉味馥謂知聲返味孟子聞其樂而知其德

䎽　古文從昏

從昏者昏不能察聞則可知

聘　訪也从耳甹聲　匹正切

訪也者玉篇訪問也書洪範王訪于箕子傳云就而問之釋言聘問也聘禮小聘曰問詩采薇靡使歸聘傳云聘問也隱九年穀梁傳聘問也荀子大略篇聘問也

聾　無聞也从耳龍聲　盧紅切

無聞也者釋名聾籠也如在蒙籠之內聽不察也急就篇痂疕疥癘癡聾盲顏注耳不聞聲曰聾僖二十四年左傳耳不聽五聲之和為聾晉語聾聵不可使聽注云耳不別五音之和曰聾文選七命百籟羣鳴聾其山李善引蒼頡篇聾耳不聞韓詩外傳太平之時無瘖癃禮記王制作瘖聾

聳　生而聾曰聳从耳從省聲　息拱切

生而聾曰聳者俗作聳玉篇引國語聽無聳也廣雅聳聾也方言生而聾陳楚江淮之閒謂之聳荊揚之閒及山之東西雙聾者謂之聳漢繁陽令楊君碑有司聳昧莫能識察

⿰耳宰　益梁之州謂聾為⿰耳宰秦晉聽而不聰聞而不達謂之⿰耳宰从耳宰聲　作亥切

益梁之州謂聾為⿰耳宰者廣雅⿰耳宰聾也廣韻⿰耳宰半聾方言半聾梁益之閒謂之⿰耳宰秦晉云云者字林方言並同

聵　聾也从耳貴聲　五怪切

聾也者徐鍇本作生聾也鍇曰謂從生即聾也一切經音義一國語聵不可使聽賈逵曰生聾曰聵一云聾無識曰聵廣雅聾聵八疾之一

[篆文]　聵或從叡

本書顡下云頭蔽顡也蔽當作㡀徐鍇本下有⿰耳豙字云或从豙作

聉　無知意也从耳出聲讀若孼　主滑切

無知意也者廣韻聉無所聞也集韻聉頹無志皃郭注方言秦晉謂之聵注云言無所聞知也

⿰耳闕　吳楚之外凡無耳者謂之⿰耳闕言若斷耳為盟从耳闕聲　五滑切

吳楚之外凡無耳者謂之⿰耳闕言若斷耳為盟者盟當為明方言聵之甚者秦晉之閒謂之⿰耳闕吳楚之外郊凡無耳者亦謂之⿰耳闕其言⿰耳闕者若秦晉中土言墮耳者明也明俗本譌作明

聅　軍法以矢貫耳也从耳从矢司馬法曰小罪聅中罪刵大罪剄　恥列切

軍法以矢貫耳也者貫當為毌僖二十七年左傳子玉復治兵於蔿鞭七人貫三人耳正義云耳助句也馥謂貫耳即聅也司馬法曰小罪聅中罪刵大罪剄者廣韻司馬法曰小罪聅聅謂以箭貫耳馥謂刵當為刖本書刖斷耳也

聝　軍戰斷耳也春秋傳曰以爲俘聝從耳或聲古獲切

軍戰斷𦣻也者玉篇引作戰而斷耳也本書取下引司馬法載獻聝聝者耳也一切經音義四生獲斷耳曰馘廣韻聝截耳釋詁馘獲也郭注今以獲賊耳爲馘詩泮水在泮獻馘箋云馘所格者之左耳正義云謂臨陣格殺之而取其耳也皇矣攸馘安安傳云馘獲也不服者殺而獻其耳曰馘僖二十二年左傳示之俘馘杜云馘所截耳二十八年傳獻俘授馘宣二年傳俘二百五十人馘百八十二年傳右入壘折馘杜云折馘斷耳家語致思篇搴旗執馘注云馘截耳也以效獲也王制出征執有罪反釋奠於學以訊馘告注云訊馘所生獲斷耳者馘或爲國馥案斥彰長田君碑討馘畔夷隸續云即馘字漢書律歷志乃以庶國祀聝於周廟顏注截耳曰聝

成三年左傳文彼作馘本書俘下引作聝

馘　聝或從首

典論馘首虜以萬計詩釋文引字林截耳則作耳旁獻首則作首旁

說文解字義證　卷三十七　𠕋　連筠簃叢書　靈石楊氏栞

⿰耳月　墒耳也從耳月聲魚厥切

墒耳也者方言几無耳者謂之𦗤其言𦗤者若言墮耳者明也

⿸麻耳　乘輿金飾馬耳也從耳麻聲讀若渳水一曰若月令靡艸之靡亾彼切

乘輿金飾馬耳也者廣韻䵸乘輿金耳又云金飾馬耳

聆　國語曰回祿信於聆遂闕巨今切

國語曰回祿信於聆遂者周語文彼遂作隧韋注回祿火神再宿爲信聆隧地名

聑　安也從二耳丁帖切

安也者李善注長笛賦引同通作㩗漢書嚴助傳天下㩗然孟康曰㩗安也或作怗廣韻怗安也晉書謝鯤傳羣情怗然北史㽞崇傳境內怗然崔亮傳百姓怗然袁翻傳求皆允怗南齊書陸厥傳岨峿妥怗之談北魏高湛墓志全怗民境又譌爲從巾之帖僖四年公羊傳卒帖荆晉書載記王猛至鄴遠近帖然南齊書劉係宗傳百姓安帖王逸楚辭敘事不妥帖陸機文賦或妥帖而易施又作貼通鑑李泌曰泌到自妥貼矣注引史炤云貼伏也亦作帖

聶　附耳私小語也從三耳尼輒切

附耳私小語也者本書無附字史記天官書畢曰罕車其大星旁小星爲附耳本書咠聶語也廣韻詁聶細語魏其武安侯傳乃效女兒呫囁耳語集解云韋昭曰呫囁附耳小語聲通鑑崔咸舉觴罰裴度曰丞相不應許所由官呫囁耳語注云呫囁細語口動而聲不遠聞

文三十二　重四

聄　告也從耳㐱聲

韻會引又云或作眡通作袗禮記袗于鬼神注云告致也馥案玉篇眡之忍切埤蒼云告也禮記曰眡于鬼神亦作袗廣韻眡告也集韻袗眡告也

說文解字義證　卷三十七　𠕎　連筠簃叢書　靈石楊氏栞

聜

⿰耳彖

見𦝫下

遺文三

𦣝　顄也象形凡𦣝之屬皆從𦣝與之切

顄也者本書顄頤也急就篇頰頤頸項肩臂肘顏注下頷曰頤方言頷頤頷也南楚謂之頷秦晉謂之頷頤其通語也齊策太子相不仁過頤豕視鮑注言頤過豐漢書東方朔傳擢項頤顏注頤頷下也江表傳孫權生而方頤大口姚信昕天論今人頤前多臨胷而項不能覆背釋名頤養也動於下止於上上下咀物以養人也易頤卦自求口實鄭云頤口中車輔之名也口車動而上因輔嚼物以養人故謂之頤頤養也

頤　篆文𦣝

此爲篆文是匠爲古文小篆因而未變者

籒文從𦣝

從𦣝卽古文百也文當作𦣝

廣匠也從匠巳聲 與之切

廣匠也者經典但取廣義又通作熙書堯典庶績咸熙傳云熙廣也舜典有能奮庸熙帝之載傳云廣堯之事者益稷百工熙哉傳云百官之業乃廣多方爾曷不惠王熙天之命傳云廣天之命襄二十九年左傳廣哉熙熙乎周語熙廣也

古文𢈪從戶

九經字樣雜辨部巸𢈪上說文下經典相承隸謂唐本戶在巳上

文二　重三

曲阜桂馥學

拳也象形凡手之屬皆從手 書九切

易說卦艮爲手釋名手須也事業之所須也

拳也者本書拳手也急就篇捲捥節爪拇指手顏注及掌謂之手

古文

手中也從手尚聲 諸兩切

釋名掌言可以排掌也馥案排掌當爲排堂堂俗作幫譌爲掌

手中也者玉篇論語曰指其掌掌手中也增韻掌手心也謂指本也中庸治國其如示諸掌乎

將指也從手母聲 莫厚切

將指也者徐鍇曰所謂將指者爲諸指之率也左傳正義將者言其將領諸指也玉篇拇手拇廣韻拇大拇指也顏注急就篇拇大指也一名將指釋訓履帝武敏武迹也敏拇也郭云拇迹大指處詩生民履帝武敏箋云敏拇也易咸卦咸其拇釋文馬鄭薛云足大指也解卦解而拇陸云足大指王云手大指定十四年左傳姑浮以戈擊闔廬闔廬傷將指杜注其足大指見斬楚語有首領股肱至於手拇毛脈韋注拇大指也楚詞招魂敦脄血拇注云拇手母指也鄉射記凡挾矢於二指之閒橫之注云二指謂左右手之第二指此以食指將指挾之疏云以左擘指拓弓右擘指鉤弦故知挾矢以弟二弟三指閒弟二指爲食指左傳子公之食指動是也弟三指爲將指左傳吳王闔閭傷於將指是也定四年左傳正義云定十四年傳闔閭傷將指注云其足大指見斬足之用力大指爲多手之取物中指最長故足以大指爲將指手以中指爲將指穀謂此曲說也手足皆以拇爲將指手之大指爲拇指二指爲食指三指爲中指四指爲無名指五指爲小指此南北之通語也

手指也從手旨聲 職雉切

手指也者顏注急就篇指總謂衆指也

拳　手也從手舜聲巨員切

手也者本書手拳也玉篇拳屈手也漢書鉤弋倢伃傳武帝巡守過河閒召至女兩手皆拳上自披之手卽時伸號曰拳夫人

擥　手擥也揚雄曰擥握也從手取聲烏貫切

手擥也者釋名腕宛也言可宛屈也呂氏春秋本味篇伊尹曰肉之美者述蕩之擥高注擥讀如棬椀之椀通作擥士喪禮設決麗於擥自飯持之設握乃連擥注云擥手後節中也古文擥作捥釋文擥烏亂反既夕記設握裹親膚繫鉤中指結於擥注云擥掌後節中也考工記弓人注云茭讀如齊人名手足擥爲骹之骹玉篇擥與捥同集韻擥或作腕捥一切經音義腕又作捥謂手後節也左傳捘衞侯之手及捥顏注急就篇腕手臂之節也魏志陳泰傳蝮蛇螫手壯士解其腕稽康琴賦攘皓腕顏氏家訓所得盜者輒截手腕宋本作擥　揚雄曰擥握也者三蒼擥亦牽字苦田反引前也商子君臣篇瞋目扼腕淮南主術訓瞋目扼擥高音捽戰國策天下之士莫不扼腕瞋目切齒史記刺客列傳樊於期偏袒搤捥而進索隱捥音烏亂反字書作𢯁掌後曰腕勇者奮厲必先以左手扼右捥也漢郊祀志莫不搤擥游俠傳搤擥而游談顏注擥古手腕字江淹麗色賦不擥銜帶漢婁壽碑捥髮傳業

攕　好手皃詩曰攕攕女手從手韱聲所咸切

好手皃者通作纖古詩纖纖出素手　詩曰攕攕女手者魏風葛屨文彼作摻摻傳云摻摻猶纖纖也本書孅下引詩同韓詩作纖纖辭君章句纖纖女手皃

揱　人臂皃從手削聲周禮曰輻欲其揱所角切

人臂皃者玉篇揱長臂皃　周禮曰輻欲其揱者考工記輪人文彼云望其輻欲其揱爾而纖也注云揱纖殺小皃也鄭司農云揱讀爲紛容揱參之揱玄謂如桑螵蛸之蛸

摳　繑也一曰摳衣升堂從手區聲口侯切

繑也者本書繑絝紐也　一曰摳衣升堂者五經文字摳摳衣也玉篇摳挈衣曲禮摳衣趨隅注云摳提也又兩手摳衣去齊尺

攐　摳衣也從手褰聲去虔切

摳衣也者廣雅攐摳也淮南人閒訓江之始出於岷山也可攐裳而越也通作褰廣韻摳褰裳詩褰裳涉溱箋云揭衣匏有苦葉釋文揭揭衣一本作揭褰衣新序褰衣將就鼎

撎　舉手下手也從手壹聲於計切

舉手下手也者左傳正義引同李善注西征賦引作拜舉手下手也玉篇同程君瑤田曰字林撎舉首下手案周官大祝辨九拜九曰肅拜鄭司農說但俯下手今時撎是也言但俯下手則不舉手可知舉首者對稽首頓首空首諸拜皆必俯首今撎則舉首不俯但俯下手而已說文舉手手字爲轉寫之譌無疑成十六年左傳敢肅使者杜云肅手至地若今撎釋文撎揖也正義其勢如今揖之小別宋儀注貴人待賤人賤人拜貴人撎潘岳賦率軍禮以長撎通作揖漢書高帝紀酈生不拜長揖注云手自上而極下馥案鄭注鄉飲酒禮云推手曰揖引手曰厭疏云引手曰厭者以手向身引之秋官疏云凡揖皆推手至於撎卽引手爲異也馥謂撎卽厭也

揖　讓也從手咠聲一曰手箸胷曰揖伊入切

讓也者論語釋文引作攘也小字本李燾本並同玉篇揖攘也廣韻引文字指歸揖攘漢書禮樂志盛揖攘之容經典通用讓士冠禮賓盥卒壹揖壹讓升聘禮賓入門皇升堂讓論語揖讓而升漢書王莽傳揖大福之恩顏注揖謂讓而不當也魏張揖字稚讓僖二十年公羊傳獻公揖而進之何云以手通指曰揖馥案揖當爲指謂通意也論語巫馬期而進之趙策太后盛氣而揖之鄉射禮揖弓注云揖猶推之也鄉飲酒禮賓厭介注云推手曰揖引手曰厭周禮司儀土揖庶姓時揖異姓天揖同姓注云土揖推手小下之也時揖平推手也天揖推手小擧之王幼學曰古兵有鉤有鑲引來曰鉤推去曰鑲馥謂此亦引手推手　一曰手箸胷曰揖者論語上如揖鄭注聘禮讓謂舉手平衡也

推也從手襄聲汝羊切

推也者本書予下云推予也漢書藝文志合於堯之克攘司馬遷傳小子何敢攘焉又進攘之道顏注並曰攘古讓字經典通作讓書堯典允恭克讓鄭注推賢尚善曰讓晉語讓推賢也周官推賢讓能論語夫子溫良恭儉讓以得之皇氏曰推人後己謂之讓曲禮君子恭敬撙節退讓以明禮正義應受而推曰讓文元年左傳卑讓德之基也襄十三年傳讓禮之主也詩角弓受爵不讓史記淮陰侯傳推食食我梁書曹景宗傳雖公卿無所推揖許遜別傳遜與寡嫂共田桑推讓好者自取其荒

斂手也從手共聲居竦切

斂手也者斂當爲撿通用斂字漢書黥布傳陰拱而觀其孰勝顏注斂手曰拱禮玉藻凡侍於君垂拱正義沓手也身俛則宜手沓而下垂也書武成垂拱而天下治書序亳有祥桑穀共生於朝鄭本共作拱注云兩手搤之曰拱漢書郊祀志有桑穀生於廷一暮大拱顏注合兩手曰拱孟子拱把之桐梓僖三十二年左傳爾墓之木拱矣杜云合手曰拱何休云拱可以手對抱襄二十八年傳與我其拱璧杜云大璧正義云拱謂合兩手也此璧兩手拱抱之故爲大璧老子雖有拱璧

拱也從手僉聲良冉切

首至地也從手𠦪𠦪音忽博怪切

首至地也者首當爲手增韻拜手至地若首至地是䭫首矣重文從兩手下可知首字之誤賈誼書拜以磬折之容吉事上左凶事上右隨前以舉項衡以下寧速無遲背項之狀如屋之立拜容也　從手𠦪者本書𠦪下云拜從此　𠦪音忽者後人加之

楊雄說拜從兩手下

本書𠬞竦手也楊雄說𠬞從兩手作𢪱復謂𠬞從兩手𢪱從兩手下

古文拜

汗簡作𢱭云出說文　古文拜者徐鍇本作有從二手三字

搯捾也從手官聲一曰援也烏括切

搯捾也者本書眼捾目也埤蒼搯抓也三國典畧劉愨常有飛書誚毀梁主怒曰劉愨似衣中蝨必須搯之世說顧雍以爪搯掌流血霑襟魏志程昱傳昱於武帝前忿爭遏人搯之乃止通鑑劉道隆搯蔡興宗手曰蔡公勿多言注云搯以爪搯之也魯語無搯膺韋注搯叩也長笛賦搯膺擗摽　一曰援也者廣韻捾取也增韻捾取也援也詩皇矣無然畔援正義援是引取

捾也從手舀聲周書曰師乃搯搯者拔兵刃以習擊刺詩云左旋右搯土刀切

捾也者一切經音義二十五引同又云中國言搯江南言挑　周書曰師乃搯者尚書太誓逸篇文大傳作慆鄭注

慆喜也非本書義　拔兵刃以習擊刺者詩釋文引作抽刃以習擊刺　詩云左旋右搯者鄭風清人文彼作抽傳云右抽抽矢以射箋云右車右也車右抽刃

擁也從手巩聲居竦切

本書巩下重文作𢀜

擁也者廣韻𢀜抱持

排也從手隹聲他回切

排也者左傳正義引同玉篇推排也　引易剛柔相推公羊傳父受誅子復讎推刃之道也注云一往一來曰推刃漢書朱買臣傳相推排成列地理志上郡推邪縣莽曰排邪南齊書王僧彌傳吾在世雖乏德素要復推排人門數十年許

推也從手夋聲春秋傳曰捘衛侯之手子寸切

推也者古文苑蔘賦拨撩予注云拨猶擠也春秋傳曰拨衛侯之手者定八年左傳文杜云拨擠也正義說文云推排也排擠也拨是推排之義故爲擠也昭十三年傳言擠於溝壑謂被推入坑也

排　擠也從手非聲　步皆切

擠也者左傳正義引同廣雅排推也禮少儀排闔正義排推門扇也史記樊噲傳乃排闥直入魯仲連傳爲人排患釋難解紛而無取也主父偃傳齊諸儒生相與排擯不容於齊晉書王徽之從桓沖行值暴雨徽之排入車中謂曰公豈得獨擅一車

擠　排也從手齊聲　子計切

排也者字書同廣雅擠推也昭十三年左傳小人老而無子知擠於溝壑矣荀子解蔽篇不好辭讓不敬禮節而好相推擠淮南兵畧訓推其擠擠擠其揭揭高注擠排漢書項籍傳漢軍卻爲楚所擠臣瓚曰擠排也薛宣傳擠排宗室

抵　擠也從手氐聲　丁禮切

擠也者廣雅抵推也夏小正傳抵猶推也漢書田延年傳抵曰無有是事注云抵拒諱也馥案推而不承也

摧　擠也從手崔聲一曰挏也一曰折也　昨回切

擠也者廣雅摧推也史記季布傳能摧剛爲柔　一曰折也者五經文字廣雅竝同楚詞九思魁壘擠摧兮常困辱注云擠摧折屈也

拉　摧也從手立聲　盧合切

摧也者史記索隱引同一切經音義七引作敗也馥案本書摺敗也協摺也一曰拉也玉篇拉折也引左氏傳拉公幹而殺之史記齊世家使力士彭生抱上魯君車因拉殺魯桓公漢書鄒陽傳范睢拉脅折齒索隱摺音力荅反應侯傳作折脅摺齒是也前秦錄王猛曰臣奉陛下之神擊垂亾之虜若摧枯拉朽南中志貊所觸無不拉馥案貊獸也

挫　摧也從手坐聲　則臥切

摧也者一切經音義三引同李善注文賦引作折也一切經音義十二挫折也楚語夫申胥華登簡服吳國之士於甲兵而未嘗有所挫也韋云挫毀折也詩鴛鴦摧之秣之傳云摧莝也箋云摧今莝字也馥案莝挫皆摧折意本書剉折傷也

扶　佐也從手夫聲　防無切

佐也者集韻引作左也小字本同本書左手相左助也廣韻漢三輔有扶風郡扶助也釋名扶傅也傅近之也論語顛而不扶漢書高帝紀不如更遣長者扶義而西注云以義自助也

古文扶

𢪏　扶也從手爿聲　七良切

扶也者玉篇牂扶也今作將釋名將救護之也方言扶護也郭注扶挾將護詩無將大車箋云將猶扶進也莊二十

一年左傳鄭伯將王自圉門入史記司馬相如傳補過將美鄭注曲禮提攜謂牽引將行

持　握也從手寺聲　直之切

握也者本書握搤持也釋名持跱也跱之於手中也禮射義持弓矢審固

挈　縣持也從手韧聲　苦結切

縣持也者廣韻挈提挈釋名挈結也結束也束持之也禮王制班白不提挈襄十五年公羊傳挈其妻子何云挈猶提也荀子勸學篇若挈裘領注云挈舉也史記淮陰侯傳挈其手漢書張耳陳餘列傳以兩賢王左提右挈注云相扶持也

拑　脅持也從手甘聲　巨淹切

脅持也者東萊謂持物曰拑

揲　閱持也從手枼聲　食折切

閱持也者易繫辭揲之以四釋文揲猶數也說文云閱持
也程君瑤田曰說文揲閱持也匹四丈也八揲一匹不有
說文則易繫傳揲之以四以象四時不知揲爲閱持
兩手閱容五尺矣通作擛漢書揚雄傳擛之以三策

摯　握持也從手從執　脂利切

續漢書郡國志汝南平輿
下注云有摯亭見說文

握持也者釋詁拱執也執卽摯　從執者徐鍇本作執聲
本書摶下云一曰至也此四字當在摯下釋詁摯臻也注
云摯執也所以表至也書西伯戡黎大命不摯傳云言受
大命者何不至也詩關雎傳雎鳩摯而有別箋云摯之言
至也

操　把持也從手喿聲　七刀切

把持也者釋名操抄也手出其下之言也襄三十一年左
傳猶未能操刀而使割也注云操持也通作躁詩兔爰箋
云急者有所躁蹙也正義躁
定本作操覆謂持之蹙也

攫　爪持也從手瞿聲　居玉切

爪持也者一切經音義三引同本書𠆢亦持也亦當爲爪
𠆢攫古今字本書玃下云母猴也玃父善顧攫持人也爲
下云母猴也其爲禽好爪爪下云丮也覆手曰爪通俗文
手把曰攫攫通作攫文選射雉賦䀹攫地以厲響徐爰注
引埤蒼攫爪持也禮儒行鷙蟲攫搏戰國策徐子之狗猶
將攫公孫子之腓而噬之也淮南覽冥訓鷙攫老弱高云
攫撮也說山訓熊羆之動以攫搏高云攫撥也熊羆多力
故能撥攫有所搏也鹽鐵論虎兕所以能執熊羆服羣獸
者爪牙利而攫便也字又作䦆一切經音義三䦆字宜作
攫同蒼頡篇攫搏也荀子哀公篇鳥窮則啄獸窮則攫莊
子徐無鬼篇委蛇攫抓釋文引三蒼攫搏也史記田敬仲
完世家攫之深徐廣曰攫以爪持也漢書黃霸傳使吏食
於道旁烏攫其肉顏注攫搏
持之揚雄解嘲攫挐者存

捦　急持衣裣也從手金聲　巨今切

急持衣裣也者玉篇捦急持衣裣行也又摕下云右手摕
其胷摕襟也本書㪇持也埤蒼捦捉也三蒼捦手捉物也
通作禽僖三十三年左傳禽之以獻

㩒　捦或從禁

搏　索持也一曰至也從手尃聲　補各切

索持也者莊十一年左傳公右顓孫生搏之杜注搏取也
僖二十八年傳晉侯夢與楚子搏杜注搏手搏僖元年穀
梁傳屛左右而相搏釋文搏手搏也孟子善搏虎六韜猛
獸將搏弭耳俯伏呂氏春秋首時篇伍子胥說之半王子
光舉帷搏其手注云搏執子胥之手史記李斯傳鑠金百
鎰盜跖不搏索隱搏猶攫也漢書廿延壽傳試弁爲期門
注云弁手搏哀帝紀時覽卞射蘇林
曰手搏爲卞蓺文志有手搏六篇

據　杖持也從手豦聲　居御切

杖持也者廣雅據杖也論語據於德何晏
云據杖也晉語無所據依韋注據杖也

攝　引持也從手聶聲　書涉切

引持也者昭二十六年左傳晉爲不道是攝是贊杜注攝
持也魯語故能攝固不解以久晉語若下攝上與上攝下
韋注並云攝持也漢書張耳陳餘列傳吏嘗以過笞餘餘
欲起耳攝使受笞顏注攝謂引持之後漢書馮緄傳久不
討攝注云
攝持也

抩　并持也從手冄聲　他含切

并持也者玉篇廣韻
竝作併廣雅抩持也

抪　捫持也從手布聲　普胡切

捫持也者一切經音義十六引作布也又云字
書抪敷也敷舒之也廣韻抪展舒也又布也

挾　俾持也從手夾聲　胡頰切

俾持也者釋名挾夾也在旁也齊語挾其槍刈耨鎛以旦
莫從事於田野吳語挾經秉枹韋注並云在掖曰挾　夾
聲者本書夾持也又夾下云盜竊褱物也從亦有所持俗
謂蔽人俾夾是也穀謂俾夾卽俾持娗挾從夾劉熙言在

㚔韋昭言枉撓
皆從夰之義

撫持也從手門聲詩曰莫捫朕舌莫奔切

捫持也者一切經音義三聲類捫摸也字林捫撫持也案
捫持謂手把執物也馥案廣韻捫以手揣持本書揣揗也
詩曰莫捫朕舌者大
雅抑文傳云捫持也

撮持也從手監聲盧敢切

撮持也者廣韻擥手擥取詩都人士臺笠緇撮正義小撮
持其髻而已制小故言撮樂記竹聲濫濫以立會注云濫
之意猶擥聚也離騷擥木根以結茝兮注云擥持也史記
袁盎傳擥轡漢書刑法志總擥英雄以誅秦項典畧太祖
擥筆欲有所定字或作擥漢書陳湯傳擥城郭之兵顏注
擥總持之也王莽傳莽自見前顯權以得漢政故務自擥
衆事後漢書光武紀總擥權綱又作攬
廣雅攬持也釋名攬斂也斂置手中也

理持也從手巤聲良涉切

理持也者玉篇擸擇持也通作獵史記日者傳獵纓正襟
危坐索隱獵攬也又通作躐後漢書崔駰傳當其無事則
躐纓整襟注云此字宜從手廣雅
云擸持也言持纓整襟修其容止

搤持也從手屋聲於角切

搤持也者本書持握也廣雅握持也詩小宛握粟出卜鄭
射禮箭籌長尺有握注云握本所持處也漢書律歷志算
法用竹徑一分長六寸二百
七十一枚而成六觚為一握

古文握

李善注任昉出郡傳舍哭范僕射詩引淮南子𡑞
無所鑒謂之狂生高誘曰𡑞持也𡑞古握字也

提持也從手單聲讀若行遲驒驒徒旱切

提持也者廣雅撣提也集韻引作提荷
也荷當為何太元何福滿肩提禍撣撣

握也從手巴聲博下切

握也者一切經音義十二引云握也持也單手曰把孟子
拱把之桐梓燕策左手把其袖淮南繆稱訓交拱之木無
把之枝高注把握也史記殷
本紀湯自把鉞以伐昆吾

把也從手鬲聲於革切

把也者搹通作鬲士喪禮苴絰大鬲注云鬲搤
也中人之手搤圍九寸徐鍇本有讀若戹三字

搹或從戹

喪服苴絰大搹注云盈手曰搹搹扼也馥案扼當依士喪禮
注作搤搤扼聲近相通後漢書班固傳扼猛噬注云說文曰
搤捉也音戹
搤與扼通

牽引也從手奴聲女加切

牽引也者史記霍去病傳漢匈奴相紛拏注云相牽也後
漢書馮衍傳禍拏未解兵連不息注云拏謂相連引也長
笛賦掞拏捘臧李善引蒼頡篇拏捽也引也通作挐莊子
漁父杖挐而引其船宋玉九辯枝煩挐而交橫王逸九思

散亂兮紛挐漢書嚴安傳禍挐而不可解顏注挐相連引
也揚雄解嘲攫挐者存注云挐有搏執牽引也韻會引徐
鍇本一曰己也馥謂己為把
本書㔾下云能相把挐也

提也從手巂聲戶圭切

提也者廣雅同本書盰讀若攜手又𨗛𨗜不能行為人
所引書立政左右攜僕召誥保抱攜持厥婦子詩板如取
如攜曲禮長者與之提攜
注云提攜謂牽引將行

挈也從手是聲杜兮切

挈也者廣雅挈提也釋名提地也臂垂所持近地也曲禮
提者當帶正義屈臂當帶而提挈其物吳語建旌提鼓注
云提挈也或作𢳾詩抑匪手
攜之箋云非但以手攜挈之

拈也從手耴聲丁愜切

拈也者六書故𢪎俗作捻青瑣高議明皇時有獻牡丹者
時貴妃勻面口脂在手印於花上來歲花開瓣有指印名

爲一捡紅馥案徐鉉新附有捡字蓋不知與抲同也

拈 抲也從手占聲 奴兼切

抲也者玉篇拈指取也釋名拈黏也兩指翕之黏著不放也列子湯問篇汝何蚩而三招子注云招一本作拈指取物也五燈會元世尊在靈山會上拈花示衆

摛 舒也從手离聲 丑知切

舒也者爾雅釋文後漢書班固傳注引竝同廣雅亦同漢書敘傳摛藻如春華顏注摛布也字或作攡宋祁漢書校本引字林攡舒也太元幽攡萬類而不見形

捨 釋也從手舍聲 書冶切

釋也者通作舍論語不舍晝夜春秋僖十五年左傳服而舍之釋文舍如字又音捨孟子姑舍是趙注且置是列子舍然大喜

擪 一指按也從手厭聲 於協切

一指按也者廣雅擪按也韓子田連成竅天下善鼓琴者也然而田連鼓上成竅擫下而不成曲淮南泰族訓所以貴扁鵲者貴其壓息脈血知病之所從生也南都賦彈琴擫籥洞簫賦挹抐擫攦隋書樂志彈弦擫管以上一萬八千人通作厭笙賦厭焉乃揚李善云厭亦作擫謂指擫也又通作壓莊子外物篇壓其顪釋文壓本亦作擪字林云擪一指按也

按 下也從手安聲 烏旰切

下也者通作案本書抑案也尉從上按下也廣雅案下也史記案灌夫項令謝

控 引也從手空聲詩曰控于大邦匈奴名引弓控弦 苦貢切

引也者廣雅小爾雅竝同襄八年左傳無所控告杜注控引也漢書賈誼傳何足控揣孟康曰控引也 詩曰控于大邦者鄘風載馳文傳云控引也 匈奴名引弓控弦者一切經音義二十二引作突厥名引弓曰控弦也漢書婁敬傳控弦四十萬騎注云皆引弓也

揗 摩也從手盾聲 食尹切

摩也者廣韻揗手相安慰漢書高帝紀因揗其背外戚傳主揗其背顏注竝云揗謂摩揗之也藝文志黃帝岐伯按摩十卷通作循史記晉世家子反收餘兵拊循欲復戰漢書蕭何傳拊循勉百姓趙充國傳拊循和輯

掾 緣也從手彖聲 以絹切

緣也者掾緣聲相近義未聞

拍 拊也從手百聲 普百切

拊也者一切經音義三拊猶拍也玉篇拊拍也廣雅䪏擊也釋名拍搏也手搏其上也書益稷予擊石拊石又搏拊琴瑟琴集大胡笳十八拍小胡笳十九拍陳暘樂書九部樂有拍板唐書曹確傳優人李可及能新聲自度曲少年爭慕之號爲拍彈釋名撫敷也敷手以拍之也郭注爾雅撫掩猶撫拍謂慰卹也鄉射禮左右撫矢而乘之鄭注撫拊之也賈疏撫者撫拍之義士喪禮婦人拊心不哭文選求自試表未嘗不拊心而歎息也

拊 揗也從手付聲 芳武切

揗也者詩蓼莪拊我畜我宣十二年左傳王巡三軍拊而勉之杜注拊撫慰勉之通作附史記趙世家簡子由此能附趙邑而懷晉人

掊 把也今鹽官入水取鹽爲掊從手咅聲 父溝切

把也者史記索隱引作抱也戴侗引唐本作捊也本書剮掊把也一切經音義二通俗文手把曰掊釋名把播也所以播除物也漢書郊祀志掊視得鼎注云掊手把土也貢禹傳農夫捽草把土注云把手掊之也 今鹽官入水取鹽爲掊者後漢書百官志鹽官掊坑而得鹽

捋 取易也從手寽聲 郎括切

取易也者本書寽五指捋也詩桑柔捋采其劉芣苢
薄言捋之傳云捋取也徐鍇本有一曰劣也四字

撩 理也從手尞聲 洛蕭切

理也者一切經音義十四引同又云謂撩捋整理也廣雅撩理也通作繚莊子盜跖篇繚意絕體而爭此釋文繚理也一切經音義十四通俗文理亂謂之繚理通作料晉書王羲之傳比當相料理桓沖傳沖謂徽之曰卿在府日久當相料理周顗傳王導料檢中書故事宋書王僧綽傳料檢太祖巾箱六朝歌謠皂莢相料理列子釋文料音聊理也韓愈詩爲逢桃樹相料理杜甫詩詩酒尚堪驅使在未須料理白頭人皆平聲料量亦平聲漢書賈誼傳臣竊料匈奴司馬遷傳竊不自料其卑賤馮奉世傳數不料敵竝音聊

措 置也從手昔聲 倉故切

置也者五經文字字林廣雅蒼頡篇竝同按漢書文帝紀幾於刑措注云民不犯法無所刑也論語舉直措諸枉包注廢置邪枉中庸學之弗能弗措也正義學不至於能不措置休廢也禮器措則正注云措置也鄭語不建立卿士

而妖試幸措𠴲注措置也後漢書獨行傳措之則事或有遺注云措置也通作錯易繫辭苟錯諸地則可矣正義錯置也齊策其錯之勿言也高注錯置荀子彊國篇順者錯之注云錯置也史記周本紀刑錯四十餘年不用注云錯置也後漢書隗囂傳牽馬操刀奉盤錯鍉遂割牲而盟書序般既錯天命馬注錯廢也

插 刺肉也從手從臿 楚洽切

刺肉也者玉篇廣韻竝云刺入也魏武奏事今邊有警輒露檄插羽急就篇捃穫秉把插捌杷顏注插者擣也兩頭鐵銳所以插刺禾束而擣之也

掄 擇也從手侖聲 盧昆切

擇也者廣韻引云擇也一曰貫也徐鍇本有一曰以手貫也四字廣雅掄擇也又云掄貫也周禮山虞凡邦工入山林而掄材不禁注云掄猶擇也晉語君掄賢人之後有常位於國者而立之亦掄逞志虧君以亂國者之後而去之韋注掄擇也通作論呂氏春秋仲春紀勞於論人而佚於官事高注論猶擇也

擇 柬選也從手睪聲 丈伯切

柬選也者本書柬分別簡之也選擇也玉篇選簡擇也釋詁柬擇也書呂刑罔有擇言在躬論語擇不處仁襄二十九年左傳季札謂叔孫穆子好善而不能擇人吾聞君子務在擇人中庸擇善而固執之者也孟子君請擇於斯二者又選擇而使子

捉 搤也從手足聲一曰握也 側角切

搤也者釋名捉促也使相促及也一曰握也者廣韻捉搦也徐鍇引左傳叔武聞君至捉髮走出漢書王褒傳周公躬吐捉之勞注云一飯三吐食一沐三捉髮古詩君子行一沐三握髮裴注蜀志趙雲傳云先主捉手而別甄謂即握手

搤 捉也從手益聲 於革切

捉也者詩南山釋文引同史記周本紀養由基釋弓搤劍曰客安能教我射乎劉敬傳搤天下之肮漢書揚雄傳搤熊羆顏注搤捉持之也後漢書荀彧傳搤其喉而不得盡

注云搤謂捉持之也北史齊高祖本紀有款軍門者訪之則以力聞嘗於并州市搤殺人者

挻 長也從手從延延亦聲 式連切

長也者廣雅同老子挻埴以爲器釋文引字林挻長也 延亦聲者當爲延聲

揃 搣也從手前聲 即淺切

搣也者字林同急就篇沐浴揃搣寡合同顏注揃搣謂鬄拔眉髮也蓋去其不齊整者莊子揃搣拔除士喪禮蚤揃如他日注云斷爪揃鬚也

搣 批也從手威聲 亡列切

批也者字林同廣韻搣手拔一切經音義七捉頭曰捘除毀曰搣字統捘搣也俗謂之捉頭廣雅搣捽也通作媙莊子外物篇眥媙可以休老釋文媙本亦作搣

捽也從手此聲　側氏切

捽也者一切經音義三引作撖也又云謂撖撮取也本書揭戟持也玉篇誐下引漢書注撖謂拘持之也廣雅批捽也一切經音義三又云批謂取著也通俗文擊挽曰批西京賦批窳狻注云搏撮猛獸皃

捽也從手卽聲魏郡有揤裴矦國　子力切

魏郡有揤裴矦國者地理志魏郡卽裴矦國莽曰卽是馥案揤裴音卽非故莽改卽是廣韻揤裴縣在魏郡應劭地理風俗記列人縣西南六十里有卽裴城故縣也漢書王子矦表揤裴戴矦道顏注在肥鄉縣南五里

持頭髮也從手卒聲　昨沒切

持頭髮也者荀子正論篇詈侮捽搏注云捽持頭也楚策吾將深入吳軍若扑一人若捽一人鮑注捽持頭髮也呂氏春秋忠廉篇王子慶忌與要離俱涉於江中要離拔劍以刺王子慶忌王子慶忌捽之投之於江漢書賈誼傳上不使人捽抑而刑之也顏注捽持頭髮也武五子傳卽捽善屬衛士長行法王遵傳利家捽搏其頰顏注並云捽持

頭也金日磾傳日磾捽胡投何羅殿下晉灼曰胡頸也捽其頭而投殿下也漢書西域傳張翁捽主頭罵詈顏注捽持其頭淮南說林訓故解捽者不在於捌格在於批肮氾論訓至其溺也則捽其髮而拯劉氏新論明權篇孝子之事親和顏卑體及其溺也則攬髮而拯之故曰溺而捽父吳越春秋三捽其頭於水中魏畧弘農太守苛虐吏過無輕重輒捽其頭亂杖檛之後魏書古弼捽劉頭掣下牀通鑑魏主以長孫嵩固爭命武士頓辱之注云捽其首使頓地又高歡令彭樂伏地親捽其頭連頓之注云捽持其髮也又朱友裕詣汴州見朱全忠全忠命左右捽抑將斬之注云捽者持其髻抑者按其頭

四圭也一曰兩指撮也從手最聲　倉括切

四圭也者一切經音義十三六十四黍爲一圭四圭曰撮漢書音義孟康曰六十四黍爲圭中庸今夫地一撮土之多陸倕漏刻銘不謬圭撮劉氏新論從化篇鈞后雖平不能無抄撮之較孫子筭經量之所起起於粟六粟爲一圭十圭爲一撮十撮爲一抄十抄爲一勺十勺爲一合十合爲一升十升爲一斗十斗爲一斛馥案隋書引作六粟爲一圭十圭爲抄十抄爲撮夏侯陽筭經十粟爲一圭一曰兩指撮也者兩指當爲三指兩指爲指三指爲撮玉篇撮三指取也一切經音義六引字林撮手小取也漢書律歷志量多少者不失圭撮應劭曰圭自然之形陰陽之始也四圭曰撮三指撮之也莊子秋水篇鴟鵂夜撮蚤淮南作夜聚蚤許注鴟夜聚食蚤蝨不失也

撮也從手𥷚省聲　居六切

撮也者本書在手曰匊廣韻匊與掬同韻會匊本作掬詩詁兩手曰曰扇掌曰匊

撮取也從手帶聲讀若詩曰螮蝀在東　都計切

撮取也者廣韻摕揥取埤蒼摕挑取也釋名撮捽也暫取之也孔叢答問篇陽由怒杖其妻妻授以背而自撮其陰由乃仆地氣絕而不能興晉書張載傳靑骹繁霜䥆於韝中何以效其撮東郭於韝下也西京賦摕飛鼯帶聲者文賦意徘徊而不能摕李善云說文摕取也他狄切協韻作啇切案本書無揥字玉篇揥與摕同撮取也與戴所見唐本同

擸或從折從示兩手急持人也

徐鍇本下有𢸥字云古文擸從止辵張次立曰今說文并李舟切韻不載朱君文藻曰徐鍇次敘多與說文移易說文撫下接揩繫傳揩上接從撫之古文作𢸥其形類𢸥或傳寫錯簡以撫之古文係於擸下而又譌其文爲𢸥後人不審遂定爲擸之古文也

引取也從手孚聲　步矦切

引取也者詩緜捄之陾陾箋云捄捊也築牆者捊聚壤土盛之以虆釋文捊薄矦反爾雅云聚也說文云引取土馥案取土當合爲堅字本書堅土積也禮運人情以爲田注云田人所捊治正義謂以手捊聚玉篇捊說文曰引聚也詩曰原隰捊矣捊聚也本亦作裒馥案徐鍇本引詩原隰捊矣今詩作裒釋詁裒聚也釋文裒本或作捊易謙卦君子以裒多益寡釋文鄭荀董蜀才作捊云取也馥案虞云捊取也孟氏亦作捊集韻捊說文引取也或從包從不又云捊掬也漢書張釋之傳假令愚民取長陵一抔土顏注抔音步矦反謂手掬之也其字從手史記索隱云案禮運

汙尊而抔飲鄭氏云
抔手掬之字從手

捊或從包

或從包者一切經音義十五捊或作抱
說文引取也通俗文作掊手把曰掊

揜　自關以東謂取曰揜一曰覆也從手弇聲衣檢切

自關以東謂取曰揜者方言揜索取也關東曰揜關西曰索廣韻揜手揜物也通作掩曲禮大夫不掩羣正義不可掩取之漢書貨殖傳搏掩顏注掩襲取人物也一曰覆也者本書弇蓋也奄覆也禮器豚肩不揜豆聘義瑕不揜瑜瑜不揜瑕月令處必掩身

授　予也從手從受受亦聲殖酉切

予也者廣雅同玉篇授付也詩緇衣還予授子之粲兮曲禮男女不親授魯語今日必授韋注授予也史記留侯世家沛公殆天授　受
亦聲者當爲受聲

承　奉也受也從手從卩從廾署陵切

易坤卦萬物資始乃順承天書說命后
克聖臣不命其承詩鹿鳴承筐是將
奉也者本書奉承也書多方不克靈承于旅傳云不能善奉於人衆喪大記主人二手承衾而哭孔子閒居弟子敢不承乎注云承奉承不失隊也受也者易師卦開國承家虞翻曰承受也齊語余敢承天子之命韋注承受也禮運是謂承天之祜正義言承受天之祜福也從手從卩從廾者戴侗曰唐本從手從丞張參曰從手從承張參之說必有所本馥案本書無丞字五經文字云承時證反唐嵩陽觀碑陛下拳紫氣之眞宗承字上從承下從手

挋　給也從手臣聲一曰約也章刃切

給也者或作賑廣韻賑贍也給也史記平準書虛郡國倉廩以賑貧民通作振士喪禮注古文挋皆作振一曰約也者未聞案挋當有拭義五經文字挋拭也釋詁挋清也喪大記挋用浴衣注云挋拭也士喪禮乃沐櫛挋用巾注云挋晞
也清也

㨷　拭也從手菫聲居焮切

拭也者拭當爲飾通用拭玉篇㨷清
也字林㨷枚拭也集韻㨷與挋同

攩　朋羣也從手黨聲多朗切

朋羣也者本書黨也書益稷朋淫于家傳云朋羣也通作黨洛誥孺子其朋傳云少子愼朋黨後漢書爰延傳周公戒成王曰其朋其朋言愼所與也洪範無偏無黨鄭注黨朋黨秦誓朋家作仇傳云臣下朋黨自爲仇怨論語羣而不黨又吾聞君子不黨孔注相助匿非曰黨又各於其黨孔注黨黨類也吳語請王厲士以奮其朋勢注云朋羣也六韜友之友謂之朋朋之朋謂之黨黨之黨謂之羣又云多黨者進少黨者退荀子强國篇不比周不朋黨離騷惟黨人之偷樂兮注云黨朋也黃石公三略羣吏朋黨各進所親招舉姦枉抑挫仁賢漢書劉向傳分曹爲黨往往
羣朋後漢書
有黨錮傳

接　交也從手妾聲子葉切

交也者易蒙卦子克家剛柔接也正義陽居卦內接待羣陰聘禮賓稱面注云舉相見之辭以相接表記君子之接如水正義如兩水相交尋合而已孟子其交也
以道其接也以禮漢書執韓信使武士反接之

抪　㨷也從手米聲普活切

㨷也者疑推之譌徐鍇韻譜抪推
也玉篇抪引推也廣韻抪推抪

挏　擁引也漢有挏馬官作馬酒從手同聲徒總切

擁引也者字書挏擁也引也玉篇引呂氏春秋百官挏擾挏動也淮南俶眞訓撣掞挻挏注云擁引來去不定也漢有挏馬官作馬酒者馬酒酪釋名酪澤也乳汁所作使人肥澤也春秋元命苞文王四乳蓋法酒旗宋均曰乳酒也漢書地理志太原郡有家馬官臣瓚曰漢有家馬廄一廄萬匹時以過表有事故分來在此家馬後改曰挏馬也百官公卿表武帝太初元年更名家馬爲挏馬應劭曰主乳馬取其汁挏治之味酢可飲因以名官也如淳曰主乳馬以韋革爲夾兜受數斗盛馬乳挏取其上肥因名曰挏馬禮樂志丞相孔光奏省樂官七十二人給大官挏馬

酒今桀州亦名馬酪爲馬酒禮樂志給大官挏馬酒李奇曰以馬乳爲酒撞挏乃成也顏注挏音動馬酪味如酒而飲之亦可醉故呼馬酒也顏氏家訓撞挏二字竝從手此謂撞擣挺挏之今爲酪酒亦然

招 手呼也從手召聲 止搖切

手呼也者呼當爲評本書評召也通行作呼字玉篇招要也廣雅招手呼也詩雄雉招招舟子傳云招招號召之貌正義號召必手招之楚辭招魂注云招者召也以手曰招以言曰召

撫 安也從手無聲一曰循也 芳武切

安也者一切經音義三撫持也安也廣雅撫安也一曰循也者一切經音義三撫亦存恤也釋訓矜憐撫掩之也郭注撫掩猶撫拍謂慰恤也書臯陶謨撫于五辰傳云言百官皆撫順五行之時馥案本書循行順也王逸注楚詞九章撫循也史記歷書撫十二節正義撫猶循也閔二年左傳從曰撫軍服虔曰助君撫循軍士宣十二年傳王巡三軍拊而勉之注云拊撫慰勉之齊策內牧百姓循撫其志

古文從辵亾

本書改撫也

捪 撫也從手昏聲一曰摹也 武巾切

一曰摹也者謂規摹也書畫家摹仿是也故摹本一曰撫本

揣 量也從手耑聲度高曰揣一曰捶之 初委切

本書揣度也方言揣試也注云揣度試之昭三十二年左傳計丈數揣高卑秦策期年揣摩成高注揣定也定諸侯使讎其術以成六國之從也孟子不揣其本而齊其末鬼谷子摩者揣之也又云測深揣情史記陸賈傳生揣我何念集解引孟康曰揣度也玉隱晉書愍懷太子令人屠肉自揣輕重斤兩不差通鑑周福房植二家賓客互相譏揣注云揣度也量也度量其輕重長短而爲譏議也老子揣而梲之傳奕本作敾量也者李善注雪賦引同一切經音義九揣量也度也秦策簡練以爲揣摩鮑云揣量也鬼谷子揣篇古之善用天下者必量天下之權而揣諸侯之情耑聲者一切經音義十四揣音都果反北人行此音又初委反江南行此音案本書媣量也所以有都果之音度高曰揣者徐鍇本作度高下曰揣玉篇同方言度高爲揣昭三十二年左傳揣高卑注云度高曰揣一曰捶之者六書故作捶也本書揣箠也淮南汜論訓是猶無鏑銜橛策錣而御馯馬也高注錣揣頭箴也又道應訓倒杖策錣上貫頤高注策馬捶端有針以刺馬謂之錣本書捶以杖擊也歸讀若捶擊之捶集韻揣擊也揣治擊也老子揣而梲之注云揣治擊也梁簡文讀御覽六百四十引風俗通南郡讞女子何侍爲許遠妻侍父何陽素酗酒從遠假求不悉如意陽數罵詈遠謂侍汝翁復罵者吾必揣之侍曰類作夫妻柰何相辱揣我翁者搏若母矣其後陽復罵遠遂揣之

抧 開也從手只聲讀若抵掌之抵 諸氏切

開也者抧或作揩廣雅揩開也

摜 習也從手貫聲春秋傳曰摜瀆鬼神 古患切

習也者釋詁文彼作貫郭云貫貫忕也本書遦習也華嚴經音義云鄭箋詩曰摜習也字宜從才今經本從豎心者俗通用也通作貫宣六年左傳以盈其貫杜云貫猶習也正義詩稱射則貫兮先儒亦以爲習魯語書而講貫韋注貫習也尚書大傳貫之者習之也大戴禮保傳篇少成若天性習貫之爲常漢書賈誼傳習貫如自然顏注貫亦習也字或作串一切經音義九串古文作摜遦二形又作慣爾雅串習也舍人曰串心之習也鄭注周禮庾人云後遂串習不復驚　春秋傳曰摜瀆鬼神者昭二十六年左傳文彼作貫杜云貫習也

投 擿也從手從殳 度侯切

本書殳繇擊也古文殺如此玉篇繇作遙殺作投可證本書之誤曲禮無投與狗骨賈誼書令殷之民投撒桎梏而流之於河民輸梏者以手撒之弗敢隊也跪入之水弗敢投也曰昔者文王常擁此　戴侗曰傳者投棊以睹勝負故博棊因謂之投

擿也者詩抑投我以桃箋云投猶擲也昭五年左傳受其書而投之杜云投擲也楚詞招魂投之深淵些注云投擿

也從殳者當云殳聲

搔也從手適聲一曰投也 直隻切

搔也者廣雅同本書髗骨擿之可會髮者史記張儀列傳因摩笄以自刺集解駰案笄婦人之首飾如今象牙擿後漢輿服志簪以瑇瑁爲擿長一尺端爲華勝上爲鳳皇爵以翡翠爲毛羽下有白珠垂黃金鑷左右一橫簪之以安蔮結其擿有等級焉通作揥釋名揥摘也所以摘髮也詩君子偕老象之揥也傳云揥所以摘髮也釋文揥本又作擿陳啓源曰案西京雜記言武帝宮中搔頭皆用玉後世詩詞亦有玉搔頭之語搔頭正擿髮之義也揥之遺制與馥案廣韻揥佩飾又揥字云揥枝整髮釵也董巴輿服志太皇太后入廟服紺上皁下簪以瑇瑁爲擿喪服傳箭笄有首者惡笄之有首也惡笄者櫛笄也折笄首者折吉笄之首也吉笄者象笄也注云櫛笄者以櫛之木爲笄或曰榛笄有首者若今時刻鏤摘頭矣一曰投也者廣雅同本書敵橫擿也字林擿投擿也釋名手戟手所持擿之戟也魏志董卓拔手戟擿呂布莊子胠篋篇擿玉毀珠崔云猶投弃之也史記刺客列傳乃引其匕首以擿秦王漢書史丹傳隋鋼丸以擿鼓顏注擿投也東觀漢記太守遣吏捕逢萌民相率以石擿吏魏畧閻行嘗刺馬超矛折因以矛擿超范甯注穀梁云瓦石打擿不能虧損或作擲史記索隱擿與擲同古字耳詩王事敦我箋敦猶投擲也韓詩外傳果園梨栗後宮婦人以相提擲晉中興書王國寶因酒怒右丞祖台之以盤盞樂器擲台之晉書潘安仁至美每行於道老嫗以果擲之盈車孫綽傳卿試擲地當作金石聲通作摘趙雲別傳先主敗人有言雲已北去者先主以戟摘之王隱晉書賈后酷妒或以戟擿孕妾

括也從手蚤聲 穌遭切

括也者一切經音義十二引作刮也又云搔亦抓也廣韻搔爬刮詩靜女搔首踟躕內則疾痛苛癢而敬抑搔之注云搔摩也漢書枚乘傳足可搔而絕顏注搔謂抓也通作騷西京雜記武帝過李夫人就取玉簪騷頭

刮也從手介聲 古黠切

刮也者本書刮掊把也廣韻扴揩扴物也韓愈進學解刮垢磨光廣雅揩摩拭也馥案五音集韻揩一音訖黠切即扴音易豫卦介於石馬作扴云觸小石聲鄭作砎云謂磨砎也

擊也從手票聲一曰挈闔壯也 符少切

擊也者字統摽擊也詩柏舟寤辟有摽傳云摽拊心貌哀十二年左傳長木之斃無不摽也杜云長木斃踣於地不擇物而後摽擊楚詞九懷寤辟摽兮永思張協七命氣發爲之辟摽通作影袁淑詩影節去函谷李善云公羊傳曰曹子摽劒而去之劉兆曰摽辟也影與摽字同或作拋後漢書袁紹傳曹操發石車擊紹注云即今拋車也馥案字從尢俗誤從九一曰挈闔壯也者壯當爲牡集韻所引不誤本書闔闔下牡也

撓也從手兆聲一曰摷也國語曰郤至挑天 土凋切

撓也者徐鍇韻譜挑輕弄也莊子大宗師登天遊霧撓挑無極漢書高帝紀郎漢王欲挑戰慎勿與戰臣瓚曰挑戰擿撓敵求戰也吳語今夕必挑戰孫子軍行篇遠而挑戰者欲人之進也史記司馬相如傳是時卓王孫有女文君新寡好音故相如以琴心挑之索隱張揖云挑嬈也以琴中嬈之挑音徒了反嬈音如了反文選七發目窕心與李

善云窕當爲挑史記日目挑心招張晏漢書注曰挑撓也馥案本書姚嬈也嬈擾戲弄也一曰摷也者徐鍇本作一曰摷爭也本書摷拘擊也又招下云招者拔兵刃以習擊刺一切經音義二十五中國言招江南言挑案通俗文捊取曰摷晉新野莊王歆上言妖賊挑刀走戟國語曰郤至挑天者周語文彼云晉之克也天有惡於楚也故儆之以晉而郤至佻天以爲己力不亦難乎韋云佻偷也偷天功以爲己力非本書義

挑也從手夬聲 於說切

挑也者字林同一切經音義一聲類挑抉也謂以手抉取物也史記吳世家抉吾眼置之吳東門以觀越之滅吳也通作觖漢書孫寶傳故欲擿觖以揚我惡注云擿抉謂挑發也

擾也從手堯聲一曰捄也 奴巧切

擾也者聲類撓擾也成十三年左傳撓亂我同盟吳語撓亂百度注云撓擾也莊子駢拇篇自虞招仁義以撓天下也商子農戰篇故諸侯撓其弱乘其衰淮南說林訓使水濁者魚撓之漢書晁錯傳則匈奴之衆易撓亂也顏注撓

攪也匈奴傳單于以徑路刀金留犂撓酒應劭曰撓和也案士冠禮注攝酒猶整也整酒謂撓之顏注撓攪也書呂刑矯虔鄭注謂撓擾　一曰捄也者本書捄擾也

煩也從手夒聲而沼切

煩也者廣雅煩擾也書胤征俶擾天紀襄四年左傳德用不擾杜云德不亂漢書鼂錯傳以齊獄市爲寄慎勿擾也

戟持也從手局聲居玉切

戟持也者詩鴟鴞正義襄九年左傳正義引並同戟卽耴字本書耴持也讀若戟集韻挑撮也漢書揚雄傳則不能撠膠葛注云撠挶也蕭該音義引字林挶撠持也晉書音義引作擊持擊撠聲近易誤漢書音義又引云撠挶也是字林有撠字

戟挶也從手居聲九魚切

戟挶也者詩鴟鴞予手拮据傳云拮据撠挶也釋文撠本作戟正義撠挶謂以手爪挶持草也

刲也從手葛聲一曰撻也口八切

刲也者廣雅擖搔也廣韻擖刮聲也

拓果樹實也從手啻聲一曰指近之也他歷切又竹戹切

拓果樹實也者當云拓樹果實也廣韻摘手取也字林摘除也蒼頡篇摘以指摘取也後漢書張衡傳拓若華而躊躇楚詞拓若木以拂日顏氏家訓風操篇陸襄父被荆襄終身布衣蔬飯雖薑菜有切割皆不忍食居家惟以掐摘供廚唐書建寧王倓傳一摘使瓜好再摘令瓜稀杜甫詩稺子摘楊梅通作擿漢書宣帝紀毋得以春夏擿巢探卵陶淵明讀山海經詩擿我園中蔬謝靈運南樓中望所遲客詩蘭苕已屢擿　一曰指近之也者列子黃帝篇指擿無痟癢舞賦摘齊行列李善云指摘行列使之齊整通鑑唐昭宗召敬翔宴內殿朱全忠擿翔使去曰翔亦醉矣

擖也從手害聲胡秸切

暫也從手斬聲昨甘切

暫也者暫當爲槧削也禮器有摲而播也注云摲之言芟也

摺也從手劦聲一曰拉也虛業切

摺也者或作搚廣雅搚折也　一曰拉也者徐鍇本作擸韻會引作拉本書邋搚也吳都賦拉擸雷硠注云拉擸木摧傷之聲莊元年公羊傳搚幹而殺之何云搚折聲也釋文搚本又作拹亦作拉史記齊世家襄公使彭生拉殺魯桓公漢書鄒陽傳范睢拉脅折齒於魏

敗也從手習聲之涉切

敗也者廣雅摺折也史記魯世家使公子彭生抱魯桓公因命彭生摺其脅范睢傳魏齊使舍人笞擊睢折脅摺齒漢書揚雄傳范睢以折摺而危穰侯晉灼曰摺古拉字

束也從手秋聲詩曰百祿是揫卽由切

本書䊠下重文作揫

束也者方言斂物而細謂之揫廣韻揫固也通作愁鄉飲酒義秋之爲言愁也鄭注愁讀爲揫揫斂也　詩曰百祿是揫者商頌長發文彼作遒傳云遒聚也傳意訓作揂字破斧傳云遒固也

曳聚也從手婁聲洛侯切

曳聚也者徐鍇本作曳也聚也廣韻摟曳也玉篇詩曰弗曳弗摟摟亦曳也釋詁摟聚也郭注摟猶今言拘摟聚也孟子五霸者摟諸侯以伐諸侯者也趙注五霸强摟諸侯以伐諸侯又踰東家牆而摟其處子趙注摟牽也琴賦或摟摧擽捋李善云劉向孟子注曰摟牽也馥案劉向當爲劉熙通作婁詩角弓式居婁驕箋云婁斂也月令正義降婁婁斂也言萬物降落而收斂又通作柳書堯典昧谷大傳作柳谷鄭注柳聚也周禮縫人衣翣柳之材注云柳之言聚諸飾之所聚又通作蔞檀弓設蔞翣注云蔞翣棺之牆飾又通作僂莊子達生篇亦得於腞楯之上聚僂之中釋文謂殯於菆塗蔞翣

有所失也春秋傳曰抎子辱矣從手云聲于敏切

有所失也者廣雅抎失也墨子天志篇抎失社稷齊策寡人愚陋守齊國惟恐失抎之呂氏春秋秦穆公之甲抎者七札通作耘史記東越列傳不戰而耘漢書作殞　春秋傳曰抎子辱矣者成二年左傳文彼作隕注云隕見禽獲覆案抎隕相通楚策引微繳折淸風而抎矣鮑注抎失墜也呂氏春秋季夏紀昭王抎於漢中高注抎隊音曰顚隕之隕

從旁持曰披從手皮聲 敷羈切

從旁持曰披者釋名兩旁引之曰披披擺也各於一旁引擺之備傾倚也周禮司士大喪作六軍之士執披鄭司農云披者扶持棺險者也天子旁十二諸侯旁八大夫六士四疏云披者車兩旁使人持之檀弓孔子之喪設披注云披柩行夾引棺者正義設之於旁所以備傾虧也

引縱曰㩴從手瘛省聲 尺制切

引縱曰㩴者爾雅釋文引作引而縱之玉篇㩴牽也摯掣竝同一切經音義十二掣又作㩴摯挽也詩板釋文㩴本又作摯六韜風馳電摯釋訓甹夆摯曳也郭注謂牽挽釋文摯本或作㩴詩小毖莫予荓蜂傳云荓蜂㩴曳也王肅云莫之藩援孫毓云無肯牽引扶助我或作㩴通俗文機汲謂之㩴槔莊子天運篇作桔橰云引之則俯舍之則仰　瘛省聲者徐鍇本作瘈聲漢書音義服虔曰瘛音㩴引之㩴

積也詩曰助我舉𢬿擑頰旁也從手此聲 前智切

詩曰助我舉𢬿者小雅車攻文彼作柴傳云柴積也釋文云說文作𢬿　擑頰旁也者徐鍇本有一曰二字廣韻引同　此聲者詩釋文云說文𢬿士賣反

搖也從手卓聲春秋傳曰尾大不掉 徒弔切

搖也者一切經音義二引字林同楚語夫邊境者國之尾也譬之如牛馬處暑之既至䖟䗥之既多而不能掉其尾賈注掉搖也史記孟嘗君傳過市朝者掉臂而不顧漢書蒯通傳掉三寸舌顏注掉搖也長楊賦掉八列之舞　春秋傳曰尾大不掉者昭十一年左傳文

動也從手䍃聲 余招切

動也者廣雅同考工記矢人夾而搖之以眂其豐殺之節也昭二十三年左傳乃搖心矣月令以搖養氣　䍃聲者當爲𦉼聲漢天文志星搖者民勞也史記建元以來王子侯者年表千鍾侯劉搖漢表作劉㨖俗本誤爲擔

動搈也從手容聲 余隴切

動搈也者廣韻搈不安

當也從手貳聲 直異切

當也者廣雅同玉篇𢴿亦作値覆案史記甯成傳無値甯成怒項羽紀直夜潰圍注云直讀曰値當也

聚也從手酋聲 卽由切

聚也者揂通作遒詩長發百祿是遒傳云遒聚也釋木枹遒木魁瘣郭注謂樹木叢生根枝節目盤結磈磊覆案叢生亦聚也又通作揫釋詁揫聚也後漢書馬融傳揫斂九藪之動物注云揫聚也

固也從手臤聲讀若詩赤舄掔掔 苦閑切

固也者釋詁文郭注掔然亦牢固之意莊子徐无鬼君將黜耆欲掔好惡則耳目病矣或作慳增韻慳固也悋也說文作掔　讀若詩赤舄掔掔者本書舃下引詩赤舄己己今詩作几几

奉也從手夆聲 敷容切

奉也者漢官有奉車都尉或作捀集韻捀兩手承也與拲同又作搓史記龜策傳搓策定數注云搓謂兩手執著分而扐之

對舉也從手輿聲 以諸切

對舉也者本書舁共舉也廣韻舁與𢷎同一切經音義十六舊頡篇𢷎舉也對舉曰𢷎也或作轝廣雅轝舉也後漢書張讓趙忠傳監奴乃率諸蒼頭迎拜於路遂共轝車入門宋書陶潛傳使一門生二兒轝籃輿唐書李綱有腳疾太宗持賜步輿乘至閤下又令轝入東宮通鑑爾朱榮執醉卽以牀轝向中常侍省注云轝車爲轝華佗別傳有人

病兩脚躄不能行轝詣佗徐鍇本有一曰輿也四字鍇曰輿輂也增韻轝兩手對轝之車洪武正韻江南謂轎爲肩輿輿通作轝干寶注周禮云對轝曰輂鄭注既夕禮云𢱭今之轝也又注特牲云𢱭之制如今大木轝矣晉書王忱傳桓玄詣忱乘轝直進通鑑北齊帝以倉轝密迎祖珽

揚 飛舉也從手昜聲 與章切

飛舉也者李善注南都賦引作高舉也本書昜飛揚廣雅揚舉也小爾雅廣言揚舉也書堯典明明揚側陋史記云堯舉貴戚及疏遠隱匿者鄉射禮南揚弓注云揚猶舉也檀弓杜蕢洗而揚觶明堂位各揚其職鄭注竝云揚舉也詩揚之水傳云揚激揚也正義謂水急激而飛揚魚麗傳云鱨揚也陸璣疏云魚之大而有力解飛者徐州人謂之揚

敭 古文

舉 對舉也從手與聲 居許切

對舉也者本書扛橫關對舉也廣韻擡舉也

掀 舉出也從手欣聲春秋傳曰掀公出於淖 虛言切

舉出也者左傳正義引同釋文引字林同廣韻掀以手高舉廣雅掀舉也　春秋傳曰掀公出於淖者成十六年左傳文彼云乃掀公以出於淖杜注掀舉也

揭 高舉也從手曷聲 去例切又基竭切

高舉也者廣雅揭舉也漢書陳項列傳揭竿爲旗西京賦豫章珍館揭焉中峙海賦偯勁風揭百尺

抍 上舉也從手升聲易曰抍馬壯吉 蒸上聲

上舉也者易釋文引無上字李善注七啟修張良廟教冊魏公九錫文謝靈運詩竝引本書作出溺爲拯字林與本書同廣雅抍舉也方言抍拔也出休爲抍或作拯易艮卦不拯其隨馬本作抍云抍舉也宣十二年左傳目於眢井而拯之杜云出溺爲拯昭十二年傳是以無拯邵寶曰出溺爲拯孟子民以爲將拯己於水火之中也注云拯捄也難蜀父老文拯民於沈溺顏案周禮注實鼎曰脀疏云脀升也宣十六年左傳殽烝注云烝升也是烝有升義故作拯又或作承玉篇承下引聲類云抍字又通作承易不拯其隨釋文作承音拯救之拯列子黃帝篇使弟子竝流而承之注云承音拯諸家直作拯　易曰抍馬壯吉者渙卦文彼作拯釋文拯救之拯馬云舉也子夏作抍抍取也馥疑取作救王肅云拔也明夷用拯馬壯釋文鄭云承也子夏作抍顧炎武曰孔彪碑有云抍馬者易明夷六二渙初六皆曰用拯馬壯拯字子夏傳說文字林竝作抍音升一音承上舉也漢時所傳如此而今作拯者唐開成以後所定也

撜 抍或從登

淮南齊俗訓子路撜溺高注撜拯同舉也升出溺人列子注拯又作撜

振 舉救也從手辰聲一曰奮也 章刃切

舉救也者一切經音義四引作舉也李善注陸雲詩引同華嚴經音義振舉也本書隶下云坙作枽梠以振民也易

蠱卦君子以振民育德周禮職幣振掌事者之餘財注云振猶抍也大司徒三曰振窮注云振窮抍救天民之窮者也月令振乏絕注云振猶救也昭十四年左傳分貧振窮杜注振救也昭二十六年傳且爲後人之迷敗傾覆而溺入于難則振救之周語古者天災降戾於是乎量資幣權輕重以振救民韋注振拯也荀子堯問篇天使夫子振寡人之過也注云振舉燕策禍必不振矣鮑注振救也韓詩外傳家富厚者不以振窮救不足而反以侈靡無度通作震易繫辭震无咎者存乎悔釋文周云震救也詩薄言震之匡謬正俗許愼說文解字曰振舉救也諸史籍所云振給振貸其義皆同盡當爲振字今人之作文書者以其事涉貨利輒改振爲賑按說文解字賑富也左思魏都賦云白藏之藏富有無隄同賑大內控引世資此則訓不相干何得輒相混雜言振給振貸者竝以其饑饉窮厄將就困斃故舉救之使得存云巨寧有富事乎　一曰奮也者廣雅奮振也釋言振訊也郭注振者奮迅　釋蟲蠡醜奮郭注好奮迅作聲馥案卽詩傳所云莎雞羽成而振訊之月令蟄蟲始振又云奮木鐸以令兆民韓詩薛君章句振猶奮也周禮大祝辨九祭五曰振祭注云擩肝鹽中振之曲禮奮衣由右上取貳綏注云奮振去塵也又云振書端書

於君前有誅注云振去塵也纂文振去爲揮釋詁揮竭也郭注揮振去水馥案本書揮奮也

扛 橫關對舉也從手工聲 古雙切

橫關對舉也者後漢書虞延傳注引同又注費長房傳引作兩人對舉爲扛本書鼎舉鼎具也儀禮釋文鼎劉昌宗音關繫傳引神仙傳扛鼎之士廣韻引秦武王與孟說扛龍文之鼎廣雅扛舉也史記項羽本紀力能扛鼎集解韋昭曰扛舉也或作掆文字集略相對舉物曰掆匡謬正俗或問曰吳楚之俗謂相對舉物爲掆有舊語否荅曰扛舉也音江字或作舡史記云項羽力能扛鼎張平子西京賦云烏獲扛鼎並是也彼俗音訛故謂扛爲剛亙旣不知其義乃有造掆字者固爲穿鑿也

扮 握也從手分聲讀若粉 房吻切

讀若粉者徐鍇本作讀若蚡

撟 舉手也從手喬聲一曰撟擅也 居少切

舉手也者李善注吳趨行引同一切經音義十二亦同釋獸人曰撟郭注頻伸夭撟馥案人每欠伸輒舉兩手晏子撟魯國化而爲一心韓非作舉魯國盡化爲一一曰撟擅也者一切經音義十二又云撟擅也假詐也字從手今皆作矯也周禮士師撟邦令注云稱詐以有爲者漢書武帝紀撟虔吏因乘埶以侵蒸庶邪韋昭曰稱詐爲撟顏注撟與矯同其字從手矯託也元帝紀撟發戊己校尉屯田吏士顏注撟與矯同矯託也實不奉詔詐以上命發兵故言矯發也高五王傳撟制以令天下顏注撟託也託天子之制詔也劉屈氂傳太子亦遣使者撟制顏注撟與矯同其字從手撟制託稱詔命也匈奴傳詐撟單于令顏注撟與矯同矯託也武五子傳可矯以節收捕充等顏注矯託也託詔命也書呂刑奪攘矯虔傳云矯稱上命史記秦始皇本紀矯王御璽華嚴經音義序撟書矯形正斜反覆

捎 自關已西凡取物之上者爲撟捎從手肖聲 所交切

自關已西凡取物之上者爲撟捎者方言撟捎選也自關而西秦晉之閒凡取物之上謂之撟捎注云此妙擇積聚者也集韻撟捎畧取上物也廣雅撟捎選擇也張衡西京賦擂飛鼯薛綜注擂捎取之也

擁 抱也從手雝聲 於隴切

抱也者抱當爲裒通用抱字本書捫下云擁引也吳語擁鐸拱稽注云擁抱也漢書金日磾傳弄兒或自後擁上項顏注擁抱也玉藻肆束及帶勤者有事則收之走則擁之正義擁謂抱之於懷也通作雍漢書夏侯嬰傳面雍樹馳注云南方謂抱小兒爲雍雍讀曰擁

擩 染也從手需聲周禮六曰擩祭 而主切

染也者宣四年左傳染指於鼎史記司馬相如傳爲於鹽浦割鮮染輪郭璞曰鮮生肉也染擩也擩之於輪鹽而食之傳又云脟割輪淬郭璞曰脟膞淬染也淬漢書作焠顏注焠亦擩染之義亙言臠割其肉擩車輪鹽而食之公食大夫禮賓升席坐取韭菹以辯擩於醢上豆之閒祭注云擩猶染也周禮六曰擩祭者春官大祝文鄭司農云擩祭以肝肺菹擩鹽醢中以祭也士虞禮尸取奠左執之取菹擩於醢祭於豆之閒祝命佐食墮祭字或作挼特牲饋食禮祝命挼祭尸左執觶右取菹挼於醢祭於豆閒注云挼醢者染於醢少牢饋食禮尸取韭菹辯挼於三豆祭於

豆閒有司徹其綏祭注云綏皆當作挼讀爲藏其墮之墮古文爲挼

揄 引也從手俞聲 羊朱切

引也者後漢書班固傳注李善注長門賦引並同廣雅亦同韓詩外傳遭齊君重鞠而坐吾君單鞠而我從十三行之後趨而進揄其一鞠而去之史記貨殖傳揄長袂漢書禮樂志神之揄臨壇宇顏注揄引也言神引來降臨之也司馬相如傳揄紵縞張揖曰揄引也揚雄傳揄六莖顏注揄引也七發揄流波李善注引流波以自潔西都賦敘雍容揄揚注云揄引

搫 搫擭不正也從手般聲 薄官切

搫擭不正也者玉篇搫手不正也

擭 搫擭也一曰布擭也一曰握也從手蒦聲 一號切

一曰布擭也者廣韻布擭猶分解也一曰握也者一切經音義十二引廣雅擭持也西京賦擭獑胡薛綜曰謂握

取之也徐鍇本有一曰搤也四字案本書搤捉也捉搤也一曰握也握搤持也一切經音義十三擭亦搤也

拚 拊手也從手弁聲 皮變切

拊手也者李善注求自試表引作拊也注長笛賦引作撫手也後漢書張衡傳注引作拚手也一切經音義十引作拊手曰抃又云拊擊拍也廣韻拚拊手楚辭天問鼇戴山抃何以安之注云手拍曰抃呂氏春秋古樂篇帝嚳乃令人拚注云兩手相擊曰拚陳暘樂書帝嚳命倕人作唐歌有抃以爲節注云兩手相擊也董卓別傳呂布殺卓百姓相對欣喜抃舞晉書王筠傳沈約示筠郊居賦筠讀至雌蜺連蜷約撫掌欣抃宋書何承天傳歌拚就路通作弁漢書酷吏傳吏皆股弁顏注股戰若弁弁謂撫手也

擅 專也從手亶聲 時戰切

專也者李善注長笛賦策秀才文引並同專當爲嫥通用專字廣雅專擅也桓十五年左傳祭仲專鄭伯患之成十三年傳秦大夫不詢於我寡君擅及鄭盟晉語未獲專也韋云專擅也禮坊記父母在饋獻不及車馬示不敢專也冠義尊重事而不敢擅重事戰國策趙攻中山取扶柳五年以擅呼沱詩校童序云權臣擅命也箋云擅命專也史記范雎傳擅國之謂王彭越傳擅將其兵略定梁地索隱擅猶專也西京賦秦政利觜長距終得擅場思專其侈以莫已若也

揆 葵也從手癸聲 求癸切

葵也者揆葵聲相近終葵廣雅作柊揆釋言葵揆也郭引詩天子揆之詩作葵又板篇則莫我敢葵箋云葵揆也戴侗引唐本作度也本書癸冬時水土平可揆度也揆度也廣韻揆度也釋言揆度也郭云商度禹貢三百里揆文教傳云揆度也詩定之方中揆之以日傳云揆度也文十八年左傳以揆百事注云揆度也昭二十八年傳心能制義日度服注言善揆度事也大戴禮文王官人篇推其往言以揆其來行

擬 度也從手疑聲 魚已切

度也者一切經音義十七引作比也度也廣雅擬度也玉篇引易擬諸形容易繫辭擬之而後言正義擬度之而後言也通作凝鼎象傳君子以正位凝命翟本凝作擬云度也又通作疑士相見禮不疑君注云疑度也馥案比也者通作儗曲禮儗人必於其倫

損 減也從手員聲 穌本切

減也者廣雅同玉篇損減少也易損卦損下益上正義下自減損以奉於上也

失 縱也從手乙聲 式質切

縱也者玉篇引作縱逸也本書逸失也荀子哀公篇其馬將失莊子應帝王自失而走

捝 解捝也從手兌聲 他括切

解捝也者玉篇易釋文並引作解也廣雅彖捝也本書彖豕走也方言解輸捝也通作脫老子善抱者不捝范應元注捝一作脫昭十九年公羊傳復加一飯則脫然愈史記趙世家奄父曰公仲周宣王時爲御及千畝戰奄父脫宣王漢書高五王傳自以爲不得脫長安又通作說易小畜輿說輻釋文馬云解也詩瞻卬彼宜有罪女覆說之傳云說赦也又說於農郊傳云說舍也鄉射禮司馬命弟子說矦之左下綱而釋之注云說解也宣十二年左傳鞭鳴而駕日中而說杜云說舍也又通作稅釋詁稅舍也莊九年左傳管仲請囚鮑叔受之及堂阜而稅之杜注東莞蒙陰縣西有夷吾亭或曰鮑叔解夷吾縛於此成九年傳晉矦見鍾儀問之曰南冠而縶者誰也有司對曰鄭人所獻楚囚也使稅之杜云稅解也史記李斯傳我未知所稅駕注云稅駕猶解駕

撥 治也從手發聲 北末切

治也者廣雅同詩長發元王桓撥傳云撥治也哀十四年公羊傳撥亂世反諸正何注撥猶治也謝承後漢書謝夷吾遷鉅鹿太守上勑曰鉅鹿劇郡難治以君有撥煩之才故特授任

挹 抒也從手邑聲 於汲切

抒也者廣雅同本書斞挹也一切經音義九挹酌也華嚴經音義珠叢凡以器斟酌於水謂之挹詩大東維北有斗不可以挹酒漿傳云挹斞也韓詩外傳受子貢觴迎流而挹之

抒 挹也從手予聲 神與切

挹也者一切經音義九引同又引廣雅抒渫也通俗文汲出謂之抒也廣韻抒渫水纂文抒水斗也管子禁藏篇抒井易水

抯 挹也從手且聲讀若樝棃之樝 側加切

挹也者方言抯取也南楚之閒凡取物溝泥中謂之抯 讀若樝棃之樝者方言注同

攫 扟也從手矍聲 居縛切

扟也者列子說符篇昔齊人有欲金者適鬻金者之所因攫其金而去莊子讓王篇左手攫之則右手廢釋文李云攫取也

扟 從上挹也從手卂聲讀若莘 所臻切

從上挹也者一切經音義十五引作從上挹取也廣韻從上擇取物也通俗文從上取曰扟

拓 拾也陳宋語從手石聲 之石切

拾也者廣雅摭取也禮器有順而摭也正義猶拾取也史記十二諸侯年表各往往捃摭春秋之文以著書漢書藝文志捃摭遺逸顏注捃摭謂拾取之後漢書馮衍傳摭仁智之英華兮注云摭拾也史記集解序至於采經摭傳索隱按字書摭拾也 陳宋語者方言摭取也陳宋之閒曰摭

摭 拓或從庶

攈 拾也從手麇聲 居運切

拾也者方言攈取也漢書刑法志攈摭秦法字或從麕魯語收攟而烝韋注攟拾也賈注拾穗也管子小匡篇諸侯之使垂櫜而入攟載而歸注攟收拾也或作捃急就篇捃穫秉把插捌杷顏注拾遺曰捃或作攟音義皆同說苑楚文王使王子革王子靈其捃菜東觀漢記范丹捃拾自資桓榮遭倉卒與族人元卿俱捃拾晉書夏統每採捃求食宋書沈道虔居武康以捃拾自資傅子及其捃拾不取大穗

拾 掇也從手合聲 是執切

掇也者昭三年左傳猶拾瀋也漢書夏侯勝傳其取青紫如俛拾地芥

掇 拾取也從手叕聲 都括切

拾取也者易訟卦釋文引同王肅云若手拾掇物然廣韻掇拾掇也小爾雅廣詁掇拾也詩芣苢薄言掇之傳云掇拾也列子黃帝篇見痀僂者承蜩猶掇之也注云掇拾也鹽鐵論詔聖篇錢刀在路匹婦掇之後漢書陳元傳以年數小差掇爲巨謬注云掇拾也

擐 貫也從手瞏聲春秋傳曰擐甲執兵 胡慣切

貫也者當爲毌通用貫字廣韻擐貫也出文字指歸成十三年左傳躬擐甲冑吳語乃令服兵擐甲注云擐貫也後漢書何進傳帝躬擐甲介馬注云擐貫也春秋傳曰擐甲執兵者成二年左傳文注云擐貫也

揯 引急也從手恆聲 古恆切

引急也者本書緪急也廣雅揯引也急也通作恆考工記弓人恆角而短注云恆讀爲揯揯竟也

摍 蹴引也從手宿聲 所六切

蹴引也者本書縮蹴也廣雅摍引也通作縮詩巷伯傳云蒸盡縮屋而繼之釋文縮又作摍正義縮謂抽也乃抽取屋草以繼之也周語縮取備物以鎮撫百姓韋注縮引也

相援也從手虘聲 巨言切

援 引也從手爰聲 雨元切

引也者成二年左傳正義引同廣雅亦同詩皇矣以而鉤援傳云所以鉤引上城者又無然畔援正義援是引取禮儒行舉賢援能哀二十五年左傳鄄子士請禦之彌援其手曰子則勇矣將若君何

㨨 引也從手畱聲 敕鳩切

引也者宣十二年左傳每射抽矢菆杜云抽擢也文選文賦思軋軋其若抽雪賦抽子祕思陳書文帝紀每有一言

入聽片善可求何嘗不褒奬抽揚通作紬漢書谷永傳燕見紬繹以求咎愆顏注紬讀曰抽紬繹者引其端緒也馥案本書繹抽絲也高唐賦紬大弦而雅聲流注云紬引也新唐書韋述傳助述紬績

抽 擂或從由

㨨 擂或從秀

擢 引也從手翟聲 直角切 引也者廣雅同一切經音義十三蒼頡篇擢抽也

拔 擢也從手犮聲 蒲八切 擢也者廣韻擢拔也小爾雅拔根曰擢方言擢拔也自關而西或曰拔或曰擢蒼頡篇拔引也擢出也戰國策擢之乎賓客之中漢書枚乘傳手可擢而拔公孫宏傳天子擢對爲第一文選七發所擢拔者詩甘棠勿翦勿拜箋云拜之言拔也

揠 拔也從手匽聲 烏黠切 拔也者廣雅同小爾雅拔心曰揠方言揠拔也東齊海岱之閒曰揠注云今呼拔草心爲揠孟子宋人有閔其苗之不長而揠之者趙注揠挺拔之欲亟長也

擣 手推也一曰築也從手𠷎聲 都皓切 手推也者推當爲摧本書摧相擣也詩小弁惄焉如擣 一曰築也者本書築擣也鄭注內則糗擣熬穀

攣 係也從手䜌聲 呂員切 係也者玉篇攣綴也易中孚有孚攣如正義相牽繫不絕之名也易林一牛九鎖更相牽攣漢書鄒陽傳越攣拘之語後漢書曹褒傳帝知羣寮拘攣注云拘攣猶拘束也齊民要術敦煌俗婦女作裙攣縮如羊腸論語雖在縲絏之中何晏云縲絏攣也

挺 拔也從手廷聲 徒鼎切

拔也者史記索隱引同吳語挺鈹搢鐸注云挺拔也史記陳涉世家尉劒挺廣起奪而殺尉漢書師丹傳乃者以挺力田議改幣章示君顏注挺引也儒林傳先敺旋頭劒挺墮墜顏注挺引也劒自然引拔出也

攓 拔取也南楚語從手寒聲楚詞曰朝攓批之木蘭 九輦切 拔取也者史記索隱引作取也釋言芼搴也郭注拔取菜也或作攓列子天瑞篇攓蓬而指注云攓拔也莊子至樂篇攓蓬而指之釋文司馬云攓拔也又作搴廣雅搴拔也取也郭璞爾雅序搴其蕭根楚詞七諫拔搴玄芝兮史記叔孫通傳故先言斬將搴旗之士贊曰拔取曰搴漢書司馬遷傳有斬將搴旗之功顏注搴拔也拔取敵人之旗也賈誼傳搴兩朝之器如淳曰搴取也顏注搴拔也後漢書杜篤傳搴旗四麾注云搴拔也 南楚語者方言攓取也南楚曰攓 楚詞曰朝攓批之木蘭者離騷文彼作朝搴阰之木蘭兮王注搴取也阰山名馥案埤蒼阰山在楚音毗本書無批阰二字

探 遠取之也從手罙聲 他含切 遠取之也者一切經音義一引作手遠取曰探蕭該漢書音義引字林探遠取也釋詁探取也郭注探者摸取也易繫辭探賾索隱書多方則惟爾多方探天之威傳訓探爲取列子天瑞篇手目所及亾不探也漢書董仲舒傳春秋深探其本

撢 探也從手覃聲 他紺切 探也者戴侗引唐本作搪也一切經音義十四串戶通俗文作串門串也蒼頡篇作撢撢持也王虔關中賦云外戶不撢是也易是類謀撢思王綸注云撢猶秉持也周禮撢人注云撢人主撢序王意以語天下釋文撢他南反與探同張揖上廣雅表撢摭羣蓺

挼 推也從手委聲一曰兩手相切摩也 奴禾切 推也者玉篇廣韻增韻五音集韻韻會一切經音義十李善注長笛賦並引作摧也玉篇捼搵摧物也搋搋捼也集

韻挼攜也又採也關中語詩生民或簸或蹂箋云蹂之言撊也考工記鮑人進而握之注謂親手煩撊之詩葛覃薄污我私薄澣我衣傳云污煩也箋云煩煩撊之用功深釋文阮孝緒字畧云煩撊猶挼莎也或作挼特牲饋食禮祝命挼祭晉書劉毅傳東府聚摴蒱大擲劉裕挼五木久之即成盧焉又通作綏有司徹其綏祭注云綏皆當作挼又通作墮士虞禮祝命佐食墮祭　一曰相切摩也者廣韻挼手摩物也集韻挼抄手相切摩也曲禮共飯不澤手注云澤謂挼莎也郊特牲汁獻注云獻讀爲莎秬鬯中有煮鬱摩莎出其香汁謂之汁莎大射儀兩壺獻酒注云獻讀爲沙沙酒濁特泲之必摩沙者也通鑑王志取庭中樹葉挼服之注云挼兩手相切摩也今俗語云挼莎又王摩沙注云沙讀曰莎

撆　別也一曰擊也從手敝聲　芳滅切

別也者別當爲引廣韻撆引也　一曰擊也者廣雅同本書撆讀若擊撆廣韻撆小擊晉書音義引字林撆擊也韻會引徐鍇本有一曰拂也四字案甘泉賦浮蠛蠓而撆天李善引三蒼注曰撆拂也顏注漢書揚雄傳撆拂也洞簫賦撆涕抆淚李善引本書撆拭也案集韻撆拭也

摵　搖也從手咸聲　胡感切

搖也者李善注長門賦引同

搦　按也從手弱聲　尼革切

按也者字林捺字云搦捎也漢書敘傳搦朽摩鈍顏注搦按也魏都賦搦秦起趙

掎　偏引也從手奇聲　居綺切

偏引也者後漢書班固傳注引同李善注琴賦引同注陳琳檄引作戾足也司馬彪注上林賦引作偏引一腳也廣韻掎牽一腳增韻掎其足曰掎掎偏引也史記司馬相如傳射麋腳麟郭璞云腳掎足韋昭云腳謂持一腳也陳琳爲袁紹檄豫州文大軍汎黃河而角其前荊州下宛葉而掎其後李善云征伐軍有前後猶如捕獸一人捉角一人戾足周禮翨氏掌攻猛鳥各以其物爲媒而掎之注云鳥來下則掎其腳襄十四年左傳譬如捕鹿晉人角之諸戎掎之與晉踣之杜注掎其足也漢書息夫躬傳躬掎祿曰顏注掎從後引之也敘傳昔秦失其鹿劉季逐而掎之顏注掎偏持其足也後漢書崔寔傳故言事者雖合聖德輒見掎奪注云賈逵注國語曰從後牽曰掎徐鍇本有一曰踦也四字案廣雅踦蹇也廣韻踦跛也

揮　奮也從手軍聲　許歸切

奮也者李善注七啟七命劉休元詩引並同一切經音義四引亦同又云謂奮振去之也本書振奮也纂文振去爲揮釋詁揮竭也郭注揮振去水曲禮飲玉爵者弗揮鄭注振去餘酒曰揮僖二十三年左傳奉匜沃盥既而揮之杜注揮湔也秦策揮汗成雨高注揮振也

摩　研也從手麻聲　莫鄱切

研也者本書礳摩也劘摩也一切經音義十爾雅石謂之摩郭璞曰玉石被摩猶人自修飾也易剛柔相摩注云相切摩也學記相觀而善之謂摩注云摩相切磋也廣韻摩按摩孟子爲長者折枝注云折枝按摩折手節解罷枝也

批　反手擊也從手𣬉聲　匹齊切

反手擊也者李善注琴賦引同本書捭擊也字林捭擊也琴賦或摟捭擽捋通作批釋名批裨也兩相裨助共擊之也莊十二年左傳批而殺之注云手批之也玉篇一切經音義十九並引左傳作捭燕策奈何以見陵之怨欲批其逆鱗哉莊子養生主批大郤淮南道應訓智伯與趙襄子飲而批襄子之首史記蔡澤傳批患折難索隱批患謂擊而却之漢書司馬相如傳批巖衝擁顏注批反擊也文選七啟批熊碎掌通鑑北齊王於諸貴戚家角力批拉注云批手擊也

攪　亂也從手覺聲詩曰祇攪我心　古巧切

亂也者廣雅同廣韻攪手動字書攪撓也潛夫論作煩攪擾陸機歎逝賦豈茲情之足攪　詩曰祇攪我心者小雅何人斯文傳云攪亂也

搑　推擣也從手茸聲　而隴切

推擣也者玉篇揗推而擣也廣韻揗推擣貌也高注淮南覽冥訓云軵推也軵讀楫拊之拊韻謂楫當爲揗當云讀若揗付之揗本書軵反推車令有所付也讀若茸通作茸漢書司馬遷傳而僕又茸之蠶室顏注茸推也推置蠶室之中或作搣

廣雅搣推也

撞　孔擣也從手童聲宅江切

孔擣也者一切經音義五引作戟擣也秦策迫則杖戟相撞漢書樊噲傳乃持盾入營衛止噲噲直撞入顏注謂以盾撞擊人華嶠後漢書明帝性褊察嘗以事怒郎藥崧以杖撞崧西京賦竿殳之所揘畢薛注揘畢謂撞挄也又徒搏之所撞挄注云撞挄猶揘畢也學記善待問者如撞鐘列子仲尼篇學聽者先問撞鐘漢書薛廣德傳陛下日撞亡秦之鐘魏志杜夔傳萬石之鐘不以莛撞

起音或作撍文十一年左傳撍其喉以戈

⿰扌因　就也從手因聲於眞切

就也者本書因就也

扔　因也從手乃聲如乘切

因也者本書仍因也老子則攘臂而扔之釋文扔因也

括　絜也從手昏聲古活切

絜也者戴侗引蜀本有結也二字廣雅括結也鄭注大學絜猶結也易坤卦括囊无咎詩車舝德音來括傳云括會也薛君韓詩章句括約束也

檀弓袒括髮本書髻絜髮也

抲　抲撝也從手可聲周書曰盡執抲虎何切

抲撝也者本書撝手指撝也周書曰盡執抲者酒誥文彼作拘案本書敘云苛之字止句也何亦可之誤徐鍇本作盡執

抲獻

擘　撝也從手辟聲博厄切

撝也者玉篇擘裂也內則塗皆乾擘之少儀差濡魚者進尾注云擘之由後鰓肉易離也乾魚進首擘之由前理易析也楚詞九歌擘蕙櫋兮既張注云擘析也韓詩外傳伯牙擘琴絕弦劉劭趙都賦割擘纖理通作擗孟子妻辟纑皇甫謐高士傳作擗喪大記絞一幅爲三不辟正義古字假借讀辟爲擘也

撝　裂也從手爲聲一曰手指撝也許歸切

裂也者一切經音義十三撝裂也謂手擗開也馬融廣成頌撝介鮮一曰手指撝也者玉篇集韻引同宋本小字本李燾本並作手指也本書梭讀若指撝本書敘云會意者比類合誼以見指撝一切經音義一指麾字詁今作撝同手指曰麾易謙卦撝謙王云指撝皆謙釋文指撝也義與麾同書云右秉白旄以麾是也宣十二年公羊傳左右撝軍退舍七里淮南覽冥訓武王左操黃鉞右秉白旄瞋目而撝之典引麾號師矢敦奮撝之容李善云撝與麾音義同後漢書鄧晨傳光武單馬遁走前行復見元趣令上馬元以手撝曰行矣不能相救無爲兩没也皇甫嵩傳指撝足以震風雲陳書高祖紀一朝指撝六合清晏隋書韓擒虎傳陳人欲戰蠻奴撝之曰老夫尚降諸君何事通鑑軍旅指撝一決於羊侃又宇文融爲御史中丞事無大小待融指撝

捇　裂也從手赤聲呼麥切

裂也者廣雅同通作赤周禮秋官敘官赤犮氏注云赤犮猶抹拔也主除蟲豸自埋者

扐　易筮再扐而後卦從手力聲盧則切

易筮再扐而後卦者玉篇易曰歸奇於扐凡數之餘謂之扐易繫辭大衍之數五十其用四十有九分而爲二以象兩掛一以象三揲之以四以象四時歸奇於扐以象閏五歲再閏故再扐而後掛韓康伯云奇凡四揲之餘不足復揲者也分而爲二既揲之餘合掛於一故曰再扐而後掛釋文馬云指閒也易乾鑿度五歲再閏故再扐而後卦以應律歷之數論衡卜筮篇案易之文觀揲蓍之法二分以象天地四揲以象四時歸奇於扐以象閏月以象類相法以立卦數巨張轅周易啟元初揲先扐右手一蓍於左小指閒以倣人第二揲復於左手取一蓍扐於左手無名指閒以象閏又云初揲掛一次兩揲不掛揲左手不揲右手但以右手之蓍足滿左手之餘初揲餘一餘二足滿五餘三餘四足滿九次兩揲餘一餘二餘三餘四足滿四足滿八爲九爲六者各八爲七爲八者各二十四通作芀太元

凡筮有道不精不筮不疑不筮不軌不筮革不以其占不若不筮神靈之曜會越卓三十有六而筮視焉天以三分終於六成故十有八策天不施地不成因而倍之地則虛三以扮天十八也別一以挂於左手之小指中分其餘以三揲之并餘於扐一扐之後而數其餘七爲一八爲二九爲三六筭而策道竆也

巧也從手支聲 渠綺切

巧也者本書巧技也姸技也馥案謂姸巧也玉篇禮記曰毋作奇技淫巧技藝也思元賦舊注手技曰技引書作奇技淫巧以說婦人大學人之有技注云有技才藝之士也坊記尚技而賤車則民興藝注云技猶藝也王制作奇技奇器以疑衆六韜爲彫文刻鏤技巧華飾而傷農事漢書藝文志兵技巧十三家百九十九篇技巧者習手足便器械積機關以立攻守之勝者也刑法志云齊愍以技擊彊字或作伎法言重黎篇淳于越可謂伎矣注云伎才也漢書桓譚傳小才伎數之人注云伎方伎也

規也從手莫聲 莫胡切

規也者李善注長笛賦引同玉篇摹規摹也漢書高帝紀規摹弘遠矣鄧展曰若畫工規摹物之摹韋昭曰正員之器曰規摹者如畫工未施采事摹之矣

不巧也從手出聲 職說切

不巧也者玉篇引書作僞心勞日拙廣雅拙鈍也釋名拙屈也使物否屈不爲用也老子大巧若拙國策教人而不能則謂之拙

縫指揩也一曰韜也從手沓聲讀若眔 徒合切

縫指揩也者徐鍇曰今射揩縫衣所用捍鍼以韋爲之也一曰韜也者一切經音義十四引作一曰韋揩也又云今之射韝是也玉篇揩韋韜也御覽引本書韝射臂揩也今作決

圜也從手專聲 度官切

圜也者廣韻引同又云謂以手圜之一切經音義九引通俗文手團曰摶考工記矢人凡相笴欲生而摶弓人紾而摶廉梓人爲筍虡摶身而鴻廬人刺兵摶注竝云摶圜也輪人伴以行山則是摶以行石也注云摶圜厚也漢書韓信傳刻印刓忍不能予蘇林曰刓音刓角之刓刓與摶同手弄角刓不忍授也後漢書龐參傳摶手困竆注云兩手相摶

手推之也從手圂聲 戶骨切

手推之也者推當作椎集韻捆或作掘孟子捆屨趙注捆猶叩椓也或作掘方言南楚凡相推搏曰掘或曰揔案推搏當爲椎搏

盛土於梩中也一曰擾也詩曰捄之陾陾從手求聲 舉朱切

盛土於梩中也者詩正義引作盛土於器也　一曰擾也者本書撓擾也一曰捄也詩曰捄之陾陾者大雅緜文傳云捄虆也箋云捄捊也築牆者捊聚壤土盛之以虆而投諸版中釋文虆字或作樏或作蔂劉熙云盛土籠也或

作篆廣韻篆籠也

手口共有所作也從手吉聲詩曰予手拮据 古屑切

手口共有所作也者五音集韻拮据口手營作也　詩曰予手拮据者豳風鴟鴞文釋文韓詩云口足爲事曰拮据

掘也從手骨聲 戶骨切

掘也者哀二十六年左傳掘褚師定子之墓釋文掘本作搰馥案玉篇引作搰云掘也吳語狐埋之而狐搰之是以無成功韋云搰發也或作抇列子說符篇俄而抇其谷而得其鈇注云抇古掘字馥案玉篇抇亦搰字穿也廣雅抇掘也

搰也從手屈聲 衢勿切

搰也者增韻引孟子有爲者辟若掘井玉篇引易掘地爲臼聲類挑掘也文十八年左傳乃掘而刖之漢書貨殖傳掘冢搏掩

掩　斂也小上曰掩從手奄聲　衣檢切

小上曰掩者本書鬲鼎之圜掩上者通作弇周禮典同弇聲鬱注云弇謂中央寬也考工記鳧氏弇則鬱左傳正義云考工記輿人云棧車欲弇弇者謂上狹下濶也

㮣　滌也從手既聲詩曰㮣之釜鬵　古代切

滌也者五經文字㮣滌也玉篇詩云傾筐㮣之滌也少牢饋食禮雍人㮣鼎匕俎于雍爨廩人㮣甑甗匕與敦于廩爨周禮世婦帥女宮而濯㮣注云㮣拭也楚詞哀時命㮣塵垢之枉攘兮除穢累而反眞通作溉特牲饋食禮反告濯具注云濯溉也　詩曰溉之釜鬵者檜風匪風文彼作溉傳云溉滌也釋文溉本又作㮣

揟　取水沮也從手胥聲武威有揟次縣　相居切

取水沮也者類篇引作取水具也徐鍇韻譜廣韻玉篇竝同　武威有揟次縣者見地理志孟康曰揟子如反次音恣

播　種也一曰布也從手番聲　補過切

種也者書益稷暨稷播奏庶艱食鮮食傳云教民播種之呂刑稷降播種農殖嘉穀大誥厥父菑厥子乃弗肯播矧肯穫傳云其父已菑耕其田子乃不肯播種況肯收穫之乎詩七月其始播百穀載芟播厥百穀箋云播猶種也孟子播種而耰之郭璞木禾贊爰有嘉穀號曰木禾匪植匪蓺自然靈播或作𢪌楚詞九歌𢪌芳椒兮成堂洪注𢪌古播字本作𢪌馥案朱龜碑口𢪌徽馨　一曰布也者舜典播時百穀傳云播布也盤庚王播告之修傳云王布告人以所修之政布穀鳥亦稱播穀

𢭏　古文播

挃　穫禾聲也從手至聲詩曰穫之挃挃　陟栗切

穫禾聲也者釋訓挃挃穫也郭云刈禾聲孫炎曰穫聲也或作銍小爾雅截穎謂之銍釋名銍銍斷穗聲也　詩曰穫之挃挃者周頌良耜文傳云挃挃穫聲也本書積秩兩字下引詩積之秩秩

㨖　刺也從手致聲一曰刺之財至也　陟利切

刺也者本書羊㨖也及象人兩脛後有㨖之者　一曰刺之財至也者廣雅㨖至也方言㨖到也漢書揚雄傳㨖北極之嶟嶟應劭曰㨖至也史記孝文本紀太僕見馬遺財足索隱財字與纔同漢書杜欽傳乃爲小冠高廣財二寸顏注財與纔同漢西狹頌財容車馬孫叔敖碑陰各遺一子財八九歲

扤　動也從手兀聲　五忽切

動也者廣雅扤動也詩正月天之扤我傳云扤動也考工記輪人幅廣而鑿淺則是以大扤雖有良工莫之能固注云扤搖動貌王褒講德論蘢蓯扤士長笛賦動扤其根者舞賦扤動赴度五臣云扤然而動以赴節度

抈　折也從手月聲　魚厥切

折也者太元羨上九車軸折其衡抈晉語其爲德也深矣其置本也固矣故不可抈也韋注抈動也

摎　縛殺也從手翏聲　居求切

縛殺也者本書劉經繆殺也繆當爲摎玉篇摎絞也廣韻摎絞縛殺也一切經音義五蒼頡篇摎束也廣雅摎束也儀禮喪服殤之經不樛垂注云不樛其帶之垂者

撻　鄉飲酒罰不敬撻其背從手達聲　他達切

鄉飲酒罰不敬撻其背者一切經音義八撻笞也以荊捶之玉篇撻笞也書說命其心愧恥若撻于市鄉射禮射者有過則撻之大射儀遂取扑搢之注云扑所以撻犯教者也周禮閽胥凡事掌其比觵撻罰之事注云觵者失禮之罰也撻扑也小胥巡舞列而撻其怠慢者注云撻猶扶也扶以荊扑文十八年左傳歜以攴抶職學記夏楚二物收其威也注云夏稻也楚荊也二者所以扑撻犯禮者晉大康起居注王基子沖尙書郎中雖在淸途猶未免楚撻

𨘢　古文撻周書曰遽以記之

汗簡引作𢾍　周書曰遽以記之者虞書益稷文也彼作撻傳云當行射侯之禮以明善惡之敎笞撻不是者使記識其過

止馬也。從手夌聲。里甑切

止馬也者，廣雅棱止也。或作勑，集韻勑止馬也。

撣也。從手平聲。普耕切

撣也者，一切經音義九引作彈也，又云猶言抨毛抨弓等也。又十四云今謂彈繩墨爲拼，仲長統昌言繩墨得拼彈是也，江南名抨。廣韻抨彈也。爾雅釋文抨字從手彈也。御覽引字林彈拼也，拼使戰動掉彈也。廣雅彈拼也。開元文字彈拼也。玉篇拼與抨同。韓愈城南聯句箭出方驚抨。李賀猛虎吟强弩莫抨。馥案劾有罪曰抨彈。鄭注周禮里宰云街彈之室，疏云漢時在街置室檢彈一里之民。漢書杜周傳業因勢而抵陒，注云罪敗而復抨彈之。後漢書史弼傳州司不敢彈糾。唐書陽嶠傳其意不樂彈抨事。

气勢也。從手卷聲。國語曰：有捲勇。一曰捲收也。巨員切

气勢也者，本書勈气也。昭二十三年左傳楚師熸，杜注其軍人無復氣勢。捲或作拳。宋書黃回傳回拳捷果勁勇力兼人。隋書崔弘度傳嘗與宇文訓登樓，欻然擲下至地無損傷，訓以其拳捷大奇之。通作鬈權。詩盧令其人美且鬈，箋云鬈讀爲權，權勇壯也。國語曰有捲勇者，徐鍇本作春秋國語曰子有捲勇，廣韻同。齊語有拳勇股肱之力。本書䫻或曰拳勇字。詩巧言無拳無勇，傳云拳力也。史記孫吳列傳夫解雜亂紛糾者不控捲，索隱捲即拳也。晉中興書石勒謂李陽曰鄉亦飽孤老拳。一曰捲收也者，五經文字捲捲衣也。秦策桑戶捲樞之士，高注捲揉桑條假以爲戶樞。史記張儀傳席捲常山之險。通作卷。鄭注大司樂云卷者卷聚之義。論語邦無道則可卷而懷之。

收也。從手及聲。楚洽切

收也者，廣雅同。本書㯺下云以衣衽扱物謂之㯺。皀下云象嘉穀在裹中之形，匕所以扱之。集韻扱斂持也。案本書斂收也。方言扱擭也。詩芣苢薄言㯺之，傳云扱衽曰㯺。大射儀搢三挾一个，注去搢扱也。曲禮以箕自向而扱之。

拘擊也。從手巢聲。子小切

拘擊也者，一切經音義一引作相擊也。廣雅摷擊也。

擊背也。從手矣聲。於駭切

擊背也者，廣韻挨打也。廣雅挨擊也。列子黃帝篇攩拯挨抌，注云挨推也，抌方言擊背也。馥案此注轉寫致誤，當云挨擊背也，抌方言推也。

挨也。從手業聲。蒲角切

挨也者，一切經音義十四通俗文連杖曰撲。華嶠後漢書尚書近臣乃至捶撲牽曳。謝承後漢書劉據爲大司農，以職事被譴，召將加捶撲，左雄諫曰孝明皇帝始有撲罰，皆非古典，帝從之，其後九卿無復捶撲者。字或作㯟。太元不庳其體撲，注云撲擊也，串鍪梐梏鞭撲以加小人。又或作扑。書舜典扑作教刑，傳云扑榎楚也，不勤道業則撻之。周禮司市大刑扑罰，注云扑撻也。閭胥掌其撻罰之事，注云撻扑也。國策若扑一人若捽一人。

旁擊也。從手敫聲。苦弔切

旁擊也者，莊子釋文引同。廣雅擊擊也。莊子至樂篇撽以馬捶，注云撽擊也。或作擊。宣六年公羊傳公怒以斗擊而殺之，何注云擊猶擊也，擊謂旁擊頭項。

疾擊也。從手勺聲。都了切

疾擊也者，廣韻扚扚擊。廣雅扚擊也。

笞擊也。從手失聲。丑栗切

笞擊也者，廣雅抶擊也。周禮小胥撻其怠慢者，注云撻猶抶也，抶以荊扑。襄十七年左傳子罕親執扑以行築者而抶其不勉者。文十年傳抶其僕以徇，注云抶撻也。文十八年傳歜以扑抶職，注云抶擊也。莊子則陽篇然後抶其背，釋文三蒼抶擊也。漢書揚雄傳捎夔魖而抶獝狂，顏注抶笞也。五行志使其徒抶魑而奪之，顏注抶擊也。羽獵賦神抶電擊，李善引埤蒼抶笞擊也。李賀詩抶馬蟠桃鞭。

側擊也。從手氏聲。諸氏切

側擊也者，後漢書隗囂傳注、寇榮傳注引竝同。廣韻、增韻竝引作側手擊也，徐鍇韻譜同。本書抧讀若抵掌之抵，晉

書音義引字林抵側擊也秦策抵掌而談
鮑云抵側擊也漢書朱博傳奮髯抵几

抰 以車鞅擊也從手央聲 於兩切
以車鞅擊也者鞅有馬鞅牛鞅車鞅隋煬帝幸江都
宮女攀車指別指血染鞅此車鞅也廣雅抰擊也

㧝 衣上擊也從手保聲 芳苟切
衣上擊也者集韻引作
衣上攴也廣雅㧝擊也

捭 兩手擊也從手卑聲 北買切
兩手擊也者李善注七命引同一切經音義十九引作兩
手振擊也廣雅捭擊也吳都賦拉捭摧藏注云兩手擊絕
也鬼谷子
有捭闔篇

捶 以杖擊也從手垂聲 之壘切
以杖擊也者李善注司馬遷報任安書引同廣雅捶擊也
趙注孟子可使國人作杖以捶敵國堅甲利兵鄭注月令

掠謂捶治人荀子正論篇捶笞臏腳東觀漢記劉據爲大
司農以職事被譴詔詣尚書將加捶撻後漢書杜篤傳捶
驅氐僰注云捶擊也魏志何夔傳加其捶扑之罰晉書庾
冰傳子龔嘗貸官絹十匹冰怒捶之梁書沈瑀傳富吏皆
鮮衣美服瑀怒使著芒屩麤布侍立終日足有蹉跌輒加
榜捶周書王羆傳多被篣捶高士傳可食以酒肉者可隨
而鞭
捶

搉 敲擊也從手隺聲 苦角切
敲擊也者廣雅搉擊也定二年左傳奪之杖以敲之漢書
五行志搉其眼以爲人彘注云搉謂敲擊去其精也莊子
徐無鬼篇則可不謂有大揚
搉乎釋文三蒼云搉敲也

摬 中擊也從手竟聲 一敬切
中擊也者中讀爲射中之中
玉篇摬傷擊也廣雅摬擊也

拂 過擊也從手弗聲 敷勿切
過擊也者通鑑斛律金欲急向河東
高歡據鞍未動金以鞭拂馬乃馳去

摼 擣頭也從手堅聲讀若鏗爾舍瑟而作 口莖切
擣頭也者玉篇摼撞也
讀若鏗爾者本書無鏗字

抌 深擊也從手冘聲讀若告言不正曰抌 竹甚切
深擊也者本書㪏下擊上也廣韻
㪏深擊列子黃帝篇攩拯挨抌

𢯦 傷擊也從手毀毀亦聲 許委切
傷擊也者廣韻𢯦手擊傷
也毀亦聲者當爲毀聲

擊 攴也從手毄聲 古歷切
攴也者本書攴小擊也玉篇引書擊石拊石
論語子擊磬於衛史記叔孫通傳拔劍擊柱

扞 忮也從手干聲 矦旰切
忮也者忮當作枝禮記大學之法禁於未發
然後禁則扞格而不勝馥案格當爲挌本書挌枝挌也

抗 扞也從手亢聲 苦浪切
扞也者旣夕禮抗橫三縮二注云抗禦
也蔡邕釋誨帶甲百萬非一勇所抗

杭 抗或從木

捕 取也從手甫聲 薄故切
取也者本書取捕取也急就篇變
鬬殺傷捕伍鄰顏注捕收掩也

簎 刺也從手籍省聲周禮曰簎魚鼈 士革切
刺也者後漢書馬融傳注引同列子牢籍釋文作簎謂竹
木圍繞又刺也國語云矠魚也通作措淮南繆稱訓猨
狖之捷來措高注措刺也又或作擉莊子則陽篇冬則擉
鼈於江初學記銛取黿鼉也見何承天纂文銛鐵有距施
竹頭以之擲黿鼉馥謂此卽簎魚鼈之具周禮曰簎魚
鼈者天官鼈人文鄭司農云簎謂以杈刺泥中搏取之周

禮徐鍇本作春秋國語案魯語稓魚鼈以為夏槁韋注稓族也槁乾也夏不得取故此時族刺魚鼈以為夏儲馥案廣韻稓以叉矛取物也東京賦毒瑁不簇薛綜曰不叉稓取之也廣蒼胡餅家用蔟族刺也

撚　執也从手然聲一曰蹂也乃殄切

執也者執當為取白居易琵琶行輕攏漫撚撥復挑廣韻撚以手撚物也通俗文手捏曰撚顏注急就篇索總謂切撚之令緊者也　一曰蹂也者蹂當為糅本書氉撚毛也

挂　畫也从手圭聲古賣切

畫也者挂畫聲相近釋名畫挂也以五色挂物上也馥疑畫作劃本書挂下云挂又可以劃麥戴侗引唐本作縣也徐鍇韻譜同易繫辭挂一以象三少牢饋食禮挂於季指

拕　曳也从手它聲託何切

曳也者爾雅釋文後漢書班固傳注引並同廣雅拕引也釋訓甹夆掣曳也郭注謂牽挽釋文挽作拕云本或作拕

釋名柂拕也在後見拕曳也論語加朝服拕紳漢書嚴助傳拕舟而入水揚雄傳拕蒼豨顏注並云拕曳也

捈　臥引也从手余聲同都切

臥引也者廣雅捈引也法言問神篇捈中心之所欲注云捈引也

抴　捈也从手世聲余制切

捈也者一切經音義五引作引也又云謂牽引也徐鍇韻譜抴臥引本書厂抴也象抴引之形廣韻抴亦作拽拕也集韻拽拖也山東語荀子非相篇故君子之度己則以繩接人則以抴注云抴牽引也

揙　摶也从手扁聲婢沔切

摶也者宋本作撫廣韻揙揙擊

撅　从手有所把也从手厥聲居月切

从手有所把也者从當依集韻作以廣雅撅搔也把或作爬廣韻爬搔也或作把

攎　挐持也从手盧聲洛乎切

挐持也者廣韻攎斂集韻抄攎收斂也釋名攎叉也五指俱往也

挐　持也从手如聲女加切

持也者挐通作拏拘捕有罪曰拏今俗作拿徐鍇本有一曰誣也四字馥謂即誣諏

搵　沒也从手𥁕聲烏困切

沒也者廣雅搵抐擩也字林搵抐沒也廣韻搵抐按物水中一切經音義七搵亦入也謂以物入水中曰搵也中庸溫故而知新鄭注溫讀如尋溫之溫馥案燖溫即燖搵燖本作燅內肉於湯中也

搒　掩也从手旁聲北孟切

挌　擊也从手各聲古覈切

擊也者後漢書陳寵上疏斷獄者急於篣格酷烈之痛注云篣即榜也古字通用聲類曰笞也說文曰格擊也馥謂

兩格字並當作挌

拲　兩手同械也从手从共共亦聲周禮上辠梏拲而桎居竦切

兩手同械也者廣韻拲兩手共梏漢書刑法志凡囚上罪梏拲而桎顏注兩手同械曰拲晉令死罪械加拲手趙書後石擒邵續於青邱鉗頸拲手隋書刑法志凡死罪枷而拲流罪枷而梏徒罪枷鞭罪桎　周禮上辠梏拲而桎者秋官掌囚文鄭司農云拲者兩手共一木也　共亦聲者當為共聲

𣐋　拲或从木

掫　夜戒守有所擊从手取聲春秋傳曰賓將掫子侯切

夜戒守有所擊也者襄二十五年左傳陪臣干掫杜注干掫行夜正義說文云掫夜戒守有所擊从手取夜扞寇盜手有所擊故以干掫為行夜官名也秦策釋劒掫鮑注掫夜戒有所擊引也新唐書糾謬康承訓傳晉婦弱持掫案

阪阪隅也今此云云義不可曉當爲掝字說文掝衣戒守有所擊也　春秋傳曰賓將掝者昭二十年左傳文賈注掝謂行夜周禮鎛師凡軍之夜三鼜皆鼓之杜子春云春秋傳所謂賓將趨者音聲相似疏云賓將掝子春云趨讀人音與云音聲相似者趨與鼜皆是夜戒守也六經正誤周禮掌固釋文將趨莊九反劉祖侯反杜七柱反案春官鎛師將趨釋文左傳作掝音莊九反杜注云行夜當從左傳音字亦當作掝掝訛作趣趣又訛作趨

捐　棄也從手肙聲　與專切

棄也者李善注文賦引同蒼頡篇廣雅並同列子楊朱篇生相憐亦相捐孔叢儒服篇陳從性多穢嘗每得酒食必先撥捐之然後乃食子高告之曰昔君子之於酒食有卒嘗之義無捐放之道漢書竇嬰曰侯自我得之自我捐之無所恨

掤　所以覆矢也從手朋聲詩曰抑釋掤忌　筆陵切

所以覆矢也者廣雅掤矢藏也北堂書鈔引毛詩義問掤所以覆矢也謂箭筩蓋通作冰昭二十六年左傳豈其伐

人而說甲執冰以遊昭二十五年傳公徒釋甲執冰而踞賈逵云冰櫝丸蓋也　詩曰抑釋掤忌者鄭風大叔于田文傳云掤所以覆矢釋文掤音冰

扜　指麾也從手亏聲　億俱切

指麾也者麾當爲摩

摩　旌旗所以指麾也從手靡聲　許爲切

旌旗所以指麾也者麾當爲摩或作撝後漢書杜篤傳東攡烏桓字書攡亦麾字通用麾本書㫌下云周旌旗之指麾也集韻以旌旗示之曰麾一切經音義九舉手曰麾案以旌旗指麾衆因以名焉御覽引麟角曰高貴鄉公討晉文自秉黃龍旛以麾古今注麾所以指麾武王右執白旄以麾是也乘輿以黃諸公以朱刺史二千石以纁公羊解詁旗各有色與金鼓俱舉使士卒望而爲陳者月令章句麾鳥翼以爲幢麾也明堂位有虞氏之旂夏后氏之綏注云綏當爲緌緌爲注旄牛尾於杠所謂大麾六韜將必先明告吏士申之以三令以教操兵起居旌旗指麾之變法書牧誓右秉白旄以麾傳云右手把旄示有事於教博物志武王伐紂渡河大風波武王秉麾麾之風波立濟謂子武王率兵車以伐紂紂虎旅百萬陳於商郊武王乃命太公把白旄以麾之紂軍反走荀子成相篇呂尚招麾注云昭麾指揮也帝王世紀武王乃以大白旗麾諸侯入殷都詩宛邱值其鷺羽箋云舞者所持以指麾周禮旄人注云旄旄牛尾舞者所持以指麾鄉師及葬執纛以與匠師御匶而治役鄭司農云纛羽葆幢也爾雅曰纛翳也以指麾輓柩之役正其行列進退隱十一年左傳瑕叔盈又以蝥弧登周麾而呼杜云麾招也桓五年傳旝動而鼓杜云今大將之麾也執以爲號令成二年傳師之耳目在吾旗鼓進退從之成十六年傳楚人謂夫旌子重之麾也莊二十五年穀梁傳天子救日置五麾范甯集解麾旌幡也宣十二年公羊傳莊王親自手旌管子兵法篇旗所以立兵也所以利兵也所以偃兵也吳子治兵篇左右應麾論將篇將之所麾莫不從移將之所指莫不前尉繚子鼓鳴旗麾之左則左麾之右則右推南主術訓譬如軍之持麾者妄指則亂矣東都賦羽旄掃霓五臣云羽旄可以麾衆也思元賦前祝融而使舉麾兮纚朱鳥以承旗舊注云尚書曰右秉白旄以麾案執麾以指揮也秦漢以來

郎以所執之旄名曰麾謂麾幢曲蓋者也袁宏與范曾書指六合以倒戈望崑崙以舉麾三國志魏武帝紀注引王淩等勸進文云晉把旄鉞一時指麾語林諸葛武侯持白毛扇指麾三軍皆隨其進止晉令兩頭進戰視麾所指晉諸公讚楚王瑋矯詔害汝南王亮其夜帝臨東堂張華唱議乃遣左右以白虎旛麾之衆散宋書武帝紀大軍將戰公所執麾竿折顏延年五君詠一麾乃出守李善注麾指麾也齊宣德皇后令白羽一麾黃鳥底定隋書有纖旗四以施軍旅一曰麾以供軍將唐書李光弼傳吾旗麾若緩可觀便宜若三麾至地諸軍畢入生死以之退者斬太白陰經聽音望麾以出四奇軍令琴獨前戰視麾所指而發之又云凡戰臨陣皆無諠譁明聽鼓音謹視旛麾麾前則前麾後則後麾左則左麾右則右通典大唐衛公李靖兵法曰如兵數校多軍營復衆若以異色認旗遠看難辨即每營各別畫禽獸自爲標記亦得不然旗身旗脚但取五方色回互爲之則更易辨唯須營營自別務使指麾分明通鑑陶侃疾篤送所假節麾注云節麾者臨敵之際三軍視以爲進退者也魏王基牌朱旗所麾前無交兵或通作戲史記項羽紀諸侯罷戲下各就國淮南子桀之力能推移大戲注云大戲軍之大旗

捷 獵也軍獲得也從手疌聲春秋傳曰齊人來獻戎捷疾葉切

獵也者月令章句獵捷也言以捷取之　軍獲得也者本書獲獵所獲也春秋僖二十一年楚人使宜申來獻捷穀梁云捷軍得也　春秋傳曰齊人來獻戎捷者莊三十一年經文杜注捷獲也穀梁云軍得曰捷

扣 牽馬也從手口聲苦后切

牽馬也者襄十八年左傳大子與郭榮扣馬呂氏春秋仲秋紀爲韓原之戰晉人已環繆公之車矣晉梁由靡已扣繆公之左驂矣史記趙世家大戊午扣馬集解呂忱曰扣牽馬通作叩伯夷列傳叩馬而諫

掍 同也從手昆聲古本切

同也者本書昆同也方言掍同也宋衛之閒曰掍漢書揚雄傳形之美者不可掍於世俗之目顏注掍亦同也洞簫賦掍其會合注云同於會合之處通作混管子侈靡篇估堯之時混吾之美在下注云掍同也後漢書班固傳混建章而外屬注云混同也文選作掍曹植求自試表誠欲混同宇內

搜 衆意也一曰求也從手叜聲詩曰束矢其搜所鳩切

衆意也者廣雅搜衆也　一曰求也者莊子釋文引同本書案下云入家搜也方言搜求也秦晉之閒曰搜漢書武帝紀大搜上林莊子秋水篇搜於國中釋文李云索也字或作廋廣雅廋求也　詩曰束矢其搜者魯頌泮水文彼作搜傳云搜衆意也釋文依字作搜

換 易也從手奐聲胡玩切

易也者易當爲傷通用易字小爾雅廣詁換易也漢書敘傳項氏畔換孟康曰換易也晉書阮孚傳嘗以金貂換酒

掖 以手持人臂投地也從手夜聲一曰臂下也羊益切

以手持人臂投地也者左傳釋文引作以手持人臂曰掖正義引作持臂也僖二十五年左傳二禮從國子巡城掖以赴外殺之正義謂持其臂投之城外也詩衡門序以誘掖其君箋云掖扶持也　一曰臂下也者本書亦人之臂亦也左傳正義云掖本持臂之名遂謂臂下脅上爲掖是因名轉而相生也史記商君傳千羊之皮不如一狐之掖漢書地理志張掖郡應劭曰張國臂掖故曰張掖高后紀入未央宮掖門顏注非正門而在兩旁若人之臂掖也字或作腋廣雅胳謂之腋文選盧諶荅魏子悌詩珍裘非一腋注云埤蒼曰腋在肘後

揅 摩也從手研聲禦堅切

初印本無此文毛扆據徐鍇本加之案集韻類篇揅下引說文則原有此文寫漏也本書摩下云研也本作揅後人因闕揅字遂去手作研

摩也者本書研䃺也廣雅揅磨也又云揅䃺也廣韻揅研治也易繫辭聖人之所以極深而研幾也釋文蜀才作揅吳越春秋研營種之術後漢書蘇竟傳走昔以摩研編削之才范甯穀梁傳集解敘研講六籍陸雲贈顧尚書詩靡妙不研

文二百六十六　重十九

扺

本書觝讀若扺破之扺

捂 相當也

徐鍇曰詩可與晤言傳云晤對也考之說文則當作捂字捂相當也蓋詩假借晤字馥案既夕禮若無器則捂受之疏云對面相逆受也

押 署也從手甲聲

韻會引徐鍇本又引鍇曰今人言文字押署是也

揩 摩拭也

一切經音義二十引馥案韻集揩摨摩也

捍 抵也

杜子釋文引

摻

詩遵大路摻執子之袪兮傳云摻擥正義以摻字從手又與執共文故爲擥也說文摻字參此音反聲訓爲斂也操字喿此遙反聲訓爲奉也二者義皆小異釋文摻所覽反徐所斬反玉篇摻所斬切反執杖也方言斂物而細謂之摮或曰摻

攌 大木柵也

史記索隱引案集韻音戶版切玉篇廣韻無此文

揵 豎也

李善注思玄賦引後漢書張衡傳注云揵豎也廣韻揵舉也

遺文八

𠦬 背呂也象脅肋形凡𠦬之屬皆從𠦬 古懷切

戴侗曰唐本作𠦬從夭李陽冰曰𠦬背心也手足之所不及故謂之𠦬夭背文从肉文

𦟝 背呂也從𠦬從肉 資昔切

背呂也者本書呂膂背骨也玉篇膂背骨也釋名脊積也積續骨節終上下也春秋元命苞陽立於三故人脊三寸而結宋均曰結節結也

文二

說文解字弟十二　義證弟三十九

曲阜桂馥學

女 婦人也象形王育說凡女之屬皆從女 尼呂切

當有古文作屮

婦人也者廣雅女子謂之婦人易繫辭坤道成女

姓 人所生也古之神聖母感天而生子故稱天子從女從生生亦聲春秋傳曰天子因生以賜姓 息正切

人所生也者白虎通姓名姓者生也人稟天氣所以生者也詩云天生烝民尚書曰平章百姓昭四年左傳所宿庚宗之婦人獻以雉問其姓對曰余子長矣杜注問有子否釋文女生曰姓姓謂子也昭十一年傳歸姓也杜注姓生也曲禮納女於天子曰備百姓注云姓之言生也漢書田蚡傳蚡起如子姓顏注姓生也言同子禮若己所生喪大

記注子姓謂衆子孫也列子說符篇秦穆公謂伯樂曰子姓有可使求馬者乎顧炎武曰姓之爲言生也左傳昭四年問其姓對曰余子長矣詩曰振振公姓天地之化專則不生兩則生故叔詹言男女同姓其生不蕃晉語曰同姓不昏懼不殖也而子產之告叔向云內官不及同姓美先盡矣則相生疾晉司空季子之告公子曰異德合姓鄭史伯之對桓公曰先王聘后於異姓務和同也聲一無聽物一無文是知禮不娶同姓者非但防嫌亦以戒獨也故曲禮納女於天子曰備百姓吳語句踐請一介嫡女執箕帚以晐姓於王宮易曰男女睽而其志通也是以王御不參一族其所以合陰陽之化而助嗣續之功者微矣古之神聖母感天而生子故稱天子者御覽引作神聖人母徐錯本同鄭注喪服傳始祖者感神靈而生若稷契也喪服小記王者禘其祖之所自出以其祖配之注云始祖感天神靈而生祭天則以祖配之禮記大傳王者禘其祖之所自出以其祖配之注云王者之先祖皆感太微五帝之精以生五經異義詩齊魯韓春秋公羊說聖人皆無父感天而生左氏說聖人皆有父謹案堯典以親九族卽堯母慶都感赤龍而生堯堯安得九族而親之禮讖云唐五廟知不感天而生鄭駮曰玄之聞也諸言感生得無父有父則

不感生此皆偏見之說也商頌曰天命玄鳥降而生商謂娀簡吞鳦子生契是聖人感生見於經之明文劉媪是漢太上皇之妻感赤龍而生高祖是非有父感神而生者也且夫蒲盧之氣嫗煦桑蟲成爲己子況乎天氣因人之精就而神之反不使子賢聖乎是則然矣又何多怪莊三年穀梁傳獨陰不生獨陽不生獨天不生三合然後生故曰母之子也可天之子也可徐鍇曰據少典氏妻附寶感大霓繞斗星而生黃帝顓頊母感瑤光貫月而生顓頊也尚書中候姬昌蒼帝子春秋元命包黃帝時大星如虹下流華渚女節夢接意感生白帝河圖湯母扶都見白氣貫月意感而生湯河圖著命瑤光之星如蜺貫月正白感女樞於幽房之宮生黑帝顓頊河圖握矩附寶之郊野大電繞斗樞星耀感附寶生軒轅拾遺記庖犧之母有青虹繞身卽覺有娠歷十二年而生庖犧帝王世紀燧人之世有大迹出雷澤華胥履之生庖犧氏於成又云神龍感女登於常羊生炎帝又云電光繞北斗樞星照郊野感附寶孕二十月生黃帝於壽邱又云黃帝時有大星如虹下流華渚女節夢接之意感生少昊又云陶唐之世握登見大虹意感生舜於姚墟又云修己山行見流星貫昴意感慄然又吞神珠薏苡胷坼而生禹金樓子興王篇少典娶有蟜女附寶見大電光繞北斗樞星照郊野感附寶孕二十四月生黃帝詩含神霧赤龍感女媪劉季興　生亦聲者當爲生聲　春秋傳曰天子因生以賜姓者隱八年左傳文彼云天子建德因生以賜姓胙之土而命之氏杜注立有德以爲諸侯因其所由生以賜姓謂若舜由嬀汭故陳爲嬀姓報之以土而命氏曰陳史記集解駰案鄭元駁五經異義曰春秋左傳無駭卒羽父請謚與族公問族於衆仲衆仲對曰天子建德因生以賜姓胙之土而命之氏諸侯以字爲氏因以爲族官有世功則有官族邑亦如之公命以字爲展氏以此言之天子賜姓命氏諸侯命族族者氏之別名也姓者所以統繫百世使不別也氏者所以別子孫之所出故世本之篇言姓則在上言氏則在下也馥案今左傳作諸侯以字爲謚傳寫誤也以字爲氏者如鄭之國氏本子國之後駟氏本子駟之後是也史記索隱因生賜姓若舜生姚墟以爲姚姓封之於虞卽號有虞氏是也系本篇言姓則在上言氏則在下故五帝本紀云禹姓姒氏契姓子氏棄姓姬氏是也論衡詰術篇古者因生以賜姓因其所生賜之姓也若夏吞薏苡而生則姓爲苡氏商吞燕子而生則姓爲子氏周履大人迹則姓爲姬氏禹貢錫土姓鄭注天子建其國諸侯祚之土賜之姓命之氏昭二

連筠簃叢書　靈石楊氏栞

十九年左傳帝賜之姓曰董氏曰豢龍封諸鬷川鬷夷氏其後也周語帝嘉禹德賜姓曰姒氏曰有夏胙四岳國賜姓曰姜氏曰有呂晉語黃帝之子二十五人其得姓者十四人帝王世紀皐陶生於曲阜曲阜偃地故帝賜姓曰偃潛夫論志氏姓昔堯賜契姓姬賜禹姓似氏曰有夏伯夷爲姜氏曰有呂下及三代官有世功則有官族邑亦如之後世微末因是以爲姓則不能改也故或傳本姓或氏號邑謚或氏於爵或氏於志若夫五帝三王之世所謂號也文武昭景成宣戴桓所謂謚也齊魯吳楚秦晉燕趙所謂國也王氏侯氏王孫公孫所謂爵也司馬司徒中行下軍所謂官也伯有孟孫子服叔子所謂字也巫氏匠氏陶氏所謂事也東門西門南宮東郭北郭所謂居也三烏五鹿青牛白馬所謂志也御覽引風俗通春秋左氏傳官有世功卽有官族邑亦如之公羊譏衛滅邢論語貶昭公娶於吳諱同姓也蓋姓有九或氏於號或氏於謚或氏於爵或氏於國或氏於官或氏於字或氏於居或氏於事或氏於職以號唐虞夏殷也以謚戴武宣穆也以爵王公侯伯也以國曹魯宋衛也以官司馬司徒司寇司空司成也以字伯仲叔季也以居城郭園池也以事巫卜陶匠也以職三烏五鹿青牛也魏書官氏志自古天子立德因生以賜姓胙之土而命之氏諸侯則以家與謚官有世功則有官族邑亦如之姓則表其所由生氏則記族所由出其大略然也新唐書張說傳后嘗問諸儒言氏族皆本炎黃之裔則土古乃無百姓乎說曰古未有姓自炎帝之姜黃帝之姬始因所生地而爲之姓其後天子建德因生以賜姓黃帝二十五子而得姓者十四德同者姓同德異者姓姝其後或以官或以國或以王父之字始爲賜族久乃爲姓降唐虞抵戰國姓族漸廣周衰列國旣滅其民各以舊國爲之氏下及兩漢人皆有姓故姓之以國者韓陳許鄭魯衛趙魏爲多胡渭曰晉語黃帝以姬水成炎帝以姜水成成而異德故黃帝爲姬炎帝爲姜此因生賜姓之始也黃帝之子二十五宗其得姓者十四人爲十二姓姬酉祁己滕箴任荀僖佶儇依是也韋昭曰得姓以德居官而賜之姓也謂十四人而二人爲姬二人爲己故十二姓也蔡墨言五行之官皆列受氏姓封爲上公實少皞顓頊之後史伯言黎爲高辛氏火正其後八姓歷事夏商曰己董彭秃妘曹斟芈黎卽祝融五官之一也然則高辛之世賜姓命氏之事槩可知已堯時洪水初平大封以褎明德故禹貢特書自是之後唯舜賜飂叔安裔子之姓曰董氏曰豢龍著在左傳丹朱之後爲貍姓見於周語蓋亦舜賜之夏商之世

連筠簃叢書　靈石楊氏栞

無閒㝡周之賜姓獨一嬀滿餘無可考而諸姬無一賜姓者葢周道同姓雖百世而昏姻不通苟賜之姓則不能禁其通昏矣叔詹曰男女同姓其生不蕃子產曰內官不及同姓其生不殖先王敬宗收族既欲防嫌亦期廣嗣故不復賜也

姜　神農居姜水以爲姓從女羊聲　居良切

高注戰國策神農炎帝號也少典之子也　通鑑梁許懋云神農卽炎帝也而管夷吾分爲二人馥案古史考亦以炎帝神農各一人　漢書律歷志易曰炮犧氏沒神農氏作以火承木故爲炎帝敎民耕農故天下號曰神農氏　六藝論神農斵木爲耒耜揉木爲耨始敎天下種五穀故號爲神農氏也

神農居姜水以爲姓者世本炎帝姜姓昭十七年左傳炎帝氏注云炎帝神農氏姜姓之祖也正義云帝系世本皆爲炎帝卽神農氏炎帝身號神農代號也哀九年左傳炎帝爲火師姜姓其後也晉語昔少典娶於有蟜氏生黃帝炎帝黃帝以姬水成炎帝以姜水成故黃帝爲姬炎帝爲姜又云二帝用師以相濟也韋注濟當爲擠擠滅也史記稱黃帝伐炎帝之後于阪泉之野炎帝卽神農也鄭語姜伯夷之後也韋注伯夷堯秩宗炎帝之後四岳之族也司馬貞三皇本紀炎帝神農氏長於姜水因以爲姓帝王世紀神農氏姜姓也長於姜水以火承木位在南方故謂之炎帝水經注渭水云岐水又東逕姜氏城南爲姜水按世本炎帝姜姓帝王世紀曰炎帝神農氏姜姓母女登游華陽感神而生炎帝長于姜水是其地也三輔舊事姜泉在岐山縣新唐書宰相世系表姜姓本炎帝生於姜水因以爲姓昭十年左傳姜氏任氏實守其地注云姜齊姓齊國矦爵譜姜姓太公望之後廣韻姜姓也出天水齊姓本自炎帝居於姜水因爲氏漢初以豪族徙關中遂居天水也前趙錄孟姜字天水

姬　黃帝居姬水以爲姓從女𦣝聲　居之切

黃帝居姬水以爲姓者昭十七年左傳黃帝氏注云黃帝軒轅氏姬姓之祖也晉語黃帝爲姬帝王世紀黃帝有熊氏少典之子姬姓也生壽邱長於姬水

姞　黃帝之後百鯈姓后稷妃家也從女吉聲　巨乙切

黃帝之後百鯈姓者徐鍇本作伯鯈左傳作伯鯈一切經音義九姞南燕姓也范甯曰南燕姞姓在鄭衛之閒隱五年左傳衛人以燕師伐鄭杜云南燕國今東郡燕縣正義世本燕國姞姓桓十一年傳宋雍氏女於鄭莊公曰雍姞賈逵云雍氏黃帝之孫姞姓之後漢書地理志東郡燕縣南燕國姞姓黃帝之後也寰宇記雍邱縣古雍國黃帝之後姞姓潛夫論周先姞氏封於燕　漢河東有郅都汝南有郅君章音與古姞同而書其字異　后稷妃家也者史記鄭世家吾聞姞姓乃后稷之元妃漢書人表姞人棄妃宣三年左傳鄭文公有賤妾曰燕姞夢天使與己蘭曰余爲伯儵余而祖也以是爲而子旣而文公見之與之蘭而御之生穆公名之曰蘭后癸曰吾聞姬姞耦其子孫必蕃姞吉人也后稷之元妃也今公子蘭姞甥也天或啓之杜云姞南燕姓伯儵南燕祖姞姓之女爲后稷妃周是以興故曰吉人詩都人士謂之尹吉箋云吉讀爲姞周室昏姻之舊姓也

嬴　少昊氏之姓從女嬴省聲　以成切

少昊氏之姓者當云少昊氏之後姓帝王世紀少昊帝名摯字青陽昭十七年左傳少皞氏注云少皞金天氏黃帝之子己姓之祖也鄭語嬴伯翳之後也韋云伯翳舜虞官少皞之後伯益也史記索隱按左傳郯國少昊之後而嬴姓葢其族也則秦趙宜祖少昊氏春秋隱二年莒人入向杜注莒國今城陽莒縣廣韻莒嬴姓之後史記秦本紀秦之先爲嬴姓其後分封以國爲姓有莒氏僖十五年左傳爲嬴敗姬杜云嬴秦姓史記鄭世家秦嬴姓伯翳之後也潛夫論高陽氏之世有才子八人天下之人謂之八凱後嗣有皋陶事舜其子伯翳能議百姓以佐舜禹擾馴鳥獸舜賜姓嬴後生惡來季勝季勝之後有造父封於趙城因以爲氏惡來後有非子封於秦其後列於諸矦五世而稱王六世而始皇生於邯鄲故曰趙政皆皋陶之後也閻若璩曰余嘗問人秦始皇何姓或對曰嬴或對曰姜皆非也此自出史記始皇本紀生於邯鄲姓趙氏葢秦猶近古深得古者天子建德因生以賜姓之義猶黃帝以姬水成遂姓姬舜生於姚墟遂姓姚是也降至於漢人皆識其爲姓陸賈曰秦任刑法不變卒滅趙氏燕王旦曰尉佗入南陳涉呼楚近狎作亂內外俱發趙氏無炊火焉正指始皇之姓言太史公遽謂秦以其先造父封趙城爲趙氏豈其然哉馥案嬴通作盈漢書地理志城陽莒縣下云故國盈姓三十世爲楚所滅　嬴省聲者盧君文弨曰案嬴力爲反

與盈聲殊不近凡鬳灋攊等字未有從鬳者

虞舜居姚虛因以爲姓從女兆聲或爲姚嬈也史篇以爲姚易也余招切

虞舜居姚虛因以爲姓者世本舜姓姚氏顔注急就篇姚舜姓也陟方之後末嗣稱勇鄭有姚句耳漢有姚平潛夫論帝舜姓虞又爲姚哀元年左傳虞思於是妻之以二姚注云姚虞姓大荒南經帝俊妻娥皇生此三身之國姚姓注云姚舜姓也史記趙世家吳廣聞之因夫人而內其女娃嬴孟姚也索隱孟姚舜之後崔鴻後秦錄姚氏其先有虞氏之苗裔孝經援神契帝舜生于姚虛帝王世紀帝舜有虞氏姚姓也瞽瞍妻曰握登生舜於姚墟故姓姚氏溫子昇舜廟碑虹氣降靈姚墟誕聖括地志姚墟在濮州雷澤縣東十三里元和志雷澤縣姚墟在縣東十三里舜生於姚墟風俗通山澤謹案尚書舜生姚墟在濟陰城陽縣寰宇記金州禹貢梁州之域昔虞舜嘗居之謂之嬀墟帝王世紀謂之姚墟即此也十道志餘姚古爲舜餘姚之墟史記正義越州餘姚縣顧野王云舜後支庶所封之地舜

姚姓故云餘姚元和志餘姚縣舜後所封之地舜姚姓故曰餘姚風土記舜支庶所封故曰餘姚　或爲姚嬈也者荀子非相篇莫不美麗姚冶注引本書姚美好皃廣韻姚姚悅美好皃本書嬥嬈也詩佻佻公子韓詩作嬥嬥馥謂佻佻當作姚姚通作宨荀子禮論篇故其立文飾也不至於宨冶注云宨讀爲姚姚冶妖美也詩窈窕淑女釋文引王肅云善心曰窈善容曰窕　史篇以爲姚易也者易當爲傷本書傷輕也集韻春秋傳楚師輕窕或作姚錢君大昕曰史記司馬相如傳眇閻易以戌削閻易猶姚易也

虞舜居嬀汭因以爲姓從女爲聲居爲切

虞舜居嬀汭因以爲姓者玉篇嬀水名亦姓堯典釐降二女于嬀汭傳云於所居嬀水之汭正義嬀水在河東虞鄉縣歷山西西流至蒲坂縣南入於河舜居其旁周武王賜陳胡公之姓爲嬀爲舜居嬀水故也史記五帝本紀舜飭下二女於嬀汭正義引括地志云嬀汭水源出蒲州河東南山許愼云水涯曰汭陳世家昔舜爲庶人時堯妻之二女居於嬀汭其後因爲氏姓姓嬀氏漢書王莽傳虞帝之先受姓曰姚其在陶唐曰嬀元后傳舜起嬀汭以嬀爲姓顔注嬀水名也水曲曰汭因水爲姓也風土記舜東夷之人生於姚邱嬀水之汭昭八年左傳及胡公不淫故周賜之姓使祀虞帝杜注胡公滿事周武王賜姓曰嬀封諸陳紹舜後正義云世本舜姓姚氏哀元年傳稱夏后少康奔虞虞思妻之以二姚虞思猶姓姚也至胡公周乃賜姓爲嬀耳因昔虞舜居嬀水故周賜以嬀爲姓也隱八年傳因生以賜姓杜云謂若舜由嬀汭故陳爲嬀姓隱三年傳其娣戴嬀杜注嬀陳姓也昭三年傳姜族弱矣而嬀將始昌杜注嬀陳氏莊二十二年傳有嬀之後將育于姜杜注嬀陳姓姜齊姓漢書地理志漢中郡西城縣應劭曰世本嬀虛在西北舜之居郡國志漢中郡成固嬀墟在西北水經注沔水云漢水又東逕嬀虛灘世本曰舜居嬀汭在漢中西城縣或言嬀虛在西北舜所居也或作姚虛故後或姓姚或姓嬀嬀姚之異是矣未知所從地記河東郡首山之東北山中有二泉水南流者曰嬀水北流曰汭水二水西經歷山下異流同歸渾流西注人於河顔容釋例舜居西城水曰嬀汭者舊傳嬀州即舜釐降二女於嬀汭之所外城中有舜井城北有歷山山上有舜廟通典金州虞舜嘗居之謂之嬀墟帝王世紀謂之姚墟本曰嬀汭元和志河東縣嬀汭水源出縣南雷首山尚書曰釐降二女于嬀汭

寰宇記蒲州河東縣嬀汭水源出縣南三十里雷首山此二泉南流者曰嬀北流者曰汭異源同歸渾流西注而入於河卽釐降二女之所今有舜祠存焉通鑑注唐置嬀州以嬀水名州括地志嬀州有嬀水源出城中

妘祝融之後姓也從女云聲王分切

祝融之後姓也者潛夫論祝融之孫分爲八姓妘姓之後封於鄅鄅孁仲任爲妻貪冒愛悋蔑賢簡能是用亾邦襄十年左傳偪陽妘姓也正義依鄭語及世本皆云偪陽妘姓是祝融之孫陸終第四子求言之後漢志楚國傳陽縣故偪陽國顔注左傳所云偪陽妘姓者也古今人表福陽子妘姓顔注卽偪陽

籀文妘從員

女部籀文𡢂𡡉從𠬜从𣎴籀文𣝣從𠬜其古文𡖈𡙇從𠬜𡖈從𠬜當有謬誤

姺殷諸侯爲亂疑姓也從女先聲春秋傳曰商有姺邳所臻切

殷諸矦爲亂疑姓也者篇海引作疑姓也廣韻姺古國名通作侁路史侁殷諸矦爲亂者呂氏春秋本味篇有侁氏以伊尹媵女又通作莘孟子伊尹耕於有莘之野說苑尊賢篇伊尹故有莘氏之媵臣也又通作㜪漢書外戚傳殷之興也以有娀及有㜪顏注㜪音詵春秋傳曰商有姺邳者昭元年左傳文杜注二國商諸矦竹書紀年外壬元年邳人姺人叛河亶甲五年姺人入於班方彭伯韋伯伐班方姺人來賓

㜣 人姓也從女然聲 奴見切

人姓也者姓苑蒼梧有㜣氏

㚼 人姓也從女丑聲商書曰無有作㚼 呼到切

人姓也者纂文㚼姓也馥案高麗有㚼姓 商書曰無有作㚼者洪範文彼作好馬云好私好也文二年左傳凡君即位好舅甥杜注謂諒闇既終嘉好之事通云外內釋文好呼報反

娸 人姓也從女其聲杜林說娸醜也 去其切

人姓也者廣韻娸姓 娸醜也者廣雅同本書䫏醜也漢書枚皋傳故其賦有詆娸東方朔顏注娸醜也敘傳朱雲作娸顏注雲欲斬張禹是爲醜惡之娸

奼 少女也從女乇聲 坼下切

少女也者玉篇奼美女也廣韻奼嬌奼也

媒 謀也謀合二姓從女某聲 莫桮切

謀也者廣雅同媒謀聲相近一切經音義二十二媒謀也謀合異姓使相成也周禮媒氏注云媒之言謀也謀合異類使和成者又媒氏掌萬民之判注云判半也得偶爲合主合其半成夫婦也喪服傳曰夫妻判合字林牉合合其半以成夫婦也詩南山娶妻如之何匪媒不得箋云媒者能通二姓之言定人室家之道管子入國篇凡國都皆有掌媒丈夫無妻曰鰥婦人無夫曰寡取鰥寡而合和之燕策周地賤媒爲其兩譽也之男家曰女美之女家曰男美然而周之俗不自爲取妻且夫處女無媒老且不嫁舍媒而自衒敝而不售順而無敗售而不敝者唯媒而已矣易林噬嗑之家人折薪熾酒使媒求婦和合齊宋姜子悅喜

妁 酌也斟酌二姓也從女勺聲 市勺切

酌也者廣雅同妁酌聲相近孟子媒妁之言丁公著云謂媒氏酌二姓之可否故謂之媒妁也

嫁 女適人也從女家聲 古訝切

女適人也者玉篇適女子出嫁也增韻送女歸夫曰嫁嫁者家也女以去爲家故婦人謂嫁曰歸言若歸其家然急就篇妻婦聘嫁齎媵僮顏注嫁謂自家而往適人也白虎通嫁娶嫁者家也婦人外成以出適人爲家方言嫁往也自家而出謂之嫁由女而出爲嫁也釋詁嫁往也郭云方言云自家而出謂之嫁猶女出爲嫁董仲舒決獄嫁之者歸也隱二年公羊傳婦人謂嫁曰歸注云婦人生以父母爲家嫁以夫爲家故謂嫁曰歸桓十八年左傳女有家男有室注云女安夫之家夫安妻之室

娶 取婦也從女從取取亦聲 七句切

取婦也者娶取聲相近白虎通嫁娶娶者取也 取亦聲者當爲取聲

婚 婦家也禮娶婦以昏時婦人陰也故曰婚從女從昏昏亦聲 呼昆切

婦家也者字林同後漢書注妻父曰婚釋親婦之父爲婚士昏禮記某以得爲外昏姻注云女氏稱昏壻氏稱姻隱十一年左傳如舊昏媾杜注婦之父曰昏昭二十五年傳昏媾姻亞杜云妻父曰昏 禮娶婦以昏時者一切經音義二引作取婦以昏時入釋名婦之父曰婚言壻親迎用昏又恆以昏夜成禮也白虎通嫁娶婚姻者何謂也昏時行禮故謂之婚也所以昏時行禮何示陽下陰也婚亦陰陽交時也士昏禮鄭目錄云士娶妻之禮以昏爲期因而名焉必以昏者陽往而陰來禮記經解昏姻之禮所以明男女之別也注云昏姻謂嫁娶也壻曰昏妻曰姻正義案爾雅釋親云壻之父爲姻婦之父爲昏此云壻曰昏妻曰姻者爾雅據男女父母此據男女之身壻則昏時而迎婦則因而隨之故云壻曰昏妻曰姻詩東門之楊昏以爲期箋云親迎之禮以昏時 婦人陰也故曰婚者周禮司徒

以陰禮教親則民不怨注云陰禮謂男女之禮昏姻以時則男不曠女不怨春秋漢含孳妻象太陰注云水能純柔純柔妻象也　從昏者當作昏昏亦聲者當爲昏聲

婚　籀文婚

姻　壻家也女之所因故曰姻從女從因因亦聲於眞切

壻家也者字林同釋名壻之父曰姻姻因也女往因媒也釋親壻之父爲姻後漢書注壻父曰姻詩節南山瑣瑣姻亞我行其野不思舊姻箋竝云壻之父曰姻昭二十五年左傳昏媾姻亞杜云壻父曰姻定十三年傳荀寅范吉射之姻也注云壻父曰姻荀寅子娶吉射女　從因者白虎通嫁娶篇婦人因夫而成故曰姻詩云不惟舊因謂夫也

因亦聲者當爲因聲

婣　籀文姻從𣶒

妻　婦與夫齊者也從女從屮從又又持事妻職也七稽切

婦與夫齊者也者夫玉篇引作己風俗通妻者齊於己妻齊聲相近廣韻妻齊也廣雅妻齊也顏注急就篇妻者齊夫之稱釋名士庶人曰妻妻齊也夫賤不足以尊稱故齊等言也曲禮庶人曰妻注云妻之言齊內則聘則爲妻注云妻之言齊也以禮聘問則得與夫敵體郊特牲壹與之齊終身不改故夫死不嫁注云齊謂共牢而食同尊卑也詩十月之交豔妻煽方處箋云敵夫曰妻雷次宗注喪服云言妻以明其齊荀子君子篇天子無妻告人無匹也注云妻者齊也天子尊無與二故無匹也蔡邕月令問荅妻者齊也惟一適人稱妻其餘皆妾位最在下是以不得言妻也後漢書樊英傳英嘗有疾妻遣奴婢拜問英下牀將荅拜陳寔怪而問之英曰妻齊也共奉祭祀禮無不荅

從屮者徐鍇本作屮聲

𡜊　古文妻從𦥑女𦥑古文貴字

玉篇作𡜊

汗簡引作𡜊

婦　服也從女持帚灑埽也房九切

服也者婦服聲相近本書嬪服也釋訓嬪婦也顏注急就篇婦者服事舅姑之稱廣雅婦服也白虎通嫁娶婦者服也服於家事事人者也曲禮士曰婦人正義婦之言服也服事於夫也　從女持帚者趙宧光曰婦從女持帚妻從又持屮可以觀女人之職

妃　匹也從女己聲芳非切

本書姑后稷妃家也　桓二年左傳嘉耦曰妃　詩衛風有狐序喪其妃耦　曹植謝妻改封表璽書令以東阿王妃爲陳思王妃　荀爽對策後宮采女未幸御者一皆遣出使成妃合　韓勑禮器碑弃官聖妃

匹也者釋詁文孫炎云相求之匹也商子畫策篇夫婦妃匹之合秦策貞女工巧天下願以爲妃鮑注妃匹也史記外戚世家妃匹之愛通作配易豐卦遇其配主釋文鄭作妃大戴記配以及配小戴作妃詩皇矣天立厥配樊光注爾雅引作天立厥妃文十四年左傳子叔姬妃齊昭公釋文妃本亦作配

媲　妃也從女𣬈聲匹計切

妃也者釋詁妃媲也郭云相偶媲也五經文字媲配也類篇引字林媲配也

妊　孕也從女從壬壬亦聲如甚切

孕也者本書壬象人褱妊之形玉篇妊身懷孕也廣雅妊身也字或作姙後漢書章帝紀令諸懷姙者賜胎養穀人三斛伏皇后紀帝以貴人有姙注竝引本書同又通作任大戴禮保傅篇周后妃任成王於身漢書律歷志懷任于壬方書督脈屬陽循脊而上至鼻任脈屬陰循腹而上至咽女子二十任脈通則有子　壬亦聲者當爲壬聲

娠　女妊身動也從女辰聲春秋傳曰后緍方娠一曰官婢女隸謂之娠失人切

女任身動也者娠身聲相近一切經音義一懷胎爲娠漢書孟康曰娠音身今多以娠作身兩通也詩云大任有娠是也釋詁娠動也郭云娠猶震也漢書高帝紀已而有娠應劭曰娠懷任之意通作震詩生民載震載夙傳云震動也昭元年左傳當武王邑姜方震大叔注云懷胎爲震釋文震本又作娠懷任也昭三十二年傳始震而卜正義震

動也懷妊始動　春秋傳曰后緡方娠者哀元年左傳文
注云娠懷身也潛夫論五德志后羿自鉏遷於窮后因夏
民以代夏政滅相妃后緡方娠逃出自竇奔於有仍生少
康焉　一曰官婢女隸謂之娠者方言燕齊之閒官婢女
廝謂之娠注云女
廝婦人給使者

婦人妊身也從女芻聲周書曰至于媰婦　側鳩切

婦人妊身也者廣韻引作妊娠廣雅媰傳也崔瑗清河王
誄惠于媰孀或作㛄玉篇㛄任身也　周書曰至于媰婦
者梓材文彼作
屬婦屬聲相近

生子齊均也從女從生免聲　芳萬切

生子齊均也者一切經音義一引同纂要齊人謂生子曰
娩通作娩思玄賦偃蹇夭矯娩以連卷兮舊注云說文曰
生子二人俱出爲娩廣韻娩生也玉篇㝃娩也纂文娩妊
也或作嬔方言抱嬔耦也荆吳江湖之閒曰抱嬔宋潁之
閒或曰嬔注云嬔字萬反一作嬎徐鍇本有讀若幡三字
一切經音義一蕃息蕃謂滋多也息塞滿也今中國謂蕃

息爲嬔息音芳萬反又卷九尙書庶草蕃廡孔安國曰蕃
滋也謂滋多也周禮以蕃鳥獸鄭玄曰蕃息也釋名云息
塞也言物滋息塞滿也今中國謂蕃息爲嬔息音疋萬反
周成難字曰嬔息也同時爲一嬔亦作此字也馥案廣韻
嬔嬔息也周語民之蕃庶于是乎生韋注蕃息
也　從生免聲者徐鍇本作㝃聲本書無㝃字

婗也從女殹聲　烏雞切

婗也者釋名人始生曰嬰兒胸前曰嬰抱之嬰前以乳養
之故曰嬰兒或曰嫛婗嫛是也言是人也婗其嗁聲也故
因以名
之也

嫛婗也從女兒聲一曰婦人惡皃　五雞切

嫛婗也者徐鍇韻譜婗兒始生玉篇始生曰嫛婗集韻嫛
婗小兒　一名婦人惡皃者此六字當在嫛下殹爲惡皃
猶盈下以丞爲朝廷也本書醫下
云殹婦人惡姿也集韻媞婗無媚

牧也從女象褱子形一曰象乳子也　莫后切

牧也者廣雅同毋牧聲相近方言牧飤也　象褱子形者
褱當爲褱釋名母冒也含生己也　一曰象乳子也者廣
韻引蒼頡篇母其中有兩點象人
乳形五經文字母從女象乳形

母也從女區聲　衣遇切

母也者本書畝嫗也漢書音義文穎曰幽州及漢中皆謂
老嫗爲媼史記高祖本紀有一老嫗夜哭漢書蔡義傳短
小無須眉貌似老嫗嚴延年傳東海莫不賢知其母號曰
萬石嚴嫗外戚傳傳太后既尊後尤驕與成帝母語至謂
之嫗馥案趙王謂趙括母曰母
置之吾已決矣韓信傳有漂母

女老偁也從女昷聲讀若奧　烏皓切

女老偁也者徐鍇本作母老稱廣韻媼老女稱韋昭云媼
婦人長老之稱史記索隱媼是婦人之老者通號故趙太
后自稱媼及劉媼衞媼之屬是也趙策老臣竊以爲媼之
愛燕后賢於長安君漢書高帝紀母媼孟康曰媼長老尊
稱也禮樂志后土富媼張晏曰媼老母稱也坤爲母故稱
媼徐鍇本有武威有媼圍縣六字漢志武威郡有媼圍縣

嫗也從女句聲　況羽切

嫗也者廣
韻姁姁嫗

蜀謂母曰姐淮南謂之社從女且聲　兹也切

蜀謂母曰姐者廣韻姐羌人呼母廣雅姐母也集韻毑母
也或作姐　淮南謂之社者淮南說山訓西家子謂其母
曰社徐鍇本有
讀若左三字

夫母也從女古聲　古胡切

夫母也者釋名夫之母曰姑亦言故也釋親婦稱夫之父
曰舅稱夫之母曰姑白虎通三綱六紀稱夫之父母謂之
舅姑何尊如父而非父者舅也親如母而非母者姑也故
稱夫之父母爲舅姑也又云舅者舊也姑者故也舊故之
者老人之稱也昭二十八年左傳走謁諸姑魯語吾聞之
先姑韋注夫之母曰姑沒曰先姑詩邶三歲爲婦傳云有
舅姑
曰婦

威姑也從女從戌漢律曰婦告威姑於非切

姑也者廣雅姑謂之威馥案威姑君姑也本書著讀若威易順以從君也與蔚爲韻詩采芑蠻荊來威與狁爲韻逸周書合閭立教以威爲長以閭胥爲君也釋親姑舅在則曰君舅君姑釋名婦於舅姑在則稱之曰君舅君姑士昏禮敢告於皇姑某氏注云皇君也禮喪服問公子之妻爲其皇姑注云皇君也諸矦妾子之妻爲其君姑齊衰與

妣殁母也從女比聲卑履切

殁母也者釋名母死曰妣妣比也比之於父亦然也釋親父爲考母爲妣郭注禮記曰生曰父母妻死曰考妣嬪今世學者從之案尚書曰大傷厥考心事厥考厥長聰聽祖考之彝訓如喪考妣公羊傳曰惠公者何隱之考也仲子者何桓之母也蒼頡篇曰考妣延年書曰嬪于虞詩曰聿嬪于京周禮有九嬪之官明此非死生之異稱矣馥案釋親又云父之妣爲王母王父之妣爲曾祖王母曾祖王父之妣爲高祖王母妣者母及諸祖母之通稱廣雅妣母也易云過其祖遇其妣左傳邑姜晉之妣又云且姜氏君之妣也冀州從事郭君碑哀哀考妣追惟賈靈卜商號咷喪

子失明此則父母在亦稱考妣其稱先妣者猶先姑也周禮大司樂以享先妣注云先妣姜嫄也周之先母也詩斯干似續妣祖箋云妣先妣姜嫄也周語謂之皇妣太姜

𡚱籀文妣省

姊女兄也從女𠂔聲將几切

女兄也者釋名姊積也猶日始出積時多而明也白虎通謂之姊妹何姊者恣也釋親男子謂女子先生爲姊後生爲妹詩泉水遂及伯姊傳云先生曰姊碩人邢矦之姨傳云妻之姊妹曰姨孟子彌子之妻與子路之妻兄弟也

妹女弟也從女未聲莫佩切

女弟也者釋名妹昧也猶日始入歷時少尚昧也白虎通三綱六紀妹者末也詩碩人東宮之妹傳云女子後生曰妹徐鍇本作夫之女弟也鍇曰曹大家女誡所謂嫂妹也馥案釋親女子謂兄之妻爲嫂晉語獻公獲驪姬以歸立以爲夫人生奚齊其娣生卓子注云女子同生謂後生爲娣於男則言妹也新序內史謂悼惠王曰魯元公主太后

之女大王之弟也

娣女弟也從女從弟弟亦聲徒禮切

女弟也者白虎通嫁娶娣者何女弟也釋親女子同出謂先生爲姒後生爲娣郭云同出謂俱嫁事一夫公羊傳曰諸矦娶一國二國往媵之以姪娣從娣者何弟也此卽其義也詩韓奕諸娣從之士昏禮雖無娣媵先注云古者嫁女必姪娣從之謂之媵姪兄之子娣女弟也易歸妹歸以娣春秋隱七年叔姬歸于紀范甯云叔姬伯姬之娣隱三年左傳衛莊公娶于陳曰厲嬀其娣戴嬀哀十一年傳其娣髮杜注所娶女之娣儀禮喪服娣姒婦者弟長也注云娣姒婦者兄弟之妻相名也長婦謂穉婦爲娣婦娣婦謂長婦爲姒婦　弟亦聲者當爲弟聲

媦楚人謂女弟曰媦從女胃聲公羊傳曰楚王之妻媦云貴切

楚人謂女弟曰媦者玉篇媦楚人呼妹廣雅媦妹也纂文河南人云妹媦也　公羊傳曰楚王之妻媦者桓二年左

傳文彼云若楚王之妻媦注云媦妹也

嫂兄妻也從女叜聲蘇老切

兄妻也者釋親女子謂兄之妻爲嫂釋名嫂叟也叟者老稱也儀禮喪服謂弟之妻婦者是嫂亦可謂之母乎注云嫂者尊嚴之稱嫂猶叟也叟老人稱也

姪兄之女也從女至聲徒結切

兄之女也者字林姪兄女釋名姑謂兄弟之女爲姪姪迭也共行事夫更迭進御也馥謂公羊傳以姪娣從是也白虎通姪者何兄之子也釋親女子謂晜弟之子爲姪郭引左傳姪其從姑儀禮喪服姪者何也謂吾姑者吾謂之姪莊十九年公羊傳姪者何兄之子也襄十九年左傳齊矦娶于魯曰顏懿姬無子其姪鬷聲姬生光杜注兄子曰姪又二十三年傳臧宣叔娶于鑄生賈及爲而死繼室以其姪生紇杜注女子謂兄弟之子爲姪周語我皇妣太姜之姪孔晁云女子謂昆弟之子曰姪潘岳哀永逝文嫂姪兮慞惶戴侗曰今人謂兄弟之丈夫子亦曰姪非也古者兄

弟之子皆曰子漢書疏廣與其兄子受父子竝爲師傅馥案後漢書蔡邕與其叔父質得罪上書自陳亦曰言事者欲陷臣父子晉書謝安傳安與兄子玄父子皆著大勳世說江左殷太常父子亦謂殷融與其兄子浩

妻之女弟同出爲姨從女夷聲 以脂切

妻之女弟同出爲姨者釋親文彼作姊妹郭云同出謂俱已嫁引詩邢侯之姨莊十年左傳蔡哀侯娶于陳息侯亦娶焉息嬀將歸過蔡蔡侯曰吾姨也杜注妻之姊妹曰姨呂氏春秋長攻篇蔡侯曰息夫人吾妻之姨也注云妻之女弟爲姨傳曰吾姨也此之謂也

女師也從女加聲杜林說加教於女也讀若阿 烏何切

女師也者廣韻妿女師以教女子詩毛傳曰古者女師教以婦德婦言婦容婦功祖廟未毀教於公宮三月祖廟既毀教於宗室三禮圖古者傳母選無夫與子而老賤曉習婦道者　杜林說加教於女也者解從加之意　讀若阿者史記范雎傳不離阿保之手倉公傳故濟北王阿母

女師也從女每聲讀若母 莫后切

女師也者詩釋文引字林同字或作姆玉篇姆女師也姆同上內則姆教婉娩聽從鄭注婦人五十無子出不復嫁以婦道教人若今時乳母也襄三十年左傳宋大災宋伯姬卒待姆也杜注姆女師列女傳有魯母師

重婚也從女冓聲易曰匪寇婚媾 古候切

重婚也者五經文字重婚曰媾一切經音義四國語今將婚媾賈逵曰重婚曰媾媾厚也隱十一年左傳如舊昏媾昭二十五年傳昏媾姻亞杜注竝云重昏曰媾通作覯詩亦既覯止箋云既覯謂已昏也易曰男女覯精萬物化生　易曰匪寇婚媾者屯卦文馬云重婚曰媾

美女也從女多聲 尺氏切

美女也者美當爲媄通用美字漢書敘傳姼姼公主迺女烏孫顏注姼姼好貌也

或從氏

婦人美也從女犮聲 蒲撥切

婦人美也者玉篇引作美婦也廣韻引作婦人美貌

女隸也從女奚聲 胡雞切

女隸也者新序臣之父殺人而不得臣之母得而爲公家隸漢書刑法志鬼薪白粲一歲爲隸臣妾顏注男子爲隸臣女子爲隸妾通作奚周禮敘官守祧奚四人注云奚女奴也酒人奚三百人注云古者從坐男女沒入縣官爲奴其少才知以爲奚今之侍史官婢或曰奚官女漢官儀給尚書郎女侍史二人宋書元凶傳有女巫嚴道育夫爲劫坐沒入奚官通鑑孟景妻周氏曰事之不成當於奚官中奉養大家注云此言事若敗沒爲官婢當於奚官中養姑

女之卑者也從女從卑卑亦聲 便俾切

女之卑者也者婢卑聲相近本書卑賤也執事者廣韻婢女之下也僖二十二年左傳寡君之使婢子服注婢子婦人之卑稱曲禮自世婦以下自稱曰婢子注云婢之言卑也檀弓使吾二婢子夾我注云婢子妾也史記晉世家秦使婢子侍　卑亦聲者當爲卑聲

奴婢皆古之辠人也周禮曰其奴男子入于辠隸女子入于舂藁從女從又 乃都切

奴婢皆古之辠人也者初學記引作男入罪曰奴女入罪曰婢本書童下云男有罪曰奴廣韻奴人之下也急就篇奴婢私隸枕牀杠顏注奴婢男女賤者之稱也初學記引風俗通古制本無奴婢即犯事者或原之臧者被臧罪沒入爲官奴婢獲者逃亾獲得爲奴婢也襄二十三年左傳初裴豹隸也著於丹書注云蓋犯罪沒爲官奴以丹書其罪史記季布爲朱家鈐奴欒布爲人所略賣爲奴衛青爲侯家奴魏志毛玠傳漢律罪人妻子沒爲奴婢黥面魏志又云護軍營士竇禮近出不還營以爲亾沒其妻及男女爲官奴婢晉中興書邵廣盜官布四十匹廣息二人自沒爲官奴婢以贖父梁書扶桑國犯罪之身男女相配生男八歲爲奴生女九歲爲婢通鑑元魏咸陽王娶隸戶爲室注云隸戶謂沒入爲奴隸之戶輟耕錄今蒙古色目人之臧獲男曰奴女曰婢總曰驅口蓋國初平定諸國日以俘

到男女匹配爲夫婦而所生子孫永爲奴婢奴婢男女只可互相婚嫁不許聘娶良家按周禮其奴男子入于皁隷女子入于舂槀說文奴婢皆古罪人夫今之奴婢其父祖初無罪惡而世世不可逃亦可痛已馥案漢以來呼奴爲蒼頭後漢詔討彭寵者封侯寵蒼頭子密殺寵建武時李善本李元蒼頭風俗通龐儉少失父後穿井得錢行求蒼頭乃父也時人語曰鑿井得銅買奴得翁又雄翹爲后崇蒼頭廉直有士風潘岳見而稱異勸崇免之乃還鄉里又郗方回有蒼頭善知文章王羲之愛之稱奴於劉惔惔問何如方回羲之曰小人耳何得比郗公惔曰不如方回故常奴耳周禮曰其奴男子入于皁隷女子入于舂槀者秋官司厲文注鄭司農云謂坐爲盜賊而爲奴者輸于罪隷舂人槀人之官也由是觀之今之爲奴婢古之罪人也故書曰予則奴戮女論語曰箕子爲之奴罪隷之奴也故春秋傳曰斐豹隷也著於丹書請焚丹書我殺督戎恥爲奴欲焚其籍也玄謂奴從坐而沒入縣官者男女同名呂氏春秋開春篇晉誅羊舌虎叔嚮爲之奴而朡注云奴戮也律坐父兄沒入爲奴周禮曰其奴男子入于罪隷女之謂也漢書刑法志其奴男子入于罪隷女子入于舂槀李奇曰男女徒總名爲奴韋昭曰舂人槀人也給此

二宮之役漢官舊儀凡有罪男髡鉗爲城旦城旦者治城也女爲舂舂者治米也皆作五歲完四歲鬼薪鬼薪者男當爲祠祀鬼神伐山之薪蒸也女爲白粲者以爲祠祀擇米也

奴　古文奴從人

㚤　婦官也從女弋聲　與職切

婦官也者廣韻㚤婦官也漢有鉤㚤夫人居鉤㚤宮通作弋漢書外戚傳孝武鉤弋趙倢伃號曰拳夫人居鉤弋宮車千秋傳鉤弋夫人注云鉤弋宮名趙倢伃居之故號鉤弋夫人

媊　甘氏星經曰太白上公妻曰女媊女媊居南斗食厲天下祭之曰明星從女前聲　昨先切

甘氏星經者御覽引甘氏天文占周禮保章氏以十有二歲之相觀天下之妖祥注云其妖祥之占甘氏歲星經其遺象也史記天官書在齊甘公徐廣曰或云甘公名德也本是魯人正義七錄云楚人戰國時作天文星占八卷索隱天官書云齊甘公藝文志云楚有甘公齊楚不同未知孰是劉歆七略云公一名德漢書藝文志六國時楚有甘公又云甘德長柳占夢二十卷續漢天文志魏石申夫齊國甘公皆掌天文之官晉書天文志其諸侯之史則魯有梓慎晉有卜偃鄭有裨竈宋有子韋齊有甘德楚有唐眛趙有尹皐魏有石申夫皆掌著天文各論圖驗其巫咸甘石之說後代所宗抱朴子辨問篇子韋甘均占侯之聖也隋經籍志甘氏四七法一卷董斯張曰星經傳漢甘石書其敘須女四星有合州婺州之目與爾雅之零陵長沙何異馥案漢書張耳陳餘列傳甘公曰漢王之入關五星聚東井文穎曰善說星者甘氏也晉灼曰齊人據此則甘公秦漢閒人非六國楚之甘公矣疑是二甘公在楚者名均在齊者名德太白上公妻曰女媊者徐鍇本作太白號上公玉篇作妻號女媊集韻太白星妻曰女媊徐鍇曰太白陰也故爲上公妻女媊居南斗食厲者戴侗曰惡鬼爲厲鬼馥案本書魅厲鬼也左傳鬼有所歸乃不爲厲明星者爾雅明星謂之啓明詩毛傳日旦出謂明星爲啓明日既入謂明星爲長庚

媧　古之神聖女化萬物者也從女咼聲　古蛙切

本書女媧作簧明堂位女媧之笙簧注云女媧三皇承宓羲者帝王世紀女媧氏風姓也蛇身人首一號女希是爲女皇承庖羲制度始作笙簧帝系譜女媧氏命娥陵氏制都良管以一天下之音命聖氏爲班管以合日月星辰名曰充樂又令隨作笙簧春秋運斗樞差德序命宓羲女媧神農爲三皇歸藏昔女媧筮張雲幕而枚占神明馥案風俗通言天地初開未有人女媧摶黃土爲人淮南覽冥訓又言女媧鍊五色石以補天斷鼇足以立四極殺黑龍以濟冀州積蘆灰以止淫水論衡談天篇力辨其誣寰宇記言女媧墓自秦漢以來皆繫祀典唐乾元二年虢州刺史王奇光奏所部閿鄉界女媧墓自天寶末失其所在今月一日夜河上側近忽聞風雷聲曉見墓踴出上有雙柳樹下有一巨石其柳各高丈餘鄆城縣下又言女媧陵在縣東南三十九里元和志言任城縣承注山在縣東南七十六里女媧生處女媧陵在縣東南二十九里城冢記言女媧墓有五處謂此皆涉於傅會存而不論可也古之神聖女者史記索隱引世本塗山氏女名女媧漢書司馬相如傳使靈媧鼓琴而舞馮夷張揖曰靈媧女媧也論衡順鼓篇俗圖畫女媧之象爲婦人之形始謂女媧古婦人帝王者也靈光殿賦女媧蛇軀張載注云女媧亦三

皇也李善注云列子曰伏羲女媧蛇身而八面有大聖之德　化萬物者也者淮南說林訓黃帝生陰陽上駢生耳目桑林生臂手此女媧所以七十化也曹植女媧贊古之國君造簧作笙禮物未就軒轅纂成或曰二皇人首蛇形神化七十何德之靈大荒西經有國名曰淑士顓頊之子有神十人名曰女媧之腸化爲神處粟廣之野注云女媧古神女而帝者人面蛇身一日中七十變其腸化爲此神

媧 籒文媧從咼

娀 帝高辛之妃偰母號也從女戎聲詩曰有娀方將 息弓切

帝高辛之妃偰母號也者偰經典作契帝係高辛氏爲帝嚳帝嚳次妃有娀氏之女生契世本帝嚳次妃有娀氏之女簡狄是產契詩玄鳥傳云有娀氏女簡狄配高辛氏帝帝率與之祈于郊禖而生契詩含神霧契母有娀浴于元邱之水睇玄鳥啣卵過而墜之契母得而吞之遂生契詩商頌譜有娀氏之女名簡狄者吞鳦卵而生契離騷見有

娀之佚女注云有娀國名謂帝嚳之妃契母簡狄也尚書中候元鳥翔水遺卵於流娀簡拾吞生契封商呂氏春秋晉初篇有娀氏有二佚女爲之九成之臺飲食必以鼓帝令燕往視之鳴若謚隘二女愛而爭摶之覆以玉筐少選發而視之燕遺二卵北飛遂不反注云帝天也天令燕降卵於有娀氏女吞之生契詩云天命玄鳥降而生商又曰有娀方將立子生商此之謂也淮南子有娀在不周之北長女簡翟少女建疵史記殷本紀殷契母曰簡狄有娀氏之女爲帝嚳次妃三人行浴見玄鳥墮其卵簡狄取吞之因孕生契外感世家殷之興也以有娀索隱有娀國名其女簡狄吞燕卵而生契漢書禮樂志昔殷周之雅頌迺上本有娀姜原應劭曰簡狄有娀之女吞燕卵而生契列女傳契母簡狄者有娀氏之長女也當堯之時與其妹娣浴于元邱之水有元鳥啣卵過而墜之五色甚好簡狄與其妹娣競往取之簡狄得而含之誤而吞之遂生契焉帝王世紀帝嚳高辛氏納四妃卜其子皆有天下次妃有娀氏女曰簡翟生离潛夫論五德志娀簡吞燕卵生子契爲堯司徒曹植姜嫄簡狄讚元鳥大跡殷周美祥稷契旣生翊化虞唐　詩曰有娀方將者商頌長發文傳云有娀契母也正義有娀契母之姓婦人以姓爲字故云有娀契母也

娥 帝堯之女舜妻娥皇字也秦晉謂好曰姪娥從女我聲 五何切

帝堯之女舜妻娥皇字也者史記五帝本紀於是堯妻之二女正義二女娥皇女英也漢書人表娥皇舜妃女罃舜妃地理志陳倉有舜妻育冢祠案育當爲盲竹書稱娥皇曰后育山海經帝俊妻娥皇尸子堯聞舜賢徵之草茅之中妻之以媓媵之以娥曹植畫贊序昔明德馬后嘗從觀畫像過虞舜廟見娥皇女英帝指之戲后曰恨不得如此爲妃帝王世紀舜年二十始以孝聞堯以二女娥皇女英妻之列女傳有虞二妃者帝堯之二女也長曰娥皇次曰女英四岳薦舜於堯堯乃妻以二女以觀厥內水經注濼水俗謂爲娥英水泉源有舜妃娥皇女英廟秦晉謂好曰姪娥者史記索隱引作秦晉之閒方言娥好也秦曰娥秦晉之閒凡好而輕者謂之娥覆謂輕娙之稱廣雅娥美也列子楊朱篇鄉有處子之娥姣者初學記漢內職有夫人美人之號武帝加倢仔娙娥史記外戚世家邢夫人號娙娥索隱云說文云娙長也好也又方言云美貌謂之娙娥漢書外戚傳至武帝制倢伃娙娥傛華充依各有爵位顏注娙娥皆美貌也陸機擬古詩秦娥張女彈李善引應瑒神女賦夏姬曾不足以供妾御況秦娥與吳娃北史齊武平五年置左右娥英各一人七林七娥三案百媚千嬌玄居賦夕宿七娥之房

嫄 台國之女周棄母字也從女原聲 愚袁切

台國之女周棄母字也者徐鍇本作台侯合當爲邰本書邰炎帝之後姜姓所封周棄外家國玉篇姜嫄帝嚳元妃世本帝嚳元妃有邰國之女曰姜嫄是產后稷詩生民時維姜嫄傳云姜姓也后稷之母配高辛氏帝焉箋云姜姓者炎帝之後有女名嫄當堯之時爲高辛氏之世妃本后稷之初生故謂之生民詩又云郇有邰家室傳云邰姜嫄之國也韓詩章句姜姓嫄字詩斯干似續妣祖箋云妣先妣姜嫄也周禮大司樂以享先妣注云先妣姜嫄也周之先母也春秋元命苞姜嫄游閟宮履大人迹生稷潛夫論五德志姜嫄履大人迹生姬棄帝王世紀帝嚳高辛元妃有台氏女曰姜嫄生后稷金樓子興王篇帝嚳高辛氏元妃有邰氏女曰姜嫄生后稷大戴禮帝繫篇帝嚳卜其四妃之子而皆有天下上妃有邰氏之女也曰姜嫄氏產后稷次妃有娀氏之女也曰簡狄氏產契案此言簡狄產

棄與本書異通作原漢書禮樂志昔殷周之雅頌迺上本有娀姜原顏注姜原后稷之母也

女字也从女燕聲（於甸切）

女字也从女可聲讀若阿（烏何切）

女字也楚詞曰女嬃之嬋媛賈侍中說楚人謂姊爲嬃从女須聲（相俞切）

楚詞曰女嬃之嬋媛者離騷文王注女嬃屈原姊也通作須鄭志荅冷剛云須才智之稱故屈原之姊以爲名郡國志秭歸縣屈原鄉里屈原暫歸其姊女須聞原還亦來喻之因曰姊歸也荊州圖屈原放歸有姊聞原還亦來歸鄉因名其南岸曰歸鄉岸北岸曰姊歸岸　楚人謂姊爲嬃者集韻洪興祖楚詞補注竝引作楚人謂女爲嬃案天文有須女星

女字也从女疌聲（子葉切）

徐鍇本有讀若接三字

女字也从女與聲讀若余（以諸切）

女字也从女霝聲（郎丁切）

女字也从女尞聲（洛蕭切）

女字也者漢書西域傳楚主侍者馮嫽

女字也从女衣聲讀若衣（於稀切）

女字也从女周聲（職流切）

女字也者謂婤姶

女字也从女合聲春秋傳曰嬖人婤姶一曰無聲（烏合切）

春秋傳曰嬖人婤姶者昭七年左傳文彼云衛襄公夫人姜氏無子嬖人婤姶生孟縶

女字也从女己聲（居擬切）

史記殷本紀嬖於婦人愛妲改

女字也从女圭聲（天口切）

女字也从女久聲（舉友切）

女號也从女亙聲（仍吏切）

女之初也从女台聲（詩止切）

女之初也者言初生也釋名始息也言滋息也檀弓君子念始之者也注云始猶生也

說也从女眉聲（美祕切）

說也者書泰誓作奇技淫巧以說婦人論語君子易事而難說也周語厲王說榮夷公韋昭注說好也詩騶虞公之

媚子箋云使君臣和合也史記上林賦娬媚姌嫋索隱引埤蒼嫵媚悅也山海經帝女死化爲䔄草服之媚於人

媚也从女無聲（文甫切）

媚也者廣韻嫵媚通俗文妍美曰嫵媚字或作娬廣雅娬媚好也上林賦娬媚姌嫋又通作憮漢書張敞傳長安中傳張京兆眉憮蘇林曰憮音嫵

色好也从女从美美亦聲（無鄙切）

色好也者顏氏字樣媄顏色姝好也通用美字襄二十一年左傳叔向之母妒叔虎之母美而不使　美亦聲者當爲美聲

媚也从女畜聲（丑六切）

媚也者㜅通作畜呂氏春秋離俗覽周書曰民善之則畜也不善則讎也高注畜好也孟子畜君者好君也御覽引通俗文不媚曰㜅不字恐誤或曰媚當爲媢廣雅㜅妒也顏氏家訓書證篇太史公論英布云禍之興自愛姬生於

妒媚以至滅國漢書外戚傳成結寵妾妒媚之誅二媚字竝當作娼

嫷　南楚之外謂好曰嫷從女隋聲　徒果切

南楚之外謂好曰嫷者李善注七啓引作南楚之外謂好也方言嫷美也南楚之外曰嫷郭注言婑嫷也廣雅嫷好也神女賦嫷被服或作婧通俗文形美曰婧列子楊朱篇穆之後庭比房數十皆擇稚齒婑婧者以盈之郭若虛圖畫見聞志士女宜秀色婑婧之態

姝　好也從女朱聲　昌朱切

好也者廣韻姝美好一切經音義六字林姝好貌也華嚴經音義上姝色美也方言娥㜲好也趙魏燕代之閒曰姝詩彼姝者子又靜女其姝傳云姝美色也韓詩外傳閭姬子都楚策作閭姝子奢孟子至於子都天下莫不知其姣也尹文子大道上黃公好謙故毀其子不姝美登徒子好色賦此郊之姝華色含光太元視次四粉其題頯雨其渥須視無姝注云如粉飾其題額而遇雨沾渥其須他人視之安有好乎司馬彪九州春秋崔烈入錢五百萬得爲司

徒帝曰根不小斬可至千萬程夫人曰反不知姝耶注云姝美也言反不知斯事之美耶

好　美也從女子　呼皓切

美也者釋名好巧也如巧者之造物無不皆善人好之也方言自關而西秦晉之閒凡美色或謂之好淮南修務篇不待脂粉西施陽文也許注陽文楚之好人也王褒講德論毛嬙西施善毀者不能蔽其好

嬹　說也從女興聲　許應切

說也者李善注潘岳關中詩引同爾雅熙興也興當爲嬹熙當爲嬰本書嬰說樂也廣雅嬹喜也通作興九江錄庾亮在武昌秋夜登樓曰老子於此興復不淺

嬮　好也從女厭聲　於鹽切

好也者廣雅嬮好也廣韻嬮嬮美好

好也從女殳聲詩曰靜女其姝　昌朱切

詩曰靜女其姝者邶風靜女文彼作姝本書袾下又引作靜女其袾

姣　好也從女交聲　胡茅切

好也者方言娥㜲好也自關而東河濟之閒或謂之姣郭注言姣潔也孟子至於子都天下莫不知其姣也趙注子都古之姣好者也晏子內篇景公曰寡人有女少且姣列子楊朱篇豐屋美服厚味姣色愼子毛嬙西施天下之至姣也楚詞九章嫫母姣而自好又九歌靈偃蹇兮姣服又大招嫮心綽態姣麗施只王注竝云姣好也漢書東方朔傳左右言其姣好顏注姣好美麗也南都賦男女姣服五臣注姣好也通作佼詩月出佼人僚兮釋文佼字又作姣好也月令仲夏養壯佼注云佼形容佼好荀子成相篇治之道美不老君子由之佼以好鄭注洪範考終命云謂皆生佼好以至老也說苑建本篇士女所以佼好論衡齊世篇倜長佼好後漢書劉盆子傳卿所謂庸中佼佼

嬽　好也從女睘聲讀若蜀郡布名　委員切

好也者玉篇嬽美女也廣韻嬽媚容也上林賦柔橈嬽嬽史記作嬛嬛索隱骨體耎弱長豔貌張揖云嬛嬛猶婉婉

也引廣雅嬛嬛容也今廣雅作嬽徐鍇曰此今人所書娟字也馥案神女賦眉聯娟以蛾揚兮漢武帝悼李夫人賦美連娟以修嫮　讀若蜀郡布名者蜀布有筒中黃潤蓋讀若潤

娧　好也從女兌聲　杜外切

好也者廣韻姚娧美好廣雅娧好也方言姚娧好也郭注謂姅娧也馥案姅當爲姅字或作侻神女賦侻薄裝

媌　目裏好也從女苗聲　莫交切

目裏好也者通俗文容麗曰苗方言娥㜲好也自關而東河濟之閒謂之媌注云今關西人呼好爲媌列子周穆王篇簡鄭衛之處子娥媌靡曼者注云娥媌妖好也字或作㛠廣雅㛠好也

嫿　靜好也從女畫聲　呼麥切

靜好也者李善注魏都賦琴賦引同又引作靖好貌洛神賦儀靜體閑神女賦既姽嫿於幽靜兮廣韻嫿分明好貌廣雅嫿好也

體德好也從女官聲讀若楚郤宛 一完切

體德好也者神女賦志解泰而體閑洛神賦儀靜體閑李善曰謂膚體閑暇也通俗文容媠曰婠廣雅婠好也

長好也從女巠聲 五莖切

長好也者史記索隱引作長也好也本書豔好而長也集韻女身長謂之娙玉篇娙身長好貌廣韻娙女長貌廣雅娙好也史記蘇秦傳後有長姣美人顏案長謂孅細也

白好也從女贊聲 則旰切

白好也者一切經音義七引同聲類⿰女贊綺也通俗文服飾鮮盛謂之⿰女贊玉篇⿰女贊好容貌廣雅⿰女贊好也徐鍇本有或曰不謹也五字廣韻⿰女贊不謹也集韻⿰女贊一曰不恭類篇⿰女贊一曰不謹

順也從女𤔔聲詩曰婉兮⿰女𤔔兮 力沇切

順也者廣韻⿰女𤔔從也　詩曰婉兮⿰女𤔔兮者齊風甫田文彼作孌傳云婉孌少好貌徐鍇本⿰女𤔔下有孌字云籒文⿰女𤔔如此小字本同李燾本孌下云說文舊於⿰女𤔔字下重出此字六書故云說文孌兩出孌慕也又⿰女𤔔順也以孌爲籒文複案今闕孌字者寫者刪之

婉也從女夗聲 於阮切

玉篇婉妴同

順也從女宛聲春秋傳曰太子痤婉 於阮切

順也者廣雅同詩新臺燕婉之求傳云婉順也昭二十六年左傳姑慈而從婦聽而婉杜注婉順也吳語故婉約其辭韋注婉順也晉書武悼楊后傳婉嫕有婦德　春秋傳曰太子痤婉者當有謬誤襄二十六年左傳棄生佐惡而婉太子痤美而狠杜注佐貌惡而心順痤貌美而心狠戾

直項皃從女同聲 他孔切

直項皃者玉篇廣韻竝作項直貌通作侗論衡齊世篇上世之人侗長佼好洛神賦延頸秀項

長皃從女焉聲 於建切

長皃者玉篇嫣長美貌

弱長皃從女冄聲 而琰切

弱長皃者廣韻姌長好貌廣雅姌姌弱也上林賦媌姌嫋嫋俗作娜杜甫詩連笮動嫋娜

姌也從女從弱 奴鳥切

姌也者玉篇姌嫋長也廣韻嫋長弱貌廣雅嫋嫋弱也楚詞九歌嫋嫋兮秋風鮑照詩嫋嫋柳垂條傅毅舞賦蜲蛇姌嫋或作嬝李白詩花腰呈嬝娜　從弱者徐鍇本作弱聲

銳細也從女韱聲 息廉切

銳細也者細謂細腰漢書司馬相如傳嫵媚孅弱顏注孅細也通作纖神女賦穠不短纖不長洛神賦穠纖得中廣韻姌纖細思元賦舒訬婧之纖腰兮

嬰嫇也從女冥聲一曰嫇嫇小人皃 莫經切

嬰嫇也者廣韻嫈嫇新婦貌集韻嫈嫇幼婦又云嫈嫇下俚婦人貌韓愈詩彩伴颭嫈嫇又作嫈嫇楚詞九思蘅芷㥬兮嫈嫇　一曰嫇嫇小人皃者小人當作小心一切經音義九引字林嫈嫇小心態也本書嫈小心態也

曲肩行皃從女䍃聲 余招切

曲肩行皃者廣雅媱戲也方言媱遊也江沅之閒謂戲爲媱楚詞九思音晏衍兮要媱注云要媱舞容也中山經姑媱之山帝女死焉化爲䔄草服之媚於人

材緊也從女睘聲春秋傳曰嬛嬛在疚 許緣切

材緊也者本書儇獧竝云急也徐鍇曰張衡賦所謂嬛材也　春秋傳曰嬛嬛在疚者哀十六年左傳文彼作煢煢余在疚史記孔子世家哀公誄辭曰煢煢余在疚周禮大祝作六辭六曰誄鄭司農云春秋傳曰孔子卒哀公誄之曰嬛嬛予在疚釋文嬛求營反本書睘音渠營切詩杕杜釋文睘睘本亦作煢煢案書洪範正義引詩作煢煢詩閔

子小子嬛嬛在疚箋云嬛嬛然孤特在憂病之中釋文嬛其傾反崔本作煢漢書匡衡傳引詩煢煢在疚言成王喪畢思慕意氣未能平也後漢書和帝紀今皇帝以幼年煢煢在疚注云煢或作嬛詩周頌云嬛嬛在疚本書無疚字詩釋文疚本又作宊本書宊下引詩煢煢在宊

姽　閑體行姽姽也從女危聲過委切

閑體行姽姽也者閑當爲閑洛神賦儀靜體閑神女賦既姽嫿於幽靜兮

委　委隨也從女從禾於詭切

委隨也者釋名委萎也萎蕤就之也劉熊碑卷舒委隨或作委蛇莊子庚桑楚與物委蛇而同其波襄七年左傳衛而委蛇必折詩羔羊委蛇委蛇箋云委曲自得之貌又作委佗君子偕老委委佗佗傳云委委者行可委曲從迹也佗佗者德平易也釋訓委委佗佗美也郭云皆佳麗美豔之貌李巡云皆寬容之美也孫炎云委委行之美佗佗長之美又作委蛇費鳳碑君有逶蛇之節又作遙迆逢盛碑當遂遙迆又作逶隨唐扶頌在朝逶隨又作褘隋衡方碑褘

隋在公　從禾者徐鍇本作禾聲顧炎武曰委古音於戈反說文從禾乃聲也馥案本書捼奴禾切婐讀若委

婐　婐㚷也一曰女侍曰婐讀若騧或若委從女果聲孟軻曰舜爲天子二女婐烏果切

㚷也者古樂府珠佩婐㚷戲金闕韓愈元和聖德詩曰君月妃煥赫婐㚷鍇本有一曰婐敢也五字馥案論語由也果左傳殺敵爲果倉頡篇作惈　孟軻曰舜爲天子二女婐者引此爲女侍之證彼作果注云果侍也以堯二女自侍　讀或若委者玉篇婐㚷委貌也

㚷　婐㚷也一曰弱也從女厄聲五果切

婐㚷也者集韻婐㚷好貌廣雅姽好也曹憲音牛委五果二切當爲㚷字玉篇歒飲猶歒㚷　一曰弱也者廣韻婐㚷身弱好貌太元瞢次六瞢瞢之離不宜煢且㚷注云㚷小貌御覽三百八十一引通俗文肌骨柔弱曰婐娜

⿰女占　小弱也一曰女輕薄善走也一曰多技藝也從女占聲或讀若占齒懾切

一曰女輕薄善走也者廣韻㛺下云⿰女占㛺輕薄貌

㛺　妗也從女沾聲丑廉切

妗也者集韻㛺妗女輕薄貌通作沾史記竇嬰傳魏其者沾沾自喜注云沾沾輕薄也

妗　㛺妗也一曰善笑皃從女今聲火占切

一曰善笑皃者類篇引作喜笑貌廣韻㛺妗喜貌玉篇㛺妗美笑貌也本書欽含笑也

⿰女簋　竦身也從女簋聲讀若詩糾糾葛屨居天切

竦身也者玉篇⿰女簋竦身貌　讀若詩糾糾葛屨者廣雅⿰女簋糾材也

婧　竦立也從女青聲一曰有才也讀若韭菁七正切

竦立也者李善注思元賦引作妍婧也後漢書張衡傳注婧謂妍婧也　一曰有才也者集韻婧女有才也

姘　靜也從女井聲疾正切

靜也者靜當爲竫廣雅姘潔也釋言井絜靜也井即姘靜亦當作竫廣韻姘女人貞絜也詩靜女傳云貞靜也女德貞靜而有法度

姂　婦人皃從女乏聲房法切

婦人皃者徐鍇韻譜姂好皃廣雅姂好也

嫙　好也從女旋聲似沿切

好也者廣雅同徐鍇本作好女也玉篇嫙好貌通作還詩齊風子之還兮釋文還韓詩作嫙嫙好貌

⿰女齊　材也從女齊聲祖雞切

材也者廣雅⿰女齊好也玉篇引詩有⿰女齊季女

姡　面醜也從女昏聲古活切

面醜也者當爲面醜廣韻婚婚醜也釋言醜婚也釋文孫李云醜人面姡然也後漢書欒成靖王黨傳有醜其面注云醜姡也言醜姡然無媿陳啓源曰詩有醜面目傳云醜婚也釋文婚面醜也說文亦同疏引說文婚面醜也案箋云婚然有面目疏云醜婚皆面見人之貌孫炎爾雅注云醜人面婚然又越語范蠡曰余雖醜然而人面哉韋昭注云醜面目之貌說文亦以醜爲面見廣雅又訓婚爲醜皆不及醜義況經云有醜面目視人罔極但言其與人相見無窮極亘竝無可醜之意也今本說文必有誤當以疏引爲正

直好皃一曰嬈也從女翟聲徒了切

直好皃者廣雅嬥嬥好也廣韻引聲類嬥細腰貌　一曰嬈也者本書嬈一曰嬥也廣韻嬥嬥嬈不仁

媞也從女規聲讀若癸秦晉謂細腰爲嫢居隨切

媞也者本書媞諦也　秦晉謂細腰爲嫢者方言嫢細也自關而西秦晉之閒凡細而有容謂之嫢或曰徥郭注嫢字云嫢嫢小成貌徥字云言徥偕也

諦也一曰妍黠也一曰江淮之閒謂母曰媞從女是聲承旨切

諦也者本書嫢媞也集韻嫢婦人審諦貌楚詞七諫西施媞媞而不得見兮王注媞媞好貌也引詩好人媞媞詩葛屨作提提傳云提提安諦也正義以爲釋訓文釋訓媞媞安也郭云好人安詳之容傳元詩有女懷芬芳媞媞步東廂　一曰妍黠也者廣韻媞美好貌方言姣媞欺謾也　一曰江淮之閒謂母曰媞者廣韻媞江淮呼母也

不繇也從女敄聲亡遇切

雅也從女閑聲戶閑切

雅也者史記索隱後漢書注引同廣韻雅嫺雅也玉篇雅儀也嫺雅也漢書司馬相如傳雍容嫺雅後漢書馬援傳辭言嫺雅注云嫺雅猶沈靜也論衡逢遇篇形佳骨嫺皮媚色稱曹植靜思賦夫何美女之嫺妖通作僩詩淇奧瑟兮僩兮韓詩云僩美貌又通作閑文選登徒子好色賦玉爲人體貌閑麗琴賦若乃閑舒都雅史記張亘雅游韋昭曰雅素也又通作閑詩有女同車洵美且都傳云都閑也樂府美女篇美女妖且閑李善引本書同尚書大傳戰鬭不可不習故於蒐狩以閑之也閑之者貫之也貫之者習之也惠棟曰荀子榮辱篇塞者俄且通也陋者俄且僩也愚者俄且知也注云僩與撊同猛也案通塞知愚僩陋皆相反則僩者文雅貌非猛也馥案修身篇多見曰閑少見曰陋賈誼書道術篇辭令就得謂之雅反雅爲陋

說樂也從女巸聲許其切

說樂也者通作熙爾雅熙興也本書嬹說也老子異俗篇衆人熙熙閑居賦熙春寒往

美人從女臤聲苦閑切

樂也從女吳聲虞俱切

樂也者廣雅字林竝同詩聊可與娛傳云娛樂也楚詞九章設張辟以娛君兮注云娛樂也通作虞一切經音義三引字詁古文虞今作娛同白虎通號曰虞者樂也言天下有道人皆樂也釋名虞謂虞樂安神使還此也齊策清淨

貞正以自虞鮑云虞娛同樂也楚策王或於虞樂詩蟋蟀序欲其及時以禮自虞樂也孟子霸者之民驩虞如也漢書禮樂志神嘉虞又合好効歡虞泰一魏相傳君安虞而民和睦

戲也從女矣聲一曰卑賤名也遏在切

戲也者楚詞招魂娭光眇視目曾波些王注娭戲也九章屬貞臣而日娭王注委政忠良而游息也洪氏補注娭音嬉戲也九思遇神嬪兮宴娭漢書禮樂志神來宴娭庶幾是聽顏注娭戲也言庶幾神來宴戲聽此樂也楊雄傳娭㵎門顏注娭戲也　一曰卑賤名也者本書毐人無行也讀若娭通俗文醜稱曰娭廣韻娭婦人賤稱出蒼頡篇廣雅娭婢也

樂也從女甚聲丁含切

樂也者釋詁文彼作妉經典通作湛詩鹿鳴和樂且湛傳云湛樂之久常棣和樂且湛釋文湛荅南反韓詩云樂之甚也賓之初筵子孫其湛箋云湛樂也通作耽中庸引詩和樂且耽詩氓無與士耽傳云耽樂也

娓　順也從女尾聲讀若媚　無匪切

順也者廣雅同詩誰侜予美釋文韓詩作娓美也干旄彼姝者子傳云姝順貌

嫡　孎也從女啻聲　都歷切

孎也者集韻嫡孎女審諦貌

孎　謹也從女屬聲讀若人不孫爲不孎　之欲切

謹也者集韻嫡孎女謹順貌廣韻孎謹孎　讀若人不孫爲不孎者宋本作人不孫爲孎本書初刻亦無不字後乃加之

嬽　宴婉也從女冤聲　於願切

宴婉也者釋訓宴宴柔也郭注和柔玉篇嬽婉美也廣韻婉婉嬽也六書故婉又作嬽說文曰宴嬽也詩燕婉之求亦作婉馥案本書暥下引詩作暥婉冤與宛通周禮染人夏纁玄故書纁作䌰案郎顗字漢冤句縣封禪書作宛朐

干祿字書冤或作寃故嬽今作婉後漢書邊讓傳展中情之嬿婉注云嬿安也婉美也婉協韻音於願反韓詩嬿婉好貌內則姆教婉娩聽從注云婉謂言語娩謂容貌鄭注九嬪云婦容婉娩張華永懷賦孃婉娩之柔情謝朓爲諸娣祭阮夫人文婉娩嬪德

媕　女有心媕媕也從女弇聲　衣檢切

媣　諟也從女染聲　而琰切

諟也者玉篇廣韻竝作媞蓋謂妍黠也

嫥　壹也從女專聲一曰女嫥嫥　職緣切

經典通用專韓詩窈宨貞專貌莊十年左傳衣食所安弗敢專也必以分人孟子不專心致志則不得又通作剸荀子榮辱篇信而不見敬者好剸行也漢書蕭何傳上以此剸屬任何關中事顏注剸讀與專同又通作摶易繫詞其靜也專釋文陸作摶昭二十年左傳若琴瑟之專一釋文董遇本作摶音同管子內業篇一意摶心史記秦始皇本紀摶心揖志索隱摶古專字史記田完世家韓馮因摶三國之兵徐廣音專又通作顓漢書樊噲傳高后時用事顓權　壹也者本書壹專壹也昭二十年左傳若琴瑟之專壹十六年傳壹行不若注云壹專也僖九年穀梁傳壹明天子之禁范云壹猶專也公羊傳惟一介斷斷焉注云斷斷猶專一也表記欲民之有壹也注云壹謂專心於善詩南有嘉魚傳云壹宿之鳥箋云壹宿者壹意於其所宿之木也莊三十二年左傳神聰明正直而壹者也成十三年傳不穀惡其無成德是用宣之以懲不壹襄二十一年傳酒濯其心壹以待人二十六年傳子展儉而壹昭七年傳民心不壹通作一書酒誥小子惟一傳云子孫惟專一詩都人士序云民德歸一箋云壹者專也容齋五筆古書及漢人用字如一之與壹其義皆同鳲鳩序刺不壹也又云用心之不壹也而正文其儀一兮表記節以壹惠注言聲譽雖有衆多者節以其行一大善者爲謚耳漢華山碑五載壹巡狩祠孔廟碑恢崇壹變祝睦碑非禮壹不得犯而後碑云非禮之常一不得當則與壹通用也馥案詩都人士序云民德歸一箋云壹者專也亦壹一通　一曰女嫥嫥者五音集韻嫥嬔也玉篇嫥可愛之貌

如　從隨也從女從口　人諸切

從隨也者玉篇女者如也如男子之教釋名女如也婦人外成如人也故三從之義少如父教嫁如夫命老如子言白虎通嫁娶女者如也如從人也在家從父母既嫁從夫夫歿從子也傳曰婦人有三從之義也大戴禮本命篇女者如也子者孳也女子者言如男子之教而長其義理者也故謂之婦人婦人伏於人也是故無專制之義有三從之道敎令不出閨門事在饋食之閒而已矣

嫧　齊也從女責聲　側革切

齊也者集韻嫧姝齊謹也顏注急就篇嫧所以整嫧髮也

娕　謹也從女束聲讀若謹敕數數　測角切

謹也者廣韻娕恭謹貌

嬐　敏疾也一曰莊敬皃從女僉聲　息廉切

敬疾也者司馬相如大人賦嬐侵潯而高縱兮紛鴻涌而上厲　一曰莊敬皃者廣韻嬐嬐然齊也馥謂謹齊卽莊敬

嬪　服也從女賓聲　符眞切

服也者釋詁文彼作賓周禮天官注故書嬪作賓釋名天子妾有嬪嬪賓也諸妾之中見賓敬也釋親嬪婦也本書婦服也書堯典嬪于虞傳云嬪婦也通作濱通典引琴操上曰池言其平下曰濱濱者服也

𡠗　至也從女執聲周書大命不𡠗讀若摯同一曰虞書雉𡠗　脂利切

至也者字統𡠗至也經典通用摯字釋詁摯臻也郭注摯至也臻至也詩關雎傳鳥摯而有別箋摯之言至周禮大宗伯以禽作六摯注云摯之言至也考工記函人凡甲鍛不摯則不堅疏云謂熟之至極　周書曰大命不𡠗者西伯戡黎文彼作摯釋文摯本又作𡠗發案史記作至本書𢦟㦰二字引西伯戡黎之文並稱商書　讀若摯同者徐

鍇本作執　一曰虞書雉𡠗者徐鍇本無一曰二字舜典一死贄釋文贄本又作摯

⿰女沓　俛伏也從女沓聲一曰伏意　他合切

俛伏也者廣韻⿰女沓安皃　一曰伏意者廣韻引作一曰意伏也集韻類篇並作服意

晏　安也從女日詩曰以晏父母　烏諫切

安也者本書宴安也　從女日者徐鍇本作晏省聲　詩曰以晏父母者詩無此文

嬗　緩也從女亶聲一曰傳也　時戰切

緩也者嬗通作嘽列子力命篇嘽咺憋懯注云嘽咺迂緩之狀也樂記其樂心感者其聲嘽以緩注云嘽寬綽貌釋文寬緩也或曰緩當爲媛廣韻五音集韻並作媛離騷女須之嬋媛兮王注嬋媛猶牽引也本書媛人所援也故王云牽引本書嬃下引楚詞亦作媛　一曰傳也者漢書律歷志堯嬗以天下顏注嬗古禪讓字也賈誼傳形氣轉續變化而嬗蘇曰相傳與也顏注此郎禪代字王莽傳拜受金匱神嬗顏注嬗古禪字言有神命使漢禪位於莽也淮南精神訓以不同形相嬗也高注嬗傳也秦策孝公欲傳商君辭不受高云傳猶禪也孟子唐虞禪通作儃楚辭九章欲儃佪以干傺兮莊子田子方儃儃然不趨法言問明篇允哲堯儃舜之重注儃與禪同又通作擅荀子正論篇堯舜擅遜注云擅同禪又通作襢漢書異姓諸侯王表舜禹受襢

嫴　保任也從女辜聲　古胡切

保任也者一切經音義六引說文保當也任保也言可保信也通作辜急就篇疻痏保辜謕呼號顏注毆人皮膚腫起曰疻毆傷曰痏保辜者各隨其狀輕重令毆者以日數保之限內致死則坐重辜也新唐書裴潾傳曲元衡杖民柏公成母死有司以死在辜外推元衡父蔭贖金嵩庵閒話保辜字見公羊傳襄公七年鄭伯髡原如會未見諸侯卒於操傳云傷而反未至乎舍而卒也注云古者保辜諸侯卒名故于如會名之明如會時爲大夫所傷以傷辜死也君親無將見辜者辜內當以弒君論之辜外當以傷君論之疏云知古者保辜者亦依漢律

媻　奢也從女般聲　薄波切

奢也者言奢張也或作婆晉書大司馬府有老槐樹殷仲堪對而歎曰此樹婆娑生意盡矣馥案樂府楊婆兒譌爲楊叛兒西戎有朱俱波國亦名諸居槃國此般波相通之證徐鍇本有一曰小妻也五字六書故廣韻並同馥案北人謂妾曰小婆子

娑　舞也從女沙聲詩曰市也媻娑　素何切

舞也者釋訓婆娑舞也郭注舞者之容李巡云婆娑盤辟舞也詩婆娑其下傳云婆娑舞也　詩曰市也媻娑者陳風東門之枌文媻彼作婆　通作沙詩閟宮犧尊將將傳云犧尊有沙飾也王義沙卽娑之字也　釋文云說文作媻音同

姷　耦也從女有聲讀若祐　于救切

耦也者廣雅侑耦也馥案俗作酭相醻報故爲耦

侑　姷或從人

㚻 鈞適也男女併也從女旬聲 居匀切

鈞適也者鈞當爲均㚻今作匀玉篇匀齊也杜甫詩肌理細膩骨肉匀徐鍇本有讀若旬三字

㜺 婦人小物也從女此聲詩曰屢舞㜺㜺 卽移切

婦人小物也者集韻㜺妓婦人小物僖二十二年左傳戎事不邇女器謂女子所御之物　詩曰屢舞㜺㜺者小雅賓之初筵文彼作傞傞傳云傞傞舞不能自正也本書傞下引詩屢舞傞傞

妓 婦人小物也從女支聲讀若跂行 渠綺切

讀若跂行者跂當爲蚑

嬰 頸飾也從女賏賏其連也 於盈切

頸飾也者文選樂府豫章行遠節嬰物淺曹植責躬詩頑凶是嬰謝惠連秋懷詩少小嬰憂患天台山賦序方解纓絡李善並引作嬰繞也一切經音義二十一嬰猶纏繞也漢書嬰城固守晉義曰以城自繞也　賏其連也者趙宧光曰其連當是貝連古人連貝爲嬰

㛪 三女爲㛪㛪美也從女奴省聲 倉案切

三女爲㛪者通作粲詩綢繆見此粲者傳云三女爲粲釋文云粲字林作㛪廣韻㛪下引詩傳三女爲㛪　㛪美也者周語密康公遊於涇有三女奔之其母曰必致之王女三爲粲粲美物也或通作餐王儉褚淵碑餐東野之祕寶李善云餐美也　奴省聲者徐鍇本作卢聲

媛 美女也人所援也從女從爰爰引也詩曰邦之媛兮 玉眷切

美女也者釋訓美女爲媛陳琳止欲賦媛哉逸女王粲閑邪賦夫何英媛之姝麗兮姿溫惠而明哲　人所援也者媛援聲相近徐鍇本作人所欲援也孫炎說爾雅云君子援助鄭氏箋詩云媛者邦人所依倚以爲援助也釋文云韓詩作援廣韻嬋媛枝相連引離騷女嬃之嬋媛兮王注嬋媛猶牽引也　從爰者徐鍇本作爰聲　爰引也者本書文　詩曰邦之媛兮者鄘風君子偕老文傳云美女爲媛

娉 問也從女甹聲 匹正切

問也者本書妾不娉也一切經音義二娉今作聘問婚也集韻娉謂婚禮問名韓詩外傳血脈澄靜娉內以定之尹文子齊有黃公者二女皆國色以其美也常謙辭毀之醜惡之名遠布而一國之人無敢娉者後漢書樂成靖王黨傳娉取人妻魏志武帝紀天子娉公三女爲貴人王隱晉書惠帝爲皇太子娉王夷甫小女宋書周朗傳特雖可以娉妻妾搜神記越王娉李誕女爲后述異記庾邈與女子約俱不婚娉通作聘急就篇妻婦聘嫁齎媵僮顏注聘謂因媒而問也爾雅聘問也內則聘則爲妻注云聘問也成十一年左傳聲伯之母不聘杜云不聘無媒禮釋文聘本亦作娉文選謝朓詩掖庭聘絕國李善注娶女曰聘

娽 隨從也從女彔聲 力六切

隨從也者史記平原君傳公等錄錄所謂因人成事者也索隱王劭云錄錄借字耳說文云娽娽隨從之貌也容齋三筆史記毛遂云公等錄錄因人成事唐韻以爲娽娽漢書蕭何贊云錄錄未有奇節顏師古注錄錄猶鹿鹿言在凡庶之中也馬援傳今更共陸陸莊子漁父篇祿祿而受變於俗後生或不盡知晉書周嵩傳嵩母李氏謂三子曰爾等並貴列吾目前吾復何憂嵩起曰恐不如尊旨伯仁志大而才短名重而識闇好乘人之弊此非自全之道嵩性抗直亦不容於世唯阿奴碌碌當在阿母目下耳

妝 飾也從女牀省聲 側羊切

飾也者後漢書梁冀傳妻作愁眉啼妝鮑照芙蓉賦對妝則色殊字或作粧廣雅粧飾也俗作糚文選古詩娥娥紅粉糚

孌 慕也從女䜌聲 力沇切

慕也者李善注陸機承明亭詩引同詩車舝思孌季女逝兮檀弓其往也如慕孟子大孝終身慕父母或通作戀後漢書姜肱傳兄弟相戀又通作攣漢書外戚李夫人傳攣攣顧念我顏注攣讀曰戀

媟 嬻也從女枼聲 私列切

嬻也者廣雅同本書暬日狎習相慢也私列切一切經音義十四媟嬻今作褻黷謂鄙媟也說文媟嬻也廣韻媟狎也慢也方言媟狎也通俗文相狎習謂之媟嬻也賈誼書道術篇接遇慎容謂之恭反恭為媟漢書敘傳應龍潛於潢汙魚鼃媟之顏注媟謂侮狎之也賈山傳古者大臣不媟顏注媟狎也中論禍敗之由也則有媟慢以為階晉陽秋周顗正情凝然雖一時儕類皆無敢媟近詩賓之初筵序云幽王荒廢媟小人宋書少帝紀加復日夜媟狎羣小慢戲梁典東昏卽位媟近羣小通鑑宋武帝令崑崙奴以杖擊羣臣惟樺蔡興宗方嚴不敢侵媟孟子武王不泄邇丁公著云案注泄狎也媟訓狎今注以泄訓狎借聲訓日

嬻 媟嬻也從女賣聲 徒谷切

媟嬻也者本書遺媟遺也通作黷廣雅黷狎也書說命黷于祭祀時謂弗欽傳云黷則不敬桓八年公羊傳亟則黷黷則不敬何云黷渫黷也穀梁傳烝冬事也春夏興之黷祀也志不敬也昭二十六年左傳不可黷也服注黷易也

國語敬而不黷賈逵曰黷媟也後漢書班彪傳舊制太子五日一朝因坐東廂省視膳食其非朝日使僕中允且旦請問而已明不媟黷廣其敬也朱穆傳蓋孔子稱上交不諂下交不黷陳蕃傳且祭不欲數以其易黷故也注云黷媟也爰延傳陛下以河南尹鄧萬有龍潛之舊封為通侯恩重公卿惠豐宗室加頃引見與之對博上下媟黷有虧尊嚴又通作瀆桓十八年左傳女有家男有室無相瀆也謂之有禮昭元年傳尋盟未退而魯伐莒瀆齊盟杜云瀆慢也昭二十六年傳貫瀆鬼神杜云瀆易也又云國有外援不可瀆也服注瀆易也杜注瀆慢也

⿱竅女 短面也從女竅聲 丁滑切

短面也者玉篇作嫛短面貌集韻頢頭短本書頢短面也

嬖 便嬖愛也從女辟聲 博計切

便嬖愛也者玉篇引作便僻無愛字徐鍇本便辟也愛也隱三年左傳公子州吁嬖人之子也杜注嬖親幸也釋文賤而得幸曰嬖詩綠衣箋母嬖而州吁驕釋文謚法云賤而得愛曰嬖嬖卑也媟也成十七年左傳晉厲公侈多外嬖杜注外嬖愛幸大夫昭三年傳燕簡公多嬖寵又云女富溢尤杜注女嬖寵之家哀九年傳鄭武子賸之嬖許瑕哀十六年傳衞侯占夢嬖人杜注以能占夢見愛楚策左抱幼妾右擁嬖女又云願王召所便習而觴之王乃召南后鄭褎而觴之孟子便嬖不足使令於前與又云嬖人臧倉者注云嬖人愛幸小人也通作辟尚書無以巧言令色便辟側媚傳云便辟足恭論語友便辟馬曰便辟巧辟人之所忌以求容媚荀子儒效篇事其便辟注云左右親信齊策今王治齊非左右便辟無使也趙策所謂桑雍者便辟左右之人及夫人優愛孺子也又通作僻家語入官篇邇臣便僻者羣僕之倫也注云僻宜為嬖便嬖執事在君之左右者

⿱毄女 難也從女毄聲 苦賣切

難也者廣韻⿱毄女意難

妎 妒也從女介聲 胡蓋切

妒也者廣雅同本書疾妎也五音集韻引字林妎疾害妒也釋言苛妎也郭注煩苛者多嫉妎

妒 婦妒夫也從女戶聲 當故切

婦妒夫也者白帖害色謂之妒玉篇妒爭色也襄二十一年左傳叔向之母妒叔虎之母美而不使離騷各興心而嫉妒王注害賢為嫉害色為妒史記常山憲后妒媢漢書景十三王傳王后以妒媢不常在典論上洛都尉王琰以功封其妻哭於家為琰富貴更取妾故也妒記王丞相曹夫人性甚忌禁制丞相不得有侍從時有妍少必加誚責王公不能久堪乃密營別館眾妾羅列男女成行後元會日夫人於青疏中觀望忽見兩三小兒騎牛背端正夫人語婢云汝出問此是誰家兒奇可念給使不達旨乃云此是第四五等諸郎曹氏驚恚不能自忍乃命駕車將黃門及婢二十人持食刀欲自出尋討王公亦飛轡出門猶患遲乃以左手攀車欄右手提麈尾以柄打牛狼狽奔馳方得先至蔡司徒聞之乃謂王曰朝廷欲加九錫公知否王為信自敘謙志蔡曰不聞加餘物惟聞短轅犢車長柄麈尾爾王大羞愧又曰謝大傅劉夫人不令公有別房公既深好聲樂後遂頗欲立妓妾兒子外甥等微達此旨共問訊劉夫人因方便稱關雎螽斯有不忌之德夫人知以諷己乃問誰撰此詩答云周公夫人曰周公是男子相為爾

若是周姓撰詩豈無此也韓子內儲說衛人有夫妻禱者而祝曰使我無故得百束布其夫曰何少也妻曰益則子將取妾矣梁張纘有妒婦賦俗作妒詩小星序夫人無妒忌之行箋云以色曰妒以行曰忌關雎箋后妃之德不嫉妒釋文以色曰妒又作媢集韻女妒男曰媢

媢　夫妒婦也從女冐聲一曰相視也莫報切

廣雅媢妒也　大學引秦誓媢疾以惡之鄭注媢妒也　周書皇門解是人斯乃讒賊媢嫉以不利于厥家國　顔氏家訓書證篇太史公論英布曰禍之興自愛姬生於妒媢以至滅國又漢書外戚傳亦云成結寵妾妒媚之誅此二媢並當作媢媢亦妒也義見禮記三蒼且五宗世家亦云常山憲王后妒媢王充論衡云妒夫媢婦生則忿怒鬬訟益知媢是妒之別名

夫妒婦也者五經文字媢夫妒也三蒼解詁媢丈夫妒也又云妒女爲媢史記騶布傳妒媢生患索隱一云男妒曰媢漢書五行志桓有妒媢之心顔注媢謂夫妒婦也潛夫論賢難篇夫國不乏於妒男也猶家不乏於妒女也

曰相視也者韻會引作目不相視也徐鍇本作梅目相視也錢君坫曰禮記視容梅梅是也馥案本書睸低目視也

媄　巧也一曰女子笑皃詩曰桃之媄媄從女芺聲於喬切

巧也者俗作妖上林賦妖冶嫻都李善引字書妖巧也廣雅妖巧也　一曰女子笑皃者本書無笑字此卽笑之本字漢書作关省女旁也艸隸作屮其下從夭中山經蓶服之不夭郭云或作芺馥案不芺謂不关也陸雲有关疾是也此如帝休服之不怒　詩曰桃之媄媄者周南桃夭文彼作夭本書枖下引詩桃之枖枖

佞　巧讇高材也從女信省乃定切

釋詁任佞也孫炎云似可任之佞也　書舜典而難任人傳云任佞　論語色厲而內荏孔注云謂外自矜厲而內柔佞者也　昭二十五年公羊傳喪人不佞何注不善　孟子惡佞恐其亂義也注云佞人作飾似有義者　莊子漁父篇莫之顧而進之謂之佞　論衡荅佞篇諸非皆惡惡中之逆者謂之無道惡中之巧者謂之佞人聖王形憲佞在惡中聖王賞勸賢在善中純潔之賢善中殊高賢中之聖也善中大佞惡中之雄也又云人君好辯佞人言利人主好文佞人辭麗

成十三年左傳寡人不佞正義服注佞才也不才者自謙之辭也論語云焉用佞禦人以口給屢憎於人則佞非善事而以不佞爲謙者佞是口才捷利之名本非善惡之稱但爲佞有善有惡耳爲善敏捷是善佞爲惡敏捷是惡佞但君子欲訥於言而敏於行言之雖多情或不佞故云焉用佞耳

巧讇高材也者一切經音義三佞諂媚也說文口材也亦德之稱也又二十四說文巧媚高材曰佞本書憸下云憸詖也憸利于上佞人也諞下云便巧言也廣韻佞諂也一曰才也玉篇佞口材也廣雅佞巧也又云偲佞也詩其人美且偲傳云偲才也箋云才多才也小爾雅廣言佞才也韓詩外傳佞諂也書呂刑非佞折獄傳云非口才可以斷獄論語不有祝鮀之佞孔注佞口才也又是故惡夫佞者孔注疾其以口給應遂己非而不知窮者也又友便佞鄭注便辯也謂佞而辯又焉用佞禦人以口給屢憎於人孔注佞人口辭捷給數爲人所憎惡成十六年左傳君幼諸臣不佞昭二十年傳臣不佞不能苟貳杜注並云佞才也晉語夷吾不佞其誰能恃乎韋注佞才也後漢書史弼傳父敞以佞辯至尚書郡守注云敞爲京兆尹化有能名尤善條教見稱於三輔也　信省者釋詁允佞也郭注佞人

似信說苑佞而不巧則不能信徐鍇本作仁聲韻會同徐鍇通論佞者女子之仁故於文女仁爲佞五經文字佞從仁六書故佞從女仁聲晉語之諂曰佞之見佞果喪其田馥案引此以證佞從仁聲田陳也洪武正韻佞從仁從女一切經音義二十四僞善曰佞字從女從仁論語惡夫佞者此則從女之義左傳寡人不佞不能事父兄此則從仁之義也論語或曰雍也仁而不佞又云夫聞也者色取仁而行違居之不疑馬曰此言佞人也佞人假仁者之色行之則違安居其僞而不自疑者也仲尼燕居恭而不中禮謂之給給奪慈仁注云巧言足恭之人似慈仁實鮮仁淮南人閒訓閒倫爲人佞而不仁書金縢予仁若考能多材多藝能事鬼神乃元孫不若旦多材多藝不能事鬼神馥謂周公若自以仁勝武王斷無是理亦非告三王之辭此仁字有佞意似自譽實自貶祝佗之佞能多才多藝能事鬼神者也

嫈　小心態也從女熒省聲烏莖切

小心態也者一切經音義九引字林嫈嫇小心態也集韻嫈嫇下俚婦人貌

嫪 媚也從女翏聲 郎到切

媚也者一切經音義十三戀嫪者說文嫪媚也聲類嫪惜也謂戀不能去也韓愈薦士詩感物增戀嫪廣韻嫪悋物玉篇嫪難也

婟 嫪也從女固聲 胡誤切

嫪也者玉篇婟嫪也戀也廣韻婟婟嫪戀惜也出聲類釋鳥鶩澤虞郭注今婟澤鳥疏云說文云婟嫪也聲類云婟嫪戀惜也以比鳥戀惜池澤見人不去因名婟澤鳥也釋文廣雅婟妒也聲類婟嫪戀惜也字書作嫭同馥案今廣雅作嫭人物志犯其所乏則婟以惡犯婟則妒

姿 態也從女次聲 卽夷切

態也者釋名姿資也資取也形貌之稟取爲資本也

㜘 嬌也從女虘聲 將預切

嬌也者李善注琴賦引同本書無嬌字徐鍇本作驕廣韻㜘與怚同憍也本書怚驕也通作姐稽康幽憤詩恃愛肆姐不訓不師李善云姐與㜘同繁欽與魏文帝箋自左驥史妠謇姐名倡李善云說文㜘字或作姐古字假借也廣雅㜘妒也馥謂妒生於驕也

妨 害也從女方聲 敷方切

害也者廣雅同

妄 亂也從女亡聲 巫放切

亂也者易无妄釋文引同廣雅同哀二十五年左傳彼好專利而妄杜云妄不法

婾 巧黠也從女俞聲 託侯切

巧黠也者廣雅婾巧也通鑑注黠慧也字書鬼黠偪偭也三蒼猾黠惡也文十八年左傳齊君之語婾通作偷襄三十一年傳趙孟之語偷

⿱亏女 ⿱亏女鹵貪也從女污聲 胡古切

⿱亏女鹵貪也者鹵玉篇作⿰扌鹵⿱亏女通作污急就篇依溷污然貪者辱新書道術篇放理潔靜謂之行反行爲汙漢書貢禹傳孝文時貴廉絜賤貪污焉奉世傳池陽令竝素行貪汙晉書劉波傳貪汙者謂之清勤慎法者謂之怯劣阮籍達莊論又安知貪汙之爲罰而貞白之爲名乎

娋 小小侵也從女肖聲 息約切

小小侵也者玉篇作小娋侵也廣韻同廣雅娋侵也趙庭光曰詩敍日以侵娋通用削孟子魯之削也滋甚

⿰女朶 量也從女朶聲 丁果切

量也者本書揣量也聲義與⿰女朶同集韻⿰女朶或作挅廣雅挅量也玉篇⿰女朶量也揣也馥案北人言揣⿰女朶又言敁⿰女朶是也

妯 動也從女由聲 徒歷切

動也者釋詁文詩鼓鐘憂心且妯傳云妯動也方言妯擾也人不靜曰妯注云謂躁擾也

嫌 不平於心也一曰疑也從女兼聲 戶兼切

不平於心也者嫌與慊通廣韻慊恨也玉篇慊切齒恨也坊記貴不慊於上注云慊恨不滿之貌也慊或爲嫌通作嗛史記外戚世家景帝恚心嗛之而未發也一曰疑也者本書慊疑也曲禮禮者所以定親疏決嫌疑也坊記使民無嫌注云嫌嫌疑也後漢書馮異傳將軍何嫌何疑而有懼意通作謙荀子仲尼篇信而不處謙注云言得信於上不處嫌疑使人疑其作威福也

媘 減也從女省聲 所景切

減也者本書渻少減也徐鍇疑義減省之字本當從女今之媘字世所不行通作省林罕曰蔡邕於國學所立石經或云隸省者卽隸減也少減曰省乃是隸書於篆書中減省點畫而已釋名省瘦也臞瘦約少之言也又云眚省也如病者省瘦也月令省囹圄注云省減也鄉飲酒義及介省矣注云小減曰省僖二十一年左傳貶食省用宣六年公羊傳是子之易也何云易猶省也昭元年左傳大國省穡而用之杜注省愛用之又云四姬有省猶可正義減省

公之寵愛昭三十年傳舊有豐有省通鑑漢文帝詔務省繇費以便民注云省減也

婼　不順也從女若聲春秋傳曰叔孫婼 丑略切

不順也者玉篇婼不從也　春秋傳曰叔孫婼者日當爲有昭七年經叔孫婼如齊涖盟

婞　很也從女幸聲楚詞曰鮌婞直 胡頂切

很也者王僧達祭顏光祿文性婞剛潔梁書陸杲傳杲性婞直無所顧望徐鍇本有一曰見親婞五字馥案類篇婞一曰親也玉篇幸御所親愛也或作婞漢書有佞幸傳　楚詞曰鮌婞直者離騷文彼云鮌婞直以亾身兮王注婞很也

嫳　易使怒也從女敝聲讀若擊擎 匹滅切

易使怒也者廣雅嫳怒也字或作憋方言憋急性也列子力命篇嘽咺憋懯釋名憋憋也性急憋不可生服

嫸　好枝格人語也一曰靳也從女善聲 旨善切

好枝格人語也者枝格當爲枝捂一曰靳也者廣韻嫸偏伎

娺　疾悍也從女叕聲讀若唾 丁滑切

疾悍也者廣韻娺疾也玉篇娺怒也

㜝　含怒也一曰難知也從女酓聲詩曰碩大且㜝 五感切

含怒也者廣韻㜝害惡性也　詩曰碩大且㜝者陳風澤陂文彼作儼釋文韓詩作㜝

婀　媕婀也從女阿聲 烏何切

媕婀也者集韻謂媕婀不決子華子媕婀脂韋者日至於君之前韓愈石鼓歌詎肎感激徒媕婀通作阿集韻譴阿語不決方言誣譴與也與猶秦晉言阿與注云相阿與者所以致誣譴也月令是察阿黨則罪無有掩蔽注云阿黨謂治獄吏以私恩曲撓相爲也昭二十年左傳阿下執事吳語句踐願諸大夫言之皆以情告無阿孤韋注阿曲從也孟子汙不至阿其所好賈誼書官人篇職之所守君不得以阿私託者大臣也申鑒雜言篇從上之非謂之阿脊

陽秋周伯仁在朝雖無蹇諤亦無所阿黨崔鴻十六國春秋段凱爲御史中丞無所阿避

姸　技也一曰不省録事一曰難侵也一曰惠也一曰安也從女幵聲讀若研 五堅切

技也者技謂姸巧　一曰惠也者徐鍇本作慧文選賦注引作慧增韻慧姸黠也釋名姸研也研精於事宜則無蚩謬也蚩癡也

娃　圜深目皃或曰吳楚之閒謂好曰娃從女圭聲 於佳切

圜深目皃者別作眭廣韻眭目深惡視　或曰吳楚之閒謂好曰娃者玉篇娃美也廣雅娃好也服虔通俗文南楚以好爲娃方言娃美也吳楚衡淮之閒曰娃故吳有館娃之宮左思吳都賦幸乎館娃之宮劉逵注吳俗謂好女爲娃史記趙世家吳廣內其女娃嬴漢書揚雄傳資娵娃之珍髢兮孟康曰娃吳娃也顏注娵娃皆美女也

㛍　不媚前卻陝陝也從女陝聲 失冉切

不媚前卻陝陝也者玉篇作陝云女子態廣韻陝前卻陝媚也詩無爲夸毗傳云夸毗體柔人也正義便僻其足前卻爲恭以形體順從於人故云以體柔人史記司馬相如傳跮踱輵容以委麗兮張揖曰跮踱疾行互前卻也釋名輴梘在車軸上正輪之祕誓前卻也通鑑趙王虎中書監王波曰若有前卻不過失一亾命之人注云一前一卻猶今人言心懷進退也又魏主珪曰今國家草創人情未壹愚者固宜前卻又張存誡曰將士在道前卻注云憚敵不敢進故爲之一前一卻又乞伏馬居說禧斷河[illegible]爲河南天子衆情前卻不壹又隋王伽送流囚脫其枷鎖約曰某日當至京師如致前卻吾當爲汝受𠉀注云謂或前或卻不能如期又神策軍與節度使相視如平交左右前卻莫肎用命董斯張曰人來而避曰閃說文云陝不媚前卻陝陝也閃當作陝馥案通作陝後漢書曹世叔妻傳若夫動靜輕脫視聽陝輸注云陝輸不定貌

㛯　鼻目閒皃讀若煙火炔炔從女決省聲 於說切

鼻目閒皃者廣韻鼻目閒輕薄曰㛯　讀若煙火炔炔者本書無炔字篇海炔與焆同焆焆烟貌馥案廣韻㛯娟也

洟省聲者徐鍇本作夬聲

愚戇多態也從女巂聲讀若隓 式吹切

不說也從女恚聲 於避切

不說也者徐鍇本作不說貌

怒皃從女黑聲 呼北切

怒皃者廣韻嫼嫉怒通作赫詩王赫斯怒箋云赫怒意

輕也從女戉聲 王伐切

輕也者廣雅同本書䟜輕也徐鍇韻譜娍輕足蝢謂輕足本是䟜字誤分爲二

輕也從女㶾聲 匹招切

輕也者本書僄輕也廣韻嫖身輕便也

訬疾也從女坙聲 昨禾切

訬疾也者訬當爲眇本書眇一目小也睉目小也

女人自偁我也從女央聲 烏浪切

女人自偁我也者後漢書南蠻傳注引作女人自偁姎我也通典引同爾雅釋文引作女人稱我曰姎廣韻姎女人自稱姎我本書我施身自謂也通作卬釋詁卬我也郭云卬猶姎也語之轉耳詩匏有苦葉人涉卬否白華卬烘于煁生民卬盛于豆傳竝云卬我也又通作婸陽楊愼曰漢書西南夷傳西南之夷人自稱曰婸徙方言巴濮之人自呼曰阿陽陽之言我也爾雅引魯詩有美一人陽如之何言我奈之何也

不說皃從女韋聲 羽非切

姿婎姿也從女隹聲一曰醜也 許惟切

姿婎姿也者當云姿婎恣也本書恣縱也集韻姿婎自縱貌　一曰醜也者本書倠仳倠醜面

有守也從女弦聲 胡田切

有守也者廣韻婝婦人守志

輕皃從女扁聲 芳連切

輕皃者廣韻媥身輕便貌廣雅媥輕也

侮易也從女曼聲 謀患切

侮易也者易當爲傷通用易字史記季布傳單于嘗爲書嫚呂后不遜漢書高帝紀陛下嫚而侮人顏注嫚易也元后傳此人嫚神多矣賈誼傳今何奴嫚娒侵掠至不敬也顏注娒古侮字佞幸傳戲侮許后嫚易無不言注云嫚褻汙也易輕也字或作僈荀子修身篇不由禮則勃亂提僈

疾言失次也從女臿聲讀若懾 丑聶切

疾言失次也者廣雅㛼怯也本書當有怯義今闕

弱也一曰下妻也從女需聲 相俞切

弱也者本書懦駑弱也　一曰下妻也者廣雅妻謂之嬬荀爽易歸妹以嬬陸績云嬬妾也襄二十三年左傳下妾不得與郊弔杜注下猶賤也昭八年傳二妃生公子留下妃生公子勝漢書王莽傳立國將軍建奏言不知何一男子遮臣建車前自稱漢氏劉子輿成帝下妻子也後漢書光武紀吏人遭饑亂及爲青徐賊所略爲奴婢下妻欲去留者恣聽之唐書楊愼矜傳御史崔器索讖書於愼矜下妻臥內得之楚詞九歌湘君曰采芳洲兮杜若將以遺兮下女馥案下女謂湘夫人

不肖也從女否聲讀若竹皮箁 匹才切

不肖也者廣雅娝醜也　否聲者當爲咅聲故讀若箁徐鍇韻譜灰部娝從否匹才反厚部婄從咅浦后反不肖也馥案灰部從否者徐鉉加之

遲鈍也從女臺聲闒嬯亦如之 徒哀切

遲鈍也者玉篇嬯鈍劣也或作懛集韻懛與嬯同懛款懘悅也又作儓廣韻儓儗癡貌方言儓農夫之醜稱也南楚凡罵庸賤謂之田儓注云佅儓駑鈍貌或曰僕臣儓亦至賤之稱也　闒嬯亦如之者玉篇闒䃸不肖也馥案不肖言醜也莊子德充符衛有惡人焉曰哀駘它釋文云李云哀駘醜貌廣韻駘疲也鈍也駘嬯聲相近

下志貪頑也從女𦎫聲讀若深 乃忝切

下志貪頑也者集韻[illegible]貪頑也一曰志下

㜗婪也從女參聲 七感切

婪也者玉篇㜗婪㜗也徐鍇韻譜㜗貪也或作慘廣雅㜗貪也

婪貪也從女林聲杜林說卜者黨相詐驗爲婪讀若潭 盧含切

貪也者本書惏下云河內之北謂貪曰惏廣雅婪貪也離騷衆皆競進而貪婪兮王注愛財曰貪愛食曰婪侯白酒

律厝蘇酒巡帀到末連飲三杯亦名婪尾馥案唐人河東紀申厝澄遇老翁留飲澄讓曰始自主人翁卽巡澄當婪尾婪貪也婪尾卽貪杯

嬾懈也怠也一曰臥也從女賴聲 洛旱切

懈也怠也者懈怠義同當云懈怠也玉篇嬾懈惰也廣雅嬾懈也方言庸謂之倯轉語也注云倯猶保倯也今隴右人名嬾爲倯馥案嬾嬾古今字後漢書王丹傳每歲農時輒載酒肴於田閒候勤者而勞之其墮嬾者恥不致丹皆兼功自厲　一曰臥也者徐鍇本作一曰臥食馥案臥食乃餐字譌分爲二本書餐楚謂小兒嬾餐

婁空也從毋中女空之意也一曰婁務也 洛侯切

空也者顏師古曰婁古屢字論語回也其庶乎屢空本書有婁無屢後人於婁上加尸與婁義同婁從屮婁聲音其榘切此婁音洛侯切讀者不知爲屢矣　空之意也者徐鍇本作婁空之意也　一曰婁務也者徐鍇本作一曰婁務愚也馥案玉篇怐愗愚貌楚詞九辯直怐愗以自苦怐愗卽婁務左傳莒有務婁

古文

汗簡引作[illegible]

籀文婁從人中女

娎娎婡也從女折聲 許列切

娎婡也者廣韻娎婡喜貌廣雅娎喜也

婡得志婡婡一曰婡息也一曰少气也從女夾聲 呼帖切

得志婡婡者婡婡喜意也本書㥦快也　一曰婡息也者本書㾜病息也集韻㾜喘息　一曰少气也者集韻婡氣劣貌玉篇㾜病少氣

嬈苛也一曰擾戲弄也一曰嬥也從女堯聲 奴鳥切

苛也者廣雅同廣韻嬈苛酷也唐書循吏傳革苛嬈之風　一曰擾戲弄也者本書譊嬈譊也一切經音義三引三

蒼嬈弄也說文嬈苛也苛煩也擾也謂煩擾戲弄也纂文嫽嬈戲弄也字林嬈擾也廣雅嬈戲也淮南原道訓其魂不躁其神不嬈高注嬈煩嬈也史記索隱引張揖曰挑嬈也漢書挑戰臣瓚注擿嬈敵求戰鼂錯傳除苛解嬈文穎曰嬈煩繞也一切經音義八嬈煩也文殊傳曰嬲寶藏經等作嬲或作嬲音同馥案稽康與山巨源書足下若嬲之不置李善曰嬲擿嬈也音義與嬈同玉篇嬲嬈嬲也　一曰嬥也者本書嬥一曰嬈也集韻嬈不仁也廣韻嬥下云嬥嬈不仁

[illegible]惡也一曰人兒從女毀聲 許委切

惡也者本書譭毀也毀當爲[illegible]惡當爲[illegible]通用毀惡字玉篇惡憎惡也論語吾之與人也誰毀誰譽又叔孫武叔毀仲尼孟子有不虞之譽有求全之毀

姍誹也一曰翼便也從女刪省聲 所晏切

誹也者本書訕謗也漢書佞幸傳顯恐天下學士姍己顏注姍古訕字訕謗也異姓諸侯王表秦自任私智姍笑三

代　一曰翼便也者子虛賦便嫺嫳屑徐鍇本有一曰女臭也五字

媨　醜也一曰老嫗也從女酋聲讀若蹴　七宿切

醜也者媨或作㥢廣雅㥢惡也馥案惡謂醜也　一曰老嫗也者廣韻媨醜老嫗貌

嫫　嫫母都醜也從女莫聲　莫胡切

嫫母都醜也者玉篇引作鄙醜也篇海同徐鍇本嫫母古帝妃都醜也馥謂都醜即新序所謂極醜無雙都者大也漢書五行志壞都竈顏注都竈大竈也鄭吉傳都護顏注都猶大也總也應劭曰駙馬都尉都謂總領又作篤字晉書葛洪傳飾嫫母之篤陋路史黃帝妃嫫母帝王世紀黃帝立四妃嫫母班在三人之下通鑑韓瑗上疏嫫母輔佐黃帝呂氏春秋遇合篇嫫母執乎黃帝漢書古今人表悔母黃帝妃生蒼林顏注悔音謨字從巾卽嫫母也馥案通鑑注引作㷄母廣韻嫫母黃帝妻貌甚醜纂文嫫母醜人也黃帝愛幸之楚策閭姝子奢莫知媒兮嫫母求之又甚喜之兮鮑注言美女不知求媒以娶之醜女反樂以匹之韓詩外傳閭娵子都莫之媒嫫母刁父是之喜楚詞七諫

嫫母勃屑而日侍王注嫫母醜女也荀子賦篇嫫母刁父注云嫫母醜女黃帝時人闕子嫫母自窺於井以爲媚於西施淮南修務訓啳睽哆嗚籧篨戚施雖粉白黛黑弗能爲美者嫫母仳倠也說山訓嫫母有所美西施有所醜高注嫫母古之醜女列女傳黃帝妃嫫母於四妃之班居下貌甚醜而最賢心每自退易林嫫母衒嫁又云嫫母爲媒請求不得又云東家中女嫫母最醜三十無室媒伯勞苦鹽鐵論殊路篇譬若飾嫫母畫土人也又云香澤不能化嫫母又大論云嫫母飾姿而矜兮西子彷徨而無家論衡逢遇篇或以醜面惡色稱媚於上嫫母無鹽是也譏日篇沐書曰子日沐令人愛之使醜如嫫母以子日沐能得愛乎王褒講德論嫫母倭傀善譽者不能揜其醜劉思眞醜婦賦才質陋且儉姿容劇嫫母劉氏新論殊好篇軒皇愛嫫母之醜醜不易落英之麗容

婓　往來婓婓也一曰醜皃從女非聲　芳非切

往來婓婓也者漢書揚雄傳婓婓遲遲而周邁顏注婓婓往來貌也　一曰醜皃者玉篇婓大醜也

孃　煩擾也一曰肥大也從女襄聲　女良切

煩擾也者當有恇孃二字一切經音義十三引說文云恇孃煩擾也謂煩恐惶遽也楚辭九辯還此世之恇孃字或作攘漢書陳平傳傾側擾攘楚魏之閒　一曰肥大也者本書益州鄙言人盛諱其肥謂之驤

嬒　女黑色也從女會聲詩曰嬒兮蔚兮　古外切

女黑色也者通俗文可惡曰嬒　詩曰嬒兮蔚兮者本書薈下引詩薈兮蔚兮

媆　好皃從女耎聲　而沇切

好皃者廣雅媆好也

㛪　誣拏也從女奄聲　依劒切

誣拏也者㛪或作諳廣雅諳拏也方言拏或謂之諳郭注諳言誣諳也

𡢃　過差也從女監聲論語曰小人窮斯𡢃矣　盧瞰切

過差也者廣韻𡢃貪也失禮也通作濫樂記狄成滌濫之音作而民淫亂注云濫僭差也昭八年左傳后不能言或

馮焉不然民聽濫也注云濫失也昭二十六年傳士不濫注云不失職呂氏春秋權勳篇虞公濫於寶與馬而欲許之注云濫貪也　論語小人窮斯𡢃矣者彼作濫注云濫溢也

嫯　侮易也從女敖聲　五到切

侮易也者易當爲傷本書傲倨也玉篇嫯侮慢也又婸下云嫯婸也字或作慠會稽頌貪戾慠猛

婬　私逸也從女𡈼聲　余箴切

私逸也者本書雇下云九雇農桑候鳥扈民不婬者也方言婬愓也游也江沅之閒謂戲爲婬或謂之愓釋言逸過也郭注引書汝則有逸罰五經文字婬泆之婬經典多用淫字書大禹謨罔淫于樂西伯戡黎惟王淫戲用自絕多士誕淫厥泆馬注紂大淫樂其逸伊訓敢有殉于貨色恆于游畋時謂淫風論語好佚游桓六年穀梁傳陳侯憙獵淫獵于蔡與蔡人爭禽蔡人不知其是陳君也而殺之范注淫獵謂自放恣遺失徒衆襄四年左傳不修民事而淫于原獸杜云淫放原野襄二十九年傳遷而不淫杜云淫過蕩昭六年傳嚴斷刑罰以威其淫杜云淫放也魯語季

氏之婦不淫矣漢書五行志魯夫人淫失於齊馥案失卽佚字荀子哀公篇其馬將失謂馬逸也司馬相如傳封疆畫界者非謂守禦所以禁淫也郭璞曰欲以杜絕淫放耳瑣語周宣晏起姜后乃脫簪珥待罪於永巷曰妾之淫心見矣至使君王失禮而晏起以見君王之樂色而忘德也說苑政理篇奪淫民之祿以來四方之士其父有功而祿其子無功而食之出則乘車馬衣美裘以爲榮華入則修竽瑟鐘石之聲而安其子女之樂以亂鄉曲之教如此者奪其祿以來四方之士此之謂奪淫民也儒行幽居而不淫正義常自修整不傾邪也馥謂淫非傾邪言不敢私逸

姘 除也漢律齊人予妻婢姦曰姘從女幷聲 普耕切

除也者姘通作屛書金縢我乃屛璧與圭　漢律齊人予妻婢姦曰姘者齊當爲齋謂齋日不近女廣韻齋與女交罰金四兩曰姘蒼頡篇男女私合曰姘

奸 犯婬也從女從干干亦聲 古寒切

犯婬也者後人加婬字五經文字奸犯也小爾雅廣言奸犯也宣十二年左傳事不奸矣杜注奸犯也襄十四年傳

君制其國臣敢奸之杜注奸猶犯也史記龜策傳寒氣不和賊氣相奸漢書溝洫志使神人各得其所而不相奸劉向傳數奸众亾之誅　干亦聲者當爲干聲

姅 婦人污也從女半聲漢律曰見姅變不得侍祠 博幔切

婦人污也者史記五宗世家索隱引作女污也徐鍇本作婦人汙見也神仙服食經婦人十五已上下爲月客有身月客絕上爲乳汁漢書景十三王傳景帝召程姬程姬有所避不願進顏注謂月事史記索隱云姚氏按釋名云天子諸侯羣妾以次進御有月事者止不御更不口說故以丹注面目的的爲識令女史見之王察神女賦以爲脫桂裳免簪笄施元的結羽釵的卽釋名所云也馥案今釋名云以丹注面目勺勺灼也此本天子諸侯羣妾當以次進御其有月事者止而不御重以口說故注此於面灼然爲識女史見之則不書其名於弟錄也張泌裝樓記月運紅潮婦人之桃花癸水也亦名曰汛又名姅變漢律姅變不得侍祠姅音半說文云婦人污也一名入月王建宮詞密奏君王知入月喚人相伴洗裙裾輟耕錄天癸曰月事黃帝內經女子二七而天癸至月事以時下又云女子不月史記濟北王侍者韓女病月事不下診其腎脈嗇而不屬故曰月不下廣韻姅傷孕集韻姅裹子傷也馥案今謂之小產其污亦見漢律曰見姅變不得侍祠者史記索隱引同楊愼曰漢律姅變謂月事也續漢書禮儀志齋日內有汙染解齋

娗 女出病也從女廷聲 徒鼎切

女出病也者趙宧光曰方書女婦下疾陰娗又云婦人帶下有出病當卽疝字史記倉公傳齊北宮司空命婦出於病臣意診其脈曰氣疝客於膀胱難於前後溲而溺赤病見寒氣則遺溺

婥 女病也從女卓聲 奴教切

女病也者俗作𤸫傷也

娷 諉也從女垂聲 竹恚切

諉也者本書諈下云諈諉累也

㛴 有所恨也從女𡿺聲今汝南人有所恨曰㛴 奴皓切

有所恨也者一切經音義十三引作有所恨痛也玉篇廣韻五音集韻六書正譌竝同徐鍇韻譜㛴恨痛　𡿺聲者徐鍇本作㛴省聲　今汝南人有所恨曰㛴者一切經音義十三引作今汝南人有所恨言大㛴徐鍇本同

媿 慙也從女鬼聲 俱位切

慙也者釋言文廣雅媿恥也小爾雅不直失節謂之慙慙愧也漢書龔遂傳郎中令善媿人顏注媿古愧字愧辱也泰策狀有歸色高注歸當作媿媿慙也

愧 媿或從恥省

奻 訟也從二女 女還切

從二女者易睽象二女同居其志不同行

姦 私也從三女 古顏切

禮學記刑以防其姦莊二年左傳夫人姜氏會齊侯于禚
書姦也文十八年傳竊賄爲盜盜器爲姦宣三年傳使民知
神姦成十七年傳臣聞亂在外爲姦在內爲軌管子君臣
篇止詐拘姦厚國之道也　列女傳有虞二妃傳母憎舜而
愛象舜猶內
治靡有姦意
私也者廣雅同私當爲厶本書云
姦邪也釋名姦奸也言奸正法也

𡘗　古文姦從心旱聲

文二百三十八　重十三

嬉　樂也

一切經音義七引文選洞簫賦春禽羣嬉琴賦以遨以嬉鸚
鵡賦故其嬉游高峻李善引竝同蒼頡篇嬉戲笑也廣雅嬉
戲也史記孔子世家嬉戲常陳俎豆漢書文帝紀七八十翁
嬉戲如小兒狀唐辛替否上疏云廣池籞以嬉之通作熙宋
玉登徒子好色賦出咸陽
熙邯鄲李善注熙戲也

㚢

集韻㚢下云李舟曰說文闕馥案
本書㚢下注一闕字舟引之也

遺文二

毋　止之也從女有奸之者凡毋之屬皆從毋　武扶切

止之也者檀弓曰噫毋注云毋禁止之辭論衡譴告篇舜
戒禹曰毋若丹朱敖周公敕成王曰毋若殷王紂毋者禁
之也丹朱殷紂至惡故曰毋以禁之夫言毋若孰與言必
若哉故毋必二辭聖人審之　從女有奸之者五經文字
從女象有奸者止之形曲禮毋不敬釋文引云止之詞其
字從女內有一畫象有姦之形禁止之勿令姦古人云毋
猶今人言莫也正義依說文止毋是禁辭故說文毋字從
女有人從中欲干犯故禁約之詩角弓毋教猱升木箋云
毋禁辭正義說文云毋止之也從
女象有奸之者言止其奸而稱毋

毐　人無行也從士從毋賈侍中說秦始皇母與嫪毐淫
坐誅故世罵淫曰嫪毐讀若娭　遏在切

人無行也者漢書五行志太后淫於呂不韋及嫪毐顏注
嫪或音居虯反嫪姓也毐名也許愼說以爲嫪毐士之無
行者嫪音郎到反毐音烏改反與今史記漢書本文不同
馥案唐竇懷貞與太平公主謀逆投水死既戮其尸改姓
毐氏　賈侍中說秦始皇母與嫪毐淫坐誅故世罵淫曰
嫪毐者史記秦始皇本紀嫪毐封爲長信侯正義云嫪音
躬虯反索隱云嫪姓毐字王劭云賈侍中說秦始皇母子
嫪毐淫坐誅故世人罵淫曰嫪毐也馥案戰國策韓有嫪
留史記建元以來侯者年表有樛世樂南越傳嬰齊取邯
鄲樛氏女漢書作摎廣韻魏有河內太守摎尚佩觿摎毐
變嫪其順非有如此者注云摎音劉是作嫪郎到翻非又
曰毐烏改翻摎毐又曰摎音留摎毐人名史記呂不韋傳
始皇帝益壯太后淫不止呂不韋恐覺禍及己乃私求大
陰人嫪毐以爲舍人時縱倡樂使毐以其陰關桐輪而行
令太后聞之以啗太后太后聞果欲私得之呂不韋乃進
嫪毐詐令人以腐罪告之不韋又陰謂太后曰可事詐腐
則得給事中太后乃陰厚賜主腐者吏詐論之拔其鬚眉
爲宦者遂得侍太后太后私與通絕愛之有身太后恐人

知之詐卜當避時徙宮居雍嫪毐常從始皇九年有告嫪
毐實非宦者常與太后私亂生子二人皆匿之於是秦王
下吏治具得情實九月夷嫪毐三族殺太后所生兩子而
遂遷太后於雍魏策秦自四境之內執法以下至於長輓
者故畢曰與嫪氏乎與呂氏乎今王割地以賂秦以爲嫪
毐功卑體以尊秦以因嫪毐王以國贊嫪毐以嫪毐勝矣
王以國贊嫪氏太后之德王也深於骨髓王之交最爲天
下上矣楚策是歲秦始皇立九年矣嫪毐亦爲亂於秦覺
夷三族秦蒹威不掩於山東而掩於母高注秦王以母姪
通於嫪毐閉之於雍門宮御覽引說苑秦始皇太后不謹
幸郎嫪毐封爲長信侯生兩子毐專國事驕奢與
侍中左右貴人棋博飲酒醉爭言而闘瞋目大呼曰吾迺
秦皇之假父也寠人子何敢與我抗闘者走行白始皇始
皇大怒毐因作亂戰咸陽宮始皇取毐四支車裂之取兩
弟囊撲殺之皇太后置之棫陽宮張晏注漢書人表云嫪
毐上蒸昏亂惡不忍聞乃在第七據張說則人表中原有
嫪毐
今闕

文二

說文解字弟十二　義證弟四十

曲阜桂馥學

民　衆萌也從古文之象凡民之屬皆從民 彌鄰切

衆萌也者宋本小字本李燾本廣韻集韻類篇竝作萌釋名民萌也賈誼書大政篇民之爲言萌也漢書民萌何以勸勉詩緜緜其麃釋文韓詩作民民云衆皃

𢀛　古文民

本書閔字古文從此莊君述祖曰夏小正納卵蒜當作納民𢀛古文民作𢀛隸訛作卵經師求其說而不得加艸作蒜

氓　民也從民亾聲讀若盲 武庚切

民也者廣雅方言竝同孟子君之於氓也注云氓民也讀若盲者郭注方言氓音萌一切經音義一案氓冥昧皃也言衆庶無知也漢書氓氓羣黎也書呂刑苗民弗用靈鄭注民者冥也言未見仁道詩氓之蚩蚩傳云氓民也蚩

蚩者敦厚之皃靈臺序箋云民者冥也其見仁道遲論語民可使由之鄭注民冥也其見人道遠孝經援神契民者冥也春秋繁露深察名號篇民者瞑也又曰米出禾中而禾未全米善出性中而性未全善民之號取之瞑也賈誼書大政篇夫民之爲言萌也萌之爲言盲也故惟上之所扶而以之民無不化也故曰民萌民萌哉直言其意而爲之名也

丿　右戾也象左引之形凡丿之屬皆從丿 於小切

文二　重一

乂　芟艸也從丿從乀相交 魚廢切

芟艸也者本書芟刈艸也鏺兩刃木柄可以刈艸禹貢三百里納秸傳云秸刈詩是刈是濩韓詩云刈取也宣三年左傳刈蘭而卒哀元年傳亦不艾殺其民釋文艾魚廢反吳語而又刈亾之韋注艾草曰刈管子小匡篇挾其槍刈耨鎛以旦暮從事於田野注云刈鎌也離騷願俟時乎吾將刈注云刈穫也草曰刈穀曰穫通作艾詩臣工奄觀銍艾釋文艾音刈大東無浸穫薪傳云穫艾也釋文作刈昭十六年左傳庸次比耦以艾殺此地斬之蓬蒿藜藋而共處之釋文艾魚廢反哀二年傳斬艾百姓釋文艾魚廢反昭八年穀梁傳艾蘭以爲防釋文艾魚廢反莊二十八年傳一年不艾而百姓饑疏引麋信云艾穫也月令令民毋艾藍以染大戴禮保傅篇其視殺人若艾草菅然漢書地理志五原郡成宜莽曰艾虜顏注艾讀曰刈公羊解詁金主芟艾

刈　乂或從刀

弗　撟也從丿從乀從韋省 分勿切

顏注漢書韋賢傳朱紱爲朱裳畫爲亞文也亞古弗字馥案玉篇弗古文作亞鄭所謂兩己相背者己當爲弓　撟也者洪武正韻弗撟也迹也周禮士師掌士之八成五曰撟邦令詩采菽紼纚維之正義定本及集注以毛云紼弗也通作拂釋名轡拂也牽引拂戾以制馬也御覽引鬼谷子事暴君有補削無矯拂易頤卦顛頤拂經於邱詩皇矣四方以無拂箋云拂猶佹也言無復佹戾者吳語吾將許越成而無拂吾慮又通作佛曲禮獻鳥者佛其首注云

佛戾也大學引書人之彥聖而違之俾不通鄭注違猶戾也佛戾賢人所爲使功不通於君也又通作咈堯典吁咈哉大禹謨罔咈百姓以從己之欲傳竝云咈戾也又通作費中庸君子之道費而隱鄭注費猶佹也

乀　左戾也從反丿讀與弗同 分勿切

文四　重一

𠂆　抴也明也象抴引之形凡𠂆之屬皆從𠂆虒字從此 余制切

抴也者本書抴捈也捈卧引也爭從𠂆引也犮从犬而𠂆之曳其足則剌犮也弟曳竝從𠂆　明也者五音集韻𠂆施明也本書后从𠂆云施令以告四方故𠂆之

弋　橜也象折木衺銳著形從𠂆象物挂之也 與職切

橜也者本書橜橛竝云弋也方言橜燕之東北朝鮮洌水之閒謂之椵注云揭杙也史記司馬相如傳猶時有銜橜

之變集解徐廣曰鉤逆者謂之橜索隱曰周遷輿服志云
鉤逆上者爲橜釋宮雞棲於弋爲榤李巡曰弋橜也考工
記匠人置槷以縣注云故書槷或作弋杜子春云槷當爲
弋司馬彪戰畧其近水沙地不得作圍塹而口車輪以大
弋椓穿中隋書元弘嗣傳每推鞫囚徒或椓弋其下竅吳
志賀齊傳募輕捷士爲作鐵弋密於隱險處以弋拓斬山
爲緣道夜令潛上覆案二弋字竝當作弋弋可賴以上也
斬山當是暫字誤分爲二六韜委環鐵弋長三丈三尺釋
典東天竺去蜀不遠有山限之渡徼外者四弋更代插石
壁間爲梯山具字或作杙釋宮橛謂之杙在牆者謂之楎
在地者謂之臬大者謂之栱長者謂之閣郭注杙橜也詩
兔罝椓之丁丁傳云丁丁椓杙聲周禮牛人以授職人注
云職讀爲樴樴謂之杙可以繫牛內則不敢縣於夫之楎
椸注云楎杙也襄十七年左傳以杙抉其傷而死莊子人
間世其栱把而上者求狙猴之杙者斬之呂氏春秋節喪
篇譬之若瞽師之避柱也避柱而疾觸杙也尙書大傳椓
杙者有數注云杙者繫牲者也　象折木衺銳著形者韻
會引徐鍇本作象折木銳衺著形　象物挂之也者玉篇
弋橜也所
以挂物也

文二

乀

乀 流也从反厂讀若移凡乀之屬皆从乀　弋支切

流也者釋言流覃也疏云謂水之流必相延及通作移禮
大傳絕族無移服正義在旁而及曰移言不延移及之
讀若移者玉
篇乀移也

也

也 女陰也象形　羊者切

女陰也者老子元牝之門釋典入地三昧經見海神女根
神異經東南隅大荒之中有樸父焉天譴其夫妻竝立東
南男露其勢女彰其殺注云勢殺
陰陽　象形者徐鍇本作乀聲

秦刻石也字

秦權也
字如此

文二　重一

氏

氏 巴蜀名山岸脅之旁箸欲落墮者曰氏氏崩聲聞數百里象形乀聲凡氏之屬皆从氏楊雄賦響若氏隤　承旨切

字从乀音移
篆當爲氏

巴蜀名山岸脅之旁箸欲落墮者曰氏者御覽引云巴蜀
山岸脅之堆旁欲落者曰氏徐鍇本亦有堆字鍇曰巴堆
之形字書巴蜀名山堆落曰坻玉篇巴蜀謂山岸欲墮曰
氏崩聲也本書𠩺坼也从厂厂之性坼　氏崩聲聞數百
里者小字本李燾本類篇竝無聲字本書初刻亦無後乃
增之應劭曰天水有大坂名曰隴坻其山堆傍著崩落作
聲聞數百里故曰坻隤顏注漢書謂應說天水隴坻失之
辛氏三秦記小隴山一名隴坻又名分水嶺漢書揚雄解
嘲云響若坻隤晉書地道記漢陽有大阪名隴坻一名隴
山郡處其西故曰隴西其山堆旁崩聲聞數百里揚雄所
謂響若坻頹者也水經注洮水又北逕狄道故城西又北
隴水注之即山海經所謂濫水也水出鳥鼠山西北高城

嶺西逕隴坻其山岸崩落者聲聞數百里故揚雄稱響若
坻頹是也馥案此皆言隴坻與應劭同　揚雄賦響若氏
隤者徐鍇曰解嘲之文古通謂之賦漢書揚雄傳響
若阺隤顏注阺音氏巴蜀人名山旁堆欲墮落曰阺

氒

氒 木本从氏大於末讀若厥　居月切

木本也者列子黃帝篇厥株駒釋文厥本或作橛說文作
氒木本也李頤云厥豎也株駒亦枯樹本也馥案集韻橛
株山名橛即氒　大於末
者戴侗曰蜀本作大於本

文二

氐

氐 至也从氏下箸一一地也凡氐之屬皆从氐　丁禮切

至也者史記天官書氐四星東方之宿氐者言萬物皆至
也通作底書康王之誥底至齊馬讀絕句詩祈父靡所底
止傳云底至也小旻伊于胡底箋云底至也成十六年左
傳人恤所底襄九年傳無所底告十年傳其能來東底乎
昭二十六年傳未有攸底杜注竝云底至也徐鍇本作至
也本也本也者釋訓文彼作柢郭注謂根本廣雅氐柢也

釋天天根氐也郭音丁禮反注云角亢下繫於氐若木之有根一切經音義九爾雅音義曰天根爲天下萬物作根也故曰天根也孫炎曰角亢下繫於氐若木之有根也詩節南山維周之氐傳云氐本通作邸釋器邸謂之柢郭注根柢皆物之邸邸底通語也周禮典瑞四圭有邸鄭司農云爾雅曰邸本也圭本著於璧故四圭有邸圭末四出故也馥案玉人注邸謂之柢一地也者本書至下云鳥飛從高下至地也從一一猶地也

𣐺 臥也從氐垔聲於進切

臥也者集韻𣐺臥也玉篇𣐺仆也廣韻𣐺赴也疑赴字誤

䑅 觸也從氐失聲徒結切

𢍰 闕

徐鍇本有家本無注四字　廣雅𢍰誤也曹憲音乎孝反玉篇引聲類𢍰誤也

文四

戈 平頭戟也從弋一橫之象形凡戈之屬皆從戈古禾切

平頭戟也者增韻戟偏距曰戈玉篇戈平頭戟長六尺六寸詩無衣修我戈矛傳云戈長六尺六寸考工記廬人爲廬器戈柲六尺有六寸馥謂廬借字當爲籚本書籚積竹矛戟矜也呂氏春秋仲夏紀戈戟長六尺六寸釋名戈句子戟也戈過也所刺擣則決過所鉤引則制之弗得過也小爾雅廣器戈句子戟也方言戟楚謂之釨吳揚之閒謂之戈東齊秦晉之閒謂其大者曰鏝胡其曲者謂之鉤釨鏝胡注云即今雞鳴鉤釨戟也考工記冶氏戈廣二寸內倍之胡三之援四之注云戈今句子戟也或謂之雞鳴或謂之擁頸內謂胡以內接柲者也長四寸胡六寸援八寸又云戈句兵也主於胡也書顧命執戈上刃鄭注今之句子戟牧誓稱爾戈傳云戈戟周禮夏官敘官司戈盾注云戈今時句子戟文王世子春夏學干戈注云戈句子戟也論語而謀動干戈於邦內孔安國曰戈戟也孟子干戈朕注云戈戟也楚詞九歌操吳戈兮被犀甲注云戈戟也韓詩外傳直兵將推之曲兵將鉤之晉東宮舊事東列崇福門門各雞鳴戟十張崔鴻後趙錄冉閔執鉤戟斬鮮卑三百餘級束晳發蒙記師子惟畏鉤戟漢陳勝項籍傳不敵於鉤戟長鎩顏注鉤戟戟刃鉤曲者也馥案此皆言句子戟也少儀戈有刃者櫝正義謂戈之有刃者以櫝韜之馥案方言凡戟而無刃秦晉之閒謂之子吳揚之閒謂之戈是戈有有刃無刃之別陳啟源曰戈戟皆句兵但小枝向上爲戟平之爲戈微有不同故戈亦蒙戟名而以句子別之句子者以其橫安刃不向上而鉤也且其字篆體本象戈形說文謂之平頭戟云从一橫之象形是已又莊四年左傳楚武王授師子焉杜引方言云子者戟也疏云方言戟楚謂之子郭注云取名於句子也戟有上刺之刃又有下句之刃故以句子爲名是戈戟之用俱在句子大類而小別也方言又云凡戟而無刃秦晉之閒謂之子吳揚之閒謂之戈東齊秦晉之閒謂其大者曰曼胡其曲者謂之句子曼胡郭注云句子曼胡即今之雞鳴句子戟也夫戟而無刃始即所謂橫安刃不向上者正指戈而言然則子者本以名戈而楚獨以名戟杜特據楚語釋子曰故合氏疏引左傳注云子句子此非杜注當是服賈諸家語不言是戟與杜異程君瑤田曰記云已倨則不入謂援倨於外博太向上也戈啄人蓋橫用之太向上是以不能入也已句則不決謂援句於外博橫啄之雖可入然太向下與胡相迫是以入而難決斷也倨句外博則二病除長內則

折前前謂援也內長則重而援轉輕輕則爲重者所累故易掉折亦啄而不能入也短內則不疾內短則輕而不足以爲援助故入之而不疾也二病弗除雖倨句外博戈亦未盡善也又云戈戟所以謂之句兵者其用橫擊故廬人職又變言擊兵也矛所以謂之刺兵者其用直刺故說文云刺直傷也鄭氏用司農說援直刃也胡其子是以援爲直傷之刺而謂胡爲子然橫出者誤也援在上而橫援之言引也闢弓曰引義由橫出而生胡在援下如嚨胡之下垂故說文謂之平頭戟言其無直刺也戟則有枝是橫擊之兵而又能直刺故冶氏呼枝爲刺馥案文十一年左傳獲長狄僑如富父終甥摏其喉以戈殺之文二年傳狼瞫取戈以斬囚昭元年傳擊之以戈二十六年傳苑子剸林雍斷其足摏者以平頭之平刃摏之也斬者以胡之曲刃斬之也擊者以平頭之銳刃擊之也剸亦擊也

從弋一橫之象形者華嚴經音義引戈形旁出一刃也戟形旁出兩刃也

肈 上諱

上諱者東觀漢記孝和皇帝諱肈後漢書和帝紀孝和皇帝諱肈伏侯古今注曰肈之字曰始肈音兆臣賢案許愼

說文肇音大可反上諱也但伏侯許慎竝漢時人而帝諱不同葢應別有所據馥案本書屖始也肇擊也此二字竝音兆肇大可反當是從戈從屖戈亦聲釋言肇敏也郭引書肇牽車牛是則肇與屖肇聲義迥殊李舟切韻訓肇爲擊音直小切案詩良耜其鎛斯趙傳云趙刺也或借趙爲肇邪

戎 兵也從戈從甲如融切

兵也者書惟口出好興戎詩雨無正戎成不退傳云戎兵中庸壹戎衣而有天下注云戎兵也明堂位越棘大弓天子之戎器也月令以習五戎注云五戎弓殳矛戈戟也七經義綱格論步卒五兵戈殳車戟酋矛矢

戣 周制侍臣執戣立於東垂兵也從戈癸聲渠追切

周制侍臣執戣立於東垂者韻會引在癸聲之下書顧命一人冕執戣傳云戣戟屬正義鄭元云戣葢今三鋒矛兵也者廣韻戣兵器字林戣兵也

𢦒 盾也從戈旱聲侯旰切

盾也者廣雅同通作干方言盾自關而東或謂之瞂或謂之干釋言干扞也孫炎曰干盾自蔽扞也書大禹謨舞干羽于兩階傳云干楯牧誓比爾干傳云干楯也正義楯竝以扞敵故言比詩兔罝公侯干城傳云干扞也箋云干也城也皆以禦難也正義干者言以武夫自固爲扞蔽如盾公劉干戈戚揚樂記干戚羽旄注云干盾也又云總干而山立注云總干持盾也明堂位朱干玉戚注云朱干赤大盾也宜八年公羊傳萬者何干舞也何注干謂楯也能爲人扞難而不使害人故聖王貴之以爲武樂又昭二十五年傳朱干注云干楯也以朱飾楯

戟 有枝兵也從戈倝周禮戟長丈六尺讀若棘紀逆切

六韜春以長矛在前夏以大戟在前　陶侃表奉獻金鈴大戟五十張　陸機要覽東弓南矛西劒北戟　唐尹思貞於其家坎地獲古戟十二　釋名手戟手所持擿之戟也　魏志呂布傳董卓拔手戟擲布　吳志太史慈傳策刺慈馬而擥得項上手戟　張勃吳錄嚴白虎弟與與長沙王會王以手戟投之立死　晉起居注作將軍手戟四枚　孫盛異同雜語太祖嘗私入張讓室讓覺之乃舞手戟於庭前踰垣而出　江表傳典韋所持手戟長幾一尋軍中語曰帳下壯士有典君手提雙戟八十斤　吳書凌統以刀舞甘寧起曰寧能雙戟舞　周處風土記戟長一丈二尺奮揚俯抑乍跪乍立兼五兵之能又曰教學講武戒遠慮戎首元戈奮長雄迎來送往所截橫從扶強頓弱唯敵所從植則龍虎交互神變無常去者厚餞來者不攘注云首先也元戈北斗杓端招搖之內貫索之外獨星也戟爲五兵雄葢取威奮振也凡用戟法先小振動之後揭上連下收功於中恆在首頰之閒來迎去送順而不逆也又言用雙戟之法交帆相向左手爲龍右手爲虎更出更入更上更下上下無常隨變而改顚倒入懷轉如回風敵縈抓勝揭戟徐反可謂上下無常非謂邪也進退無恆非離羣也益進足奮手欲及機也如敵來輕去疾進而送之敵來重進疾閉而待之

有枝兵也者字林同枝如莊子枝指之枝　增韻雙枝爲戟單枝爲戈廣韻戟矛戟枝也釋名戟格也旁有枝格也急就篇鈒戟鈹鎔劒鐔鍭顏注戟枝刃之矛也楚謂之孑淮南時則訓孟夏之月其兵戟注云戟有枝榦象陽布散也後漢書呂布傳乃令軍候植戟於營門布彎弓顧曰諸君觀布射戟小支注云小支謂胡也卽今之戟旁曲支廣韻戣戟支玉篇戟三刃戟也方言三刃枝南楚宛郢謂之匽戟注云今戟中有小子刺者所謂雄戟也考工記冶氏戟

廣寸有半寸內三之胡四之援五之倨句中矩注云今三鋒戟也廣雅匽謂之雄戟漢書建干將之雄戟張揖曰雄戟胡中有鉅者史記索隱引周禮圖謂戟反曲下爲胡也莊四年左傳楚武王荊尸授師孑焉以伐隨正義方言云戟謂之孑郭璞云取名於鉤孑也戟是擊刺之兵有上刺之刃又有下鉤之刃故以鉤孑爲名也史記楚世家楚國折鉤之喙足以爲九鼎正義云凡戟有鉤喙鉤口之尖也言楚國戟之鉤口尖有折者足以爲鼎御覽引劉向別傳當是揚雄別傳雄擬易羝羊觸藩子烏曰大人何不云荷戟入榛薉案此以戟比羊角也晉書載記石閔左杖雙刃矛右執鉤戟呂氏春秋知分篇直兵造胷句兵鉤頸注云直矛也句戟也襄二十三年左傳或以戟鉤之斷肘而死東觀漢記楊政以車駕出伏道邊持車叩頭旄頭以戟叉政傷胷前又郭鎮以劒擊閻景墮車左右以戟叉其胷禽之郭頒世語舊制三公領兵入見皆交戟叉頸而前從戈倝者徐鍇本作倝聲　周禮戟長丈六尺者考工記車戟常注云八尺曰尋倍尋曰常字林戟長丈六尺詩無衣修我矛戟箋云戟車戟常也正義常長丈六複案柄長故狂狡倒戟出鄭人於井　讀若棘者隱十一年左傳子都拔棘以逐之注云棘戟也明堂位越棘大弓天子之戎器

也注云棘戟也漢書陳勝項籍傳鉏櫌棘矜顏注棘戟也徐樂傳奮棘矜顏注棘戟也矜戟之把也嚴安言世務書起閭巷杖棘矜吳都賦吳鉤越棘張協手戟銘名配越棘昭十年左傳而反棘焉注云戟里亭周禮掌舍戟門亦謂之棘

戛 戟也從戈從百讀若棘 古黠切

戟也者東京賦立戈迆戛

賊 敗也從戈則聲 昨則切

敗也者文十年左傳臣歸死於司敗也杜注陳楚名司寇爲司敗十八年傳毀則爲賊杜注毀則壞法也孟子賊仁者謂之賊六書故今俗書从貝从戎俗說貝戎爲賊蓋謬以賊爲盜書曰怙終賊刑又曰賊虐諫輔傳曰毀則爲賊竊賄爲盜今人習聞盜賊之稱因合而爲一盜賊二字本未嘗同也

戍 守邊也從人持戈 傷遇切

守邊也者本書𢦤下云戍兵守也廣雅戍守也詩序采薇遣戍役也遣戍役以守衛中國箋云戍守也揚之水不與我戍申傳云戍守也桓六年左傳於是諸侯之大夫戍齊莊八年傳戍葵邱十三年傳齊人滅遂而戍之僖十三年傳爲戎難故諸侯戍周杜注並云戍守也莊十七年公羊解詁以兵守之曰戍西周策今王許戍三萬人與溫圍齊策以戍梁絳安邑高注並云戍守也司馬法古者戍兵三年不典覩民之勞也尉繚子軍無功者戍三歲　從人持戈者本書役戍邊也古文從殳從人廣韻戍從人荷戈也

戰 鬭也從戈單聲 之扇切

鬭也者當爲門本書門下云兩士相對兵杖在後象門之形春秋桓十七年及齊師戰於奚杜注皆陳曰戰

戲 三軍之偏也一曰兵也從戈䖒聲 香義切

三軍之偏也者史記項羽本紀諸侯罷戲下僖二十八年左傳晉中軍亾大旆之左旃正義謂之左旃蓋是左軍所建者襄三年左傳舉其偏杜注偏屬也正義偏者半廂之名故傳多云東偏西偏軍師屬已分之別行謂之偏師傳云彘子以偏師陷是偏爲廂屬之名也馥案傳云帥偏師以修封疆又云司馬令尹之偏杜注偏佐也易師左次无咎崔憬曰偏將軍居左左次常備師也一曰兵也者太平御覽引作弄也僖九年左傳夷吾弱不好弄注云弄戲也二十八年傳請與君之士戲

戜 利也一曰剔也從戈呈聲 徒結切

利也者本書鐵或從戜

或 邦也從口從戈以守一一地也 于逼切

邦也者廣雅域國也鄭注周禮太宰大曰邦小曰國惠棟曰大戴禮大道邦或書微子殷其弗或亂正四方皆訓域也從口者五經文字口音圍　以守一者宋本作又从一

域 或又從土

𢧵 斷也從戈雀聲 昨結切

斷也者本書斷截也詩常武截彼淮浦王師之所箋云就王師而斷之後漢書陸續傳母嘗截肉未嘗不方江表傳孫權曰令人氣湧如山不自截鼠子頭以擲於海無顏復臨萬國通鑑魏人凡縣六州丁壯者即加斬截

𢦔 殺也從戈今聲商書曰西伯既𢦔黎 口含切

殺也者書釋文引同通作戡釋詁戡克也郭引公羊傳克之者何殺之也墨子湯在鑣宮夢神謂之曰夏桀無道汝克戡之又通作龕謝朓詩西龕收組練李善云尚書序曰西伯戡黎龕與戡音義同　商書西伯既𢦔黎者彼作戡傳云戡亦勝也本書𨞖下引商書西伯戡𨞖尚書大傳西伯既𢦔耆

戕 槍也他國臣來弒君曰戕從戈爿聲 在良切

槍也者疑作搶戕搶聲相近搶言自外來也春秋左氏經桓十八年公薨于齊杜注不言戕諱之也襄三十一年傳閽戕戴吳馥案二十九年傳吳人伐越獲俘焉以爲閽使守舟吳子餘祭觀舟閽以刀弒之宣十八年秋七月邾人戕鄫子于鄫賈逵云邾使大夫往殘殺之左傳凡自虐其君曰弒自外曰戕釋例云戕者卒暴之名有國之君當重

門設險而輕近暴客變起倉卒亦因事而見戒也春秋弒君多矣其戕唯此一事

戮 殺也從戈翏聲 力六切

殺也者廣雅同周禮秋官敘官掌戮注云戮猶辱也既斬殺又辱之晉語殺其生者而戮其死者韋注陳尸爲戮

戡 刺也從戈甚聲 竹甚口含二切

刺也者或作揕史記刺客列傳臣左手把其袖右手揕其匈索隱揕謂以劒刺其胷也

戭 長槍也從戈寅聲春秋傳有擣戭 弋刃以淺二切

長槍也者玉篇槍下云木兩頭鋭也或作鎗方言凡戟而無刃秦晉之閒謂之釨或謂之鏔春秋傳有擣戭者文十八年左傳文釋文擣作檮直由反韋昭音桃馥案玉篇㪂擣也漢書人表檮㪂顏音疇演而韋昭讀己震反

戕 傷也從戈才聲 祖才切

戩 滅也從戈晉聲詩曰實始戩商 即淺切

滅也者通作翦鄭注周禮翦氏云翦斷滅之言也書成王政序成王東伐淮夷遂踐奄傳云遂滅奄而從之正義鄭元讀踐爲翦翦滅也　詩曰實始戩商者魯頌閟宮文彼作翦傳云翦齊也箋云斷也非本書義

𢦔 絕也一曰田器從从持戈古文讀若咸讀若詩云攕女手 子廉切

絕也者通作殲禮文王世子其刑罪則殲剸馥案殲剸謂斬絕也又通作殲趙宧光曰夏書殲厥渠魁當用𢦔絕之𢦔　讀若詩云攕攕女手者徐鍇本有一曰二字

武 楚莊王曰夫武定功戢兵故止戈爲武 文甫切

本書會意者比類合誼以見指撝武信是也　釋名武舞也征伐動行如物鼓舞也故樂記曰發揚蹈厲太公之志也　楚莊王云云者宣十二年左傳楚子曰夫文止戈爲武又云夫武禁暴戢兵保大定功安民和衆豐財者也漢書武五子傳是以倉頡作書止戈爲武聖人以武禁暴整亂止息兵戈非以爲殘而興縱之也顏氏家訓客有難主人曰今之經典子皆謂非說文所言子皆云是然則許慎勝孔子乎主人撫掌大笑應之曰今之經典皆孔子手迹耶客曰今之說文皆許慎手迹乎答曰許慎檢以六文貫以部分使不得誤誤則覺之孔子存其義而不論其文也先儒尚得臨文從意何況書寫流傳耶必如左傳止戈爲武反正爲乏皿蟲爲蠱亥有二首六身之類後人自不得輒改也安敢以說文校其是非哉

戢 藏兵也從戈咠聲詩曰載戢干戈 阻立切

藏兵也者本書韔所以戢弓矢隱四年左傳夫兵猶火也弗戢將自焚也襄二十四年傳兵不戢必取其族杜注戢藏也　詩曰載戢干戈者周頌時邁文傳云戢聚也宣十二年左傳引此詩杜注戢藏也

戠 闕從戈從音 之弋切

易豫卦朋盍簪釋文虞作戠戠叢合也　書禹貢厥土赤埴墳釋文埴鄭作戠徐鄭王皆讀曰熾正義戠埴音義同周禮牛人以授職人鄭云職讀爲樴疏云充人置樴入地之時樴樴然作聲故以聲名其官馥案賈說疑職樴並當作戠以

戠從音也

戔 賊也從二戈周書曰戔戔巧言 昨干切

漢校官碑禽姦戔猾　賊也者通作殘易賁束帛戔戔虞云弜爲帛爲繩艮手持故束帛以艮斷弜故戔戔馥案子夏傳作殘本書殘賊也　周書曰戔戔巧言者今無此文秦誓惟截截善諞言文十二年公羊傳引作惟諓諓善竫言王注楚詞引作諓諓靖言鹽鐵論愕愕者福也諓諓者賊也

文二十六　重一

戉 斧也從戈㇄聲司馬法曰夏執玄戉殷執白戚周左杖黃戉右秉白髦凡戉之屬皆從戉 王伐切

經典通作鉞　釋名鉞豁也所向莫敢當前豁然破散也　史記紂賜西伯弓矢斧鉞馥案後漢書郭躬傳既無斧鉞何

得專殺人乎古今注得賜黃鉞則斬持節將
也漢書刑法志大刑用甲兵其次用斧鉞
斧也者蒼頡篇廣雅開元文字廣韻御覽一切經音義二
尚書釋文後漢書注竝引作大斧也字林戉王斧也通作
鉞書牧誓王左杖黃鉞釋文鉞本又作戉漢書天文志東
井西曲星曰戉史記天官書作鉞文選冊魏公九錫文是
用錫君一鈇鉞各一六韜大柯斧刃長八寸重八斤柄長五
尺以上一名天鉞詩公劉干戈戚揚傳云揚鉞也黃生義
府曰呂氏春秋簡戚淮南子作簡越乃知戚當作戉郎古
鉞字以音相近故借用越戚字則後人傳寫之譌也司
馬法曰夏執玄戉者史記周本紀斬以玄鉞集解司馬法
曰夏執玄鉞宋均曰玄鉞用鐵不磨礪殷執白戚者六
書精蘊戚戉之白者爲之錫劑以文之不專用武也司馬
法殷執白戚周左杖黃戉右秉白髦者髦尚書作旄秉
韻會引徐鍇本作把司馬法周左執黃鉞右執白旄所以
示不進者審察斬殺之威也古今注金斧黃鉞鐵斧玄鉞
三代通用之以斷斬今以黃鉞爲乘輿之飾玄鉞諸王公
得建之武王以黃鉞斷紂故王者以爲戒太公以玄鉞斬
妲己故婦人以爲戒漢制諸公建玄鉞以太公秉之助武
王斷斬故爲諸侯之飾大將出征特加黃鉞者以銅爲之

黃金涂刃及木柄不得純金也易旅卦得其資斧釋文資
衆家竝作齊張軌云齊斧蓋黃鉞斧也牧誓王左杖黃鉞
傳云黃鉞以黃金飾斧昭十五年左傳鍼鉞秬鬯杜注鉞
金鉞後漢書馮勤傳黃鉞一下無處所注云鉞斧也以黃
金飾之吳錄假陸遜黃鉞唐書黃鉞古來以金爲飾金者
應五行之數有肅殺之威去金稱黃理或未當其鉞宜改
爲金鉞副威
武之義焉

戚 戉也从戉尗聲倉歷切

戉也者廣雅戚斧也釋名戚感也斧以斬斷見者皆感懼
也詩公劉干戈戚揚傳云戚斧也禮文王世子大樂正學
舞干戚樂記干戚羽旄明堂位朱干玉戚鄭注竝云戚斧
也呂氏春秋仲夏紀執干戚戈羽高注戚斧漢書司馬相
如傳建干戚郭璞曰戚斧也或作鍼小爾雅廣器鍼鉞斧
也昭十二年左傳君王命剝圭以爲鍼柲杜云鍼斧也昭
十五年傳鍼鉞秬
鬯杜云鍼斧也

文二

我 施身自謂也或說我頃頓也从戈从𠂹𠂹或說古𠢎字一曰古殺字凡我之屬皆从我五可切

施身自謂也者本書吾下云我自稱也廣雅我己稱也易
觀卦觀我生虞注我身也太玄出我入我注云我音如台
小子之台釋詁台我也史記仲尼弟子列傳宰子字
子我論衡詰術篇其立字也展名取同義名予字子我
或說我頃頓也者本書俄行頃也仆頓也荀子禮論篇悖
詭其所敦惡之文也注云敦讀爲頓頓困躓也　手或說
古𠢎字者手五經文字作手當作𠂹𠢎字其首左向而下
𠢎篆當作𠂹　一曰古殺字者書泰誓我伐用張孟子引
作殺

𢦓 古文我

或云本書古文殺作𣏂此當作𢦓
馥謂古文𠂹作𢼬此當作𢦓

義 己之威儀也从我羊宜寄切

己之威儀也者儀當爲義通用儀字本書皃頌儀也釋名
儀宜也得事宜也釋詁儀榦也郭注儀表亦體榦書文侯
之命王若曰父義和鄭注義讀爲儀呂刑鴟義姦宄鄭注
訓義爲狀周禮司徒以儀辨等則民不越注云義故書儀
爲義肆師治其禮儀以佐宗伯注云故書儀爲義鄭司農
云義讀爲儀古者書儀但爲義今時所謂義爲誼大戴禮
哀公問五義荀子作五儀禮記出如舒雁注云舒雁鵞也
威儀自然而有行列少儀言語之美朝廷之美祭祀之美
車馬之美注云美皆當爲儀字之誤也文六年左傳引之
表儀杜注表儀猶威儀成十三年傳成子受脤於社不敬
劉子曰吾聞之民受天地之中以生所謂命也是以有動
作禮義威儀之則以定命也能者養之以福不能者敗以
取禍今成子惰棄其命矣襄三十一年傳何謂威儀對曰
有威而可畏謂之威有儀而可象謂之儀君有君之威儀
其臣畏而愛之則而象之故能有其國家令聞長世臣有
臣之威儀其下畏而愛之故能守其官職保族宜家順是
以下皆如是是以上下能相固也衛詩曰威儀棣棣不可
選也言君臣上下父子兄弟內外大小皆有威儀也周詩
曰朋友攸攝攝以威儀言朋友之道必相教訓以威儀也
昭五年傳公如晉自郊勞至於贈賄無失禮女叔齊曰是

儀也不可謂禮昭二十五年傳子太叔見趙簡子簡子問揖讓周旋之禮焉對曰是儀也非禮也通鑑臣光曰夫禮非威儀之說也然無威儀則禮不可得而行矣從我羊者韻會引云從我美省我者己也人言之己斷之爲美也馥案本書美與善同意譱與義美同意苟从羊羊與義善美同意

羛 墨翟書義從弗魏郡有羛陽鄉讀若錡今屬鄴本內黃北二十里

魏郡有羛陽鄉者續漢書郡國志魏郡內黃有羛陽聚後漢書光武紀帝自將征五校幸內黃大破五校於羛陽降之注云羛陽聚名屬魏郡故城在今相州堯城縣東諸本有作弟者誤也左傳云晉荀盈如齊逆女還卒於戲陽杜預注云內黃縣北有戲陽城戲與羛同音許宜反水經注淇水云白溝自縣北逕戲陽城東世謂之羛陽聚寰宇記永定縣本漢內黃縣也羛陽聚故城在今縣東本內黃北二十里者徐鍇本作本內黃北二十里鄉也

文二　重二

亅 鉤逆者謂之亅象形凡亅之屬皆從亅讀若橜衢月切

乚 鉤識也從反亅讀若捕鳥罬居月切

鉤識也者本書尺從此云乀所識也趙宧光曰凡點閱經史用鉛槧左直平鉤向右或先上平向右直下如乀字形皆鉤識義也馥案史記武帝讀東方朔上書輒乀其處本書丶有所絕止丶而識之也與乀同意　從反亅者廣韻所引下有象形二字

文二

珡 禁也神農所作洞越練朱五弦周加二弦象形凡珡之屬皆從珡巨今切

桓譚新論八音之中惟絲最密而琴爲之首又云琴隱長四寸五分隱以前長八分　七發九寡之珥以爲約李善云字書約亦的字也的琴徽也　琴書自堯相傳善琴者八十餘人有八十餘様雖少有差大體相似皆長三尺六寸法朞之數也上圓而斂象天也下方而平法地也十三徽配十二律餘一象閏也本五弦宮商角徵羽也加二弦文武也至後漢蔡邕又加二弦象九星在人法九竅其樣有異傳於四代所象鳳首翅足尾南方朱雀爲樂之主也五分其身以三爲上以二爲下三天兩地之義也上廣下狹尊卑之象也中翅八寸象八風腰廣四寸象四時軫圓象陽轉而不窮也臨樂承露用棗脣用梓未達先賢深意也

禁也者廣雅琴禁也風俗通聲音篇雅琴者樂之統也故琴之爲言禁也雅之爲言正也言君子守正以自禁也白虎通禮樂篇琴者禁也所以禁止淫邪正人心也長門賦援雅琴以變調兮李善引七畧雅琴琴之言禁也雅之言正也君子守正以自禁也李尤琴銘存雅却鄭浮侈是禁趙宧光曰琴訓禁何聲解也古今南北疑似相襲醫之爲意東之爲動類也至若馬訓怒龜訓舊亦類也　神農所作洞越者急就篇竽瑟空侯琴筑箏顏注琴神農所作也風俗通謹案世本神農作琴桓譚新論神農氏繼而王天下於是始削桐爲琴繩絲爲弦以通神明之德合天人之和焉帝王世紀炎帝神農氏作五弦之琴曹植神農贊正爲雅琴以暢風俗嵇康琴讚昔在黃農神物以臻傳玄琴

賦序神農氏造琴所以協和天下人性爲至和之主通典琴之始作或云伏羲或云神農諸家所說莫能詳定初學記引琴操曰伏犧作琴注云又案世本說文桓譚新論並云神農作琴二說不同宋書樂志琴馬融笛賦云宓羲造琴世本云神農所造廣雅伏羲氏琴長七尺二寸上有五弦注云見世本馥案長七尺二寸者瑟也大荒北經帝俊生晏龍晏龍是爲琴瑟郭注世本云伏羲作琴神農作瑟馥案所引世本與他書異晉書樂志農瑟義琴魏書樂志伏羲弦琴漢書司馬相如傳使靈媧鼓琴而舞馮夷張揖曰伏羲作琴使女媧鼓之馥案此皆言伏羲作與本書異　洞越者樂記清廟之瑟朱弦而疏越鄉飲酒禮二人皆左何瑟後首挎越燕禮小臣左何瑟面鼓執越注並云越瑟下孔也　練朱五弦周加二弦者廣雅神農氏琴長三尺六寸六分上有五弦曰宮商角徵羽文王增二弦曰少宮商隋書樂志絲之屬四一曰琴神農制爲五弦周文王加二弦爲七者也桓譚新論五弦第一弦爲宮其次商角徵羽文王武王各加一弦以爲少宮少商琴操琴長三尺六寸六分象三百六十六日廣六寸象六合文上曰池池者水也言其平下曰濱濱者服也前廣後狹象尊卑也上圓下方法天地也五弦象五行大弦爲君小弦爲臣文王

武王加二弦以合君臣之恩釋智匠樂錄
文王加一武王加一今稱二弦爲文武弦

古文珡從金

汗簡作[illegible]又作[illegible]云竝見
說文玉篇[illegible][illegible]竝古文

瑟　庖犧所作弦樂也從珡必聲 所櫛切

釋名瑟施弦張之瑟瑟然也　易通卦驗冬至鼓黃鐘之瑟瑟用槐木長八尺一寸夏至瑟用桑木注云瑟用桑木者柳槐條取其垂象烝下也　莊子徐無鬼篇說調瑟云鼓之二十五弦皆動　文子瑟二十五弦各以其聲應　呂氏春秋古樂篇瞽叟乃拌五弦之瑟作以爲十五弦之瑟命之曰大章以祭上帝舜立仰延乃拌瞽叟之所爲瑟益之八弦以爲二十三弦之瑟　白虎通禮樂篇瑟者嗇也閑也所以懲忿窒欲正人之德也故曰瑟有君父之節臣子之法君父有節臣子有義然後四時和四時和然後萬物生故謂之瑟也　月令章句瑟前其柱則清却其柱則濁

庖犧氏所作弦樂也者徐鍇本作弘樂馥案當爲孔越猶琴之洞越熊安生禮記義疏瑟兩頭有孔畫疏之疏通也

使兩頭孔相連而通孔小則聲急孔大則聲遲庖犧本書娽字下作虙羲顏注急就篇瑟庖犧氏所作也長七尺二寸二十七弦今則二十四北堂書鈔引世本庖犧氏作瑟瑟潔也使人精潔于心淳一于行也風俗通謹按世本宓羲作瑟八尺一寸四十五弦黃帝書泰帝使素女鼓瑟而悲帝禁不止故破其瑟爲二十五弦今瑟長五尺五寸非正器也史記封禪書或曰大帝使素女鼓五十弦瑟悲帝禁不止故破其瑟爲二十五弦於是賽南越禱祠太一后土始用樂舞益召歌兒作二十五弦通典瑟世本云庖犧作五十弦黃帝使素女鼓瑟哀不自勝乃破爲二十五弦具二均聲禮圖云雅瑟長八尺一寸廣一尺八寸二十三弦其常用者十九弦頌瑟長七尺二寸廣尺八寸二十五弦盡用之楚詞大招伏戲駕辯楚勞商只注云伏戲古王者也始作瑟駕辯勞商皆曲名也古史考伏犧作瑟帝王世紀太昊帝庖犧氏風姓也蛇身人首有聖德都陳作瑟三十六弦黃帝損爲二十五弦長七尺二寸曹植庖犧贊瑟以象時神德通玄隋書樂志絲之屬四二曰瑟二十七弦伏羲所作者也司馬貞三皇本紀太皞庖犧氏作三十五弦之瑟馥案或以瑟爲神農作淮南子神農之初作瑟以歸神反望及其天心也長笛賦神農造瑟魏書樂志農皇制瑟

古文瑟

汗簡作[illegible]又作[illegible]云竝見說文

文二　重二

乚　匿也象迟曲隱蔽形凡乚之屬皆從乚讀若隱 於謹切

匿也者廣韻匿隱也隱乚古今字通作隱論語隱者也僖二十四年左傳身將隱焉用文之

直　正見也從乚從十從目 除力切

正見也者廣雅直正也易坤卦直其正也詩碩鼠爰得我直箋云直猶正也小明正直是與傳云正直爲正能正人之曲曰直襄七年左傳正直爲正正曲爲直郊特牲告之以直信注云直猶正也蜀志法正字孝直

古文直

[illegible]當作[illegible]古文目字

文二　重一

亾　逃也從人從乚凡亾之屬皆從亾 武方切

逃也者本書逃亾也書牧誓乃惟四方之多罪逋逃是崇是長是信是使傳云紂尊長逃亾罪人晉語離桓之罪以亾於楚注云亾奔也尉繚子兵成過一歲遂亾不候代者法比亾軍史記張耳亾命晉灼曰命者名也謂脫名籍而逃匿則削除名籍故爲亾也韓詩外傳齊桓公出游過一丈夫衰衣應步帶著桃殳桓公怪而問之丈夫曰是名二桃桃之爲言亾也夫日日慎桃何患之有故亾國之社以戒諸侯庶人之戒在於桃殳

乍　止也一曰亾也從亾從一 鉏駕切

止也者爲一所礙而止也

徐鍇本云一有所礙也

望　出亾在外望其還也從亾朢省聲 巫放切

一切經音義三望無方反說文出亾在外望其還也字從亾
望省聲若音無放反說文月滿與日相望也字從月從臣從
壬但此二字音體人
多不辨故此兩釋
出亾在外望其還也者釋名望惘也視遠惘惘也詩小戎
方何爲期胡然我念之箋云方今以何時爲還期乎言望
之也中庸遠之則有望注云相思若其將來也齊策女朝
出而晚來則吾倚門而望女暮出而不還則吾倚閭而望

無 亾也從亾無聲 武扶切

老子萬物生於有有生於無　世說王輔嗣弱冠詣裴徽徽
問曰夫無者誠萬物之所資聖人莫肯致言而老子申之無
已何邪弼曰聖人體無無又不可以訓故言必及有老莊未
免於有恆訓其所不足　後漢書馮衍傳飢者毛食注云衍
集毛作無今俗語猶然或古亦通乎馥案
佩觿云河朔謂無曰毛然則方俗語也
亾也者本書撫古文從辵亾舞古文從羽亾𢻱撫也從攴
亾聲讀與撫同詩衛風何有何亾坊記則亂益亾注云亾
無也襄九年左傳姜
曰亾杜注亾猶無也

无 奇字無通於无者虛無道也王育說天屈西北爲无

奇字無者本書敘及亾新居攝時有六書二曰奇字卽古
文而異者也　通於无者者徐鍇本作元韻會引同鍇曰
元謂萬物之始小字本增韻洪武正韻竝作元盧君文弨
曰通於元者卽乾元坤元自無而之有者也元字左戾上
徹爲无故言通於元公羊解詁變一爲元元者氣也無形
以起有形以分造起天地天地之始疏云春秋說元者端
也氣泉注云元爲氣之始如水之有泉泉流之原無形以
起有形以分窺之不見聽之不聞子華子混茫之中是名
太初實生三氣上氣曰始中氣曰元下氣曰玄玄貣於元
元貣於始始貣於初　曰虛無道也者宋本小字本無此文
周易釋文增韻竝作虛无廣韻元虛无之道聲類虛無也
釋詁虛無之閒也易繫辭正義引何氏云上篇明无故曰
易有太極太極卽无也乾坤鑿度天數一一者無也韓康
伯曰道者无之稱也寂然无體不可爲象必有之用極而
无之功顯故至乎神无方而易无體　王育說天屈西北
爲无者周易釋文作王述徐鍇亦偁王述本書爲下秃下
竝引王育說唐玄度十體書曰周宣王太史籒始變古文
著大篆十五篇秦焚詩書唯易與史篇得全逮王莽亂此
篇亾失建武中獲九篇章帝時王育爲作解說所不通者
十有二三山海經天不足西北無陰陽消息春秋元命包
天不足西北陽極於九故
天周九九八十一萬里

匄 气也逯安說亾人爲匄 古代切

气也者今作乞一切經音義三蒼頡篇乞行請求也通俗
文求願曰匄字體從人從亾言人有亾失則行求匄也昭
六年左傳不強匄釋文匄本或作丐乞也說文作匄宣二
年傳闔乞肉焉趙策爲乞人而往乞史記王翦傳將軍之
乞貸亦已甚矣漢書文帝紀匄以啟告朕顏注匄亦乞也
陳湯傳匄貣無節顏注匄乞也西域傳我匄若馬顏注匄
乞與也後漢書班超傳匄超餘年注云匄乞也寇榮傳願
陛下匄兄弟死命注云匄乞也陳琳爲袁紹檄豫州文乞
匄攜養梁書王僧孺傳愍其留賃憐此行乞唐書李德裕
傳帝怠荒於政故戚里多所請匄　逯安說亾人爲匄者
昭六年左傳
釋文引同

文五　重一

匸 衺徯有所俠藏也從乚上有一覆之凡匸之屬皆從
匸讀與傒同 胡禮切

衺徯有所俠藏也者廣雅衺徯竝云道也通俗文衺道曰
徯月令塞徯徑俠玉篇作挾釋言挾藏也　從乚上有一
覆之者文當爲乚不與上橫連轉五經文
字云說文作乚　讀與傒同者傒當爲徯

區 踦區藏匿也從品在匸中品眾也 豈俱切

踦區藏匿也者昭七年左傳作僕區之法服虔云僕隱也
區匿也爲隱亾人之法也荀子大畧篇言之信者在乎區
蓋之閒注云區藏物處　品眾
也者九經字樣品是眾物也

匿 亾也從匸若聲讀如羊騶箠 女力切

亾也者釋詁匿微也郭云微謂逃藏也文十八年左傳掩
賊爲藏杜注掩匿也　讀如羊騶箠者當云讀如羊騶箠
笍本書笍羊車騶箠音陟衛切詩瞻卬三章鞫人忮忒
譖始竟背豈曰不極伊胡爲慝慝從匿聲與背爲韻

側逃也從匸丙聲一曰箕屬 盧候切

側逃也者通作陋釋言陋隱也書堯典明明揚側陋傳云明舉明人在側陋者舜典序虞舜側微正義此云側微即堯典側陋也書帝命驗虞舜聖在側陋光耀顯都說苑晏子曰嬰仄陋之人也 丙聲者丙疑爲㐫本書㐫他念切讀若三年導服之導㐫㐫聲相近

匽也從匸晏聲 於蹇切

匽也者廣韻匽隱也周禮宮人爲其井匽鄭司農云匽路廁也燕策鑄諸侯之象使侍屏匽

盛弓弩矢器也從匸從矢國語曰兵不解医 於計切

盛弓弩矢器也者玉篇医所以蔽矢也廣雅医矢藏也國語曰兵不解医者齊語文彼云甲不解纍兵不解翳無弓服無矢韋注纍所以盛甲也翳所以蔽兵也弢弓衣服矢服也

四丈也從八匸八揲一匹八亦聲 普吉切

四丈也者李籍九章算術音義引同急就篇貲貨市贏匹幅全顏注四丈曰匹小爾雅五尺謂之墨倍墨謂之丈倍丈謂之端倍端謂之兩倍兩謂之匹雜記納幣一束束五兩兩五尋注云八尺曰尋五兩五尋則每卷二丈也合之四十尺今謂之匹猶匹偶之云與閔二年左傳重錦三十兩杜注以二丈雙行故曰兩三十兩三十匹也昭二十六年傳以幣錦二兩杜注二丈爲一端二端爲一兩所謂匹也淮南天文訓有形則有聲音之數五以五乘八五八四十故四丈而爲匹匹者中人之度也一匹而爲制說苑天子束帛五匹玄三纁二各五十尺諸侯玄三纁二各三十尺大夫玄一纁二各三十尺元士玄一纁一各二丈下士綵縵各一匹庶人布帛各一匹漢書食貨志布帛廣二尺二寸爲幅長四丈爲匹晉令舊制人間所織絹布等皆幅廣二尺二寸長四十尺爲一端宋書沈慶之傳慶之亦時年八十夢有人以兩匹絹與之謂曰此絹足度慶之謂人曰老子今年不免兩匹八十尺也足度無盈餘矣唐制布帛四丈爲匹六丈爲端通鑑嶺南獻入筒細布一端八丈宋高祖惡其精麗勞人馥案此以一端兼四端之長通鑑又云高歡以諸州綢絹不依舊式奏令悉以四十尺爲匹襄十九年左傳賄荀偃束錦注云五匹爲束周易束帛戔戔賈誼服虔竝云束帛五匹容齋五筆今人謂織帛一匹爲一端或總言端匹案左傳幣錦二兩注云二丈爲一端二端爲一兩所謂匹也二兩二匹也然則以端爲匹非矣 八揲一匹者廣韻揲摺揲馥謂四丈而八揲之揲凡五尺程君瑤田曰說文揲閱持也又曰匹四丈也八揲一匹不有說文則易繫傳揲之以四以象四時不知揲爲閱持兩手開容五尺矣 八亦聲者當爲八聲

文七

受物之器象形凡匚之屬皆從匚讀若方 府良切

受物之器者廣韻一斗曰匚聘禮夫人使下大夫勞以二竹簋方注云竹簋方者器名也以竹爲之狀如簋而方如今寒具筥筥者圜此方耳

籀文匚

木工也從匚從斤斤所以作器也 疾亮切

木工也者考工記有攻木之工又云夏后氏上匠又云審曲面埶以飭五材以辨民器謂之百工隱十一年左傳山有木工則度之 斤所以作器也者孟子匠人斲而小之

藏也從匚夾聲 苦叶切

藏也者徐鍇本作械藏也韻會引同本書械篋也玉篇医緘也緘當爲械本書輙下云車笭閒皮篋古使者奉玉以藏之漢書張安世傳武帝行幸河東嘗亾書三篋顏注急就篇篋長笥也言其狹長篋篋然也李君威曰文選注引云笥也按儀禮注隋方曰篋後漢書張衡傳珍蕭艾於重笥兮注云笥篋也馥案李善注應璩謝惠連詩竝引作笥也

匧或從竹

飯器筥也從匚㞷聲 去王切

飯器者集韻引作飤器 筥也者筥當爲簾本書簾飤牛筐也方曰筐圜曰簾簾通作筥方言筥淇衛之間謂之牛

匡或從竹

似羹魁柄中有道可以注水從匚也聲 移介切

似羹魁柄中有道可以注水者本書魁羹斗也一切經音義一匜似杓柄中有道可以注水也廣韻匜杯匜似㮇可以注水纂文匜水器也梁正三禮圖匜受一斗流長六寸漆赤中諸侯以象飾天子以黃金既夕槃匜匜實於槃中南流注云槃匜盥器也流匜口也公食大夫禮小臣具槃匜注云爲公盥也僖二十三年左傳奉匜沃盥注云匜沃盥器也徐鍇本作可以注水酒馥案內則敦牟卮匜注云卮匜酒漿器

淅米籔也從匚算聲 穌管切

淅米籔也者本書籔炊籅也籅漉米籔也或作匴方言炊籅或謂之匴集韻匴與篹同盪米籔

小桮也從匚贛聲 古送切

小桮也者本書桮㔶也⿱竹夅桮笿也顏注急就篇杯酒器也一名㔶廣雅㔶杯也釋器小罍謂之坎馥謂坎㔶聲相近廣韻四十八感有㔶字五音集韻㔶又音感

㔶或從木

器似竹篋從匚非聲逸周書曰實玄黃于匪 非尾切

器似竹篋者通作篚廣韻篚竹器方曰筐圓曰篚書禹貢厥篚織文鄭注其實于篚者入于女功正義歷檢篚之所盛皆供衣服之用入于女功如鄭言矣馥案禹貢厥篚織貝鄭注貝錦名引詩成是貝錦又厥篚玄纖縞鄭注祭服之材尚細漢書地理志引書厥棐織文顏注棐與篚同篚竹器筐屬詩鹿鳴承筐是將傳云筐篚屬箋引書篚厥玄黃馥案三禮舊圖篚以竹爲之長三尺廣一尺深六寸足高三寸如今小車笭士冠禮有篚實注云篚竹器如笭者周禮肆師共設匪罋之禮注云豆實實于罋簋實實于篚匪其篚字之誤與馥案此所言皆非衣服之用似別是一器其字從竹與車笭之篚同

古器也從匚倉聲 七岡切

田器也從匚攸聲 徒聊切

田器也者廣雅⿷匚攸畚也案論語以杖荷蓧本書引作莜

田器也從匚異聲 與職切

古器也從匚曶聲 呼骨切

甌器也從匚俞聲 度侯切

甌器也者徐鍇本作甌匬器也玉篇匬器受十六斗

匣也從匚貴聲 求位切

匣也者史記夏侯嬰傳索隱引同御覽引作匱也廣雅匵謂之匱楚詞七諫玉與石而同匱兮王注匱匣也書金縢乃納冊于金縢之匱中李尤匱銘國有都邑家有匣匱字或作鐀漢書司馬遷傳紬石室金鐀之書

匱也從匚賣聲 徒谷切

匱也者論語韞匵而藏諸鄭注匵匱也後漢書周榮傳藴匵古今注云匱匵也五經文字匵與櫝同匵也本書櫝匵也論語龜玉毀於櫝中

匱也從匚甲聲 胡甲切

匱也者一切經音義十五引同又云今謂盛刀劍者也御覽引作匱也史記刺客列傳荆軻奉樊於期頭函而秦舞陽奉地圖匣以次進索隱匣亦函也魏武上雜物疏銀鏤漆匣四枚通作柙曹丕與鍾繇書鄴騎既到寶玦初至捧柙跪發五內震駭繩窮柙開爛然滿目

器也從匚淮聲 胡罪切

棺也從匚從木久聲 巨救切

玉篇匛棺也亦作柩馥案本書正文當作匛或從木作柩

棺也者廣雅柩棺也釋名尸已在棺曰柩柩究也送終隨身之制皆究備也白虎通柩之爲言究也久也不復章也曲禮曰在牀曰尸在棺曰柩小爾雅廣名空棺謂之櫬有尸謂之柩漢書薛宣傳其以府決曹掾書立之柩以顯其魂

籀文柩

周禮大師帥瞽而廞作匶謚疏云匶卽柩也古字通用之

宗廟盛主器也周禮曰祭祀共匰主從匚單聲 都寒切

宗廟盛主器也者本書祏宗廟主也　周禮曰祭祀共匰主者春官司巫文杜子春云匰器名主謂木主也

文十九　重五

象器曲受物之形或說曲蠶薄也凡曲之屬皆從曲 丘玉切

象器曲受物之形者仰𠥓爲凵　或說曲蠶薄也者本書苖蠶薄也詩豳風八月萑葦傳云豫畜萑葦可以爲曲也月令季春具曲植籧筐注云時所以養蠶器也曲薄也管子輕重甲篇陽春蠶桑且至請以給其口食筒曲之彊呂氏春秋季春紀具挾曲篆筐注云曲薄也青徐謂之曲受桑器也淮南時則訓季春之月具撲曲筥筐注云皆受桑器史記絳侯世家勃以織薄曲爲生索隱謂勃本以織蠶薄爲生業也韋昭云北方謂薄爲曲許慎注淮南云曲葦薄也楊泉蠶賦閣紆卷薄灑埽宮庭蠶母須飾從容白卑古文苑元后誄蠶於繭館躬筐執曲注云筐曲皆育蠶之具集韻蘋蠶易曲也類篇吳人謂蠶曲爲𥳑字或作笛玉篇笛養蠶具也又作𥮱集韻吳人謂有蠶竹器曰𥮱薄或作箔方言宋魏陳楚江淮之閒箔謂之笛自關而西謂之箔司馬徽別傳有人臨蠶求簇箔者徽自棄其蠶而與之

古文曲

漢無極山碑寫宛凸隈

𠚋曲也從凵王聲 丘玉切

𠚋曲也者廣雅同漢斥彰長田君碑夏𠚋陽令漢官印有騎部𠚋督通作曲釋名曲局也相近局也

古器也從凵㕚聲 土刀切

古器也者或作㕚篡文趙代以筥爲㕚玉篇㕚牛筐也

文三　重一

東楚名缶曰甾象形凡甾之屬皆從甾 側詞切

本書𢌳從此今誤爲𢌳

東楚名缶曰甾者本書𠚕下云甾缶也六書故引李陽冰曰大腹而𢌳令曰𠚕缶與𠚕小變形玉篇古文作𠙹卽甾字寫誤

古文

𣂁也古田器也從甾疌聲 楚洽切

文十四年左傳晉姬生捷菑按卽疀甾

𣂁也者本書𣂁利也引爾雅𣂁謂之疀古田器也　古田器也者釋器𣂁謂之疀郭注皆古鍬鍤字玉篇疀古文𣂁集韻鍤鍬也釋名鍤插也插地起土也方言臿或謂之𨪁鹽鐵論秉耒抱插

𤱶屬蒲器也所以盛穜從甾弁聲 布忖切

𤱶屬者廣雅𤱶畚也　蒲器也所以盛種者宣二年左傳正義引作盛糧玉篇畚盛糧器也宣六年公羊傳有人荷畚何云畚草器若今市所量穀者是也齊人謂之鐘周禮挈壺氏挈畚以令糧注云鄭司農云縣畚于所當稟假之處令軍望見知當稟假於此下也畚所以盛糧之器故以畚表稟稍案亦用以盛土宣十一年左傳稱畚築注云畚盛土器襄九年傳陳畚挶注云畚簣籠正義宣二年注云畚以草索爲之其器可以盛糧又可以盛土也論語稱爲山用簣是簣爲盛土之器故以畚爲簣籠也周語侍而畚挶韋注畚器名土籠也列子黄帝篇假糧荷畚注云畚簣籠也殷湯篇荷擔者三夫叩石墾壤箕畚運于渤海之尾韓子五蠹篇禹之王天下也身執耒畚以爲民先呂氏春

秋不屆篇今之城者或者操大築乎城上或負畚而赴乎城下鹽鐵論畚土之基雖良匠不能成其高

𣫔也從甾并聲杜林以爲竹筥楊雄以爲蒲器讀若軿薄經切

楊雄以爲蒲器者本書𣫔蒲席䈂也廣韻䈂織蒲爲器　讀若軿者徐鍇本讀若軿車

𦉜也從甾虍聲讀若盧同洛乎切

𦉜也者廣韻引作甈也甈乃甑之誤玉篇𥂋飲器也通作盧急就篇甑瓽甂甌瓨甖盧顏注盧小甖今之作盧酒者取名於此漢書食貨志官作酒以二千五百斛爲一均率開一盧以賣如淳曰酒家開肆待客設酒盧故以盧名肆臣瓚曰盧酒瓮也言開一瓮酒也趙廣漢傳椎盧罌司馬相如傳乃令文君當盧郭璞曰盧酒盧或作壚世說王戎過黄公酒壚謂客曰吾與叔夜嗣宗酣飲此壚

篆文𦉜

籀文𦉜

玉篇罏器也　廣雅罏缶也

文五　重三

瓦　土器已燒之總名象形凡瓦之屬皆從瓦五寡切

廣韻引周書神農作瓦器　博物志桀作瓦　古史考昆吾作瓦　釋名瓦踝也踝确堅貌也亦言踝也在外踝見也

土器已燒之總名者　抱朴子燒泥爲瓦

瓬　周家摶埴之工也從瓦方聲讀若抵破之抵分兩切

周家摶埴之工也者摶當爲摶考工記摶埴之工陶瓬注云摶之言拍也埴黏土也釋文摶李音團劉音博戴君震曰釋名拍摶也手摶其上也又云摶博也四指廣博亦似擊之也則摶當音博不音團而釋文列團博兩音且團音在前是直不辨摶摶之爲二字廣韻周禮有瓬人爲簋者蓋摶埴之工曲禮天子之六工有土工注云土工陶瓬也昭十七年左傳五雉爲五工正賈逵曰東方曰鶅雉摶埴之工也尉繚子聖人會於土飲於土故埏埴以爲器老子埏埴以爲器河上公注埏和也埴土也和土爲飲食之器也一切經音義十三引淮南子陶人之剋埏埴許注埏揉也埴土也新唐書地理志河南郡貢埏埴盆缶管子任法篇猶埴之在埏也唯陶之所以爲君臣篇如冶之於金陶之於埴制在工也　從瓦方聲者當爲從瓦方瓦亦聲鄭司農讀瓬爲甫始之甫　讀若抵破之抵者本書無抵字瓦甫聲相近

甄　匋也從瓦垔聲居延切

匋也者玉篇陶人作瓦器謂之甄土也漢書董仲舒傳猶泥之在鈞唯甄者之所爲顏注甄作瓦之人也後漢書班固傳甄殷陶周注引前書音義陶人作瓦器謂之甄齊職儀左右甄官署掌塼瓦之作

甍　屋棟也從瓦夢省聲莫耕切

六韜甍桷椽楹不斲　桓譚新論王莽起九廟甍帶金銀錯鏤其上　文選鮑照詩繡甍結飛霞

屋棟也者襄二十八年左傳解其左肩猶援廟桷動於甍杜云甍屋棟正義張衡西京賦曰甍宇齊平言諸屋棟簷高下等也說文云甍屋棟也梁也是又名爲梁此是屋上之長材椽所以憑依者也今俗謂之屋脊馥案本書闕梁也二字釋名屋脊曰甍甍蒙也在上覆蒙屋也廣雅甍謂之甑方言甑謂之甑注云即屋穩也今字作甍音萌晉語譬之如室既鎮其甍矣又何加焉韋注甍棟也九章算術今有芻甍李籍音義云芻刈草也甍屋棟也芻甍之形似屋蓋上苫也後漢書謝夷吾傳大漢之棟甍注云甍亦棟也魏韓顯宗上言王於度地居民則清濁連甍注云甍屋棟所以承瓦西京賦鳳騫翥於甍標五臣注甍棟也景福殿賦若乃高甍崔嵬五臣注甍屋槢也雪賦始緣甍而冒棟蜀都賦比屋連甍劉注甍棟也

甑　甗也從瓦曾聲子孕切

古史考黄帝始造釜甑　聲類甑又作鬸

甗也者字林甑炊器也顏注急就篇甑一名甗亦謂之鬵又呼爲鉹方言甑自關而東謂之甗

籒文甑從𩱧

本書𩱧鬵屬

甗也一曰穿也從瓦鬳聲讀若言 魚蹇切

甑也者考工記陶人爲甗鄭司農云甗無底甑成二年穀梁傳以紀侯之甗來注云甗玉甑漢書司馬相如傳巖陁甗錡郭璞曰甗錡隆屈窊折皃西京賦陵重巘釋山重甗隒郭云謂山形如累兩甗甗甑也山狀似之因以名云詩公劉陟則在巘傳云巘小山別於大山也釋文巘本又作甗字或作巚釋名小山別大山曰甗甗甑也甑一孔者甗形孤出處似之也　一曰穿也者當云一穿也衍曰字鄭注考工記甗如甑一空又注少牢饋食禮甗如甑一孔　讀若言者郭注方言甗音言詩釋文甗又音言

甌瓿謂之瓵從瓦台聲 與之切

甌瓿謂之瓵者釋器文郭注瓿甊小甖長沙謂之瓵玉篇瓵小甖也史記貨殖傳集解引孫叔然曰瓵瓦器受斗六升六書故瓵與瓻同閒見錄俗語借書與人爲一癡還書爲一癡借書還書理也何癡之云後見王樂道與錢穆四書云出師頌最絕妙古語借書一瓻還書一瓻乃知今人訛以瓻爲癡也

大盆也從瓦尚聲 丁浪切

大盆也者本書鐺𤭯也顏注急就篇𤭯大盆也廣韻𤭯大甕集韻㼽𤭯大瓮或作党吳越春秋句踐送吳王甘蜜九党徐天祜云党當爲𤭯

小盆也從瓦區聲 烏侯切

小盆也者字林同三蒼甌瓦盂也顏注急就篇甌小盆也廣雅題甌甂也方言甌甂陳魏宋楚之閒謂之題自關而西謂之甂其大者謂之甌注云今河北人呼小盆爲題子淮南說林訓狗彘不擇甂甌而食荀子大畧篇流丸止於甌臾

罌也從瓦公聲 烏貢切

罌也者方言瓮罌也自關而東趙魏之郊謂之瓮或謂之罌或作甕顏注急就篇甕謂盛酒漿米粟之甕也又通作罋既夕禮罋三注云罋瓦器其容一觳

似罌長頸受十升讀若洪從瓦工聲 古雙切

似罌長頸者本書缸瓨也顏注急就篇瓨短頸長身之罃也史記貨殖傳醯醬千瓨徐廣曰瓨長頸罌字又作𤬪齊民要術有蒲桃𤬪

小盂也從瓦夗聲 烏管切

小盂也者本書盌字聲義同

瓮似瓶也從瓦令聲 郎丁切

瓮似瓶也者漢書音義引作甖似瓶者廣韻瓴瓴甋一曰似罌有耳史記高祖本紀譬猶居高屋之上建瓴水也集解如淳曰瓴盛水瓶也淮南修務訓夫救火者汲水而趨之或以甕瓴或以盆盂

罌謂之𤭁從瓦卑聲 部迷切

罌謂之𤭁者方言文彼作罃徐鍇韻譜𤭁罃也廣雅𤭁罃也

似小瓿大口而卑用食從瓦扁聲 芳連切

似小瓿大口而卑者卑當爲庳顏注急就篇甂瓦杅也其形大口而庳馥案小瓿者方言缶謂之瓿甌其小者謂之瓶甂楚詞七諫甂甌登於明堂兮王注甂甌瓦器名也家語致思篇盛之土型之器注云型瓦甂　用食者說苑反質篇魯有儉者瓦鬲煮食以進孔子孔子歡然而悅弟子曰瓦甂陋器也煮食薄膳也而先生何喜如此乎

甂也從瓦咅聲 蒲口切

甂也者東觀餘論引同廣韻甌瓿瓶也急就篇甀缶盆盎甕罃壺顏注缶字或作瓿瓿甊小罌也方言瓿甊罌也自關而西晉之舊都河汾之閒其大者謂之甀其中者謂之瓿甊漢書揚雄傳吾恐後人用覆醬瓿也顏注瓿小罌也晉書五行志瓿甊瓦器小於甀增韻瓿甀也甀卽罌也

器也從瓦容聲與封切

器也者五音集韻瓮罌也廣雅瓮瓶也

瓴甓也從瓦辟聲詩曰中唐有甓扶歷切

瓴甓也者徐鍇本作瓴甋也本書墼瓴適也廣雅瓴甋甓甗甎也釋宮瓴甋謂之甓郭云甗甎也今江東呼瓴甓鄭注禮運云瓦瓴甓考工記匠人堂涂十有二分注云謂階前若今令甓祴也疏云令甓則今之塼也祴則塼道者也九章算術今有出錢一百六十買瓴甓十八枚李淳風注云瓴甓塼也長門賦緻錯石之瓴甓兮通鑑高駢築城都羅城蜀土疏惡以甓甃之注云甓瓴甋也晉書陶侃在廣州無事輒朝運百甓於外暮運於內謝惠連祭古冢文冢上無封域不用塼甓兩京記豐都市掘得古冢土藏無塼甓輿地志古墓中甓有隱起字謝靈運取甓至京師諸貴傳觀之述異記陳留周氏婢見一朽棺頭穿壞以甓塞穿詩曰中唐有甓者陳風防有鵲巢文傳云甓瓴甋也徐鍇本有讀若檗三字

井壁也從瓦秋聲側救切

玉篇有古文作甃　郭璞井賦爾乃冠玉檻甃鏤錯　江淹井賦穿重壤之千仞兮搆玉甃之百節

井壁也者字林同韻會引徐鍇本作井甓也玉篇甃瓴井甃也五經文字甃瓿甖井甃俗通甃井聚塼修井也易井甃釋文馬云爲瓦裏下達上也干云以甎壘井曰甃馥案虞翻云以瓦甓壘井稱甃

康瓠破罌從瓦臬聲魚列切

康瓠破罌者釋器康瓠謂之甈釋文康字書埤蒼作㼽音同李本作光字林作瓶口光反史記賈誼傳斡棄周鼎兮而寶康瓠漢書音義鄭氏曰康瓠瓦盆底也廣雅甈裂也法言先知篇甄陶天下者其在和乎剛則甈柔則壞注云甈破瓦又破罌也廣雅甈甈甀也方言甈謂之盎自關而西或謂之盆或謂之盎其小者謂之升

甈或從埶

㼽垢瓦石從瓦爽聲初兩切

㼽垢瓦石者類篇引作瑳當作厝玉篇甐半瓦也廣韻㼽瓦石洗物甐同又甐甐屑瓦洗器廣雅甐磨也或作㾭西山經錢來之山其下多洗石郭注澡洗可以㾭體去垢圿江賦奔溜之所㾭錯韓愈元和聖德詩濯濯刻㾭又通作爽宋玉招魂賦露雞臛蠵厲而不爽

蹈瓦聲從瓦耎聲零帖切

蹈瓦聲者一切經音義十一引作蹈瓦聲躐躐也馥謂甄躐聲相近玉篇甄甄蹋瓦聲通俗文瓦破聲曰甄

治橐榦也從瓦今聲胡男切

治橐榦也者五音集韻引作冶橐榦也廣韻瓵排橐柄也瓦月形近致譌一切經音義十一火排又作韛同蒲拜反所以冶鍛家用吹火者也又卷八鼓橐又作韛排二形同蒲戒反謂鍛家用吹火者也又卷十二鼓韛宜作橐蒲戒反謂橐囊也鍛家用吹火令熾者也又卷十一排筒埤蒼作韛又卷十四橐囊埤蒼作韛又作排同蒲戒反王弼注老子云橐橐囊也東觀漢記因水爲排音義曰鍛家排也玉篇橐吹火橐韛韋橐也可以吹火令熾亦作橐老子天

地之閒其猶橐籥乎注云橐者外之櫝所以受籥也籥者內之管所以鼓橐也王弼云橐排橐也范應元注云冶煉之處用籥以接橐橐之風悉吹鑪中之火老子又云若橐籥有意於爲聲也則不足以共吹者之求也又云將欲翕之必固張之范注鑪之有鞴方可冶煉夫鞴之將欲翕也必固張之張之不固則不能翕也昭二十九年左傳遂賦晉國一鼓鐵以鑄刑鼎注云共鼓石爲鐵計令一鼓而足正義冶石爲鐵用橐扇火動橐謂之鼓今時俗語猶然吳越春秋干將造劒使僮子三百鼓橐裝炭金鐵乃濡薛燭說劒云當造此劒時雨師灑塵雷公擊橐淮南齊俗訓鑪橐埵坊設非巧冶不能以冶金本經訓鼓橐吹埵以銷銅鐵論衡量知篇銅錫未採在眾石之閒工師鑿掘鑪橐鑄鑠乃成器未更鑄橐名曰積石典論余好擊劒選茲良金命彼國工精而煉之巨橐自鼓世說嵇康大樹下鍛向子期爲佐鼓排後漢書杜詩傳水排鑄農器注云冶者爲排以吹炭今激水鼓之馥案安陽西四十里有地名水冶即此義也焦氏筆乘排當作橐冶鑄者爲橐以吹炭即老子所謂橐籥也魏志韓暨爲監冶謁者舊時冶作馬排更作人排又費功力暨乃因長流水爲水排年計其利益三倍於前元和郡縣志朱齊江馬援鑄銅船於此揚排然火炎

船頭令赤北史韋叔裕傳敵人有在地道內者便下柴火以皮鞴吹之通鑑高歡攻玉壁韋孝寬掘長塹邀其地道又於塹外積柴貯火敵有在地道內者塞柴投火以皮排吹之一鼓皆焦爛注云排讀與鞴同韋囊也所以吹火鼓排吹之火氣入地道故敵人在其中者皆焦爛謝承後漢書楊璇爲零陵太守猾賊攻璇乃製馬車數十以排囊盛石灰於車上會戰乃令馬車在前從風鼓灰賊不得視字或作𤮚集韻𤮚古作槖

㼝 破也从瓦卒聲穌對切

破也者通作碎廣雅碎壞也又云碎散也

瓪 敗瓦也从瓦反聲布綰切

敗瓦也者集韻引作敗也一曰牝瓦顏案本書初刻無瓦字後增玉篇瓪牝瓦也本書㼜屋牝瓦下

文二十五　重二

⿰瓦合

本書瓴廣韻誤作肣云說文同上上闕三字有⿰瓦合字云似瓶有耳玉篇⿰瓦合似瓶有耳瓴⿰瓦合訓同所謂說文同上者瓴⿰瓦合同也

遺文一

弓 以近窮遠象形古者揮作弓周禮六弓王弓弧弓以射甲革甚質夾弓庾弓以射干矦鳥獸唐弓大弓以授學射者凡弓之屬皆從弓居戎切

急就篇弓弩箭矢鎧兜鉾顏注以角曰弓以木曰弧一曰有緣謂之弓無緣謂之弭　釋名弓穹也張之穹隆然也其末曰簫言簫梢也又謂之弭以骨爲之滑弭弭也中央曰弣弣撫也人所持撫也簫弣之閒曰淵淵宛也言曲宛也　韓詩外傳此弓者太山之南烏號之柘騂牛之角荊麋之筋河魚之膠也四物者天下之練材也　兵書弓十分弦三副箭一百五十分一萬二千五百張弓三萬七千五百條弦三十七萬五千隻箭

以近窮遠者弓窮聲相近考工記幹也者以爲遠也太白陰經發弩圖篇自近及遠張璠漢記陳球爲零陵太守弦大木爲弓引機發之遠射千餘步　古者揮作弓者世本文宋衷注云黃帝臣也玉篇黃帝臣揮作弓顏注急就篇古者揮作弓廣韻張姓本自軒轅弟五子揮始造弦唐書世系表少昊弟五子揮始制弓矢子孫賜姓張氏初學記世本揮始作弓又孫卿子曰倕作弓墨子曰羿作弓三說不同　周禮云云者夏官司弓矢掌六弓四弩八矢之法王弓弧弓以授射甲革椹質者夾弓庾弓以授射豻矦鳥獸者唐弓大弓以授學射者使者勞者注云往體寡來體多曰王弧往體多來體寡曰夾庾往體來體若一曰唐大考工記弓人往體多來體寡謂之夾庾之屬利射矦與弋往體寡來體多謂之王弓之屬利射革與質往體來體若一謂之唐弓之屬利射深

弴 畫弓也从弓𦎧聲都昆切

畫弓也者詩行葦作敦弓傳云畫弓也劉氏新論貴言篇楚柘質勁必資㮤檠以成弴弓荀子大畧篇天子雕弓注云雕謂雕畫爲文飾顏案弴雕聲近詩敦琢其旅釋文敦徐又音雕周禮司几筵每敦一几注云敦讀爲燾

弭 弓無緣可以解轡紛者从弓耳聲緜婢切

弓無緣者釋器弓有緣者謂之弓無緣者謂之弭孫炎曰緣謂繳束而漆之弭謂不以繳束骨飾兩頭者也郭注緣者繳纏之卽今宛轉也顏案宛轉乃無緣之弭御覽引淮南云宛轉弓今之弭弓是也鄴中記后虎女騎皆手持雌黃宛轉角弓角弓亦弭也旣夕記弓矢之新沽功有弭飾焉注云無緣者謂之弭弭以骨角爲飾僖二十三年左傳其左執鞭弭注云弭弓末無緣者楚語𪚺珠齒角注云齒象齒所以爲弭禮記右手執簫注云簫弭頭也吳都賦貝冑象弭五臣云弭弓弭　可以解轡紛者御覽引作可以解駗紕也當有誤字詩采薇象弭魚服傳云象弭弓反末也所以解紒也箋云弭弓反末彆者以象骨爲之以助御者解轡紒宜滑也釋文紒音計又音結本又作紛芳云反

⿰弓兒 弭或从兒

弲 角弓也洛陽名弩曰弲从弓肙聲烏玄切

角弓也者也當爲兒廣韻弲角弓兒詩騂騂角弓釋文騂說文作弲音火全反陳啟源曰按說文弲下不引詩解下引詩解解角弓或唐本說文與今有異也洛陽名弩曰弲者字或作弮漢書司馬遷傳張空弮李奇曰弮弓也顏注弮音邱權反又音眷

木弓也從弓瓜聲一曰往體寡來體多曰弧戶吳切

逢行珪注鬻子黃帝作弧矢吳錄揮觀弧星始制弧晉書天文志弧九星天弓也

木弓也者易繫辭弦木爲弧釋文引本書同鄭注考工記弧木弓也又注覲禮弧所以張縿之弓也鄭語檿弧箕服韋注弧弓也漢書五行志檿弧桑弓也韓安國傳弧弓射獵顏注以木曰弧以角曰弓家語觀鄉射篇縣弧之義注云弧弓也賈誼書爲王太子懸弧之禮東方之弧以梧南方之弧以柳中央之弧以桑西方之弧以棘北方之弧以棗選甲開山圖河東有獨頭山多青檀可以爲良弓稽含木弓銘烏號之樸豐條足理弦弧走括徵飛駭止風俗通烏號弓者柘桑之林枝條暢茂烏登其上下垂著地烏適飛去從後撥殺取以爲弓因名烏號亘古史考烏號柘樹

枝長而烏集將飛枝彈烏烏乃號呼以柘爲弓因名烏號一曰往體寡來體多曰弧者考工記弓人往體寡來體多謂之王弓之屬王觀國曰王弓弧弓合九而成規往體寡而來體多強弓也趙宦光曰今之筋角合成之弓反彎如規此往體多也木性堅直往屈不多故曰往體寡弦以強攀庶幾稍進故曰來體多也

弓反也從弓召聲詩曰彤弓弨兮尺招切

弓反也者詩彤弓釋文引同廣韻弨弓反曲玉篇弨弓弛皃詩騂騂角弓翩其反矣傳云不善紲檠巧用則翩然而反詩曰彤弓弨兮者小雅彤弓文傳云弨弛也

弓曲也從弓雚聲九院切

弓曲也者廣韻𢐦弮曲也

弓弩耑弦所居也從弓區聲恪侯切

弓弩耑弦所居也者蔡邕黃鉞銘弓不援彄周禮繕人抉拾注云詩家說或謂抉爲引弦彄也鄭案彄管弦者也筆管亦謂之彄內則右佩玦捍管注云管筆彄

弓便利也從弓繇聲讀若燒弋招切

施弓弦也從弓長聲陟良切

施弓弦也者廣雅張施也詩吉日既張我弓考工記弓人寒奠體則張不流曲禮張弓尚筋弛弓尚角雜記張而不弛文武弗能也弛而不張文武弗爲也注云弓弩久張之則絕其力久弛之則失其體春秋佐助期天弓主弓弩之張論語釋文王弼注朱張字子弓

弓急張也從弓矍聲許縛切

弓急張也者廣韻彏弓弦急皃尸子鴻鵠在上扞弓彏弩待之漢書揚雄傳彏天狠之威張顏注彏急張也

弓彊皃從弓朋聲父耕切

弓彊皃者太元止次八絕弸破車注云弸弦彊皃

弓有力也從弓畺聲巨良切

弓有力也者六韜太彊必折太張必缺史記絳侯世家材官引彊注云能引彊弓官如今挽彊司馬也

持弓關矢也從弓䜌聲烏關切

持弓關矢也者彎關聲相近廣雅彎引也昭二十一年左傳將注豹則關矣注云注傳矢關引弓釋文關本或作彎孟子越人關弓而射之新序楚熊渠子夜行見寢石以爲伏虎關弓射之淮南原道訓彎棊衛之箭高注彎引也東觀漢記蓋延彎弓三百斤通鑑魏主謂崔浩佂纖懦弱不能彎弓持矛惠棟曰鄉射禮不貫不釋注云古文貫作關呂氏春秋中關而止謂關弓弦正半而止卽儀禮所謂不貫也史記五子胥傳五胥貫弓執矢嚮使者後漢祭彤傳能貫三百斤弓

開弓也從弓丨余忍切

開弓也者玉篇引同又弘挽弓也考工記維體防之引之中參後漢書趙壹傳羿子轂左注云彀引弓也從弓丨

者當爲
一聲

滿弓有所鄉也從弓亏聲哀都切

滿弓有所鄉也者集韻引作滿挽弓有所向也廣韻類篇同廣雅弙張也通作扜尸子扜弓彎弩大荒南經有人方扜弓射黃蛇注云扜挽也音紆史記五子胥傳五胥貫弓執矢嚮使者

弓聲也從弓乙聲乙古文肱字胡肱切

弛弓也從弓璽聲斯氏切

弓解也從弓從也施氏切

弓解也者通鑑建武二十六年令中郎府將弛荊五十人隨單于所處注引說文弓解曰弛曲禮弛弓尚角雜記張而不弛文武弗能也鄉射禮右加弛弓于其上注云執弛弓言不能用之也北史蘇威傳所爲者正如張弓非平世法也後之君子誰能弛乎月賦弛清縣李善引字林弛解也　從也者徐鍇本作也聲字鑑同

弛或從虒

扞簡作𢐦云出說文

弓衣也從弓從𡕒𡕒垂飾與鼓同意土刀切

弓衣也者字林同詩大叔于田抑鬯弓忌傳云鬯弓弢弓成十六年左傳中項伏弢杜注弢弓衣哀二年傳吾伏弢嘔血杜注弢弓衣齊語弢無弓韋注弢弓衣莊子知北游解其天弢新唐書王忠嗣傳有弓每弢之示無所用集韻櫜𡕒也𡕒即弢又通作韜廣韻韜弓藏也　𡕒𡕒飾與鼓同意者廣韻𡕒胥鼓大頭名馥案鼓從𡕒今誤從支

弓有臂者周禮四弩夾弩庾弩唐弩大弩從弓奴聲奴古切

古史考黃帝作弩　書太甲若虞機張往省括于度則釋傳云機弩牙也機有度以準望馥案潘岳射雉賦算分銖商遠近曾見一弩機有金錯尺後又見數器皆有尺即度也故可算尺之分銖以開弩而定遠近考古圖云元祐三年北使射於玉津園其首所用弩有度蓋宋時北中猶存此制　漢官解詁魏氏瑣連孫吳之法注云兵書有黃氏瑣連之器蓋弩射法也　魏氏春秋諸葛亮損益連弩以鐵爲矢矢長八寸一弩十矢俱發　晉陽秋馬隆討涼州虜隆募限腰引弩四十六鈞弓限四鈞已上馥案四十六鈞重千三百八十斤四鈞重百二十斤　孫盛奏事諸違令私作角弩力七斤以上一張弃市　李尤弩銘前聖制弓後聖造弩機牙發矢爰賊醜虜　阮子世多善弩而拙於弓弓無法準故任巧由意弩有法準故易有善　兵書弩二分弦三副箭一百分二千五百張弩七千五百條弦二十五萬隻箭　華嶠後漢書陳愍王寵善射弩其祕法以天覆地載參連爲奇又有三微三小三微爲經三小爲緯經緯相將萬勝之方然要在機牙其射至十發十中　太白陰經發弩圖篇弩者怒也言其聲勢威響如怒故名弩也穿剛達堅自近及遠守險塞口破驍陷堅非弩不剋也殺伐令張弩後左廂丁字立當弩八字立高指手屈杉標左手承檯右手迎上當心看張張有濶狹左胜右䏘還覆當心安箭高舉射敵遠擡弩頭敵近平身放敵在左右回身放敵在高上挈腳放　教射經今有絞車弩中七百步攻城拔壘用之擘張弩中三百步步戰用之馬弩中二百步馬戰用之弩張遲臨敵不過三發所以戰陣不便於弩

非弩不利於戰而將不明於弩也不可雜於短兵當別爲隊攢箭注射則前無立兵對無橫陣復以陣中張陣外射番次輪回張而復出射而復入則弩不絕聲敵無薄我夫置弩必處其高爭山奪水守隘塞口破驍陷果非弩不剋　武經總要弩者中國之勁兵四夷之所畏服也古者有黃連百竹八擔雙弓之號絞車擘張馬弩之差今有參弓合蟬手射小黃皆其遺法若乃射堅及遠爭險守隘怒聲勁勢遏衝制突者非弩不克

弓有臂者者顏注急就篇弓之施臂而機發者曰弩釋名弩怒也有勢怒也其柄曰臂似人臂也鉤弦者曰牙似齒牙也牙外曰郭爲牙之規郭也下曰懸刀其形然也合名之曰機言如機之巧也亦言如門戶之樞機開闔有節也吳越春秋諸侯相伐兵刃交錯弓矢之威不能制服琴氏乃橫弓著臂施機設樞加之以力　周禮四弩云云者夏官司弓矢掌六弓四弩八矢之灋又云凡弩夾庾利攻守唐大利車戰野戰

張弩也從弓㱿聲古候切

張弩也者一切經音義十六李善注七命並引作張弓弩也玉篇同史記絳侯世家彀弓弩持滿馥案此皆兼言弓

弩詩行葦正義引作張弓也釋文引作張弓曰彀廣韻彀張弓列子釋文彀張弓也新序梁君出獵見白雁羣彀弓欲射之魏文帝校獵賦彤弓斯彀赭白馬賦瓌彀騎而淸路五臣云彀騎弓騎也通鑑元吉張弓射世民再三不彀馥案此皆言張弓孟子羿之教人射必至於彀注彀張弩付的者六韜力能彀八石弩射前後左右皆便習者名曰武車之士漢書馮奉世傳迹射佽飛彀者劉德曰彀者謂能張弩者也匈奴傳平城之下亦誠苦七日不食不能彀弩顏注彀張也沈約謝賜雉啟黃閒所彀矢無虛發馥案此皆言張弩

彉 弩滿也從弓黃聲讀若郭 苦郭切

弩滿也者玉篇引作滿弩也徐鍇本五音集韻並同字或作彍孫子兵勢篇勢如彍弩節如發機漢書吾邱壽王傳民不得挾弓弩十賊彍弩百吏不敢前顏注引滿曰彍新序彍谿子隨時鳥嬉游乎高蔡之囿北史崔亮傳不解書計惟可彍弩前驅新唐書兵志有彍騎通鑑開元十三年更命宿衛之士曰彍騎注云引滿曰彍讀若郭者漢書音義張晏曰彍音郭釋名弩牙外曰郭爲牙之規郭也

彃 䠶也從弓畢聲楚詞曰⿱幵弓焉彃日 卑吉切

楚詞曰⿱幵弓焉彃日者天問羿焉彃日烏焉解羽注云淮南言堯時十日並出草木焦枯堯命羿仰射十日中其九日日中九烏皆死墮其羽翼故留其一日也馥案歸藏羿善射彃十日

彈 行丸也從弓單聲 徒案切

本書絎彈張也廣雅彃謂之彈玉篇青州人謂彈曰彃吳越春秋陳音對越王曰臣聞弩生於弓弓生於彈說苑善說篇惠子曰今有人於此而不知彈者曰彈之狀何若應曰彈之狀如彈則諭乎王曰未諭也於是更應曰彈之狀如弓而以竹爲弦則知乎王曰可知矣潛夫論浮侈篇丁夫世不傳犁鋤懷丸挾彈攜手遨遊或取好土作丸賣之於彈外不可以禦寇內不可以禁鼠晉靈好之以增其惡未嘗聞志義之士喜操以遊者也唯無心之人羣豎小子接而持之妄彈鳥雀百發不得一而反中面目此最無用而有害也元和郡縣志賀州貢斑竹彈弓面行丸也者開元文字引云彈之謂行丸者也御覽引字林彈行丸者宣二年左傳從臺上彈人而觀其辟丸也公羊傳引彈而彈之己趨而避丸楚策左挾彈右攝丸韓詩外傳黃雀將欲食螳螂不知童子挾彈丸在榆下仰而欲彈之說苑正諫篇舍人有少孺子者懷丸操彈游於後園易林公子王孫把彈攝丸搏鳩彈雀獵兔山北丸盡日暮失獲無得西京記長安五陵人柘木爲彈眞珠爲丸以彈鳥鵲西京雜記韓嫣好彈以金爲丸東方朔對驃騎將軍難曰以金丸彈不如泥丸各有所用李尤彈銘昔之造彈起意弦木以丸爲矢合竹爲樸漆飾膠治弗用筋鐵丸彈之利以弋鳧鶩夏侯孝若繳彈賦望大羣以送丸魏書齊王芳喜以彈彈人盛宏之荊州記始安郡山坎中有彈丸因以名彈丸山北史魏本紀諸郡大人詣陰館迎帝酒酣帝仰視飛鳥飛丸落之時國俗無彈衆大驚曰太子引空弓而落飛鳥隋書長孫晟賜射於武安殿時有鳶羣飛上曰公善彈爲我取之一發俱中應丸而落

⿰弓丸 彈或從弓持丸

御覽引桂苑彈行丸弓又作⿰弓丸汗簡作[illegible]云出說文

發 䠶發也從弓癹聲 方伐切

䠶發也者釋名發撥也撥使開也楚策其君好發者其臣決拾飽注發發矢管子形勢解羿古之善射者也調和其弓矢而堅守之其操弓也審其高下有必中之道故能多發而多中漢書地理志南郡有發弩官顏注主教放弩也陳琳對魏武云矢在弦上不得不發

⿱幵弓 帝嚳䠶官夏少康滅之從弓幵聲論語曰⿱幵弓善䠶 五計切

帝嚳䠶官者賈逵曰帝嚳賜⿱幵弓彤弓素矢封之於鉏歷虞夏帝王世紀羿有窮氏未聞其姓其先帝嚳以世掌射故於是加賜以弓矢封之於鉏爲帝司射歷唐及虞夏馥案此言帝嚳時之⿱幵弓也文心雕龍歸藏之經大明迂怪乃稱羿斃十日常娥奔月淮南本經訓堯乃使羿誅鑿齒於疇華之野殺九嬰於凶水之上繳大風於青邱之澤上射十日而下殺猰貐斷脩蛇於洞庭擒封豨於桑林汜論訓羿除天下之害而死爲宗布高注羿堯時之諸侯河伯溺殺人羿射其左目風伯壞人屋室羿射中其膝又誅九嬰窫窳之屬有功於天下故死託於祀海外南經羿與鑿齒戰

於壽華之野羿射殺之馥案此言堯時之羿也海內經帝俊賜羿彤弓素矰以扶下國羿是始去恤下之百艱馥案此言舜時之羿也　夏少康滅之者本書羿亦古諸侯也一曰射師增韻后羿有窮國君少康所滅者論語羿善射注羿有窮國之君是有窮后羿亦善射也从羽羽箭也古善射者以名其官子孫世其業皆以爲名至少康而滅㠯楚詞天問帝降夷羿革孽夏民胡䠶夫河伯而妻彼雒嬪馮珧利玦封豨是䠶何獻蒸肉之膏而后帝不若浞娶純狐眩妻爰謀何羿之䠶革而交吞揆之馥案淮南注云羿堯時諸侯河伯溺殺人羿射其左目是射河伯者爲堯時羿矣淮南又云堯時封豨脩蛇皆爲民害堯使羿斷脩蛇擒封豨是射封豨者亦堯時羿也按左傳樂正后夔生伯封實有豕心貪惏無厭忿類無期謂之封豕有窮后羿滅之此則以射豨爲有窮后羿與天問合也書五子之歌太康尸位以逸豫滅厥德黎民咸貳乃盤遊無度畋於有洛之表十旬弗反有窮后羿因民弗忍距于河傳云有窮國名羿諸侯名距太康於河不得入國遂廢之襄五年左傳昔有夏之方衰也后羿自鉏遷于窮后因夏民以代夏政恃其射也不脩民事而淫於原獸棄武羅伯因熊髡尨圉而用寒浞寒浞伯明氏之讒子弟也伯明后寒棄之夷羿

收之信而使之以爲己相浞行媚于內而施賂于外愚弄其民而虞羿于田樹之詐慝以取其國家外內咸服羿猶不悛將歸自田家衆殺而亨之以食其子其子不忍食諸死于窮門靡奔有鬲氏浞因羿室生澆及豷恃其讒慝詐僞而不德于民使澆用師滅斟灌及斟尋氏處澆于過處豷于戈靡自有鬲氏收二國之燼以滅浞而立少康少康滅澆于過后杼滅豷于戈有窮由是遂亾　論語曰羿善䠶者彼云羿善射奡盪舟俱不得其死然孔注羿有窮國之君篡夏后相之位其臣寒浞殺之因其室而生奡奡多力能陸地行舟爲夏后少康所殺

文二十七　重三

彆　弓戾也

詩象弭箋云弓末反彆者釋文彆說文方血反又邊之入聲埤蒼云弓末反戾也正義說文云彆方結反云弓戾也　玉篇彆卑結卑計二切弓戾也亦作彆

遺文一

弜　彊也从二弓凡弜之屬皆从弜　其兩切

彊也者弜彊聲相近廣韻弜弓有力也華陽國志秦昭襄王時白虎爲害於是夷作白竹弩射殺白虎世號白虎夷今所謂弜頭虎子者也

弼　輔也重也从弜㐭聲　房密切

輔也者本書卽輔信也玉篇卽今作弼釋詁弼俌也郭注俌猶輔也荀子臣道篇注弼所以輔正弓弩者也書大禹謨以弼五教傳云弼輔皋陶謨謨明弼諧史記作謀明輔和益稷予違汝弼傳云我違汝當以義輔周官弼予一人傳云以輔我一人之治大誥弼我丕丕基傳云輔我大大基越語憎輔遠弼韋注相道爲輔矯過爲弼尚書大傳古者天子左曰輔右曰弼可正而不正責之輔可揚而不揚責之弼孔叢抗志篇中正弼非則君疏之矣魏志陳矯字季弼　重也者釋詁文㐭聲者本書㐭古文㐭一曰讀若誓弼字从此是弼从㐭今省从西讀若誓與弼聲相近

弻　弼或如此

㢸　竝古文弼

弼弗聲相近詩敬之佛時仔肩箋云佛輔也論語佛肸亦讀如弼廣雅拂輔也孟子入則無法家拂士荀子臣道篇有能抗君之命竊君之重反君之事以安國之危除君之辱功伐足以成國之大利謂之拂大戴禮保傅篇絜廉而切直匡過而諫邪者謂之弼弼者拂天子之過者也

文二　重三

弦　弓弦也从弓象絲軫之形凡弦之屬皆从弦　胡田切

弓弦也者鄉射禮有司左執弣右執弦而授弓呂氏春秋具備篇今有羿蠭蒙繁弱於此而無弦則必不能中也中非獨弦也而弦爲弓中之具也元和郡縣志坊州貢弓弦麻　象絲軫之形者軫疑爲紾集韻紾音展轉繩也又音緊纏絲急也

盭　弼戾也从弦省从盩讀若戾　郎計切

㢮戾也者猶弗𢍰也廣雅𢍰㑜也書堯典帝曰吁咈哉傳云咈戾詩皇矣四方以無拂箋云拂猶佹也言無復佹戾者曲禮獻鳥者佛其首注云佛戾也學記其施之也悖其求之也佛正義佛戾也𩔰謂咈拂佛竝與㢮聲相近從盭者徐鍇本盭引戾之也讀若戾者漢書張耳陳餘列傳何鄉者慕用之誠後相背之𢍰也顏注𢍰古戾字戾違也賈誼傳其有中罪者聞命而自弛上不使人頸盭而加也蘇林曰不戾其頸而親加刀鋸也

急戾也從弦省少聲 於霄切

急戾也者五音集韻引有又曰小意四字按玉篇紗庛小貌也

不成遂急戾也從弦省曷聲讀若瘞瘞 於罽切

不成遂急戾也者五音集韻竭紗竭不成絢而急

文四

繫也從糸丿聲凡系之屬皆從系 胡計切

繫也者周禮小史奠繫世廣雅系連也釋名系繫也相連繫也易繫辭釋文徐胡詣反本系也又音係續也越語若以越國之罪爲不可赦也將焚宗廟係妻孥注云係繫也亦生同命不爲吳所禽虜後漢書張衡傳系曰注云系繫也通作係釋詁係繼也東都賦注引作系僖二十五年左傳秦人過析隈入而係輿人注云係縛輿人說苑尊賢篇親舉五穀大夫於係縲之中賈誼書上弗使執縛係引而行也　丿聲者從抴引之𠂆非右戾之丿

系或從毄處

籒文系從爪絲

子之子曰孫從子從系系續也 思魂切

子之子曰孫者釋親子之子爲孫郭注孫猶後也釋名孫遜也遜遁在後生也史記孟嘗君傳文承閒問其父嬰曰子之子爲何曰爲孫　系續也者一切經音義二十三系繼也世本有帝系篇謂子孫相繼續也東都賦系唐統

聯微也從系從帛 武延切

聯微也者本書聯从絲絲連不絕也詩載芟緜緜其麃王肅云其衆緜緜然不絕也釋訓緜緜麃也孫炎曰緜緜言詳密也詩緜緜瓜瓞正義微細之辭禮玉藻言容繭繭疏云言緜緜聲氣微細說苑緜緜不絕將成網羅

隨從也從系䍃聲 余招切

隨從也者戴侗引唐本䍃從也从言从肉肉亦聲韻案玉篇廣韻竝云䍃從也史記高祖本紀常繇咸陽應劭曰繇役也漢書文帝紀省繇費以便民詩大雅民亦勞止箋云繇役煩多漢律民不繇貲錢二十二鹽鐵論中國困於繇役薛瑩漢紀悉省繇賦綏靜兆民韓勑碑復顏氏并官氏邑中繇發通作由論語民可使由之注云由從也詩君子陽陽右招我由房箋云由從也禮祭義陶陶遂遂如將復入然注云陶陶遂遂相隨行之貌釋文陶音遙

文四　重二

說文解字第十三　義證第四十一

曲阜桂馥學

糸 細絲也象束絲之形凡糸之屬皆從糸讀若覛 莫狄切

細絲也者本書細微也廣雅糸微也 象束絲之形者本書總聚束也聘禮賄用束紡司馬彪輿服志凡先合單紡爲一系四系爲一扶五扶爲一首五首爲一文

糸 古文糸

繭 蠶衣也從糸從虫黹省 古典切

蠶衣也者蛹下云繭蟲也㬎下云或以爲繭繭者絮中往往有小繭也一切經音義十四繭蠶縈絲也呂氏春秋季春紀蠶事既登分繭稱絲效功孟夏紀蠶事既畢后妃獻繭乃收繭稅以桑爲均太元將上九紅蠶緣於枯桑其繭不黃漢書元后傳春幸繭館顏注漢宮閣疏云上林苑有繭觀蓋蠶繭之所也後漢書光武紀野蠶成繭被於山阜

人收其利焉論衡無形篇蠶食桑老績而爲繭齊民要術引春秋考異郵蠶陽物火惡水故食而不飲陽立於三春故蠶三變而消亦於七三七二十一日而繭玉篇重文作蠒漢書王莽傳或蠒不蠶自成論衡自紀篇蠶蠒重厚稱其出絲孰者爲多尸子夫蠒舍而不治則腐蠹 從糸從虫者干祿字書蒼頡解詁魏受禪碑並作繭左虫右糸 黹省者趙宧光曰當從芇相當也讀若宀繭芇聲譌作黹故加省字馥案字鑑引作芇聲戴侗曰唐本從芇五經文字繭從芇芇音緜干祿字書作繭從芇馥謂芇誤作芇蒼頡解詁繭字從虫從糸芇聲芇音眠魏受禪碑作繭蓋隸體增筆補空仍從芇字

絸 古文繭從糸見

一切經音義十四繭古文絸同

繅 繹繭爲絲也從糸巢聲 穌遭切

繹繭爲絲也者禮記釋文引作抽繭出絲也本書繹抽絲沼繅絲湯也春秋繁露實性篇繭待繅以涫湯而後能爲絲淮南泰族訓繭之性爲絲然非得工女煮以熱湯而抽其統紀則不能成絲顏注急就篇抽引精繭出緒者曰絲孟子夫人蠶繅以爲衣服祭義夫人繅三盆手注云三盆手者三淹也凡繅每淹大總而手振之以出緒也詩魏風言采其莫陸璣疏莫莖葉厚而長有毛刺今人繅以取繭緒釋草緜馬羊齒郭注細葉羅生而毛有似羊齒繅者以取繭緒字或作繰蒼頡解詁繭下云未繰也尸子夫蠒舍而不治則腐蠹使紅女繰之爲美錦大君朝而服之四民月令四月繭既入蔟趣繰剖線齊民要術養種對馬骨煮之若無骨煮繰蛹汁和溲神仙傳園客得蠒大如罋每一蠒繰六七日絲乃盡劉氏新論崇學篇夫蠒繰以爲絲織爲縑紈則王侯服之詩瞻卬釋文繰亦作繅馥案巢隸作桼

繹 抽絲也從糸睪聲 羊益切

抽絲也者一切經音義九三蒼繹抽也廣雅繹䌷也方言絲曰繹之通作紬漢書谷永傳燕見紬繹注云紬繹者引其端緒也釋名紬抽也抽引絲端出細緒也

緒 絲耑也從糸者聲 徐呂切

絲耑也者廣雅耑緒末也方言緤末紀緒也南楚皆曰緤或曰端或曰紀或曰末皆楚轉語也釋詁敘緒也孫炎曰謂端緒也易林兌之坎絲多緒亂端不可得南都賦白鶴飛兮繭曳緒

緬 微絲也從糸面聲 弭沇切

微絲也者六書故今之絡者別其絲最細者爲緬次曰大緬字或作𦁀玉篇緬與𦁀同廣雅𦁀微也

純 絲也從糸屯聲論語曰今也純儉 常倫切

絲也者廣雅同漢書王褒傳難與道純緜之麗密王應麟補注急就篇純絲也 論語曰今也純儉者孔注冕緇布冠也古者績麻三十升布以爲之純絲也絲易成故從儉

綃 生絲也從糸肖聲 相幺切

生絲也者後漢書向栩傳注引同韻會引作生絲繒廣韻綃生絲繒也通俗文生絲繒曰綃顏注漢書綃今之輕紗也禮玉藻元綃衣以裼之注云綃綺屬也少牢饋食禮衣侈袂注云大夫妻尊亦衣綃衣而侈其袂耳洛神賦曳霧

綃之輕秭李善注綃輕縠也晉令第六品己下不得服羅綃通作宵士昏禮姆纚笄宵衣注云宵讀爲詩素衣朱綃之綃魯詩以綃爲綺屬也特牲饋食禮宵衣注云宵綺屬也此衣染之以黑其繒本名曰宵詩有素衣朱宵記有玄宵衣又通作繡郊特牲繡黼丹朱中衣注云繡讀爲綃綃繒名也詩素衣朱繡箋云繡當爲綃魯詩作綃云綃綺屬劉芳義疏繡當爲綃綃綺覆案廣雅綃謂之絹此與生絲綃義合又云纔絡綃也案絡粗緒纔未練治纑此與生絲義合

緍　大絲也從糸皆聲口皆切

⿰糸巟　絲曼延也從糸巟聲呼光切

紇　絲下也從糸气聲春秋傳有臧孫紇下沒切

春秋傳有臧孫紇者襄二十三年左傳訪於臧紇

⿰糸氐　絲滓也從糸氐聲都兮切

絓　繭滓絓頭也一曰以囊絮練也從糸圭聲胡卦切

繭滓絓頭也者廣韻絓惡絲玉篇䌈絓䌈也釋名絓挂也挂於杖端振舉之也黃庭堅注急就篇絓䌈絲結也馥案纅繭絲未盡者互相連結抽其粗緒纖爲縣紬故顏注急就篇云紬之尤粗者曰絓繭滓所抽也御覽引云一曰牽繳案釋名煑繭曰莫莫幕也貧者著衣可以幕絡絮也或謂之牽離煑熟爛牽引使離散如縣然也廣韻繫縴䌈惡絮馥謂牽繳牽離縴䌈一也

纅　絲色也從糸樂聲以灼切

䌯　著絲於筟車也從糸崔聲穌對切

著絲於筟車也者本書筟筳也筳維絲筦也六書故筟車紡車也著絲於筳著筳於車踏而轉之所謂紡也通俗文織纖謂之維受緯曰筟玉篇維車亦名䡅車亦名軌車廣雅維車謂之厤鹿道軌謂之鹿車方言維車趙魏之閒謂之轣轆車東齊海岱之閒謂之道軌又云車下鐵鄭秩陳宋淮楚之閒謂之畢注云鹿車也戴君震曰鹿車維車也

考工記天子圭中必鄭云必讀如鹿車縪之縪謂以組約其中央爲執之以備失隊圭中必爲組鹿車縪爲索其約束相類故讀如之孫得施維車賦微風興於輪端霧雨散於轂輻制以靈木絡以奇竹口朝日以投圓兮準暈月以造象若洪輪之在口兮似蜘蛛之結網

經　織也從糸巠聲九丁切

織也者御覽引作織從絲也案從如詩衡從其畝之從本書緯織橫絲也滕機持經者玉篇經經緯以成繒帛也禮月令毋失經紀漢書五行志厥風絕經紀如淳曰壞絕匹帛之屬韓非外儲說吳起使其妻織組而幅狹於度吳子使更之其妻曰吾始經之而不可更也論衡量知篇恆女之手紡績織經

織　作布帛之總名也從糸戠聲之弋切

作布帛之總名也者小爾雅廣服治絲曰織織繒也禹貢厥篚織文傳云織文錦綺之屬易林困之中孚絲紵布帛人所衣服摻搔女手紡績繕織

⿰糸式　樂浪挈令織從糸從式

方言趙魏閒呼經而未緯者曰機⿰糸式樂浪挈令者吳都賦名䌫奪乎樂浪魏畧文帝詔曰代郡黃布爲細樂浪練爲精漢書溝洫志內史稻田租挈重其議減注云租挈收田租之約令也張湯傳上所是受而著讞法廷尉挈令韋注在板挈也顏注挈獄訟之要也史記作絜又有光祿挈令見燕王旦傳注

紝　機縷也從糸壬聲如甚切

機縷也者通俗文單展曰紝禮內則織紝組紃成二年左傳賂之以執斲執鍼織紝皆百人服注織紝治繒帛者嵇康高士傳接輿負釜甑妻戴紝器莫知所之

絍　紝或從任

綜　機縷也從糸宗聲子宋切

機縷也者趙宧光曰分經受緯令絲成文機法也六書故合絲爲縷機所用提經也楊愼曰綜機縷也所以持經而施緯使不失條理者也三蒼解詁綜理經也謂能統理衆務爲綜理漢宣帝綜核名實晉陶侃綜理微密是也一切經音義一三蒼綜理經也謂機縷紀領絲者也綜理也領理之也又卷二綜謂機縷持絲交者屈繩制經令得開合也太玄經乃綜於名宋衷曰所以紀綜之也列女傳魯季敬姜傳推而往引而來者綜也馬鈞別傳鈞巧思絕世舊綾機五十六綜者五十躡六十綜者六十躡鈞乃易以十二躡異文奇變自然成形晏氏類要濰州貢綜絲

綹 緯十縷爲綹從糸咎聲讀若柳力九切

緯十縷爲綹者集韻絲十爲綸綸倍爲綹沈佺期曝衣詩上有仙人長命綹卽長命縷也

緯 織橫絲也從糸韋聲云貴切

織橫絲也者本書杼機持緯者六書故緯抒所持絲也經從而緯衡廣雅緯橫也昭二十四年左傳嫠不恤其緯注云織者常苦緯少莊子列禦寇江上有家貧緯蕭而食者釋文緯織也易林否之中孚老妾踞機緯絕不知女功不成冬寒無衣趙希鵠洞天淸錄集河北絹經緯一等故無背面江南絹則經粗而緯細有背面

緷 緯也從糸軍聲王問切

繢 織餘也從糸貴聲胡對切

織餘也者御覽引作績餘也

統 紀也從糸充聲他綜切

紀也者廣雅同齊語班序顚毛以爲民紀統注云統猶經也淮南泰族訓繭之性爲絲然非得工女煑以熱湯而抽其統紀則不能成絲

紀 絲別也從糸己聲居擬切

絲別也者僖二十四年左傳正義引同又云紀者別理絲縷詩棫樸正義引作別絲也亦有紀者別理絲縷六字玉篇紀緒也絲別名也廏案名字後人加之禮器紀散而衆亂注云紀絲縷之數有紀說苑權謀篇袁氏之婦絡而失其紀史記索隱紀理也絲縷有紀裴松之史目紀者理也方言緤末紀緒也南楚皆曰緤或曰端或曰紀或曰末皆楚轉語也

繈 繈纇也從糸強聲居兩切

繈纇也者本書無繈字莊十年公羊傳繈者曰侵精者曰伐何注繈麤也月令其器高以粗呂氏春秋作高以繈漢書藝文志庶得麤繈欽傳繈舉僚職顏注繈粗畧也廣韻繈絲有纇纇粗絲也

纇 絲節也從糸頪聲盧對切

絲節也者一切經音義十一引通俗文多節曰纇玉篇纇絲節不調也廣雅纇節也老子夷道若纇范應元注纇絲節也昭二十八年左傳忿纇無期注云纇戾也唐書李遜傳治條疏纇昭十六年傳刑之頗類服虔讀類爲纇云不平也楊愼曰左傳刑之頗類獄之放紛言刑之頗偏而類戾獄之放縱而紛亂紛與類對作類誤也

紿 絲勞卽紿從糸台聲徒亥切

絲勞卽紿者本書繎絲勞也增韻作絲縈

納 絲溼納納也從糸內聲奴荅切

絲溼納納也者老子夷道若纇王弼注纇納也

紡 網絲也從糸方聲妃兩切

網絲也者戴侗曰蜀本作拗絲急就篇曩繘繩索絞紡纑顏注紡謂紡切麻絲之屬爲纑縷也昭十九年左傳託於紀鄣紡焉崔寔政論寔爲五原太守土地不知緝績寔迎織師使巧手作機及紡以敎民織

絕 斷絲也從糸從刀從卩情雪切

斷絲也者釋名絕截也如割截也孟子絕長補短王制作斷長

𢇍 古文絕象不連體絕二絲

漢書路溫舒傳𢇍者不可復屬顏注𢇍古絕字

繼 續也從糸㡭一曰反㡭爲繼 古詣切

續也者釋詁續繼也月令振乏絕正義不續曰絕漢文帝除肉刑詔絕者不可復續也從糸㡭本書無㡭字而云從㡭者從古文也本書𢇍𢇁爾雅作𢆶𢇍當作𢇍與㡭聲相近𢇍𢇍不應從㡭 一曰反㡭爲繼者當有古文作㡭訓云古文反㡭爲㡭

續 連也從糸賣聲 似足切

連也者廣韻連續也禮深衣續衽鉤邊注云續猶屬也

賡 古文續從庚貝

書益稷乃賡載歌傳云賡續釋文賡說文以爲古續字君大昭曰春秋說題辭粟之爲言續也古文續作賡爾雅釋詁賡續也郭注引書乃賡載歌孔傳亦訓賡爲續賡從庚庚亦有續義小雅大東西有長庚傳云庚續也疏云日入後有明星言其長能續日之明是也說文庚位西方象秋時萬物庚庚有實也粟與穀皆於秋時庚庚有實故說文皆以續釋之馥案通作更史記平準書悉巴蜀租賦不足以更之韋昭曰更續也

纘 繼也從糸贊聲 作管切

繼也者釋詁文彼作纂周語纂修其緒禮祭統纂乃祖服並通作纂書仲虺之誥纘禹舊服傳云繼禹之功詩七月載纘武功大明纘女維莘傳並云纘繼也崧高王纘之事箋云纘繼也中庸武王纘太王王季文王之緒鄭注纘繼也

紹 繼也從糸召聲一曰紹緊糾也 市沼切

繼也者釋詁文書盤庚紹復先王之大業康誥紹聞衣德言傳云繼其所聞詩抑弗念厥紹傳云紹繼也訪落紹庭上下箋云紹繼也常武匪紹匪游傳云不敢繼以敖游也聘禮士爲紹擯注云紹繼也樂記紹者繼也注云舜樂名也言舜能繼紹堯之德晉語使寡君之紹續昆裔隱悼播越韋注紹繼也後漢書班固傳紹天闡繹者注云紹繼也芙蕖根有蔤紹續

𦀚 古文紹從邵

張次立本作𦀚玉篇作𦀚

䌖 偏緩也從糸羨聲 昌善切

偏緩也者廣雅䌖䌖緩也陳啓源曰詩檀車幝幝釋文云幝韓詩作䌖案說文幝車敝皃䌖偏緩也然則偏緩者正車敝之皃襍謂偏則有餘矣通作羨孟子以羨補不足詩四方有羨傳云羨餘也史記司馬相如傳功羨於五帝司馬彪曰羨溢也漢書貨殖傳中國委輸時有奇羨索隱奇羨謂時有餘衍也漢書食貨志以收奇羨顏注羨饒益也通鑑唐憲宗問李絳故事戶部侍郎皆進羨餘又通作衍沙衍即沙羨易衍在中也古本作羨漢書溝洫志河災之羨溢中國也尤甚顏注羨讀與衍同

⿰糸盈 緩也從糸盈聲讀與聽同 他丁切

緩也者廣雅同謂⿰糸盈餘也與䌖同意通作盈祭義樂主其盈注云盈猶溢也史記蔡澤傳進退盈縮越語盈縮轉化又通作贏班固幽通賦故遭罹而贏縮

⿰糸呈 ⿰糸盈或從呈

縱 緩也一曰舍也從糸從聲 足用切

緩也者李善注七啓引同 一曰舍也者本書失縱也廣雅縱置也

紓 緩也從糸予聲 傷魚切

緩也者本書舒緩也詩采菽彼交匪紓傳云舒緩也莊三十年左傳以紓楚國之難僖三十三年傳遲速唯命不然紓我文十六年傳姑紓死焉成二年傳我亦得地而紓於難成三年傳二國圖其社稷而求紓其民成九年傳爲將改立君者而紓晉使成十六年傳我偽逃楚可以紓憂杜注並云紓緩也後漢書龐參傳季子來歸魯人喜其紓難注云紓緩也通鑑錢鏐次子傳瓘曰紓國家之難安敢愛身注云紓緩也通作抒文六年左傳難必抒矣服本作紓

繎 絲勞也從糸然聲 如延切

絲勞也者集韻絲難理曰絲勞廣韻䌇絲難理急就篇烝栗絹紺縉紅䌇黃注䌇絲勞也

紆詘也從糸亏聲一曰縈也億俱切

詘也者一切經音義二十一引作屈也李善注北征賦引同漢書敘傳紆體衡門顏注紆屈也玉藻齊則綪結佩而爵韠既夕器西南上綪士喪禮綪絞橫三縮一鄭注竝云綪屈也馥案綪當爲紆小爾雅詘而戾之曰紆廣雅紆紆索也一曰縈也者李善注西都賦引同本書縈紆未縈繩

緈直也從糸幸聲讀若陘胡頂切

直也者義與婞通楚詞鯀婞直

纖細也從糸韱聲息廉切

細也者方言纖小也自關而西秦晉之郊梁益之閒凡物小者或曰纖繒帛之細者謂之纖禹貢厥篚玄纖縞注云纖細也祭服之材尚細又厥篚纖纊傳云細緜通作孅大戴禮曾子立事篇禍之所由生自孅孅也漢書王吉傳孅

介有不具者食貨志古之治天下至孅至悉也

細微也從糸囟聲穌計切

微也者廣雅同

緢旄絲也從糸苗聲周書曰惟緢有稽武儦切

旄絲也者廣韻緢旄也又絲名又云旄雜絲也六書故緢細而毛也旄集韻作旋云絲旋曰緢　周書曰惟緢有稽者呂刑文彼作貌薛季宣書古文訓作緢

縒參縒也從糸差聲楚宜切

參縒也者類篇引同又云謂絲亂皃廣韻縒綜亂也通作差韻會參差亂絲皃廣雅陸離參差也襄二十二年左傳而何敢差池杜注云差池不齊一

繙冕也從糸番聲附袁切

冕也者徐鍇韻譜刻本作冤寫本誤作冕玉篇繙冤也廣韻繽繙風吹旗皃馥謂旗受風冤屈也本書帑幡也幡當作繙莊子天道篇於是繙十二經以說老耼注云繙帑亂取之也

縮亂也從糸宿聲一曰蹴也所六切

亂也者釋詁縱縮亂也郭注縱放掔縮皆亂法也馥案縱緩也縱縮猶縱縮皆不中度故亂而難理也通俗文不申曰縮　一曰蹴也者本書摍蹴引也周語縮取備物

紊亂也從糸文聲商書曰有條而不紊亾運切

亂也者集韻亂紊也　商書曰有條而不紊者盤庚文傳云紊亂也正義紊是絲亂故爲亂也

級絲次弟也從糸及聲居立切

絲次弟也者廣韻引作次序

總聚束也從糸悤聲作孔切

聚束也者廣雅總聚也離騷紛總總其離合兮注云總聚也釋名總束髮也總而束之也顏注急就篇總以絲縷爲之所以束髮也喪服傳布總注云總束髮詩齊風總角丱兮正義總聚其髮以爲兩角

䋎約也從糸具聲居玉切

約也者廣雅䋎連也廣韻䋎𣰉䋎子纏連者

約纏束也從糸勺聲於略切

纏束也者顏注急就篇約猶束縛也玉篇約束也纏也廣雅約束也詩斯干約之閣閣傳云約束也管子樞言篇先王不約束不結紐約束則解結紐則絕

繚纏也從糸尞聲盧鳥切

纏也者一切經音義六引作繞也纏也本書丩繚也廣雅繚纏也楚詞九歌繚之兮杜衡注云繚縛束也後漢書班固傳繚以周牆注云繚猶繞也

纏 繞也從糸廛聲 直連切

繞也者玉篇纏約也廣韻纏纏繞物也

繞 纏也從糸堯聲 而沼切

纏也者廣雅同

紾 轉也從糸㐱聲 之忍切

轉也者李善注七發引同廣韻紾轉繩也淮南精神訓千變萬紾高注紾轉也考工記老牛之角紾而昔注云鄭司農云紾讀爲抮縛之抮釋文紾劉徒展反許愼尙展反又徒展反與注抮縛之抮同角絞縛之意又云抮縛竝與紾同縛又徒轉反通作軫許注淮南云軫轉也方言軫戾也注云相了戾也盧君文弨曰酉陽雜俎云野牛高丈餘其頭似鹿其角了戾又導引經云义手項上左右自了戾不息復三此亦紾轉之意了戾卽繚戾劉向九歎繚戾宛轉阻相薄兮

繯 落也從糸瞏聲 胡畎切

落也者後漢書注引同國語曰繯於山有罕賈注繯還也韋謂落如杝落之落

辮 交也從糸辡聲 頻犬切

交也者一切經音義十五引作交織也通俗文織繩曰辮蒼頡篇辮交織也思元賦辮貞亮以爲鞶兮舊注辮交織也宋書王敬弘傳左右嘗使二老婢戴五條五辮著青紋袴襦通鑑梁蕭方諸以五色綵辮鮑泉髯注云辮交結也鹵簿令羊車小吏竝辮髮通作編漢書終軍傳解編髮

結 締也從糸吉聲 古屑切

締也者漢書五行志帶有結注云締結之結

縎 結也從糸骨聲 古忽切

結也者玉篇縎結不解廣雅結縎不解也楚辭九思心結縎兮折摧或作愲漢書息夫躬傳心結愲兮傷肝

締 結不解也從糸帝聲 特計切

結不解也者廣雅締結也老子善結無繩約而不可解史記秦始皇本紀合從締交注云締結也

縛 束也從糸尃聲 符钁切

束也者小爾雅廣言同本書束縛也洛神賦纖腰如束素釋名縛薄也使相薄著也昭二十六年左傳以幣錦二兩縛一如瑱

綳 束也從糸𦨈聲墨子曰禹葬會稽桐棺三寸葛以綳之 補盲切

束也者廣雅同墨子云云者節葬篇文彼云禹東教乎九夷道死葬會稽之山衣衾三領桐棺三寸葛以緘之御覽引作綳帝王世紀亦作綳案緘卽綳也釋名棺束曰緘緘函也古者棺不釘也喪大記大夫以咸注云咸讀爲緘齊人謂棺束爲緘說苑反質篇昔堯之葬者空木爲櫝葛爲緘尸子禹之葬法死於陵者葬於陵死於澤者葬於澤桐棺三寸制喪三日舜西教乎七戎道死葬於南己之中衣衾三領款木之棺葛以緘之北史李彥傳昔人以窾木爲櫝葛虆爲緘又或作𦨈廣韻𦨈束棺下之

絿 急也從糸求聲詩曰不競不絿 巨鳩切

急也者廣韻絿急引也詩曰不競不絿者商頌長發文傳云絿急也

絅 急引也從糸冋聲 古熒切

急引也者廣雅絅急也

⿰糸𠂢 散絲也從糸𠂢聲 匹卦切

散絲也者當爲⿰木𠂢廣韻⿰木𠂢未緝麻也新唐書禮儀志始死浴尸之儀沐巾一浴巾二用絺若⿰木𠂢案絺玉篇作䊵云⿰糸𠂢結

⿰糸羸 不均也從糸羸聲 力臥切

不均也者集韻編絲有節廣韻編不細也

給 相足也從糸合聲居立切

相足也者僖十三年左傳敢不供給襄九年傳車服從給杜注足給事也穆天子傳盛姬求飲天子命人取漿而給漢書禮樂志曰不暇給顏注給足也漢舊儀太僕牧師苑分養三十萬頭擇取給六廄漢官儀給事於中故曰給事中揚雄上林苑令箴國以殷富民以家給

綝 止也從糸林聲讀若郴丑林切

止也者廣雅同

縪 止也從糸畢聲卑吉切

考工記釋文縪劉府結反沈音畢云劉音非也按此俗今猶有此語音如劉音蓋古語乎劉音未失止也者通作畢廣雅畢竟也書大誥予曷敢不于前寧人攸受休畢月令以畢春氣注云所以畢止其災也莊二十九年左傳日至而畢杜注日南至微陽始動故土功畢

紈 素也從糸丸聲胡官切

素也者許注淮南同廣雅亦同顏注急就篇紈即素之軟細者釋名紈渙也細澤有光渙渙然也古詩被服紈與素樂府怨歌行新製齊紈素范子紈素出齊荀悅漢紀齊國獻紈素天子爲三官服也漢書罷齊三服官李斐曰紈素爲冬服地理志織作冰紈綺繡純麗之物臣瓚曰冰紈紈細密堅如冰者也顏注冰謂布帛之細其色鮮潔如冰者也紈素也東觀漢記楚王英奉送白紈五匹又云建初二年詔齊相其止勿復送冰紈方穀後漢書章帝紀詔齊相省冰紈注云紈素也冰言鮮潔如冰賈逵說左傳肅霜云色如霜紈

終 絿絲也從糸冬聲職戎切

絿絲也者釋詁求終也周禮牛人求牛注云求終也終事之牛謂所以釋者也馥案以求爲終事與絿絲義異

古文終

本書𢇍從此周史頌鼎作冄異敦作八彖本書冬從此今終又從冬當有一誤

合也從糸從集讀若捷姊入切

繒 帛也從糸曾聲疾陵切

帛也者一切經音義二引同又云謂帛之總名曰繒也本書繒帛也三蒼雜帛曰繒雪賦梁壞垂繒李善引字林繒帛總名也急就篇服瑣緰帛與繒連顏注繒者帛之總名謂以絲織者也漢書灌嬰傳睢陽販繒者顏注繒者帛之總名續漢書明德皇后馬氏衣大帛禿帛不緣諸王望見后裙極麤疏以爲綺縠視乃笑后曰此繒染色好故用之耳

籀文繒從宰省揚雄以爲漢律祠宗廟丹書告

漢律祠宗廟丹書告者禮說丹圖者丹繒也

緭 繒也從糸胃聲云貴切

繒也者廣韻謂繒繒也

絩 綺絲之數也漢律曰綺絲數謂之絩布謂之總綬組謂之首從糸兆聲治小切

通作兆算經黃帝爲法數有十等謂億兆京垓秭壤溝澗正載也書五子之歌予臨兆民周官綏厥兆民傳並云十億曰兆閔元年左傳天子曰兆民諸侯曰萬民成二年傳大誓所謂商兆民離昭二十年傳豈能勝億兆人之詛杜注並云萬億曰兆內則降德於衆兆民注云萬億曰兆漢書京兆尹張晏曰十萬曰兆應璩報東海相書足下頓彌天之網收萬仞之魚罣之以谿谷數之以陔兆

布謂之總者當作稯本書布之八十縷爲稯通作總詩素絲五總又通作緵詩東門之枌越以緵邁傳云緵數正義緵謂麻縷每數一升而用繩紀之故緵爲數王肅云緵數績麻之縷也

綬組謂之首者董巴輿服志黃赤綬五百首赤綬三百首綠綬二百四十首紫綬百八十首青緺綬百二十首黑綬八十首黃綬六十首先合單紡爲一絲四

絲爲一扶五扶爲一首五首成一文

綺 文繒也從糸奇聲 袪彼切

文繒也者後漢書王符傳注引同玉篇綺有文繒廣雅綺綵也急就篇青綺綾穀靡潤鮮顏注綺即今之繒釋名綺攲也其文攲邪不順經緯之縱橫也有杯文形似杯也有長命其綵色相間皆橫終幅此之謂也言長命者服之使人命長本造意之意也有棋文者方文如棋也東宮舊事太子納妃有七綵杯文綺被一綵后杯文綺被一七綵杯文綺袴一長命杯文綺袴一千寶晉紀初洛中名服有白后綺識者尤之曰后非繒綵之稱者令第三品已下得服雜杯文綺第六品已下得服七綵綺漢書貨殖傳文采千匹顏注文文繒也地理志織作冰紈綺繡顏注綺文繒也即今之所謂細綾也鹽鐵論散不足篇文繒薄織不弱於市後漢書班固傳綺組繽紛注云綺文繒也邊讓傳組綺繽紛注云綺綾也劉楨魯都賦妖服既工刻畫綺紗曹植詩西北有織婦綺縞何繽紛清晨秉機杼日暮不成文任君大椿曰西都賦提封五萬疆場綺分溝塍刻鏤原隰龍鱗又云周廬千列徼道綺錯然則古之綺文多爲交錯之

狀矣此即釋名所云不順經緯者也又云漢書敘傳在於綺襦紈絝之間晉灼曰白綺之襦冰紈之絝云白綺則織素之明證也樂府陌上桑云緗綺爲下裙紫綺爲上襦蓋綺質本素而染之以緗與紫則又名緗綺紫綺矣又云有文而不采者織素爲文曰綺是也有采而不文者爾雅練旒九注練絳練說苑衣練紫之衣狐白之裘蓋練雖無文而得染絳紫也有文采兼者如南齊書上報扶南國以絳紫地黃碧綠紋綾之類是也

穀 細縛也從糸𣪊聲 胡谷切

細縛也者廣雅穀絹也案聲類以縛爲絹字顏注急就篇穀今梁州白穀釋名穀粟也其形足足而蹙視之如粟也又謂之沙穀亦取蹴蹴如沙也周禮內司服注云素沙者今之白縛也今世有沙穀者名出於此蕫巴輿服志羽林左右監左右虎賁皆紗穀單衣宋玉諷賦更被白穀之單衫漢書賈誼傳白穀之表薄紈之裏江充傳衣紗穀襌衣顏注紗穀紡絲而織之也輕者爲紗縐者爲穀通鑑注穀縐紗也一切經音義二十二穀似羅而疏似紗而密者也有霧穀言細如霧也法言吾子篇或曰霧穀之組麗曰女工之蠹矣史記司馬相如傳垂霧穀郭璞曰言細如霧也文選神女賦動霧穀以徐步兮李云穀今之輕紗薄如霧也後漢書章帝紀方空穀注云釋名曰穀紗也方空者紗薄如空也或曰空孔也即今之方目紗也馥案穀亦有綵者三禮圖五綵方山冠以綵穀爲之

縳 白鮮色也從糸專聲 持沇切

白鮮色也者儀禮釋文引同馥案鮮色當爲鮮支急就篇注絹一名鮮支廣雅鮮支絹也聲類縳今作絹字本書穀細縳也廣雅穀絹也玉篇縶縳也廣雅縶絹也縳絹通稱周禮內司服王后六服素紗注云素紗者今之白縳也六服皆袍制以白縳爲裏使之張顯聘禮賓裼迎大夫賄用束紡注云紡紡絲爲之今之縳也

縑 并絲繒也從糸兼聲 古甜切

東觀漢記賜來歙妻縑千匹又云詔書賜馬援鉅鹿縑三百匹又云楚王英奉送黃縑三十五匹又云東海頃王肅上縑萬匹以助國費又云王丹懷縑一匹陳於主人前曰如丹此縑出自機杼 晉令輸縑當絹者縑一匹當絹六丈 晉書辰韓傳俗饒蠶桑又作縑布 荀勖爲晉文王與孫皓書餉細縑十匹 後趙錄劉芳爲諸僧寫經論筆迹稱善卷直一

縑 何晏九州論清河縑總馥案隋圖經清河絹爲天下第一

并絲繒也者李籍九章算術音義引同廣雅縑絓并也又云并兼也釋名縑兼也其絲細緻數兼於布絹也急就篇綈絡縑練素帛蟬顏注縑之言兼也并絲而織甚緻密也漢書外戚傳嫗爲翁須作縑單衣顏注縑即今之絹也通鑑唐太宗嘉安市城周守賜縑百匹注云縑并絲繒也魏書食貨志專以單絲之縑疏縷之布狹幅促度不中常式

綈 厚繒也從糸弟聲 杜兮切

范子計然綈出河東 西京雜記漢制天子玉几冬則加綈錦其上謂之綈几 鹽鐵論散不足篇素綈錦冰 漢舊儀印綬盛以篋篋以綠綈白表赤裏

厚繒也者史記匈奴傳索隱引同後漢書楊厚傳注引同演繁露繒厚帛也蔡邕女誡繒貴厚而色尚深爲其堅韌也釋名綈似蛦蟲之色綠而澤也顏注急就篇綈厚繒之滑澤者也重三斤五兩今謂之平紬管子輕重戊篇魯梁之民俗爲綈注云繒之厚者謂之綈史記范雎傳乃取其一綈袍以賜之索隱綈厚繒也蓋今之絁也漢書文帝紀

身衣弋綈賈誼傳且帝之身自衣皁綈顏注竝云綈厚繒也通作緹後漢書宦者傳序土木被緹繡注云緹厚繒也又通作地魏志倭人傳今以絳地交龍錦五匹裴注地應爲綈漢文帝著皂衣謂之弋綈是也此字不體非魏朝之失則傳寫者誤也鄴中記后虎中尚方御府中巧工作錦織成署皆數百人有青綈白綈或緋綈或黃綈或綠綈或紫綈任君大椿曰錦織五色而皆以綈爲地禮記雜記素錦以爲屋喪大記素錦褚爾雅曰素錦綢杠郭注以白地錦韜旗之竿也其云白地錦當即所謂白綈錦也三國魏志倭人傳有絳地交文錦紺地句文錦裴松之謂地應爲綈蓋錦多以綈爲地故松之破地爲綈目綈爲厚繒錦施功多故以厚繒爲質

練　湅繒也从糸柬聲郎甸切

襄三年左傳被練三千賈注以帛綴甲　韓非十過篇秦得韓之都而驅其練甲　漢書王莽傳太后宜且衣繒練　子思子管仲績錦也雖惡而登朝子產練絲也雖美而不尊　鹽鐵論散不足篇繭紬縑練者婚姻之嘉飾也　庾翼與燕王書今致細練十端　語林蘇峻新平帑藏空虛猶餘數千端粗練恐賣不售諸賢各製練服之賣遂大售　顏氏家訓風操篇梁武小名阿練子孫皆呼練爲絹

湅繒也者本書湅瀾也蓋用淅米汁漚煮也玉篇練煮漚也本書䌇未練治纑也顏注急就篇練者煮縑而孰之也釋名練爛也煮使委爛也秦策簡練以爲揣摩高注練濯治馥謂當作瀾湅考工記㡛氏湅絲以涗水漚其絲七日去地尺暴之又曰是爲水湅樂記朱弦而疏越注云朱弦練朱弦練則聲濁正義練則絲熟而聲濁論衡率性篇白紗入緇不練自黑又云湅染布帛名之曰采無湅染之治名曰穀麤玉藻士練帶正義士用熟帛練爲帶廣韻練白練周禮染人凡染春暴練注云暴練練其素而暴之淮南說林訓墨子見練絲而泣之爲其可以黃可以黑高注練白也賈誼書連語篇練絲染之藍則青染之緇則黑九章算術今有絡絲一斤爲練絲十二兩練絲一斤爲青絲一斤十二銖任君大椿曰練爲熟帛言其功也質則未詳考廣雅云縞練也顏師古急就篇注練者煮縑而熟之然則練爲縑縞之熟者目小爾雅素之精者曰縞釋名縑絲細緻則練亦帛之細者也廣雅又云阿練也然則阿亦熟帛而練爲細繒尤可互證後漢書以馬皇后服大練裙爲儉既云大練則爲練之粗厚者故服之以崇儉也

縞　鮮色也从糸高聲古老切

鮮色也者當爲鮮支漢書地理志厥棐玄纖縞司馬相如傳揄紵縞顏注竝云縞鮮支也今之所謂素者也李善注子虛賦云縞鮮支今所謂素本書豹白豹縞也集韻引武玄之說帛已湅研者曰縞廣韻縞素也又云白繒廣雅縞練也小爾雅廣服繒之精者曰縞李善引作細者詩鄭風縞衣綦巾傳云縞衣白色禮王制縞衣而養老注云殷尚白而縞衣裳正義白色生絹曰縞玉藻縞冠素紕既祥之冠也正義縞是生絹韓非說林魯人身善織屨妻善織縞而徙於越或謂之曰子必窮矣屨爲履之也而越人跣行縞爲冠之也而越人被髮淮南主術訓問瞽師曰白素何如曰縞然楚詞九章因縞素而哭之史記高帝本紀高祖爲義帝發喪諸侯皆縞素馥案周禮齊服有素端即縞素漢書高帝紀兵皆縞素顏注縞白素也食貨志履絲曳縞顏注縞皓素也繒之精白者也韓安國曰彊弩之末力不能入魯縞顏注縞曲阜之地俗善作之曹洪與魏文帝書我軍入漢中若奔兕之觸魯縞李斯上秦始皇書阿縞之衣李善引徐廣曰齊之東阿縣繒帛所出者也史記夏本紀其篚玄纖縞正義縞白繒以細繒染爲黑色鹽鐵論非鞅篇縞素不能自分於緇墨

⿰糸璽　粗緒也从糸璽聲式支切

粗緒也者玉篇⿰糸璽粗細經緯不同者夏侯陽算經輸絹⿰糸璽者絲三兩字或作⿰糸爾顏注急就篇絡即今之生⿰糸爾也又或作絁史記索隱綈今之絁也後周制臝土調布絹桑土調絹絁唐六典凡織紝之作有十三曰絁唐書食貨志丁歲出綾絁二丈輿服志文官之巾則以紫黑絁爲之又云奴婢則服紬絹絁布

紬　大絲繒也从糸由聲直由切

大絲繒也者玉篇紬大絲作顏注急就篇抽引麤繭能紡而織之曰紬任君大椿曰唐六典織染署凡織紝之作有十一曰布二曰絹三曰絁四曰紗五曰綾六曰羅七曰錦八曰綺九曰繝十曰褐紬線之作有四一曰紬二曰線三曰紘四曰網別紬於織紝之作而紬線自爲作紬與線爲類未識當時制作之意考急就篇注紡而織之曰紬又急就篇纍繘繩索絞紡纑注紡謂紡切麻絲之屬爲纑縷也紬既先紡而後織則是先爲縷而後織實近於線故唐制

紬與線同作今時有線紬或其遺制歟

𦃇　撥繒也一曰徼幟信也有齒從糸殹聲 康禮切

撥繒也者韻會引作緻六書故徐鍇韻譜增韻玉篇並同本書無緻字徐鉉加之纂文都致布名集韻雙縛緻繒也紡熟絲爲之本書素白緻繒也一曰徼幟信也者本書棨傳信也韻會棨形如戟有[illegible]書之吏執爲信後漢書竇武傳取棨信閉諸禁門有齒者漢書文帝紀注棨者刻木爲合符也

綾　東齊謂布帛之細曰綾從糸夌聲 力膺切

玉篇綾文繒也釋名綾淩也其文望之如冰淩之理也晉書盧志傳帝賜志鶴綾袍一領符丕荅謝玄書今往大文羅大文綾各五匹北齊書祖珽傳出山東大紋綾令諸姬樗蒲賭之北史畢衆敬傳獻仙人紋綾一百匹任君大椿曰綾以文得名也布之細文亦似綾唐六典山南道貢闌干布華陽國志謂闌干文如綾錦是布與綾皆以多文得通名也馥案綾貴文唐袍襖之制三品以上服綾以鶻銜瑞草雁銜綬帶及雙孔雀四品五品服綾以地黃交枝六品以

說文解字義證　卷四十一　九　連筠簃叢書　靈石楊氏栞

下小窠無文輿服志六品以上服絲布交梭雙紃綾地理志徐州貢雙絲綾元舅先生傳舊綾機五十綜爲五十躡先生易以十二奇文異變因而作成東齊謂布帛之細曰綾者方言文

縵　繒無文也從糸曼聲漢律曰賜衣者縵表白裏 莫半切

周禮磬師縵樂注云縵讀爲縵錦之縵韓非十過篇縵帛爲茵春秋繁露制度篇庶人衣縵說苑修文篇下士采縵各一匹鹽鐵論本議篇夫中國一端之縵得匈奴累金之物

增無文也者一切經音義六引作繒帛無文者也急就篇錦繡縵紕離雲爵顏注縵無文之帛也周禮巾車卿乘夏縵疏云縵者亦如縵帛無文章成五年左傳降服乘縵杜注車無文管子霸形篇君何不發虎豹之皮文錦以聘使諸侯以縵帛鹿皮報莊子武士之纓亦以縵名注云謂纓無文太元袷襀何縵文在裏也

繡　五采備也從糸肅聲 息救切

范子計然能繡細文出齊上價匹二萬中萬下五千也尚書大傳未命爲士不得衣繡

五采備也者李善注文賦引作五色彩備也顏注急就篇繡刺綵爲文也釋名繡修也文修修然也書益稷絺繡傳云五色備曰繡詩終南黻衣繡裳傳云五色備謂之繡考工記畫繢之事五采備謂之繡初學記周官曰五色備謂之繡此言刺繡衣所用也晏子春秋諫下公衣黼黻之衣素繡之裳一衣而五采具焉孫卿子正論篇衣被則服五采雜閒色重文繡呂氏春秋仲秋紀乃命司服具飭衣裳文繡有常高注青與赤五色備謂之繡淮南主術訓絺紟綺繡高注五采具曰繡論衡量知篇繡之未刺錦之未織恆絲庸帛何以異哉加五采之巧施針䥴之飾文章炫耀張率繡賦總五色而極思藉羅紈而發想

絢　詩云素以爲絢兮從糸旬聲 許掾切

字林文成曰絢聘禮皆玄纁繫長尺絢組注云采成文曰絢潘岳夏侯常侍誄如彼縣繢列素點絢

詩云素以爲絢兮者論語巧笑倩兮美目盼兮素以爲絢兮馬注絢文貌馥案上二句衛風碩人文下句逸 旬聲

說文解字義證　卷四十一　十　連筠簃叢書　靈石楊氏栞

者九經字樣絢下云上說文從旬聲

繪　會五采繡也虞書曰山龍華蟲作繪論語曰繪事後素從糸會聲 黃外切

會五采繡也者繪會聲相近小爾雅廣訓雜彩曰繪馥案諸書並以繪爲畫不爲繡玉篇繪五采畫也字又作繢周禮司几筵蒲筵繢純注云繢畫文也考工記畫繢之事雜五色曲禮飾羔雁者以繢正義畫布爲雲氣漢書食貨志緣以繢爲皮幣顏注繢繡也繢五采而爲之言繡者惟此一事字又作襀太元袷襀何縵王貞注云襀有文采之象

虞書曰山龍華蟲作繪者益稷文彼作會傳云會五采也以五采成此畫焉釋文會馬鄭作繪馥案鄭云繪謂畫也

論語曰繪事後素者鄭注繪畫文也凡繪畫先布衆色然後以素分布其閒以成其文

緀　白文皃詩曰緀兮斐兮成是貝錦從糸妻聲 七稽切

白文皃者白當爲帛廣韻類篇增韻韻會洪武正韻並作帛

詩曰緀兮斐兮成是貝錦者小雅巷伯文彼作萋傳

云萎蕤文章相錯也

繡文如聚細米也從糸從米米亦聲莫禮切

繡文如聚細米也者玉篇䋛畫文若聚米本書黺畫粉也玉篇黺黺䋛也鄭注尚書大傳引書藻火黺䋛今書作粉米傳云米若聚米釋文云說文作黺䋛徐本作䋛音米

繒如麥䅌從糸肙聲吉掾切

廣韻絹繒也　玉篇絹生繒也　顏注急就篇絹生白繒似縑而疏者也　釋名絹絙也其絲絙厚而疏也　晉令輸絹一匹當緜三斤

繒如麥䅌者絹䅌聲相近謂絹如麥莖之色不染而色自成

帛青黃色也從糸彔聲力玉切

帛青黃色也者本書黇青黃色也又云莀草可以染畱黃瓊濟要畧正色有五謂青赤黃白黑也閒色有五謂紺紅

縹紫流黃也釋名綠瀏也荊泉之水於上視之瀏然綠色此似之也急就篇縹綟綠紈皂紫硟顏注綠青黃色也詩綠衣傳云綠閒色釋文綠東方之閒色雜記大夫不揄絞注云采青黃之閒曰絞字或作綟廣雅綟青也

帛青白色也從糸𤐫聲敷沼切

楚辭九章翠縹兮爲裳　後漢書輿服志賈人縹緗而已

帛青白色也者本書艴縹色也一切經音義三縹帛之青白色也顏注急就篇縹青白色也字林縹青白色廣雅縹青也釋名縹猶漂漂淺青色也有碧縹有天縹有骨縹各以其色所象言之也文選序名溢於縹囊五臣注縹青白色李善注縹綠色而微白也

帛青經縹緯一曰育陽染也從糸育聲余六切

帛青經縹緯者玉篇䋖青經白緯也　一曰育陽染也者育當爲淯本書邔南陽淯陽鄉淯出酈山西案地理志南陽酈縣淯水出西北

純赤也虞書丹朱如此從糸朱聲章俱切

純赤也者通作朱廣雅朱赤也詩七月我朱孔陽傳云朱深纁也又說載云天子純朱鄭注周易朱深曰赤論語惡紫之奪朱也胡渭曰考工記鍾氏染羽三入爲纁五入爲緅七入爲緇鄭謂六入爲玄合諸爾雅惟四入不知爲何色吳幼清云四入爲朱理或然也　虞書丹朱如此者薛季宣書古文訓作丹絑本書奡下引書若丹朱奡堯典胤子朱啟明尚書大傳堯爲天子丹朱爲太子

淺絳也從糸熏聲許云切

淺絳也者顏注急就篇絳赤色也古謂之纁鄭注周易黃而兼赤爲纁廣雅纁謂之絳釋器三染謂之纁李巡云三染其色已成爲絳釋天纁帛縿郭注纁帛絳也考工記鍾氏染羽三入爲纁注云染纁者三入而成禹貢厥篚玄纁璣組傳云此州染玄纁色善故貢之正義考工記云三入爲纁五入爲緅七入爲緇玄色在緅緇之閒其六入者是染玄纁之法也顧命麻冕彤裳傳云彤纁也正義彤赤也禮祭服纁裳纁是赤色之淺者故以彤爲纁士冠禮纁裳

注云纁裳淺絳裳周禮染人夏纁玄注云鄭司農云纁謂絳也玄謂考工記鍾氏則染纁術也蔡邕女誡禮女始出行服纁纁絳也上正色也紅紫不以爲褻服紺緅不以爲上

絳也從糸出聲丑律切

絳也者集韻引作縫類篇縫謂之絀玉篇絀紩也廣韻絀縫也史記趙世家卻冠秫絀徐廣曰戰國策作秫縫絀亦縫紩之別名也古字多假借故作秫絀耳此蓋言其女工箴縷之粗拙也馥案秫即鉥謂鉥也絀字不當次於此因縫誤爲絳後人移就纁絳二文之閒

大赤也從糸夅聲古巷切

大赤也者猶言深纁也吳都賦綸組紫絳劉注絳絳草也出臨賀郡可以染釋名絳工也染之難得色以得色爲工也

惡也絳也從糸官聲一曰絹也讀若雞卵烏版切

惡也者惡當爲毌玉篇綰貫也淮南子綰杝而鼓許注綰毌也史記貨殖傳東綰穢貉朝鮮眞番之利注云綰者統其要津　絳也者類篇綰絳淺色　一曰絹也者絹當爲羂本書羂　綰也羂或作羂玉篇綰羂也上林賦羂騕褭西京賦但觀罝羅之所羂結又或作罥蕪城賦荒葛罥塗又通作絹鄭注周禮翨氏云罝其所食之物於絹中鳥下來則掎其脚後漢書馬融傳絹猑蹶注云絹繫也廣韻綰繫也

縉 帛赤色也春秋傳曰縉雲氏禮有縉緣從糸晉聲 郎刃切

帛赤色也者後漢書蔡邕傳注引作赤白色也玉篇縉帛赤白廣韻縉淺絳色急就篇烝栗絹紺縉紅燃顏注縉淺赤色也　春秋傳曰縉雲氏者文十八年左傳文正義云字書縉赤繒也服注黃帝以雲名官益春官爲青雲氏夏官爲縉雲氏秋官爲白雲氏冬官爲黑雲氏中官爲黃雲氏馥案本書赤南方之色也南方夏令　禮有縉緣者戴侗曰按禮止有縓緣縓縉聲相近豈即一字與

綪 赤繒也以茜染故謂之綪從糸青聲 倉絢切

赤繒也者廣韻綪青赤色賈逵左傳注綪大赤也　以茜染故謂之綪者綪茜聲相近本書茜茅蒐也茅蒐茹藘可以染絳定四年左傳綪茷旃旌注云綪茷大赤取染草名也通作輤雜記其輤有裧注云輤讀如蒨旆之蒨蒨染赤色者也正義左傳定四年祝鮀云封康叔以綪茷謂以蒨草染旆爲赤色故讀此輤與彼同是亦蒨草以染布也　以茜染故謂之綪者廣韻綪輤倩精精䋮諸從青之字皆與茜同紐　青聲者士喪禮注綪讀爲綪

緹 帛丹黃色從糸是聲 他禮切

帛丹黃色者御覽引同後漢書竇憲傳張酺傳注引並同一切經音義三引作帛赤黃色也廣韻緹纁顏注急就篇緹黃赤色也廣雅緹赤也周禮草人赤緹用羊注云赤緹縓色也楚詞九懷襲英衣兮緹䌸注云重我絳袍采色鮮也漢官典職德陽殿柱韜以赤緹

衹 緹或從氏

或從氏者朱君楳淳曰當云或從衣從氏

縓 帛赤黃色一染謂之縓再染謂之䞓三染謂之纁從糸原聲 七絹切

帛赤黃色者爾雅釋文引作帛黃赤色本書䞓赤黃也廣韻縓絳色廣雅縓謂之紅喪服記麻衣縓緣注云縓淺絳也一染謂之縓既夕記縓綼緆注云一染謂之縓今紅也檀弓黃裏縓緣注云縓纁之類葛洪喪服變除縓者紅之多黃者也　一染云云者釋器文䞓彼作赬郭注縓今之紅也赬淺赤纁絳也馥案考工記注作再染謂之竀左傳正義云一染謂之縓謂一入赤爲淺赤色也

紫 帛青赤色從糸此聲 將此切

韓非子外儲說齊桓公好服紫一國盡服紫當時十素不得一紫

帛青赤色者釋名紫疵也非正色五服之疵瑕以惑人者也急就篇縹綟綠紈皂紫硟顏注紫青赤也論語紅紫不以爲褻服孔注紅紫閒色不正論語又云惡紫之奪朱也戴侗曰仁宗時有紫帊爲油所漬其色稿元因命染入放而爲之謂之油紫今四品以上朝服用此其染之以紫草色近元昔之紫近絳謂之北紫亂朱者北紫也楊愼曰禮注紅南方之姦色紫北方之姦色五方皆有姦色蓋正色之外雜互而成者曰姦色姦色即閒色

紅 帛赤白色從糸工聲 戶公切

帛赤白色者顏注急就篇紅色赤而白也釋名紅絳也白色之似絳者也馥案紅絳以聲相通漢書外戚恩澤侯表有紅侯小顏疑爲絳侯

繱 帛青色從糸蔥聲 倉紅切

帛青色者李善注籍田賦引同徐鍇韻譜繱帛青白玉篇繱青白色也廣雅繱青蒼色通作蔥釋器青謂之蔥郭注淺青玉藻三命赤韍蔥衡注云青謂之蔥揚雄蜀都賦鬱乎青蔥

紺 帛深青揚赤色從糸甘聲 古暗切

帛深青揚赤色者李善注七命引作深青而赤也注鸜鵒賦引作深青而揚赤也注藉田賦又引作染青而揚赤色也一切經音義六引作帛染青而揚赤色趙宧光曰色深青發赤光故曰揚赤色馥案淮南修務訓抑黑質揚赤文華嚴經音義珠叢深青之色而伴赤色者謂之紺顏注急就篇紺青而赤色也字林紺青赤色也廣雅紺青也釋名紺含也青而含赤色也漢書王莽傳時莽紺袀服顏注紺深青而揚赤色也陶隱居云藍染繸碧所用也馥案顏氏家訓書證篇吳人呼紺爲禁

綥　帛蒼艾色從糸畀聲詩曰縞衣綥巾未嫁女所服一曰不借綥　渠之切

帛蒼艾色者六書故引作艾蒼色通作綦書顧命四人綦弁傳云綦文鹿子皮弁正義鄭元云青黑曰綦詩曰縞衣綥巾者鄭風出其東門文彼作綦未嫁女所服者詩毛傳云綦綦巾蒼艾色女服也一曰不借綥者士喪禮夏葛屨冬白屨皆繶緇約純組綦繫於踵注云綦屨係也所以拘止屨也廣雅不借屨也其紟謂之綦古今注不借者

草屨也以其輕賤易得故人人自有不假借於人故名不借也漢文帝履不借視朝釋名不借言賤易有宜各自蓄之不假借人也急就篇裳韋不借爲牧人顏注不借者小屨也以麻爲之其賤易得人各自有不須假借因爲名也方言絲作之者謂之履麻作之者謂之不借喪服傳繩屨者繩菲也注云繩菲今時不借也孟子敝蹝趙注蹝草履也敝喻不借鹽鐵論散不足篇古者庶人麤菲草芰縮絲尙韋而已及其役則綦下不借鞔鞮革舃四民月令十月作白履不借注云草履之賤者曰不借風俗通怪神篇操一量不借五音集韻屩粗履不借也陸游詩游山雙不借周禮弁師玉璂注云璂讀如薄借綦之綦馥案薄借卽不借語有輕重耳

綦　綥或從其

徐鉉所加

繰　帛如紺色或曰深繒從糸喿聲讀若喿　親小切

帛如紺色者廣韻紺色曰繰廣雅繰青也或曰深繒者廣雅繰謂之縑字或作縿檀弓縿幕魯也注縿縑也縿讀如綃詩揚之水素衣朱綃正義綃是繒名郊特牲繡黼丹朱中衣注云繡讀如綃綃繒名也

緇　帛黑色也從糸甾聲　側持切

玉篇緇與紂同案周禮媒氏注古緇以才爲聲禮記玉藻注緇字或作糸旁才詩行露傳云昏禮紂帛不過五兩檀弓爵弁絰紂衣

帛黑色也者增韻引作黑紺色徐鍇韻譜緇黑紺色廣韻緇黑色繒也廣雅緇謂之皂釋名緇滓也泥之黑者曰滓此色然也釋天緇廣充幅孫炎云緇黑繒也詩緇衣傳云緇黑色士冠禮緇帶注云緇帶黑繒帶也考工記鍾氏染羽七入爲緇

纔　帛雀頭色一曰微黑色如紺纔淺也讀若讒從糸毚聲　士咸切

帛雀頭色者士冠禮爵弁服注云爵弁者冕之次其色赤而微黑如爵頭然或謂之緅周禮巾車漆車雀飾注云雀

黑多赤少之色韋也疏云鄭以目驗雀頭黑多赤少雀郎緅也考工記鍾氏染羽三入爲纁五入爲緅注云染纁者三入而成又再染以黑則爲緅緅今禮俗文作爵言如爵頭色也馥案纔緅聲相近猶禫服作導服一曰微黑色如紺纔淺也者言淺於紺也六書故纔一色之淺也引之則甫爾爲纔漢書鼂錯傳遠縣纔至顏注纔淺也猶言僅至也

緂　帛騅色也從糸剡聲詩曰毳衣如緂　土敢切

帛騅色也者韻會引作騅本書菼一曰騅釋言菼騅也郭注云詩曰毳衣如菼菼草色如騅在青白之閒釋文云如騅馬色也　詩曰毳衣如緂者王風大車文彼作菼傳云菼鵻也蘆之初生者箋云菼薍也毳衣之屬衣繢而裳繡皆有五色焉其青者如鵻鄭荅張逸云鵻鳥青非草名薍亦青故其青者如鵻

綟　帛戾艸染色從糸戾聲　郎計切

戾艸染色者戾當爲莀本書莀可以染留黃廣韻綟草色衣也玉篇綟綠也顏注急就篇綟蒼艾色也東海有草其

名曰莫以染此色因名綟云廣雅綟綠紫綟綵也後漢輿服志注徐廣曰金印綟綬綟音戾草名也以染似綠晉官品令三公綠綟綬
齊職儀相國綠綟綬

紑　白鮮衣皃從糸不聲詩曰素衣其紑　匹邱切

白鮮衣皃者玉篇紑鮮潔皃廣韻紑鮮也五音集韻紑紬色鮮文　詩曰素衣其紑者周頌絲衣文彼作絲衣傳云絲衣祭服也
紑絜鮮貌

緂　白鮮衣皃從糸炎聲謂衣采色鮮也　充乡切

謂衣采色鮮也者玉篇緂衣絲色鮮也

繻　繒采色從糸需聲讀若易繻有衣　相俞切

繒采色者玉篇繻綵也廣雅繻色也左傳有紀裂繻字子帛　讀若易繻有衣者本書綮下引易需有衣綮考工記弓人注引作襦有衣絮

縟　緐采色也從糸辱聲　而蜀切

緐采色也者李善注文賦引同又注七啟西京賦並引作繁采飾也後漢書延篤傳注亦引作飾鹽鐵論散不足篇今富者縟繡羅紈　辱聲者鄭注儀禮云以白造緇曰辱

纚　冠織也從糸麗聲　所綺切

冠織也者集韻引同又云謂以繒帛韜髮釋名纚以韜髮者也以纚爲之因以爲之名通俗文幘裹曰纚續漢輿服志長冠一曰齊冠促漆纚爲之士昏禮姆纚笄宵衣在其右注云纚一縚髮笄今時簪也士冠禮緇纚廣終幅長六尺注云纚今之幘梁也纚一幅長六尺足以韜髮而結之矣漢書江充傳冠禪纚步搖冠顏注纚織絲爲之卽今方目紗是也徐幹齊都賦纖纚細纓輕配蟬翼通典古者冠下有纚以繒爲之後世施幘於冠因裁纚爲帽自乘輿宴居下至庶人無爵者皆得服之字或作縰揚雄解嘲戴縰垂纓李善云縰與纚同禮內則櫛縰笄總注云縰韜髮者也新論魏牟見趙王王方使冠工制冠於前問治國於牟對曰大王誠能重國若此二尺縰則國治且安王曰社稷至重而比之二尺縰何也牟曰大王制冠不使親近而必求良工者非爲其敗縰而冠不成歟李斐注漢書云齊國舊有三服之官春獻冠幘縰爲首服顏注縰與纚同續漢輿服志法冠高五寸以纚爲展筩注云纚今之縰

紘　冠卷也從糸厷聲　戶萌切

冠卷也者李善注歐陽建詩引作維也玉篇紘冠卷維也續漢書輿服志法冠以纚爲展筩鐵柱卷玉藻縞冠玄武注云武冠卷也古者冠卷殊通鑑王儉監試諸生巾卷在庭注云卷冠武也詩葛覃傳云公侯夫人紘綖釋文紘纓之無緌者從下仰屬於冠士冠禮緇組紘注云屈組爲紘又云贊者卒紘注云紘謂繫屬之周禮弁師玉笄朱紘注云朱紘以朱組爲紘也紘一條屬兩端於武雜記管仲鏤簋朱紘注云冠有笄者爲紘紘在纓處兩端上屬下不結家語正論解加之紘綖注云纓屈而上者謂之紘桓二年左傳衡紞紘綖杜注紘纓從下而上者魯語加之以紘綖韋注冕曰紘紘纓之無緌者也從下而上不結

𢇍　紘或從弘

紞　冕冠塞耳者從糸冘聲　都感切

冕冠塞耳者者詩葛覃傳古者王后織玄紞釋文紞織五采如條狀用縣瑱也詩著充耳以素乎而箋云我視君子則以素爲充耳謂所以縣瑱者或名爲紞織之人君五色臣則三色而已又充耳以青乎而箋云青紞之青又充耳以黃乎而箋云黃紞之黃正義所謂縣瑱言縣瑱之繩用素非謂瑱耳王后親織玄紞織線爲之卽今之條繩必用雜綵線爲之故言織之周禮追師追衡笄先鄭云衡維持冠者後鄭云王后之衡笄皆以玉爲之唯祭服有衡垂於副之兩旁當耳其下以紞縣瑱桓二年左傳衡紞紘綖注云紞冠之垂者正義紞者縣瑱之繩垂於冠之兩旁故云冠之垂者魯語王后親織玄紞韋注說云紞冠之垂前後者昭謂紞所以縣瑱當耳者王基曰紞今之條邑有一色之條色不雜不成爲條王后織玄紞者舉夫色尊者言之耳字或作髧本書髮下引詩紞彼兩髦詩作髧

纓　冠系也從糸嬰聲　於盈切

冠系也者李善注七啟引同後漢書楊彪傳注引作冠索也玉藻玄冠朱組纓天子之冠也尉繚子天子玄冠玄纓

諸矦素纓士大夫以下皆皁冠皁纓史記衛世家子路曰君子死冠不免結纓而死正義纓冠綏也通鑑趙義陽公鑒拔文武髮爲冠纓注云纓冠系也

紻　纓卷也從糸央聲　於兩切

纓卷也者類篇纓謂之紻廣韻紻冠纓

緌　系冠纓也從糸委聲　儒隹切

系冠纓也者五音集韻引同又云散而下垂謂之緌也徐鍇韻譜刻本作繼冠纓玉篇同詩南山冠緌雙止禮檀弓范則冠而蟬有緌董巴輿服志上古穴居野處衣毛而冒皮後代聖人易之見鳥獸有冠角頓胡之制遂作冠冕纓緌以爲首飾

緄　織帶也從糸昆聲　古本切

織帶也者李善注七啟引作織成帶也後漢書南匈奴傳注引同高注戰國策十首謂之緄漢律綬組謂之首續漢書輿服志五扶爲首東觀漢記鄧遵破匈奴上賜金剛鮮卑緄帶一具語林桓宣武性儉著故褌上馬不調緄敗五形遂露

紳　大帶也從糸申聲　失人切

大帶也者廣雅申帶也內則端韠紳搢笏注云紳大帶所以自紳約也玉藻大夫大帶又云紳長制士三尺有司二尺有五寸子游曰參分帶下紳居一焉又云凡侍於君紳垂正義紳大帶也身直則帶倚磬折則帶垂雜記麻者不紳注云麻謂絰也紳大帶也論語子張書諸紳孔注紳大帶也又加朝服拖紳苞注紳大帶也尚書大傳皆莫不依紳端冕以奉祭祀者注云紳大帶也後漢書第五倫傳書諸紳帶注云紳謂大帶垂之三尺

繟　帶緩也從糸單聲　昌善切

帶緩也者廣韻繟寬綽廣雅繟緩也通作嘽樂記其樂心感者其聲嘽以緩

綬　韍維也從糸受聲　殖酉切

漢官儀綬者有所承受也所以別尊卑彰有德也長一丈二尺法十二月闊三尺法天地人舊用赤韋示不忘古也秦漢易之以絲至今以爲常制　續漢輿服志古者君臣佩玉尊卑有度上有韍貴賤有殊佩所以章德服之衷也韍所以執事禮之共也故禮有其度威儀之制三代同之五伯迭興戰兵不息佩非戰器韍非兵旗於是解去韍佩留其係璲以爲章表故詩曰鞙鞙佩璲此之謂也韍佩旣廢秦乃以采組連結於璲光明章表轉相結受故謂之綬　董巴輿服志乘輿黃赤綬五采黃赤縹紺淳黃圭長二丈九尺五百首諸侯王赤綬四采赤黃縹紺淳赤圭長二丈八尺三百首諸國貴人相國綠綬三采綠紫紺淳綠圭長二丈一尺二百四十首公矦將軍紫綬二采紫白淳紫圭長丈七尺百八十首九卿中二千石青緺綬二千石青綬三采青白紅淳青圭長丈七尺百二十首自青綬以上縌皆長三尺二寸與綬同采而首半之縌者古佩璲也佩縌相迎受故曰縌紫綬以上縌綬之閒得施玉環玦千石六百石黑綬三采青赤紺淳青圭長丈六尺八十首四百三百二百石皆黃綬一采淳黃圭長丈五尺六十首自黑綬以下縌長三尺與綬同采而首半之百石青紺綬一采宛轉繆織圭長丈二尺凡先合單紡爲一絲四絲爲一扶五扶爲一首五首成一文文采淳爲一圭首多者絲

細少者絲粗皆廣尺六寸　隋書禮儀志古者君臣佩玉尊卑有序綬者所以貫佩相承受也又上下施韍如蔽膝貴賤亦各有殊五霸之後戰兵不息佩非兵器韍非戰儀於是解去佩韍留其繫璲而已韍佩旣廢秦乃以采組連結於璲轉相結受又謂之綬漢承用之至明帝始復制佩而漢末又亾絕魏侍中王粲識其形乃復造焉今之佩粲所制也　博物志太僕朱浮言詔書云百官皆帶王莽時綬文又不齊因前袁安故綬李涉等六家所織綬不能具丙丁文募能爲綬作丙丁文者六安都尉晉應募能爲丙丁文上圖畫一綬丙丁制度武庫給倉三十日綬成賜帛五十匹

韍維也者字林綬紱也蒼頡篇紱綬也小爾雅廣服紱謂之綬急就篇綸組縌綬以高遷顏注綬者受也所以承受環印也亦謂之縌漢書陳遵傳搴汙印韍顏注此韍謂印之組也

組　綬屬其小者以爲冕纓從糸且聲　則古切

綬屬者李善注七啟引同廣雅組綬也禹貢厥篚玄纁璣組傳云組綬類士冠禮緇組紘注云有笄者屈組爲紘垂爲飾無笄者纓而結其絛玉藻天子佩白玉而玄組綬公矦佩山玄玉而朱組綬大夫佩水蒼玉而純組綬世子佩

喻玉而綦組綬士佩瓀玟而縕組綬漢書元后傳奉上皇太后璽紱顔注此紱謂璽之組也後漢書班固傳綺組繽紛注云組綬也長門賦張羅綺之幔帷兮垂楚組之連綱五臣云組綬類楚人善爲之故用以連繫帷幔也　其小者以爲冕纓者李善注七啟引作小者以爲冠纓又注禰衡表引作組綦小者爲冠纓顔注急就篇組亦綬類也其小者以爲冠纓馥謂本書冕當爲冠其當爲綦玄冠綦組纓士之齊冠

緺　綬紫青也從糸咼聲　古蛙切

漢舊儀丞相列侯將軍金印紫緺綬　獨斷皇后赤綬玉璽貴人緺綬金印　應璩報平陸長書何敢復飛蟬於惠文鳴玉於緺組哉

綬紫青也者後漢書西域傳注引作紫青色也玉篇緺綬紫青色也續漢輿服志注紫綬名緺緺音瓜其色青紫何承天云緺音媧青紫色綬中山王文木賦青緺紫綬

縌　綬維也從糸逆聲　宜戟切

綬維也者顔注急就篇縌者綬之系也言其迎逆綬也董巴輿服志自青綬以上縌皆長三尺二寸與綬同采而首半之縌者古佩璲也佩綬相迎受故曰縌自黑綬以下縌皆長三尺與綬同采而首半之漢書翟方進傳遣使者持黃金印朱韍縌服虔曰縌即今之綬也顔注韍所以繫印也縌者系也謂逆受之也

纂　似組而赤從糸算聲　作管切

似組而赤者漢書景帝紀錦繡纂組臣瓚曰許慎云纂赤組也齊語纓纂以爲奉韋注纂綵文也尉繚子治本篇女無繡飾纂組之作淮南修務訓椆纂組雜奇彩抑黑質揚赤文釋天練旒九飾以組郭注用綦組飾旒之邊釋文綦本亦作纂

紐　系也一曰結而可解從糸丑聲　女久切

系也者李善注三都賦序引同本書繐綦紐也玉藻并紐約用組正義紐謂帶之交結之處以屬其紐約者謂以物穿紐約結其帶管子樞言篇先王不約束不結紐約束則解結紐則絕莊子人閒世禹舜之所紐也釋文崔云系而行之曰紐則書王會玄繚璧綦十二注云玄繚謂以黑組紐之一曰結而可解者急就篇冠幘簪簧結髮紐顔注凡結之可解者曰紐

綸　青絲綬也從糸侖聲　古還切

青絲綬也者後漢書仲長統傳注引同李善引作糾青絲綬也御覽引同顔注急就篇綸糾青絲綬也郭注爾雅綸今有秩嗇夫所帶糾青絲綸後漢書班固傳絡以綸連注云綸糾青絲綬也續漢輿服志百石青紺綸一采宛轉繆織長丈二尺馥謂繆織即糾也釋名綸倫也作之有倫理也

綎　系綬也從糸廷聲　他丁切

系綬也者後漢書蔡邕傳縭委鞶綎注云綎系綬也或作鞓集韻鞓系綬也又作裎方言佩紟謂之裎注云所以系玉佩帶也

絙　緩也從糸亘聲　胡官切

緩也者張次立本作綬也玉篇絙綬也

繐　細疏布也從糸惠聲　私銳切

細疏布也者一切經音義八凡布細而疏者謂之繐增韻繐疏布一曰布纏細也釋名繐惠也齊人謂涼爲惠言服之輕細涼惠也喪服繐衰者何以小功之繐也注云凡布細而疏者謂之繐今南陽有鄧繐檀弓給線繐裳非古也注云非時尚輕涼慢禮正義繐布疏漢時南陽鄧縣能作之士冠禮繐屨注云繐喪屨也縷不灰治曰繐疏云喪服記繐衰四升有半斬衰冠六升傳云鍛而勿灰則四升半不灰治可知襄二十七年左傳公喪之如稅服注云稅卽繐也喪服繐縗裳縷細而希魏武遺令銅雀臺上安六尺牀施繐帳玉篇給下云綼絲繐廣韻綼絲一百升類篇絲細湅爲給布細湅爲繐

纀　頸連也從糸暴省聲　補各切

頸連也者玉篇纀頸連也亦作襮本書襮黼領也引詩素衣朱襮毛傳襮領也晉書輿服志皇太子五時朝服朱衣

絳紗襮皁緣

紟　衣系也從糸今聲　居音切

衣系也者廣韻紟紟帶方言佩紟謂之裎郭注所以系玉佩帶也少儀甲不組縢注云組縢以組飾之及紟帶也玉篇紟與紟同結帶也廣韻紟衣小帶也釋名紟亦禁也禁使不得解散也釋器紟謂之裞郭注衣小帶又佩紟謂之褑郭注佩玉之帶二屬士昏禮母施紟結帨庶母曰視諸紟鞶內則紟纓注云紟猶結也釋文紟本又作給襄十八年左傳皆紟甲面縛杜云不解甲也吳語吳王爲帶甲三萬注云帶甲紟鎧漢書揚雄傳紟芰茄之綠衣兮應劭曰紟音紟系之紟

䋖　籀文從金

從金者玉篇籀文作絵疑本書篆文金乃侌之譌

緣　衣純也從糸彖聲　以絹切

衣純也者急就篇緎襬補縫𧝐紩緣顏注純謂之緣釋器緣謂之純郭注衣緣飾也士冠禮服纁裳純衣注云純衣緣衣也曲禮冠衣不純素注云純緣也齊策下宮糅羅紈曳綺縠而士不得以爲緣鮑注緣衣純也席亦有緣書顧命篾席黼純傳云白黑雜繒緣之鄉射禮蒲筵緇布純注云純緣周禮司尊彝設莞筵紛純注云純讀爲均服之均純緣也

纀　裳削幅謂之纀從糸僕聲　博木切

裳削幅謂之纀者釋器文郭注削殺其幅深衣之裳鄭注深衣云裳六幅幅分之以爲上下之殺又注玉藻云袘謂裳幅所交裂也凡袘者或殺而下或殺而上是以小要取名焉袘屬衣則垂而放之屬裳則縫之以合前後上下相變正義裳幅下廣尺二寸上闊六寸狹頭嚮上交裂一幅而爲之

絝　脛衣也從糸夸聲　苦故切

脛衣也者急就篇襜褕袷複褶袴褌顏注袴脛衣也本書襗袴也詩無衣與子同澤箋云澤褻衣近污垢釋文云澤說文作襗云袴也本書褶絝上也襱絝踦史記趙世家趙朔夫人置兒絝中漢書景十三王傳短衣大絝貢禹傳衣服履絝刀劍顏注絝古袴字外戚傳雖宮人使令皆爲窮絝多其帶顏注絝古袴字也窮絝即今之緄襠袴也後漢書廉范傳平生無襦今五絝字或作袴白帖賈逵貧無袴晨著妻兄柳季袴而去時人謂之通健釋名袴跨也兩股各跨別也方言袴齊魯之閒謂之𧝓或謂之襱關西謂之袴注云今俗呼袴踦爲襱又大袴謂之倒頓小袴謂之校衦楚通語也注云倒頓今雹袴也校衦今褳袴也小爾雅廣服袴謂之褰昭二十五年左傳徵褰與襦杜注褰袴釋文袴說文作絝內則衣不帛襦袴韓非外儲說齊有狗盜之子與刖危子戲而相誇危子曰吾父獨冬不失袴何犿注刖足者不衣袴漢官儀司空騎吏以下皁袴因秦水行今漢家火行宜絳袴鹵簿令駕士大口袴論衡趙武藏於袴中謝承後漢書秦護衣服單露鄉人歌之曰冬無袴有秦護董巴輿服志祀宗廟絳袴示赤心奉神也東宮舊事皇太子納妃有絳直文羅袴七綵杯文綺袴長命杯綺袴魏舊事楊平善裁絝以官絹百匹作小絝百枚吳時外國傳大秦國人皆著袴褶絡帶晉中興書顧颺以郭文舉山行或須皮衣與韋袴褶一具義熙起居注百官吏服侍官不

備采衣袴褶魏書韓宣與諸曹受罰殿前皆束縛宣預脫袴纏褌趙書徐光奏請親耕宜服青縑袴褶北疆記虜主南郊著皁斑褶繡袴

繑　絝紐也從糸喬聲　牽搖切

本書摳繑也通作譎荀子富國篇則必有貪利糾譎之名

緥　小兒衣也從糸保聲　博抱切

小兒衣也者列子釋文引博物志緥繈縷爲之廣八寸長尺二以約小兒於背上呂氏春秋直諫篇不穀免衣繈緥注云緥小兒被也漢書宣帝紀曾孫雖在襁緥李奇曰緥小兒大藉也孟康曰緥小兒被也後漢書申屠剛傳始免繈緥注云前書音義曰緥被也字或作褓詩載衣之裼傳云裼褓也箋云褓夜衣也釋文齊人名小兒被爲褓正義褓縛兒被也庾苞云褓制方列子天瑞篇人生有不見日月不免襁褓者呂氏春秋明理篇道多襁褓漢書王莽傳成襁褓之功又通作保司馬相如傳是以業隆於襁保後漢書桓郁傳云昔成王幼小越在襁保又通作葆史記魯

世家成王少在強葆之中正義葆小兒被也趙世家謀取他人嬰兒負之衣以文葆集解徐廣曰小兒被曰葆馥案襁緥異制異用襁制長負兒於背用之晝者也緥制方縛兒於薦用之夜者也

繜　蔮貉中女子無絝以帛爲脛空用絮補核名曰繜衣狀如襜褕從糸尊聲 子昆切

蔮貉中女子云云者廣韻濊貉夫餘國名急就篇禪衣蔽膝布毋縛顏注布毋縛者蔮貉女子以布爲脛空用絮補核狀如襜褕蔮貉者東北之夷也說者或云毋縛布名非也黃注江東謂鴨鵜爲布毋布毋縛小衣也猶犢鼻

紴　絛屬從糸皮聲讀若被或讀若水波之波 博禾切

或讀若水波之波者

玉篇紴水波錦文

絛　扁緒也從糸攸聲 土刀切

扁緒也者廣韻絛編絲繩也廣雅編緒絛也急就篇承塵戶嵰絛績總顏注絛一名偏諸織絲縷爲之所以懸係承

塵戶嵰因爲飾也鄭注士冠禮云無笄者纓而結其絛漢書賈誼傳爲之繡衣絲履偏諸緣服虔曰加牙條以作履緣傳又云白縠之表薄紈之裏緁以偏諸王基曰色不雜不成爲絛唐書李德裕傳元鼜天馬榭豹盤絛通作條周禮巾車革路龍勒條纓五就注云條讀爲絛其樊及纓以絛絲飾之晏子春秋盆成适脫衰絰冠絛纓

絨　采彰也一曰車馬飾從糸戉聲 王伐切

采彰也者廣雅章章采也書以五采彰施於五色鄭注性曰采施曰色未用謂之采已用謂之色通作越鹽鐵論散不足篇紈裏紃下越端縱緣一曰車馬飾者急就篇履舄鞜裒絨緞紃顏注絨繼綵爲之一名車馬飾即今之織成也詩韓奕王錫韓侯淑旂綏章箋云綏所以登車有采章也

緃　絨屬從糸從省 足容切

絨屬者顏注急就篇總一曰絨屬也所以緣飾衣裳也字或作縱音義皆同或通作縱鹽鐵論越端縱緣

紃　圜采也從糸川聲 詳遵切

圜采也者廣韻紃環綵縧也字林紃圜緣縚也廣雅紃絛也顏注急就篇紃緣履之圓絛也賈誼諫曰今人賣僮僕者爲之繡衣絲履偏諸緣又曰美者黼繡庶人之妾以緣其履是則古之履飾通用紃之屬也紃一曰紃者屬五綵而爲之若今之刺韡矣內則織紝組紃注云紃條雜記紃以五采注云紃施諸縫中若今時條也士冠禮青絇繶純注云繶縫中紃也淮南說林訓條可以爲繶不必以紃高注紃亦繶也婉轉數也

緟　增益也從糸重聲 直容切

增益也者通作重離騷紛吾既有此內美兮又重之以修能

纕　援臂也從糸襄聲 汝羊切

援臂也者本書絭攘臂繩也攘當作纕玉篇纕收衣袖絭廣雅絭謂之纕通作攘廣韻揎袂出臂曰攘魏畧鮑出母爲賊所畧乃攘臂結袛獨追之漢書鄒陽傳攘袂而正議注云攘袂猶今人言捋臂馥案捋當爲埒顏氏家訓書證篇禮王制云羸股肱鄭注云謂捋衣出其臂脛今書皆作擐甲之擐國子博士蕭該云擐當作捋音宣擐是穿著之

名非出臂之義案字林蕭該是徐爰音患非也馥案廣韻捋與揎同手發衣也

纗　維綱中繩從糸巂聲讀若畫或讀若維 戶圭切

維綱中繩者本書戹維綱也廣韻纗細繩周禮馬質綱惡馬注云以縻索維綱押習之太玄樂次四拂其繫絕其纗李善注文選思玄賦云繫幃曰纗幃一名纗爾雅曰婦人之幃謂之縭今之香囊在男曰幃在女曰縭然則纗者即系囊之繩也說文曰纗綱中繩

讀若畫者廣韻纗胡卦切

綱　維紘繩也從糸岡聲 古郎切

維紘繩也者詩棫樸綱紀四方箋云以綱罟喻爲政張之爲綱理之爲紀正義說文云綱紘也然則綱者網之大繩故盤庚云若網在綱有條而不紊是其事也以舉綱能張網之目故張之爲綱也鹽鐵論刺復篇維綱不張禮義不行公卿之憂也淮南地形訓八殥之外有八紘注云紘維也原道訓紘宇宙而章三光注云紘綱也吳書張紘字子綱

古文綱

持綱紐也從糸員聲周禮曰縜寸 為贇切

持綱紐也者集韻縜射侯綱紐考工記梓人上綱與下綱出舌尋注云綱連侯繩也鄉射禮乃張侯下綱不及地武注云綱持舌繩也又云不繫左下綱中掩束之注云射事未至故且不繫左下綱竝綱與舌向東掩束之待司馬命張侯乃脫束繫綱也又云司馬命弟子說侯之左下綱而釋之大射儀中離維綱注云侯有上下綱其邪制躬舌之角者爲維或曰維當爲絹絹綱耳釋文絹劉侯犬反又子貧反馥案于貧卽縜字音也　周禮曰縜寸者考工記梓人文鄭司農云縜籠綱者縜讀爲竹中皮之筠

絳綫也從糸侵省聲詩曰貝冑朱綅 子林切

絳綫也者絳當爲縫徐鍇韻譜作縫廣韻綅縫綫也玉篇綅綫也縫綫也黑經白緯也　詩曰貝冑朱綅者魯頌閟宮文彼作綅傳云朱綅以朱綫綴之

綫也從糸婁聲 力主切

綫也者急就篇鍼縷補縫綻紩緣顔注縷線也或作褸方言紩衣謂之褸

縷也從糸戔聲 私箭切

縷也者一切經音義二十綫謂縫衣縷也周禮縫人掌王宮之縫線之事鄭司農云線縷也考工記鮑人察其線欲其藏也注云故書線或作綜杜子春云綜當爲糸旁泉讀爲綫謂縫革之縷馥案隸法泉作泉與宗形近故誤漢書功臣表不絕如綫晉灼曰綫今線縷字

古文綫

縷一枚也從糸穴聲 乎決切

縷一枚也者集韻紋縷也或作紋玉篇紋細絲也

以鍼紩衣也從糸逢聲 符容切

周禮天官有縫人　詩摻摻女手可以縫裳　昭二年左傳敢拜子之彌縫敝邑注云彌縫猶補合也　楚詞天問女歧縫裳　魏兗州刺史上雜物縫帳二絲縷十斤　後漢書虞詡傳詡爲朝歌長及到官潛遣貧人能縫者傭作賊衣以綵綖縫其裾爲幟

以鍼紩衣也者御覽引云線也本書鍼下云所以縫也箴下云綴衣箴也廣韻縫紩也玉藻縫齊倍要注云縫紩也

緶衣也從糸疌聲 七接切

緶衣也者本書㨗襟緣也漢書賈誼傳緁以偏諸晉灼曰以偏諸緁著衣也顔注謂以偏諸緶著之也

緁或從習

縫也從糸失聲 直質切

縫也者一切經音義十一引作縫衣也玉篇同本書𦄵箴縷所紩衣顔注急就篇納刺謂之紩廣雅紩箸納也方言紩衣謂之樓秦謂之緻

衣戚也從糸耎聲 而沇切

衣戚也者戚集韻類篇引作䋎徐鍇韻譜作䋎玉篇作蹙鄭注鄉飲酒禮云古文縮作蹙

補縫也從糸旦聲 丈莧切

補縫也者廣雅組縫也崔寔政論補組缺壞古豔歌故衣誰當補新衣誰當綻賴得賢主人覽取爲吾組

補也從糸善聲 時戰切

補也者一切經音義七引同又引三蒼繕治也繕之言善也華嚴經音義珠叢曰凡治故造新皆謂之繕也廣雅繕補也禮月令繕囹圄詩叔于田序繕甲治兵箋云繕之言善也周禮繕人注同僖十五年左傳征繕以輔孺子成十六年傳繕甲兵杜注竝云繕治也哀二十四年傳單吏令繕將進杜注繕治戰備漢書息夫躬傳繕修干戈注云繕備也

論語曰絬衣長短右袂從糸舌聲 私列切

玉篇絬堅也
廣韻絬堅絬
論語曰絬衣長短右袂者彼云
褻裘長孔注私家裘長主溫

纍 綴得理也一曰大索也从糸畾聲 力追切

綴得理也者本書綴合著也樂記纍纍乎端如貫珠一
曰大索也者韻該漢書音義引字林同廣雅纍索也急就
篇纍繘繩索絞紡纑顏注纍大索也漢書李廣傳以劍斫
絕纍顏注纍索也通作羸易大壯羝羊觸藩羸其角釋文
馬云大索也鄭虞作纍或作縲一切經音義七縲紲索
紲繫也所以拘罪人也論語雖在縲紲之中孔安國曰縲
黑索也皇侃曰古者用黑索以攣係罪人也六韜環利小
徽縲長二丈以上史記管晏列傳在縲紲中太史公自敘
幽於縲紲覆案纍所以繫囚因謂纍爲繫僖三十三年左
傳君之惠不以纍臣釁鼓杜注纍囚繫也成三年傳兩釋
纍囚杜注纍繫也襄二十五年傳使其衆男女別而纍以
待於朝杜注纍自囚係以待命新序節士篇晏子之晉見
披裘負芻息於途者使人問焉對曰齊人纍之晏子解左
驂以贖之字又作累六韜人民繫累爲敵所虜孟子係累
其子弟戰國策係累吾民荀子成相篇箕子累注云累讀
爲縲書曰釋箕子之囚通作壘荀子大畧篇不憂其係壘
也 畾聲者本書闕畾字

縭 以絲介履也从糸离聲 力知切

以絲介履也者釋言縭介也釋文介音界李孫顧舍人本
竝云縭羅也介別也郭注縭者繫也介猶閡覈案此縭與
釋器釋水之縭不同郭氏竝訓爲繫失之周禮屨人注云
舄屨有絇有繶有純者飾也又赤繶黃繶注云以赤黃之
絲爲下緣鹽鐵論散不
足篇婢妾韋沓絲履

緱 刀劍緱也从糸侯聲 古侯切

刀劍緱也者集韻緱刀劍首飾六書故刀劍柄當把處以
索纏之爲其血染漬而滑也史記孟嘗君傳馮先生甚貧
猶有一劍耳又蒯緱集解云蒯茅之類可爲繩言
其劍把無物可裝以小繩纏之也緱謂把劍之處

繄 戟衣也从糸殹聲一曰赤黑色繒 烏雞切

戟衣也者古今注所謂油帛而韜之一曰
赤黑色繒者集韻引無色字玉篇作青黑繒

縿 旌旗之游也从糸參聲 所銜切

旌旗之游也者釋天纁帛縿郭注衆旒所著鄭注巾車
云太常九旗之畫日月者正幅爲縿旒則屬焉詩長發爲
下國綴旒箋云綴猶結也如旌旗之旒縿著焉干旄素絲
紕之箋云素絲者以爲縷以縫紕旌旗之旒縿或以維持
之正義縿謂繫於旌旗之體旒謂縿末之垂者須以縷縫
之使相連或以維持者謂旒之垂數非一故以縷相綴連
之字或作幓漢書司馬相如傳垂旬始以爲幓兮張揖曰
幓旒也又通作襂續漢書輿服志自皇后以下皆不得服
諸古麗圭襂閨緣加上之服注云司馬相如賦曰重
旬始以爲襂注云襂下旒也則襂之容如旌旗也

徽 衺幅也一曰三糾繩也从糸微省聲 許歸切

衺幅也者周禮巾車注云正幅爲縿旆謂衺幅所謂幅胡
禮記大傳殊徽號王肅曰徽謂旌旗斿也周禮司常掌九
旗之物名各有屬注云屬謂徽識也揚雄校獵賦徽車輕
武注云有徽幟之車也 一曰三糾繩也者後漢書西羌
傳注引無三字疑脫漏本書糾繩三合也易坎卦係用徽
纆釋文劉云三股曰徽兩股曰纆揚雄解嘲徽以糾纆梁
書王僧孺傳既貽疵辱方致徽纆文選西征賦注引作大
索也玉篇徽大索也廣雅徽索也漢書揚雄傳免於徽索
陳遵傳觀瓶之居居井之眉不得左右牽於纆
徽顏注纆徽井索也馥疑本書脫去大索一訓

緳 扁緒也一曰弩要鉤帶从糸𣃔聲 并列切

扁緒也者集韻緳編繩一
曰弩要鉤帶者玉篇緳結也

紉 繟繩也从糸刃聲 女鄰切

繟繩也者繟當爲襌廣韻作單玉篇紉繩縷也展而續之
馥案方言續楚謂之紉字林單繩曰紉楚詞惜誓并紉茅
絲以爲索注云
單爲紉合爲索

繩 索也从糸蠅省聲 食陵切

索也者廣雅繩索也小爾雅大者謂之索小者謂之繩急
就篇纍繘繩索絞紡纑顏注繩謂紨兩股以上總而合之

者也索總謂切撚之令緊者也一曰麻絲曰繩草謂之索　繩省聲者當爲黽聲

䋫　紾未縈繩一曰急弦之聲從糸爭聲讀若旌側莖切

紾未縈繩者一切經音義十五引作縈繩也又云江沔之閒謂縈收繩爲䋫戴侗引蜀本作紾木縈索也本書紾縈也廣雅䋫紾索也通作綪士喪禮陳襲事于房中西領南上不綪注云綪讀爲䋫屈也江沔之閒謂縈收繩爲䋫史記楚世家王綪繳蘭臺集解徐廣曰綪縈也音爭韻謂紾未當依蜀本作紾木謂縈繩之屈木也

縈　收韏也從糸熒省聲於營切

收韏也者玉篇作收卷通俗文收績曰縈

絇　纑繩絇也從糸句聲讀若鳩其俱切

纑繩絇也者集韻紗絹理絲未成絇急戾也司空圖云鄰女自嬉補袖而舞色絲屨空續以麻絇

縋　以繩有所縣也春秋傳曰夜縋納師從糸追聲持僞切

以繩有所縣也者一切經音義十八引作以繩有所縣鎮也又十六云謂縣重曰縋也通俗文縣鎮曰縋是也僖三十年左傳夜縋而出杜注縋縣城而下昭十九年傳子占使師夜縋而登杜注縁繩登城　春秋傳曰夜縋納師者昭十九年左傳文

絭　攘臂繩也從糸𢍏聲居願切

攘臂繩也者攘廣韻作纕玉篇纕收衣袖絭廣雅絭謂之攘亦當作纕絭通作桊史記淳于髠傳桊韝鞠跽徐廣曰桊收衣褏也

緘　束篋也從糸咸聲古咸切

束篋也者一切經音義十六後漢書陽球傳注李善注謝惠連擣衣詩引竝同字林亦同鄭注書金縢凡藏祕書藏之於匱必以金緘其表莊子胠篋篇則必攝緘縢釋文崔云約也漢書外戚傳滿一篋緘封顏注緘束篋也又云使客子解篋緘顏注緘束篋之繩也魏文帝與鍾繇書寶玦初至捧匣跪發緘窺匣開爛然滿目皇甫謐玄晏春秋以三時之務卷帙生塵篋不解緘釋名棺束曰緘漢書楊王孫傳欲木爲匵葛藟爲緘顏注緘束也後漢書王符傳葛采爲緘注云緘束也通作咸喪大記君封以衡大夫士以咸鄭注咸讀爲緘今齊人謂棺束爲緘繩又注周禮冢人云凡封用綍大夫以咸

縢　緘也從糸朕聲徒登切

緘也者廣雅同書金縢序武王有疾周公作金縢傳云爲請命之書藏之於匱緘之以金不欲人開之詩小戎竹閉緄縢傳云縢約也閟宮朱英綠縢傳云縢繩也正義約之以繩非訓縢爲繩魏都賦窺玉策於金縢五臣云縢緘也通鑑陳主與任忠金兩縢注云以繩約物曰縢詩采菽邪幅在下箋云邪幅如今行縢也偪束其脛一切經音義十四引禮記注云幅行縢也江南所役皆有此物亦謂之行纏釋名云言以裹腳可跳騰輕便也秦策羸縢履蹻鮑注縢行纏也樂府新羅褠行纏

編　次簡也從糸扁聲布玄切

次簡也者後漢書蘇竟傳走昔以摩研編削之才注云說文曰編次也削謂簡也一曰削書刀也廣韻編次也字林以繩次物曰編聲類同史記孔子世家讀易韋編三絕漢書諸葛豐傳編書其罪顏注編謂聯次簡牘也又注儒林傳云編所以聯次簡也周禮䡄師擊編鐘杜子春讀編爲編書之編馥謂六枳編籬編樹木爲柵皆編也蒼頡篇編織也

維　車蓋維也從糸隹聲以追切

車蓋維也者本書轑蓋弓也維謂繫蓋之繩也字林維持也釋天維以縷鄭注周禮大司馬云維猶連結也

絥　車絥也從糸伏聲平祕切

車絥也者字或作鞴釋名鞴伏也在前人所伏也急就篇鞇鞴靯韉鞍鑣鍚顏注鞴韋囊在車中人所憑伏也今謂之隱囊又或作𣂂廣雅𣂂謂之軾

茯　絥或從艸

此與茵從艸同

鞴　絥或從革𦸈聲

此與茵或從革同

[糸正]　乘輿馬飾也從糸正聲 諸盈切

乘輿馬飾也者韻會引作乘輿馬頭飾也徐鍇韻譜同

綊　[糸正]綊也從糸夾聲 胡頰切

緐　馬髦飾也從糸每聲春秋傳曰可以稱旌緐乎 附袁切

馬髦飾也者或作繁成二年左傳請曲縣繁纓以朝杜注繁纓馬飾　春秋傳曰可以稱旌緐乎者哀二十三年左傳文彼云其可以稱旌繁乎杜注繁馬飾繁纓也

䋣　緐或從㫐㫐籒文弁

繮　馬紲也從糸畺聲 居良切

馬紲也者玉篇繮馬緤也廣韻繮馬組廣雅靮謂之繮字或作韁釋名韁疆也繫之使不得出疆限也急就篇轡勒鞅韅鞊羈韁顏注韁馬緤也既夕記革靾注云靾韁也

紛　馬尾韜也從糸分聲 撫文切

馬尾韜也者本書弢下云弓無緣可以解轡紛者釋名紛放也防其放弛以拘之也書費誓敿乃干傳云施汝楯紛王肅云敿楯當有紛繫持之

紂　馬緧也從糸肘省聲 除柳切

五音集韻靻紂餘靼也

馬緧也者廣雅𦃓紂緧也方言車紂自關而東周洛韓鄭汝潁而東謂之𦃓或謂之曲綯或謂之曲綸自關而西謂之紂六經正誤考工記必緧其牛後注云故書緧作鰌鄭司農云鰌讀爲緧關東謂紂爲緧鰌魚字今觀釋文作緅是元注故書緧作緅字誤作鰌又云緅與緧同是元注鄭司農云緅讀爲緧誤寫緅作鰌又多鰌魚字三字

緧　馬紂也從糸酋聲 七由切

馬紂也者本書靴馬尾靴也今之般緧字或作鞧釋名鞧遒也在後遒迫使不得卻縮也又作鞦王隱晉書潘岳作謠曰閣道東有大牛王濟鞅裴楷鞦通鑑楊行密從者斷馬鞦取其金注引史炤曰鞦馬紂也

絆　馬縶也從糸半聲 博幔切

馬縶也者顏注急就篇在足曰絆詩白駒縶之維之傳云縶絆有客以縶其馬箋云縶絆也襄二十八年左傳慶氏之馬善驚士皆釋甲束馬杜注束絆之也揚雄交州牧箴爰自開闢不羈不絆北史齊高祖本紀廄有惡馬神武乃不加羈絆而蹀字或作靽釋名靽半也拘使半行不得自縱也僖二十八年左傳晉車七百乘韅靷鞅靽杜注在後曰靽釋文靽音半一云縶也

[糸須]　絆前兩足也從糸須聲漢令蠻夷卒有[糸須] 相主切

絆前兩足也者徐鍇韻譜[糸須]絆牛馬前足集韻獸前絆謂之[糸須]廣雅[糸須]絆也或作[糸須]蜀都賦[糸須]麋麖注云[糸須]半前兩足也莊子馬蹄篇連之以羈馽釋文馽司馬向崔本竝作[糸須]崔云絆前兩足也通作胥錢君大昭曰[糸須]卽胥靡之胥呂氏春秋傳說殷之胥靡漢書楚元王傳二人諫不聽胥靡之師古曰胥靡相隨而服役之故謂之胥靡又或作縃類篇[糸須]或從西玉篇縃絆前兩足也

紖　牛系也從糸引聲讀若矤 直引切

牛系也者一切經音義十五引作牛索也五經文字紖牛索也廣雅紖索也晉書武帝紀有司嘗奏御牛青絲紖斷詔以青麻代之音義引字林紖牛系也聘禮牽牛以致之注云執紖牽之祭統及迎牲君執紖疏云紖牛鼻繩周禮封人凡祭祀飾其牛牲設其楅衡置其絼鄭司農云絼著牛鼻繩所以牽牛者今時謂之雉與古者名同後鄭云絼字當以豸爲聲疏云自漢以前皆謂之絼少儀云牛則執紖紖則絼之別名釋文絼本又作紖馥案檀弓申生雉經正義雉牛鼻繩也申生以牛繩自縊而死也

縼 以長繩繫牛也從糸旋聲 辭戀切

以長繩繫牛也者李善注長笛賦引同玉篇縼以長繩繫牛馬放之廣雅縼係也

縻 牛轡也從糸麻聲 靡爲切

牛轡也者本書牽象引牛之縻也牂藝可以作縻綆晉書音義縻牛轡也廣雅縻係也小爾雅廣言縻縛也史記司馬相如傳其義羈縻勿絕而已索隱案縻牛靷也漢官儀云馬云羈牛云縻漢書郊祀志天子猶羈縻不絕顏注牛靷曰縻後漢書魯恭傳羈縻不絕而已注引蒼頡篇縻牛韁也周憬功勳銘狂牛無縻潘岳藉田賦洪縻在手劉氏新論思順篇今使孟說引牛之尾尾斷膂裂不行十步若環桑之條以貫其鼻縻以尋絢被髮童子騎而策之風於廣澤恣情所適

縻或從多

或從多者多聲也與移移同

紲 系也從糸世聲春秋傳曰臣負羈紲 私列切

系也者一切經音義七紲馬韁也所以繫制畜牲者皆曰紲紲繫也玉篇紲馬韁也凡繫緤牛馬皆曰紲廣雅紲係也釋名紲制也牽制之也詩小戎竹閉緄縢傳云閉紲緄繩縢約也正義言閉紲者說文云紲繫也謂置弓䪊裏以繩紲之因名䪊爲紲考工記弓人注云紲弓䪊也角長則送矢不疾若見紲於䪊矣是紲爲繫名也晉語從者爲羈紲之僕韋注馬曰羈犬曰紲史記管晏列傳在縲紲中正義紲繫也漢書王莽傳是猶紲韓盧而責之獲也顏注紲繫也後漢書蓋勳傳夫紲食鷹鸇注云紲繫也仲長統傳乃始羈首係頸就我之銜紲耳注云紲韁也離騷登閬風而緤馬注云緤馬繫馬也新序使之遙見而指屬則雖韓盧不及衆兔之塵若躡迹而縱緤則雖東郭㕙亦不能離漢書賈誼傳若夫束縛之係緤之顏注緤謂長繩係之也後漢書張衡傳縱余緤乎不周注云緤馬韁也馬融傳緤獖羊注云緤繫也左太沖詠史詩臨組不肯緤李善引王逸楚詞注緤繫也字或作紲既夕記革紲注云紲韁也或作絏五經文字絏本從世緣廟諱偏旁今經典共準式例變小爾雅廣器樛而紾之爲絏論語雖在縲絏之中孔云絏攣也襄二十六年左傳臣不佞不能負羈絏以從扞牧圉定八年傳羣臣之子敢不皆負羈絏以從 春秋傳曰臣負羈紲者僖二十四年左傳文彼作絏注云絏馬韁服虔注犬韁曰紲古者行則有犬馥案少儀犬則執緤牛則執紖馬則執勒服說爲長傳又云居者爲社稷之守行者爲羈絏之僕

緤 紲或從枼

纆 索也從糸黑聲 莫北切

索也者廣雅同或作縲華嚴經音義珠叢纆繩索也五經文字徽纆皆繩也三股曰徽兩股曰纆文選孫楚詩吉凶如糾纆李善云糾兩股索纆三股索五臣注鵩鳥賦引字林糾兩合繩纆三合繩易坎卦係用徽纆虞云徽纆黑索也馬云徽纆索也劉表云三股爲徽兩股爲纆皆索名鶡冠子世兵篇禍與福如糾纆也莊子天地篇外重纆繳駢拇篇約束不以纆索韓策馬千里之馬也服十里之服也而不能取千里何也曰子纆牽長鮑注纆索也以牽馬易林絞黑大索困於請室漢書賈誼傳何異糾纆瓚曰纆索也史記索隱引韋昭云纆徽也張華答何劭詩纆緩爲徽

纆通作墨史記南越傳成敗之轉譬若糾墨楚詞九章章畫志墨兮前圖未改注云言工明於所畫念其繩墨修前人之法不易其道則曲木直而惡木好也漢書揚雄傳徽以糾墨顏注徽糾墨皆繩也

緪 大索也一曰急也從糸恆聲 古恆切

大索也者字林同一切經音義十二引通俗文大索曰緪緪亦繩也廣雅緪索也或作絚魏志王昶傳兩岸引竹絚爲橋北史魏本紀帝征衞辰時河冰未成帝乃以葦絚約澌俄然冰合通鑑魏人以鉤車鉤城樓城內繫以絙絚注云絚大索也 一曰急也者本書揯引急也楚詞九歌絚瑟兮交鼓王注絚急張弦也淮南繆稱訓大弦絚則小弦絕矣高注絚急也

繘 綆也從糸矞聲 余聿切

綆也者廣雅同本書檕繘耑木也玉篇繘綆也用以汲水也廣韻繘汲綆小爾雅廣器綆繘也急就篇纍繘繩索絞紡纑顏注繘汲索也一名綆方言繘自關而東周洛韓魏之間謂之綆或謂之絡關西謂之繘注云汲水索也易井

卦井收勿幕虞云收謂以轆轤收繘也又汔至亦未繘井羸其瓶鄭云繘綆也士喪禮管人汲不說繘屈之太元法次五繘陸陸缾賓腹井潢洋終不得食

古文從絲

籒文繘

綆　汲井綆也從糸更聲古杏切

汲井綆也者一切經音義二引作汲井繩也玉篇綆汲繩也繘也廣韻綆井索襄九年左傳具綆缶杜注綆汲索莊子至樂篇綆短者不可以汲深釋文綆汲索也古詩後園鑿井銀作牀金瓶素綆汲寒漿

絠　彈彄也從糸有聲弋宰切又古亥切

彈彄也者廣雅彄謂之絠

繳　生絲縷也從糸敫聲之若切

生絲縷也者生絲織細不黏箸故唯射用之左傳正義引作生絲也詩正義云說文繳謂生絲爲繩也考工記弓人約之不皆約注云纏之繳不相次也漢書司馬相如傳孅繳施顏注繳生絲縷也列仙傳赤将子者時於市中賣繳亦謂之繳父

繴　䍐謂之罿罿謂之罬罬謂之罦捕鳥覆車也從糸辟聲博尼切

䍐謂之罿云云者釋器文彼云䍐謂之罿罿謂之罬罬謂之罦罦覆車也郭注今之翻車也有兩轅中施罥以捕鳥本書罿罬也罬捕鳥覆車也罦覆車也

緍　釣魚繁也從糸昏聲吳人解衣相被謂之緍武巾切

釣魚繁也者本書緡釣也釋言緍綸也郭注詩曰維絲伊緍緍繩也江東謂之綸詩何彼襛矣其釣維何維絲伊緍傳云緍綸也采綠之子于釣言綸之繩箋云綸釣繳也正義釣繳者謂繫繩於釣竿也六韜緍微餌明小魚食之緍調餌香中魚食之緍隆餌豐大魚食之夫魚食其餌乃牽於緍宋玉釣賦夫元洲之釣也以三尋之竿八絲之綸

吳人解衣相被謂之緍者詩抑荏染柔木言緍之絲傳云緍被也馥案此言以緍被木是緍有衣被義

絮　敝緜也從糸如聲息據切

盧毓冀州論房子好緜地產不爲無珍也水經注房子城西出白土細滑如膏可用濯緜霜鮮雪曜異於常緜世俗言房子之纊也蕭廣濟孝子傳朱百年母冬月無絮自此不衣緜　王隱晉書董京乞於市得殘碎繒絮結以自覆佳緜則不肯受　鄧粲晉紀王敦籍周顗家笥篋中有故絮　語林若畏寒無勝緜者

敝緜也者韻會引徐鍇曰精者曰緜繭內衣護蛹者與其外膜緒雜爲之曰絮集韻絲紊曰絮廣韻絮絲結亂也釋名絮胥也胥久能解落也顏注急就篇擯蘭擘之精者爲緜麤者爲絮今則謂新者爲緜故者爲絮四民月令八月擘緜治絮漢書文帝紀絮三斤顏注絮緜也

絡　絮也一曰麻未漚也從糸各聲盧各切

絮也者楚辭招魂秦篝齊縷鄭緜絡些

纊　絮也從糸廣聲春秋傳曰皆如挾纊苦謗切

絮也者御覽引作緼也華嚴經音義引作緜也顏注急就篇古亦謂緜爲纊小爾雅廣服纊緜也絮之細者曰纊禹貢厥篚纖纊傳云纊細緜史記作纖絮既夕記屬纊注云纊新絮玉藻纊爲繭注云纊謂今之新緜喪大記屬纊注云纊今之新緜士喪禮瑱用白纊注云纊新緜大戴禮入官篇絖絖塞耳雜記注絖爲繭釋文絖又作纊莊子逍遙游世世以洴澼絖爲事釋文李云絖絮也祝睦後碑臨絕絖疾

春秋傳曰皆如挾纊者宣十二年左傳文杜注纊緜也

絖　纊或從光

紙　絮一苫也從糸氏聲諸氏切

釋名紙砥也謂平滑如砥厉也　崔子玉與葛元甫書送許子十卷貧不及素但以紙耳　傅咸紙賦既作契以代繩又

造紙以當冊又云攽彼之敝以爲此新　後漢書宦者蔡倫傳自古書契多編以竹簡其用縑帛者謂之爲紙縑貴而簡重並不便於人倫乃造意用樹膚麻頭及敝布魚網以爲紙元興元年奏上之帝善其能自是莫不從用焉故天下咸稱蔡侯紙注云湘州記曰耒陽縣北有漢黃門蔡倫宅宅西有一石臼云是倫舂紙臼也　董巴記曰東京有蔡侯紙即倫也用故麻名麻紙木皮名穀紙用故魚網作紙名網紙也　盛弘之荊州記棗陽縣一百許步蔡倫宅其中具存其旁有池即名蔡子池倫漢順帝時人始以魚網造紙縣人今猶多能作紙蓋倫之遺業也　王隱晉書魏太和六年博士河間張揖上古今字詁其巾部云紙今帋也其字從巾古以縑帛依書長短隨事截絹枚數重沓即名幡紙字從糸此形聲也後漢和帝元興中中常侍蔡倫以故布擣剉作紙故字從巾是其聲雖同糸巾爲殊不得言古之紙爲今紙

絮一苫也者苫當爲箔本書箔蔽絮簀也通俗文方絮曰紙

治敝絮也從糸咨聲　芳武切

治敝絮也者廣韻䋈䋈緜

絜緼也一曰敝絮從糸奴聲易曰需有衣絮　女余切

一曰敝絮者當爲敝絮集韻𦃇絮絲絮相箸皃　易曰需有衣絮者本書繻下引易繻有衣今易作繻有衣袽虞云敗衣也釋文云說文袽作絮京作絮子夏作茹考工記弓人厚其帤則木堅注云鄭司農云帤讀爲襦有衣絮之絮複謂兩絮字並當爲絮

繫䊼也一曰惡絮從糸毄聲　古詣切

繫䊼也者廣韻繫縛繫　一曰惡絮者廣韻繫縴䊼惡絮集韻吳俗謂䊼絮曰綈玉篇䊼絓䊼也

繫䊼也一曰維也從糸虒聲　郎兮切

績也從糸咠聲　七入切

績也者孟子妻辟纑趙注緝績其麻曰辟僮約結葦驢纑注云驢緝治也

績所緝也從糸次聲　七四切

績所緝也者廣韻𦀚績所未緝者增韻同

緝也從糸責聲　則歷切

詩東門之枌不績其麻七月八月載績傳云載績絲事畢而麻事起矣　魯語公父文伯退朝朝其母其母方績

緝也者字林同

布縷也從糸盧聲　洛乎切

布縷也者字林同本書纑未練治纑也顏注急就篇已紡而成謂之纑又注兔盧云兔盧一名兔縷盧亦縷也廣雅縷纑也方言纑謂之縝注云謂纑縷也馥案縝玉篇作縝云纑也周禮典枲掌布緦縷紵之麻草之物孟子妻辟纑劉熙注練絲曰纑趙注練麻曰纑昭十九年左傳紡焉以度而去之劉炫云紡謂紡麻作纑爲布作纑之法有小繩紀其升縷尉繚子治本篇非五穀無以充腹非絲麻無以蓋形故充腹有粒蓋形有縷史記貨殖傳夫山西饒材竹穀纑集解紵屬可以爲布僮約結葦臘纑注云治麻以作布

布也一曰粗紬從糸付聲　防無切

一曰粗紬者廣雅紨紬也類篇大絲曰紨

蜀細布也從糸彗聲　祥歲切

蜀細布也者一切經音義八引作蜀白細布也廣韻繐布縷細也史記張騫曰臣在大夏時見邛竹杖蜀布鹽鐵論本議篇郡國或令民作布絮吏留難與之爲市吏之所入非獨齊陶之縑蜀漢之布也亦民間之所爲耳

細葛也從糸希聲　丑脂切

詩綠衣絺兮綌兮淒其以風箋云絺綌所以當暑今以待寒喻其失所也　墨子夏服絺綌之服輕且清　越絕書葛山者句踐種葛使越女織治葛布獻於吳　吳越春秋我采葛以作絲女工織兮不敢遲弱於羅兮輕霏霏號絺素兮將獻之　劉楨瓜賦承之雕盤幕以纖絺　左思吳都賦蕉葛升越弱於羅紈　夏侯孝若大暑賦珠汗沾夫絺葛　段氏蜀記邛州鎮南蕉葛上者一匹直十千

細葛也者本書葛絺綌艸也通俗文細葛謂之兡延小爾雅廣服葛之精者曰絺麤者曰綌書益稷黼黻絺繡傳云葛之精者曰絺禹貢厥貢漆枲絺紵又云厥貢鹽絺傳云絺細葛詩葛覃爲絺爲綌傳云精曰絺麤曰綌大射儀冪用錫若絺注云絺細葛也士虞禮冪用絺布注云絺布葛屬曲禮巾以絺正義細葛爲巾論語當暑袗絺綌孔注絺綌葛也越語冬則資絺注云絺葛也精曰絺麤曰綌穆天子傳絺紵三十篋注云絺葛精者呂氏春秋孟夏紀天子始絺注云絺細葛也論語曰當暑袗絺綌此之謂也史記五帝本紀堯乃賜舜絺衣正義絺細葛布衣也漢書地理志貢鹽絺顏注葛之精者曰絺江表傳魏文帝遣使於吳求細葛淮南主術訓絺綌綺繡高注葛精曰絺粗曰綌

綌 粗葛也從糸谷聲 綺戟切

粗葛也者急就篇綌紵枲縕裹約纏顏注綌謂葛之粗者士昏禮綌冪注云綌麤葛士喪禮沐巾一浴巾二皆用綌於笄注云綌麤葛嵇康高士傳夏服綌葛

㡘 綌或從巾

或從巾者曲禮巾以綌

縐 絺之細也詩曰蒙彼縐絺一曰蹴也從糸芻聲 側救切

絺之細也者玉篇縐纖也詩正義絺者以葛爲之其精尤細靡者縐也言細而纖縐　詩曰蒙彼縐絺者鄘風君子偕老文傳云絺之靡者爲縐　一曰蹴也者類篇縐聚文也詩鄭箋縐絺絺之蹙蹙者史記司馬相如傳襞積褰縐注云褰縐縮蹙之也

絟 細布也從糸全聲 此緣切

細布也者一切經音義十四引作細葛布也廣韻絟細布別名通作荃漢書景十三王傳繇王閩侯亦遺建荃葛蘇林曰荃音詮細布屬也顏注許慎云荃細布也字本作絟蓋今南方筩布之屬皆爲荃也

紵 緣屬細者爲絟粗者爲紵從糸宁聲 直呂切

緣屬者一切經音義十四引同又云布白而細曰紵亦草名也廣韻紵麻紵玉篇紵麻屬所以緝布也魏都賦油油麻紵五臣云紵似麻可以爲布詩東門之池可以漚紵陸璣疏紵亦麻也科生數十莖宿根在地中至春自生不歲種也荆揚之閒一歲三收今官園種之歲再割割便生剝之以鐵若竹挾之表厚皮自脫但得其裏韌如筋者謂之徽紵今南越紵布皆用此麻或作苧南都賦其原野則有桑漆麻苧李善引說文曰苧麻屬賦又云其草則藨苧薠莞本草苧麻陶云郎今績苧蜀本注云苗高丈已來南人剝其皮爲布王褒僮約多取蒲苧益作繩索　細者爲絟粗者爲苧者五音集韻紵纑之粗者地理志引書厥貢漆枲絺紵顏注紵織紵爲布及練也馥案練本或誤作練練布屬爾衛著練布是也樂府白紵歌白紵質如月輕如雲色如銀製以爲袍餘作巾程君瑤田曰說文云細者爲絟粗者爲紵絟細布也以絟爲細布則是以紵爲粗布矣周官典枲職掌布緦縷紵之麻草之物注云緦十五升抽其半者白而細疏曰紵蓋亦以紵爲布矣而詩漚紵與漚麻並言紵實麻類今乃以爲布名或者卽以其物之名而名其布與抑蕡紵與麻亦自有別典枲麻草分舉注云草葛蕡之屬是蕡紵爲草而別於麻矣又掌葛職掌以時徵絺綌之材於山農徵草貢之材於澤農注云草貢出澤蕡紵之屬可緝績者疏云葛出於山蕡紵出於澤也夫出於山澤則與麻有不得不別者矣

𦁉 紵或從緒省

或從緒省者亦通作緒通典云晉俳歌云交交白緒節節爲雙吳音呼緒爲紵宜卽白紵也字又作緒韓詩曾子槝衣緼緒未嘗完任昉竟陵文宣王行狀華袞與緼緒同歸

緦 十五升布也一曰兩麻一絲布也從糸思聲 息茲切

十五升布也者王制布帛精麤不中數注云數升數多少古文苑鄒長倩遺公孫賢良書五絲爲䋎倍䋎爲升倍升爲緎倍緎爲紀倍紀爲緵倍緵爲襚皆自少之多自微至著也魯語衣不過七升之布韋注八十縷爲升載德喪服變除白布深衣十五升閒傳斬衰三升齊衰四升五升六升大功七升八升九升小功十升十一升十二升緦麻十五升去其半喪服傳緦者十五升抽其半有事其縷無事其布曰緦注云謂之緦者治其縷細如絲也成伯璵曰有事其縷者先加灰錫治其麻縷爲布則不治周禮典枲掌布緦縷紵之麻草之物注云緦十五升布抽其半者司服

為諸侯緦衰鄭司農云緦亦十五升去其半雜記朝服十五升去其半而緦加灰錫也注云緦精麤與朝服同去其半則六百縷而疏也喪大記絞紟如朝服正義二者皆以布俱十五升布也馥案升本作稯本書布之八十縷為稯又通作宗鄭注儀禮云布八十縷為一宗宗讀為升一曰兩麻一絲布也者釋名緦絲也績麻緦如絲也

古文總從糸省

細布也從糸易聲 先擊切

細布也者玉篇緆治麻布也淮南齊俗訓弱緆羅紈高注弱緆細布衺字記藉細布一號鬱林布比蜀黃潤古稱云筒中黃潤一端數金淮南子云弱緆細布也漢書云白越卽此布也通作錫燕禮冪用綌若錫注云今文錫爲緆大射儀冪用錫若絺注云錫細布也今文錫或作緆列子周穆王篇鄭衛之處子衣阿錫注云錫細布愼子毛嬙先施天下之美姣也衣之以供皮則見者皆走易之以玄錫則行者皆止淮南脩務訓衣阿錫漢書司馬相如傳被阿錫張揖曰錫細布也郊祀志曳阿錫顏注阿細繒錫細布也新唐書地理志雲安郡夔州貢錫布釋名錫綀錫易也治其麻使滑易也雜記加灰錫也注云取緦以為布又加灰治之則曰錫言錫錫然滑易也周禮司服王為三公六卿錫衰鄭司農云錫麻之滑易者十五升去其半有事其布無事其縷喪服記大夫弔於命婦錫衰傳曰錫者何也麻之有錫者也錫者十五升抽其半無事其縷有事其布曰錫注云謂之錫者治其布使之滑易也喪服小記諸侯弔必皮弁錫衰皇覽逸禮君使大夫弔於國君錫衰摯虞決疑要注古素冠錫衰為弔服錫細麻疏也謝茲喪服圖天王弔三公及三孤弁絰錫衰賀循喪服要記大夫弔於大夫主人成服而往則皮弁絰而加錫衰也

緆或從麻

緰貲布也從糸俞聲 度侯切

潛夫論浮侈篇孝子衣必細緻履必麤麂組必文采飾必機緰或作䋖急就篇服瑣緰䋖與繒連顏注緰䋖緆布之尤精者也言此二種雖曰布類其質精好與繒相連次也

服衣長六寸博四寸直心從糸衰聲 倉回切

服衣者釋名三日不生生者成服曰縗縗摧也言傷摧也襄十七年左傳齊晏桓子卒晏嬰麤縗斬杜注斬不緝之也縗在胸前麤三升布傳子陳寔亾制縗麻者以百數任昉齊竟陵王行狀縗麤非隆殺之要費鳳碑縗杖其未除又別碑蓬首斬縗杖高頤碑縗絰墳側通作衰喪服小記斬衰括髮以麻齊衰惡笄以終喪聘禮赴者至則衰而出注云於是可以凶服將事也鄭注雜記云春秋傳曰齊晏桓子卒晏嬰麤衰斬麤衰斬者其縷在齊斬之閒謂縷如三升半而三升不緝也斬衰以三升為正微細焉則屬於麤也然則士與大夫為父服異者有麤衰斬其為母五升縷而四升為兄弟六升縷而五升乎僖六年左傳大夫衰絰襄三十一年傳比及葬三易衰釋文衰本又作縗新序節士篇趙武服衰三年說苑脩文篇衣而後治凶服衣衰飾東觀漢記丁鴻父綝卒既葬乃挂衰絰於冢廬而去桂陽先賢讚成武丁以疾終妻知其仙去遂除衰絰而心喪之長六寸博四寸直心者皇侃禮記義疏以三升半布為衰長六寸廣四寸綴於衣前當胸上後又有負版長一尺六寸廣四寸趙宧光曰禮縗長六寸博四寸蓋獨指當頭下拭淚佩巾也

喪首戴也從糸至聲 徒結切

喪首戴也者釋名絰實也傷摧之實也檀弓絰也者實也成伯璵禮記外傳斬衰首絰圍九寸向下皆五分去一齊衰首絰七寸五分之一大功首絰五寸八分小功首絰三寸七分緦首絰三寸七分儀禮喪服苴絰杖絞帶注云麻在首在要皆曰絰絰之言實也明孝子有忠實之心首絰象緇布冠之缺項要絰象大帶

交枲也一曰緁衣也從糸便聲 房連切

交枲也者玉篇緶交枲縫衣也一曰緁衣也者本書緁緶衣也玉篇[illegible]云[illegible]緶也廣雅緶緁也玉藻士練帶率下辟注云率繂也正義繂謂緶緝也

履也一曰青絲頭履也讀若阡陌之陌從糸戶聲 亾百切

履也者廣韻絔繩履玉篇絔屝屜也馥案廣韻從尸玉篇亦當作絔廣雅絔屩也方言西南梁益之閒或謂之屩或

⿰糸封 枲履也從糸封聲博蠓切

謂之屝屨其通語也　一曰青絲頭履也者玉篇絇履頭飾也士冠禮黑屨青絇繶純注云絇之言拘也以爲行戒狀如刀衣鼻在屨頭士喪禮乃屨綦結於跗連絇注云絇屨飾如刀衣鼻在屨頭上以餘組連之止足坼也　讀若阡陌之陌者本書無阡陌字漢書匡衡傳南以閩佰爲界顏注佰者田東西界

枲履也者急就篇屐屩絜麤贏窶貧顏注絜圓頭掩上之履也荀子正論篇菲對屨注云菲草屨也對當爲紂傳寫誤耳紂枲也慎子作紂覆案慎子君人篇有虞氏之誅以後紂當刖

緉 履兩枚也一曰絞也從糸從兩兩亦聲力讓切

履兩枚也者緉兩聲相近廣韻緉履屐雙也泰嘉與婦淑書今致龍虎組緹履一緉東宮舊事太子納妃有絳地文履一緉高文惠婦與文惠書今致奉組生履一緉通作兩詩南山葛屨五兩釋文沈音亮說苑脩文篇親迎其禮奈何曰諸侯以屨二兩加琮大夫庶人以屨二兩加束脩二又通作量匡謬正俗或問曰今人呼屨舄屐屩之屬一具

爲一量於義何邪荅曰字當作兩詩云葛屨五兩者相偶之名屨之屬二乃成具故謂之兩兩音轉變故爲量爾劉向列仙傳安期先生以赤玉舄一量爲報風俗通操一量不借晉書五行志有敗屩自聚於道四五十量宋元嘉起居注劉禎彈廣州刺史有白翔屐六七十量抱朴子極言篇以赤玉舄一量爲報世說未知一生當著幾量屐搜神記估客見二女子云可爲買兩量絲履自厚相報曹植賀冬表獻文履七量韓案足所著皆稱量皇甫規與馬融書謹上襪一量秦嘉婦與嘉書今奉細布襪二量慕容晃與顧和書今致繡靴一量魏武與楊彪書今遺足下織成花靴一量晉惠帝起居注愍懷太子賜典兵中郎將複紵靴一量　一曰絞也者通志引作一曰緉絲絞也廣雅緉絞也方言緉絞也關之東西或謂之緉或謂之絞絞通語也注云絞謂履中絞也　從兩者本書网再也此緉當從网篆誤從兩訓詞兩枚亦當爲网　兩亦聲者當爲网聲

絜 麻一耑也從糸㓞聲古屑切

麻一耑也者字林同玉篇𪎭麻一絜也

繆 枲之十絜也一曰綢繆從糸翏聲武彪切

枲之十絜也者廣韻絜絲十絜　一曰綢繆者詩綢繆束薪傳云綢繆猶纏緜也莊子則陽篇聖人達綢繆釋文綢繆猶纏緜

綢 繆也從糸周聲直由切

繆也者楚詞九歌薜荔拍兮蕙綢王注綢縛束也詩曰綢繆束楚是也

縕 紼也從糸𥁰聲於云切

紼也者一切經音義十二引說文云縕紼亂麻也急就篇絝紵枲縕裹約纏隱四年左傳猶治絲而棼之也杜注絲見棼縕益所以亂列子田夫衣縕韓詩外傳曾子褐衣縕緒未嘗完也漢書東方朔傳衣縕無文顏注縕亂絮也本書以絮曰襺以縕曰袍論語衣敝縕袍孔曰縕枲著也皇侃曰枲麻也以碎麻著裘也故麻曰縕故絮亦曰縕玉藻縕爲袍注云縕謂今纊及舊絮也

紼 亂系也從糸弗聲分勿切

亂系也者集韻引作亂絲也徐鍇韻譜同一切經音義十二引作亂麻也玉篇同

絣 氐人殊縷布也從糸幷聲北萌切

氐人殊縷布也者漢書揚雄傳絣之以象類宋祁校本引字林絣縷布也一切經音義十四引字林絣無文綺也

紕 氐人𦈡也讀若禹貢玭珠從糸比聲卑履切

氐人𦈡也者後漢書西南夷傳其人能作旄氈班罽青頓毞毲羊羧之屬注云周書伊尹爲四方獻令曰請令以丹青白旄紕罽龍角神龜爲獻纂文紕氐罽也音卑疑反毞即紕也

罽 西胡毳布也從糸罽聲居例切

字林罽之方文者曰氈　通俗文罽邪交曰毲　漢書扶南傳安息國出五色罽　班固與弟書竇侍中前寄錢八十萬市得雜罽十餘張也　吳歷魏文帝賜吳王太子罽二張干寶晉紀孫晧遣使詔書賜班罽五十張絳罽二十張紫青

罽各十張十六國春秋西秦錄沮渠道戎罽千匹或作罽漢書西域傳罽賓國其民巧織罽刺文繡西京雜記溫室規弟以罽賓氍毹東觀漢記桓帝黃老祠於濯龍潭中以文罽爲壇飾續漢書輿服志皇太后出則乘紫罽軿車鹽鐵論采旃文罽充於內府華陽國志猩猩血可以染朱罽鄴中記石虎御府有雜頭文罽鹿子罽花罽　又作罽西京雜記公矦皆以竹木爲几冬則以細罽爲橐以馮之魏報倭女王絳地縐粟罽十張細斑華罽五張　又作㲣玉篇㲣方文者晉書張軌傳獻㲣布三萬四

西胡毳布也者本書璊以毳爲繝顏注漢書高帝紀罽織毛若今氈毹及氍毹之類也東方朔傳狗馬被繢罽顏注罽織毛也即氍毹之屬通俗文織毛曰罽釋言氂罽也郭注毛氂所以爲罽李巡本氂作毳舍人曰氂謂毛罽也曰人績羊毛作衣孫炎曰毛氂爲罽禹貢熊羆狐貍織皮正義織毛而言皮者毛附於皮故以皮表毛耳顏師古曰言貢四獸之皮又貢雜罽蘇軾曰以罽者曰織以裘者曰皮曾畋曰獸皮制之可以爲裘其毳毛可以織之爲罽後漢書杜篤傳燒罽帳注云罽毛布也李恂傳西域諸國侍子及督使賈胡數遺恂奴婢宛馬金銀香罽之屬注云罽織毛爲布者魏畧大秦國有織成細布言用水羊毳名曰海西布詩韓奕正義云罽者織毛爲之若今之毛氍毹以褌光毛詩問云褐賤者之所服也今罽亦用爲之通鑑黃帝祠老子以文罽爲壇飾注云西夷織毛爲布曰罽又梁於臺城築土山起芙蓉層樓飾以錦罽注云罽毳布也織毛爲之

縊　經也從糸益聲春秋傳曰夷姜縊　於賜切

釋名懸繩曰縊縊阨也阨其頸也　周書克殷解適二女之所乃既縊　吳語王縊申亥負王以歸　後漢書吳祐傳因投繯而死注云謂以繩爲繯投之而縊也

經也者廣韻縊自經死也桓十三年左傳莫敖縊於荒谷杜注縊自經也晉語申生乃雉經於新城之廟楚詞天問伯林雉經荀子彊國篇救經而引其足也注云經縊也釋蟲蜆縊女郭注喜自縊死文王世子公族其有死罪則磬於甸人鄭注縣縊殺之曰磬春秋傳曰夷姜縊者桓十六年左傳文杜注失寵而自縊死

綏　車中把也從糸從妥　息遺切

車中把也者玉篇引作車中靶也廣韻增韻篇海並同本書靶轡革也廣雅靶謂之綏詩韓奕淑旂綏章箋云綏所引以登車有采章也士昏禮壻御婦車授綏既夕記約綏鄭注並云綏所以引升車曲禮僕人之禮必授人綏又云獻車馬者執策綏少儀僕於君子升下則授綏又云僕者右帶劍負良綏注云良綏君綏也論語升車必正立執綏皇氏曰綏牽以上車之繩也文十二年左傳乃皆出戰交綏李衞公曰綏亦轡總也謂軍不戰但交綏而退猶云交馬而還哀二年傳子良授太子綏而乘之司馬法古者逐奔不過百步縱綏不過三舍史記司馬相如傳繆繞玉綏郭璞曰綏所執以登車張儀傳詳失綏墮車　從妥者本書無妥字轉寫脫漏釋詁妥止也又安坐也詩楚茨以妥以侑傳云妥安坐也士虞禮主人及祝拜妥尸特牲饋食禮主人拜妥尸少牢饋食禮主人皆拜妥尸檀弓文子其中退然注云退爲妥通作綏詩樛木福履綏之傳云綏安也士相見禮妥而後傳言注云妥安坐也古文妥爲綏曲禮國君綏視注云綏讀爲妥又云大夫則綏之注云綏讀曰安宣十二年公羊傳使帥一二耋老而綏焉注云綏安也東都賦遂綏哀牢五臣注綏安也

彝　宗廟常器也從糸糸綦也廾持米器中寶也彑聲此與爵相似周禮六彝雞彝鳥彝黃彝虎彝蜼彝斝彝以待祼將之禮　以脂切

宗廟常器也者釋器彝卣罍器也郭云皆盛酒尊彝其總名六書故古者德善勳勞銘諸鼎彝紀于太常故彝常皆有常久之義詩烝民民之秉彝傳云彝常也韓非喻老篇康誥曰毋彝酒者彝酒常酒也書序武王既勝殷邦諸矦班宗彝作分器鄭注宗彝宗廟尊也襄十九年左傳且夫大伐小取其所得以作彝器注云彝常也謂鐘鼎爲宗廟之常器昭十五年傳諸矦之封也皆受明器於王室以鎮撫其社稷故能薦彝器於王注云彝常也謂可常寶之器定四年傳官司彝器注云彝器常用器漢書王莽傳官司彝器顏注彝器常用之器也一曰彝祭宗廟酒器也周禮有六彝彝法也言器有所法象之貌目糸綦也者綦當爲素古文從素省玉篇彝屬素部　周禮六彝云者春官小宗伯辨六彝之名物以待果將注云六彝雞彝鳥彝斝彝黃彝虎彝蜼彝司尊彝春祠夏禴祼用雞彝鳥彝秋

嘗冬烝祼用斝彝黃彝凡四時之閒祀追享朝享祼用虎彝蜼彝注云雞彝鳥彝謂刻而畫之爲雞鳳皇之形鄭司農云斝讀爲稼稼彝畫禾稼也黃彝黃目尊也玄謂蜼禺屬卬鼻而長尾明堂位灌尊夏后氏以雞夷殷以斝周以黃目注云夷讀爲彝書日月星辰山龍華蟲作會宗彝傳云宗廟彝尊亦以山龍華蟲爲飾正義周禮彝器所云犧象雞鳥者鄭玄皆爲畫飾與孔意同也

[古文彝] [古文彝] 皆古文彝

緻 密也從糸致聲 直利切

汗簡引作[緻]　徐鉉所加

文二百四十九　重三十一

絲

綷

說見繼下　本書黹從黹綷省聲方言綷同也玉篇誤作周也

緅

本書䌷讀若染繒中束緅紺字林緅帛青色廣雅緅青也周禮五人爲緅鄭注緅今禮俗文作爵言如爵頭色也又注士冠禮云爵弁如爵頭然或謂之緅論語君子不以紺緅飾

遺文三

素 白緻繒也從糸𠂹取其澤也凡素之屬皆從素 桑故切

漢碑作索其首左向　易白賁無咎子寶曰白素也　詩羔羊素絲五紽傳云素白也　古詩故人工織縑新人工織素　班婕好詩新製齊紈素鮮潔如霜雪又有擣素賦急就篇綈絡縑練素帛蟬顏注素謂絹之精白者卽所用寫書之素也風俗通劉向爲孝成皇帝典校書籍皆先書竹爲易栞定可繕寫者以上素也今東觀書竹素也　蜀都賦鳥策篆素　文賦非尺素之所擬　古詩呼兒烹鯉魚中有尺素書　胡沖吳歷魏文帝以素書所著典論餉孫權又以紙寫一通與張昭　崔瑗與葛元甫書送許子十卷貧不及素但以紙耳　白緻繒也者本書無緻字古作致本書䚉下云拘䚉未致密也纂文都致布名禮器德產之致也精微注云致致密也呂氏春秋孟冬紀必功致爲上漢書酷吏傳按其獄皆文致不可得反顏注致至密也詩假樂箋云威儀致密無所失都人士箋云性情密致竭羽傳云不攻緻正義定本皆作致釋文本或作致九經字樣素白緻繒也釋名素樸素也已織則供用不復巧飾也范子計然白素出三輔匹八百班固與弟超書今齎白素三匹欲以市月氏馬徐幹團扇賦惟合歡之奇扇肈伊洛之白素　從糸𠂹取其澤也者釋名紈渙也細澤有光渙渙然也馥案紈素同類故素亦取其澤也

⿱素廾 素屬從素廾聲 居玉切

⿰素勺 白約縞也從素勺聲 以灼切

白約縞也者小爾雅縞之粗者曰素廣雅約練也急就篇鬱金半見緗白約顏注白約謂白素之精者其光約約然也黃注約縞也王注引禹貢厥篚元纖縞通作約莊子逍遙遊淖約若處子荀子宥坐篇淖約微達似察

⿰素卒 素屬從素卒聲 所律切

素屬者廣雅⿰素卒素也

繛 緩也從素卓聲 昌約切

汗簡繛見古論語馥按論語孟公綽釋文本又作繛

緩也者釋訓綽綽緩也書無逸不寬綽厥心傳云不寬綽其心詩淇奧寬兮綽兮傳云綽緩孟子則吾進退豈不綽綽然有餘裕哉注云豈不綽綽然舒緩有餘裕乎漢書司馬相如傳便嬛繛約禮樂志克綽永福顏注綽緩也通作淖莊子淖約若處子又通作逴祝睦碑懿德逴優

繛或省

緩 繛也從素爰聲 胡玩切

繛也者廣韻緩舒也釋名緩浣也斷也持之不急則動搖浣斷自放縱也

緩或省

文六　重二

蠶所吐也從二糸凡絲之屬皆從絲 息茲切

蠶所吐也者徐鍇韻譜絲蠶所作急就篇絳縱綟紬絲絮絲顏注抽引精繭出緒者曰絲詩抱布貿絲傳云季春始蠶孟夏賀絲周禮典絲掌絲入而辨其物寰宇記益州貢柘蠶絲

馬轡也從絲從叀與連同意詩曰六轡如絲 兵媚切

一切經音義三引字書轡馬縻也所以制牧車馬也字從絲從疌馥案疌當爲疐玉篇作疐云一本作疐馥謂疌省作疐轡亦從疐省本書疐礙不行也從叀引而止之也叀者如叀馬之鼻從此與牽同意按鼻下脫一字當云轡從此 漢書陳遵傳一旦叀礙顏注或以叀爲疐 本書𠭯從𠭯下云𠂤古文叀字 李陽冰說疐字云車前重不前合從車宜上書平不從屮𠭯謂轡今從車皆陽冰之說𠭯之也 后鼓文作轡周憬功勳銘作轡夏承碑作轡隸變止爲心後魏文帝弔比干墓文作轡唐李邕岳麓寺碑裴羅樹碑竝作轡明 毛晉刻左傳禮記韓詩外傳作轡惟宇文周豆盧恩碑作轡 馬轡也者釋名轡咈也牽引咈戾以制馬也急就篇轡勒鞅韅靬羈韁顏注在首曰轡亦謂之勒劉芳毛詩箋音義證轡是御者所執者也不得以轡爲勒且舊說云馬勒不云轡以勒爲轡者蓋是北人避后勒名也今南人皆云馬勒而以鞚爲轡反覆推之此爲明證詩稱執轡如組又云六轡在手以所執爲轡審矣今俗儒仍以轡爲勒而曾無寤者鹽鐵論刑德篇轡銜者御之具也得良工而調執轡非其人則馬奔馳 從叀者五經文字轡轡上說文下經典相承隸變廣韻轡說文作轡是唐宋本作叀不作叀矣 與連同意者連當爲疐 詩曰六轡如絲者小雅皇皇者華文

織絹从糸貫杼也從絲省丱聲 古還切

織絹从糸貫杼也者从當爲以玉篇𢇁織絹以絲貫杼也廣韻以絲貫杼爲𢇁後漢書樂羊子妻傳此機生自蠶繭成於機杼一絲而累以至於寸累寸不已遂成丈匹 丱聲者丱卽丱字五經文字云丱古患反見詩風按齊風南山丱字宋本釋文作丱

文三

捕鳥畢也象絲网上下其竿柄也凡率之屬皆從率 所律切

捕鳥畢也者廣韻率鳥網也廣雅畢率也

文一

說文解字第十三　義證第四十二

曲阜桂馥學

虫 一名蝮博三寸首大如擘指象其臥形物之微細或行或毛或蠃或介或鱗以虫為象凡虫之屬皆从虫 許偉切

本書它虫也 通作虺爾雅虺牀郭注蛇牀本草蛇牀子一名虺牀子吳語為虺弗摧為蛇將若何韋注虺小蛇大也通鑑高道穆說爾朱榮曰此所謂養虺成蛇 又通作虫顏氏家訓勉學篇吾初讀莊子螝二首韓非子曰虫有螝者一身兩口爭食相齕遂相殺也茫然不識此字何音逢人輒問了無知者後見古今字詁此亦古之虺字積年凝滯豁然霧解 又通作蛕 廣韻土蛕毒蟲

一名蝮博三寸首大如擘指者諸書所引並無指字通作虺釋魚蝮虺博三寸首大如擘郭注身廣三寸頭大如人

擘指此自一種蛇名為蝮虺釋文作蝮虫云此蛇色如綬鼻上有針大者百餘斤又一名反鼻鼻一孔虫即虺字也說文云虫一名蝮博三寸首大如擘字林同舍人亦云蝮一名虺案蝮大蛇也非虺之類故郭云別自一種蛇名蝮虺本今作虺博廣也謂身廣三寸孫云頭如拇指郭注三蒼云擘大指也案手足大指俱名擘也漢書田儋傳蝮蠚手則斬手蠚足則斬足何者為害於身也顏注云爾雅及說文皆以為蝮即虺也博三寸首大如擘而郭璞云各自一種蛇其蝮蛇細頸大頭焦尾色如綬文文閒有毛似豬鬣鼻上有針大者長七八尺一名反鼻非虺之類也以今俗名證之郭說得矣虺若土色所在有之俗呼土虺其蝮惟出南方史記正義按蝮毒蛇長二三丈嶺南北有之虺長一二尺頭腹皆匾說文云虺博三寸首大如擘擘手大指也 物之微細或行或毛或蠃或介或鱗以虫為象者爾雅釋文引作或行或飛玉篇虫物之微細或飛行或毛甲皆以象之集韻類篇引作或羽或毛李陽冰曰虫蟲倮毛羽鱗介之總稱周禮大司徒所稱動物曰毛鱗羽介蠃大司樂亦云致羽物致蠃物致鱗物致毛物致介物注云羽物既飛又走月令孟春之月其蟲鱗孟夏之月其蟲羽中央土其蟲倮孟秋之月其蟲毛孟冬之月其蟲介管子

春爨以羽獸之火夏爨以毛獸之火秋爨以介蟲之火冬爨以鱗蟲之火中央爨以倮蟲之火子華子鱗蟲三百有六十震宮蒼龍為之長羽蟲三百有六十離宮朱鳥為之長毛蟲三百有六十兌宮麒麟為之長介蟲三百有六十坎宮伏鼂為之長倮蟲三百有六十盈宇宙之閒人為之長呂氏春秋觀表篇毛羽倮鱗未嘗息也注云毛蟲虎狼之屬也羽蟲鳳皇鴻鵠鶩之屬也倮蟲麒麟麋鹿牛羊之屬也蹄角倮見皆為倮蟲鱗蟲蛇鱗之屬大戴禮曾子天圓篇毛蟲毛而後生羽蟲羽而後生毛羽之蟲陽氣之所生也介蟲介而後生鱗蟲鱗而後生介鱗之蟲陰氣之所生也毛蟲之精者曰麟羽蟲之精者曰鳳介蟲之精者曰龜鱗蟲之精者曰龍后氏星經東方青帝其精蒼龍司鱗蟲三百六十北方黑帝其精元武司介蟲三百六十西方白帝其精白虎司毛蟲三百六十南方赤帝其精朱鳥司羽蟲三百六十中宮黃帝其精黃龍司倮蟲三百六十

蝮 虫也从虫复聲 芳目切

虫也者爾雅釋文引舍人云蝮一名虺廣志蝮蛇與土色相亂長三四尺其中人以牙㩉之截斷皮出血則身盡痛

九竅流血而死馥案孫炎所謂有牙最毒者是也陳藏器云蝮蛇形短鼻反錦文亦有與地同色者著足斷足著手斷手不爾合身糜潰馥案與地同色者即本書之虫名為土虫郭注爾雅言此自一種蛇名為蝮虺釋文案蝮大蛇也非虺之類故郭云別自一種蛇名蝮虺郭氏音義別載一種蛇云細頸大頭色如綬文文閒有毛似豬鬣鼻上有針大者長七八尺一名反鼻此則釋文所謂大蛇也郭恐人誤為一物故兩疏之通作蝠後漢書崔琦傳蝠蛇其心注以為蝙蝠非是

螣 神蛇也从虫朕聲 徒登切

神蛇也者字林同釋魚螣螣蛇郭注龍類也能興雲霧而遊其中中山經柴桑之山多飛蛇郭注即螣蛇乘霧而飛者通作騰文子騰蛇無足而騰慎子蜚龍乘雲騰蛇遊霧荀子勸學篇螣蛇無足而飛星經騰蛇二十二星在室北近河主蟲蛇淮南覽冥訓前白螭後奔蛇高注奔蛇騰蛇許注奔蛇馳蛇是也或曰淮南人呼此蛇為蟒蛇義亦通馥謂即九懷騰蛇兮後從也說林訓騰蛇游霧而殆於蝍蛆高注蝍蛆蟋蟀上蛇蛇不敢動史記龜策傳作蝍且集

解云卽且似蝗大腹食蛇腦司馬相如傳騰遠射干索隱司馬彪云騰遠蛇也說苑騰蛇遊於霧露乘於風雨而行非千里不止然則暮託宿於鰌鱣之穴所以然者何也用心不一也魯靈光殿賦騰蛇蟉虯而遶榱論衡狀留篇蛇騰便於神龍郭璞贊騰蛇配龍因霧而躍雖欲登天雲罷陸莫材非所任難以久託宋書建平王傳騰蛇聳曜而沈雲鬱冥劉氏新論託附篇騰蛇附於春霧志希凌霄之游類感篇騰蛇雄鳴於上風雌鳴於下風而化成形

大蛇可食從虫冄聲人占切

唐注本草蚦蛇其形似鱧魚頭若鼉頭尾圓無鱗異物志蚦蛇食鹿鹿出骨與巴蛇同郭注大荒南經今南山蚦蛇吞鹿北戶錄蚦蛇大者長十餘丈圍可七八尺多在樹上候麞鹿過者吸而吞之至鹿銷卽纏大樹上出其頭角乃不復動夷人伺之以竹籤籤殺之取其膽也晉中興書顏含嫂病困得蚦蛇膽爲藥卽愈南齊書虞愿傳出爲晉平太守郡舊出髯蛇膽可爲藥有餉愿者愿不忍殺放三十里外元和郡縣志福州貢蚦蛇膽新唐書地理志南海郡貢蚦蛇膽

大蛇者字林同玉篇蚦大蛇也陶注本草蚦蛇出晉安大者三二圍嶺表錄異蚦蛇大者長五六丈圍四五尺次者亦不下三四丈圍亦稱是身有斑文如故錦纈寰宇記蚦蛇長十丈以婦人衣投之則蟠身長六七寸碎不祥可食者字林同玉篇蚦肉可以食唐注本草蚦蛇今出桂廣已南高賀等州亦有將肉爲膾以爲珍味難死似鼉稍截食之字或作髯淮南精神訓越人得髯蛇以爲上肴高注髯蛇大蛇也其長數丈俗以爲上肴字又作髯水經注葉榆水云交州山多大蛇名曰髯蛇長十丈圍七八尺常在樹上伺鹿獸過便低頭繞之有頃鹿死先濡令滑訖便吞頭骨角皆鑽皮出山夷始見蛇不動時便以大竹籤籤蛇頭至尾殺而食之以爲珍異故楊氏南裔異物志曰髯惟大蛇既洪且長采色駁犖其文錦章食豕吞鹿腴成養創賓享嘉宴是豆是觴言其養創之時肪腴甚肥搏之以婦人衣投之則蟠而不起走便可得也

螼蚓也從虫堇聲弃忍切

蚓也者廣韻螼蚯蚓也本草蚯蚓一名曲蟺一名土龍爾雅謂之螼蚓巴人謂之胊䏰釋蟲螼蚓蜸蠶郭注卽蛩蟺也江東呼寒蚓漢書賈誼傳注螾今之螼蚓也顏注螾與蚓同易通卦驗立秋蚯蚓出大戴禮易本命篇食土者無心而不息盧辯云蚯蚓之屬

螾側行者從虫寅聲余忍切

五音集韻蚓蚯蚓也吳楚呼爲寒蚓孟子夫蚓上食槁壤下飲黃泉趙注蚓蚯蚓之蟲也荀子勸學篇螾無爪牙之利筋骨之彊上食埃土下飲黃泉用心一也注云螾與蚓同蚯蚓也孝經援神契螾無食無勢故無心史記封禪書黃龍地螾見集解引應劭曰螾蚓也又賈生傳夫豈從螘與蛭螾集解引韋昭曰螾邱蚓也郭璞贊蚯蚓土精無心之蟲交不以分淫於阜螽觸而感物無乃常雄宋玉釣賦善釣者其餌非螾也月令孟夏之月蚯蚓出仲冬之月蚯蚓結正義引蔡邕章句結猶屈也周書時訓解蚯蚓不出嬖奪后尚書大傳時則有華孽注云華當爲夸夸蚓蟲之生於土而游於土者側行者者玉篇螼螾仄行卽寒蚓也馥案考工記注以爲卻行六書故蚯蚓土中無足贏蟲也側行螾螾故謂胊䏰又謂曲蟺蚯胊曲同聲馥案漢志巴郡胊忍縣顏注胊音劬曹全碑亦作胊徐鉉新附字云胊䏰蟲名從肉句聲如順切後漢書吳漢傳亦作胊䏰注引十三州志胊音春其地下溼多胊䏰蟲因以名縣此皆音隨字變不如戴氏得其實也

螾或從引

或從引者寅引聲相近釋名引演也漢書律歷志引達於寅

蟲在牛馬皮者從虫翁聲烏紅切

蟲在牛馬皮者者爾雅釋文引字林無馬字玉篇螉蜙牛馬皮中蟲也廣韻螉蜙小蟲生牛馬皮中也

螉蜙也從虫從聲子紅切

螉蜙也者爾雅釋文引字林螉蜙似蟻

知聲蟲也從虫鄉聲許兩切

知聲蟲也者玉篇蠁禹蟲也洪武正韻蠁禹蟲知聲者蟲異賦注蠁知聲蟲也能令人不迷類從云帶蠁醒迷鄉聲者韻會云蠁從嚮省

司馬相如蠁從向

司馬相如者如下脫說字從向者蠁令人不迷故從向

蟲也從虫召聲 都僚切

蟲也者廣韻蛁蟟茆中小蟲

蟲也從虫叡聲 祖外切

繭蟲也從虫甬聲 余隴切

廣志凡草木蟲以蛹化為蛾荀子蠶賦蛹以為母蛾以為父繭蟲也者玉篇蛹老蠶也廣韻蛹蠶化為之埤雅蛹者蠶之所化蛾者蛹之所化淮南繆稱訓小人在上位如寢關曝纊不得須臾寧高注纊繭也曝繭蛹動搖不休亦乃止也四民月令四月繭既入簇趨繰剖線具機杼敬經絡是月也可作棄蛹以御賓客通作踊古文苑短人賦繭中踊兮蠶蠕須注云踊今作蛹

蛹也從虫鬼聲讀若潰 胡罪切

蛹也者集韻螝蠶蛹也釋蟲螝蛹郭注蠶蛹孫炎云螝即是雄蛹即是雌顏氏家訓案爾雅諸書蠶蛹名螝蟲異賦注螝蛾蛹所化也博物志曰食桑者有緒而蛾蛾先孕而後交集韻原蠶其蛹蛭蝻玉篇蛭螝也廣韻蛭蝻也通作虺廣韻虺蛭也古今字詁螝與虺同讀若潰者爾雅釋文云字林音潰

腹中長蟲也從虫有聲 戶恢切

腹中長蟲也者一切經音義十一引蒼頡訓詁蛕腹中蟲也字或作蛔關尹子我之一身內變蟯蛔外烝蝨蚤又作蚘玉篇蚘與蛕同廣韻蚘人腹中長蟲本草扁竹煮汁飲小兒療蚘蟲齊書秣陵人張景腹脹面黃徐嗣伯云此石蚘極難療當取死人枕煮飲之依語煮枕以投之得大痢并蚘蟲頭堅如石者五升病即差靈樞經心腸痛憹往來

上下行痛有休止腹熱喜渴涎出者是蛟蛕也

腹中短蟲也從虫堯聲 如招切

腹中短蟲也者柳宗元罵尸蟲文脩蛕蒼心短蟯穴胃華氏中藏經蟲有伏蚘白肉肺胃赤弱蟯之九名也史記倉公傳臨菑氾里女子薄吾病甚臣意診其脈曰蟯瘕蟯瘕為病腹大上膚黃麤循之戚戚然臣意飲以芫華一撮即出蟯可數升病已三十日如故病蟯得之於寒溼寒溼氣宛篤不發化為蟲正義云蟯人腹中短蟲

似蜥易而大從虫唯聲 息遺切

似蜥易而大者五音集韻雖蟲名似蜥蜴而有文馥案此蟲能致雨禱旱者宜求之

虺以注鳴詩曰胡為虺蜥從虫兀聲 許偉切

書仲虺之誥荀子堯問篇作中蘬史記殷本紀作中𤳹聲皆相近虺以注鳴者玉篇虺戶虺今以注鳴者戶當作后本草所稱后蜴也山海經鳥首虺尾郭注虺尾銳考工記以注鳴者注云注咮也史記律書西至於注張注張柳張兩星之間南方朱鳥七宿柳為之咮漢書天文志柳為鳥喙是也詩曰胡為虺蜥者小雅正月文蜥彼作蜴陸璣疏云虺蜴一名蠑螈水蜴也或謂之蛇醫如蜥蜴青綠色大如指形狀可惡正義云如陸意虺蜴與螈形狀相類水陸異名耳陳啟源曰詩釋文云蜴星歷反字又作蜥詩緝辨之謂蜥音析蜴音亦陸氏誤以蜴為蜥然說文引詩亦云胡為虺蜥是古本多有作蜥者意釋文經本元作蜥當云蜥星歷反字又作蜴後人傳寫據今本為正遂互易蜥蜴兩字以致音與字違

蜥易也從虫析聲 先擊切

蜥易也者御覽引作蜥易守宮也李燾本蜥易上有蟲名二字古今注蝘蜓其長細五色者名為蜥易本草石龍子一名蜥蜴一名山龍子一名守宮一名石蜴生平陽川谷及荊山石間陶隱居云其類有四種一大形純黃色為蛇醫次似蛇醫小形長尾見人不動名龍子次有小形而五色尾青碧可愛名蜥蜴並不螫人一種喜緣籬壁名蝘蜓形小而黑乃言螫人必死而未常聞中人按東方朔云是非守宮則蜥蜴如此蝘蜓名守宮矣唐本注云此言四種

者蛇師生山谷頭大尾短小青黃或白斑者是蝘蜓似蛇師不生山谷在人家屋壁閒荆楚江淮人名蝘蜓河濟之閒名守宮亦名榮螈又名蠍虎以其常在屋壁故名守宮亦名壁宮其名龍子及五色者竝名蜥蜴以五色者爲雄色不備者爲雌皆細長尾與身相類似蛇著四足去足便直蛇形也蛇醫則不然

蝘　在壁曰蝘蜓在草曰蜥易从虫匽聲　於殄切

在壁曰蝘蜓在草曰蜥易者李善注解嘲引同一切經音義二十引作守宮在壁曰蝘蜓在草曰蜥易釋魚釋文蜴說文字林作易云在壁曰蝘蜓在草曰蜥易廣韻引字林在草作在洲本書易蜥蜴蝘蜓守宮也博物志蜥蜴或名蝘蜓方言守宮其在澤中者謂之蜥易顏注漢書揚雄傳蝘蜓蜥蜴也郭義恭廣志蝘蜓有屋壁閒者有草野者后上者漢書東方朔傳臣以爲龍又無角謂之爲虵又有足跂跂脈脈善緣壁是非守宮卽蜥蜴一切經音義六守宮此在壁者江南名蝘蜓山東謂之蝀蛦陝以西名爲壁宮在草者曰蜥蜴曹叔雅異物志魚跳躍則蜥蜴從草中下稍相依近便共浮水上而相合事竟魚還水底蜥還草中蝮案此蟲見螫各不動少傾螫處而空蓋以氣制之故名蠍虎

蝘　蝘或从蚰

蜓　蝘蜓也从虫廷聲一曰螾蜓　徒典切

蝘蜓也者淮南精神訓視龍猶蝘蜓高注蝘蜓蜥蜴也五音集韻蜓或作蜒篇海蛉守宮異名廷聲者本書鄭從鼎聲鎜從熒省聲讀若銑虫讀若騁音丑善切祭義注云猶當爲馨聲之誤也詩釋文云町他典反郊特牲注社或爲省釋文云省思淺反漢書五行志童謠燕燕尾涎涎張公子時相見顏讀涎爲徒見反玉篇涎徒冷切又徒見切涎涎好貌

蚖　榮蚖蛇醫以注鳴者从虫元聲　愚袁切

榮蚖蛇醫者韋注國語云蚖蜥蜴也象龍法言問神篇龍蟠於泥蚖其肆矣注云蚖蜥蜴也史記周本紀漦化爲玄黿索隱云亦作蚖玄蚖蜥蜴也淮南萬畢術取蚖脂爲鐙置水中卽見諸物馥案庾信鐙賦蚖膏照灼李時珍云蛇醫又名蛇師蛇舅母水蜥蜴蛇有傷則銜草以敷之又能入水與魚合字或作螈一切經音義六蚖案字義古文作螈字林五官反蛇醫也漢書玄蚖韋昭曰玄黑蚖蜥蜴也方言守宮蜥易南楚謂之蛇醫或謂之榮螈又云守宮東齊海岱謂之螔蝀郭注似蜥易而大有鱗今所在通言蛇醫耳釋魚蠑螈蜥蜴蜥蜴蝘蜓蝘蜓守宮也釋文云螈字林作蚖云蠑螈蛇醫也說文同詩正月胡爲虺蜴傳云蜴螈也古今注蝘蜓一名龍子一曰守宮善上樹捕蟬食之其長細五色者名爲蜥蜴短大者名蠑螈一曰蛇醫大者長三尺其色玄紺者善螫人一名玄螈一曰綠螈也以注鳴者考工記以胷鳴者注云胷鳴榮原屬疏云此記本不同馬融以爲胃鳴干寶本以爲骨鳴楊愼曰考工記以脰鳴者以注鳴者以旁鳴者以翼鳴者以股鳴者以胷鳴者鄭元注脰鳴鼃黽之屬注鳴精列屬旁鳴蜩蟬屬翼鳴蟋蟀屬股鳴螽斯屬胷鳴榮原屬許氏說文蜪鼀詹諸以脰鳴者榮蚖蛇醫以注鳴者蟬以旁鳴者蠣蠣以翼鳴者蜙蝑以股鳴者蠵大龜以胷鳴者二家解不同可以參考

蠸　蟲也一曰大螫也讀若蜀都布名从虫雚聲　巨員切

蟲也者玉篇蠸食瓜蟲釋蟲蠸輿父守瓜郭注今瓜中黃甲小蟲喜食瓜葉故名守瓜莊子至樂篇瞀芮生乎腐蠸釋文云司馬云蠸亦蟲名也爾雅云一名守瓜一云蚡鼠也讀若蜀都布名者本書纗讀若蜀郡布名案楊雄蜀都賦筒中黃潤一端數金言讀若潤也

螟　蟲食穀葉者吏冥冥犯法卽生螟从虫冥冥亦聲　莫經切

陸璣詩疏螟似虸蚄而頭不赤月令仲春行夏令蟲螟爲害尚書大傳時則有倮蟲之孽鄭注螟蟲之類蟲食穀葉者者藝文類聚引作蟲食穀心者說苑螟食苗心炊也春秋隱五年螟杜注螟蟲食苗心者爲災故書正義云釋蟲云食苗心螟舍人曰食苗心者名螟言冥冥然難知也李巡曰食禾心爲螟言其姦冥冥難知也陸璣疏云舊說螟螣蟊賊一種蟲也如言寇賊姦宄內外言之耳故犍爲文學曰此四種蟲皆蝗也實不同故分別釋之然則螟非以虫名以食苗之處爲名耳呂氏春秋仲春紀蟲螟爲害高注蟲食稼心謂之螟仲冬紀行春令則蟲螟

爲敗高注食穀心曰螟明理篇有螟集其國高注食心爲螟漢書武帝紀五年八月螟顏注食苗心之蟲也楚元王傳水旱饑蝝螽螟蠭午並起顏注螟蟲之食苗心者也詩詁螟食苗心者今禾始發有蟲生苗心中如蠶而細仍能吐絲包纏其心使不生穗爾雅翼今食苗心者乃無足小青蟲既食其葉又以絲纏集衆葉使穗不得展江東謂之蟥蟲漢孔臧蓼蟲賦曰爰有蠕蟲厥狀似螟是爲無足蟲也程君瑤田曰爾雅螟食心賊食節心節之義殊異心言莖之末生穗處節言莖之中閒生葉處也心正其生意所聚凡草木華時莖末生穗無數節生葉其滋長也在是其作華也亦在是所謂心也吏冥冥犯法卽生螟者螟冥聲相近孫炎說爾雅云政貪所致春秋隱五年螟何休云先是隱公張百金之魚設苛令急法以禁民之所致春秋漢含孳螟應苛煩類聚引呂氏春秋亂國之妖有螟集其地淮南天文訓枉法令則多蟲螟高注蟲食苗心曰螟京房易傳臣安祿位茲謂貪厥災蟲蟲食根德無常茲謂煩蟲食葉不絀無德蟲食本與東作爭茲謂不時蟲食莖蔽惡生孽蟲食心易林上政擾擾蟲螟並起害我嘉穀季歲无稷又云苛政日作螟食華葉割下咬上民被其賊秋無所得漢書五行志東正作淫茲謂惑厥風溫螟蟲起又云嚴公

六年秋螟董仲舒劉向以爲先是衛侯朔出奔齊齊侯會諸侯納朔許諸侯賂齊人歸衛寶魯受之貪利應也漢郎中審忠上疏曰州牧郡守承順風旨辟召選舉釋賢取愚故蟲蝗爲之生夷寇爲之起論衡順鼓篇月令之家蟲食穀稼取蟲所類象之吏笞擊僇辱以滅其變商蟲篇變復之家則謂蟲食穀者部吏所致也貪則侵漁故蟲食穀身黑頭赤則謂武官頭黑身赤則謂文官使加罰於蟲所象類之吏則蟲滅息不復見矣後漢書明帝紀政失於上人受其咎有司其勉順時氣勸督農桑去其螟蜮以及蝥賊晉書五行志永寧元年七月梁益涼三州螟是時齊冏執政貪苛之應也新唐書狄仁傑傳政不行則害氣作害氣作則蟲螟生埤雅靈芝朱草一秠秬之鍾其美與螟蟦之鍾其惡雖不同其醜繫王者之政一也淮南子曰枉法令則多蟲螟其以此乎馥案京房災異對君賢臣職五穀豐滋馬援爲武陵太守飛螟赴海後漢書魯恭傳建初七年郡國螟傷稼犬牙緣界不入中牟濟北先賢傳弘農有螟蟲太守請以身禱雨下滂沱此皆德政之應也又螟蛉者張次立本無此文蛉當爲蠕蠕桑蟲也

蟦　蟲食苗葉者吏乞貸則生蟦從虫從貸貸亦聲詩曰

去其螟蟦　徒得切

埤雅引作蟦　詩釋文螣說文作蟦　左傳正義引爾雅作蟦　五經文字蟦音特　唐公房碑去其螟蟦　孫叔敖碑作野無蟦倎綜釋云以倎爲蟦　王氏字說蟦食苗葉無傷於實若蟦可貣也　玉篇蟦謁爲蟘　大戴禮萬變不亂貸之則喪荀子作貣亦謁作貳諸書貣多通作貸孟子又稱貸而益之當爲貣月令無或差貸呂氏春秋作忒忒與貣古字通易四時不忒京房作貣書衍忒史記作貣　左傳糾逖王慝漢張表碑作糾剔荷岱隸釋云岱卽忒字　五經文字貸相承或借爲貣字　凡從朕者變爲代賸或作黛是也螣又因蟦而變

蟲食苗葉者者爾雅釋文引作蟲食草葉者案本書蟲亦云蟲食草根者廣韻蟦食禾葉蟲釋蟲食葉蟦釋文作貣云字又作蟦廣韻貣食禾葉蟲蟦上同方言蟒宋魏之閒謂之蚮南楚之外謂之蟅蟒或謂之蟒或謂之螣郭注蟒卽蝗也蚮音代蟅音近詐亦呼吒咟馥案蚮貸當爲貣貣蟅蟒卽蚱蜢廣雅蟅蟒蚮也蚮亦當爲貣字或作螣商子螟螣春生秋死而民失食呂氏春秋仲夏紀百螣時起注云百螣動股之屬也螣讀近殆兗州人謂蝗爲螣不屈篇

蝗螟農夫得而殺之奚故爲其害稼也高注蝗螽也食心曰螟食葉曰螣今兗州謂蝗爲螣漢書五行志溫臭主蟲故有贏蟲之孼謂螟螣之類顏注螟食苗心螣食苗葉之蟲也呂氏春秋任地篇又無螟蜮注云蜮或作螣食心曰螟食葉曰蜮兗州謂蜮爲螣音相近也春秋莊十八年有蜮沙隨春秋例目云有蜮或考隸古春秋作蟘蟘音特

吏乞貸則生蟦者趙宧光曰乞貸當用貣馥謂貣蟦聲相近諸書通用貸字惠棟曰吏乞貸者周書所謂奸吏乞貸也鹽鐵論疾貪篇繇吏相遣官庭攝追小計權吏行施乞貸長吏侵漁上府下求之縣縣求之鄉鄉安取之哉又執務篇上不苛擾下不煩勞各修其業安其性則螟蟦不生而水旱不起吏不奉法以存撫倍公私任各以其權充其嗜欲人愁苦而怨思上不恤理則惡政行而邪氣作邪氣作則螟蟦生而水旱起詩大田箋云此四蟲者恒害我田中之稺禾故明君以正己而去之漢書五行志桓公五年秋螽劉歆以爲貪虐取民則螽介蟲之孼也

貸亦聲者當爲貣聲

詩曰去其螟蟦者小雅大田文彼作賸傳云食心曰螟食葉曰螣陸璣疏云螣蝗也

蟣　蝨子也一曰齊謂蛭曰蟣從虫幾聲　居豨切

蝨子也者集韻類篇並引作蝨之子淮南說林訓湯沐具而蟣蝨相弔漢書嚴安傳介胄生蟣蝨一曰齊謂蛭曰蟣者玉篇蛭水蛭字林蟣齊人名蛭也釋魚蛭蟣郭注今江東呼水中蛭蟲入人肉者爲蟣爾雅翼爾雅蛭蟣其讀如祈今人呼水蛭大者呼馬蛭亦呼馬蜞蜞卽古語蟣也六書故水中蟲蝡動如血片攻食馬牛血著其肉中斷之寸寸皆能蝡動牛馬飲水吞之則孕育其腸胃中故用爲破血藥草中石中泥中亦有之爾雅曰蛭蟣說文曰齊謂蛭曰蟣按今人亦謂之馬蟥本草作馬蚑蚑亦作蜞蜞蟣蚑蟥聲相近

蛭　蟣也從虫至聲 之日切

裴顧崇有論蛭以空中而生博物志水蛭三斷而成三物賈誼書楚惠王食寒葅而得蛭遂吞之是夕也惠王之後而蛭出其久病心腹之積皆愈寰宇記蔡州貢水蛭

蟣也者釋魚文一切經音義十一蛭謂入人皮中食血者也江東名蟣漢書賈誼傳夫豈從蝦與蛭螾服虔云蛭水蟲本草水蛭一名蚑圖經云今近處河池中多有之一名蜞此有數種生水中者名水蛭亦名馬蟥著人及牛馬脛

脛間齧咂其血甚者入肉中產育爲害益大水蛭有長尺者論衡商蟲篇下地之蟲其蟲曰蛭蛭食人足

蝚　蛭蝚至掌也從虫柔聲 耳由切

蛭蝚至掌也者釋蟲文李燾本無至掌二字本書蚾刺亦無後復加之廣韻蛭蛭蝚爾雅釋文蛭本草謂之水蛭一名蚑一名至掌案說文今俗呼爲馬蜞亦名馬耆卽楚王食寒葅所得而吞之能去結積也然釋蟲已有蛭蝚至掌依本草卽是水蛭也

馥案說文下有脫誤

蛣　蛣蚰蝎也從虫吉聲 去吉切

蛣蚰蝎也者釋蟲蝎蛣蝠郭注木中蠹蟲又蝎桑蠹郭注卽蛣蝠論衡商蟲篇桂有蠹桑有蝎曹植藉田論封人有以輕鑿修鉤去樹之蝎者嵇康答難養生論蝎盛則木朽劉勰新論身之有慾如樹之有蝎

蚰　蛣蚰也從虫出聲 區勿切

爾雅作蝠

蟫　白魚也從虫覃聲 余箴切

白魚也者釋蟲文郭注衣書中蟲一名蛃魚廣雅曰魚蛃魚也本草衣魚一名白魚一名蟫生咸陽平澤陶隱居云衣中乃有而不可常得多在書中吳氏本草衣中白魚一名蟫本草衍義衣魚多在故書中久不動帛中或有之不若故紙中多也身有厚粉手搐之則落亦嚙毳衣其形稍似魚其尾又分二岐唐書馬懷素傳是時文籍盈漫皆炱朽蟫斷陸璣詩疏蘭藏衣著書中可辟白魚酉陽雜俎壁魚條下云補闕張周封言嘗見壁上白瓜子化爲白魚因知列子言朽瓜爲魚之義

蛵　丁蛵負勞也從虫巠聲 戶經切

丁蛵負勞也者丁蛵二字疑後人所加釋蟲莫貈蟷蜋蛑虰蛵負勞郭注以蛑爲蟷蜋云孫叔然以方言說此義亦不了案方言螳蜋謂之髦或謂之虰是孫氏以虰屬螳蜋從方言也郭氏始以虰屬下許氏漢人無此讀也原祇負勞二字後人按郭注爾雅加虰蛵又因本書無虰字改爲丁玉篇蛵負勞無丁蛵二字徐鍇韻譜同

蜭　毛蠹也從虫臽聲 乎感切

毛蠹也者釋蟲文郭注卽載廣韻蜭有毛之蟲字或作蛤類篇蛤毒蟲名集韻蛤本作蜭馥案此蟲螫人卽腐腫故曰毒蟲

蟜　蟲也從虫喬聲 居夭切

蟲也者李善注七發同玉篇蟜毒蟲也蕭該漢書音義引呂靖韻集蟜毒蟲也鄭公孫蠆字子蟜

蛓　毛蟲也從虫𢦔聲 千志切

毛蟲也者廣韻蛓毛蟲有毒通志蛓蟲曰蛅其毛能螫人故爾雅曰蛅毛蠹楚詞九思蛓緣兮我衣洪注云說文蛓毛蟲有毒螫人郭璞洞林周穉玟封蠶蛾蛓蟲使璞射之璞曰射覆得此大落度必是蠶蛾及毛蠹陶隱居注本草云蛅斯蚝蟲也蚝亦作蛓蕙實條下唐本注云胡蕙主惡蛓等毒爾雅釋文引有讀若笥三字御覽引同

蛙　蟘也從虫圭聲 烏蝸切

史記律書北至於奎奎者主毒螫殺萬物也徐廣曰奎一作畫
蠆也者一切經音義七引同

畫也從虫氏聲 巨支切

畫也者一切經音義七引同毒蟲也

毒蟲也象形 丑芥切

或作蠆春秋考異郵土勝水故守宮食蠆宋均曰守宮生於土蠆藏物屬於坎坎水也魏志華佗傳彭城夫人夜之廁蠆螫其手㨗含遇蠆賦序諺云過滿百爲蠆所螫斯言信哉唐景龍文館記上巳日上賜侍臣柳楷各一云帶之免蠆毒

毒蟲也者一切經音義十八同又十六引字林蠆行毒蟲也廣雅蠆蠍也通俗文云長尾爲蠆短尾爲蠍僖二十二年左傳蠭蠆有毒正義云說文云蠭飛蟲螫人者也蠆毒蟲也通俗文云蠆長尾謂之蠍蠍毒傷人曰蛆張列反字或作蜇昭四年傳己爲蠆尾注云謂子產重賦毒害百姓楚詞九思下堂兮見蠆注云蠆土蟲也有螫毒馥案玉篇

作土蟲論衡言毒篇天地之間萬物之性含血之蟲有蝮蛇蜂蠆咸懷毒螫孝經援神契蜂蠆垂芒爲其毒在後齊公孫蠆字子尾一切經音義二蠍毒蟲尾有刺也詩都人士卷髮如蠆箋云蠆螫蟲也尾末揵然莊子天運篇其知憯於厲蠆之尾釋文云或云依字上當作蠆下當作蠍

蠆或從蚰

詩都人士箋云或名蠆蠍或名蝎也馥案蠍廣雅作蠆 漢李翊夫人碑飛蠭蠆兮害仁良

蝤蠐也從虫酋聲 字秋切

蝤蠐也者玉篇蝤蝤蠐蝎木中蟲也詩碩人領如蝤蠐傳云蝤蠐蝎蟲也陳啟源曰蝤蠐非蠐螬也蝤蠐一名蝎爾雅蝤蠐蝎是也身長足短生腐木中穿木如錐至春雨後化爲夫牛蠐螬一名蟦爾雅蟦蠐螬是也生糞土中以背行身短足長如足大指從夏入秋又化爲蟬郭氏注爾雅己分爲二物陶貞白與蘇恭以爲一蟲誤也陳藏器拾遺辨之當矣

蠐蠹也從虫齊聲 徂兮切

列子天瑞篇烏足之根爲蠐螬 淮南萬畢術黍成蠐螬祖台志怪盛仲母失明婢取蠐螬炙食之母甚以爲美問之婢服曰實是蠐螬母目豁然立開

蠐蠹也者釋蟲蟦蠐螬郭注在糞土中孫炎云謂之蟦蠐本草蠐螬一名蟦蠐一名蜰齊一名教齊生河內平澤及人家積糞草中反行者良陶隱居云大者如足大指以背行乃駛於腳稽聖賦蠐螬行以其背博物志蠐螬以背行駛於用足也方言蠐螬謂之蟦自關而東謂之蝤蟦或謂之卷蠾或謂之蝖毂梁益之閒謂之蛒或謂之蝎或謂之蛭蛒秦晉之閒謂之蠹或謂之天螻四方異語而通者也注云案爾雅云蛒天螻謂螻蛄耳而方言以爲蝎未詳其義也

蝎蝤蠐也從虫曷聲 胡葛切

本書蝎讀若桑蟲之蝎 玉篇蝎桑中蠹蟲也 陳藏器本草拾遺木蠹一如蠐螬節長足短生腐木中穿木如錐刀至春羽化一名蝎爾雅云蝎蛣蝠注云木蠹也

晉語雖蝎譖焉避之韋注蝎木蟲也譖從中起如蝎食木木不能避也史記蔡澤傳先生蝎鼻巨肩索隱蝎鼻謂鼻如蝎蟲也新語資執篇楩柟豫章天下之名木精捍直理密緻博通蟲蝎不能穿水溼不能傷孔臧與子琳書蝎蟲至弱木爲之弊論衡商蟲篇桂有蠹桑有蝎 曹植藉田論封人有能以輕鑿修鉤去樹之蝎者樹得以繁茂 劉氏新論防慾篇身之有慾如樹之有蝎樹抱蝎則還自鑿身抱慾而反自害故蝎盛則木折慾熾則身亾

蝤蠐也者釋蟲蝤蠐蝎郭注在木中

蚚也從虫弘聲 巨良切

蚚也者釋蟲文通志強牛蟻蠅類噉牛馬血釋蟲強醜捋郭注以腳自摩捋釋文引李巡孫炎云以口捋其翅

籀文強從蚰從彊

強也從虫斤聲 巨衣切

强也者類篇引
同又云蓋蠅類

蜀　葵中蠶也从虫上目象蜀頭形中象其身蜎蜎詩曰蜎蜎者蜀　市玉切

葵中蠶也者廣韻引作葵中蟲也詩釋文引作桑中蟲也玉篇蜀桑蟲也楚詞九思蜀入兮我懷韓非內儲說蟺似蛇蠶似蠋人見蛇則驚駭見蠋則毛起然而婦人拾蠶漁者握蟺利之所在則忘其所惡皆爲孟賁淮南說林訓蠶之與蠋狀相類而愛憎異戴侗曰蜀似蠶色多青墳首畔目葵藿胡麻蹲鴟多產之莊子庚桑楚奔蜂不能化藿蠋釋文引司馬彪云藿蠋豆藿中小青蟲也廣志藿蠋有五色者蟲異賦注蜀蟲如指似蠶其色隨葉釋蟲蚅烏蠋郭注大蟲如指似蠶詩韓奕鞗革金厄傳云厄烏蠋也馥案釋蟲蠁蔚欒木不生蠶當作蠁蠁蒐葵也其蠶即此蜀莪葵亦名蜀葵當因蜀蠶得名揚愼曰注疏中有蜀才姓名蜀音葵　中象其身蜎蜎者玉篇蜎蜀貌考工記廬人刺兵欲無蜎　馥案刺兵貴直不貴屈蜀行屈中故曰中象其身蜎蜎　詩曰蜎蜎者蜀者豳風東山文彼作蠋傳云蜎蜎蠋貌桑蟲也詩詁蜀本从虫又加虫俗字也爾雅翼葵中蟲亦食於藿似蠶不食桑詩云桑野者葵藿之下亦桑野之地也

蠲　馬蠲也从虫罒益聲勹象形明堂月令曰腐草爲蠲　古玄切

馬蠲也者釋蟲蛝馬蠲郭云馬蠲蚐俗呼馬蠸釋文蚐音均馬蠸字林云蠸馬蝬案所引字林馬下脫一字當是蚿蛝蠲蚰等字玉篇蠸馬蠲也廣雅馬蠲蠲蛆也又云蛆蝶馬蠸馬蚿也方言馬蚿北燕謂之蛆蝶其大者謂之馬蚰本草馬蚿形如蚯蚓紫黑色觸之即側臥如環故又名刀環本草又云馬陸一名百足一名馬軸生玄菟川谷唐本注云此蟲大如細筆管長三四寸斑色一如蚰蜒襄陽人名爲馬蚿亦呼馬軸亦名刀環蟲以其死側臥狀如刀環也通志馬陸似蜈蚣而小尤多脚不能毒人曰百足曰馬軸所謂百足之蟲至死不僵者此也莊子秋水篇夔憐蚿蚿憐蛇釋文引司馬彪云蚿馬蚿蟲也夔一足蚿多足蛇無足莊子又云是猶使蚉負山商蚷馳河也釋文司馬云商蚷蟲名北燕謂之馬蚿淮南兵畧訓故良將之卒若蚈之足注云蚈馬蠸也博物志馬蚿一名百足中斷則首尾異行而去家語六本篇馬蚿斬足而復行何也以其輔之者衆魯仲連子諺云百足之蟲三斷不蹶持之者衆也文子上德篇若蚈之足衆而不相害淮南氾論訓蚈足衆而走不若蛇　从虫罒益聲勹象形者韻會从虫益聲罒象形　明堂月令曰腐草爲蠲者爾雅釋文引同御覽馬蚿下引明堂月令呂氏春秋季夏紀腐草化爲螢蚈高注蚈馬蚿也蚈讀如蹊徑之蹊幽州謂之秦渠一日螢火也淮南時則訓季夏之月腐草爲蚈注云蚈馬蚿一曰螢火蚈音谿又注氾論訓云馬蚈一名螢火廣韻蛢古奚切螢火本草綱目螢有三種一種能飛有光乃茅根所化呂氏月令腐草爲螢是也一種長如蠶尾後有光無翼乃竹根所化亦名蠲明堂月令腐草爲蠲是也一種水螢居水中楊愼曰螢火有二種有草螢有水螢梁蕭和賦云聊披書以娛性悅草螢之夜翔此草螢也唐李子卿水螢賦云彼何爲而化草此何事而居泉腹可自持故無欣於貿足能自運亦自鄉於蚿此水螢也馥於雲南見草蠲亦有三種小者身圓長半寸色黃大理有之中者身扁長寸許色黑順寧有之大者如蠶長寸半色白永昌有之其光並在尾而不似馬蠲之多足

螕　牛蝨也从虫𣬉聲　邊兮切

螕牛蝨也者字林同戴侗曰扁蟲著牛馬食其血者也產薦蓐之間者差小嚙人膚俗謂薦螕亦曰芟蝨也玉篇螕牛蝨也本草牛蝨一名牛螕一切經音義十七今牛馬雞狗皆有螕也通俗文狗蝨曰螕

蠖　尺蠖屈申蟲也从虫蒦聲　烏郭切

一切經音義九蠖桑蟲也　纂文吳人以步屈名桑闔一名蝍蠘　廣雅尺蠖蠀蠘也　方言蠀蠘謂之蚇蠖郭注又呼步屈御覽引郭注云尺蠖又呼步屈其色青而細小或在草木葉上今蜾蠃所負以爲子者　釋蟲蠖尺蠖郭注今蝍蠘一切經音義九引郭注蝍蠘也一名步屈又引舍人曰宋地曰尋桑也　說苑夫尺蠖食黃則其身黃食蒼則其身蒼　文選七命尺蠖動而成響

尺蠖屈申蟲也者爾雅翼尺蠖狀如蠶而絕小行則促其腰使首尾相就乃能進步屈中有伸故曰屈申如人以手

度物移後指就前指之狀古所謂布指知尺者故謂之尺蠖漢書律歷志尺者蒦也則蒦亦自有尺之義矣易繫辭尺蠖之屈以求信也曹植長歌行尺蠖屈伸體道窮達郭璞爾雅圖讚嗟茲尺蠖體此屈伸鮑昭賦智哉尺蠖觀機而作申非向厚詘非今薄傳奕潛通賦尺蠖屈體以求信或作斥考工記弓人麋筋斥蠖灂注云斥蠖屈蟲也

蝝　復陶也劉歆說蝝蚍蜉子董仲舒說蝗子也從虫彖聲與專切

復陶也者釋蟲文彼作蝮陶李巡云蝮陶一名蝝國語蟲舍蚳蝝韋注蝝復陶也可食北堂書鈔引博物志閩越江北山閩蠻夷啖卭蝝脯　劉歆說蝝蚍蜉子者韻會云劉歆以蝝爲蚍蜉之有翼者　食穀爲災黑眚也　祭統陸產之醢注云蚳蝝之屬說苑說叢篇蠹蝝仆柱梁　董仲舒說蝗子也者李巡說爾雅云蝝蝗子也郭注蝗子未有翅者漢書五行志董仲舒劉向以爲蝝螟始生春秋宣十五年冬蝝生注云蝝子以冬生遇寒而死故不成蝝何休云蝝卽螽也始生曰蝝大曰螽尙書大傳時則有介蟲之孽注云蝝螽蜩蟬之類蟲生於火而藏於秋者也漢書楚元王

傳水旱饑蝝螽螟蠭午竝起西京賦蚳蝝盡取五臣注云蝝蝗子潛夫論蝥賊螣蝗莫不氣之所爲也後漢書陳忠傳兗豫蝗蝝滋生注云蝝螽子也陳留耆舊傳蝝蝗爲災沈約齊安陸昭王碑蝝蝗弗起

螻　螻蛄也從虫婁聲一曰䗂天螻洛侯切

螻蛄也者本書蠹螻蛄也廣雅蛞螻螻蛄也方言蛄詣謂之杜蛒螻螲謂之螻蛄或謂之蟓蛉南楚謂之杜狗或謂之蛞螻楚詞惜誓爲螻蟻之所裁注云螻螻蛄也淮南時則訓孟夏之月螻蟈鳴注云螻螻蛄周書時訓解立夏之日螻蟈鳴漢書賈誼傳固將制於螻蟻顏注螻謂螻蛄也司馬遷傳與螻蟻何異顏注螻螻蛄也廣志小學篇螻蛄會稽謂之蟪蛄　一曰䗂天螻者䗂李燾本作螜廣韻螜胡谷切螻蛄本書無䗂字傳寫漏畧古今注螻蛄一名天螻一名螜本草螻蛄一名蟪蛄一名天螻一名螜生東城平澤釋蟲螜天螻郭注螻蛄也夏小正三月螜則鳴傳云螜天螻也方言蠀螬自關而東或謂之蛬螜秦晉之間或謂之天螻郭注云未詳

蛄　螻蛄也從虫古聲古乎切

蠪　丁螘也從虫龍聲盧紅切

丁螘也者釋蟲文彼作打郭注赤駮蚍蜉玉篇蠪下云蠪虰蟲虰下云蠪虰也廣韻蟜下云蠪蟜螘也

蛾　羅也從虫我聲五何切

羅也者釋蟲文郭注蠶蛾釋草有莪蘿舍人云以聲近爲名顏謂此蛾羅亦聲近也但此蛾非蠶蛾爾雅釋文蛾魚綺反本亦作蛾俗作蟻字音同案說文蟻羅也蟻或作義蛾蠶化飛蛾也竝非螘字韻案此文自說文以下多誤當云案說文蛾羅也蛾或作蠽蠽蠶化飛蟲也竝非螘字木書蚰部蠽爲蠶蠽此蛾乃蟻也方言蚍蜉燕謂之蛾蛘學記蛾子時術之注云蛾蚍蜉也僖十五年左傳蛾析釋文云本或作蟻晉語蚋蟻蜂蠆皆能害人宋庠云蛾音蟻通作蟻楚詞天問蠭蛾微命力何固鶡冠子王鈇篇虎狼殺人鳥蒼從上蟻蛾從下聚之海內北經朱蛾其狀如蛾注云蛾蚍蜉也史記五帝本紀淳化鳥獸蟲蛾正義云蛾蚍蜉也長楊賦扶服蛾伏李善曰蛾古蟻字後漢書皇甫嵩傳時人謂之黃巾亦名爲蛾賊注云蛾音魚綺反卽蟻字也漢仲秋下旬碑蟻附隸釋云以蛾爲蟻顏謂我義聲近

詩蓼莪漢碑作儀是也蛾蟻古今字聲隨時變蟻音魚綺切古讀義與我近史記正義蛾音豸直起反此後世之轉音也本書無蟻字其作蟻者一切經音義七蟻一名蚍蜉爾雅釋文引字林北燕人謂蚍蜉曰蟻蛘博物志蟻知將雨廣志有飛蟻有木蟻古曰元駒者也古今注河內人名蟻曰元駒楚詞惜誓爲螻蟻之所裁注云蟻蚍蜉也檀弓蟻結於四隅

螘　蚍蜉也從虫豈聲魚綺切

蚍蜉也者本書𧖴蚍蜉大螘也𧒅蚍𧒅也廣雅蛾蛘玄蚼蚼蟓螘也釋蟲蚍蜉大螘小者螘郭注齊人呼螘爲蛘夏小正十有二月玄駒賁傳云玄駒也者螘也楚詞招魂赤螘若象王注螘蚍蜉也小者爲螘大者爲蚍蜉也漢書司馬遷傳與螻螘何異顏注螘蚍蜉也馥案今齊人呼螘爲蟻蛘

蚳　螘子也從虫氏聲周禮有蚳醢讀若祁直尼切

螘子也者釋蟲蚍蜉大螘小者螘其子蚳郭注蚳蟻卵內則蚳醢注云蚳蚍蜉子也祭統陸產之醢鄭注蚳蝝之屬

周禮鼈人祭祀共𧓍蠃蚳注云蚳蛾子夏小正二月抵蚳傳云蚳蝝卵也爲祭醢也魯語蟲舍蚳蝝韋注蚳蝝子也可以爲醢西京賦蚳蝝盡取五臣云蚳蟻子周禮有蚳醢者天官醢人饋食之豆有蜃蚳醢注云蚳蛾子讀若祁者郭注方言建平人呼蚳音侈

𧖀 籀文蚳從䖵

𧐏 古文蚳從辰土

𧒃 𠂤蠜也從虫樊聲 附袁切

𠂤蠜也者釋蟲𠂤螽蠜郭注引詩趯趯阜螽草螽負蠜郭注引詩喓喓草蟲又云謂常羊也詩草蟲傳云阜螽蠜也陸疏今人謂蝗子爲螽子兗州人謂之螣蝮案李巡曰蠜蝗子也詩草蟲傳云常羊也陸疏小大長短如蝗也奇音青色好在茅草中馥案徐鍇韻譜蠜𠂤螽玉篇蠜阜螽也卽蚣蝑諸書皆作𠂤螽疑本書𠂤蠜爲𠂤螽之譌

𧎏 悉𧏙也從虫帥聲 所律切

悉𧏙也者悉當爲𧐏本書𧐏聲也讀若屑馥謂此蟲切切作聲切切卽屑屑也或作𧑗集韻𧑗蟲名促織也釋蟲蟋蟀蛬郭云今促織也亦名青𧐬釋文蟀本或作𧑗說文同古今注蟋蟀一名吟蛬秋初生得寒則鳴噪濟南謂爲嬾婦又云促織謂鳴聲如急織也促織一名促機漢書王襃傳蟋蟀竢秋吟顏注蟋蟀今之促織劉芳毛詩義箋蟋蟋蟀今促織也一名蜻蛚楚謂之蟋蟀或謂之蛬南楚謂之王孫謝惠連擣衣詩肅肅莎雞羽李善注云毛詩曰六月莎雞振羽一名促織一名絡緯一名蟋蟀月令季夏之月蟋蟀居壁蔡邕章句蟋蟀蟲名斯螽莎雞之類世謂之蜻蛚周書時訓解小暑之日溫風至又五日蟋蟀居辟蟋蟀不居辟急迫之暴春秋元命苞孟秋趣織鳴注云趣織蟋蟀也春秋考異郵立秋趣織鳴宋均曰趣織蟋蟀也立秋女工急故趣之呂氏春秋季夏紀蟋蟀居宇高注蟋蟀蜻蛚爾雅謂之蛬陰氣應故居宇鳴似促織易通卦驗蟋蟀之蟲隨陰迎陽居壁向外趣婦女織績女工之象今失節不居壁女工不成有淫佚之行因夜爲姦故爲門戶夜開詩唐風蟋蟀在堂傳云蟋蟀蛬也九月在堂陸疏蟋蟀似蝗而小正黑有光澤如漆有角翅一名蛬一名蜻蛚楚人謂之王孫幽州人謂之趣織里語曰趨織鳴嬾婦驚是也馥案陸說乃居野者其居壁者小而不正黑無光澤

𧍢 馬蜩也從虫面聲 武延切

馬蜩也者釋蟲文郭注蜩中最大者爲馬蟬方言蟬其大者謂之蟧或謂之蝒馬郭注云爾雅蝒者馬蜩非別名蝒馬也方言誤耳馥案玉篇蝒與蚵同本書蚵次於蜩蟬諸字下以類相從而蝒獨廁於此疑後人亂之蝒當爲蚵之正文

𧒄 蟷蠰不過也從虫當聲 都郎切

蟷蠰不過也者釋蟲不過蟷蠰郭注蟷蠰螗蜋別名

𧖟 蟷蠰也從虫襄聲 汝羊切

𧌃 堂蜋也從虫良聲一名蚚父 魯當切

楚詞九思巳多兮蟷蜋　易通卦驗夏至螳蜋生螳蜋搏蟬之蟲乘寒而殺物自隱蔽而有所害捕搏之象也　月令章

句螳蜋蟲名食蟬殺蟲　周書時訓解芒種之日螳蜋生螳蜋不生是謂陰息　呂氏春秋仲夏紀螳蜋生注云螳蜋一曰天馬一曰齕疣兗州謂之拒斧也　戴君震曰月令仲夏之月螳蜋生鄭注云螳蜋螵蛸母也歐陽詢藝文類聚云王瓚問曰爾雅云莫貈螳蜋同類物也今沛魯以南謂之螳蜋三河之域謂之蟷蠰燕趙之際謂之食肬齊濟以東謂之馬敫然名其子則同云螵蛸是以注云螳蜋螵蛸母也此所引益鄭志文唐時猶存而孔穎達正義於月令引方言云潭魯以南謂之蟷蠰三河之域謂之螳蜋燕趙之際謂之食龙齊杞以東謂之馬穀然名其子同云螵蛸也所引亦鄭志當是不知者妄改爲方言潭卽沛之訛馬穀爾雅疏作馬谷馥案肬龙竝當爲肬　淮南人閒訓齊莊公出獵有一蟲舉足將搏其輪問其御曰此何蟲也對曰此所謂螳螂者也其爲蟲也知進而不知卻不量力而輕敵莊公曰此爲人而必爲天下勇武矣迴車而避之　郭璞贊螳螂氣蟲揮斧奮臂當轍不迴句踐是避勇士致死厲之以義馥案句踐式怒蛙未聞避螳蜋郭氏或別有據　成公綏螳蜋賦冠角峩峩足翅岐岐尋喬木而上綴從蔓草而下垂戢翼鷹峙延頸鶴望推翳徐翹舉斧高抗鳥伏虵騰鶻擊隼放俯飛蟬而奮猛臨蟪蛄而逞壯距車輪而軒翥固齊侯之所尙

堂蜋也者廣雅羊羊齘膔螳蜋也爾雅釋蟲莫貈螳蜋蛑郭注螗蜋有斧蟲江東呼爲石蜋孫叔然以方言說此義亦不了馥案方言螳蜋謂之髦或謂之虰或謂之蛑蛑郭注有斧蟲也江東呼爲石蜋又名齘膔案爾雅螳蜋蛑虰義自應下屬方言依此說失其指也馥案釋蟲螗蜋蛑下云虰蛵負勞方言以虰爲螳蜋孫叔然據以說爾雅是樛孫皆不以虰蛵連讀也方言之髦當爲髳卽爾雅之蛑也膔當爲肬一名蚚父者御覽螳蜋不過也一名蟷蠰一名蚚父廣韻蜛蚥螳蜋別名

蟲蛸堂蜋子從虫肖聲　相邀切

蟲蛸堂蜋子者字或作蜱釋蟲不過蟷蠰其子蜱蛸郭注一名蟳蟭蟷蠰卵也又作螵蛸廣雅蟳蟭烏洟冒焦螵蛸也月令螳蜋生注云螳蜋螵蛸母也本草桑螵蛸一名蝕肬生桑枝上螳蜋子也陶云俗呼螳蜋爲蚚蜋逢樹便産以桑上者爲好蜀本圖經云此物多在小桑樹上叢荊棘閒竝螳蜋卵也三月四月中一枝出小螳蜋數百枚范子計然螵蛸出三輔上價三百

蟜蝗以翼鳴者從虫幷聲　薄經切

蟜蝗者蝗當爲蟥集韻引作蟥釋蟲蛂蟥蛢郭注甲蟲也大如虎豆綠色今江東呼黃蛢以翼鳴者者考工記梓人以翼鳴者注云翼鳴發皇屬馥案發皇蟜蟥蛂蟥一物也郭謂江東呼黃蛢則是蛂名黃蛢矣玉篇蛂蟥蛢也竝與本書異

蟜蟥也從虫喬聲　余律切

蟜蟥也從虫黃聲　乎光切

姑蠜強蛘也從虫施聲　式支切

姑蠜強羋也者釋蟲文彼作蛄郭注今米穀中蠹小黑蟲是也建平人呼爲羋子釋文羋郭音羊亾婢反本或作羋說文作羋字林作蛘弋丈反云搔蛘也御覽引郭注作羋子音米趙宧光長箋引本書作羋音緜婢切集韻六書故張次立本竝同滋陽范氏有舊刻李燾本作強羋蛄小字本作蛄張次立本類篇六書故竝同方言蛄蠜謂之強蛘注云米中小黑甲蟲也江東謂之蛪建平人呼羋子音羋羋卽姓也

蛅斯墨也從虫占聲　職廉切

蛅斯墨也者釋蟲蟔蛅蟴郭注蛓屬也今青州人呼載爲蛅蟴本草別錄雀甕生樹枝閒蛅蟴房也陶云蛅蟴蛓蟲也其背毛螫人生卵形如雞子大如巴豆陳藏器云蛓蟲好在果樹上大小如蠶身面背上有五色斑文毛有毒能螫人欲老者口吐白汁凝聚如雀卵其蟲以甕爲繭在中成蛹夏月羽化而蛾生於葉閒如蠶子

蜆縊女也從虫見聲　胡典切

縊女也者釋蟲文孫炎云小黑蟲赤頭三輔謂之縊女此蟲多自縊死御覽引異苑縊女蟲也一名蜆長寸許頭赤身黑恆吐絲自懸

盧蜰也從虫肥聲　符非切

盧蜰也者釋蟲蜚蠦蜰郭注蜚卽負盤臭蟲隱元年左傳正義引舍人李巡皆曰蜚蠦一名蜰廣雅蛪蜆蜰也

渠蝍一曰天社從虫卻聲　其虐切

渠蝍者集韻引作渠蝍蜋御覽引作蜣蜋廣韻蝍天神蟲類篇蝍蟲名矢甲也馥謂矢甲當爲天申玉篇蝍與蜣同蜣蜋啖糞蟲也廣韻蝍弋雀切又邱叚切釋蟲蛣蜣蜣蜋郭注黑甲蟲噉糞土古今注蜣蜋能以土苞糞推轉成丸圓正無斜角莊周曰蛣蜣之智在於轉丸一曰天社者集韻引同廣雅天社蜣蜋也御覽誤作天柱

蝸蠃蒲盧細要土蠭也天地之性細要純雄無子詩曰螟蛉有子蝸蠃負之從虫咼聲　古火切

蝸蠃蒲盧者釋蟲文蝸彼作果郭注卽細腰蠭也俗呼爲蠮螉韓偓詩案頭筠管長蒲盧　細要土蠭也者廣雅土蜂蠮螉也方言蠭燕趙之閒謂之蠓螉其小者謂之蠮螉郭注小細腰蠭也爾雅釋文云案今俗呼細腰小蠭爲蠮螉在物中作房用土爲隔是也　天地之性細要純雄無子者續古今注蜂蝶之類無雌列子天瑞篇純雄其名稺蜂注云司馬彪云稚蜂細要者取桑蟲祝之使似己子也莊子天運篇細要者化釋文云細要蜂之屬也司馬云取

桑蟲祝使似己也淮南原道訓蚑蟯貞蟲高云貞蟲細要之屬地形訓凡人民禽獸萬物貞蟲各有以生注云貞蟲諸細要之屬博物志細要無雌蜂類也取桑蠶阜螽子呪而成子搜神記土蜂名曰蜾蠃細腰之類也其爲物純雄而無雌不交不產常取桑蟲之子而育之則皆成己子焉林朝儀蟲異賦注蒲盧似蜂而細腰純雄無子取桑蟲呪之久則肖之矣爾雅翼天地之性細腰純雄大腰純雌純雄謂蜂純雌謂龜鼈之屬也列子亦曰純雌其名大腰純雄其名穉蜂言無雌雄而自化故淮南子以蜂之類爲貞蟲言其無欲也郭注爾雅尺蠖又呼布屈其色青而細小或在草葉上今蜾蠃所負以爲子者詩曰螟蠕有子蠕蠃負之者小雅小宛文蠕彼作蛉蠕彼作蜾傳云螟蛉桑蟲也蜾蠃蒲盧也箋云蒲盧取桑蟲之子負持而去煦嫗養之以成其子陸璣疏云螟蛉者桑上小青蟲也似步屈其色青而細小或在草萊上蜾蠃土蜂也似蜂而小腰取桑蟲負之於木空中七日而化爲其子中庸夫政也者蒲盧也鄭注蒲盧蜾蠃謂土蜂也詩曰螟蛉有子蜾蠃負之螟蛉桑蟲也蒲盧取桑蟲之子去而變化之以成爲己子家語哀公問政篇天道敏生人道敏政地道敏樹夫政者猶蒲盧也待化以成注云蒲盧蜾蠃也謂土蜂也取螟蛉

而化之以爲子太元親次三螟蛉不屬蜾蠃取之法言學行篇螟蛉之子殪而逢蜾蠃祝之曰類我類我久則肖之矣本草蠮螉一名土蜂生熊耳川谷及牂牁或人屋間陶云此類甚多雖名土蜂不就土中爲窟謂摙土作房爾今一種黑色腰甚細銜泥於人室及器物邊作房如併竹管者是也其生子如粟米大置中乃捕取草上青蜘蛛十餘枚滿中仍塞口以擬其子大爲糧也其一種入蘆竹管中者亦取草上青蟲一名蜾蠃詩人云螟蛉有子蜾蠃負之言細腰物無雌皆取青蟲教祝便變成己子斯爲謬矣造詩者乃可不詳未審夫子何爲因其僻邪聖人有闕多皆類此圖經云謹按郭璞注爾雅蜾蠃蒲盧云即細腰蜂也俗呼爲蠮螉又詩小雅云螟蛉有子蜾蠃負之注螟蛉桑蟲也蜾蠃蒲盧也言蒲盧取桑蟲之子負持而去嫗養之以成其子又楊雄法言云螟蛉之子殪而逢蜾蠃祝之曰類我類我注云蜾蠃遇螟蛉而受化久乃變成蜂尒據諸經傳皆言此蜂取他蟲而化爲己子陶隱居乃謂生子如粟米大在其房中乃捕取草蟲以擬其子大爲糧耳又有人壞其房而看之果見有卵如粟在死蟲之上皆如陶之說又段成式云書齋中多蠮螉好作窠於書卷或在筆管中祝聲可聽有時開卷視之悉是小蜘蛛大如蠅虎旋以泥隔之乃知不獨負桑蟲也數說不同人或疑之然物類變化固不可度蚱蟬生於轉丸衣魚生於瓜子龜生於蛇蛤生於雀白鵠之相視負蟲之相應其類非一若桑蟲蜘蛛之變爲蜂不爲異矣如陶所說卵如粟者未必非祝蟲而成之也宋齊邱所謂蠮螉之蟲孕螟蛉之子傳其情交其精混其氣和其神隨物大小俱得其眞蠢動無定情萬物無定形斯言得之矣通志諸蟲在蟄尚不食況其形體未定猶在窠中時何得有飢飽也壞其房而見卵與死蟲者是變與未變耳將其故房看之其蟲殼皆如蜕形則非爲物所食明尒

蠣或從果

蠣蠃也從虫𣎆聲一曰虒蝓　郎果切

一曰虒蝓者本書蝸蝸蠃也爾雅蚹蠃螔蝓郭注即蝸牛也廣雅蠡蠃蝸牛螔蝓也易說卦離爲蠃爲蚌士冠禮蠃醢注云蠃醢螔蝓醢周禮醢人蠃醢注云蠃螔蝓鼈人祭祀共蠯蠃注云蠃螔蝓

螟蠕桑蟲也從虫需聲　郎丁切

螟蠕桑蟲也者釋蟲文彼作蛉郭注俗謂之桑蟃亦曰戎女玉篇蟃螟蛉蟲也

蛺蜨也從虫夾聲　兼叶切

西陽雜俎白蛺蝶尺蠖蠒所化也　白帖木蠹生蟲羽化爲蝶　陸龜蒙曰橘之蠹大如小指一旦視之弗食弗動明日復往則蜕爲蝴蝶矣　搜神記朽葦爲蛬麥爲蝴蝶　列子天瑞篇烏足之根爲蠐螬其葉爲蝴蝶蝴蝶者胥也

蛺蜨也者廣雅蛺蜨蝶蛺也古今注蛺蝶一曰野蛾一名風蝶江東呼爲撻末色白背青者是也其大如蝙蝠者或黑色或青斑名爲鳳子一名鳳車一名鬼車生江南柑橘園中莊子齊物論昔者莊周爲胡蝶釋文胡蝶司馬崔云蛺蝶也古詩胡蝶胡

高飛暮宿桑樹間

蛺蜨也從虫疌聲　徒叶切

蟲也從虫㞢聲　赤之切

螌蝥毒蟲也從虫般聲　布還切

盤蝥毒蟲也者陳藏器曰盤蝥蟲有小毒或作盤蝥廣雅盤蝥晏青也又作斑猫本草斑猫有毒一名龍尾生河東川谷陶云甲上黃黑斑色如巴豆大者是也吳氏本草斑猫一名斑蚝一名龍蚝神農辛岐伯鹹桐君有毒扁鵲甘有大毒生河內川谷又作斑茅古今注毒藥種有五物五曰斑茅戎鹽解之

盤蝥也從虫敄聲 莫交切

古文蝥

鼠婦也從虫番聲 附袁切

鼠婦也者釋蟲文彼作負郭注瓮器底蟲御覽引作蟠蟠鼠婦也本書蟠或曰鼠婦通志鼠負瓮底白粉蟲也

蛜威委黍委黍鼠婦也從虫伊省聲 於脂切

蛜威委黍者釋蟲文彼作蛜郭注舊說鼠婦別名然所未詳詩東山伊威在室傳云伊威委黍也陸璣疏云伊威一名委黍一名鼠婦在壁根下甕底土中生似白魚者是也鼠婦也者廣韻蛜蝛蟠負蟲也本草鼠婦一名負蟠一名伊威一名委黍陶注名在鼠坎中鼠背負之

蜙蝑以股鳴者從虫松聲 息恭切

蜙蝑者玉篇蜙蝑斯螽廣韻蜙蝑螽蟲一切經音義二十五今江北通謂螽蝗之類曰蝩亦曰蠜蝩一名螽蟴一名蜙蝑俗名春黍釋蟲蟴螽蜙蝑郭注蜙蝑也俗呼春黍釋文云蟴本又作蟴馥案蜙方言作蚣以股鳴者者酉陽雜俎蜙蝑股鳴考工記注云股鳴蜙蝑動股屬詩七月斯螽動股陸璣疏云螽蜙蝑也楊雄云春黍也幽州人謂之舂箕舂箕即春黍蝗類也長而青長角長股股鳴者也或謂似蝗而小斑黑其股似瑇瑁文五月中以兩股相切作聲聞數十步御覽引毛詩題綱螽斯名蜙蝑一名春黍似蝗而小青色長股而鳴

蜙或省

蝑蜙蝑也從虫胥聲 相居切

蜙蝑也者詩釋文蝑一名斯螽七月詩云斯螽動股是也楊雄許愼皆云春黍馥案本書當有春黍二字方言春黍謂之蜙蝑廣雅蟴蝑春黍也

蟅蟲也從虫庶聲 之夜切

蟲也者玉篇蟅鼠婦負蠜也廣韻蟅蟒蟥蟲名廣雅負蠜蟅也馥案本書以蟠爲鼠婦蠤爲負蠜故此蟅但訓蟲也本草蟅蟲一名地鼈一名土鼈生河東川澤及沙中人家牆壁下土中溼處陶隱居云形扁扁如鼈故名土鼈而有甲不能飛小有臭氣今人家亦有之唐本注云此物好生鼠壤土中及屋壁下狀似鼠婦而大者寸餘形小似鼈無甲但有鱗也周禮赤犮氏凡隙屋除其貍蟲注云貍蟲蟅肌蛷之屬集韻蟅一曰蝗類馥案方言所謂蟅蟒是也本書次於蟠蝗之閒或主此義

蝗螽也從虫皇聲 乎光切

急就篇災蝗不起顏注蟲食苗曰蝗月令孟夏行春令則蝗蟲爲災　漢名臣奏張文上疏曰春秋義曰蝗者貪擾之氣所生天意若曰貪狠之人蠶食百姓若蝗食禾稼而擾萬民宜敕正眾邪清審選舉退屏貪暴　後漢書和帝紀京師

蝗吏民言事者多歸責有司注云洪範五行傳曰貪利傷人則蝗蟲損稼　五行志光和元年詔策問曰連年蝗蟲至冬踊其咎焉在蔡邕對曰臣聞易傳曰大作不時天降災厥咎蝗蟲來河圖祕徵篇曰帝貪則政暴而吏酷酷則誅深必殺主蝗蟲蝗蟲貪苛之所致也

螽也者詩正義引同一切經音義四蝗螽也謂蝗蟲也小曰蝩大曰蝗魚子化作也漢書文帝紀六年夏四月大旱蝗顏注蝗即螽也食苗爲災今俗呼爲簸蝩五行志介蟲孽者謂小蟲有甲飛揚之類陽氣所生也於春秋爲螽今謂之蝗皆其類也蔡邕月令章句蝗螽類乳於土中深埋其卵江東謂之蚱蜢善害田稺　皇聲者爾雅釋文蝗字林音皇說文榮庚反范宣禮記音橫聲類韻集並以蝗協庚韻

蜩蟬也從虫周聲詩曰五月鳴蜩 徒聊切

蟬也者廣韻蜩大蟬本草蚱蟬生楊柳上陶隱居云蟬類甚多此云生楊柳樹上是詩云鳴蜩嘒嘒者形大而黑此蜩五月便鳴釋蟲蜩蜋蜩螗蜩舍人云三輔以西爲蜩梁宋以東謂蜩爲蝘陳啟源曰爾雅蜩蜋蜩螗蜩首一蜩細

諸蜩也蝭蜩與蟪蜩七蜩中之二也詩疏引之云蜩蝭蜩螗截去一蜩字豈舍人句讀然乎不如郭注之當矣又云良蜩螗蜩夏小正皆以五月鳴月令仲夏之月蟬始鳴周書時訓解云夏至又五日蜩始鳴其兼指兩蜩與方言蟬楚謂之蜩宋衛之閒謂之螗蜩陳鄭之閒謂之蜋蜩秦晉之閒謂之蟬詩小弁鳴蜩嘒嘒傳云蜩蟬也嘒嘒聲也蕩如蜩如螗傳云蜩蟬也內則爵鷃蜩范注云蜩蟬也檀弓范則冠而蟬有緌注云蟬蜩也緌爲蜩喙長在腹下列子黃帝篇釋文承蜩音條一本作蜩蟬也莊子逍遙游蜩與鷽鳩笑之釋文蜩音條司馬云蟬達生篇見痀僂者承蜩釋文蜩蟬也詩曰五月鳴蜩者豳風七月文傳云蜩螗也

𧋍 蜩或從舟

蟬 以旁鳴者從虫單聲 市連切

論衡蟬生於復育開背而出　漢官儀蟬居高飲潔口在掖下　淮南子蟬無口而鳴三十日而死　徐廣車服雜注侍中加貂蟬者取其清高飲露而不食也　酉陽雜俎蟬未蛻時名復育相傳蛣蜣所化秀才韋翾莊在杜曲嘗冬中掘樹根見

復育附於朽處怪之邨人言蟬固朽木所化也翾因剖一視之腹中猶實朽木　曹植蟬賦惟夫蟬之清素潛厥類於太陰在炎陽之中夏始游豫乎芳林內含和而弗食與衆物而無求栖高枝而仰首漱朝露之清流　郭璞贊蟲之精絜可貴惟蟬潛蛻棄穢飲露恆鮮萬物皆化人胡不然　梁昭明太子贊茲蟲清絜惟露是餐寂寞秋序咽嘶夏闌豈伊不美曜彼華冠

以旁鳴者者玉篇蟬蜩也以旁鳴者蟬連系續之言也　酉陽雜俎蜩屬旁鳴考工記注旁鳴蜩蜺屬

蜺 寒蜩也從虫兒聲 五雞切

陸雲寒蟬賦序夫頭上有緌則其文也含氣飲露則其清也黍稷不享則其廉也處不巢居則其儉也應候守常則其信也加以冠冕取其容也

寒蜩也者釋蟲文郭注寒螿也似蟬而小青色馥案許注淮南云寒螿蟬屬也方言黑而赤者謂之蜺蜩月令孟秋之月寒蟬鳴注云寒蟬寒蜩謂蜺也蔡邕章句寒蟬應陰而鳴鳴則天涼故謂之寒蟬方言蟪謂之寒蜩寒蜩瘖蜩也郭注案爾雅以蜺爲寒蜩月令亦曰寒蜩鳴知寒蜩非瘖者也

螇 螇鹿蛁蟟也從虫奚聲 胡雞切

螇鹿蛁蟟也者本書無蟟字六書故引字林蛁亦作蟟青徐謂之螇螰陶隱居云七月八月鳴者名蛁蟟色青廣韻螇螇螰似蟬玉篇螇螰即蟪蛄一名蛁蟧亦蜓蚞也陸璣詩疏鳴蜩蟬也一名蛁蟟青徐謂之螇螰廣雅蛉蛄蟪蟧蛁蟟也爾雅釋蟲蜓蚞螇螰郭注即蝭蟧也一名蟪蛄齊人呼螇螰夏小正寒蟬鳴傳云寒蟬也者蝭蠑也楚詞招隱士蟪蛄鳴兮啾啾王注蜩蟬得夏喜呼號也秋節將至悲噍噍也家語子路初見篇違山十里蟪蛄之聲猶在於耳注云蟪蛄蛁蟟也蛁蟟之聲去山十里猶在於耳以其鳴而不已莊子逍遙游蟪蛄不知春秋釋文云司馬云惠蛄寒蟬也一名蝭蟧春生夏死夏生秋死崔云蛁蟧也太元飾次八蛁鳴喁喁漢書五行志引詩如蜩如螗顏注螗蝘也即蛁蟧也鹽鐵論諸生獨不見季夏之螇乎音聲入耳秋風至而聲無

蚗 蛥蚗蛁蟟也從虫叏聲 於悅切

蛥蚗蛁蟟也者或作呭吠楚詞九思呭吠兮噍噍注云促寒將蟄故噍噍鳴或作蛥蛈陸璣詩疏鳴蜩蟬也楚人名之蟪蛄秦燕謂之蛥蚗方言蛥蚗楚謂之蟪蛄秦謂之蛥蚗玉篇蛥蚗亦蟪蛄也

蛥 蛥蚗蟬屬讀若周天子赧從虫丏聲 武延切

蛥蚗蟬屬者廣韻引作蛥蚗玉篇蛥與蜒同

蛚 蜻蛚也從虫列聲 良辥切

蜻蛚也者字林蜻蛚蟋蟀也廣雅蛬起織趗孫蜻蛚也方言蜻蛚楚謂之蟋蟀或謂之蛬南楚之閒謂之蚟孫注云即趨織也梁國呼蛬易通卦驗立秋蜻蛚鳴鄭注蜻蛚蟋蟀之名也此紀其鳴之時也蔡邕月令章句蟋蟀蟲名俗謂之蜻蛚鹽鐵論引月令涼風至殺氣動蜻蛚鳴衣裘成論衡變動篇夏末蜻蛚鳴寒螿啼感陰氣也楚詞九辯哀蟋蟀之宵征注云見蜻蛚之夜行

蜻 蜻蛚也從虫青聲 子盈切

蛉 蜻蛉也從虫令聲一名桑根郎丁切

蜻蛉也者玉篇蛉蜻蛉六足四翼陶注本草蜻蛉一名諸乘俗呼胡蝅一名蜻蜓蜀本注云蜻蜓六足四翼好飛溪渠側衍義云蜻蛉其中一種最大京師名為馬大頭者是身綠色雌者腰閒一遭碧色此物生化於水中故多飛水上古今注蜻蛉一名蜻亭一名胡蝶色青而大者是也小而黃者名胡黎一曰胡離小而赤者曰赤卒一名絳騶一名赤衣使者好集水上亦名赤弁丈人釋蟲虰蛵負勞郭云或曰即蜻蛉也江東呼狐黎所未聞廣雅蜻蛉蝍蛉倉蜓也方言蜻蛉謂之蝍蛉郭注六足四翼蟲也江東名為狐黎淮南人呼蠊蛜列子天瑞篇厥昭釋文云曾子云狐藜一名厥昭恆翔繞其木不能離之師說云孤藜蜻蛉蟲也尸子荊莊王命養由基射蜻蛉欲生得之養由基射之拂左翼焉楚策王獨不見夫蜻蛉乎六足四翼飛翔乎天地之閒呂氏春秋精諭篇海上之人有好蜻者安居海上從蜻游蜻之至者百數而不止前後左右盡蜻也注云蜻蜻蜓小蟲細腰四翅一名白宿淮南說林訓水蠆為蟌注云水蠆化為蟌蟌青蜓也又齊俗訓水蠆為蟌莣注云青蛉也馥案蟌即蟌之譌玉篇蟌蜻蛉也　一曰桑根者李

燾本無此文集韻引作桑根爾雅釋文引字林蜻蛉一名桑根六書故引同

蠓 蠛蠓也從虫蒙聲莫孔切

蠛蠓也者本書無蠛字廣韻蠛蠓似蚊釋蟲蠓蠛蠓郭注云小蟲似蜹喜亂飛一切經音義八引郭注云小蟲似蜹風春雨曀者也文選甘泉賦注引孫炎云蠛蠓蟲小於蚊列子湯問篇春夏之月有蠓蜹者因雨而生見陽而死注云謂蠛蠓蚊蜹也二者小飛蟲也古文苑小言賦附蠛蠓而遨遊注云蠛蠓飛蟲形微於蜹抱扑子蠓蜩之育於醯雜或作蔑蒙漢書司馬相如傳蔑蒙踊躍或謂之蜚鴻史記周本紀蜚鴻滿野索隱按高誘曰蜚鴻蠛蠓也言飛蟲蔽田滿野故為災非是鴻雁也

𧍷 蠡𧍷也一曰蜉蝣朝生莫死者從虫京聲离灼切

蠡𧍷也者即渠畧　一曰蜉蝣朝生莫死者者蝣小字本作游玉篇蜉蝣渠蟓朝生夕死也廣韻亦作蜉蝣五音集韻作蜉蝤方言蜉蝣秦晉之閒謂之蟫蠉注云似天牛而小有甲角出糞土中朝生夕死釋蟲蜉蝣渠畧郭云似蛣蜣身狹而長有角黃黑色叢生糞土中朝生暮死豬好啖之詩曹風蜉蝣之羽傳云蜉蝣渠略也朝生夕死陸璣疏云蜉蝣方土語也通謂之渠略似甲蟲有角大如指長三四寸甲下有翅能飛夏月陰雨時地中出今人燒炙噉之美如蟬也樊光謂之糞中蝎蟲隨陰雨時為之朝生而夕死夏小正五月浮游有殷傳云浮游者渠略也朝生而暮死荀子大略篇不飲不食者蜉蝣也注云蜉蝣渠略朝生夕死蟲也淮南說林訓蜉蝣不食不飲三日而死詮言訓蜉蝣不過三日高注蜉蝣渠略也生三日死漢書王襃傳蜉蝣出以陰孟康曰蜉蝣渠略也顏注蜉蝣甲蟲也好叢聚而生也朝生而夕死蝣音由字亦作蝣其音同也廣志蜉蝣可燒啖美於蟬蜉蝣在水中翕然生覆水上尋死隨流傳咸蜉蝣賦有生之薄是曰蜉蝣育微微之陋質羌采采而自修不識晦朔無意春秋取足一日尚又何求戲渟淹而委餘何必江湖之是游

蜹 秦晉謂之蜹楚謂之蚊從虫芮聲而銳切

秦晉謂之蜹楚謂之蚊者一切經音義三引作秦人謂之蜹楚人謂之蚊後漢書崔駰傳蠱蜹之趣大沛注云蜹小蟲蚊之類說文曰秦謂之蜹楚謂之蚊通俗文小蚊曰蜹華嚴經音義引字林蜹小蚊也鶡冠子天權篇一蜹噆膚不寐至旦孟子蠅蚋姑嘬之或作蚋漢書枚乘傳譬猶蠅蚋之附羣牛顏注蚋蚊屬也夏小正八月丹鳥羞白鳥丹鳥也者謂丹良也白鳥也者謂蚊蚋也馥案皇侃說丹良螢火古今注螢食蚊蚋荀子勸學篇醯酸而蜹聚焉論衡商蟲篇天將雨螘出蚋蜚為與氣相應也馥案此所言蚋謂蠓

蟰 蟰蛸長股者從虫肅聲穌彫切

蟰蛸長股者者或作蠨古今注長蚑蠨蛸也身小足長故謂之長蚑釋蟲蠨蛸長踦郭注小鼅鼄長腳者俗呼為喜子西京雜記蜘蛛集而百事喜曹植曰得蟢者莫不馴而放之為利人也劉氏新論鄙名篇今野人晝見蟢子者以為有喜樂之瑞胡震亨曰權德輿詩昨夜裙帶解今朝蟢子飛鉛華不可棄莫是槁砧歸韓翃詩少婦北來多遠望應知蟢子上衣巾俗說蟢子緣人衣有喜事其來蓋遠詩東山蠨蛸在戶傳云蠨蛸長踦也陸璣疏云蠨蛸長踦一名長腳荊州河內人謂之喜母此蟲來著人衣當有親客至有喜也幽州人謂之親客亦如蜘蛛為羅網居之肅

聲者詩釋文蠨音蕭說文作蟰音夙

蟲也從虫省聲息正切

蟲也者類篇蛸蟲名似蟬

商何也從虫寽聲力輟切

商何也者釋蟲文彼作蟷釋文蟷失羊反字林之亦反何本或作蚵音河馥案集韻蟷音隻引字林蟲名蟷尸羊切引爾雅蛶蟷何一曰蜥蜴類廣韻蛶蚵蛶蟲玉篇蚵蚵蠪蜥蜴馥謂當依字林作蟷本書無蟷字蓋脫

蠅胆也周禮蜡氏掌除骴從虫昔聲鉏駕切

蠅胆也者李燾本蜡蟲名也一曰年終祭名馥案此宋人重修所改　周禮蜡氏掌除骴者秋官蜡氏注云蜡骨肉腐臭蠅蟲所蜡也　蜡讀如狙司之狙

動也從虫耎聲而沇切

動也者後漢書馬融傳注引同廣雅蝡動也字或作蠕荀子勸學篇蠕而動注云蠕微動也韓詩外傳蜎飛蠕動各樂其性新語道基篇蜎飛蠕動之類論衡齊世篇蜎蜚蠕動跂行喙息漢書匈奴傳蠕動之類顏注蠕蠕動貌杜佑曰柔然後魏大武以其無知狀類於蟲故改其號曰蠕蠕

行也從虫支聲巨支切

行也者李善注琴賦引云蚑行也凡生之類行皆曰蚑又注七發七命洞簫賦所引並同是本書原有凡生之類行皆曰蚑八字一切經音義八蚑謂蟲行貌也玉篇蚑行喙息蟨鹿之類八十一難經諸蚑行喘息淮南原道訓澤及蚑蟯而不求報高注蚑蚑行修務訓蚑行蟯動之蟲俶眞訓夫與蚑蟯同乘天機高注蚑行蟯動論微細也成公綏天地賦蚑行蠕動方聚類分馥案樂記方以類聚注云方謂行蟲有識性故稱方漢嚴訢碑蚑行蠕動咸守厥常通作跂周書周祝解跂動噦息新語道基篇跂行喘息漢書匈奴傳跂行喙息顏注跂行凡有足而行者禮樂志跂行畢逮顏注凡有足而行者稱跂行也東方朔傳跂跂脈脈善緣壁顏注跂跂行貌也古文苑篆勢若行若飛跂跂翾翾注云跂蟲行也衛恆四體書勢蟲跂跂以若動邇典江左猶有跂行鼈黿之伎又或作歧文選笙賦翾翾歧歧李善云歧歧飛行貌漢書音義歧歧將行貌

蟲行也從虫睘聲香沇切

蟲行也者淮南原道訓蠉飛蝡動高注蟲行動貌

蟲曳行也從虫屮聲讀若騁丑善切

蟲曳行也者類篇引作蟲名曳行也玉篇蚩蟲伸行廣韻同　屮聲者本書蚩亦從屮聲　讀若騁者本書[illegible]讀若騁展

蠭醜𠂹腴也從虫欲聲余足切

蠭醜螸者釋蟲文　𠂹腴也者郭注釋蟲云垂其腴孝經援神契蜂蠆垂芒腴注云毒在後故言垂芒腴

蠅醜蝠搖翼從虫扇聲式戰切

蠅醜蝠者釋蟲文彼作扇　搖翼者廣韻蝠蠅動翅也郭注釋蟲云好搖翅

蛇蟬所解皮也從虫稅省輸芮切

蛇蟬所解皮也者後漢書陽球傳注引作蟬蛇所解皮也一切經音義十九引同又十二引作蟬蛻所解皮也後漢書竇融傳注張衡傳注所引並同字林蛻蟬皮也廣雅復育蛻也楚詞九懷濟江海兮蟬蛻列子天瑞篇是天地委蛻也注云氣自委結而蟬蛻百淮南說林訓蟬飲而不食三十日而蛻史記屈原傳蟬蛻於濁穢論衡論死篇蟬之未蛻也為復育已蛻也去復育之體更為蟬之形夏侯湛東方朔畫贊蟬蛻龍變謝靈運山居賦羨蟬蛻之匪日馥案此皆專屬蟬晉書張華傳武庫有雉雊華曰此必蛇化為雉也開視雉側果有蛇蛻焉吳氏本草蛇蛻一名蛇附一名蛇筋一名弓皮馥案此乃屬蛇淮南精神訓蟬蛻蛇解顏氏家訓夫神滅形消遺聲餘價亦猶蟬殼蛇皮目莊子寓言篇子蜩甲也蛇蛻也馥案此皆蟬蛇並舉　稅省者當為稅省聲

螫也從虫若省聲呼各切

螫也者字林螫蠚行毒也或作蛬楚詞天問蠭蟻微命力何固注云言蠭蟻有蛬毒之蟲以喻蠻夷自相毒蛬又或作蠚漢書刑法志百姓新免毒蠚王莽傳毒蠚並作䖃助傳蝮蛇蠚生蒯通傳故猛虎之猶與不如蠭蠆之致蠚顏注蠚毒也

螫 蟲行毒也從虫赦聲施隻切

蟲行毒也者小字本無虫字玉篇集韻同一切經音義三螫式亦反字林蟲行毒也關西行此音又音呼各反山東行此音蛆知列反南北通語也詩小毖自求辛螫箋云徒自求辛苦毒螫之害耳桑柔寧爲荼毒正義毒者螫蟲中山經穀城之山有神焉其狀如人而二首名曰驕蟲是爲螫蟲郭注爲螫蟲之長老子蜂蠆虺蛇不螫文子野有螫蟲葵藿爲之不采鬼谷子權篇螫蟲之動也必以毒螫淮南兵畧訓有毒者螫　螫聲者螫通作赦詩小毖釋文辛螫韓詩作赦鹽鐵論蜂蠆赦人致疢不能息其毒也玉篇螫同螫馥案本書赦或從亦

蝁 虺屬從虫亞聲烏各切

虺屬者集韻類篇引作䖆也張次立本小字本並同釋魚蚅蝁郭注蝮屬大眼最有毒今淮南人呼蝁子

蛘 搔蛘也從虫羊聲余兩切

搔蛘也者爾雅釋文引字林同玉篇舊刻本作蛘蟊張氏本作蛘搔也一切經音義十二蛘餘掌反說文搔蛘也禮記寒不敢襲蛘不敢搔是也字從虫從羊又卷六蛘今皆作癢近字也又作痒音似羊反病名也痒非字意釋名癢揚也其氣在皮中欲得發揚使人搔發之而揚出也顏眞卿麻姑山仙壇記麻姑手似鳥爪蔡經心中念言背蛘時得此爪以杷背乃佳也

蝕 敗創也從虫人食食亦聲乘力切

敗創也者本書瘍餽創洪武正韻日月虧曰蝕韻會蝕今文省作蝕漢書日月薄蝕韋昭曰氣往迫曰薄虧毁曰蝕馥案玉篇蝕日月蝕也論語何晏本如日月之蝕也晉書天文志十煇五曰闇謂日月蝕劉氏新論妄瑕篇日月有謫蝕之變又通作食易月盈則食春秋日有食之釋名日月虧曰食稍稍侵虧如蟲食草木葉也　從虫人食食亦聲者當云從虫飤聲寫者因本書無飤字以意改之玉篇飤夕恣切食也與飼同

蛟 龍之屬也池魚滿三千六百蛟來爲之長能率魚飛置笱水中卽蛟去從虫交聲古肴切

廣雅有鱗曰蛟龍　一切經音義五有鱗曰蛟龍　抱朴子母龍曰蛟子曰虬其狀魚身而蛇尾中山經翼望之山貺水出焉東南流注于漢其中多蛟郭注似蛇而四腳小頭細頸頸有白癭大者十數圍卵如一二斛甕能吞人　呂氏春秋知分篇有兩蛟夾繞其船高注魚滿二千斤爲蛟　廣州記新寧郡東溪甚饒蛟及時害人曾於魚梁上得之其長丈餘形廣如楯修頸小頭胸前赭背上青斑脅邊若錦　郭璞贊匪蛇匪龍鱗采暉煥騰躍濤波蜿蜒江漢漢武飲羽佽飛疊斷

龍之屬也者顏注漢書武帝紀引無之字藝文類聚引亦無埤雅蛟龍屬也眉交故謂之蛟述異記曰蛟眉連生海內西經開明南有蛟郭注蛟似蛇四腳龍類也南山經禱過之山泿水出焉其中有虎蛟郭注蛟似蛇四足龍屬楚

詞九歌蛟何爲兮水裔王注蛟龍類也九思乘六蛟兮蜿蟬注云龍無角曰蛟　池魚滿三千六百蛟來爲之長李率魚飛者藝文類聚引作魚滿三千六百年蛟爲之長率魚而飛去御覽引作魚滿三千六百歲西京雜記漢武昆明池養魚往往飛去齊民要術陶朱公養魚經云魚池所以內鼈者魚滿三百六十則蛟龍爲之長而將魚飛去內鼈則魚不復去爾雅翼陶朱公養魚之法以六畝地爲池求懷子鯉魚長三尺者二十頭牡鯉四頭以二月上庚日納池中至四月納一神守六月納二神守八月納三神守神守謂鼈也所以納鼈者魚及三百六十則蛟龍爲之長而將魚飛去納鼈則魚不復去

螭 若龍而黃北方謂之地螻從虫离聲或云無角曰螭丑知切

若龍而黃北方謂之地螻者字林同荀子賦篇螭龍爲蝘蜓注云地螻呂氏春秋舉難篇螭食乎清而游乎濁注云螭龍之別也後漢書馬融傳逐罔螭注云螭龍屬論衡訂鬼篇說螭者謂之龍物也馥案亦有赤色者漢書司馬相

如傳蛟龍赤螭又云驂赤螭青虯之蟉蟉蜿蜒字或作彲史記齊世家非龍非彲又作䘑廣雅無角曰䘑龍玉篇䘑今作螭

虯　龍子有角者從虫丩聲　渠幽切

此卽今之虬字隸體丩變爲乚後漢書蘇竟傳莫敢糺問卽糾問楚辭天問焉有虯龍負熊以游　熊氏瑞應圖虯龍黑身無鱗甲淮南子女媧之時服應龍驂青虯是也　龍子有角者者李善注甘泉賦引無子字韻會引同離騷駟玉虬以乘鷖兮注云有角曰龍無角曰虬漢書馮衍傳駟素虯而馳騁顏注虯龍之無角者廣雅有角曰䚦龍文選注引作虬漢書司馬相如傳六玉虯張揖曰龍子有角曰虯

蜦　蛇屬黑色潛于神淵能興風雨從虫侖聲讀若戾艸　力屯切

蛇屬黑色潛于神淵者江賦神蜧蝹蜦以沈游李善云說文曰蜧蛇屬也許注淮南云黑蜧神蛇也潛於神泉張景陽雜詩黑蜧躍重淵劉孝儀爲臨川王解司空表今水蜧不躍旱而爲災　能興風雨者韻會引作雲雨廣韻蜦神蛇能興雲雨江賦蜦蟫鱟蝤李善曰蜦音倫說文曰蜦蛇屬也黑色潛於神泉之中能興雲致雨淮南齊俗訓犧牛騂毛宜於廟牲其於致雨不若黑蜧高注黑蜧黑蛇也潛於神淵能致雲雨　讀若戾艸者戾當爲莀

蜧　蜦或從戾

螊　海蟲也長寸而白可食從虫兼聲讀若嗛　力鹽切

海蟲也者本書蠣似螊字或作蠊廣韻蠊蟲名集韻蠊蛾水蟲名似蚌　長寸而白可食者玉篇蠊小蚌可食晉書音義引字林蠊蠘海蟲長寸可食晉書夏統傳或至海邊拘蠊蠘以資養

蜃　雉入海化爲蜃從虫辰聲　時忍切

鄭注周禮醢人蠯人地官敘官並云蜃大蛤周書王會且甌文蜃注云蜃大蛤也

雉入海化爲蜃者廣韻引作雉入水所化字林蜃雉入海所化也搜神記千歲之雉入海爲蜃周書時訓立冬十月節野雞化蜃若不化蜃卽時多婬婦易通卦驗小雪雉入水爲蜃昭十七年左傳丹鳥氏司閉者也杜注丹鳥鷩雉也入大水爲蜃釋鳥鷩雉樊光曰丹雉也少皞氏以鳥名官丹鳥氏司閉以立秋來立冬去入水爲蜃七修類稿萬物隨天地之氣以生殺變化之道寓焉若春夏之氣飛揚也故青蟲化蝴蝶水蟲化蜻蜓秋冬之氣降潛也故雀入大水爲蛤雉入大水爲蜃舉此則凡物可知月令雉入大水爲蜃注云大水淮也大蛤曰蜃晉語雀入於海爲蛤雉入於淮爲蜃韋注小曰蛤大曰蜃夏小正十月雉入於淮爲蜃蜃者蒲盧也中山經青要之山北望河曲是多僕纍蒲盧馥案蒲盧卽蒲嬴一聲之轉

蛤　蜃屬有三皆生於海千歲化爲盒秦謂之牡厲又云百歲燕所化魁盒一名復累老服翼所化從虫合聲　古沓切

周書王會東越海盒注云盒文盒　漢書地理志果蓏嬴盒食物常足顏注盒似蚌而圓　南越志凡盒之屬開口聞雷鳴不復開口　寰宇記密州貢海盒出琅邪臺常以三月候海潮上下方採

蜃屬者考工記㡛氏淫之以蜃注云鄭司農云士冠禮曰素積白屨以魁柎之說曰魁蛤也周官亦有白盛之蜃蜃蛤也　有三云云者文多脫誤爾雅釋文說文云盒有三皆生於海盒厲千歲雀所化秦人謂之牡厲海盒者百歲燕所化也魁盒一名復纍老服翼所化蓺文類聚引云有三種皆生於海盒蠣千歲雀所化也海盒百歲燕所化也魁盒一名復絫老服翼所化本草圖經按說文曰千歲鷰化爲海盒魁盒卽是伏翼所化故一名伏老搜神記百年之雀入江爲盒夏小正九月雀入於海爲盒周書時訓解寒露又五日爵入大水化爲盒月令鴻雁來賓爵入大水爲盒呂氏春秋季秋紀高注作賓爵云賓爵老爵也栖宿於人堂宇之間有似賓客故謂之老爵賓字屬下與今讀異張叔皮論賓爵下化田鼠上騰字林盒燕雀所化也秦曰牡蠣大戴禮易本命篇鳥魚皆生於陰而屬於陽故鳥魚皆卵魚游於水鳥飛於雲故冬燕雀入於海化而爲蚧易通卦驗立冬燕雀入水爲盒梁元帝謝賚盒蜊啟雀文

始化燕羽猶在陶隱居云燕窠戶有北向及尾偏色白者皆是數百歲燕列子天瑞篇燕之爲蛤也淮南子燕入水爲蜃蠏魚魁陸郭注云本草云魁狀如海蛤圓而厚外有理縱橫卽今之蚶也釋文云字書云蚶蛤也出會稽可食本草魁蛤一名魁陸一名活東生東海正圓兩頭空表有文陶注云形似紡軖小狹長外有縱橫文坪云是老蝙蝠所化圖經云形圓長似大腹檳榔兩頭有孔江賦洪蚶專車注引臨海水土記蚶徑四尺背似瓦壟有文集韻蚶蚌屬魁陸也橫縱其理又云蛙海蛤員厚而有文玉篇蛙魁蛙也六書故蚶似蛤而厚殼殼文鱗差似瓦屋俗亦謂瓦屋也亦謂魁陸海物異名記瓦壠魁陸海蛤也嶺表錄異瓦屋子南中舊呼爲蚶子以其殼上有棱故名焉殼中有肉紫色而滿腹夢溪筆談魁蛤卽車螯也馥案復累山海經作僕累又作蟦螺

蠯階也脩爲蠯圓爲蠇從虫庳聲　蒲猛切

廣韻蠯與螷同本書螷蚌也徐鍇曰爾雅作廛　字或作蜱東京賦供蝸蜱與菱芡旣夕禮蜱醢注云蜱蜯也　階也者韻會引作陛也張次立本同集韻六書故引作蛙字林蛙小蛤也玉篇蛙蚌長者廣雅蛙蜃蒲盧也釋魚蛙

蠯郭注今江東呼蚌長而狹者爲蠯本草馬刀一名蜌生江漢長六七寸食其肉似蚌今人多不識大抵似今蜯蟶　周禮醢人蠯醢注云蠯蛤也鼈人祭祀共蠯嬴蚳注云鄭司農云蠯蛤也杜子春云蠯蜯也六書故蟶蛤類修長如指馥案蟶卽蠯閩越人以田種之謂之蟶田　圓爲蠇者復古編集韻增韻爾雅疏並引作蠣

蝸蝸蠃也從虫咼聲　古華切

江賦鸚螺蜁蝸　內則蝸醢而苽食　西山經邱時之水其中多蠃母郭注蜾螺也中山經靑要之山北望河曲是多僕纍蒲盧郭注僕纍蝸牛也　南山經洵水南流注于閼之澤其中多茈蠃注云紫色螺也　漢書地理志果蓏蠃蛤食物常足　鹽鐵論越人美蠃蚌而簡太牢

蝸蠃也者六書故蠃其種不一水產之別尤多皆旋殼弇口大者如斗陸生者謂之土蝸土蠃以其善緣又謂附蝸附蠃陵蠃以有肉角又謂蝸牛蠡牛通志蝸牛曰蛞蝓曰陵蠡曰土蝸曰附蝸爾雅附蠃螔蝓凡蠃之類皆負殼惟此能脫殼而行頭有兩角故曰蝸牛一切經音義二蠃蚌也廣韻旋蝸蝸螺也士冠禮蠃醢注云今文蠃爲蝸吳語其民必移就蒲蠃於東海之濱韋注蒲深蒲也蠃蚌蛤之屬馥案蒲蠃卽夏小正之蒲盧蠃聲轉王沈魏書袁術在江淮取給蒲蠃莊子則陽篇有所謂蝸者君知之乎釋文李云蝸蟲有兩角俗謂之蝸牛三蒼云小牛螺也一云俗名黃犢尚書大傳鉦定螺鄭注螺蝸牛也陶注本草蝸牛云蝸牛字是力戈反而俗呼爲瓜牛生山中及人家頭形如蛞蝓但背負殼爾古今注蝸牛陵螺也形如蠡蝓殼如小螺熱則自懸於葉下野人結圓舍如蝸牛之殼故曰蝸舍裴松之曰魏畧云焦先及楊沛並作瓜牛廬以爲瓜當作蝸蝸牛螺蟲之有角者也俗或呼爲黃犢先等作圜舍形如蝸牛蔽故謂之蝸牛廬爾雅翼蝸牛似小蠃白色生池澤草木閒頭有兩角行則出驚則縮首尾俱能藏入殼中盛夏日中則自懸樹葉下往往升高涎沫旣盡隨卽槁死以其有兩角故以牛名

蚌蜃屬從虫丰聲　步項切

異物志蚌似車螯潔白如玉　符子鏡以曜明故鑒人蚌以合珠故內照　呂氏春秋精通篇月也者羣陰之本也月望則蚌蛤實羣陰盈月晦則蚌蛤虛羣陰虧夫月形乎天而羣陰化乎淵注云羣陰蚌蛤也隨月盛衰虛實也　郭璞贊萬

物變蛻其理無方雀雉之化含珠懷璫與月盈虧協氣晦望字林蚌燕雀所化也月望則蚌蛤實月晦則蚌蛤虛也　蜃屬者釋魚蚌含漿郭注蚌卽蜃

蠇蚌屬似蠊微大出海中今民食之從虫萬聲讀若賴　力制切

集韻蠇百歲化爲蠇

蚌屬者寰宇記海州朐山縣蠣山在縣東南二百里山在海中故其山多蠣卽螺蚌之屬也　似蠊微大出海中者字或作蜊本草蛤蜊生東南海中白殼紫脣大二三寸者閩浙以其肉充海錯　今民食之者一切經音義二十引作人食之也馥案唐諱民改作人論衡士食合蜊之肉無精輕之驗安能縱體而升謝靈運游名山志新溪蠣味偏甘有過紫溪者永嘉郡記樂成縣新溪口有蠣方圓數十畝四面皆蠣其味偏好南史王融傳不知許事且食蛤蜊

蝓虒蝓也從虫俞聲　羊朱切

虒蝓也者字書虒蝓蝸牛也廣雅蠡蠃蝸牛螔蝓也爾雅釋魚蚹蠃螔蝓郭注即蝸牛也本草蛞蝓一名陵蠡一名土蝸一名附蝸生太山池澤及陰地沙石垣下衍義云蛞蝓蝸牛二物矣蛞蝓其身肉止一段蝸牛背上別有肉以負殼行顯然異矣以蛞蝓是蝸牛之老者甚無謂蛞蝓有二角蝸牛四角兼背有負殼肉豈得爲一物也士冠禮蠃醢注云螔蝓醢今文蠃爲蝸淮南俶眞訓蠃蝸瘉睆高注蝸牛即螔蝓也綦也李淳風引詩緯十五國星野云邦國當虒蝓之宿注云虒蝓蝸牛也爾雅翼螔蝓入三十六禽又是四種角之例營室之精楊愼曰術數家以三十六禽配十二辰其配巳則蛇蚓蛞蝓蛞蝓今之蝸牛亦穴居者故與蛇同類

蜎也從虫肙聲 狂沇切

蜎也者蜎當爲蠉本書蠉蟲行也字林蜎蟲貌也玉篇蜎蜀兒本書蜀象其身蜎蜎引詩蜎蜎者蜀程君瑤田日記曰刺兵欲無蜎先鄭蜎謂橈也案下記云凡試廬事置而搖之以眡其蜎也蜎謂不直兒如蜀身之蜎蜎然也釋魚蜎蠉郭注井中小蛣蟩赤蟲後案蛣蟩本名肙作虫肙者謂蟲動非蟲名又案蜎蠉聲相近戰國策范環史記甘茂傳作范蜎漢書藝文志蜎子即楚

人環淵淮南原道訓又作蜎蠉

夗蟺也從虫亶聲 常演切

夗蟺也者集韻引作蛩蟺廣韻作蜿蟺揚雄傳作宛延風俗通冷澀比如寒蜒一切經音義十三曲蟺即蚯蚓亦名蛩蟺今江東呼爲寒蚓古今注蚯蚓一名蜿蟺一名曲蟺善長吟於地中江東謂之歌女或謂之鳴砌廣雅蛩蟺蚯蚓也又云蚯蚓蜿蟺引無也方言螾場謂之坦注云螾蟮蟮也釋蟲螼蚓蜸蠶郭注即蛩蟺也嵇康琴賦蛩蟺相糾

蚴蟉也從虫幽聲 於虯切

蚴蟉也者玉篇蚴與蚴同蚴虯龍兒漢書司馬相如傳青龍蚴蟉於東廂顔注蚴蟉行動貌又大人賦驂赤螭青虯之蚴蟉蜿蜒

蚴蟉也從虫翏聲 力幽切

藏也從虫執聲 直立切

釋詁蟄靜也易繫辭龍蛇之蟄以存身也哀十二年左傳火伏而後蟄者畢夏小正正月啓蟄傳曰啓蟄言始發蟄也周書時訓解蟄蟲不振陰姧陽呂氏春秋孟春紀蟄蟲始振注云蟄讀如詩文王之什蟄伏之蟲乘陽始振動蘇生也淮南地形訓介鱗者夏食而冬蟄山海經冬死而夏生注云此亦蟄類也謂之死者言其蟄無所知如死巨藏也者一切經音義十三說文蟄藏也蟲至冬即蟄隱不出也獸有淺毛亦蟄熊羆等也

青蚨水蟲可還錢從虫夫聲 房無切

青蚨水蟲可還錢者廣雅蟱蝸魚伯青蚨也嵇聖賦涂青蚨而還錢鬼谷子若蚨母之從其子也注云蚨水蟲用其血染子母錢則常不相離淮南萬畢術青蚨還錢注云以其子母各置甕中埋東行陰垣下三日後開之即相從以母血涂八十一錢以子血涂八十一錢以其錢更互市置子用母置母用子皆自還也搜神記南方有蟲名蟱蝸形如蟬大味辛美可食其子著草葉如蠶種得其子則母飛來雖潛取必知處殺其母涂錢子涂貫用錢貨去旋則自還陳藏器本草青蚨生南海狀如蟬其子著木用以涂錢皆歸本處海藥云謹按異物志青蚨生南海諸山雄雌常

處不相捨與青金色相似人採得以法末之用涂錢以貨易晝用夜歸亦是人間難得之物也或作青鳧白帖漢時有青鳧錢以血涂之去又來寰宇記賓州有蟱蝸蟲郡國志云形如蟬辛美可食子如蠶種著草葉中得其子則母飛來就之謂之青鳧束皙云青鳧可以還錢或云青蚨

𧍪鼀詹諸以脰鳴者從虫匊聲 居六切

𧍪鼀詹諸者本書圥鼀詹諸也廣韻鼀𧍪鼀釋蟲不𧍪王蚥蝮謂𧍪鼀不𧍪聲相近王蚥當爲去蚥詹諸謂之去蚥以脰鳴者者鄭注考工記梓人云脰鳴鼃黽屬釋文云脰頸也

蝦蟆也從虫叚聲 乎加切

顔注急就篇蝦蟆一名蟼大腹而短腳釋蟲蟼蟆郭云蛙類易通卦驗夏至小暑蝦蟆無聲

蝦蟆也者本書蝦蟆一名蟾蜍一名䵷一名去甫一名苦蠪生江湖池澤陶隱居云此是腹大皮上多痱磊者陳藏器云蝦蟆蟾蜍二物各別蝦蟆背有黑點身小能跳接百蟲解作呷呷聲在陂澤閒舉動極急蟾蜍身大背黑無點

多罷屭不能跳不解作聲行動遲緩在人家溼處本經云蝦蟆一名蟾蜍誤矣

蟆　蝦蟆也從虫莫聲　莫遐切

胡注通鑑眉州眉山東有蟆頤山狀如蟆頤因名

蠵　大鼃也以胃鳴者從虫巂聲　戶圭切

郭璞山海經圖贊水圓三方潛源溢沸靈鼃爰處掉尾養氣莊生是感揮竿敖貴

大鼃也者本書觜觜觽觽當爲蠵玉篇蠵觜蠵似蝳蝐而薄有文郭注爾雅涪陵郡出大鼃甲可以卜緣中文似蝳蝐俗呼爲靈鼃卽今觜蠵鼃一名靈蠵能鳴東山經深澤其中多蠵鼃郭注蠵觜蠵大鼃也甲有文彩似蝳蝐而薄楚詞招魂露雞臛蠵注云蠵大鼃也西京賦淵游鼃蠵五臣注蠵鼃類也漢書揚雄傳抾靈蠵應劭曰蠵大鼃也雄曰毒冒雌曰觜蠵禮樂志馮蠵切和疏寫平晉灼曰蠵觜蠵鼃屬也　以胃鳴者者鄭注考工記梓人云胷鳴榮原屬釋文胷貢馬作胃貢云𧖪蠵也

蠵　司馬相如說蠵從夐

本書夐或從舊

螹　螹離也從虫漸省聲　慈染切

螹離也者廣韻螹離蟲名漢書司馬相如傳鰅鰫螹離通作漸史記有高漸離

蟹　有二敖八足旁行非蛇鮮之穴無所庇從虫解聲　胡買切

太元蠏之郭索心不一也　傅肱蠏譜蠏鶻眼鬻足蛭腦蟛腹其爪類拳丁其螯類執鉞生於濟鄆者其色紺紫產於江南者其色青白　容齋四筆文登呂亢多識草木蟲魚守官台州臨海命工作蠏圖凡十有二種一曰蝤蛑乃蠏之巨者兩螯大而有細毛如苔八足亦皆有微毛二曰撥棹子狀如蝤蛑螯足無毛後兩小足薄而微濶類人之所食者然亦頗異其大如升南人皆呼爲蠏八月間盛出人採之與人鬬其螯甚巨往往能害人三曰擁劍狀如蠏而色黃其一螯偏長三寸餘有光四曰彭螖螯微毛足無毛以鹽藏而貨於市爾雅曰彭蠌小者蟧云小蠏也蠌音澤蟧音勞吳人呼爲彭越搜神記言此物嘗通人夢自稱長卿今臨海人多以長卿呼之五曰竭朴大於彭螖殼黑斑有文章螯正赤常以大螯障目小螯取食六曰沙狗似彭螖壞沙爲穴見人則走屈折易道不可得七曰望潮殼白色居則背坎外向潮欲來皆出坎舉螯如望不失常期八曰倚望亦大如彭螖居常東西顧睨行不四五又舉兩螯以足起望惟入穴乃止九曰石𧉧大於常蠏八足殼通赤狀若鵝卵十曰蜂江如蠏兩螯足極小堅如石不可食十一曰蘆虎似彭蜞正赤不可食十二曰彭蜞大於螖小於常蠏呂君云此皆常所見者北人罕見故繪以爲圖又海商言海中黿鼉島之東一島多蠏種名甚異有虎頭者有翅能飛者有能捕魚者有殼大兼尺者以非親見故不書李履中得其一本爲作記予家楚宦游二浙閩廣所識蠏屬多矣亦不悉與前說同而所謂黃甲白蠏蟳蠘諸種呂圖不載豈名謂或殊乎故紀其詳以示博雅者　釋魚螖蠌小者蟧郭注或曰卽彭螖也似蠏而小世說新語紕漏篇蔡司徒渡江見彭蜞大喜曰蟹有八足加以二螯令烹之既食吐下委頓方知非蟹後向謝仁祖說此事謝曰卿讀爾雅不熟幾爲勸學死注云大戴禮勸學篇曰蟹二螯八足非蛇蟬

之穴無所寄託者用心躁也故蔡邕爲勸學章取義焉爾雅曰螖蠌小者蟧卽彭蜞也似蟹而小今彭蜞小於蟹而大於彭螖卽爾雅所謂螖蠌也然此三物皆八足二螯而狀甚相類蔡謨不精審其小大食而致斃故謂讀爾雅不熟也

有二螯八足旁行者一切經音義十六引作水蟲也八足二螯旁行也廣韻蟹水蟲玉篇蟹二螯八足急就篇鯉鮒蟹鱓鮐鮑鰕顏注蟹八足二螯旁行大戴禮勸學篇蟹二螯八足晉書畢卓傳左手持酒杯右手持蟹螯廣韻贅蟹大腳也萩齋古今黈蟹八足而二螯天下人無不識者而荀卿子謂蟹六跪而二螯楊倞云跪足也韓子以刖足爲刖跪螯蟹首上如鉞者許慎說文亦云蟹六足而二螯荀卿子趙人仕齊三爲祭酒後適楚爲蘭陵令趙齊皆有蟹而楚又蟹之鄉也荀子大儒而謂蟹六跪何耶許叔重嘗撰五經異義當時號爲博物而亦以蟹爲六足者非不識蟹蓋循荀子之說而忘其所以爲誤耳韻案此所見本作六足埤雅蟹旁行故今里語謂之旁蟹孝經援神契蟹二螯兩端旁行注云螯猶兵也小蟲而欲兩端自衛故使旁行也鄭注考工記梓人云仄行蟹屬　非蛇鱓之穴無所庇者荀子勸學篇蟹非蛇蟺之穴無所寄託者用心躁也纂文鱓蛇魚也集韻蛇蟬黃質黑文爾雅翼鱓似蛇亦名

蛇蟬淮南子曰赤螭青虬之游冀州也天清地定嗜味含甘步不出頃畝之區而蛇蟬輕之以爲不能與之爭於江海之中急就篇鯉鮒蟹蟬鮐鮑鰕顏注蟬似蛇周書王會甌人食蛇蟬攝生月令四月勿食蛇蟬郭注山海經蟬魚似蛇音善淮南說林訓今蟬之與蛇狀相類而愛憎異四子講德論鱣蟬並逃九罭不以爲虛抱朴子田地既有自然之蟬而又有荇莖芩根土龍之屬化爲蟬異苑蟬或人髮化也顏氏家訓歸心篇江陵劉氏以賣蟬羹爲業字或作鱓廣韻蟬與鱓同魚似蛇南齊書周顒傳鱓之就脯驟於屈伸梁書邵陵王綸攝南徐州事問賣鱓者刺史何如對言躁虐綸怒令吞鱓以死周處風土記陽羨俗五月以菰黍鱓魚食凡鱓魚夏出冬蟄亦以將陽氣和時節也胡注通鑑云鱓與蟬同蟬魚似蛇今江東溝港皆有之又通作鱣韓非內儲說鱣似蛇蠶似蠋人見蛇則驚駭見蠋則毛起然而婦人拾蠶漁者握鱣利之所在則忘其惡說苑騰蛇幕託宿於鰌鱣之穴後漢書楊震傳後有冠雀銜三鱣魚飛集講堂前都講取魚進曰蛇鱣者卿大夫服之象也數三者法三台也先生自此升矣注云鱣音善韓子云鱣似蛇臣賢案續漢及謝承書鱣字皆作鱓然則鱣鱓古字通也鱓魚長者不過三尺黃地黑文故都講云蛇鱓卿

大夫服之象也郭璞云鱣魚長二三丈晉灼然反安有鸛雀能勝二三丈乎此爲鱓明矣顏氏家訓書證篇後漢書云鸛雀銜三鱣魚多假借爲鱣鮪之鱣俗之學士因謂之爲鱣魚案魏武四時食制鱣魚大如五斗匳長一丈郭璞注爾雅鱣長二三丈安有鸛雀能勝一者況三頭乎鱣又純灰色無文章也鱓魚長者不過三尺大者不過三指黃地黑文故都講云蛇鱓卿大夫服之象也續漢書及搜神記亦說此事皆作鱓字孫卿云魚鼈鰌鱣及韓非說苑皆曰鱣似蛇蠶似蠋並作鱣字假鱣爲鱓其來久矣馥案杜甫夔府詠懷詩求飽或三鱣押入先韻形聲並誤或作鱔白帖漢昭帝時釣得蛟長三丈帝曰此魚鱔之類命大官爲鮓

鱓　蟬或從魚

蛫　蠏也從虫危聲　過委切

蠏也者集韻蛫蠏六足者本草圖經蟹之類甚多六足者名蛫有大毒不可食廣雅蜅蠏蛫也其雄曰鯢鱃其雌曰博帶

蜮　短狐也似鼈三足以气射害人從虫或聲　于逼切

洪範五行傳蜮如鼈三足生於南越南越婦人多淫故其地多蜮淫女或亂之氣所生也　埤雅蜮畏鵞禽經鵞飛則蜮沈臨海異物志鸂鶒水鳥食短狐馥案杜臺卿淮賦鸂鶒尋邪而逐害

短狐也似鼈三足以气射害人者玉篇蜮似鼈含沙射人爲害如狐也廣雅射工短狐蜮也詩何人斯爲鬼爲蜮傳云蜮短狐也陸璣疏云一名射影江淮水皆有之人在岸上影見水中投人影則殺之故曰射影南人將入水先以瓦石投水中令水濁然後入或曰含沙射人皮肌其瘡如疥周禮壺涿氏掌除水蟲注云水蟲狐蜮之屬竹書惠王二年鄭人入王府多取玉玉化爲蜮射人楚詞大招魂乎無南蜮傷躬只王注蜮短狐也洪氏補注引孫真人云江東江南有蟲名短狐谿毒亦名射工其蟲無目而利耳能聽在山源谿水中聞人聲便以口中毒射人大荒南經有蜮民之國射蜮是食注云蜮短狐也似鼈含沙射人中之則病死博物志江南山谿中射工甲蟲類也長一二寸口中有弩形氣射人影隨所著處發瘡不治則殺人論衡言毒篇夫毒太陽之熱氣也太陽火氣常爲毒螫氣熱也太

陽之地人民促急促急之人口舌爲毒故楚越之人口唾射人則人脈胎腫而爲瘡南郡極熱之地其人祝樹樹枯唾鳥鳥墜故南道名毒曰短狐干寶搜神記有物處於江水其名曰蜮一曰短狐能含沙射人所中者頭痛發熱劇者至死以方術抑之則得沙石於肉中玄中記短狐者視影蟲也其氣乃鬼也長三四寸其色黑廣寸許背上有甲厚三分許其頭有角向前如角狀見人則氣射人去二三步即射中人十人六七人死鶩鵞蟾蜍悉食之抱朴子登涉篇短狐一名蜮一名射工一名射影其實水蟲也狀如鳴蜩狀蠋作似三合杯有翼能飛無目而利耳口中有橫物如角弩聞人聲以氣爲矢則因水而射人中人身者即發瘡中影者亦病而不即發瘡不曉治之者殺人其病似大傷寒不十日皆死射工冬天蟄於山谷間大雪時索之此蟲所在其雪不積留氣起如灼炙掘之不過入地一尺則得也陰乾末帶之夏天自辟射工也後漢書馬融傳走蜮祥注云洪範五行傳曰蜮射人生於南越謂之短狐詩蟲魚疏曰一名射景如鼈三足今俗謂之水弩也南齊書孝義傳鄰舍人有中溪蜮毒者柳宗元嶺南詩射工巧伺游人影春秋莊十八年秋有蜮服注蜮短狐南方盛暑所生其狀如鼈古無今有含沙射人人皮肉中其瘡如

疥偏身中濩濩蜮蜮故曰災禮曰惑君則有京房易傳忠臣進善君不識厥咎國生蜮漢書五行志劉向以爲有蜚有蜮不言來者氣所生所謂眚也楚元王傳有蜮蜚顔注蜮短尾狐也馥案春秋之蜮螟蝗類

蜮又從國

陳藏器本草鸀鳿鳥主蜮短狐等病將鳥來病人邊則能唼人身訖以物承之當有砂石出也其砂即是含砂射人砂是此蟲之箭也

似蜥易長一丈水潛吞人即浮出日南從虫屰聲五各切

字或作鰐博物志南海有鰐魚狀似鼉斬其頭而乾之去齒更生如此者三乃止又作鱷赤雅鰐魚一名忽雷經云海有大魚厥名曰鱷其骨已朽其齒三作馥案韓滉製二琵琶進文宗名曰大忽雷小忽雷言其器音響如鰐魚之鳴也又案韓愈在潮州爲文驅逐鰐即徙去宋陳堯佐捕得一尾戮之有文記其事

似蜥易長一丈者寰宇記鰐魚狀如鼉四足身長二丈口長四尺齒如鋸食人爲糞生卵如鵝子大夘後骨已枯齒落更生朽盡乃止廣州異物志鰐魚長者一丈餘有四足喙長七尺齒甚利虎及鹿渡水鰐擊之皆中斷及頭斷喙去齒旬日更生吳都賦鼉鼊鯖鰐五臣注鰐魚長二丈餘有四足似鼉喙長三尺甚利齒虎及大鹿渡水鰐擊之皆中斷生子則出在沙上乳卵卵如鴨子亦有黄白可食水潛吞人即浮者爾雅翼鰐魚能食人既飽浮出水上若昏醉之狀　出日南者他處亦有之梁書林邑國於城溝中養鰐魚門外圈猛獸有罪者輒以餧猛獸及鰐不食爲無罪三日乃放之鰐大者長二丈餘狀如鼉一目四足喙長六七尺兩邊有齒如刀劒魚常遇得麋鹿及人亦噉之蒼梧以南及外國皆有吳時外國傳鰐魚大者長二三丈有四足似守宮常吞食人扶南王范尋敕捕取置灕塹中尋有所忿者縛以食若無罪鰐不食便解放嶺表錄異鰐魚其身土黄色有四足修尾形狀如鼉而舉止趫疾口森鋸齒往往害人南中鹿多最懼此物如鹿走崖岸之上羣鰐嗥叫其下鹿必怖懼落崖多爲鰐魚所得亦物之相攝伏也寰宇記惠州歸善縣鰐池池中多鰐魚因以爲名

蛧蜽山川之精物也淮南王說蛧蜽狀如三歲小兒赤黑色赤目長耳美髮從虫网聲國語曰木石之怪夔蛧蜽文兩切

蛧蜽山川之精物也者李善注西京賦引作水神一切經音義二說文蛧蜽從虫字書從鬼同通俗文木石怪謂之魍魎言木石之精也馥案又作罔兩宣三年左傳故民入川澤山林不逢不若螭魅罔兩莫能逢之杜注罔兩水神服虔注罔兩木石之怪又作方良周禮方相氏敺方良注云方良罔兩也又作罔閬史記孔子世家木石之怪夔罔閬淮南王說云云者一切經音義二引淮南說狀如二歲小兒赤黑色赤目赤爪長耳美髮也國語曰木石之怪夔蛧蜽者魯語文韋注蛧蜽山精好斆人聲而迷惑人也賈逵注罔兩罔象言有夔龍之形而無實體皆虛無也

蜽蛧蜽也從虫兩聲良獎切

蝯善援禺屬從虫爰聲雨元切

一切經音義十蝯五百歲化爲玃玃壽千歲　新序子獨不見夫元蝯乎當其居桂林之中峻叢之上從容游戲超騰往來龍興而鳥集悲嘯長吟當此之時雖羿逄蒙不得正目而視也淮南說林訓漢書景十三王傳並作此蝯字或作猨玉篇猨似獮猴而大能嘯也陸璣詩疏長臂者爲猨列子天瑞篇老㺄之爲猿也莊子天地篇猿狙之便自山林來釋文司馬云言便捷見捕楚詞哀時命置猿狖於櫺檻兮夫何以責其捷巧南山經堂庭之上多白猿注云今猿似獮猴而大臂腳長便捷色有黑有黄鳴聲甚哀說苑猿得木而挺　通作爰漢書李廣傳爲人長爰臂如淳曰臂如猨臂通肩也　善援者釋獸猱蝯善援郭注便攀援釋文援猶引也考工記几攫閷援簭之類管子形勢解緣高出險蝚蝯之所長而人之所短也故曰墜岸三仞人之所大難也而蝚蝯飲焉漢書揚雄傳蝯狖擬而不敢下顏注蝯善攀援　禺屬者御覽引作禺屬音扶沸切孝子傳猿禺屬也或黄或黑通胛輕䠡善緣能於空虛輪轉

蠗禺屬從虫翟聲直角切

禺屬者當如釋獸作寓屬史記司馬相如傳蛭蜩蠼蝚字或作玃玉篇玃似獮猴而黄

蜼 如母猴卬鼻長尾从虫隹聲 余季切

史記索隱蜼今狖一切經音義八狖古文蜼字林餘繡反江東名也又音餘季反建平名也 爾雅圖讚寓屬之才莫過於蜼雨則自縣塞鼻以尾厥狀雖陋列象宗彝

如母猴卬鼻長尾者集韻引字林蜼獸名如猴卬鼻長尾廣雅猱狙獼猴也集韻引作獼雅馥案雅即蜼之別體玉篇雅似獼猴釋獸蜼卬鼻而長尾郭注蜼似獼猴而大黃黑色尾長數尺似獺尾末有岐鼻露向上雨即自縣於樹以尾塞鼻或以兩指江東人亦取養之爲物捷健中山經鬲山其獸多蜼郭注與爾雅注畧同漢書司馬相如傳蜼玃飛蠝張揖曰蜼如母猴卬鼻而長尾周禮司尊彝蜼彝注云蜼禺屬卬鼻而長尾馥謂當作寓屬

蚼 北方有蚼犬食人从虫句聲 古厚切

北方有蚼犬食人者海內北經蜪犬如犬青色食人從首始注云音陶或作蚼音鉤

蛩 蛩蛩獸也一曰秦謂蟬蛻曰蛩从虫巩聲 渠容切

蛩蛩獸也者急就篇豹狐距虛豺犀兕顏注距虛即蛩蛩也似馬而有青色一曰距虛似驘而小一切經音義十三駏驉似騾而小牛父馬子者也周書王會孤竹距虛注云距虛野獸驢騾之屬劉氏新論審名篇蛩蛩巨虛其實一獸因其詞煩分而爲二穆天子傳邛邛距虛走百里注云尸子曰距虛不擇地而走山海經云蛩蛩距虛並言之亘漢書司馬相如傳蹵蛩蛩轔距虛張揖曰蛩蛩青獸狀如馬距虛似贏而小郭璞曰距虛卽蛩蛩變文互言耳海外北經北海有素獸焉狀如馬名曰蛩蛩注云卽蛩蛩距虛也音邛楚詞九懷飛駏兮步彷注云駏驉奮飛承轂輪也文選七發前似飛鳥後類距虛李善注范子曰千里必有距虛呂氏春秋曰距虛鼠後而兔前潛夫論蛩蛩距虛更相持仰乃俱安存阮籍詠懷詩蛩蛩亦念飢韓愈醉留東野詩願得終始如駏蛩名醫別錄菴蕳子駏驢食之神仙

一曰秦謂蟬蛻曰蛩者玉篇蛩蟬蛻也字或作蛬廣韻蛬蟬脫蛬皮

蟨 鼠也一曰西方有獸前足短與蛩蛩巨虛比其名謂之蟨从虫厥聲 居月切

鼠也者集韻蟨姑衛切鼠也 一曰西方有獸前足短與邛蛩蛩巨虛比其名謂之蟨者釋地西方有比肩獸焉與邛邛岠虛比爲邛邛岠虛齧甘草卽有難邛邛岠虛負而走其名謂之蟨郭云呂氏春秋曰北方有獸其名爲蟨鼠前而兔後趨則頓走則顛然則邛邛岠虛亦宜鼠後而兔前前高不得取甘草故須蟨食之今鴈門廣武縣夏屋山中有獸形如兔而大相負共行土俗名之爲蟨鼠周書王會獨鹿邛邛距虛善走也注云獨鹿西方之戎也邛邛獸似鼠距虛負蟨而走淮南道應訓北方有獸其名曰蟨鼠前而兔後趨則頓走則顛常爲蛩蛩駏驢取甘草以與之蟨有患害蛩蛩駏驢必負而走此以其所能託其所不能高注鼠前足短兔後足長故謂之蟨蛩蛩駏驉前足長後足短故能乘虛而走不能止也韓詩外傳西方有獸名曰蟨前足鼠後足兔得甘草必銜以遺蛩蛩距虛其性非能蛩蛩距虛將爲假之故也說苑復恩篇孔子曰北方有獸其名曰蟨前足鼠後足兔會得甘草必齧以遺蛩蛩巨虛蛩蛩距虛見人將來必負蟨以走蟨非性之愛蛩蛩巨虛也爲其假足之故也二獸者亦非性之愛蟨也爲其得甘草而遺之故也郭璞比肩獸贊蟨與岠虛乍兔乍鼠長短相濟彼我俱舉有若自然同心共膂夢溪筆談契丹北境有

跳兔形皆兔也但前足纔寸許後足幾一尺行則用後足跳一躍數尺止則蹶然仆地生於契丹慶州之地大漠中予奉使日捕得數兔持歸益爾雅所謂蟨兔也亦曰蛩蛩巨驉也劉氏新論託附篇蟨鼠附於蛩蛩以攀追日之步

蝙 蝙蝠也从虫扁聲 布玄切

郭氏元中記百歲之鼠化爲蝙蝠 陸■詩會不如老鼠飜飛成蝙蝠 吳婁縣記太湖東邊別有小山名小洞庭有三穴中有大蝙蝠如鳥 臨海記黃石山泄水東南五峴路口有鍾乳穴中伏翼大如鶩鴨 古今注蝙蝠一名仙鼠一名飛鼠五百歲色白腦重集物則頭垂故謂之倒挂蝙蝠食之神仙 曹植蝙蝠賦吁何姦氣生茲蝙蝠形殊性詭每變常式行不由足飛不假翼明伏暗動盡似鼠形謂鳥不似二足謂毛飛而含齒巢不哺鷇空不乳子不容毛羣斥逐羽族下不蹈陸上不馮木

蝠 蝙蝠服翼也从虫畐聲 方六切

蝙蝠服翼也者釋鳥文郭注齊人呼爲蟙𧍎或謂之仙鼠廣韻引作伏翼變化論蝙蝠應値庚申乃伏故說文一名

伏翼孝經援神契蝙蝠伏匿故夜食廣雅伏翼飛鼠仙鼠蟙蠌也易通卦驗雨水蝙蝠出注云蝙蝠伏翼本草伏翼一名蝙蝠唐本注云伏翼以其晝伏有翼爾方言一名仙鼠在山孔中食諸乳石精汁皆千歲頭上有冠淳白大如鳩鵲食之令人肥健長年其大如鶉未白者皆已百歲而並倒懸吳氏本草伏翼或生人家屋間方言蝙蝠自關而東謂之服翼或謂之飛鼠或謂之老鼠或謂之仙鼠自關而西秦隴之間謂之蝙蝠北燕謂之蟙蠌 新序黃鵠白鶴一舉千里使之與燕服翼試之堂廡之下盧室之間其便未必能過燕服翼也

蠻 南蠻蛇種從虫䜌聲 莫還切

書禹貢三百里蠻馬注蠻慢也禮簡怠慢來不距去不禁鄭注蠻者聽從其俗羈縻其人耳故云蠻蠻之言緍也 南蠻者廣韻蠻南夷名王制南方曰蠻雕題交趾有不火食者矣皇氏論語義疏南有八蠻一天竺二咳首三僬僥四跛踵五穿胸六儋耳七狗軹八旁脊 蛇種者本書羌下云南方蠻閩從虫白虎通蠻虫難化執心違邪

閩 東南越蛇種從虫門聲 武巾切

東南越者史記東越傳閩越王無諸注云東越之別名周禮職方氏四夷八蠻七閩鄭荅趙商八蠻在南方閩其別也 蛇種者廣韻閩閩越蛇種也漢書高帝紀以諸身帥閩中兵以佐滅秦顏注閩越今泉州建安是其地也其人本蛇種故其字從虫

虹 螮蝀也狀似蟲從虫工聲明堂月令曰虹始見 戶工切

一切經音義二十一天弓亦言帝弓即天虹俗云絳 裴松之三國志注虹音降 爾雅音虹雙出色鮮盛者爲雄雄曰虹闇者爲雌雌曰霓 釋名虹攻也純陽攻陰氣也又曰蝃蝀其見每於日在西而見於東啜飲東方之水氣也見於西方曰升朝日始升而出見也又曰美人陰陽不和婚姻錯亂淫風流行男美於女女美於男恆相奔隨之時則此氣盛故以盛時名之也 漢書燕王旦傳天雨虹下屬宮中飲井水文子天有二氣則成虹 詩義問虹有赤色在上者陰乘陽氣也 尚書考靈曜注云日旁氣白者爲虹 易通卦驗注云虹者陰陽交接之氣陽唱陰和之象 春秋元命苞陰陽交爲虹霓 春秋運斗樞樞星散爲虹霓 河圖稽曜鉤鎮星散爲虹霓

螮蝀也者郭注山海經虹螮蝀也漢書天文志抱珥䖟蜺如淳曰䖟或作虹螮蝀謂之虹表云雄爲虹雌爲蜺 明堂月令曰虹始見者月令季春之月虹始見注云螮蝀謂之虹 蔡氏章句虹螮蝀也陰陽交接之氣著於形色者也雄曰虹雌曰蜺虹常依陰雲而晝見於日衝無雲不見太陰亦不見率以日西見於東方故詩云螮蝀在東蜺常依蒙濁見日旁白而直者曰白虹凡日旁者四時常有之惟雄虹起季春見至孟冬乃藏 周書時訓解虹不見婦人苞亂 呂氏春秋季春紀虹始見注云虹螮蝀也兗州謂之訂 京房易傳蜺四時有之惟雄虹見藏有月

蚺 籀文虹從申申電也

本書陳古文作𨸏

從申申電也者釋天疾雷爲霆霓 春秋震電穀梁以電爲霆 馥案從申即霆霓之義

螮 螮蝀虹也從虫帶聲 都計切

螮蝀虹也者釋天文郭注俗名美人虹字或作蝃詩鄘風蝃蝀在東傳云蝃蝀虹也正義云此與爾雅字小異音實同 詩又云朝隮于西崇朝其雨箋云朝有升氣於西方終其朝則雨氣應自然 正義云視祲注云隮虹也詩云朝隮于西則隮亦虹也由升氣所爲故號虹爲隮 鄭司農亦云隮者升氣是也

蝀 螮蝀也從虫東聲 多貢切

蠥 衣服歌謠艸木之怪謂之祅禽獸蟲蝗之怪謂之蠥從虫辥聲 魚列切

衣服歌謠云云者一切經音義四引云衣服歌謠之怪謂之妖禽獸蟲蝗之怪謂之蠥蠥災也 廣韻蠥祅蠥 釋名蠥櫱也遇之如物見髡櫱也 通作孽 白虎通孽者何謂也曰介蟲生非常 尚書大傳曰時則有介蟲之孽時則有龜孽 漢書五行志凡草物之類謂之妖妖猶夭胎言尚微蟲豸之類謂之孽孽則牙櫱矣 禮樂志妖孽休息 昭十年左傳薀利生孽注云孽妖害也 吳語以妖孽吳國大戴禮四代篇委利生孽中庸必有妖孽 何休膏肓昔周公之隆天不出妖地不出孽

文一百五十三　重十六

蟚 見螻下

蛤 黑貝 廣韻引

螪 說見蚜下

遺文三

說文解字弟十三義證弟四十三

曲阜桂馥學

蚰 蟲之總名也从二虫凡蚰之屬皆从蚰讀若昆古魂切

蟲之總名也者凡從蚰者皆小蟲夏小正蚰小蟲也蚰魂也魂魂然小蟲動也 讀若昆者經典通用昆字夏小正傳昆者衆也王制昆蟲未蟄不以火田禮運故無水旱昆蟲之災荀子富國篇然後昆蟲萬物生其閒注云昆蟲蚳蝝蜩范之屬也

蠶 吐絲蟲从蚰朁聲昨含切

釋蟲蟓桑繭郭注食桑葉作繭者卽今蠶 書禹貢桑土既蠶又云厥貢漆絲傳云宜桑蠶 春秋考異郵陽物火惡水故蠶食而不飲陽立於三春故蠶三變而後消亦於三七二十一日故二十一日而繭 淮南說林訓蠶食而不飲二十一日而化東方朔別傳天公問臣下方人何衣臣對曰衣蟲蟲何若臣對曰蟲喙頫頫類馬色邠邠類虎天公大怒以

臣為謾使使下問還報名曰蠶天公乃出臣 荀子賦篇帝古之曰此夫身女好而頭馬首者與屢化而不壽者與善壯而拙老者與有父母而無牝牡者與冬伏而夏游食桑而吐絲前亂而後治夏生而惡暑喜溼而惡雨蛹以為母蛾以為父三俯三起事乃大已夫是之謂蠶理

吐絲蟲者小字本李燾本張次立本復古編集韻字鑑六書故並作任絲也本書初刻亦作任絲後復改之廣韻類篇增韻作吐絲蟲元中記漢人曰吾國有蟲大如小指名曰蠶食桑葉為人吐絲外國復不信有之淮南覽冥訓蠶弭絲而商弦絕高注蠶上下絲於口為弭絲

䖸 蠶化飛蟲从蚰我聲五何切

蠶化飛蟲者通作蛾大戴禮易本命篇食桑者有絲而蛾古今注元帝永元四年東萊郡東牟山有野蠶為繭繭生蛾蛾生卵論衡無形篇蠶食桑老績而為繭繭又化而為蛾蛾有兩翼變去蠶形唐書于闐傳初無桑蠶丐鄰國不肯出其王卽求婚許之自是始有蠶女刻石約無殺蠶蛾飛盡得治繭廣志有蠶蛾有天蛾凡草木蟲以蛹化為蛾

甚衆

或從虫

或從虫者本書虫部有蛾字

齧人跳蟲從䖵叉聲叉古爪字 子皓切

關尹子六匕篇我之一身內變蟯蛔外烝蝨蚤 易林坤之漸探懷得蚤 趙壹解擯賦丹鴻可殺蚤蝨 淮南萬畢術曰羊去蚤蝨 字或作蚤論衡遭虎篇蟣蝨閒蜰皆食人案卽蚤蝨蟁蝨 齧人跳蟲者莊子釋文引作跳蟲齧人者也曹植曰得蚤者莫不糜之齒牙爲害身也杜夷幽求罷蚊絆蚤 叉古爪字者徐鍇本無此文

蚤或從虫

齧人蟲從䖵卂聲 所櫛切

說文解字義證 卷四十三 二 連筠簃叢書 靈石楊氏栞

易林萃之大過亂頭多憂搔蝨生愁 或作虱抱朴子今頭虱著身皆稍變而白身虱處頭皆漸化而黑釋家論積數云七蟣一虱七虱成一橫麥 杜夷幽求剖蟣居虱 齧人蝨者一切經音義十七同又云山東及會稽人皆音色抱朴子論仙篇蝨羣攻則臥不得安

蝗也從䖵夂聲夂古文終字 職戎切

蝗也者廣雅同本書蝗螽也玉篇螽蜙蝑屬也郭注山海經螽蝗類也釋蟲蜇螽蜙蝑春秋桓五年螽穀梁云蟲災也范云蜙蝑之屬列子仲尼篇臣之力能折春螽之股注云螽一曰蝗也

螽或從虫衆聲

爾雅釋文螽本或作𧒂音終 春秋公羊經桓五年𧒂傳云記災也何云𧒂者煩擾之所生 春秋佐助期螽之爲蟲赤頭甲身而翼飛行陰中陽也螽之爲言衆暴寡也 盧君文弨曰余友丁希曾解詩衆維魚矣謂衆乃𧒂字之省說文作蚤與螽同左氏穀梁春秋經桓五年螽公羊經作𧒂𧒂實蝗類凡池湖陂澤中魚鱐子皆近岸傍淺水處若遇歲旱水不能復其故處土爲風日所燥魚子蟰蠕而出卽變爲蝗蟲以害苗自大河以北土人皆知之今𧒂爲魚故以爲豐年之徵

蟲也從䖵展省聲 知衍切

小蟬蜩也從䖵截聲 子削切

小蟬蜩也者釋蟲蠽茅蜩郭注江東呼爲茅截似蟬而小青色方言蜩蟧謂之蠽蜩郭注江東呼爲蠽蠽也楚詞九思蠽蠽兮號西通作札夏小正四月鳴札釋蟲蚻蜻蜻郭注如蟬而小方言蟬其小者謂之麥蚻釋名札截也周禮大宗伯注札讀爲截昭四年左傳民不天札釋文札一音截

蠿蟊作网蛛蟊也從䖵𢇍聲𢇍古絕字 側八切

蠿蟊作罔蛛蟊也者爾雅釋文引同本書䵹鼄蟊也廣雅蛛蝥网工蠾蜘蟱蛛也方言鼅鼄鼄蝥也自關而西秦晉之閒謂之鼄蝥注云今江東呼蝃蝥陶注本草蜘蛛云懸網如魚罾者亦名蝴蟱釋蟲次蟗鼅鼄鼅鼄鼄蝥郭注今江東呼蝃蝥關尹子三極篇聖人師蜘蛛立網罟抱朴子對俗篇太昊師蜘蛛而結網易林未濟之蠱蜘蛛作網

說文解字義證 卷四十三 三 連筠簃叢書 靈石楊氏栞

以伺行旅張罩蜘蛛賦伊蜘蛛之爲蟲縱微性乎天壤吐自然之纖緒先皇羲而結網漢書律歷志造計秒忽注云忽起於蜘蛛絲言其微也

蠿蟊也從䖵矛聲 莫交切

爾雅作蝥釋文蝥說文作蟊音茅

蟲也從䖵寍聲 奴丁切

蟲也者廣韻𧕏螻蛄

蠐螬也從䖵曹聲 財牢切

蠐螬也者說見蠐下

螻蛄也從䖵舝聲 胡葛切

釋蟲蟓蛝螻郭注蛝螻螻蛄類迷作蛞方言螻蛄或謂之蛞螻

蟲蛸也從蚰卑聲匹標切

蟲蛸也者本書蛸蟲蛸堂蜋子集韻蟲蛸蟷蠰卵字或作螵一切經音義四螵與蜱同蟷螂子也

蟲或從虫

飛蟲螫人者從蚰逢聲敷容切

飛蟲螫人者者字林同一切經音義十二引作螫人者也廣韻引作螫人飛蟲也玉篇蠭螫人飛蟲也方言蠭燕趙之閒謂之蠓螉孝經援神契蠭蠆垂芒字或作蜂論衡言毒篇江北地燥故多蜂蠆江南地濕故多蝮蛇生高燥比陽陽物懸垂故蜂蠆以尾刺生下濕比陰陰物柔伸故蝮蛇以口齰

古文省

徐鍇韻譜作𧓈

按夂當爲夊

蠭甘飴也一曰螟子從蚰鼏聲彌必切

釋詁𪓰沒勉也釋文云𪓰本或作蠠說文曰蠠古蜜字馥案詩谷風黽勉同心文選注引韓詩作密勿同心十月之交黽勉從事漢書劉向傳作密勿從事士冠禮設扃鼏注云古文鼏爲密玉篇𪓰與蠠同勉也又蠭甘飴也今作蜜

蠭甘飴也者廣韻蠭蜂所作食韻集蜜蜂采百草華所作也裴松之上三國志注表蜜蠭以兼采爲味故能甘踰本質劉根墨子枕中記百花釀蜜風俗記有蚍拱居孕蠹生息挹采衆華以釀甘澤通鑑吳主使黃門至中藏取蜜注云蜜蜂糖也博物志遠方諸山出蜜蠟其處人家有養蜂者其法以木爲器開小孔纔容蜂出入以蜜蠟塗器安著簷前春月此蜂有時來過人家園垣者捕取得三兩頭便內著器中數宿出蜂飛去尋將伴來還經日漸益不可復數至夏開器取蜜蠟所得多少隨歲中所宜豐儉郭璞蜜蜂賦咀嚼華滋釀以爲蜜自然靈化莫識其術散似甘露凝如割肪冰鮮玉潤髓滑蘭香百藥須之以諧和扁鵲得之而術良爾雅翼今宛陵有黃連蜜色黃而味小苦雍洛閒有梨花蜜色如凝脂亳州太淸宮有檜花蜜色小赤南京柘城縣有何首烏蜜色更赤各隨所采花色而性之溫良亦相近孔帖蜀中有竹蜜其蜂好於野竹上結窠與蜜並紺色可愛甘倍於常蜜本草𠨕蜜一名𠨕飴味甘杜陽編貞元八年吳明國貢鸞蜂蜜蜂之聲有如鸞鳳其蜜色碧常貯之於白玉椀表裏徹如碧琉璃魏文帝詔蜀人作食喜著飴蜜魏略新城孟太守道蜀豬豚雞鶩味皆淡故蜀人作食喜著飴蜜以助味

蠠或從宓

⿱巨蚰蟓也從蚰巨聲強魚切

⿱巨蚰蟓也者說見蟓下

蟁齧人飛蟲從蚰民聲無分切

漢書景十三王傳聚蟁成雷顏注蟁古蚊字　通俗文明化爲蚊　淮南說林訓孑孓爲蟁　東方朔別傳郭舍人曰願問朔一事朔得臣願榜百朔窮臣當賜帛曰客從東方來歌謳且行不從門入踰我垣牆游戲中庭上入殿堂擊之柘柘死者攘攘格鬭而死主人被創是何物也朔曰長喙細身晝匿夜存嗜肉惡煙爲掌指所捫臣朔愚戇名之曰蟁舍人辭窮當復脫褌

齧人飛蟲者本書蟁蟁也傅選蚊賦鳴喙銳於秋毫刺貂利於芒錐無胎卵而化孕育蒲翼而能飛肇孟夏以朋起迄季秋而不衰衆繁熾而無數動羣聲而成雷肆慘毒於有生餐膚體以療飢金樓子齊威公臥於柏寢白鳥營飢而求飽因開翠紗之幬進蚊子焉其蚊有知禮者不食公之肉而退有知足者嘬公之肉而退有不知足者遂長噓短吸而食之及其飽也腹爲之潰

⿱昬蚰蟁或從昬以昬時出也

俗蟁從虫從文

蝱齧人飛蟲從蚰亡聲武庚切

廣雅蝱䖟蝱也　楚語蝱䗪之旣多韋注大曰蝱小曰䗪蝱牛者呼牛蝱說苑說叢蟁蝱走牛羊史記項羽本紀夫搏牛之蝱不可以破蟣蝨牟子昔公明儀爲牛彈淸角之操伏食如故轉爲蟁蝱之聲則掉尾而躡蹀

蠹木中蟲從蚰槖聲當故切

木中蟲者廣韻蠹食木蟲也一切經音義七引字林蠹木中蟲也襄三十一年左傳其暴露之則恐燥溼之不時而朽蠹秦策秦之有韓若木之有蠹呂氏春秋達鬱篇樹鬱則爲蠹高注蠹蝎木中之蟲也文子木生蠹還自食說苑辨物篇師曠曰木自生蠹而還自刻也商子修權篇蠹衆而木折顏延之庭誥文蠹壯則桂折韓非亡徵篇木之折也必通蠹史記范雎傳譬如木之有蠹也易林木生内蠹上下相賊四子講德論樹木者憂其蠹後漢書皇后紀遂忘淄蠹注云蠹食木蟲漢書南粤傳桂蠹一器論衡商蟲篇桂有蠹桑有蝎

蠹或從木象蟲在木中形譚長說

蠡蟲齧木中也從䖵彖聲　盧啟切

蟲齧木中也者集韻蠡蟲名玉篇蠡蠡薄之而欲破也孟子以追蠡趙注追鐘鈕也鈕擊齧處深矣蠡蠡欲絕之皃也馥謂蟲齧木木欲折之象也彖聲者當從彖誤作彖

古文

汗簡引作蠡

多足蟲也從䖵求聲　巨鳩切

多足蟲也者聲類同戴侗曰蠷螋似小蜈蚣色青黑足長溺人則瘡熱沸說文作蠿一切經音義九通俗文務求謂之蚑蛷關西呼蛷溲爲蚑蛷廣雅蛷螋蛷蝣也周禮赤犮氏凡隙屋除其貍蟲注云貍蟲蟅肌蛷之屬酉陽雜俎古蠷螋短狐踏影蠱皆中人影爲害博物志蛷螋溺人景隨所著處生瘡盧氏曰塗以鷄腸草經日卽愈段氏曰治以莎衣淮南說林訓曹氏之裂布蛷者貴之高云楚人名命爲曹今俗閒以始織布繫著其旁謂之曹布燒以傳蝫蛷瘡則愈故蛷者貴之

蠿或從虫

蚍蠹也從䖵橐聲　縛牟切

郭璞爾雅圖讚蚍蜉瑣劣蟲之不才感陽而出應雨構臺物之無懷自然知來又蚍蜉賦感萌陽以潛出知將雨而封穴伊斯蟲之愚昧乃先識而似哲

蚍蠹也者本書螘蚍蜉也䖵蚍蜉大螘也方言蚍蜉齊魯之閒謂之蚼蟓西南梁益之閒謂之元蚼燕謂之蛾蛘釋蟲蚍蜉大螘郭注俗呼爲馬蚍蜉

蠹或從虫從孚

蠽食也從䖵雋聲　子兖切

蠽食也者集韻作蠽食創也馥謂食當爲飾本書飾敗創也

蠢動也從䖵春聲　尺尹切

蠢動也者釋詁蠢動也又蠢作也注云蠢動作也方言蠢作也注云謂動作也書大禹謨蠢茲有苗傳云蠢動詩采芑蠢爾蠻荆傳云蠢動也釋名春蠢也萬物蠢然而生也鄉飲酒義春之爲言蠢也鄭注蠢動生之貌也考工記梓人張皮矦而棲鵠則春以功注云春讀爲蠢蠢作也出也八十一難經萬物之始生諸蚑行喘息蜎飛蠕動當生之物莫不以春而生吴都賦萬物蠢生五臣云蠢動也昭二十四年左傳今王室實蠢蠢焉杜注蠢蠢動擾貌

古文蠢從𢦏周書曰我有㦻于西

廣雅㦻出也　魏三體石經粤茲㦻今王室實㦻㦻焉

周書曰我有㦻于西者大誥文彼云有大艱於西土西土人亦不靜越茲蠢鄭注周民亦不定其心騷動言以兵應之閻若璩曰按說文所引書重在字多約其成文如重㦻字則約有大艱于西土西土人亦不靜越茲蠢爲我有㦻于西非眞有是句他可類推

文二十五　重十三

螱

釋蟲螱飛螘陸德明本作螱云說文字林從䖵

遺文一

有足謂之蟲無足謂之豸從三虫凡蟲之屬皆從蟲 直弓切

文子九守篇精氣爲人粗氣爲蟲　王逸九思蟲豸兮夾余

有足謂之蟲無足謂之豸者釋蟲文漢書五行志蟲豸之類顏注有足謂之蟲無足謂之豸史記黃帝本紀淳化鳥獸蟲蛾正義蛾音豸直氏反爾雅曰有足曰蟲無足曰豸顧炎武曰莊子在宥篇災及草木禍及止蟲止當作豸古止豸通用左傳宣十七年庶有豸乎豸止也

從三虫者爾雅釋文三虫爲蟲有足者也

蟲食艸根者從蟲象其形吏抵冒取民財則生 莫浮切

蟲食艸根者者藝文類聚引作蟲食苗根者也廣韻蟊食穀蟲成十三年左傳帥我蝥賊以來蕩搖我邊疆杜注蝥食賊食禾稼蟲名昭三十二年傳蝥賊遠屏杜注食根曰蝥食節曰賊文選謝靈運詩信能定蝥賊李善云食根曰蝥食節曰賊通作蟊釋蟲食根蟊釋文本亦作蛑說文作蟊蛑古蟊字詩桑柔降此蟊賊箋云蟲食苗根曰蟊食節曰

賊後漢書馮衍傳據其蟊賊岑彭傳輿人歌曰我有蟊賊岑君遏之注竝云蟊賊食禾稼蟲名　象其形者當云矛聲本從古文矛傳寫譌謬後人不識遂改諧聲爲象形

吏抵冒取民財則生者抵冒當爲抵冒通作冒京房易傳臣安祿茲謂貪厥災蟲蟲食根李巡曰蟊食禾根者言其稅取萬民財貨故云蟊也文十八年左傳貪于飲食冒于貨賄注云冒亦貪也成十二年傳諸侯貪冒襄四年傳在帝夷羿冒于原獸杜云冒貪也周語其君貪冒辟邪韋注冒抵冒也晉語有冒上而無忠下韋注冒抵冒言貪也史記伯夷列傳衆庶馮生索隱鄒誕生作每生每者冒也冒即貪之義文選運命論古之仕者蓋以官行其義不以利冒其官也御覽七百九十四引風俗通氐羌抵冒貪饕至以好利晉書賈模傳貪冒聚斂宋書鄧琬傳抵冒王威脩書楊素傳素貪冒財貨盛宏之荆州記飲貪泉者輒冒於財賄漢書趙充國傳抵冒渡湟水顏注冒音莫北反

復案冒通作墨謚法貪以敗官曰墨冒墨聲相近

蟊或從敄

本書虫部有蝥字

古文蟊從虫從牟

本書虫部以蛑爲蝥之古文　詩大田及其蟊賊傳云食根曰蟊釋文本又作蛑　漢張壽碑蛑賊不起王元賓碑蛑賊遠屏

蚍蜉大蟻也從蟲妣聲 房脂切

蚍蜉大蟻也者釋蟲文廣雅蚍蜉蟻也

蚍或從虫比聲

蠠也從蟲𠆮聲 武巾切

臭蟲負蠜也從蟲非聲 房未切

臭蟲負蠜也者廣韻蜚蜚盧蟲也一名蠜即負盤臭蟲也玉篇蠜蠦蠜即負盤臭蟲廣雅負蠜蛗也爾雅釋蟲蜚蠦蠜郭注蠜即負盤臭蟲左傳正義引作蠦蜚隱元年左傳有蜚注云蜚負蠜也顏注漢書五行志蜚謂負蠜也蜚亦

作蠜其音同耳又注楚元王傳蜚負蠜也郭注山海經蜚負盤也爾雅翼蜚者負盤臭蟲也似䗪而輕小能飛生草中好以清旦集稻上食稻花田家率以番作撥拾置他所至日出則皆散去不可得矣既食稻花又其氣臭惡能熯稻使不蕃春秋書之當由此爾今人謂之蜚盤蟲亦曰香娘子本草蜚蠊生晉陽山澤及人家屋閒陶云形亦赤似蟅蟲而輕小能飛本在草中八月九月知寒多入人家屋裏逃爾有兩三種以作廉薑氣者爲眞南人亦噉之唐本注云此蟲味辛辣而臭漢中人食之言下氣名曰石薑一名盧蠜一名負盤別錄云形似蠶蛾腹下赤此即南人謂之滑蟲者也蜀圖經云金州房州等山人噉之謂之石薑多在林樹閒百十爲聚陳藏器云蘇云戎人重薰渠猶已人重負蠜按飛廉一名負盤蜀人食之辛辣也

蜚或從虫

腹中蟲也春秋傳曰皿蟲爲蠱淫溺之所生也梟磔死之鬼亦爲蠱從蟲從皿皿物之用也 公戶切

宣八年左傳晉胥克有蠱疾
風俗通祀典篇雞頭可以治蠱
腹中蟲也者一切經音義二引說文蠱腹中蟲也謂蟲行
毒也又引聲類蠱蟲物病害人也周禮庶氏掌除毒蠱注
云毒蠱蟲物而病害人者宋書顧覬之傳時沛郡相縣唐
賜往北鄉飲酒還因得病吐蠱蟲十餘枚顧野王輿地志
江南數郡有畜蠱者主人行之以殺人行食飲中人不覺
也其家絕滅者則飛游妄走中之則斃　春秋傳曰皿蟲
爲蠱淫溺之所生也者昭元年左傳文彼云晉侯求醫於
秦秦伯使醫和視之曰疾不可爲也是謂近女室疾如蠱
非鬼非食惑以喪志趙孟曰何謂蠱對曰淫溺惑亂之所
生也於文皿蟲爲蠱穀之飛亦爲蠱在周易女惑男風落
山謂之蠱皆同物也杜注文字也皿器也器受蟲害者爲
蠱晉語平公有疾秦景公使醫和視之出曰不可爲也是
謂遠男而近女惑以生蠱非鬼非食惑以喪志又云物莫
伏於蠱莫嘉於穀穀者晝選男德以象穀明宵靜女
德以伏蠱慝今君一之是不饗穀而食蠱也是不昭穀明
而皿蠱也夫文蟲皿爲蠱吾是以云馥案本書淫溺張次
立本作晦淫小字本李燾本韻會並同六書故晦淫近女
者生內熱惑亂之疾爲蠱病尸注者蟲食其五藏亦謂之

蠱一切經音義二蠱聲類弋者反周易作冶冶容誨婬劉
瓛曰冶妖冶也謂忞態之皃也楊慎曰易冶容誨淫太平
廣記引作蠱容誨婬左傳女惑男曰蠱國語蠱女縱欲張
平子西京賦妖蠱豔夫南都賦侍者蠱媚五臣注作冶媚
馬融廣成頌古冶子作蠱字馥案釋詁蠱疑也左傳注蠱
惑疾故訓疑　梟磔死之鬼亦爲蠱者史記封禪書秦德
公作伏祠磔狗邑四門以禦蠱菑索隱按樂彥云左傳皿
蟲爲蠱梟磔之鬼亦爲蠱故月令云大儺旁磔注云磔攘
也厲鬼亦爲蠱將出害人旁磔於四方之門秦本紀德公
二年初伏以狗禦蠱馥案蠱蟲也風動蟲生故磔狗止風
以禦蠱鄭司農注大宗伯云若今時磔狗祭以止風郭注
爾雅云今俗當大道中磔狗云以止風　皿物之用也者
釋器康謂之蠱易蠱卦虞翻曰蠱者事也備物治用詩鴇
羽王事靡盬傳云盬不攻緻也正義云盬爲蠱字異義同
昭元年左傳云於文皿蟲爲蠱穀之飛亦爲蠱杜預云皿
器受蟲害者爲蠱穀久積則變爲飛蟲名曰蠱然蟲害器
敗穀者皆謂之蠱是蠱爲不堅牢不攻緻之意也此云盬
不攻緻四牡傳云盬不堅固其義同也馥案采薇箋亦云
盬不堅固也通作苦史記禹本紀器不苦
窳子華子佼麗之苦窳也而醜則堅牢

文六　重四

風　八風也東方曰明庶風東南曰清明風南方曰景風
西南曰涼風西方曰閶闔風西北曰不周風北方曰
廣莫風東北曰融風風動蟲生故蟲八日而化從虫
凡聲凡風之屬皆從風　方戎切

釋名風兗豫司橫口合脣言之風氾也其氣博氾而動物也
青徐言風踧口開脣推氣言之風放也氣放散也　五經通
義陰陽散爲風風氣無根也　孫子火攻篇月在箕壁翼軫
凡此四宿風起之日也　夏小正正月時有俊風傳云俊者
大也大風南風也何大於南風也曰合冰必於南風解冰必
於南風生必於南風收必於南風故大之也　漢書五行志
傳曰思心之不睿是謂不聖厥咎霿厥罰恆風厥極凶短折
時則有脂夜之妖一曰夜妖者雲風並起而杳冥故與常風
同象也溫而風則生螟螣有裸蟲之孽劉歆思心傳曰時則
有贏蟲之孽謂螟螣之屬也庶徵之常風京房易傳曰賦斂

不理茲謂禍厥風絕經緯止即溫溫即蟲公常於利茲謂亂
厥風微而溫生蟲蝗害五穀棄正作淫茲謂惑厥風溫螟蟲
起害有益人之物　魏志和洽傳太和中散騎常侍高堂隆
奏時風不至而有休廢之氣必有司不勤職事以失天常也
八風也者易說卦傳巽爲雞九家易云應八風也風應節
而變變不失時雞時至而鳴與風相應也樂記八風從律
而不姦昭二十年左傳五聲六律七音八風杜注八方之
風襄二十九年傳五聲和八風平杜注八方之氣謂之八
風襄十八年傳吾驟歌北風又歌南風南風不競杜注歌
者吹律以詠八風禮說風萌也養物成功所以八風象八
卦也五經通義八風者八卦之風八風以時至則陰陽變
化之道成萬物得以時育生也符瑞圖八風循通八方之
風應時而至也孝經援神契德至八方則祥風至河圖括
地象天有八氣地有八風太元元掜篇剛割匏竹革木土
金擊彈石絲以和天下掜擬之八風文選補亡詩八風代
扇江賦八風不翔北史封軌傳明堂八窗者通八風
方至東北云云者廣雅八風東北條風東方明庶風東南
清明風南方景風西南方涼風西方閶闔風西北方不周
風北方廣莫風隱五年左傳夫舞所以節八音而行八風
服注八卦之風乾音石其風不周坎音革其風廣莫艮音

䬊其風融震音竹其風明庶巽音木其風清明離音絲其風景坤音土其風涼兌音金其風閶闔賈注兌爲金爲閶闔風也乾爲石爲不周風也坎爲革爲廣莫風也艮爲匏爲融風也震爲竹爲明庶風也巽爲木爲清明風也離爲絲爲景風也坤爲土爲涼風也周語如是而鑄之金磨之石繫之絲木越之匏竹節之鼓而行之以遂八風韋注正西曰兌爲金爲閶闔西北曰乾爲石爲不周正北曰坎爲革爲廣莫東北曰艮爲匏爲融風正東曰震爲竹爲明庶東南曰巽爲木爲清明正南曰離爲絲爲景風西南曰坤爲土爲涼風易稽覽圖冬至十一月中廣漠風春分二月中明庶風夏至五月中凱風秋分八月中閶闔風立春正月節條風立秋七月節涼風馥案八風闕二文不完也易通卦驗東北曰條風東方曰明庶風東南曰清明風南方曰景風西南曰涼風西方曰閶闔風西北曰不周風北方曰廣莫風條風又名融風景風一名凱風又云冬至廣莫風至誅有罪斷大刑立春條風至赦小罪出稽留春分明庶風至正封疆修田疇立夏清明風至出幣帛禮諸侯夏至景風至辯大將封有功立秋涼風至報土功祀四鄉秋分閶闔風至解懸垂琴瑟不張立冬不周風至修宮室完邊城八風以時則陰陽變化道成萬物得以育生王當順

八風行八政當八卦也注云明庶昭達庶物之風清明風景清潔之風景風長大萬物之風涼風風有寒烝昌盍蓋藏物之風不周風周達萬物之不及時者易乾元序制記坎初六冬至廣莫風六四立春條風震初九春分明庶風九四立夏溫風離初九夏至景風九四立秋涼風兌初九秋分閶闔風霜下九四立冬始冰不周風春秋考異郵陽立于五極于九五九四十五日一變風以陰合陽故八卦主八風相距各四十五日又云八風殺生以節翺翔距冬至四十五日條風至條者達生也四十五日明庶風至明庶者迎衆也四十五日清明風至清明者精芒挫收也四十五日景風至景者強也強以成之四十五日涼風至涼風者寒以閉也四十五日閶闔風至閶闔者當寒天收也四十五日不周風至不周者不交也陰陽未合化也四十五日廣莫風至廣莫者精大滿也風之爲言萌也其立字虫動於凡中者爲風注云距猶起也自冬至後四十五日而立春此風應其方而來生萬物明庶春分之候言衆庶也陽以施惠之恩德迎衆物而生之清明立夏之候也挫猶止也時薺麥之屬秀出已備故挫止其鋒芒收之使成實景風夏至之候也強言萬物強盛也涼風立秋之候也閉收也言陰寒收成萬物也閶闔秋分之候也閶闔盛也

時盛收物蓋藏之閶或爲常不周立冬之候也未合化言消息純坤無陽也月令曰天地不通而閉塞成冬也廣莫冬至之後也言冬物無見者風精大滿美無偏虫動於凡中言陽氣無不周也明昆蟲之屬得陽乃生遇陰則死故風爲陰中之陽者也呂氏春秋有始篇何謂八風東北曰炎風東方曰滔風東南曰熏風南方曰巨風西南曰淒風西方曰飂風西北曰厲風北方曰寒風高注炎風艮氣所生一曰融風滔風震氣所生一曰明庶風熏風或作景風巽氣所生一曰清明風巨風離氣所生一曰凱風詩曰凱風自南淒風坤氣所生一曰涼風飂風兌氣所生一曰閶闔風厲風乾氣所生一曰不周風寒風坎氣所生一曰廣莫風淮南天文訓何謂八風距日冬至四十五日條風至條風至四十五日明庶風至明庶風至四十五日清明風至清明風至四十五日景風至景風至四十五日涼風至涼風至四十五日閶闔風至閶闔風至四十五日不周風至不周風至四十五日廣莫風至高注條風艮卦風一名融明庶風震卦風清明風巽卦風景風離卦風涼風坤卦風閶闔風兌卦風不周風乾卦風廣莫風坎卦風又地形訓何謂八風東北曰炎風東方曰條風東南曰景風南方曰巨風西南曰涼風西方曰飂風西北曰麗風北方曰寒

風高注炎風艮氣所生條風震氣所生景風巽氣所生巨風離氣所生涼風坤氣所生飂風兌氣所生麗風乾氣所生寒風坎氣所生地形訓又云諸稽攝提條風之所生也通視明庶風之所生也赤奮若清明風之所生也共工景風之所生也諸比涼風之所生也皋稽閶闔風之所生也隅強不周風之所生也窮奇廣莫風之所生也史記律書不周風居西北主殺生廣莫風居北方廣莫者言陽氣在下陰莫陽廣大也故曰廣莫條風居東北主出萬物條之言條治萬物而出之故曰條風明庶風居東方明庶者明衆物盡出也清明風居東南維主風吹萬物而西之軫景風居南方景者言陽氣道竟故曰景風涼風居西南維主地地者沈奪萬物氣也閶闔風居西方閶者倡也闔者藏也言陽氣道萬物闔黃泉也白虎通八風者何謂也風之爲言萌也養物成功所以象八卦陽立於五極於九五九四十五日變變以爲風陰合陽以生風也距冬至四十五日條風至條者生也四十五日明庶風至明庶者迎衆也四十五日清明風至清明者清芒也四十五日景風至景大也陽氣長養也四十五日涼風至涼寒也行陰氣也四十五日昌盍風至昌盍者戒收藏也四十五日不周風至不周者不交也陰陽未合化也四十五日廣莫風至廣

莫者大也開陽氣也故曰條風至地暖明庶風至萬物產清明風至物形乾景風至棘造實涼風至黍禾乾昌盍風至生薺麥不周風至蟄蟲匿廣莫風至則萬物伏是以王者承順之條風至則出輕刑解稽留明庶風至則修封疆理田疇清明風至出幣帛使諸侯景風至則爵有德封有功涼風至報地德化四鄉昌盍風至則申象刑飭囷倉不周風至則築宮室修城郭廣莫風至則斷大辟行獄刑物理論風者陰陽亂氣激發而起者也猶人之內氣因喜怒哀樂激越而發也故春氣溫其風溫以和喜風也夏氣盛其風標以怒怒風也秋氣勁其風清以貞清風也冬氣實其風慘以烈固風也此四正之風也又有四維之風東北明庶庶物出幽入明也東南融風其道以長也西南清明百物備成也西北不周方潛藏也此八風者方土異氣徐疾不同和平則慎違逆則凶非有使之者也氣積自然怒則飛沙揚礫發屋拔樹喜則不搖枝動草順物布氣天性自然之體也劉氏新論辨樂篇調八風之韻袁孝政注云東北方條風東方明庶風東南方清明風南方景風西南方涼風西方閶闔風西北方不周風北方廣漠風通典八音者八卦之音卦各有風謂之八風也一曰乾之音石其風不周二曰坎之音革其風廣莫三曰艮之音匏其風融

連筠簃叢書
靈石楊氏栞

四曰震之音竹其風明庶五曰巽之音木其風清明六曰離之音絲其風景七曰坤之音土其風涼八曰兌之音金其風閶闔馥案此皆總言八風又有散見者禮斗威儀王者乘火而王其政升平則祥風至宋均云即景風也其來長養萬物符瑞圖翔風者瑞風也注云一名景風又立冬北方廣莫風至注云一名寒風又冬至東北融風至注云一名猋風後漢書和帝紀須景風紹封以章厥功馮異傳將及景風章敘舊德京房易占立秋坤王涼風用事立冬乾王不周風用事冬至坎王廣莫風用事月令孟秋之月涼風至月令占候圖立秋晡時申西南涼風至易通卦驗涼風至而鶴鳴閶闔風至而蜻蛚吟李尤廣陽門銘廣陽位孟厥月在申涼風從時白露已紛易說秋分閶闔風至吳越春秋子胥爲吳造大城陸門八象天之八風立閶闔者象天門通閶闔風也羽獵賦帝將惟田於靈之囿開北垠受不周之制五臣云不周西北之風其風殺物故王者取之以爲制法也鄉飲酒義天地嚴凝之氣始於西南而盛於西北此天地之尊嚴氣也李尤夏門銘夏門值孟位月在亥不周用事元明幽晦西山經不周之山注云此山形有缺不周帀處因名云西北不周風自此山出朱震曰連山首艮者八風始於不周實居西北之方七宿之次是

爲東壁營室於辰爲亥於律爲應鐘於時爲立冬此顓帝之歷所以首十月也詩北風傳云北風寒涼之風江賦廣莫飈而氣整海賦廣莫至而北征五臣云廣莫北風也風至則北行世說鼻如廣莫長風注云蓋北風也一曰寒風昭十八年左傳丙子風梓慎曰是謂融風杜注東北曰融風正義融風易緯作調風俱是東北風一風有二名張晏曰融風立春木風也火之母也火所始生也淮南子曰東北曰炎風高誘以爲民氣所生也炎風一曰融風後漢書蔡邕傳融風動而魚上冰注云融風艮之風也　李尤上東門銘上東少陽厥位在寅條風動物月惟孟春　風動蟲生故蟲八日而化者一切經音義七八風中南方曰景風風動蟲生也春秋考異郵二九十八八主風風精爲蟲八日而化風烈波激故其命字從虫虫之爲言屈中也論衡商蟲篇夫蟲風氣所生蒼頡知之故凡虫爲風之字取氣於風故八日而化生馥案或誤爲八月大戴禮易本命篇二九十八八主風風主蟲故蟲八月化也家語本命解亦作八月淮南地形訓凡八民禽獸萬物貞蟲各有以生或奇或偶或飛或走莫知其情惟知通道者能原本之天一地二人三三三而九九九八十一一主日日數十日主人人故十月而生八九七十二二主偶偶以承奇奇主辰

連筠簃叢書
靈石楊氏栞

辰主月月主馬故十二月而生七九六十三三主斗斗主犬犬故三月而生六九五十四四主時時主彘彘故四月而生五九四十五五主音音主猿猿故五月而生四九三十六六主律律主麋鹿麋鹿故六月而生三九二十七七主星星主虎虎故七月而生二九一十八八主風風主蟲蟲故八月而化馥案前皆言生故以月計此獨言化當以日計螟蛉化爲蜾蠃實八日也

風（古文）古文風

䬌 北風謂之䬌從風涼省聲 呂張切

北風謂之䬌者釋天文彼作涼釋文云涼本作古䬌字廣雅䬌風也詩北風其涼傳云北風寒涼之風涼省聲者當爲京聲

䬃 小風也從風朮聲 翾聿切

小風也者玉篇䬃小風兒廣韻同

扶搖風也從風猋聲 甫遙切

扶搖風也者初學記引作疾風也一切經音義十六飈暴風也字从猋从大非火也廣雅飈風也後漢書張衡傳迅飈瀟其滕我兮注云飈風也莊子逍遙遊摶扶搖羊角而上者九萬里淮南原道訓扶搖抮抱羊角而上高注扶搖如羊角曲縈而上也覽冥訓降扶風雜凍雨高注扶風疾風琴賦淩扶搖兮憩瀛洲通鑑權翼諫苻堅曰譬如養鷹每聞風飈之起常有淩霄之志注云飈扶搖風也疾風自上而下曰飈通作猋漢書刑法志猋起雲合韓安國傳至如猋風顏注竝云猋疾風也司馬相如傳歷駭猋顏注猋謂疾風從下而上也易林屯之坎朽根倒樹花葉落去卒逢火猋隨風偃仆江表傳猋火所焚前無生寇思元賦乘猋忽兮馳虛無桓驎七說猋風激其崖李尤七款高風猋厲魏都賦丹墀臨猋釋天扶搖謂之猋李巡曰扶搖暴風從下升上故曰猋猋上也陳啟源曰猋从下而上穎从上而下是李巡孫炎之說而郭璞因之目據爾雅正文未見其必然也扶搖謂之猋卽南華之扶搖信从下而上矣焚輪謂之穎焚取象於火火乃炎上之物安得自上而下乎陸農師曰風之銳而上者爲猋風之旋而上者爲穎莊子曰摶扶搖羊角而上者九萬里扶搖卽猋是也羊角卽穎是也今羊角旋轉而上如焱焚輪之象也案莊子釋文引司馬彪云風上行謂之扶搖風曲上行若羊角然謂之羊角陸義應本此合之爾雅則上行如焚旋轉如輪名義允協可證景純之誤又通作飄詩何人斯其爲飄風傳云飄風暴起之風釋文飄避搖反疾風也老子故飄風不崇朝韓詩外傳國無道則飄風厲疾說苑飄風暴雨須臾而畢傅元詩飛蓬隨飄起

飆或從包

一切經音義二十二飈又作飑同後漢書班固傳風飑雷激又云飑飑紛紛注云說文曰飑古飈字

回風也從風票聲 撫招切

回風也者釋天迴風爲飄郭注旋風也詩匪風飄兮傳云迴風爲飄卷阿飄風自南傳云飄風迴風也楚詞九歌令飄風兮先驅注云迴風爲飄九章悲迴風之搖蕙兮注云迴風謂之飄風長門賦飄風迴而赴閨兮魏志管輅傳有飄風高三尺餘幢幢回轉晉中興書泰寧元年五月大回風吹劉曜太廟瓦垣外數十步隋書蕭吉傳有迴風從艮

地鬼門來或借飆曹植詩何意回飆舉五臣本文選曹顏遠思友人詩心與迴飆俱注云李善本作飄字又通作猋月令猋風暴雨總至注云迴風爲猋釋文猋本又作飄

翔風也從風立聲 穌合切

翔風也者李善注風賦引作風聲廣韻颯風聲楚辭風颯颯兮木蕭蕭江賦八風不翔春秋考異郵八風殺生以節翱翔穎案翔亦回也禮三年問過其故鄉回翔焉考工記矢人後弱則翔注云翔回顧也通作拉羽獵賦猋拉雷厲李善注拉風聲也

高風也從風翏聲 力求切

高風也者玉篇飂高風皃廣雅飂飂風也潘岳西征賦吐清風之飂戾通作翏莊子齊物論而獨不聞之翏翏乎釋文翏翏長風聲也李本作飂

疾風也從風從忽忽亦聲 呼骨切

玉篇有古文作[illegible]

疾風也者玉篇颮與飈同廣雅颮風也通作忽思元賦乘猋忽兮馳虛無風賦飄忽淜滂忽亦聲者當爲忽聲

大風也從風胃聲 王勿切

大風也者廣雅䫻風也廣韻䫻風聲

大風也從風日聲 于筆切

大風也者庾闡海賦回䬛泱漭江淹恨賦但聞悲風䬛起

風所飛揚也從風昜聲 與章切

風所飛揚也者颺揚聲相近風賦激颺熛怒晉書孫綽傳皺之颺之穅粃在前

風雨暴疾也從風利聲讀若栗 力質切

風雨暴疾也者暴當爲瀑本書瀑疾雨也引詩終風且瀑玉篇颲颲暴風詩魚麗傳云不風不暴不行火正義云風

㬥者謂氣寒其風疾通作栗詩七月二之日栗烈

颲 列風也從風列聲讀若列 良辥切

列風也者小字本作烈廣韻集韻同玉篇颲惡風也初學記引風俗通猛風曰颲書舜典烈風雷雨弗迷正義云論語稱孔子曰迅雷風烈必變書傳稱越裳之使久矣天之無烈風淫雨則烈風是猛疾之風非善風也枚乘七發冬則烈風漂霰風雪之所激也詩四月冬日烈烈箋云烈烈猶栗烈也七月二之日栗烈釋文云說文作颲颲

文十三　重二

它 虫也從虫而長象冤曲垂尾形上古艸居患它故相問無它乎凡它之屬皆從它 託何切

鄭注考工記云紆行蛇屬 抱朴子登涉篇或問隱居山澤治蛇蝮之道曰昔員邱多大蛇又生好藥黃帝將登焉廣成子教之佩雄黃而衆蛇皆去今帶武都黃色如雞冠者五兩以入山林則不畏蛇蛇若中人以少許末抹之雄黃內瘡中

立愈 寰宇記光州土地有毒蛇自夏至秋水草中多此物傷害於人療蛇傷用反息草 虫也者集韻關中謂毒蟲曰蛇 上古艸居患它故相問無它乎者韓非五蠹篇上古之世人民少而禽獸衆不勝禽獸蟲蛇有聖人作構木爲巢以避羣害藝文類聚引風俗通無恙俗說疾也凡人相見及書問者曰無疾耶按上古之時草居露宿恙噬人蟲也食人心凡相勞問者曰無恙乎非爲疾也馥案神異經北方大荒中有獸咋人則疾名曰獇獇恙也常入人室屋黃帝殺之人無憂疾謂之無恙此應說所本非本書義

蛇 它或從虫

文一　重一

龜 舊也外骨內肉者也從它龜頭與它頭同天地之性廣肩無雄龜鼈之類以它爲雄象足甲尾之形凡龜之屬皆從龜 居追切

淮南地形訓淸水宜龜 南越志神龜出於江水中廬江郡常獻生龜於大卜 春秋運斗樞瑤光星散爲龜 白帖龜介蟲之長水族之靈 嚴君平注老子云介者澤處而靈龜主之 淮南時則訓其蟲介注云介甲也甲蟲龜爲之長 釋魚一曰神龜二曰靈龜三曰攝龜四曰寶龜五曰文龜六曰筮龜七曰山龜八曰澤龜九曰水龜十曰火龜 爾雅圖贊天生神物十朋之龜或游於火或游於蓍雖云類殊象二一歸亹亹致用極數盡幾 李顒龜賦質應離象位定坎居 楚語龜足以憲臧否則寶之 注云憲法也取善惡之法 禮統神龜之象上員法天下方法地背上有盤法邱山元文交錯以成列宿 五光昭若元錦文運轉應四時長尺二寸明吉凶不言而信 洛書靈龜者元文五色神靈之精也上隆法天下平法地能見存亾明於吉凶王者無偏黨尊者老則出 說苑辯物篇靈龜文五色似玉似金背陰向陽上隆象天下平法地槃衍象山四趾轉運應四時文著象二十八宿蛇頭龍翅左精象日右精象月千歲之化下氣上通能知吉凶存亾之變寧則信信如也動則著矣 柳隆龜經龜有五色依時用之春靑靈之龜宜用之西坐東向赤靈之龜夏宜用之北坐南向 史記龜策傳龜千歲乃游蓮葉之上江旁人家常畜龜飲食之以爲能導引致氣有益於助衰養老

抱朴子對俗篇千歲之龜五色具焉其額上兩骨起似角解人之言浮於蓮葉之上或在叢蓍之下 曹植神龜賦赴芳蓮以巢居 北齊趙儒宗詠龜詩不能著下伏強從蓮上游 逸禮龜三千歲游於卷耳之上

舊也者龜舊聲相近本書龜從龜𪓐從龜廣韻龜居求切漢書地理志龜茲應劭音邱慈詩抑箋舊久也書大誥爾惟舊人傳云久老之人漢官儀老者久也舊也書無逸舊爲小人史記作久久書又云時舊勞于外鄭注舊猶久也隋書王劭傳龜亦久固逸禮龜者陰蟲之老也老者先知故君子舉事必考之白虎通蓍龜篇龜之爲言久也又云蓍龜者天地間之壽考物也洪範龜筮共違于人五行傳云龜之言久也千歲而靈此禽獸草木之久而能知吉凶者也博物志龜蓍以老故知吉凶 劉向易繫辭義云蓍之言耆龜之言久龜千歲而靈蓍百年而神以其長久故能辨吉凶也 論衡卜筮篇子路問孔子曰豬肩羊膊可以得兆雚葦藁芼可以得數何必以蓍龜孔子曰不然蓋取其名也夫蓍之爲言耆也龜之爲言舊也明狐疑之事當問耆舊也 外骨內肉者也者考工記梓人爲筍虡外骨注云外骨龜屬易說卦離爲龜 正義云取剛在外也風土記龜甲表肉裏陽內陰外之形 龜頭與它頭同者說苑辯物篇

龜蛇頭龍翅 天地之性廣肩無雄龜鼈之類以它爲雄
者列子天瑞篇純雌其名大䐪注云司馬彪曰大䐪㲋鼈
之類也博物志大䐪無雄龜鼉類也無雄與蛇通氣則孕
續古今注龜鼈之類無雄思元賦舊注龜與蛇交曰元武
埤雅廣肩無雄與蛇爲匹故龜與蛇合謂之元武爾雅翼
大䐪純雌故龜與蛇爲牝牡龜之性妒或遇雌蛇相趁鬬
噬力小者
或至斃

𪚦 古文龜

莊君述祖曰逸周書嘗麥篇宰乃承王中升自客階又云作
筴執筴從中又云宰坐尊中案三中字竝當作𪚦王中謂玉
𪚦

䶈 䶈名從龜冄聲冄古文終字 徒冬切

䶈名者字書䶈龜名趙宧光曰龜無聲䶈有聲山龜也䶈
入水卽溺其鳴自呼亦似悲角可以遠聞鳴則多旱其腹
甲中折與背相闔闢
力能掩蛇俛夾蛇龜

𪛙 𪛙甲邊也從龜冄聲天子巨𪛙尺有二寸諸侯尺大
夫八寸士六寸 汝閻切

𪛙甲邊也者邊緣也郭璞注爾雅云涪陵郡出大龜緣中
文似瑇瑁定八年公羊傳龜青純注云謂緣甲䫌也千歲
之龜青髯明于吉凶禮雜記其輤有裧注云輤載柩將殯
之車飾也裧謂鼈甲邊緣緇布裳帷圍棺者也 天子巨
𪛙云云者巨當爲𪛙漢書食貨志元龜𪛙冄長尺二寸孟
康曰冄龜甲緣也𪛙至也度背兩邊緣尺二寸也通作巨
論衡狀留篇龜生三千歲青邊緣巨尺二寸白虎通蓍龜
篇引禮三正記天子龜長一尺二寸諸侯一尺大夫八寸
士六寸逸禮天子龜尺二寸諸侯八寸大夫六寸士民四
寸書禹貢荊州九江納錫大龜傳云尺二寸曰大龜出九
江水中史記龜策傳神龜出於江水中廬江郡常歲時生
龜長尺二寸者二十枚輸太卜官又云龜千歲乃滿尺二
寸書西伯戡黎格人元龜鄭注大龜也長尺二寸金縢今
我卽命于元龜馬注元龜大龜也長尺二寸詩泮水元龜
象齒傳云元龜尺二寸禮統神
龜長尺二寸明吉凶不言而信

文三 重一

黽 鼃黽也從它象形黽頭與它頭同凡黽之屬皆從黽 莫杏切

鼃黽也者玉篇黽蝦蟇屬似青蛙而大腹廣雅鼃蠅長股
也爾雅釋魚在水者黽郭注耿黽也似青蛙大腹一名土
鴨周禮蟈氏掌去鼃黽鄭注齊魯之閒謂鼃爲蟈黽耿黽
也又注考工記云脰鳴鼃黽屬北山經洧水其中有鱯黽
郭注鼃黽似
蝦蟆小而青

𪓕 籒文黽

象
其股

鼈 鼈甲蟲也從黽敝聲 并列切

文子上德篇鼈無耳而目不可以蔽精於明也 陸機鼈賦
鼻嘗氣而忌腊耳無聽而受響酉陽雜俎鼈無耳爲守神

周書王會長沙鼈注云特大而美故貢也 論衡無形篇禮
日水潦降不獻魚鼈何則雨水暴下蟲虵變化化爲魚鼈離
本眞暫變之蟲臣子謹愼故不敢獻
淮南萬畢術靑涇殺鼈得莧復生
甲蟲也者藝文類聚引作介蟲也月令其蟲介鄭注介甲
也龜鼈之屬又注周禮云介物龜鼈之屬陸機賦其狀也
穹脊連脅元甲四周字或作
鼈鄭注考工記云內骨鼈屬

黿 黿大鼈也從黽元聲 愚袁切

酉陽雜俎黿腸屬於頭 月令季夏命漁師伐蛟取鼉登龜
取黿 晉書佛圖澄傳黃河中舊不生黿 淮南萬畢術燒
黿致鼈注云取
黿燒之鼈自至
大鼈也者宣四年左傳正義引同三蒼黿似鼈而大也楚
詞九歌乘白黿兮逐文魚王注大鼈爲黿魚屬也漢書司
馬相如傳毒冒鼈黿張揖曰黿似鼈而大字或作䲨韓詩
外傳越處江海之陂與䲨鱣魚鼈爲伍尚書大傳河䲨鄭
注䲨當作黿黿
狀如鼈而大

鼃 蝦蟇也從黽圭聲 烏媧切

本草鼃一名長股生水中圖經云似蝦蟇而背青綠色俗謂之青蛙亦有背作黃文者人謂之金線鼃陶隱居云大腹而脊青者俗名土鴨其鳴甚壯卽爾雅所謂在水曰鼃者是也黑色者南人呼爲蛤子食之至美卽今所謂蛤子亦名水雞是也小形善鳴㖡者名鼃子卽藥中所用鼃是也馥案此一種小者曾於順寧見之身長寸許後股極長善緣木天將雨則鳴聲如雄鴨故亦名石鴨色青土人呼青蛙　嶺表錄異嶺南呼蝦蟇爲蛤蘇軾嶺南詩稻涼初吠蛤韓愈初南食貽元十八詩蛤卽是蝦蟇同實浪異名　呂氏春秋孟夏紀螻蟈鳴注云螻蟈蝦蟇也是月陰氣動於下故陰類鳴　月令孟夏之月螻蟈鳴注云螻蟈蛙也　周禮蟈氏鄭司農云蟈讀如蜮蝦蟇也後鄭云蟈今御所食蛙也　御覽引風俗通俗說蝦蟇一跳八尺再跳丈六從春至夏裸袒相逐　尹文子越王句踐路逢怒鼃下車而揖之

蝦蟇也者楚詞七諫鼃黽游乎華池王注鼃蝦蟇也晉語沈竈產鼃韋注鼃蝦蟇也越語鼃黽之與同渚韋注鼃黽蝦蟇也後漢書張衡傳吾感去鼃附鴨注云鼃蝦蟇也馥案鼃蝦蟇類而不同物晉書音義引字林鼃似蝦蟇廣韻

蛙蝦蟇屬也急就篇水蟲科斗鼃蝦蟇顏注鼃一名螻蟈色青小形而長股荀子正論篇坎井之鼃注云鼃蝦蟇類也漢書武帝紀鼃蝦蟇鬭顏注鼃黽也似蝦蟇而長腳其色青東方朔傳水多鼃魚顏注鼃卽蛙字也似蝦蟇而小長腳蓋人亦取食之

鼀 圥鼀詹諸也其鳴詹諸其皮鼀鼀其行圥圥從黽從圥圥亦聲 七宿切

一切經音義十二蚱蜢字書云淮南名去父也卽蟾蠩也又引郭璞曰蝦蟇類居陸地也

圥鼀詹諸也其鳴詹諸其皮鼀鼀其行圥圥者本書䵷鼀詹諸以脰鳴者戴君震曰詩新臺三章傳戚施不能仰者箋云戚施面柔下人以色故不能仰也案傳本國語箋本爾雅然未詳戚施所由名說文引詩作得此䵷鼁䵷七宿切鼁式支切又名鼀䵷鼀力竹切說文誤併鼀與䵷爲一字竝讀七宿切於鼀字下云圥當作鼀鼀當作䵷詹諸也其鳴詹諸其皮鼀鼀當作䵷䵷其行圥圥當作鼀鼀於鼁字下云䵷鼁詹諸也言其行鼁鼁鼀䵷之鼀說文但用圥今爾雅轉寫譌作鼀釋魚篇云鼀䵷詹諸陸氏釋文鼀起據反䵷音秋竝非也䵷鼁古字通用戚施戚當讀七宿切以其皮戚戚其行施施故名詹諸爲物狀卑俛故不可使仰之疾似之本物名因以爲疾名又因疾名而爲面柔之名馥謂其行字誤鼁下云其行鼁鼁不應復言其行圥圥按圥菌圥詹諸之形相似當云其形圥圥李巡注爾雅蟾諸蝦蟆也樊光注科斗蟾諸子也王應麟王會補注引尚書大傳濟中蟾諸鄭注蟾諸鼀黽也後漢書張衡傳下有蟾蜍張口承之注云蟾蜍蝦蟆也　圥亦聲者當爲圥聲

䵷 鼀或從酋

鼀或從酋者此誤以爲鼀䵷之或體當云鼀䵷也從黽酋聲

鼁 䵷鼁詹諸也詩曰得此䵷鼁言其行鼁鼁從黽爾聲 式支切

䵷鼁詹諸也者廣韻䵷鼁蟾蜍別名尚書大傳濟中詹諸注云詹諸䵷鼁也文子上德篇蟾諸辟兵壽盡五月之望

詩曰得此䵷鼁者鄭風新臺文彼作戚施　薛君韓詩章句戚施蟾蜍喻醜惡也　言其行鼁鼁者孟子施施從外來

鼉 水蟲似蜥易長大從黽單聲 徒何切

陳藏器本草鼉長一丈者能吐氣成霧致雨力至猛能攻陷江岸性嗜睡恆閉目形如龍大長者自嚙其尾極難死聲甚可畏人於穴中掘之百人掘亦須百人牽一人掘亦須一人牽不然終不可出梁周興嗣常食其肉後爲鼉所噴便爲惡瘡此物靈強不可食　晉安海物記鼉宵鳴如桴鼓江淮閒謂之鼉更以其夜鳴也　元和郡縣志緜谷縣穿山有山空鼉伏於空處皮可爲甲刀箭不能入　唐書鄧景山傳有鼉集城門鄧琎曰鼉介物也其有兵乎

水蟲似蜥易者三蒼鼉似蛟而大山海經江水多鼉注云似蜥蜴大者長二丈有鱗彩皮可以冒鼓漢書司馬相如傳其中則有神龜蛟鼉張揖曰鼉似蜥蜴而大身有甲皮可作鼓詩靈臺鼉鼓逢逢傳云鼉魚屬陸璣疏云鼉形似蜥蜴四足長丈餘生卵大如鵝卵甲如鎧甲今合藥鼉魚甲是也其皮堅厚可以冒鼓馥案本書鱓皮可爲鼓　長

大者類篇引作長丈御覽引作長丈所廣韻引作似蜥蜴
而長大大字既誤又加而字　單聲者詩嘽嘽駱馬本書
引作疼疼癉从
單聲　音丁可切

水蟲也薉貉之民食之從黽奚聲　胡雞切

水蟲也薉貉之民食之者集韻鼶鼀類似蜘蛛出遼
東土人食之馥案寰宇記所稱蝦蟆脂是也馥曾食之

鼃屬頭有兩角出遼東從黽句聲　其俱切

隋書流求國傳有鼅鼊
嶼　臨海有鼅鼊鳧
鼅屬者臨海水土異物志鼅辟似鼊鼊廣韻鼊鼊似龜而
漫胡無指爪其甲有黑珠文如瑇瑁可飾物集韻鼅鼊水
蟲名似龜
皮有文

營營青蠅蟲之大腹者從黽從虫　余陵切

張叔皮論積灰生蠅　方言蠅東齊謂之羊陳楚之閒謂之
蠅自關而西秦晉之閒謂之羊注云此亦語轉耳今江東人

呼羊聲如蠅　傳咸青蠅賦無纖介之微用信作害之不輕
既反白而為黑極懷蛆以自盈穢美厚之鮮潔蠹嘉肴之芳
馨滿堂室之薨薨
郭聞寓之得淸
營營青蠅者本書營下引詩營營青蠅　玉篇蠅青蠅蟲虞
翻別傳翻放棄南方云生無可與語死以青蠅為弔客　酉
陽雜俎蠅類有蒼者聲雄壯負金者聲淸聒其聲在翼
身青者能敗物　從黽從虫者當云從虫從黽黽亦聲

鼅鼄蟊也從黽𣵠省聲　陟离切

御覽引夢書鼅鼄為大腹其性然也　符子公子重耳奔齊
與五臣游乎大澤之中見蜘蛛布網曳繩執豸而食之公子
重耳乃撫僕之手駐駟而觀之顧其臣咎犯曰此蟲也知之
德薄矣而猶役其智布其網曳其繩執豸以食之況乎人之
智而不能廓垂天之網布絡地之繩以供方丈之御是曾不
如蜘蛛之智　成公綏蜘蛛賦獨星懸于浮虛遂設網于四
隅南連大廡北接華堂左憑廣廈右依高廊吐絲屬絡布網
引纖纖羅絡幙綺錯交張於是蒼蚊夕起青蠅昏歸營營羣
衆薨薨亂飛挂翼繞足羈絲罥圜衝突必獲犯者無遺　易
林未濟之蠱蜘蛛作網以伺行旅青蠅嚵嗽以求膏腴觸我
羅域為網所得絲於網國　廣志草蜘蛛在草上色青土蜘
蛛在地上春行草閒秋系在草有在器下者有以絲布於籬
壁閒緣壁
捕蠅者
鼅鼄蟊也者本書蟊下云蠿蟊也蠿下云蠿蟊作罔蛛蟊
也釋蟲鼅鼄鼄蝥方言鼅鼄鼄蝥也自關而東趙魏之郊
謂之鼅鼄或謂之蠾蝓蠾蝓者侏儒語之轉也北燕朝
鮮洌水之閒謂之蝳蜍注云齊人又呼社公亦言罔工

或從虫

鼅鼄也從黽朱聲　陟輸切

鼄或從虫

匽鼂也讀若朝揚雄說匽鼂蟲名杜林以為朝旦非
是從黽從旦　直遙切

匽鼂也者臨海水土異物志鼂似鼅鼊一名匽鼂一枚有
三斛膏異魚圖贊鼂鼊海鯨名曰匽鼂一枚剖之有三斛

膏馥案廣韻鼂鼊似鼅鼊生海邊沙中肉甚美多膏　郭注
江賦鼂鼊與鼅鼊相似大如蘧生乳海邊白沙中　揚雄
說匽鼂蟲名者玉篇蝘鼂蟲名　廣韻引蒼頡篇鼂蟲名
讀若朝者史記鼂錯漢書作朝錯　杜林以為朝旦者楚
辭九章甲之鼂吾以行王注鼂旦也　天問胡維嗜欲不同
味而快鼂飽王注何特與衆人同嗜欲苟飽快一朝之情
乎　漢書嚴助傳鼂不及夕字或作晁　羽獵賦於是天子乃
以陽晁始出乎元宮　李善云陽晁陽明之朝朝晁古字同
也

篆文從皀

文十三　重五

凡物無乳者卵生象形凡卵之屬皆從卵　盧管切

凡物無乳者卵生者莊子知北游故九竅者胎生八竅者
卵生淮南時則訓季冬之月雞呼卵高注雞呼鳴求卵　魯
語鳥翼鷇卵韋注未孚曰卵　白帖鳥生於陰屬於陽故卵
之呂氏春秋本味篇流沙之西丹山之南有鳳之丸高注

卝古卵字也謂二處有鳳皇之卵

毈 卵不孚也從卵段聲徒玩切

卵不孚也者本書孚卵孚也玉篇不成子曰毈廣韻毈卵壞法言先知篇雌之不才其卵毈矣注云毈敗也淮南天文訓戊子干甲子胎夭卵毈原道訓鳥卵不毈高注卵不成鳥曰毈韓詩外傳卵之性爲雛不得良雞覆伏孚育積日累久則不成爲雛字或作㲉北史蕭寶夤傳謠言鸞生十子九子㲉一子不㲉關中亂通作段管子五行篇然則羽卵者不段

文二

曲阜桂馥學

二 地之數也從耦一凡二之屬皆從二而至切

地之數也者本書白下云二陰數易繫辭天一地二乾坤鑿度地數二二者有偶也周禮典瑞兩圭有邸以祀地注云兩圭者以象地數二也說苑二三四五之數取之天地而制奇偶劉歆曰易繫辭天數五地數五天數一三五七九地數二四六八十漢書律歷志地之數始於二終於三十石渠禮議偶數起於二終於三十陰數之偶也三禮義宗黃琮所以禮地其二尺以法地數唐歷十二議天數始於一地數始於二司馬貞曰火是地正亦稱北正者火數二二地數地陰主北方故火正亦稱北方王禕洛書辨云論其數則一三五七九凡二十五天數也皆白文而爲陽爲奇二四六八十凡三十地數也皆黑文而爲陰爲偶此其陰陽之理奇偶之數生成之位推而驗之於易無不合者從耦一者小字本李燾本並云從耦無一字本書凡下云從二二偶也易繫辭陽卦奇陰卦耦注云陽卦二陰故奇爲之君陰卦二陽故耦爲之主禮郊特牲鼎俎奇而籩豆偶陰陽之義也

弍 古文

本書貳從此

亟 敏疾也從人從口從又從二二天地也紀力切又去吏切

敏疾也者本書㥛疾也𩋜急也釋詁亟疾也廣雅亟急也又云敏亟也詩七月亟其乘屋箋云亟急北風既亟只且傳云亟急也隱元年左傳亟請於武公成十六年傳我先君之亟戰也有故襄二十四年傳公孫之亟也杜注亟急也定五年傳歸粟于蔡以周亟杜注亟急也宣九年公羊傳諱亟也何注亟疾也宋策欲霸之亟成高注亟速後漢書王龔傳帝命亟自實注云亟急也王觀國曰詩靈臺經始勿亟七月亟其乘屋何人斯爾之亟行隱十一年左傳乃亟去之昭五年傳屑屑焉習儀以亟史記秦楚之際月表未始有受命若斯之亟也如此類亟字其義則皆急也

恆 常也從心從舟在二之閒上下一心以舟施恆也胡登

切

常也者詩小明無恆安處箋云恆常也廣雅常山謂之恆山大戴禮踐阼篇惡有藏之約行之萬世可以爲子孫恆者乎通鑑外紀作行之恆可以爲子孫常　上下一心以舟施恆也者小字本李燾本集韻竝云上下心無一字本書初刻亦無後復加之施當爲旋

本書般象舟之旋服所以舟旋

𠄨 古文恆從月詩曰如月之恆

從月者本書譔從夕汗簡引作𣍼屬月部　詩曰如月之恆者小雅天保文傳云恆弦箋云月上弦而就盛陳啓源曰古文恆從月則恆字原以月取義上弦

未必非本訓也馥案玉篇作𣍼云月弦也

亘 求亘也從二從回回古文回象亘回形上下所求物也 須緣切

通作桓易屯卦盤桓利居貞馬融曰旋也漢仲秋下旬碑作般桓書禹貢西傾因桓是來鄭注桓是隴阪名其道盤桓旋

曲而上故名曰桓

象亘回形者韻會引徐鍇本象風回形鍇曰回風回轉所以宣陰陽也馥案尚書大傳八風回回

竺 厚也從二竹聲 冬毒切

厚也者釋詁文竺厚聲相近本書篤厚也厚當爲㫗本書㫗山陵之㫗也竺從二二地數故爲厚魏畧邯鄲淳一名竺書微子之命曰篤不忘釋文篤本又作竺

竺論語君子篤於親汗簡古論語篤作竺

凡 最括也從二二耦也從乃乃古文及 浮芝切

徐鍇云凡本從二從古文及左旁不當引筆下垂　方言枚凡也　三蒼凡數之總名也　詩常棣凡今之人　周禮宰夫二曰師掌官成以治凡注云治凡若月計也御史掌贊書凡數注云自公卿以下百徒凡數及其見在空缺者職金入其要注云要凡數也庖人凡其死生鱻薨之物注云凡計數之　公羊傳一事而再見者前目而後凡也　漢書食貨志天下大氐無慮皆鑄金錢又云大氐皆遇告顏注氐讀曰抵歸也大低猶言大凡也　揚雄傳請畧舉凡顏注凡大指也

鹽鐵論公卿總要執凡而已春秋釋例稱凡者五十隋書經籍志有春秋五十凡義疏二卷

最括也者徐鍇本作最括而言也馥謂最當作冣本書冣積也通作最本書儹最也詩葛覃釋文叢木一本作最公羊傳會猶最也何休云最聚也漢書刑法志提封萬井臣瓚案舊說提最凡言大數也申鑒時事篇最凡有二十一首晉起居注武帝以王恭領詹事恭表曰臣最庸所可叨忝馥案最庸卽凡庸或作撮家語始誅篇其居處足以撮徒成黨注云撮聚淮南主術訓鴟夜撮蚤莊子釋文引作聚蚤劉向別錄鐸椒作抄撮八卷授虞卿虞卿作抄撮九卷授荀卿漢書司馬遷傳撮名法之要注云撮總取也又作蕞潘岳西征賦蕞芮于城隅者百不處一注云蕞聚貌乃古文及者

本書及古文作弓

文六　重二

亙

汗簡二部亙出説文顏氏家訓案彌亘字從二閒舟詩云亘之秬秠是也今之隸書轉舟爲日而何法盛中興書乃以舟

在二閒爲舟航字謬也馥案廣韻亘古鄧切通也遍也竟也出方言馥案恆從舟在二之閒此又單作亙所未能詳

遺文一

土 地之吐生萬物者也二象地之下地之中丨物出形也凡土之屬皆從土 它魯切

廣韻土田地主也　釋言土田也　子華子陽中之陽者火是也陰中之陰者水是也陽中之陰者木是也陰中之陽者金是也土居二氣之中閒以治四維在陰而陰在陽而陽故物非土不成人非土不生　韓詩外傳夫土者掘之得甘泉焉樹之得五穀焉草木植焉鳥獸魚鼈遂焉

地之吐生萬物者也者玉篇類篇引無萬字宋本小字本李燾本竝同本書初刻亦無後復加之土吐聲相近釋名土吐也能吐生萬物也白虎通中央者土土主吐含萬物土之爲言吐也周禮大司徒辨十有二壤之物注云壤亦土也變言耳以萬物自生焉則言土土猶吐也以人所耕而樹藝焉則言壤壤和緩之貌郊特牲社祭土王肅曰五

行之主能吐生百穀者也御覽引元命苞土之爲言吐也
言子成父道也吐氣精以輔也陽立於三故成生其立字
十加一爲土䕶疑此文有脫謬鄭注禹貢地當陰陽之中
能吐生萬物者曰土聖證論孔晁云能吐生百穀謂之土
易坤卦至哉坤元萬物資生離卦百穀草木麗乎土漢書
五行志土中央生萬物者也物理論地發氣黃泉周伏迴
轉以生萬物　二象地之下地之中丨物出形也者玉篇
引無丨字小字本同䕶謂當云二象地之下地之上中物
出形也中
謂直畫

地　元气初分輕清陽爲天重濁陰爲地萬物所陳列也

從土也聲　徒四切

春秋元命苞地者易也言養物懷任交易變化含吐應節故
其立字土力於乙者爲地注云地土加以力又加乙者言奉
太乙也又云地所以右轉者氣濁精少含陰而起遲故轉右
迎天佐其道　春秋說題辭地之爲言施也承天行其義也
故其立字土力於一者爲地注云力勤也一即天也　書品
一力增土地卑可審本於緯書也　物理論地者底也底之

言著也陰體下著也　博物志地以名山爲之輔佐石爲之
骨川爲之脈草木爲其毛土爲其肉三尺以上爲糞三尺以
下爲地重陰之性也　孝經援神契地順受澤謙虛開張注
云開張九竅受流洒潤是其謙虛也　月令章句總邱陵原
隰阪險曰地　廣雅神農度四海內東西九十萬里南北八
十一萬里帝堯所治九州地二千四百三十萬八千二百四
頃其墾者九百一十萬八千二十四頃夏禹所治四海內地
東西二萬八千里南北二萬六千里出水者八千里受水者
八千里　河圖括地象地廣東西二萬八千南北二萬六千
有君長之州有九阻中土之文德及而不治　孝經援神
契計校九州之别土壤山陵之大川澤所注萊沛所生鳥獸
所聚九百一十萬八千二十四頃磽埆不墾者千五百萬二
十頃

元气初分輕清陽爲天重濁陰爲地者纂要凡天地元氣
之所生孫楚后人銘大象無形元氣爲母杳兮冥兮陶冶
衆有禮統天地者元氣之所生萬物之所自易河圖括地
象易有太極是生兩儀兩儀未分其氣混沌清濁既分仰
者爲天偃者爲地班固典引太極之元兩儀始分烟烟熅
熅有沈而奧有浮而清沈浮交錯庶類混成蔡邕注言兩
儀始分之時其氣和同沈而濁者爲地浮而清者爲天章
懷注後漢書云奧濁也庶類萬物也老子曰有物混成先
天地生易乾鑿度清輕者爲天濁沈者爲地又云乾坤相
並俱生天地既分乾升坤降故乾坤定矣易說元氣初分
清輕上爲天濁重下爲地論衡談天篇說易者曰元氣未
分渾沌爲一儒書又言溟涬濛澒氣未分之類也及其分
離清者爲天濁者爲地廣雅太初氣之始也生於酉仲清
濁未分也太始形之始也生於戌仲清者爲精濁者爲形
也太素質之始也生於亥仲已有素樸而未散也三氣相
接至於子仲剖判分離輕清者上爲天重濁者下爲地中
和爲萬物淮南天文訓天地未形馮馮翼翼洞洞灟灟故
曰大昭道始於虛霩虛霩生宇宙宇宙生氣氣有漢垠清
陽者薄靡而爲天重濁者凝滯而爲地清妙之合專易重
濁之凝竭難故天先成而地後定三五歷紀清輕者上爲
天濁重者下爲地沖和氣者爲人故天地含精萬物化生
詩推度災上清下濁號曰天地大戴禮少閒篇先清而後
濁者天地也盧辯注云清濁謂陰陽也姚信昕天論地形
立於下天象運乎上顏氏家訓天爲積氣地爲積塊邱長
春曰輕清者上騰爲天重濁者下凝爲地萬物有形重濁
皆附於地三光無質輕清悉上於天　萬物所陳列也者

陳當爲敶釋地郊外謂之牧釋文李本牧作田字釋云田
敶也謂敶列種穀之處釋名地者底也其體底下載萬物
也六韜天之爲天遠矣地之爲地久矣萬物在其閒各自
利馥謂利當爲列郊特牲地載萬物洪範五行傳地者成
萬物者也越語唯地能包萬物以爲一其事不失生萬物
容畜禽獸然後受其名而兼其利文子地承天故定寧地
定寧萬物形地廣厚萬物聚定寧無不載廣厚無不容樂
動聲儀下元者地氣也爲始萬物生育長養蓋藏之主也

墬　籀文地從㒸

漢書郊祀志周
官天墬之祀

從㒸者北征賦登鄣隧而遙望兮李善云隧或爲墬說文
曰墬古文地字也據此則隊當爲隊徐鍇本作從𨸏土彖
聲據此則
彖當爲㒸

坤　地也易之卦也從土從申土位在申　苦昆切

地也者易坤卦應地無疆王注地也者形之名也坤也者
用地者也說卦坤也者地也萬物皆致養焉故致役乎坤

乾鑿度坤者地之道也晉語坤土也漢書杜鄴傳坤以法地爲土爲母洪邁曰歸藏以純坤爲首坤爲地萬物莫不歸而藏於中故名爲歸藏　易之卦也者物理論地者其卦曰坤　土位在申者易坤卦西南得朋王注西南致養之地與坤同道者也易乾鑿度陰始於巳形於未據正立位故坤位在西南陰之正也

兼垓八極地也國語曰天子居九垓之田從土亥聲古哀切

兼垓八極地也者垓當爲晐本書晐兼晐也垓晐聲相近淮南本經訓紀綱八極經緯六合馥案釋地以四方爲四極加以四隅故稱八極　國語曰天子居九垓之田者彼作晐鄭語故王者居九晐之田韋注九晐九州之極數也楚語天子之田九晐以食兆民韋注九晐九州之內有晐數也

四方土可居也從土奧聲於六切

四方土可居也者李善注西都賦引作四方之土可定居者也徐鍇本作四方上下可居者廣韻墺四墺四方土通

作隩書禹貢四隩既宅傳云四方之宅已可居又通作奧漢書地理志引書四奧既宅

古文墺

玉篇垗圫竝古文本書闕垗字

堣夷在冀州陽谷立春日日值之而出從土禺聲尚書曰宅堣夷噳俱切

堣夷在冀州陽谷者史記禹本紀堣夷既略列子亦作堣夷胡渭曰說文暘山在遼西一曰嵎銕暘谷也既在遼西則冀域而非靑域不可以當禹貢之嵎夷馥案後漢書以嵎夷爲遼東樂浪三韓之地陽谷叒下作陽谷　立春日日值之而出者廣韻堣夷日所出處　尚書曰宅嵎夷者堯典文彼作嵎傳云東表之地稱嵎夷馥案本書不偁尚書疑後人引書加之

朝歌南七十里地周書武王與紂戰于坶野從土母聲莫六切

廣韻坶野殷近郊地名說文作坶詩大明箋引書牧野釋文作坶馥案坶牧聲相近本書母牧也又案周書酒誥明大命于妹邦馬注妹邦卽牧養之地周禮載師以牧田任遠郊之地釋地邑外謂之郊郊外謂之牧牧外謂之野　朝歌南七十里地者書釋文引云地名在朝歌南七十里書牧誓王朝至于商郊牧野正義皇甫謐云在朝歌南七十里不知出何書也書序武王與受戰于牧野鄭注牧野紂南郊地名史記殷本紀周武王於是遂率諸侯伐紂紂亦發兵距之牧野集解牧野紂南郊地名也魯世家伐紂至牧野正義衛州卽牧野之地東北去朝歌七十三里括地志紂都朝歌故城在衛州東北七十三里今衛州城卽殷牧野之地周武王伐紂築也水經注淸水自朝歌以南南暨淸水土地平衍據臯跨澤悉坶野矣郡國志曰朝歌縣南有坶野竹書紀年曰周武王率西夷諸侯伐殷敗之于坶野詩所謂坶野洋洋檀車煌煌者也元和志衛縣朝歌故城在縣西二十一里殷之故都也九域志汲城本牧野之地漢爲縣通典衛州汲縣牧野之地禮記大傳牧之野武王之大事也既事而退柴於上帝祈於社奠於牧

室注云牧室牧野之室也馥案詩大明正義云牧禮記作坶今作牧者後人改之　周書武王與紂戰于坶野者牧誓武王伐紂至于牧野玉篇引作坶野大傳武王與紂戰于坶之野

阪也從土皮聲滂禾切

阪也者徐鍇本作陂也鍇曰謂陂陀也

地平也從土從平平亦聲皮命切

地平也者廣雅坪平也趙宧光曰蜀峨山有雷洞坪

平徧也從土從勻勻亦聲居勻切

平徧也者急就篇遠取財物主平均字林均均田也易說卦坤爲均正義云以其地道平均也豐卦雖旬无咎王注旬均也馥案本書旬徧也詩節南山秉國之均傳云均平周禮大司徒以土均之法均齊天下之政又均人掌均地政均地守均地職均人民牛馬車輦之力政注云均猶平也夏小正正月農率均田均田者始除田也言農夫急除

田也月令均琴瑟管簫正義均平其聲蔡氏章句乃修蠒稅以桑爲均以桑爲平者用桑多則蠒多少則蠒少也年無尊卑老壯各以用桑爲平論語不患貧而患不均穆天子傳萬民平均大荒北經禹鯀是始布土均定九州韓詩外傳君人者以禮分施均徧而不偏漢書律歷志衡平也所以任權而均物百官表大司農屬官有均輸平準令丞鹽鐵論平準則民不失職均輸則民齊勞逸故平準均輸所以平萬物而便百姓唐六典市令以之價均平市宋郭諮攝肥鄉令以千步方田法四出量括遂得其數收逋賦八十萬通典方田即均田也歸藏易昔女媧筮張雲幕枚占之曰吉平均土地和合四國書禹貢沿于江海沿馬本作均云均平蜀志王平字子均通作鈞詩行葦四鍭既鈞傳云得平均也成六年左傳善鈞從衆杜云鈞等也襄二十六年傳多鼓鈞聲杜云鈞同其聲

壤 柔土也從土襄聲 如兩切

東方朔曰汧隴以東商洛以西厥壤肥饒　史記五帝本紀老人擊壤而歌於路　山海經鯀竊帝之息壤以堙洪水馥案史記秦本紀甘茂曰息壤在彼　柳宗元有永州龍興寺息壤記

柔土也者一切經音義八無塊曰壤玉篇地之緩肥曰壤釋名壤瀼也肥濡意也急就篇屏廁清溷糞土壤顏注柔土曰壤書禹貢厥土惟白壤馬注壤天性和美也又咸則三壤傳云無塊曰壤漢書地理志厥土惟白壤顏注柔土曰壤詩信南山畇畇原隰傳云畇畇墾辟貌正義墾辟貌者謂墾耕其地辟除草萊以成柔田也周禮大司徒辨十二壤之物而知其種以教稼穡樹藝注云壤亦土也變言耳以萬物自生焉則言土土猶吐也以人所耕而樹藝焉則言壤壤和緩之皃後漢書公孫述傳土壤膏腴注云無塊曰壤九章算術穿地四爲壤五爲堅注云壤謂息土堅謂築土張華曰凡土三尺已上爲壤三尺已下爲土

塙 堅不可拔也從土高聲 苦角切

徐鍇韻譜作墧　集韻亦引作墧

堅不可拔也者通作確易乾卦確乎其不可拔繫辭夫乾確然示人易矣釋文馬韓云剛皃莊子應帝王確乎能其事注云堅貌又通作确後漢書崔寔傳言辯而确注云确堅正也

墽 磽也從土敫聲 口交切

磽也者淮南地形訓祭水陸肥墽高下之宜孟子則地有肥磽雨露之養

壚 剛土也從土盧聲 洛乎切

剛土也者類篇引作黑剛土也韻會書釋文引同洪注楚詞引亦同楚詞九歎偕伴壚阪王注壚黃黑色土也圖經俗謂黑爲盧尚書下土墳壚然則壚黑也本書齊謂黑爲驢夢溪筆談夷人謂黑爲盧關中記長安地皆黑壤顏注漢地理志壚謂土之剛黑者也釋名土黑曰盧盧然解散也四民月令正月地氣上騰土長冒橛陳根可拔急菑彊土黑壚之田齊民要術引氾勝之書春地氣通可耕堅硬彊地黑壚土本書墆下云耕以臿浚出下壚土也呂氏春秋辯土篇凡耕之道必始於壚爲其寡澤而後枯注云壚埴壚地也本書堅剛也從臤從土廣雅堅土也月令可以美土疆注云土疆強檃之地釋文疆其丈反正義強是不軟檃是墆闕也竝謂檃壢确磈之地也草人職云彊檃用蕡疆檃強堅者也金履祥云其壤者無塊而柔其下者或剛而疏

垶 赤剛土也從土觲省聲 息營切

赤剛土也者玉篇垶赤堅土也周禮大司徒以土均之灋辨五物九等注云九等騂剛赤緹之屬又草人騂剛用牛杜子春云謂地色赤而土剛強也觲省聲者徐鍇疑義云案說文垶字注云從土觲省聲而無騂字亦脫誤馥案本書以闕騂字改爲觲

埴 黏土也從土直聲 常職切

黏土也者范應元注老子引同一切經音義十黏土曰埴釋名土黃細密曰埴埴膩也黏胒如脂之膩也書禹貢厥土赤埴墳傳云土黏曰埴史記夏本紀其土赤埴墳徐廣曰埴黏土也周禮草人埴壚用豕注云埴壚黏疏者考工記摶埴之工二注云埴黏土也老子道經挻埴以爲器釋文引杜弼云埴黏土也荀子性惡篇故陶人埏埴而爲器注云埴黏土也尉繚子治本篇木器液金器腥聖人飲於土食於土故埏埴以爲器天下無費莊子馬蹄篇陶者曰我善治埴圓者中規方者中矩釋文引司馬云埴土可以爲陶器六韜把下漸澤黑土黏埴者車之勞地也

坴 土塊坴坴也從土圥聲讀若逐一曰坴梁 力竹切

土塊坴坴也者廣韻坴大塊本書䵋從坴謂種於土塊中也讀若逐者徐鍇本作讀若速 一曰坴梁者通作陸甘泉賦飛蒙茸而走陸梁五臣云陸梁亂走貌

堚 土也洛陽有大䡇里從土軍聲 戶昆切

土也者五音集韻引作墣也 洛陽有大䡇里者集韻大䡇里名在洛陽呂靜說

墣 塊也從土菐聲 匹角切

塊也者吳語王寐疇枕王以墣而去之注云墣塊也淮南人閒訓塘漏若鼷穴一墣之所能塞也說林訓土勝水者非以一墣塞江也許注墣塊

圤 墣或從卜

凷 墣也從土一屈象形 苦對切

墣也者一切經音義七引作堅土也三蒼凷土凷也禮運蕢桴而土鼓注云蕢讀爲凷聲之誤也凷堛也喪大記寢苫枕凷後漢書蔡邕傳夫九河盈溢非一凷所防

塊 凷或從鬼

莊子釋文說文塊俗凷字 一切經音義二十五塊古文凷同結土也土塊也 釋言塊堛也郭注土塊也晉語野人舉塊以語之韋注塊墣也 莊子大塊噫氣司馬彪注大塊大墣之皃 鹽鐵論大塊之閒無美苗 徐整長歷黃帝時雨不破塊

堛 凷也從土畐聲 芳逼切

凷也者玉篇堛土塊也釋言塊堛也孫炎云堛土塊也既夕記垼用塊注云塊堛也

堫 種也一曰內其中也從土㚇聲 子紅切

種也者韻會引徐鍇本作穜也或作稯廣韻稯種也與堫同 一曰內其中也者韻會引徐鍇本一曰內其中一曰不耕而種集韻不耕而種謂之堫

塍 稻田畦也從土朕聲 食陵切

稻田畦也者一切經音義九引同爾雅釋文引作稻田畦隄埒畔後漢書班固傳注引作田畦也集韻類篇引作稻中畦也字鑑同韻會引徐鍇本塍稻中畦埒也廣雅塍隄也蒼頡篇塍畔也氾勝之書始種稻欲溫溫者缺其塍令水道相直夏至後大熱令水道錯釋邱如乘者乘邱郭注或云乘者謂稻田塍埒

坺 治也一曰臿土謂之坺詩曰武王載坺一曰塵皃從土犮聲 蒲撥切

治也者疑作厽本書厽下云絫坺土爲牆壁 一曰臿土謂之坺者一切經音義十九引同集韻作垡亦作墢云耕起土也玉篇坺與墢同一切經音義十九墢又作坺考工記耜廣五寸二耜爲耦一耦之坺廣一尺深一尺鄭元曰兩人併發之其隴中曰畎畎上曰墢墢之言發也周語王耕一墢韋注一墢一耜之墢也王無耦以一耜耕宋庠云墢與坺同顏氏家訓未嘗目覩起一墢土耘一株苗廣韻坺一臿土也釋名鍤插地起土也 詩曰武王載坺者商頌長發文彼作旆案周禮大司馬中夏教茇舍鄭注茇讀若萊沛之沛馥謂茇旆聲相近荀子引詩作發坺發聲亦相近公孫文子名拔或作發見檀弓注 一曰塵皃者廣雅坺塵也博物志吳人謂塵土爲坺埃

坄 匋竈窗也從土役省聲 營隻切

匋竈窗也者本書窯燒瓦竈也廣雅窯謂之竈其窻謂之坄或作垼士喪禮爲垼于西牆下注云垼塊竈喪大記甸人爲垼于西牆下注云取西牆土爲塊竈又或作炈玉篇炈陶竈囪

基 牆始也從土其聲 居之切

牆始也者類篇引作牆也一曰始也本也玉篇基始也釋詁基始也詩南山有臺邦家之基傳云基本也本書阯基也

垣 牆也從土亘聲 雨元切

牆也者本書牆垣蔽也一切經音義九垣謂四周牆也釋名垣援也人所依阻以爲援衛也急就篇泥塗堊墍壁垣牆書梓材若作室家既勤垣墉釋文引馬云卑曰垣高曰墉詩板大師維垣傳云垣牆也襄三十一年左傳子產使盡壞其館之垣而納車馬焉釋文垣牆也吳語君有短垣而自踰之漢書蕭何傳爲家不治垣屋顏注垣牆也漢書地理志上郡漆垣莽曰漆牆

𩫖 籒文垣從𩫏

圪 牆高皃詩曰崇墉圪圪從土气聲 魚迄切

牆高皃者一切經音義十三引作高大皃也廣雅圪圪高也 詩曰崇墉圪圪者大雅皇矣文彼作仡仡釋文仡仡說文作圪陳啓源曰毛傳以仡仡爲高大鄭箋以爲將壞皃案左傳宋子魚言文王伐崇三旬不降後伐之因壘而降則文王之於崇乃降服之非破滅之也固無事壞其城矣傳義得之說文云牆高皃引此詩正與傳合

堵 垣也五版爲一堵從土者聲 當古切

垣也者廣韻堵垣堵漢書高帝紀吏民皆按堵如故應劭曰堵牆堵也 五版爲一堵者儒行環堵之室注云環堵面一堵也五版爲堵五堵爲雉家語相魯篇邑無百雉之城注云高丈長丈曰堵三堵曰雉詩鴻鴈之子于垣百堵皆作傳云一丈爲板五板爲堵箋云春秋傳曰五板爲堵五堵爲雉雉長三丈則板六尺隱元年左傳都城過百雉國之害也杜注方丈曰堵三堵曰雉一雉之牆長三丈高一丈正義云定十二年公羊傳曰雉者何五板而堵五堵而雉何休以爲堵四十尺雉二百尺許愼五經異義戴禮及韓詩說八尺爲板五板爲堵一堵爲雉板廣二尺積高五板爲一丈五堵爲雉雉長四丈古周禮及左氏說一丈爲板板廣二尺五板爲堵一堵之牆長丈高丈三堵爲雉一雉之牆長三丈高一丈以度其長者用其長以度其高者用其高也諸說不同賈逵馬融鄭元王肅之徒爲古學者皆云雉長三丈故杜依用之

𩫆 籒文從𩫏

壁 垣也從土辟聲 比激切

垣也者急就篇泥塗堊墍壁垣牆釋名壁辟也辟禦風寒也

㙩 周垣也從土尞聲 力沼切

周垣也者廣雅㙩垣也吳語周軍飭壘韋注周繞也通作繚西都賦繚以周牆西京賦繚垣緜聯四百餘里薛綜注繚垣猶繞了也

堨 壁間隙也從土曷聲讀若謁 魚列切

壁間隙也者堨隙聲相近通作郄史記張釋之傳雖錮南山猶有郄漢書作隙莊子批大郤

埒 卑垣也從土寽聲 力輟切

卑垣也者增韻引作庳徐鍇本作庳本書隙道邊庳垣也急就篇頃町界畝畦埒封顏注埒者田間堳道也一說謂庳垣也今之園或爲短牆蓋埒之謂也覲禮爲宮方三百步注云宮謂壝土爲埒以象牆壁也周禮掌舍爲壇壝宮注云謂王行止宿平地築壇又委壝土起堳埒以爲宮昭二十五年公羊傳以人爲菑何注菑周埒垣也疏云猶言周帀爲埒牆釋邱水潦所還埒邱郭注謂邱邊有界埒水繞環之世說王武子好馬射買地作埒五音集韻馬埒謂於外作短垣繞之也

堪 地突也從土甚聲 口含切

堀 突也詩曰蜉蝣堀閱從土屈省聲 苦骨切

突也者掘地之土突也 詩曰蜉蝣堀閱者曹風蜉蝣文彼作掘箋云掘閱掘地解閱謂其始生時也戴君震曰案掘說文引作堀云突也突者堀起之意卽箋所謂掘地也馥案本書無蜉蝣字

堂 殿也從土尚聲 徒郎切

急就篇室宅廬舍樓殿堂顏注凡正室之有基者則謂之堂 演義堂當也當正向陽之屋 殿也者御覽引本書殿堂之高大者也本書廣殿之大屋也廣雅堂堭也釋宮無室曰榭孫炎云但有堂也李巡云但有大殿無室摯虞決疑要注殿則有階陛堂有階無陛

𡪿 古文堂

𡔷 籀文堂從高省

從高省者釋名堂猶堂堂高顯貌也李尤堂銘因邑制宅爰興殿堂夏屋渠渠高敞清涼

垛 堂塾也從土朵聲 丁果切

堂塾也者本書無塾字釋宮門側之堂謂之塾郭注夾門堂也釋宮又云垝謂之坫郭注在堂隅坫墆也釋文墆或作埰丁果反馥謂埰即垛之別體通俗文積土曰垛纂文吳人以積土爲垛皇侃論語義疏坫者築土爲之形如土堆在於兩楹之閒飲酒行獻酬之禮更酌酌畢則各反其酒爵於坫上故謂此堆爲反坫

坫 屏也從土占聲 都念切

屏也者爾雅釋文引作屏牆本書屏屏蔽也郭注爾雅坫墆也玉篇墆墆翳隱蔽皃士虞禮饌於西坫上注云坫在堂角疏云坫有二若明堂位云崇坫反圭及論語云兩君之好有反坫之等在廟中有之以亢反爵之屬此言坫者

皆據堂上角爲名故云堂角也馥案本書謂堂角之坫非兩楹之坫也

𡋯 涂也從土浝聲 力歱切 本書水部有浝字

涂也者或作塗釋名塗杜也杜塞孔穴也本書䑋下引書惟其斁丹雘書正義云斁即古塗字馥謂斁古杜字

垷 涂也從土見聲 胡典切 涂也者廣雅同

墐 涂也從土堇聲 渠吝切

涂也者廣雅同內則塗之以謹塗注云謹當爲墐聲之誤也墐塗塗有穰草也月令季秋之月蟄蟲咸俯在內皆墐其戶注云墐爲塗閉之又仲冬之月塗闕廷門閭詩七月塞向墐戶傳云墐塗也

墍 仰涂也從土既聲 其冀切

仰涂也者書釋文引同周書梓材若作室家既勤垣墉惟其塗墍茨馬注墍至色廣雅墍塗也急就篇泥塗堊墍壁垣牆顏注墍仰塗也喪服既練舍外寢注云舍外寢於中門之外屋下壘墼爲之不塗墍所謂堊室也淮南子高陽魋將爲室匠人曰未可也木尙生加塗其木必將橈生材任重塗今雖成後必將敗漢書谷永傳凶年不墍塗顏注墍如今仰泥屋也揚雄傳獿人亡則匠石輟斤而不敢妄斲服虔曰獿古之善塗墍者也施廣領大袖以仰塗而領袖不汙顏注墍即今之仰泥也獿抆拭也故謂塗者爲獿人

堊 白涂也從土亞聲 烏各切

六韜宮垣屋室不堊韓非十過篇四壁堊墀說林篇宮有堊器有滌則潔矣用人篇夫人主不塞隙穴而勞力於赭堊暴雨疾風必壞一切經音義十一引蒼頡篇堊白土也列子周穆王篇赭堊之色注云堊白土也西山經大次之山其陽多堊注云堊似土色甚白史記司馬相如傳其土則丹青赭堊張揖云堊白堊東京賦赭堊流黃魏略徐庶爲人報讎白堊突面被髮而走玉篇白堊曰墡一切經音義十四墡字林音善土名也即白土也亦名堊案吳普

本草云白堊一名白善是也馥案堊本白土可以涂牆故曰涂謂之堊其別色可涂者遂亦謂之堊山海經孟門之山其下多黃堊涅石尉繚子敵白者堊之赤者赭之新序諸侯牆有黑堊之色無丹青之彩又案白涂或用粉漢官儀明光殿省皆胡粉塗壁或用蜃灰周禮掌蜃共白盛之蜃鄭注謂飾牆使白之蜃也疏云白盛主於宗廟堊牆也考工記匠人白盛注云蜃灰也盛之言成也以蜃灰堊牆所以飾成宮室

白涂也者顏注急就篇堊白塗也釋名堊亞也次也先泥之次以白灰飾之也釋宮牆謂之堊郭注白飾牆也周禮守祧其祧則守祧黝堊之鄭司農云堊白也喪大記既祥黝堊注云地謂之黝牆謂之堊靈光殿賦皓壁皜曜以月照

墀 涂地也從土犀聲禮天子赤墀 直尼切

涂地也者李善注鮑昭詩引同廣雅墀塗也　禮天子赤墀者華嚴經音義墀謂以丹塗地魏都賦丹墀臨猋劉注丹墀以丹與蔣離合用涂地也漢官儀天子赤泥殿上曰丹墀又云尚書郎趣走丹墀奏事漢官典職以丹漆地故

曰丹墀西京賦青瑣丹墀五臣注丹墀階也以丹漆塗之漢書梅福傳願登文后之殿陟赤墀之途元后傳曲陽侯根僭上赤墀青瑣馥案後庭則黑墀釋宮地謂之黝郭注黑飾地也西都賦於是玄墀釦砌五臣注玄墀以漆飾墀也墀階

墼 瓴適也一曰未燒也從土毄聲古歷切

玉篇墼土墼也　顏注急就篇墼者抑泥土爲之令其堅激也　後漢書周紆傳紆廉潔無資常築墼以自給　汝南先賢傳袁宏臨卒勑其子以五百墼爲藏　舊唐書李光弼傳躬率士卒百姓於城外掘壕以自固作塹數十萬　馥謂塹寫誤通鑑作墼注云墼範土爲之

隸續有永初官墼文作墼

瓴適也者本書甓瓴甓也玉篇瓴甋甓也廣雅瓴甋甋甎也釋宮瓴甋謂之甓郭注甋甎也今江東呼瓴甓詩中唐有甓傳云甓令適也張協詩瓴甋夸璵璠唐書新語張說曰墓中不置瓴甋瓷以其近於火　一曰未燒也者韻會引徐鍇本一曰未燒磚也本書無磚字

埽除也從土弁聲讀若糞方問切

或作拚詩東山洒埽穹窒箋云埽拚釋文拚甫問反少儀席前曰拚注云拚除穢也周禮隸僕掌五寢之埽除糞洒之事注云氾埽曰埽席前曰拚管子弟子職凡拚之紀必由奧始俯仰磬折拚毋有徹拚前而退聚於戶內坐板排之以葉適已實帚於箕先生若作乃興而辭坐執而立遂出弃之既拚反立是協是稽　又作攈詩伐木於粲洒埽箋云粲然已洒攈矣釋文攈本又作拚

埽除也者一切經音義十六引作糞除埽棄也徐鍇本作棄埽除也馥謂棄上脫糞字　弁聲者當作𢍏本書糞古文作𢍏此從之也後人加聲字

讀若糞者玉篇古文作墳

埽 棄也從土從帚穌老切

棄也者廣雅埽除也周禮閽人掌埽門庭或作掃詩抑洒埽庭內論語洒埽應對又通作騷史記李斯傳竈上騷除

從帚者徐鍇本作帚聲

在 存也從土才聲昨代切

存也者釋詁文釋訓存存在也聘禮記子以君命在寡君大戴禮曾子立事篇存往者在來者盧辯注在猶存也論語父母在僖九年左傳其在亂乎杜注在存也襄二十六年傳吾子獨不在寡人杜注在存問之晉語肸第之不安郊抑驪姬之不存側也周語目不在體韋注在存也徐鍇本有此與坐同意五字

坐 止也從土從畱省土所止也此與畱同意徂臥切

曲禮坐如尸　釋名坐挫也骨節挫屈也又云腳卻也以其坐時卻在後也　高士傳管寧常坐一木榻上積五十年未嘗箕股其榻上當膝處皆穿　賈誼書容經篇坐以經立之容肘不差而足不跌視平衡曰經坐微俯視尊者之膝曰共坐仰首視不出尋常之內曰肅坐廢首低肘曰卑坐

止也者廣雅同釋詁妥安坐也又云妥安止也馥謂坐與尻同本書尻処也從尸得几而止処止也得几而止樂記居吾語女孟子坐我明語子其意同也　從畱省者畱本從丣坐亦從丣集韻坐作𡋯從卯李陽冰云坐從丣丣時

入不臥釋夢英千字文坐朝問道篆作𡋯五經文字序云說文體包古今先得六書之要自注云若古文作坐篆文作𡋯之類䌛作坐隸書卯字皆變作丣故貿亦作貿土所止也此與畱同意者徐鍇本作坐止也從畱省從土所止也枝妥篇云坐說文從畱省從土土所以止此與在同意韻會說文坐止也從土從畱省徐曰土所止也與畱同意馥案伕安與在同意韻會與畱同意已自不同又以土所止也八字爲徐語與二徐本竝異

古文坐

坻 箸也從土氏聲諸氏切

箸也者韻會引徐鍇本作箸止也本書泜箸止也昭二十九年左傳物乃坻伏杜注坻止也

填 塞也從土眞聲陟鄰切今待季切

塞也者本書窴塞也玉篇引賈逵曰填塞也北征賦羅填塞之阬災東都賦填流泉而爲沼博物志炎帝女溺死東海中化爲鳥曰精衛常取西山之木石以填東海漢書溝洫志令羣臣從官皆負薪填河貢禹傳又多取好女以填

後宮

坦 安也從土旦聲 他但切

安也者易履卦釋文引同管子坦坦之利不以功坦坦之備不爲用故存國家定社稷在卒謀之閒耳

坒 地相次比也衞大夫貞子名坒從土比聲 毗至切

地相次比也者玉篇廣韻集韻類篇五音集韻通志竝引作次坒徐鍇本同廣雅坒次也漢書諸矦王表諸矦比境周帀三垂顏注比謂相接次也吳都賦商賈駢坒李善引許注淮南云坒相連也五臣注坒次也漢書儒林傳公孫宏比輯其義太玄陰陽坒參

堤 滯也從土是聲 丁禮切

滯也者堤與底義同玉篇底滯也昭元年左傳勿使有所壅閉湫底杜注底滯也晉語戾久相底底箸滯淫佩觿堤滯之堤爲隄防其順非有如此滯或作墆漢書食貨志富商賈或墆財役貧蜀都賦賈貿墆鬻

壎 樂器也以土爲之六孔從土熏聲 況袁切

或作塤本書勳古文從員釋名塤喧也聲濁喧喧然也長笛賦暴辛爲塤李善引世本暴辛爲塤宋書樂志塤世本云暴新所造亦不知何代人也周畿內有暴國豈其時人乎通典引宋均曰爲塤久矣此掌其官也

樂器也者宋書樂志八音三曰土土塤也詩何人斯伯氏吹壎傳云土曰壎沈文阿左傳義疏按樂緯曰主立春樂用壎白虎通禮樂篇 壎在十一月壎之爲言熏也陽氣於黃泉之下熏蒸而萌 以土爲之六孔者廣雅塤象稱錘以土爲之有六孔釋樂大塤謂之嘂郭注塤燒土爲之大如鵝子銳上平底形如稱錘六孔小者如雞子世本注塤圍五寸半長三寸半凡六孔周禮小師掌教鼓鼗柷敔塤簫管弦歌注云塤燒土爲之大如鴈卵鄭司農云塤六孔呂氏春秋仲夏紀調竽笙塤篪注云壎以土爲之大如鴈子其上爲六孔漢書律歷志八音土曰塤應劭曰塤燒土爲之其形銳上而平底六孔吹之顏注塤字或作壎其音同耳風俗通詩云天之誘民如塤如篪塤燒土也圍五寸半長三寸半有四孔其二通凡爲六孔

封 爵諸矦之土也從㞢從土從寸守其制度也公矦百里伯七十里子男五十里 府容切

爵諸矦之土也者字林封爵諸矦也聲類建國以土地曰封周禮封人凡封國設其社稷之壝封其四疆注云封國建諸矦立其國之封褚先生書史記三王世家後云所謂受此土者諸矦王始封者必受土於天子之社歸立之以爲國社以歲時祠之春秋大傳曰天子之國有泰社東方青南方赤西方白北方黑上方黃故將封於東方者取青土封於南方者取赤土封於西方者取白土封於北方者取黑土封於上方者取黃土各取其色物裹以白茅封以爲社此始受封於天子者也此之謂主土主土者立社而奉之也 從㞢者㞢往也書蔡仲之命往卽乃封 從寸守其制度也者徐鍇本作從土之寸寸其制度也 公矦百里云云者孟子天子之制地方千里公矦皆方百里伯七十里子男五十里凡四等

𡉚 古文封省

𡊒 籀文從丯

徐鍇本𡊒籀文封從丯土㞢古文封省 復古編㞢從丯省從土籀文𡊒不省馥案徐鍇本先籀後古本書先古後籀又改原注

璽 王者印也所以主土從土爾聲 斯氏切

王者印也者此秦漢之制非古訓也漢書高帝紀封皇帝璽符節應劭曰璽信也古者尊卑共之左傳襄公在楚季武子使公冶問璽書追而與之秦漢尊者以爲信羣下乃避之魯語追而與之璽書韋注璽印也古者大夫之印亦稱璽璽書璽封書也韓非外儲說潘壽見燕王曰今王將傳國子之太子之人盡懷印璽子之之人無一人在朝廷者王因收吏璽自三百石已上皆效之子之又云西門豹爲鄴令居期年上計君收其璽豹自請璽復以治鄴又云梁車新爲鄴令刖其子足趙成矦以爲不慈奪之璽而免之令馥謂此古者印璽通名之證 所以主土者御覽引作以守土元崔彧進傳國璽箋云許愼說文璽王者印也以守土故爲文從爾從土其義葢曰天付爾此器傳寶之

以守爾土也

璽籀文從王

籀文從王者古印有渠石之璽其文從王崔或曰周太史籀易爲從爾從王義取天付爾此玉寶以爲天下君也衛宏曰秦以前民皆以金玉爲印惟其所好自秦以來惟天子之印獨稱璽又以玉羣臣莫敢用也玉璽譜始皇初定天下所刻之璽其玉出藍田丞相李斯所書博袤四寸魚鳥爲文漢官舊儀皇帝六璽皆白玉螭虎鈕文曰皇帝行璽皇帝之璽皇帝信璽天子行璽天子之璽天子信璽凡六璽皇帝行璽凡封命用之皇帝之璽賜諸侯王書皇帝信璽發兵其徵大臣以天子行璽策拜外國事以天子之璽事天地鬼神以天子信璽

墨書墨也從土從黑黑亦聲莫北切

本書赤古文作烾馥謂墨與烾同意　廣雅墨黑也　釋名墨痗也似物痗墨也　傅元少傅箴近朱者赤近墨者黑書墨也者范子計然墨出三輔王嘉拾遺記張儀蘇秦傭力寫書行遇聖人之文無以題記則以墨書於掌夜還更以竹寫之新序墨筆操牘隨君之後司君之過而書之汲太子妻與夫書曰并致上書墨十螺西京雜記尙書令僕承郎月給隃麋墨漢官儀賜尙書郎赤管大筆一雙分墨一丸戴延之西征記石墨山北五十里山多墨可以書顧微廣州記懷化郡掘塹得石墨甚多精好可寫書潯陽記廬山有石墨可書輿地志上洛山有石墨可書寰宇記虔州贛縣上洛山有石墨可書元和志壽安縣石墨山在縣西南三里山石如墨可以書又云黟縣有墨領出墨石寰宇記黟縣墨領山領有穴中有墨石軟膩土人取爲墨墨色碧甚鮮明可以記文字又有石墨井昔人采墨之所輟耕錄上古無墨竹挺點漆而書中古方以石磨汁或云是延安石液楊愼曰魏都賦墨井鹽池玄液素滋注鄴西高陵以西伯楊城西有黑井今在彰德府南郭村井產石墨可以書陸士龍與兄書云三台上有曹公石墨數十斤云燒此復消可用然煙中人不知兄頗見之否今送二螺卽此物也又宜陽縣有石墨山沔陽縣有石墨洞贛州興國縣上洛山皆產石墨廣東始興縣小溪中亦產石墨婦女取以畫眉名畫眉石按古者漆書之後皆用石墨以書大戴禮所謂石墨相著則黑是也漢以後松烟桐煤既盛故石墨遂湮廢并其名人亦罕知之顧炎武曰今人謂石炭爲墨

按水經注冰井臺井深十五丈藏冰及石墨石墨可書又然之難盡亦謂之石炭是知石炭石墨一物也有精麤爾從土從黑者蘇易簡文房四譜墨者黑土也字從黑土黑亦聲者當爲黑聲

垸以桼和灰而䰍也從土完聲一曰補垸胡玩切

以桼和灰而䰍也者徐鍇本作以桼和灰丸而䰍也考工記輪人既摩革色青白謂之轂之善注云謂丸漆之乾而以石摩平之列子彖垸以爲丸本書䵷桼垸已復桼之一切經音義十八通俗文燒骨以桼曰垸蒼頡訓詁垸以桼和之今中國人言垸江南言䯈周禮角人掌以時徵齒角凡骨物於山澤之農注云骨入漆垸者巾車髹飾注云故書髹爲軟杜子春云軟讀爲桼垸之垸字或作髹一切經音義二十江南名䯈北人名髹又通作睆檀弓華而睆釋文孫炎云睆漆也一曰補垸者廣韻垸桼補垸也

型鑄器之法也從土刑聲戶經切

傅元太子少傅箴夫金木無常方圓應型

鑄器之法也者本書鑲作型中腸也玉篇型鑄器之法模也廣韻型鑄鐵模也集韻引舊說以土爲法曰型以金爲法曰範以木爲法曰模淮南齊俗訓鑪橐埵坊設非巧冶不能以冶金高注坊土型也通作荆詩儀荆文王又荆于寡妻傳竝云荆法也

埻射臬也從土𦎧聲讀若準之允切

射臬也者後漢書注引同一切經音義一通俗文射堋曰埻埻中木曰的說文埻射臬也射侯也以熊虎之皮飾其側方制之以爲埻太元嘗師或導躲豚其埻注云埻躲的也通鑑吳元濟殺楊元卿妻以坊射堋注云堋射埻也呂氏春秋本生篇萬人操弓共射其一招招無不中注云招埻的也盡數篇射而不中反修于招何益於中注云于招埻藝也別類篇射招者欲其中小也注云招埻藝也中小謂剖微不失毫分射之工也馥案藝卽臬[illegible]或作[illegible]是也後漢書齊武王縯傳使長安中官署及天下鄉亭皆畫伯升像于塾旦起射之注云蕭該音義亦作塾東觀記續漢書竝作埻馥謂塾乃藝之譌程君瑤田曰周官司裘注侯以皮飾其側又方制之以爲𦎧釋文𦎧亦作準而毛詩疏

引鄭注譌作質且云質者正也是鄭注刊本字畫已譌而尙存其似詩疏更譌而易其文與義不有說文則皆莫能是正之矣　讀若準者廣韻埻射的周禮或作準本書臬射準的也

塒 雞棲垣爲塒從土時聲 市之切

雞棲垣爲塒者廣韻塒穿垣栖雞釋宮雞栖於弋爲榤鑿垣而栖爲塒郭注今寒鄉穿牆栖雞詩君子于役雞棲于塒傳云鑿牆而棲曰塒

城 以盛民也從土從成成亦聲 氏征切

世本鮌作城　呂氏春秋君守篇夏鮌作城注云鮌禹父也築作城郭　淮南子鮌作九仞之城　吳越春秋鮌築城以衛君造郭以守民　博物志處士東里䰻責禹亂天下事禹退作三城强者攻弱者守敵者戰城郭蓋禹始也　五經異義天子之城高九仞公侯七仞伯五仞子男三仞　公羊解詁天子之城千雉高七雉公侯百雉高五雉子男五雉高三雉

以盛民也者盛當爲宬通作盛釋名城盛也盛受國都也古今注城者盛也所以盛受民物也水經注引風俗通城盛也從土成聲尙書大傳聖人者民之父母也爲之城郭以屋之春秋隱七年城中邱穀梁云城爲保民爲之也僖十八年左傳梁伯益其國而不能實也命曰新里杜注多築城邑而無民以實之成十二年傳此公侯之所以扞城其民也襄二十九年穀梁傳古者天子封諸侯其地足以容其民其民足以滿城以自守也史記宋世家四曰司空集解引馬融曰司空掌營城郭空土以居民漢書食貨志是以聖王域民築城郭以居之　成亦聲者當爲成聲

𩫨 籒文城從𩫏

墉 城垣也從土庸聲 余封切

城垣也者當云城也垣也廣韻墉城也垣也鄭注王制云小城曰墉易解卦公用射隼于高墉之上馬云墉城也詩良耜其崇如墉皇矣以伐崇墉傳竝云墉城也韓奕實墉實壑傳云高其城深其壑也襄九年左傳祝宗用馬于四墉杜注墉城也後漢書班固傳陵墱道而超西墉注云墉城也或通作庸尙書大傳天子賁庸鄭注廧謂之庸漢書翟義傳封桓譚爲明告里附城顏注云如古附庸也又王莽傳當賜爵關內侯者更名曰附城詩崧高以作爾庸傳云庸城也又通作鄘昭二十一年左傳宋城舊鄘注云舊鄘故城也釋文鄘本或作墉昭十八年傳祈于四鄘杜注鄘城也馥案此皆訓墉爲城也玉篇墉牆也釋名墉容也所以蔽隱形容也釋宮牆謂之墉書梓材既勤垣墉馬曰卑曰垣高曰墉禮器君南鄉於北墉下注云牆謂之墉晉語猶無基而厚墉也其壞也無日矣韋注墉牆也顧炎武日唐任恭碑未挂東都之冠先覆北墉之首按論語伯牛有疾注禮病者居牖下仁山金氏曰牖字誤當作墉蓋室中北墉而南牖墉牆也　馥案此皆訓墉爲牆也

⿰𩫏庸 古文墉

籒文城字𩫏旁加成堵字𩫏旁加者陴字𩫏旁加卑此亦當𩫏旁加庸玉篇𩫏部有⿰𩫏庸字云古文墉

堞 城上女垣也從土枼聲 徒叶切

城上女垣也者宣十二年左傳正義引同或作堞初學記說文所謂堞者亦女牆也字書堞女牆也廣雅堞女牆也

埤蒼堞城上小垣也一切經音義二釋名或言女牆言其卑小比於城若女子之於丈夫也或言堞取其重疊之義也襄六年左傳堙之環城傳於堞杜注堞女牆也襄二十五年傳吳子門焉牛臣隱於短牆以射之襄二十七年傳崔氏堞其宮而守之杜云堞短垣正義云謂新築女牆而守之淮南兵畧訓莫不設渠壍傳堞而守高注堞城上土牆魏都賦於是崇墉濬洫嬰堞帶涘五臣注堞城上女牆也

坎 陷也從土欠聲 苦感切

陷也者當爲臽本書臽小阱也玉篇引易坎陷也釋名坎險也晉太康地記坎欿聚在犂西晉書地道記作坎埳馥案當作坎臽

墊 下也春秋傳曰墊隘從土執聲 都念切

下也者蒼頡篇同莊子外物篇然則廁足而墊之致黃泉釋文司馬崔云墊下也釋名下溼曰隰隰墊也墊溼意也馥案墊當作墊字苑作凹云陷也書皋陶謨下民昏墊鄭注墊陷也漢書王莽傳武功中水鄉民三舍墊爲池顏注

墊陷也後漢書郭太傳行遇雨巾一角墊春秋傳曰墊隘者成六年襄二十五年左傳文同本書霸下引作墊阨

坻 小渚也詩曰宛在水中坻從土氐聲 直尼切

篆當作坻

小渚也者玉篇水中可居曰坻釋水小洲曰陼小陼曰沚小沚曰坻本書渚下引作小州曰渚白帖釣魚不得由守坻不堅韓非難一篇河濱之漁者爭坻何犿注坻水中高地釣者依之詩甫田如坻如京箋云坻水中之高地也史記賈生傳乘流則逝兮得坻則止集解駰案張晏曰坻水中小州也正義坻水中沙微起出水者也漢書司馬相如傳下磧歷之坻顏注坻水中高處也傳又云臨坻注壑顏注坻謂水中隆高處也思元賦伏靈龜以負坻兮五臣注坻洲也易坎祇既平鄭注當爲坻小邱也字或作泜釋名小沚曰泜泜遲也能遏水使流遲也又或作沶楚詞九懷淹低佪兮京沶王注小渚爲沶詩曰宛在水中坻者秦風蒹葭文傳云坻小渚也

坻或從水從夊

坻或從水從耆

㙤 下入也從土㬎聲 敕立切

下入也者本書㬎阪下溼也玉篇㙤墊也或作𡑞廣雅𡑞下也

垎 水乾也一曰堅也從土各聲 胡格切

水乾也者廣韻垎土乾也　一曰堅也者齊民要術凡下田停水處燥則堅垎溼則汙泥

垐 以土增大道上從土次聲 疾資切

堲 古文垐從土即虞書曰龍朕堲讒說殄行堲疾惡也

虞書曰龍朕堲讒說殄行者舜典文傳云堲疾言我疾讒說

增 益也從土曾聲 作滕切

益也者釋言文郭云今江東通言增本書會下云曾益也緟增益也孟子增益其所不能說苑以一累壤增太山不益其高

埤 增也從土卑聲 符支切

增也者本書㙤下云埤增水邊土人所止者廣雅埤益也鄭注玉藻云紕讀如埤益之埤詩北門政事一埤益我漢王純碑陰共出義錢埤后碑直言出錢增益后碑之價直

坿 益也從土付聲 符遇切

益也者廣雅同呂氏春秋孟冬紀坿城郭高注坿益也又孟秋紀坿牆垣高注坿猶培也通作附論語季氏富於周公而求也爲之聚斂而附益之孟子附之以韓魏之家趙注附益也漢書諸侯王表設附益之法王莽傳莽皆傅致其罪顏注傅讀曰附附益而引致之令入罪又通作坏月令仲秋蟄蟲坏戶鄭注坏益也周書時訓解作附戶又孟冬坏城郭鄭注坏益也又呂氏春秋坿牆垣月令作坏牆垣

塞 隔也從土從𡫳 先代切

隔也者李善注西京賦引作隔塞也蓋倒互之誤本書阸塞也隔障也月令季春開通道路無有障塞史記蘇秦傳秦四塞之固披山帶渭　從𡫳者當爲𡫳聲

圣 汝潁之閒謂致力於地曰圣從土從又讀若兔窟 苦骨切

汝潁之閒謂致力於地曰圣者或作勂廣韻勂力作也　讀若兔窟者徐鍇本作兔鹿窟

垍 堅土也從土自聲讀若臮 其冀切

埱 气出土也一曰始也從土叔聲 昌六切

气出土也者通作俶釋詁俶作也　一曰始也者本書俶始也

埵 堅土也從土垂聲讀若朵 丁果切

堅土也者一切經音義六字林埵聚土也廣韻埵土埵淮南說林訓窟穴者託埵防便也論衡說日篇太山之高參

天入雲去之百里不見埵塊或作堎堎纂文吳人以積土爲堎堎堅也廣韻堅堎也又射堎唐六典武舉有長堎馬射讀史方輿紀要井陘射堎山在縣東南六十里秦王翦伐趙嘗射堎於此

堎 地也從土夌聲 子林切

埾 土積也從土從聚省 才句切

土積也者詩緜釋文引本書捊引取土覆案取土即堅字誤分爲二蓋引堅也禮運人情以爲田注云田人所捊治正義云謂以手捊聚覆謂此引堅之義　從聚省者徐鍇本作聚省聲

[illegible] 保也高土也從土𠷎聲讀若毒 都皓切

保也者玉篇引作堡也集韻類篇同九章算術今有方堢壔李淳風注云堢城也壔謂以土擁木也唐書哥舒翰傳拔連城堡廣雅壔隄也　高土也者徐鍇本有一曰二字　讀若毒者李淳風云壔音丁老反又音纛

培 培敦土田山川也從土咅聲 薄回切

培敦土田山川也者玉篇培益也老子或培或隳傅奕引字林培益也徐鍇曰左傳分之土田培敦命以伯禽封于少昊之虛注培增也詩曰錫之山川土田附庸此總兩說也

埩 治也從土爭聲 疾郢切

治也者玉篇埩耕治也通作整莊十三年左傳夫禮所以整民也正義云整理天下之民

墇 擁也從土章聲 之亮切

擁也者擁當爲雝或作壅廣韻墇壅也史記秦本紀河決不可復壅玉篇引國語鯀墇洪水通作障釋言障畛也郭注謂壅障昭元年左傳障大澤杜注陂障呂氏春秋季春紀開通道路無有障塞高注障壅也

[illegible] 遏遮也從土則聲 初力切

垠 地垠也一曰岸也從土艮聲 語斤切

玉篇有古文作[illegible]

地垠也者一切經音義七引作地垠圻堮也李善注七發引作地圻堮也後漢書班固傳注引作界也史記賈生傳坱軋無垠索隱案無垠謂無有齊畔也說文云垠圻也覆案圻下脫堮字廣韻垠圻堮玉篇圻圻堮也集韻土有起迹曰垠七命旌拂霄堮軌出蒼垠淮南俶眞訓四達無竟通於無圻　一曰岸也者一切經音義八引同廣韻圻曲岸廣雅垠厓也淮南子出於無垠鄂之門許注垠鄂端崖也謝靈運富春渚詩遡流觸驚急臨圻阻參錯李善云埤蒼曰碕曲岸頭也碕與圻同覆案靈運又有入彭蠡湖口詩云州島驟迴合圻岸屢崩奔

圻 垠或從斤

或從斤者艮斤聲相近左傳介根城漢志作計斤

墠 野土也從土單聲 常衍切

野土也者周禮大司馬暴內陵外則壇之注云壇讀如同墠之墠王霸記曰置之空墠之地

垑 恃也從土多聲 尺氏切

恃也者垑恃聲相近廣韻垑恃土地也

壘 軍壁也從土畾聲 力委切

六韜設營壘則有天羅武落行馬蒺藜又云壘門拒守矛戟小櫓十二具絞車連弩用以自副又云三軍齊整陣勢以固深溝高壘　拾遺錄中壘校尉掌軍壘門

軍壁也者曲禮四郊多壘注云壘軍壁也周禮量人營軍之壘舍注云軍壁曰壘僖十九年左傳因壘而降釋文壘軍壘宣十二年傳摩壘而還鄭注軍壁曰壘史記白起傳趙軍築壘壁而守之又云趙軍逐勝追造秦壁又云趙戰不利因築壁堅守正義秦壁一名秦壘趙壁今名趙東壘漢書高帝紀帝晨馳入韓信張耳壁奪之軍又周亞夫傳堅壁而守後漢書杜詩傳今若使公卿郡守出於軍壘注云壘軍壁

垝 毀垣也從土危聲詩曰乘彼垝垣 過委切

毀垣也者廣韻垝垣毀垣也毛居正曰凡垣墉圮壞皆曰垝垝猶毀也圮也釋詁垝毀也管子霸形篇水深滅垝注

云垝敗牆也　詩曰乘彼垝垣者衛風氓文傳云垝毁也

陒 垝或從𠂤

圮 毁也虞書曰方命圮族從土己聲 符鄙切

毁也者釋詁文釋文圮岸毁也釋言圮覆也郭注謂毁覆列子黃帝篇注引字林圮毁也書序祖乙圮于耿釋文引馬云圮毁也孫子九變篇圮地無舍杜注水毁曰圮漢書敘傳將圮絕而罔階顏注圮毁也　虞書曰方命圮族者堯典文史記作負命毁族

𨹹 圮或從手從非配省聲

從非配省聲者徐鍇本作配省非聲廣韻𨹹覆也或作𡾍案本書𡾍崩也

垔 塞也尚書曰鯀垔洪水從土西聲 於眞切

塞也者當爲𡨄通作塞廣雅垔塞也史記秦始皇本紀塹山垔谷宋書鄧琬傳推此義銳滄海可垔漢書后奮傳陻

者河水滔陸泛濫十餘郡隄防勤勞弗能陻塞顏注陻塡也或作堙襄六年左傳晏弱城東陽而遂圍萊甲寅堙之環城傳於堞襄二十五年傳當陳隧者井堙木刊杜注堙塞也漢書司馬相如傳乃堙洪原顏注堙塞也後漢書張儉傳然儉以區區一掌而欲獨堙江河注云堙塞也又通作湮昭二十九年左傳鬱湮不育杜注湮塞也又通作闉周禮掌蜃以共闉壙之蜃鄭注闉猶塞也　尚書曰鯀垔洪水者洪範文彼作陻傳云陻塞案本書不稱尚書當是商書後人以孔傳爲周書改商爲尙孔穎達曰洪範以爲周書以箕子至周商人所陳而傳引之卽曰商書也馥案本書㡀下引商書彝倫攸㡀

𡋯 古文垔

塹 阬也一曰大也從土斬聲 七豔切

阬也者或作坑廣雅穽坑也潘岳西征賦儒林塡於坑穽僖十九年左傳乃溝公宮賈注溝塹也史記秦本紀塹山堙谷秦始皇本紀乃自除犯禁者四百六十餘人皆阬之咸陽又白起傳趙卒四十萬人降武安君乃挾詐而盡坑殺之又司馬相如傳隤牆塡塹襄十八年左傳塹防門而守之廣里杜注於門外作塹橫行廣一里昭十七年傳環而塹之及泉昭二十九年傳塹而亦杜注墮塹亦也字或作壍史記高祖本紀深壍而守廣韻壍坑也遶城水也塹上同出說文　一曰大也者本書壙一曰大也

埂 秦謂阬爲埂從土㪅聲讀若井汲綆 古杏切

秦謂阬爲埂者廣韻埂秦人謂坑也廣韻埂坑也蒼頡篇埂小坑也

壙 塹穴也一曰大也從土廣聲 苦謗切

塹穴也者廣韻壙墓穴通俗文邱塚謂之壙垠廣雅藏謂之壙釋名壙曠也藏於空曠處也小爾雅廣名壙謂之竁周禮喪祝及壙說載除飾注云壙謂穿中也檀弓弔于葬者必執引若從柩及壙皆執紼雜記四十者待盈坎注云坎或爲壙列子天瑞篇望其壙睪如也宰如也墳如也鬲如也注云壙墓穴也　一曰大也者本書㢘大也

塏 高燥也從土豈聲 苦亥切

高燥也者廣韻塏爽塏高地昭三年左傳請更諸爽塏者杜注塏燥

毁 缺也從土毇省聲 許委切

缺也者釋詁虧壞圮垝毁也禮儒行毁方而瓦合孝經不敢毁傷釋文云蒼頡篇云毁破也廣雅云虧也秦策今王妬楚之不毁也鮑注謂無傷白虎通男八歲毁齒女七歲毁齒

𣫚 古文毁從壬

壓 壞也一曰塞補從土厭聲 烏狎切

壞也者一切經音義六引作壞也鎭也覆案本書鎭博壓也蒼頡解詁壓鎭也管也

壞 敗也從土褱聲 下怪切

敗也者當爲退本書退數也廣韻壞自破也春秋文十三年大室屋壞

𡊁 古文壞省

籒文壞

爾雅釋文說文云壞敗也籒文作敷字林云壞自敗也下怪反敷毀也公壞反馥案本書攴部敷毀也

坎坷也梁國寧陵有坷亭從土可聲 康我切

坎坷也者玉篇坎坷不平漢書揚雄傳濊南巢之坎坷兮顏注坎坷不平貌　梁國寧陵有坷亭者漢地理志寧陵屬陳畱郡郡國志屬梁國坷通作柯　蔡邕於柯亭見好竹取作笛材是也

坼也從土虖聲 呼訝切

坼也者本書罅裂也集韻闕⿰土虖壁隙也周易雷雨作而百果草木皆甲拆鄭本作甲宅注云皆讀如人倦解之解謂坼⿰土虖皮曰甲根曰宅馥案蜀都賦百果甲宅

⿰土虖或從𨸏

裂也詩曰不坼不疈從土㡿聲 丑格切

本書𠩺坼也厂之性坼果孰有味亦坼故謂之𠩺　周禮占人之職卜人占坼注云坼兆釁也　竹書顯王二十三年絳中地坼西絕于汾　齊策贏博之閒地坼至泉　史記趙世家代地大動地坼東西百三十步　後漢書安帝紀日南地坼長百餘里又云京師及郡國四十二地震或坼裂水泉涌出　說苑湯之時大旱七年雒坼川竭　王隱晉書何曾烝餅上不坼作十字不食

裂也者易解卦釋文引同廣雅字林竝同本書兆灼龜坼也月令土地分裂注云地隆坼也莊子宋人有善不龜手之藥者注云其藥能令人手不龜文坼裂也呂氏春秋仲冬紀地始坼高注凍裂也淮南本經訓天旱地坼注坼燥裂也　詩曰不坼不疈者大雅生民文彼作拆釋文作坼史記楚世家陸終生子六人坼剖而產焉帝王世紀禹母吞神珠胷坼而生禹干寶搜神記前志所傳修己背坼而生禹簡狄胷剖而生契詩云不坼不副無災無害原詩人之旨明古之婦人常有坼剖而產者矣

塵埃也從土央聲 於亮切

塵埃也者博物志吳人謂塵土爲坺坱

塵也從土麻聲 亾果切

塵也者廣雅同一切經音義十二通俗文孰土曰塺塺亦塵也淮南子揚堁而弭塵許注堁塺塺也劉向九歎悆氛霧其如塺王注塺塵也王褒九懷霾土忽兮塺塺

塵土也從土婁聲 洛侯切

塺土也者廣雅塿土也

塵也從土分聲一曰大防也 房吻切

塵也者後漢書東夷倭傳注引同廣雅同一切經音義三通俗文埻土曰坌　一曰大防也者或作墳釋邱墳大防郭注謂隄又釋地墳莫大於河墳郭注墳大防詩遵彼汝墳傳云墳大防也又通作濆本書濆水厓也詩常武鋪敦淮濆箋云淮水大防之上郊特牲祭坊與水庸事也經解以舊坊爲無所用而壞之者必有水敗

塵也從土非聲 房未切

塵也者玉篇坒塺也

塵也從土矣聲 烏開切

塵也者廣雅同一切經音義十七通俗文灰塵曰埃埃亦塵也蒼頡篇埃風揚塵也楚詞離騷溘埃風余上征王注埃塵也漁父安能以皓皓之白而蒙世俗之塵埃乎莊子野馬也塵埃也漢書景十三王傳杳冥晝昏塵埃拂覆

塵埃也從土殹聲 烏雞切

塵埃也者廣雅⿱殹土塵也

澱也從土沂聲 魚僅切

澱也者本書澱滓垽也又縣下云縣謂之垽垽滓也釋器澱謂之垽郭注滓澱也今江東呼垽江賦垽淪溛瀤

濁也從土后聲 古厚切

濁也者本書淤下云澱滓濁泥

墷　天陰塵也詩曰墷墷其陰從土壹聲於計切

天陰塵也者玉篇引作天陰塵起也篇海同

詩曰墷墷其陰者邶風終風文彼作曀韓作墷

坏　邱再成者也一曰瓦未燒從土不聲芳桮切

邱再成者也者徐鍇韻譜作山一成水經注河水云河水又東逕成皋大伾山下爾雅曰山一成謂之伾許慎呂忱等並以爲邱一成也孔安國以爲再成曰伾亦或以爲地名非也馥案酈氏所見說文作邱一成今作再成者後人據書傳改之顏注地理志山再重曰伾亦據書傳孔氏正義云鄭玄云大岯在修武武德之界張揖云成皋縣山也漢書音義有臣瓚者以爲修武武德無此山也成皋縣山又不一成今黎陽縣山臨河豈不是大岯乎瓚言當然馥案薛士龍曰大伾山許慎說今黎陽之黎山薛引許說或出淮南注又在瓚之前矣隋書地理志黎陽縣有大伾山元和志黎陽縣大伾山南去縣七里郎黎山也寰宇記黎陽縣大伾山在縣南七里尚書云至于大伾又名青檀山

馥案此皆在瓚後而從其說者

一曰瓦未燒者一切經音義十五引字林瓦未燒者曰坏華嚴經音義坏未燒瓦也齊民要術凡甕七月坏爲上後漢書崔駰傳坏冶一陶注云坏土器之未燒者字或作坯考工記旊人膊崇四尺注云凡器高於此則垺不能相勝或作𤭢集韻𤭢瓦未燒者又作阫莊子庚桑楚正晝爲盜日中穴阫釋文引裴云阫牆也馥謂以坏爲牆也

垤　螘封也詩曰鸛鳴于垤從土至聲徒結切

螘封也者一切經音義一垤蟻堆也玉篇垤螘冢也廣雅垤封場也方言蚍蜉其場謂之坻或謂之垤注云亦言冢也方言又云垤封場也楚郢以南蟻土謂之封垤中齊語也博物志蟻知將雨易林蟻封戶穴大雨將集韓詩章句天將雨而蟻出壅土淮南修務訓螘知爲垤孟子泰山之於邱垤注云垤蟻封也法言問神篇太山之與螘垤韓非姦劫篇猶螘垤之比大陵也學記蛾子時術之注云蛾蚍蜉也蚍蜉之子微蟲耳時術蚍蜉之所爲其功乃復成大垤呂氏春秋慎小篇人之情不蹶於山而蹶於垤注云垤蟻封也郭璞蚍蜉賦感萌陽以潛出將知水而封穴臧榮緒晉書王湛以王濟馬與督郵馬當蟻封內試之

詩曰鸛鳴于垤者豳風東山文傳云垤螘冢也馥案鸛當爲雚本書雚下引詩作雚

坥　益州部謂螾場曰坥從土且聲七余切

益州部謂螾場曰坥者玉篇螾曲蟺也方言坻坥場也梁宋之閒蚍蜉𪕰鼠之場謂之坻螾場謂之坥注云螾蛐蟮也其糞名坥

埍　徒隸所居也一曰女牢一曰亭部從土肙聲古泫切

徐鍇本有讀若夐三字

𡑗　四突出也從土㕡聲胡八切

瘞　幽薶也從土㾜聲於罽切

幽薶也者本書薶瘞也釋言瘞幽也郭注幽亦薶也釋天祭地曰瘞埋孫炎曰瘞者翳也既祭翳藏地中祭法瘞埋於泰折祭地也周禮司巫凡祭祀守瘞注云瘞謂若祭地祇有埋牲玉者也山海經用一璋玉瘞注云瘞薶也漢書武帝紀祠常山瘞玄玉鄧展曰瘞埋也楚元王傳多其瘞臧顏注瘞埋也後漢書杜篤傳瘞后土注云瘞埋也

堋　喪葬下土也從土朋聲春秋傳曰朝而堋禮謂之封周官謂之窆虞書曰堋淫于家方鄧切

喪葬下土也者徐鍇本作喪葬不下土也馥謂不當爲才小爾雅下棺謂之窆塡竁謂之封釋言薶塞也郭注謂塞孔穴

春秋傳曰朝而堋者昭十二年左傳文彼云司墓之室有當道者毀之則朝而堋注云堋下棺

禮謂之封周官謂之窆者易繫辭不封不樹虞翻曰穿土稱封封古窆字也王制庶人縣封注云縣封當爲縣窆檀弓縣棺而封注云封當爲窆窆下棺也春秋傳作堋曾子問遂既封而歸注云封當爲窆又遂既封改服而往注云封亦當爲窆喪大記凡封用綍去碑負引注云封周禮作窆窆下棺也此封或皆作斂檀弓曰公輸若方小斂般請以機封謂此斂也然則棺之入坎爲斂與斂尸相似記時同之耳周禮鄉師及窆執斧以涖匠師鄭司農云窆謂葬下棺也春

秋傳曰日中而堋禮記所謂封者又遂人及窆陳役鄭司農云窆謂下棺時禮記謂之封春秋謂之堋皆葬下棺也聲相似又大僕大喪始崩戒鼓傳達于四方窆亦如之鄭司農云窆謂葬下棺也春秋傳所謂日中而堋禮記謂之封皆葬下棺也音相似窆讀如慶封汜祭之汜　虞書曰堋淫于家者益稷文彼作朋徐鍇本作虞書曰堋淫于家亦如是閻若璩曰安國傳朋羣也穎達疏言羣婬妻妾忿意淫之無男女之別余謂丹朱之惡尚未至此蓋古文本作堋說文云堋喪葬下土也此如楚王戊爲薄太后服私姦服舍詔削其支郡之事亦與上文罔水行舟一例于義爲長

垗　畔也爲四時界祭其中周禮曰垗五帝於四郊从土兆聲　治小切

廣雅宅垗營域葬地也　士喪禮掘四隅外其壤掘中南其壤所謂垗也　通作兆周禮小宗伯掌兆中廟中之禁令注云兆壇塋域樂記綴兆舒疾注云兆其外營域也郊特牲郊之祭也迎長日之至也大報天而主日也兆於南郊就陽位

也文十八年左傳其器則姦兆也杜注兆域也周書作洛解設丘兆於南郊以祀上帝配以后稷農星先王皆與食晏子景公爲路寢之臺晏子令吏遠其兆東觀漢記上都雒陽制兆於城南七里北郊四里文選册魏公九錫文設官兆祀不失舊物天地鬼神於是獲乂釋言兆域也郭注謂塋界士喪禮兆南北面鄭注兆域也新營之處孝經卜其宅兆而安措之哀二年左傳無入于兆杜注兆葬域又通作肇書堯典肇十有二州大傳作兆鄭注兆域也爲營域以祭十二州之分星也詩生民以歸肇祀箋云肇郊之神位也正義云言神位之兆肇宜作兆周禮小宗伯云兆五帝於四郊是也表記引詩后稷兆祀注云兆四郊之祭處也詩元鳥肇域彼四海箋云肇當作兆兆域正天下之經界正義云箋以肇域共文當爲界域營兆故轉肇爲兆

畔也者禮含文嘉注云兆者作封畔兆域也　爲四時界祭其中者本書畤天地五帝所基址祭地馥謂凡郊祀大小皆有垗　周禮曰垗五帝於四郊者春官小宗伯文彼作兆注云兆爲壇之營域五帝蒼曰靈威仰太昊食焉赤曰赤熛怒炎帝食焉黃曰含樞紐黃帝食焉白曰白招拒少昊食焉黑曰汁光紀顓頊食焉賈逵周禮解詁東郊木帝太皞八里南郊火帝炎帝七里西郊金帝少皞九里北郊水帝顓頊六里中兆黃帝之位并南郊之季故云兆五帝於四郊也春秋文耀鉤太微宮有五帝坐星漢書郊祀志天神貴者泰一泰一佐曰五帝史記天官書其內五星五帝坐五經通義天神之大者曰昊天上帝其佐曰五帝唐補闕王仲邱曰五帝者五行之精九穀之宗也五經異義引淳于登說周公祀文王於明堂以配上帝上帝五精之帝太微之庭中有五帝座星禮器因吉土以饗帝于郊注云以四時所兆祭於四郊者也周禮典祀掌外祀之兆守皆有域注云外祀謂所祀於四郊者域兆表之塋域宣三年公羊解詁孝經宗祀文王於明堂以配上帝上帝五帝在太微之中迭生子孫更王天下南齊書禮志引馬融曰郊天之祀咸以夏正五氣用事有休有王各以其時兆於方郊梁書許懋傳小宗伯云兆五帝於四郊此即月令迎氣之郊也續漢書迎氣五郊之兆四方之兆各依其位月令注云迎春祭蒼帝靈威仰於東郊之兆也迎夏祭赤帝赤熛怒於南郊之兆也迎秋者祭白帝白招拒於西郊之兆也迎冬者祭黑帝叶光紀於北郊之兆也文耀鉤春起青受制其名靈威仰夏起赤受制其名赤熛怒秋起白受制其名白招拒冬起黑受制其名叶光紀季夏六月火

受制其名含樞紐隋書禮儀志禮天子每以四立之日及季夏各於其方之近郊爲兆迎其帝而祭之所謂燔柴於泰壇掃地而祭者也春迎靈威仰者三春之始萬物稟之而生莫不仰其靈德服而畏之也夏迎赤熛怒者火色熛怒其靈炎口至明盛也秋迎白招拒者招集拒大也言秋時集成萬物其功大也冬迎叶光紀者叶拾光華紀法也言冬時收拾光華之色伏而藏之皆有法也中迎含樞紐者含容也樞機有開闔之義紐者結也言土德之帝能含容萬物開闔有時紐結有法也然此五帝之號皆以其德而名焉漢書郊祀志泰一佐曰五帝顏注謂青帝靈威仰赤帝赤熛怒白帝白招矩黑帝叶光紀黃帝含樞紐也一說蒼帝名靈符赤帝名文祖白帝名顯紀黑帝名玄矩黃帝名神斗楚詞九章令五帝以折中王注五帝謂五方神也東方爲太皞南方爲炎帝西方爲少昊北方爲顓頊中央爲黃帝漢書魏相傳東方之神太昊乘震執規司春南方之神炎帝乘離執衡司夏西方之神少昊乘兌執矩司秋北方之神顓頊乘坎執權司冬中央之神黃帝乘坤艮執繩司下土茲五帝所司各有時也禮含文嘉五祀南郊北郊西郊東郊中兆正謀注云東郊去都城八里南郊九里北郊六里中郊西郊去城五里正謀者方欲迎氣齋戒

自端正謀慮其事也續漢書祭祀志建武二年初制效兆於雒陽城南爲圓壇八陛中又爲重壇天地位其上其外壇上爲五帝位青帝位在甲寅之地赤帝位在丙巳之地黄帝位在丁未之地白帝位在庚申之地黑帝位在壬亥之地

塋　墓也從土熒省聲　余傾切

墓也者李善注齊敬皇后哀策文引作墓地通鑑馬援妻孥不敢以喪還舊塋注引本書塋墓地玉篇增韻篇海所引竝作墓地廣韻塋墓域廣雅塋域葬地也周禮冢人守墓禁注云禁所爲塋限漢書楚元王傳太夫人薨賜塋顏注塋冢也謂爲界域如淳曰塋冢田也後漢書謝夷吾傳墓不起墳注云墓謂塋域墳謂築土後魏書劉昶尙三公主及終與三公主同塋異穴顏延之拜陵廟詩崇樹加園塋　熒省聲者徐鍇本作營省亦聲

墓　邱也從土莫聲　莫故切

廣雅墓冢也　釋名墓慕也孝子思慕之處也　鄭注墓大夫云墓冢塋之地孝子所思慕之處　急就篇哭泣祭醊墳

墓冢顏注墓壙穴也謂之墓者言其幽暗當昏暮也　曲禮適墓不登壟注云壟冢也墓塋域檀弓墓而不墳注云墓謂兆域今之封塋也

邱也者御覽引作兆域也釋名邱象邱形也方言冢大者謂之邱凡葬而無墳謂之墓注云言不封也墓猶慕也周禮冢人以爵等爲邱封之度注云別尊卑也王公曰邱諸臣曰封六韜必依草木邱墓險阻春秋說題辭邱者墓也宋高祖修楚元王墓詔曰邱封翳然墳塋莫翦任昉代卞彬謝修卞忠貞墓啓遂使碑表蕪滅邱樹荒毀楊惲報孫會宗書豈得全其首領復奉先人之邱墓乎荆州圖記江陵縣東南七十里有楚莊王墓高四丈餘王粲登樓賦所謂西接昭邱邱是也馥案趙武靈王墓謂之靈邱吳闔閭墓謂之虎邱

墳　墓也從土賁聲　符分切

墓也者顏注急就篇墳封土而高之也廣雅墳冢也方言冢秦晉之閒謂之墳詩葛生歸于其居箋云居墳墓也檀弓墓而不墳注云上之高者曰墳思元賦覩有黎之圮墳注云楚靈王之世衡山崩而祝融之墓壞北堂書鈔引揚雄家銖子雲葬安陵矦芭負土作墳

壠　邱壠也從土龍聲　力歱切

小爾雅廣名壟塋也　方言冢或謂之壠注云有界埒似耕壠以名之　曲禮適墓不登壟　檀弓吾見封之若堂者矣見若坊者矣見若覆夏屋者矣見若斧者矣注云封築土爲壟　管子侈靡篇巨瘗培所以使貧民也美壟墓所以文明也　列子周穆王篇指壠曰此若先人之冢　齊策曾不若死士之壟也　呂氏春秋權勳篇掘若壟注云壟冢也　文選求爲諸孫置守冢人表掃除塋壟　寡婦賦墓門兮肅肅修壠兮峨峨　任昉劉先生夫人墓誌長扃幽隴　顏延之拜陵廟詩山煙冒壠生　呂氏春秋孟冬紀營邱壟之小大高卑薄厚之度貴賤之等級注云邱墳壟冢也度其制度貴者高大賤者卑小故曰等級也　含文嘉天子墳高三仞樹以松諸矦半之樹以柏大夫八尺樹以欒士四尺樹以槐庶人無墳樹以楊柳　漢律列矦墳高四丈關內矦以下至庶人各有差　鹽鐵論古者不封不樹及其後則封之庶人之墳半仞其高可隱

邱壠也者御覽引作邱也李善注懷舊賦引同徐鍇韻譜亦同廣雅壠冢也鄭注周禮冢人云冢封土爲邱壠曲禮爲宮室不斬於邱木注云邱壠也楚詞七諫封比干之邱壟王注小曰邱大曰壟漢書劉向傳皆無邱隴之處魏志崔琰傳士卒橫暴掘發邱壠宋孝武置自古帝王守冢戶詔曰邱壠幾毀樵牧相趨塋兆堙蕪封樹莫辨通鑑李神福遣人守衞錢鏐祖考邱壟

壇　祭壇場也從土亶聲　徒干切

祭壇場也者集韻類篇竝引作祭場也小字本李燾本同本書初刻亦無壇字後復加之獨斷壇謂築土起堂書金縢爲三壇同墠馬注壇土堂祭法設廟祧壇墠而祭之注云封土曰壇除地曰墠又燔柴於泰壇祭天也注云壇之言坦也坦明貌也漢書高帝紀於是漢王齊戒設壇場顏注築土而高曰壇莊十三年公羊傳莊公升壇何云土基三尺土階三等曰壇

場　祭神道也一曰田不耕一曰治穀田也從土昜聲　直良切

切

祭神道也者史記文帝紀其廣增諸祀墠場應璩書遊祈雨云拜請靈場一曰田不耕者徐鍇本作一曰山田不耕者一曰治穀田也者玉篇引作一曰治穀處廣韻場治穀地也詩七月九月築場圃傳云春夏爲圃秋冬爲場箋云場圃同地自物生之時耕治之以種菜茹至物盡成熟築堅以爲場正義云種樹菜果則謂之圃踩踐禾稼則謂之場

圭　瑞玉也上圜下方公執桓圭九寸矦執信圭伯執躬圭皆七寸子執穀璧男執蒲璧皆五寸以封諸矦從重土楚爵有執圭古畦切

瑞玉也者周禮大宗伯以玉作六瑞以等邦國聘禮記所以朝天子圭與繅皆九寸注云圭所執以爲瑞節也春秋文元年天王使毛伯來錫公命杜注諸矦卽位天子賜以命圭合瑞爲信郭璞贊玉作五瑞𤦳章有國說苑諸矦以

圭爲贄圭者玉也溓而不撓廉而不劌有瑕於中必見於外故諸矦以玉爲贄　上圜下方者本書閨上圜下方有似圭鄭注聘禮記圭剡上象天圜地方也應劭曰圭自然之形陰陽之始也　公執桓圭云云者周禮大宗伯以玉作六瑞以等邦國王執鎮圭公執桓圭矦執信圭伯執躬圭子執穀璧男執蒲璧注云鎮圭者蓋以四鎮之山爲瑑飾圭長尺有二寸桓圭蓋亦以桓爲瑑飾圭長九寸信當爲身聲之誤也身圭躬圭蓋皆象以人形爲瑑飾文有麤縟耳欲其慎行以保身圭皆長七寸穀所以養人蒲爲席所以安人二玉蓋或以穀爲瑑飾或以蒲爲瑑飾璧皆徑五寸典瑞公執桓圭矦執信圭伯執躬圭繅皆三采三就子執穀璧男執蒲璧繅皆二采再就大行人上公之禮執桓圭九寸諸矦之禮執信圭七寸諸伯執躬圭諸子執穀璧諸男執蒲璧考工記玉人之事命圭九寸謂之桓圭公守之命圭七寸謂之信圭矦守之命圭七寸謂之躬圭伯守之注云子守穀璧男守蒲璧不言之者闕耳楚詞大招三圭重矦王注三圭謂公矦伯也公執桓圭矦執信圭伯執躬圭故言三圭也重矦謂子男也子男共一爵故言重矦也雜記贊大行曰圭公九寸矦伯七寸子男五寸博三寸厚半寸剡上左右各寸半玉也注云子男執璧作此贊

者失之矣三禮射矦圖信圭七寸謂圭上瑑人頭身之形矦所執也躬圭七寸謂圭上瑑爲四體之形伯所執也郭注西山經云禮記曰瑱密以栗玉有粟文所謂穀璧也史記五帝本紀正義孔文祥云宋末會稽修禹廟於廟庭山土中得五等圭璧百餘枚形與周禮同皆短小此卽禹會諸矦於會稽執以禮山神而埋之其圭璧今猶有在也　以封諸矦者春秋定八年盜竊寶玉大弓穀梁云寶玉者封圭也范云始封之圭漢書司馬相如傳析珪而爵如淳曰析中分也白藏天子青在諸矦也　楚爵有執圭者楚策封之執珪又云通矦執珪東周策君謂景翠曰公爵爲執珪鮑注景翠楚將齊策陳軫問昭陽楚之法覆軍殺將其官爵何也昭陽曰官爲上柱國爵爲上執珪呂氏春秋荆有茲非渡江兩蛟繞舟茲非拔劒刺殺兩蛟荆王聞之任以執圭淮南道應訓子發攻蔡踰之宣王郊迎列田百頃而封之執圭高注楚爵功臣賜以圭謂之執圭比附庸史記張儀傳楚人不勝列矦執珪死者七十餘人說苑鄂君子皙官爲令尹爵爲執珪

珪　古文圭從玉

圯　東楚謂橋爲圯從土巳聲與之切

東楚謂橋爲圯者廣韻圯土橋名在泗州史記留矦世家良嘗閒從容步游下邳圯上徐廣曰圯橋也東楚謂之圯李奇曰上下邳人謂橋爲圯漢書音義服虔曰圯音頤楚人謂橋曰圯郭緣生述征記秦梁圯名也或云秦始皇東巡弗行舊道過此水牽百官以石填之俄而梁成

垂　遠邊也從土𠂹聲是爲切

遠邊也者釋詁疆界邊衞圉垂也宣十二年公羊傳寡人無良邊垂之臣秦策今大國之地半天下有二垂鮑注西北二邊字或作陲荀子臣道篇邊境之臣處則疆垂不喪注云垂與陲同成十三年左傳虔劉我邊陲史記律書連兵於邊陲

堀　兔堀也從土屈聲苦骨切

兔堀也者文子尚德篇兔走歸堀狐死首邱各依所生夏矦湛獵兔賦墮之於堀中通作窟玉篇窩兔窟也一切經

音義三小爾雅兔之所息謂之窟兔不穴居時有而憩也戰國策云狡兔三窟通俗文鳥居曰巢獸穴曰窟齊策狡兔有三窟顏延之宋郊祀歌月竁來賓李善引甘泉賦西壓月𧇾服虔曰音窟兔窟月所生也

文一百三十一　重二十六

陘

徐鍇本𠭁下有或體作𡐦

壂

御覽引云殿堂之高大者也　葉大慶考古質疑賞考許慎說文殿堂之高大者也　玉篇壂堂也　廣雅堂埕壂也　初學記引蒼頡篇壂大堂也　漢朱龜碑前設大壂孟郁修堯廟碑成陽靈臺碑西嶽華山廟碑高眹修周公禮殿記竝書作壂唐慶鴻名頌亦作壂

遺文二

說文解字義證〈卷四十四　罕　連筠簃叢書　靈石楊氏栞

垚　土高也從三土凡垚之屬皆從垚吾聊切

土高也者韻會垚積纍而上象高形廣韻垚土高皃

堯　高也從垚在兀上高遠也吾聊切

高也者廣韻堯至高之皃風俗通堯者高也言其隆興煥炳最高明也廣雅堯嶢也白虎通堯猶嶢嶢至高之皃

㚁　古文堯

文二　重一

堇　黏土也從土從黃省凡堇之屬皆從堇巨斤切

黏土也者蕪城賦糊赬壤以飛文五臣云糊黏也赬壤赤土也以黏和之通鑑楊行密圍廣陵城中無食以堇泥爲餅食之注云堇泥黏土也

𡍵　𡎸　皆古文堇

艱　土難治也從堇艮聲古閑切

土難治也者釋名艱根也如物根也

𡏵　籀文艱從喜

史記楚世家熊𡏵立索隱𡏵古艱字

文二　重三

里　居也從田從土凡里之屬皆從里良止切

居也者廣雅小爾雅竝同釋名五鄰爲里居方千里之中也徐鍇引書百姓里居風俗通五家爲軌十軌爲里里者止也五十家共居止也詩將仲子無踰我里傳云里居也二十五家爲里又十月悠悠我里箋云里居也周禮遂人五家爲鄰五鄰爲里載師以廛里任國中之地注云里居也又縣師郊里之地域注云郊里郊所居也又遺人鄉里之委積注云鄉里鄉所居也論語里仁爲美鄭注里者民之所居宣十五年穀梁傳古者三百步爲里名曰井田又云古者公田爲居孟子廛無夫里之布注云里居也漢書食貨志在埜曰廬在邑曰里　從土者徐鍇本有一曰土聲也三字所未能詳

說文解字義證〈卷四十四　𡈼　連筠簃叢書　靈石楊氏栞

釐　家福也從里𠩺聲里之切

家福也者通志引作蒙福也玉篇釐祭餘肉也漢書文帝紀祠官祝釐如淳曰釐福也韋昭曰祭鬼神之餘肉曰釐薛尙功鍾鼎款識盄和鍾銘以受屯魯多釐

史記賈誼傳孝文帝方受釐徐廣曰祭祀福胙也應劭云釐祭餘肉也

野　郊外也從里予聲羊者切

郊外也者釋地邑外謂之郊郊外謂之牧牧外謂之野本書冂下云邑外謂之郊郊外謂之野詩魯頌傳云邑外曰郊郊外曰野俱無郊外爲牧之文詩野有蔓草傳云野四郊之外又野有死麕干旄在浚之郊叔于田叔適野傳竝云郊外曰野周禮遂人掌邦之野注云郊外曰野委人掌斂野之賦斂薪芻注云野謂遠郊以外也旅師掌聚野之

勦粟屋粟閉粟注云野謂遠郊之外也呂氏春秋季春紀周視原野注云郊外曰野

古文野從里省從林

漢書地理志畫壄分州顏注壄古野字覆謂壄亦從予俗誤作矛從林者野外謂之林故從林

文三　重一

陳也樹穀曰田象四囗十阡陌之制也凡田之屬皆從田 待季切

陳也者廣雅同田陳聲相近史記田敬仲完世家敬仲之如齊以陳字爲田氏索隱云以陳田二字聲相近賈誼書陳單卽田單本書地萬物所陳列也陳當爲敶釋地郊外謂之牧釋文李本牧作田字釋云田敶也謂敶列種穀之處樹穀曰田者顏注急就篇樹殖也孟子樹藝五穀周書大聚解陂溝道路藂苴邱墟不可以樹穀者樹以材木

月令章句穀田曰田釋名已耕者曰田田塡也五稼塡滿其中也蒼頡篇田種禾稼也書禹貢厥田惟中中鄭注能吐生萬物者曰土據人功作力競得而田之則謂之田周語田疇荒蕪韋注穀地爲田　象四囗阡陌之制也者齊民要術引云田陳也樹穀曰田象形從囗從十阡陌之制也篇海引同本書無阡陌字史記商君傳爲田開阡陌封疆風俗通南北曰阡東西曰陌又云河東以東西爲阡南北爲陌漢書地理志作仟佰

田踐處曰町從田丁聲 他頂切

田踐處曰町者襄二十五年左傳町原防正義引作田踐處曰町案杜注云隄防閒地不得方正如井田別爲小頃町復謂不方正卽幾也一切經音義八蒼頡篇町田區也急就篇頃町界畝畦埒封

城下田也一曰𤱷卻也從田耎聲 而緣切

城下田也者玉篇𤱷城外隍內地也博物志海陵縣多麋千萬爲羣掘食草根其處成泥名曰麋𤱷民隨而種不耕而穫其收百倍字或作堧漢書翟方進傳城郭堧及園田過更張晏曰堧城郭旁地申屠嘉傳南出者太上皇廟堧垣也服虔曰宮外垣餘地也字又作壖史記鼂錯傳此非廟垣乃壖中垣正義壖者廟內垣外游地也漢書食貨志過試以離宮卒田其宮壖地顏注壖餘也宮壖地謂外垣之內內垣之外也諸言河壖地廟垣壖地其義皆同臨江王榮傳侵廟壖爲宮後漢書桓帝紀若無親屬可於官壖地葬之注云壖官之餘地也

耕治之田也從田象耕屈之形 直由切

耕治之田也者本書州疇也各疇其土而生之蒼頡篇疇耕地也　象耕屈之形者徐鍇本作象耕溝田詰屈也

疇或省

本書𠃬下云𠃬與疇同𠷎下云𠃬古文疇汗簡引作𠃬屬工部

燒種也漢律曰疁田茠艸從田翏聲 力求切

燒種也者玉篇疁田不耕燒種也周禮水火處之可以美土彊月令季夏土潤溽暑大雨時行乃燒薙行水利以殺草可以糞田疇可以美土彊漢武帝詔江湖之地火耕水耨齊民要術凡開荒山澤田皆七月芟艾之草乾卽放火

越絕書吳北野胥主疁者吳王女胥主田也晉書殷浩傳開江西疁田千餘頃以爲軍儲宋書豫章王子尚傳時東土大旱鄞縣多疁田

三歲治田也易曰不菑畬囗從田余聲 以諸切

唐書東謝蠻土宜五穀不以牛耕但爲畬田每歲一易顏案畬燒種廣韻畬燒榛種田

三歲治田也者易釋文六書故竝引作二歲徐鍇韻譜亦作二歲坊記易曰不耕穫不菑畬凶注云田一歲曰菑二歲曰畬三歲曰新田虞翻云田在初一歲曰菑在二二歲曰畬詩詁一歲爲菑始反艸也二歲爲畬漸和柔也三歲爲新謂已成田而尚新也馥案釋地三歲曰畬詩臣工采芑傳竝云一歲曰菑二歲曰新三歲曰畬易曰不菑畬口者无妄文釋文引馬曰田三歲也闕處集韻類篇李燾本竝作田馥據坊記引易當是凶字

和田也從田柔聲 耳由切

和田也者孫炎爾雅注新田新成柔田也徐鍇本有鄭有𫑡地名也六字鍇曰國語依𫑡歷莘四邑名也馥案鄭詩

諧引國語作疇

畸 殘田也從田奇聲 居宜切

殘田也者徐鍇曰謂田奇零也杜預長歷月日行十三度十九分度之有畸莊子大宗師畸人者畸於人而侔於天荀子彊國篇墨子有見於齊無見於畸注云畸謂不齊也通鑑唐中宗元年戶六百一十五萬口三千七百一十四萬有畸趙孟頫書蘇汝舟政績記粮二萬六百一十一頃有畸通作奇易繫辭揲卦奇亦零數也又歸奇于扐以象閏鄉射禮一算爲奇注云奇猶虧也史記李廣傳李廣老數奇李衛公問對太宗曰黃帝兵法世傳握奇文或謂爲握機文何謂也靖曰奇音機故或傳爲機其義則一奇餘零也因此音機

𤳝 殘田也詩曰天方薦𤳝從田差聲 昨何切

殘田也者集韻引作殘薉田也廣韻同韻會引徐鍇本亦同 詩曰天方薦𤳝者小雅節南山文彼作瘥徐鍇本引詩下有妭也二字馥案妭當爲疫詩傳云瘥病箋云疫病

畮 六尺爲步步百爲畮從田每聲 莫厚切

六尺爲步步百爲畮者司馬法文馬融注論語引云六尺爲步步百爲畮畮百爲夫夫三爲屋屋三爲井井十爲通通十爲城城出革車一乘考工記匠人營國野度以步梓人爲矦注云張足六尺鄉射禮下綱不及地武注云武迹也中人之迹尺二寸疏云漢禮云五武成步步六尺或據此而言也李衛公問對方生於步是以步數定於地范注穀梁云廣一步長百步爲一畮釋邱如畮畮邱孫炎云方百步也釋名畮邱也邱體滿一畮之地也禮儒行儒有一畮之宮疏云徑一步長百步爲畮漢書食貨志理民之道地著爲本故必建步立畮正其經界六尺爲步步百爲畮夏矦陽筭經田曹以六尺爲步三百步爲一里此古法王制古者以周尺八尺爲步今以周尺六尺四寸爲步古者百畮當今東田百四十六畮三十步注云周尺之數未詳問也按禮制周猶以十寸爲尺蓋六國時多變亂法度或言周尺八寸則步更爲八八六十四寸以此計之古者百畮當今百五十六畮二十五步徐鍇本有秦田二百四十步爲畮九字一位筭法云案千乘之國周之制度司馬法六尺爲步步百爲畮是古之制也秦孝公時商鞅獻三術內一開道阡陌以五尺爲步二百四十步爲畮

畞 畮或從田十久

論語微生畝漢書古今人表作畮詩生民履帝武敏釋文引犍爲舍人敏作畝馥案畮敏聲相近敏古讀母鄙切漢書敘傳宣之四子淮陽聰敏舅氏籧篨幾陷大理今讀晦作莫厚切者誤也徐氏以畝爲久聲久古音苟起切宋玉招䰟久與里韻詩旄邱久與以韻是也

甸 天子五百里地從田包省 堂練切

天子五百里地者徐鍇本作天子五百里內田書禹貢五百里甸服傳云規方千里之內謂之甸服爲天子服治田去王城四面五百里王制千里之內曰甸注云服治田出穀稅周禮天官敘官甸師注云郊外曰甸

畿 天子千里地以遠近言之則言畿也從田幾省聲 巨衣切

天子千里地者詩元鳥邦畿千里傳云畿疆也箋云王畿千里之內隱元年穀梁傳寰內諸矦釋文寰內畿內也周禮大司徒制其畿疆而溝封之注云千里曰畿大行人邦畿方千里職方氏方千里曰國畿注云畿猶限也漢書刑法志地方一里爲井井十爲通通十爲成成方十里成十爲終終十爲同同方百里同十爲封封十爲畿畿方千里地理志初洛邑與宗周通封畿東西長南北短短長相覆千里韋昭云通在二封之地共千里也臣瓚按西周方八百里八八六十四爲方百里者六十四東周方六百里六六三十六爲方百里者三十六二都方百里者百方千里也詩正義云周禮每言王畿千里者制禮設法據方圓而言其實地形不可如圖也蓋以西都先王所居東都貢賦所均不可並爲二畿故通數之共爲千里通作圻襄二十五年左傳天子之地一圻杜注方千里尚書大傳圻者天子之境也天子游不出封圻注云周禮方千里曰王圻詩曰邦圻千里惟民所止又通作祈詩祈父箋云祈圻畿同正義云此職掌封畿兵甲當作畿字古者祈圻畿同字得通用故此作祈尚書作圻

畦 田五十畝曰畦從田圭聲 戶圭切

集韻畦田有埒　一切經音義十七畦埒也埒封也道徑也　田五十畝曰畦者蒼頡篇同離騷畦留夷與揭車兮王注五十畝爲畦劉熙注孟子今俗以五十畝爲大畦二十五畝爲小畦

畹　田三十畝也從田宛聲於阮切

田三十畝也者集韻田畝三十爲畹魏都賦下畹高堂李善引班固曰畹三十畝也離騷余既滋蘭之九畹兮王注十二畝爲畹或曰田之長爲畹也玉篇秦孝公二百三十步爲畝三十步爲畹顏謂三十步卽田之長也

畔　田界也從田半聲薄半切

田界也者廣雅畔界也白帖農必有畔地登無圖急就篇疆畔畷伯耒犁鋤顏注畔分半田之際也書梓材爲厥疆畎傳云爲其疆畔畎壟襄二十五年左傳行無越思如農之有畔新語道基篇后稷乃列封疆畫畔界以分土地之所宜史記五帝本紀舜耕歷山歷山之人皆讓畔正義云韓子歷云農相侵略舜往耕朞年耕者讓畔也後漢書杜

篤傳爰初開畔注云畔疆界也夏侯湛賦祭田疇之疆畔九章筭術哀田正廣六十五步一畔從一百步一畔從七十二步通作泮詩隰則有泮箋云泮讀爲畔畔厓也

畍　境也從田介聲古拜切

境也者當爲竟廣雅畍竟也漢裴岑碑邊竟艾安曲禮入竟而問禁莊二十七年左傳卿非君命不越竟本書畺界也從畕三其界畫也畫象田四界徐鍇韻譜畍田畔顏注急就篇田邊謂之界

畎　境也一曰陌也趙魏謂陌爲畎從田亢聲古郎切

境也者當爲竟廣雅畎竟也　趙魏謂陌爲畎者玉篇畎趙魏陌名也

畷　兩陌閒道也廣六尺從田叕聲陟劣切

兩陌閒道也者集韻畷井田閒道顏注急就篇畷兩佰閒豎道也郊特牲饗農及郵表畷注云郵表畷謂田畯所以督約百姓於井閒之處也　廣六尺者吳都賦其四野則畛畷無數李善注畛畷謂地廣道多也舊井田閒有畷有畛

畛　井田閒陌也從田㐱聲之忍切　此從㐱髮如雲之㐱

井田閒陌也者集韻畛溝上塗也田界也廣韻畛田界小爾雅廣詁畛界也宋衷注太玄云畛界也馥案畷畛皆道也釋言障畛也釋文畛田閒道詩載芟徂隰徂畛箋云畛謂舊田有徑路者周禮遂人十夫有溝溝上有畛注云溝廣深各四尺畛容大車定四年左傳封畛土略杜注畛塗所經也莊子齊物論爲是而有畛也注云畛謂封域畛陌也楚詞大招田邑千畛入阜昌只王注畛田上道也

畤　天地五帝所基址祭地從田寺聲右扶風有五畤好畤鄜畤皆黃帝時祭或曰秦文公立也周市切

天地五帝所基址祭地者徐鍇本作基止鍇云祭地所祭之地也漢書音義孟康曰畤音止神靈之所止也漢官解

詁太常掌社稷郊畤漢舊儀元年祭天二年祭地三年祭五帝於五畤　右扶風有五畤者徐鍇本作右扶風雍有五畤馥案漢書地理志右扶風雍有五畤武帝紀行幸雍祠五畤帝王世紀雍初有五畤壇後漢書馮衍傳陟雍畤而消搖兮括地志漢有五畤在岐州雍縣南則鄜畤吳陽上畤下畤密畤北畤秦文公夢黃蛇自天而下屬地其口止於鄜衍作畤郊祭白帝曰鄜畤秦宣公作密畤於渭南祭青帝秦靈公作吳陽上畤祭黃帝作下畤亦祠黃帝漢高帝曰天有五帝今四何也待我而具五遂立黑帝曰北畤是也史記封禪書唯雍四畤上帝爲尊索隱案四畤據秦舊而言秦襄公始列爲諸侯而作西畤文公卜居汧渭之閒而作鄜畤皆非雍也至秦德公卜居雍而後宣公作密畤祠青帝靈公作上畤祠黃帝下畤祠炎帝獻公作畦畤祠白帝是爲四幷高祖增黑帝而五也　好畤鄜畤皆黃帝時祭者韻會引徐鍇本祭作築史記封禪書秦襄公既侯居西垂自以爲主少皞之神作西畤祠白帝其牲用駵駒黃牛羝羊各一云其後十六年秦文公東獵汧渭之閒卜居之而吉文公夢黃蛇自天下屬地其口止於鄜衍文公問史敦敦曰此上帝之徵君其祠之於是作鄜畤用三牲郊祭白帝焉自未作鄜畤也而雍旁故有吳陽武畤

雍東有好畤皆廢無祠或曰自古以雍州積高神明之隩故立畤郊上帝諸神祠皆聚云蓋黃帝時嘗用事雖晚周亦郊焉其語不經見搢紳者不道作鄜畤後七十八年秦德公立德公立二年卒其後六年秦宣公作密畤於渭南祭青帝漢書敘傳侯伯僭畤應劭曰僭畤秦襄公造西畤祭天是也馥案黃帝所用事故侯伯爲僭　或曰秦文公立也者史記秦本紀文公十年初爲鄜畤

略　經略土地也從田各聲離約切

經略土地也者書禹貢嵎夷既略胡渭曰略字必有精義按左傳曰天子經略諸侯正封古之制也封略之內何非君土又曰封畛土略又曰侵敗王略皆訓界經略猶言經界也隱五年左傳吾將略地焉注云略總攝巡行之名莊二十一年傳王與之武公之略注云略界也僖十五年傳東盡虢略注云東盡虢界也僖十六年傳會于淮謀鄫且東畧也宣十一年傳略基趾注云略行也宣十五年傳晉侯治兵于稷以略狄土成二年傳侵敗王略注云略經略法度昭七年傳天子經略諸侯正封古之制也封略之內何非君土杜注經營天下略有四海故曰經略昭二十四

年傳楚子爲舟師以畧吳疆注云畧行也史記南越尉佗傳秦以并天下略定揚越漢書地理志自昔黃唐經略萬國燮定東西疆理南北吳都賦故其經略上當星紀拓土畫疆卓犖兼并五臣云左傳曰天子經略土地略分界也一曰遠界爲經略也宋武帝詔二宮諸王不得封畧山湖注云略封界也

當　田相值也從田尙聲都郎切

田相値也者値當爲直廣雅當直也韓詩實維我直相當直也國語史黯謂趙簡子曰臣敢煩當日韋注當日直日也

畯　農夫也從田夋聲子峻切

農夫也者釋言文郭注今之嗇夫是也孫炎曰農夫田官也考工記飭力以長地財謂之農夫詩七月田畯至喜傳云田畯田大夫也甫田田畯至喜傳云田大夫也箋云司嗇今之嗇夫噫嘻率時農夫箋云率是主田之吏郊特牲饗農注云農田畯也周禮籥章獻豳雅擊土鼓以樂田畯鄭司農云古之先教田者馥案古有田畯之名周因之也

甿　田民也從田亡聲武庚切

田民也者李善注吳都賦引作田人也案唐諱民改爲人周禮遂人以田里安甿又云凡治野以下劑致甿注云變民言甿異外內也甿猶懵懵無知貌也或通作氓秦策不憂民氓高注野民曰氓孟子則天下之民皆悅而願爲之氓矣又云願受一廛而爲氓

疄　轢田也從田粦聲良刃切

轢田也者本書蹸轢也氾勝之書望杏華落復耕之輒藺之馥案藺卽蹸省作藺又或作轔漢書灌夫傳轔轢宗室顏注轔轢謂蹈踐之也按本書蔆司馬相如說作蓤又通作淩陵史記淩轢漢書惠帝紀作陵轢

畱　止也從田丣聲力求切

止也者徐鍇本作土也鍇曰田猶土也韻會引作止鍇意謂坐從土爲止畱從田亦爲止故云田猶土也非謂畱訓土也離騷又何可以淹畱史記越世家可疾去矣愼勿畱丣聲者當爲丣聲裴松之注虞翻傳云翻言古大篆卯

字讀當言柳古柳卯同字竊謂翻言爲然故劉留聊柳同用此字以從聲故也與日辰卯字字同音異馥案裴說則此畱當從丣不從卯也日辰之卯亦讀爲柳詩朔日辛卯與醜爲韻薄采其茆徐邈音柳維參與昴傳云昴留也成二年左傳子之后窌窌音留爾雅凡曲者爲罶釋文罶本或作罶廣雅曲梁謂之罶罶嫠婦之笱謂之罶釋文罶字書作罶史記律書北至於留索隱留卽卯也驛驪地理志作華聊晉書音義作驊漢書律歷志留孰於卯哀二十七年左傳及留舒鄭康成引作柳舒古泉布留字作畱漢碑作畱漢印作畱或作畱

畜　田畜也淮南子曰玄田爲畜丑六切

田畜也者本書琑驥下竝云讀若畜牧之畜廣韻畜養也易小畜鄭注畜養也師象君子以容民畜衆論語君賜生必畜之通鑑隋文帝爲太子曰畜生何足付大事注云畜生待畜養而生者也戴侗曰周官牧人掌牧六牲而阜蕃其物小司徒經土地而井牧其田埜鄭司農曰井牧者春秋傳所謂井衍沃牧隰皋也按古人言井牧猶漢人言田畜也上古畜而不田中古田畜兼之故言井牧知田而不知畜故騎者乏馬耕者乏牛學者亦不知其說夫衍濕之地

宜稼故井之隰臯水草所生則牧𤰈司徒司空之典旣隊
井牧之制亾矣　淮南子曰玄田爲畜者徐鍇作淮南王
唐書高駢傳駢修城訖功筮之得大畜曰畜者
養也吉孰大焉文宜去下存上因名大玄城

魯郊禮畜從茲田口茲益也　文當爲䔩
從茲田口者廣韻引作從田從茲
茲益也者艸部茲下云艸木多益

禽獸所踐處也詩曰町畽鹿場從田𥂉聲　土短切
禽獸所踐處也者釋名踐殘也使殘壞也詩行葦牛羊勿
踐履　詩曰町畽鹿場者豳風東山文彼作疃傳云町畽
鹿迹也釋文畽本作疃釋獸麋其迹躔郭注脚所踐處博
物志海陵縣多麋獸千百爲羣掘食草根其處成泥名麋
畯民人隨此畧種稻
不耕而穫其收百倍

不生也從田昜聲　丑亮切

不生也者當爲才生本書𣈅從此云艸茂也廣雅暘長也
或作暘月令命之曰暘月注云暘猶充也按本書充長也
潘岳西征賦桑麻條暘七發使師堂操暘李善引
琴道堯暘達則兼善天下無不通暘故謂之暘

文二十九　重三

比田也從二田凡畕之屬皆從畕　居良切
比田也者顏注急就篇彊比田之界也
凡畕之屬皆從畕者徐鍇本下有一闕字

界也從畕三其界畫也　居良切
漢白石神君碑萬壽無畺張公神碑畺界冢靜樊敏碑華南
西畺朱龜碑綏我土畺呂君碑愼守畺易字或作壃易乾坤
鑿度天有太
極地有太壃
界也者廣雅畺竟也小爾雅廣詁疆界也易坤卦坤厚載
物德合無疆詩楚茨萬壽無疆傳云疆竟也箋云疆畫竟
界也信南山我疆我理傳云疆畫經界也緜迺疆迺理箋
云乃疆理其經界士冠禮黃耇無疆注云疆竟也周禮司
徒制其畿疆而溝封之注云疆猶界也又載師以大都之
田任疆地注云疆五百里王畿界也夏官敘官掌疆注云
疆界也雜記婦人非三年之喪不踰封而弔注云踰封越
竟也或爲越疆春秋昭元年叔弓帥師疆鄆田穀梁云疆
之爲言猶竟也范云爲之境界桓十七年左傳夏及齊師
戰于奚疆事也杜注爭疆界也莊二十八年傳蒲與二屈
君之疆也韋昭曰疆竟也文元年傳晉侯疆戚田杜云正
其疆界宣八年傳楚子疆之杜注正其界也成二年傳先
王疆理天下杜注疆界也襄十九年傳疆我田注云正邦
魯之界也哀元年傳使疆于江汝之閒杜云楚欲使蔡徙
國在江水之北汝水之南周語畺有寓望韋注畺境也孟
子域民不以封疆之界又云夫仁政必自經界始經界不
正井田不均史記商君列傳爲田開阡陌封疆正義云疆
界也謂界上封記也三其界畫也者本書畫界也象田
四界聿所以畫之古今注封疆畫界者封土爲臺以表識
疆境也畫界者於二封之閒又爲壝埒以畫分界域也漢
書溝洫志故畫河堧
棄地民茭牧其中

畺或從彊土

或從彊土者通作彊賈誼書衛
矦名辟彊辟彊天子之事也

文二　重一

畾

本書壘櫑勵藟儡幷從畾王莽改曡爲疊是原有三田之畾
字故從之也玉篇畾音雷田閒也顏謂田閒當爲回閒古靁
字有田
有回

遺文一

地之色也從田從炗炗亦聲炗古文光凡黃之屬皆
從黃　乎光切
地之色也者玉篇黃中央色也纂要地方而色黃釋名黃
晃也猶晃晃象日光色也易坤卦文言天玄而地黃書禹
貢厥土惟黃壤厥田惟上上林之奇曰物得其常性者最
貴土色本黃故黃壤爲田之上上詩綠衣黃裏傳云黃正

色正義云黃中央之正色考工記畫繢之事地謂之黃隱元年左傳不及黃泉服注天玄地黃泉注地中故曰黃泉也司馬法說三代之旂色云周黃地之道也注云地之體黃故也史記倉公傳黃者土色也高堂隆曰黃於五行中央土也王肅家語序孔子曰堯以土德王天下而色尚黃黃土德抱朴子土行爲黃元魏高祖詔云夫土者黃中之色萬物之元也

𡕛 古文黃

⿰黃夾 赤黃也一曰輕易人⿰黃夾姁也從黃夾聲 許兼切

文當作⿰黃夾一曰輕易人⿰黃夾姁也者輕易當爲輕傷⿰黃夾姁即佔侸字書佔侸輕薄也佔丁兼切侸丁候切　夾聲者夾當爲夾

⿰黃耑 黃黑色也從黃耑聲 他耑切

黃黑色也者廣雅⿰黃耑黃也荀子禁使篇今夫幽夜山陵之大而離婁不見清朝日⿰黃耑則上別飛鳥下察秋毫故目之

見也詁曰之勢也

⿰黃有 青黃色也從黃有聲 呼辠切

青黃色也者廣雅⿰黃有黃也

黇 白黃色也從黃占聲 他兼切

白黃色也者廣雅黇黃也

黊 鮮明黃也從黃圭聲 戶圭切

鮮明黃也者集韻⿰黃圭黊黃也廣雅黊黃也一切經音義十八黊鮮明也詩倉庚于飛熠燿其羽傳云羽鮮明也馥案倉庚色黃

文六　重一

黌

後漢書儒林傳乃更修黌宇注云說文曰黌學也馥案徐鉉以爲俗書云黌學堂也從學省黃聲本書無學部當從黃從學省黃亦聲

遺文一

男 丈夫也從田從力言男用力於田也凡男之屬皆從男 那含切

九經字樣⿰田力男上說文下隸變馥案今篆作男從人因舅甥二字改之

丈夫也者本書夫丈夫也周制以八寸爲尺十尺爲丈人長八尺故曰丈夫　言男用力於田也者男主耕古者無一夫不耕書盤庚若農服田力穡周禮大司寇野刑上功糾力注云功農功力勤力方言宋魯謂力曰旅旅田力也

舅 母之兄弟爲舅妻之父爲外舅從男臼聲 其久切

母之兄弟爲舅者釋親文彼作舅弟釋名夫之父曰舅舅久也久老稱也母之兄弟曰舅亦如之也詩渭陽我送舅

氏傳云母之昆弟曰舅鄭注儀禮喪服云舅母之兄弟晉書王忱傳嘗造其舅范甯甯曰卿風流雋望眞後來之秀忱曰不有此舅焉有此甥　妻之父爲外舅者釋親文孟子帝館甥於貳室趙注禮謂妻父曰外舅堯以女妻舜故謂舜甥　從男者當爲從⿰田力篆文移田於力上耳

甥 謂我舅者吾謂之甥也從男生聲 所更切

謂我舅者吾謂之甥也者釋親文彼又云姑之子爲甥舅之子爲甥妻之晜弟爲甥姊妹之夫爲甥郭云四人體敵故相爲甥甥猶生也今人相呼蓋依此又云謂我舅者吾謂之甥然則亦宜呼壻爲甥孟子曰帝館甥于貳室是也釋名舅謂姊妹之子曰甥甥亦生也出配他男而生故其制字男旁作生也詩載驅展我甥兮傳云外孫曰甥箋云姊妹之子曰甥莊六年左傳鄧祁侯曰吾甥也杜注姊妹之子曰甥詩頍弁兄弟甥舅箋云謂吾舅者吾謂之甥儀禮喪服甥者何也謂吾舅者吾謂之甥

文三

力 筋也象人筋之形治功曰力能圉大災凡力之屬皆從力 林直切

筋也者本書筋肉之力也曲禮老者不以筋力爲禮　象人筋之形者徐鍇曰象人筋竦其身作力勁健之形　治功曰力者周禮夏官司勳文　能圉大災者許公解說周禮之文

勳 能成王功也從力熏聲 許云切

能成王功也者釋詁勳功也書堯典放勳傳云勳功周禮司勳王功曰勳明堂位成王以周公爲有勳勞於天下注云王功曰勳事功曰勞襄二十一年左傳引書聖有謩勳杜注勳功也昭四年傳孟孫爲司空以書勳杜注勳功也漢官儀光祿勳勳功也史記高祖功臣年表以德立宗廟定社稷曰勳

勛 古文勳從員

功 以勞定國也從力從工工亦聲 古紅切

以勞定國也者釋詁績勳功也郭云謂功勞也詩民勞無棄爾勞箋云勞猶功也周禮司勳國功曰功注云保全國家若伊尹事功曰勞注云以勞定國若禹又司約治功之約次之注云功約謂王功國功之屬史記高祖功臣年表用力曰功　工亦聲者當爲工聲

助 左也從力且聲 牀倨切

左也者本書左手相左助也釋詁助勴也左或作佐小爾雅廣詁助佐也唐書啖助字叔佐

勴 助也從力從非慮聲 良倨切

助也者或作勴　釋詁助勴也

勑 勞也從力來聲 洛代切

勞也者徐鍇本作勞勑也曲禮君勞之則拜宣三年左傳定王使王孫滿勞楚子經典釋文條例云來旁作力俗以爲約勑字說文以爲勞徠之字馥案通作來釋詁勞來勤也郭引詩職勞不來釋文來本又作勑詩碩鼠莫我肎勞箋云不肎勞來我江漢來旬來宣箋云來勤也釋文鄭音賚旱麓神所勞矣傳云勞勞來孟子放勳曰勞之來之漢書勞來不怠顏注勞來者言慰勉而招延之也小雅鴻鴈之詩序曰勞來還定安集之勞音盧到反來音盧代反王莽傳力來農事顏注力來勸勉之也來音郎代反釋詁敕勞也郭注倫理事務以相約敕亦爲勞釋文案說文字林來旁作力是勞來之字束旁作文是治音丑力反一切經音義十二爾雅勑勞也郭璞曰相約勑亦爲勞也犍爲舍人曰勞力極也勑強事也廣雅勑謹也勤也詩云神所勞矣箋云勞勑猶佑助也漢書勞勑不怠也馥案隸借勑爲敕故郭訓約敕　俗本因誤作敕

劼 慎也從力吉聲周書曰女劼毖殷獻臣 巨乙切

周書曰女劼毖殷獻臣者酒誥文徐鍇本有讀若畢三字

務 趣也從力敄聲 亡遇切

趣也者一切經音義六引作趣疾也昭六年左傳教之以務杜注時所急昭二十五年傳爲政事庸力行務以從四

時杜注務其時要昭三十二年傳是之不務而又焉從晏子春秋景公起大臺役者皆東晏子執朴鞭其不務者淮南脩務訓聖人知時之難得務可趣也魏志袁僞當興廢之閑人所趣務者常謙退不爲也

勥 迫也從力強聲 巨良切

迫也者通作彊　孟子彊而後可

[古文] 古文從彊

勱 勉力也周書曰用勱相我邦家讀若厲從力萬聲 莫話切

勉力也者一切經音義七勱彊也謂自勸彊也字或作勵埤蒼勵強也勉也釋名勵勸也小爾雅勵勸也後漢書祭彤傳璽書勉勵又通作厲哀十一年左傳宗子明與閭丘明相厲也注云相勸厲漢書宣帝紀厲精更始　周書曰用勱相我邦家者立政文彼作國家傳云用勉治國家釋文勱音邁馥案莊八年左傳引夏書皐陶邁種德杜注邁

皋陶能勉種德邁勉也僖二十八年傳距躍三百杜注百猶勵也陸德明本作勱音邁　萬聲者本書厲邁並從蠆省聲馥謂厲邁亦當云萬聲

勥也從力厥聲　瞿月切

勥也者玉篇廣韻篇海並引作強力也徐鍇韻譜同廣雅勥強也元包經勥佐佐趯欻欻通作屈漢書陸賈傳乃欲以新造未集之越屈強於此通鑑注屈強梗戾不順從貌又通作倔宋史秦檜謂趙鼎曰此老倔強猶昔

彊也春秋傳曰勍敵之人從力京聲　渠京切

彊也者本書倞彊也廣雅勍勍武也晏子此皆力攻勍敵之人也魏都賦至乎勍敵糺紛英雄記呂布勍虜也　春秋傳曰勍敵之人者僖二十二年左傳文杜注勍強也

彊也從力巠聲　吉正切

彊也者字林廣雅並同宣十二年左傳中權後勁秦策不如與魏以勁之宋策夫梁兵勁而權重高注並云勁強也呂氏春秋慎大篇孔子之勁舉國門之關而不肯以力聞高注勁彊也淮南時則訓角力勁

彊也從力免聲　亾辨切

彊也者一切經音義五引同又云謂力所不及而彊行事也又卷六引國語云父勉其子兄勉其弟勉猶勸彊也謂勸教之也小爾雅勸勉力也月令勉諸侯注云勉猶勸也宣十五年公羊傳勉之矣注云勉猶努力中庸或勉強而行之孟子強爲善而已矣通作免漢書谷永傳閔免遁樂顏注閔免猶黽勉也薛宣傳宣因移書勞免之又通作俛潘岳詩黽俛恭朝命

勉也從力召聲讀若舜樂韶　寔照切

學林南史宋元凶傳元凶名劭字休遠初命之曰劭在文召刀爲劭後惡焉改刀爲力觀國案字書劭字從召從力不從刀也所謂在文召刀爲劭者蓋初未嘗考究字義而遽爲臆說曰馥案廣雅劭勵也集韻音丁聊切即所謂召刀爲劭也後改劭故字休遠應劭字仲遠是也

勉也者釋詁文廣韻劭自強也漢書成帝紀先帝劭農晉灼云劭勸勉也魏志明帝詔曰大中大夫韓暨年逾七十守道彌固可謂純篤老而益劭者也

勉也周書曰勖哉夫子從力冒聲　許玉切

勉也者本書敄冒也冒當爲勖釋詁敄強也一切經音義五勖勉勵也方言齊魯曰勖茲注云勖亦訓勉也詩燕燕以勖寡人傳云勖勉也士昏禮記勖帥以敬先妣之嗣注云勖勉也或通作冒書君奭迪見冒聞于上帝馬本冒作勖勉也顧命爾無以釗冒貢于非幾釋文冒馬鄭王作勖又通作懋盤庚懋建大命懋簡相爾漢石經並作勖　周書曰勖哉夫子者牧誓文史記作勉哉夫子

勉也從力雚聲　去願切

書大禹謨勸之以九歌俾勿壞　周禮司諫掌糾萬民之德而勸之朋友正其行而強之注云強猶勸也　論語舉善而教不能則勸　風俗通汝南太守歐陽歙下教云蓋舉善以教則不能者勸　秦策楚趍於秦之未必救己也而今三國之辭去則楚之應之也必勸宋策荆王大悅許救甚勸齊策此皆非趙魏之欲也然二國勸行之者何也　賈誼書楚王見士民爲用之不勸也乃徵役萬人

勉也者廣韻勉勸也禮表記使民有所勸勉愧恥以行其言

任也從力朕聲　識蒸切

任也者廣韻任堪也釋詁堪勝也詩元鳥武王靡不勝傳云勝任也論語執圭鞠躬如也如不勝

發也從力從徹徹亦聲　丑列切

發也者襄二十八年左傳陳無宇濟水而戕舟發梁吳子軍之所至無發其屋通作徹襄九年左傳火所未至徹小屋塗大屋詩徹我牆屋徹田爲糧徹彼桑土或作撤廣韻撤發撤僖二十六年左傳室如縣罄服虔云言室屋皆發撤

并力也從力翏聲　力竹切

幷力也者廣韻增韻竝引作倂力也國語勠力一心賈注勠力倂力也中山策勠力同憂高注勠力勉力也漢書元帝紀方春農桑興百姓勠力自盡之時也通作戮書湯誥與之戮力漢書高帝紀戮力攻秦齊語與諸侯戮力同心韋注戮幷力也昭二十五年左傳戮力壹心翏聲者成十三年左傳戮力同心釋文戮相承音六嵇康力幽反呂靜字韻與飂同字林音遼書湯誥與之戮力釋文戮舊音六又力彫反說文力周反馥案文賦非余力之所勠與寧流求抽尤由爲韻

繇緩也從力象聲 余兩切

繇緩也者廣雅勨動也釋名緩浣也斷也持之不急則動搖浣斷自放縱也象聲者徐鍇本有讀若庚三字

作也從力重聲 徒總切

作也者釋詁文孟子將終歲勤動趙注動作呂氏春秋察今篇必循法以動高注動作也

古文動從辵

推也從力畾聲 盧對切

推也者𤰞蒼作𥗼云推石自高而下也子虛賦𥗼石相擊

弱也從力少 力輟切

弱也者本書疲病劣也廣雅劣弱也書洪範六曰弱傳云尩劣

劇也從力熒省熒火燒冂用力者勞 魯刀切

劇也者當爲勮釋詁勞勤也舍人云勞力極也

古文勞從悉

汗簡作𤇾云見舊說文集韻𢡚苦心也

務也從力豦聲 其據切

務也者李善注王粲詩引作甚也廣韻勮勤務也漢唐扶頌察能治勮釋宮二達謂之岐旁三達謂之劇旁孫炎云旁出岐多故曰劇俗書變力從刀釋名三達曰劇旁此道旁出轉多用功稍劇也六韜夜臥早起雖劇不悔太公陰謀馬不可極民不可劇馬極則蹶人劇則敗風俗通俗說女媧摶黃土作人劇務力不暇供華嶠後漢書方春向農民多劇務漢舊儀能治劇一科魏志王觀傳此郡濱近外虜數有寇害云何不可爲劇邪

尤劇也從力克聲 苦得切

尤劇也者集韻類篇引作尤極也小字本李燾本竝同俗書改從刀一切經音義十二苛剋尤劇也亦煩擾也

勞也詩曰莫知我勩從力貰聲 余制切

勞也者釋詁文通作肄詩谷風既詒我肄傳云肄勞也釋文肄爾雅作勩　詩曰莫知我勩者小雅雨無正文傳云勩勞也

勞也春秋傳曰安用勦民從力巢聲 子小切又楚交切

勞也者廣雅同趙岐孟子題辭心勦形瘵東京賦今公子苟好勦民以媮樂　春秋傳曰安用勦民者昭九年左傳

焉用速成其以勦民也宣十二年左傳無及於鄭而勦民焉用之杜注竝云勦勞也

勞也從力卷省聲 渠卷切

勞也者廣雅同本書倦罷也鄭注少儀云罷之爲言勞也考工記左不楗注云書楗或作券玄謂券今倦字也漢姚元丕碑施舍弗券或作勌莊子應帝王學道不勌漢書韓信傳今足下舉勌敝之兵鹽鐵論養勞勌之民宋書陶潛傳鳥勌飛而知還射雉賦夕不告勌徐注言樂之者忘飢倦也又或作惓列子湯問篇饑惓則飲神瀵　卷省聲者徐鍇本作弆聲

勞也從力堇聲 巨巾切

勞也者釋詁文書武成王季其勤王家詩賚文王既勤止傳云勤勞也昭十三年左傳請君無勤問喪服勤三年注云勤謂憂勞玉藻勤者有事則收之注云勤謂執勞辱之事也

語相增加也從力從口 古牙切

語相增加也者本書誣加也譄加也莊十年左傳犧牲玉帛弗敢加也必以信僖十年左傳欲加之罪其無辭乎

健也從力敖聲讀若豪　五牢切

健也者廣韻勢俊健

气也從力甬聲　余隴切

气也者本書捲气勢也引國語有捲勇釋名勇踴也遇敵踴躍欲擊之也靈樞經勇士者怒則氣盛而胷張肝舉而膽橫眥裂而目揚毛起而面蒼此勇士之由然者也

勈或從戈用

古文勈從心

排也從力孛聲　蒲沒切

排也者謂安排也莊子大宗師安排而去化唐書王勃字子安

劫也從力奧聲　匹妙切

劫也者本書剽剽劫人也

人欲去以力脅止曰劫或曰以力止去曰劫　居怯切

成十七年左傳胥童以甲劫欒書中行偃於朝　新序白公勝欲立王子閭以爲王不肎劫之以刃　舞賦從容得志不劫李善云不相迫劫也　通鑑橋玄幼子爲人所劫登樓求貨

人欲去以力脅止曰劫者莊八年左傳走出遇賊于門劫而束之襄二十三年傳范鞅逆魏舒遂超乘右撫劍左援帶命驅之出杜注劫之秦策己珉欲以齊秦劫魏高注劫脅也儒行劫之以衆注云劫脅也漢書高帝紀因以劫衆顏注劫謂威脅之陳書武帝紀若有恐脅侵掠者皆以劫論　或曰以力止去曰劫者徐鍇本作或曰以力去曰劫韻會引同馥案脅止人去曰劫自以力脫去亦曰劫也

致堅也從人從力食聲讀若敕　恥力切

致堅也者廣韻飭牢密詩六月戎車既飭易雜卦蠱則飭也　從人從力食聲者當云從力飤聲

法有辠也從力亥聲　胡槩切

法有辠也者玉篇劾推劾也廣韻劾推窮罪人也急就篇誅罰詐僞劾罪人顏注劾舉案之也有罪則舉案書呂刑獄成而孚輸而孚傳云謂上其鞫劾文辭正義云漢世問罪謂之鞫斷獄謂之劾周禮鄉士辨其獄訟異其死刑之罪而要之注云要之爲其罪法之要辭如今劾矣小司寇讀書用法先鄭云如今讀鞫已乃論之賈疏云鞫謂劾囚之要辭昭十四年左傳乃施邢侯服虔曰施罪於邢侯施猶劾也後漢書范滂傳滂奏刺史權豪之黨二十餘人尚書責滂所劾猥多滂知意不行投劾去注云自投其劾狀而去文心彫龍奏劾之奏所以明憲淸國雜五行書辠陶以壬辰日死不可劾人成罪也

廣求也從力莫聲　莫故切

廣求也者一切經音義九引同後漢書光武本紀注引作廣求之也廣雅募求也蒼頡篇募問求也或借摹字宋祁校漢書揚雄傳引字林摹廣求也

文四十　重六

同力也從三力山海經曰惟號之山其風若劦凡劦之屬皆從劦　胡頰切

同力也者當云同力力之和　山海經曰惟號之山其風若劦者北山經錞于毋逢之山北望雞號之山其風如䬍注云䬍急風貌也音戾或云飄風也馥案玉篇䬍急風江賦廣莫䬍而氣整

同心之和從劦從心　胡頰切

從劦從心者當云劦亦聲

同思之和從劦從思　胡頰切

同思之和者廣韻勰思也釋詁勰和也梁書劉勰字彥和　從劦從思者當云劦亦聲

協　衆之同和也從劦從十　胡頰切

衆之同和也者釋詁協和也書堯典協和萬邦湯誓有衆率怠弗協馬本作不和洪範協用五紀傳云協和也又相協厥居王肅注王者當助天和合其居隱十一年左傳寡人有弟不能和協僖二十二年左傳引詩協比其鄰詩作洽傳云洽合昭七年傳夢協注云協合也昭二十五年傳乃能協於天地之性杜注協和也帝王世紀漢獻帝名協字伯和　從十者徐鍇本作十聲馥謂當云劦亦聲

旪　古文協從曰十

漢書五行志旪用五紀應劭曰旪合也顏注旪讀曰叶和也

叶　或從口

書協時月白虎通引作叶　大傳引書不叶于極　周禮大行人協辭命注云故書協作叶鄭司農云叶當作汁太史與羣執事讀禮書而協事注云故書協作叶杜子春云叶協也書亦或爲協或爲叶陸德明本作汁云汁音執又音協　方

言斟協汁也北燕朝鮮洌水之閒曰斟自關而東曰協關西曰汁注云謂和協也　釋天太歲在未曰協洽史記歷書作汁洽天官書作叶洽漢樊敏碑歲在汁洽　大戴禮誥志篇此謂歲虞汁月鄭注月令叶光紀釋文叶本又作汁　史晨奏銘汁光之精漢隸字原云卽黑帝叶光紀　西京賦五緯相汁五臣本作叶吳都賦皆與謠俗汁協此傳寫誤也協乃李善音注汁字誤作正文

文一　重五

說文解字弟十四　義證弟四十五

曲阜桂馥學

金　五色金也黃爲之長久薶不生衣百鍊不輕從革不違西方之行生於土從土左右注象金在土中形今聲凡金之屬皆從金　居音切

釋名金禁也其氣剛嚴能禁制物也　孝經援神契丹精生金　淮南地形訓黃水宜金　蔡邕青衣賦金生沙礫韓內儲說荆南之地麗水之中生金　元和郡縣志涼州神烏縣金山在縣南一百八十里麗水出焉　後漢書益州金銀之所出　漢書地理志豫章郡鄱陽武陽鄉右十餘里有黃金采顏注采者謂采取金之處　王隱晉書鄱陽樂安出黃金鑿土十餘丈披沙之中所得者大如豆小如粟米　嶺表錄異澄州金其夜明有異於常金驗之信然　昭七年左傳好以大屈賈注大屈寶金大屈金所生地名

五色金也者河圖握矩記黃金千歲生黃龍青金千歲生青龍赤金千歲生赤龍白金千歲生白龍元金千歲生元龍徐鍇引淮南子地形訓正土之氣御乎埃天埃天五百歲生鈌鈌五百歲生黃埃黃埃五百歲生黃澒黃澒五百歲生黃金偏土之氣御乎清天清天八百歲生青曾青曾八百歲生青澒青澒八百歲生青金壯土之氣御乎赤天赤天七百歲生赤丹赤丹七百歲生赤澒赤澒七百歲生赤金弱土之氣御乎白天白天九百歲生白礜白礜九百歲生白澒白澒九百歲生白金尚書正義古者金銀銅鐵總號爲金胡渭曰管子金起於汝漢韓子荆南之地麗水之中生金此黃金也周禮荆州其利丹銀此白金也左傳鄭伯朝於楚楚子賜之金既而悔之曰無以鑄兵遂以鑄三鐘此赤金也錢君大昭曰考工記攻金之工築氏爲削冶氏爲殺矢鳧氏爲鐘栗氏爲量段氏爲鎛桃氏爲劍其所爲者有銅有鐵銀爲白金鉛爲青金銅爲赤金鐵爲黑金故許愼云金五色金也　黃爲之長者史記平準書金有三等黃金爲上白金爲中赤金爲下　久薶不生衣者參同契金性不敗朽抱樸子金丹篇黃金埋之畢天不朽馥案本書鋈銅生五色也五色卽衣銅衣猶鏽衣金不變色故不生衣　百鍊不輕者初學記二十七御覽八百九

竝引作百陶案典術云陶丹銅以爲金晉起居注咸寧三年燉煌郡上金洞中生金百陶不消白帖金爲百鍊之精言百鍊之不耗漢官儀侍中金蟬金取堅剛百鍊不耗 從革不違者㳄範金曰從革馬傳金之性從人而更可銷鑠禮器內金示和也注云金從革性和也論衡譴告篇離下兌上曰革革更也火金殊氣故能相革 西方之行者白虎通五行金在西方西方者陰始起萬物禁止金之爲言禁也漢書五行志金西方萬物既成殺氣之始也子華子西方陰止以收而生燥燥生金計倪子內經少昊治西方蚩尤佐之使主金鶡冠子泰鴻篇以金割物天下盡金也使居西方主秋顏注漢書金城郡在京西故謂金城金西方之行 生於土者尙書帝命驗土者金之父也鹽鐵論論菑篇金得土而成

金 古文金

銀 白金也從金艮聲 語巾切

漢書地理志犍爲郡朱提下云山出銀食貨志朱提銀重八兩爲一流直一千五百八十 元和郡縣志朱提山名出善銀 南越志遂成縣任山銀抄白出 廣州記任山有銀穴有銀抄 異物志金鄰國去扶南二千餘里土地出銀 後魏書銀出始興陽山縣又出桂陽陽安縣驪山有銀礦二石得銀七兩白登山亦有銀礦八石得銀七兩元和志郴州平陽縣銀坑在縣南三十里所出銀至精好俗謂之偶子銀別處莫及亦出銀鑛供桂陽監鼓鑄饒州樂平縣銀山每歲出銀十餘萬兩 本草生銀出饒州樂平諸坑銀礦中狀如硬錫文理粗錯自然者眞圖經云今坑中所得乃在土石中滲漉成條若絲髮狀土人謂之老翁鬚似此者極難得 寶藏論銀有十七種天生牙生銀坑內石縫中狀如亂絲色紅者上入火紫白如草根者次之銜黑石者最奇生樂平鄱陽產鉛之山一名龍牙一名龍鬚生銀生石鉚中成片塊大小不定狀如硬錫母砂銀生五溪丹砂穴中色理紅光黑鉛銀得子母之氣此四種爲眞銀 地鏡圖銀之氣夜正白流散在地撥之隨手散復合此是也

山有蔥下有銀光隱隱正白

白金也者釋器白金謂之銀禹貢惟金三品傳云金銀銅也史記平準書虞夏之幣金爲三品或黃或白或赤南山經柎陽之山其陽多赤金其陰多白金注云赤金銅也白金銀也

說文解字義證 卷四十五 二 連筠簃叢書 靈石楊氏栞

鐐 白金也從金尞聲 洛蕭切

詩韓奕有珌傳云大夫鐐珌而鏐珌 景福殿賦鐐質輪菌 白金也者釋器白金謂之銀其美者謂之鐐廣韻鐐紫磨金也

鋈 白金也從金芺省聲 烏酷切

白金也者廣雅白銅謂之鋈詩小戎陰靷鋈續傳云鋈白金也詩又云鋈以觼軜箋云軜之觼以白金爲飾也

鉛 青金也從金㕣聲 與專切

漢書地理志益州郡律高縣東南監町山出銀鉛 地鏡圖草青莖赤秀下有鉛 元和郡縣志廣州化蒙縣鉛穴山在縣西六十里出鉛錫 寰宇記信州鉛山縣鉛山在縣西北七里山出鉛 寶藏論鉛有數種波斯鉛堅白爲天下第一草節鉛出犍爲銀之精也銜銀鉛銀坑中之鉛內含五色竝妙上饒樂平鉛次之

青金也者一切經音義六引同玉篇鉛黑錫也急就篇鍛鑄鉛錫鐙錠鐎顏注鉛青金也又注漢書地理志同本草圖經鉛生蜀郡平澤錫生桂陽山谷今有銀坑處皆有之而臨賀出錫尤盛亦謂之白鑞按字書謂錫爲鑞鉛爲青金禹貢鉛松怪石正義云鉛錫也漢書景十三王傳或髡鉗以鉛杵舂顏注鉛者錫之類也 㕣聲者俗作公桓子新論云鉛字金與公鉛則金之公而銀者金之昆弟也

說文解字義證 卷四十五 三 連筠簃叢書 靈石楊氏栞

錫 銀鉛之閒也從金易聲 先擊切

漢書地理志益州律高縣西石空山出錫 博物志積艾草三年後燒之津液下流成鉛錫 禹貢厥包橘柚錫貢鄭注錫所以柔金也 周禮職方氏其利金錫竹箭注云錫鑞也

銀鉛之閒也者顏注急就篇錫一名鈏在銀鉛之閒卽今白鑞也胡渭曰說文五色之金黃爲長青曰鉛赤曰銅白曰銀黑曰鐵而錫則曰銀鉛之閒是爲五金之閒色矣

鈏 錫也從金引聲 羊晉切

錫也者玉篇鈏白錫也釋器錫謂之鈏郭注白鑞周禮卝人掌金玉錫石之地注云錫鈏也

銅 赤金也從金同聲徒紅切

漢書地理志越巂郡邛都下云南山出銅　輿地志宛陵縣銅山漢採銅所治也　元和郡縣志宣州南陵縣銅井山在縣西南八十五里出銅　益州記任城縣西南六十里有銅官山鄧文帝賜鄧通鑄錢之所　地鏡圖草青莖黃秀下有銅　漢書律歷志銅爲物之至精不爲燥溼寒暑變其節不爲風雨暴露改其形介然有常似於士君子之行　百官公卿表水衡都尉屬官有辨銅令丞注云辨銅主分別銅之種類也　郭璞赤銅贊昆吾之山名銅所在切玉如泥火炎其采尸子所歎驗之汲冢

赤金也者廣韻銅金之一品　元和郡縣志當塗縣赤金山在縣北十里出好銅與金類　孟康注食貨志赤金今丹陽銅也　神異經入金山下四丈得丹陽銅　張華曰此銅與金相似　僖十八年左傳鄭伯始朝于楚楚賜之金既而悔之與之盟曰無以鑄兵注云楚金利故　馥案鄭以鑄鐘則所賜者銅也

鏈 銅屬從金連聲力延切

銅屬者廣韻鏈鉛礦也通作連　史記貨殖傳江南出金錫連　徐廣曰連鉛之未鍊者　漢書食貨志鑄作錢布皆用銅殽以連錫　孟康曰連錫之別名也　李奇曰鉛錫璞名曰連　應劭曰連似銅　顏師古曰孟李二說皆非也許慎云鏈銅屬也然則以連及錫雜銅而爲錢也　此下又云能采金銀銅連錫　益知連非錫矣

鐵 黑金也從金𢧜聲天結切

元和郡縣志邢州沙河縣黑山出鐵礦卭山漢魏時舊鐵官也　邢州臨溪縣孤石山在縣東十九里有鐵礦大如蒜子燒合之成流支鐵甚剛因置鐵官　寰宇記信州上饒縣鐵山在縣東南七十里　南方草木狀鐵出躭蘭州倮夷舡船載鐵至扶南賣之

黑金也者月令孟冬駕鐵驪注云鐵驪色如鐵　詩駟鐵孔阜傳云鐵驪也　正義云鐵者言其黑色如鐵

鐡 鐵或省

銕 古文鐵從夷

汗簡引作銕　字林銕鐵名

鍇 九江謂鐵曰鍇從金皆聲苦駭切

九江謂鐵曰鍇者字書鍇鐵好也　廣韻同　廣雅鍇鐵也　方言鍇堅也　南都賦銅錫鉛鍇　吳都賦銅鍇之垠　五臣注竝云鍇白鐵　九江楚地故徐鍇字楚金

鋚 鐵也一曰轡首銅從金攸聲以周切

一曰轡首銅者集韻紖首垂銅謂之鋚　廣韻鋚紖頭銅飾　或省作攸　宰辟父敦攸革　伯姬鼎攸勒　卽石鼓文鋚勒字　又作鞗　詩韓奕鞗革金厄　箋云鞗革謂轡也以金爲小環往往纏搤之　采芑鉤膺鞗革　箋云鞗革轡首垂也　蓼蕭鞗革沖沖　傳云鞗革轡也革轡首也　載見鞗革有鶬　箋云鞗革轡首也鶬金飾皃

鏤 剛鐵可以刻鏤從金婁聲夏書曰梁州貢鏤一曰鏤釜也盧候切

剛鐵可以刻鏤者顏注漢書地理志鏤剛鐵也　胡渭曰凡鐵柔曰鐵剛曰鏤　通鑑注剛鐵精鐵也　元和郡縣志涪州涪陵縣東有開池出剛鐵土人以爲文刀　魏文帝樂府羊頭之剛　本草圖經鐵以生柔相雜和用以作刀劍鋒刃者爲剛鐵　夏侯陽算經今有黃鐵四千三百一十八斤三兩欲煉爲鋼鐵每斤耗三兩問鋼鐵幾何　陳琳武軍賦百鍊精鋼　夢溪筆談辨證篇世間所謂鋼鐵者用柔鐵屈盤之乃以生鐵陷其間泥封煉之鍛令相入謂之團鋼亦謂之灌鋼此乃僞鋼耳暫假生鐵以爲堅二三煉則生鐵自熟仍是柔鐵予出使至磁州鍛坊觀煉鐵方識眞鋼凡鐵之有鋼者如麪中有筋濯盡柔麪則麪筋乃見煉鋼亦然但取精鐵煉之百餘火每鍛稱之一鍛一輕至累鍛而斤兩不減則純鋼也雖百鍊不耗矣此乃鐵之精純者其色明瑩磨之則黯黯然青而且黑與常鐵迥異　釋器金謂之鏤　又云鏤鋑也　郭注刻鏤物爲鋑　詩韓奕鉤膺鏤鍚　箋云刻金飾之　小戎虎韔鏤膺　箋云鏤膺有刻金飾也　周禮太宰百工飭化八材　鄭司農云金曰鏤　哀元年左傳器不彫鏤　注云鏤刻也　荀子富國篇必將錭琢刻鏤　續漢禮儀志印璽押金鏤　大貴人長公主銅鏤　郭璞金銀贊務經軍農爰及彫弄

夏書曰梁州貢鏤者徐鍇本作梁州貢鏤金也

禹貢厥貢璆鐵銀鏤砮磬鄭注鏤剛鐵可以刻鏤也一曰鏤釜也者廣雅鏤鬴也方言鍑江淮陳楚之閒謂之錡或謂之鏤

鐼 鐵屬從金賁聲讀若熏 火運切

讀若熏者徐鍇本作讀若訓

銑 金之澤者一曰小鑿一曰鐘兩角謂之銑從金先聲 穌典切

金之澤者者釋器絕澤謂之銑郭注銑卽美金言最有光澤也國語曰玦之以金銑者謂此也一曰小鑿者通俗文鑿銳曰銑陳書蕭摩訶傳有西域人妙於弓矢弦無虛發摩訶遙擲銑鋧正中其額馥案集韻銑鋧小鑿也一曰鐘兩角謂之銑者徐鍇本作鐘下兩角其閒謂之銑考工記鳧氏爲鐘兩欒謂之銑注云銑鐘口兩角也疏云古之樂器應律之鐘如今之鈴不圓故有兩角

鋻 剛也從金臤聲 古甸切

剛也者徐鍇曰鋻淬刀劍刃使堅也三蒼解詁鋻焠刀作鋻也本書焠下云堅刀刃也

鏉 金屬一曰剝也從金勑聲 郎兮切

金屬者玉篇鏉與鑗同集韻鑗黑金也一曰剝也者本書剺剝也史記自剺面皮廣雅劙剺也玉篇劙直破也

錄 金色也從金彔聲 力玉切

金色也者荀子性惡篇文王之錄注云錄與綠同劍以色爲名

鑄 銷金也從金壽聲 之戍切

銷金也者玉篇鑄鎔鑄也顏注急就篇凡金鐵銷冶而成者謂之鑄淮南俶眞訓今夫冶工之鑄器金踊躍於鑪中聖主得賢臣頌巧冶鑄干將之璞考工記栗氏凡鑄金之狀金與錫黑濁之氣竭黃白次之黃白之氣竭青白次之青白之氣竭青氣次之然後可鑄也注云銷湅金錫精粗之候

銷 鑠金也從金肖聲 相邀切

鑠金也者史記秦始皇本紀收天下兵聚之咸陽銷以爲鍾鐻吳越春秋干將作劍而金鐵之精不銷淪流干將曰昔吾師作冶金鐵之類不銷夫妻俱入冶鑪中然後成物通作消考工記栗氏爲量改煎金錫則不耗注云消湅之精不復減也

鑠 銷金也從金樂聲 書藥切

銷金也者玉篇鑠銷鑠也周語衆口鑠金賈注鑠銷也楚詞九章故衆口其鑠金兮王注鑠銷也漢書天文志火與水合爲淬與金合爲鑠通作爍漢書蓺文志後世爍金爲刃顏注爍讀與鑠同謂銷也

鍊 冶金也從金柬聲 郎甸切

冶金也者李善注七命引同又注江文通擬古詩引作化金也本書煉鑠冶金也莊子大宗師大冶必以爲不祥之金李尤書刀銘巧冶鍊剛詩淇奧如金如錫傳云金錫鍊而精寰宇記銅陵縣本漢南陵縣自齊梁之代爲梅根冶以烹銅庾子山枯樹賦南陵以梅根作冶

釘 鍊鉼黃金從金丁聲 當經切

鍊鉼黃金者本書無鉼字釋器鉼金謂之鈑周禮職金旅于上帝則共其金版注云鉼金謂之版世說帝以金五鉼授陳嬌或作餅梁書武陵王紀傳黃金一斤爲餅百餅爲簉范晏陰德傳魏公卿謂陳翼曰馬上有金千餘餅素二十疋墨莊漫錄宋崇寧中詔賜米芾白金十六笏又韓滉與擔夫白金一版笏與版猶鉼也今閩甌湖南皆傾銀作鉼卽鉼之遺也玉篇一釘又都定切馥案今俗以金爲一錠是也

錮 鑄塞也從金固聲 古慕切

鑄塞也者左傳正義引同急就篇釭鐧鍵鉆冶錮鐈顏注錮者鑄而補塞之令其堅固也成二年左傳子反請以重幣錮之杜注禁錮勿令仕正義云鐵器穿穴者鑄鐵以塞之使不漏禁人使不得仕宦者其事亦似之故謂之禁錮今世猶然韓策公仲數不信於諸侯諸侯錮之後漢書黨錮傳注云謂塞其仕進之路也通鑑張釋之曰使其中有

可欲者雖錮南山猶有隙注云錮音固冶銅鑄塞以爲固也

鑲　作型中腸也從金襄聲汝羊切

作型中腸也者徐鍇曰鑄鐘鏞屬使內空者於型範中更作土模所以後卻流銅也

鎔　冶器法也從金容聲余封切

冶器法也者集韻冶器法謂之鎔書梓材釋文引馬云冶木器曰梓冶土器曰陶冶金器曰冶尸子蚩尤造九冶管子任法篇猶金之在鑪恣冶之所以鑄漢書董仲舒傳猶金之在鎔唯冶者之所鑄顏注鎔謂鑄器之範也潛夫論德化篇鑠金之在鑪也從篤變化惟冶所爲方圓薄厚隨鎔制爾

鋏　可以持冶器鑄鎔者從金夾聲讀若漁人莢魚之莢　一曰若挾持苦叶切

可以持冶器鑄鎔者者徐鍇曰今鐵夾持鑄鍋者

鍛　小冶也從金段聲丁貫切

小冶也者本書段椎物也澈辟澈鐵也徐鍇曰从支椎段之也鍛椎之而已不銷故曰小冶龍龕手鑑鍛打鐵也鎚也小冶也急就篇鍛鑄鉛錫鐙錠鐎顏注凡金鐵之屬椎打而成器者謂之鍛長笛賦靁叩鍛之岌嵒兮李善引蒼頡篇鍛椎也書費誓鍛乃戈矛傳云鍛鍊戈矛淮南道應訓大司馬捶鉤者年八十矣而不失鉤芒高注捶鍛擊鉏也說苑指武篇鍛劍戟以爲農器拾遺記漢郭況鑄黃金爲器鼓冶之聲震於都鄙時人謂郭氏之室不雨而雷言鑄鍛之聲盛也抱樸子仙藥篇以鐵鎚鍛其頭數千下世說嵇康大樹下鍛通鑑嵇康箕踞而鍛注云鍛小冶也又云侯景以臺所給仗多不能精啓請東冶鍛工欲更營造又云柔然罵土門曰爾我之鍛奴也注云突厥本柔然鐵工故云然王觀國曰考工記攻金之工六築冶凫栗段桃鄭注曲禮金工築冶凫栗鍛桃蓋古之周禮傳者非一本鄭氏用鍛字必別本周禮後漢書韋彪傳鍛鍊之吏注云鍛鍊猶成熟也言深文之吏入人之罪猶工冶陶鑄鍛鍊使之成熟也

鋌　銅鐵樸也從金廷聲徒鼎切

銅鐵樸也者一切經音義十一鋌銅鐵之璞未成器用者也廣雅鏷鑅鋌也文選七命耶谿之鋌淮南子脩務訓苗山之鋌羊頭之銷許注鋌銅鐵璞也王褒四子講德論精鍊藏於鑛鏷南史梁盧陵王傳嗣子應不慧見內庫金鋌問左右此可食否論衡率性篇世稱利劍有千金之價棠谿魚腸之屬龍泉太阿之輩其本鋌山中之恆鐵也冶工鍛鍊成爲銛利

⿰金曉　鐵文也從金曉聲呼鳥切

鐵文也者集韻鐵有文謂之⿰金曉

鏡　景也從金竟聲居慶切

漢書東方朔傳玉之瑩后之精表如日光裏如眾星兩人相覩見不相知情此名爲鏡　魏武帝上雜物疏御物有尺二寸金錯鏡一枚皇太子雜純銀錯七寸鐵鏡四枚貴人至公主九寸鐵鏡四十枚　東宮舊事皇太子納妃有著衣大鏡

尺八寸銀華小鏡尺二寸漆匳盛蓋銀華金薄鏡三枚　陸機與弟雲書仁壽殿前有大方銅鏡高五尺餘廣三尺二寸立著庭中向之便寫人形體了了　韓子說林古之人目短於自見故以鏡觀面　大戴禮保傅篇明鏡者所以察形也　呂氏春秋達鬱篇人皆知說鏡之明己也注云鏡明見人之醜而人不椎鏡破之而抗以元錫摩以白旃是說鏡之明己也　淮南脩務訓明鏡之始下型矇然未見形容及其粉以元錫摩以白旃鬢眉微毫可得而察　賈誼書道術篇鏡儀而居無執不臧美惡畢至各得其當　新序誘木明鏡不可以形逝也　中鑒雜言側弁垢顏不鑒於明鏡也　蔡邕女誡覽照拭面則思其心之潔也　傅咸鏡賦順陰位於西商采秋金之剛精醮祝融以致度命歐冶而是營睹日月之光烈儀厥象乎曜靈不有心於好醜而眾形其必詳同實錄於良史隨善惡而是彰　廣雅鑑謂之鏡　晉語是天奪之鑒而益其疾韋云鑒鏡也鏡所以自省察　詩柏舟我心匪鑒傳云鑒所以察形也蕩殷鑒不遠箋云此言殷之明鏡不遠也　僖二年左傳是天奪之鑒杜注鑒所以自照鑒　吳語王盇亦鑑於人無鑑於水注云鑑鏡也　傅元鏡銘人徒鑑於鏡止於見形鑒人可以見情　殷闡祭王東亭文朗鑒不塵精金能照

景也者鏡景聲相近本書景光也風俗通正失篇圖景失形傅咸鏡賦清邈明水景若朝陽梁簡文帝鏡銘高堂懸景江總方鏡銘景麗高堂葛洪字苑景加彡作影高僧傳鏡之鑒象形曲而影凹范泰鸞鳥詩序昔罽賓王獲鸞鳥欲其鳴而不致也懸鏡以映之鸞覩形而鳴詩曰明鏡懸高堂顧影悲同契

鉹　曲鉹也從金多聲一曰鬵鼎讀若擠一曰詩云哆兮侈兮　尺氏切

曲鉹也者崔靈恩詩集注引作曲也　一曰鬵鼎者本書鼎大上小下若甑曰鬵一切經音義十二聲類錍與鉹同鬵也廣韻錍鉹也吳人云也玉篇錍釜也集韻錍甑也梁人呼爲鉹吳人呼爲錍急就篇甑甗甂甌瓨甖盧顏注甑一名甗亦謂之鬵又呼爲鉹方言甑自關而東謂之甗或謂之鬵郭注涼州呼鉹釋器鬵鉹也孫炎曰涼州人謂甑爲鉹　讀若擠一曰詩云哆兮侈兮者徐鍇本作讀若擿一曰若詩曰侈兮之侈同董逌曰詩哆兮侈兮說文作鉹兮哆兮崔靈恩詩集注侈兮哆兮說文作鉹兮哆兮

鈃　似鐘而頸長從金幵聲　戶經切

似鐘而頸長者徐鍇韻譜鈃長頸鐘集韻鈃器似鐘頸長或作瓶甄經廣韻鈃酒器似鐘而長頸也瓶甄竝同上急就篇鈃鍾鼎經鋗銚鈚顏注鈃似鐘而長頸也莊子徐無鬼篇其求鈃鍾也以束縛釋文引字林云鈃似小鍾而長頸又云似壺而大馥案諸說皆以爲酒器五經文字以爲樂器類篇云一曰酒器

鍾　酒器也從金重聲　職容切

酒器也者字林同顏注急就篇鍾以銅爲鍾鍾酒器也列子楊朱篇公孫朝聚酒千鍾孔叢儒服篇平原君與子高飲彊子高酒曰昔有遺諺堯舜千鍾孔子百觚子路酒誡篇千鍾百觚堯舜之飲也晉書崔洪傳汝南王亮以琉璃鍾行酒洪不執北堂書鈔引蔣子秦穆公伐晉及河將軍勞之醪唯一鍾後漢書班固傳旨酒萬鍾

鑑　大盆也一曰鑑諸可以取明水於月從金監聲　革懺切

大盆也者本書盎大盆也廣雅盎鑑也周禮淩人春始治鑑又云祭祀共冰鑑注云鑑如甀大口以盛冰置食物於中以禦溫氣或作鑒玉篇鑒大盆也廣韻鑒大瓮似盆續漢書盜伏於鑒下　一曰鑑諸可以取明水於月者鑑下當有方字周禮司烜氏掌以鑒取明水於月注云鑑鏡屬取水者世謂之方諸考工記金錫半謂之鑒燧之齊注云鑒燧取水火於日月之器也鑒亦鏡也洪範五行傳夫挹方諸之鏡處深澤之下而上引太清物類相隨可不愼邪魏名臣奏高堂隆曰陽符一名陽燧取火於日陰符一名陰燧取水於月竝入銅作鏡名曰水火之鏡漢舊儀以鑑燧取水於月以火燧取火於日爲明水參同契方諸非星月安能得水漿陸機演連珠準月稟水不能加涼劉孝標注雖方諸稟水於月而不加於水之涼馥案或以蛤爲方諸淮南天文訓方諸見月則津而爲水高注方諸陰燧大蛤也熱摩令熱月盛時以向月下則水生又案陽鑑亦偁鑑齊策若挹水於河而取火於燧也鮑注燧鑑也

鐈　似鼎而長足從金喬聲　巨嬌切

似鼎而長足者玉篇鐈鼎長足者廣雅鐈鬴也

鐆　陽鐆也從金㒸聲　徐醉切

陽鐆也者一切經音義十八陰鐆出水陽鐆出火陽鐆以銅五石之精銅圓也陰鐆以鐵方也通作燧古今注陽燧以銅爲之形如鏡向日則火生以艾炷承之得火也內則金燧注云金燧可取火於日淮南天文訓陽燧見日然而爲火許注陽燧金也取金杯無緣者熟摩令熱日中時以當日下以艾承之光則然得火也說林訓凡用人之道若以燧取火疏之則弗得數之則弗中正在疏數之間高注疏猶遲也數猶疾也得其節火乃生覽冥訓夫陽燧取火於日方諸取露於月天地之間巧歷不能舉其數手徵忽怳不能覽其光然以掌握之中引類於太極之上而水火可立致者陰陽同氣相動也論衡亂龍篇陽燧取火於天五月丙午日中之時消煉五石銅鑄以爲器乃能得火參同契陽燧以取火非日不生光陸機演連珠日引火不必增輝劉孝標注陽燧取火於日不加於火之輝也抱樸子火出於陽燧陽燧圓而火不圓也劉氏新論類感篇陽燧在掌而太陽火接神記夫金錫之性一也以五月丙午日中鑄爲陽燧以十一月壬子夜半鑄陰燧注云陽燧取火陰燧取水夢溪筆談陽燧面窪以一指迫而照之則正漸遠則無所見過此遂倒其無所見處正如窗隙櫓臬腰鼓礙之本末相格遂成搖艣之勢故舉手則影愈下下手則影

愈上此其可見注云陽燧面窪向日照之光皆聚向內離鏡一二寸光聚爲一點大如麻菽著物則火發此則腰鼓最細處也又通作遂周禮司烜氏掌以夫遂取明火於日注云夫遂陽遂也論衡說日篇驗日陽遂火從天來

鋞 溫器也圜直上從金巠聲 戶經切

溫器也圜直上者徐鍇曰所以煖物顏注急就篇鋞溫器圓而直上

鑴 甕也從金巂聲 戶圭切

甕也者玉篇鑴大鑊也廣雅鑴鼎也

鑊 鑴也從金蒦聲 胡郭切

鑴也者徐鍇韻譜鑊釜器御覽引方言釜自關而西或謂之釜或謂之鑊馥案今本鑊作鍑周禮膳夫亨人掌共鼎鑊注云所以煑肉及魚腊之器淮南說山訓嘗一臠肉知一鑊之味高注有足曰鼎無足曰鑊漢書刑法志大辟有鑿顛抽脅鑊亨之刑顏注鼎大而無足曰鑊以鬻人也陸機洛陽記宮牆外有大鐵鑊盛水以救火鑊受百斛或通作濩詩葛覃是刈是濩傳云濩煑之也孫炎曰以煑之於鑊故曰鑊煑字又作鑊顏氏家訓書證篇吳人呼鑊爲霍故以金旁作霍代鑊字

鍑 釜大口者從金复聲 方副切

釜大口者者一切經音義十八引作如釜而口大廣雅鍑鬴也三蒼鍑小釜也急就篇鐵鈇鑽錐釜鍑鍪顏注大者曰釜小者曰鍑漢書匈奴傳多齎鬴鍑薪炭顏注鍑釜之大口者也

鍪 鍑屬從金敄聲 莫浮切

鍑屬者廣雅鍪鬴也顏注急就篇鍪似釜而反脣一曰鍪者小釜類即今所謂鍋也亦曰鏃鑹

錪 朝鮮謂釜曰錪從金典聲 他典切

朝鮮謂釜曰錪者方言鍑北燕朝鮮洌水之閒或謂之錪廣雅錪鬴也

銼 鍑也從金坐聲 昨禾切

鍑也者玉篇銼鑹鍑也廣韻銼鑹小釜集韻銼鑹溫器一切經音義十三廣雅鍋錡謂之銼鑹亦云鈳鏻玉篇鈳鏻小釜也鈷鏻也纂文秦人以鈷鏻爲銼鑹聲類鑹小釜也亦土釜也一名鍋錡晉書杜預傳釜甑銚槃鍋錡皆民閒之急用也通作鏃集韻鏃與銼同顏注急就篇鍪亦曰鏃鑹

鑹 銼鑹也從金贏聲 魯戈切

鉶 器也從金刑聲 戶經切

器也者玉篇鉶羹器也五經文字鉶祭器舊三禮圖鉶鼎受一升兩耳三足高三寸有蓋士以鐵爲之大夫已上以銅爲之諸侯飾以白金天子飾以黃金聘禮六鉶繼之注云鉶羹器也士虞禮設一鉶于豆南注云鉶菜羹也特牲饋食禮祭鉶嘗之告旨注云鉶肉味之有菜和者公食大夫禮宰夫設鉶四于豆西注云鉶菜和羹之器疏云據羹在鉶言之謂之鉶羹據器言之謂之鉶鼎周禮亨人祭祀共大羹鉶羹注云羹加五味盛以鉶器故曰鉶羹家語問禮篇籩豆鉶羹注云鉶所以盛羹也漢書司馬遷傳堯舜飯土簋歠土鉶注云鉶瓦器也劉楨毛詩義問鉶羹有菜

鹽豉其中菜爲其形象可食因以鉶爲名

鎬 溫器也從金高聲武王所都在長安西上林苑中字亦如此 乎老切

武王所都在長安西上林苑中字亦如此者書召誥王朝步自周馬注周鎬京也詩王在在鎬又鎬京辟廱傳云武王作邑於鎬京又赫赫宗周傳云鎬京也坊記引詩度是鎬京注云鎬京鎬宮也三輔黃圖鎬池在昆明池之北即周之故都也帝王世紀武王伐殷爲天子自酆徙都鎬括地志鎬在雍州西南二十五里古史考武王遷鎬長安豐亭鎬池也孟康曰長安西南有鎬池顏師古曰今昆明池北鎬陂是徐廣曰豐鎬相去二十五里皆在長安南史記索隱豐文王所作邑在鄠縣東去鎬二十五里武王都鎬郡國志京兆尹鎬在上林苑中注云秦始皇江神反璧曰爲吾遺鎬池君臯覽曰文王周公冢皆在鎬聚東杜中或作鄗書洪範傳以箕子歸鎬京釋文云鎬本又作鄗周書文王受命九年在鄗荀子王霸篇武王以鄗西都賦遂繞酆鎬李善云鄗與鎬同水經注渭水東北與鄗水合水上

承鎬池於昆明池此武王所都也通鑑外紀七年武王作
邑於鄗又通作滈羽獵賦經槳鄗滈括地志滈水源出長
安縣西
北滈池

鏖 溫器也一曰金器從金麀聲 於刀切

溫器也者廣雅鏖鬴也
徐鍇本有讀若奧三字

銚 溫器也一曰田器從金兆聲 以招切

案字林鐎似銚
無緣是銚有緣
溫器也者一切經音義十四引同又云銚余招反似鬲上
有鐶山東行此音又徒弔反今江南有銅銚形似鎗而無
腳上加踞龍爲欅也廣韻銚燒器廣雅鐈鬲鍑鍋謂之銚
晉書杜預傳銚槃民閒之急用也南岳記衡山之岡有石
室古人住處有刀鋸銅銚一曰田器者本書錢銚也古
田器詩臣工庤乃錢鎛傳云錢銚也正義云世本云垂作
銚宋仲子注云銚刈也然則銚刈物之器也管子禁藏篇
推引銚耨以當劒戟海王篇耕者必有一耒一耜一銚注

云大鋤謂之銚晏子君將戴笠衣褐執銚耨以蹲行畎畝
之中韓非八說篇古者寡事而備簡樸陋而不盡故有珧
銚而推車者何休注云珧蜃屬銚卽銚耨刈劍之器也上
古摩蜃而耨也莊子外物篇春雨日時草木怒生銚鎒於
是乎始修注云銚削也能有所穿削也齊策操銚鎒與農
夫居壟畝之中秦策無把銚推耨之勢而有積粟之實鮑
注銚耘苗器鹽鐵論申韓篇犀銚利鉏五穀之
利而閒草之害也或作斛集韻斛田器與銚同

𨪐 酒器也從金𥁕象器形 大口切

𥁕 𨪐或省金

鐎 鐎斗也從金焦聲 卽消切

鐎斗也者一切經音義十五引同又引聲類鐎溫器也有
柄引字林鐎容一斗似銚無緣也博古圖盉不梁而把曰
鐎斗漢有熊足鐎斗龍首鐎斗韻集鐎溫器也三足有柄
急就篇鍛鑄鉛錫鐙錠鐎顏注鐎謂鐎斗溫器也似銚而
無緣馥案斗調飲食之器故賈誼書云王后有身之七月
而就蔞室太宰持斗而御戶右求滋味非正味則太宰荷
斗而不敢煎調是也其後軍中擊以行夜謂之刁斗纂文
刁斗持時鈴也方言無升謂之刁斗注云謂小鈴也漢書
李廣傳行無部曲不擊刁斗以自衛孟康曰以銅作鐎器
受一斗晝炊飲食夜擊持行名曰刁斗史記索隱案荀悅
云刁斗小鈴如宮中夜鈴也蘇林曰形如鋗以銅作之無
緣受一斗故云刁斗鐎卽鈴也埤蒼云鐎溫器有柄斗似
銚無緣
音譙

鋗 小盆也從金肙聲 火玄切

小盆也者顏注急就篇鋗亦溫器
也廣雅鋗謂之銚馥案鋗有緣

鏏 鼎也從金彗聲讀若彗 于歲切

鼎也者廣雅同廣韻鏏大鼎玉篇鏏銅器三足有耳也或
作鑴淮南說林訓水火相憎鑴在其閒五味以和高注鑴
小鼎又曰鼎無耳爲
鑴鑴受水而火炊之

鍵 鉉也一曰車轄從金建聲 渠偃切

鉉也者爾雅釋文引字林鍵鋺也馥所未詳一曰車轄
者本書轄鎋鍵也牽車軸耑鍵也字林鍵一曰轄也急就
篇釭鐧鍵鉆冶銅鑄顏注鍵以鐵有所豎關若門牡
之屬也尸子文軒六駃題無四寸之鍵則車不行

鉉 舉鼎具也易謂之鉉禮謂之鼏從金玄聲 胡犬切

舉鼎具也者廣韻集韻類篇所引宋本徐鍇韻譜皆無具
字本書初刻亦無後復加之劉昌宗鉉音關本書扛橫關
對舉也力士扛鼎是也易謂之鉉者鼎卦六五鼎黃耳
金鉉上九鼎玉鉉大吉馬云鉉扛鼎而舉之也干寶曰凡
舉鼎者鉉也禮謂之鼏者鼏當
爲鼏說見鼏下增韻鉉舉鼎局

鋊 可以句鼎耳及鑪炭從金谷聲一曰銅屑讀若浴 余足切

可以句鼎耳及鑪炭者徐鍇韻譜鋊鼎耳句廣韻鋊炭鉤
也集韻鉤鋊取炭器一曰銅屑者漢書食貨志令半兩
錢法重四銖而姦或盜摩錢質而取鋊臣瓚曰許慎云鋊
銅屑也摩錢漫面以取其屑更以鑄錢西京黃圖敘曰民

摩錢取屑是也通鑑孔顗上言元狩中鑄五銖錢周郭其
上下令不得摩取鋊注云漢初行半兩錢及莢錢一面有
文一面漫民盜磨其漫面取其鋊以更鑄作錢元狩鑄
五銖文漫兩面皆周帀爲郭令不得磨取鋊鋊銅屑也

器也從金熒省聲讀若銑 烏定切
器也者集韻鎣冶器也以金爲之　讀若銑者廣韻鎣
飾也釋器弓以金者謂之銑郭注以金飾弓之兩頭也

鏉器也一曰鑴也從金韱聲 子廉切
一曰鑴也者徐鍇本作鐫本書鐫穿木鐫也集韻鋟或作
鑯刻也定八年公羊傳睋而鋟其板注云以爪刻其饋飲
板釋文云鋟本又作鑯七廉反

鐙也從金定聲 丁定切
鐙也者本書𧯞讀若鐙同廣韻豆有足曰錠無足曰鐙聲
類有足曰錠無足曰鐙公食大夫禮實於鐙注云瓦豆謂
之鐙祭統執鐙注
云鐙豆下跗也

錠也從金登聲 都滕切

鍱也從金集聲 秦入切
鍱也者廣雅
鏶謂之鍱

鏶或從咠

鏶也從金枼聲齊謂之鍱 與涉切
鍱也者徐鍇曰今言鐵葉也一切經音義三鍱薄金也衛
公兵法車弩以鐵鍱爲羽或作鍱廣雅鍱鋌也又作鍱文
選七命鏶越鍛成李
善云鏶或謂爲鍱

鏶也一曰平鐵從金産聲 初限切
一曰平鐵者一切經音義四引同又卷九鏟今作剗聲類
剗平也方刃施柄者也蒼頡篇云剗平也馥案纂文養苗
之道鉏不如耨耨不如剗剗柄長三尺刃廣二寸以剗地
除草後漢書杜篤傳𨮋鑺株林注引埤蒼云鐇鏟也謂以
鏟鑺去林木
之株蘖也

方鑪也從金盧聲 洛乎切
方鑪也者一切經音義二鑪火所居也謂凡盛火之器曰
鑪蒼頡篇炭鑪所以行火銷鐵也漢書賈誼傳且夫天地
爲鑪造化爲工陰陽爲炭萬物爲銅鹽鐵論詔聖篇鑠金
在鑪莊蹻不顧論衡自然篇淮陽鑄僞錢吏不能禁汲黯
爲太守不壞一鑪而淮陽政清沈
約爲柳世隆上銅表名鑪化金

圜鑪也從金旋聲 辭戀切
圜鑪也者一切經
音義十四引同

器也從金虒聲 杜兮切
器也者集韻
⿰金虒釜屬也

煎膠器也從金虜聲 郎古切
煎膠器也者廣雅鐪鏞也
字或作鏀玉篇鏀器也

金飾器口從金從口口亦聲 苦厚切
金飾器口者漢舊儀宗廟三年一大祫高祖黃金釦器大
官尚食用黃金釦器中官私官尚食用白銀釦器鹽鐵論
散不足篇今富者銀口黃耳金罍玉鍾東觀漢記桓帝立
黃老祠淳金釦器後漢書和熹鄧皇后紀其蜀漢釦器九
帶佩刀並不復調注云釦音口以金銀緣器也後周警衛
執金釦杖及銀釦檀杖程大昌演繁露引揚雄蜀都賦彫
鏤釦器百
伎千工

金涂也從金昔聲 倉各切
金涂也者集韻金涂謂之錯鹽鐵論散不足篇錯鏃涂采
晉陽秋武帝改營太廟鑄銅柱十二涂以黃金鏤以百物
漢書食貨志錯刀以黃金錯其文外戚傳切皆銅沓冒黃
金塗顔注以金塗銅上也東觀漢記賜鄧遵金錯刀又云
楊賜拜太常賜以金錯鉤珮謝承後漢書賜應奉金錯把
刀劍鹽鐵論金錯蜀杯劉義恭啟事曰恩旨以犀鏤金錯

酒杯槃
垂賜

⿰金御　鉏⿰金御也從金御聲　魚舉切

鉏⿰金御也者徐鍇曰鉏⿰金御猶犬牙也廣韻鉏鋙不相當也通作牙考工記玉人之事牙璋中璋注云二璋皆有鉏牙之飾於琰側

鋙　⿰金御或從吾

錡　鉏⿰金御也從金奇聲江淮之閒謂釜曰錡　魚綺切

鉏⿰金御也者詩破斧又缺我錡傳云鑿屬曰錡楚謂九辨圜鑿而方枘兮吾固知其鉏鋙而難入　江淮之閒謂釜曰錡者廣雅錡鬴也方言鍑江淮陳楚之閒謂之錡注云或曰三腳釜也本書鬷三足鍑也詩維錡及釜傳云錡釜屬有足曰錡無足曰釜釋文云錡三足釜也隱三年左傳筐筥錡釜之器杜注無足曰釜有足曰錡

鍤　郭衣鍼也從金臿聲　楚洽切

郭衣鍼也者集韻鍤綴衣鍼玉篇鍤長鍼也廣雅鍤鍼也

鉥　綦鍼也從金朮聲　食聿切

綦鍼也者徐鍇曰刺綦之鍼也綦履底也馥案廣雅紩鉥也廣韻紩連鍼也紩鍼即綦鍼管子輕重乙篇一女必有一刀一錐一箴一鉥然後成爲女注云鉥長鍼也通作秫趙策鯷冠秫縫鮑注云秫綦鍼也史記趙世家却冠秫絀集解徐廣曰鉥者綦鍼也古字多假借故作秫絀耳此蓋言其女功鍼縷之麤拙也

鍼　所以縫也從金咸聲　職深切

曹大家鍼縷賦鎔秋金之剛精形微妙而直端性通達而漸進博庶物而一貫惟鍼縷之列迹信廣博而無原　成二年左傳賂之以執斲執鍼織紝杜注執鍼女工　抱朴子論仙篇夫班狄不能削瓦石爲芒鍼　文王世子其刑罪則纖剸注云纖讀爲殲殲刺也釋文云纖依注音鍼之林反徐子廉反注本或作纖讀爲殲者是依徐音而改也馥案廣雅鍼刺也漢書景十三王傳以鐵鍼鍼之顏注鍼刺也

所以縫也者一切經音義十七引作所以用縫衣者也蕭該漢書音義引字林鍼所以縫也本書箴綴衣箴也急就篇鍼縷補縫綻紩緣顏注鍼所以縫也俗作針淮南說山訓先針而後縷可以成帷先縷而後針不可以成衣易林咸之益縫衣失針襦袴不成劉義恭啓事聖恩賜金銀針七色縷

鈹　大鍼也一曰劍如刀裝者從金皮聲　敷羈切

大鍼也者一切經音義十四引同又云醫家用以破癰也廣雅鑱謂之鈹本書鑱鋭也靈樞經鈹鍼者末如劍鋒華佗別傳令子弟數人以鈹刃決脈劉氏新論利害篇瘨疾塡胃而不敢鈹古詩金鈹挑箭芽賈岱宗大狗賦牙劍似鈹刺　一曰劍如刀裝者者左傳釋文引作劍也如徐鍇本作而　昭二十七年左傳夾之以鈹正義云說文云鈹劍也則鈹是劍之別名集韻鈹劍如刀裝者急就篇鈒戟鈹鎔劍鐔鍭顏注鈹大刀也刃端可以披決因取名云管子問篇衣夾鋏注云鋏兩刃鈹也文選吳都賦羽族以觜距爲刀鈹五臣云鈹兩刃小刀也襄十七年左傳賊六人以鈹殺諸盧門合左師之後定八年傳虞人以鈹盾夾之哀十一年傳王賜之甲劍鈹吳語被甲帶劍挺鈹搢鐸史記

吳世家人夾持鈹高祖功臣表有長鈹都尉

鎩　鈹有鐔也從金殺聲　所拜切

淮南時則訓孟冬之月其兵鎩　史記秦始皇本紀鉏櫌棘矜非錟於句戟長鎩也　東京賦虎戟交鎩　魏文帝校獵賦長鎩糾霓

鈹有鐔也者李善注西京賦引同又有一曰鋋似兩刃刀七字又注辨亡論云鎩長刃矛刀之類也漢書陳勝項籍傳不敵於鉤戟長鎩顏注鎩鈹也

鈕　印鼻也從金丑聲　女久切

印鼻也者御覽六百八十二引漢舊儀皇帝六璽皆白玉螭虎鈕又六百八十三引云丞相大將軍黃金印龜鈕御史二千石銀印龜鈕千石六百石四百石皆銅印鼻鈕李尤印銘龜鈕犢鼻字或作紐廣雅印謂之璽紐謂之鼻淮南說林訓龜紐之璽賢者以爲佩高云紐係也周禮弁師延紐注云紐小鼻

古文鈕從王

斤斧穿也從金巩聲　曲恭切

斤斧穿也者詩釋文引作斧空也玉篇銎斤斧空也廣韻銎許容切斤斧柄孔又曲恭切斤斧受柄處也徐鍇曰銎柄孔受柯處六韜曰大柯斧銎長八寸詩破斧傳云隋銎曰斧七月傳云斨方銎也廣雅銶謂之銎集韻銶斧穿也矛亦有銎方言矛骹謂之銎注云卽矛刃下口音凶詩清人箋云喬矛矜近上及室題正義室謂矛之銎孔

鈭錍斧也從金此聲　卽移切

鈭錍斧也者玉篇引作錍鈭斧也馥案鈭錍短斧也方言[illegible]矲短也廣雅[illegible]短也

鈭錍也從金卑聲　府移切

小鑿也從金從斬斬亦聲　藏濫切

小鑿也者通俗文石鑿曰鏨廣雅鑱謂之鏨字或作鏩集韻鏩曲頭鑿又云鏨屬刃曲　斬亦聲者當爲斬聲

穿木鐫也從金雋聲一曰琢石也讀若瀸　子全切

穿木也者徐鍇本作破木鐫也集韻鐫錐也廣雅鐫鑚也釋名鐫鐏也有所鐏入也　一曰琢石也者方言鐫琢也晉趙謂之鐫注云謂鑿鐫也淮南本經訓鐫山石高注鐫猶鑿也漢書溝洫志患底柱隘可鐫廣之顏注鐫謂琢鑿之也異姓諸侯王表鐫金石者難爲功顏注鐫琢石也　讀若瀸者本書瀸一曰鐫也

穿木也從金糳省聲　在各切

御覽七百六十三引古史考孟莊子作鑿　尸子利錐不如方鑿　司馬法輦有一斧一斤一鑿一梩　易林睽之歸妹鉛刀攻玉無不鑽鑿　鹽鐵論非鞅篇善鑿者建周而不疲狐刺之鑿雖公輸子不能善其柄　史記孟荀列傳持方枘欲內圜鑿其能入乎索隱云方枘是筍也圜鑿是孔也謂工人斲木以方筍而內之圜孔不可入也　廣韻檯鑿柄　雜記鑿巾以飯案覆面巾當口鑿穿之故名鑿巾　鄧析書鉗錘鋸鑿所可爲害之具備置左右　崔鴻前秦錄强平諫苻生生怒鑿其頂而殺之　通作笮國語中刑用刀鋸其次用鑽笮韋注爲笮賈注爲鑿　李善注長笛賦云笮與鑿音義同

穿木也者李善注長笛賦引同廣雅鑿穿也釋名鑿有所穿鑿也急就篇鈐鏞鉤銍斧鑿鉏顏注鑿所以穿木也論衡効力篇鑿所以入木者槌叩之也

鍤屬從金舌聲讀若棪桑欽讀若鎌　息廉切

鍤屬者鍤當爲臿本書利銛也　讀若棪者史記秦始皇本紀非錟于句戟長鎩也注云錟一作銛　桑欽讀若鎌者當爲鎌

臿屬從金冘聲　直深切

臿屬者一切經音義七引蒼頡篇同徐鍇本有讀若沈三字漢書溝洫志舉臿爲雲顏注臿鍫也

臿屬從金危聲一曰瑩鐵也讀若跛行　過委切

臿屬者徐鍇本作臿金也韻譜韻會竝同馥謂臿金猶耒頭金字或作鍏方言臿或謂之鍏　讀若跛行者徐鍇本作讀若毀行

河內謂臿頭金也從金敝聲　芳滅切

河內謂臿頭金也者廣雅鏵鍬鐅也郭注方言江東又呼鍫刃爲鐅

銚也古田器從金戔聲詩曰庤乃錢鎛　卽淺切又昨先切

銚也者本書銚田器白帖服勤於錢鎛數田疇　詩曰庤乃錢鎛者周頌臣工文傳云錢銚也徐鍇本有一曰貨也四字案本書貝下云至秦廢貝行錢漢書食貨志周景王鑄大錢文曰寶貨秦并天下銅錢質如周錢文曰半兩漢興鑄莢錢孝文五年更鑄四銖錢其文爲半兩後更鑄三銖五銖錢

大鉏也從金矍聲　居縛切

大鉏也者廣雅櫡謂之钁爾雅釋器斫謂之鐯郭注钁也六韜钁鍤斧鋸杵臼其攻城器也又云櫐钁刃廣六寸柄長五尺以上淮南齊俗訓今之修干戚而笑钁臿高注钁斫屬精神訓揭钁臿兵畧訓奮儋钁高注竝云钁斫也曹植耤田賦杌千乘於隴畝執鋤钁於畦町　一切經音義十四引賈注國語斤钁也或作欔郭注爾雅齊魯謂四齒杷

爲櫂

鈐　鈐鏅大犂也一曰類枱從金今聲巨淹切

鈐鏅大犂也者鏅或作鐫急就篇鈐鐫鉤銍斧鑿鉏顔注鈐鐫大犂之鐵　一曰類枱者當爲枱類廣雅鈐鏅謂之鐫本書鈶枱屬

鏅　鈐鏅也從金隋聲徒果切

鈐鏅也者玉篇作錧云犂錧也廣韻同

鏺　兩刃木柄可以刈艸從金發聲讀若撥普活切

兩刃木柄可以刈艸者玉篇一切經音義十二竝作有木柄廣韻鏺兩刃刈也廣雅鏺鎌也六韜春鏺草棘

鉵　枱屬從金蟲省聲讀若同徒冬切

枱屬者本書鈐下云類枱廣韻鉵大鉏玉篇鉵鉏大皃史記高祖本紀從杜南入蝕中索隱云說文作鉵器名也地形似器故名之　蟲省聲者廣雅作𨰋不省　讀若同者徐鍇本無此文

鉏　立薅所用也從金且聲士魚切

一切經音義十九蒼頡篇鉏茲其也漢書帶經而鉏是也埤蒼鐲鑿鉏也　廣雅鈹鉏也　齊民要術爾雅曰斫斸謂之定犍爲舍人曰斫斸鉏也一名定　釋名鋤助也去穢助苗長也齊人謂其柄曰櫌櫌然正直也頭曰鶴似鶴頭也穫來本書櫌鉏柄欋大木可爲鉏柄　顏注急就篇鉏去草之具也一名茲基又云鋤之言助也助苗去穢也　楚辭卜居寧誅鋤草茅以力耕乎

立薅所用也者所當爲斫後人加用字御覽引作薅斫也廣韻引作立薅斫也增韻五音集韻竝同

䥯　枱屬從金罷聲讀若嬀彼爲切

枱屬者廣雅䥯枱也埤蒼稆爲䥯器集韻稆枱屬六書故䥯臥兩耒著齒其下人立其上而牛輓之以摩田也

鎌　鍥也從金兼聲力鹽切

釋名鎌廉也體廉薄也其所刈稍稍取之又似廉者也韓詩外傳子路與巫馬期薪於韞丘之下巫馬期闇然投鎌於地魏畧孟康爲宏農太守時出案行常敕吏卒各持鎌所在自刈馬草鮑昭東武吟腰鎌刈葵藿　太公金匱守戰之具皆在民間鎌斧者是其攻戰之具也　五音集韻鉿鎌柄子　廣雅鉿柄也

鍥　鎌也從金契聲苦結切

鍥也者玉篇鎌刈劒也急就篇鈐鐫鉤銍斧鑿鉏顏注鉤即鎌也形曲如鉤因以名云亦謂之鍥方言刈鉤自關而西或謂之鉤或謂之鎌或謂之鍥漢書龔遂傳諸持鉏鉤田器者皆爲良民顏注鉤鎌也劉氏新論適才篇棠谿之劒天下之銛也用之穫穗曾不如鉤鎌之功也

鎌也者戴侗引蜀本作劙鎌也又曰小鎌南方用以乂穀廣韻鍥鎌別名也廣雅鍥鎌也

鉊　大鎌也從金召聲鎌謂之鉊張徹說止搖切

大鎌也者廣韻鉊淮南呼鎌廣雅鉊鎌也管子輕重篇耟耒耨懷鉊鉊六鎒芟草木大鎌柄長六尺以上　張徹說

鎌謂之鉊者方言刈鉤江淮陳楚之閒謂之鉊鍑案旣訓大鎌又云鎌謂之鉊兩訓義複非本書例

銍　穫禾短鎌也從金至聲陟栗切

穫禾短鎌也者詩釋文引同顏注急就篇銍刈黍短鎌也廣雅銍謂之刈釋名銍穫黍鐵也銍銍斷黍穗聲也禹貢納銍鄭注斷去藁小爾雅截穎謂之銍詩臣工奄觀銍艾傳云銍穫也管子輕重乙篇一農之事必有一耜一銚一鎌一耨一椎一銍然後成爲農漢書王莽傳予之西巡必躬載銍每縣則穫以勸西成

鎮　博壓也從金眞聲陟刃切

博壓也者壓當爲厭或亦作壓本書厭笮也徐鍇曰笮鎮也廣雅壓鎮也昭二十六年左傳將以厭衆周語是陽失其所而鎮陰也韋注鎮爲陰所鎮笮也楚詞九歌白玉兮爲鎮王注以白玉鎮坐席也史記高祖本紀秦始皇帝常曰東南有天子氣於是因東游以厭之漢書杜鄴傳折衝厭難注云厭者壓也鎮壓寇難使之銷靡也通作填說苑辨物篇今三川震是陽失其所而填陰也又云今大旱者陽氣太盛以厭於陰惟填厭之太甚使陰不能起也

鉆　鐵銸也從金占聲一曰膏車鐵鉆　敕淹切

鐵銸也者後漢書注引作銸也一切經音義十三引作鐵鑷也龍龕手鑑鉆持鐵尖也趙策吾所苦夫鐵鉆然自入而出夫人者顏注急就篇鉆以鐵有所鑷取也後漢書章帝紀自往者大獄已來掠考多酷鉆鑽之屬慘苦無極陳寵傳絕鉆鑽諸慘酷之科周禮典同微聲韽鄭注云韽讀為飛鉆涅韽之韽疏云鬼谷子有飛鉗揣摩之篇飛鉗者言察是非語飛而鉗持之馥謂鉆鉗銸箝音義並同射鳥氏矢扛矦高則以并夾取之注云并夾鍼箭具釋文鍼沈云或作鉆一曰膏車鐵鉆者玉篇鑷與銸同車輂也

銸　鉆也從金耴聲　陟葉切

玉篇銸拔髮也與鑷同通俗文拔減髮鬢謂之鑷釋名鑷攝也攝取髮也齊書高祖令左右拔白髮隆王昌時五歲帝曰兒言我是誰答曰太翁也帝曰豈有為人曾祖拔白髮乎即擲去鑷雲仙雜記王僧虔惡白髮一日對客左右進銅鑷僧虔曰卻老先生至矣臨海水土記鑷魚長七寸頭如鑷

鉆也者廣雅同

鉗　以鐵有所劫束也從金甘聲　巨淹切

以鐵有所劫束也者急就篇鬼薪白粲鉗釱髡顏注以鐵鉻頭曰鉗漢書刑法志當黥者髡鉗為城旦舂楚元王傳楚人將鉗我於市顏注鉗以鐵束頸也晉律鉗重二斤翅長一尺五寸後漢書梁冀傳壽性鉗忌注云鉗銸也言性忌害如鉗之銸物也

釱　鐵鉗也從金大聲　特計切

鐵鉗也者御覽引作脛鉗也字書拑足曰釱顏注急就篇以鐵錔頭曰鉗錔足曰釱蒼頡篇鉗釱也管子幼官篇刑則交寒害釱劉績注云釱鉗械人足也史記平準書敢鑄鐵器煮鹽者釱左趾集解云韋昭曰釱以鐵為之著左趾以代刖也索隱云三蒼云釱踏腳鉗也字林音大計反張裴漢晉律序云狀如跟衣著足下重六斤以代刖至魏武改以械代釱也晉書刑法志魏武帝定甲子科犯釱左右趾者易以木械是時乏鐵故易以木焉漢書陳萬年傳或私解脫鉗釱顏注鉗在頸釱在足以鐵為之後漢書宋穆傳臣願黥首繫趾注云繫趾謂釱其足也以鐵著足曰釱也

鋸　槍唐也從金居聲　居御切

古史考孟莊子作鋸玉篇鋸解截也釋名鋸倨也其體直所截應倨句之平也列女傳臧孫母曰錯者所以治鋸也鋸者所以治木也東觀漢記臧宮鋸斷城門限令車周轉出入王隱晉書趙王倫欲廢賈后乃命三部司馬以鋸截闕開門漢書刑法志中刑用刀鋸鹽鐵論除狹篇或至鋸頸殺不辜而不能正吳志孫皓燒鋸斷陳聲頭前秦錄苻生錘鉗鋸鑿備置左右截頸刳胎拉脅鋸頭殺者動有千數槍唐也者集韻槍唐鋸也

鐕　可以綴著物者從金替聲　則參切

可以綴著物者者本書綴合著也玉篇鐕無蓋釘廣韻同喪大記君裏棺用朱綠用雜金鐕注云鐕所以琢著裏釋文鐕釘也

錐　銳也從金隹聲　職追切

昭六年左傳錐刀之末史記平原君傳譬若錐之處囊中其末立見晉載記赫連勃勃以叱干阿利領將作大匠乃烝土築城以錐刺之入一寸即殺作者不入即殺行錐者白帖干將之劍削鍾無聲補履不如兩錢之錐矢亦名錐戰國策疾如錐矢高注錐小矢喻徑疾也銳也者釋名錐利也急就篇鐵鈇鑽錐釜鍑鍪顏注錐所以刺入也

鑱　銳也從金毚聲　士銜切

銳也者一切經音義四引同又云今江南猶言鑱刺也又云鑱以錐刺物者也又云鑱謂有刃斲鑿者也典論劉表子弟設大鍼於坐端客醉酒寢地輒以鑱刺驗其醒醉宋書臧質傳燾作鐵牀於其上施鐵鑱云破城得質當坐之此上字或作攙廣雅攙銳也魏末傳諸葛誕殺樂綝有典農都尉數說誕誕罵曰卿坐舌先人以竹攙其舌然後殺之

鋭 芒也從金兑聲 以芮切

芒也者左傳正義引同或作鋩吳都賦雄戟耀鋩廣雅鋭利也成二年左傳鋭司徒免乎杜注鋭司徒主鋭兵者漢書高帝紀朕親被堅執鋭顏注執鋭謂利兵淮南王傳於是王鋭欲發注云王意欲發兵如鋒刃之鋭利昭十六年左傳不亦鋭乎注云鋭細小也正義鋒芒尖故爲細小言得利小也馥案宋本如此今闕

𠜂 籀文鋭從厂剡

籀文鋭者本書厰下云厰籀文鋭蔚下云厰古文鋭字 從厂剡者本書剡鋭利也

鏝 鐵杇也從金曼聲 母官切

鐵杇也者釋宫鏝謂之杇郭注泥鏝字或作槾論語糞土之牆不可杇也王肅云杇槾也

槾 鏝或從木

本書木部有槾字

鑽 所以穿也從金贊聲 借官切

所以穿也者李善注長笛賦引同本書欑一曰穿也顏注急就篇鑽所以穿通也方言鑽謂之鍴廣雅鍴謂之鑽燕書烈祖問侍臣曰夫口以下動乃能制物鐵鑽爲用亦噬嗑之意而從上何也申弼荅曰口之下動上使下也鑽鑽之用上漸下也論語鑽燧改火皇氏曰鑽燧者鑽木取火名也禮含文嘉燧人始鑽木取火漢書刑法志其次用鑽鑿顏注鑽去其臏骨也袁宏後漢紀鄭宏髡首負鑽爲焦貺訟罪

鑢 錯銅鐵也從金慮聲 良據切

錯銅鐵也者玉篇錯鑢也禹貢錫貢磬錯廣雅鑢磨也詩抑箋云玉之玷尚可磨鑢而平考工記磬氏已上則摩其旁注云摩鑢其旁魏志董卓傳更鑄爲小錢不磨鑢異苑中朝有人畜銅澡盆旦夕恒鳴鑢之乃止張華謂與洛鐘宮商相諧故聲相應也交州記鮫魚皮可以鑢物漢書人表有鑢金字或作鋁玉篇鑢與鋁同廣雅鋁謂之錯方言燕齊摩鋁謂之希字又作鐧考工記注摩鐧之器

銓 衡也從金全聲 此緣切

衡也者荀子禮論衡誠縣矣則不可欺以輕重淮南時則訓衡者所以平萬物也漢書律歷志衡平也所以任權而均物平輕重也一切經音義二十二銓謂銓量輕重也廣雅稱謂之銓蒼頡篇銓稱也急就篇量丈尺寸斤兩銓顏注銓稱也釋言坎銓也樊光注坎水也水性平銓亦平也吳語無以銓度天下之衆韋注云銓稱也漢書王莽傳考量以銓注云銓權也東觀漢記第五倫領長安市平銓衡正斗斛南齊書東昏侯本紀踞肆鼓刀手銓輕重唐六典吏部有三銓法文賦苟銓衡之所裁固應繩其必當李善引聲類銓所以稱物也通作輇莊子外物篇輇才諷說之徒注云輇量人物也

銖 權十分黍之重也從金朱聲 市朱切

權十分黍之重也者禮記釋文引作權分十黍之重本書稱下云其以爲重十二粟爲一分十二分爲一銖玉篇銖十二分也馥謂本書當云權十二分黍之重也漢書律歷志權輕重者不失黍絫應劭曰十黍爲絫十絫爲一銖漢

志又云一龠容千二百黍重十二銖兩之爲兩二十四銖爲兩唐六典凡權衡以秬黍中者百黍之重爲銖文賦考殿最於錙銖李善云漢書曰黃鐘之一龠容千二百黍重十二銖然則百黍重一銖也程君瑤田曰据漢唐食貨志竝以黍爲百黍之重今閱說苑云十六黍爲一豆六豆爲一銖則銖爲九十六黍

鋝 十銖二十五分之十三也從金寽聲周禮曰重三鋝北方以二十兩爲鋝 力輟切

十銖二十五分之十三也者十銖上當有鍰也二字十銖當爲十一銖尚書周禮釋文竝引作十一銖廣韻增韻五音集韻徐鍇韻譜竝同戴侗曰蜀本十下有一字馥案二十五分之十三當云二十五分銖之十三鋝通作選漢書蕭望之傳有金選之品應劭曰選音刷金銖兩名也顏注音刷是也字本作鋝鋝即鍰也其重十一銖二十五分銖之十三史記平準書有白選又通作饌尚書大傳夏后氏不殺不刑死罪罰一千饌史記周本紀其罰百率注率即鍰也馥案鍰當作鋝玉篇鋢與鋝同小爾雅廣衡二十四銖曰兩兩有半曰捷倍捷曰舉倍舉曰鋝鋝謂之鍰二鍰

四兩謂之斤䥑案此卽賈逵所謂俗儒以鋝重六兩也周禮曰重三鋝者考工記冶氏文注云鄭司農云鋝量名也讀爲刷玄謂許叔重說文解字云鋝鍰也今東萊稱或以大半兩爲鈞十鈞爲環環重六兩大半兩鍰鋝似同矣則三鋝爲一斤四兩　北方以二十兩爲鋝者當言爲三鋝戴君震曰鍰鋝篆體易譌說者合爲一恐未然也鍰讀如丸十一銖二十五分銖之十三垸其假借字也鋝讀如刷六兩大半兩率選饌其假借字也二十五鍰而成十二兩三鋝而成二十兩呂刑之鍰當爲鋝故史記作率漢書作選伏生大傳作饌弓人膠三鋝當爲鍰一弓之膠二十四銖二十五分銖之十四賈逵說俗儒以鋝重六兩此俗儒相傳譌失不能覈實脫去大半兩言之說文云北方以二十兩爲鋝正合
三鋝蓋脫去三字

鍰　鋝也從金爰聲虞書曰罰百鍰　戶關切

鋝也者戴侗曰蜀本李陽冰廣說文曰鍰六鋝也䥑案增韻引同書呂刑法罰百鍰釋文云鍰六兩也鄭及爾雅同說文云六鋝也鋝十一銖二十五分銖之十三也集韻鍰量名重六兩大半兩鄭駁異義贖从罪千鍰鍰六兩大半

兩爲四百一十六斤十兩大半兩銅與今贖从罪金三斤爲價相依附䥑謂此鄭氏以鍰爲六兩大半兩之明據　虞書曰罰百鍰者罰當爲罰虞書無此文呂刑其罰百鍰鍰當爲鋝許公所見本不作鍰非引呂刑

錙　六銖也從金甾聲　側持切

六銖也者淮南說山訓有千金之璧而無錙錘之礛諸高注六銖曰錙八銖曰錘洪氏泉志有錢文作兩甾卽兩錙猶五銖作五朱也翁君樹培曰甾卽錙字省金廣韻甾或作葘是甾卽甾也說文錙六銖也二十四銖爲兩半兩爲十二銖此文曰兩甾則十二銖仍是半兩梁顧烜泉譜云秦始皇鑄半兩錢重十二銖是也

錘　八銖也從金垂聲　直垂切

八銖也者高注淮南說山訓云八銖曰錘又注詮言訓云六兩曰錙倍錙曰錘䥑謂此猶億萬有大小兩數也

鈞　三十斤也從金匀聲　居匀切

三十斤也者小爾雅廣衡斤十謂之衡衡有半謂之秤秤云謂之鈞周禮大司寇入鈞金注云三十斤曰鈞考工記栗氏爲量重一鈞注云重三十斤定八年左傳顏高之弓六鈞注云三十斤爲鈞六鈞百八十斤家語正論解趙簡子賦晉國一鼓鐵注云三十斤謂之鈞鈞四謂之石石四謂之鼓呂氏春秋仲秋紀正鈞石注云三十斤爲鈞淮南天文訓三月而爲一時三十日爲一月故三十斤爲一鈞漢書律歷志鈞者均也陽施其氣陰化其物皆得其成就平鈞也權與物均重萬一千五百二十銖當萬物之象也四百八十兩者六旬行八節之象也三十斤成鈞者一月之象也後漢書趙典傳以成于鈞之讐注云三十斤爲鈞晉陽秋馬隆討涼州募兵限腰引弩四十六鈞弓限四鈞西京賦洪鐘萬鈞五臣注三十斤曰鈞孫子筭經稱之所起起於黍十黍爲一絫十絫爲一銖二十四銖爲一兩十六兩爲一斤三十斤爲一鈞四鈞爲一石

銞　古文鈞從旬

鈀　兵車也一曰鐵也司馬法晨夜內鈀車從金巴聲　伯加切

兵車也者玉篇鈀俟車也　一曰鐵也者鐵當爲鏾廣雅鈀鏄鏞也方言凡箭其廣長而薄鐮者謂之鏄或謂之鈀箭

鐲　鉦也從金蜀聲軍法司馬執兩鐲　直角切

鉦也者詩正義引同廣雅鐲鈴也漢書李陵傳聞金聲而止注云金謂鉦也一名鐲周禮鼓人以周鐲節鼓注云鐲鉦也形如小鐘軍行鳴之以爲鼓節　軍法司馬執兩鐲者李燾本無兩字周禮大司馬鼓行鳴鐲注云伍長鳴鐲以節之伍長一曰公司馬又云公司馬執鐲注云杜子春云公司馬謂五人爲伍伍之司馬也

鈴　令丁也從金從令令亦聲　郞丁切

令丁也者容齋隨筆引世人切腳語謂鉦爲丁寧䕶桑令丁亦切腳語寫其聲也唐人小說元宗幸蜀雨中聞鈴問何聲優人對曰三郞鋃鐺䥑謂鋃鐺猶令丁也增韻鈴似鐘而小又爲圓形半裂以出聲鏂銅珠於內以鳴之今郵卒所帶

鉦　鐃也似鈴柄中上下通從金正聲 諸盈切

漢雜事鼓以動衆鉦以止衆夜漏盡鼓鳴則起晝漏盡鉦鳴則息

鐃也似鈴者詩釋文正義引並同後漢書光武紀張衡傳注引亦並同廣雅鉦鈴也詩采芑鉦人伐鼓傳云鉦以靜之宣四年左傳著於丁寧注云丁寧鉦也晉語戰以錞于丁寧儆其民也吳語鳴鐘鼓丁寧錞于注丁寧鉦也　柄中上下通者詩正義引同漢書平帝紀假以鉦鼓應劭曰鉦者鐃也似鈴柄中上下通徐鉉古鉦銘序云建陽有越王餘一城城臨溪村人於溪中獲一器狀如鐘長八寸徑六寸柄一尺柄端有雙魚相向重十一斤銘四十八字惟連鉦鉦字可識御覽引風俗通鈴柄施懸魚魚者欲君臣沈靜如魚之入水不可復得聞見耳

鐃　小鉦也軍法卒長執鐃從金堯聲 女交切

小鉦也者一切經音義六鐃如鈴而大者也廣雅鐃鈴也釋名鐃聲鐃鐃也馥謂鐃鐃當為嘵嘵周禮大司馬辨鼓鐸鐲鐃之用注云鐃讀如讙嘵之嘵鼓人以金鐃止鼓注云鐃如鈴無舌有秉執而鳴之以止擊鼓樂書金鐃小者

似鈴執而鳴之以止鼓也武舞所執謂振武也宋書樂志鐃如鈴而無舌有柄執而鳴之漢鼓吹曲曰鐃歌　卒長執鐃者周禮大司馬文

鐸　大鈴也軍法五人為伍五伍為兩兩司馬執鐸從金睪聲 徒洛切

釋名鐸度也號令之限度也　六韜三軍無故旌旗前指金鐸之聲揚以清則大勝之徵也

大鈴也者廣韻鐸大鈴也軍法用之廣雅鐸鈴也周禮鼓人以金鐸通鼓注云鐸大鈴也振之以通鼓淮南說林訓心所欲毀鐘為鐸高注鐸大鈴也古今樂錄鐸如大鈴北堂書鈔引三禮圖云鐸令之鈴其匡銅為之木舌為木鐸金舌為金鐸大周正樂金鐸形同木鐸以金為舌號令為度鳴而警衆武鐸所執以振武教者也　軍法五人為伍五伍為兩者周禮敘官二十五人為兩五人為伍伍皆有長小司徒乃會萬民之卒伍而用之五人為伍五伍為兩注云兩二十五人宣十二年左傳廣有一卒卒偏之兩服注五十人曰偏二十五人曰兩　兩司馬執鐸者夏官大司馬文集韻引作兩有司馬執鐸韻會引徐鍇本同大司馬職又云司馬振鐸注云司馬兩司馬也又云羣司馬振鐸注云羣司馬兩司馬也夏官敘官二十五人為兩兩司馬皆中士

鑮　大鐘淳于之屬所以應鐘磬也堵以二金樂則鼓鑮應之從金薄聲 匹各切

大鐘者字書同玉篇鑮似鐘而大四時之聲也郭注爾雅鑮亦名鎛通作鎛周禮鎛師注云鎛如鐘而大孫炎說周禮云鎛大鐘晉語歌鐘二肆及寶鎛韋注鎛小鐘也周語細鈞有鐘無鎛昭其大也大鈞有鎛無鐘甚大無鎛鳴其細也韋注鐘大鐘鎛小鐘也有鐘無鎛為兩細不相和故以鐘為節節明其大者以大平細有鎛無鐘為兩大不相和故去鐘而用鎛以小平大馥案此以鑮為小鐘與本書異　淳于之屬者周禮鼓人以金錞和鼓注云錞錞于也圜如碓頭大上小下樂作鳴之與鼓相和疏云錞于之名出於漢之大予樂官干寶注云去地一尺灌之以水又以其器盛水於下以芒當心跪注以手震芒其聲如雷小師掌六樂聲音之節與其和注云和錞于考工記輈人鳧氏

為聲注云聲鐘錞于之屬記又云銑間謂之于注云鄭司農云于鐘脣之上袪也吳語鳴鐘鼓丁寧錞于振鐸晉語是故伐備鐘鼓聲其罪也戰以錞于丁寧儆其民也韋注錞于形如碓頭與鼓相和唐尚書云錞于鐲非也鐲與錞于各異物淮南兵畧訓鼓錞相望高注錞錞于也形如鐘以和鼓通典一百四十四引宋史廣漢什邡人段祖以錞于獻始興王鑑其器高三尺六寸六分圍二尺四寸圓如筩銅色黑如漆甚薄上有銅馬以繩懸馬令去地尺餘灌之以水又以器盛水於下以芒當心跪注錞于以手振芒則其聲如雷清響良久乃絕東坡志林記此一節云記者能道其尺寸之詳如此而拙於遣詞使古器形制不可復得其髣髴甚可恨也後周書斛斯徵傳徵以父勳累遷太常卿樂有錞于者近代絕無此器或有自蜀得之皆莫之識徵見之曰此錞于也衆弗之信徵遂依干寶周禮注以芒筒捋之其聲極振衆乃歎服徵乃取以合樂焉隋書樂志大業中煬帝制宴饗設鼓吹依梁為十二案案別有鎛于鉦鐸古今樂錄凡金為樂器有六皆鐘之類也曰鐘曰鎛曰錞曰鐲曰鐃曰鐸鎛如鐘而大錞錞于也圓如椎頭上大下小所謂金錞和鼓也郭注山海經錞于樂器名形似椎頭會稽記塗山廟中有周時樂器名錞于以銅為之

形似鐘有頸映水用䒥剌則鳴容齋續筆淳熙十四年澧州慈利縣周赧王墓旁五里山摧盎古冢也其中藏器物甚多予甥余玠宰是邑得一錞高一尺三寸上徑長九寸五分闊八寸下口長徑五寸八分闊五寸虎鈕高一寸二分闊寸一分并尾長五寸五分重十三斤紹熙三年予仲子簽書峽州判官於長楊縣又得其一甚大高二尺上徑長一尺六分闊一尺四寸二分下口長徑九寸五分闊八寸虎鈕高二寸五分足闊三寸四分并尾長一尺重三十五斤皆虎錞也小錞無損缺扣之其聲清越以長大者破處五寸許聲不能渾全然亦可攷擊也後復得一枚與大者無小異自峽來賓諸翁籠中取者不謹斷其鈕匠以藥銲而椆之遂兩兩相對若三禮圖景祐大樂圖所畫形製皆非所以應鐘磬也者隋書樂志鑄鐘每鐘懸一簨簴各應律呂之音卽黃帝所命伶倫鑄十二鐘和五音者也三禮圖凡鐘十六枚同爲一筍簴爲編鐘特懸者謂之鎛堵以二金樂則鼓鎛應之者集韻作一金戴侗曰蜀本作堵以二鎛奏大樂則鼓鎛應之大射儀其南鎛注云鎛如鐘而大奏樂以鼓鎛爲節周禮鎛師掌金奏之鼓小胥凡縣鐘磬半爲堵全爲肆注云鐘磬者編縣之二八十六枚而在一虡謂之堵鐘一堵磬一堵謂之肆又云凡編鐘

編磬各十六枚半懸之在一簨謂之堵全陳之在一簨謂之肆

鏞　大鐘謂之鏞從金庸聲　余封切

大鐘謂之鏞者釋器文李巡云大鐘音聲大鏞大也書益稷笙鏞以閒傳云鏞大鐘詩靈臺賁鼓維鏞傳云鏞大鐘也通作庸詩那庸鼓有斁傳云大鐘曰庸釋文庸依字作鏞

鐘　樂鐘也秋分之音物穜成從金童聲古者垂作鐘　職茸切

程君瑤田曰自漢迄今由不明鳧氏爲鐘諸閒字之義故注斯記者恆誤古鐘羨而不圜故有兩欒欒在鐘旁言其有棱欒然兩欒謂之銑鐘是以有兩銑也銑判鐘體爲兩面面之上體曰鉦其下體曰鼓鼓所以受擊者鉦之言正也鼓上爲鐘之正體矣體有兩面故有兩鉦兩鼓也凡物有兩斯有閒是故有上下然後有上下之閒有前後然後有前後之閒有左右然後有左右之閒鐘有兩銑兩鉦兩鼓於是乎有銑閒鉦閒鼓閒也十分其銑者命其鐘體之長爲十分而因以爲度鐘之法去其下體之二分餘八分在上者爲鉦其二分則鼓也銑閒謂之于明鐘脣于于然曲當兩銑之閒故謂之銑閒銑閒者鐘口之大徑凡圜中所含直觸兩邊之數謂之徑步算家之率所謂徑一圍三也橢圜有羨有斂故徑有大小鐘口大徑謂所羨者之徑大徑橫小徑縱于上謂之鼓兩鼓相觸以爲鐘口小徑是之謂鼓閒何以不名于閒也于言鐘脣于曲非鐘體之名且自兩銑而中趨之皆其于曲處非若兩鼓適當小徑之所觸此鼓閒之所由名也以其鉦爲之銑閒去二分以爲之鼓閒銑閒八鼓閒六也鼓上謂之鉦鉦閒者兩鉦之閒與鼓交接處觸兩鉦之下際蓋鼓閒既準鐘口則鉦閒亦準其在下者可知鉦上謂之舞舞覆也謂鐘頂其修六所羨之徑去二分則廣之徑四也舞覆在上者一而已故但有修廣之數不得以閒命之鐘口空無物可指以寫其縱橫大小之徑於是指其兩銑之下端與其兩鼓之下端而命之曰銑閒鼓閒以斯知古人命名之義或虛或實出於自然而不可易也如此夫鐘之長有其數鐘口之縱橫有其數鐘項之修廣有其數則鐘體之度全而鳧氏爲鐘乃可以鑠金從事矣鉦閒不言數者鼓閒六舞廣四介其中者有定形不必如也無已則以句股法求之當五又十分一之六矣鐘帶謂之篆篆閒謂之枚吾友戴東原補注云篆也枚也皆在

鉦余謂篆之設於鉦也交午爲之橫四縱三中含扁方空者六空設三枚三六十八枚兩鉦凡三十六枚枚之上下左右皆有篆故曰篆閒謂之枚也枚隆起有光故又謂之景焉鼓中所擊處爲于上之攠攠謂之隧者鄭氏云窐而生光有似夫隧也鐘已厚則石小鐘尤易石故大鐘之厚取節於鼓閒小鐘之厚取節於鉦閒鉦閒小於鼓閒也鄭氏言鉦閒鼓閒皆六則大鐘小鐘之厚相等記奚必別言之乎鐘大者謂體太博則鐘形短如銑十分銑閒亦十分或九分也鐘小者謂體太狹則鐘形長如銑十分銑閒則六分或七分也以其鉦之長爲之甬長甬之數八也以其長爲之圍圍謂與舞交接處準銑閒鼓閒亦指其在下者以命名命名之法一器中不得異也其端謂之衡衡平也與鐘脣之于相應爲義于則不能正平矣參分甬之圍去一以爲衡圍甬體上小下大畧準鐘體爲之鐘縣謂之旋所以縣鐘者設於甬上參分其甬長二在上一在下其設旋處也孟子謂之追蠡言追出於甬上者乃蠡也蠡與螺通文子所謂聖人法蠡蚌而閉戶是也螺小者謂之蜁蝸郭璞江賦所謂鸚螺蜁蝸是也曰旋曰蠡其義不殊蓋爲金柄於甬上以貫於縣之者之鑿中形如螺然如此則宛轉流動不爲聲病此古鐘所以側縣也旋轉不已日久則刓敝滋甚故孟子以城門之軌譬之旋蟲謂之幹余

謂幹當爲斡蓋所以制旋者旋貫於縣之者之鑿中其端必有物以制之按說文斡揚雄杜林說皆以爲軺車輪斡或作𩌏說文𩌏車軸端鍵也或作轄急就篇注轄豎貫軸頭制轂之鐵也天問斡維焉繫戴東原注云斡所以制旋轉者之旋蟲蓋亦是物與斡旋二字後人連文本諸此矣

樂鐘也者漢志金曰鐘顏注急就篇鐘則以金磬則以石皆所用合樂也月令章句上古本陰陽別風聲審清濁不可以文載口傳也故鑄金作鐘以正十二月之聲樂叶圖徵黃鐘生一一生萬物故君子鑠金爲鐘撞鐘以知君鐘調則君道得宋均注鳴鐘顯功罪故樂用鐘也秋分之音物穜成者鐘穜聲相近疑物穜成下有故謂之鐘四字白虎通禮樂篇鐘之爲言動也陰氣用事萬物動成鐘爲氣用金聲也書笙鏞以閒鄭注西方之樂謂之鏞鏞功也西方物熟有成功大射禮西階之西頌磬東面其南鐘其南鑮皆南陳注云成功曰頌西爲陰中萬物之所成是以西方鐘磬謂之頌風俗通聲音篇鐘秋分之音也沈文阿左傳義疏按樂緯兌主秋分樂用鐘五經通義鐘者秋分之氣萬物至秋而成至冬而藏堅成不滅絕莫如金故金爲鐘相繼不絕也　古者垂作鐘者風俗通謹案世本垂

作鐘廣雅倕氏鐘十六枚明堂位垂之和鐘注云垂堯之時共工也世本作曰垂作鐘海內經鼓延是始爲鐘爲樂風注云世本云倕作鐘又云有不距之山巧倕葬其西注云倕堯巧工也宋書樂志鐘者世本云黃帝工人垂所造

銿　鐘或从甬

玉篇廣韻銿與鏞同作甬鐘鼎款識有谷口銅甬

鈁　方鐘也从金方聲　府良切

鎛　鎛鱗也鐘上橫木上金華也一曰田器从金尃聲詩曰庤乃錢鎛　補各切

鎛鱗也者淮南俶真訓作鏄鮮玉篇作鏄解獸似人縣鐘橫木也字或作𨪐類篇𨪐獸名似人有翼鐘上橫木上金華也者徐鍇曰鏄鐘筍上飾今儀制令所謂博山也一曰田器者廣雅鎛鉏也詩良耜其鎛斯趙箋云以田器刺也考工記段氏爲鎛器注云鎛器田器錢鎛之屬又云粵無鎛注云鎛田器周語曰服其鎛耒注鎛鉏屬齊語挾其槍刈耨鎛韋注鎛鉏也字或作鏄玉篇鏄田器也皇侃論語義疏耕用耒是今之鈎鎛又通作鑮釋名鑮亦鉏類也詩曰庤乃錢鑮者周頌臣工文傳云鎛鎒也

鍠　鐘聲也从金皇聲詩曰鐘鼓鍠鍠　乎光切

鐘聲也者字書鍠鍠樂之聲也九經字樣鍠音橫樂也鐘鼓聲字或作䪄釋訓䪄䪄樂也郭注鐘鼓音舍人云鐘鼓之樂也又作鐄長笛賦錚鐄讋嗃李善云鐄與鍠同詩曰鐘鼓鍠鍠者周頌執競文彼作喤喤傳云喤喤和也漢書禮樂志引詩作鍠鍠廣雅喤喤聲也

鎗　鐘聲也从金倉聲　楚庚切

鐘聲也者玉篇鎗金聲也與瑲同淮南說山訓范氏之敗有竊其鐘負而走者鎗然有聲後漢書馬融傳鍠鍠鎗鎗奏于農郊大路之衢

鏓　鎗鏓也一曰大鑿平木者从金悤聲　倉紅切

鎗鏓也者六書故鎗三足鬴也或作鐺集韻鐺釜屬又鍛總也總當爲鏓廣韻鎗鼎類與鐺同又鍋下云鍋鎗玉篇鍋釜南齊書蕭穎胄傳上慕儉約欲鑄壞大官元日上壽銀酒鎗何求傳徐景山酒鎗　一曰大鑿平木者李善注長笛賦引作大鑿中木也又云然則以木通其中皆曰鏓也蘇董切御覽七百六十三引通俗文石鑿曰鏨鏨充曰銃小鑿曰鏍柄曰橈受橈曰鏓馥案此文有脫誤

錚　金聲也从金爭聲　側莖切

金聲也者李善注長笛賦引同後漢書劉盆子傳鄉所謂鐵中錚錚傭中佼佼者也注云說文曰錚錚金也鐵之錚錚言微有剛利也說苑雜言篇干將鏌鋣拂鐘不錚潘岳藉田賦衡牙錚鎗

鏜　鐘鼓之聲从金堂聲詩曰擊鼓其鏜　土郎切

詩曰擊鼓其鏜者本書鼞鼓聲也引詩擊鼓其鼞

鑋　金聲也从金輕聲讀若春秋傳曰𨊠而乘它車　苦定切

本書敓讀若鏗鏘之鏗轒讀若論語鏗爾舍瑟而作馥案本書無鏗字樂記鐘聲鏗鏗以立號正義曰按藝文志云漢興制氏以雅樂聲律世爲樂官頗能記其鏗鎗鼓舞而已史記樂書君子之聽音非聽其鏗鎗而已也漢書禮樂志但能紀其鏗鎗鼓舞注云鏗鎗金石之聲也東都賦鐘鼓鏗鍧玉篇鏗口耕切鏗鏘金石聲也鍞同上揁口耕切琴聲論語曰揁爾舍瑟而作與鏗同一切經音義四鏗又作揁轒二形同口耕反廣雅鎮聲也又鍞聲也馥謂鍞揁轒鎮鏗皆鑿之俗字也輕堅聲相近考工記數目顧脰注云故書顧或作牼鄭司農云牼讀爲鬜頭無髮之鬜襄十七年公羊經邾婁子瞷左氏作牼

劒鼻也從金軎聲 徐林切

讀若春秋傳曰鑋而乘它車者本書脫鑋字昭二十六年左傳苑子剌林雍斷其足鑋而乘於他車以歸杜注鑋一足行正義云說文鑋金聲也蓋擊金爲聲亦名鑋馥案傳本作躄故杜訓一足行正義不知鑋爲借字望文爲訓失之

漢書匈奴傳玉具劒孟康曰標首鐔衛盡用玉爲之 劒鼻也者廣雅劒珥謂之鐔釋名劒其旁鼻曰鐔鐔尋也帶所貫尋也楚詞九歌撫長劒兮玉珥王注玉珥謂劒鐔也莊子說劒篇周宋爲鐔釋文徐云謂劒鐶也司馬云劒珥也趙策吳干之劒無鉤竿鐔蒙須之便操其刃而刺則未入而手斷鮑注鐔珥鼻也徐鍇曰劒鼻人握處之下也馥案鐔有兩訓廣韻屬侵部者訓劒鼻屬覃部者訓劒口莊子釋文引三蒼鐔劒口也初學記二十二引呂靜韻集劒口謂之鐔急就篇鈒戟鈹鎔釰鐔鍭顏注鐔劒刃之本入把者也漢書韓延壽傳鑄作刀劒鉤鐔顏注鐔劒喉也考工記桃氏爲劒以其臘廣爲之莖圍鄭司農云莖謂劒夾人所謂鐔以上也此皆言鐔爲劒口與鍇說人握處之下同鍇不應連鼻言之

鏌釾也從金莫聲 慕各切

鏌釾也者徐鍇本作鏌鋣大戟也李善注羽獵賦史記賈誼傳集解後漢書杜篤傳注御覽所引及顏注漢書揚雄傳竝同

鏌鋣也從金牙聲 以遮切

刀削末銅也從金票聲 撫招切

刀削末銅也者廣韻鏢刀劒鞘下飾也通作標梁書侯景傳景所帶劒水精標無故墮落

鋋也從金及聲 穌合切

陸雲荅車茂安書舉鈒成雲下鈒成雨北史周大象二年令武賁持鈒馬上稱警蹕 鋋也者顏注急就篇鈒短矛也史記商君傳持矛而操闟戟者旁車而趨正義引顧野王云闟鋋也索隱闟亦作鈒東京賦闟戟轇輵薛綜注闟鋋也馥案五臣本作鈒注云鈒鋋也藉田賦瓊鈒入蘂五臣注以玉飾鋋也

小矛也從金延聲 市連切

釋名鋋延也達也去此至彼之言也 魏文帝校獵賦戈鋋具舉 左思吳都賦干鹵殳鋋 謝惠連從軍行矛鋋無暫息 晉書朱伺傳賊舉鋋擿伺伺逆接得鋋反以擿賊

小矛也者後漢書班固傳注引同李善注西京賦引作小戈也馥案鋋可擿非戈也急就篇矛鋋鑲盾刃刀鉤顏注鋋鐵把小矛也江淮吳越或謂之鏦方言矛吳揚江淮南楚五湖之閒謂之鍦或謂之鋋六韜曠野草中方胸鋋矛千二百具張鋋矛法高一尺五寸史記匈奴傳短兵則刀鋋集解云韋昭曰鋋形似矛鐵柄索隱云音蟬埤蒼云鋋小矛鐵矜漢書司馬相如傳鋋猛氏鼂錯傳此矛鋋之地也顏注竝云鋋鐵把短矛也通鑑從蒼梧王者竝執鋋矛注云鋋小矛也

侍臣所執兵也從金允聲周書曰一人冕執鈗讀若允 余準切

侍臣所執兵也者徐鍇本作從侍臣 周書曰一人冕執鈗者顧命文彼作鋭傳云鋭矛屬也岳珂九經三傳沿革例顧命一人冕執鋭鋭實鈗字也按說文以爲兵今注中釋爲矛屬而陸德明又音以稅反且諸本皆作鋭獨越中注疏於正文作鈗爾甕牖閒評書顧命篇一人冕執鋭蘇東坡書解云鋭當作鈗是也鋭本非兵器書既誤作鋭字

而注書者又妄云銳矛屬竟音以稅切其謬抑又甚焉漢書揚雄傳兖鋋瘢耆金鏃淫夷者數十萬人宋本傳末附臣佖曰按字書無兖字今俗以爲兖州字兖州本作沇此兖鋋合作鈗鋋漢書相承疑誤書爲兖字馥案臣佖即張佖漢書借兖爲允曹全碑有兖膿之仁兖膿即吮膿

鉈　短矛也從金它聲食遮切

短矛也者荀子議兵篇宛鉅鐵鉈慘如蠭蠆注云鉈與鍦同矛也方言矛吳揚江淮南楚五湖之閒謂之鍦文選吳都賦藏鍦於人李善云鍦矛也或作䤼廣雅䤼矛也它聲者徐鍇曰今又音蛇晉書劉曜載記丈八蛇矛左右盤馥案方言注音嘗蛇反正音當爲徒河切

鏦　矛也從金從聲七恭切

矛也者廣雅鏦矛也淮南兵畧訓修鍛短鏦高注鏦小矛漢書吳王濞傳使人鏦殺吳王孟康曰方言戟謂之鏦馥案今方言作矛或謂之鏦

鏦或從彖

一切經音義十一字詁古文錄穳二形今作穳同麄亂反小矛也又卷一廣雅穳謂之鋋鋋小矛也今江湘以南溪人工用穳鋋元史輿服志穳制如戟鋒兩旁微起

錟　長矛也從金炎聲讀若老耼徒甘切

長矛也者方言錟謂之鈹注云今江東呼大矛爲鈹廣雅錟矛也史記秦始皇本紀鉏櫌棘矜非錟於句戟長鎩也集解如淳曰錟長刃矛也又曰矛刃下有鐵橫方上曲句御覽引魏書議者多言關中兵強習長矛

鏠　兵耑也從金逢聲敷容切

兵耑也者書費誓礪乃鋒刃漢書陳勝項藉傳贊銷鋒鍉顏注鋒戈戟刃也王褒傳淸水焠其鋒顏注鋒刃芒端也定十年左傳吾偽固而授之末則可殺也杜注以劒鋒末授之

錞　矛戟柲下銅鐏也從金𦎧聲詩曰厹矛沃錞徒對切

矛戟柲下銅鐏也者一切經音義二十引無鐏字顏注急就篇柲者總言矛戟之把也淮南原道訓刃犯難而鐏無患者何也以其托於後位也或作鐓廣雅鐓鐏也方言鐏謂之釬注云或名爲鐓曲禮進矛戟者前其鐓注云平底曰鐓取其鐓也詩曰厹矛沃錞者秦風小戎文彼作鋈錞傳云錞鐏也

鐏　柲下銅也從金尊聲徂寸切

柲下銅也者當爲戈柲下銅也矛戟下曰錞戈下曰鐏集韻鐏戈柄下銅考工記廬人戈柲六尺有六寸曲禮進戈者前其鐏後其刃進矛戟者前其鐓注云銳底曰鐏平底曰鐓馥案矛戟下亦通偁鐏釋名矛下頭曰鐏鐏入地也又考工記廬人凡爲酋矛參分其長二在前一在後而圍之五分其圍去一以爲晉圍鄭司農云晉謂矛戟下銅鐏也馥謂對文則分散文則通或通作鑽太白經縛槍筏皆去鑽刃一切經音義十四鐏音有困反江南名鐏關中謂之鑽音子亂反

鏐　弩眉也一曰黃金之美者從金翏聲力幽切

一曰黃金之美者者釋器黃金謂之璗其美者謂之鏐郭注鏐即紫磨金禹貢梁州厥貢璆鐵銀鏤砮磬鄭本作鏐云黃金之美者謂之鏐釋文鏐韋昭郭璞云紫磨金孔融聖人優劣論金之優者名曰紫磨水經注華俗謂上金爲紫磨金林邑記上金爲紫磨金又曰陽邁金

鍭　矢金鏃翦羽謂之鍭從金矦聲乎鉤切

方言箭江淮之閒謂之鍭隱元年穀梁傳聘弓鍭矢不出竟埸陸績說易云金矢者取其剛直也陳琳武軍賦矢則申息肅慎箘簵空流焦銅毒鐵幹鍭鳴鏃說苑建本篇子路曰南山有竹弗揉自直斬而射之通於犀革孔子曰栝而羽之鏃而砥礪之其入不益深乎

矢金鏃翦羽謂之鍭者釋器文郭注今之錍箭是也孫炎云金鏃斷羽使前重也李巡云鍭以金爲箭鏑也馥案孫氏訓翦爲斷是爾雅本作前矣本書𦐊矢羽族矢鏃也淮南兵畧訓疾如錐矢高云錐金簇翦羽之矢詩行葦四鍭旣鈞傳云鍭矢參亭馥案考工記矢人爲矢鍭矢參分一在前二在後注云參訂之而平者前有鐵重也司弓矢鍭

矢用諸近射田獵注云鍭之言候也可以司候射敵之近者及禽獸前尤重中深而不可遠也字或作猴既夕記猴矢一乘骨鏃短衛注云猴猶候也候物而射之矢也骨鏃短衛亦云不用也生時猴矢金鏃凡爲矢五分笴長而羽其一又云凡爲矢前重後輕也疏云短衛郎翦羽也謂之衛者羽所以防衛其矢故名羽爲衛

鏑 矢鏠也從金啇聲 都歷切

廣雅平題鈀鉀鉤腸羊頭鉀鑪鏃砮鏑也 釋名鏑敵也可以禦敵也 方言凡箭鏃胡合嬴者注云胡鏑在於喉下嬴鏑也 史記匈奴傳冒頓乃作爲鳴鏑

矢鏠也者本書矢象鏑栝羽之形 一切經音義十一箭金箭鏃也 關西名箭金山東名箭足或言鏑辨異名也 史記秦楚之際月表銷鋒鏑 博物志交州夷名曰俚子弓長數尺箭長尺餘以燋銅爲鏑塗毒藥於鏑鋒中人卽死或作鍉 漢書陳勝項籍傳贊銷鋒鍉 如淳曰鍉音鏑箭足也 顏注鍉與鏑同卽箭鏃也

鎧 甲也從金豈聲 苦亥切

孟子函人惟恐傷人 趙注函鎧也 諸葛亮與參軍掾屬敎勑作部皆作五折剛鎧 孔融肉刑論古聖作犀兕革鎧今有盆領鐵鎧 陳琳武軍賦鎧則東胡闕鞏百鍊精剛函師振椎鍛人製縫 曹植上先帝賜鎧表先帝賜臣黑光明光鎧各一具兩當鎧一領環鏁鎧一領馬鎧一領 吳歷魏文帝與吳王明光鎧 王隱晉書馬隆以磁石累夾道側賊鎧不得過隆兵著牛皮鎧得過賊以爲神 詩叔于田序繕甲治兵箋云甲鎧也 正義云經典皆謂之甲後世乃名爲鎧 書費誓善敹乃甲冑傳云甲鎧 正義云古之作甲用皮秦漢已來用鐵鎧鍪二字皆從金蓋用鐵爲之而因以作名也 說命惟甲冑起戎傳云甲鎧冑兜鍪也 正義云經傳之文無鎧與兜鍪蓋秦漢以來始有此名古之甲冑皆用犀兕未有用鐵者而鍪鎧之字皆從金蓋後世始用鐵耳 程大昌演繁露吳子謂魏文侯曰今君四時使人斬離皮革掩以朱桼畫以丹青爍以犀象則知戰國時但以革爲甲未用鐵 王觀國學林古之爲甲皆以革不言以金故函人用犀兕之革爲甲出其東門詩序曰兵革不息野有蔓草詩序曰民窮于兵革中庸曰衽金革孟子曰兵革非不堅利也 淮南子曰貫兕甲于三百步史記禮書曰楚人鮫革犀兕以爲甲凡此皆言以革爲甲未聞用金爲甲也然則用金爲甲者秦漢以後乎釋名曰甲亦曰介亦曰鎧苻堅使能造金銀細鎧蔡文姬詩金甲耀朝日凡言金甲皆見於後世也 武君億曰甲用皮用金在古並有此制 管子地數篇葛盧之山發而出水金從之蚩尤受而制之以爲劍鎧矛戟 吳越春秋王僚乃被棠鐵之甲 戰國策當敵則斬堅甲盾鞮鍪鐵幕 劉氏云謂鐵幕爲臂脛之衣 呂氏春秋貴卒篇趙氏攻中山中山之人多力者曰吾丘鴥衣鐵甲操鐵杖以戰而所擊無不碎所衝無不陷是皆用金爲甲也 車馬被甲皆得用金 鄭風駟介旁旁傳云介甲也 秦風俴駟孔羣箋云俴淺也謂以薄金爲介之札 介甲也 僖二十八年左傳駟介百乘是馬用金爲鎧也 定八年左傳主人焚衝注云衝戰車攻淮南子覽冥訓大衝車高氏注衝車大鐵著其轅端馬被甲車被兵所以衝於敵城也是車亦用金爲鎧也 馥案用金爲鎧因造鉀字 晉書載記姚弋仲貫鉀跨馬後世鎧亦用革 東觀漢記耿恭會盡乃煮鎧弩食其筋革 庾翼與燕王書鄧伯山昔送此犀皮兩當鎧一領 江表傳陸遜破劉備於夷陵備捨船步走燒皮鎧以斷道 宋書殷孝祖傳御仗先有諸葛亮箭油鎧帽二十五石弩射之不能入 宋元嘉起居注御史中丞劉楨奏前廣州刺史韋朗於所部作犀皮鎧六領請免朗官

甲也者廣雅甲鎧也 釋名鎧猶塏也塏堅重之言也或謂之甲似物孚甲以自禦也 急就篇弓弩箭矢鎧兜鉾顏注鎧甲也亦謂之介世本杼作甲宋衷曰杼少康之子甲鎧也 易說卦離爲甲冑 書說命惟甲冑起戎傳云甲鎧詩駟介旁旁傳云介甲也 旣夕禮役器甲冑干笮注云甲鎧也 周禮敘官司甲注云甲今之鎧也 司弓矢王弓弧弓以授射甲革椹質者注云甲革革甲也 考工記函人爲甲曲禮獻甲者執冑注云甲鎧也 儒行儒有忠信以爲甲冑注云甲鎧也 春秋成元年作丘甲 范甯云甲鎧也 襄三年左傳組甲三百 昭十五年傳闕鞏之甲 杜注闕鞏國所出鎧 哀六年公羊傳吾有所爲甲 注云甲鎧也 又宣六年傳云吾君孰爲介 注云介甲也 秦策不用一領甲 高注甲鎧也 孫卿子楚人鮫革犀兕以爲甲 漢書刑法志魏氏武卒衣三屬之甲 蘇林曰兜鍪也 盤領也 髀褌也 吳都賦被練鏘鏘注云馬融曰被練爲甲者所服也 李尤鎧銘甲鎧之施扞禦鋒矢 尚其堅剛 或用犀兕 抱朴子博喻篇屑犀爲甲給乎專征之服 周書年不登甲則纓縢車頓 秦書苻堅造金銀細鏤甲 金爲綖以縲之 武君億曰管子小匡輕罪入蘭盾鞈革二戟 注鞈革重革當心著之可以禦矢 荀子楚人鮫革犀兕以爲甲鞈如金石 案函人合甲五屬注鄭司農

云合甲削革裏肉但取其表合以爲甲以是推之韐卽合士喪禮注古文韐爲合也然則韐或從韋或從革均一字目亟人作合從古文管子及荀子作韐從今文馥案甲亦偁渠淮南氾論訓渠幨以守注云渠甲名

釬 臂鎧也從金干聲 侯旰切

臂鎧也者初學記臂鎧謂之釬廣雅釬鎧也韓策甲盾鞮鍪鐵幕鮑注鐵幕以鐵爲臂脛之衣通作釬漢書儒林傳有馯臂子弓

錏 錏鍜頸鎧也從金亞聲 烏牙切

錏鍜頸鎧也者初學記頸鎧謂之錏鍜廣雅錏鍜謂之鏂鍦集韻鍦頸鉏也

鍜 錏鍜也從金叚聲 乎加切

鐧 車軸鐵也從金閒聲 古莧切

車軸鐵也者廣韻鐧下云車鐧廣雅鐧鐗也馥案鐗器物錯頭也此謂車軸之錯頭釋名鐧閒也閒釭軸之閒使不

相摩也急就篇釭鐧鍵鉆冶錮鐈顏注釭車轂中鐵也鐧軸上鐵也施釭鐧者所以護軸使不相摩鑿也吳起治兵篇膏鐧有餘則車輕人通作鍊方言輨鈦錬鏅也關之東西曰輨南楚曰鈦趙魏之閒曰鍊鏅廣雅鍊鏅鈦錧也集韻鏅車轄頭

釭 車轂中鐵也從金工聲 古雙切

車轂中鐵也者後漢書班固傳注引作轂鐵也一切經音義七引作車轂口鐵也龍龕手鑑車釭轂口上鐵也釋名釭空也其中空也廣雅鍋錕釭也方言車釭齊燕海岱之閒謂之鍋或謂之錕自關而西謂之釭盛膏者乃謂之鍋新序雜事篇淳于髡曰方內而員釭如何通鑑北齊有司訊四或燒車釭使以臂貫之注云釭車轂中鐵也漢書外戚傳壁帶往往爲黃金釭顏注於壁帶之中往往以金爲釭若車釭之形也

𨧫 車樘結也一曰銅生五色也從金折聲讀若誓 時制切

車樘結也者集韻鏨小車目鉤樘或作棠急就篇蓋轑俾倪枙縛棠顏注棠歫也在車兩旁以距幨使不得以崎

也

鈘 乘輿馬頭上防鈘插以翟尾鐵翮象角所以防網羅鈘去之從金气聲 許訖切

乘輿馬頭上防鈘者漢雜事漢有天下其衣冠車馬器械百物曰乘輿隋書禮儀志方鈘當顱蓋馬冠也 插以翟尾者本書鷮走鳴長尾雉也乘輿以爲防鈘著馬頭上鹵薄令玉輅方鈘插翟尾獨斷方鈘者鐵廣數寸在鍐後後有三孔插翟尾其中東京賦方鈘左纛薛綜注方鈘謂轅旁以五寸鐵鏤錫中央低兩頭高如山形而貫中以翟尾結著之轅兩邊恐馬相突也董巴輿服志馬並以黃金爲文髦插以翟尾後漢書輿服志漢承秦制爲乘輿又云金鍐方鈘插翟尾晉書輿服志金鍐而方鈘金鍐謂以金鍐爲又鈘以鐵爲之其大三寸中央兩頭高如山形貫中以翟尾而結著之也南齊書輿服志方鈘鐵廣數寸有三孔插翟尾其中隋書禮儀志玉輅駕蒼龍金鍐方鈘插翟尾又云蔡邕獨斷論漢制度凡乘輿車皆有六馬羽葢金爪黃屋左纛鏤鍐方鈘鏤鍐高闊各五寸上如傘形施於髦

上而插翟尾也 鐵翮象角所以防網羅鈘去之者集韻鈘乘輿馬首刀所以割網羅顏延之幼誥鈘乘輿馬頭上防鈘角所以防罔羅鈘以翟尾鐵翮象之也馥案玉篇鈘鐵孔也與集韻馬首刀異馥疑鈘去當爲刉去鈘刉聲相近本書刉斷也

鑾 人君乘車四馬鑣八鑾鈴象鸞鳥聲和則敬也從金從鸞省 洛官切

人君乘車四馬鑣八鑾鈴象鸞鳥聲和則敬也者史記正義引服虔曰鸞在鑣和在衡詩烈祖八鸞鶬鶬箋云鸞在鑣四馬則八鸞載見和鈴央央傳云和在軾前驂鐵輶車鸞鑣箋云置鸞於鑣異於乘車也蓼蕭和鸞雝雝傳云在軾曰和在鑣曰鸞正義云在軾曰和和亦鈴也以其與鸞相應和故載見曰和鈴央央是也在鑣曰鸞謂鸞鈴置於馬之鑣郭璞曰鑣馬勒旁鐵也言置鈴於馬口之兩旁說苑說叢篇鸞設於鑣和設於軾馬動而鸞鳴鸞鳴而和應行之節也漢書司馬相如傳鳴玉鸞郭璞曰鸞鈴也在軌曰鸞在軾曰和五行志登車有和鸞之節顏注和鈴也以

金爲之施於衡上鸞亦以金爲鸞鳥而銜鈴焉施於鑣上動皆有聲以爲舒疾之節也後漢書光武紀鑾輅龍旂注云鑾鈴也在鑣桓二年左傳錫鸞和鈴昭其聲也注云鸞在鑣和在衡正義云鑣在馬口兩旁衡在服馬頸上又云其鸞和所在則舊說不同毛詩傳曰在軾曰和在鑣曰鸞韓詩內傳曰鸞在衡和在軾前鄭元經解注取韓詩爲說秦詩箋云置鸞於鑣異於乘車也其意言乘車之鸞在衡田車之鸞在鑣及商頌烈祖之箋又云鸞在鑣是疑不能定故兩從之也案考工記輪崇車廣衡長參如一則衡之所容唯兩服馬耳詩辭每言八鸞當謂馬有二鸞若在衡衡唯兩馬安得置八鸞乎以此知鸞必在鑣鸞旣在鑣則和當在衡馥案謂鸞在衡者不獨鄭氏一家說古今注五輅衡上金爵者朱雀也口銜鈴鈴謂鑾所謂和鑾也御覽引白虎通所以有和鸞者何以正威儀節行舒疾也鸞者在衡和者在軾馬動則鸞鳴鸞鳴則和應其聲鳴曰和敬舒則不鳴疾則失音明得其和也故詩云和鸞雝雝萬福攸同魯訓曰和設軾者也鸞設衡者也大戴禮保傅篇升車則聞和鸞之聲又云在衡爲鸞在軾爲和馬動而鸞鳴鸞鳴而和應聲曰和和則敬此御之節也呂氏春秋孟春紀乘鸞輅注云鸞鳥在衡和在軾鳴相應和史記集解

引續漢書輿服志鸞雀立衡也正義引皇侃云鸞以金爲鸞懸鈴其中於衡上以爲遲疾之節所以正威儀行舒疾也凡此皆以鸞在衡異義載戴禮載毛氏二說謹案云經無明文且殷周或異是許公亦未嘗執定也荀子正論篇和鸞之聲步中武象騶中韶護以養耳注云許慎曰和取其敬鸞以象鳥之聲賈誼書容經篇登車則馬行而鸞鳴鸞鳴而和應聲曰和和則敬

從鸞省者徐鍇本作鸞省聲

鉞　車鑾聲也從金戉聲詩曰鑾聲鉞鉞 呼會切

車鑾聲也者廣韻作鐬云鈴聲　董彥遠謝除正字啟隸體散亾共守鸞聲之鉞鉞　詩曰鑾聲鉞鉞者魯頌泮水文彼作鸞聲噦噦傳云噦噦言其聲也箋云鸞和之聲噦噦然馥案鉞噦聲相近本書𡇳讀若詩曰施罛濊濊

鐊　馬頭飾也從金陽聲詩曰鉤膺鏤鐊一曰鍱車輪鐵 與章切

馬頭飾也者玉篇鏤鐊馬面飾急就篇鞇靴靯䩬鞍鑣鐊顏注鐊馬面上飾也以金銅爲之俗謂之當顱字或作錫周禮巾車重翟錫面朱總注云鄭司農云錫馬面錫又云玉路錫樊纓十有再就注云錫馬面當顱刻金爲之所謂鏤錫也桓二年左傳錫鸞和鈴杜注錫在馬額隋書禮儀志注錫馬當顱鏤金爲之馥案錫爲輈飾本書輈勒靼也集韻輈馬轡當面皮鏤詩曰鉤膺鏤鐊者大雅韓奕文彼作錫傳云鏤錫有金鏤其錫也箋云眉上曰錫刻金飾之今當顱也　一曰鍱車輪鐵者阮詹事元曰輪轂雖是堅木終易敝于沙石故有金以傳其外鐊讀如朱干設錫之錫

銜　馬勒口中從金從行銜行馬者也 戶監切

馬勒口中者玉篇銜馬銜鐵秦策伏軾撙銜高注銜勒也淮南氾論訓是猶無鏑銜橛策錣而御馯馬也高注鏑銜口中央鐵漢書張敞傳馭黠馬者利其銜策何奴傳如遇險阻銜尾相隨顏注銜馬銜也　銜行馬者也者鹽鐵論刑德篇轡銜者御之具也又詔聖篇云今之治民者若御拙馬行則頓之止則擊之身創於箠吻傷於銜

鑣　馬銜也從金麃聲 補嬌切

鹽鐵論散不足篇古者庶人鐵鑣不飾今富者錯鑣涂朱古今樂錄明帝休成之樂歌曰玉鑣息節金輅懷音　劉琨贈盧諶詩是轡是鑣　桓溫與慕容煌書鳴鏑揚鑣動數十萬　宋文帝登景陽樓詩萬軫揚金鑣　陶琬之詩揚鑣鶩路

馬銜也者李善注七命引同本書幩馬纏鑣扇汗也詩碩人傳云人君以朱纏鑣扇汗且以爲飾釋文云鑣馬銜外鐵也一名扇汗又曰排沫釋名鑣苞也所以在旁苞斂其口也顏注急就篇鑣卽馬轡之銜也亦謂之钀鑣之言苞也所以包斂馬口者也或曰鑣者銜兩旁之鐵今之排沫是也釋器鑣謂之钀郭注馬勒旁鐵淮南說山訓遺人車而稅其轙高注轙所以縛銜者也馥案本書轙或作钀楚詞九歎斷鑣銜以馳騖兮王注鑣勒也銜飾口鐵也舞賦揚鑣飛沫李善云鑣馬勒旁鐵也董子曉乘輿駿馬賦云銜金鑣著玉羈文選序分鑣竝驅五臣注鑣轡排沫也

鑣或從角

鉣　組帶鐵也從金劫省聲讀若劫 居怯切

鈇 莝斫刀也從金夫聲 甫無切

莝斫刀也者一切經音義十六鈇莝刃也又卷五引說文鈇莝斫也後漢書獻帝紀注引作莝刀也馮魴傳注引作莝刃也史記范雎傳不足以當椹質注云質剉刃也索莝通作剉吳越春秋夫斫剉養馬刀當爲刃急就篇鐵鈇鑽錐釜鍑鍪顏注鐵鈇以鐵爲莝刃也莝當爲莝漢書尹翁歸傳有論罪輸掌畜官使斫莝責以員程不得取代不中程輒笞督極者至以鈇自剄而死顏注鈇所莝刃也使其所莝故因以莝刃自剄

釣 鉤魚也從金勺聲 多嘯切

廣韻淮南子曰詹公釣千歲之鯉詹公古善釣者呂氏春秋曰太公釣于滋泉以遇文王詩其釣維何維絲伊緡又籊籊竹竿以釣于淇傳云釣以得魚論語子釣而不綱孔安國曰釣者一竿釣也文子魚不可以無餌釣陰符芳餌之下必有懸魚傳子夫釣者中大魚則縱而隨之須可制而後牽之則無不得也魏策魏王與龍陽君共船而釣龍陽君得十餘魚楚詞七諫以直鍼而爲釣兮又何魚之能得淮南說林訓無餌之釣不可以得魚謝惠連詩纖鱗

或芳餌故爲釣所加

鉤魚也者廣雅釣鉤也列子湯問篇詹何以獨繭絲爲綸芒鍼爲鉤荊條爲竿剖粒爲餌引盈車之魚於百仞之淵汨流之中綸不絕鉤不伸竿不橈鬼谷子摩篇古之善摩者如操鉤而臨深淵餌而投之必得魚矣闞子魯人有好釣者以桂爲餌鍛黃金之鉤錯以銀碧垂翡翠之綸然其得魚不幾矣莊子胠篋篇鉤餌網罟罾笱之知多則魚亂於水矣釋文云鉤釣鉤也淮南道應訓大司馬捶鉤者年八十矣而不失鉤芒高注鉤釣鉤也說山訓不愛江漢之珠而愛己之鉤高注鉤可以得魚故愛之申鑒政體篇釣者隱於手應於鉤則可以得魚應休璉與從弟書沈鉤緡於丹水晉中興書翟莊好弋釣後不復獵人問莊同是害生之道而去其一何也莊曰獵自我釣自物故先節其甚者且貪餌吞鉤豈我哉古文苑宋玉釣賦夫玄洲之釣也以三尋之竿八絲之線餌若蛆蟥鉤如細鍼以出三赤之魚於數仞之水中豈可謂無術乎潘尼釣賦左援修竹右縱飛綸金鉤厲鉅甘餌垂芬衆鯤奔涌游鱗橫集觸餌見擒値鉤被執長繳繽紛輕竿翕熠雲往飈馳光飛電入曜靈未及警策蓋已獲其數十王廙弋釣賦然後抽纖繳振修竿垂銀鉤運金丸吳都賦鉤餌縱橫五臣云鉤餌鉤上置食者西征賦灑鉤投網五臣云鉤釣鉤江賦筒灑連鋒五臣云鋒釣鉤歸田賦貪餌而吞鉤劉氏新論觀量篇夫釣者雖有籊竿纖綸芒鉤芳餌增以詹何之妙不能與罾罟爭多北魏高湛墓銘

垂竿起譽罷鉤流聲

鏊 芊箠耑有鐵從金埶聲讀若至 脂利切

本書匿讀如羊騶箠顏謂箠下脫鏊字蓋言讀如鏊也

芊箠耑有鐵者鐵當爲鐵廣雅鏊銳也本書笍羊車騶箠也箸箴其耑長半分廣雅鏊椎也椎當爲錐增韻鏊下云羊車箠箸箴其耑亦謂之鏊淮南道應訓白公勝慮亂罷朝而立倒杖策錣上貫頤血流至地而弗知也高注策馬捶古箠捶通用端有鍼以刺馬謂之錣倒杖策故錣貫頤也汜論訓是猶無鏑銜橜策錣而御馯馬也高注錣椯頭箴本書椯箠也

鋃 鋃鐺瑣也從金良聲 魯當切

鋃鐺瑣也者後漢書崔寔傳注引同荀子需效篇鄉也胥靡之人注云胥相靡繫也謂鏁相聯相繫漢書所謂鋃鐺者也華嶠後漢書董卓收崔鈞父烈下之郿獄鋃鐺顏氏家訓文章篇後漢書囚司徒崔烈以鋃鐺鏁鋃鐺大鏁也世間多誤作金銀字武烈太子亦是數千卷學士嘗作詩云銀鏁三公腳刀撞僕射頭爲俗所誤顏案或作琅當漢書王莽傳以鐵鎖琅當其頸顏注

琅當長鏁也西域傳亦作琅當

鐺 鋃鐺也從金當聲 都郎切

鋂 大瑣也一鐶貫二者從金每聲詩曰盧重鋂 莫桮切

大鎖也者詩正義引作環也廣雅鋂環也廣韻鋂大環增韻鋂子母環也風俗通竅通篇內之狴犴堅其鋂梃一鐶貫二者詩正義引同詩曰盧重鋂者齊風盧令文傳云鋂一環貫二也正義云謂一大環貫二小環也

鍡 鍡鑸不平也從金畏聲 烏賄切

鍡鑸不平也者廣雅同或作畏壘莊子庚桑北居畏壘之山又作畏累史記老子列傳畏累虛無亢桑子之屬又作

碨磥後漢書文苑傳庚桑瑣隸風移碨磥

鍡鑘也從金壘聲 洛猥切

怒戰也從金氣聲春秋傳曰諸侯敵王所鎎 許既切

怒戰也者詩彤弓釋文引同春秋傳曰諸侯敵王所鎎者文四年左傳文彼作愾杜注愾恨怒也

箸門鋪首也從金甫聲 普胡切

箸門鋪首也者李善注舞賦引作箸門抪首集韻鋪首箸門銜環者通俗文門扇飾謂之鋪首三輔黃圖金鋪玉戶注云金鋪扉上有金華中作獸及龍蛇鋪首以銜環也藝文類聚引風俗通義門戶鋪首謹案百家書云公輸般之水見蠡曰見汝形蠡適出頭般以足畫圖之蠡引閉其戶終不可得開般遂施之門戶云人閉藏如是固周密矣漢書揚雄傳排玉戶而颺金鋪兮李奇曰鋪門鋪首也長門賦擠玉戶以撼金鋪兮李善曰金鋪以金爲鋪首也五臣云金鋪扉上有金花花中作鈕鐶以貫瑣故撼搖有聲蜀都賦金鋪交映劉注金鋪門鋪首以金爲之景福殿賦青

瑣銀鋪李善云鋪以銀爲鋪首也李尤平樂觀賦歷金環之華鋪輟耕錄今人家窗戶設鈸具或鐵或銅名曰環紐卽古金鋪之遺意北方謂之屈戌其稱甚古梁簡文詩織成屛風金屈戌李商隱詩鎖香金屈戌李賀詩屈膝銅鋪鎖阿甄屈膝當是屈戌

所以鉤門戶樞也一曰治門戶器也從金巽聲 此緣切

所以鉤門戶樞也者玉篇鐉門鉤也

叉取也從金少聲 楚交切

叉取也者司馬彪云物根在土際布在水就水上視之不見鈔之可得玉篇鈔强取也掠也方言鈔强也注云强取物也後漢書公孫瓚傳攻鈔郡縣或作抄通俗文遮取謂之抄掠言强奪取物也裴注魏志抄畧諸郡

以金有所冒也從金沓聲 他荅切

以金有所冒也者本書韗轂耑沓也御覽引書轂沓也竝當爲錔玉篇錔器物錔頭也昭二十五年左傳郈氏爲之金距服注以金錔距通作沓漢書外戚傳切皆銅沓冒顏注沓冒其頭也

斷也從金昏聲 古潪切

斷也者廣雅同本書劊斷也鏅劊音義同本書譮籀文從會

鬄也從金各聲 盧各切

鬄也者廣韻引作鬎也本書鬄鬀髮也梵書須髮自落曲禮乘髦馬注云髦馬不鬄落也

伐擊也從金亶聲 旨善切

伐擊也者集韻齊謂築曰饘字或作劗玉篇劗伐擊也

利也從金族聲 作木切

利也者古諺曰欲得轂馬耳鏃鏃謂鈕頭之利者

刺也從金叏聲 於決切

刺也者廣雅同

利也從金欶聲 所右切

利也者廣韻鏉鏅利

殺也 力求切

顧炎武曰王莽傳劉之爲字卯金刀也正月剛卯金刀之利皆不得行又曰受命之日丁卯丁火漢氏之德也卯劉姓所以爲字也光武告天祝文引讖記曰卯金修德爲天子公孫述引援神契曰西太守乙卯金謂西方太守而乙絕卯金也是古未嘗無劉字也蕤棨本書瀏鏐竝從劉書顧命一人冕執劉傳云劉鉞屬鄭注劉蓋今鑱斧考靈曜卯金出軫演孔圖卯金刀名爲劉中國東南出荊州赤帝後次代周漢含孳劉季握卯金刀在軫北字禾子天下服卯在東方陽所立仁且明金在西方陰所立義成功刀居右字成章刀擊秦枉矢東流水神哭祖龍奴漢官儀王莽篡位以劉字卯金刀更作小錢魏志王粲傳注路粹誣奏孔融言有天下者何必卯金刀此皆古有劉字之證徐鍇謂鎦劉同字棨宋書竟陵王誕

傳貶姓畱氏誕以反亂貶姓若鐂劉同字定不貶爲畱矣

殺也者釋詁文通作劉方言劉殺也秦晉宋衛之閒謂殺曰劉晉之北鄙亦曰劉書君奭咸劉厥敵傳云皆殺其敵盤庚重我民無盡劉傳云劉殺也詩武勝殷遏劉傳云劉殺也成十三年左傳虔劉我邊陲杜注虔劉皆殺也鹽鐵論論菑篇引月令涼風至殺氣動天子始貙劉以順天令

鍢 業也賈人占鍢從金昏聲 武巾切

業也者廣雅貽本也鍢稅也玉篇貽本作鍢業也筭稅也易繫辭富有之謂大業史記貨殖傳曰田農拙業也賣漿小業也　賈人占鍢者史記平準書各以其物自占索隱云度其財物多少爲文薄送之官也占音之贍反漢書昭帝紀罷榷酤官令民得以律占租如淳曰律諸當占租者家長身各以其物占占不以實家長不身自書皆罰金二斤沒入所不自占物及賈錢縣官也顏注占謂自隱度其實定其辭也今猶謂獄訟之辨曰占皆其意也占音章贍反通鑑陳敬瑄括富民財以供軍使各自占又云魏天興中詔采諸漏戶令輸繒帛於是自占爲細繭羅縠戶者甚

衆周禮太宰以九賦斂財賄注云賦口率出泉也今之算泉民謂之賦此其舊名與通作緡漢書張湯傳籠天下鹽鐵排富商大賈出告緡令食貨志異時算軺車賈人之緡錢皆有差請算如故諸賈人末作貰貸賣買居邑貯積諸物及商以取利者雖無市籍各以其物自占率緡錢二千而算一匿不自占占不悉戍邊一歲沒入緡錢武帝紀初算緡錢李斐曰緡絲也以貫錢也一貫千錢出算二十也顏注謂有儲積錢者計其緡貫而稅之馥案緡本借字說者以爲錢貫失之陸宣公奏議方且算樺販之緡劉禹錫和州刺史廳記開元詔書以口筭第郡縣爲三品輸緡錢十六萬

鉅 大剛也從金巨聲 其呂切

大剛也者史記禮書宛之鉅鐵集解云徐廣曰大剛曰鉅洪武正韻刀加鉅爲刃馥謂加剛也一切經音義三說文巨大作鉅字從金馥案漢書食貨志庶人之富者累鉅萬顏注鉅大也通作巨廣雅巨大也小爾雅巨大也方言齊宋之閒謂大爲巨薛綜注西京賦巨大也

鎕 鎕銻火齊從金唐聲 徒郎切

鎕銻火齊者龍龕手鑑鎕銻火齊也徐鍇曰火齊如珠黃色揭之葉葉起也吳都賦火齊之寶注引異物志火齊如雲母重沓而可開色黃赤似金出日南本書序庿序后也玉篇序古銻字或作鎕銻東觀漢記和熹鄧皇后嘗夢捫天體蕩蕩正青滑如鎕銻

銻 鎕銻也從金弟聲 杜兮切

鈋 吪圜也從金化聲 五禾切

吪圜也者集韻類篇引作鈋徐鍇本同廣韻鈋刓也去角也廣雅鈋刓也楚詞九章刓方以爲圜通作訛漢書韓信傳刻印刓忍不能予蘇林曰刓音刓角之刓手弄角訛不忍授也刓或作抏漢書食貨志注抏訛也謂摧挫也史記扁鵲倉公列傳案抏毒尉索隱云抏音玩亦謂按摩而玩弄身體使調也

鐜 下垂也一曰千斤椎從金敦聲 都回切

下垂也者玉篇鐜徒對切馥案北方行此音謂以重物繫布帛絲縷使下垂也通作錘太元周次四錘以玉鐶一日千斤椎者史記信陵君傳朱亥袖四十斤鐵椎椎殺晉鄙漢書淮南厲王傳有才力乃往請辟陽侯出見郎自褎金椎椎之

鍒 鐵之耎也從金從柔柔亦聲 耳由切

鐵之耎也者龍龕手鑑鍒謂耎鐵也本草圖經鐵再三銷拍可以作鍱者爲鍒鐵鹽鐵論水旱篇鐵刀不銷鍊則堅柔不和工致其事則剛柔和器用便

錭 鈍也從金周聲 徒刀切

鈍也者廣雅同或作鋾集韻錭與鋾同五音集韻鋾鍡鈍也

鈍 錭也從金屯聲 徒困切

漢書賈誼傳莫邪爲鈍兮鉛刀爲銛　陳琳檄吳文兵不鈍鋒通作頓漢書嚴助傳不勞一卒不頓一戟顏注頓讀曰鈍

利也從金朿聲讀若齊 徂奚切

錗 側意從金委聲 女恚切

側意者錗與錘通集韻錘側意

文一百九十七　重十三

說文解字弟十四　義證弟四十六

曲阜桂馥學

幵 平也象二干對構上平也凡幵之屬皆從幵 古賢切

文一

勺 挹取也象形中有實與包同意凡勺之屬皆從勺 之若切

本書枓勺也斟勺也 玉篇勺飲器也十勺爲升 周禮梓人爲飲器勺一升 舊三禮圖勺容五升口徑六寸曲中博三寸長三寸柄長二尺四寸漆赤中柄末亦丹 明堂位其勺夏后氏以龍勺殷以疏勺周以蒲勺 定四年左傳勺飲不入口 語林諸阮以大盆盛酒朱勺數枚 束晳貧家賦舉短柄之屈勺 史記項羽本紀沛公不勝桮杓 漢書息夫躬傳霍顯之謀將行於杯杓顔注杓所以抒挹也字與勺同 又通作酌禮孔子閒居上酌民言注云酌猶取也成六

年左傳子爲大政將酌於民者也杜注酌取民心以爲政成十四年傳衛夫人見太子之不哀也不內酌飲

挹取也者詩大東惟北有斗不可以挹酒漿又行葦酌以大斗正義云蓋從大器挹之於樽用此勺耳士冠禮勺觶角柶注云勺尊升所以斢酒也僖八年公羊傳蓋酌之也何注酌挹也

与 賜予也一勺爲与此与與同 余呂切

賜予也者通作與書湯誓予其大賚汝傳云賚與也周禮大卜以邦事作龜之八命三曰與注云與謂予人物也曲禮與人者不問其所欲 此与與同者當云此與予同

文二

几 踞几也象形周禮五几玉几雕几彤几髹几素几凡几之屬皆從几 居履切

阮諶三禮圖几長五尺高尺二寸廣二尺 詩行葦或肆之筵或授之几箋云稚者爲設筵而已老者加之以几 漢官

儀黃門令爲大師於省中施坐置几

踞几也者本書㞘從尸下兀居几急就篇簡札檢署槧牘家顏注家伙几也今謂之夾膝　周禮五几云云者春官司几筵掌五几王左右玉几諸侯右彫几筵國賓左彤几甸役右漆几几喪事右素几

凭　依几也從几從任周書曰凭玉几讀若馮皮冰切

依几也者尙書釋文引同又云字林同張華有依几銘通作機昭五年左傳設機而不倚凭或作憑語林孫翊詣任元褒見門吏憑几視孫入語任曰吏憑几對客不爲禮任便推之吏荅云得罰體痛以橫木扶持非憑几也孫曰直木橫施植其兩足便爲憑几何必孤鵠蟠膝曲木抱腰　周書曰凭玉几者顧命文彼作憑　讀若馮者詩卷阿有馮有翼箋云馮馮几也士喪禮主人西面馮尸注云馮服膺之僖五年左傳神所馮依將在德矣

凥　處也從尸得几而止孝經曰仲尼凥凥謂閒凥如此九魚切

處也者凥通作居詩殷其靁莫或遑處擊鼓爰居爰處四牡不遑啟處黃鳥不可與處傳竝云處居也采薇不遑啟處箋云處猶居也論語不以其道得之不處也論衡作不居也王藻居士錦帶注云居士道藝處士也覆案凥坐也詩不遑啟居箋云啟跪也啟爲跪則居爲坐矣樂記子曰居吾語汝注云居猶安坐也仲尼燕居子曰居女三人者吾語女注云居女三人者女三人且坐也孝經居吾語汝孟子坐我明語子列子黃帝篇姬將告汝注云姬居也又姬魚語女注云姬音居檀弓何居鄭注居讀爲姬姓之姬周易則居可知矣鄭注居讀爲姬　從尸得几而止者曲禮坐如尸曹憲注廣雅云凥古凥反案說文從尸几聲　孝經曰仲尼凥者開宗明義章文彼作居顏氏家訓仲尼居三字之中兩字非體三蒼尼旁益丘說文尸下施几　凥謂閒凥如此者孝經釋文云鄭元云凥凥講堂也王肅云閒居也孔安國云靜而思道也顏氏家訓何必仲尼居卽須兩紙疏義燕寢講堂亦復何在覆案晉胡母謙孝經傳云凥背東壁此亦兩紙疏義之文也禮孔子閒居鄭目錄云退燕避人曰閒居趙策武靈王平晝閒居鮑注言平日無事之時

処　止也得几而止從几從夂昌與切

止也者廣雅同詩江有汜其後也處鳧鷖來燕來處傳竝云處止也孫子軍爭篇卷甲而趨日夜不處　得几而止從几從夂者徐鍇本作從夂得几而止

處　或從虍聲

文四　重一

且　薦也從几足有二橫一其下地也凡且之屬皆從且子余切又千也切

徐鍇本且古文以爲且又以爲几字玉篇且古文作且

薦也者本書丌下基也薦物之丌苴履中草藉茅藉也凡從且者皆有薦藉意詩韓奕籩豆有且　從几者覆案且薦俎故從几　足有二橫者詩閟宮籩豆大房箋云大房玉飾俎也其制足閒有橫下有柎似乎堂後有房然士昏

禮主人拂几授校注云校几足戴侗曰記曰薦豆執校兩足閒橫木也覆案少牢禮腸三胃三長皆及俎距距卽橫也俎亦有足少儀取俎進俎不坐注云以其有足明堂位俎有虞氏以梡夏后氏以嶡殷以椇周以房俎注云梡斷木爲四足而已嶡之言蹷也謂中足爲橫距之象周禮謂之距椇之言枳椇也謂曲橈之也房謂足下跗也上下兩閒有似於堂房

俎　禮俎也從半肉在且上側呂切

廣雅俎几也　方言俎几也西南蜀漢之郊曰杫覆案後漢書鍾離意傳藥崧爲郎無被枕杫注云謂俎几也　禮俎也者宗廟祭器也隱五年左傳鳥獸之肉不登於俎則君不射杜注俎祭宗廟器切肉之薦亦曰俎史記項羽本紀如今人爲刀俎我爲魚肉說者以俎爲椹版是也　從半肉在且上者字書俎肉几也鄉射禮賓辭以俎注云俎者肴之貴者也後漢書馬融傳起謀於尊俎之閒注云俎載牲之器

且往也從且豦聲昨誤切

且往也者本書退往也籒文從虘檀弓說祖奠云夫祖者且也禮記奔喪注云自是哭且遂行

文三

斫木也象形凡斤之屬皆從斤　舉欣切

本書櫎斤柄性自曲者　廣韻引周書神農作陶冶斤斧考工記宋之斤　孟子斧斤以時入山林　莊子運斤成風斫木也者李善注長笛賦引同字鑑引作斫木斧也徐鍇本同哀二十五年左傳皆執利兵無者執斤杜注斤工匠所執覆案因三匠作亂故執斤字或作釿釋名釿謹也板廣不可得制削又有節則用此斫之所以詳謹令平滅斧跡也莊子在宥篇釿鋸制焉

黃庭經天庭地關列斧釿

斫也從斤父聲　方矩切

釋名斧甫也甫始也凡將制器始用斧伐木已乃制之也急就篇鈐鐕鉤銍斧鑿鉏顏注斧所以伐木也　詩旣破我斧傳云隋銎曰斧

斫也者易旅卦得其資斧注云斧所以斫除荊棘以安其舍者也薛珝異物志江東呼斧斤爲錯釿謂錯斫一聲之轉

方銎斧也從斤爿聲詩曰又缺我斨　七羊切

釋名斨牂也斫伐皆牂毀也

方銎斧也者別於橢銎也詩七月取彼斧斨傳云斨方銎也鶡冠子世兵篇橢枋一術奚足以游陸佃注橢讀如隋銎之隋枋讀如方銎之方　詩曰又缺我斨者豳風破斧文

擊也從斤石聲　之若切

擊也者玉篇斫刀斫　枚乘七發斫斬以爲琴

斫也從斤句聲　其俱切

玉篇斪斸屬覆案本書钁大鉏也國語惡金以鑄鉏夷斤欘賈注斤钁也　通作句釋器斪斸之定考工記注引作句欘

斫也從斤屬聲　職玉切

斫也者本書欘斫也山海經縣斸之山注云音如斤斸之斸廣韻斸與钃同荀子榮辱篇所謂以狐父之戈钃牛矢也注云或讀钃爲斫

斫也從斤㽙　竹角切

書梓材旣勤樸斲　宣十年左傳斲子家之棺杜注斲薄其棺　成二年傳賂之以執斲杜云執斲匠人　哀十五年傳天或者以陳氏爲斧斤旣斲喪公室　淮南說林訓循繩而斲則不過　何晏景福殿賦匠斫不知其所斲

斫也者李善注七命琴賦所引竝同廣雅亦同　楚詞九歌斲冰兮積雪王注斲斫也　從斤㽙者徐鍇本作㽙聲

斲或從畫從丮

劑斷也從斤金　宜引切

劑斷也者一切經音義十四說文釿劑也劑音子隨反翦刀也覆案玉篇廣韻竝作劑也　從斤金者下當云斤亦聲

伐木聲也從斤戶聲詩曰伐木所所　疏舉切

伐木聲也者顏注急就篇所所斫木聲也　詩曰伐木所所者小雅伐木文彼作許許所許聲相近漢書疏廣傳數問其家金餘尚有幾所顏注幾所猶言幾許淮南道應訓今夫舉大木者前呼邪許後亦應之魏子才曰關西方言致力於一事爲所李獻吉曰西士人謂著力幹此事則呼爲所

析也從斤其聲詩曰斧以斯之　息移切

析也者鄭注月令大者可析謂之薪酒誥有斯明享鄭注斯析也呂氏春秋報更篇趙宣孟見桑下餓人與之脯一朐曰斯食之注云斯析也釋言斯離也郭注齊陳曰斯孫炎曰斯析之離詩板無獨斯畏箋云斯離也列子黃帝篇華胥氏之國不知斯齊國幾千萬里注云斯離也字或作厮公羊傳厮役扈養史記張耳傳厮養卒漢書厮輿之卒韋昭曰析薪曰斯炊烹曰養史記河渠書乃厮二渠以引其河漢書溝洫志厮作釃孟康云釃分也　詩曰斧以斯

之者陳風墓門文傳云斯析也

斮　斬也從斤𠭴聲　側略切

斬也者書泰誓斮朝涉之脛傳云斮而視之成二年公羊傳法斮何云斮斬呂氏春秋貴直篇齊王問吏曰哭國之法若何吏曰斮注云斮斬史記魯仲連傳因齊後至則斮漢書揚雄傳斮亙挺顏注斮斬也

斷　截也從斤從𢇍𢇍古文絕　徒玩切

截也者本書截斷也釋名斷段也分爲異段也易繫辭其利斷金正義云能斷截於金書盤庚乃斷棄汝傳云斷絕也詩商頌是斷是遷正義云於是斬斷之孟子截長補短王制作斷長補短

古文斷從㠯㠯古文叀字周書曰㫁㫁猗無他技

周書曰㫁㫁猗無他技者泰誓文彼作斷斷猗無他技傳云斷斷猗然專一之貌鄭注大學斷斷誠一之貌文十二年公羊傳惟一介斷斷焉無他技注云斷斷猶專一也後漢書卓茂傳斷斷小宰無他庸能注云斷斷猶專也史記

張丞相列傳娓娓廉謹集解徐廣曰一作斷索隱云義如尚書斷斷猗無他技

亦古文

柯擊也從斤良聲　來可切

柯擊也者廣韻⿰良斤相擊也類篇⿰良斤下云⿰良斤⿰良斤掣也掣疑擊

新　取木也從斤亲聲　息鄰切

取木也者新通作薪詩七月采茶薪樗箋云惡木之薪

斦　二斤也從二斤　語斤切

質從此

文十五　重三

斗　十升也象形有柄凡斗之屬皆從斗　當口切

十升也者說苑十升爲一斗漢書律歷志斗者聚升之量也或借㪷漢書平帝紀民捕蝗詣吏以石㪷受錢後漢書仲長統傳令畝收三斛斛取一㪷增韻考工記梓人一獻而三酬則一豆矣注豆當作斗釋文音斗居正案今俗書斗斛之斗爲㪷益訛併耳

斛　十斗也從斗角聲　胡谷切

風俗通斛者角也漢書律歷志斛者角斗平多少之量也九章筭術古粟斛方一尺深一尺長二尺七寸夏侯陽筭經倉曹云古者鑿地方一尺深一尺六寸二分受粟一斛至漢王莽改鑄銅斛用深一尺九寸二分至宋元嘉二年徐受重鑄用二尺三寸九分至梁大同元年甄鸞校之用二尺九寸二分十斗也者聘禮記十斗曰斛雜令諸量以秬黍中者容一千二百爲龠十龠爲合十合爲升十升爲斗十斗爲斛北史韋孝寬傳百升飛上天百升斛也

斝　玉爵也夏曰琖殷曰斝周曰爵從吅從斗冂象形與

爵同意或說斝受六升　古雅切

玉爵也者王觀國引字書同廣雅斝爵也昭七年左傳賂以斝耳注云斝耳玉爵昭十七年左傳若我用瓘斝玉瓚杜云斝玉爵也黃長睿曰斝比爵但無咮尾夏官量人凡宰祭與鬱人受斝注云鄭司農云斝讀如嫁娶之嫁斝器名元謂斝讀如嘏尸之嘏　夏曰琖殷曰斝周曰爵者本書無琖字字鑑引作醆徐鍇本同本書醆爵也廣韻引禮記作醆廣雅醆爵也明堂位爵夏后氏以琖殷以斝周以爵鄭注斝畫禾稼也詩行葦洗爵奠斝傳云斝爵也夏曰醆殷曰斝周曰爵　斝受六升者御覽引作爵受十六升馥謂十字衍

料　量也從斗米在其中讀若遼　洛蕭切

量也者李善注魏都賦引同又注藉白馬賦引字林亦同史記孔子世家嘗爲季氏吏料量平通鑑言宋濫錢之弊云市井不復料數注云料量也料數者料其多少之數也禮運月以爲量正義量猶分限也

斞　量也從斗臾聲周禮曰求三斞　以主切

廣雅鍾十曰斞莊子田子方篇斞斛不敢入於四竟釋文云司馬本作觳斞觳讀曰鍾斞讀曰臾通作臾小爾雅四豆爲區四區曰釜釜有半曰臾又通作庾論語與之庾包注十六斗曰庾魯語其歲收田一井出稯禾秉芻缶米韋注缶庾也聘禮曰十六斗曰庾昭二十六年左傳粟五千庾杜注庾十六斗史記魯世家將粟五千庾集解賈逵曰十六斗爲庾五千庾八萬斗聘禮門外米三十車車秉有五籔注云秉籔數名也秉有五籔二十四斛也籔讀若不數之數今文籔或爲逾聘禮記十六斗曰籔注云今江淮之閒量名有爲籔者今文籔爲逾馥案斞逾籔聲相近

量量也者廣雅同五經文字斞量名　周禮曰求三斞者考工記弓人文彼作漆三斞馥謂漆本作桼傳寫譌爲求類篇不誤

蠡柄也從斗倝聲揚雄杜林說皆以爲軺車輪斡烏括切

顧炎武曰史記賈生傳斡棄周鼎兮而寶康瓠應劭曰斡音筦筦轉也斡流而遷兮或推而還索隱曰斡音烏活反斡轉

也義同而音異今說文云斡蠡柄也從斗斡聲揚雄杜林說皆以爲軺車輪斡烏括切顏師古匡謬正俗云聲類字林竝音管賈誼服鳥賦云斡流而遷張華勵志詩云大儀斡運皆爲轉也楚辭云筦維焉繫此義與斡同字卽爲筦故知斡管二音不殊近代流俗音烏括切非也馥案廣雅斡轉也鶡冠子斡流遷從潘岳河陽縣詩斡流隨風飄謝惠連詩傾河易回斡幽通賦斡流遷其不濟兮此皆轉義也

蠡柄也者斡通作幹考工記梟氏爲鍾鍾縣謂之旋旋蟲謂之幹馥謂卽孟子所云追蠡　揚雄杜林說皆以爲軺車輪幹者類篇斡轂端沓也

羹斗也從斗鬼聲苦回切

羹斗也者本書枓勺也匜似羹魁齊民要術種榆十年後魁椀瓶榼器皿無所不任春秋運斗樞北斗七星第一至第四爲魁第五至第七爲杓合爲斗

平斗斛也從斗冓聲古岳切

平斗斛也者徐鍇本作平斗斛量也廣雅斠量也通作角玉篇斠今作角管子七法篇斗斛也角量也呂氏春秋仲秋紀正鈞石齊升角月令仲春角斗甬注云較其同異也又通作較孟子魯人獵較漢書孔光傳較然甚明又通作校論語犯而不校學記中年考校周禮小宰比官府之具鄭云比校次之又通作講漢書蕭何傳講若畫一

勺也從斗甚聲職深切

勺也者本書勺挹取也周語而後王斟酌焉韋注斟取也楚辭天問彭鏗斟雉帝何饗注云斟勺也風俗通聲音篇周公作勺勺言能斟勺先祖之道也通作酌廣雅斟酌也漢書敘傳斟酌六經西都賦騰酒車以斟酌

抒也從斗余聲讀若荼似嗟切

抒也者纂文抒水斗也集韻捈抒也通作斜廣雅捈抒也

挹也從斗臾聲舉朱切

挹也者廣雅斞抒也士冠禮注勺尊升所以斞酒也詩大東維北有斗不可以挹酒漿傳云挹斞也思元賦斞白水

以爲漿或通作仇詩賓之初筵賓載手仇箋云仇讀曰斞釋文斞謂挹取酒

量物分半也從斗從半半亦聲博慢切

量物分半也者本書半物中分也　半亦聲者當爲半聲

量溢也從斗旁聲普郎切

量溢也者集韻引作量物溢也徐鍇本同今雲南順寧以一斗爲一斛

抒滿也從斗䜌聲俱願切

抒滿也者滿當爲漏本書欒漏流也一切經音義四通俗文汲取曰欒說文抒漏也又十九舀漏舀弋紹反欒舀也舀抒也廣雅欒抒也抒渫也舀也

相易物俱等爲斣從斗蜀聲昌六切

相易物俱等爲斣者斣與贖義同玉篇贖質也

斛旁有斛從斗庣聲一曰突也一曰利也爾疋曰斛謂之疀古田器也 土雕切

庣當爲庣

斛旁有斛者廣韻斛斗旁耳或作庣漢書律歷志方尺而圜其外旁有庣焉鄭氏曰庣音條桑之條庣過也筭方一尺所受一斛過九氂五豪然後成斛顏注庣不滿之處也隋書律歷志祖沖之以圓率考之斛當徑一尺四寸三分六氂一豪九秒二忽庣旁一分九豪有奇又云梁表鐵尺律黃鍾副別者其長短及口空之圍徑竝同而容黍或多或少皆是作者旁庣其服使有盈虛　庣聲者本書無庣字　一曰突也者突當爲窔本書窔窅也廣雅斛窅也通作銚莊子銚鎒於是乎始修注云銚削也能有所穿削也又通作銷釋名鍤或曰銷銷削也能有所穿削也　一曰利也者集韻斛與銚同鹽鐵論　犀銚利鉏管子推引銚耨以當劒戟呂氏春秋長銚利兵　爾疋曰斛謂之疀者釋器文彼作斛文選注引爾雅鍬謂之鍤廣韻銛臿也亦作斛方言臿燕之東北朝鮮洌水之閒謂之斛注云湯料反

此亦蒸聲轉也　古田器也者本書疀斛也古田器也銚下云一曰田器郭注爾雅云皆古鍬鍤字

十龠也從斗亦象形 識蒸切

玉篇十勺爲升　崔靈恩詩集注古者爲升上徑一寸下徑六分其深八分　粟米筭法方一尺深一尺六寸二分容一斛縱橫十截破之一方有十六寸二分容一升百六十二寸容一斗千六百二十寸容一斛　考工記陶人疏引小爾雅匊二升二匊爲豆豆四升

十龠也者當爲二十龠廣雅龠二曰合合十曰升說苑度量權衡以黍生之千二百黍爲一龠十龠爲一合十合爲一升漢書律歷志合龠爲合十合爲升又云合者合龠之量也升者登合之量也律呂新書合龠爲合兩龠也積千六百二十分十合爲升二十龠也積一萬六千二百分

文十七

酋矛也建於兵車長二丈象形凡矛之屬皆從矛 莫浮切

當作𣐇　世本杼作矛　方言矛或謂之釨矛骹細如雁脛者謂之鶴厀　有小枝刃者謂之鉤釨郭注鶴厀云今江東呼爲鈴釘　呂氏春秋知分篇直兵造胷注云直矛也　淮南時則訓孟春之月其兵矛高注矛有鋒銳似萬物鑽地生　書顧命一人冕執戣一人冕執瞿鄭注戣瞿蓋今三鋒矛　崔鴻後趙錄冉閔杖雙刃矛　通鑑李閔操兩刃矛注云兩刃矛者鋏之兩旁皆利其刃或作釨王褒僮約倚盾曳釨

酋矛也者鄭司農云酋發聲直謂矛　後鄭云酋夷長短名酋之言遒也酋近夷長矣詩情人二矛重英箋云二矛酋矛夷矛也酋或作厹詩小戎厹矛鋈錞傳云厹三隅矛也正義云刃有三角又或作仇釋名仇矛讎也所伐則平如討仇讎也又云仇矛頭有三叉言可以討仇敵之矛也

建於兵車者周禮司兵軍事建車之五兵注云鄭司農云五兵者戈殳戟酋矛夷矛考工記車有六等之數車軫四尺謂之一等戈柲六尺有六寸旣建而迆崇於軫四尺謂之二等人長八尺崇於戈四尺謂之三等殳長尋有四尺崇於人四尺謂之四等車戟常崇於殳四尺謂之五等酋

矛常有四尺崇於戟四尺謂之六等注云此所謂兵車也戈殳戟矛皆插車輢鄭司農云迆讀爲倚移從風之移謂箸戈於車邪倚也詩淸人二矛重喬傳云重喬累荷也正義云以矛建於車上五兵之最高者也候人傳曰荷揭也謂此二矛刃有高下重累而相負揭　閟宮箋云兵車之法右人持矛成十六年左傳晉與楚戰于鄢陵欒鍼爲右使告楚令尹子重曰寡君乏使使鍼御持矛焉　哀二年傳衛太子爲右禱云蒯聵不敢自佚備持矛焉　長二丈者急就篇矛鋋鑲盾刃刀鉤顏注矛酋矛也長二丈詩無衣修我戈矛傳云矛長二丈考工記廬人酋矛常有四尺夷矛三尋注云八尺曰尋倍尋曰常

古文矛從戈

汗簡引作　本書繑從矛古文作　古銅印茅字作　李陽冰庾公德政頌柔作

從戈者字林矛有二橫曰[illegible]是矛亦橫出刃者故從戈陳祥道禮書自考工言之則爲刺兵自說文言之則爲句兵蓋矛之爲器上銳而旁句上銳所以象物生之芒旁句所以象物生之句馥案從戈故爲句兵

⿰矛良　矛屬從矛良聲魯當切

矛屬者廣韻⿰矛良短矛

⿰矛害　矛屬從矛害聲苦蓋切

矛屬者廣雅⿰矛害矠也

矠　矛屬從矛昔聲讀若笮士革切

魯語矠魚鼈本書作簎

矜　矛柄也從矛今聲居陵切又巨巾切

矛柄也者廣雅矜柄也釋名矛冒也刃下冒矜也方言矛其柄謂之矜考工記廬人注云凡矜八觚案本書籚積竹矛戟矜也鄭注書顧命凡此七兵或施矜或著柄馥案矜八觚柄橢圜及方燕策矜戟砥劍淮南兵畧訓伐棘棗而爲矜高注矜矛柄漢書徐樂傳奮棘矜顏注棘戟也矜者戟之把也或作⿰禾雚史記秦始皇本紀鉏櫌棘矜集解服虔曰以鉏柄及棘作矛⿰禾雚也方言矜謂之杖郭注矛戟⿰禾雚即杖也今聲者石經論語殘碑校官碑魏受禪碑竝從令

⿰矛丑　刺也從矛丑聲女久切

刺也者廣雅同考工記廬人凡爲酋矛參分其晉圍去一以爲刺圍鄭司農云刺謂矛刃胷也

文六　重一

車　輿輪之總名夏后時奚仲所造象形凡車之屬皆從車尺遮切

淮南子聖人觀轉蓬而爲車　賈誼書古之爲路輿也蓋圜以象天二十八橑以象列星軫方以象地三十輻以象月故仰則觀天文俯則察地理前視則覩鸞和之聲側聽則觀四時之運此輿教之道也　釋名車古者曰車聲如居言行所以居人也今日車車舍也行者所處若車舍也　墨子節用篇車爲服重致遠乘之則安引之則利安以不傷人利以速至此車之利也　戴君震釋車曰車式較內謂之輿其深謂之隧枕輿下謂之軫軫謂之收㪔輿旁謂之輢式前謂之軓軓謂之陰縮輢上者謂之較輿前卑於較者謂之式車闌謂之軨輢內之軨謂之軹式下人所對謂之轛輪輮謂之牙牙謂之輞輪轒謂之輻輻近轂謂之股近牙謂之骹輻端之枘建轂中者謂之菑菑沒鑿謂之弱建牙中者謂之蚤以偏枘入牙而出之謂之綆轂空壺中所以受軸謂之輳輳謂之藪以金裹轂中謂之釭大釭謂之賢轂末小釭謂之軹轂端錔謂之輨輨謂之軑以革幬轂謂之軝軸末謂之轊軸當轂釭閒之以金謂之鐧軸端之鍵以制轂者謂之舝伏兔謂之轐輿下任正者謂之輈輈出軓前穹而上謂之胡胡謂之侯輈端謂之頸後謂之踵當兩轐之閒謂之當兔輗謂之衡衡下烏啄謂之軥所以持衡者謂之軏車蓋之杠謂之桯蓋斗謂之部其柄謂之達常隆屈謂之弓弓近部謂之股弓末謂之蚤大車之較謂之牝服其內謂之箱所以引車謂之轅轅謂之扃持扃者謂之輗輪輞謂之渠有輻謂之輪無輻謂之輇　輿輪之總名者續漢書輿服志上古聖人見轉蓬始知爲輪輪行不可載因物生知復爲之輿輿輪相乘流運罔極任重致遠天下獲其利　夏后時奚仲所造者一切經音義六引作作五經文字同世本奚仲始作車尸子造車者奚仲也墨子非儒篇奚仲作車管子形勢篇奚仲之爲車器也方圜曲直皆中規矩準南修務訓奚仲爲車高注

奚仲夏車正新語道基篇川谷交錯風化未通九州絕隔未有舟車之用以濟深致遠於是奚仲乃橈曲爲輪因直爲轅駕車服牛浮舟杖檝以代人力論衡對作篇造端更爲前始未有若奚仲作車是也續漢書輿服志奚仲爲車正具物以時六材皆良鄭氏六蓺論黃帝佐官有七人奚仲造車古史考黃帝作車至少昊始駕牛及陶唐氏制彤車乘白馬則馬駕之初也有虞氏因彤車而制鸞車夏后氏因鸞車而制鉤車俾車正奚仲建斿旐尊卑上下各有等級荀子解蔽篇奚仲作車注云奚仲夏禹時車正黃帝時已有車服故謂之軒轅此云奚仲者亦改制耳宋書禮志系本云奚仲始作車案庖羲畫八卦而爲大輿服牛乘馬以利天下奚仲乃夏之車正安得始造乎系本之言非也大荒北經番禺生奚仲奚仲生吉光吉光是始以木爲車注云世本云奚仲作車此言吉光明其父子共創作意是以互稱之定元年左傳薛之皇祖奚仲居薛以爲夏車正呂氏春秋君守篇奚仲作車高注奚仲黃帝之後任姓也傳曰爲夏車正封於薛漢書地理志魯國薛縣夏車正奚仲所國潛夫論夏之興有任奚爲夏車正以封於薛後遷於邳王季之妃大任之姓也皇覽奚仲冢在魯國薛縣東去縣二十五里山上因名奚仲山下名奚仲亭

𨏥　籒文車　本書輈籒文作𨏥

軒　曲輈藩車從車干聲　虛言切

聲類軒安車也　楚詞注軒輕車也　鹵簿令有皮軒車　定九年左傳與之犀軒注云犀軒卿車夫人車以魚爲飾卿車以犀皮爲飾　初學記諸侯軒懸去南面飾三面其形如軒

曲輈藩車者荀子非相篇軒較之下注引本書軒曲輈也史記索隱引作屛車一切經音義六引作轓車徐鍇本同錯曰轓兩旁壁也增韻轓下引說文轓車之蔽也漢書景帝紀令長吏二千石車朱兩轓顏注據許慎李登說轓車之蔽也續漢書輿服志公列侯安車黑轓注云車有轓者謂之軒又云轓長六尺下屈廣八寸上業廣尺二寸後漢書董卓傳卓遂僭擬車服乘金華青蓋爪畫兩轓注云廣雅云轓車箱也漢舊儀丞相車墨兩轓謝承後漢書三公車轓畫作鹿鄭宏爲臨淮太守行春兩白鹿夾轂而行主簿賀曰三公車轓畫作鹿明府當爲宰相玉篇箳篂車轓

轓車箱篇海箳篂蔽篁也通俗文車當謂箳篂郭林宗別傳芳仲玫爲從事嘗柴車駕牛編荊爲當續漢書輿服志注謝承書曰孔恂字巨卿新淦人州別駕從事車前舊有屛星如刺史車曲翳儀式是時刺史行部發去日晏刺史怒欲去別駕車屛星恂諫曰明使君傳車自發晚而欲徼去屛星毁國舊儀此不可行別駕可去屛星不可省郎投傳去刺史追辭謝請不肯還於是遂不去屛星說文曰車當謂之屛星馥案本書無此文或誤引轓經典作藩宋書禮志上古聖人見轉蓬始爲輪後代聖人觀北斗魁方杓曲攜龍角爲帝車曲其輈以便駕藩車詩韓奕簟茀錯衡箋云簟茀漆簟以爲車蔽今之藩也旣夕記蒲蔽注云蔽藩疏云藩謂車兩邊禦風爲藩蔽周禮巾車漆車藩蔽注云藩今時小車漆席以爲之蔽謂車旁禦風塵者閔二年左傳鶴有乘軒者服虔曰車有藩曰軒襄二十三年傳以藩載欒盈注云藩車之有障蔽者漢書陳遵傳乘藩車入閭巷顏注藩車車之有屛蔽者

輜　軿車前衣車後也從車甾聲　側持切

軿車前衣車後也者李善注策秀才文引作軿車前衣車後爲輜宣十二年左傳楚重至於邲杜注重輜重也正義云輜重載物之車也說文云輜一名軿前後蔽也蔽前後以載物謂之輜卑載物必重謂之重車人挽以行謂之輦輜重輦一物也襄十年傳稱秦堇父輦重如役挽此車也定九年傳載蔥靈寢於其中而逃注云蔥靈輜車名釋文蔥賈逵云蔥靈衣車也有蔥有靈然則此車前後有蔽兩旁開蔥可以觀望蔥中豎木謂之靈今人猶名蔥木爲靈子馥案本書戹輜車旁推戶也旁推戶卽兩旁之窗也正義兩引本書與文選注所引不同所見本異也袁子正論引字林軿車有衣蔽無後轅者謂之輜任君大椿曰宋書禮志太平御覽及玉海引字林云軿車有衣蔽無後轅其有後轅者謂之輜續漢書輿服志注通鑑音注急就篇補注引作軿車有衣蔽無後轅者謂之輜疑續漢書注本文無後轅三字下脫去其有後轅四字遂與宋書禮志相迕通鑑音注及急就篇補注皆沿襲其誤太平御覽及玉海則據宋禮志故不誤馥案范應元注老子輜庫車也字林載衣物車前後皆蔽若今庫車此引字林又與宋書異急就篇輜軺轅軸輿輪轅顏注輜衣車四面皆蔽也釋名輜車載輜重臥息其中之車也輜廁也所載衣物雜廁其中也又云衣車前戶所以載衣服之車也漢書張良傳雖疾

彊載輜車臥而護之淮南厲王傳廼遣長載以輜車顏注竝云輜車衣車也張敞傳禮君母出門則乘輜軿顏注輜軿衣車也續漢書高梵以衣車載太子後漢書齊武王縯傳出有輜軿之飾注云輜軿有擁蔽之車也東京賦姼日不離輜重張揖曰輜重有衣車也甄元成車賦複帷下而前屛重幨垂而後蔽詩簟茀朱鞹傳云車之蔽曰茀正義云謂車之後戶也周禮巾車凡良車散車不在等者其用無常注云謂若今輜車後戶之屬疏云漢時輜車與古者從軍所載輜重財貨之車皆車後開戶

軿　輜車也從車幷聲　薄丁切

輜車也者徐鍇本作輜車也集韻引作輕車也類篇韻會同洪武正韻軿輕車重曰輜輕曰軿後漢書袁紹傳注引作衣車也梁冀傳注引蒼頡篇軿衣車也楚王英傳得乘輜軿注云軿猶屛也自隱蔽之車宋書禮志案字林軿車有衣蔽無後轅釋名軿屛也四面屛蔽婦人所乘牛車也輜軿之形同有邸曰輜無邸曰軿周禮巾車翟車貝面組總有握注云有握則此無蓋矣如今軿車是也疏云漢法軿車無蓋故舉以況之廣韻輜軿兵車馥案軿有二義訓

爲衣車者婦人所乘後漢輿服志太皇太后皇太后非法駕則乘紫罽輧車列女傳齊孝孟姬傳妾聞妃后踰國必乘安車輜輧今立車無輧非所敢受命也西京雜記以輧車載輕薄少年爲女子服入後宮者日以十數是也訓爲兵車者軍旅所用亦取其屏蔽周禮車僕掌苹車之萃注云苹猶屏也所用對敵自蔽隱之車也杜子春云苹車當爲輧車是也

輼　臥車也從車𥁕聲烏魂切

臥車也者楚漢春秋淮陰武王反上自擊之上體不安臥輼車中通作溫史記齊世家桓公之中鉤佯死以誤管仲已而載溫車中馳行

輬　臥車也從車京聲呂張切

臥車也者史記李斯傳置始皇居轀輬車中漢書霍光傳載光尸柩以轀輬車文穎曰轀輬車如今喪轜車也孟康曰如衣車有窗牖閉之則溫開之則涼故名之轀輬車也臣瓚曰秦始皇道崩祕其事載以轀輬車百官奏事如故此不得是轜車類也案杜延年奏載霍光柩以輬車駕大廄白虎駟以轀車駕大廄白鹿駟爲倅顏云轀輬本安車也可以臥息後因載喪飾以柳翣故遂爲喪車耳轀者密閉輬者旁開窗牖各別一乘隨事爲名後人既專以載喪又去其一總爲藩飾而合二名呼之耳

軺　小車也從車召聲以招切

本書幹下云揚雄杜林說皆以爲軺車輪幹　宋書禮志漢代賤軺車而貴輜軿魏晉賤輜軿而貴軺車馥案謝承後漢書許慶家貧爲郡督郵乘牛車鄉里號曰軺車督郵此漢之賤軺也晉制中書令乘軺車傳暢故事尚書令軺車黑耳後戶僕射但後戶無耳此晉之貴軺也　晉書輿服志軺車古之時軍車也　隋書禮儀志軺車案六韜一名遙車蓋言遙遠四顧之車也　釋名軺車軺遙也遠也四向遠望之車也馥案漢始爲傳傳車漢律一馬二馬爲軺傳武帝迎申公弟子二人乘軺傳平帝紀徵天下通知逸經古記者在所爲駕一封軺傳遣詣京師顏注以一馬駕軺車而乘傳梅福傳求假軺傳顏注小車之傳也

小車也者史記貨殖傳正義引同平準書索隱引同季布傳朱家乃乘軺車之洛陽索隱云案謂輕車一馬車也釋名小車駕馬輕小之車也駕馬宜輕使之局小也顏注急就篇軺輕車也曲禮乘安車注云安車坐乘若今小車也庾蔚之曰漢世駕一馬而坐乘也

輕　輕車也從車巠聲去盈切

輕車也者其用有二埤蒼輕車轅兩尾楚詞九辯前輕輬之鏘鏘兮招魂軒輬既低注云軒輬皆輕車名也東觀漢記段熲徵還京師乘輕車介士鼓吹此言坐乘輕小之車也周禮車僕掌輕車之萃注云輕車所用馳敵致師之車也孫子作戰篇凡用兵之法馳車千駟革車千乘注云馳車輕車也革車重車也漢書百官表虎賁校尉掌輕車續漢書輿服志輕車古之戰車也洞朱輪輿不巾不蓋建矛戟幢麾轓輒弩箙藏在武庫吳孫兵法云有巾有蓋謂之武剛車武剛車者爲先驅又爲屬車輕車爲後殿焉此言軍旅之輕車也

輶　輕車也從車酋聲詩曰輶車鑾鑣以周切

釋言輶輕也　詩蒸民德輶如毛箋云輶輕也　幽通賦守孔約而不貳兮乃輶德而無累曹大家曰輶輕也　徐湑曰凡千字文易輶攸畏屬耳垣牆字書云輶輕也易即輕易謂凡人輕薄則必招尤爲可畏也詩云君子無易由言耳屬于垣

輕車也者廣韻輶輶車又云輕車　詩曰輶車鑾鑣者秦風駟驖文彼作鸞傳云輶輕也

輣　兵車也從車朋聲薄庚切

兵車也者後漢書光武紀注引作樓車也馥案樓車故稱高輣陳書高祖紀萬弩齊張高輣之所非敵是也史記衡山王傳作輣車鏃矢徐廣曰輣車戰車也漢書敘傳戎車七征衝輣閑閑鄧展曰輣兵車名也

軘　兵車也從車屯聲徒魂切

兵車也者釋名軘車戎者所乘也襄十一年左傳廣車軘車淳十五乘注云廣車軘車皆兵車名宣十二年傳使軘車逆之杜注軘車兵車名服注軘車屯守之車　晉語輅車十五乘韋注輅廣車也軘車也

𨏥　陷陳車也從車童聲尺容切

陷陣車也者通作衝定八年左傳主人焚衝注云衝戰車釋文云說文作幢云陷陣車也韓詩章句元戎大戎謂兵車也車有大戎十乘謂車縵輪馬被甲衡軛之上盡有劒戟名曰陷軍之車所以冒突先啟敵家之行伍也詩皇矣與爾臨衝傳云衝衝車也正義衝者從旁衝突之稱兵書有作衝車之法墨子有備衝之篇昭十三年左傳驅衝競注云驅衝車與狄爭逐六韜車者軍之兩翼也所以陷堅陣要強敵遮走北也又云武衝大扶胥三十六乘材士強弩矛戟爲翼一車二十四人推之以八尺車輪車上立旗鼓兵法謂之震駭陷堅陣敗強敵又云大扶胥衝車三十六乘螳螂武士共載可以擊縱橫敗強敵春秋感精符作衝車厲武將輪有刃衝有劒以相振懼宋均注曰衝陷敵之車也輪有刃鑿輪著刃衝馬軛也馥案輣車亦攻具字畧轒樓車也六韜夫攻城圍邑則有轒轀臨衝淮南覽冥訓大衝車高注衝車大鐵著其轅端馬被甲車被兵所以衝於敵城也東觀漢記王莽欲盛威武以震山東兵甲衝輣干戈旌旗戰攻之具甚盛又云來歙乃大治攻具衝車度塹詩臨衝韓詩作隆衝鹽鐵論衝隆不足爲強高城不足爲固後漢書光武紀衝輣撞城魏畧郝昭守陳倉城爲諸葛亮所圍起雲梯衝車以臨城陸機辨亾論衝輣息於朔野唐書張巡傳賊以雲衝傳堞通鑑高歡以攻車撞城車之所及莫不摧毀

轈　兵高車加巢以望敵也從車巢聲春秋傳曰楚子登轈車　鉏交切

兵高車加巢以望敵也者左傳正義引同釋文引作兵車高如巢以望敵也字林同玉篇廣韻竝作若巢無高字衞公兵法以八輪車上樹高竿竿上安轆轤以繩挽版屋上竿首以窺城中版屋方四尺高五尺有十二孔四面列布車可進退圜城而行於營中遠視亦謂之巢車如鳥之巢即今之版屋也　春秋傳曰楚子登轈車者成十六年左傳文彼作巢

輿　車輿也從車舁聲　以諸切

宋書禮志上古聖人見轉蓬始爲輪輪何可載因爲輿任重致遠流運無極　隋書禮儀志車之蓋圓以象天輿方以象地　魏書西域傳嚈噠國無車有輿　明堂位鉤車夏后氏之路也注云鉤有曲輿者也　易說卦坤爲大輿又大車以載蜀才子夏竝作大輿　字或作轝風俗通過譽篇趙仲讓爲高唐令不乘轝車徑至高唐說苑翟黃乘軒車載華蓋田子方曰何子賜車轝之厚也

車輿也者增韻輿主駕車者徐鍇曰輿車底也詩詁軨軸之上加板以載物軫軾轛較之所附植輿其總名也考工記輿人爲車注云輿人專作輿而言爲車者車以輿爲主也顏注急就篇著輪曰車無輪曰輿

輯　車和輯也從車咠聲　秦入切

車和輯也者列子湯問篇齊輯乎轡銜之際注云說文云輯車輿也此言造父善御得車輿之齊整在於轡銜之際殷敬順釋文及荀子注所引竝同王君念孫曰輿者軫軨軹轛之總名輯衆材而爲之故謂之輿輿與輯同義故輿或謂之輯說文輯輿二字相承良有以也今本作車和輯也則與輿字意不相屬矣

⿰車曼　衣車蓋也從車曼聲　莫半切

衣車蓋也者通作幔拾遺記周穆王有鸞章錦幔又通作縵春官巾車卿乘夏縵

軓　車軾前也從車凡聲周禮曰立當前軓　音範

詩匏有苦葉濟盈不濡軌傳云由輈以上爲軌釋文云軌舊龜美反謂車轊頭也依傳意宜音犯按說文云軌車轍也從車九聲龜美反軓車軾前也從車凡聲音犯車轊頭所謂軹也相亂故具論之正義云說文云軌車轍也軓車軾前也然則軾前謂之軓也非軌也但軌聲九軓聲凡於文易爲誤寫者亂之也少儀云祭左右軌范乃飲注云周禮大馭祭兩軹祭軓乃飲軌與軹於車同謂轊頭也軓與范聲同謂軾前也輈人云軓前十尺而策半之鄭司農云軓謂軾前也書或作軌玄謂軓是軓法也謂與下三面之材輢軾之所樹持車正者大馭云祭兩軹祭軓乃飲注云古書軹爲軒軓爲範杜子春云文當如此又云軒當作軹軹謂兩轊範當爲軓軓車軾前鄭不易之是依杜子春軓爲正也然則諸言軾前皆爲軓也小戎傳曰陰揜軓也箋揜軓在軾前垂輈上文亦作軌非軌也軌自車轍耳中庸云車同軌匠人云經途九軌注云軌謂轍廣是也說文又云軹輪小穿也轊車軸端也考工記注鄭司農云軹轊也又云軹小穿也玄謂軹轂末也然則轂末軸端共在一處而有軹轊二名亦非軌也少儀注云軌與軹於車同謂轊頭者以少儀與大馭之文事同而字異以范當

大馭之軓軓當大馭之軹故竝其文而解其義不復言其字誤亙其實少儀軌字誤當爲軹也　戴君震曰詩邶風匏有苦葉之次章濟盈不濡軌毛氏故訓傳由輈以上爲軌陸德明經典釋文曰軌舊龜美反謂車轊頭也依傳意宜音犯震謂音犯則字當作軓以韻考之不合疑漢時軓軌二字已爲溷莫辨如軫禮記九毛君讀此詩殆聲從軌而義從軓誤併二字爲一與周禮大馭右祭兩軹祭軓經注明北監本作軓誤鄭注曰故書軹爲軒軓爲範杜子春云軒當爲軹軹謂兩轊也軓謂軾前也範當爲軓或讀軒爲簪笲之笲震謂軒讀如笲是也杜君改爲軹與輢內之軹二名溷淆非也以轄釋轂端之軒亦非也後代字書併軒字無之考工記輈人軓前十尺鄭注曰謂輈軓以前之長也鄭司農云軓謂式前也書或作軓是也禮記少儀祭左右軌范乃飲軌與軹於車同謂轉頭也軓與范聲同謂軾前也釋文之見詩邶風匏有苦葉次章者辨別之曰案說文云軌車轍也從車九聲龜美反軓車式前也從車凡聲

故其論之孔沖遠于此詩下亦曰少儀與大馭之文事同而解字異以范當大馭之軓軓當大馭之軹故竝其文而解其義不復言其字誤亙其實少儀軌字誤當爲軹也孔君於禮記不言軌乃字誤當據詩義疏爲定當時詩傳誤溷同軓軓二字禮注誤溷同軒軓軓三字而軌字遂有車轊頭之說謬也軓者式前軌者車轍軹者車輢軒者轂末轊者軸未治其名詳其制庶可以正譌文交錯謬說因循矣

周禮曰立當前軓者秋官大行人文彼作疾鄭司農注前疾謂駟馬車轅前胡下垂拄地者周官作前疾馥案疾即胡也史記霍去病傳盧胡王漢書作盧疾王疾又疾之誤也惠棟曰論語疏引大行人注疾佰立當前疾胡下詩蓼蕭疏亦作前疾說文引周禮作前軓詩小戎陰靷傳云陰揜軓也疏謂以板木橫側車前陰映此軓故謂之陰考工記軓前十尺謂軾前曲中下垂拄地如人之頸故謂之疾疾猶胡也故鄭注訓爲胡以其在軓前故曰前疾然則陰也疾也胡也皆前軓之名揜軓曰陰曲中曰疾下垂曰胡總名爲軓當依說文定作軓則前衡後軫而軓在其閒讀者一見而心目了然矣

軾　車前也從車式聲賞職切

釋名軾式也所伏以式敬者也文選九辯𣲖潺湲兮下霑軾五臣注軾車上所憑者又魏都賦憑軾捶馬五臣注軾車橫覆膝人所憑也史記淮陰侯傳且酈生一士伏軾集解韋昭曰軾今小車中隆起者續漢書輿服志皇太子諸侯王倚虎較伏鹿軾三公列侯倚鹿較伏熊軾

車前也者玉篇軾車前輢急就篇軹軾軫軨轙軜衡顏注軾車前橫木也徐野民輿服志軾車前隱膝也莊十年左傳登軾而望之正義考工記云兵車之廣六尺有六寸三分車廣去一以爲隧隧謂輿內前後深四尺四寸也三分其隧一在前二在後以揉其式式在輿閒從前量之深一尺四寸三分寸之三也以其廣之半爲之式崇崇二尺三寸也謂當車輿之內去前軫一尺四寸三分寸之二下去車板三尺三寸橫施一木名之曰軾得使人立於其後時依倚之曹劌登軾得臣云君馮軾皆謂此也

輅　車軨前橫木也從車各聲洛故切

車軨前橫木也者既夕禮賓奉幣當前輅致命注云輅轅縛所以屬靷疏云謂以木縛於轅上以屬靷而輓之淮南兵畧訓百姓之隨逮肆刑挽輅首路死者一旦不知千萬之數高注輅輓輦橫木也漢書婁敬傳敬脫一輓委輅蘇林曰輅音凍洛之洛一木橫遮車前二人輓之一人推之案既夕注言設前後輅又有後輴是知有推之者字或作輡字書輡胡格反輡車當胷橫木也

較　車騎上曲銅也從車爻聲古岳切

車騎上曲銅也者騎當爲輢初學記引作車輢上曲鉤李善注七啟引作車上曲鉤注西京賦引作車騎上曲鉤也玉篇較與較同釋名較在箱上爲辜較也重較其較重卿所乘也古今注重耳古重較也文官青耳武官赤耳或曰重較在車藩上重起如牛角故云重較耳詩淇奧猗重較兮傳云較卿士之車正義云今謂之平較考工記輿人爲車以其隧之半爲之較崇注云較兩輢上出式者荀子非相篇孫叔敖軒較之下而以楚霸續漢書輿服志爲輿倚較注云徐廣曰較在箱上說文曰椅文畫蕃蕃箱也通俗文曰車箱爲較楊慎曰詩詁云車廣六尺四寸深四

尺軾去輿高三尺三寸較去式又二尺二寸較式通高五尺五寸蓋古人乘車立乘非如今人之坐也論語曰升車必正立列女傳曰立轎無軿是其明證故乘車平常則憑較若應爲敬則落手憑下式而頭得俯較在式上若兩較然故曰重較輢是兩邊植木較橫輢上輢兩而較一說文車輢上曲銅也葢較在軾上恐其墜故以曲銅關之古謂較爲車耳古諺云仕宦不止車生耳三國志吳童謠云黃金車班蘭耳闓閶門見天子符曲銅之說矣馥案楊作曲銅沿誤不察也王君引之曰鄭大夫有姚句耳此輢上曲鉤之義也阮詹事元曰言車制者皆以爲直輢由不解車之有耳也說文曰較車輢上曲鉤也又曰輒車兩輢也從車耴聲又曰耴耳下垂也又曰皈車耳反出也合此四者可知車耳之反出矣葢車輢板通高五尺五寸其下三尺三寸直立軨上軨上之輪崇三尺三寸與直輢前式同高若過此三尺三寸之上上象耳之耴故謂之輒以其反出又謂之皈至其直立軨上上曲如兩角之木則謂之較重出式上故名重較崔豹古今注曰車較重耳也在車轝上重起如兩角然此固謂車耳重出式上如兩角之觭勢也重耳卽垂耴之義秦公子名耴衛公子名輒晉公子名重耳魯叔孫名輒字子張鄭公孫輒字子耳皆此義也詩曰寬

兮綽兮猗重較兮重較卽重耳之義以喻公之開張寬廣也考工記輿人曰棧車欲弇飾車欲侈侈卽兩耳侈張古制可尋若此通作角甄元成車賦及其觭也既絲纏之而縈頭亦銅鉤之而縈角

皈 車耳反出也從車從反反亦聲 府遠切

車耳反出也者廣韻車耳曰皈通作轓太元君子積善至于車耳測曰君子積善至于蕃也范望注蕃車耳也續漢書輿服志注云說文曰幭文畫蕃蕃箱也又通作轓漢書景帝紀令長吏二千石車朱兩轓千石至六百石朱左轓應劭曰車耳反出所以爲之藩屛鬲塵泥也二千石雙朱其次乃偏其左皈以簟爲之或用革如淳曰轓音皈小車兩屛也漢官儀引里語仕宦不止車生耳漢鏡銘作吏高遷車生耳徐廣車服儀制尙書令黑耳後戶隋書禮儀志天監二年令三公開府尙書令則給鹿幡軺施耳 反亦聲者當爲反聲

轛 車横軨也從車對聲周禮曰參分軹圍去一以爲轛圍 追萃切

車横軨也者阮詹事元曰轛横交於軹故說文曰車横軨也周禮曰參分軹圍去一以爲轛圍者考工記輿人爲車文注云轛式之植者衡者也

輢 車旁也從車奇聲 於綺切

車旁也者廣韻輢枕輢鄭注考工記戈殳戟矛皆插車輢釋文輢車旁也通作觭趙策臣恐秦折王之觭也鮑注觭一作輢車旁也

輒 車兩輢也從車耴聲 陟葉切

車兩輢也者廣韻引作車相倚也馥疑作車箱

軜 車約軜也從車川聲周禮曰孤乘夏軜一曰下棺車曰軜 敕倫切

車約軜也者本書𣟴下引虞書澤行乘軜書傳作泥乘輴齊策於是約車治裝秦策子欲何之請爲子約車又云王

其爲臣約車幷幣臣請試之新序唐且謂魏王曰老臣請西說秦遂約車而遣之通作篆考工記輪人陳篆必正注云篆轂約也 周禮曰孤乘夏軜者春官巾車文彼作篆注云夏篆轂有約也 一曰下棺車曰軜者廣韻軜載柩車也玉篇軜下棺車與輴同喪大記大夫葬用輴士喪禮升棺用軸注云軸輁軸也輁狀如牀軸其輪輓而行旣夕禮遷于祖用軸注云軸輁軸也輁狀如長牀穿桯前後著金而關軸焉大夫諸侯以上有四周謂之輴天子畫之以龍檀弓菆塗龍輴注云輴車載柩而畫龍爲輴故曰龍輴

轖 車籍交錯也從車嗇聲 所力切

車籍交錯也者籍當爲藉錯當爲革李善注七發引作車藉交革也廣韻引字書同急就篇革轖髤漆油黑蒼顏注革轖車藉之交革也或作轜玉篇轜車藉交革也

軨 車轖閒横木從車令聲 郎丁切

車轖閒横木者後漢書趙壹傳張衡傳注引竝同玉篇軨車闌也禮曲禮釋文軨舊云車闌也楚詞九辨倚結軨兮

長太息

䡼　軨或从霝司馬相如說

軺　軺車前橫木也從車君聲讀若帬又讀若褌　牛尹切

軺車前橫木也者謂軺車之前軫名軺軺軫爲前後之橫木轐爲左右之箱故軺軫轐三字連文

軫　車後橫木也從車㐱聲　之忍切

考工記輈人軫之方也以象地也　大戴禮保傅篇軫方以象地　賈誼書軫方以象地　詩正義云考工記云輿人爲車輪崇車廣衡長參如一參分車廣去一以爲隧注云兵車之隧四尺四寸鄭司農云隧謂車輿深也則兵車當輿之內從前軫至後軫唯深四尺四寸也車人云大車牝服二柯有參分柯之二注云大車平地載任之車牝服長八尺謂較也則大車之用內前軫至後軫其深八尺　昭二十一年左傳張匄抽殳而下子成射之折股匄扶服而擊之折軫　襄二十四年傳踞轉而鼓琴服虔曰轉軫也

車後橫木也者顏注急就篇同考工記輿人爲車六分其廣以一爲之軫圍注云軫輿後橫者也記又云車軫四尺注云軫輿後橫木禮含文嘉諸侯之旗九旒齊軫注云軫車後橫木也漢書司馬相如傳羌夷接軫揚雄傳回軫還衡顏注竝云軫輿後橫木也詩小戎俴收傳云收軫也正義軫者車之前後兩端之橫木也蓋以爲此軫者所以收斂所載故名收焉戴侗曰軫輿下四面木匡合成輿者也考工記曰軫之方也以象地也又曰六尺有六寸之輪軹崇三尺有三寸加軫與轐焉四尺也又曰輪人爲蓋弓四尺謂之庛軫又曰五分其軫間以其一爲之軸圍按軫乃四面木獨以爲輿後橫木者非也使軫獨爲輿後橫木則不得言方以象地且軫之兩旁木加于軸故曰加軫與轐爲四尺若輿後橫木安能加轐軸之上乎且庛軫庛輿庛軹皆指左右兩旁而言非指輿後明矣況記言五分其軫間以其一爲之軸圍若獨爲輿後橫木則不得言閒矣康成于軫圍旣謂輿後橫木于加軫與轐則又通謂之輿未免自變其說蓋由不察任正衡任之名以任正爲輿下三面材持車正者故獨以軫爲輿後橫木也既屬事元曰天官書軫爲車索隱引宋均說軫四星居中又有二星爲左右轄車之象也此亦四面爲軫之證馥案小爾雅廣器軫

謂之枕方言同既稱枕亦是專指車後今北方呼車枕者專指輿後橫闌

轐　車伏兔也從車菐聲周禮曰加軫與轐焉　博木切

車伏兔也者廣雅轐伏兔也考工記輈人良輈環灂自伏兔不至軓七寸又十分其輈之長以其一爲之當兔之圍注云輈當伏兔者也隋書禮儀志二千石四品已上及列侯皆給軺車駕牛伏兔箱　周禮曰加軫與轐焉者考工記文鄭司農云轐讀爲旃僕之僕謂伏兔也疏云伏兔漢時名今人謂之車屐是也左傳正義云子夏易傳輹車下伏兔也今人謂之車屐形如伏兔　馥案易小畜輿輹鄭作轐云轐伏兔

軒　車伏兔下革也從車𤸰聲𤸰古昏字讀若閔　眉殞切

車伏兔下革也者廣雅䡇伏兔也或作䡇廣韻䡇車軑兔下軝也急就篇輻轂輨轄輮轒顏注䡇字或作䡇其音同　𤸰古昏字者昏當爲婚本書婚籀文作𤸰

軸　持輪也從車由聲　直六切

本書檮可以爲大車軸　玉篇杼木作軸也馥案考工記凡爲輪行澤者欲杼　列女傳魯季敬姜傳服重任行遠道正直而固者軸也

持輪也者顏注急就篇軸所以穿轂而轉也釋名軸抽也入轂中可抽出也

輹　車軸縛也從車复聲易曰輿脫輹　芳六切

車軸縛也者廣雅輹束也急就篇葢轑俾倪楃縛棠顏注縛在車下主縛軸令輿相連卽今所謂鉤心也通俗文軸限者謂之枸釋名輹伏也伏於軸上也又云縛在車下與輿相連縛也僖十五年左傳車說其輹注云輹車下縛也　易曰輿脫輹者大畜九二文彼作說鄭本作轐又小畜輿說輻釋文云本亦作輹馬云車下縛也馥謂本書引此

軔　礙車也從車刃聲　而振切

南齊書魏虜傳轚蠻止軔　太元守次六車案軔測曰車案軔不接鄰也　漢繁陽令楊君碑吏民攀轅老弱軔輪

礙車也者字林同詩小旻箋云言見動軔則泥陷不至于遠也正義云說文云軔礙車木也動軔者謂去木動輪而

發行也釋文云軔礙車木也玉篇軔礙車輪木纂要車迹曰軌軌止輪謂之軔秦策陛下嘗軔車於趙矣鮑注軔𡱰車木楚詞朝發軔於蒼梧兮注云軔搘輪木也長楊賦是以車不安軔五臣云軔支輪木也後漢書申屠剛傳遂以頭軔乘輿輪注云軔謂以頭止車輪也漢書楊雄傳既發軔於平盈兮服虔曰軔止車之木將行故發去馮衍傳發軔新豐兮注云軔止車木也將行故發之玉篇軔或作杒本書杒桎杒也廣韻杒止車類篇杒止車木易姤卦繫于金柅馬云柅者在車之下所以止輪令不動者也唐馮用之機權論三十輻之車制之者柅也

輮　車軔也從車柔聲　人九切

車軔也者徐鍇本作車靭也靭即韌字徐鉉新附韌字云柔而固也廣韻輮車輞輮車軔煣軔本書煣火煣車網絕也徐鍇曰輮車輪外网木一曰牙一曰渠書顧命釋文車渠車軔也鄭司農注考工記牙謂輪輮渠謂車輮本書棫木可作大車輮玉篇輮車輞也廣雅輮輞也釋名輞罔也罔羅周倫之外也關西曰輮言曲輮也或曰帳帳縣也縣連其外也急就篇輻轂輨轄輮轅顏注輮車輞也關西謂之輮言其柔曲也或謂之轔言其縣聯也考工記車人渠三柯者三注云鄭司農云渠謂車輮所謂牙又輪人牙也者以爲固抱也注云鄭司農云牙謂輪輮也世閒或謂之罔書或作輮又車人行澤者反輮行山者仄輮

𨏥　車輮規也一曰一輪車從車熒省聲讀若煢　渠營切

車輮規也者大戴禮勸學篇木直而中繩輮而爲輪其曲中規枯暴不復挺者輮使之然也集韻篗篗規車輞則也　一曰一輪車者本書軖一輪車

轂　輻所湊也從車𣪊聲　古祿切

釋名轂埆也體堅埆也　考工記車人爲車轂長半柯其圍一柯有半注云大車轂徑尺五寸

輻所湊也者顏注急就篇轂謂輻所湊也老子三十輻共一轂范應元注轂輻所湊也考工記輪人以其圍之阞捎其藪注云鄭司農云藪讀爲蜂藪之藪謂轂空壺中也玄謂蜂藪者猶言趨也藪者衆輻之所趨也淮南說林訓轂立三十輻各盡其力不得相害使一輻獨入衆輻皆棄豈能致千里哉文子羣臣輻輳張湛曰如衆輻之集轂史記

張儀傳四通輻湊賈誼傳輻湊竝進漢書叔孫通傳四方輻輳顏注輳聚也言如車輻之聚於轂也吾邱壽王傳知略輻湊顏注言其無方而至若車輻之歸於轂後漢書班固傳萬方輻湊注云輻湊如輻之湊于轂也

輥　轂齊等皃從車昆聲周禮曰望其轂欲其輥　古本切

周禮曰望其轂欲其輥者考工記輪人文輥彼作眼鄭司農云眼讀如限切之限釋文眼限竝音魚懇反

軝　長轂之軝也以朱約之從車氏聲詩曰約軝錯衡　渠支切

長轂之軝也以朱約之者廣雅軝謂之轂注云篆轂約也蓋以皮纏之而上加以朱漆也

𩊚　軝或從革

或從革者考工記𩊚必負幹鄭注𩊚負幹者革轂相應無贏不足戴君震釋車曰以革𩊚轂謂之軧說文亦作軝從革小雅約軝錯衡毛傳曰軝長轂之軝也朱而約之疏謨以軝爲長轂名非也軝即考工記𩊚革朱而約之者朱其革以𩊚於幹也惟長轂盡飾大車短轂則無飾故曰長轂之軝

軹　車輪小穿也從車只聲　諸氏切

車輪小穿也者李善注思元賦後漢書張衡傳注引竝同玉篇引作車軸小穿也字書軹車輪之穿顏注急就篇軹輪之小穿也詩詁車軸之耑田轂者名爲𨋳轂末之小穿容𨋳者名爲軹考工記輪人爲輪五分其轂之長去一以爲賢去三以爲軹鄭司農云賢大穿軹小穿

軎　車軸耑也從車象形杜林說　于濊切

易林車𨊻轄擊載重傷軸　廣絕交論轄軒擊轊

車軸耑也者方言車轊齊謂之䡅注云車軸頭也昭八年穀梁傳注云流旁握謂車兩轊頭各去門邊空握釋文轊車軸頭也後漢書馬融傳發作梧轊注云轊車軸頭也史記田單傳令其宗人盡斷其車軸末而傅鐵籠已而燕軍攻安平城壞齊人走爭塗以轊折車敗爲燕所虜唯田單宗人以鐵籠故得脫集解徐廣曰轊車軸頭也索隱云斷

其軸恐長相撥也以鐵裹軸頭堅而易進也傳者截其軸與轂齊以鐵鍱附軸末施轄於鐵中以制轂也或作轒䡇案又謂之轄玉篇轄車轄也杜林說者御覽引云杜林說轂沓也本書輨轂耑沓也

轊 軎或從彗

或作轊漢書司馬相如傳轊騊駼郭璞曰轊車軸頭也

輻 輪轑也從車畐聲 方六切

老子三十輻共一轂 考工記車人為車輻長一柯有半其博三寸厚三之一注云輻厚一寸也又輪人輪輻三十以象日月也大戴禮保傅篇三十輻以象月淮南泰族訓輪不運而三十輻各以其力又說林訓輪非輻不能追疾石崇奴券作車當取大艮白槐之輻

輪轑也者范應元注老子引同周易音訓引作車轑也顏注急就篇輻者輪之轑也詩正月員于爾輻箋云輻謂輪中木之直指者下有菑以指輞上有爪以湊轂

轑 蓋弓也一曰輻也從車尞聲 盧皓切

考工記輈人蓋弓二十有八以象星也 晉書輿服志五路金華施轑朱轑二十八以象宿 通作橑論衡說日篇繫明月之珠於車蓋之橑轉而旋之 賈誼書古之為路輿也蓋圜以象天二十八橑以象列星

蓋弓也者釋名轑蓋叉也如屋構橑也急就篇蓋轑俾倪梔縛棠顏注轑蓋弓之施爪者也謂之轑者言若屋之椽橑也方言車枸簍秦晉之閒自關而西謂之枸簍西隴謂之桮南楚之外謂之篷或謂之隆屈郭注枸簍即車弓也釋名隆強言體隆而強也或曰車弓似弓曲也考工記輪人為蓋弓鑿廣四枚注云弓蓋橑也大戴禮保傅篇二十八橑以象列星盧注橑蓋弓也續漢書輿服志羽蓋華蚤注云徐廣曰金華施橑末有二十八枚即蓋弓也淮南說林訓蓋非橑不能蔽日 一曰輻也者本書輻輪轑也玉篇轑車輻也

軑 車輨也從車大聲 特計切

車輨也者方言輨軑鍊鏅關之東西曰輨南楚曰軑趙魏之閒曰鍊鏅 案鍊本書作鐗云車軸鐵也離騷齊玉軑而並馳王注軑錮也車轄也軑或作釱輨或作錧廣雅釱錧也漢書揚雄傳肆玉釱而下馳晉灼曰釱車轄也既夕禮木錧疏云其車錧常用金喪用木孟子題辭五經錧鎋阮詹事元曰車轂中軹古以金後乃以玉離騷漢書之玉軑是也其形外方內圜今猶有存者俗稱釭頭是也

輨 轂耑沓也從車官聲 古滿切

轂耑沓也者一切經音義一方言輨軑鍊鏅也關之東西曰輨亦曰轄謂軸頭鐵也鎋鍵也顏注急就篇輨轂端之鐵也宣四年左傳又射汰輈以貫笠轂正義云笠轂車轂上鐵也

轅 輈也從車袁聲 雨元切

本書爰籀文以為車轅字 昭八年穀梁傳置旃以為轅門范注轅門卬車以其轅表門

輈也者顏注急就篇同廣雅轅謂之輈小爾雅廣器轅謂之輈方言轅楚衛之閒謂之輈古文苑僮約斷槧裁轅注云轅車輈也詩詁車前曲木上鉤衡者謂之輈亦曰轅從軫以前稍曲而上至衡則居衡之上而向下鉤之衡即輈端橫木以駕馬者字或作𨍭釋名轅援也車之大援也

輈 轅也從車舟聲 張流切

周書年饑上用輿曲輈不漆 韓非外儲說荊莊王有茅門之法曰羣臣大夫諸公子入朝馬蹄踐霤者廷理斬其輈戮其御

轅也者考工記輈人為輈注云輈車轅也釋名輈句也轅上句也詩小戎五楘梁輈傳云梁輈輈上句衡也正義云衡者軛也轅從軫以前稍曲而上至衡則居衡之上而嚮下句之衡則橫居輈下如屋之梁然故謂之梁輈也既夕禮薦車直東榮北輈注云輈轅也隱十一年左傳潁考叔挾輈以走宣四年傳伯棼射王汰輈昭二十六年傳繇朐汰輈杜注竝云輈車轅僖元年公羊傳於是抗輈經而死何云輈小車轅楚詞九歌駕龍輈兮乘雷王注輈車轅也後漢書張衡傳馬倚輈而徘徊注云輈轅也崔寔傳方將拑勒鞬輈以救之注云輈車轅續漢書輿服志後世聖人觀於天視斗周旋魁方杓曲以攜龍角為帝車於是乃曲其輈乘牛駕馬登險赴難周覽八極故易震乘乾謂之大

壯言器莫能有上之者也

⿰車⿰戔月　籒文輈

輂　直轅車轒也從車具聲　居玉切

直轅車轒也者廣韻引車轒下有縛字篇海五音集韻竝同玉篇輂直轅轒縛也本書轒正作⿰革贊云車衡三束也曲轅轒縛直轅篡縛馥謂直轅不當言轒縛　具聲者具當爲昇昇從日日暈聲相近寫者誤曰爲目韻會暈上舉也本書昇共舉也

軏　車轅耑持衡者從車元聲　魚厥切

車轅耑持衡者者顏注急就篇衡者橫也橫木在馬頭上者論語在輿則見其倚於衡也或作軏論語大車無輗小車無軏其何以行之哉包注輗者轅端橫木以縛軛軏者轅端上曲鉤衡戴君震非之曰韓非子外儲說墨子曰吾不如爲車輗者巧也用咫尺之木不費一朝之事而引三十石之任按大車鬲以駕牛小車衡以駕馬轅端持鬲其關鍵名輗輈端持衡其關鍵名軏轅所以引車必施輗軏然後行信之在人亦交接相持之關鍵故以輗軏喻信包氏以喻丈之輈六尺之鬲而當咫尺之輗軏疏矣馥案鄭注論語軏因轅耑著之　元聲者本書髡或從元

軶　轅前也從車戹聲　於革切

本書槅大車軶也轉軶裏也駕馬在軶中　韓詩外傳武王伐紂至邢邱軶折爲三又云百里奚自賣五羊皮爲一軶車見秦繆公馥案一軶駕一馬也續漢書輿服志乘輿龍首銜軶　古詩牽牛不負軶

轅前也者玉篇軶牛領軶也論語在輿則見其倚於衡也注云衡軶也考工記輈人衡任注云衡任謂兩軶之閒也疏云服馬有二一馬有一軶軶者厄馬領不得出也馥案說苑孫叔敖相楚三年不知軶在衡後楚詞卜居寧與騏驥亢軶乎洪注軶車轅前也通作㧖莊子馬蹄篇加之以衡㧖又作梶急就篇蓋轑俾倪梶縛棠顏注梶在衡上所以㧖持牛馬之頸也

輝　軶軥也從車軍聲　乎昆切

本書㮶犂上曲木犂轅轘亦曲木也

軥　軶下曲者從車句聲　古候切

軶下曲者者左傳正義引同廣韻軥軶挽車也襄十四年左傳射兩軥而還服注軥車軶也兩軶叉馬頸者杜注軥車軶卷者漢書游俠傳乘不過軥牛晉灼曰軥軶也小爾雅廣器衡㧖也㧖上者謂之烏啄馥案啄當爲啄釋名烏啄向下叉馬頸似烏開口向下啄物時也詩韓奕㩼革金厄傳云厄烏蠋也馥案爾雅蚅烏蠋軶下之軥象蚅蚅行屈中通作朐昭二十六年左傳中楯瓦繇朐汰輈服注朐車軶兩邊叉馬頸者釋文朐本又作軥

轙　車衡載轡者從車義聲　魚綺切

車衡載轡者者急就篇軹軾軫軨轙軥衡顏注衡者橫也橫木在馬頸上者轙車衡上貫轡環也釋器載轡謂之轙郭云車軛上環轡所貫也淮南說山訓遺人車而稅其轙高注所以縛衡也晉書輿服志龍輈華轙轙謂車橫上環受轡者也

钀　轙或從金從獻

徐鍇曰爾雅鑣謂之钀載轡謂之轙然則钀與轙異疑此說文本脫誤馥案钀當爲钀之或體後人亂之

軜　驂馬內轡繫軾前者從車內聲詩曰鋈以觼軜　奴荅切

驂馬內轡繫軾前者者顏注急就篇同大戴禮盛德篇故六官以爲轡司會均仁以爲軜盧辯注軜在軾前斂六轡之餘通作納家語執轡篇司會均仁以爲納注云納驂馬轡轡繫軾前者荀子正論篇三公奉軶持納注云納與軜同軜謂驂馬內轡繫軾前者　詩曰鋈以觼軜者秦風小戎文彼作鋈箋云繫軜於軾前

⿲彳車亍　車搖也從車從行一曰衍省聲　古絢切

一曰衍省聲者徐鍇本作從衍省聲

⿱丞車　⿱丞車車後登也從車丞聲讀若易抍馬之抍　署陵切

⿱丞車車後登也者廣韻⿱丞車車後登出字林集韻⿱丞登車也徐鍇曰從後上也馥謂似乘戶本書登上車也象登車形

徐廣車服儀制御書令輴車黑耳後戶

載　乘也從車𢦏聲　作代切

乘也者廣雅同釋名載在也在其上也易大有大車以載

軍　圜圍也四千人爲軍從車從包省軍兵車也　舉云切

圜圍也者廣雅軍圍也宣十二年左傳晉之餘師不能軍杜注不能成營也周禮鄉師大軍旅會同正治其徒役與其輂輦注云輂駕馬輦人輓行止以爲藩營漢書衛青見匈奴以武剛車自環爲營四千人爲軍者一切經音義十八字林四千人爲軍二千五百人爲師字從勹勹音補交反包車爲軍帀𠂤爲師皆字意也馥案四千人之說與周制漢法皆不合司馬法萬二千五百人爲軍周禮夏官敘官凡制軍萬有二千五百人爲軍地官小司徒五人爲伍五伍爲兩四兩爲卒五卒爲旅五旅爲師五師爲軍注云兩二十五人卒百人旅五百人師二千五百人軍萬二千五百人詩閟宮箋云萬二千五百人爲軍成三年左傳晉作六軍杜注萬二千五百人爲軍漢舊儀千乘之國馬

四千匹步卒三萬六千人爲三軍大國也次國二軍小國一軍從包省者當從勹本書勹裹也五經文字古者以車戰故軍字從勹下車

軷　出將有事於道必先告其神立壇四通樹茅以依神爲軷既祭軷轢於牲而行爲範軷詩曰取羝以軷從車犮聲　蒲撥切

出將有事於道必先告其神者廣雅軷祭也鄭注大馭云詩云載謀載惟取蕭祭脂取羝以軷詩家說曰將出祖道犯軷之祭也聘禮曰乃舍軷飲酒于其側禮家說亦謂道祭詩泉水飲餞于禰傳云祖而舍軷飲酒於其側曰餞重始有事於道也釋文舍軷道祭也正義軷祭則天子諸侯卿大夫皆於國外爲之大馭云犯軷詩云取羝以軷聘禮云釋軷是也又名祖聘禮及詩云出祖是也又名道曾子問云道而出是也以其爲犯軷祭道路之神爲行道之始故一祭而三名也詩烝民仲山甫出祖箋云祖者將行犯軷之祭也昭七年左傳公將往夢襄公祖杜注祖祭道神

漢書景十三王傳祖於江陵北門顏注祖者送行之祭因饗飲也易林輕車醊祖疾風㬥起促亂祭器飛揚鼓舞明神降佑道無害寇四民月令祖道神也黃帝之子好遠游死道路故祀以爲道神以求道路之福風俗通謹按禮傳共工之子曰脩好遠游舟車所至足跡所達靡不窮覽故祀以爲祖神祖者徂也詩云韓侯出祖淸酒百壺左氏傳襄公將適楚夢周公祖而遣之是其事也詩云吉日庚午漢家盛於午故以午祖也史記索隱云祖者行神行而祭之故曰祖也風俗通云共工氏之子曰脩好遠游故祀爲祖神又崔浩云黃帝之子嫘祖好遠游而死於道因以爲行神亦不知其何據蓋見其謂之祖因以爲嫘祖非也據帝系及本紀皆言嫘祖黃帝妃無爲行神之由也　立壇四通樹茅以依神爲軷者詩釋文引作出必告道神爲壇而祭爲軷後漢書吳祐傳後舉孝廉將行郡中爲祖道祐越壇共小史雍邱黃眞歡語移時與結友而別注云祖道之禮封土爲軷壇也史記索隱按今祭禮以軷壤土爲壇於道側用黃羝或狗以其羝血釁左輪月令其祀行注云行在廟門外之西爲軷壤厚二寸廣五尺馥案獨斷作厚二尺此雖異於國門外之壇其禮同也樹茅者亦束茅表位之意卽七祀行神之位也昭十八年左傳巡羣屛攝郞

衆云束茅以爲屛蔽祭神之處　既祭軷轢於牲而行爲範軷者徐鍇本作既祭犯軷轢牲而行爲範軷本書脫犯字大馭掌馭玉路以祀及犯軷王自左馭馭下祝登受轡犯軷遂驅之注云行山曰軷犯之者封土爲山象以菩芻棘柏爲神主既祭之以車轢之而去喩無險難也杜子春云軷謂祖道轢軷磔犬也聘禮記出祖釋軷祭酒脯乃飲酒于其側注云祖始也既受聘享之禮行出國門止陳車騎釋酒脯之奠於軷爲行始也詩傳曰軷道祭也謂祭道路之神春秋傳曰軷涉山川然則軷山行之名也道路以險阻爲難是以委土爲山伏牲其上使者爲軷祭酒脯祈告也卿大夫處者於是餞之飲酒於其側禮畢乘車轢之而遂行其牲犬羊可也周禮犬人凡祭祀供犬牲伏瘞亦如之鄭司農云伏謂伏犬以王車轢之疏云此謂王將祭而出國軷道之祭時鄭大馭所云者是也但軷祭之時大羊俱得故生民詩云取羝以軷是以聘禮注云其用牲犬羊可也是其兩用也通典隋制皇帝行幸親巡狩則軷祭其禮有司於國門外委土爲山象設埋埳有司刳羊陳俎豆駕將至委奠幣薦脯加羊醢埋於埳駕至太僕祭兩軹及軌乃飲授爵遂轢軷土而行魏志周宣傳芻狗者祭神之物故君始夢當得飲食也祭祀既訖則芻狗爲車所轢

故中夢當墮車折腳也㕯狗既車轢之後必載以爲樵故後夢憂失火也　詩曰取羝以軷者大雅生民文傳云軷道祭也箋云至其時取蕭草與祭牲之脂爇之於行神之位馨香既聞取羝羊之體以祭神正義云以軷之所祭卽是七祀行神故言行神之位取牲體以祭伏於軷上故言體也

軷　範軷也从車笵省聲讀與犯同 音犯

範軷也者當爲犯軷範犯聲相近周禮大馭詩生民箋竝言犯軷

𨏮　載高皃从車巘省聲 五葛切

𨏮下重文巘字卽此𨏮之或體

載高皃者廣韻𨏮車載高也魏都賦四門𨏮𨏮景福殿賦反宇𨏮𨏮以高驤

轄　車聲也从車害聲一曰轄鍵也 胡八切

一曰轄鍵也者本書鍵一曰車轄牽車軸耑鍵也顏注急就篇轄豎貫軸頭制轂之鐵也釋名轄害也車之禁害也

詩閑關車之舝兮傳云閒關設舝也襄三十一年左傳巾車脂轄淮南人閒訓夫車之所以能轉千里者以其要在三寸之轄漢書陳遵傳遵嗜酒每大飲賓客滿堂輒關門取客車轄投井中雖有急終不得去字或作鎋廣韻鎋車軸頭鐵詩節南山惟周之氐箋云言爲周之桎鎋釋文鎋又作轄孝經鉤命決孝道者萬世之桎鎋既夕記木錧注云今文錧爲鎋齊策鎋擊摩車而相過高注鎋轂閡也

轉　運也从車專聲 知戀切

考工記轂者以爲利轉也　管子戒篇我游猶軸轉斛　史記蕭相國世家轉漕給軍　漢書趙充國傳今大司農所轉穀至者足支萬人一歲食貨殖傳轉轂百數顏注轉轂謂以車載物而逐利者

運也者本書運迻徙也廣雅運轉也詩祈父胡轉予于恤箋云轉移也文子轉輪而無窮象日月之運行楚辭九歎腸一夕而九運王注一夕九轉莊子逍遥遊海運則將徙于南冥司馬彪注運轉也定十五年公羊傳三卜之運也注云運轉也漢書趙充國傳絕轉道顏注轉道運糧之道也魏志陳羣傳轉運必見鈔截唐書吐蕃匶靈州德宗以鄭克鈞爲靈夏二州運糧使轉米峙塞下

輸　委輸也从車俞聲 式朱切

委輸也者漢三輔有委輸官千乘郡有均輸官尙書郎主錢帛貢獻委輸周禮遺人凡賓客會同師役掌其道路之委積注云少曰委多曰積僖十三年左傳秦於是乎輸粟于晉襄九年傳輸積聚以貸傳遂曰輸者以車輦運其物以就民所居而貸之也襄三十一年傳不敢輸幣亦不敢暴露其輸之則君之府實也非薦陳之不敢輸也昭二十五年傳趙簡子令諸侯之大夫輸王粟哀二年傳齊人輸范氏粟公羊傳君子之爲國也必有三年之委六韜牛馬所以轉輸糧也又云中人絕糧外不得輸管子大匡篇三十里置遽委焉注云委謂當有儲擬以供過者孫子軍無委積則亡又云國之貧於師者遠輸遠輸則百姓貧魏策道里近而輸又易矣鮑云輸以餉軍鄒陽上吳王書轉粟流輸枚乘重諫吳王書方輸錯出司馬相如喻巴蜀檄郡擅爲轉粟運輸漢書食貨志武帝置平準都受天下委輸韓安國傳轉粟輓輸以爲之備王尊傳護送軍糧委輸而羌人反絕轉道顏注絕轉運之道匈奴傳轉委輸於邊又

云轉輸之行起於負海東觀漢記道路斷隔委輸不至又云會屬縣送委輸數百臧宮鋸斷城門限令車周轉出入又云耿弇曰吾深入敵城後無轉輸旬月之閒不戰而困後漢書千乘貞王伉傳詔以樂安國土卑溼租委鮮薄注云委謂委輸也張純傳部督委輸注云委輸轉運也獻帝春秋州郡各擁强兵而委輸不至晉書文帝紀吾以游兵輕騎絕其轉輸司馬彪戰畧坐食積穀士不運輸九章算術今有程傳委輸空車日行七十里重車日行五十里令載太倉粟輸上林

輖　重也从車周聲 職流切

重也者字林同集韻輖車前重也玉篇輖重載也既夕記志矢一乘軒輖中注云輖蟄也凡爲矢前重後輕廣雅輖低也考工記廬人車不反覆注云反覆猶軒輖

輩　若軍發車百兩爲輩从車非聲 補妹切

若軍發車百兩爲輩者集韻類篇引及李燾本復古編輩上竝有一字六韜五車一長十車一吏五十車一率百車

一將

軋 輾也從車乙聲 烏轄切

輾也者史記索隱引同通俗文車轢曰軋三蒼軋輾也漢書刑法志鰓鰓常恐天下之一合而共軋己也張晏曰軋踐轢也匈奴傳罪小者軋大者死顏注謂輾轢其骨節若今之厭踝也　乙聲者乙烏之乙

輾 轢也從車𡰪聲 尼展切

轢也者史記索隱一切經音義十一引竝同蒼頡篇輾車行處也集韻輾轉輪治轂也廣韻輾車轢物或作輾張景陽七命越奔沙輾流霜又作輾通俗文尼輾轢轂曰輾又作蹍西京賦當見蹍薛注足所踐爲蹍又作驏韓詩外傳昔有宋之樞司馬其馬佚而驏吾園　𡰪聲者當爲𡰪聲

轢 車所踐也從車樂聲 郎擊切

車所踐也者李善注七啟一切經音義九引竝同蒼頡篇轢輾也本書躪轢也史記司馬相如傳觀徒車之所躪轢

正義轢踐也轢輾也漢書灌夫傳陵轢宗室顏注陵轢謂蹈踐之也說苑騶謂其御曰子今不正轡銜使馬卒然驚妄轢道中行人西京賦値輪被轢晉書閻纘傳趙王倫欲既篡纘以車轢其冢通作櫟史記楚元王世家嫂詳爲羹盡櫟釜漢書作轑服虔曰轑轢也顏注以勺轢釜令爲聲也

軌 車徹也從車九聲 居洧切

戴君震曰匏有苦葉二章傳由輈以上爲軌震案詩以軌與牡韻當爲車轍之軌古音讀如九毛詩盖譌作軓遂以車軾前之軓解之軓讀如范不與牡協釋文又有車轄頭之說轂末名軹軸末名轄周禮大馭祭兩軹禮記少儀作祭左右軌軌乃軹之譌杜子春改大馭之軹爲軓蓋轂末名軹者漢人通譌作軹遂改軹以從之於是經書字書不復有軹字而轂末與輢之植者衡者竝名軹矣一車之中二名溷淆轂末軸末又溷而同名軹軓軌三字更轉寫互譌此釋文車轄頭之說所由起軒從車幵聲讀如笄轂末也軹從車只聲輢內之軨也軌從車九聲車轍也軓從車凡聲車軾前也經傳中譌文相承當各詳審正之王君念孫曰詩濟盈不濡軌釋文軌舊龜美反謂車轄頭也依傳意宜音犯按說文云軌車徹也從車九聲龜美反軓車軾前也從車凡聲音犯車轄頭所謂軹也相亂故具論之李成裕云按毛傳由輈以上爲軌陸所謂依傳意宜音犯也又引說文以爲軌是車轍軓是車軾前又云車轄頭所謂軹也相亂故具論之其說未明不知軌字自有二義其訓爲車轍者中庸車同軌是也其訓爲車轄頭者則少儀之祭左右軌范是也軌范竝言則顯然兩物矣少儀注云周禮大馭祭兩軹祭軓乃飲軌與軹於事同謂轄頭也軓與范聲同謂軾前也正義云軌謂轂末周禮大馭祭兩軹祭軓此云祭左右軌范兩文正同則左右軌與兩軹是一事故云軌與軹於事同謂轄頭也正義又云轂末之軌此經左右軌是也車轍亦謂之軌則考工記經涂九軌是與此字同而事異也又周禮大馭疏云轄即轂末此云軹少儀云軌與車轍之軌同名云云合兩處觀之是車轄頭謂之軹又謂之軌軌之下車之濟盈必濡其轄頭不必作軓也且以古音言之軌居酉反牡莫九反此章瀰鷕盈鳴軌牡用韻甚密若軌字作軓則出韻矣無是理也此處訓詁當用鄭轄頭之說爲確集傳讀軌作九音最是但訓軌爲轍非車上之物則不可以言濡矣念孫按此說能正唐以後傳註相沿之誤又按毛傳云由輈以上爲軌[illegible]惻[illegible]鄭箋云渡深水者必濡其軌兩軌

字俱不作軌若謂依傳意宜音犯則傳之釋經例不成字且軌字與軌聲不相近斷無經作軌而傳訓爲軌之理毛公西漢人盎云不知軌之古讀爲九正與牡爲韻而漫讀爲軌乎然據今本云由輈以上爲軌則軌非軌上之物理尤不可通蓋傳文本作由輈以下爲軌車軸在軌之下其兩端出轂外者謂之轄頭又謂之軌軸在輿下軌在軸之上故曰由軸以下爲軌跋[illegible]諸[illegible]下字形相近又因上章傳有由膝以上爲涉由帶以上爲屬之文故誤作上耳鄭君不言其誤則所見本尙作下也釋文云軌舊龜美反謂車轄頭也蓋徐邈阮侃王肅江惇干寶李軌諸人所見本竝作由輈以下爲軌故有車轄頭之訓陸德明孔穎達所見本始誤作上故陸云軌依傳意宜音犯而孔遂以軌爲軓之爲且以爲軓是車轍轄頭謂之軹不謂之軌少儀軌范之軌當爲軹其說與禮記正義自相矛盾唐后經因之改軌爲軓誤矣又車中之物固有異事而同名者考工記軹崇三尺有三寸注軹轂末也又去三以爲軹注鄭司農云軹小窮也又去一以爲軹圍注軹輢之植者衡者也與轂末同名又少儀注軌與軹事同謂轄頭也然則轂末謂之軹小窮謂之軌輢之植者衡者謂之軹轄頭亦謂之軹轄頭謂之軌車轍亦謂之軌

皆異事而同名也說文云軎車軸端也或作轊周禮謂之軹軹當
詩及記謂之軌軌古讀若九軹古讀若几輈轊歟斿軓竝蹹
𢦏孩郝祗軝歗假轑輛轊軝為轊軓軌語之轉百
後人誤讀毛傳不復致審遂以軌為軓之譌故詳辨之
車徹也者徹轍古今字漢書文帝紀結徹於道陳平傳門
外多長者車徹後漢書班固傳登特方軌竝迹注云軌轍
也史記司馬相如傳結軌還轅索隱引張揖云軌車迹也
阮詹事元曰軌自為徹迹之名軌廣八尺匠人以為度乘
車兵車田車等兩輪同廣八尺不如此出門不合徹故禮
記中庸曰今天下車同軌是也孟子城門之軌莊子車徹
中有鮒魚焉竝指車迹覆案秦策車不得方軌魯靈光殿
賦方二軌而竝入呂氏春秋勿躬篇車不結軌高注竝云
車兩輪閒曰軌兩輪閒者謂八尺之道也詩十月之交天
命不徹傳云徹道也釋訓不徹不道也郭注徹亦道也
九聲者五經文字軌九水反從八九之九作軌非覆
案軌古讀九其音九水龜美二反者後之轉音也

䡓 車迹也从車從省聲 即容切

車迹也者莊十年左傳下視其轍杜注視車迹也通鑑注
車轍車輪所碾迹也迹或作軼韓詩外傳門外車軼何其

深也从省聲者廣雅䡓迹也不省

軼 車相出也从車失聲 夷質切

車相出也者三蒼軼從後出前也楚辭九歎軼迅風於清
源王注軼從後出前也徐鍇韻譜軼車過玉篇軼車相過
也漢書司馬相如傳軼
野馬張揖曰軼過也

䡅 車䡅釳也从車眞聲讀若論語鏗爾舍瑟而作又讀若掔 苦閑切

車䡅釳也者集韻引作車䡅釳也徐
鍇本作車䡅釳聲也廣韻䡅車聲

䡚 抵也从車埶聲 陟利切

抵也者徐鍇韻譜作低也鍇繫傳云潘岳曰如䡚如軒軒
舉也是徐鍇本作低今亦作抵者後人據本書而改也儀
禮釋文引字林輖䡚也玉篇䡚與輊同前頓曰䡚後頓曰
軒廣韻䡚與輊同車前重也通俗文後輕曰軒前重曰輊

詩六月戎車既安如輊如軒傳云輊摯箋云戎車之安從
後視之如輊從前視之如軒然後適調也既夕記志矢一
乘軒輖中注云軒輖猶軒輊中適中也釋文作輊云字林
竹二反覆案集韻摯車重也淮南人閒訓道者置之前而
不輊錯之後而不軒後漢書馬援傳夫居前不能令人輊
居後不能令人軒注云言為人無所輕重也字或作轋射
雉賦如轋如軒李善云毛詩曰如輊如軒輊與轋同通作
摯考工記輈人大車平地既節軒摯之任又云今夫大車
之轅摯注
云摯輖也

軭 車戾也从車匡聲 巨王切

車戾也者集韻車戾謂之軭軭緩輪也廣雅軭盭也通作
匡考工記輪人察其菑蚤不齵則輪雖敝不匡注云菑與
爪不相佹乃後輪敝盡不匡刺也鄭司農云匡枉也
又云萬之以眡其匡也注云輪中萬蔞則不匡刺也

輟 車小缺復合者从車叕聲 陟劣切

車小缺復合者者本書茵以草補
缺也或以為綴覆謂輟綴意同

䡋 礙也从車多聲 康禮切

礙也者
廣雅同

轚 車轄相擊也从車从毄毄亦聲周禮曰舟輿轚互者 古歷切

車轄相擊也者轚擊聲相近昭八年穀梁傳流旁握御轚
者不得入注云流旁握謂車兩轊頭各去門邊空握四
寸也轚挂則不得入門詩車攻傳云驅而入轚則不得入
轂亦聲者當為毄聲 周禮曰舟輿轚互者者秋官野
廬氏文彼云凡道路之
舟車轚互者敘而行之

䡨 治車軸也从車算聲 所眷切

治車軸也者玉篇䡨䡨車軸也通作鏇玉篇鏇
圜轤也車工使軸轉於刃上不規自圓也

軻 接軸車也从車可聲 康我切

至證論孟

軻字子車

接軸車也者一切經音義六引作接軸

也徐鍇韻譜軻接軸增韻軻車接軸

車堅也從車殸聲口莖切

車堅也者廣韻䡴車鞕又車堅牢馥案鞕卽堅牢兩訓義同當有誤廣雅䡴鞕堅也一切經音義四說文䡴堅也廣雅䡴鞕然堅也馥謂䡴卽鞕之誤文鞕乃䡴之或體或作䡴玉篇䡴口莖切車鞕

反推車令有所付也從車從付讀若茸而隴切

反推車令有所付也者軵付聲相近徐鍇繫傳引春秋後語秦受推軵儀不如秦也蒼頡篇推軵也易乾坤鑿度坤大軵庖羲氏曰坤軵於乾讀若茸者小字本李燾本徐鍇本竝作胥誤也廣韻軵推車或作搑漢書馮奉世傳再三發軵如淳曰軵推也音而隴反淮南氾論訓相戲以刃者太祖軵其肘高注軵擠也讀近茸急察言之又覽冥訓軵車奉饟高注軵推也軵讀楫拊之拊馥案楫爲搑之誤本書搑推擣也當云讀若搑拊之搑

有輻曰輪無輻曰輇從車侖聲力屯切

考工記察車自輪始續漢書輿服志上古聖人見轉蓬始知爲輪　顏注急就篇輪總謂輻轂夷輞也　釋名輪綸也言彌綸也周帀之言也

有輻曰輪無輻曰輇者鄭注旣夕記雜記兩引竝同本書輻輪轑也考工記輻也者以爲直指也言輪中木以指輞

蕃車下庳輪也一曰無輻也從車全聲讀若饌市緣切

蕃車下庳輪也者徐鍇本作藩五經文字輇蜃車下卑輪也馥案周禮遂師蜃車人輓之以行凡輓車皆用輇巾車輦車組輓注云爲輇輪人輓之以行旣夕記注云其車之轝狀如牀中央有轅前後出設前後輅轝上有四周下則前後有軸以輇爲輪許叔重說有輻曰輪無輻曰輇馥案前後有軸則四輇矣東京賦所謂重輪也今大河南北有無轅車四輪其輪無輻而庳柩車有後轅後輅是有人推之雜記注輇崇蓋半乘車之輪正義云考工記乘車之輪六尺有六寸今云半之得三尺三寸也一曰無輻也者本書無輻曰輇徐鍇曰無輻謂直所木爲之若椎輪乎

讀若饌者雜記載以輲車注云輲讀爲輇或作摶許氏說文解字曰有輻曰輪無輻曰輇周禮又有蜃車天子以載柩蜃輇聲相近其制同乎喪大記大夫葬用輴士葬用國車注云輴當爲載以輇車之輇聲之誤也輇字或作團是以文誤爲國輇車柩車也旣夕記遂匠納車于階閒注云車載柩車周禮謂之蜃車雜記謂之團或作輇或作摶聲讀皆相附耳未聞孰正

大車轅耑持衡者從車兒聲五雞切

大車轅耑持衡者者戴侗曰轅耑橫木卽衡也輗乃持衡者廣雅軥謂之輗馥案軥卽墨子所謂咫尺之木太元閑次三關無鍵盜入門也拔我輗軏貴以信也論語大車無輗小車無軏其何以行之哉皇侃疏引鄭注輗穿轅端著之軏因轅端著之

輗或從宜

輗又從木

徐鍇本無𨏪棿二文張次立據本書補之

大車後也從車氐聲丁禮切

大車後也者集韻軧展几切大車後至又陳尼切車兩尾也

大車簣也從車秦聲讀若臻側詵切

大車簣也者類篇又將先切輜大車簣

淮陽名車穹隆轒從車賁聲符分切

淮陽名車穹隆轒者集韻引轒上有爲字釋名隆強言體隆而強也或曰車弓似弓曲也又云弓穹也張之穹隆然也考工記輪人爲蓋信其程圍以爲部廣鄭司農云部蓋斗也疏云此言蓋之斗四面鑿孔內蓋弓者於上部高隆穹然謂之爲部字或作䡀集韻䡀車上篷也廣雅䈙籠䡀也方言車枸簍宋魏陳楚之閒或謂之䈙籠

大車後壓也從車宛聲於云切

大車後壓也者玉篇作車後駄也御覽引
作大車後掩也集韻引作大車後屬也

輂 大車駕馬也從車共聲 居玉切

大車駕馬也者史記淮南厲王傳以輂車四十乘反谷口
徐廣曰大車駕馬曰輂楚詞七諫驥躊躇於弊輂兮洪注
輂大車駕馬方言輂載也注云輂輿亦載物者也周禮鄉
師大軍旅會同正治其徒役與其輂輦注云輂駕馬輦人
輓行所以載任器也襄九年左傳陳
畚挶杜注挶土轝釋文作輂九録反

𨍏 連車也一曰却車抵堂爲𨍏從車巹省聲讀若遲 士皆切

連車也者通鑑劉劭遣申元德擊破趙懷仁獲連車千三
百乘一曰卻車抵堂者東京賦於是皇輿夙駕𨍏於東
階薛注𨍏之言卻也謂卻於
東階下天子未乘之時也

輦 輓車也從車從㚘在車前引之 力展切

竹書紀年帝癸十三年初作輦 司馬法夏后氏謂輦曰余
車殷曰胡奴車周曰輜輦 周禮巾車輦車有翣羽蓋注云
有翣所以禦風塵以羽作小蓋爲翳日也 莊十二年左傳
南宫萬以乘車輦其母注云駕人曰輦 定六年傳公叔文子
老矣輦而如公 通典夏氏末代制輦秦爲人君之乘漢因
之以影玉爲之方 徑六尺或使人輓或駕果下馬 一切經
音義六古者卿大夫亦乘輦自漢以來天子乘之 南齊書
輿服志漢書叔孫通傳云皇帝輦出房成帝輦過後宫此朝
宴並用也 宋書鄧琬傳取子勛所乘車除腳以爲輦又索
虜傳或乘小輦手自執劍擊擔輦人腦 又禮志輦車周禮王
后五路之卑者也后宫中從容所乘非王車也漢制乘輿御
之或使人輓或駕果下馬漢成帝欲與班倢伃同輦是也後
漢陰就外戚驕貴亦輦井丹譏之曰昔桀乘人車豈此邪然
則輦夏后氏末代所造也井丹譏陰就乘人而不云僭上豈
貴臣亦得乘之乎未知何代去其輪 左傳正義云司馬法
曰輦一斧一斤一鑿一梩一鋤周加二版二築夏后氏二十
人而輦殷十八人而輦周十五人而輦說者以爲夏出師不
踰時殷踰時周歷時故前世輦少而後世輦多易往蹇來
連虞翻曰連輦輹案周禮鄉師輂輦注云故書輦爲連管子
立政篇不敢畜連乘車海王篇行服連軺輂皆謂輦也輂連

聲相近蓮勺
亦作輦勺

輓車也者一切經音義二十二輦人輓車也釋名輦車人
所輦也書武成王朝步自周黃公紹曰輦行也後世稱輦
曰步輦謂人荷而行不駕馬詩黍苗我任我輦箋云有輓
輦者車攻徒御不驚傳云徒輦也釋訓徒御不驚輦者也
郭注步挽輦車周禮鄉師大軍旅會同正治其徒役與其
輂輦注云輦人輓行巾車輦車組輓注云輦車后居宮中
從容所乘爲輇輪人挽之以行襄十年左傳輦重如役杜
注挽重車以從師成五年傳伯宗辟重重人曰待我不如
捷之速也韻謂重人挽以行宣十二年傳楚重至於邲注
云重輜重也正義輜重載物之車也蔽前後以載物謂之
輜車載物必重謂之重車人挽以行謂之輦輜重輦一物
也荀子大畧篇諸侯輦輿就馬注云輦謂人挽車漢書貨
殖傳夫妻推輦行顏注步車曰輦後漢書光武紀葆車輿
輦注云輦者駕人以行寇恂傳恂以輦車驪駕轉輸前後
不絕注云前書音義曰輦車人挽行也班固傳乘茵步輦
注云駕人曰輦文士傳魏太祖乘步牽車乘城晉書山濤
傳詔步輦從北史崔光傳詔乘步挽於雲龍門出入隋書
禮儀志輦漢成帝游後庭則乘之徐爰釋問云天子御輦

侍中陪乘今輦制象軺車而不施輪通幰朱絡飾以金玉
用人荷之通鑑李綱有足疾上賜以步輿注云步輿即步
挽輿也又云元魏養三老五更賜以步挽車又云斛律金
每朝見常聽乘步挽車至階注云步挽車不用牛馬令人
步挽之從扶者本書扶竝行也 在車
前引之者一切經音義六引作人引之

輓 引之也從車免聲 無遠切

引之也者一切經音義十四引作引車也御覽同廣韻輓
輓車也廣雅輓引也襄十四年左傳或輓之或推之注云
前牽曰輓史記劉敬傳婁敬脫輓輅索隱云輓者牽也漢
書韓安國傳轉粟輓輸以爲之備顏注輓引車也東觀漢
記江革母年八十革常自居轅輓車
不用牛馬通作挽小爾雅挽引也

䡟 紡車也一曰一輪車從車㞷聲讀若狂 巨王切

紡車也者廣雅䡟謂
之筳集韻軖緟輪也

轘 車裂人也從車瞏聲春秋傳曰轘諸栗門 胡慣切

車裂人也者本書斬法車裂也釋名車裂曰轘轘散也肢體分散也周禮條狼氏誓馭曰車轘注云車轘謂車裂也桓十八年左傳齊人殺子亹而轘高渠彌杜注車裂曰轘襄二十二年傳轘觀起於四竟杜注轘車裂以徇鶡冠子王鈇篇其軫令尹以徇陸佃注軫車裂也周官曰轘軫孔叢子齊王行車裂之刑說苑秦始皇取嫪毐四支車裂之後漢書宦者呂强傳未被轘裂之誅注云轘裂以車裂也崔鴻西秦錄熾盤遣弟智達追擒公府於嵻崀山南轘裂之前秦錄有司奏人有盜其母之錢而逃者太后怒轘而殺之又云池陽民或其婦言而欲殺母苻堅轘而殺之前涼錄武威姑臧民以女爲妻令於姑臧市轘殺之通鑑南燕主超增置烹轘之法注云轘車裂也　春秋傳曰轘諸栗門者宣十一年左傳文杜注轘車裂也

斬　截也從車從斤斬法車裂也　側減切

截也者本書截斷也釋名斬頭曰斬斬腰曰腰斬斬暫也暫加兵即斷也釋詁斬殺也周禮掌戮掌斬殺賊諜而搏之注云斬以斧鉞若今要斬也魯語其次用斧鉞韋注斧鉞軍器也書曰後至者斬　從車從斤者晉書易雄傳昨夜夢乘車挂肉其旁夫肉必有筋筋者斤也車旁有斤吾其戮乎　斬法車裂也者廣雅斬裂也

輀　喪車也從車而聲　如之切

喪車也者李善注寡婦賦引同廣雅輀喪車也漢書王莽傳百官竊言此似輀車非僊物也顏注輀車載喪車晉文明王皇后哀策文靈輀夙駕字或作轜釋名輿棺之車曰轜轜耳也縣於左右前後銅魚搖絞之屬耳耳然也東觀漢記梁商薨賜東園轜車曹植王仲宣誄靈轜回軌五臣云轜喪車也晉武帝賜劉寔葬錢詔曰其給轜車陸機輓詩啟殯送靈轜賀循喪服要記將祖納轜車晉畧桓元小會於西堂殿施絳綾帳鏤黃金龍銜五色羽葆流蘇羣臣竊相語曰此頗似轜車宋書張邵傳邵臨終遺命葦席爲轜車北史刁沖傳轜車止用白布爲幔不加畫飾名爲淸素車杜祭酒別傳當其終亾帛布轜車喪儀儉約通鑑梁邵陵王綸作新棺意以轜車挽歌爲送葬之法注云轜音而喪車也

輔　人頰車也從車甫聲　扶雨切

人頰車也者徐鍇本云春秋傳曰輔車相依從車甫聲人頰車也韻會引作人頰骨也從車甫聲春秋傳曰輔車相依廣雅輔頰也釋名輔車言其骨强所以輔持口也或曰牙車牙所載也或曰頷車頷含也口含物之車也或曰頰車亦所以載物也或曰𪗙車𪗙鼠之食積於頰人食似之故取名也凡繫於車皆取在下載上物也易咸卦咸其輔夾舌馬曰輔上頷也釋文輔虞作酺頤卦自求口實鄭注頤口中車輔之名也詩頎人巧笑倩兮傳云倩好口輔正義云左傳曰輔車相依服虔云輔上頷車也與牙相依則是牙外之皮膚頰下之別名也故易云咸其輔頰舌明輔近頰也而非頰也宋書顧覬之傳代爲脣齒遂成輔車離騷靨輔奇牙宜笑嘕洛神賦靨輔承權南齊書顧歡傳經云戎氣强獷乃復略人頰車別借爲車器之名詩正月其車既載乃棄爾輔正義輔是可解脫之物蓋如今人縛杖於輻以防輔車也　徐鍇本春秋傳曰輔車相依者僖五年左傳文彼云諺所謂輔車相依脣亾齒寒者其虞虢之謂也杜注輔頰輔車牙車正義牙車牙下骨之名也頰之與輔口旁肌之名也蓋輔車一處分爲二名耳輔爲外表車是內骨故云相依也韓非十過篇夫虞之有虢也如車之有輔輔依車車亦依輔林堯叟云言虞如牙車如齒

在裏虢如輔頰如脣在表二者相須以生去一不可顧炎武曰此二句一意乃是諺語呂氏春秋權勳篇宮之奇諫曰虞之有虢也若車之有輔也車依輔輔亦依車虞虢之勢是也注車牙也輔頰也牙車字出素問馥案玉篇酺下引左氏傳酺車相依本書酺頰也

轟　羣車聲也從三車　呼宏切

羣車聲也者一切經音義十二引作轟轟羣車聲玉篇轟與輷同車聲史記蘇秦傳輷輷殷殷

文九十九　重八

轓　車之蔽也

顏注漢書景帝紀引

遺文一

說文解字弟十四　義證弟四十七

曲阜桂馥學

小𨸏也象形凡𠂤之屬皆從𠂤 都回切

小𨸏也者一切經音義六𠂤高土也玉篇𠂤小塊也或作堆漢書司馬相如傳激堆埼顏注堆高阜也長安圖高望堆在延興門南八里梁州記南鄭城浙漢上五十里木邊有漢武堆漢武嘗遊此以爲釣臺後人覩其崇基謂之漢武堆又或作垍益州記青衣神號爲雲垍班固以爲離垍北齊藥方碑鬼纖形如地菌多生糞垍又或作塠魏志武帝紀依沙塠爲屯通作追士冠禮毋追夏后氏之道也注云毋發聲也追猶堆也夏后氏質以其形名之文選七發踰岸出追李善云追亦堆字

危高也從𠂤屮聲讀若臬 魚列切

危高也者本書陧危也玉篇𡴎高危也廣韻嵲𡴎高皃

吏事君也從宀從𠂤𠂤猶衆也此與師同意 古丸切

吏事君也者本書臣下云事君也事下云職也馥謂百官百職事也楚語千品萬官釋詁寀寮官也從宀者與宰官同意玉藻在官不俟屨注云官謂朝廷治事處也

𠂤猶衆也此與師同意者本書師下云𠂤衆意也

文三

大陸山無石者象形凡𨸏之屬皆從𨸏 房九切

大陸山無石者者廣雅無石曰阜釋名土山曰阜阜厚也言高厚也地圖土山曰阜阜高厚也周語所以阜財用賈注阜厚也蒼頡篇阜山庳而大也釋地高平曰陸大陸曰阜大阜曰陵李巡曰高平謂土地豐正名爲陸大陸謂土地高大名曰阜阜最高大爲陵風俗通山澤篇春秋左氏傳魯公伯禽宅曲阜之地阜者茂也言平地隆踊不屬於山陵也今曲阜在魯城中委曲長七八里雒北芒坂即爲阜也詩天保如山如阜傳云大陸曰阜齊語陸阜陵墐韋注高平曰陸大陸曰阜大阜曰陵漢書鼂錯傳經川邱阜顏注大陸曰阜楚詞九歎阜隘狹而幽險兮王注大陵曰阜馥謂陵當爲陸

古文

大𨸏也從𨸏夌聲 力膺切

釋地東陵阠南陵息慎西陵威夷中陵朱滕北陵西隃鴈門是也陵莫大於加陵御覽引春秋說題辭陵之爲言棱也輔山成其廣層棱扶推益厥長也潛夫論慎微篇凡山陵之高非削而成崛起也必步增而稍上焉　通作夌宋書謝靈運傳夌岡上而喬竦

大𨸏也者釋名大阜曰陵陵隆也體高隆也詩吉日升彼大阜天保如岡如陵鄭注周禮大司徒云大阜曰陵僖三十二年左傳殽有二陵焉襄二十五年傳辨京陵杜注並云大阜曰陵昭十二年傳有肉如陵杜注陵大阜也漢書司馬相如傳阜陵別隝顏注大阜曰陵韓壽云積土高大曰阜大阜曰陵樓觀本紀尹喜宅在南山阜上昔老君於此登山時人號曰老子陵非墳墓也爾雅曰大陸曰阜大阜曰陵此之謂也

大𨸏也從𨸏鯀聲 胡本切

地理也從𨸏力聲 盧則切

地理也者本書朸木之理也泐水石之理也永象水巠理之長巠水脈也玉篇阞地脈理易繫辭俯以察於地理正義云地有山川原隰各有條理故稱理也詩信南山我疆我理傳云理分地理也考工記匠人凡溝逆地防謂之不行注云防謂脈理不行謂決溢也管子水地篇水者地之血氣如筋脈之流通者也魏策前脈地形之險阻決利害之備論衡書解篇上天多文而后土多理尚書考靈曜通天文者明審地理者昌謝承後漢書汝南許陽曉水地脈春秋元命苞神農世怪義生白阜圖地形脈道注云怪義白阜之母名也白阜爲神農圖地形通水道之脈使不擁塞也尚書刑德放禹長於地理得括地象圖史記蒙恬罪固當死矣起臨洮屬之遼東城塹萬餘里此其中不能無絕地脈哉此乃恬之罪也漢書溝洫志賈讓奏昔大禹治水山陵當路者毀之故鑿龍門辟伊闕析底柱破碣石墮斷天地之性天文志中國山川東北流其維首在隴蜀尾沒于勃海碣石禹貢導山馬融以爲三條導岍爲北

條西傾爲中條嶓冢爲南條鄭康成以爲四列導岍爲陰列西傾爲次陰列嶓冢爲次陽列岷山爲正陽列蘇軾書傳隨山者隨其地脈而究其終始何謂地脈地之有山猶人之有脈也有近而不相連者有遠而相屬者雖江湖不能絕也自秦蒙恬始言地脈而班固馬融王肅治尚書皆有三條之說古之達者蓋已知此矣

陰 闇也水之南山之北也从𨸏侌聲 於今切

釋名陰蔭也氣在內奧蔭也　詩公劉相其陰陽　昭元年左傳趙孟視蔭杜注蔭日景也釋文云蔭本亦作陰

闇也者廣雅同書高宗梁闇論語作諒陰魯世家作亮陰

水之南山之北也者徐鍇曰陰山北水南日所不及玉篇陰影也水南山北也書禹貢至于岳陽傳云山南曰陽周禮柞氏疏引爾雅山南曰陽山北曰陰爾雅無此文春秋僖二十八年天王狩于河陽杜注云晉地穀梁傳水北爲陽山南爲陽溫河陽也范云日之所照曰陽成十六年左傳楚子以汝陰之田求成於鄭杜注汝水之南桓十六年公羊傳越在岱陰齊何云山北曰陰僖二十二年傳戰於泓之陽何云水北曰陽南山經其陽多赤金其陰多白金注云山南爲陽山北爲陰呂氏春秋行論爲夫舍諸侯

於漢陽注云水北曰陽三輔黃圖咸陽在九嵕山渭水北山水俱在南故名咸陽詩渭陽釋文云水北曰陽在南山之陽傳云山南曰陽元和郡縣志咸陽縣下云山南曰陽水北曰陽縣在北山之南渭水之北故曰咸陽又云漢濟陰郡在濟水之南故以爲名寰宇記孟州河陰縣因在河之南故立河陰縣焉容齋四筆山南爲陽水北爲陽穀梁傳之語也若山北水南則爲陰故郡縣及地名多用之今畧敘於此山之南者如嵩陽華陽恒陽衡陽鎮陽岳陽嶧陽夏陽城陽陵陽岐陽首陽營陽咸陽櫟陽宜陽山陽屬河內郡太行在北廣陽碎陽河陽魯陽黎陽樅陽零陽巫陽東陽部陽郴陽揭陽弋陽屬汝南郡弋山在西北當陽青陽黔陽壽陽麻陽雲陽美陽復陽南陽復山之陽上曲陽屬常山下曲陽屬鉅鹿桐陽屬五原原陽屬雲中水之北者馮翊之池陽頻陽郃陽沈陽扶風之杜陽河東之大陽大河之陽平陽平河之陽太原之晉陽汾陽及河陽洛陽滎陽偃陽渭陽淮陽汝陽濟陽襄陽滏陽漁陽遼陽泗陽伊陽汞陽滁陽潮陽澧陽灌陽汧陽洮陽沭陽東郡之濮陽東武陽潁川之潁陽昆陽舞陽汝南之汝陽鮦陽細陽灈陽湞陽新陽安陽博陽成陽南陽之育陽涅陽堵陽蔡陽筑陽棘陽比陽朝陽湖陽紅陽江夏之西陽廬江之尋陽九江之曲陽濟陰之句陽音鉤句讀之郞沛郡之穀陽扶陽漂陽魏郡之繁陽鉅鹿之堂陽清河之清陽涿郡之高陽饒陽范陽勃海之浮陽濟南之般陽朝陽泰山之東平陽東武陽寧陽北海之膠陽東海之開陽曲陽都陽臨淮之射陽蘭陽丹陽之丹陽陵陽溧陽豫章之鄱陽鄡陽桂陽之耒陽桂陽湞陽武陵之無陽辰陽酉陽零陽零陵之洮陽漢中之旬陽沔陽安陽犍爲之江陽武陽漢陽金城之枝陽天水之略陽阿陽安定之涇陽彭陽北地之泥陽上郡之定陽鴈門之沃陽劇陽上谷之沮陽漁陽之要陽遼西之海陽右北平之夕陽聚陽蒼梧之封陽趙國之易陽膠東之觀陽長沙之益陽已上皆見漢書地理志其水之下必曰在某水之陽合山水之稱陽者百有五六十至陰字則甚少蓋面勢在背自難立國邑𦾔山之北者唯華陰山陰龜陰蒙陰鶉陰雕陰襄陰水之南者汾陰蕩陰潁陰汝陰舞陰濟陰漢陰晉陰蘄陰湘陰溧陰河陰湖陰江陰淮陰園陰僅三十而已

陽 高明也从𨸏昜聲 與章切

高明也者對陰言也陰闇也釋名陽揚也氣在外發揚也又云明陽也又云邱高曰陽邱體高近陽也詩七月我朱

孔陽傳云陽明也又度其夕陽又梧桐生矣于彼朝陽文四年左傳天子當陽白虎通號篇高陽者陽猶明也道德高明也

陸 高平地从𨸏从坴坴亦聲 力竹切

高平地者地當爲也釋者一曰高平一曰廣平釋名高平曰陸陸漉也水流漉而去也易漸卦鴻漸於陸馬云山上高平曰陸詩天保傳云高平曰陸穆天子傳爰有陵衍平陸郭注大阜曰陵高平曰陸漢書后奮傳閼者河水滔陸顏注高平曰陸此皆主高平言之徐鍇韻譜陸廣平書禹貢正義引爾雅廣平曰陸定元年左傳田於大陸杜注引爾雅廣平曰陸史記司馬相如傳散渙夷陸索隱引司馬彪曰廣平曰陸此皆主廣平言之釋地廣平曰原高平曰陸禹貢既修太原傳云高平曰太原本書邍高平之野是原爲高平也釋地又云晉有大陸郭注今鉅鹿北廣河澤是也禹貢大陸既作正義云但廣而平者則名大陸孔氏明言廣平是陸爲廣平也本書邍訓高平則陸當爲廣平今作高平者後人改之也漢縣有名陵者王莽皆改曰陸如湖陵曰湖陸遷陵曰遷陸江陵曰江陸陰陵曰陰陸楨

陵曰槙陸猛陵曰猛陸以陸與陵異故易其舊名也陵
高而不平陸廣平故異於陵也　坴亦聲者當爲坴聲

𨻰 籒文陸

本書圥籒
文作䖵

阿 大陵也一曰曲𨸏也從𨸏可聲 烏何切

史記黃帝紀而邑於涿鹿之阿正義云廣平曰阿鹽鐵論險
固篇晉有河華九阿而奪於六卿樂資春秋傳阿房宮未成
成之更欲擇令名名之作宮
阿旁故天下謂之阿房宮
大陵也者釋地大陵曰阿詩菁菁者莪在彼中阿傳云大
陵曰阿皇矣我陵我阿箋云大陵曰阿　一曰曲𨸏也者
一切經音義一韓詩曲京曰阿阿謂山曲隈處廣雅曲京
曰阿詩考槃在阿傳云曲陵曰阿穆天子傳天子西征昇
九阿復案水經注謂之九曲云其地千里有九坂之曲詩
緜蠻止于丘阿傳云丘阿曲阿也箋云止於丘之曲阿有
卷者阿飄風自南傳云猶飄風之入曲阿箋云大陵曰阿
有大陵卷然而曲漢書司馬相如傳順阿而下顏注曲陵

曰阿地理志會稽郡有曲阿縣董覽吳地志曲阿秦時名
雲陽太史云東南有天子氣在雲陽之間故鑿北岡令曲
而阿因
名曲阿

陂 阪也一曰沱也從𨸏皮聲 彼爲切

阪也者字林同漢書馮奉世傳前軍到降同阪顏注阪平
陂也考工記輪已庳則於馬終古登阤也鄭注阤阪也馥
案阤即陀所謂陂陀　一曰沱也者初學記引本書沱陂
也今沱下無此文玉篇陂池也廣雅陂池也一切經音義
十陂山東名爲濼亦名陂初學記引風俗通孫子有金城
湯池之說後人因此開地爲池以畜魚鼈秦誓惟宮室臺
榭陂池侈服西都賦陂池交屬月令毋漉陂池注云畜水
曰陂穿地通水曰池史記灌夫傳陂池田園漢書貨殖傳
水居千石魚波顏注波
讀曰陂言有大陂養魚

阪 坡者曰阪一曰澤障一曰山脅也從𨸏反聲 府遠切

本書隴天水大阪也　易說卦其於稼也爲反生虞本作阪
云陵阪也　文十六年左傳楚人謀徙於阪高穆天子傳
昇於長松之阪　淮南齊俗訓陵阪耕田　史記范雎傳右
隴蜀左關阪　或作坂漢書文帝紀帝從霸陵欲西馳下峻
坂續漢書郡國志河東大陽有顛軨坂古今地名顛軨坂在
鹽池蜀志先主傳及於當陽之長坂帝王世紀舜都蒲坂晉
太康地記常山上曲陽縣有恆山坂號飛狐口壺關縣有羊
腸坂新序雜事篇趙簡子上羊腸之坂羣臣皆偏袒推車水
經注云河水東逕旋門坂北今成臯西大坂者也戴延之西
征記黃坂去終南六十里少華山西述征記黃卷坂者傍絕
澗以昇潼關長坂十餘里九坂皆邐邐長坂東京賦所
謂西阻九阿者也任豫益州記汶江水源出玉輪坂下
坡者曰阪者釋地文坡彼作陂郭注陂陀不平本書坡
也徐鍇本作陂也玉篇阪陂也詩車鄰阪有漆傳云陂者
曰阪鄭注樂記陂傾也史記司馬相如傳登陂阤之長阪
後漢書徐縣北界有蒲陽阪東觀漢記作蒲楊坡太平御
覽引之云坡與阪同西京記滻水西岸有坂舊名滻水坂
隋文帝惡坂之名改名長樂坡　一曰澤障者當爲墇
通行障字玉篇陂澤障也書禹貢九澤既陂傳云九州之
澤已陂障無決溢矣詩彼澤之陂傳云陂澤障也昭元年
左傳障大澤服注障陂障其水也周語澤水之鍾也又云
陂唐汙庳以鍾其美又云陂鄣九澤淮南說林訓十頃之
陂可以灌四十頃高注畜水曰陂史記鄭世家障大澤漢

書溝洫志又內黃界有澤方數十里環之有隄翟方進傳
汝南舊有鴻隙大陂郡以爲饒成帝時關東數水陂溢爲
害論衡自然篇汲井決陂灌溉園田風俗通山澤篇謹按
傳曰陂者蕃也言因下鍾水以蕃利萬物也今陂皆以溉
灌汝南富陂縣是也光武將征交阯下詔通障谿河南汝
州廣成澤一名黃陂唐改萃隋煬帝於揚州雷塘即漢之
雷陂壽春有芍陂穰縣有鉗盧陂以及山陰之鏡湖會稽
之回踵峄峣二湖皆陂也禹貢荊州沱潛既道馬云沱湖
也　一曰山脅者本書𦛸山脅道也廣雅陘阪也昭十六
年左傳齊師至於蒲隧注云取慮縣東有蒲如陂馥謂隧
即山脅道釋名山旁曰陂言陂陁也李巡注爾雅云陂者
謂高峯山陂氾勝之書諸山陵近邑高危傾阪及丘城上
皆可爲區田月令善相丘陵阪險原隰齊民要術丘陵阪
險不生五穀者以樹竹木陳啟源曰詩正月箋以阪田爲
崎嶇墝埆之處其山脅之謂乎馥案玉海引曹氏說以隴
阪當說文
之山脅

𨹹 阪隅也從𨸏取聲 子侯切

陬隅也者玉篇作陬隅廣韻同案木
書呂陬隅高山之節廣雅陬隈也
隅 陬也從𨸏禺聲 噳俱切
書益稷至于海隅蒼生 詩邶風俟我乎城隅 論語舉一
隅不以三隅反皇氏曰隅角也牀有四角屋有四角皆曰隅
也曲禮摳衣趨隅
檀弓童子隅坐而執燭
陬也者李善注笙賦引作曲也廣雅隅隈也郭注山海經
陬猶隅也孟子虎負嵎趙注以嵎爲陬宋襄有雀生䲭於
城之陬高
注陬隅也
險 阻難也從𨸏僉聲 虛檢切
五音集韻引字林險山形似重甑 易坎卦天險不可升也
地險山川丘陵也王公設險以守其國險之時用大矣哉
阻難也者本書阻險也玉篇險難也阻也周禮司險掌九
州之圖以周知其山林川澤之阻而達其道路賈誼書道
術篇據當不傾謂
之平反平爲險

限 阻也一曰門榍也從𨸏艮聲 乎簡切
阻也者秦策南有巫山黔中之限高注淮南云羊腸阪是
大行孟門之限 一曰門榍也者本書榍限也玉篇限閾
也 艮聲者易
序卦艮者止也
阻 險也從𨸏且聲 側呂切
險也者廣雅同爾雅釋詁阻難也郭注險難易繫辭傳夫
乾德行恆易以知險夫坤德行恆簡以知阻詩雄雉自詒
伊阻谷風既阻我
德傳並云阻難也
陮 陮隗高也從𨸏隹聲 都辠切
陮隗高也者本書崔高也五音集韻陮陮隗原阜高皃
玉篇陮陮隗不平也通作佳莊子齊物論山林之畏佳
隗 陮隗也從𨸏鬼聲 五辠切
阭 高也一曰石也從𨸏允聲 余準切

高也者集韻阭
高也或作院
⿰阝厽 磊也從𨸏厽聲 洛猥切
陗 陖也從𨸏肖聲 七笑切
陖也者一切經音義九通俗文陵阪曰峭山陵險陵亦謂
之陗也廣雅陗高也陖通作峻李善注西征賦引淮南子
陗法刻削許注陗峻也史記李斯傳陗塹之勢異也索隱
云陗峻也高也鼂錯傳錯爲人陗直刻深集解云韋昭曰
術岸高曰陗臣瓚曰陗峻釋邱夷上洒下不漘孫
炎云平上陗下馥案詩新臺有洒傳云洒高峻也
陖 陗高也從𨸏夋聲 私閏切
陗高也者本書嶐高也通作峻考工記匠人堂涂十有二
分鄭注分其督旁之修以一分爲峻也疏云名中央爲督
假令兩旁上下尺二寸
則取一寸於中央爲峻
隥 仰也從𨸏登聲 都鄧切

仰也者當爲卬本書卬望欲有所庶及也一切經音義四
廣雅隥履下依之而上者也馥案因呼隥道穆天子傳天
子南還升於三道之隥三蒼隥小阪
也或作墱西京賦墱道邐倚以正東
陋 阸陝也從𨸏㔷聲 盧候切
阸陝也者阸當爲𠨍本書𠨍隘也廣雅陋陿也成九年左
傳莒恃其陋而不修城郭荀子榮辱篇陋者俄且僩也馥
案詩淇澳傳僩寬大也僩與陋反則陋爲阸陝矣漢書刑
法志秦人其生民也陿阸郊祀志行谿谷中阸陝且百里
宋書武帝紀莫不悉
其陋險九譯來庭
陝 隘也從𨸏夾聲 矦夾切
隘也者一切經音義十三引同又云陝迫隘不廣大也玉
篇陝不廣也字或作陿司馬相如上林賦赴隘陿之口漢
書景帝紀郡國或磽陿顏注陿謂偏隘也鼂錯傳爲人陗
直刻深顏注陗謂峻陿也趙充國傳遣騎候四望陿中亾
虜顏注山陗而夾水曰陿又或作峽荊州記三峽七百里
中兩岸連山畧無闕處重巖疊嶂隱天蔽日自非停午夜

分不見日月峽程記三峽者卽明月峽仙山峽廣澤峽其有瞿塘灧澦燕子屛風之類皆不預三峽之數李膺益州記明月峽峽前南岸壁高四十丈其壁有圓孔形如滿月因爲名隴西記襄武有錦鏡峽卽黑水所經水經注巫山首尾一百六十里謂之巫峽

陟 登也從𨸏從步 竹力切

書舜典汝陟帝位太甲若陟遐必自邇詩卷耳陟彼崔嵬 登也者夏小正傳云陟升也書舜典黜陟幽明傳云升進其明者詩公劉陟則在巘箋云陟升車輦陟彼高岡箋云陟登也昭七年左傳叔父陟恪杜注陟登也

𨻵 古文陟

陷 高下也一曰陊也從𨸏從臽臽亦聲 戶猎切

高下也者一切經音義十三引同又云陷猶隊入也亦沒也 一曰陊也者一切經音義引作墮 臽亦聲者當爲

臽聲

隰 阪下溼也從𨸏㬎聲 似入切

阪下溼也者漢書司馬相如傳循阪下隰一切經音義四隰溼墊也釋名下溼曰隰隰墊也墊溼意也釋地下溼曰隰李巡曰下溼謂土地窊下常沮洳名爲隰也又陂者曰阪下者曰隰李巡曰陂者謂高峯山阪下者謂下溼之地隰溼也鄭注周禮大司徒云下溼曰隰書禹貢原隰底績傳云下溼曰隰史記夏本紀正義云隰低下地也詩隮兮隰有苓皇皇者華于彼原隰車鄰隰有栗傳竝云下溼曰隰桓三年左傳逐翼侯於汾隰杜注汾隰汾水邊襄二十五年傳牧隰皋杜注隰皋水厓下溼爲芻牧之地周語猶其有原隰衍沃也韋注下溼曰隰昭元年公羊傳上平曰原下平曰隰管子形勢篇所謂平原者下澤也雖有小封不得爲高故曰平原之隰奚有於高尙書大傳下而平者謂之隰隰之猶言溼也春秋說題辭下溼曰隰隰者溼也下而澤也呂氏春秋孟春紀阪險原隰高注下溼曰隰吳都賦原隰殊品五臣云下溼曰隰元和郡縣志隰州爾雅曰下溼曰隰以州帶泉泊下溼故以隰爲名

𨽎 鼓也從𨸏區聲 豈俱切

鼓也者本書鼓鼓嶇也漢書諸侯王表至虖阸嶇河洛之閒應劭曰嶇者踦嶇也

隤 下隊也從𨸏貴聲 杜回切

下隊也者李善注高唐賦引同一切經音義六引作墜下也玉篇隤壞隊下也廣雅隤下也急就篇碓磑扇隤舂簸揚顏注扇扇車也隤扇車之道也隤字或作隨隨之言墜也言既扇之且令墜下也漢書蘇武傳士衆滅兮名已隤司馬遷傳隤其家聲顏注隤墜也上林賦隤牆塡塹長笛賦總硐隤墜揚雄河東賦發祥隤祉注云隤降也解嘲響若氏隤字或作頹詩谷風維風及頹檀弓泰山其頹乎大戴禮保傅篇越王不頹舊冢而吳人服釋天焚輪謂之頹郭注暴風從上下史記河渠書水頹以絕商顏集解瓚曰下流曰頹寡婦賦歲云暮兮日西頹

隊 從高隊也從𨸏㒸聲 徒對切

詩小宛如集于木傳云恐隊也 文二年左傳隊而死也 樂記故歌者上如抗下如隊 漢書王莽傳不居攝則恐周

隊失天命

從高隊也者徐鍇本作從高墮也本書㒸陊也檀弓退人若將隊諸淵考工記輪人爲蓋殷畝而馳不隊注云隊落也僖二十八年左傳俾隊其師杜注隊隕也襄十年傳主人縣布堇父登之及堞而絕之隊則又縣之蘇而復上者三墨子七患篇今有負其子而汲者隊其子於井中荀子禮論篇暴慢恣睢輕俗以爲高之屬入焉而隊注云隊古墜字墮也漢書翟方進傳隊極厥命顏注隊隕也西域傳畜隊未半阬谷盡靡碎人墮埶不得相收視顏注隊亦墮也字或作隧石經論語殘碑未隧於地楚辭九歌矢交隧兮荀子儒效篇至共頭而山隧注云隧謂山石崩摧也淮南說林訓縣垂之類有時而隧高注隧墮也漢書王莽傳不隧如髮敘傳厥宗亦隧又作墜釋詁墜落也釋文云本又作隊隊本今作墜書仲虺之誥民墜塗炭金縢無墜天之降寶命君奭乃其墜命漢書王莽傳引作乃以隊命

降 下也從𨸏夅聲 古巷切

下也者釋言文廣雅同本書洚一曰下也書堯典釐降二女于嬀汭史記作飭下金縢無墜天之降寶命鄭注降下也士冠禮降西階一等注云降下也士相見禮大夫則辭退下注云下亦降也孔子閒居引詩湯降不遲注云降下也詩崧高維嶽降神出車我心則降公劉復降在原旱麓福祿攸降殷武天命降監元鳥降而生商長發湯降不遲箋竝云降下也閔予小子陟降庭止箋云陟降上下也釋天降婁孫炎曰降下也莊三十年穀梁傳降猶下也夏小正傳降者下也尚書中候湯降三分注云降下也

隕 從高下也從𠂤員聲易曰有隕自天 于敏切

書湯誥若將隕于深淵詩小宛如臨于谷傳云恐隕也桓五年左傳社稷無隕多矣哀十五年傳無廩然隕大夫之尸又云大命隕墜又云雖隕於深淵則天命也

從高下也者本書磒落也聲類隕墜釋詁隕落也又云墜也詩緜亦不隕厥問小弁涕既隕之傳竝云隕隊也氓桑之落矣其黃而隕傳云隕墮也文十八年左傳不隕其名杜注隕隊也通作霣春秋莊七年星霣如雨宣十五年左

傳有死無霣服注霣隊也史記鄭世家作隕

易曰有隕自天者遘卦文虞云隕落也

隉 危也從𠂤從毀省徐巡以爲隉凶也賈侍中說隉法度也班固說不安也周書曰邦之阢隉讀若虹蜺之蜺 五結切

危也者廣雅同本書𡴀危高也讀若臬通作㮆文選長笛賦巔根跱之㮆刖兮李善注云㮆刖危皃 賈侍中說隉法度也者通作臬廣雅臬法也書康誥王曰外事汝陳時臬傳云汝當布陳是法多方爾罔不克臬傳云汝無不能用法 班固說不安也者固有說文字之書曰太甲篇此即其說也本書黜㮆䵝不安也周易困卦劓刖荀爽陸績王肅本皆作臲卼云不安皃太元闞初一圜方杌棿注云杌棿不安也 周書邦之阢隉者秦誓文傳云阢隉不安言危也 讀若虹蜺之蜺者本書無蜺字梁書王筠傳沈約製郊居賦要筠示其草筠讀至雌蜺連蜷約撫掌欣抃曰僕嘗恐人呼爲霓韻案漢書天文志抱珥虹蜺如淳曰蜺讀曰齧

阤 小崩也從𠂤也聲 丈爾切

小崩也者一切經音義六小崩曰阤方言㢮壞也注云謂壞落也周語是故聚不阤崩韋注大曰崩小曰阤漢書楚元王傳山陵崩阤二顏注阤下頹也漢舊儀垣牆阤壞後漢書李膺傳綱紀頹阤吳都賦崩巒阤岑或作陊說苑說叢篇山以小陊而大崩後漢書蔡邕傳太極陊注引賈逵國語注小崩曰陊東海廟碑旋則陊崩又或作陁淮南繆稱訓岸㟞者必陁高注陁落也

隓 敗城𠂤曰隓從𠂤𡏬聲 許規切

敗城𠂤曰隓者本書隓讀若相推落之墮方言隓壞也隓六年公羊傳何言乎墮成敗其成也襄二十六年左傳入南里墮其城魯語墮會稽晉語必墮其壘培韋注竝云墮壞也秦策攻城墮邑齊策墮中牟之郭史記秦始皇本紀墮壞城郭又云墮名城甘羅傳破城墮邑不知其數漢書異姓諸侯王表墮城銷刃春秋定十二年叔孫州仇帥師墮郈杜注墮毀也患其險固故毀壞其城定七年左傳齊師墮伏而待之杜注墮毀其軍以誘敵昭二十二年傳伐

京毀其西南史記魯世家使仲由毀三桓城孟氏不肯墮城孔子世家吳伐越墮會稽集解王肅曰墮毀也漢書韓安國傳伐國墮城顏注墮毀也所伐之國則毀其城也周語不墮山韋注墮毀也荀子議兵篇猶以錐刀墮太山也注云墮毀也漢書溝洫志賈讓奏昔大禹治水山陵當路者毀之墮斷天地之性或作隳管子霸形篇自此而北至於河者鄭自城之而楚不敢隳也家語相魯篇乃使季氏宰仲由隳三都孫子九地篇故其城可拔其國可隳呂氏春秋順說篇隳人之城郭賈誼過秦論隳名城靈光殿賦序自西京未央建章之殿皆見隳壞韻案毀他物亦曰墮僖三十三年左傳墮軍實而長寇讎杜注墮毀也漢舊儀祫祭墮廟神即毀廟之主老子或載或墮

墮 篆文

本書隋從隓省此又從隋當有一誤

䧅 仄也從𠂤從頃頃亦聲 去營切

仄也者本書仄頃也字或作廎譙敏碑屋棟傾覆樊敏碑能無撓廎 頃亦聲者當爲頃聲

陊 落也从𨸏多聲徒果切

落也者字林同玉篇陊小崩也通作墮方言墮脫也多聲者李善注西京賦引本書陊直氏反

阬 閬也从𨸏亢聲客庚切

閬也者漢書揚雄傳閌閬閬其寥廓兮注云閬閬空虛也莊子外物篇胞有重閬注云閬空曠也本書叡坑也埂下云秦謂阬爲埂容下云歺殘地阬坎意也釋詁阬阬虛也郭注阬阬謂阬塹也郊特牲水歸其壑注云壑猶阬也莊子天運篇在谷滿谷在阬滿阬衛宏詔定古文官書序迺密令冬種瓜於驪山阬谷中溫處史記貨殖傳馳阬谷後漢書馬融傳注引蒼頡篇阬壑也晉書皇甫謐傳穿阬訖舉牀就阬

隫 通溝也从𨸏賣聲讀若瀆徒谷切

通溝也者廣韻引作通溝以防水徐鍇本同韓子外儲說魯以五月起衆爲長溝通作瀆鄭注周禮大司徒云注瀆曰川風俗通山澤篇江河淮濟爲四瀆瀆者通也所以通中國垢濁釋水江河淮濟爲四瀆四瀆者發源注海者也

御覽七十五引爾雅舊注水流不絕曰瀆讀若瀆者徐鍇本作讀若洞一本作泗

⿰谷賣 古文隫从谷

釋邱竆瀆汜郭注水無所通者

防 隄也从𨸏方聲符方切

隄也者廣雅同釋邱墳大防孫炎曰防謂隄也月令脩利隄防周禮稻人以防止水注云防豬旁隄也考工記匠人凡溝必因水埶防必因地埶昭三十年左傳遂伐徐防山以水之杜云防壅山水以灌徐襄二十五年傳町原防杜注防隄也大戴禮禮察篇君子之道譬猶防與夫禮之塞亂之所從生也猶防之塞水之所從來也故以舊防爲無用而壞之者必有水敗以舊禮爲無用而去之者必有亂患晏子春秋景公登東門防曰夫何不下六尺哉晏子曰昔歲淄水至入廣門鄉者防下六尺則無齊矣孟子無曲防秦策長城鉅防足以爲塞呂氏春秋慎小篇巨防容螻而漂邑殺人注云巨防大隄也如隄有孔穴容螻蛄則潰漏敫決至於漂沒閭邑溺殺人民也淮南脩務訓禹脩彭蠡之防說林訓窟穴者託埵防便也齊俗訓狟狢得埵防弗去而緣高注並云防隄也或作坊郊特牲祭坊與水庸事也坊記君子之道譬則坊與經解以舊坊爲無用而壞之者必有水敗

埅 防或从土

隄 唐也从𨸏是聲都兮切

唐也者集韻引作唐也周語陂唐汙庳以鍾其美韋注唐隄也宋庠云唐如字今俗本多加土於旁說文無塘字顏秦漢書地理志會稽有錢唐縣並作唐通行用塘字淮南說山訓壞塘以取龜埤蒼長沙謂隄爲塘魏志劉馥傳興治吳塘諸堨以溉稻田又作隚廣雅隚隄也爾雅釋宮隄謂之梁李巡曰隄防也障也釋地八陵云梁莫大於湨梁郭注梁隄也定九年穀梁傳得之隄下史記封禪書閒者河溢皋陸隄繇不息或作堤襄二十六年左傳棄諸堤下釋文堤亦作隄

阯 基也从𨸏止聲諸市切

基也者釋名水出其前曰阯邱阯基阯也史記封禪書后閒者在太山下阯南方漢書疏廣傳頗立產業基阯藉田賦結崇基之靈址思玄賦郎岐阯而臚情通作趾宣十一年左傳略基趾

址 阯或从土

陘 山絕坎也从𨸏巠聲戶經切

山絕坎也者釋山山絕陘郭注連山中斷絕僖四年左傳傳次于陘史記楚世家以兵侵楚至陘山楚策北有汾陘之塞襄十六年左傳速遂塞海陘而還杜注海陘魯險道秦策陘山之役高云趙井陘塞也徐廣注史記陘者山絕之名常山有井陘中山有苦陘元和郡縣志懷州河內縣太行陘在縣西北三十里連山中斷曰陘述征記曰太行山首始於河內自河內北至幽州凡有八陘第一曰軹關陘今屬濟源縣第二太行陘第三白陘此兩陘今在河內第四滏口陘對鄴西第五井陘第六飛狐陘一名望都關第七蒲陰陘此三陘在中山第八軍都陘在幽州太行陘澗三步長四十里顧炎武曰今井陘之陘古書有作鈃者穆天子傳至於鈃山之下是也有作研者漢書地理志上

黨郡有𨸏岍闗是也有作岍者晉書𨸏勒載記使𨸏季龍擊託矦部掘咄哪于岍北大破之是也有作陘者晉書胡奮傳頓軍陘北是也有作陘者揚子法言山陘之蹊是也有作陘者李尤函谷關賦於北則有蕭居天井壺口𨸏陘貫越代朔以臨北庭是也

附婁小土山也从𨸏付聲春秋傳曰附婁無松柏 符又切

附婁小土山也者或作培塿易林蹇之訟土瘠瘦薄培塿无柏崔鴻前趙錄劉淵曰當爲崇岡峻阜何能爲培塿乎晉語必墮其壘培　春秋傳曰附婁無松柏者襄二十四年左傳文彼作部婁杜注部婁小阜晏子若部婁之未登風俗通山澤篇謹按春秋左氏傳部婁無松柏言其卑小部者阜之類也今齊魯之間田中少高卬名之爲部矣

秦謂陵阪曰阺从𨸏氐聲 丁禮切

秦謂陵阪曰阺者廣韻引字統同御覽引作陵阜漢地理志隴西郡應劭曰有隴阺在其西也後漢書寇恂傳隗

助囂拒隴阺高唐賦臨大阺之稸水字或作坻昭十二年左傳有酒如淮有肉如坻上林賦下磧歷之坻五臣注坻坂也後漢書隗囂傳使王元據隴坻注云坻坂也華陽國志元道縣有坻阜又通作底後漢書光武紀馮異與赤眉戰於崤底注云底阪也

石山戴土也从𨸏从兀兀亦聲 五忽切

石山戴土也者本書岨石戴土也詩卷耳陟彼崔嵬陟彼砠矣傳云崔嵬土山之戴石者石山戴土曰砠釋名石戴土曰岨土戴石曰崔嵬惟爾雅獨異釋山云石戴土謂之崔嵬土戴石爲砠或作屼廣韻嶠屼山皃也元結詩山屹屼兮水淪漣蜀都賦躡五屼之蹇滻劉逵注五屼山名也一山有五重兀亦聲者當爲兀聲

崖也从𨸏兼聲讀若儼 魚檢切

崖也者李善注西京賦引作厓也五臣注厓陬邊限也廣雅陬厓也薛綜注西京賦金堤謂以石爲邊陬魏都賦築曾宮以迴市比岡陬而無陂釋山重甗陬孫炎曰山基有重岸也詩葛藟在河之滸傳云滸水陬也伐檀寘之河之滸兮傳云滸厓也蒹葭傳云湄水陬也正義云陬是山岸湄是水岸故云水陬

塞也从𨸏戹聲 於革切

本書𪖙塞也引春秋傳墊阸　戰國策太子辭於齊王而歸齊王監之注云監讀作阸　漢書地理志右扶風汧縣下云詩芮阸雍州川也顏注阸讀與鞫同大雅公劉之詩曰芮鞫之即韓詩作芮阸　周禮鄉師以歲時巡國及野而賙萬民之囏阸　孟子阸窮而不憫　漢書元帝紀百姓仍遭凶阸　塞也者戰國策塞鄳隘史記漢興以來諸侯年表秉其阸塞地利或作扼後漢書杜篤傳城池百尺扼塞要害

障也从𨸏鬲聲 古覈切

障也者李善注西京賦引作塞也本書塞隔也史記秦始皇本紀昭隔內外通作鬲大宛傳鬲漢道焉漢書薛宣傳西州鬲絕韋元成傳起敦煌酒泉張掖以鬲婼羌

隔也从𨸏章聲 之亮切

隔也者廣雅同通俗文藩隔曰障祭法鯀鄣洪水而殛死定十二年左傳且成孟氏之保障也蒼頡篇障小城也北征賦登鄣隧而遙望兮史記秦始皇本紀築亭障以逐戎人漢書張湯傳居一障閒注云謂塞上要險之處別築爲城而爲鄣蔽李陵傳陵以九月發出遮虜障顏注障者塞上險要之處往往修築別置候望之人所以自障蔽而伺敵也

蔽也从𨸏㥯聲 於謹切

蔽也者月令無有掩蔽廣雅隱翳也通鑑魏使太子居正殿時隱而窺之注云自隱蔽其身而窺之也襄二十三年左傳踰隱而待之杜注隱短牆也史記秦始皇本紀隱宮徒刑者七十餘萬人注云宮刑一百日隱於蔭室養之故曰隱宮

水隈崖也从𨸏奥聲 烏到切

水隈崖也者本書澳隈厓也其內曰澳其外曰隈釋邱隩隈厓內爲隩外爲隈詩公劉芮鞫之卽箋云水之內曰隩

水之外曰鞫通作奥詩瞻彼淇奥傳云奥隈也

隈　水曲隩也從𨸏畏聲　烏恢切

釋邱外爲隈釋文隈作鞫云如字字林作坭云隈厓外也詩公劉芮鞫之即箋云水之內曰隩水之外曰鞫鄭注職方引詩作芮阸漢書地理志芮阸雍州川也顏云韓詩作芮阸阸與鞫同韻案玉篇坭居六切涯也水外爲坭阸古岸也廣韻坭與阸同云曲岸水外曰阸馥謂阸鞫聲不近蓋阸以形誤爲阸也

水曲隩也者李善注七發引作水曲也西都賦商洛緣其隈五臣注隈水曲列子黃帝篇因復指河曲之淫隈注云隈水曲也廣韻引字林隈隩隈也淮南原道訓昔舜釣於河濱朞年而漁者爭處湍瀨以曲隈深潭相予閔二年左傳虢公敗犬戎於渭汭杜注水之隈曲曰汭

⿰阝臾　𨸏商小塊也從𨸏從臾　去衍切

⿰阝解　水衡官谷也從𨸏解聲一曰小谿　胡買切

水衡官谷也者玉篇⿰阝解一作澥本書澥下云一說澥即澥谷也通作解漢書律歷志黃帝使泠綸取竹之解谷孟康曰一說昆侖之北谷名也字或作嶰馬融廣成頌窮浚谷底幽嶰一曰小谿者通鑑綱目黃帝使伶倫取竹於嶰溪之谷張衡西京賦擿漻澥

隴　天水大阪也從𨸏龍聲　力踵切

天水大阪也者寰宇記引同漢書地理志天水郡應劭曰天水有大阪名曰隴阪又隴西郡應劭曰有隴坻在其西也顏注隴坻謂隴阪即今之隴山也武帝本紀遂踰隴應劭曰隴隴阺坂也郭仲產秦州記隴山東西百八十里登山嶺東望秦川四五百里極目泯然山東人行役升此而顧瞻者莫不悲思故歌曰隴頭流水分離四下念我行役飄然曠野登高遠望涕零雙落三秦記隴坂九迴不知高幾許欲上者七日乃得越絕高處可容百餘家下處容十萬戶山頂有泉清水四注東望秦川如四五百里人上隴者想還故鄉悲思而歌歌云隴頭流水鳴聲幽咽遙望秦川肝腸斷絕書禹貢梁州西傾因桓是來鄭注桓是隴阪名其道盤桓旋曲而上故名曰桓是今其下民謂是阪曲爲盤也張衡四愁詩我所思兮在漢陽欲往從之隴阪長案漢明帝改天水郡爲漢陽郡續漢書郡國志漢陽郡隴州有大阪名隴坻是也西京賦右有隴坻之隘五臣注隴坻坂名寰宇記秦州隴城縣大隴山亦曰隴首山又清水縣小隴山經邑界

⿰阝衣　酒泉天⿰阝衣阪也從𨸏衣聲　於希切

酒泉天⿰阝衣阪也者漢書地理志酒泉郡天⿰阝衣縣顏注此地有天⿰阝衣阪故以名

陝　弘農陝也古虢國王季之子所封也從𨸏夾聲　失冉切

漢書杜鄴傳分職於陝顏注陝即今陝州縣也括地志陝原在陝州陝縣西南二十五里分陝從原爲界集古錄陝州石柱相傳以爲周召分陝所立以別地理

弘農陝也者隱五年公羊傳自陝而東者周公主之自陝而西者召公主之注云陝者蓋今弘農陝縣是也古虢國王季之子所封也者顏注急就篇虢叔周王季之子也受封於虢其地今陝州陝縣是也漢書地理志弘農郡陝

縣故虢國北虢在大陽東虢在滎陽西虢在雍州續漢書郡國志弘農郡陝本虢仲國注云杜預曰虢都上陽在縣東有虢城隱元年左傳鄭人以王師虢師伐衛南鄙杜注虢西虢國也弘農陝縣東南有虢城十道志陝州陝郡禹貢豫州之域周爲二伯分陝之地即古虢國也戰國時屬韓秦幷天下屬三川郡

⿰阝無　弘農陝東陬也從𨸏無聲　武扶切

弘農陝東陬也者廣韻⿰阝無地名在弘農玉篇⿰阝無陝東縣

⿰阝卷　河東安邑陬也從𨸏卷聲　居遠切

河東安邑陬也者玉篇⿰阝卷河東安邑縣廣韻⿰阝卷河東安邑陬名集韻⿰阝卷陬名在河東或作陬高士傳宋勝之家於穀城陬中陬中化之

陭　上黨陭氏阪也從𨸏奇聲　於離切

上黨陭氏阪也者漢書地理志上黨郡有陭氏縣或作猗漢衛敬侯碑城惟解梁地郎郇首山對靈足谷當猗口文

七年左傳敗秦師於令狐至於刳首闕駰曰令狐郇猗氏刳首在西三十里

隃 北陵西隃鴈門是也從𠂤俞聲 傷遇切

北陵西隃鴈門是也者釋地文郭注即鴈門山也玉篇隃北陵在鴈門山穆天子傳天子西征乃絕隃之關隥郭注隃鴈門山也海內西經鴈門山鴈出其門在高柳北郭注鴈門山即北陵鴈之所出因以名云山今在代州西北三十里寰宇記代州鴈門縣句注山一名西陘山在縣北三十里水經注云鴈門郡北對句注東陘其南九塞之一也晉咸寧元年句注碑曰蓋北方之險有盧龍飛狐句注爲之首天下之阻所以分別內外也漢高祖欲伐匈奴不從婁敬之說械繫於廣武遂踰句注困於平城謂此也通作俞史記趙世家反巠分先俞於趙集解爾雅曰西俞鴈門是也正義云西先聲相近

阮 代郡五阮關也從𠂤元聲 虞遠切

代郡五阮關也者漢書成帝紀流民欲入五阮關者勿苛留後漢書烏桓傳遣伏波將軍將三千騎出五阮關掩擊

之注云關在代郡通作原地理志代郡有五原關顏案五原郡廣韻作五阮郡　元聲者徐鍇本下有讀若昆三字

⿰阝告 大𠂤也一曰右扶風郿有陪𠂤從𠂤告聲 苦沃切

陚 邱名從𠂤武聲 方遇切

邱名者通作梧釋名當途曰梧邱梧忤也與人相當忤也釋邱當途梧邱釋文梧五故反

⿰阝貞 邱名從𠂤貞聲 陟盈切

⿰阝丁 邱名從𠂤丁聲讀若丁 當經切

邱名者通作定釋邱左澤定邱

⿰阝爲 鄭地阪從𠂤爲聲春秋傳曰將會鄭伯於⿰阝爲 許爲切

鄭地坂者廣韻⿰阝爲阪名在鄭　春秋傳曰將會鄭伯於⿰阝爲者彼作鄬襄七年經公會晉侯宋公陳侯衛侯曹伯莒子邾子于鄬傳云楚子囊圍陳會於鄬以救之杜注鄬鄭地案公羊穀梁竝作鄬穀梁釋文云本又作⿰阝爲

陼 如渚者陼邱水中高者也從𠂤者聲 當古切

如渚者陼邱者釋邱文彼作如陼郭注水中小洲爲陼篇海引本書作如陼釋名如陼者陼邱形似水中之高地隆高而廣也又云小洲曰渚渚遮也體高能遮水使從旁回也越語鼃黽之與同陼注云水邊亦曰陼漢書司馬相如傳且齊東陼鉅海蘇林曰小渊曰陼顏注東有大海之陼揚雄反離騷鳳皇翔於蓬陼注云蓬萊之陼在海中

陳 宛邱舜後嬀滿之所封從𠂤從木申聲 直珍切

宛邱者釋邱陳有宛邱郭注今在陳郡陳縣水經注宛邱在陳城南道東王隱云漸欲平今不知所在矣　舜後嬀滿之所封者詩譜陳者太皞虙戲氏之墟帝舜之冑有虞閼父者爲周武王陶正武王賴其利器用與其神明之後封其子嬀滿於陳都於宛邱之側是曰陳胡公以備三恪妻以元女大姬其封域在禹貢豫州之東其地廣平無名山大澤西望外方東不及明豬隱八年左傳天子建德因生以賜姓胙之土而命之氏注云因其所由生以賜姓謂若舜由嬀汭故陳爲嬀姓報之以土而命氏曰陳正義云陳世家云陳胡公滿者虞帝舜之後也昔舜爲庶人時居

於嬀汭其後因爲氏姓姓嬀氏武王克殷得嬀滿封之於陳是舜由嬀汭故陳爲嬀姓也案世本帝舜姚姓哀元年傳稱虞思妻少康以二姚是自舜以下猶姓姚也昭八年傳曰及胡公不淫故周賜之姓是胡公始姓嬀耳史記以爲胡公之前已姓嬀非也莊二十二年傳有嬀之後將育於姜注云嬀陳姓昭八年傳陳顓頊之族也杜注陳祖舜舜出顓頊傳又云及胡公不淫故周賜之姓使祀虞帝杜云胡公滿遂之後也事周武王賜姓曰嬀封諸陳紹舜後昭三年傳姜族弱矣而嬀將始昌注云嬀陳也傳又云箕伯直柄虞遂伯戲其相胡公大姬已在齊矣杜注四人皆舜後陳氏之先胡公四人之後周始封陳之祖大姬其妃也襄二十五年傳鄭子產獻捷於晉晉人問陳之罪對曰昔虞閼父爲周陶正以服事我先王我先王庸以元女大姬配胡公而封諸陳以備三恪杜注閼父舜之後鄭語陳蔡隨唐韋注陳嬀姓也魯語故分陳以肅慎氏之貢韋注陳嬀姓也家語辨物篇以分大姬配胡公而封諸陳注云胡公舜之後樂記武王克殷未及下車封帝舜之後於陳漢書人表陳胡公滿舜後元后傳舜起嬀汭以嬀爲姓至周武王封舜後嬀滿於陳是爲胡公帝王世紀宓羲爲天子都陳在禹貢豫州之域於周爲陳胡公所封故春秋傳

日陳太昊之墟也於漢屬淮陽今陳國是也古文苑陳君碑始祖有虞受禪陶唐亦以命禹其後嬀滿當周武王時祚土於陳陳度碑武王克商封先代之後以元女大姬配胡公封諸陳　申聲者當爲申省聲

[篆]古文陳

本書虹籀文從申作[虫申]

陶　再成邱也在濟陰從𨸏匋聲夏書曰東至于陶邱陶邱有堯城堯嘗所居故堯號陶唐氏　徒刀切

水經濟水注引墨子以爲釜邱竹書紀年魏襄王十九年薛侯來會王于釜邱者也

再成邱也者李善注應貞詩顏師古注高帝紀竝引作邱再成也釋邱再成爲陶邱元和郡縣志云成猶重也書禹貢傳云陶邱邱再成在濟陰者郭注爾雅云今濟陰定陶城中有陶邱漢書地理志濟陰郡定陶縣下云禹貢陶邱在西南陶邱亭胡渭曰漢志云在縣西南而郭璞言在城中蓋其時郡徙西南包陶邱而爲城㠯魏書地形志濟

陰郡定陶縣在定陶山下因爲名括地志陶山在濟州平陰縣東三十五里史記越世家止于陶集解云今之濟陰定陶戰國策秦封君以陶注云今定陶縣元和志曹州濟陰縣本漢定陶縣之地也屬濟陰郡州理中城蓋古之陶邱也夏書曰東至于陶邱者禹貢文彼云東出于陶邱北李善顏師古引本書亦無北字竝無于字巳古文作堲或以堲之一字誤爲巳北二字與鄭注導水云言過言會者皆是水名言至于者或山或澤皆非水名據此則鄭本亦作至于禹貢下文云又東至于菏是先至于陶邱又至于菏也陶邱有堯城堯嘗所居故堯號陶唐氏者李善顏師古竝引作堯嘗居之玉篇陶邱有堯城以堯居之故號陶唐氏元和志定陶故城堯所居也堯先居唐後居陶故曰陶唐氏竹書紀年帝堯八十九年作游宮於陶九十年帝游居於陶一百年帝陟於陶詩譜曹者禹貢兗州陶邱之北地名今曰濟陰定陶是也昔堯嘗遊成陽死而葬焉漢濟陰太守孟郁修堯廟碑帝堯萌兆生長成陵在於成陽漢書地理志濟陰成陽有堯冢靈臺後漢書章帝紀元和二年二月東巡狩使使者祠唐堯於成陽靈臺皇覽堯冢在濟陰成陽帝王世紀堯葬濟陰成陽西北四十里是爲穀林水經注城陽西二里有堯陵書五子之歌惟彼

陶唐傳云陶唐帝堯氏襄二十四年左傳范宣子曰昔匄之祖自虞以上爲陶唐氏昭二十九年傳有陶唐氏注云陶唐堯所治也

[篆]　耕以臿浚出下壚土也一曰耕休田也從𨸏從土召聲　之少切

耕以臿浚出下壚土也者杜注左傳浚取也本書壚黑剛土也氾勝之書春地氣通可耕堅硬強地黑壚土釋名鍤插也插地起土也或曰銷銷削也能有所穿削也馥案鍤卽本書𣃘字

阽　壁危也從𨸏占聲　余廉切

壁危也者廣雅阽危也離騷阽余身而危死兮王注云阽猶危也漢書文帝紀或阽於死亡如淳曰阽近邊欲墮之意食貨志安有爲天下阽危若是而上不驚者臣瓚曰臨危曰阽顏注阽危欲墜之意也後漢書張衡傳阽身以徼幸注云阽危也傳又云阽焦原而跟止注云尸子曰莒國有石焦原者廣尋長五十步臨百仞之谿莒國莫敢近也

有以勇見莒子者獨却行劑踵焉魏志和洽傳昏世之主不可親近久而阽危宋書後廢帝紀七廟阽危南郡王義宣傳家國阽危永明十一年策秀才文故能出入於阽危之域謝朓和王著作八公山詩阽危賴宗袞陳書高祖紀番部阽危勢將淪殄通鑑李克用上表朝廷當阽危之時則譬臣爲韓彭伊呂注云臨危曰阽危字或作跕後漢書馬援傳飛鳶跕跕墮水中自帖引杜詩作阽　占聲者王觀國曰唐書釋音饒州老儒董衡所進蕭復傳曰今阽於危阽音鹽臨危之義也衡誤音都念切又注云下也此討論之失也馥案裴注魏志引漢書注阽音鹽

除　殿陛也從𨸏余聲　直魚切

殿陛也者御覽引作殿階也李善注懷舊賦曹植贈丁儀詩謝惠連詠牛女詩引竝作階注月賦又引作陛玉篇除殿階也漢書王莽傳自前殿南下椒除顏注除殿陛之道也摯虞決疑要注凡大殿乃有陛堂則有階無陛也右磩左平平者以文塼相亞次磩者爲陛級也九錫之禮納陛以登謂受此陛以上殿

階　陛也從𨸏皆聲　古諧切

書大禹謨舞干羽于兩階論語及階史記堯舜土階三等古詩阿閣三重階陛也者玉篇階登堂道也尚書大傳大師奏雞鳴於階下注云階陛也

阼　主階也從𨸏乍聲　昨誤切

主階也者書顧命由阼階隮正義云阼階者東階也謂之阼者鄭元冠禮注云阼猶酢也東階所以荅酢賓客是其義也郊特牲適子冠於阼注云東序少北近主位也漢書匡衡傳適子冠乎阼顏注阼主階也顧炎武曰大戴禮武王踐阼禮記曲禮踐阼臨祭祀正義曰踐履也阼主人階也天子祭祀升阼階履主階行事故云踐阼也文王世子篇成王幼不能涖阼周公踐阼而治注踐履也代成王履阼階史記漢文帝紀辛亥皇帝即阼正義曰主人階也古時殿前兩階無中間道故以阼階爲天子之位王莽傳引逸書嘉禾篇云周公奉鬯立於阼階隮書載北齊邢子才議曰君位在阼階故有武王踐阼篇㗖氏春秋傳曰凡天子崩諸侯薨既殯而嗣子爲君康王之誥是也未就阼階之位來年正月朔日乃就位南面而改元春秋所書是也公即位者即阼階之位也

陛　升高階也從𨸏坒聲　旁禮切

升高階也者玉篇陛天子階也釋名陛卑也有高卑也天子殿謂之納陛言所以納人言之階陛也北堂書鈔引梅陶云堂高曰陛獨斷陛階也所由升堂也天子陳兵於陛故呼陛下用卑達尊之意也三輔黃圖陛所由升堂也天子必有近臣執兵階陛以戒不虞臣下與天子言不敢指斥天子故呼在殿陛下以告之故稱陛下燕策秦舞陽奉地圖匣以次進至陛下漢書王莽傳朱戶納陛顏注尊者不欲露而升陛故納之於霤下也漢書音義如淳曰刻殿基以爲陛以有兩旁上下安也孟康曰謂鑿殿基際爲陛不使露也

陔　階次也從𨸏亥聲　古哀切

階次也者廣韻陔殿階次序史記封禪書壇三垓集解云徐廣曰陔階次也漢書郊祀志祠壇放亳忌泰一壇三陔注云陔重也三陔三重壇也通作垓御覽引廣雅九天之外曰九垓注云垓階也言階次九也史記武帝紀索隱引鄒氏曰垓一作陔言壇階三重漢書司馬相如傳上暢九垓服虔曰垓重也

際　壁會也從𨸏祭聲　子例切

壁會也者壁隙也廣雅際會也潛夫論浮侈篇削除鏟靡不見際會參同契固塞其際會琴賦或乘險投會邀隙趨危又云鏤會裛廁李善云謂鏤其鋒會也

隙　壁際孔也從𨸏從𡭴𡭴亦聲　綺戟切

壁際孔也者一切經音義十四引同字鑑引作壁際空也李善注沈約詠月詩引作壁際也又注江淹詩引作壁縫也本書墭壁閒隙也集韻閣㙂壁隙也玉篇隙壁際也廣雅隙裂也昭元年左傳人之有牆以蔽惡也牆之隙壞誰之咎也孟子鑽穴隙相窺商子修權篇隙大而牆壞鬼谷子謀篇故牆壞於有隙韓非亡徵篇牆之壞也必通隙淮南說林訓隙大則牆壞說山訓受光於隙照一隅受光於牖照北壁受光於戶照室中無遺物唐嵩陽觀碑窒其窻戶隙光漢書地理志北隙烏丸夫餘如淳云或曰隙際也禮三年問若駟之過隙燕策將軍過聽以與寡人有隙一切經音義十四引國語上下無隙賈注隙舋也漢書張釋之傳雖錮南山猶有隙史記作郄鮑照詩素景緣隙流隟

𡭴亦聲者當爲𡭴聲

陪　重土也一曰滿也從𨸏咅聲　薄回切

重土也者禮內則重醴注云重陪也昭五年左傳飧有陪鼎定四年傳分之土田陪敦注云陪增也或通作培呂氏春秋孟秋紀坿牆垣高注坿猶培也又通作掊莊子逍遙游而後乃今掊風釋文掊重也本或作陪徐鍇本有一曰陪臣陪備也七字鍇曰諸侯之臣於天子曰陪臣馥案曲禮列國之大夫入天子之國曰某士自稱曰陪臣某僖十二年左傳陪臣敢辭服注陪重也諸侯之臣於天子故曰陪臣

𨽌　道邊庳垣也從𨸏彖聲　徒玩切

道邊庳垣也者本書埒卑垣也廣雅𨽌垣也

陾　築牆聲也從𨸏耎聲詩云捄之陾陾　如乘切

築牆聲也者詩釋文引本書同詩云捄之陾陾者大雅緜文傳云陾陾衆也

城上女牆俾倪也從𨸏卑聲符支切
小爾雅廣器墉牆謂之陴　成六年左傳衛人登陴　晉語文公誅觀狀以伐鄭反其陴　韋注陴城上女垣　通鑑王先成築龍尾道屬於女牆注云女牆卽城上短垣所謂陴也
城上女牆俾倪也者本書俔俾也俾益也馥謂城上益加小牆故曰俾倪俾倪爲陴猶令丁爲鈴終葵爲椎也一切經音義二俾倪埤蒼云城上小垣也左傳釋文堞一名俾亦謂之俾倪集韻埤堄城上垣廣雅埤堄女牆也增韻埤堄城上女牆亦作僻倪又作睥睨葢女牆開箭眼以窺望城下因以爲名釋名城上垣曰睥睨言於其孔中睥睨非常也亦曰陴陴裨也言裨助城之高也亦曰女牆言其卑小比之於城若女子之於丈夫也宣十二年左傳守陴者皆哭杜云陴城上僻倪正義云陴城上小牆俾倪者看視之名襄六年晏弱圍萊堙之環城傅於堞注云堞女牆也又二十五年吳子門於巢巢牛臣隱於短牆以射之二十七年盧蒲嫳攻崔氏崔氏堞其宮而守之注云堞短垣也陴堞俾倪短牆短垣女牆皆一物也

籀文陴從𩫏

城池也有水曰池無水曰隍從𨸏皇聲易曰城復于隍乎光切
城池也有水曰池無水曰隍者東京賦䣊阻城洫注云洫城下池也皆屈曲䣊行依城池爲道故說文曰隍城池也有水曰池無水曰隍矣一切經音義八三蒼城下坑無水曰隍古今注隍者城池之無水者也釋詁隍虛也郭注隍城池無水者釋言隍壑也郭云城池空者爲壑舍人云隍城池也壑溝也李巡云隍城池壑也馥案鄭注周易隍壑也列子周穆王篇遽而藏諸隍中注云隍無水池也楚詞七諫悲太山之爲隍兮王注隍城下池也寰宇記賀州撫城池隍中頗出珠玉寶器通作湟文選七發黃池紆曲李善云黃當爲湟湟城池也　易曰城復于隍者泰卦文釋文隍城塹也子夏傳隍是城下池也虞注城下溝無水稱隍有水稱池

依山谷爲牛馬圈也從𨸏去聲去魚切
依山谷爲牛馬圈也者漢書司馬相如傳江河爲阹蘇林曰阹獵者圍陳遮禽獸也郭璞曰因山谷遮禽獸爲阹揚雄傳以罔爲周阹李奇曰阹遮禽獸圍陳也吳都賦阹以九疑五臣云阹闌也因山谷以遮禽獸也通鑑高歡對爾朱榮曰聞公有馬十二谷

危也從𨸏垂聲是爲切

小障也一曰庳城也從𨸏烏聲安古切
小障也者李善注長笛賦引同後漢書樊準傳修理塢壁皇甫規傳覆沒營塢注引本書並同通俗文營居曰隖史記秦始皇本紀築亭障以逐戎人漢書地理志敦煌郡效穀顏注本魚澤障也張湯傳居一鄣間顏注鄣謂塞上要險之處別築爲城因置吏士而爲鄣蔽以扞寇也闞駰曰武帝使伏波將軍路博德築遮虜障於居延城又云延壽縣有玉石障漢遮虜障也李衛公問對擇吏使守堡障此足以經久魏緱氏縣有袁術固一名袁術塢文選長笛賦序獨臥郿平陽鄔中李善云鄔聚邑之名也御覽引丹陽記石頭城吳時悉土隖義熙始加塼累石頭字或作塢漢

馬賢爲征西將軍作塢壁三百所後漢書安帝紀元初元年遣兵屯河內衝要皆作塢壁獻帝紀移帝幸北塢馬援傳援起塢候注云字或作隖梁書謝覽傳於錦沙立塢拒戰戴延之西征記蠡城川南有金門塢後漢書董卓傳又築塢於郿高厚七丈號曰萬歲塢元和郡縣志郿縣下云董卓塢在縣東北十六里卓封郿侯築塢高與長安埒號爲萬歲塢蜀志張嶷傳嶷以郡郛宇頹壞更築小塢寰宇記濡須塢在歷陽縣西南吳聞曹公將來因築此塢吳錄云初欲夾水立塢諸軍皆曰上岸擊賊跣足入舟何用塢爲呂蒙曰兵有利鈍戰無百勝如有邂逅步騎蹙人不暇及水豈得入船乎權曰善遂築塢　一曰庳城也者李善引同後漢書獻帝紀注引通俗文亦同一切經音義十一引字林隖小城也

堅也從𨸏完聲王眷切
本書宀部有院字
堅也者院堅聲相近通作完考工記輪人輪敝三材不失職謂之完注云敝盡而轂輻牙不動馥案詩溥彼韓城燕

繕所完隱元年左傳大叔完聚襄三十一年傳繕完葺牆又云是以令吏人完客所館孟子使舜完廩莊子天地篇不以物挫志之謂完皆堅固意本書完下云古文以爲寬字完旣爲寬則院爲堅完之本字矣

陯 山𠂤陷也从𠂤侖聲 盧昆切

山𠂤陷也者通作淪玉篇陯亦作淪案書微子今殷其淪喪

陙 水𠂤也从𠂤辰聲 食倫切

水𠂤也者徐鍇曰若漘岸也本書漘水厓也詩王風在河之漘傳云漘水隒也正義隒是山岸漘是水岸故云水隒

⿰𠂤戔 水𠂤也从𠂤戔聲 慈衍切

文九十二　重九

𨺅 兩𠂤之閒也从二𠂤凡𨺅之屬皆从𨺅 似醉切

小字本李燾本徐鍇繫傳𨺅九反玉篇扶救切集韻類篇扶缶切惟周伯琦六書正譌以爲元滿六書正義與本書音同周氏云𨺅從网𠂤网山之閒曰谷网𠂤之閒曰𨺅後人掘𨺅通道以葬有類乎𨺅故又名墓道爲𨺅也別作隧非吳氏云𨺅隧音遂网𠂤之閒上有負土若今延道曰隧魯國語具舟除隧左傳隱元年隧而相見又墓道也王者掘地通道以葬曰隧左傳僖廿五年晉文公請隧正義從𠂤目合意馥證之檀弓注知似醉切爲正音檀弓齊莊公襲莒於奪杞梁死焉鄭注春秋傳曰杞殖華還載甲夜入且于之隧隧奪聲近或爲兌

兩𠂤之閒也者集韻𨺅墓道也古作𨺅案𨺅卽隧經典通用隧字聲類隧延道也周禮冢人及竁以度爲邱隧注云隧羨道也九章算術今有羨除下廣六尺上廣一丈深三尺末廣八尺無深袤七尺注云羨除實隧道也其所穿地上平下袤似兩鼈臑夾一塹堵卽羨除之形詩桑柔大風有隧傳云隧道也曲禮出入不當門隧注云隧道也隱元年左傳若闕地及泉隧而相見杜注隧若今延道僖二十五年傳晉侯朝王請隧杜注闕地通路曰隧韋昭注國語曰隧六隧也賈誼書審微篇古者周禮天子葬用隧諸侯縣下晉文公弃南陽卽死得以隧下襄十八年傳連大車以塞隧而殿襄二十三年傳夜入且于之隧杜注且于隧狹路襄二十五年傳當陳隧者井堙木刊杜注隧徑也昭元年傳私盟於閨門之外實薰隧杜注閨門鄭城門薰隧門外道名昭十七年傳盈其隧炭杜注隧出入道定四年傳還塞大隧杜注漢東之隘道哀十三年傳越子伐吳爲二隧杜注隧道也魯語具舟除隧韋注隧道也家語致思篇彼有寶季羔曰君子不隧注云隧從竇出軍法司空治軍隧道韓詩外傳孔子南游適楚至於阿谷之隧漢書西域傳欲起亭隧顏注隧者依深險之處開通行道也匈奴傳起亭隧顏注隧謂深開小道而行避敵鈔寇也說苑尊賢篇晉文侯行地登隧大夫皆扶之又權謀篇武王伐紂過隧斬岸過水析舟至於有戎之隧大風折旆黃圖槐市列槐樹數百行爲隧無牆屋魏志高句麗國東有大穴名隧穴陳琳爲袁紹檄豫州欲以螗蜋之斧禦隆車之隧蜀都賦列隧百重羅肆巨千五臣注隧市道西都賦貨別隧分五臣注隧市人道西京賦旗亭五重俯察百隧五臣注隧市道也字或作隧會稽記大司馬滕公冢下路猶謂之滕侯隧通作遂周禮遂人夫閒有遂古微書春秋演孔圖使開階立遂注云遂當作隧隧道也

⿰𨺅夬 𨺅⿱穴夬也从𨺅決省聲 於決切

𨺅⿱穴夬也者本書⿱穴夬穿也徐鍇韻譜𨺅穿也通作陕集韻陕陵阜⿱穴夬也古作𨺅　決省聲者徐鍇本作叏聲玉篇廣韻從叏作𨺅音所巽疎吏二切竝誤

⿰𨺅𦉼 陋也从𨺅𦉼聲𦉼籀文嗌字 烏懈切

陋也者本書陝陋也廣雅陋陋也詩大雅誕寘之隘巷禮器君子以爲隘矣注云隘猶狹陋也僖二十二年左傳古之爲軍也不以阻隘也昭三年傳湫隘囂塵杜云隘小戰國策塞黽隘離騷路幽昧以險隘孫子地形篇隘形者我先居之注云兩山之閒通谷也元和郡縣志靈邱縣隘門山亦曰隘口在縣東南十五里壁立直上層崖刺天有古道極險隘　𦉼籀文隘字者徐鍇本無此文本書嗌籀文作𦉼漢書百官表𦉼作朕虞應劭曰𦉼伯益也顏注𦉼古益字也馥謂本書嗌之籀文有闕筆今作𦉼實益字非嗌也春秋元命包益州益之爲言阨也言其所在之地險阨也

隘 籀文⿰𨺅𦉼从𠂤益

籀文𨺅從𨸏益者徐鍇本無益字籀文當作篆文從䦚者本籀文小篆仍而不改者也從𨸏者乃小篆變䦚從𨸏二文竝從益

𤎥 塞上亭守𤎥火者從䦚從火遂聲 徐醉切

塞上亭守𤎥火者者史記秦始皇本紀築亭障以逐戎人字或作烽燧漢書賈誼傳斥候望烽燧不得臥文穎曰邊方備寇作高土櫓櫓上作桔皋桔皋頭兜零以薪草置其中常低之有寇卽火燃舉之以相告曰烽又多積薪寇至卽燃之以望其煙曰燧司馬相如傳夫邊郡之士聞烽舉燧燔皆攝弓而馳荷兵而走孟康曰𤎥如覆米䈰縣著契皋頭有寇則舉之燧積薪有寇則燔然之也史記索隱曰烽見敵則舉燧有難則焚烽主晝燧主夜字又作𤎥燧漢書韓安國傳置𤎥燧

隊 篆文省

文四　重二

厽 絫坺土爲牆壁象形凡厽之屬皆從厽 力軌切

絫坺土爲牆壁者玉篇厽絫墼爲牆壁也

絫 增也從厽從糸絫十黍之重也 力軌切

增也者漢書景十三王傳臣聞悲者不可爲絫欷顏注絫重也司馬相如傳絫臺增成顏注絫古累字賈誼書退讓篇壤陛三絫或作累傳十八年穀梁傳善累而後進之范注累積秦策有累世之怨高注累重也　從厽從糸者徐鍇本作厽亦聲案本書之例從本部得聲者則曰亦聲徐鉉刪去三字坐不審耳　絫十黍之重也者漢書律歷志權輕重者不失黍絫應劭曰十黍爲絫十絫爲銖夢溪筆談唐書開元錢重二銖四參今蜀郡亦以十參爲一銖參乃古絫字恐相傳之誤耳

垒 絫墼也從厽從土 力軌切

絫墼也者廣韻集韻引作垒墼也又廣韻垒墼也出字林急就篇墼壘廥廄庫東箱顏注墼壘累墼而爲障蔽也王注壘當作垒後漢書周紆傳常築墼以自給或作瓴集韻瓴瓺甋也　從厽從土者當有厽亦聲三字

文三

四 陰數也象四分之形凡四之屬皆從四 息利切

陰數也者倍二爲四倍四爲八皆耦數易繫辭天三地四乾鑿度孔子曰陽三陰四位之正也陸倕新刻漏銘測於地四參以天一　象四分之形者口象四方鄭注乾鑿度云方者徑一而帀四也說苑發於一成於二備於三周於四八象其分本書八下云象分別相背之形又六下云易之數陰變於六正於八

𦉭 古文四

亖 籀文四

聘禮注引朝貢禮純四只趙商問只長八寸四八三十二幅廣三尺二寸太廣非其度鄭荅古積畫誤爲四當爲三三只則二尺四寸矣又覲禮四享皆束帛加璧注云四當爲三古書作三四或皆積畫此篇又多四字字相似由此誤也疏引

書洛三岳外薄三海皆積畫昭十二年左傳是四國者專足畏也劉炫云古四字積畫四當爲三馥案史記舜踐帝位三十九年三亦當爲三

文一　重二

宁 辨積物也象形凡宁之屬皆從宁 直呂切

辨積物也者辨當爲辯辯治也本書貯積也錢君大昕曰史記貨殖列傳積著之理務完物著卽古貯字說文宁訓辨積物是積宁本字

䈞 幡也所以載盛米從宁從甾甾缶也 陟呂切

篆當作䈞通作貯新序刺奢篇鄒穆公有令食鳧鴈必以粃無得以粟于是倉無粃而求易於民二石粟而得一石粃吏以爲費請以粟食之穆公曰爾知小計不知大會周諺曰囊漏貯中而獨不聞歟夫君者民之父母取倉之粟移之於民此非吾之粟乎粟之在倉與在民於我何擇馥案穆公之意蓋謂倉粟移於民猶囊粟漏於齡宋書范泰傳故囊漏貯

中識者不吝魏畧太祖謂丁斐曰譬如人有盜狗而善捕鼠盜雖有小損而完我囊貯

𢄼也者本書𢄼載米𥫨也廣雅𢄼𥫨也　所以載盛米者玉篇廣韻所引並無載字　從甾甾缶也者本書東楚名缶曰甾龍龕手鑑𥫨下引本書盛米具也　從宁者徐鍇本有宁亦聲三字

文二

叕　綴聯也象形凡叕之屬皆從叕　陟劣切

綴聯也者廣雅作連檀弓殷主綴重焉注云綴猶聯也

綴　合著也從叕從糸　陟衛切

合著也者本書䋺下云䋺衣箴也䌫下云可以綴著物者茵下云以艸補缺或以爲綴廣韻綴連補也內則紉箴請補綴書立政綴衣正義云衣服必連綴箸之詩長發爲下國綴旒箋云綴猶結也如旌旗之旒縿著焉　從叕從糸者徐鍇本作從糸從叕叕亦聲

文二

亞　醜也象人局背之形賈侍中說以爲次弟也凡亞之屬皆從亞　衣駕切

醜也者亞經典通作惡書洪範六極五曰惡傳云醜陋也鄭注容毀故致惡也者五行傳云皃不恭之罰也襄二十六年左傳生佐惡而婉太子座美而很杜注佐貌惡而心順座貌美而心很戾昭二十八年傳昔叔向適鄭鬷蔑惡欲觀叔向從使之收器者而往立於堂下一言而善叔向聞之曰必鬷明也下執其手以上曰昔賈大夫惡娶妻而美三年不言不笑御以如皋射雉獲之其妻始笑而言今子少不颺子若無言吾幾失子矣杜注惡貌醜哀二十七年傳知伯曰惡而無勇杜注惡貌醜也言其醜且無勇晏子春秋內篇公曰嘻亦老且惡矣尸子禹長頸鳥喙面貌亦惡矣莊子德充符衛有惡人焉曰哀駘它釋文云哀駘醜貌它其名也趙策鬼侯有子而好故入之於紂紂以爲惡史記儋臺滅明狀貌甚惡漢書五行志形貌醜惡列女傳齊孤逐女狀甚醜潛夫論潛歎篇何貌惡之若此而覆謂之好也史記盧綰孫他之封惡谷侯漢書作亞谷楚郤宛字子惡世本郤昭伯名惡戰國策秦有魏醜夫昔人得古印文曰周惡夫識者謂是周亞夫凡不善皆曰醜詩亦孔之醜傳云醜惡也泮水屈此羣醜箋云醜惡也遵大路無我魗兮箋云魗亦惡也正義云魗與醜古今字文十八年左傳醜類惡物杜云醜亦惡也成九年傳渠邱城惡莒城亦惡魏策求其好掩人之美而揚人之醜者而參驗之趙策寡人以王子爲子任欲子之厚愛之無所見醜鮑注醜惡事也　象人局背之形者五經文字惡從亞亞象曲脊醜惡之形　賈侍中說以爲次弟也者釋言亞次也釋名亞者亞也次也又云兩壻相謂曰亞言一人取姊一人取妹相亞次也易繫辭言天下之至嘖而不可惡也釋文云荀作亞亞次也書牧誓亞旅傳云亞次也特牲饋食禮亞獻尸士喪禮兩肩亞兩胳亞注云亞次也公食大夫禮腊腸胃亞之注云亞次也文六年左傳爲亞卿焉杜注亞次也襄十九年傳圭嬀之班亞宋子杜注亞次也尚書大傳王升舟入水鼓鐘亞觀臺惡將舟惡宗廟惡注云惡讀爲亞亞次也

闕　衣駕切

文二

五　五行也從二陰陽在天地閒交午也凡五之屬皆從五　疑古切

五行也者釋名五行者五氣也於其方各施行也昭三十二年左傳天有三辰地有五行風俗通皇霸篇五行者品物之宗也道以三興德以五成漢書藝文志五行者五常之形氣也五行志引洪範初一曰五行顏注謂之行者言順天行氣洪範正義云五行即五材也謂之行者若在天五氣流行在地世所行用也說苑易曰一陰一陽之謂道道也者物之動莫不由道也是故發於一成於二備於三周於四行於五是故元象著明莫大於日月察變之動莫著於五星天之五星運氣於五行其初猶發於陰陽而化極萬一千五百二十新唐書五行志萬物盈於天地之閒而其爲物最大且多者有五一曰水二曰火三曰木四曰金五曰土其用於人也非此五物不能以爲生而闕其一不可是以聖王重焉夫所謂五物者其見象於天也爲五星分位於地也爲五方行於四時也爲五德稟於人也爲

五常播於音律爲五聲發於文章爲五色而總其精神之用謂之五行昭九年左傳妃以五成注云五行各相妃合得五而成洪範一五行一曰水二曰火三曰木四曰金五曰土禮運播五行於四時注云一曰水二曰火三曰木四曰金五曰土漢書律歷志天以一生水地以二生火天以三生木地以四生金天以五生土鄭注中庸木神則仁金神則義火神則禮水神則信土神則知淮南天文訓子生母曰義母生子曰保子母相得曰專母勝子曰制子勝母曰困從二者徐鍇曰二天地也白虎通五行篇五行者何謂也謂金木水火土也言行者欲言爲天行氣之義也地之承天猶妻之事夫臣之事君也謂其位卑卑者親事故自周於一行尊於天也　陰陽在天地閒交午也者禮運夫禮必本於太一分而爲天地轉而爲陰陽潛夫論古有陰陽然後有五行徐鍇曰交午更用事也本書午啎也五月陰气午逆陽冒地而出玉篇午交也史記律書陰陽交故曰午大射儀若丹若墨度尺而午注云一縱一橫曰午謂畫物也特牲饋食記心舌皆去本末午割之注云午割從橫割之內則男角女羈注云午達曰羈也正義云今女翦髮留其項上縱橫各一相交通達故曰午達范注穀梁云羈貫謂交午翦髮以爲飾史記項羽本紀楚蠭起之

將集解如淳曰衆蠭飛起交橫若午索隱凡物交橫爲午鄭元云一縱一橫爲午服虔曰堯作誹謗木於橋梁交午柱頭崔豹古今注今之華表以橫木交柱頭形似桔槔西京謂之交午也漢書霍光傳使者旁午如淳曰旁午分布也顏注一縱一橫爲旁午猶言交橫也王觀國曰古篆五字爲乂象陰陽交乂之義而午字亦取交互之義史言旁午者四方八達皆通亦交午之義也通鑑裴垍得風疾中使候問旁午於道注云一縱一橫爲旁午

㐅　古文五省

子華子五居中宮數之所由生一從一橫數之所由成本書悟古文作忢蓋五古文又作忢

文一　重一

六　易之數陰變於六正於八從入從八凡六之屬皆從六　力竹切

易之數陰變於六正於八者易乾鑿度陰得位以六八六八者四六四八也又云陽變七之九陰變八之六鄭注陽動而進變七之九象其氣息也陰靜而退變八之六象其氣消也易乾卦正義云張氏以爲陽數有七有九陰數有八有六但七爲少陽八爲少陰質而不變爲爻之本體九爲老陽六爲老陰文而從變故爲爻之別名王褘洛書辨四爲太陰之位六爲太陰之數故四與六對二爲少陰之位八爲少陰之數故二與八對劉禹錫稱董生之說曰揲著者九與六爲老老爲變爻七與八爲少少爲定位歐陽修曰乾爻七九九變而七無爲易道占其變曰用九釋所以不用七坤爻八六六變而八無爲曰用六釋所以不用八王觀國曰一三五爲九九者老陽之能變者也二四爲六六者老陰之能變者也乾純陽故乾言用九坤純陰故坤言用六老陽生少陽七是已老陰生少陰八是已九六七八乃揲著之變而爲卦者也龍八十一鱗九九之數也鯉三十六鱗六六之數也龍在天而能變者故得九九之數鯉在地而能變者故得六六之數大抵得九六之數者皆有變之理蓋天地自然之道也夢溪筆談象數一易象九爲老陽七爲少八爲少陰六爲老舊說陽以進爲老陰以退爲老九六者乾坤之畫陽得兼陰陰不得兼陽此皆以意配之不然也九七八六之數陽順陰逆之理皆有所從來得之自然非意之所配也凡歸餘之數有多有少多

爲陰如爻之偶少爲陽如爻之奇三少乾也故曰老陽九揲而得之故其數九其策三十有六兩多一少則一少爲之主震坎艮也故皆謂之少陽少在初爲震中爲坎上爲艮皆七揲而得之故其數七其策二十有八三多坤也故曰老陰六揲而得之故其數六其策二十有四兩少一多則多爲之主巽離兌也故皆謂之少陰多在初爲巽中爲離上爲兌皆八揲而得之故其數八其策三十有二物盈則變純少陽盈純多陰盈盈爲老故老動而少靜吉凶悔吝生乎動者也卦爻之辭皆九六者惟動則有占不動則無眹雖易亦不能言之國語謂正屯悔豫皆八遇泰之八是也　從入者鄭注乾鑿度四者西方之數西方日所入也

文一

七　陽之正也從一微陰從中衺出也凡七之屬皆從七　親吉切

篆文七與十相似惟直畫屈中書者易誤故沈存中謂史記律書所言律之長短凡七皆當作十誤屈其中畫耳

陽之正也者陰數變於六正於八陽數變於九正於七也易乾鑿度一變而爲七鄭注七主南方陽氣壯盛之始也王禕洛書辨三爲少陽之位七爲少陽之數故三與七對從一微陰從中衰出也者本書丙下云陰氣初起陽气將虧午下云五月陰气午逆陽冒地而出申下云七月陰氣成體覊謂陽立於七故七爲陽正陰生於陽故陰從陽出七與屯同意

文一

九　陽之變也象其屈曲究盡之形凡九之屬皆從九　舉有切

陽之變也者易乾卦初九正義云老陽數九老陰數六老陰老陽皆變周易以變者爲占所以老陽數九老陰數六者以揲著之數九遇揲則得老陽六遇揲則得老陰　象其屈曲究盡之形者九究聲相近廣雅九究也白虎通禮樂篇九之爲言究也子華子數登於九而究矣列子天瑞篇一變而爲七七變而爲九九變者究也易乾鑿度九者氣變之究也漢書律曆志九者所以究極中和爲萬物元也

馗　九達道也似龜背故謂之馗馗高也從九從首　渠追切

玉篇有古文作𩠐　魏志武帝紀遼東殷馗注云馗古逵字見三蒼　王粲從軍詩士女滿莊馗　顏延年皇太子釋奠詩野馗風馳

九達道也者釋名九達曰逵齊魯謂道多爲逵師此形然也釋宮九達謂之逵郭注四道交出復有旁通詩施于中逵韓作馗薛君章句云中馗馗中九交之道也宣十二年左傳至於逵路隱十一年傳及大逵弗及注云逵道方九軌也劉炫規杜以逵爲九道交出淮南說林訓楊子見逵路而哭之爲其可以南可以北高注道九達曰逵三輔決錄長安城面三門四面十二門皆通達九逵以相經緯思元賦神逵昧其難覆兮舊注九交道曰逵成公綏柳賦臨九逵之通衢魏志賈逵字梁道晉中興書戴逵字安道　似龜背故謂之馗者宣十二年左傳釋文引同　龜馗聲相近初學記逵一曰馗言似龜背故曰馗見說文　馗高也者徐鍇本在逵下

𨔼　馗或從辵從坴

徐鍇本馗高也故從坴鍇曰坴高土也馥案本書夌下云圥高也

文二　重一

禸　獸足蹂地也象形九聲尒疋曰狐貍貛貉醜其足蹞其迹厹凡禸之屬皆從禸　人九切

獸足蹂地也者爾雅釋文引同本書嘼下云象耳頭足禸地之形古文嘼下從禸㧑下云一曰蹂也一切經音義九蹂古文作𤓰通俗文踐穀曰蹂蒼頡篇蹂踐也熟躪也廣雅蹂履也西都賦蹂躪其十二三李善引字林蹂踐也　尒疋曰狐貍貛貉醜其足蹞其迹厹者釋獸文彼作貍狐貒貈醜其足蹯其迹厹郭注厹指頭處馥案釋獸闕泄多狃郭注腳饒指又案周禮大司徒注引尒雅作貉狐貒貉疏云鄭君所讀爾雅者爲貉不爲貍也

𨘓　篆文從足柔聲

篆文者此爲篆文則禸是古文爾雅釋文蹂古文爲内因禸之屬從禸故以古文爲部首　從足柔聲者古文内篆形篆文蹂變爲諧聲爾雅釋文引字林或作𨁗

禽　走獸總名從禸象形今聲禽离兕頭相似　巨今切

走獸總名者本書臭下云禽走臭而知其迹者犬也爲下云母猴也其爲禽好爪禮曲禮猩猩能言不離禽獸走獸即禽獸易師卦田有禽比卦王用三驅失前禽又屯卦即鹿无虞以從禽也李鼎祚曰案白虎通禽者何鳥獸之總名即比卦九五爻辭王用三驅失前禽是其義也詩車攻傳云不成禽不獻禽雖多擇取三十焉周禮大司馬小禽私之詩七月傳引作小獸私之獸人及獘田令禽注于虞中宣十二年左傳攝叔奉麋獻焉曰以歲之非時獻禽之未至敢膳諸從者趙策虎將即禽禽不知虎之即已也而相鬬兩罷而歸其死於虎周書皇門解譬若畋犬驕用逐禽其猶不克有獲史記甘茂傳禽困覆車集解譬禽獸得困急猶能抵觸傾覆人車漢書蒯通傳野禽殫走犬亨華陽國志巴志加以水陸艱難山有猛禽思迫期會隕身江河投死虎口水東日記於越志云吳正道東陽人明六書

許愼說文有不足者補之臨川吳文正公澄問禽獸二字曰禽卽獸也曰兩翼爲禽四足爲獸何以爲說卽曰禮不云乎猩猩能言不離禽獸鸚鵡能言不離飛鳥澄大敬之　馥案禽獸二字對文則分字林兩足曰禽四足曰獸釋鳥二足而羽謂之禽四足而毛謂之獸匡謬正俗云曰是總別飛走大名是也鳥獸亦通偁爲禽本書鳥下云長尾禽總名也白虎通禽者何鳥獸之總名周禮庖人掌共六畜六獸六禽注云六禽於禽獻及六摯宜爲羔豚犢麛雉鴈凡鳥獸未孕曰禽司馬職曰大獸公之小禽私之三國志華佗傳佗語吳普曰吾有五禽之戲一曰虎二曰鹿三曰熊四曰猨五曰鳥此亦非走竝謂之禽善乎閻百詩之言曰國語里革曰登川禽韋昭注川禽鼈蜃之屬拔鼈介蟲也是亦可謂之禽猶考工記天下之大獸五有鱗者鱗水蟲也亦可謂之獸乃知禽獸所包甚廣不必二足而羽四足而毛者而後謂之也　從禸象形今聲者徐鍇本作頭象形從禸今聲鍇曰㐫頭象也　禽离兕頭相似者本書兕下云與禽离頭同

离　山神獸也從禽頭從禸從屮歐陽喬說离猛獸也 呂支切

凶當爲㐫

山神獸也者通作螭李善注文選引作山神獸形宣三年左傳螭魅罔兩服注螭山神獸形文十八年傳投諸四裔以禦螭魅賈注螭山神獸形後漢書竇憲傳螭虎之士注云螭山神獸形也廣雅山神獸謂之离或作魑通俗文山澤恠謂之魑魅漢書王莽傳投諸四裔以禦魑魅顏注魑山神也　從禽頭者魏志和洽傳子禽嗣注音離禽本作离寫誤　從屮者徐鍇本作屮聲屮非聲當如萬禹象形　歐陽喬說离猛獸也賈注左傳螭或曰如虎而噉虎吳都賦神螭掩五臣注神螭猛獸也典引虎螭其師李善云如虎如螭也通作離史記周本紀如豺如離徐廣曰離音螭同　義訓與

萬　蟲也從禸象形 無販切

蟲也者廣韻引字林萬蟲名也莊子天運篇其知憯于蠣蠆之尾釋文云或云依字上當作蠆下當作蠍蠆蠣閒許萬者蠍也通俗文長尾爲蠆短尾爲蠍

禹　蟲也從禸象形 王矩切

蟲也者廣韻引字林禹蟲名也玉篇蠁禹蟲也本書蠁知聲蟲也增韻禹蟲一名蠁洪武正韻蠁禹蟲知聲者

𠓅　古文禹

漢書藝文志大𠓅三十七篇傳言禹所作顏注𠓅古禹字

𥜿　周成王時州靡國獻𥜿人身反踵自笑笑卽上脣掩其目食人北方謂之土螻爾疋云𥜿𥜿如人被髮一名梟羊從禸象形 符未切

周成王時云云者徐鍇曰反踵脚跟在前也　字或作狒爾雅圖讚狒狒怪獸被髮操竹見人則笑脣蔽其目終亦號咷反爲我戮西京賦摣狒猬薛注𥜿獸身人面身有毛被髮迅走食人酉陽雜俎狒狒飲其血可以見鬼力負千斤

笑輒上吻掩額舊說反踵獵者言無膝睡常倚物字又作䨲本草拾遺𥜿𥜿亦作䨲出西南夷如猴宋孝建中獠子以西波尸地高城郡安西縣主簿韋文禮進雌雄二頭宋帝曰吾聞䨲䨲能負千鈞若旣有力如此何能致之彼土人丁鑾進曰䨲䨲見人喜笑則上脣掩其目人以釘釘著額任其奔馳候死而取之髮極長可爲頭髮血堪染鞾其毛一似獼猴人面紅赤色作人言鳥聲善知生死飲其血使人見鬼帝聞而欣然命工圖之或又作髴郭注山海經云周書曰州靡髴髴者人身反踵自笑笑則上脣掩其面爾雅云髴髴大傳曰周書成王時州靡國獻之海內經謂之贛巨人今交州南康郡深山中皆有此物也長丈許脚跟反向健走被髮好笑雌者能作汁灑中人卽病土俗呼爲山都元稹詩髴髴穿筒格注云南人俗法嘗用竹筒穿臂以受之髴髴執臂輒笑笑則脣蔽兩目人因自筒中出手以劍釘之於樹　爾疋云𥜿𥜿如人被髮者釋獸文彼作狒狒如人被髮迅走食人郭注梟羊也山海經曰其狀如人面長脣黑身有毛反踵見人則笑交廣及南康郡山中亦有此物大者長丈許俗呼之曰山都釋文引本書作𥜿𥜿有讀若費費四字　一名梟羊者初學記二十九引有如鹿善登木五字小字本李燾本竝作梟陽爾雅釋文

亦引作梟陽張衡元圖梟羊喜獲先笑後愁海內南經梟羊國在北朐之西其爲人人面長脣黑身有毛反踵見人笑亦笑左手操管吳都賦舊注云梟羊善食人大口其初得人喜而笑却脣上覆額移時而後食之人因爲筒貫於臂上待執人人即抽手從筒中出鑿其脣於額而得禽之 從禸象形者徐鍇本云象形從臼從禸讀若費

禼 蟲也從禸象形讀與偰同 私列切

蟲也者廣韻引字林禼蟲名也 讀與偰同者廣韻禼殷祖也或作偰本書偰下云高辛氏之子堯司徒殷之先史記司馬相如傳契不能計漢書作禼張揖曰禼爲堯司徒敷五教率萬事列女傳簡狄吞燕卵生禼北堂書鈔引尚書荆德放禼爲司徒申鑒政體篇禼布五教括地志商州商洛縣古之商國帝嚳之子禼所封也通鑑竇武上書世誠陛下稷禼伊呂之佐注云禼古契字

禼 古文禼

此非禼之古文蓋鬻之古文後人亂之巛象鬻之髮本書古文子作𡿺云從巛象髮是也吳都賦其下則有梟羊麡狼舊注引爾雅梟羊一名𥖣𥖣賦又云𥖣𥖣笑而被格舊注𥖣𥖣梟羊也

文七　重三

嘼 犍也象耳頭足厹地之形古文嘼下從厹凡嘼之屬皆從嘼 許救切

犍也者釋畜釋文云畜本又作嘼字林云嘼產也說文云嘼牲也本書犍畜牲也乳下云人及鳥生子曰乳獸曰產獸當作嘼集韻畜謂六畜或作嘼廣韻嘼嘼產亦作畜玉篇六嘼牛馬羊鷄犬豕也養之曰嘼用之曰牲今作畜方言陳楚之間凡人嘼乳而雙產謂之釐孳楚詞大招幽屋步壛宜擾嘼只注云宜乘擾謹之馬通作獸周禮天官敘官獸醫注云獸牛馬之類易中孚釋文畜本或作獸爾雅釋畜釋文畜許又反本又作嘼音同經典竝作畜字禮記左傳皆云名子者不以畜牲左氏又云古者六畜不相爲用是也匡謬正俗武成序云武王伐殷往伐歸嘼孔安國注云往誅紂克定偃武修文歸馬牛於華山桃林之牧地徐仙民音嘼爲始售反按武成當篇云歸馬於華山之陽放牛於桃林之野此與序意相承又許氏說文解字云嘼犍也字林嘼音火又反獸字從嘼從犬斯則六畜之字本自作嘼於後始借畜養字爲耳且嘼獸類屬不同嘼者人之所養獸者是山澤所育故爾雅論牛馬羊豕則在釋畜論麋鹿虎豹即在釋獸較然可知若武王歸鹿華山之陽放虎桃林之野可言歸獸所歸放者旣是馬牛當依嘼字本音讀之不得以作獸字一邊便謂古文省簡即呼爲獸且堯典云鳥獸孳尾鳥獸毛毨鳥獸希革鳥獸氄毛旅獒云珍禽奇獸不育于國皆作獸字不作嘼也何獨武成一篇以嘼爲獸斯不然矣覆騰間評武成古本原作嘼字想因唐明皇改爲今本尚書時未究嘼字之義而增益之也今其下亦云本或作嘼許救切益知古本作嘼字無疑矣 象耳頭作厹地之形者𠙴与古文厹同古當爲古古文從厹此從古

獸 守備者從嘼從犬 舒救切

守備者者釋鳥釋文引有一曰兩足曰禽四足曰獸十字廣韻引字林同獸守聲相近異苑張茂嘗夢大象以問萬推推曰當爲大郡守夫象者大獸取諸其音獸者守也廣雅獸守也周禮獸人時田則守罟注云備獸觸擭錢君大昭曰獸之言狩也古文獸與狩通小雅搏獸于敖水經注引作薄狩何休公羊傳注狩猶獸也馥案東京賦亦引作薄狩淮南覽冥訓狡蟲死高誘曰蟲狩也張遷碑帝游上林問禽狩所有楊君石門頌惡虫幣狩隸釋云以幣狩爲斃獸釋鳥二足而羽謂之禽四足而毛謂之獸玉篇四足有毛走者謂之獸 從犬者本書狗叩氣吠以守

文二

說文解字第十四　義證第四十八

曲阜桂馥學

甲 位東方之孟陽气萌動從木戴孚甲之象一曰人頭宐爲甲甲象人頭凡甲之屬皆從甲 古狎切

鶡冠子近迭篇蒼頡作書法從甲子 爾雅釋天太歲在甲曰閼逢 淮南天文訓寅在甲曰閼蓬高注萬物鋒芒欲出擁遏未通 世本大撓作甲子宋衷云黃帝史官也呂氏春秋勿躬篇大撓作甲子 六藝論黃帝佐官七人大撓造甲子月令章句大撓探五行之情占斗綱所建於星始作甲乙以名日謂之幹作子丑以名月謂之枝枝幹相配以成六旬 廣雅甲乙爲幹幹者日之神也寅卯爲枝枝者月之靈也 書序羲和湎淫廢時亂日傳云廢天時亂甲乙 戰國策一日破紂之國高注一日甲子之日也 詩大明會朝清明傳云會甲也甲朝者一朝也

位東方之孟者宋本小字本竝作東方之孟無位字本書初刻亦無後乃加之按東方甲爲孟卯爲仲乙爲季易辨

終備爲物率甲鄭注率生也甲東方之行物所生故數以始也 陽气萌動者十幹以甲丙戊庚壬爲陽徐鍇曰甲在東北甲子陽氣所起也董仲舒曰太平之世則風不鳴條開甲散萌而已漢章帝元和二年詔方春生養萬物孚甲宜助萌陽以育時物 從木戴孚甲之象也者本書稃檜也玉篇稃甲也通作孚徐鍇曰孚猶莩莩殼也集韻殼物之孚甲釋名甲孚也萬物解孚甲而生也又云孚孚也孚甲在上稱也又云覆孚也如孚甲之在物外也又云鎧或謂之甲似物孚甲以自禦也白虎通其日甲乙者萬物孚甲也易彖傳雷雨作而百果草木皆甲坼鄭注皆讀爲人倦解之解解說卦傳其於稼也爲反生宋衷曰謂臿豆之屬戴甲而生月令孟春之月其蟲鱗注云象物孚甲將解又云食麥與羊注云麥實有孚甲屬木大戴禮少閒篇苟本正則華英必得其節以秀孚矣夏小正二月榮稊傳云稊也者發孚也史記律書甲者言萬物剖符甲而出也漢書律歷志出甲於甲月令正義解之云甲是孚甲也劉歆鍾律書角者觸也物觸地而出戴芒角也五行爲木 一曰人頭宐爲甲者徐鍇本作大一經曰頭玄爲甲韻會五音集韻竝作玄 馥案頭色玄如玄天之在上故曰頭玄爲甲 甲象人頭者徐鍇曰其字形亦取象人頭 馥案此猶緯書配身也乾坤鑿度云乾爲頭首坤爲胃腹兌口離目艮手震足

古文甲始於一見於十成於木之象

始於一見於十成於木之象者集韻引作始於十見於千成於木之象小字本李燾本竝同徐鍇本作歲成於木之象餘與本書同鍇曰甲一也甲乙爲幹其數十成于東方人象木也馥案歲成於木之象者本書歲木星也

文一　重一

乙 象春艸木冤曲而出陰气尚彊其出乙乙也與丨同意乙承甲象人頸凡乙之屬皆從乙 於筆切

乙與甲同位東方 十幹以乙丁己辛癸爲陰 釋天太歲在乙曰旃蒙 漢書律歷志奮軋于乙 內則魚去乙注云乙魚體中害人者名也今東海鰫魚有骨名乙在目旁狀如篆乙食之鯁人不可出 馥案釋魚魚腸謂之乙郭注似篆書字因以名焉 漢官儀以乙日祀先農及耕乙地

象春艸木冤曲而出者本書戹從乙云隘也辰下云物皆生從乙廣雅乙軋也釋名乙軋也自抽軋而出也史記律書乙者言萬物生軋軋也白虎通乙者物蕃屈有節欲出月令孟春之月其日甲乙注云乙之言軋也日之行春東從青道發生萬物月爲之佐時萬物皆解孚甲自抽軋而出因以爲日名焉昭二十九年左傳木正曰句芒杜注取木生句曲而有芒角也淮南天文訓卯在乙曰旃蒙高注萬物遏蒙甲而出 陰气尚彊其出乙乙也者文賦思乙乙其若抽李善引方言乙抽也又引說文陰氣尚彊出乙乙然董斯張曰宋本昭明文選文賦云思乙乙其若抽說文解乙字云象春艸木冤曲而出陰氣尚彊其出乙乙也淮南子太歲在甲曰閼逢注萬物擁遏未通也在乙曰旃蒙注萬物遏蒙甲而出也史記律書乙者萬物生軋軋也漢書律歷志奮軋於乙穀梁傳軋辭范甯注軋委曲也釋名云乙軋也自抽軋而出也則軋者乙之詁也梁江革嘲何記室聯句不成云晴昔故翩翩今辰何乙乙松雪行楷作軋軋字殊謬或云許說大僻仲春桃已華何言冤曲邪案月令季春句者畢出萌者盡達則此前猶未畢出未盡達也益信許說之妙 與丨同意者丨當爲屮徐鍇繫傳音徹云同爲出也馥案屯從屮象艸木之初生屯然而難

乾 上出也從乙乙物之達也倝聲渠焉切又古寒切

上出也者本書倝從倝上欲出日引易夫乾隺然　乙物之達也者九經字樣乾上從倝下從乙乙謂草木萌甲抽乙而生

乾 籀文乾

亂 治也從乙乙治之也從𤔔郎段切

治也者釋詁文郭引論語予有亂臣十人襄二十八年左傳武王有亂臣十人杜注亂治也北史蕭寶夤傳武王有亂臣十人亂者理也廣雅亂理也書臯陶謨亂而敬鄭注亂謂剛柔治理書顧命其能而亂四方傳訓亂爲治說命惟以亂民傳云使治民周官亂爾有政傳云治汝所有之職泰誓予有亂臣十人傳云治理之臣申鑒政體篇聖漢統天惟宗時亮其功格宇宙粵有虎臣亂政李善注雪賦亂者理也總理一賦之終也通鑑鬻生十子九子殤一子不殤關中亂注云周秦以南以亂爲治郭璞云以徂爲存猶以亂爲治此皆詁訓義有反覆旁通美惡不嫌同名馥

謂此皆不知有敵亂之別　從乙乙治之也者徐鍇曰乙者治之難也　從𤔔者本書𤔔治也幺子相亂受治之也徐鍇本作從𤔔從乙乙治之也

尤 異也從乙又聲羽求切

異也者廣雅同本書就下云尤異于凡也後漢書陳重傳舉尤異昭二十八年左傳夫有尤物足以移人注云尤異也史記仲尼弟子列傳受業身通者七十有七人皆異能之士也小爾雅尤怪也玉篇尤怪異也昭二十一年左傳張匄尤之杜注尤怪賜之厚

文四　重一

丙 位南方萬物成炳然陰气初起陽气將虧從一入冂一者陽也丙承乙象人肩凡丙之屬皆從丙兵永切

釋魚魚尾謂之丙郭注似篆書字因以名焉　釋天太歲在丙曰柔兆孫炎曰萬物柔婉有條兆也

位南方者丙火故位在南月令孟夏之月其日丙丁鄭注日之行夏南從赤道　萬物成炳然者丙炳聲相近淮南天文訓辰在丙曰柔兆高注萬物皆生枝布葉鄭注月令丙之言炳也長育萬物月爲之佐時萬物皆炳然著見而強大釋名丙炳也物生炳然皆著見也白虎通其日丙丁者其物炳明律歷志明炳於丙律書丙者言陽道著明故日丙　陰气初起陽气將虧從一入冂一者陽也者徐鍇日夫物極則衰功成則去明盛而晦陽極而陰物非陰不定夏之有秋所以揫斂焦殺萬物使成也冂猶門也易曰乾坤其易之門邪天地陰陽之門戶陽功成將入于冂也

文一

丁 夏時萬物皆丁實象形丁承丙象人心凡丁之屬皆從丁當經切

丁與丙同位南方　釋魚魚枕謂之丁郭云枕在魚頭骨中形似篆書丁字　晉書載記苻堅饗羣臣賦詩姜平子詩有丁字直而不曲堅問其故平子曰臣聞丁至剛不可以屈董彥遠謝除正字啓丁尾亂眞董斯張曰莊子曰丁子有尾

李頤注云在上爲首在下爲尾世人謂右行曲波曰尾今丁了二字顧左行曲波亦是尾也案說文丁字作个是無尾也故曰亂眞

夏時萬物皆丁實者徐鍇本作夏時萬物皆丁壯成實釋名丁壯也物體皆丁壯也白虎通丁者強也參同契老物復丁壯急就篇長樂無極老復丁漢書律歷志大成於丁史記律書丁者言萬物之丁壯也故曰丁淮南天文訓巳在丁曰強圉高注萬物剛盛

文一

戊 中宮也象六甲五龍相拘絞也戊承丁象人脅凡戊之屬皆從戊莫候切

釋名戊茂也物皆茂盛也　白虎通戊者茂也　漢書律歷志豐楙於戊　月令其日戊己注云戊之言茂也至此萬物皆枝葉茂盛　釋天太歲在戊曰著雍

中宮也者本書戊下云五行土生於戊月令中央土其日戊己淮南天文訓午在戊曰著雝高注位在中央萬物繁養四方樂書宮土音其性圓而居中律歷志宮中也居中央暢四方後漢書西域傳元帝置戊己校尉注云戊己中央鎮覆四方　象六甲五龍相拘絞也者內則教之數日注云朔望與六甲也六藝古者三皇之世虛無之清以制剛強無有文字皆由五行五行之道天地自然六甲之分微妙之神漢書食貨志里胥令餘子在序室未任役使者八歲入小學學六甲五方書計之事以知室家長幼之節王粲儒史論古者八歲入小學學六甲五星書計之事方叔機注六藝論云六紀者二曰五龍紀惠棟曰五六天地之中故曰六甲五龍相拘絞龍辰也辰有五子故云五龍

戊 就也從戊丁聲 氏征切

就也者廣韻就成也燕禮笙入三成注云三成謂三終也郭注爾雅凡事物成就亦終也　丁聲者本書萬物皆丁壯成實

戚 古文成從午

從午者徐鍇曰午南方亦物成之義

文二　重一

己 中宮也象萬物辟藏詘形也己承戊象人腹凡己之屬皆從己 居擬切

漢書律歷志理紀於己　釋名己紀也皆有定形可紀識也白虎通己者抑屈起　月令其日戊己注云己之言起也其含秀者抑屈而起　釋天太歲在己曰屠維　淮南天文訓未在己曰屠維高注屠別維離也萬物各成其性　象萬物辟藏詘形也者詘之上下疑有脫闕徐鍇曰萬物與陰陽之气藏則歸土

古文己 古文己如此

呂氏春秋察傳篇子夏之晉過衛有讀史記者曰晉師三豕涉河子夏曰非也是己亥也夫己與三相近豕與亥相似至於晉而問之則曰晉師己亥涉河也

巹 謹身有所承也從己丞讀若詩云赤舄己己 居隱切

謹身有所承也者禮昏義釋文引字林作謹身有所承六書故引字林作警身有所奉也玉篇巹敬身有所承也集韻巹敬也身所承也　從己丞者當有己亦聲三字　讀若詩云赤舄己己者昏義釋文引作几本書掔下引詩赤舄掔掔今詩作几几

曩 長踞也從己其聲讀若杞 暨己切

長踞也者類篇引作長跪也玉篇曩長跪也或作跽也本書跽長跪也其字孫子作惎　讀若杞者類篇曩古國名衛宏說與杞同

文三　重一

巴 蟲也或曰食象蛇象形凡巴之屬皆從巴 伯加切

三巴記閬白二水東西流曲折三回如巴字故謂之三巴

或曰食象蛇者楚詞天問有蛇吞象厥大何如大荒北經西南有巴國有黑蛇青首食象郭注即巴蛇也海內南經巴蛇食象三歲而出其骨其爲蛇青黃赤黑一曰黑蛇青首郭注說者云長千尋郭有贊云象實巨獸有蛇吞之越出其骨三年爲期厥大何如屈生是疑淮南本經訓封豨修蛇皆爲民害高注修蛇大蛇吞象三年而出其骨吳都賦屠巴蛇出象骼五臣云巴蛇大蛇也能食象故殺之出其骨也博物志巴蛇吞象三歲出其骨金樓子志怪篇巴蛇食象三歲而出其骨君子服之無心腹之疾虞世南師子賦屈巴蛇於指掌尋陽記羿屠巴蛇於洞庭其骨若陵故曰巴陵爾雅翼古稱堯使羿斷修蛇於洞庭許叔重以爲修蛇大蛇吞象之類洞庭南方澤名近巴陵說巴陵者以爲巴之亦其骨爲陵此地至今往往多大蛇豈其種裔耶

𢀳 搉擊也從巴帚闕 博下切

從巴帚者當有巴亦聲三字

文二

庚 位西方象秋時萬物庚庚有實也庚承己象人䐡凡庚之屬皆從庚 古行切

白虎通庚者物更也 漢書律歷志斂更於庚 詩推度災庚者更也 三禮義宗秋日庚辛者庚更也辛新也言物皆改更而新也 釋天太歲在庚曰上章 淮南天文訓申在庚曰上章高注陰氣上升萬物畢生

立西方者月令孟秋之月其日庚辛注云日之行秋西從白道象秋時萬物庚庚有實也者淮南子春氣發而百草生得秋而萬物成實史記漢文帝卜得兆正橫其繇曰大橫庚庚律書庚者言陰氣庚萬物故曰庚釋名庚猶更也庚堅强貌也鄭注月令庚之言更也辛之言新也成熟萬物月爲之佐萬物皆肅然改更秀實新成

文一

辛 秋時萬物成而孰金剛味辛辛痛卽泣出從一從辛辛辠也辛承庚象人股凡辛之屬皆從辛 息鄰切

辛與庚同位西方 漢書律歷志悉新于辛 史記律書辛者言萬物之辛生故曰辛 釋天太歲在辛曰重光

秋時萬物成而孰者白虎通辛者陰始成釋名辛新也物初新者皆收成也本書㜸下云辛者物孰味也淮南天文訓酉在辛曰重光高注萬物就成其熟煌煌聘禮飪一牢在西腥一牢在東注云熟在西腥在東象春秋也 金剛味辛辛痛卽泣出者月令孟秋之月其日庚辛其味辛書洪範從革作辛傳云金之氣味正義云金之在火別有腥氣非苦非酸其味近辛故辛爲金之氣味月令秋云其味辛其臭腥是也玉篇辛辢也辢辛辢也痛也辢本書作瘌云楚人謂藥毒曰痛瘌崔鴻後燕錄慕容熙苻后卒使有司按撿哭者無淚則罪之羣臣莫不含辛以爲淚焉 從一從辛辛辠也者二辛字集韻類篇竝引作辛五經文字辛從辛辛音愆本書辛辠也

辠 犯法也從辛從自言辠人蹙鼻苦辛之憂秦以辠似皇字改爲罪 徂賄切

犯法也者玉篇辠犯公法也本書辟法也從卪從辛卪制其辠也夏小正汱小罪斷薄刑注云刑者上之所施罪者下之所犯 從辛從自言辠人蹙鼻苦辛之憂者苦辛徐鍇本作辛苦文字音義辠從自辛也言辠人蹙鼻辛苦之憂風俗通自辛字爲辠令其辛苦憂之也本書自鼻也敫䠞鼻也集韻顣頞䠞鼻也 秦以辠似皇字改爲罪者本書罪下云秦以罪爲辠字風俗通辠秦皇以爲字似皇故改爲罪爾雅釋文辠古罪字秦始皇以其字似皇字改從四非董彥遠謝除正字啓避上則辠不從辛

辜 辠也從辛古聲 古乎切

辠也者釋詁文字書同書大禹謨與其殺不辜傳云辜罪詩正月民之無辜雲漢何辜今之人箋竝云辜罪也宣六年公羊傳天乎無辜何云辜罪也莊子則陽篇至齊見辜人焉釋文辜罪也

𡴘 古文辜從死

辥 辠也從辛㕯聲 私列切

辠也者玉篇辥𤔔刑也通作嶭廣雅嶭罪也又通作孼易林政令無常下民多孼孟子引書天作孼猶可違自作孼

不可活徐鍇通論妾隸之子曰孽孼之言㔻也有罪之女沒入於公得見於君有所生若木旣伐而生枿顛木之有由㔻也故於文子辥爲孼辥者罪也

辭 不受也從辛從受受辛宜辤之 似茲切

不受也者通作辭聘禮記辭曰非禮也敢辭注云辭辭不受也受辛宜辤之者易釋文引作受辛者辤本書嬖倉辛嬖也帝王世紀帝乙二妃四子少曰受德辛鄭注書序云紂帝乙之少子名辛號曰受德時人傳聲轉作紂也馥案書云其在受德暋傳以受德爲紂之字說與鄭同周書克殷解末孫受德呂氏春秋仲冬紀其次曰受德是也増韻後人亦借爲言詞字楊修傳絕妙好辤魏畧蔡邕題曹娥碑後曰黃絹幼婦外孫齏臼楊修解之曰齏曰受辛之器辤字也洪興祖楚詞補注甃擣薑蒜辛物爲之故曰甃曰受辛也東觀漢記王莽將敗逢萌載齏器於市曰辛乎徐鍇曰古謂今瞻酢合和者爲甃故有受辛之言

辤 籀文辤從台

本書臬籀文從此

辭　訟也。從𤔲，𤔲猶理辜也。𤔲，理也。似兹切

書呂刑皇帝清問下民鰥寡有辭于苗馬注清問清訊也書又云兩造具備師聽五辭五辭簡孚正于五刑詩采芑執訊獲醜傳云訊辭也王制成獄辭史以獄成告于正正聽之桓十年左傳虢仲譖其大夫詹父於王詹父有辭僖四年傳或謂大子之辭君必辯焉僖十年傳欲加之罪其無辭乎宣十一年傳楚王讓申叔時不賀縣陳對曰猶可辭乎宣十七年傳使反者得辭成二年傳寡君之命使臣則有辭矣晏子無宇侍景公飲酒請浮晏子公曰諾晏子坐酌者奉觴進之曰君命浮子晏子曰何故也無宇曰子臨君之賜故浮子晏子避席曰請飲而後辭乎其辭而後飲乎公曰辭然後飲孔叢子論書篇孔子見齊景公梁邱據自外而至公曰何遲對曰陳氏戮其小臣臣有辭為是故遲公笑而目孔子曰周書所謂明德慎罰陳子明德也而有辭非不慎矣南齊書王融傳收下廷尉獄使孔稚珪倚為奏使融依源據答融辭云云會稽後賢記孔坦遷廷尉躬執辭狀口辨曲直通鑑荀濟謀誅高澄被執因下辨云云注云辨獄辭也又云高澄收司馬子如下獄子如辭曰云云

訟也者徐鍇通論辭者訟也玉篇辭理獄爭訟之辭也成四年左傳鄭伯與許男訟焉皇戌攝鄭伯之辭周禮小宰以敘聽其情注云情爭訟之辭論語如得其情大學無情者不得盡其辭廣韻引本書作說也于蘇字書辭說表記故仁者之過易辭也注云辭猶解說也僖二十八年左傳殺子叢以說焉昭二十七年傳子常殺費無極與鄢將師以說于國謗言乃止春秋後語魏人將殺范痤痤登危而說趙策公不若陰辭樓子鮑云辭告之也燕策自負以不肖之罪故不敢為辭說漢書東方朔傳有說則已無說則死

從𤔲者徐鍇本作𤔲辛

𤔲理也者徐鍇本無此文本書𤔲治也一曰理也

𤔲　籀文辭從司。

石鼓文我嗣攸除　周禮大祝作六辭一曰祠鄭司農云祠當為辭謂辭令也馥謂古文從司故誤為祠

文六　重三

辡　辠人相與訟也。從二辛。凡辡之屬皆從辡。方免切

辠人相與訟也者禮三朝記哀公曰寡人欲學小辯以觀于政其可乎通作辯易訟卦其辯明也襄二十九年左傳辯而不德服注辯若鬬辯鄉飲酒義不慢不爭則遠於鬬辯矣曲禮分爭辯訟非禮不決鹽鐵論辯訟公門之下訩訩不可勝聽又通作辨孟子國人皆稱夫子好辨王注楚詞九辨云辨者變也謂陳道德以變說君也

辯　治也。從言在辡之閒。符蹇切

治也者釋訓諸諸便便辯也郭云皆言辭辯給詩采菽平平左右傳云平平辯治也韓詩作便便書洪範王道平平傳云平平言辯治服注左傳平平辯治不絕之貌酒誥勿辯乃司士相見禮以食具告注云具猶辯也樂記其治辯者其禮具昭元年左傳主盟者誰能辯焉杜注辯治也墨子法儀篇今大者治天下其次治大國而無法所度此不若百工辯也荀子成相篇辯治上下韓詩外傳禮者治辯之極也又云善辯治人者故人安之天子三公諸侯一相大夫擅官士保職莫不治理是所以辯治之也漢書張敞傳審如掾言武必辯治梁矣食貨志天子始出巡郡國東渡河河東守不意行至不辯自殺字或作辨考工記以辨民器注云辨猶具也史記項羽紀項梁常為主辨漢書韓信傳多多益辨蜀志諸葛亮領蜀郡太守眾事皆辨晉書陳頵拜太守選腹心之吏若有調發動靜馳白故恆得宿辦石崇傳嘗為客作豆粥咄嗟便辦晉中興書謝安詣陵訥訥兄子儼怪訥無供辦應璩與劉靖書有司供承王命百里垂拱仰辦顏氏家訓風操篇多廢公事竟以不辦而還新唐書李元紘傳以辦治得名通作辦書鞭作官刑馬注為辦治官事者為刑周禮小宰帥執事而治之注云治謂共辦考工記以辨民器注云辨猶具也韓策今公自以為辨於薛公鮑注辨猶治也猶言治於高傒荀子議兵篇城郭不辨注云辨治也史記子貢傳兵不先辨不可以勝敵漢書王訢傳宮館馳道修治供張辨列女傳魯母師傳於是使少子僕歸辨家事東觀漢記趍為諸將軍辦裝又通作班荀子君道篇善班治人者也又云善班治人者人安之

文二

壬　位北方也。陰極陽生，故易曰龍戰于野。戰者，接也。象

人裹妊之形承亥壬以子生之敘也與巫同意壬承辛象人脛脛任體也凡壬之屬皆從壬　如林切

釋天太歲在壬曰玄黓淮南天文訓戌在壬曰玄黓高注歲終包任萬物位北方也者水位也陰極陽生者徐鍇曰二爲陰中一爲陽起于中丨相交故易曰龍戰于野戰者接也者本書亥下云十月微陽起接盛陰象人裹妊之形者釋名壬妊也陰陽交物懷妊也至子而萌也月令其日壬癸注云壬之言任也癸之言揆也時萬物懷任於下揆然萌芽承亥壬以子生之敘也者當云壬承辛徐鍇曰辛陰氣成就乃能乘陽以有生也故曰承辛生子也敘次敘也或曰當云壬承亥壬在亥子之閒本書亥象裹子咳咳之形亥已裹子壬則身震故曰子生之敘與巫同意者徐鍇本與工巫同意鍇曰工巫皆規矩也本書巫下云與工同意脛任體也者壬任聲相近月令章句壬任也白虎通壬者陰始任漢書律歷志懷任于壬史記律書壬之爲言任也言陽氣任養萬物於下也詩賓之初筵有壬有林箋云壬任也

文一

癸　冬時水土平可揆度也象水從四方流入地中之形癸承壬象人足凡癸之屬皆從癸　居誄切

癸與壬同位北方釋天太歲在癸曰昭陽釋名甲乙之次癸最在下冬時水土平可揆度也者癸揆聲相近釋詁度謀也廣雅癸揆也月令章句癸揆也白虎通癸者揆度也釋名癸揆也揆度而生乃出之也詩定之方中揆之以日傳云揆度也昭二十八年左傳心制義曰度服注言善揆度事也淮南天文訓子在癸曰昭陽高注陽氣始萌萬物含生史記律書癸之爲言揆也言萬物可揆度故曰癸漢書律歷志陳揆于癸非有先生論揆度得失三禮義宗冬日壬癸者癸揆也言萬物更任生於黃泉皆有法度也易巽卦後庚三日說者謂後庚三日爲癸有揆度之義

籀文從癶從矢

㑧闋戣湀揆騤楑睽鄈[illegible]十字竝從此從癶者本書癶足剌癶也癸象人足故從癶從矢者徐鍇本作矢聲韻會引同

文一　重一

子　十一月陽氣動萬物滋入以爲偁象形凡子之屬皆從子　即里切

宋祖沖之論歷曰子爲辰首位在正北九家易乾坤消息法周天地而不過於十二辰廣雅甲乙爲榦榦者日之神也寅卯爲枝枝者月之靈也十二枝以子寅辰午申戌爲陽釋天太歲在子曰困敦十一月者上有闕文自丑以下皆有聲近之字以爲義訓如丑下云紐也是也此子下獨無蓋傳寫脫漏淮南天文訓子者滋也昭七年左傳歲時日月星辰服注月十二月也鄭注月令日月之行一歲十二會聖王因其會而分之以爲大數焉月令正義北斗循天而轉行建一月一辰辰三十度九十六分度之四十二正月建寅二月建卯三月

建辰四月建巳五月建午六月建未七月建申八月建酉九月建戌十月建亥十一月建子十二月建丑也漢書律歷志宮以九唱六變動不居周流六虛始於子在十一月釋天十一月爲辜易乾鑿度坎藏之於北方位在十一月玉燭寶典十一月建子周之正月宋書禮志夏以十三月爲正法物之始其色尚黑殷以十二月爲正法物之牙其色尚白周以十一月爲正法物之萌其色尚赤後漢書陳寵傳夫冬至之節陽氣始萌故十一月有蘭射干芸荔之應時令曰諸生蕩安形體天以爲正周以爲春十二月陽氣上通雉雊雞乳地以爲正殷以爲春十三月陽氣已至天地已交萬物皆出蟄蟲始振人以爲正夏以爲春三微成著以通三統孔叢雜訓篇縣子問子思曰顏回問爲邦夫子曰行夏之時若是殷周異正爲非乎子思曰夏數得天堯舜之所同也三統之義夏得其正　陽氣動萬物滋者子滋聲相近詩推度灾子者滋也僖十五年左傳物生而後有象象而後有滋滋而後有數正義云凡是動植飛走之物物既生訖而後有其形象既爲形象而後滋多滋多而後始有頭數史記律書子者滋也言萬物滋於下也三代世表褚先生曰子者茲益大也陳杞世家苗裔茲茲漢書律歷志孳萌于子釋名子孳也陽氣始萌孳生於下

也於易爲坎坎險也白虎通子者孳也孳孳無已也晉書樂志十一月子子孳也謂陽氣至此更孳生也環濟要畧子猶孳也孳恤下之稱也通典十一月之辰名子子者孳也陽氣至此更孳益而生故謂之子也易乾卦潛龍勿用馬融曰初九建子之月陽氣始動於黃泉既未萌芽猶是潛伏復卦七日來復先儒解云七日當爲七月謂陽氣從五月建午而消至十一月建子始復所歷七辰故謂七月月令仲冬之月陰陽爭諸生蕩注云爭者陰方盛陽欲起也蕩謂物動萌芽也逸周書周月解維十有一月既南至昏昴畢見日短極基踐長微陽動於黃泉陰降慘於萬物孝經援神契冬至陽氣動淮南天文訓太陰在子歲名曰困敦高注困混敦沌陽氣皆混沌萬物牙蘖白虎通十一月之時陽氣始養根核故黃泉之下萬物皆赤赤者盛陽之氣也故周爲天正色尚赤也又云十一月律謂之黃鍾何常中和之氣鍾者動也言陽於黃泉之下動養萬物也五經通義冬至陽動於下推陰而上之故寒於上又云冬至陽氣萌動陰陽交精始成萬物氣微在下不可動泄三禮義宗十一月陽氣始施萬物動於黃泉之下微而未著其色皆赤赤者陽氣容齋三筆坎位正北當幽陰肅殺之地其象於易爲水爲月董仲舒所謂陰常居大冬而積於

空虛不用之處然而謂之陽離位正南當文明赫赫之地於易爲日爲火仲舒所謂陽常居大夏而以生育長養爲事然而謂之陰豈非以陰生於午陽生於子故卯入以爲偁者入當爲人徐鍇曰十一月夜半陽氣所起人承陽本其初故以爲稱本書包下云元氣起於子子人所生也

古文子從巛象髮也

戴侗曰當作

從巛象髮也者本書首下云巛象髮謂之鬈鬈卽巛也

籀文子囟有髮臂脛在几上也

囟有髮者本書巤下云巤象髮在囟上此與籀文子字同臂脛在几上也者从爲臂人爲脛几當作儿葢從奇字人也兒亦從儿

裹子也從子從几以證切

裹子也者三蒼同易釋文引作懷子曰孕一切經音義八合實曰孕妊子也又卷九引廣雅孕傳也玉篇孕妊子也含實也易漸卦婦孕不育鄭云孕猶娠也虞云孕妊娠也詩大明大任有身傳云身重也箋云重謂懷孕也樂記毛者孕鬻注云孕任也郊特牲故天子牲孕弗食也注云孕任子也僖十六年左傳梁嬴孕僖十七年傳孕過期杜竝云懷子也鄭語既笄而孕韋注孕任身也莊子天運篇民孕婦十月生子從几者几與秀下孕上竝同象形也一切經音義九孕從子乃聲似誤復古編几音市朱切九誤玉篇古文作𦝢汗簡古文尚書以𦝢爲孕管子五行篇𦝢婦不銷弃注云𦝢古孕字或作媰太元媰其膏又通作繩周禮薙氏掌殺草秋繩而芟之注云含實曰繩釋文繩音孕

生子免身也從子從免芳萬切

生子免身也者廣韻㝃子母相解通鑑爾朱榮請入朝欲視皇后娩乳或作免越語將免者以告韋注免乳也新序節士篇無何而朔妻免生男漢書外戚傳婦人免乳大故今皇后當免身顏注免乳爲產子也　從免者娩輓浼晚

晚俛冕絻勉輓十字竝從免

乳也從子在宀下子亦聲疾置切

乳也者廣雅同本書人及鳥生子曰乳易女子貞十年不字書鳥獸孳尾史記作字微集解云乳化曰字中山經苦山有木服之不字注云字生也漢書嚴安傳六畜遂字顏注字生也史記平準書乘字牝者儐而不得聚會漢書食貨志天下亭亭有畜字馬歲課息或作牸說苑臣故畜牸牛生子而大廣韻引本書有又愛也三字通鑑孫和何姬日若皆從吹誰當字孤注引本書字乳也愛也徐鍇本字乳也愛也鍇曰左傳大不字小字愛也鄭注周禮地官小國貢輕字之也書康誥父不能字厥子成四年左傳楚雖大非吾族也其肯字我乎成十一年傳又不能字人之孤而殺之杜注竝云字愛也

乳也從子㱿聲一曰穀瞀也古候切

乳也者論語令尹子文孔安國曰姓鬭名穀字於菟皇氏曰楚人謂乳爲穀謂虎爲於菟此兒爲虎所乳故名之曰

㝅於菟也通作穀宣四年左傳楚人謂乳穀唐石經作謂乳爲穀莊三十年左傳鬬穀於菟爲令尹釋文云楚人謂乳曰穀字或作㝅廣韻㝅乳也廣雅㝅乳生也一曰㝅瞀也者徐鍇曰㝅瞀愚闇也集韻㝅霿鄙吝心不明也廣韻㝅瞀無暇楚辭九辨直怐愗以自苦玉篇怐愗愚皃

一乳兩子也從子䜌聲　呂患切

西京雜記霍將軍妻一產二子疑所爲兄弟或曰前生爲兄後生爲弟今雖俱日亦宜以先生爲兄或曰居上者宜爲兄居下者宜爲弟居下者前生宜以前生爲弟時霍光聞之曰昔殷王祖甲一產二子曰嚚曰良以卯日生嚚以巳日生良則以嚚爲兄以良爲弟若以在上者爲兄嚚亦當爲弟昔許釐莊公一產二女曰妖曰茂楚大夫唐勒一產二子一男一女男曰貞夫女曰瓊華皆以先生爲長近代鄭昌時文長蒨並生二男滕公一生二女季黎生一男一女並以前生者爲長霍氏亦以前生爲兄焉　譙周法訓一產二子者當以後生者爲兄言其先胎也荅曰此野人之鑿語耳君子不測晤安知胎之先後也

一乳兩子也者方言陳楚之閒凡人嘼乳而雙產謂之釐孿秦晉之閒謂之僆子自關而東趙魏之閒謂之孿生淮南修務訓故夫孿生之相似者唯其母能知之字或作䜌一切經音義十七孿字林雙生也蒼頡篇一生兩子也北史崔光韶傳光韶與弟光伯孿生

乳子也一曰輸也輸尚小也從子需聲　而遇切

乳子也者廣雅孺生也　一曰輸也輸尚小也者廣韻引作一曰輸孺尚小也本書兒孺子也玉篇孺少也釋名兒始能行曰孺孺儒也言儒弱也書洛誥孺子其朋鄭注孺子幼少之稱金縢公將不利于孺子傳云孺稚也稚子成王內則異爲孺子室於宮中檀弓有子與子游立見孺子慕者僖十年公羊傳爾既殺夫二孺子矣何注孺子小子也奚齊卓子時皆幼小僖十五年左傳征繕以輔孺子晉語孺子懼乎韋注孺少也秦策張唐荅甘羅曰請因孺子而行齊策齊王夫人死有七孺子皆近高注孺子幼艾美女也管子苗始其少也眴眴乎何其孺子也史記晉侯世家孺子可教佞幸傳孝惠時有閎孺正義孺幼小也幽通賦嫣巢姜於孺筮兮應劭曰孺小也帝王世紀成王元年周公爲冢宰攝政王生少未能治事故號曰孺子後漢書安帝紀在孺而勤注云孺幼也通鑑誅檀道濟並其子惟宥其孫孺注云惟宥諸孫之在童孺者後漢書徐穉字孺子

少偁也從子從稚省稚亦聲　居悸切

少偁也者顏注急就篇稚季者叔幼也釋名季癸也甲乙之次弟癸最在下季亦然也白虎通季者幼也詩采蘋有齊季女傳云季少也特牲饋食禮挂于季指注云季小也周禮山虞凡服耜斬季材注云季猶穉也疏云少木鄭注月令季春云季少也　從稚省者稚當爲穉本書穉幼禾也　稚亦聲者當爲穉聲

長也從子皿聲　莫更切

長也者釋詁文禮緯庶長稱孟白虎通適長稱伯庶長稱孟書康誥王若曰孟侯傳云孟長也鄭注月令孟春云孟長也漢書劉向傳孟陬無紀孟康云首時爲孟容齋三筆孟字只是最長最先之稱如所謂孟侯孟孫元妃孟子孟春孟夏之類是也

古文孟

本書保字古文亦如此按[illegible]當爲[illegible]

庶子也從子辥聲　魚列切

庶子也者襄二十七年公羊傳則是臣僕庶孼之事也注云庶孼衆賤子猶樹之有孼生玉藻公子曰臣孼注云公侯衆子也燕策所以能循法令順庶孼者史記商君傳商君者衛之庶孼公子也呂不韋傳子楚秦諸庶孼孫漢書韓王信傳故韓襄王孼孫也顏注孼謂庶臣通鑑引裴子野曰危亡之君未嘗不先事本枝嫗煦旁孼注云說文庶子爲孼旁孼旁枝之庶子也或通作孼漢書賈誼傳庶人孼妾緣其履

汲汲生也從子茲聲　子之切

汲汲生也者一切經音義八引作汲汲也增韻同本書孜汲汲也或作彶彶賈誼書人人彶彶惟恐其後來至也本書敘云字者言孳乳而浸多也書堯典鳥獸孳尾傳云乳化曰孳交接曰尾孳尾牝牡相生也孟子孳孳爲善易乾

鑿度粟孳結鄭注孳育也尚書考靈曜春政不失五穀孳又云歲星得度五穀孳又云青龍甲子攝提格孳注云孳猶生也孝經援神契天度施漹孳萌淮南繆稱訓故君子日孳孳以成煇京房占正月建寅律爲太蔟雞雉孳尾招搖生聚易林牝馬牡駒歲孳不休鹽鐵論君子夙夜孳孳思其德通鑑張敞奏記王暢曰孳孳求姦未若禮賢注云孳孳猶汲汲也字或作孖聲類孖子思反蕃也或通作滋顧炎武曰侯成碑有云滋滋履眞者孳孳之異孟郁修堯廟碑亦以滋爲孳茲聲者當爲嗞本書嗞艸木多益

籒文孳從絲

無父也從子瓜聲 古乎切

無父也者玉篇孤少無父也釋名無父曰孤孤顧也顧望無所瞻見也尚書大傳幼而無父謂之孤曲禮君子已孤不更名

卹問也從子才聲 祖尊切

卹問也者李善注長門賦思元賦引竝同秦策無一介之使以存之高注存勞問也吳書虞翻年十二客有候其兄者不過翻翻謂其過而不存才聲者韻會引徐鍇本從子在省鍇曰在亦存也

效也從子爻聲 古肴切

效也者小字本作放也復古編類篇六書故引竝同類篇云謂放效也本書敎下云上所施下所效也經典通用學字廣雅學效也書說命惟斅學半禮學記作學學半釋文上胡孝切下如字學記又云安其學而親其師樂其友而信其道書洛誥乃其悉自敎工大傳作學功云學效也閔二年左傳敬敎勸學論語學而時習之又云吾十有五而志於學孟子敎不倦仁也學不厭智也呂氏春秋尊師篇故敎也者義之大者也學也者知之盛者也義之大者莫大於利人利人莫大於敎知之盛者莫大於成身成身莫大於學爻聲者易繫辭爻也者效此者也又爻也者效天下之動者也宋景文手記北齊時里俗多作僞字以文子爲學馥案漢碑學字變爻作文

惑也從子止匕矢聲 語其切

惑也者增韻惑疑也易乾卦或之者疑之也禮坊記夫禮者所以章疑別微以爲民坊者也正義疑謂是非不決鵩鳥賦細故蔕芥兮何足以疑從止匕矢聲者閔二年左傳狂夫阻之杜注阻疑也馥謂阻卽止也本書𠤕從匕矣聲矣古文矢字此疑亦從矣誤分爲匕矢二字也

文十五　重四

尦也從子無臂象形凡了之屬皆從了 盧鳥切

郭忠恕荅夢英書了字合收在子部今目錄妄有更改馥案目錄者林罕所作偏旁小說也本書了爲部首豈林罕改邪尦也者本書尦行脛相交也牛行腳相交爲尦方言軫戾也郭注相了戾也許注淮南原道訓抮了戾也荀子修身篇擊戾楊注猶了戾也酉陽雜俎野牛其角相了戾導引經乂手項上左右自了戾

無右臂也從了乚象形 居桀切

無右臂也者一切經音義十二字林無右臂曰孑大荒西經有人名曰吳回奇左是無右臂注云卽奇肱也莊四年

左傳授師孑焉注云楊雄方言孑者戟也正義云方言戟謂之孑郭璞云取名於鉤孑也戟是擊刺之兵有上刺之刃又有下鉤之刃故以鉤孑爲名也

無左臂也從了亅象形 居月切

無左臂也者爾雅釋文引字林同廣韻亦無左臂也孓上同說文作此大荒西經大荒之山有人焉是顓頊之子三面一臂注云無左臂也淮南說林訓孑孓爲䖵廣雅孑孓蜎也釋魚蜎蠉郭注井中小蛣蟩赤蟲馥案此蟲無足似人無臂其行動但屈伸首尾故名孑孓下從了亅象形者徐鍇本作象形從了亅聲

文三

謹也從三子凡孨之屬皆從孨讀若翦 旨兗切

謹也者或通作孱史記張耳傳趙相貫高曰吾王孱王也韋昭曰孱仁謹皃大戴禮曾子立事篇君子博學而孱守之

孱 迮也一曰呻吟也從孨在尸下 士連切

漢書地理志廣漢郡涪縣有孱亭　迮也者卽迫笮意集韻孱窘也今俗有孱蹙語　從孨在尸下者徐鍇本有一曰孨聲四字

孴 盛皃從孨從日讀若薿薿一曰若存 魚紀切

盛皃者靈光殿賦芝栭攢羅以戢孴李善云戢孴衆皃杜甫朝享大淸宮賦羅詭異以戢孴　從日者徐鍇本從曰　鍇云曰音越詞也　讀若薿薿一曰若存者　徐鍇曰今音女立反馥案李善音乃立反

[籀文] 籀文孴從二子一曰晉卽奇字晉

此從日與晉同

文三　重一

𠫓 不順忽出也從到子易曰𠫓如其來如不孝子𠫓出不容於內也凡𠫓之屬皆從𠫓 他骨切

周禮師氏孝德以知逆惡又掌戮凡殺其親者焚之卽易焚如之刑漢書匈奴傳王莽作焚如之刑如淳曰焚如死如棄如者謂不孝子也不畜於父母不容於朋友故燒殺棄之莽依此作刑名也　本書棄古文籀文竝從𠫓易棄如鄭注流宥之刑　從到子者五經文字云古子字倒形徐鍇曰𠫓反爲人子之道也故文從反子字　易曰𠫓如其來如者離卦文彼作突　不孝子𠫓出不容於內也者易象曰突如其來如无所容也

㐬 或從到古文子卽易突字

徐鍇本𠫓下有𠫓卽易突字也六字此古文下又云卽易突字疑後人加之　本書𣎆從㐬云㐬逆子也

育 養子使作善也從𠫓肉聲虞書曰教育子 余六切

養子使作善也者一切經音義十三引作養子使從善也又云育亦長也覆育也生也玉篇育養子使從善也釋詁育養也又長也郭注育養亦爲長詩有狐序所以育人民也箋云育生長也谷風昔育恐育鞫傳云育長生民載生載育傳云育長也蓼莪長我育我箋云育覆育也晉語育門子韋注育長也長育其材通作粥周禮脩閭氏與其國粥鄭注粥養也夏小正粥也者養也　虞書曰教育子者舜典文彼作胄釋文馬云胄長也教長天下之子弟馥案馬訓長本作育史記作教穉子釋言鞠穉也郭音義云鞠一作毓楊雄宗正箴作育子周禮大司樂凡有道者有德者使教焉鄭云若舜命夔典樂教育子

毓 育或從每

易蠱卦君子以振民育德釋文云王肅作毓古育字

疏 通也從㐬從疋疋亦聲 所菹切

通也者廣雅同李善注陸機連珠引作通也遠也釋名疏索也獲索相遠也本書[犭㐬]通也樂記朱弦而疏越大戴記作通越荀子注引史記作洞越今史記亦作通越徐鍇曰白虎通書之教也疋疋疏也通作踈文士傳束晳疏廣後也廣曾孫孟避難改姓去疏之疋爲束氏　疋亦聲者當爲疋聲

文三　重二

丑 紐也十二月萬物動用事象手之形時加丑亦舉手時也凡丑之屬皆從丑 敕九切

釋天太歲在丑曰赤奮若　紐也者廣雅同丑紐聲相近釋名丑紐也寒氣自屈紐也於易爲艮艮限也時未可聽物生限止之也白虎通丑者紐也漢書律歷志紐牙於丑史記律書丑者紐也言陽氣在上未降萬物厄紐未敢出　十二月萬物動用事者易乾鑿度孔子曰升者十二月之卦也陽氣升上陰氣欲承萬物始進又云艮者止物者也故在四時之終位在十二月白虎通十二月之時萬物始芽而白白者陰氣又云十二月律謂之大呂何大者大也呂者拒也言陽氣欲出陰不許也呂之爲言拒者旅抑拒難之也漢書律歷志大呂呂旅也言陰大旅助黃鍾宣氣而牙物也位於丑在十二

月晉書樂志十二月丑丑紐也謂終始之際故以結紐爲名也淮南天文訓太陰在丑歲名曰赤奮若高注奮起若順也陽奮物而起無不順其性赤陽色月令季冬之月令告民出五種命農計耦耕事修耒耜具田器注云明大寒氣過農事將起也時加丑亦舉手時也者徐鍇曰昧爽爲丑人皆起有爲也本書晨早昧爽也從臼辰謂臼亦手也昧爽丑時也

𦍒　食肉也從丑從肉　女久切

食肉也者類篇䏔肉善者從丑從肉者徐鍇本作從肉丑丑亦聲

羞　進獻也從羊羊所進也從丑丑亦聲　息流切

進獻也者本書高獻也象進孰物形廣韻致滋味爲羞釋詁羞進也鄉飲酒禮乃羞注云羞進也公食大夫禮士羞庶羞注云羞進也鄉射禮獻賓注云凡進物曰獻周禮膳夫羞用百有二十品鄭司農云羞進也夏小正丹鳥羞白鳥羞也者進也隱三年左傳可羞於王公杜注羞進也昭二十七年傳羞者獻體杜注羞進食也魯語羞鼈焉韋注羞進也淮南時則訓羞以含桃高注羞進也　羊所進也者本書美下云羊在六畜主給膳也符子欲爲少牢之膳而與羊謀其羞

文三

寅　髕也正月陽气動去黃泉欲上出陰尚彊象宀不達髕寅於下也凡寅之屬皆從寅　弋真切

釋天太歲在寅曰攝提格　離騷攝提貞於孟陬兮王注太歲在寅曰攝提易是類謀攝提招紀鄭注攝提招紀天元甲寅之歲　廣雅寅演也　白虎通寅者演也　史記律書寅者言萬物始生螾然也故曰寅　漢書律歷志引達於寅　髕也者寅髕聲相近徐鍇曰髕擯斥之意人陽气上銳而出閡於宀也曰所以擯也象形馥謂一亦所以擯人　正月陽气動去黃泉欲上出陰尚彊象宀不達髕寅於下也者漢書五行志言天者以夏正晉書樂志正月之辰謂之寅寅津也謂物之津塗春秋感精符人統月建寅物生之端謂之人統夏以爲正月令孟春之月是月也天氣下降地氣上騰天地和同草木萌動易乾鑿度泰者正月之卦也陽氣始通陰道執順白虎通十三月之時萬物始達孚甲而出皆黑人得加功力又云正月律謂之太族何太亦大也族者湊也言萬物始大湊地而出也漢書律歷志太族族奏也言陽氣大奏地而達物也位於寅在正月淮南天文訓寅則萬物螾螾也律受太蔟者湊而未出也又云太陰在寅歲名曰攝提格高注格起萬物承陽而起詩載芟驛驛其達傳云達射也箋云達出地也干寶說易云正月之時陽氣上達故屯爲物之始生蒙爲物之穉也

𠀉　古文寅

文一　重一

卯　冒也二月萬物冒地而出象開門之形故二月爲天門凡卯之屬皆從卯　莫飽切

釋天太歲在卯曰單閼　史記律書卯之言茂也言萬物茂也　淮南天文訓卯者茂茂然　白虎通卯者茂也　晉書樂志卯者茂也言陽氣生而孳茂也　通典二月之辰名卯卯者茂也言陽氣至此物生孳茂也故謂之卯　吳志虞翻傳注云翻別傳翻奏鄭玄解尚書違失事目古大篆卯字讀當爲柳古柳卯同字而以爲昧甚違不知蓋闕之義臣松之案翻云古大篆卯字讀當言柳古柳卯同字竊謂翻言爲然故劉畱聊柳同用此字以從聲故也與日辰卯字字同音異然漢書王莽傳論卯金刀故以爲日辰之卯今未能詳正然世多亂之故翻所說云馥案堯典昧谷鄭注周禮縫人衣翣柳之材引作柳谷是鄭本作柳虞乃謂鄭以爲昧何也史記堯本紀作昧谷徐廣曰一作柳谷　冒也者卯冒聲相近本書木冒也冒地而生馥謂卯木也徐鍇曰二月陰不能制陽陽冒而出也　釋名卯冒也戴冒土而出也漢書律歷志冒茆於卯　二月萬物冒地而出者釋名卯於易爲震二月之時雷始震也鄭注月令仲春云仲春者日月會於降婁而斗建卯之辰也又注命樂正習舞云順萬物始出地鼓舞也易乾鑿度震生物於東方位在二月鄭注震主施生卯爲日出象人道之陽也乾鑿度又云隨者二月之卦隨德施行藩決難解鄭注言二月之時陽已壯施生萬物而陰氣漸微不能爲難以障閡陽氣故曰藩決難解也淮南天文訓大陰在卯歲名曰單閼

高注單盡過止陽氣推萬物而起陰氣盡止漢書律歷志夾鍾言陰夾助太族宣四方之氣而出種物也位於卯在二月　象開門之形者本書易下云開也丣下云丣爲春門萬物已出增韻丣從兩戶相背日出於丣開戶之時也與丣不同丣從兩闔戶上畫連日入於丣闔戶之時也易繫辭闢戶謂之乾正義云闢戶謂吐生萬物也若室之開闢其戶僖五年左傳凡分至啓閉服虔曰啓立春夏也陽氣用事爲啓鬼谷子捭闔篇觀陰陽之開闔以命物知存亾之門戶注云陽開以生物陰闔以成物　風俗通青史子書說歲終更始辨秩東作萬物觸戶而出　故二月爲天門者老子天門開闔能無雌乎史記天官書蒼帝行德天門爲之開正義云蒼帝東方靈威仰之帝也春萬物開發東作起則天發其德化天門爲之開也

古文丣

徐鍇曰開戶之象

文一　重一

震也三月陽气動靁電振民農時也物皆生從乙匕象芒達厂聲辰房星天時也從二二古文上字凡辰之屬皆從辰　植鄰切

釋天太歲在辰曰執徐　史記律書辰者言萬物之蜄也馥謂蜄當爲⿰𧾷辰本書⿰𧾷辰動也　漢書律歷志振美於辰　史記索隱引作振羨　白虎通三月律謂之姑洗何姑者故也洗者鮮也言萬物皆去故就其新莫不鮮明也　震也者辰震聲相近白虎通辰震也晉書樂志三月辰辰震也謂時物盡震動而長通典三月之辰名辰辰者震動之義此月物皆震動而長故謂之辰　三月陽气動靁電者月令雷乃發聲始電　振民農時也者廣雅辰振也易蠱君子以振民育德淮南天文訓辰則振之也揚雄曰農不競辰無以養身本書耒下云垂作耒梠以振民也武梁祠畫象標榜云神農氏因宜教田辟土種穀以振萬民　物皆生從乙者本書乙下云象春艸木冤曲而出乾下云乙物之達也　匕象芒達者三禮義宗物始生皆句曲而有芒角釋名辰伸也物皆伸舒而出也方言達芒也注云謂草秒芒射出周禮大宗伯以青圭禮東方注云圭銳象春物初生月令季春之月生氣方盛陽氣發泄句者畢出萌者盡達注云句屈生者芒而直曰萌淮南天文訓太陰在辰歲名曰執徐高注執蟄徐舒伏蟄之物皆散舒而出　辰房星天時也者本書晨下云辰時也辱下云辰者農之時也故房星爲辰田候也晨下云房星爲民田時者春秋元命包房者蒼神之精法言吾不睹參辰之相比也宋衷曰辰龍星也王注楚辭辰星房星也鄭注周禮大司樂云房心爲大辰釋天大辰房心尾也大火謂之大辰郭注龍星明者以爲時候故曰大辰大火心也在中最明故時候主焉鄭注鄉飲酒義云三光三大辰也正義云公羊云大辰者何大火也伐爲大辰北辰亦爲大辰故爾雅云大辰房心尾也大火謂之大辰北極謂之北辰是三大辰也何休云大火與伐天所以示民時早晚天下取以爲正故謂之大辰辰時也是天之政教出於大辰風俗通義漢書郊祀志高祖五年初置靈星祀后稷也歐爵簸揚田農之事也左中郎將賈逵說以爲龍第三有天田星靈者神也故祀以報功辰之神爲靈星故以壬辰日祀靈星於東南金勝木爲十相也

古文辰

恥也從寸在辰下失耕時於封畺上戮之也辰者農之時也故房星爲辰田候也　而蜀切

恥也者廣雅恥辱也釋名辱衄也言折衄也　從寸在辰下失耕時於封畺上戮之也者寸法度也廣雅戮辱也周禮秋官序官掌戮注云戮猶辱也呂氏春秋孟春紀皆修封疆高注起其疆畔紀督惰窳於疆下也王粲務本論仰司星辰以審其時俯耕藉田以率其力封祀農稷以神其事祈穀報年以寵其功設農師以監之置田畯以董之黍稷茂則喜而受賞田不墾則怒而加罰種有常時耘有常節牧有常期此賞罰之本種不當時耘不及節牧不應期者必加其罰　辰者農之時也故房星爲辰田候也者徐鍇曰國語曰農祥晨正民於是耕農祥房星爲大辰也

文二　重一

巳也四月陽气已出陰气已藏萬物見成文章故巳

爲蛇象形凡巳之屬皆從巳　詳里切

巳也者巳巳聲相近李陽冰曰辰巳之巳借爲巳止之巳釋名巳已也陽氣畢布已也子思論詩於穆不已孟仲子作於穆不似斯干正義云古者似巳字同容齋三筆律書釋十母十二子之義大畧與今所言同惟至四月云其於十二子爲巳巳者言陽氣之巳盡也據此則辰巳之巳乃爲矣音顧炎武曰吳才老韻補古巳午之巳亦讀如巳矣之巳漢律歷志振美於辰巳盛於巳史記巳者言陽氣之巳盡也鄭玄夢孔子告之曰起起今年歲在辰明年歲在巳愚案古人讀巳爲矣之證不止此淮南子斗指巳巳則生已定也說文巳巳也四月陽氣巳出陰氣巳藏萬物見成文章故巳爲蛇象形釋名巳巳也陽氣畢布巳也詩似續妣祖箋云似讀巳午之巳巳續妣祖者謂巳成其宮廟也五經文字起從辰巳之巳白虎通太陽見於巳巳者物必起晉書樂志四月之辰謂之巳巳者起也物至此時畢盡而起也詩江有汜亦讀爲矣釋名水決復入爲汜汜巳也如出有所爲畢巳復還而入也以享以祀亦讀爲矣說文祀祭無巳也從示巳聲公羊傳何休註言祀者無巳長久之辭釋名商曰祀祀巳也新氣升故氣巳也今人以辰

巳之巳讀爲士音宋毛晃曰陽氣生於子終於巳巳者終巳也象陽氣既極回復之形故又爲終巳之義今俗以有鉤爲巳無鉤爲辰巳之巳是未知字義也馥案玉篇辰巳字音徐里切又也肯切即爲巳止之巳廣韻上聲巳羊巳切訖也去聲巳羊吏切過事語辭是巳止之巳有二音矣馥謂巳止當借㠯字本書矣語巳詞也其字從㠯二王書以爲陳迹以歷三世是古本作以廣雅巳已也

四月陽氣巳出陰气巳藏者徐鍇曰四月純陽之月故曰陰气巳藏易乾鑿度巽者陰始順陽者也陽始壯於東南方故位在四月漢書律歷志中呂言微陰始起未成著於其中旅助姑洗宣氣齊物也位於巳在四月　萬物見成文章故巳爲蛇者淮南天文訓太陰在巳歲名曰大荒落高注荒大也言萬物熾盛而大出霍然落落大布散攝生月令四月爲乾是月也萬物巳成天地化生徐鍇曰象蛇之變化有文章也四月巳主蛇楊愼曰子鼠丑牛十二屬之說天地自然之理非人能爲也觀篆字巳作蛇形亥作豕形餘可推矣馥案術數家以三十六禽配十二辰其配巳者爲蛇蚓蛞蝓鐘鼎文龍字從巳龍蛇同類

㠯　用也從反巳賈侍中說巳意巳實也象形　羊止切

戴侗曰唐本作引𢎗粲漢孔宙碑作叺

用也者廣雅同易師卦能以衆正明夷文王以之虞云以用也王肅云惟文王能用之書洛誥以予小子揚文武烈梓材厥命曷以立政司牧人以克俊有德詩載芟侯彊侯以傳云以用也谷風不我屑以大東不以服箱箋竝云以用也士昏禮以湇醬注云以用也周禮鄉大夫退而以鄉射之禮五物詢衆庶注云以用也曾子問子游之徒有庶子祭者以此注云以用也用此祭也春秋桓十四年宋人以齊人蔡人衛人陳人伐鄭趙氏集傳云不用我師而用彼師曰以傳二十六年左傳凡師能左右之曰以釋例云謂求助於諸侯而專制其用成八年傳霸主將德是以襄十年傳我辭禮矣彼則以之昭四年傳苟利社稷死生以之杜注竝云以用也楚辭九章忠不必用兮賢不必以史記司馬相如傳何爲無用應哉漢書作無以曹植王仲宣誄何用誄德表之素旗何用即何以賈侍中說巳意巳實也者徐鍇本作巳意以實覆謂當爲㠯實本書薏下云薏苢苢當作㠯玉篇㠯意也實也宋人重修沿本書之誤

文二

午　啎也五月陰气午逆陽冒地而出此予矢同意凡午之屬皆從午　疑古切

釋天太歲在午曰敦牂淮南天文訓太陰在午歲名曰敦牂高注敦盛牂壯也言萬物盛壯晉書樂志五月午午長也大也言物皆長大漢書律歷志咢布於午

啎也者午啎聲相近廣雅午仵也淮南天文訓午者仵也哀公問午其衆以伐有道注云午其衆逆其族類也大戴作忤荀子富國篇午其軍楊注午讀爲迕漢書楚元王傳朝臣舛午膠戾乖剌　五月陰气午逆陽冒地而出也者徐鍇曰入爲陽一爲地丨爲陰气貫地午逆陽也五月陽極而陰生孔穎達曰五月夏至日北極陰進而陽退本書五下云陰陽在天地閒交午也史記律書午者陰陽交故曰午易乾鑿度離長之於南方位在五月釋名午仵也陰氣從下上與陽相仵逆也於易爲離離麗也物皆附麗陽氣以茂也月令仲夏之月陰陽爭注云爭者陽方盛陰欲

起也淮南天文訓夏至陽氣極陰氣萌白虎通五月律謂之蕤賓何蕤者下也賓者敬也言陽氣上極陰氣始起故賓敬之漢書律歷志蕤賓蕤繼也賓導也言陽始導陰氣使繼養物也位於午在五月五經通義夏至陰動於下推陽而上之故大熱於上又云夏至陰始動未達故寑兵鼓不設政事所以助陰氣也三禮義宗夏至一以明陽氣之至極二以助陰氣之始至此予矢同意者予徐鍇本作與鍇曰午者正衡之也矢亦相衡逆也

啎　逆也從午吾聲五故切

字或作迕漢印有程迕戰國策魏有樓迕呂氏春秋明理篇夫亂世之民長短頡迕百疾注云迕猶大迕逆也既無節度大逆爲變詐之疾也

逆也者本書屰啎也高唐賦陬互橫啎李善云啎逆也世說新語忿狷篇司州言氣少有啎逆於螭或作牾漢書酷吏傳大姓西高氏東高氏自郡吏以下皆畏避之莫敢與啎顏注啎逆也王莽傳財饒埶足以所啎意顏注啎逆也無人能啎其意也史記集解序或有牴啎笙賦郁捊劫啎李善云劫啎氣相衡激又或作忤廣韻啎與忤同逆也鬼谷子有忤合篇注云將合於此必忤於彼燕策勇士秦武陽年十三殺人人不敢忤視姚本忤作忤又或作迕一切經音義七忤又作迕啎遌三形同觸忤也聲類迕逆不遇也漢書食貨志好惡乖迕幽通賦上聖迕而後拔兮曹大家曰迕觸也洞簫賦氣旁迕以飛射兮李善云旁迕言氣競旁出遞相逆迕也又或作遌廣韻遌干遌釋言遌寤也郭注相干寤又通作遻莊子達生篇遻物而不慴釋文引爾雅遻忤也又或作蘁莊子寓言篇使人乃以心服而不敢蘁立又作俉史記天官書鬼哭若呼其人逢俉注俉迎也又作悟史記韓非傳大忠無所拂辭悟言無所擊排又作梧釋名當途曰梧邱梧忤也與人相當忤也長門賦離樓梧而相撐五臣云梧逆也漢書項羽傳莫敢枝梧田瓚曰小柱爲枝邪柱爲梧惠棟曰聘禮賓進訝注云今文訝爲梧公食大夫禮上介受賓幣從者訝受皮注云今文曰梧受既夕若無器則梧受之注云謂對相受疏云梧卽逆也對面相逢受案梧本作牾訓爲逆訝亦逆也

文二

未　味也六月滋味也五行木老於未象木重枝葉也凡未之屬皆從未無沸切

釋天太歲在未曰協洽李巡云陽氣欲化萬物故曰協洽協和洽合也馥案陽氣當爲陰氣高注淮南天文訓陰欲化萬物和合協洽　漢書律歷志昧薆於未

釋名未昧也日中則昃向幽昧也

味也者廣雅未味也白虎通未味也淮南天文訓未者味也禮運注云五味酸苦辛鹹甘也六月滋味也者易乾鑿度坤養之於西南方位在六月白虎通六月律謂之林鐘何林者衆也萬物成熟種類衆多本書秝下云未物成有滋味梺下云果孰有味書洪範木曰曲直曲直作酸檀弓必有艸木之滋焉注云增以香味史記律書未者言萬物皆成有滋味也五行大義論未者味也物向盛皆有氣味也晉書樂志六月未未味也言時物向成有滋味漢書律歷志林鐘林君也言陰氣受任助蕤賓君主種物使長大楙盛也位於未在六月　五行木老於未者淮南天文訓木生於亥盛於卯死於未

文一

申　神也七月陰氣成體自申束從臼自持也吏以餔時聽事申旦政也凡申之屬皆從申失人切

本書坤下云土位在申　釋天太歲在申曰涒灘李巡云言萬物皆循精氣故曰涒灘　灘單盡也孫炎云涒灘萬物吐秀傾垂之貌　淮南天文訓太陰在申歲名曰涒灘高注涒大灘脩萬物皆脩其精氣馥案兩脩字竝當爲循　呂氏春秋序意篇歲在涒灘高注涒大也灘循也萬物皆大循其情性也　史記律書申者言陰用事申賊萬物故曰申　漢書律歷志申堅於申　白虎通七月律謂之夷則何夷傷則法也言萬物始傷被刑法也

神也者申神聲相近風俗通神者申也論衡論死篇神者伸也伸復無已終而復始本書[illegible]神也　七月陰气成體者漢書律歷志夷則則法也言陽氣正法度而使陰氣夷當傷之物也位於申在七月晉書樂志七月申申身也言時萬物身體皆成就通典七月之辰名申申者身也言萬物皆身體而成就故名爲申徐鍇曰七月三陰故曰陰气成馥案徐讀成字絕句似誤其曰三陰者洪範正義數之所起起於陰陽陰陽往來在於日道五月夏至日北極陰

進而陽退夏火位也當以一陰生爲大數但陰不名奇數必以偶故以六月二陰生爲火數也馥案六月二陰則七月三陰矣　自申束者本書竦下云束自申束也點下云讀若染繒中束緅點中束當爲申束釋名申身也物皆成其身體各申束之使備成也　從臼自持也者本書𦥑從臼象人要自臼之形　吏以餔時聽事申旦政也者本書餔日加申時食也月令占侯圖立秋晡申初學記鼓施於府寺日朝晡鼓昭元年左傳朝以聽政夕以修令哀十四年左傳子我夕杜注夕視事賈逵別傳禮代蔣琬爲尚書令以朝餔聽事鍾離意別傳意署功曹史爲府立條式太守謂意曰功曹頌立嚴科太守觀察朝晡吏無大小莫不畏威續漢書宋均爲九江太守五日一聽事冬以日終夏以平旦陳書沈洙傳載周弘正議測囚云測人時節本非古制近代已來方有此法起自晡鼓迄於二更豈是常人所能堪忍

［篆］古文申

本書虹籀文從申作［篆］陳古文從申作［篆］

［篆］籀文申

本書𦊆下云𦊆古文申

［篆］擊小鼓引樂聲也從申柬聲　羊晉切

擊小鼓引樂聲也者玉篇𣙓小鼓在鼓上擊之以引樂也詩有瞽應田縣鼓箋云田當作𣙓𣙓小鼓在大鼓旁應鞞之屬也聲轉字誤變而作田　從申柬聲者詩有瞽正義云𣙓字以柬爲聲聲既轉去柬唯有申在申字又誤去其上下故變作田也馥案田陳聲近非形誤徐鍇本有周禮曰小樂事鼓𣙓讀若引十一字馥案所引春官小師文彼作𣙓注云𣙓小鼓名讀若引者纂要應鼓曰鞞鼓亦曰𣙓鼓亦曰田鼓𣙓者引也言先擊小鼓以引大鼓也周禮大師令奏鼓𣙓鄭司農云𣙓小鼓也先擊小鼓乃擊大鼓小鼓爲大鼓先引故曰𣙓讀爲道引之引

［篆］束縛捽抴爲臾從申從乙　羊朱切

束縛捽抴爲臾者楊慎曰史記庾死獄中注不明庾義案說文束縛捽抴爲臾臾庾古字通也焦氏筆乘說同史記淮南衡山列傳日夜從容勸之漢書作縱臾臾容古通用鬼臾區亦作鬼容區縱臾謂強搯之也　從申從乙者徐鍇曰申束縛也乙屈也馥案非申乙字葢從反厂之乀

［篆］臾臾曳也從申丿聲　余制切

易睽卦見輿曳

七啓曳文狐

臾臾也者一切經音義十九引作申也牽也玉篇曳申也牽也本書拖曳也攈曳聚也犮從犬而丿之曳其足則剌犮也賈誼弔屈原文賢聖逆曳兮胡廣曰逆曳不得順道而行也　丿聲者本書丿抴也象抴引之形

文四　重二

［篆］就也八月黍成可爲酎酒象古文酉之形凡酉之屬皆從酉　與久切

釋名酉秀也秀者物皆成也於易爲兌兌說也物得備足皆喜說也　史記律書酉者萬物之老也故曰酉　白虎通酉者老物收斂又云八月律謂之南呂何南者任也言陽氣尚有任生薺麥也故陰拒之也　漢書律歷志畱孰於酉　晉書樂志八月酉酉緧也言時物皆緧縮也　通典八月之辰名酉酉者猶緧之義此月時物皆緧小而成也故謂之酉

釋天太歲在酉曰作噩李巡云作噩皆物芒枝起之貌　淮南天文訓太陰在酉歲名曰作鄂高注作鄂零落也萬物皆陊落

就也者廣雅同酉就聲相近通作酋太元酋西方也秋也物皆成象而就也　八月黍成可爲酎酒者易乾鑿度兌收之於西方位在八月漢書律歷志南呂南任也言陰氣旅助夷則任成萬物也位於酉在八月本書釁從酉酉所以祭也黍可爲酒禾入水也聘禮注云凡酒稻爲上黍次之粱次之明堂月令孟秋天子飲酎漢舊儀八月飲酎西京雜記漢宗廟八月飲酎漢書音義正月旦作酒八月成名曰酎

［篆］古文酉從丣丣爲春門萬物已出丣爲秋門萬物已入一閉門象也

汗簡引作𢆉 古文尚書酋作𢆉 管子幼官篇春三卯十二始卯十二中卯十二小卯而始卯合男女秋三卯十二始卯十二中卯十二小卯而始卯合男女魯襄公二十一年歲在己酉何休謂歲在己卯 昭二十二年十有二月癸酉朔杜注以長歷推校前後當爲癸卯朔書癸酉誤 參同契二月榆落魁臨於卯八月麥生天罡據卯案據卯當爲據卯卯爲春門萬物已出酉爲秋門萬物已入者本書卯下云二月萬物冒地而出象開門之形故二月爲天門顧譪吉曰漢李氏鏡銘白虎辟卯主除道白虎西方之獸屬秋卯爲秋門辟卯猶辟門也辟讀若闢闢之闢白虎通春即祭戶戶者人所出入亦春萬物始觸戶而出也淮南子仲春始出仲秋始內注云出二月播植也內八月收斂也易闔戶謂之坤闢戶謂之乾僖五年左傳凡分至啓閉必書雲物服虔曰啓立春夏也陽氣用事爲啓閉立秋冬也陰氣用事爲閉分至啓閉天地之大節陰陽之分也漢書五行志雷以二月出其卦曰豫以八月入其卦歸妹大射禮樂人宿縣於阼階東笙磬西面其南笙鐘注云笙猶生也東爲陽中萬物以生是以東方鐘磬謂之笙禮又云西階之西頌磬東面其南鐘注云 成功曰頌西爲陰中萬物之所成是以西方鐘磬謂之頌 一閉門象也者徐鍇本作從

一卯

酒 就也所以就人性之善惡從水從酉酉亦聲一曰造也吉凶所造也古者儀狄作酒醪禹嘗之而美遂疏儀狄杜康作秫酒 子酉切

春秋元命苞酒乳也五者法酒旗以布政施天乳以哺人釋名酒亦言踧也能否皆彊相踧持飲之也又入口咽之皆踧其面也詩賓之初筵傳云酒所以安體也酒經空桑穢飯醞以稾稷以成醇醪酒之始也烏梅女𦷡甜醹九投澄清百品酒之終也

就也所以就人性之善惡者酒就聲相近衞宏說酒誥云以慎酒成就人之道六韜太公說五盜云盜在其室計之不熟四盜其事就酒靈樞經黃帝曰怯士之得酒怒不避勇士者何藏使然少俞曰酒者水穀之精熟穀之液也其氣慓悍其入於胃中則胃脹氣上逆滿於胸中肝浮膽橫當是之時固比於勇士氣衰則悔與勇士同類不知避之名曰酒悖也 一曰造也吉凶所造也者初學記引作吉凶所起造也御覽同酒造聲相近王肅家誡夫酒所以行禮養性命歡樂也過則爲患不可不慎是故賓主百拜終日飲酒而不得醉先王所以備酒禍也禍福變興常於此作所宜深慎 古者儀狄作酒醪禹嘗之而美遂疏儀狄者魏策昔者帝女令儀狄作酒而美進之禹禹飲而甘之遂疏儀狄絕旨酒曰後世必有以酒亡其國者孟子禹惡旨酒趙注旨酒美酒也儀狄作酒禹飲而甘之遂疏儀狄而絕旨酒世本儀狄始作酒醪變五味古史考禹時儀狄作酒急就篇酤酒釀醪稽極程顏注古者儀狄作酒醪禹嘗而美遂疏儀狄呂氏春秋勿躬篇儀狄作酒淮南脩務訓儀狄作酒秦族訓儀狄爲酒禹飲而甘之遂疏儀狄而絕旨酒所以遏流湎之行也王粲酒賦帝女儀狄旨酒是獻張載酃酒賦咸夏禹之防微悟儀氏之見疏 杜康作秫酒者本書帚下云古者少康初作箕帚秫酒少康杜康也世本少康作秫酒博物志杜康作酒魏武帝短歌行何以解憂惟有杜康王觀國曰李瀚蒙求杜康造酒夏書曰甘酒嗜音則酒非始於杜康康能變其醞釀之法耳文選七啓乃有春清縹酒康狄所營張載酃酒賦嘉康狄之先識亦應天而順人擬酒旗於元象造甘醴以頤神抱朴子酬

醟者不可非杜儀之爲酒祖台之諫王荊州誡酒書顧君殛儀狄於羽山放杜康於三危劉淡酒箴爰建上業曰康曰狄江統酒誥酒之所興肇自上皇或云儀狄一曰杜康趙整酒德歌地列酒泉天垂酒旗杜康妙識儀狄先知

醹 麴生衣也從酉冡聲 莫紅切

麴生衣也者齊民要術造笨麴餅法麴成打破看餅內乾燥五色衣成便出曝之又清麴法但候麴香沫起便下釀過久麴生衣則爲失候又祝麴文衣色錦布或蔚或炳字或作𪍿玉篇𪍿有衣麴也女麴也廣韻𪍿麴生衣皃廣雅𪍿麴也曹憲音蒙又作𪎊方言𪎊麴也又作䴵集韻䴵浮醭

醓 孰麴也從酉甚聲 余箴切

孰麴也者廣韻同玉篇誤作熱麴也集韻醓麴熟五音集韻醓熟麴火藏廣雅醓幽也

釀 醞也作酒曰釀從酉襄聲 女亮切

醞也作酒曰釀者一切經音義九引三蒼米麴所作曰釀廣雅釀酘也顏注急就篇醞之曰釀白帖崔寔無貲產以

酤釀爲業四民月令十月上辛命典饋清麴釀冬酒中山經其祠蘗釀注云以蘗作醴酒也史記孟嘗君傳乃多釀酒貨殖傳一歲千釀漢書食貨志一釀用麤米二斛麴一斛得成酒六斛六斗魏氏春秋阮籍聞步兵廚多美酒營人善釀求爲校尉傳元酒序或三釀而速成或九醖而後成世説劉惔日見何次道飲酒使人欲傾家釀語林羊琇冬月令人抱甕釀酒

醞 釀也從酉𥁕聲 於問切

醞也者一切經音義十三同廣雅醖酘也南都賦酒則九醖甘醴魏武帝上九醖法奏曰三日一釀滿九斛米止臣得法釀之常善其上清滓亦可飲若以九醖苦難飲增爲十釀易飲不病九醖用米九斛十釀用米十斛曹植酒賦或秋藏冬發或春醖夏成成公綏七唱秦無清醴先和宜醇香旗九醖淵澄十旬寰宇記烏程縣引郡國志云古烏程氏居此能醖酒故以名縣

䤖 酒疾孰也從酉弁聲 芳萬切

酒疾孰也者集韻䤖不釋米釀也廣韻䤖一宿酒玉篇䤖酒熟也釀一宿也

酴 酒母也從酉余聲讀若廬 同都切

酒母也者三蒼醞酒母也徐鍇曰此蓋酒之初和頭也本書𪗉下云讀若江南謂酢母爲𪗉馥謂酒母猶酢母也讀若廬者或作𨢜齊民要術有粟米𨢜酒蓋酴亦酒名所謂酴醿

釃 下酒也一曰醇也從酒麗聲 所綺切

下酒也者本書灑釃酒也趙宧光曰下酒者去糟取清也陶潛葛巾釃酒是也廣雅釃盝也詩伐木釃酒有藇傳云以筐曰釃以藪曰湑釋文釃謂以筐盪酒正義筐竹器也藪草也釃酒者或用筐或用草於今猶然後漢書馬援傳援乃擊牛釃酒注云釃酒濾也一曰醇也者鄭注酒正云清謂醴之泲者

䣱 䣱酒也從酉肙聲 古玄切

䣱酒也者玉篇䣱以孔下酒也案廣韻瓨盆底孔齊民要術粟米爐酒以冷水澆筒飲之䣱出者歠而不美

䤁 酮也從酒鬲聲 郎擊切

酮也者徐鍇本作醑也鍇曰醑甘美也馥案玉篇醑美酒也本書無醑字當爲湑湑莤酒也詩有酒湑我玉篇䤁漉酒也廣韻䤁下酒

醴 酒一宿孰也從酒豊聲 盧啟切

六書故醴爲酒之先飲之不至甚醉故記曰元酒在室醴醆在戶粢醍在堂澄酒在下尊之也又曰禫而飲醴酒始飲酒者先飲醴酒爲其不至甚醉也漢穆生不嗜酒楚王常爲設醴亦爲是也玉藻五飲上水漿酒醴酏詩振鷺爲酒爲醴詩詁醴酒之甘濁而不泲者士冠禮曰甘醴維厚論衡自紀篇酒醴異氣飲之皆醉哀十一年左傳進稻醴釋文以稻米爲醴酒高注淮南云醴以蘗不以麴濁而恬韓詩醴甜而不泲也西京雜記鄒陽酒賦清者爲酒濁者爲醴淸者聖明濁者頑騃鄭注周禮漿人云飲醴用柶者糟也不用柶者清也又注酒正云清謂醴之泲者酒一宿孰也者玉篇醴甜酒也一宿熟也楚詞大招吳醴白蘗和楚瀝只王注再宿爲醴漢書楚元王傳穆生不耆

酒元王每置酒常爲穆生設醴顏注醴甘酒也少麴多米一宿而熟食經雞鳴酒法秫米二升作糜麴三升以水五升攪之今日作明日雞鳴時熟

醪 汁滓酒也從酉翏聲 魯刀切

汁滓酒也者後漢書馬融傳注引同寇恂傳注又引作兼汁滓酒一切經音義二引作有滓酒也廣韻醪濁酒集韻醪謂之醠濛顏注急就篇汁滓酒曰醪詩七月爲此春酒傳云春酒凍醪也漢書文帝紀爲酒醪以靡穀者多李廣傳持糒醪遺廣顏注並云醪汁滓酒也袁盎傳買二石醇醪顏注醪汁滓合之酒也後漢書樊儵傳又野王歲獻甘醪膏餳注云醪醇酒汁滓相將也劉伯倫酒德頌捧甖承槽銜杯漱醪齊民要術有造神麴粳米醪法濾麴汁於甕中即酘飯候米消又酘八斗消盡又酘八斗凡三酘畢若酒苦者更以二斗酘之此合醅飲之可也

醇 不澆酒也從酉𦎧聲 常倫切

不澆酒也者顏注漢書袁盎傳云醇者不雜言其醲也朗陵何公夏封清酒法剉麴先布甕底以黍一斗用水五升

澆之一切經音義十一醇不澆酒也亦十句酒也內則稻醴清糟黍醴清糟粱醴清糟注云糟醇也清泲也魏都賦醇酎中山沈湎千日齊民要術三升不澆大醉必死

醹 厚酒也從酉需聲詩曰酒醴維醹 而主切

厚酒也者詩正義引同徐幹齊都賦五齊惟醹呂氏春秋肥肉厚酒務以相彊 詩曰酒醴維醹者大雅行葦文傳云醹厚也

酎 三重醇酒也從酉從時省明堂月令曰孟秋天子飲酎 除柳切

本書酉下云八月黍成可爲酎酒 漢舊儀大祠曰飲酎漢大樂律卑者之子不得舞宗廟之酎 寰宇記袁州宜春酎醽歲舉上貢 袁子正論長安九醲 抱朴子一酘之酒不可以方九醞之醇 隋圖經常山有大井昔云醇酎千日卽是此井所醞 齊民要術䅉米酎酒色似麻油先能飲好酒一斗者惟禁得升半飲三升大醉與人此酒先問飲多少裁量與之一斗酒醉二十人得者無不傳餉親知以爲恭拾遺記張華以西羌麴漬北地麥爲醇酒大醉不搖蕩令人肝腸爛當時謂之銷腸酒 世說張華與客共飲九醞爲酎暢夜醉眠張常飲此酒眠輒使人左右轉側其夜忘敕左右而左右依常爲轉側至明起客不起視之酒果穿腹流牀下滂沱

三重醇酒也者稽康酒賦重酎至清淵凝冰潔褱二十二年左傳見於嘗酎杜注酒之新熟重者爲酎嘗新飲酒爲嘗酎傳逐注酎三重醇酒 從時省者戴侗曰蜀本從肘省聲徐本從時省誤以肘爲時馥案誤爲時故刪去聲字 明堂月令曰孟秋天子飲酎者戴侗曰蜀本作孟夏月令孟夏之月天子飲酎注云酎之言醇也謂重釀之酒也春酒至此始成呂氏春秋孟夏紀是月也天子飲酎用禮樂注云酎春醞也是月天子乃與羣臣飲酒作樂詩云爲此春酒以介眉壽馥案此皆言孟夏飲酎本書引月令當作孟夏楚詞招魂挫糟凍飲酎清涼些王注凍冰也酎醇酒也言盛夏則爲覆蹙乾釀捉去其糟但取清醇居之冰上然後飲之酒寒涼又長味好飲也大招四酎并孰不歰嗌只清馨凍歙不歠役只王注凍猶寒也醇醲之酒清而且香宜於寒飲馥案此亦夏月飲酎漢則以八月西京雜記漢制宗廟八月飲酎用九醞太牢皇帝侍祠以正月旦作酒八月後成名曰酎一曰九醞一名醇酎漢儀諸侯王歲以戶口酎黃金於漢廟皇帝臨受獻金金不如斤兩色惡王削縣侯免國注云因八月嘗酎會諸侯廟中出金助祭謂之酎金酎正月旦作酒八月成三重釀醇酒也味厚故以薦宗廟金黃金也不如法者奪爵漢書景帝紀高廟酎張晏曰正月旦作酒八月成名曰酎酎之言純也至武帝時因八月嘗酎會諸侯廟中出金助祭所謂酎金也馥案此皆言孟秋飲酎張載酃酒賦醇酎秋發陸機七羨湘陰有酎其色澄清秋醪春醞酒惟九成此亦言酎以秋成

醠 濁酒也從酉盎聲 烏浪切

濁酒也者通作盎周禮酒正辨五齊之名三曰盎齊注云盎猶翁也成而翁翁然蔥白色如今酇白矣或作醠淮南說林訓清醠之美始於耒耜高注醠音瓮清酒也馥案清醠之清者故云清酒

醲 厚酒也從酉農聲 女容切

厚酒也者李善注七發引同廣雅醲厚也三蒼醇醲也通作農書洪範農用八政傳云農厚也正義鄭元云農讀爲醲則農是醲意故爲厚也

䣑 酒也從酉茸聲 而容切

茸聲者玉篇廣韻並無䣑字玉篇酭汝吏切重釀也廣韻酭女利切重釀酒也集韻平聲䣑如容切說文酒也一曰酒重釀者去聲䣑酭女利切字林重釀也或作酭類篇䣑如容切說文酒也一曰酒重釀者酭女利切字林重醲也又仍吏切酘酒也一曰次釀馥案集韻類篇䣑下並引說文酭下並引字林玉篇廣韻則有酭無䣑是本書與字林並從耳後譌從茸音隨字變集韻類篇所引說文非許氏原文

酤 一宿酒也一曰買酒也從酉古聲 古乎切

一宿酒也者集韻酤謂之𨡕廣韻𨡕一宿酒詩伐木無酒酤我傳云酤一宿酒也 一曰買酒也者顏注急就篇買酒曰酤詩伐木箋云酤買也史記高祖紀每酤留飲酒讎數倍吳志潘璋嗜酒居貧好賒酤王褒僮約寡婦楊惠舍有一奴名便了倩行酤酒便了曰大夫買便了時只約守家不約爲他家男子酤酒又云舍中有客提壺行酤通作

沽周禮萍氏幾酒注云苛察沽買過多東觀漢記呂母醞醇酒少年來酤者皆貰與之馥案酤又爲賣廣雅酤賣也論語有美玉於斯韞匵而藏諸求善賈而沽諸馬融曰沽賣也又沽酒市脯不食正義云沽賣也酒不自作未必精潔東觀漢記禁民無得酤賣酒麴尸子屠者割肉知牛多少則沽者亦知酒之多少也韓非外儲說宋人有沽酒者升槩甚平遇客甚謹爲酒甚美縣幟甚高著然不售淮南說林訓爲酒人之利而不酤則竭高注不欲使酒人得利不酤而先自竭漢書食貨志詩曰無酒酤我而論語曰酤酒不食二者非相反也夫詩據承平之世酒酤在官和旨便人可以相御也論語孔子當周衰亂酒酤在民薄惡不誠是以疑而弗食景帝紀禁酤酒顏注酤謂賣酒也賈誼書鄒穆公亦百姓若失慈父酤家不售其酒裴子野宋略廢帝於華林園列肆親自酤賣後魏書鄭義西門受羊酒東門酤賣之晉書阮籍傳鄰家少婦當罏沽酒隋書劉昉傳使妾當罏沽酒通鑑崔允聽酤者自造麴鄭注司市儥字一曰買一曰賣賈疏謂順文爲義馥謂此酤亦然晏子人有酤酒者爲器甚潔清置表甚長而酒酸不售問之里人其故里人云公狗之猛人挈器而入且酤公酒狗迎而噬之此酒所以酸而不售也馥案上酤字爲賣下酤字爲買所謂順文爲義也

[illegible] 酒也從酉[illegible]省聲陟离切

酒也者玉篇[illegible]酒厚也

䤍 泛齊行酒也從酉監聲盧瞰切

泛齊行酒也者廣韻䤍䤍觴周禮五齊一曰泛齊注云泛者成而滓浮泛泛然王粲酒賦辨其五齊節其三事醍沈盎泛清濁各異

⿰酉竷 酒味淫也從酉竷省聲讀若春秋傳曰美而豔古禫切

酒味淫也者徐鍇曰淫長也玉篇⿰酉竷酒味苦也

酓 酒味苦也從酉今聲咽嗛切

酒味苦也者齊民要術有作諸苦酒法

酷 酒厚味也從酉告聲苦沃切

酒厚味也者廣韻引作酒味厚也玉篇同書正義云說文云酷酒厚味也酒味之厚必嚴烈人之暴虐與酒嚴烈同故謂之酷史記司馬相如傳芬香漚鬱酷烈淑郁蜀都賦芬芳酷烈後漢書張衡傳美襞積以酷裂兮注云酷裂香氣盛也

醰 酒味長也從酉覃聲徒紺切

酒味長也者集韻引作酒味苦也宋本小字本李燾本並同玉篇廣韻竝作酒味不長也洞簫賦良醰醰而有味

䤁 酒色也從酉出聲普活切

酒色也者廣韻䤁酒氣與醱義同字林醱酒氣也

配 酒色也從酉己聲滂佩切

酒色也者玉篇醇酒色

⿰酉弋 酒色也從酉弋聲與職切

廣雅作⿱弋酉

醆 爵也一曰酒濁而微清也從酉戔聲阻限切

徐鉉所加本書斝夏曰琖明堂位夏后氏以琖

酌 盛酒行觴也從酉勺聲之若切

盛酒行觴也者本書酳客酌主人也博物志東夷有國謂行酒爲行觴秦之遺也漢書蓋寬饒傳無多酌我我乃酒狂

醮 冠娶禮祭從酉焦聲子肖切

冠娶禮祭也者玉篇醮冠娶妻也禮祭也廣雅醮祭也少儀飲酒者機者醮者有折俎不坐注云始冠曰醮冠義醮於客位士冠禮始加醮用脯醢昏禮父親醮子而命之注云酌而無酬酢曰醮士昏禮庶婦則使人醮之注云酒不

酬酢曰醮

醮或從示

歃酒也從酉贊聲 子朕切

少少飲也從酉勻聲 余刃切

少少飲也者玉篇酳少飲也與酳同廣韻酳酒漱口也馥案鄭注特牲饋食禮云今文酳爲酌又注士虞禮云古文酳爲酌兩酌字皆酌之譌顏注漢書賈山傳酳者少少飲酒謂食已而蕩口也七發蘭英之酒酌以滌口曲禮主人未辨客不虛口注云虛口謂酳也釋文嗽口也以酒曰酳以水曰嗽樂記執爵而酳正義謂食訖天子親執爵而酳口也士昏禮贊洗爵酌酳主人注云酳漱也酳之言演也安也昏義合巹而酳正義酳演也謂食畢飲酒演安其氣特牲饋食禮主人洗角升酌酳尸注云酳猶衍也士虞禮主人洗廢爵酌酒酳尸注云酳安食也

主人進客也從酉屬聲 市流切

主人進客也者徐鍇本作獻醻主人進客也釋訓醻報也皇侃論語義疏初主人酌酒與賓曰獻賓飲畢而酌與主人曰醋主人飲醋畢又酌與賓曰醻詩節南山如相醻矣箋云如賓主飲酒相醻酢也楚茨獻醻交錯箋云始主人酌賓爲獻賓既酌主人主人又自飲酌賓曰醻瓠葉君子有酒酌言醻之傳云醻道飲也箋云主人既卒酢爵又酌自飲卒爵復酌進賓猶今俗之勸酒彤弓一朝醻之傳云醻報也箋云飲酒之禮主人獻賓賓酢主人主人又飲而酌賓謂之醻醻猶厚也勸也鄉射禮主人坐取觶於篚以降注云將酬賓又云賓西階上疑立主人實觶酬之注云酬勸酒鄉飲酒禮主人實觶酬賓注云酬勸酒也酬之言周忠信爲周疏云此解主人將酬賓先自飲之意以其酬賓若不自先飲是不忠信恐賓不飲示忠信之道故先自飲乃飲賓爲酬也士冠禮主人酬賓束帛儷皮注云飲賓客而從之以貨財曰酬

醻或從州

客酌主人也從酉昔聲 在各切

客酌主人也者玉篇醋報也進酒於客曰獻客荅主人曰醋蒼頡篇主荅客曰酬客報主人曰醋有司徹受三獻爵酌以醋之鹽鉢虩特牲饋食禮祝酌授尸尸以醋主人注云醋報也通作酢釋詁酢報也易繫辭是故可與酬酢釋文京作醋詩賓之初筵三爵不識箋云三爵者獻也酬也酢也行葦或獻或酢箋云進酒於客曰獻客荅之曰酢瓠葉酌言酢之傳云酢報也箋云報者賓既卒爵洗而酌主人也少儀酢爵注云酢所以酢主人也鄉射禮賓實爵主人之席前東南面酢主人注云酢報又大夫降洗注云將酢主人也

飲酒俱盡也從酉𥁑聲 迷必切

飲酒盡也從酉嚼省聲 子肖切

飲酒盡也者李善注七命引同本書歁盡酒也廣雅釂盡也曲禮長者舉未釂少者不敢飲注云盡爵曰釂士相見禮君卒爵然後授虛爵注云必俟君卒爵者若欲釂然也韓非外儲說魯人見長年飲酒不能釂則唾之淮南道應訓文侯受觴而飲釂不獻高注釂盡也吳都賦釂鼓震五臣云釂盡爵也通作醮荀子禮論篇利爵之不醮也注謂

祭祀告利成其爵不卒奠於筵前也大戴禮禮三本篇作利爵之不卒也又通作嚼史記游俠列傳與人飲使之嚼徐廣曰子妙反盡酒也漢書作釂顏注盡酒曰釂說苑魏文侯與大夫飲酒使公乘不仁爲觴政曰飲不嚼者浮以大白文侯飲而不盡爵公乘不仁舉白浮君續漢書五行志嚼復嚼者京都飲酒相强之詞也　嚼省聲者徐鍇本作變聲五經異義引韓詩說一升曰爵爵盡也服注左傳爵者醮也所以醮盡其材也

酒樂也從酉從甘甘亦聲 胡甘切

酒樂也者御覽書正義並引作樂酒也玉篇酣樂酒也書伊訓酣歌于室傳云樂酒曰酣正義言耽酒以自樂也一切經音義五漢書應劭曰不醉不醒曰酣一云樂酒曰酣楚辭章句引詩樂酒今昔酒誥在今後嗣王酣身傳云酣樂其身喪大記食肉飲酒不與人樂之燕策與代王飲酒酣樂呂氏春秋長攻篇代君至酒酣注云酣飲酒合樂之時漢書司馬相如傳於是酒中樂酣顏注酒中飲酒中半也樂酣奏樂洽也應瑒建章臺詩樂飲不知疲吳都賦酣湑半五臣云酣酒洽也風俗通魯有右成叔聘衛右宰穀醑而觴之陳樂而不樂酒酣而不飲魏畧王朗與許靖書

樂酒酣讌宋書盧陵王義眞傳縱博酣酒南齊書崔祖思傳嗜音酣酒梁書謝覽傳覽頗樂酒袁宏有夜酣賦通作甘書五子之歌甘酒嗜音釋文甘一音戶甘反馥案玉篇引作酣淮南繆稱訓故人之甘甘非正爲𪐮也高注人之甘甘猶樂樂而爲之

酖　樂酒也從酉冘聲　丁含切

樂酒也者詩抑荒湛于酒箋云湛樂於酒釋文湛都南反淮南修務訓沈湎耽荒張璠漢紀孔融愛才樂酒竹林七賢論阮籍性樂酒管輅別傳諸葛樂戒之曰卿性樂酒當節之

醧　私宴飲也從酉區聲　依據切

私宴飲也者字林同本書餧燕食也醧餧聲同詩常棣飲酒之餧魏都賦注引韓詩飲酒之醧韓詩云夫飲之禮不脫屨而即序者謂之禮跣而上坐者謂之宴能飲者飲之不能飲者已謂之醧角弓如食宜饇箋云王有族食族燕之禮正義云大宗伯以飲食之禮親宗族兄弟文王世子曰若公與族人燕則以異姓爲賓膳宰爲主人族食世降一等大傳云綴之以食而弗殊是王有族食族燕之禮也閟宮魯侯燕喜箋云燕燕飲也文選鮑明遠詩宴慰及私辰

醵　會飲酒也從酉豦聲　其虐切

會飲酒也者廣韻醵斂錢飲酒玉篇醵合錢沽酒醵會也禮器周禮其猶醵與注云合錢飲酒爲醵王居明堂之禮仲秋乃命國醵史記貨殖傳歲時無以祭祀進醵飲食徐廣曰會聚食列女傳魯母師傳妾恐其酺醵醉飽荆楚歲時記出錢爲醵出食爲酺通鑑嚴挺之上疏酺者因人所利合醵爲歡注云醵合錢飲酒也

[酉巨]　醵或從巨

酺　王德布大飲酒也從酉甫聲　薄乎切

王德布大飲酒也者史記索隱引作王者布德大飲酒也酺布聲相近顏師古曰酺之爲言布也王德布於天下而合聚飲食爲酺史記孝文本紀酺五日周禮族師春秋祭酺注云酺者爲人物災害之神也族無飲酒之禮因祭酺而與其民以長幼相醻酢焉詩良耜箋云又有祭酺合醵之歡周禮校人冬祭馬步杜子春云步馬酺也齊策完者內酺而華樂鮑注酺大飲史記趙世家行賞大赦置酒酺五日秦始皇本紀天下大酺正義云天下歡樂大飲酒也漢書音義文頴曰漢律三人已上無故羣飲罰金四兩今恩詔橫賜得令聚會飲食五日酺布也言天子布恩於天下王觀國曰然則春秋祭酺者處二酺也故後之里社聚飲者亦謂之酺漢律無故羣飲者有罰因恩詔賜酺而後始得會聚飲食焉賜酺五日者使得會聚飲食五日也井田之法已廢而酺之名猶在故也荆楚歲時記元日至月晦竝爲酺聚飲食每月皆有晦朔正月初年時俗重以爲節

醅　醉飽也從酉咅聲　匹回切

徐鍇本有讀若嬖三字

咅聲者徐鍇本有讀若嬖三字廣韻醅匹尤切又普裴切

醉　卒也卒其度量不至於亂也一曰潰也從酉從卒　將遂切

卒也卒其度量不至於亂也者醉卒聲相近御覽引作酒卒曰醉各卒其度量不至於亂也廣韻集韻所引及徐鍇本皆有各字玉篇醉卒也卒度也度其量不至於亂也論語惟酒無量不及亂諸葛亮誡子曰夫酒之設合禮致情適體歸性禮終而退此和之至也主意未殫賓有餘眷可以至醉無至迷亂一曰潰也者徐鍇本作一曰酒潰也

從卒者當云卒聲此與啐顇同

醺　醉也從酉熏聲詩曰公尸來燕醺醺　許云切

醉也者廣韻醺著酒　詩曰公尸來燕醺醺者大雅鳧鷖文彼作公尸來止熏熏傳云熏熏和說也

醟　酗也從酉熒省聲　爲命切

酗也者書釋文引作酗酒也通俗文酗酒曰醟漢書敘傳中山淫醟顏注醟酗酒也晉書桓伊傳會王道子昏醟尤甚

䣱 醉醬也從酉句聲香遇切

醉醬也者書釋文引作酒醬玉篇兇酒曰䣱醬古文苑王孫賦醹醨䣱以迷醉字或作酗漢書趙充國傳湯數醉酗羌人顏注卽酗字也醉怒曰酗一切經音義十三酗又作䣱以酒爲凶謂之䣱說文䣱醬也通俗文耽酒曰酗書微子我用沈酗于酒傳云酗醬泰誓淫酗肆虐傳云過酗縱虐以酒成惡無逸無若殷王受之迷亂酗于酒德哉傳云以酒爲凶謂之酗正義酗從酉以凶爲聲是酗爲凶酒之名酗是飲酒而益凶也魏名臣奏蔣濟奏學者慢師酗酒罰飲水三升崔鴻前秦錄苻生酗酒無賴前趙錄劉粲荒酗酒色梁武帝檄淫酗䣱肆酣歌壚邸隋書牛宏傳有弟日弼好酒而酗

醒 病酒也一曰醉而覺也從酉呈聲直貞切

病酒也者急就篇侍酒行觴宿昔醒顏注病酒曰醒詩節南山憂心如醒傳云病酒曰醒晏子景公飲酒醒三日而後發漢書禮樂志泰尊柘漿析朝醒應劭曰醒病酒也後漢書逸讓傳惘焉若醒注云醒酒病也第五倫傳猶解醒當以酒也注云酒病曰醒西京雜記鄒陽酒賦莅夕醉遣朝醒風賦愈病析醒東京賦因然若醒薛注醒病酒也語林劉伶說曰天生劉伶以酒爲名一飲一石五斗解醒七發況直眇小煩懣醒醲酒病之徒哉　一曰醉而覺也者詩正義云說文云醒病酒也醉而覺也言既醉得覺而以酒爲病故云病酒也馥案玉篇醒醉未覺也南都賦醉而不醒

醫 治病工也殹惡姿也醫之性然得酒而使從酉王育說一曰殹病聲酒所以治病也周禮有醫酒古者巫彭初作醫於其切

周禮天官有醫師　曲禮醫不三世不服其藥　鄭氏六蓺論黃帝佐官七人岐伯造醫方　帝王世紀黃帝使岐伯嘗味草木典醫療疾今經方本草之書咸出焉　劉歆七畧論方技爲四家有醫經家方家房中家神仙家　楚辭九折臂而成醫　孔叢子三折臂然後爲醫　鶡冠子魏文侯問扁鵲曰子昆弟三人並醫其孰最善扁鵲曰長兄視色故名不出家仲兄視毫毛故名不出閭鵲針人血脈投人毒藥名聞天下

治病工也者廣韻醫療也廣雅醫巫也急就篇篤癃癃癈迎醫匠顏注醫匠療病之工也周禮疾醫掌萬民之疾病周書大聚解鄉立巫醫具百藥以備疾災畜五味以備百草袁準正論良醫療病攻於腠理韓詩外傳太平之時無瘖癃跛眇尪蹇侏儒折短父不哭子兄不哭弟道無襁負之遺育然各以其序終者賢醫之用也隋書經籍志醫方者所以除疾疢保性命之術者也天有陰陽風雨晦明之氣人有喜怒哀樂好惡之情節而行之則和平調理專壹其情則溺而生疾是以聖人原血脈之本因鍼石之用假藥物之滋調中養氣通滯解結而反之於素子華子醫者理也理者意也意其所未然也意其所將然也察於二然者而謹於訓夫是之謂醫論衡程材篇病作而醫用如自能案方和藥則醫不售矣　殹惡姿也醫之性然者本書嫛婗也婗婦人惡皃　得酒而使從酉者鄭注周禮酒正云醫之字從殹從酉省也疏云從殹省者去羽從酉省者去水故云從殹從酉省也　一曰殹病聲酒所以治病也者一切經音義六引云殹亦病人聲也酒所以治病者藥非酒不散也本書瘢劇聲也漢書食貨志酒百藥之長禮射義酒者所以養老也所以養病也曲禮居喪之禮有疾則飲酒食肉史記扁鵲傳疾之居腠理也湯熨之所及也在血脈鍼石之所及也其在腸胃酒醪之所及也倉公傳濟北王病召臣意診其脈曰風蹶胷滿卽爲藥酒盡三石病已隋書經籍志雜藥酒方十五卷　周禮有醫酒者天官酒正辨四飲之物二曰醫注云醫卽內則以酏爲醴者　古者巫彭初作醫者海內西經開明東有巫彭巫抵巫陽巫履巫凡巫相注云皆神醫也世本曰巫彭作醫呂氏春秋勿躬篇巫彭作醫

莤 禮祭束茅加于裸圭而灌鬯酒是爲莤象神歆之也一曰莤榼上塞也從酉從艸春秋傳曰爾貢包茅不入王祭不供無以莤酒所六切

禮祭束茅加於裸圭而灌鬯酒是爲莤象神歆之也者本書瓚圭尺二寸有瓚以祠宗廟者也漢書音義張晏曰瓚以圭爲柄用灌鬯馥謂此卽裸圭也本書祼灌祭也論語禘自既灌而往者莤通作縮詩白茅包之陸疏茅之白者

古用包裹禮物以充祭祀縮酒用郊特牲縮酌用茅明酌也注云藉之以茅縮去滓也周禮司尊彝醴齊縮酌注云以茅縮去滓也甸師祭祀共蕭茅注云鄭大夫云蕭字或爲莤莤讀爲縮束茅立之祭前沃酒其上酒滲下去若神飲之故謂之縮縮浚也玄謂縮酒泲酒也禹貢荆州包匭菁茅鄭注菁茅茅之有毛刺者給宗廟縮酒史記夏本紀包匭菁茅正義云括地志云辰州瀘溪縣西南三百五十里有包茅山武陽記云山際出包茅有刺而三脊因名包茅山吳都賦職貢納其包匭五臣云禹貢包匭菁茅菁茅生桂陽可以縮酒給宗廟異物也重之是故既包裹而又纏結之白帖尚書苞匭菁茅茅縮酒盛三脊之茅也江淮之閒有一茅三脊此靈物不可常貢也劉黄曰今辰州瀘溪縣包茅山出三脊茅宋書江夏王義恭傳大明元年有三脊茅生石頭西岸易林亂茅縮酒靈巫拜禱神怒不許瘁傷愁苦一曰莤檢上塞也者本書檢酒器也覆謂塞莤檢口以滑酒本書滑莤酒也詩伐木有酒滑我傳云滑莤之也箋云王有酒則泲莤之釋文莤所六反與左傳縮酒同義謂以茅泲之而去其糟也字從艸粱定襄侯蕭祗詠香茅詩粗根縮酒易春秋傳曰爾貢包茅不入王祭不供無以莤酒者僖四年左傳文彼作縮杜注包裹束也茅菁茅也束茅而灌之以酒爲縮酒穀梁傳菁茅之貢不至故周室不祭范云菁茅香草所以縮酒楚之職貢吳錄地理志零陵泉陵有香茅古貢之縮酒晉地道記泉陵有香茅氣甚芬香貢之以縮酒盛宏之荆州記零陵郡有香茅桓公所以責楚

連筠簃叢書　靈石楊氏栞

醨　薄酒也從酉离聲讀若離　呂支切

薄酒也者楚辭漁父衆人皆醉何不餔其糟而歠其醨賈誼書酒則亟酸漢書百官表廣安侯任越人爲太常坐廟酒酸論齊民要術造神麴黍米酒率多傷薄蓋用米既少麴勢未盡所以傷薄耳

酢也從酉韱聲　初減切

酢也者廣雅同廣韻醶醋味

酸　酢也從酉夋聲關東謂酢曰酸　素官切

月令孟春之月其味酸　洪範曲直作酸䤈案周禮瘍醫凡藥以酸養骨注云酸木味根立地中似骨　楚辭招魂和酸若苦陳吳羹些王注言吳人工作羹和調甘酸其味若苦而復甘也又大招吳酸蒿蔞不沾薄只　淮南子煎熬焚炙調齊和之適以窮荆吳甘酸之變注云二國善醎酸之和

酢也者廣雅同本書䤁酸也論衡狀留篇酒暴孰者易酸醯暴酸者易臭

籒文酸從畯

酢漿也從酉𢦏聲　徒奈切

酢漿也者本書漿酢漿也玉篇截酢漿也釋米汁也廣雅截漿也內則飲有漿注云酢截周禮酒正辨四飲之物三曰漿注云漿今之截漿也疏云此漿亦是酒類故其字亦從截從酉省截之言載米汁相載漢時名爲截漿故云今之截漿也公食大夫禮漿飲注云漿截漿也禮運以爲醴酪注云酪酢截雜記食鹽酪可也注云酪酢截也家語問禮篇以爲醴酪注云酪漿酢漢書食貨志魯匡言酒酤法一斛之平除米麴本賈計其利而什分之以其七入官其三及醩截灰炭給工器薪樵之費顏注截酢漿也

連筠簃叢書　靈石楊氏栞

醶　酢漿也從酉僉聲　魚窆切

酢漿也者廣韻醶醋味廣雅醶酢也廣志醶醇漿也葛洪肘後方治齒痛用多年醶酢字或作釅廣韻釅酒醋味厚本草衍義醋酒糟爲之乞鄰者是此物然有米醋麥醋棗醋米醋最釅

酢　醶也從酉乍聲　倉故切

惠士奇曰古有梅而無酢五味調和須之而成食乃甘於是始有酢漿爲醶急就篇所謂鹽豉醯酢漿尚書孔注亦云鹽醎梅醋蓋今之酢古之梅也則古無酢明甚

醶也者急就篇酸醎酢淡辨濁清顏注大酸謂之酢隋書酷吏傳寧飲三升酢不見崔弘度通作醋齊民要術有作酢法云酢者今醋也郭緣生述征記醫魁城至醋溝十里本草酢漿草味酸唐本注云一名醋母草

酏　黍酒也從酉也聲一曰甜也賈侍中說酏爲鬵清　移爾切

黍酒也者廣雅醷酒也鄭注聘禮云凡酒稻爲上黍次之內則黍酏注云釀粥爲醴又注周禮酒正云凡醴濁釀酏爲之則少淸矣齊民要術造黍米法酒法三月三日秤麴三斤三兩取水三斗三升浸七日取黍米三斗三升炊作再餾飯著麴汁中俟米消盡更炊四斗半米酘之酒味醇美宜合醅飲食之飲半更炊米重酘如初覓夏飲之不能竊盡所謂神異矣一曰甜也者倉經作白醪法滿五日酒甘如乳周禮酒正醴齊注云如今恬酒矣呂氏春秋重己篇其爲飲食酏醴也注云酒正二曰醴齊醴者以蘖與黍相釀不以麴也濁而甜耳　賈侍中說酏爲鬻淸者內則黍酏注云以黍爲粥也又饘酏注云饘厚粥酏薄粥賈逵曰酏爲粥淸淸者粥而去米也周禮酒正辨四飲之物四曰酏注云酏今之粥內則有黍酏酏飲粥稀者之淸也或作酏穋天子傳膊棗酏醢注云酏粥淸也

𤖄　盬也從肉從酉酒以和𤖄也爿聲卽亮切

盬也者廣韻五音集韻引作醢玉篇醬醢也廣雅醢醬也釋名醢多汁者曰醢急就篇蕪荑鹽豉醯酢醬顏注醬以豆合麪而爲之也以肉曰醢以骨曰𩐈醬之爲言將也食之有醬如軍之須將取其率領進導之也周禮膳夫

凡王之饋醬用百有二十罋注云醬謂醯醢也王舉則醢人共醢六十罋醯人共醯物六十罋馥案鄭意謂合醯醢爲百二十罋也惠士奇曰醬屬醯人名曰醯醬則醯卽醬也不應分爲二上昏禮醯醬二豆二豆者婿與婦爲對醬則醯醬非二物矣五齊七菹皆醯物也謂皆以醯調之醯物猶醬物一物二名膳夫職所謂醬用百二十罋內饔職所謂百羞醬物者卽此左傳醯醢鹽梅以烹魚肉聘禮歸饔餼醯醢百罋皆不言醬則醯非卽醬歟　從肉從酉酒以和醬也者作醢有肉有酒

𤖄　古文

汗簡引作𤖄

𤖄　籀文

醢　肉醬也從酉㿻呼改切

本書䁾有骨醢也　釋名醢海也冥也封塗使密冥乃成也四民月令五月一日可作醢　弘君舉食檄東里獨姥之

醢

肉醬也者釋器肉謂之醢郭注肉醬曲禮勿歠醢疏云醢肉醬也聘禮醯醢百甕醢在東注云醢穀陽也醯肉陰也昭二十年左傳水火醯醢鹽梅以烹魚肉服注醯肉醬也莊十二年傳宋人皆醢之杜注醢肉醬離騷后辛之菹醢兮王注肉醬曰醢呂氏春秋行論篇殺梅伯而醢之高注肉醬爲醢史記宋世家宋人醢萬也集解引服虔曰醢肉醬齊民要術有作肉醬法牛羊麞鹿兔肉皆得作唐百官志掌醢署令一人丞二人掌供醢醢之物一曰鹿醢二曰兔醢三曰羊醢四曰魚醢東觀漢記上至鄗鄲趙王遣馬醢劉孝儀謝蝦醬啓龍醬傳甘蚳醢稱貴陶注本草醬又有肉醬魚醬皆呼爲醢　從酉盇者徐鍇本作盇聲顧會同

醢　籀文

䤈　䤈𨡕榆醬也從酉敄聲莫候切

䤈𨡕榆醬也者廣雅䤈𨡕醬也廣韻䤈𨡕榆子醬也四民月令榆莢色變白可作䤈𨡕齊民要術有作榆子醬法治

榆子仁一升擣末篩之淸酒一升醬五升合和一月可食之

𨡕　䤈𨡕也從酉俞聲田候切

䤈𨡕也者釋名𨡕投也味相投成也

酹　餟祭也從酉寽聲郎外切

餟祭也者玉篇酹餟祭也以酒祭地也韋昭辨釋名祭酒者謂祭六神先以酒沃酹之也謝承後漢書徐穉負笈赴弔餟酒畢留謁則去後漢書張奐傳以酒酹地注云以酒沃地謂之酹橋元傳不以斗酒隻雞過相沃酹顏氏家訓親友來餟酹者一皆拒之餟或作醊東晳近遊賦若夫祭奠之醊親里往來

䤚　擣榆醬也從酉畢聲蒲計切

擣榆醬也者字或作醓玉篇醓䤈𨡕也或作䤚廣雅醓醬也集韻醓䤚榆醬也

䤎　醬也從酉矞聲居律切

醬也者廣雅同

玉篇醨醓醬也

䣼　雜味也從酉京聲力讓切

雜味也者集韻涼漿曰䣼廣韻䣼醬水廣雅䣼醬也周禮漿人掌共王之六飲水漿醴涼醫酏注云鄭司農云涼以水和酒也玄謂涼今寒粥若糗飯雜水也內則飲有濫注云以周禮六飲校之則濫涼也管子禁藏篇冬日不濫非愛水也釋名桃濫水漬而藏之其味濫濫然也

𨣸　闕慈冉切

玉篇𨣸醦味薄也字或作𨤂廣韻𨣸醦味薄也類篇𨤂醬也

醦　闕而琰切

類篇醦醬也一日𨣸醦味醲

文六十七　重八

酋　繹酒也從酉水半見於上禮有大酋掌酒官也凡酋之屬皆從酋字秋切

繹酒也者本書多下云夕相繹也莫下云酋酒也方言酋熟也自河以北趙魏之閒久熟曰酋鄭語毒之酋腊者其殺也滋速注云精熟曰酋釋名醳酒久釀酉澤也又云酒酉也釀之米麴酉澤久而味長也周禮酒正辨三酒之物一曰事酒二曰昔酒三曰清酒注云事酒今之醳酒也昔酒今之酋久白酒所謂舊醳者也郊特牲猶明清與醆酒於舊澤之酒也注云澤讀爲醳舊醳之酒謂昔酒也太元中次七酋大魁頤水包貞𩕄部賦有醳順時梁書昭明太子傳飛觴汎醳

從酉水半見於上者徐鍇曰酒久則水上見謂糟少也馥謂此如谷字從水半見出於口

大酋掌酒官也者月令仲冬之月乃命大酋注云酒孰曰酋大酋者酒官之長酋者久遠之稱久孰者善故名酒官爲大酋

尊　酒器也從酋廾以奉之周禮六尊犧尊象尊著尊壺尊太尊山尊以待祭祀賓客之禮祖昆切

酒器也者明堂位尊用犧象山罍注云尊酒器也

六尊云云者春官小宗伯辨六尊之名物以待祭祀賓客注云鄭司農云六尊獻尊象尊壺尊著尊大尊山尊司尊彝春祠夏禴用雞彝鳥彝其朝踐用兩獻尊其再獻用兩象尊秋嘗冬烝裸用斝彝黃彝其朝踐用兩著尊其饋獻用兩壺尊凡四時之閒祀追享朝享裸用虎彝蜼彝其朝踐用兩大尊其再獻用兩山尊注云鄭司農云獻讀爲犧犧尊飾以翡翠象尊以象鳳皇或曰以象骨飾尊著尊者著畧尊也或曰著尊著地無足壺者以壺爲尊大尊大古之瓦尊山尊山罍也志林先代不識犧尊但云沙畫之飾以翠羽至魏明帝時魯郡於地中得齊大夫子尾送女器有犧尊作犧牛形自爾乃知其形

從酋廾以奉之者特牲饋食禮舉觶者洗各酌于其尊馥謂尊譌作奠后經作尊

𢍜　尊或從寸

爾雅釋文尊本又作罇酒器也又作樽同案曹憲文字指歸檢字無此從缶從木者說文云字從酋寸酒官法度也今之尊卑從此得名故尊亦爲君父之偁

士喪禮幂奠用功布注云古文奠爲尊

文二　重一

戌　滅也九月陽气微萬物畢成陽下入地也五行土生於戊盛於戌從戊含一凡戌之屬皆從戌辛聿切

釋名戌恤也物當收斂矜恤之也亦言脫也落也　釋天太歲在戌曰閹茂　淮南天文訓太陰在戌歲名曰掩茂高注掩蔽茂冒萬物皆蔽冒

滅也者當爲威本書威陽氣至戌而盡戌威聲相近通作滅釋詁滅絕也淮南天文訓戌者滅也白虎通戌者滅也史記律書戌者言萬物盡滅故曰戌晉書樂志九月戌戌滅也謂時物皆衰滅

九月陽气微萬物畢成陽下入地也者本書蔑下云人勞則蔑然從戍案逸周書祭公解穆王言追學於文武之蔑孔鼂注言已追學文武之微德書君奭文王蔑德傳訓精微之德六韜秋道斂萬物盈鄭注周易建戌之月陽氣既盡白虎通九月律謂之無射何射者終也言萬物隨陽而終漢書律歷志畢入於戌又云亾射射厭也言陽氣究物而使陰氣畢剝落之終而復始亾

厭已也位於戌在九月　五行土生於戊盛於戌者戊爲中宮土位淮南天文訓土生於午壯於戌死於寅魏臺訪議高堂隆曰土始生於未盛於戌終於辰

文一

亥　荄也十月微陽起接盛陰從二二古文上字一人男一人女也從乙象裹子咳咳之形春秋傳曰亥有二首六身凡亥之屬皆從亥　胡改切

釋名亥核也收藏百物核取其好惡眞僞也亦言物成皆堅核也晉書樂志十月亥亥劾也言陰氣劾殺萬物漢書律歷志該閡於亥釋天太歲在亥曰大淵獻孫炎云淵深也大獻萬物於深言蓋藏之於外也淮南天文訓太陰在亥歲名曰大淵獻高注淵藏獻迎萬物終在亥大小深藏窟伏以迎陽　荄也者廣雅同亥荄聲相近徐鍇曰言萬物之荄皆動也范子曰陽者主生萬物方夏三月之時大熱不至則萬物不能成陰氣主殺方冬三月之時地不內藏則根荄不成卽春無生孟喜說易箕子明夷以爲陰陽氣亾箕子者萬物方荄茲也　十月微陽起接盛陰者徐鍇曰十月坤之上六陰極陽將生也釋天十月爲陽易乾鑿度乾者天也終而爲萬物始西北方萬物所始也故乾位在於十月史記律書亥者該也言陽氣藏於下故該也白虎通十月律謂之應鍾應鍾何鍾動也言萬物應陽而動下藏也漢書律歷志應鍾言陰氣應亾射該臧萬物而雜陽閡種也位於亥在十月詩采薇歲亦陽止箋云十月爲陽時坤用事嫌於無陽故以名此月爲陽正義云其實陰陽極有詩緯曰陽生酉仲陰生戌仲是十月中兼有陰陽也　一人男一人女也從乙象裹子咳咳之形者亥咳聲相近二人象所裹之子左爲男右爲女也徐鍇曰十月之時陽氣萌兆盛陰感陽萬物皆含育於內象人之懷妊腜兆　春秋傳曰亥有二首六身者襄三十年左傳史趙曰亥有二首六身下二如身是其日數也士文伯曰然則二萬六千六百有六旬也杜注亥字二畫在上併三人爲身如筭之六下亥上二畫豎置身旁正義云二畫爲首六畫爲身下首之二畫竝之使如其身旁則是生來日數也因亥畫似筭位故假之以爲言其本作亥字不爲此也案字書古之亥字體殊不然蓋春秋之時亥字有二六之體異於古制其說文是小篆之書又異於此馥案孔氏謂別有二首六身之亥非謂本書小篆徐鍇則就本書釋之其言曰古文質豎上二畫於左爲筭家之二萬乚字曲上豎下橫爲筭家之六千左人字曲之上橫下直爲筭家之六百古人字亦然隔十位爲筭家之單六中闕六十也故亥有二首六身故晉士文伯曰然則二萬六千六百有六旬也馥謂若別有二首六身之亥則本書不應引此文徐據本書爲說是也孔氏以說文乃小篆非史趙之古文馥謂小篆仍古文而不變者多矣安知本書之亥非古文邪止戈爲武皿蟲爲蠱反正爲乏小篆皆與古文無異或云亥下自有古文亥不得爲古文馥謂古文非止一體本書之重數古文者注云亦古文是知古文不一矣王莽十布背有數目字與今蘇州畫馬相似司馬溫公潛虛圖正同卽古籌算之法也

亥　古文亥爲豕與豕同亥而生子復從一起

徐鍇曰今案李斯所書嶧亥字旁人皆作丁字形馥謂十或个之譌　徐鍇本李燾本竝作不鍇曰家語子夏云三豕渡河亥誤爲豕當爲此亥字也　馥案李陽冰曰古文亥比豕加一畫疑此不傳寫或誤

古文亥爲豕與豕同者徐鍇本作古文亥亥爲豕與豕同意馥謂亥爲豕猶巳爲蛇古者術數家以三十六禽配十二辰其配亥者則豚也貐也蕎猪也　亥而生子復從一起者徐鍇曰天道終則復始故亥生子　子生丑復始於一也易窮則變變則通通則久之義也馥謂此本書始一終亥之意也本書敘畢終於亥知化窮冥徐鍇曰亥生子終則復始故託始於一寄終於亥亥則物之該盡故曰窮冥也

文一　重一

說文解字第十五　義證第四十九

曲阜桂馥學

古者庖犧氏之王天下也帝王世紀庖犧氏風姓也取犧牲以充庖廚故號庖犧氏是爲犧皇後世音謬故或謂之伏犧或謂之宓犧潛夫論大人迹出雷澤華胥履之生伏羲其相日角世號大皞都于陳作八卦禮含文嘉伏羲始別八卦以變化天下天下法則咸伏貢獻故曰伏犧也**仰**當爲卬**則觀象於天俯則觀法於地視鳥獸之文與地之宜近取諸身遠取諸物於是始作易八卦**漢武梁祠畫象標榜伏戲倉精初造工業畫卦結繩以理海內論衡對作篇易言伏羲作八卦前始未有八卦伏羲造之故曰作也禮含文嘉伏羲德洽上下天應之以鳥獸文章地應之以龜書伏羲乃則象作易卦六藝論虙羲作十言之教曰乾坤震巽坎離艮兌消息無文字謂之易春秋內事伏羲氏以木德王天下之人未有室宅未有水火之和於是乃仰觀天文俯察地理始畫八卦定天地之位分陰陽之數推列三光建分八節以之應氣凡

二十四消息禍福以制吉凶通鑑外紀伏羲造八卦始作三畫以象二十四氣因而重之爻象備矣曹植贊木德風姓八卦創焉摯虞贊設卦分象開物紀類**以垂憲象**張行成曰伏羲始畫八卦是爲先天有圖象而未有書故孔子謂之作八卦新語道基篇先聖乃仰觀天文俯察地理圖畫乾坤以定人道易通卦驗虙羲作易無書以畫事張彥遠名畫記顏光祿云圖載之意有三一曰圖理卦象是也二曰圖識字學是也三曰圖形繪畫是也**及神農氏**禮含文嘉神者信也農者濃也始作耒耜教民耕種美其衣食德信濃厚若神故爲神農也潛夫論有神龍首出常感妊姒生赤帝魁隗身號炎帝世號神農代伏羲氏**結繩爲治**帝系譜神農結繩而治**而統其事庶業其繁**當爲緐**飾僞萌生**論衡齊世篇語稱上世之人質樸易化下世之人文薄難治故易曰上古之時結繩以治後世易之以書契先結繩易化之故後書契難治之驗也**黃帝之史倉頡**論衡骨相篇倉頡四目爲黃帝史春秋孔演圖倉頡四目是謂竝明晏氏類要倉頡姓侯岡氏馮翊人黃帝史官造書契見宏宇記世本沮誦倉頡作書梁庾肩吾書品書名起於元洛字勢發於倉史論衡譏日篇學書諱丙日云倉頡以丙日死也如以丙日書未

必有禍皇覽冢墓記倉頡冢在馮翊衙縣利陽亭南道旁墳高六尺學書者皆往以姓名投刺祀之不絕馥案周文使冀儁敘明帝及宋獻公等隸書儁以書字所興起自倉頡乃啟周文釋冀倉頡**見鳥獸蹏迒之迹**論衡感類篇見鳥迹而知爲書見蜚蓬而知爲車天非以鳥迹命倉頡以蜚蓬使奚仲也奚仲感蜚蓬而倉頡起鳥迹也唐韋續纂五十六種書黃帝時史倉頡寫鳥迹爲文作篆書淮南子史皇產而能書高誘注史皇倉頡生而見鳥迹知著書**知分理之可相別異也初造書契**呂氏春秋君守篇蒼頡作書高誘注蒼頡生而知書寫仿鳥迹以造文章潘徽韻纂敘文字之來尚矣初則羲皇出震觀象緯以法天次則史頡佐軒察蹏迹而取地於是八卦爰始爻文斯作繩用既息墳籍生焉傳選筆銘書契之興興自頡皇肇建一體浸遂繁昌慎子書契所以立公信也鄭注周易以書書木邊言其事刻其木謂之書契帝王世紀黃帝垂衣裳倉頡造文字然後書契始作崔瑗草書勢書契之興始自頡皇寫彼鳥迹以定文章成公綏隸書體皇頡作文因物構思觀彼鳥迹遂以成意索靖書狀聖王御世隨時之宜倉頡既生書契是爲張懷瓘書斷古文者黃帝史倉頡所造也仰觀奎星圓方屈曲之勢俯察龜文鳥迹之象采衆美

合而爲字是曰古文白帖龍圖始啟八卦之象可觀鳥迹初分六體之書爰起論衡對作篇造端更爲前始未有若倉頡作書是也唐釋道世法苑珠林古造書凡有三人長名曰梵其書右行次曰佉盧其書左行少者倉頡其書下行**百工以乂**魏書江式傳作百工以敘**萬品以察**當爲詧江式傳作萬品以明王粲研銘爰初書契以代結繩人察官理庶績誕興荀子解蔽篇故好書者衆矣而倉頡獨傳者一也楊倞注倉頡黃帝史官言古亦有好書者不如倉頡一於其道異術不能亂之故獨傳也**蓋取諸夬夬揚於王庭**隋書牛宏傳爻畫肇於庖羲文字生於倉頡聖人所以宏宣教導博通古今揚於王庭肆於時夏五經文字敘夬決也王庭孚號決之大者決以書契也**言文者宣教明化於王者朝廷**漢書藝文志易曰上古結繩以治後世聖人易之以書契百官以治萬民以察蓋取諸夬夬揚於王庭言其宜揚於王者朝廷其用最大也**君子所以施**當爲敀**祿及下居德則忌也**則忌當爲明忌王弼易作明忌故說云居德以明禁**倉頡之初作書**論衡奇怪篇失道之意還反其字倉頡作書與事相連又感虛篇書傳言倉頡作書天雨粟鬼夜哭此言文章興而

亂漸見故其妖變致天雨粟鬼夜哭也夫言天雨粟鬼夜哭
實也言其應倉頡作書虛也夫河出圖洛出書聖帝明王之
瑞應也圖書文章與倉頡所作字畫何以異天地爲圖書倉
頡作文字業與天地同指與鬼神合何非何惡而致雨粟神
哭之怪使天地鬼神惡人有書則其出圖書非也天不惡人
有書作書何非而致此怪或時倉頡適作書天適雨粟鬼偶
夜哭而天雨粟鬼神哭自有所爲世見應書
而至則謂作書生敗亂之象應事而動也
蓋依類象形故
謂之文其後形聲相益續漢書祭祀志注引
作其有形聲相益**即謂之字**困學
紀聞
引王文公云文者奇偶剛柔雜比以相承如天地之文故謂
之文字者始於一而生於無窮如母之字子故謂之字顧炎
武曰春秋以上言文不言字如左傳於文止戈爲武故文反
正爲乏於文皿蟲爲蠱及論語史闕文中庸書同文之類竝
不言字以文爲字乃始於史記秦始皇瑯邪臺石刻曰同書
文字說文敘云依類象形謂之文形聲相益謂之字周禮外
史掌達書名於四方注云古曰名今曰字儀禮聘禮注云名
書文也今謂之字此則字之名自秦而立自漢而顯也歟
字者言孳乳而浸多也一切經音義二十三引云昔倉頡造
書依類象形故謂之文其後形聲相

益卽謂之字字者孳乳浸多也字生也宣十五年左傳正義
引云文者物象之本字者孳乳而生顏會引同馥案字孳聲
義相近虞書鳥獸孳尾史記五帝本紀作字微戴侗六書故
指事象形二者之謂文會意轉注諧聲三者之謂字字者孳
也言文之所生也孳通作滋李登曰物相雜故曰文文相滋
故曰字衛恆四體書勢在昔黃帝創制造物沮誦倉頡始作
書契以代結繩蓋睹鳥迹而興思也因而遂滋則謂之字周
禮保氏疏援神契三皇無文故說者多以倉頡爲黃帝史而
造文字起於黃帝於後滋益而多者也又外史疏古者文字
少直曰名後代文字多則曰字字者滋也滋益而多故更稱
曰字僖十五年左傳物生而後有象象而後有
滋滋而後有數又通作兹本書[illegible]下云兹益也**著於竹帛謂**
之書太平御覽七百四十七引云依類象形之謂文形聲相
蓋之謂字著於竹帛之謂書文選蜀都賦鳥策篆素五
臣注策竹簡也素謂帛也書皐陶謨書用識哉賈誼書書者
著德之理於竹帛而陳之令人觀焉辛處信注文心彫龍云
昔倉頡造書形立謂之文聲
具謂之字寫於竹帛謂之書**書者如也**尚書璇璣鈐書者如
也廣雅書如也文選
敘書晢符檄之品五臣注書者如也玉篇世謂倉頡作書卽
黃帝史也象形指事形聲轉注會意假借此造字之本也書

者著也依類象形謂之文形聲相益謂之字所以明於萬事
紀往知來也書之言如也孝經援神契奎主文章倉頡文字
者總而爲言包意以名事也分而爲義則文者祖父字者子
孫得之自然備其文理象形之屬則謂之文因而滋蔓母子
相生形聲會意之屬則謂之字字者言孳乳浸**以迄五帝三**
多也題於竹帛謂之書書者如也舒也紀也
王之世改易殊體封於泰山者七十有二代續漢書祭祀志
注引同河圖眞
紀鉤王者封泰山禪梁父易姓奉度繼興崇功者七十二君
史記封禪書管仲曰古者封泰山禪梁父七十二家桓譚新
論太山之上有刻石凡千八
百餘處而可識者七十有二**靡有同焉**蕭子良撰五
十二家書**周禮八**
歲入小學保氏教國子先以六書周禮保氏養國子以道乃
敎之六藝五曰六書鄭司
農云六書象形會意轉
注處事假借諧聲也**一曰指事**藝文志作象事保氏注作
處事賈疏云人在一上爲
上人在一下爲下各有其
處事得其宜故名處事也**指事者視而可識察而可見**宋本
作察
而見
意**上下是也**衛恆曰指事者在
上爲上在下爲下**二曰象**當爲
像**形象形者畫**

成其物隨體詰詘日月是也衛恆曰日滿月虧象其形也保
氏疏云象日月形體而爲之
三曰形聲衛恆曰形聲者以類爲形配以聲
也藝文志作象聲保氏注作諧聲**形聲者以事爲**
名取譬相成江河是也保氏疏云江河皆以水爲形以工可
爲聲但書有六體形聲實多若江河
之類是左形右聲鳩鴿之類是右形左聲草藻之類是上形
下聲婆娑之類是上聲下形圃國之類是外形內聲闤闠衡
衛之類是外聲內形
此形聲之等有六也**四曰會意**藝文志
作象意**會意者比類合誼以**
見指撝武信是也衛恆曰會意者止
戈爲武人言爲信**五曰轉注**五經文字云
㝡冣二字竝
從狀轉注馥
疑狀當爲爿**轉注者建類一首同意相受**保氏疏建類一首
文意相受左右相
注故名
轉注**考老是也**晉書衛恆傳作老考解之云以老爲壽考
也趙宧光曰後人讀建類一首句遂以老考
爲建首而宛展其下爲考淺陋不成章此大謬也凡讀古人
文當求義理毋以文害詞可也休寧戴君震曰說文老從人
毛巳言須髮變白也考從老省丂聲其解字體一會意一諧
聲甚明而引之於敘以實其所論轉注不宜自相矛盾是故

別有說也使許氏說不可用亦必得其說然後駁正之何二千年閒紛紛立說者衆而以猥云左回右轉之謬悠目爲許氏可乎震謂考老二字屬諧聲會意者字之體引之言轉注者字之用轉注之云古人以其語言立爲名類通以今人語言猶曰互訓云爾轉相爲注互相爲訓古今語也說文於考字訓之曰老也於老字訓之曰考也是以敘中論轉注舉之爾雅釋詁有多至四十字共一義其六書轉注之法歟別俗異言古雅殊語轉注而可知故曰建類一首同意相受大致造字之始無所馮依宇宙閒事與形兩大端而已指其事之實曰指事一二上下是也象其形之大體曰象形日月水火是也文字既立則聲寄於字而字有可調之聲意寄於字而字有可通之意是又文字之兩大端也因而博衍之取乎聲諧曰諧聲聲不諧而會其意曰會意四者書之體止此矣由是之於用數字共一用者如初哉首基之皆爲始卬吾台予之皆爲我其義轉相爲注曰轉注一字具數用者依於義以引伸依於聲而旁寄假此以施於彼曰假借所以用文字者斯其兩大端也六者之次弟出於自然立法歸於易簡震所以信許叔重論六書必有師承而考老二字以說文證說文可不復疑也

六曰假借 當爲段耤衛恆曰假借者數言同字其聲雖異文義一也保氏疏一字兩用故名假借也史記正義論音例引鄭康成曰其始書之也倉卒無字或以音類比方假借爲之趣於近之而己

假借者本無其字依聲託事令長是也 徐鍇曰令所以使令或長於德或長於年皆可爲長故因而假之

及宣王太史籀著大篆十五篇 七略史籀者周時史官教學僮書也藝文志史籀十五篇周宣王太史作大篆十五篇建武時亾六篇矣元帝紀帝多材蓺善史書應劭曰周宣王太史史籀所作大篆顏師古急就篇注敘云昔在周宣粵有史籀演暘古文刱著大篆張懷瓘書斷大篆者周宣王太史史籀所作也始變古文或同或異謂之爲篆篆者傳也傳其物理施之無窮漢藝文志史籀十五篇蓋此也唐元度十體書曰秦焚詩書惟易與史篇得全逮王莽亂此篇亾失建武中獲九篇章帝時王育爲作解說所不通者十有二三晉世此篇廢今略傳字體而己

與古文或異 徐鍇本作與古文或同或異江式傳郭忠恕汗簡李文仲字鑑竝同案衞恆曰或與古同或與古異張懷瓘亦言或同或異也藝文志史籀篇者周時史官教學童書也與孔氏壁中古文異體

至孔子書六經 衞恆傳漢武時魯恭王壞孔子宅得尚書春秋論語孝經時人不復知有古文謂之科斗書梁書劉顯傳任昉嘗得一篇缺簡書文字零落歷示諸人莫能識者顯云是古文尚書所刪逸篇昉檢周書果如其說

左邱明述春秋傳皆以古文 左氏春秋序正義左氏邱明所修皆古文舊書漢成帝時劉歆校祕書見府中古文春秋左氏傳大好之又云傳多古字古言服虔注襄二十五年傳云古文篆書一簡八字論衡案書篇云春秋左氏傳者蓋出孔子壁中孝武皇帝時魯恭王壞孔子敎授堂以爲宮得佚春秋三十篇左氏傳也

厥意可得而說其後諸侯力政 汗簡作征 **不統於王惡禮樂之害己而皆去其典籍** 孟子諸侯惡其害己也而皆去其籍藝文志禮經三百威儀三千及周之衰諸侯將踰法度惡其害己皆滅去其籍後漢百官志降及戰國奢僭蓋纖削滅禮籍蓋惡有害己之語

分爲七國田疇異畮 禮記王制古者以周尺八尺爲步今以周尺六尺四寸爲步古者百畮當今東田百四十六畮三十步鄭注案禮制周猶以十寸爲尺蓋六國時多變亂法度或言周尺八寸則步更爲八八六十四寸以此計之古者百畮當今百五十六畮二十五步

車涂異軌律令異法 徐鍇本作律法異令汗簡及趙宧光長箋竝同

衣冠異制 如趙武靈王好奇服

言語異聲 如鄭注三禮齊秦楚人語

文字異形 今所傳刀布文不合古籀者皆列國之異形

秦始皇帝初兼天下丞相李斯乃奏同之 江淹恨賦至如秦帝按劍諸侯西馳削平天下同文共規

罷其不與秦文合者斯作倉頡篇 隋書經籍志梁有倉頡二卷漢司空杜林注亾玉海引羅氏曰其篇雖名祖倉頡而實異史籀顏氏家訓倉頡篇李斯所造而云漢兼天下海內幷廁豨黥韓覆畔討滅殘皆由後人所羼非本文也

中車府令趙高作爰歷篇 劉奉世曰趙高作爰歷獄吏用之馥按張湯傳爰書訊鞫論報

太史令胡毋敬作博學篇 江式曰李斯破大篆爲小篆造倉頡九章趙高造爰歷六章胡毋敬造博學七章後人分五十五章爲三卷上卷至哀帝元壽中楊子雲作訓纂爲中卷和帝永元中賈魴接記滂喜爲下卷故稱三蒼

皆取史籀大篆或頗省改 省當爲媘徐鍇曰減媘之字本當從女今之媘字世所不行從便則假借難移論義則宜有分別

所謂小篆者也 書斷小篆者秦丞相李斯所作也增損大篆異同籀文謂之小篆亦曰秦篆水經注穀水云大篆出於周宣王之時史籀

創著平王東遷文字乖錯秦之李斯及胡毋敬又改籀書謂之小篆故有大篆小篆焉徐鍇曰小篆會稽山銘及今之篆文是也**是時秦燒滅經書滌除舊典大發隸卒興役戍**汗簡作庶**官獄職務繁**漢書刑法志至於秦始皇兼吞戰國遂毀先王之法滅禮誼之官專任刑罰躬操文墨晝斷獄夜理之書自程決事日縣石之一服虔曰縣稱也石百二十斤也始皇省讀文書日以百二十斤爲程新語無爲篇秦始皇帝設爲車裂之誅以斂姦邪築長城於戎境以備胡越征大吞小威震天下將帥橫行以服外國蒙恬討亂於外李斯治法於內事逾煩而天下逾亂法逾滋而姦邪逾熾兵馬益設而敵人逾多秦非不欲爲治然失之者乃舉措暴衆而用刑太極故也**初有隸書**顏氏家訓開皇二年五月長安民掘得秦時鐵稱權旁有銅塗鐫銘二所其書兼爲古隸**以趣約易**當爲傷藝文志是時始造隸書矣起於官獄多事苟趣省易施之於徒隸也衛恆曰隸書者篆之捷也成公綏隸體蟲篆既繁草槀近僞適之中庸莫尚於隸規矩有則用之簡易索靖草書狀損之隸草以崇簡易百官畢修事業竝厲趙壹曰秦之末官書煩冗戰攻竝作軍書交馳羽檄分飛故爲隸草趣急速耳示簡易之指非聖人之業也書品

隸體發源秦時隸人下邳程邈所作始皇見而重之以秦事繁多篆字難製遂作此法故曰隸書水經注灃水云上谷郡王次仲變倉頡舊文爲今隸書秦始皇時官務繁多次仲所易文簡便於事要程邈曰隸書始於程邈八分始於王次仲東漢以來碑刻用八分書近世乃誤以八分爲隸後案五鳳二年石刻建初銅尺八里坤裴岑碑元氏祀三公山碑皆隸書也**而古文由此絕矣**楊雄劇秦美新剗滅古文太史公自敘周道既廢秦撥去古文焚滅詩書尚書考靈曜秦改古文以爲小篆及隸字國人多誹謗怨恨衛恆四體書勢自秦用篆書焚燒先典而古文絕矣水經注穀水云古文出於黃帝之世倉頡本鳥迹爲字取其孳乳相生故文字有六義焉自秦用篆書焚燒先典古文絕矣**自爾秦書有八體**沈約齊昭王碑究八體於豪端藝文志八體六技晏氏類要壞篆始標於八體注云秦世書有八體始壞篆爲之初學記秦焚燒先典乃廢古文更用八體一曰大篆周宣王史籀所作也二曰小篆始皇時李斯趙高胡毋敬所作也大小篆竝簡策所用也三曰刻符施於符傳也四曰摹印施於印璽也五曰蟲書爲蟲鳥之形施於幡信也六曰署書門題所用也七曰殳書銘於戈戟也八曰隸書始皇時程邈所定以行公府也**一曰大篆**徐鍇曰大篆史籀作所謂籀文是也字體繁複晏氏類要史籀始著大篆或與古同或與古異世謂之籀書**二曰小篆**即李斯所作倉頡篇**三曰刻符**刻符書符節令掌之墨藪謂秦始皇以祈禱名山作刻符書非也**四曰蟲書**下云鳥蟲書是也**五曰摹印**下云繆篆是也**六曰署書**本書扁署也署門戶之文也水經注穀水云洛陽宮殿門題多是大篆言是蔡邕諸子自董卓焚宮殿魏太祖平荊州漢吏部尚書安定梁孟皇善師宜官八分體求以贖死太祖善其法以爲勝宜官北宮牓題咸是鵠筆南宮既建明帝令侍中京兆韋誕以古篆書之皇都遷洛始令中書舍人沈含馨以隸書書之景明正始之年又敕符節令江式以大篆易之今諸桁楣題皆是式書**七曰殳書**蕭子良古今篆隸文體云殳書者伯氏之職古者文既書笏武亦書殳**八曰隸書**下云佐書是也**漢興有艸書**藝文志漢興蕭何草律顏注草創造之案與此草書不同後漢書陳寵傳蕭何草律注云草謂創造之也法言載使子草律曰吾不如宏恭漢官儀尚書郎主作文書起草風俗通朱偃欲上書周舉爲創草論衡對作篇奏記郡守宜禁奢侈以備困乏退題記草名曰備乏禁民飲酒退題記草名曰禁酒凡此可證草律考江式

傳云又有草書莫知誰始衛恆四體書勢云漢興而有草書不知作者姓名隋書經籍志云自倉頡訖漢初書經五變曰古文大篆小篆隸書草書凡此可證艸書**尉律**董彥遠謝除正字啓尉律四十九類書蓋已亾閔元衢注云尉律見說文敘王應麟曰尉律者廷尉治獄之律也漢書昭帝紀注引尉律太平御覽引廷尉決事摯虞新禮議故事祀皐陶於廷尉寺新禮移祀於律寺襄二十一年左傳欒盈曰將歸死於尉氏注云尉氏討姦之官漢書地理志陳留尉氏應劭曰古獄官曰尉氏鄭之別獄也陳留風俗傳曰尉氏鄭東鄙弊獄官名鹽鐵論詔聖篇二尺四寸之律古今一也急就篇春秋尚書律令文顏注律之言率也制法以率下也一曰律述也具述刑名也劉歆與楊子雲書蕭何造律成於帷幕漢書刑法志相國蕭何攈摭秦法取其宜於時者作律九章**學僮十七以上始試**漢書東方朔傳年十三學書三冬文史足用論衡自紀篇充爲小兒六歲敎書八歲出於書館書館小僮百人以上或以書醜得鞭充書日進手書既成辭師受論語尚書日諷千字北史楊愔傳六歲學史書**諷籀書九千字**徐鍇本無字字案大篆十五篇斷六百字爲一篇共得九千字晏氏類要籀文周太史史籀作也後人以名偁書謂之籀書萬斯同曰觀兩漢書所

載漢元帝嚴延年北海王嵩左姬竝喜史書釋者謂史籀所作故曰史書則兩漢猶行大篆**乃得爲吏**藝文志作史案史亦吏也論衡量知篇能彫琢文書謂之史匠謝承後漢書陸續仕郡戶曹史後漢書杜詩傳臣伏自惟忖本以史吏一介之才注云史吏謂初爲郡功曹也又种暠傳暠爲縣門下史時河南尹田歆外甥王諶名知人歆謂之曰今當舉孝廉欲自用一名士諶遂見暠異之白歆曰爲君得孝廉矣近洛陽門下史也歆笑曰當得山澤隱滯乃洛陽吏邪漢書王尊傳司隸遣假佐蘇林謂取內郡善史書佐給諸府又貢禹傳郡國擇便巧史書習於計簿能欺上府者以爲右職故俗皆曰何以禮義爲史書而仕宦又陳遵傳既至官當遣從史西召善書吏十人於前治私書謝京師故人遵馮几口占書吏賈誼書胡以孝弟循順爲善書而爲吏耳晉書石勒傳簡明經善書吏署爲文學掾**又以八體試之**藝文志作六體云六體者古文奇字篆書隸書繆篆蟲書皆所以通知古今文字摹印章書幡信也文心彫龍練字漢初草律明著厥法太史學童教試六體困學紀聞云六體非漢興之法當從說文敘改六爲八**郡移太史**移當爲遂漢官儀歲終郡試**并課最者以爲尚書史**藝文志課最者以爲尚書御史史書令史

韋昭曰若今尚書蘭臺令史也臣瓚曰史書今之太史書吳仁傑曰史書大篆也太史籀所作蓋太史課試善史書者以補史書令史而分隸尚書及御史也漢官儀能通倉頡史籀篇補蘭臺令史滿歲爲尚書郎論衡量知篇御史之遇文書不失分銖人不貴者小賤之能非尊大之職也周禮冢宰史十有二人注云史掌書者又小宰史掌官書以贊治注云若今起文書草也漢書張湯傳子安世用善書給事尚書汝南先賢傳黃孚爲墟里所差於是感激學書到京師入公府求學歲餘爲公府令入補尚書令史漢舊儀書令史斗食缺試中二千石書佐高第補蜀志郤正入爲祕書吏轉爲令史三輔決錄丁邵遷爲郎不就曰恥以孝廉爲令史職齊職儀自魏晉宋齊正令史書令史皆有品秩朱衣執板進賢一梁冠楊楞伽北齊鄴都故事尚書郎判事正令史側坐書令史過事續漢書百官志尚書令史十八人秩二百石曹有三人覆案尚書六曹曹三人三六十八故令史十八人也**書或不正輒舉劾之**藝文志吏民上書字或不正輒舉劾王觀國曰吏者百官上書也民者萬民上書也吏民上書字或不正則令史舉劾急就篇誅罰詐僞劾罪人顏注劾舉案之也續漢書百官志侍御史受公卿郡吏奏事有違失者舉劾之又云左丞掌錄尚書吏入上章晉書百官表左丞稽近道文書右丞稽遠道文書章表奏事史記萬石君傳建爲郎中令書奏事事下建讀之曰誤書馬字與尾當五今乃四不足一獲譴死矣甚惶恐晉書桓元傳尚書荅春蒐字誤爲蒐凡所關署皆被降黜晉武帝詔苟言有偏善情在忠讜雖文詞有謬誤言語有得失皆當曠然恕之文心彫龍吏民上書字謬輒劾是以馬字缺畫而石建懼死雖云性慎亦時重文也癡山楊氏曰先王之時書必同文故建官以達之所以一道德之歸立民信也漢初猶有課試之科舉劾之令以同天下之習**今雖有尉律不課小學不修**魏書李謐師事小學博士孔璠**莫達其說久矣**論衡別通篇孝明之時讀蘇武傳見武官名曰栘中監以問百官百官莫知夫倉頡之章小學之書文字備具至於無能對聖國之問者**孝宣時**徐鍇本作孝宣皇帝時**召通倉頡讀者張敞從受之**藝文志倉頡多古字俗師失其讀宣帝時徵齊人能正讀者張敞從受之張敞傳敞字子高本河東平陽人也從茂陵敞本治春秋以經術自輔敞孫竦博學文雅過於敞陳遵傳與張竦伯松相親友竦居貧無賓客時時好事者從之質疑問事論道經書而已楊雄荅劉歆書張伯松不好雄賦頌之文然亦有以奇之常爲雄道言其父及其先君

憙典訓覆案其父名吉其先君即敞也又案禮記正義說周官云杜子春永平時初能通其讀鄭衆賈逵往受業焉謂通其讀者故書作某杜子春讀爲某是也然則通倉頡讀者亦如是**涼州刺史杜業**荀悅漢紀亦作業漢書杜鄴傳鄴字子夏本魏郡繁陽人也從茂陵鄴少孤其母張敞女鄴壯從敞子吉學問得其家書初鄴從張吉學吉子竦又幼孤從鄴學問亦著於世尤長小學鄴子林清靜好古亦有雅材其正文字過於鄴竦故世言小學者由杜公後漢書杜林傳林字伯山父鄴成哀閒爲涼州刺史林少好學沈深家既多書又外氏張竦父子喜文采林從竦受學博洽多聞時稱通儒張懷瓘書品後漢杜林涼州刺史鄴之子尤工古文過於鄴也**沛人爰禮**本書平下引爰禮說**講學大夫**後漢書徐防傳祖父宣爲講學大夫注云王莽置六經祭酒各一人秩上卿講學大夫屬於祭酒也五經異義引講學大夫淳于登說殷氏世傳殷亮建武中徵拜博士遷講學大夫**秦近**漢書儒林傳張山拊事小夏侯建爲博士論石渠授信都秦恭延君桓譚新論作秦近君**亦能言之孝平時**徐鍇本作孝平皇帝時**徵禮等百餘人令說文字未央廷中以禮爲小學元士黃**

門侍郎楊雄西京雜記凡子雲姓皆從才不知原文如此抑傳寫誤耶吳仁傑曰子雲自序其先食采於晉之楊號曰楊侯按晉有兩楊氏霍楊韓魏皆姬姓也此楊侯之國出自有周支庶為晉所滅者也晉語楊食我生此則謂之晉大夫食采于楊至食我而滅者也食我滅而楊侯之後獨存故子雲以為裔出今千姓編有從木之楊而無從手之揚陸法言字書從木之楊注云本自周宣王子幽王邑諸楊號曰楊侯後并于晉因為氏與子雲自序同然則子雲伯起皆氏木名之楊明也馥案隸釋所載楊震碑其字從木楊修傳吾家子雲是子雲與修同姓故鄭固碑楊烏楊字亦從木采以作訓纂篇藝文志至元始中徵天下通小學者以百數各令記字於廷中楊雄取其有用者以作訓纂篇順續倉頡又易倉頡中重複之字凡八十九章平帝紀元始五年徵天下通知逸經古記天文歷筭鍾律小學史篇方術本草及以五經論語孝經爾雅教授者在所為駕一封軺傳遣詣京師至者數千人文心彫龍及宣成二帝徵集小學張敞以正讀傳業楊雄以奇字纂訓又王莽傳徵天下通一藝教授十一人以上及有逸禮古書毛詩周官爾雅天文圖讖鍾律月令兵法史篇文字通知其意者皆詣公車網羅天下異能之士至者前後千數皆令記說廷中將令正乖繆

說文解字義證　卷四十九　十一　連筠簃叢書　靈石楊氏栞

壹異說云馥謂楊雄生當其時親聞其說不審與爰禮等舊說同耶異耶凡倉頡以下十四篇凡五千三百四十字十四篇八十九章每章六十字正合五千三百四十之數羣書所載略存之矣藝文志六藝羣書所載略備矣及亾新居攝使大司空甄豐等校文書之部自以為應制作江式傳應下有運字頗改定古文王莽傳豐子尋手理有天子字莽解其臂入視之曰此一大子也或曰一六子也六者戮也明尋父子當戮死也迺放尋于三危馥謂豐妄改古文戮死宜也時有六書一曰古文孔子壁中書也後漢書盧植傳古文科斗注云古文謂孔子壁中書也形似科斗因以為名尚書正義孔子壁內古文即倉頡之體故鄭元云書初出屋壁皆周時象形文字今所謂科斗書以形言之為科斗指體即周之古文晉書束晳傳有人於嵩高山下得竹簡一枚上有兩行科斗書晳曰此漢明帝顯節陵中策文也檢驗果然馥謂漢用古文此亦可證二曰奇字即古文而異者也本書无下云奇字無儿下云古文奇字人也漢書楊雄傳劉棻嘗從雄作奇字顏注古文之異者晉書郭璞傳太興

初會稽剡縣人得一鐘上有古文奇書十八字尚書考靈曜古之奇字曰古文三曰篆書即小篆秦始皇帝使下杜人程邈所作也衛恆傳李斯作倉頡篇趙高作爰歷篇胡毋敬作博學篇皆取史籀大篆或頗省改所謂小篆者也或曰下土人程邈為衙獄吏得罪始皇幽繫雲陽十年從獄中作縣大篆少者增益多者損減方者使員員者使方奏之始皇始皇善之出以為御史使定書或曰邈所定乃隸書也馥謂秦始皇帝十三字當在隸書下江式曰隸書者始皇使下杜人程邈附於小篆所作也四曰佐當依徐鍇本作左書即秦隸書史記正義論字例云程邈變篆為隸衛恆傳秦既用篆奏事繁多篆字難成即令隸人佐書曰隸字隸者篆之捷也蔡邕隸勢烏迹之變乃惟佐隸崔瑗草書體爰暨末葉典籍彌繁人之多僻政之多權官事繁蕪勦其墨翰惟作佐隸舊字是刪五曰繆篆所以摹印也顏師古曰繆篆謂其文屈曲纏繞所以摹印章也黃庭堅曰繆篆讀如綢繆束薪之繆漢以來符璽印章書也六曰鳥蟲書所以書幡當為幡信也蜀都賦鳥冊篆素續漢書靈帝詔工書鳥篆相課試通鑑帝好文學自造皇羲篇五十章因引諸生能為文賦者竝

說文解字義證　卷四十九　十二　連筠簃叢書　靈石楊氏栞

待制鴻都門下後諸為尺牘及工書鳥篆者皆加引召遂至數十人魏志衛覬好古文鳥篆後漢書陽球傳鴻都文學或鳥篆盈簡注云八體書有鳥篆象形為字張彥遠名畫記按字學之部其六曰鳥書在幡信上書端象鳥頭者則畫之流也崔豹古今注信幡古之徽號也所以題表官號以為符信故謂為信幡也用鳥書取其飛騰輕疾也世語太祖定荊州得梁鵠令書信幡晉令使信節皆鳥書壁中書者玉海顏師古曰家語孔騰藏尚書孝經論語於夫子舊堂壁中漢紀尹敏傳云孔鮒所藏二說不同決疑曰隋志云武帝時魯恭王壞孔子宅得其末孫惠所藏之書皆古文也史通亦以為孔惠所藏魯恭王壞孔子宅藝文志武帝末魯共王壞孔子宅案恭王薨於元朔元年是武帝在位中年不得云末又案五鳳二年石刻為魯三十四年此時魯王已屬恭王之孫則恭王安得至武帝末乎而得禮記江式傳無記字儀禮亦傳禮記初出時但傳逸禮經無此目猶論語初出謂之傳後乃傳論語藝文志禮古經五十六卷劉歆移太常博士書云及魯恭王壞孔子宅欲以為宮而得古文於壞壁之中逸禮有三十九篇鄭氏六藝論云漢興高堂生得禮十七篇後孔子壁中得古文禮五十七篇其十七篇與前同而字多異又云河閒獻王古文

禮五十六篇記百三十一篇閻若璩曰壁中所得實止論語孝經尚書禮經四部無禮記余疑漢志魯共王壞孔子宅一段禮記記字爲衍文或經字之譌因顏注未明故未盡削去實非屬定論也又曰儒林傳后蒼說禮數萬言號曰后氏曲臺記授大戴小戴后蒼之記亦記高堂生之儀禮爲其於禮記固絕不相蒙者也今世說槩以禮記爲曲臺記此語不知何所自來鄭康成六藝論謂高堂生以禮授蕭奮奮授孟卿卿授后蒼蒼授戴聖戴德是爲五傳弟子所傳皆儀禮也又謂戴德傳記八十五篇則今大戴禮記是戴聖傳禮四十九篇則此禮記是禮記之在西漢原不立學官卽大小戴所刪亦不見藝文志東漢後馬融盧植鄭康成始各有解詁通爲三禮焉馥案雜記云恤由之喪哀公使孺悲之孔子學士喪禮士喪禮於是乎書馥謂此乃藏於屋壁之禮也下文偁禮周官但曰禮無記字武君億曰爾雅釋言郭註引禮記曰厞用席釋詁注引禮記曰安而後傳言邢疏證以有司徹士相見禮謂偁禮記爲誤釋草注引禮記曰苴麻之有黂者邢氏謂此在喪服傳傳所以解經故亦謂之禮記其說岐矣按宋張淳儀禮識誤序云出於孔氏之宅壁者曰禮河閒獻王之得先秦古書者曰禮記禮者今之儀禮記者今儀禮之記時未有儀禮之名也億因知景純引爲禮記定名指歸實有所

自葢迄兩漢以來皆指儀禮爲禮記鄭康成箋詩采繁引少牢饋食禮亦作禮記主婦髲鬄是其證但出孔壁時尚未有禮記之偁也**尚書**論衡正說篇魯恭王壞孔子教授堂以爲殿得百篇尚書於牆壁中武帝使使者取視莫能讀者**春秋**藝文志春秋古經十二篇**論語**藝文志論語古二十一篇注云出孔子壁中論衡正說篇說論語者不知論語本幾何篇武帝發取孔子壁中古文得二十一篇齊魯河閒九篇三十篇宣帝下太常博士時尚偁書難曉名之曰傳後更隸寫以傳誦初孔子孫孔安國以教魯人扶卿始曰論語今時偁論語二十一篇又失齊魯河閒九篇**孝經**水經注泗水云魯恭王壞孔子舊宅得尚書春秋論語孝經時人已不復知有古文謂之科斗書尚書敘至魯共王好治宮室壞孔子舊宅以廣其居於壁中得先人所藏古文虞夏商周之書及傳論語孝經皆科斗文字正義凡書非經則謂之傳言及傳論語孝經正謂論語孝經是傳也漢武帝謂東方朔云傳曰時然後言人不厭其言又漢東平王劉雲與其太師策書云傳曰陳力就列不能者止又成帝賜翟方進策書云傳曰高而不危所以長守貴也是漢世通謂論語孝經爲傳也以論語孝經非先王之書是孔子所傳說故謂之傳所以異於先王之書也馥案陳寔碑傳曰郁郁乎文哉亦以論語爲傳**又北平侯張倉獻春秋左氏傳**藝文志左氏傳三十卷注云左邱明魯太史劉歆移太常博士書及春秋左氏邱明所修皆古文舊書多者二十餘通又曰且此數家之事皆先帝所親論今上所考視爲古文舊書皆有徵驗內外相應豈苟而已哉顏師古曰謬正俗蔡南問北平侯始獻左氏傳北平侯從誰得之董勛荅曰諸奇書左傳周禮之屬悉從河閒王所得也按許氏說文解字敘云北平侯張倉獻左氏春秋傳書張蒼本以客從高祖歷位諸侯相御史大夫蒼凡好書無所不觀無所不通孝文四年爲丞相百餘歲孝景五年薨而河閒獻王景帝之子校其年月不相及殆非獻王所得明矣**郡國亦往往於山川得鼎彝其銘卽前代之古文皆自相似**漢書郊祀志美陽得鼎獻之下有司議張敞好古文字按鼎銘勒而上議曰今鼎出於郊東中有刻書曰王命尸臣官此栒邑賜爾旂鸞黼黻琱戈尸臣拜手稽首曰敢對揚天子丕顯休命臣愚不足迹古文竊以傳記言之此鼎殆周之所以褒賜大臣大臣子孫刻銘其先功臧之於宮廟也**雖叵復見遠流**本書無叵字流徐鍇本作沬音昧趙宧光曰一本作流非馥案隸書流作㳅與沬形近**其詳可得略**

說也而世人大共非訾以爲好奇者也故詭更正文鄉壁當爲鄉廦鄭注中庸素隱行怪云素讀爲攻城攻其所傃之傃猶鄉也言方鄉辟害隱身正義身鄉幽隱之處釋文鄉本又作嚮本書廦仄也**虛造不可知之書變亂**當爲𤔔**常行以燿於世諸生競**徐鍇本作竟逐**說字解經誼**當爲叩**稱**當爲偁**秦之隸書爲倉頡時書云**容齋續筆七史漢凡致疑者或曰若或曰云引封禪書郊祀志雍州好時自古諸神祠皆聚云萯夜致王夫人之貌云若有言萬歲者云若見有光云馥案封禪書有司曰陛下肅祗郊祀上帝報享錫一角獸蓋麟云大宛傳天子案古圖書名河所出山曰崑崙云漢書西域傳蒲昌海皆以爲潛行地下南出於積石爲中國河云**父子相傳何得改易**言隸書家世傳授不得爲倉頡時書**乃猥曰**史記律書猥云德化不當用兵漢書文三王傳何故猥自發舒顏注猥曲也**馬頭人爲長人持十爲斗**隸作升**虫者屈中也**春秋考異郵虫之爲言屈中也**廷尉說律**鹽鐵論文學知獄之在廷後而不知其事又云方今律令百有餘篇文章

繁罪名重至以字斷法苛人受錢本書訶苛也一曰訶也訶當爲何字之誤也陳羣新律敘令乙
有阿人受錢科背張裴律表呵人受財似受賕律有事狀相
似而罪名相涉者不以罪名呵爲呵人以罪名呵爲受賕周
禮世婦大喪比外內命婦之朝莫哭不敬者而呵罰之注云
呵譴也射人不敬者苛罰之注引檀弓君薨以是舉苛謂詰
問之宮正幾其出入注云幾呵其衣服持操及疏數者閽人
凡內人公器賓客無帥則幾其出入注云苛其出入釋文云
苛本又作呵司關國凶札則無關門之征猶幾注云猶苛察
不得令姦人出入萍氏掌幾酒注云苛察沽買過多及非時
者禮記王制關執禁以譏注云譏呵察陸德明本作苛云苛
本亦作呵漢書李廣傳霸陵尉醉呵止廣胡廣注漢官篇諸
門各陳屯夾道其旁設兵以示威武交節立戟以遮呵出入
風俗通南宮中黃門寺有一男子服白衣黃門解步呵問女
何等人白衣妄入宮掖通鑑元魏壽陽公主行犯清路赤棒
卒呵之不止又齊周奉叔出入禁闥門衛不敢訶又唐憲宗
詔宰相出入騎士衛之所過坊門呵索甚嚴賈誼曰吏急而
壹之乎則大爲煩苛而力不能勝縱而弗呵乎則市肆異用
錢文大亂史記衛琯傳不譙呵琯馥謂譙呵當爲誰何漢書作孰何苛之字止何也止何當爲止可廣韻

苛止也玉篇苛古文訶管子五輔篇上彌殘苛下愈覆鶩注
云殘苛當作殘苛本書訶下引周書盡執訶今書作拘此皆
可譌句若此者甚衆皆不合孔氏古文謬於史籀魏書江式傳慎嗟時人之
好奇欺俗儒之穿鑿故撰說文解字十五篇俗儒宋本鄙作啚夫翫其所習蔽所希聞
不見通學未嘗覩字例之條怪舊埶而善野言劉歆曰信口說而背傳記
是末師而非往古以其所知爲祕妙當爲秘究洞聖人之微當爲散恉又
見倉頡篇中幼子承詔因號古帝之作也其辭有神僊之術
焉容齋續筆史漢凡致疑者皆曰焉引武帝本紀雖未能至望見之焉其迷誤不諭豈不悖哉
書曰予欲觀古人之象言必遵修舊文而不穿鑿孔子曰吾
猶及史之闕文今亾也夫蓋非其不知而不問人用己私當爲
ム是非無正巧說衺辭使天下學者疑許沖上書恐巧說衺辭使學者疑藝文志

古制書必同文不知則闕問諸故老至於衰世是非無正人
用其私故孔子曰吾猶及史之闕文也今亾矣夫蓋傷其𥨊
不正又云後世經傳既已乖離博學者又不思多聞闕疑之
義而務碎義逃難便辭巧說破壞形體五經文字敘春秋之
末保氏教廢無所取正各遂其私故孔子曰吾猶及史之闕
文也今亾矣蓋夫子少時人猶有闕疑之問後亾斯道歎其
不知而作之也後漢書徐防傳伏見太學試博士弟子皆以
意說不修家法私相容隱開生姦路每有策試輒興爭訟論
議紛錯互相是非孔子稱述而不作又曰吾猶及史之闕文
疾史有所不知而不肯闕也申鑒時事篇仲尼作經本一而
已古今文不同而皆自謂眞本先師義一而已異家別說不
同而皆自謂口口仲尼邈而靡質先師歿而無閒將誰使折
之者秦之滅學也書藏於屋壁義絕於朝野逮至漢興收摭
散滯固已無全學矣文有摩滅言有楚夏出有先後或學者
先意有所借定後進相放彌以滋蔓故一源十流天水違行而訟者紛如也蓋文字者經藝當爲埶
之本王政之始前人所以垂後後人所以識古江式傳文字者六籍之宗
王教之始前人所以垂今今人所以識古隋書經籍志敘經
籍也者其爲用大矣不疾而速不術而至今之所以知古後

之所以知今其斯之謂也故曰本立而道生知天下之至嘖而不可亂當爲
𤔔也今敘篆文合以古籀魏了翁渠陽雜鈔引作合以古籀所記博采通人許沖
上書慎博問通人考之於逵作說文解字楊慎六書索隱敘
說文有淮南王說司馬相如說董仲舒說京房說衛宏說楊
雄說劉歆說桑欽說杜林說賈逵說傅毅說官溥說譚長說
王育說班固說尹彤說張林說黃顥說周盛說逯安說歐陽
僑說甯嚴說爰禮說徐巡說莊都說張徹說至於小大信而有證稽譔當爲卟僎其說
將以理羣類解謬誤曉學者達神恉分別部居不相雜廁急就
篇分別部居不雜廁顏注前後之次以類相從種別區分不相閒錯也萬物咸覩靡不兼載許沖
上書慎作說文解字六藝羣書之詁皆訓其意而天地鬼神
山川艸木鳥獸蚰蟲雜物奇怪王制禮儀世閒人事莫不畢
載厥誼不昭爰明以諭後敘所謂次列微辭也又引經傳以明之其偁易孟氏藝文
志易有施孟梁邱京氏列於學官釋文敘錄周易孟喜章句
十卷陸澄曰易自商瞿之後雖有異家之學同以象數爲宗

許氏說文偁易孟氏其文多異虞翻傳其家五世孟氏之學**書孔氏**藝文志孔安國者孔子後也悉得其書以考二十九篇得多十六篇安國獻之遭巫蠱事未列於學官後漢儒林傳孔僖魯國魯人也自安國以下世傳古文尚書**詩毛氏**藝文志又有毛公之學自謂子夏所傳而河閒獻王好之未得立案易有施孟梁丘京氏之學書有歐陽夏侯之學詩有齊魯韓毛之學故許公標舉所偁以自明且曉人也**禮**謂出孔壁之禮卽今儀禮**周官**今周禮**春秋左氏**上文云左邱明述春秋傳皆以古文又云北平矦張倉獻春秋左氏傳**論語**出孔壁**孝經**藝文志孝經古孔氏一篇顏注劉向云古文字也許沖上書古文孝經者孝昭帝時魯國三老所獻建武時給事議郎衛宏所校皆口傳官無其說桓譚新論古孝經千八百七十一字今異者四百餘字**皆古文也**言所偁易孟氏以下皆古經異義每引古周禮古左氏古孝經說**於其**朱本徐鍇本作其於**所不知蓋闕如也**

說文解字弟一

說文解字義證卷四十九　七　連筠簃叢書　靈石楊氏栞

余蕭客曰許慎說文目在卷末京房注易錄入正卷司馬文正類篇一從許氏目在卷之十五

一部一　丄部二

示部三　三部四

王部五　玉部六

玨部七　气部八

士部九　丨部十

屮部十一　艸部十二

蓐部十三　茻部十四

說文解字弟二

小部十五　八部十六

釆部十七　半部十八

牛部十九　犛部二十

告部二十一　口部二十二

凵部二十三　吅部二十四

哭部二十五　走部二十六

止部二十七　癶部二十八

步部二十九　此部三十

正部三十一　是部三十二

辵部三十三　彳部三十四

廴部三十五　㢟部三十六

說文解字義證卷四十九　六　連筠簃叢書　靈石楊氏栞

行部三十七　齒部三十八

牙部三十九　足部四十

疋部四十一　品部四十二

龠部四十三　冊部四十四

說文解字弟三

㗊部四十五　舌部四十六

干部四十七　𧮫部四十八

只部四十九　㕯部五十

句部五十一　丩部五十二

古部五十三　十部五十四

卅部五十五　言部五十六
誩部五十七　音部五十八
䇂部五十九　丵部六十
菐部六十一　廾部六十二
𠬜部六十三　共部六十四
異部六十五　舁部六十六
𦥑部六十七　䢅部六十八
爨部六十九　革部七十
鬲部七十一　䰜部七十二
爪部七十三　丮部七十四

鬥部七十五　又部七十六
𠂇部七十七　史部七十八
支部七十九　𦘒部八十
聿部八十一　畫部八十二
隶部八十三　臤部八十四
臣部八十五　殳部八十六
殺部八十七　𠘧部八十八
寸部八十九　皮部九十
㼱部九十一　攴部九十二
教部九十三　卜部九十四

用部九十五　爻部九十六
㸚部九十七

說文解字弟四

𥄎部九十八　目部九十九
䀠部一百　眉部一百一
盾部一百二　自部一百三
白部一百四　鼻部一百五
皕部一百六　習部一百七
羽部一百八　隹部一百九
奞部一百十　萑部一百十一

𦫳部一百十二　𥄕部一百十三
羊部一百十四　羴部一百十五
瞿部一百十六　雔部一百十七
雥部一百十八　鳥部一百十九
烏部一百二十　𠦒部一百二十一
冓部一百二十二　幺部一百二十三
𢆶部一百二十四　叀部一百二十五
玄部一百二十六　予部一百二十七
放部一百二十八　𠬪部一百二十九
𣦼部一百三十　歺部一百三十一

死部一百三十二　冎部一百三十三
骨部一百三十四　肉部一百三十五
筋部一百三十六　刀部一百三十七
刃部一百三十八　㓞部一百三十九
丯部一百四十　耒部一百四十一
角部一百四十二

說文解字弟五

竹部一百四十三　箕部一百四十四
丌部一百四十五　左部一百四十六
工部一百四十七　㠭部一百四十八

巫部一百四十九　甘部一百五十
曰部一百五十一　乃部一百五十二
丂部一百五十三　可部一百五十四
兮部一百五十五　号部一百五十六
亏部一百五十七　旨部一百五十八
喜部一百五十九　壴部一百六十
鼓部一百六十一　豈部一百六十二
豆部一百六十三　豊部一百六十四
豐部一百六十五　䖒部一百六十六
虍部一百六十七　虎部一百六十八

虤部一百六十九　皿部一百七十
凵部一百七十一　去部一百七十二
血部一百七十三　丶部一百七十四
丹部一百七十五　青部一百七十六
井部一百七十七　皀部一百七十八
鬯部一百七十九　食部一百八十
亼部一百八十一　會部一百八十二
倉部一百八十三　入部一百八十四
缶部一百八十五　矢部一百八十六
高部一百八十七　冂部一百八十八

𩫏部一百八十九　京部一百九十
亯部一百九十一　㫗部一百九十二
畗部一百九十三　㐭部一百九十四
嗇部一百九十五　來部一百九十六
麥部一百九十七　夊部一百九十八
舛部一百九十九　舜部二百
韋部二百一　弟部二百二
夂部二百三　久部二百四
桀部二百五

說文解字弟六

木部二百六
東部二百七
林部二百八
才部二百九
叒部二百十
之部二百十一
帀部二百十二
出部二百十三
𣎵部二百十四
生部二百十五
乇部二百十六
𠂹部二百十七
𠌶部二百十八
華部二百十九
𥝌部二百二十
稽部二百二十一
巢部二百二十二
桼部二百二十三
束部二百二十四
㯻部二百二十五
囗部二百二十六
員部二百二十七
貝部二百二十八
邑部二百二十九
𨛜部二百三十

說文解字弟七

日部二百三十一
旦部二百三十二
倝部二百三十三
㫃部二百三十四
冥部二百三十五
晶部二百三十六
月部二百三十七
有部二百三十八
朙部二百三十九
囧部二百四十
夕部二百四十一
多部二百四十二

毌部二百四十三
𢎘部二百四十四
𣐺部二百四十五
𠧪部二百四十六
齊部二百四十七
朿部二百四十八
片部二百四十九
鼎部二百五十
克部二百五十一
彔部二百五十二
禾部二百五十三
秝部二百五十四
黍部二百五十五
香部二百五十六
米部二百五十七
毇部二百五十八
臼部二百五十九
凶部二百六十
朩部二百六十一
𣏟部二百六十二

麻部二百六十三
尗部二百六十四
耑部二百六十五
韭部二百六十六
瓜部二百六十七
瓠部二百六十八
宀部二百六十九
宮部二百七十
呂部二百七十一
穴部二百七十二
㝱部二百七十三
疒部二百七十四
冖部二百七十五
𠔼部二百七十六
冃部二百七十七
㒳部二百七十八
网部二百七十九
襾部二百八十
巾部二百八十一
巿部二百八十二

帛部二百八十三　白部二百八十四
㡀部二百八十五　黹部二百八十六

說文解字弟八

人部二百八十七　匕部二百八十八
匕部二百八十九　从部二百九十
比部二百九十一　北部二百九十二
丘部二百九十三　㐺部二百九十四
𡈼部二百九十五　重部二百九十六
臥部二百九十七　身部二百九十八
㐆部二百九十九　衣部三百

裘部三百一　老部三百二
毛部三百三　毳部三百四
尸部三百五　尺部三百六
尾部三百七　履部三百八
舟部三百九　方部三百十
儿部三百十一　兄部三百十二
兂部三百十三　皃部三百十四
兜部三百十五　先部三百十六
秃部三百十七　見部三百十八
覞部三百十九　欠部三百二十

㱃部三百二十一　㳄部三百二十二
旡部三百二十三

說文解字弟九

頁部三百二十四　𦣻部三百二十五
面部三百二十六　丏部三百二十七
首部三百二十八　𥄉部三百二十九
須部三百三十　彡部三百三十一
彣部三百三十二　文部三百三十三
髟部三百三十四　后部三百三十五
司部三百三十六　卮部三百三十七

卩部三百三十八　印部三百三十九
色部三百四十　𠨍部三百四十一
辟部三百四十二　勹部三百四十三
包部三百四十四　茍部三百四十五
鬼部三百四十六　甶部三百四十七
厶部三百四十八　嵬部三百四十九
山部三百五十　屾部三百五十一
屵部三百五十二　广部三百五十三
厂部三百五十四　丸部三百五十五
危部三百五十六　石部三百五十七

長部三百五十八　勿部三百五十九
冄部三百六十　而部三百六十一
豕部三百六十二　㣇部三百六十三
彑部三百六十四　豚部三百六十五
豸部三百六十六　舄部三百六十七
易部三百六十八　象部三百六十九

說文解字弟十

馬部三百七十　廌部三百七十一
鹿部三百七十二　麤部三百七十三
㲋部三百七十四　兔部三百七十五

莧部三百七十六　犬部三百七十七
㹜部三百七十八　鼠部三百七十九
能部三百八十　熊部三百八十一
火部三百八十二　炎部三百八十三
黑部三百八十四　囱部三百八十五
焱部三百八十六　炙部三百八十七
赤部三百八十八　大部三百八十九
亦部三百九十　夨部三百九十一
夭部三百九十二　交部三百九十三
尣部三百九十四　壺部三百九十五

壹部三百九十六　㚔部三百九十七
奢部三百九十八　亢部三百九十九
夲部四百　夰部四百一
亣部四百二　夫部四百三
立部四百四　竝部四百五
囟部四百六　思部四百七
心部四百八　惢部四百九

說文解字弟十一

水部四百十　沝部四百十一
瀕部四百十二　く部四百十三

巜部四百十四　川部四百十五
泉部四百十六　灥部四百十七
永部四百十八　𠂢部四百十九
谷部四百二十　仌部四百二十一
雨部四百二十二　雲部四百二十三
魚部四百二十四　𩺰部四百二十五
燕部四百二十六　龍部四百二十七
飛部四百二十八　非部四百二十九
卂部四百三十

說文解字弟十二

乙部四百三十一　不部四百三十二
至部四百三十三　西部四百三十四
鹵部四百三十五　鹽部四百三十六
戶部四百三十七　門部四百三十八
耳部四百三十九　𦣝部四百四十
手部四百四十一　𠦬部四百四十二
女部四百四十三　毋部四百四十四
民部四百四十五　丿部四百四十六
𠂆部四百四十七　乁部四百四十八
氏部四百四十九　氐部四百五十

說文解字義證　卷四十九　卅九　連筠簃叢書　靈石楊氏栞

戈部四百五十一　戉部四百五十二
我部四百五十三　亅部四百五十四
珡部四百五十五　乚部四百五十六
亡部四百五十七　匸部四百五十八
匚部四百五十九　曲部四百六十
甾部四百六十一　瓦部四百六十二
弓部四百六十三　弜部四百六十四
弦部四百六十五　系部四百六十六

說文解字第十三

糸部四百六十七　素部四百六十八
絲部四百六十九　率部四百七十
虫部四百七十一　䖵部四百七十二
蟲部四百七十三　風部四百七十四
它部四百七十五　龜部四百七十六
黽部四百七十七　卵部四百七十八
二部四百七十九　土部四百八十
垚部四百八十一　堇部四百八十二
里部四百八十三　田部四百八十四
畕部四百八十五　黃部四百八十六
男部四百八十七　力部四百八十八

說文解字義證　卷四十九　卌　連筠簃叢書　靈石楊氏栞

劦部四百八十九

說文解字第十四

金部四百九十　幵部四百九十一
勺部四百九十二　几部四百九十三
且部四百九十四　斤部四百九十五
斗部四百九十六　矛部四百九十七
車部四百九十八　𠂤部四百九十九
𨸏部五百　𨺅部五百一
厽部五百二　四部五百三
宁部五百四　叕部五百五

亞部五百六　五部五百七
六部五百八　七部五百九
九部五百十　禸部五百十一
嘼部五百十二　甲部五百十三
乙部五百十四　丙部五百十五
丁部五百十六　戊部五百十七
己部五百十八　巴部五百十九
庚部五百二十　辛部五百二十一
辡部五百二十二　壬部五百二十三
癸部五百二十四　子部五百二十五

了部五百二十六　孨部五百二十七
𠫓部五百二十八　丑部五百二十九
寅部五百三十　卯部五百三十一
辰部五百三十二　巳部五百三十三
午部五百三十四　未部五百三十五
申部五百三十六　酉部五百三十七
酋部五百三十八　戌部五百三十九
亥部五百四十

敘曰禮記正義敘者緒述其事案此敘篇之目也徐鉉本分上下二卷今合爲一此十四篇五百四十部九千三百五十三文案倉頡篇五十五章訓纂篇八十九章班固十三章共百五十七章章六十字凡九千四百二十字今本九千四百三十一字除新修十九字實九千四百一十二字重一千一百六十三今本重一千二百七十九解說凡十三萬三千四百四十一字今本十二萬二千六百九十九字案廣雅玉篇九經字樣類篇皆有字數其建首也立一爲耑本書始於一方以類聚物以羣分同條牽屬共理相貫當爲毌雜而不越王弼注易云各得其敘不相踰越據形聯系宋本李燾本作系聯引而申當爲㬰之以究萬原畢當爲縪終於亥知化窮冥本書終於亥徐鍇曰亥物之該盡故曰窮冥案冥與竆分貫中原爲韻本書鄭從奠聲奠音徒典切鄭讀若䆴道藏歌逍遙聚無散身生水火先大運會開度彌劫爲一齡王暉修眞誥中岳鎭和氣般輸共成篇若能思得之賜與金一辦于時大漢聖德當爲惪熙朙承天稽當爲卟唐敷當爲尃崇殷中中與朙洶方爲韻其可例者胡宗大亐賦四靈既布黃龍處中周制日月是曰太常古樂府蘭艸自然香生於大道旁腰鐮八九月俱在束薪中遐邇被澤渥

衍當爲沇本書九州之渥地也故以沇名焉沛滂廣業甄微當爲𢼸學當爲斆士知方探嘖索徐鍇本作索隱厥誼可傳二句結束上段而傳字與下段合韻後文欲罷不能既竭愚才亦爾古人用韻多如此粵在永元困頓之年顧炎武曰爾雅疏甲至癸爲十日日爲陽寅至丑爲十二辰辰爲陰此二十二名古人用以紀日不以紀歲歲則自有閼逢至昭陽十名爲歲陽攝提格至赤奮若十二名爲歲名周禮硩蔟氏十日十有二辰十有二月十有二歲之號注日謂從甲至癸辰謂從子至亥月謂從陬至荼歲謂從攝提格至赤奮若後人謂甲子歲癸亥歲非古也自漢以前初不假借史記歷書太初元年年名焉逢攝提格月名畢聚日得甲子夜半朔旦冬至其辨析如此若呂氏春秋敘意篇維秦八年歲在涒灘秋甲子朔賈誼鵩賦單閼之歲兮四月孟夏庚子日斜兮鵩集余舍許氏說文後敘粵在永元困頓之年孟陬之月朔日甲子亦皆用歲陽歲名不與日同之證又曰楚辭攝提貞于孟陬兮維庚寅吾以降攝提歲也孟陬月也庚寅日也孟陬之月朔日甲申徐鍇本作甲子案通鑑永元十二年七月辛亥朔逆推至正月無甲申甲子朔假謂甲子非朔值甲子猶言朔後某干支也宋

書禮志年月朔日甲子尙書令某甲下陳琳檄吳將校部曲文年月朔日子年月下系以朔朔後系以干支或偁甲或偁子或竝偁甲子者皆泛言某干支也本書朔日甲子猶陳琳檄之年月朔日子宋志之年月朔日子也此句泛言干支故不韻 **曾曾小子** 襄十八年左傳晉侯伐齊將濟河禱曰曾臣彪杜注曾臣猶末臣 **祖自炎神** 禮祭法厲山氏之有天下也鄭注厲山氏炎帝也起於厲山或曰有烈山氏水經注漻水云賜水西徑厲鄉南水南有重山即烈山也山下有一穴相傳神農所生處故禮謂之烈山氏帝王世紀神農氏者起於烈山時偁之神農即炎帝也案本書神農居姜水以爲姓詩揚之水不與我戍許毛傳許諸姜也又不與我戍甫傳甫諸姜也正義云尙書有呂刑之篇禮記引作甫刑周語胙四岳國命爲侯伯賜姓曰姜氏曰有呂又曰申呂雖衰齊許猶在是甫許同爲姜姓唐書宰相世系表許氏出自姜姓炎帝裔孫伯夷之後周武王封其裔孫文叔於許後以爲太嶽之嗣 **縉雲相黃** 文十八年左傳縉雲氏有不才子杜注縉雲黃帝時官名 **共承高辛** 潛夫論五德志帝嚳代顓頊氏其號高辛 **太岳佐** 當爲左 **夏** 隱十一年左傳許太岳之允也杜注太岳神農之後堯四岳也襄十四年傳謂我諸戎是四嶽之裔

說文解字義證　卷四十九　卅三　連筠簃叢書　靈石楊氏栞

胄也杜注四嶽堯時方伯姜姓也莊二十二年傳姜太嶽之後也杜注姜姓之先爲堯四嶽周語共之從孫四嶽佐之韋注言共工從孫爲四岳之官掌帥諸侯助禹治水也詩崧高毛傳堯之時姜氏爲四伯掌四嶽之祀述諸侯之職於周則有甫申齊許 **呂叔作藩** 史記齊太公世家呂尙其先祖嘗爲四嶽佐禹平水土甚有功虞夏之際封於呂姓姜氏帝王世紀穆王命呂侯爲相或謂之甫侯王觀國學林曰孝經引甫刑一人有慶兆民賴之今在書呂刑篇者呂侯爲穆王司寇作刑書曰呂刑後爲甫侯故或偁甫刑也馥案成七年左傳子重請取於申呂以爲賞田國語當成周者南有申呂水經注宛西呂城四嶽受封括地志故呂城在鄧州南陽縣西徐廣曰呂在宛縣 **俾侯于許** 當爲鄦襄十一年左傳晉荀罃東侵舊許杜注許之舊國鄭新邑正義云許之舊國許南遷而鄭得之潛夫論志氏姓炎帝苗胄四嶽伯夷以封申呂裔生尙封齊或封許向或封紀或封申城在南陽宛北序山之下許在潁川今許縣是也十道志許州許昌郡禹貢豫州之域周爲許國太平寰宇記許州周爲許國左傳許太嶽之後說者謂炎帝之後周武王伐紂所封於此 **世祚** 當爲胙 **遺靈** 靈與傳年神辛藩瀕門山爲韻與前冥字同例道藏歌冥化自有數我眞法自然妙曲發空洞宮商結偓靈 **自彼徂召宅此汝瀕** 成十五年左傳許靈公畏偪于鄭遷于楚唐書宰相世系表秦末有許猶隱居不仕曾孫毗漢侍中太常生德字伯饒安定汝南太守因居平輿後漢書儒林傳許愼汝南召陵人也 **竊卬景行敢涉聖門其弘如何節彼南山欲罷不能既竭愚才惜道之味聞疑載疑** 禮少儀毋身質言語鄭注質成也聞疑則傳疑若成之或有所誤也顧野王上玉篇表微言既絕大旨亦乖故五典三墳競開異義六書八體今古殊形或字各而訓同或文均而釋異百家所談差互不少字書卷軸姸錯尤多難用尋求易生疑惑 **演贊其志** 孔子演易亦曰贊易及修春秋游夏不能贊一辭 **次列微辭** 當爲散謂先微舊訓後綴己說 **知此者稀儻昭所尤** 當爲訧案元行沖釋疑昔孔季產專古學有孔扶者與俗浮沈每誡產曰今朝廷率章句內學君獨修古義非章句內學危身之道也 **庶有達者理而董之** 釋詁董正也

右一卷許公自敘其書也古者敘在書後

說文解字義證　卷四十九　卅四　連筠簃叢書　靈石楊氏栞

召陵萬歲里公乘徐鍇曰漢因秦制二十等爵公乘弟八也馥案昭三年左傳公乘無人卒列無長唐書酷吏傳時四方上變事者皆給公乘艸莽當爲茻臣沖稽當爲䭫首再拜上書皇帝陛下臣伏見陛下以宋本李本竝無以字神明盛德當爲悳承遵聖業上考當爲攷度於天下流化於民先天而天不違後天而奉天時萬國咸寧當爲寍神人以和當爲龢猶復深惟五經之妙當爲玅皆爲漢制論衡程材篇董仲舒表春秋之義稽合於律無乖異者然則春秋漢之經孔子制作垂遺於漢韓勑碑孔子近聖爲漢定道孔龢碑孔子大聖則象乾坤爲漢制作史晨碑臣伏念孔子乾坤所挺西狩獲麟爲漢制作藝文類聚引琴操魯哀公十四年西狩薪者獲麟以示孔子孔子奉麟之口須臾吐三卷圖一爲赤符劉季興爲王二爲周滅夫子將修三爲漢制造作孝經春秋說邱覽史記援引古圖推集天變爲漢帝制法何休公羊解詁孔子仰推天命俯察時變知漢當繼大亂之後故作撥亂之法以授之馥案諸說出於中候演孔圖皆讖緯不經之談博采幽遠

窮理盡性以至於命先帝詔侍中騎都尉賈逵永平中逵上言左氏與圖讖合明劉氏爲堯後明帝嘉之歷遷侍中領騎都尉修理舊文殊藝當爲埶異術王教一耑苟有可以加於國者靡不悉集易曰窮神知化德當爲悳之盛也書曰人之有能有爲使羞其行而國其昌國今尚書作邦史記作國隸釋漢石經論語殘碑歐漢人作文不避國諱樊毅碑命守斯邦劉熊碑來臻我邦之類未嘗爲高帝諱也此碑邦君爲兩君之好何必去父母之邦尚書安定厥邦皆書邦爲國疑漢儒所傳如此非獨遠避此諱也徐鍇曰前漢諸廟諱愼皆議而不闕此蓋彼時之制臣父故太尉南閤祭酒愼本書成於永元十二年是時張酺爲太尉酺汝南人章帝爲太子從受尚書時爲東郡太守續漢書百官志太尉掾史屬二十四人漢舊儀太尉西曹掾秩比四百后胡廣注漢官篇武帝時丞相設四科以辟人德行高妙爲第一科補南閤祭酒釋名祭酒者祭六神以酒餟之也胡廣注漢官篇官名祭酒者皆一位之元長也宋書祭祀以酒爲本長者主之故以祭酒爲稱公府祭酒漢末有之馥案北史王劭傳廣業位太尉祭酒又云文元遙除太尉東閤祭酒是陳隋猶置太尉祭酒本從逵受古學魏書江式傳逵即汝南許愼古文學之師也隋書經籍志言五經者皆憑讖爲說惟孔安國毛公王璜賈逵之徒獨非之故因漢魯恭王河閒獻王所得古文參而考之以成其義謂之古學何休公羊解詁敘治古學貴文章者謂之俗儒至使賈逵緣隙奮筆以爲公羊可奪左氏可興疏云左氏先著竹帛故漢時謂之古學公羊漢世乃興故謂之今學治古學者即鄭衆賈逵之徒貴文章矣馥案貴文章者言左氏多文詞也劉歆欲建立左氏博士不肎置對何休謂賈逵爲俗儒鄭康成又發何氏墨守是終漢之世公羊左氏不兩立也又案永元十一年賈逵與魯丕黃香說經相難是許氏書成之日逵尚在蓋聖人不空作皆有依據自周禮漢律皆當學六書貫通其意案周禮古文杜子春始能通其讀後漢書宦者傳元初四年帝以經傳之文多不正定乃選通儒謁者劉珍及博士良史詣東觀各讐校漢家法令馥案本書多引漢律漢令恐巧說衺辭使學者疑潘徽韻纂敘雖復周禮漢律務在貫通而巧說衺辭遞生同異愼博問通人考當爲攷之於逵江總借劉

太常說文詩劉棻慕子雲許愼詢景伯作說文解字六藝當爲埶羣書之詁皆訓其意而天地鬼神山川艸木鳥獸蚰蟲雜物奇怪王制禮儀當爲義世閒人事莫不畢當爲斅載凡十五卷十三萬趙宧光長箋引作十二萬三千四百四十一字愼前當爲歬以詔書校書東觀後漢書高彪除郎中校書東觀時謂東觀爲老氏藏室華嶠後漢書學者稱東觀爲老氏藏室道家蓬萊山宋書百官志漢圖籍在東觀有祕書郎又有著作郎又顧學逵官往往典校祕書如向歆故事教小黃門孟生李喜等以文字未定未奏上今愼已病當猝於安帝末遣臣齎詣闕愼又學孝經孔氏古文說古文孝經者孝昭帝時魯國三老所獻建武時給事中議郎衞宏所校趙宧光引作援王應麟曰漢志云孝經孔氏壁中古文則與尚書同出蓋始出於武帝時至昭帝時乃獻之皆口傳官無其說謹撰當爲譔具一篇幷

上臣沖誠惶誠恐頓首頓首死辠死辠𥃨首再拜以聞宋本𥃨首

上有臣字皇帝陛下建光元年當爲建元九月己亥朔二十日戊午上

召上書者汝南郡國志汝南郡雒陽東南六百五十里許沖詣左掖門外會宋本無外字𢑴迹兩京新記東都皇城南面三門東左掖門三輔黃圖掖門在兩旁如人臂掖也令幷齎所上

書

十月十九日中黃門饒喜以詔書賜召陵公乘許沖布四十

匹即日受詔朱雀掖門三輔黃圖蒼龍白虎朱雀元武天之四靈以正四方王者制宮闕殿閣取法焉蔡質漢官儀衞士候朱爵門外傳雞唱於宮中覆案北宮南掖門曰朱雀門古今注永平二年十一月初作北宮朱雀南司馬門闕敕勿謝

說文解字附錄義證第五十上　曲阜桂馥學

後漢書儒林傳許慎字叔重汝南召陵人也性淳篤少博學經籍馬融常推敬之時人爲之語曰五經無雙許叔重以上與謝承後漢書同爲郡功曹舉孝廉再遷除洨長卒於家初慎以五經傳說臧否不同於是撰爲五經異義又作說文解字十四篇皆傳於世

汝南先賢傳許慎爲功曹奉上以篤義率下以恭寬

華陽國志南中志明章之世毋斂人尹珍字道眞以生遐裔未漸庠序乃遠從汝南許叔重受五經又師事應世叔學圖緯通三才還以教授於是南域始有學焉後漢書西南夷傳同

江總借劉太常說文詩劉棻慕子雲許愼詢景伯顧學該蟲篆奇文秀鳥迹曰余從下帷待問垂重席不詣王充市聊投班阮籍三嵎偏鑽册六書多補益幽居服藥餌山宇生虛白留連嗣芳杜曠蕩依泉石夫君愛滿堂顧言馳下澤

南海寄歸傳朗禪師以文章雜史爲大聚裂作紙泥弟子請不可惟說文字書幸蒙曲賜

吳志嚴畯少耽學善詩書三禮又好說文

後周書黎廣從吏部尚書崔元伯受字義頗與許氏有異

太平寰宇記邕州風俗又左州晉城縣蠻渠歲時於石溪口通商有馬會說文曰馬會今之獠市按今說文無此語

說文解字第十五義證第四十九　許沖進書表　漢安帝詔

說文解字附錄義證第五十上

衛恆四體書勢昔在黃帝創制造物有沮誦倉頡者始作書契以代結繩蓋覩鳥跡以興思也因而遂滋則謂之字有六義焉一曰指事上下是也二曰象形日月是也三曰形聲江河是也四曰會意武信是也五曰轉注考老是也六曰假借令長是也夫指事者在上爲上在下爲下象形者日滿月虧效其形也形聲者以類爲形配以聲也會意者止戈爲武人言爲信也轉注者以老壽考也假借者數言同字其聲雖異文意一也自黃帝至三代其文不改及秦用篆書燒焚先典而古文絕矣漢武時魯恭王壞孔子宅得尚書春秋論語孝經時人以不復知有古文謂之科斗書又曰昔周宣王時史

籀始著大篆十五篇或與古同或與古異世謂之籀書者也及平王東遷諸侯力政家殊國異而文字乖形秦始皇初兼天下丞相李斯乃奏蠲之罷不合秦文者斯作倉頡篇中車府令趙高作爰歷篇太史令胡毋敬作博學篇皆取史籀大篆或頗省改所謂小篆者或曰下土人程邈爲衙獄吏得罪始皇幽繫雲陽十年從獄中作大篆少者增益多者損減方者使員員者使方奏之始皇始皇善之出以爲御史使定書或曰邈所定乃隸字也自秦壞古文有八體一曰大篆二曰小篆三曰刻符四曰蟲書五曰摹印六曰署書七曰殳書八曰隸書王莽時使司空甄豐校文字部改定古文復有六書一曰古文孔氏壁中書也二曰奇字卽古文而異者也三曰篆書秦篆書也四曰佐書卽隸書也五曰繆篆所以摹印也六曰鳥蟲書所以書幡信也及許愼撰說文用篆書爲正以爲體例最可得而論也

魏書江式字法安陳留濟陽人延昌三年三月式上表曰臣聞伏犧氏作而八卦列其畫軒轅氏興而靈龜彰其彩古史倉頡覽二象之爻觀鳥獸之跡別刱文字以代結繩用書契以維事宣之王庭則百工以敘載之方冊則萬品以明迄於三代厥體頗異雖依類取制未能悉殊倉氏矣故周禮八歲入小學保氏敎國子以六書一曰指事二曰象形三曰形聲

四曰會意五曰轉注六曰假借蓋是史頡之遺法也及宣王太史史籀著大篆十五篇與古文或同或異時人卽謂之籀書至孔子定六經左邱明述春秋皆以古文厥意可得而言其後七國殊軌文字乖別暨秦兼天下丞相李斯乃奏蠲罷不合秦文者斯作倉頡篇中車府令趙高作爰歷篇太史令胡毋敬作博學篇皆取史籀大篆或頗省改所謂小篆者也於是秦燒經書滌除舊典官獄繁多以趣約易始用隸書古文由此息矣隸書者始皇使下杜人程邈附於小篆所作也以邈徒隸卽謂之隸書故秦有八體一曰大篆二曰小篆三曰刻符書四曰蟲書五曰摹印六曰署書七曰殳書八曰隸

書漢興有尉律學復教以籀書又習八體試之課最以爲尙書史書省字不正輒舉劾焉又有艸書莫知誰始考其書形雖無厥誼亦是一時之變通也孝宣時召通倉頡讀者獨張敞從之受涼州刺史杜鄴沛人爰禮講學大夫秦近亦能言之孝平時徵禮等百餘人說文字於未央宮中以禮爲小學元士黃門侍郎楊雄採以作訓纂篇及亾新居攝自以應運制作使大司空甄豐校文字之部頗改定古文時有六書一曰古文孔子壁中書也二曰奇字卽古文而異者三曰篆書云小篆也四曰佐書秦隸書也五曰繆篆所以摹印也六曰鳥蟲所以書幡信也壁中書者魯恭王壞孔子宅而得禮尙

書春秋論語孝經也又北平侯張倉獻春秋左氏傳書體與孔氏相類卽前代之古文矣後漢郎中扶風曹喜號曰工篆小異斯法而甚精巧自是後學皆其法也又詔侍中賈逵修理舊文殊藝異術王教一端苟有可以加於國者靡不悉集逵卽汝南許愼古文學之師也後愼嗟時人之好奇歎儒俗之穿鑿故撰說文解字十五篇首一終亥各有部屬包括六藝羣書之詁評釋百氏諸子之訓天地山川艸木昆蟲雜物奇怪珍異王制禮儀世閒人事莫不畢載可謂類聚羣分雜而不越文質彬彬最可得而論也左中郎將陳留蔡邕采李斯曹喜之法爲古今雜形詔於太學立石碑刊載五經題書楷

法多是邕書也後開鴻都書畫奇能莫不雲集於時諸方獻篆無出邕者魏初博士清河張揖著埤倉廣雅古今字詁究諸埤廣綴拾遺漏增長事類抑亦於文爲益者然其字詁方之許愼篇古今體用或得或失矣陳留邯鄲淳亦與揖同時博古開藝特善倉雅許氏字指八體六書精究閑理有名於指以書教皇子又建三字石經於漢碑之西其文蔚炳三體復宣校之說文篆隸大同而古字小異又有京兆韋誕河東衛覬二家竝號能篆當時臺觀榜題寶器之銘悉是誕書咸傳之子孫世稱其妙晉世義陽王典詞令任城呂忱表上字林六卷尋其況趣附託許愼說文而按偶章句隱別古籀

奇惑之字文得正隸不差篆意也忱弟靜別放故左校令李登聲類之法作韻集五卷宮商角徵羽各爲一篇而文字與兄便是魯衛音讀楚夏時有不同皇魏承百王之季紹五運之緒世易風移文字改變篆形謬錯隸體失眞俗學鄙習復加虛巧談辯之士又以意說炫惑於時難以釐改故傳曰以衆非非行正信哉得之於斯情矣乃曰追來爲歸巧言爲辯小兔爲𦾔神蟲爲蠶如斯甚衆皆不合孔氏古書史籀大篆許氏說文石經三字也凡所闕古莫不惆悵焉嗟夫文字者六藝之宗王教之始前人所以垂今今人所以識古故曰本立而道生孔子曰必也正名乎又曰述而不作書曰予欲觀

古人之象皆言遵脩舊史而不敢穿鑿也臣六世祖瓊家世陳留往晉之初與從父兄應元俱受學於衛覬古篆之法倉雅方言說文之誼當時竝收善譽而祖官至太子洗馬出爲馮翊郡值洛陽之亂避地河西數世傳習斯業所以不墜也世祖大延中皇威西被牧犍內附臣亡祖文威杖策歸國奉獻五世傳掌之書古篆八體之法時蒙襃錄敘列於儒林官班文省家號世業暨臣闇短識學庸薄漸漬家風有忝無顯但逢時來恩出願外每承澤雲津厠霑漏潤驅馳文閣參預史官題篆宮禁猥同上哲既竭愚短欲罷不能是以敢藉六世之資奉遵祖考之訓竊慕古人之軌企踐儒門之轍輒求

撰集古來文字以許慎說文爲主爰採孔氏尚書五經音注籀篇爾雅三倉凡將方言通俗文祖文宗埤倉廣雅古今字詁三字石經字林韻集諸賦文字有六書之誼者皆以次類編聯文無復重糾爲一部其古籀奇惑俗隸諸體咸使班於篆下各有區別訓詁假借之誼僉隨文而解音讀楚夏之聲竝逐字而注其所不知者則闕如也脫蒙遂許冀省百氏之觀而同文字之域典書祕書所須之書乞垂敕給幷學士五人嘗習文字者助臣披覽書生五人專令鈔寫侍中黃門國子祭酒一月一監評議疑隱庶無紕繆所撰名目伏聽明旨詔曰可如所請幷就太常冀兼教八書史也其有所須依請給之名目待書成重聞式於是撰集字書號曰古今文字凡四十卷大體依許氏說文爲本上篆下隸其書竟未能成

水經注穀水云古文出於黃帝之世倉頡本鳥跡爲字取其孳乳相生故文字有六義焉大篆出於周宣之時史籀創著平王東遷文字乖錯秦之李斯及胡毋敬又改籀書謂之小篆故有大篆小篆焉然許氏字說專釋於篆而不本古文

文心彫龍練字篇夫文象列而結繩移鳥跡明而書契作斯乃言語之體貌而文章之宅宇也蒼頡造之鬼哭粟飛黃帝用之官治民察先王聲教書必同文輶軒之使紀言殊俗所以一字體總異音周禮保氏掌教六書秦滅舊章以吏爲師

及李斯刪籀而秦篆興程邈造隸而古文廢漢初草律明著厥法太史學童教試六體又吏民上書字謬輒劾是以馬字缺畫而石建懼死雖云性慎亦時重文也至孝武之世則相如譔篇及宣成二帝徵集小學張敞以正讀傳業楊雄以奇字纂訓竝貫練雅頌總閱音義鴻筆之徒莫不洞曉且多賦京苑假借形聲是以前漢小學率多瑋字非獨制異乃共曉難也暨乎後漢小學轉疏複文隱訓臧否太半

通典試說文字林凡十帖口試無常限皆通者爲第

新唐書選舉志凡學館諸生九經外讀說文字林三蒼凡書學石經三體限三歲說文二歲字林一歲

唐六典吏部考工員外郎掌天下貢舉之職凡諸州每歲貢人其類有六五曰書其明書則說文六帖字林四帖又云禮部尚書侍郎之職掌天下貢舉之政令凡舉試之制每歲仲冬率與計偕其科有六五曰書凡明書試說文字林取通訓詁兼會雜體此爲通又云國子博士掌教文武官三品以上及國公子孫從二品以上曾孫之爲生者五分其經以爲之業其習經有暇者命習隸書幷國語說文字林三蒼爾雅每旬前一日則試其所習業書學博士掌教文武官八品以下及庶人之子爲生者以石經說文字林爲顓業餘字書亦兼習之新唐書百官志同

五經文字序例後漢許叔重收集籀篆古文諸家之學就隸爲訓注謂之說文時蔡伯喈亦以滅學之後經義分散儒者師門各滯所習傳記交亂訛僞相蒙乃請刊定五經刻石立於太學之門外謂之石經後有呂忱又集說文之所漏畧著字林五篇以補之今制國子監置書學博士立說文石經字林之學舉其文義歲登下之亦古之小學也容齋隨筆同

顏氏家訓客有難主人曰今之經典子皆謂非說文所言子皆云是然則許慎勝孔子乎主人撫掌大笑應之曰今之經典皆孔子手迹邪客曰今之說文皆許慎手迹乎答曰許慎檢以六文貫以部分使不得誤誤則覺之孔子存其義而不論其文也先儒尙得臨文從意何況書寫流傳邪必如左傳止戈爲武反正爲乏皿蟲爲蠱亥有二首六身之類後人自不得輒改也安敢以說文校其是非哉又云大抵服其爲書隱括有條例剖析窮根源鄭玄注書往往引其說爲證按周禮考工記注引鋊鍰也禮記雜記注引有輻曰輪無輻曰輇若不信其說則冥冥不知一點一畫有何意焉

唐元宗開元文字音義序古文字惟說文字林最有品式因備所遺缺首定隸書次存篆字按張九齡賀狀云表隸以訓今存篆以證古衆釋大備取證於前脩片言旁通去嫌於翻字

顧炎武曰論字者必本於說文未有據隸楷而論古文者也

釋智光龍龕手鏡序尋源討本備載於埤蒼廣蒼叶律諧鐘咸究於韻英韻譜專門則字統說文開牖則方言國語字學於是乎昭矣

楊慎曰古人訓詁緩而簡雖數十字而同一訓雖一字而兼數用今之存者爾雅說文而已又曰後漢許叔重著說文十四篇五百四十部九千三百五十三字其所載古文三百九十六籒文一百四十五重文或體六百二十二則上有孔子說楚莊王說韓非說左氏說下有淮南王說司馬相如說董仲舒說衞宏說楊雄說京房說劉歆說杜林說賈逵說桑欽說傅毅說官溥說譚長說王育說尹彤說張林說黃顥說周

盛說逕安說歐陽僑說甯嚴說爰禮說徐巡說莊都說張徹說咸宗古人不雜臆見可謂有功小學矣

容齋續筆許叔重在東漢與馬融鄭康成輩不甚相先後而所著說文引用經傳多與今文不同聊摭逐書十數條以示學者其字異而音同者不載所引周易百穀草木麗乎土爲草木麗乎地服牛乘馬爲犕牛乘馬夕惕若厲爲若夤其文蔚也爲斐也乘馬班如爲驙如天地絪縕爲壹壺所引書帝乃殂落爲勛乃殂竄三苗爲𣪠三苗又圛圛升雲半有半無貘有爪而不敢以撅及以相陵懱維紬有稽之句皆云周書今所無也所引詩既伯既禱爲既禡既禂新臺有泚爲有玼

焉得諼草爲安得蕙草論語荷蕢爲荷臾褻裘爲紲衣又有跢予之足一句孟子源源而來爲謜謜接淅爲滰淅左傳尨涼爲牻䖖芟夷爲癹夷國語觥飯不及壺飧爲侊飯不及一食如此者甚多（按本書圛下云尚書曰圛圛升雲半有半無此引洪範曰圛之文圛升雲七字乃許公解經之語洪氏誤讀）

李燾曰李陽冰獨以篆學得名時稱中興更刊定說文仍祖叔重然頗出私意詆訶許氏學者恨之南唐二徐兄弟實相與反正由舊故鍇所著四十篇總名繫傳蓋尊許氏若經也惜其書未布而鍇亾本朝雍熙三年鍇兄鉉初承詔與句中正葛湍王維恭等詳校說文今三十卷內繫傳往往錯見豈其家學同源果無異派歟

周亮工書影二毛子晉家有宋板許氏說文與今世所傳大異許叔重舊本乃以字畫分部者始於一終於亥全書係十五卷今乃從沈韻編次而又以部分類入者乃宋李燾更定徐騎省本也湯聖宏有元刻許慎原本惜毀於火

玉海求字之法本於形聲始於一形也始東終法聲也（此謂李燾五音韻譜）訓纂字林等書以形相沿韻書既作學者趨便就簡不復知造書之意則比聲而求之或形存聲亾則茫無所考而韻書窮矣徐鼎臣兄弟分韻譜以從世好豈勢之所趨邪（此所稱韻譜乃徐鉉更定徐鍇之本余勸葛君鳴陽重刻不果）

徐鍇曰自切韻玉篇之興說文之學湮廢泯沒能省讀者不二三弃本逐末乃至於此沮誦逾遠許慎不作世之知者有以振之可也

止齋陳氏曰古者重小學漢嘗置博 如毛氏詩訓許氏說文楊氏方言之類皆有所本隋唐以來以科目取士此書寖廢韓退之尚以注蟲魚爲不切則知誦習者寡矣

隋書經籍志說文十五卷許慎撰說文音隱四卷梁有演說文一卷庾儼默注

唐書藝文志李騰說文字源一卷（金石錄貞元五年十月賈耽撰序李騰篆徐璹正書）

玉海唐林罕小說三卷凡五百四十一字其說頗與許慎不

同而互有得失邵必進禮記石經陛對仁宗問罡書如何必
曰雖有所長而微好怪
郭忠恕荅夢英書見寄偏旁五百三十九字按說文字源惟
有五百四十部丁字合收在子部今目錄妄有更改之又集
解中誤收去部在注中今檢點偏旁少晶惢至龜弦五字故
知林氏虛誕誤於後進者小說見宜焚之按林氏謂林罕
中興書目說文解字繫傳四十卷南唐徐鍇傳釋朱翺反切朱氏筠有寫本汪氏啓淑開雕
崇文總目鍇以許氏學廢推原析流演究其文作四十篇近
世言小學惟鍇名家

玉海李燾爲五音譜
玉海吴淑好篆籀取說文有字義者千八百餘條撰說文五
義三卷
中興書目引經字源二卷熙寧五年李行中取諸家說文與
許叔重注義序例校正偏旁制爲字源
宋史句中正傳太平興國二年獻八體書授直史館詔詳定
篇韻與徐鉉重校定說文
書史會要王惟恭不知何許人工篆嘗與徐鉉等奉詔校定
許慎說文行於世會要又云葛湍江東人爲侍書善篆
文昌雜錄禮部王員外修說文畢作進書表以示同舍僕因
言前漢藝文志稗官之說亦自可用案王員外即惟恭其表與葛湍連名
玉海元豐元年二月六日詔知禮院王子韶於資善堂置局
脩定說文五月庚寅詔光祿丞陸佃同脩定五年六月九日
上重脩說文各賜銀幣百其書不行
林罕字源偏旁小說序唐將作少監李陽冰就許氏說文重
加刊正展作三十卷其時復於說文篆字下便以隷書照之
名曰字說
宋史藝文志僧雲棫補說文解字三十卷錢承志說文正隷
三十卷
隋書經籍志梁有司馬相如凡將篇班固太甲篇在昔篇崔

瑗飛龍篇蔡邕聖皇篇黃初篇陸璣吴章篇蔡邕女史篇合
八卷
北史李鉉傳以去聖人久遠文字多有乖謬於講授之暇遂
覽說文倉雅刪正六藝經注中謬字名曰字辯
後周書趙文深傳太祖以隷書紕繆命文深與黎景熙沈遐
等依說文及字林刊定六體成一萬餘言行於世北史冊府元龜文深傳同
崇文總目爾雅出漢世而有訓詁之學三倉志字法許慎作
說文而有偏旁之學五聲清濁相生孫炎始作字音於是有
音韻之學篆隷古文異體學者務極其能於是有字書之學

玉海文字之學有三其一體制謂點畫有衡縱曲直之殊說文之類其二訓詁謂稱謂有古今雅俗之異爾雅方言之類其三音韻謂呼吸有清濁高下之不同沈約四聲譜及西域反切之學

隋潘徽韻纂敘小學之家尤多舛雜雖復周禮漢律務在貫通而巧說邪辭遞生同異且文訛篆隸音謬楚夏三蒼急就之流微存章句說文字林之屬惟别體形至於尋聲推韻良爲疑混酌古會今未臻切要按韻纂主辨聲音與說文字林不同

李燾曰晉東萊弦令呂忱作字林五卷以補叔重所闕遺者於叔重部敘初無移徙忱書甚簡顧爲他說揉亂且傳寫訛

脫學者鮮通今往往附見說文益莫知自誰氏始陳左將軍顧野王更因說文造玉篇三十卷梁武帝大同末獻之其部敘既有所升降損益其文又增多於叔重唐上元末處士孫强復修野王玉篇愈增多其文今行於俗間者强所修也叔重專爲篆學而野王雜以隸書用世既久故篆學愈微野王雖曰推本叔重而追逐世好非復叔重之舊自强以下固無譏焉

趙宧光曰說文歲久正俗雜厠時非一代代非一人爲之校理者益其誣爲之補緝者增其妄三季字學不彰千古文章經傳一皆盲人問象庸主好龍

趙均曰世有泛而泥古者必欲上追蒼籀遠踪斯邈謂能窮源孰知無書可按各以意測盲人摸象勢所必至今之有成書者許叔重而前求不可得許叔重而後存不可信

顔氏家訓夫文字者墳籍根本世之學徒多不曉字讀五經者是徐邈而非許慎習賦頌者信褚詮而忽呂忱明史記者專皮鄒而廢篆籀學漢書者悅應蘇而畧蒼雅不知書音是其枝葉小學乃其宗系至見服虔張揖音義則貴之得通俗廣雅而不屑一手之中向背如此況異代各人乎

蘇軾曰余嘗論學者之有說文如醫之有本草雖草木金石各有本性而醫者用之所配不同則寒溫補瀉之效隨用各

別而自漢以來學者多以一字考經字同義異皆欲一之彫刻采繪必成其說是以六經不勝異說而學者疑焉孔子曰夫聞也者色取仁而行違居之不疑則聞爲小人而詩曰允矣君子展也大成之子于征有聞無聲則聞爲君子又曰君子周而不比則比爲未善有子曰知和而和不以禮節之亦不可行也則所謂和者同而已矣而孔子曰君子和而不同若此者多矣喪欲速貧死欲速朽此以八字成文然猶不可亦曰言各有當也而欲以一字一之邪

李燾曰安石初是說文覃思頗有所悟故其解經合處亦不爲少獨恨求之太鑿所失更多不幸驟貴附和者益衆而鑿

愈甚蓋字有六義而彼乃一之雖欲不鑿得乎科試競用其說元祐嘗禁之學官導諛紹聖復用嗜利祿者靡然風從鑿說橫流汩喪道眞此吾蘇氏所以力攻王氏不肓置也按大觀四年朱克明言許氏說文字畫形聲多與字說相戾撮四百餘字名字括

魏書世祖紀始光二年初造新字千餘詔曰在昔帝軒剏制造物乃命蒼頡因鳥獸之迹以立文字自茲以降隨時改作故篆隸草楷竝行於世然經歷久遠傳習多失其眞故令文體錯謬會義不愜非所以示軌則於來世也孔子曰名不正則事不成此之謂矣今制定文字世所用者頒下遠近永爲楷式

顧炎武曰考魏書道武帝天興四年十二月集博士儒生比衆經文字義類相從凡四萬餘字號曰衆文經太武帝始光二年三月初造新字千餘頒之遠近以爲楷式天興之所集者經傳之所有也始光之所造者時俗之所行而衆文經之不及收者也則知說文所無後人續添之字大都出此

說文解字附說義證第五十下　曲阜桂馥學

漢書藝文志漢興閭里書師合蒼頡爰歷博學三篇斷六十字以爲一章凡五十五章并爲蒼頡篇武帝時司馬相如作凡將篇無復字元帝時黃門令史游作急就篇成帝時將作大匠李長作元尙篇皆蒼頡中正字也凡將則頗有出矣至元始中徵天下通小學者以百數各令記字於廷中揚雄取其有用者以作訓纂篇順續蒼頡又易蒼頡中重復之字凡八十九章案此訓纂別是一書與雄所作蒼頡訓纂不同臣復續揚雄作十三章凡一百二章無復字六藝羣書所載略備矣韋昭注云臣班固自謂也作十三章後人不別疑在蒼頡下篇三十四章中馥

以此知說文非許氏剏作蓋總集蒼頡訓纂班氏十三章三書而成蒼頡篇五十五章訓纂篇八十九章班固十三章凡一百五十七章以每章六十字計之凡九千四百二十字說文敘云九千三百五十三文然則說文集三書之大成兩漢訓詁萃於一書顧不重哉新唐書藝文志班固在昔篇一卷太甲篇一卷此卽十三章說文陞下引班說亦出於此而說文序中只舉蒼頡篇訓纂篇未及班書故讀者不了案班固成於永元四年說文成於十二年是則許氏猶及親聞固說又案急就分章或六十三字或六十四字顏師古曰每標章首以字數爲斷者蓋取其課程學僮簡牘爲便也是以前之卒章或與後句相攝

梁書劉之遴傳時得班固漢書眞本皇太子令之遴等參校異同之遴稱古本第三十七卷解音釋義以助雅詁而今本

無此卷馥謂此可與十三章相發惜其失傳
朱彝尊玉篇序爰歷博學為閭里書師所合入之倉頡篇中
許慎據以撰說文解字
許氏自序蒼頡之初作書蓋依類象形故謂之文其後形聲
相益即謂之字觀此可知本書命名之義
又自序云聞疑載疑案示部祏字云大夫以石為主五經異
義云謹案大夫以石為主禮無明文大夫士無昭穆不得有
主此所謂聞疑載疑也
漢外黃令高彪碑師事□□尉汝南許公馥案闕處當是故
太二字許為太尉祭酒故稱太尉彪卒於光和七年正與許

公同時
隋書經籍志有說文音隱不審出誰氏宋書謝靈運山居賦
自注云鰻音憂鯉音禮鮒音附鱮音敘鱒音寸衮反鯇音睍
鰱音連鯿音毖仙反魴音房鮪音痏魦音沙鱖音居綴反鱨
音上羊反鯔音比之反鱣音竹仚反皆說文字林音馥據此
知音隱在宋以前也
本書或偁篆文或偁秦篆即小篆也敘云李斯趙高胡毋敬
皆取史籀大篆或頗省改所謂小篆者也蓋李斯等因大篆
作小篆或改其文或仍其舊如厵字仍大篆之舊原字省改
為小篆也𤅩字仍大篆之舊漁字省改為小篆也𣴟𣥉仍大
篆之舊流涉省改為小篆也厵𤅩𣴟𣥉不注明籀文者原漁
流涉注明篆文不煩互見也𩙺大篆翼小篆徐鍇本𩙺字注
云籀文𩙺𩙺字注云篆文翼此則互相注明矣
古文簡籀文繁故小篆於籀文則多減於古文則多增如云
字古文也小篆加雨為雲𣶒字古文也小篆加水為淵𤓽字
古文也小篆加人為保此類是也𦣝部云篆文𦣝从頁徐鍇
曰籀文𦣝从𩠐然則𦣝為古文𩠐為籀文頤為小篆三者較
然明白
說文凡字義未明者注云闕謂所承之本闕也若使許氏刱
作何言闕乎氏部𢀡下云家本無注謂其家所藏之蒼頡篇
等書無注也徐鍇疑許沖語按沖進書時慎猶在沖豈得妄

有羼入乎
汗簡力部勞下云見舊說文謂非李監新定本也亥部有兩
敎字上云見說文下云一本如此作然則唐本各有異同故
汗簡所引與今本互異
或問周宣王時既有古文史籀何為復作大篆荅之曰書契
之作所以杜詐偽古文太簡漸有不可以一體施者故大篆
趨於繁與古文竝行猶秦書之有八體各從所宜說文序云
太史籀著大篆十五篇與古文或異至孔子書六經左邱明
述春秋傳皆以古文此可知大篆不施於書冊也秦又苦大

篆之繁故作小篆小篆出於大篆不出於古文漢興以大篆著於尉律與小篆並行至甄豐修古文而廢大篆故建武時遂亾六篇說文霰下云籀文省作䨘案省者省於小篆非謂省於古文也

徐鍇繫傳爽下云史篇謂史籀所作蒼頡十五篇也余友丁教授杰非之曰漢書藝文志蒼頡一篇又蒼頡七章者云云然則蒼頡爰歷博學文字多取史籀而篆體頗異謂之秦篆在秦則三書各一篇共二十章在漢則合爲一篇凡五十五章卽使楊雄班固續者混入蒼頡篇中亦止一百二章未有云十五篇者也十五篇之說起於徐鍇果如其說則楊雄傳云史篇莫善於蒼頡作訓纂何故訓纂止一篇邪藝文志云

杜林爲蒼頡作訓故何故林所作蒼頡訓纂蒼頡故各止一篇邪無名氏之蒼頡傳及楊雄之蒼頡訓纂何故亦各止一篇邪

張懷瓘書斷史書十五篇凡九千字許慎說文十五卷九千餘字適與此合故先民以爲愼卽取此而說其文義馥案建武時史書已亾六篇許氏不及見其全文安能說其文義且許氏明言今敘篆文合以古籀張氏豈未之思邪

封演聞見記後漢和帝時始獲七千三百八十四字安帝時許愼特加搜采九千之文始備著爲說文凡五百四十部皆從古爲證備論字體詳舉音訓其鄙俗所傳涉於妄者皆許氏之所不取故說文至今爲字學之宗馥案封氏所云九千之文謂籀書也說文所載籀文不過百四十餘字何得言搜采始備

吾邱衍學古編蒼頡十五篇卽是說文目錄五百四十字許愼分爲每部之首人多不知謂已久滅此爲字之本源豈得不在後人又幷字目爲十四卷以十五卷著序表人豈不意其存矣馥案蒼頡非偏旁之書安得卽是說文目錄且漢志明言蒼頡一篇安得有十五篇

周易釋文窞字引說文云坎中更有坎又引字林云坎中小坎一曰旁入又拯字引說文云舉也又引字林云上舉詩釋

文穮字引說文云耨鉏田也又引字林云耕禾閒也周禮釋文鞮字引許愼云履也又引呂忱云鞮革履也爾雅釋文蛑字引說文作䖺又引字林作蛑云搔蛑也今說文皆字林之訓又李善注文選秋興賦慨字引說文太息也又引字林壯士不得志也今說文亦字林之訓所未能詳

魏了翁渠陽雜鈔載李燾新編許氏說文解字五音韻譜前後序了翁書後云右二篇皆巽巖先生文然則五音韻譜爲巽巖作無疑今所行本削去巽巖兩序莫曉出誰氏文獻通考載其序於徐鍇繫傳下永樂大典又載於徐鍇韻譜下並誤

朱學士筠有包希魯說文補義其書作於至正乙未刻於永樂庚子全載五音韻譜原文仍其次第可以互證

自五音韻譜行世始一終亥本殆將湮滅今世僅有毛晉刻本其子扆跋云先君購得說文眞本係北宋板嫌其字小以大字開彫云云而不言大字誰寫余校其篆雖小有筆法實不通六書故文多謬誤汪比部啓淑翦其篆文以刻小徐繫傳案大小徐兩本文多不同未能合而一之也

每見汲古閣寫本書有毛扆改字多未允當祇如重刻宋本說文雖有異同自應仍舊留待學人考訂何以刻後數數改易滅沒其眞邪幸初印本猶存今據以正定改本使還徐氏

之舊

安邑宋君葆淳得說文小字本有毛晉印季振宜印是元明閒坊本與毛氏刻本閒有不同如水部涃字从因音於眞切是也昔陸佃王子韶入資善堂修定說文疑此卽陸王修定之本李氏五音韻譜出於此本

徐鉉等上說文序例云復有經典相承傳寫及時俗要用而說文不載者承詔皆附益之以廣篆籀之路亦皆形聲相從不違六書之義者案水部新附瀰字云諸家不收今附之字韻末此仍孫愐唐韻之文今廣韻改作瀰正在武移切韻紐之末然則新附諸字皆本唐韻

篆變爲隸凡不順隸體者多借同音之字當其始也皆知爲假借行之既久或沒其本體如溺字本水名借爲沈休之休釋名云人於水曰溺溺弱也不能自勝也直以溺爲休

讀說文者不習舊聞則古訓難通逞其私智則妄加改易良由小學荒廢已久久則無能尋其隊緒矣善乎韓詩外傳之言曰夫傳者久則愈略近則愈詳略則舉大詳則舉細故愚者聞其大不聞其細聞其細不知其大是以久而差

唐宋以來小學分爲二派遵守點畫者五經文字九經字樣干祿字書佩觿復古編字鑑是也私逞臆說者王氏字說周氏六書正譌楊氏六書統戴氏六書故趙氏長箋是也

說文諧聲多與詩易楚詞不合音有流變隨時隨地而轉顧氏音學五書舉歷代之音而統同之茲無畔岸矣前乎說文者三代之音也後乎說文者六朝之音也說文則漢音並古音也

諧聲字有曰亦聲者其例有二一從部首得聲曰亦聲如八部𠔁下云從重八八別也亦聲半部胖下云從半從肉半亦聲句部拘笱下皆云句亦聲吅部單下云從吅甲吅亦聲疋部䟽疑下皆云疋亦聲丩部糾下云從丩丩亦聲皕部奭下云從皕皕亦聲丌部辺下云從丌丌亦聲井部𠛬下云從井從刀井法也井亦聲后部𠵍下云從口后后亦聲此一例也或

解說所從偏旁之義而曰亦聲如示部禬下云會福祭也從會會亦聲玉部瑁下云諸侯執圭朝天子天子執玉以冒之從玉冒冒亦聲業部⿱業八下云從八八分之也八亦聲晨下云從辰辰時也辰亦聲⿱中虫下云中財見也中亦聲虫部蟘下云吏乞貸則生蟘從貸貸亦聲此又一例也非此二例而曰亦聲者或後人加之

王充曰失道之意還反其字蒼頡作書與事相連司馬溫公曰凡觀書者當先正其文辨其音然後可以求其義李鼎祚曰年代縣流師資道喪恐傳寫字誤後賢當詳之也閻若璩曰學須博書須善本又須參前後之所見以歸於一定

徐幹中論凡學者大義爲先物名爲後大義舉而物名從之然鄙儒之博學也務於物名詳於器械考於訓詁摘其章句而不能統其大義之所極以獲先王之心此無異乎女史誦詩內豎傳令也故使學者勞思慮而不知道費日月而無成功故君子必擇師焉馥謂近日學者風尚六書動成習氣偶涉名物自負倉雅略講點畫妄議斯冰叩以經典大義茫乎未之聞也徐氏此說可謂今之鍼砭矣

司馬溫公進通鑑表云歲月淹久其間牴牾不敢自保又云臣今神識衰耗目前所爲旋踵遺忘馥從事說文三十餘年南北舟車身勞心瘁牽於世事作輟無常前緒已了後復茫昧深有感於溫公之言也

梁書孔子祛傳高祖撰五經講疏及孔子正言專使子祛檢閱羣書以爲義證馥爲說文之學亦取證於羣書故題曰義證

說文解字義證五十卷終

説文解字義證附録

附録之一

桂君未谷傳

蔣祥墀

曲阜桂君未谷，與余同舉乾隆庚戌進士，出宰滇南，卒於官，其孫顯訦以其行略來屬爲傳以傳。君諱馥，字冬卉，未谷其號也。其先貴溪人，以明初從征功，世襲尼山衛百户，遂家焉。曾祖存正，邑庠生。祖枝茂，歲貢生，考授州别駕。父公瑞，恩貢生，候選教諭。未谷承其家學，於書無不覽，尤邃於金石六書之學。戊子，以優行貢成均，得交北平翁覃溪先生，所學益精，其相與考訂之功，具載先生《復初齋集》中。已而以教習期滿，補長山司訓，復與濟南周書昌先生振興文教，出兩家所藏書，置借書園，以資來學，並祠漢經師其中，其誘掖後進甚篤。己酉舉於鄉，越明年成進士，時年五十有五。後爲永平令，永平故滇之邊邑，未谷卧閣以治，政簡刑清，境宇帖然，因以其餘爲經生業。嘗謂「士不通經不足致用，而訓詁不明不足以通經」，故自諸生以至通籍，四十年間，日取許氏《説文》與諸經之義相疏證，爲《説文義證》五十卷，又繪許祭酒以下至二徐、張有、吾邱衍之屬，爲《説文統系圖》，因題其書室曰十二篆師精舍，蓋未谷之精力萃於是矣。其他有《札樸》十卷、《繆篆分韻》五卷、《晚學集》八卷、《詩集》四卷。以嘉慶十年卒，年七十。其子常豐扶柩歸葬，未抵家，亦卒於途。烏呼，未谷以宿儒積學，晚而僅得一仕，仕僅十年，未竟其用，而名滿天下，識與不識，聞未谷之卒而痛之哀之。余何能，何足以傳未谷，未谷固自有其必傳者，余滋愧焉。

（清道光二十一年刻本《晚學集》卷首）

永平縣知縣桂君未谷墓表

孔憲彝

君諱馥，字冬卉，號未谷。先世貴溪人，明初遷清白二十户備至聖林廟灑埽，桂氏其一也。後録從征功，世襲尼山衛百户，遂爲望族。曾祖存正，邑庠生。祖枝茂，歲貢生，考授直隸州判。父公瑞，貢生，候選教諭。君早歲食餼，以優行貢成均，充教習，授長山縣訓導，俸滿以知縣注選。乾隆五十四年舉于鄉，明年成進士，歸本班用。嘉慶元年，銓授雲南永平縣知縣，調署順寧縣知縣。十年卒于官，年七十，歸葬于曲阜江村之原。妻喬氏，子二，常豐，武庠生，孫顯訦，歲貢生。君少警敏，既補諸生，益以古文辭自勵。齒浸壯，與海内賢豪遊，恒以意氣相切礪。後交周編修永年、戴檢討震，互勸其熟讀經傳，以博反約，乃舍去所讀書，專治經焉。君嘗謂「訓詁不明則經不通」，取許氏《説文》校治之，垂四十年而成書，曰《説文解字義證》，凡五十卷。又疏許慎以下至吾邱衍十餘人爲《説文統系》，並圖其像。又患繆篆無成書，漢法將亡，集録古印，得如干字，以《廣韻》次之，曰《繆篆分韻》，凡五卷。嘗與周編修約買田築借書園，祠漢經師伏生以下諸人，而藏書其中，以招致來學，志雖未就，而積書至五萬餘卷，亦可謂富矣。又嘗論説部須爲沾溉後學之書，滇行舟中，疏記舊聞，續以滇事，爲《札樸》十卷，曰《温經》，曰《覽古》，曰《匡謬》，曰《金石文字》，曰《鄉里舊聞》，曰《滇游續筆》，攷擇精確，有功經傳，山陰李氏刻而傳焉。大興翁學士方綱、儀徵阮相國元皆海内耆宿，其前後督學山左也，咸引重于君，推爲當世學人。君工書，分隸窺漢人堂奥，片楮隻字，海内争購之，得其傳者，歷城郭敏磬、掖縣翟云升稱最也。君在官治行多失傳，或謂其不干謁上官，以至觸怒獲罪而不悔，是其節概可想矣。在順寧時，築茆亭于公署，退食坐其中，以著書自娱。性淳篤，家居讓産于兄，而客食于外。凡前賢後進，有一善必表出之。嘗刻王考功士禄《濤音集》及牛進士運震《空山堂遺文》，皆以古誼自期。又以先世隸灑埽户，刻小印曰「瀆井復民」，語人曰：「吾以先人清白爲榮也。」嗟乎，君以積學晚達，遠宦邊徼，不獲大伸其志而卒，君子扶柩未歸，復中道死，諸孫亦罕存者，是其遇良可悲矣。然君殁之後，所著書或傳于世，或藏于家，君孫顯訦懇懇篤守，則又不幸之幸也。顯訦雖將老，而爲善無不報，天之光裕其後昆者，容亦有在。道光二十一年六月同里孔憲彝表。

（清咸豐三年刻本《韓齋文稿》卷四，刻本間有譌字，今逕改正）

國朝漢學師承記孔廣森條附桂馥

江　藩

曲阜桂馥，字未谷，亦深小學。乾隆己酉科舉人，庚戌成進士，選教授，保舉知縣，補雲南永平縣知縣，卒於官。工篆刻，世人重其技，擬之文三橋云。所著有《説文解字義證》五十卷、《札樸》十卷。

（清道光七年刻本《國朝漢學師承記》卷六）

經學博采録桂馥條

桂文燦

曲阜桂未谷進士馥，一字冬卉，又字天香。其先貴溪人，以明初從征功世襲尼山衛百户，遂家焉。乾隆戊子，以優行貢成均，充教習，期滿授長山訓導，己酉舉于鄉，庚戌成進士，出宰滇南永平，時年已五十五矣，後卒官。進士負穎異之姿，貫通經史，博涉羣書，尤潛心小學，精通聲義。嘗謂「士不通經不足致用，而訓詁不明不足以通經」，故自諸生以至通籍，四十年間，日取許氏《説文》與諸經之義相疏證，爲《説文義證》五十卷，薈萃羣書，力窮根柢，爲一生精力所在。進士與段茂堂大令生同時，同治《説文》，學者以桂、段並稱，而兩君兩不相見，書亦未見，亦異事也。先是屢擬授梓而未成，近許印林孝廉瀚刻之淮浦，陳頌南給諫云。進士又繪許祭酒以下及魏濟陽江式法安、唐趙郡李陽冰少温、南唐廣陵徐鉉鼎臣徐鍇楚金兄弟、宋吴興張有謙中、元錢塘吾丘衍子行之屬，爲《説文統系圖》，大興朱笥河學士筠嘗爲之記。又就官滇南，追念舊聞，隨筆疏記十卷，以其細碎，比之匠門木杮，題曰《札樸》，凡《温經》二卷，《覽古》四卷，《匡謬》、《金石文字》、《鄉里舊聞》、《滇遊續筆》各一卷，嘗以稿本授山陰李柯溪少尹宏信，少尹於十年後出貲刻之，語多精當。如《書·洪範》五福「五曰考終命」，進士謂：「此與『天禄永終』、『惟永終是圖』不同。鄭注：『考，成也。終性命，謂皆生佼好以至老也。』又注六極『五曰惡』云：『貌恭則容儼，形美而成性，以終其命，容毁故惡也。』據鄭意，謂容貌美好至老無殘毁。案曾子啓手啓足即爲考終命，子夏失明不得爲考終命。孔傳謂『不横夭』，與『一曰壽』何異？」《詩・關雎》「左右芼之」，傳云：「芼，擇也。」進士謂：「《新唐書・韋陟傳》『窮治饌羞，以鳥羽擇米』，謂芼從毛，擇物以羽毛，古有此訓，故毛公用之。」《春秋左氏》文十八年傳：「齊懿公遊于申池」，杜注：「齊南城西門名申門，齊地無池，惟此門左右有池。」進士謂：「《爾雅》十藪：『齊有海隅。』《淮南》云：『申池在海隅。』高誘注：『海隅，藪。』《史記集解》引左思《齊都賦》注：『申池，海濱齊藪也。』然則懿公所遊之申池，謂海隅藪也，杜以爲城池，失之。」又定九年傳「衣貍製」，杜注：「製，裘也。」進士謂：「『裘』當爲『褻』字之誤也。哀二十七年『陳成子救鄭，及濮，雨，成子衣製杖戈』，杜注：『製，雨衣也。』《説文》：『褻，雨衣。』『褻』、『裘』形似，故誤也。同一『製』字，此訓雨衣，彼訓裘，杜氏不應矛盾。後人因貍可爲裘，妄改之。」書中語多類此。少尹在滇，嘗與進士上下其議論，互相商榷，幾共忘其刻漏云。少尹亦精考證，《札樸》中多載其語。如《漢書》注有臣瓚，《水經注》稱薛瓚，進士謂：「《後秦記》『姚襄遣參軍薛瓚使桓温』，當即此人。」少尹按：「陳霆《兩山墨談》曰：『按晉中書監和嶠嘗領命校正《穆天子傳》五卷，瓚乃其校書官屬郎中傅瓚也。後人取其説以釋《漢書》，故有臣瓚注語。』此於『臣』字雖着實，而《穆天子傳》文無與《漢書》可通，薛瓚之説爲優。」又青州小麥有一種早熟者，俗呼「火麥」，進士謂：「『火』當爲『稞』，《集韻》：『青州謂麥曰稞』。」少尹案：「『日永星火，以正仲夏』，蓋仲夏之月，大火見於南方正午之位。今吴、越間以夏令打菜子去油，以滓爲餅，曰『火餅』。蘇之太湖、甓社湖、洪澤湖，凡夏月出魚，皆曰『火魚』。今曰『火麥』，亦疑初夏耳。《方言》：『煤，火也。』郭璞曰：『楚語轉也。』皆此意也。」進士又有《晚學集》八卷、《詩集》四卷，進士孫樸堂秀才顯訦編之，乾隆甲寅儀徵阮文達嘗序之，而道光辛丑曲阜孔繡山舍人憲彝糾資刻之者也。集中如《闕里考》、《小穀考》、《漯水考》、《明堂月令考》、《薛君考》、《説隸》、《宰予與田常作亂辨》、《書夏小正後》、《書爾雅後》、《與江艮庭論暘谷》，皆足羽翼經傳，闡明注疏。進士又著《詩話同録》五十卷。又著《繆篆分韻》，集古印文，次以《廣韻》，凡五卷，以存繆篆一綫之傳。尤工隸書，世多稱之。

（民國三十年鉛字排印《辛巳叢編》本《經學博采録》卷二，印本有脱譌，今逕補正）

國朝先正事略周永年附桂馥

李元度

周先生永年，字書昌。……棄産營書，凡積五萬卷，見藏書家易散，有感於《釋》、《道藏》，約桂君未谷築借書園，祠祀漢經師伏生、叔重諸先生，聚書其中，以招致來學。……召修《四庫書》，……嘗借館中書屬未谷爲《四部考》，鈔胥數十人，昕夕校治，會禁借官書，遂止。……

未谷，名馥，字冬卉，曲阜人。於書無不窺，尤邃於金石六書之學。少以優行貢成均，交翁覃溪學士，詣益進，又與濟南周書昌友，誘接後進甚篤。乾隆五十五年進士，知永平縣，卒官，年七十。永平故滇之邊邑，君卧閣以治，政簡甚，因以其餘爲經生業。嘗謂「訓詁不明不足以通經」，日取《説文》與諸經之義相疏證，爲《説文義證》五十卷。又繪許祭酒以下至二徐、吾邱衍之屬，爲《説文統系圖》，題書室曰十二篆師精舍。著《札樸》十卷、《繆篆分韻》五卷、《晚學集》八卷、《詩集》四卷。

（清同治五年循陔草堂刻本《國朝先正事略》卷三六）

清史稿儒林桂馥傳

桂馥，字冬卉，曲阜人。乾隆五十五年進士，選雲南永平縣知縣，卒於官。馥博涉羣書，尤潛心小學，精通聲義。嘗謂「士不通經不足致用，而訓詁不明不足以通經」，故自諸生以至通籍，四十年間，日取許氏《説文》與諸經之義相疏證，爲《説文義證》五十卷，力窮根柢，爲一生精力所在。馥與段玉裁生同時，同治《説文》，學者以桂、段並稱，而兩人兩不相見，書亦未見，亦異事也。蓋段氏之書，聲義兼明，而尤邃於聲。桂氏之書，聲亦並及，而尤博於義。段氏鉤索比傳，自以爲能冥合許君之旨，勇於自信，自成一家之言，故破字創義爲多。桂氏專佐許説，發揮旁通，令學者引申貫注，自得其義之所歸。故段書約而猝難通闢，桂書繁而尋省易了。夫語其得於心，則段勝矣，語其便於人，則段或未之先也。其專臚古籍，不下己意，則以意在博證求通，展轉孳乳，觸長無方，亦如王氏《廣雅疏證》、阮氏《經籍纂詁》之類，非以己意爲獨斷者。及馥就宦滇南，追念舊聞，隨筆疏記十卷，以其細碎，比之匠門木材，題曰《札樸》。然馥嘗引徐幹《中論》「鄙儒博學，務於物名，詳於器械，考於訓詁，摘其章句，而不能統其大義之所極，以獲先王之心，故使學者勞思慮而不知道，費日月而無功成」，謂：「近日學者，風尚六書，動成習氣，偶涉名物，自負《倉》、《雅》，略講點畫，妄議斯、冰，叩以經典大義，茫乎未之聞也。」此尤爲同時小學家所不能言，足以箴肓起廢。他著有《晚學集》十二卷。

（一九七七年中華書局標點本《清史稿》卷四八一）

附録之二

説文解字義證校例

許　瀚

删例

有立説甚誤者宜删

如「邇」、「往」、「退」、「後」之古文從「辵」，桂云：「古文『辵』作『⿱彳亍』，不從『止』。」案古文未嘗不從「止」。惟「遠」、「逷」二字之古文，汲古閣本誤脱二筆作「辷」，汪刻《繫傳》因之，其實非也。宋小字本、小徐《韵譜》及新刻景宋《繫傳》皆不誤。宜删。桂篆皆從大徐，改之則亂其例。然此特毛刻之誤，並不由大徐，桂執毛刻之誤而被之許氏，究宜救正。「譱」下云：「此與『義』、『美』同意。」桂云：「『義』當爲『羑』，本書『羑，進善也』。」案許云「與『義』、『美』同意」，説從「羊」之意耳，非必其字訓「善」也。大徐於「義」下云「與善同意」本此。可見宋以前古本原作「義」。桂説宜删。

有無關訓詁者宜删

如「蓼」注「辛菜」下引《淮南子》「蓼菜成行」，長沙定王故宮有蓼園。案此衹「蓼」字故實，於「辛」義無關，宜删。

有不足當訓詁者宜删

如「鴿」下引李時珍曰：「鴿性易合，故名鴿。鵓者，其聲也。」案「鵓」、「鴿」皆取聲爲名，見顔注《急就》，李分「鵓」、「鴿」爲二義，甚非，宜删。又書中有泛及宋元人詩詞者，亦擬酌删。

有牽連引書無關本字者宜删

如「龔」下引「汝不恭命」，即連及「用命賞於祖」二句。案此明「龔」、「恭」之同義，不必牽及下文，宜删。

「眈」下引《易》「虎視眈眈」，即連引「其欲逐逐」，又引《釋文》「逐逐，劉作悠悠，云：遠也。」案此當入「逐」、「悠」下，於「眈」無涉，宜删。

有牽合音韵不合部分者宜删

如「曾，囧聲」下引《左傳》「招我以弓」與「畏我友朋」爲韵，以證東、蒸合韵。案古音「弓」字原在蒸部，不須合韵，宜删。

補「睭」字下云「睭聲」。案「䶭」爲「誩」古文，「誩」古讀若競，「競」古讀若疆，陽部字也。「睭」，烏莖切，青部字也，「睭」不得爲「誩」古文之聲，宜删。

有引書前後歧異者宜删

如「祈」下引《周禮·太祝》注「祈，嘄也」，則以「嘄」爲「叫」之異文是也。「禱」下又引「祈，嘄也」，又以「嘄」爲「禱」之異文，且云字當作「嘄」。案《周禮》注又云「號呼告於神」，號呼即釋「嘄」字，後説雖本《集韵》，然實誤也，宜删。

有引書前後重複者宜删

或先引在前，移寫於後，而未删其前，或先引於後，移寫於前，而未删其後，此類頗多。宜細辨其宜前宜後，再爲删一存一，不可删其所存，存其所删。

有補遺實見他部者宜删

如疒部據《御覽》補「瘠，瘦也」。案肉部「膌，瘦也」，《御覽》所引即此，而隸體變「膌」作「瘠」耳。此不應補，宜删。

有補遺實非本書者宜删

如牛部據《初學記》補「⿰牛菐」字，據《御覽》補「犦」字。案二書引《説文》自「牡」至「⿰牛憂」共廿三字，並無「⿰牛菐」、「犦」二字，惟引《廣志》「犦牛，一曰犎牛」，則二字非《説文》明矣，宜删。

補例

有誤脱宜補者

如「牼」下引《左傳》「少司牼」。「司」下脱「寇」字，宜補。

「過」下引《論語》「楚狂接輿歌，孔子過之」。案此當作「『楚狂接輿歌而過孔子』，又云『孔子過之』」，宜補「『而過孔子』又云」六字。

有缺文宜補者

如「⿱罒廾」下稱紀尚書所藏古鐘銘「□公□⿱罒廾乃吉金」。案此是《周公萃鐘》，見《積古齋款識》，宜補「周」、「萃」二字。

「鳳」下引《抱朴子》「水行爲知，爲黑，鳳口黑，故曰向知」。案《御覽》引作「鳳胷黑」，宜補「胷」字。

有文義未備宜補者

如「丕，大也」下引《禹貢》「三苗丕叙」，《史記・夏本紀》「大叙」。案「《史記・夏本紀》」下當補「作」字，文義方明。

「祇，敬也」歷引「祇」之訓敬者爲證，又引《大司樂》「以樂德教國子中、和、祇、庸、孝、友」，而不及注。案此亦當有「注云『祇，敬』」，四字宜補。

「述，循也」下歷引「述」之訓循者爲證，又引《論語》「述而不作」，此下更無訓循之文。案此蓋欲引《墨子・非儒》篇「循而不作」爲證耳，宜補「《墨子・非儒》篇作『循而不作』」十字。

有引他書轉引之書與今本迥異而未明所出宜補者

如「鵙」下引《易通卦驗》「夏至小暑博勞鳴，博勞性好單棲，其飛翪，其聲嗅嗅，夏至應陰而鳴，冬至而止」。案今《四庫》本《通卦驗》作「伯勞鳴」，又無「博勞性好單棲」以下五句，惟《藝文類聚》引有之，宜補「《藝文類聚》引」五字。

改例

有誤書宜改者

如「微」下引本書「微，司也」。案「微」乃「職」字之誤。

「禘」下引「《唐書》太學博士史元璨曰」。案「元」係恭避廟諱，「璨」則「議」字之誤。又「有事於武公，有事於襄公」，「公」則「宮」字之誤。

有誤記宜改者

如「微」下引《晉語》，孔晁云：「微，蔽也。」案「孔晁」乃「韋昭」之誤。

「徬」下引《賈子·保傅》篇「成王之生」云云。案「《保傅》」乃「《胎教》」之誤。

「衛」下引《小宰》「國有故則令宿」。案「《小宰》」乃《宮正》」之誤。

「蘁」下引孟詵曰「蘁去水氣滿」。「孟詵」乃「甄權」之誤。

「莠」下引《論語》「惡莠恐其亂苗也」。「《論語》」乃「《孟子》」之誤。

有誤信宜改者

如「鳴」下引《淮南·時則訓》「仲冬之月，鳱鴠不鳴」，高注：「鳱鴠，夜鳴求旦之鳥，陰盛故不鳴。『鳱』，音天。」桂所據《淮南》不知是何本，「鳱」從「千」旁而又音天，其所引高注首句亦見他書引之，或舊有此本。今莊校本高注作「鳱鴠，山鳥，是月陰盛，故不鳴也」，下無「鳱音天」三字。案莊本是也，「鳱」字斷不能從「千」，斷不能音天。「鳱」或作「䳚」，或作「侃」，或通「雁」，古音皆屬元部。又或作「曷」，作「渴」，作「鶡」，則屬祭部。古元、祭二部音最相近，字多相轉，若從「千」音天，則屬真部，不得作「䳚」、作「侃」，不得轉而爲「曷」、「渴」、「鶡」矣。細審「音天」當是「音干」，字之誤也。桂君不察其失，又特將「鳱」字偏旁手自改「千」，是真信爲「音天」矣。今悉依莊校本改正。後見明張象賢本「鳱」作「鳱」，下側注一「大」字，高注首句與桂引同，桂所據或即此本，此本「天」又譌「大」，愈譌愈遠矣。莊本桂或未見，凡桂引與明本同者，非甚難解，不可盡改從莊。

有誤會宜改者

如「鴠」下引《七發》「鳱鴠鳴焉」，「李善引《禮記》『仲冬曷旦不鳴』，『鳱』、『曷』並音渴」，下即接引郭注《方言》云「侃、旦兩音」。案「侃、旦兩音」是音「鶡」、「鴠」二字，緊接「『鳱』、『曷』並音渴」下，似以侃、旦音「鳱」、「曷」矣。今改作郭注《方言》云：「『鳱』、『鴠』，侃、旦兩音。」

有誤稱宜改者

如《吕氏春秋》十二紀桂引稱《正月紀》、《二月紀》。案吕書實作《孟春紀》、《仲春紀》，今悉依原書改正。後見明雲閒本《孟春紀》下又題子目作《正月紀》，桂蓋本此，然其目録作一曰《孟春》，則《正月》誤也。今從畢本。

有增損舊本宜改者

如「鴚」下引《山海經》「青要之山，是多駕鳥」，郭璞云：「未詳，或云當作『鴐』。」其從「馬」者傳寫之誤爾。案郭注原文云：「未詳也。或曰『駕』當作『鴐』，『鴐』，鵞也。音加。」而無「從馬」云云。今悉依原文改正，又於其「從馬」上加「馥案」二字，庶較分明。

有據轉引誤本與原書不符宜改者

如「鴠」下引《周書》《時訓解》「鶡鴠不鳴，鶡鴠猶鳴」。案此據《御覽》引之耳，今《周書》作「鴠鳥不鳴，鴠鳥猶鳴」，當依改。此或於「《周書》」上加「《御覽》引」亦可。又引《易通卦驗》「冬至鶡鴠不鳴」，鄭注：「尋應尋至也，八月微寒也。」案此不知據何本引，今《四庫》本作「曷旦不鳴」，鄭注作「羣物炁至之應也」，而無「八月」句。案此勝桂引，宜改。

附荅楊至堂先生書略

丙戌、丁亥之閒，瀚在京師爲李方赤觀察分校此書。同人厭其蕪雜，欲從事删汰者甚衆，鄙意亦云然，獨安邱王菉友筠孝廉以爲未可輕議，當時不甚解其意，展轉十餘年後，初見頓易。竊謂《説文解字》，字書也，凡有字《説文》無不取資，亦凡有字無不取資於《説文》。許沖《表》云：「六藝羣書之詁，皆訓其意，而天地鬼神、山川草木、鳥獸蚰蟲、雜物奇怪、王制禮儀、世閒人事，莫不畢載。」然則其書包孕甚廣，後人爲之疏證，徵采不能不博，太博則近雜，理勢然也。乾嘉以來，學者崇《説文》如經，幾欲援鄭君注《禮》不采《尸子》之例，精嚴極矣，其實非許君本意。至於《古文尚書》、《家語》、《孔叢》之屬，桂君詎不知其僞。惟《説文》以前之書，《説文》所本，《説文》以後之書，本諸《説文》，近人之說，猶尚取之，諸書即僞，固魏晉閒作者，古言古訓，觸目皆是，義有相需，何嫌取證乎！書中有引《鄧子》，或譏其杜撰，當云《鄧析子》。案《荀卿子》亦曰《荀子》，《韓非子》亦曰《韓子》，《鄒衍子》亦曰《鄒子》，《范子計然》亦曰《范子》，是前人引書，固有此例。又「天」字下引《中庸》「峻極于天」，或譏其不引《毛詩》。案《中庸》作從「山」之「峻」，鄭云：「峻，高大也。」《毛詩》作從「馬」之「駿」，鄭云：「駿，大也。」許解「天」曰「至高無上」，故引《中庸》訓高之「峻」爲證，若《毛詩》則以「駿」爲大而以「崧」爲高，非其義矣。由此言之，作者用心，細於毫髮，鹵莽如瀚，輒欲縱尋斧柯，誠知其難也。若其顯有沿誤，舛錯、脱漏、重複，管窺所及，亦未敢苟同。謹擬删、補、改三例，每例條舉一二，繕呈左右。紕繆之處，惟祈直示，勿令得罪先輩，貽笑同人，幸甚幸甚。李觀察云瀚有用硃鉤勒之本，實無其事，或誤記家珊林刺史節鈔本邪？總之，鄙意在去其疵纇，毋使貽誤將來，若其繁簡多寡之閒，未敢率意，竹頭木屑，皆非棄材，烏知瀚所謂無用，不即桂君所謂大有用者乎！至於節鈔之本，曩亦聞之，則是《周禮節訓》、《文獻通考詳節》之流，斲大木而小，易五鳳樓而桑户繩樞，瀚實不敢效尤。

（清光緒吴重熹刻本《攀古小廬雜著》卷五，刻本有脱譌，今逕補正）

某先生校桂注説文條辨

許　瀚

帝　「從丄」下桂引楊慎曰「鐘鼎文字子子孫孫」一段。校云：「當引《後漢書》章懷太子注『元二之災』，不當引楊説。」瀚案桂引楊説所云古文上字句以證「從丄」耳，若《後漢書》注，與「上」字絶無相涉。置楊引李，不知義安所施。今全録李注於後，請覆案之。

《後漢書·鄧騭傳》注：「臣賢案：元二，即元元也。古書字當再讀者，即於上字之下爲小『二』字，言此字當兩度言之。後人不曉，遂讀爲『元二』，或同之『陽九』，或附之『百六』，良由不悟，致斯乖舛。

今岐州《石鼓銘》凡重言者皆爲『二』字，明驗也。」

示　「觀乎天文，以察時變」下桂引《晉書·天文志》一段，内有「《易》曰」、「《尚書》曰」云云。校云：「引《易》當去『曰』字，補名篇，《尚書》並同。或稱《尚書》，或稱《書》，未能畫一。」瀚案此《晉志》文，豈宜改從桂書之例？

祐　「上諱」下桂云：「許沖《上説文表》在安帝建光元年，是時許公尚在。自此以降，諸帝名不諱，蓋《表》上之後，許公亦歿矣。」校云：「許公雖歿，諸帝名無不諱之理，後人傳□字不可識，不知是「寫」是「刻」。失真耳。段氏謂諱五廟，斯爲有據。」瀚案段説誠是也，桂説亦未嘗非。許公既歿，其書已成，諸帝之諱，許所不見，何由諱之？許書之例，凡遇漢諱，即書「上諱」二字，並無注解，不識後人何由傳寫刻失真？桂第就許書言不諱，非謂漢家制度安帝而後諸帝名不諱也，文義本自分明，不意讀者猶或難曉。段推光武以前言之，桂就安帝以後言之，二説相須，合之乃備，未見孰優孰絀。大凡一書而數家注之，各抒新見，不必從同，若段優於桂，即改桂從段，將桂優於段，亦改段從桂乎？此不待明者而決也。

禧　桂引《漢書·禮樂志》一段空二格，下又引《文帝紀》「今吾聞詞官祝釐」，如淳曰：「釐，福也。《賈誼傳》『受釐坐宣室』是也。」校云：「《文帝紀》接寫可不添《漢書》，《賈誼傳》並同。」瀚案桂書接寫不接寫自有定例，豈可亂之。上條既有《漢書》，此即不接寫，亦無庸添「《漢書》」。至「《賈誼傳》」云云，乃如淳注所引，若加「《漢書》」，豈非笑柄？

褫　「福也」下桂引《匡謬正俗》一段，内有「案《説文解字》」云云。校云：「《説文解字》只可稱本書。桂注他處稱本書，當爲畫一。」瀚案桂注《説文》，故稱本書，顔箸《匡謬正俗》，何得亦稱本書？此稱《説文解字》，顔語非桂語也。

祥　「一云善」下，桂云「『一云善』者，後人加之，徐鍇本無。」校云：「一云，何人新説？」瀚案此桂復述大徐本語，非泛引無名氏之説。以此等明白顯易之文，猶被校者誤讀而詆訶之，誠箸書者萬思所不到。

福　「畐聲」，桂引本書「畐，滿也」，又引《魯峻》、《韓勑》二碑「福」作「褔」，以證「畐」旁原當作「畗」。校云：「漢以後碑體字畫偏旁無定，未可以論六書。」瀚案漢人之書屢經傳刻，漢人之碑當時真迹，去古未遠，文字流變正當據此考訂，婁氏《字原》、劉氏《隸韵》、顧氏《隸辨》厥功甚鉅，何以反不足論？况此條根據《説文》「畗」字，尤爲銅墻鐵壁，無復可議。桂書他處引金文證字，一先生校云：「吉金不可以證雅訓。」不知許君《自序》明云「郡國山川得鼎彝，其銘即前代之古文」，許君之雅訓未嘗不證以吉金，瀚已駁之。今據石刻正字，先生又云漢碑不足以論六書。兩先生學如魯、衛，或有所受。而桂氏以此遭譏，得毋寃甚！

祗　「敬也」下桂引《史記・魯世家》，又引《夏本紀》，又引《魯世家》，以一《史記》領下三條，本不誤。校者乃於《夏本紀》上及下《魯世家》上鉤出，批云「當補『《史記》』二字」，《魯世家》上並同，似未見前已有「《史記》」字。

神　「天神引出萬物」下桂引「鄭注《禮運》」云云。校者改「鄭注《禮運》」作「《禮・禮運》鄭注」。瀚案稱某注某書，亦一引書通例，不審何爲必改？若遇此必改，一部《華嚴音義》處處須改。

祇　桂引《禮記外傳》，校者於「《禮記》」下「《外傳》」上鉤出，不知其意云何，豈以此間有脱文耶？瀚案《禮記外傳》，唐成伯璵書，見《崇文總目》，《太平御覽》屢引之。前一先生校桂書亦疑《禮記外傳》有誤，瀚已正之，不謂先生又蹈此失。

齋　「戒潔也」下桂引「《續漢書》周澤」云云。校云：「《漢書》當補『某傳』字。」瀚案此蓋司馬紹統之《續漢書》，書已不存，何由知其在某傳，且安知非傳耶？

祡　「燒祡燓燎以祭天神」下桂謂「祡」當爲「柴」，引《經典釋文》、《列子釋文》、《集韵》、《類篇》證之。又謂「燓」經典作「燔」，引《釋天》「祭天曰燔柴」證之。其後又引《釋天》郭注及《釋文》通證「燒柴燓燎以祭天」句。校者於「燔」下引《釋天》批云：「接《列子》之後，在《釋文》之前，《釋天》不標明《爾雅》，究是何書？」瀚案姑無論「接《列子》之後，在《釋文》之前」二語於桂書段落界畫全然未曉，即以引書大例而論，或稱大名，或稱小名，或兼大小名，古人原無定式。以桂書之浩繁，但當於初引處兼大小名，以下或單舉小名已足。段注《説文》亦祇如此，「元，始也」下一引《爾雅·釋詁》，兼大小名，以下則單稱《釋詁》、《釋言》，不復加《爾雅》字，即如「柴」字下引《釋天》不加《爾雅》，引《祭法》、《郊特牲》、《王制》、《大傳》不加《禮記》，引《孝經説》不原其所出，與桂書體例亦復無殊。而校者動欲以段繩桂，其實於段書體例亦未嘗究心，入主出奴，少見多怪，何可深論哉！

桂又引《書·武成》「柴望大告武成」，傳云：「燔柴郊天。」校云：「《武成》傳接前《武成》經文，可省『武成』二字。」瀚案此文並無「《武成》傳」字，豈校者誤讀「柴望大告」爲句，而以「武成」連下「傳」字讀耶？此書本係《僞古文》，或未嘗讀之。

桂又引「閻若璩曰」一段，内有伏生、安國、揚子、馬融、鄭康成、王肅、杜元凱、孔穎達等稱。校云：「注家或稱名，或稱字，或不稱名，或不稱字，未能畫一。」瀚案桂引閻語，以閻責桂，桂不受也，以桂改閻，閻亦不受也。如云爲桂全書而言，則又不當於此處發之也。

禷 「以事類祭天神」下桂引「江君聲曰」一段内有「《禮記·王制》正義引《五經異義》」云云，又有「許君謹案」云云。校云：「他處但稱《禮》某篇，此有『記』字，未能畫一。」又云：「許君説必《五經異義》，前後皆稱『異義』，此稱『許君謹案』，未能畫一。」瀚案桂引江説，何能改江從己？

校者又條舉桂書斷難從者五事，「一曰《鄧析子》無『析』字，二曰《關尹子》無『尹』字」。瀚案《鄧析子》無「析」字，書内誠有之，亦不過《荀卿子》去「卿」字，《韓非子》去「非」字，《鄒衍子》去「衍」字之例，本無不合，必欲加「析」字，亦無不合，此可聽校者爲政。至《關尹子》無「尹」字，若果有此，真大不通，詳檢桂書，不知所指，惟弟二卷「三」字下有引「關子明《大易衍義》」云云，豈謂是乎？案關子明乃關朗之字，與《關尹子》無涉，若於此「關」下加「尹」字，豈非笑柄！前一先生校此誤加「尹」字，瀚已駁之矣，不謂先生又蹈此失。「三曰《韵會》『嘄』字添入本書，與『梟』字複重」。瀚案此條亦不知所指，檢桂書木部、口部皆無之，惟弟一卷「祈」字引《周禮·太祝》注「祈，嘄也」，謂「爲有災變，號呼告於神以求福」，又於「禱」字下案云「俗作『嘄』，《春官·太祝》注『祈，嘄也』，譌從木」。豈謂是乎？此條瀚先已校刪，書其眉端云：「『臯』見《集韵》，此等俗字，原不應載。又《周禮》注『臯』字乃『叫』之異文，故下以『號呼』説之，非『禱』字也，宜刪。」豈偶見瀚此説而記憶未真耶？既記憶未真，何必捕風捉影。「四曰『峻極于天』字不引《毛詩》而引《中庸》」。瀚案《毛詩》作從「馬」之「駿」，箋云：「駿，大也。」《中庸》作從「山」之「峻」，注云：「峻，高大也。」桂引以證「天」字「至高無上」之義，意主《中庸》，非不知《毛詩》有「駿極乎天」之文而遺之也。以此糾桂，庸有當乎！「五曰『祫祭』以爲不合祭」。瀚案「祫」，桂於「祫」字下反覆千四百言，皆發明「祫」之爲合祭。不知先生何處得此不合祭之説被之桂君，桂書具在，可覆案也。

右廿條本無須辯，恐有誤信其説者，則於桂書大有害，不得已而辯之。懼得罪於先達也，姑隱其名，庶幾後有悔焉。癸卯五月十七日四鼓許瀚草。

覆視諸條，往往以桂氏引書之文誤認作桂氏語，此其病由讀他書不熟，於桂氏書又不細心尋繹段落，率爾雌黃，故動成笑柄，雖難免有意吹求，仍可説無心錯誤。至「關尹」、「臯」字、「祫」字數條，捕風捉影，將無作有，違心詆諆，不顧是非，實無以測其命意之所在。七月廿五日瀚又識。

（清光緒三年刻《滂喜齋叢書》本《許印林遺著》，刻本有譌誤，今逕改正）

附録之三

説文義證序

陳慶鏞

《説文》之書，許君叔重本周宣王太史籀《大篆》十五篇，兼采李斯《倉頡》、趙高《爰歷》、胡毋敬《博學》諸書，博訪通人，輯而成編，凡天地鬼神、山川草木、鳥獸蚰蟲、雜物奇怪、王制禮儀、世間人事，莫不畢載，誠《六經》之統匯，百氏之津梁也。其書自漢迄唐，以摹刻篆印，獨偁完善。傳世既遠，間爲李陽冰所亂，賴徐鼎臣、楚金兄弟修明表章，得以復還舊觀。然學者多資以摹仿篆勢點畫，而稽譔達恉，能得蒼氏艁書本意者卒尟。龍興稽古崇道，同文之治，於斯爲盛。海内通經之士，孯精許學，無慮數十家，金壇段氏稱專業。曲阜桂未谷先生同時治是經，自諸生以至通籍，垂四十餘年，取諸經之義與許説相發明者，作爲《義證》五十卷。每字鉤玄探賾，徵引羣書，或數義或十數義，同條共貫。又參以商周彝鼎，精校郅寉，凡二徐本譌舛闕奪，詳加釐訂。其以《玉篇》補其闕者，如本書無「脡」字，據《玉篇》「脡，脯朐也」補「脡」；本書無「膂」字，據《玉篇》「膭，膏膂」，「膂，膏膭」補「膂」；本書無「諰」字，據《玉篇》「諰，謯也」補「諰」；本書無「諤」字，據《玉篇》「諤，言也」補「諤」；本書無「躄」字，據《玉篇》「躄，一足行也」補「躄」；本書無「胼」字，據《玉篇》「胼，脊胼也」補「胼」；本書無「⿰幾气」字，據《玉篇》引《埤蒼》「⿰幾气，蟣也」補「⿰幾气」；本書無「⿰禾离」字，據《玉篇》「⿰禾离，長沙云禾把也」補「⿰禾离」；本書無「⿰石条」字，據《玉篇》「⿰石条，柱下石」補「⿰石条」；本書無「⿰牛菐」字，據《玉篇》「⿰牛菐，特牛也」補「⿰牛菐」；本書無「綷」字，據《玉篇》「綷，周也」補「綷」；本書無「韞」字，據《玉篇》「韞⿰衤廷」，「韞，裏也」補「韞」。其以《廣韻》訂其譌者，如一東「艐」引《説文》「船著沙不行也」，知本書挩「沙」字；五支「趍」引《説文》「趍趙，夕也」，知本書「夕」譌「久」；十六蒸引《説文》「析麻中榦也」，知本書「析」譌「折」；二十五添「溓」引《説文》「薄水也」，知本書「水」譌「冰」；十姥「羖」引《説文》「夏羊牡曰羖」，知本書「牡」譌「牝」；二十六獮「⿰目亶」引《説文》「視而不正」，知本書挩「不」字；四十一漾「醬」引《説文》「醢也」，知本書「醢」譌「鹽」；四覺「菿」引《説文》「艸大也」，知本書「菿」譌「莜」；二十六緝「卙」引《説文》「詞之集也」，知本書譌作「詞之卙矣」。又如「禮，祭豕先也」，《藝文類聚》引《説文》「祭豕先曰禮」，今本書闕；「詭，橫射物爲詭遇也」，《太平御覽》引《説文》「橫射物爲詭遇」，今本書闕。異文逸義，散見他書，莫不搜羅類聚，貫穿條晰，浩浩乎成一鉅觀。先生以乾隆庚戌進士，出宰雲南永平。先嘗與歷城周永年同置籍園，以資來學，並祠漢經師於其中。又繪許祭酒以下及大、小徐、張有、吾邱衍之屬，爲《説文統系圖》，題其室曰十二篆師精舍。於書無不覽，尤邃於金石，故先生於六書之旨爲最精。外有《札樸》十卷、《晚學集》八卷、《繆篆分韻》五卷、《詩集》五卷，然其致力，獨在《説文》一書。余嘗謂段書尚專碻，每字必溯其原，桂書尚閎通，每字兼達其委，二書實一時伯仲。第段書通行已久，綴學之家，幾於户置一册，而桂書多未及見。己亥夏，從漢陽葉丈東卿假得寫本謄録，壬寅冬，余門楊生子言又從余假鈔，於是先生書都中藏者凡三部。顧其書卷帙浩大，叓經易寫，魚成魯，烏成焉，是所不免，每思讎校，而以他事間阻。前因許印林孝廉計偕，攜有先生原鈔本來都，頗見廬山真面。聞楊廉訪以增已於泲上開雕一册，尋以遷任，事不果行，嘆惜久之。丙午夏，余將南旋，子言之兄墨林毅然肩刻是書，吾友張石州壯其言，爲寓書印林，將先生原書，重加讎校，先生之書之得以傳世，其亦有待而付歟！爰喜而書之，願亟登梨棗，以副世之急讀先生書者。

（清同治十三年誦芬堂木活字排印本《籀經堂集》卷七，印本有譌字，今逕改正）

説文解字義證叙

張之洞

治經貴通大義，然求通義理必自音訓始，欲通音訓必自《説文》始。國朝經師，類皆覃精小學，其校釋辨證《説文》之書最顯者十餘家，而以段注本爲甲。習聞諸老師言，段書外惟曲阜桂氏《義證》爲可與抗顔行者。其書嘗爲靈石楊氏連雲簃校刻，刻後未大印行，其家書版皆入質庫，以故世尠傳本。之洞奉使來湖北，始從布政使前輩香山何君許得見之。會江湖南北各行省奉詔開局，雕印經典，時武昌書局已刻經史數種，議刻段氏《説文解字注》，之洞語何君曰：「段本固善，然聞元版未燔，又其完書收入《學海堂經解》中，是不必緟複也。宜刻莫如桂氏書。」何君謂然，乃以此本付書局翻刻，而使之洞爲之叙。竊謂段氏之書，聲義兼明，而尤邃于聲。桂氏之書，聲亦並及，而尤博于義。段氏鉤索比傅，自以爲能冥合許君之指，勇于自信，欲以自成一家之言，故破字創義爲多。桂氏敷佐許説，發揮旁通，令學者引申貫注，自得其義之所歸。故段書約而猝難通闢，桂書繁而尋省易了。夫語其得于心，則段勝矣，語其便于人，則段或未之先也。其專臚古籍，不下己意，則以意在博證求通，展轉孳乳，觸長無方，非若談理辨物，可以折衷一義，亦如王氏《廣雅疏證》、阮氏《經籍籑詁》之類，非可以己意爲獨斷者也。桂氏之言曰：「近日學者，風尚六書，動成習氣，偶涉名物，自負《倉》、《雅》，略講點畫，妄議斯、冰，叩以經典大義，茫乎未之聞也。」此尤爲近今小學家所不能言，洵足以箴肓起廢者矣。獨其篇尾除去新坿，蒐補遺文百二十二字，或頗未盡審諦。如「祢」、「互」見具本書，此更于示部、二部增入。「叡」字既收又部，又收奴部，乃《玉篇》之疏，此遂因之各出。其他籀、古、或體，止宜坿綴。《篇》、《韵》、《汗簡》所引，點畫偶差，概謂逸脱，病在求益。而近人苗夔、鄭珍所搜獲，轉多溢出于此。然其别「劉」于「鎦」，析「諒」爲「亮」，不至使纂堯闕姓，葛侯更名，以袪煩惑，斯其大尒。此書元刻闕弟四十卷弟四十三紙，領書局永康胡君求得日照丁秀才艮善所臧寫本，有此一葉，乃補入之爲完書。丁秀才《後記》有云「此就未校稿本言之，故不爲無弊」云云，似此書校刻時爲許、薛、汪、田諸君應時改定者多矣。顧其《坿説》末兩條自述作書本末命名之指，是首尾固已完具，即中間徵引偶有踳譌，或待補正，固非未成之書也。噫嘻，段、桂兩書，奥矣萃矣，許學備矣，特其卷幅，並皆繁重，初學者恒苦其難，而貧士每病其費。莫若取大興朱氏仿汲古閣大字本重雕，其文簡，其工省，俾求進于此者得之以爲津梁，而更從事于段、桂兩家之書，以窮其堂奥，小學之興，庶有冀乎！或謂毛斧季取宋本拓大其字，不守古式不可用。予謂讀書貴得古人意而已，毛之專輒改易，校還其舊可也，若夫版本尺寸云尒，而亦必斤斤然一矉一步之不失哉！同治九年七月既望提督湖北學政翰林院編修張之洞叙。

（清同治九年崇文書局重刻本《説文解字義證》卷首）

説文解字義證後記

丁艮善

《説文解字義證》五十卷，乃曲阜桂未谷先生脱稿未校之書也。原稿第三十七「臺」下引《高唐賦》有「查《高唐賦》原文」六字，先許印林師曰：「據此知此書真桂氏未成本也。」由此例推，凡書中約略大意，撮引數句數字與原文不符合或大反背者，皆桂氏欲查原書而未及者也，是在善讀者爲之補正耳。安邱王箓友先生筠曰：「桂氏徵引雖富，脈絡貫通，前説未盡，則以後説補苴之，前説有誤，則以後説辨正之，凡所稱引，皆有次第，取是達許説而止，故專臚古籍，不下己意也。讀者乃視爲類書，不亦昧乎！惟是引據之典，時代失於限斷，且泛及藻繪之詞，而又未盡加校改，不皆如其初指。」此就未校稿本言之，故不爲無弊。道光、咸豐間，印林師爲靈石楊氏在清江浦校刊，分校者薛君壽、汪君士鐸、田君普實，未畢而止，後印林師獨任校讎，數年乃成。吾師曾謂此書雖刻，猶有遺憾，但難更張耳。艮所知者，如開卷「《説文解字》第一」後應補「十四部，六百七十二文，重八十一，凡萬六百三十九字」一段，第二至第十四皆應據大徐本補正，此乃許書原文，世所傳大、小徐諸本字數雖有增損，然提綱揭領，無或脱者，脱之自段氏始，此必不可踵襲者也。又四十九卷《叙》後有「右一卷，許君自叙其書也，古者叙在書後」十六字，本在卷首「《説文解字》第十五」一行後低一格分注，「右一卷」作「此一卷」，此刻成後補刻桂君名，行款不合移改者也。此數事皆在卷首，更張實難。至於叙目下「部一」、「部二」以至「部五百四十」，初刻作小字分注，後用艮説定爲許氏原文，改作大字直書，與段氏符合，及見司馬《類篇》所從許氏目已如此，乃知段氏有所遵守，而此書所定不謬也。桂氏未刻書尚有《説文諧聲譜考證》若干卷，本欲與《義證》並行，草稿尚未繕清，兵燹之後，散失數卷，斷簡殘編，揚雲難付，未谷先生詩有「重付揚雲細審量」之句。惜哉！同治九年歲次庚午五月初八日日照丁艮善謹編並識。

（清同治九年崇文書局重刻本《説文解字義證》目録後）

桂氏説文義證原刻跋

繆荃孫

乾嘉盛時，《説文》之學大行，南段、北桂，最稱弁冕。段氏自刊其書，久行於世。桂書止有稾本流傳，亦未校正，字幾及二百萬，刊板正復不易。諸城李方赤方伯得其稾，延許印林、許珊林、王菉友諸小學家校訂，苦其繁雜，欲删節之，菉友以爲不可。道光己酉，聊城楊至堂河帥駐清江，平定張石洲爲山右楊墨林刻《連筠簃叢書》，願以此書刻入，初浼汪孟慈校讐，後交印林獨校，即在清江集工開雕。印林爲立《校例》三，一曰補例，一曰删例，一曰改例；又撰《汪孟慈校語條辨》，復增《校例》七條。印林因父病不能遠離，再移局於贛榆之清口鎮，距印林家止百里，俾之照料。咸豐辛亥始蕆事，未印多書，而墨林、石洲前後殁，未能移板入都，板即庋印林家。辛酉八月，捻逆竄日照，印林家破，室廬書籍均燬於寇，桂板亦燼焉。逮南皮張文襄公刻於鄂局，海内始得見桂氏之書。文襄公序言楊氏書板質於廠肆，不知桂書並不在内。臨清徐君梧生又言板燬於拳匪之亂，皆傳聞之辭，不如印林與高伯平書爲可據。文襄公見此刻於何小宋制府許，内缺一葉，至求日照丁小山寫本足之。京師圖書館亦只藏有大字寫本。今幸得楊刻初印本，而鈔印林《校例》於《攀古小廬文》，《校語條辨》於《滂喜齋》，合訂於前。俾知此書刻不易，校亦不易，而原刻之爲難遇也。

（民國刻本《藝風堂文漫存・癸甲藁》卷二）

説文解字義證五十卷 咸豐二年靈石楊氏連筠簃刻本

葉德輝

有近人所刻書，以印本流傳極少，而藏書不得一遇者，如此桂氏《説文義證》，即其一也。當乾嘉時，海内通《説文》之學者，以江浙爲最盛。然能集其大成者，南北祇有三家，南則金壇段玉裁之《説文解字注》，北則王筠之《説文解字句讀》及《釋例》，與桂氏《義證》。此三書者，段、王最風行，桂書至同治九年湖北官書局鏤版，南方治小學者始得家置一部。于是段、王、桂如鼎足三分，蔚然成三大國矣。湖北局本前有學政張文襄之洞叙，云「其書嘗爲靈石楊氏連筠原誤「雲」簃校刻，刻後未大印行，其家書版皆入質庫，故世尠傳本。之洞奉使來湖北，始從布政使香山何君許得見之。會江湖南北各行省奉詔開局，雕印經典，時武昌書局已刻經史數種，議刻段氏《説文解字注》，之洞語何君曰：『段本固善，然聞元版未燬，其完書收入《學海堂經解》中，是不必緟複也。宜刻莫如桂氏書。』何君謂然，乃以此本付書局翻刻。元刻闕第四十卷第四十三紙，領書局永康胡君求得日照丁秀才艮善所藏寫本有此一葉，乃補入之爲完書。丁秀才《後記》有云『此就未校稿本言之，故不爲無弊』云云，似此書校刻時爲許、薛、汪、田諸君應時改定多矣。顧其《附説》末兩條自述作書本末，命名之恉，是首尾固已完具，即中間徵引偶有踳譌，或待補正，固非未成之書也。」余案文襄當日覓原刻如此之難，則楊氏印本之不多，已可概見。光緒丙申余重入都中，見廠甸翰文齋插架有其書，索價貳佰金。鼎革後甲寅春再至都門，見其書猶在，落價貳佰圓。余問主人韓姓云：「此書插架二十餘年，既無買者，亦不減價，此何理也？」主人云：「此書元刻本極難得，余父子業兩世書行，廠肆僅有此一部，在余可賣不可賣，實無心居奇，不過不得高價，寧留以壯觀瞻耳！」余嘗私計吾鄉道州何子貞太史素與楊氏往來，其家必有此書，惜不得一見。去冬何氏藏書散出，從子康侯、定侯兄弟習聞余語，因時時物色，不意新年竟于書友某手得之，狂喜告余。亟取湖北局本相校，湖北局本前有同治庚午九年日照丁艮善《補目》、《附説》，蓋因元刻本所無，補之以便繙檢，實則不補亦無關輕重也。此書版心下有「《連筠簃叢書》靈石楊氏刊」十字，兩行分列，蓋當時本欲編入《叢書》而未定者。書首題名外云「道光卅年二月啓工，咸豐二年五月訖工」，「日照後學許瀚校字」。此即湖北官局本丁艮善所云「道光、咸豐間印林師爲靈石楊氏在清江浦校刊，分校者薛君壽、汪君士鐸、田君普實，未畢而止，後印林師獨任校讎，數年乃成」者也。印林，許瀚字，故刻成後僅記「許瀚校字」一行，從其實也。楊氏既刻《連筠簃叢書》，此外尚刻有《永樂大典目録》、宋李誡《營造法式》，余皆有之。後《營造法式》不知何時失去，今僅存《大典目録》矣。此書元刻初印，視《大典目録》尤難得，安得不重爲鎮庫之寶笈乎！丁卯人日郋園老人記。

（民國十七年澹園鉛字排印本《郋園讀書志》卷二，印本有譌誤，今逕改正）

説文解字義證五十卷　連筠簃刻本　楊鍾羲

國朝桂馥撰。馥字冬卉，號未谷。其先貴溪人，先世爲至聖廟灑掃户，家曲阜。乾隆庚戌進士，歷官長山縣訓導、雲南永平縣知縣。邃于金石六書之學。嘗謂「士不通經不足以致用，而訓詁不明不足以通經」，博考諸書，作《説文解字學》，取許書與諸經之義相疏證。《梁書·孔子祛傳》：「高祖撰《五經講疏》及《孔子正言》，專使子祛檢閱羣書，以爲義證。」馥爲《説文》之學，亦取證於羣書，故題曰《義證》，專臚古籍，不下己意，分肌擘理，脈絡貫通，前説未盡，則以後説補苴之，前説有誤，則以後説辨證之，凡所稱引，皆有次第，取足達許説而止，引據雖繁，條理自密。王筠議其引據之典，失於限斷，且汎及藻繪之詞，而又未盡加校改。然馥固自言：「從事《説文》三十餘年，牽於世事，作輟無常，前緒已了，後復茫然，深有感於司馬温公《進通鑑表》所云『抵牾不敢自保』也」。其謂「近日學者，風尚六書，動成習氣，偶涉名物，自負《蒼》、《雅》，略講點畫，妄議斯、冰，叩以經典大義，茫乎未之聞也」，足以鍼砭末俗。同時桂、段並稱，治《説文》者多以二書爲津梁。宀部「宧，康宧也，從宀，良聲，音良久」，段謂：「《説文》少言音者，當作『讀若』」；桂謂：「許書少言音而此有『音良久』之文，鄭注少言音而《士昏》有『壻音細』之文，此皆二書之僅見者」，不似段之武斷。《附説》謂：「或問周宣王時既有古文，史籀何爲復作大篆？曰：書契之作，所以杜詐譌，古文太簡，漸有不可一體施者，故大篆趨於繁，與古文並行，猶秦書之有八體，各從所宜。《説文序》云：『太史籀著《大篆》十五篇，與古文或異。至孔子書《六經》，左邱明述《春秋傳》，皆以古文。』此可知大篆不施於書册也。秦又苦大篆之繁，故作小篆，小篆出於大篆，不出於古文。」王菉友則謂：「周尚文，故字亦繁縟，如《大學》、《中庸》借『壹』、『貳』爲『一』、『二』，此何詐僞之可杜？且漢官印隨其人，益當爲詐僞矣。漢尚不杜之，何況周之中葉？今之書册，固不知幾經改易，然『其』、『盤』、『災』三字皆籀文，『敢』、『棄』二文亦由籀文小變之，『遬』字見《禮記》，此亦有所承，非盡後人改用籀文。許君《叙》云『重一千一百六十三』，而或體居其半，古籀文僅數百字。雖古人事簡，必不足用。是知古籀、篆皆同者祇出小篆，古籀異者乃出之，非許君所識古籀止此。」其説可相參證。本書無「爿」字而有從「爿」得聲諸字，馥謂：「『爿』當屬『片』，與反『正』爲『乏』同例。」沈西雍謂：「《五經文字》有爿部，音墻。《九經字様》亦云析木向左爲爿。」則唐本自有此部，正不必附于片部也。

（一九七二年臺灣商務印書館初版本《續修四庫全書提要》）

《説文解字義證》索引編製説明

一、索引將《説文解字義證》所釋《説文》的部首、正文、重文隸定為楷字收入。

二、索引用四角號碼編製。例如："摩"：

0025_2 ——四角號碼

摩　1059下/8

1059 ——頁碼；下 ——欄次；8 ——行數；摩 ——所檢字

三、重文旁以方括弧注明正文。例如：

0021_4

厇［宅］　629下/8

宅 ——正文字；厇 ——重文字

四、桂馥所補遺文，在頁碼前用"△"注明。例如："痠"

0014_7

痠　△658上/5

四角號碼檢字法

第一條　筆畫分為十種，用０到９十個號碼來代表：

號碼	筆名	筆　形	舉　例	說　明	注　意
0	頭	亠	言 主 广 疒	獨立的點和橫相結合	１２３都是單筆，０４５６７８９都由二以上的單筆合為一複筆。凡能成為複筆的，切勿誤作單筆；如亠應作０不作３，寸應作４不作２，厂應作７不作２，丷應作８不作３．２，小應作９不作３．３．
1	橫	一 ㇀ 乚 ㇏	天土地江元風	包括橫、挑(趯)和右鈎	
2	垂	丨 丿 亅	山 月 千 則	包括直、撇和左鈎	
3	點	丶 ㇏	宀礻冖厶之衣	包括點和捺	
4	叉	十 乂	草杏皮刈大對	兩筆相交	
5	插	扌	扌 戈 中 史	一筆通過兩筆以上	
6	方	口	囗鳴目四甲由	四邊齊整的方形	
7	角	㇆ 厂 亅 L 𠂆 乛	羽門灰陰雪衣學罕	橫和垂的鋒頭相接處	
8	八	八 丷 人 𠆢	分頁羊余災衆足午	八字形和它的變形	
9	小	小 ⺌ ⺍ 个 忄	尖 糸 粦 杲 惟	小字形和它的變形	

第二條　每字只取四角的筆形，順序如下：

(一)左上角　(二)右上角　(三)左下角　(四)右下角

(例) (一)左上角……端……(二)右上角
(三)左下角……　……(四)右下角

檢查時照四角的筆形和順序，每字得四碼：

(例) 顏＝0128　截＝4325　烙＝9786

第三條　字的上部或下部，只有一筆或一複筆時，無論在何地位，都作左角，它的右角作０。

(例) 宣　直　首　冬　軍　宗　母

每筆用過後，如再充他角，也作０。

(例) 成　持　掛　大　十　車　時

第四條　由整個囗門鬥行所成的字，它們的下角改取內部的筆形，但上下左右有其他的筆形時，不在此例。

(例) 因＝6043　閑＝7724　闢＝7712　衡＝2143

茵＝4460　濶＝3712　荇＝4422

附　　則

Ⅰ.字體寫法都照楷書如下表：

正	宀	隹	匕	反	礻	户	安	心	卜	斥	刃	业	亦	草	執	禺	衣
誤	宀	隹	匕	反	礻	戶	安	心	卜	斥	刄	业	亦	草	執	禺	衣

Ⅱ.取筆形時應注意的幾點：

1.宀户等字，凡點下的横，右方和他筆相連的，都作3，不作0。

2.尸四門等字，方形的筆頭延長在外的，都作7，不作6。

3.角筆起落的兩頭，不作7，如ㄱ。

4.筆形"八"和他筆交叉時不作8，如美。

5.业丬中有二筆，氺小旁有二筆，都不作小形。

Ⅲ.取角時應注意的幾點：

1.獨立或平行的筆，不問高低，一律以最左或最右的筆形作角。

(例)非　肯　疾　浦　帝

2.最左或最右的筆形，有他筆蓋在上面或托在下面時，取蓋在上面的一筆作上角，托在下面的一筆作下角。

(例)宗　幸　寧　共

3.有兩複筆可取時，在上角應取較高的複筆，在下角應取較低的複筆。

(例)功　盛　頗　鴨　奄

4.撇為下面他筆所托時，取他筆作下角。

(例)春　奎　碎　衣　辟　石

5.左上的撇作左角，它的右角取作右筆。

(例)勾　鈎　侔　鳴

Ⅳ.四角同碼字較多時，以右下角上方最貼近而露鋒芒的一筆作附角，如該筆已經用過，便將附角作0。

(例)芒=4471₀　元　拼　是　疝　歆　畜　殘　儀　難　達　越

繕　蠻　軍　覽　功　郭　疫　癥　愁　金　速　仁　見

附角仍有同碼字時，再照各該字所含横筆(一ノㄴ乀)的數目順序排列。例如市帝二字的四角和附角都相同，但市字含有二横，帝字含有三横，所以市字在前，帝字在後。

四角號碼檢字法

第一條　筆畫分為十種，用0到9十個號碼來代表：

號碼	筆名	筆形	舉例	說明	注意
0	頭	亠	言 主 广 疒	獨立的點和橫相結合	123都是單筆，0
1	橫	一 ㇀ ㇄ ㇏	天土地江元風	包括橫、挑(趯)和右鈎	456789都由二
2	垂	丨 丿 亅	山 月 千 則	包括直、撇和左鈎	以上的單筆合為一複
3	點	丶 ㇏	宀礻冖厶之衣	包括點和捺	筆。凡能成為複筆的
4	叉	十 乂	草杏皮刈大對	兩筆相交	，切勿誤作單筆；如
5	插	扌	扌 戈 中 史	一筆通過兩筆以上	亠應作0不作3，寸
6	方	口	國鳴目四甲由	四邊齊整的方形	應作4不作2，厂應
7	角	㇆ 厂 ⅃ ㇗ 𠂆 乛	羽門灰陰雪衣學罕	橫和垂的鋒頭相接處	作7不作2，ソ應作
8	八	八 ソ 人 𠂉	分頁羊余災汆足午	八字形和它的變形	8不作3．2，小應
9	小	小 ⺌ ⺍ 个 忄	尖 糸 粦 杲 惟	小字形和它的變形	作9不作3．3．

第二條　每字只取四角的筆形，順序如下：

(一)左上角　(二)右上角　(三)左下角　(四)右下角

(例)　(一)左上角……端……(二)右上角
　　　(三)左下角……　……(四)右下角

檢查時照四角的筆形和順序，每字得四碼：

(例)顏=0128　截=4325　熔=9786

第三條　字的上部或下部，只有一筆或一複筆時，無論在何地位，都作左角，它的右角作0。

(例)宣　直　首　冬　軍　宗　母

每筆用過後，如再充他角，也作0。

(例)成　持　掛　大　十　車　時

第四條　由整個囗門鬥行所成的字，它們的下角改取內部的筆形，但上下左右有其他的筆形時，不在此例。

(例)因=6043　閑=7724　鬭=7712　衡=2143

菌=4460　瀾=3712　荇=4422

附　則

Ⅰ.字體寫法都照楷書如下表：

正	宀	住	匕	反	礻	户	安	心	卜	斥	刃	业	亦	草	執	禺	衣
誤	宀	住	匕	反	礻	戸	安	心	卜	斥	及	业	亦	草	執	禺	衣

Ⅱ.取筆形時應注意的幾點：

1.宀户等字，凡點下的橫，右方和他筆相連的，都作3，不作0。

2.尸四門等字，方形的筆頭延長在外的，都作7，不作6。

3.角筆起落的兩頭，不作7，如ㄗ。

4.筆形"八"和他筆交叉時不作8，如美。

5.业屮中有二筆，氺小旁有二筆，都不作小形。

Ⅲ.取角時應注意的幾點：

1.獨立或平行的筆，不問高低，一律以最左或最右的筆形作角。

(例)非　肯　疾　浦　帝

2.最左或最右的筆形，有他筆蓋在上面或托在下面時，取蓋在上面的一筆作上角，托在下面的一筆作下角。

(例)宗　幸　寧　共

3.有兩複筆可取時，在上角應取較高的複筆，在下角應取較低的複筆。

(例)功　盛　頗　鴨　奄

4.撇為下面他筆所托時，取他筆作下角。

(例)春　奎　碎　衣　辟　石

5.左上的撇作左角，它的右角取作右筆。

(例)勾　鈎　侔　鳴

Ⅳ.四角同碼字較多時，以右下角上方最貼近而露鋒芒的一筆作附角，如該筆已經用過，便將附角作0。

(例)芒=4471_0 元 拼 是 痂 歆 畜 殘 儀 難 達 越

繕 蠻 軍 覽 功 郭 疫 癥 愁 金 速 仁 見

附角仍有同碼字時，再照各該字所含橫筆(一／乚㇏)的數目順序排列。例如市帝二字的四角和附角都相同，但市字含有二橫，帝字含有三橫，所以市字在前，帝字在後。

諼 204下/11
0264$_9$
評 202下/8
0265$_3$
譏 206下/3
0265$_7$
諍 202下/4
0266$_1$
詬 220上/11
0266$_3$
諮 209下/5
0266$_4$
話 199下/13
䛢[羞] 781下/3
0266$_9$
譒 202上/7
0267$_0$
訕 206上/19
訩[詾] 214上/4
0267$_2$
詘 216下/12
0280$_0$
刻 360下/17
0292$_1$
新 1247上/15
0313$_4$
竢 885下/5
0314$_7$
竣 886上/13
0324$_7$
𡕒 881上/18
0345$_0$
䧹[城] 1198上/16
0360$_0$
訫[信] 196上/14
0361$_1$
詑 205上/7
0361$_4$
訧 218上/6
0361$_7$
謚 200上/16
諠 200下/5
0362$_2$
診 206上/8
0362$_7$
誧 201下/3
諞 210上/5
0363$_2$
詠 202上/19
0363$_4$
誒 208下/9
0364$_0$
試 198上/12
0365$_0$
戠 1101下/8
誐 201上/5
誠 196上/18
誡 196下/2
諴 198上/18
識 195上/12
讖 192上/7
0365$_3$
諓 200下/18
0366$_0$
詒 205下/16
0369$_4$
誄 205上/1
0391$_4$
就 447上/1
就[就] 447上/4
0416$_1$
䇎 886下/1
0420$_0$
斛 1248下/14
0422$_7$
劾 1217下/2
0428$_1$
麒 839下/19
0428$_6$
[illegible][葩] 49下/12
0446$_0$
𩫨[堵] 1193上/19
0460$_0$
計 199上/11
討 218下/7
謝 202上/10
0461$_1$
詵 190下/6
諶 196上/3
0461$_2$
訦 196上/15
0461$_4$
詿 208上/20
謹 195下/18
讙 211下/19
0461$_7$
詍 209上/2
譊 204上/6
0462$_7$
訥 203下/13
誇 210下/19
𧩍[謣] 212上/11
譪 211上/7
0463$_4$
誒 △221下/6
謨 194上/10
謨[謑] 220上/8
0464$_1$
詩 191下/18
譸 207上/9
0464$_7$
詖 193下/1
諄 208上/2
護 201上/18
0465$_4$
譁 212上/6
0465$_6$
䜅 217下/1
諱 196下/11
0466$_0$
詁 197上/13
諸 191下/15
0466$_1$
詰 216上/14
誥 196下/14
諎 204上/13
0466$_4$
諾 191上/12
譮 205下/3
0466$_5$
譆 208下/15
0468$_1$
諆 212下/18
0468$_6$
讀 192下/7
0469$_4$
諜 220下/3
謀 194上/2
0482$_7$
劾 1217下/2

致 453下/11
璬 32下/18
璥 27上/1
1816_7
琀 42下/8
瑲 37上/7
1818_1
琁[璿] 28上/9
1821_1
殅 333下/8
1822_2
殄 335上/17
1822_7
矜 1250上/7
帑 674下/10
殤 333上/13
1823_4
弡 443上/7
1824_0
敎 265上/9
敄 264下/15
敄 258下/4
黴 259上/20
1826_6
鬸 239下/2
1828_1
豵 816下/6
1832_7
鶩 833上/8
鶩 315上/5
1840_4
婺 1083上/16
1844_0
孜 259下/11
1850_1
犛 300下/14
1850_6
輂 235上/17
1854_0
敹 263下/9
1860_1
醫 1310下/9
1860_4
暋 276下/13
1861_1
酢 1309下/14
1861_7
醓 1305上/14
1862_1
醃 1310下/12
1863_2
碌 809上/19
1863_7
磏 808上/18
1864_0
敔 265下/8
1864_7
敳[敧] 331上/15
1866_4
礶 813上/1
1868_6
醶 1309下/11
1869_4
酴 1303上/12
1871_2
䀹 1111下/6
1874_0
改 260上/9
1876_7
䀫 △1112上/10
1877_2
瓾 792上/5
1882_2
䞓 758下/2
1914_7
瓊 38下/1
1918_0
耿 1036下/15
1918_6
瑣 37上/18
1918_9
琰 31下/12
1973_2
聚 718下/11
1973_4
敱 257下/14
1985_9
膦 758下/4

2122$_1$
行 167下/6
岓[近] 158下/16
2122$_2$
虨 414上/9
2122$_6$
徏[陟] 1271上/8
2122$_7$
俩[仿] 687下/10
鹵[采] 663上/10
儒 681下/11
帛[卓] 709下/17
偊 697下/15
傌 829下/18
衕 168上/12
觜 372上/17
虜 594上/5
衛 168下/14
虞 239下/14
膚[臚] 340下/12
虧 407上/13
2123$_1$
處 413下/12
2123$_2$
倀 698上/14
豦 818上/15
觾[觶] 373上/15
虩 820上/8
2123$_4$
傁 697下/3
㾊[疾] 645上/6
虞 413上/11
2123$_6$
慮 887下/14
2124$_0$
豻 822上/14
佴 690下/6
鼾 283下/15
2124$_1$
處[処] 1245下/4
儡 689上/18
2124$_4$
併[兵] 228上/15
2124$_6$
便 694下/9
倬 686下/11
2124$_7$
彶[返] 154上/13
優 695上/3
䙐[罷] 856上/14
2124$_8$
虔 413下/17
2124$_9$
虖 414上/1
2125$_3$
歲 146上/19
2126$_0$
佤[舡] 593上/6
佰[舡] 593上/5
佰 692下/15
価 695下/4
2126$_1$
佸[剈] 360上/12
2126$_2$
偕 689下/11
2126$_3$
䖯 1109上/5
唇[虐] 414上/8
2126$_8$
𤖉[醬] 1310上/16
2128$_1$
𡵉[莊] 47上/2
虡[虡] 414下/17
虞 414上/11
2128$_2$
觼 371上/11
2128$_6$
須 763下/14
䫖[皃] 741上/5
傾 690下/15
穎 940下/12
顢 758下/6
顏 758上/4
顛 756下/11
顙 760上/16
顯[頂] 755上/9
顱 754下/15
2129$_1$
僄 699下/10
2129$_6$
傆 693上/10
2131$_0$
魟 1018下/15
2131$_1$
鯹 1011上/7
鱺 1011上/12
2131$_4$
鰻[鰐] 1013上/2
2131$_6$
鰸 1014上/10
鱷 1016上/9
驅 317上/1
2131$_7$
號 416上/12
鮔 1008下/19
驢 316上/11
2131$_8$
魱 1010上/17
2131$_9$
魠 1011下/4
2132$_0$
駉 314下/6
2132$_7$
鮞 1007下/15
鮩 1018上/3
篤 318下/5
鰟 1014上/7
2133$_1$
㥁 710下/8
熊 855下/20
態 902上/13
𢘊[悉] 897上/6
2133$_2$
愆 905上/15
懲 906上/10
2133$_6$
𤋲 861上/8
鮝 1012下/7
2133$_8$
懇 830下/11
2134$_6$
鯁 1016下/7
鰻 1010上/18
鯙 1018下/1
鱓 1012上/1
2136$_0$
鮎 1012下/18
2136$_1$
鮨 1016下/18
2138$_2$

鰍 1013上/20
2138_{6}
饋 761上/6
2139_{4}
髁 316下/19
2140_{0}
午 459下/20
2140_{1}
乍 709上/19
衎 168上/20
2140_{3}
衛 168下/9
2140_{4}
妛 1086上/3
2140_{6}
卓 709下/15
韇 992上/7
2140_{7}
支 257下/19
覃 448上/4
2141_{0}
匙 707下/6
2141_{7}
瓩 1110下/11
艫 737下/12
2142_{7}
禹 1286上/4
鴇 △838上/5
2143_{0}
奥[衡] 371下/11
衡 371下/3
2144_{2}
弆[舁] 230上/7
2144_{7}
荓 144下/14

般[般] 738下/1
2144_{8}
簈[捧] 1042上/20
2148_{6}
頒 1079上/4
頎 755下/18
顡 758上/8
頓 760上/11
顛 764上/7
2150_{1}
輩 302上/18
2150_{2}
掌 1053上/14
衛 116下/1
2150_{3}
衡 168上/14
2150_{6}
衛 1259下/17
2151_{0}
牝 113上/13
2151_{1}
牼 116下/9
2151_{6}
犟 114上/16
2152_{7}
犡 113下/18
2154_{7}
犪 115下/9
2154_{9}
牪 114上/6
2155_{0}
拜[奴] 226下/6
拜[捧] 1042上/18
2158_{6}
顉 764上/3

顅 759下/11
2160_{0}
占 268下/19
卣 595上/7
卤[西] 1024下/2
鹵 1024下/6
卤[西] 1024上/20
2160_{1}
旨 407下/15
呰 130下/3
衙 168下/3
衢 168上/16
皆 272上/15
訾 209上/6
㬱 416下/2
鍇 577上/15
䜟 210上/12
2160_{2}
皆 283上/6
2160_{8}
容[谷] 136上/13
容 997上/13
睿[叡] 331下/16
2161_{0}
紕 887上/16
2161_{7}
瓵 1110上/9
甌[匝] 1040上/2
甗[盦] 1109上/10
2164_{7}
敽[播] 1062上/17
2166_{1}
呰 147下/7
鸁[卤] 595上/10
2168_{6}

頡 757下/20
額 755下/2
顓 764上/9
頿[皤] 677上/1
2171_{0}
匕 707下/3
匕 708下/17
比 710上/16
齔 169下/8
齜 170上/4
2171_{1}
嶇 791下/14
2171_{4}
既 424上/16
齰 172下/9
2171_{6}
鹵 405下/4
卣 405下/11
鹵[卣] 405下/10
2171_{7}
齟 171上/10
齸 170下/10
鼠 855上/5
2172_{7}
師 524上/13
2173_{2}
衙[衛] 168下/7
2174_{0}
齗 171下/9
2176_{1}
齬 172下/1
2177_{2}
齒 169下/1
2178_{6}
頃 709下/4

2428_1
供 688上/18
2428_6
僨 701下/8
儥 693下/9
儹 689下/17
艎 372下/9
2429_0
休 517下/8
牀 496上/12
2429_4
僕 684上/7
2429_6
僚 684下/12
2430_0
鮒 1011上/3
2431_4
騋 314下/4
驩 319下/10
2431_8
驉 316下/2
2432_7
勳 1214上/5
鰨 1008上/3
鮂 1011上/1
鮪 1008下/5
鰿 1007下/12
2433_0
怤 891上/7
2433_1
鮎 1007下/19
2434_7
鮍 1010下/19
鱯 1011上/19
2436_1
鮚 1018上/5
2438_1
鯕 1018下/11
2440_0
升 1249上/12
2441_2
勉 1215上/12
2443_0
奘 883上/18
奘 846下/11
婁 876下/20
2446_1
艁[造] 151下/4
2451_0
牡 112下/18
牡[封] 1196下/11
2451_4
犍 114上/14
2452_7
犏 115下/17
2454_1
特 113上/4
犞 116上/16
2456_1
牿 115上/12
2458_6
犢 113上/17
2460_1
咎 △708下/14
告 119上/3
替[普] 886下/18
2461_1
曉 676下/8
2461_2
䑛[舓] 185下/7
2461_4
矔 677上/2
2464_1
疇 283上/15
2465_4
曄 527上/12
2471_1
毬 730上/11
嶢 792上/14
2471_2
毺 730上/15
2471_7
齛 172下/3
2472_1
齮 171上/15
2472_7
幼 327下/9
帥 667上/6
2473_2
裝 725上/20
2473_6
巏 791上/5
2474_7
岐 709下/2
岐[郊] 549下/12
2476_0
岵 789下/6
2476_1
𪗉 171下/18
齰 171上/20
2477_2
齹 170下/17
2480_4
㚒 1079下/5
2480_6
貨 536下/17
贊 537下/14
2481_4
綷[綵] 868下/15
2489_6
獠 873上/19
2490_0
科 612上/17
村[叔] 247上/1
紂 1139上/17
紨 1142下/11
紨 1145上/4
2491_1
䅵 610下/20
繞 1123上/3
2491_2
絖 1131下/11
2491_4
絓 1119上/11
稑 601下/10
2491_7
紈 1124上/12
紲 1140上/11
稙 601上/19
2492_1
綺 1125上/2
緕[紵] 1143下/12
2492_7
納 1120下/12
稀 602下/3
絺 1142下/16
勦 1216下/9
絝 1134上/19
綃 1141上/8
2493_2

紳 1132上/13
2591$_7$
純 1118下/15
2592$_7$
秭 612下/13
綈 1145下/11
綪 1129上/11
繡 1127上/20
2593$_0$
秩 608上/11
秧 610上/1
紩 1136下/8
紻 1132上/3
2593$_2$
隸 251上/5
2593$_3$
穗[采] 606上/15
繐 1133下/12
2594$_3$
縛 1125下/3
2594$_4$
縷 1127下/19
縷 1136上/11
2596$_0$
紬 1126下/16
2597$_4$
緈 1142下/13
2598$_1$
緁 1136下/5
2598$_6$
積 608上/9
績 1142下/2
績 1120上/13
2599$_0$
絑 1128下/1

2599$_6$
綀 1126上/7
2600$_0$
囟 887上/1
囪 872上/15
白 283上/4
白 676上/20
由 780下/11
自 282下/17
2610$_0$
䵒 616上/3
2610$_4$
皇 25下/7
2611$_0$
覞 743下/4
覬 745上/12
2612$_7$
甥 1213下/14
2613$_6$
蚩[蠱] 1176上/3
蠱 1176上/1
2614$_0$
䵗 615下/7
2620$_0$
㐰[信] 196上/12
佪 698下/10
佃 698下/6
伯 682下/18
皁[白] 676下/4
2620$_2$
㣎 765上/15
2621$_0$
侃 994上/17
皃 740下/18
貌[皃] 741上/7

但 703上/6
俔 694下/18
舶 373上/19
覷 743下/1
虘 415上/14
覰 744上/17
2621$_1$
貔 820下/5
2621$_3$
鬼 777下/8
傀 684上/16
魄 780上/13
2621$_4$
徎 163上/5
俚 686上/15
貍 823上/4
徾 163上/10
2622$_1$
鼻 283下/8
2622$_7$
帛 676上/4
偈 701上/14
偶 704下/8
鼻 282下/20
𦪷 371上/13
齃[頞] 755下/16
2623$_0$
偲 686下/9
𦨶 370上/18
2623$_2$
𣶒[次] 752下/8
泉 995上/7
儇 683下/12
艆 371上/7
灥 995上/17

2623$_4$
俁 685下/3
齅 283下/11
2624$_0$
俾 695下/15
2624$_1$
得 165下/9
2624$_7$
復 165上/7
貜 821下/8
2624$_8$
儼 686上/10
2625$_6$
僤 685下/7
貚 820下/3
𦪌 373上/2
2626$_0$
倡 699下/16
躳 637下/14
偪 703下/15
2628$_0$
伿 699下/7
臬 712上/19
2628$_1$
促 702下/7
徥 163下/14
2629$_3$
儽 691下/9
2629$_4$
保 680上/2
稞 593上/15
2630$_0$
鮊 1015下/2
2631$_4$
鯉 1009上/15

鱹 1018上/12
2632_7
鰅 1014下/11
鰑 1008上/13
2633_0
悤 872下/2
恖[悉] 112上/10
息 888下/20
2633_7
県 763上/20
2634_3
鸔 312下/15
2634_4
鰋 1013上/1
2634_7
鰻 1011上/17
2635_6
鱓 1013下/8
2638_0
䲡 1009上/13
2639_4
鯀 1011下/9
鱢 1016下/15
2640_0
卑 248下/8
2640_1
皐 1290上/18
2640_3
皋 882上/1
2641_0
舰 745上/5
覣 743上/18
覭 743下/6
2643_0
吴 877上/3

臭 883下/1
臭 849上/12
2644_0
㒵[皃] 741下/14
畁 227上/10
2650_0
牭 113下/4
2660_1
𠿗 204上/2
諐[愆] 905下/2
2661_0
覘 744下/7
2661_3
魄 778下/4
2662_7
舓 185上/20
2666_0
皛 677上/16
2671_0
覷 745上/3
2671_1
皀 424上/7
覒 746上/17
2672_7
崵 789上/18
嵎 787上/17
齵 170下/6
2674_1
嶧 787上/1
2678_0
齞 170上/13
2690_0
和 125下/4
稇 608上/13
細 1122上/12

2690_4
臬 508上/12
2691_0
絸[繭] 1118上/17
組 1136下/13
䅐[稷] 603上/18
2691_1
緄 1132上/9
2691_4
程 612上/19
綎[縕] 1121下/12
稈 610上/6
2691_7
縕 1145下/6
2692_1
繝 1145下/18
2692_2
穆 602下/9
2692_7
緆 1144上/5
稍 609下/7
絹 1128上/5
䅟 606下/10
緭 1124下/10
2693_0
總 1122下/10
緫 1143下/15.
2693_1
纆 1140下/5
2693_2
線[綫] 1136上/17
繯 1123上/11
2694_0
綼[緐] 1139上/10
稗 605下/8

綼 1130上/6
2694_1
稈 609上/9
釋 112上/11
緝 1142上/18
繹 1118下/7
2694_4
纓 1131下/19
2694_7
稷 602下/16
緵 1127上/14
2695_4
縪 1124上/8
2695_6
繟 1132上/18
2698_1
緹 1129上/16
2698_6
縜 1136上/2
2699_4
綶 1134下/15
稞 608上/17
繰 1130上/19
2702_0
⺊[卜] 267下/9
勹 774下/3
㚋[多] 593上/14
2710_0
血 419上/20
2710_3
壑 42下/20
2710_4
𡕒[舜] 456上/8
望 1104下/20
壡[叡] 331下/5

3023_2
窊 639下/6
寙 △ 636下/16
永 995下/7
家 629上/10
窳 640上/11
扆 1027下/11
宸 630下/17
宖 631下/2
㝩 631下/5
𡬆 644下/1
褱 16下/18

3023_4
戾 1027上/18
戾 848上/13

3024_1
穿 639上/4

3024_4
寠 644上/15

3024_7
寑 634下/2
𥨊 638上/15

3024_8
䘹 △ 22下/12
𦲎 678上/14
𥨍 639下/19

3025_3
宬 631下/10

3025_7
扉 1027下/5

3026_1
宿 634上/20
寣 644下/7
寤 643下/4
𥨷[寤] 644上/14

3026_2
𧜵 721上/11

3026_6
𥨬 642上/5

3029_3
𢨛 1144下/18

3029_4
床[户] 1027上/4
窱 642上/18
寐 644上/16
寐 643上/20
寱 644下/4

3030_1
迒 162上/13
進 151上/11

3030_2
迊 150上/8
迍 160上/3
適 150下/15

3030_3
迹 148下/18
遮 159下/1
邃 642上/13
寒 635下/8

3030_4
这 152下/11
逹 149上/8
避 156上/6

3030_7
之 523下/19
窆 642下/7

3032_7
宀 629上/6
寫 634上/12
窵 641上/1

騫 833下/14
鶱 324上/14

3033_1
惌[宛] 630下/15
窯 638上/11
潐 978下/3

3033_2
宓 632上/9
窻 639下/4

3033_6
𢟪 896上/10
憲 891上/8

3033_7
𢡃 896上/3

3033_8
㥶 894下/14
𢙬[愆] 905下/1

3034_2
守 633下/15

3034_8
𥤠[变] 245上/10

3040_1
準 979下/11
宇 630下/19
宰 633下/11

3040_4
安 632上/6
宴 632上/14
窭 1081上/15
窶 1087上/16
寠 635上/14

3040_7
变 245上/6
字 1293下/12
𡪢[寑] 634下/5

3040_8
窔 642上/10
窣 641下/5

3041_7
宄 636上/5
究 642上/1
窮 636下/2

3043_0
突 641上/17
宊 630下/5
寅 631上/12
寏 632上/12

3043_2
宏 631上/18
𥤮 638下/15

3044_6
穽[弇] 227上/5

3044_7
窽 641上/8

3048_3
窾 636上/1
𥨴[窾] 636上/4

3050_0
窂 639上/10

3050_2
牢 115上/16

3050_6
窜 642下/19
奎 236下/15

3051_6
窺 641上/3

3054_4
窦 639上/13

3055_8
穽[阱] 423上/20

3272_1
㫁 1247上/13
3290_4
業 225上/5
3300_0
心 888下/3
必 111上/8
3310_0
沁 931上/15
泌 957上/12
𠧞 269上/5
3310_4
塗 986上/2
1194上/12
3310_7
盜 418上/2
𥂝[餔] 430下/15
3311_0
沇 933下/18
3311_1
沱 919上/11
涳 961上/3
浣[瀚] 985下/5
3311_2
淲 954上/3
3311_4
沇 953下/17
滱 952下/7
窪 967上/7
3311_7
窒[空] 634上/9
3312_1
濘 966下/20
3312_2
滲 961下/13

3312_7
浦 966上/5
3313_2
泳 971下/4
浪 926下/20
3313_4
涘 965下/7
瀱 987上/15
3314_1
滓 982上/19
3314_2
溥 955下/9
3314_4
㳄 999上/19
洝 980下/14
3314_7
浚 981下/2
淩 981上/19
3315_0
涐 919下/14
泧 980下/1
滅 987下/18
淢 957下/8
減 987下/16
瀸 963下/12
瀐 984上/4
3315_3
淺 964上/11
3316_0
冶 999上/7
治 950上/9
3316_8
溶 961上/18
3316_9
瀋 984上/6

3317_7
涫 981上/1
3318_2
沇 958下/6
3318_6
演 957上/7
3319_1
淙 960上/20
3319_4
沭 947下/2
3320_0
祕 8上/11
3321_1
衪 720下/3
3322_7
褊 722下/8
補 724下/10
黼 677下/15
3323_6
襁 716下/19
3324_4
祓 15上/19
袚 727上/13
黻 678上/9
3325_0
祴 18上/10
3330_2
逋 158上/2
𨘢[逋] 158上/6
3330_3
述 157上/18
3330_4
逡 156上/20
3330_5
迣 160上/12

3330_7
逭 157下/13
3330_9
述 150下/6
遯[述] 150下/11
3333_0
惢 915上/8
3343_0
𤁸[漢] 926下/19
3350_7
擊 1098下/19
3385_0
戳 1101上/6
3390_3
繠 915上/11
3390_4
梁 513上/19
粱 616下/12
3400_0
斗 1247上/20
3410_0
汁 983下/4
泭 970下/16
對[對] 225下/9
澍 975上/13
3411_1
洗 985上/8
湛 973上/14
澆 983上/17
3411_2
沈 976上/18
3411_4
洼 967上/5
漼 977上/16
灌 936上/12

瀹 982下/3
灡 981上/10
3813$_1$
潕 938下/4
瀚 985下/2
3813$_2$
淰 982下/2
滋 964下/12
漾 924上/12
瀁[漾] 926上/7
3813$_3$
淤 982上/16
3813$_7$
濂 977下/4
3814$_0$
汝[攸] 263上/7
汻 965下/13
潎 985下/17
激 938下/10
漱 259下/8
潵 976上/14
澂 961上/20
漖 960下/2
3814$_6$
淬 974下/12
漳 936下/7
潭 984上/11
3814$_7$
游 585上/2
3815$_1$
洋 948上/9
3815$_7$
海 955下/1
3816$_0$
沿 971上/8
沿[沇] 934上/15
3816$_1$
洽 977上/18
浛 960下/20
3816$_4$
涻 953下/7
3816$_6$
澮 931上/8
潧 942下/18
瀶 968下/2
3816$_7$
凔 999上/10
滄 984上/19
3816$_8$
浴 985上/3
3816$_9$
瀋 382上/20
瀿 960下/8
3818$_1$
淀 962上/6
瀕 953下/3
3819$_4$
涂 921上/15
3821$_6$
裞 727下/6
3821$_7$
襤 719上/7
3821$_9$
裣 717下/9
3822$_0$
衸 720上/18
3822$_1$
褕 716上/2
3822$_2$
衫 716上/13
3822$_7$
衯 722上/6
黺 678上/17
3823$_3$
襚 727上/16
3824$_7$
複 721下/2
3825$_1$
祥 6下/15
3826$_1$
祫 13下/15
袷 722下/12
3826$_6$
禬 17上/20
襘 718下/9
3826$_8$
裕 724上/8
3830$_1$
辺[撫] 1050上/11
迮 151下/17
3830$_2$
逾 151下/7
3830$_3$
遂 158上/12
送 154下/3
3830$_4$
逆 152下/3
遵 150下/12
3830$_6$
迨 151下/16
道 161下/11
遒[逎] 158下/12
3830$_8$
遂 159下/6
3834$_3$
導 257上/11
3850$_7$
肇 258上/15
3860$_4$
啓 574下/6
脊 276下/20
3864$_0$
啟 258上/3
3890$_3$
縈 1127上/2
3890$_4$
桀 511上/2
巢 610下/12
3911$_1$
洸 959上/12
3911$_8$
湛[湛] 973下/10
3912$_0$
沙 965上/5
3912$_7$
涝 928上/5
消 978下/1
3913$_0$
沁[沙] 965上/10
3913$_8$
淡 986下/9
3915$_0$
泮 988上/20
3916$_2$
涫 964上/15
3918$_0$
湫 979下/2
3918$_1$
瀵 980上/4
3918$_6$

涓 954上/2

3918_9

淡 983上/10

3925_0

祥 724上/3

3930_5

遡[送] 154下/6

遶 156上/16

3930_8

逖 160下/4

3930_9

迷 157上/9

3940_4

娑 1085下/14

4121_4
狂 850上/11
狸 848下/1
4121_6
狟 847下/19
4122_7
獳 846下/18
4123_2
帳 670下/1
4124_0
犴[豻] 822上/19
犴 849下/17
厈 257下/2
4124_2
麪 452上/15
4124_7
獿 845下/16
巎 674上/4
4126_0
帖 671上/7
4126_6
幅 667下/16
4128_6
頗 760上/18
顛 757下/4
4129_1
狋 846上/11
幖 672上/2
4131_1
秷 874上/4
4132_0
秄[秷] 874上/11
4133_1
㹤 904上/7
4133_6
樮 517上/18
4138_6
稹[秷] 874上/9
4141_0
妃[妣] 1075上/13
妣 1075上/5
4141_1
娙 1081上/3
4141_4
姪 1075下/15
4141_6
嫗 1074下/3
4141_7
姬 1070上/17
嫭 1089上/10
4142_0
妸 1079上/3
4142_7
嬬 1091下/11
嫣 1081下/1
嬀[媧] 1078上/5
4143_1
妘 1071下/13
4143_2
娠 1073下/16
4143_4
嫖 1093下/5
4144_0
奸 1094上/9
姸 1090下/2
娟 1079下/6
4144_6
婥 1094下/7
嫜 1092上/4
4146_0
姑 1082上/20
4146_9
姡 1091下/17
4148_6
頝[髮] 766上/20
頍 758上/9
頪 759下/10
4149_1
嫖 1091上/9
4149_6
嫄 1078下/13
4151_1
韊[躧] 180上/4
4151_8
鞁 236下/5
4152_0
靪 234上/15
4153_2
韔 458上/4
4154_0
靬 232上/11
靬 236下/7
4154_6
鞭 238上/12
4156_0
鞊 237上/9
鞧 237下/8
4156_1
鞜 235下/6
4158_1
韃 234上/3
4166_9
嚞 408上/13
4168_6
頡 759上/8
4171_7
虢 415上/20
4180_1
趀 140上/1
趆 139上/18
趄 142下/6
4180_4
赶 144上/1
趠 141上/2
趚 141下/11
4180_8
趣 138下/11
趰 142下/19
4180_9
趬 139上/10
4186_0
點 1213上/14
4188_6
䫏 761下/2
蘋 △ 762上/4
4191_0
杠 496上/2
枇 471上/9
枇 △ 521上/1
4191_1
桱 496上/10
櫪 518下/15
櫳 519上/5
4191_4
枉 484下/18
桎 518上/19
桂 512上/3
極 489上/8
4191_6
桓 495下/2
樞 492上/16

桰 508上/8
桮 507下/4
楯 492下/12
4296_9
橎 479上/6
4297_2
柮 516下/10
榣 484下/8
4299_3
櫾 481上/18
4299_4
檏 514上/20
樸 477下/9
4299_7
棅[柄] 506上/18
4300_0
弋 1096下/19
4301_2
尨 844下/12
4303_0
犬 844上/14
4303_4
犾 852下/15
4304_0
犮 848上/10
4304_2
博 189上/2
4310_0
圤 1192上/9
弌[一] 2上/3
弍[二] 1187下/12
式 401上/18
弎[三] 23上/18
卦 267下/11
4311_1
垸 1197下/3
4313_2
求[裘] 728上/12
4313_4
埃 1202下/13
4313_6
蚩[⿱㞢䖵] 1177上/18
⿱㞢䖵 1177上/12
4314_4
坺 1192下/6
4315_0
城 1198上/6
域[或] 1100下/9
戴 875下/1
4322_2
⿰犭參 845下/20
4322_7
猵 852下/1
4323_2
幏 674下/3
狼 851下/3
4323_4
獄 852下/16
獄 853上/4
猒 403下/14
4324_2
狩 849上/4
麱[麩] 452上/14
4324_4
帗 667上/16
麮 451下/12
4324_7
狻 850下/3
4324_8
麧 452下/18
4325_0
韱 354下/17
⿰禾韱 590下/13
⿰巾韱 672上/19
4325_3
⿰犭戔 846上/4
帴 669上/14
4328_6
獱[猵] 852下/6
4330_0
忒 901上/17
4332_7
鶩 306下/16
4333_3
愁 893下/2
4333_6
鰲 1008上/20
4340_7
妒 1087下/11
4341_0
犺 881下/11
4342_2
⿰女參 1092上/6
4342_7
媥 1091下/3
4343_2
嫁 1072下/4
4343_3
⿰女然 1072上/5
4343_4
猋 852下/8
娭 1083下/13
4344_0
妭 1077上/14
4344_4
妓 1076下/1
4344_7
⿰女夋 1075下/12
4345_0
娍 1091上/7
娥 1078下/1
娀 1078上/6
孅 1081下/8
4346_0
始 1079下/7
4347_7
婠 1081上/1
4348_6
嬪 1085上/3
4350_0
⿰革犮 235上/19
4351_1
⿰革它 238下/9
4351_2
⿰革宛[鞔] 235上/5
4354_2
⿰革尃 236下/9
⿰𠦝尃 458下/5
4354_4
敼[市] 675下/13
4355_0
載 1260上/2
4357_7
⿰革官 236下/4
4363_4
⿰谷犬[肤] 356上/3
4365_0
哉 126上/18
𢧵 1309下/5
4373_2

獋[嘷] 134下/12

4624$_7$

獌 851下/14

幔 670上/1

獿 850下/6

4625$_0$

狎 847上/3

4625$_6$

幝 672下/1

4632$_7$

駑 831上/11

4633$_0$

恕 892下/17

想 895上/18

4640$_0$

如 1084下/11

姻 1073上/4

[illegible] 1089上/4

4640$_4$

妴 1076上/7

4641$_0$

[illegible] 744下/20

4641$_1$

媲 1073下/10

4641$_3$

媿 1094下/14

4641$_7$

媪 1074下/7

4642$_7$

媦 1075下/8

[illegible][妘] 1071下/17

4643$_1$

嫼 1091上/5

4643$_2$

嬛 1081下/17

4643$_4$

娛 1083下/8

嫫 1080下/9

4644$_0$

婢 1076下/8

4644$_7$

嫚 1091下/5

4646$_0$

媢 1088上/4

4648$_1$

媞 1083上/11

4649$_4$

媟 1082上/12

4650$_0$

鞇[茵] 99下/3

4650$_2$

拏 1065下/3

4651$_0$

靼 232下/7

[illegible] 238下/11

4651$_7$

韞 △459上/11

4652$_7$

鞙 237下/5

韣 457下/20

4654$_0$

鞞 235上/6

4655$_4$

韡 456下/5

4658$_1$

鞮 233下/9

4661$_0$

覩[睹] 275下/6

4662$_1$

哿 406上/16

4665$_6$

奲 881上/8

4671$_0$

[illegible] 744上/20

4672$_7$

[illegible] 419上/14

4680$_0$

[illegible] 139下/3

4680$_1$

[illegible] 140上/12

趯 139下/16

4680$_2$

[illegible] 140上/20

[illegible] 139上/16

[illegible] 139下/9

4680$_3$

[illegible] 140上/14

[illegible] 140下/1

4680$_4$

[illegible] 141上/17

[illegible] 143上/10

[illegible] 141上/9

4680$_6$

賀 537下/6

4680$_8$

趧 143下/10

趩 140下/9

4680$_9$

趮 138下/2

4690$_0$

柶 500上/15

柏 480上/17

梱 493下/9

枷 499下/12

[illegible] 517上/4

相 277上/2

棝 512下/12

槶 504下/15

[illegible] △521上/7

4690$_3$

絮 1141下/3

4691$_0$

柷 509下/15

梘 744上/6

櫬 519下/4

4691$_1$

棍 491下/12

4691$_3$

槐 476上/17

4691$_4$

桯 496上/7

梩[梠] 498上/15

檉 474上/18

4691$_7$

[illegible][植] 492上/13

4692$_7$

枵 484上/15

楬 520上/7

楊 474上/8

樢 491下/15

4693$_0$

樬 470上/19

4693$_2$

棖 493下/1

[illegible] 501上/9

4693$_3$

[illegible] 481上/5

檼 478上/19

4694$_0$

椑 502上/10

4694_1
楫 513下/18
4694_7
櫻 482上/18
槾 493上/16
槾[鏝] 1231上/9
4695_0
柙 519上/7
4695_4
樺 472下/20
4695_6
樿 465下/12
4696_0
柖 491下/9
楫 493下/3
榴 501下/10
4698_0
枳 475下/6
4699_3
檦 512下/13
4699_4
橾 512上/15
4701_2
尥 878下/9
[illegible] 805上/8
尳 878上/18
4701_3
[illegible] 878下/5
4702_7
郊 559上/19
鳩 307下/6
[illegible] 307下/5
[illegible] 323上/14
4704_7
炈 253上/5

4711_0
坥 1203下/3
[illegible] 243上/1
4711_2
垝 1200下/19
匏 529上/10
4711_7
圮 1201上/3
圯 1206下/11
4712_0
[illegible] 772下/3
均 1190下/17
垌[冂] 445上/11
堋 1203下/13
[illegible][閣] 1029下/18
4712_7
郝 569上/4
[illegible] 567下/9
垑 1200下/10
邽 553上/16
[illegible] 569下/2
[illegible] 311上/20
埽 1195上/18
壻 44下/1
鄞 563上/8
[illegible] 312上/9
4713_2
垠 1200上/19
4713_4
墺 1190上/9
4713_6
螯 △1174上/2
鼇 408下/10
4713_8
懿 879下/4

4714_0
埱 1199下/17
4714_7
坄 1192下/14
墁 1200上/3
㱿 253上/1
瑴[玨] 43下/2
4715_0
坶 1190上/20
4715_1
墀 1194下/18
4716_4
垎 1199上/14
4717_2
堀 1206下/19
堀 1193下/14
4718_2
坎 1198下/15
歖[喜] 408上/8
4719_4
垛 1194上/4
4720_7
弩 1114上/17
4721_0
狙 851上/2
4721_2
犯 847上/14
鮑 257上/20
鉋 776下/17
翹 286上/14
4721_4
翟 295下/8
4721_5
狃 847上/8
4721_7

猛 847下/1
4722_0
忉 667下/2
狦 846上/6
狗 844上/20
恂 668下/18
4722_2
[illegible] 845下/18
4722_7
帑 674上/10
郗 554上/18
郁 550下/18
猲 846上/17
鶴 312下/16
[illegible] 565下/13
4723_2
[illegible] 669下/9
狠 846上/8
[illegible] 672下/3
繫 982下/8
4723_4
猴 851上/10
4724_0
狦 846上/6
4724_7
帔 673下/19
獀 844下/8
殸[磬] 811下/4
殽 253下/13
彀 1114下/19
穀 816上/20
[illegible] 374上/14
4725_6
惲 669上/20

4728$_0$
幎 669下/15
4728$_2$
欷 749下/7
歙 747上/16
歡 747下/4
4728$_6$
獺 852上/8
4729$_1$
⿰巾祭 671上/1
4732$_7$
郝 551下/9
⿰孝阝 565上/5
鶩[翟] 295下/14
鵓[鵓] 317上/20
⿰燕阝 568下/17
鷘 323下/19
4733$_4$
怒 906下/20
慤 890下/7
4734$_7$
赧 873下/15
𧹞 873下/14
4740$_0$
文 453上/3
4740$_1$
聲 1038上/4
4740$_7$
嫠 452下/10
4741$_0$
姐 1074下/13
飆 1182上/1
4741$_2$
姽 1082上/4
4741$_3$
婏 844上/1
⿰女冤 1084上/8
4741$_4$
娓 1084上/1
嬥 1083上/6
4741$_7$
妃 1073下/4
婗 1074上/17
4742$_0$
妁 1072下/2
姁 1074下/11
姰 1086上/1
翑 1048下/4
婤 1079上/17
嫺 1083上/17
4742$_2$
嫪 1089上/1
4742$_7$
⿰女阝 549下/1
姼 1076上/18
⿲女卩阝 568下/20
郣 568上/17
婿[壻] 44下/5
婦 1073上/20
⿰女曷 1074上/4
媧 1077下/10
鄚 558上/14
嫋 1081下/5
⿱羊鳥 311下/9
鄸 562上/18
鄿 569下/4
嬬 1084上/5
4743$_2$
娽 1086下/9
4744$_0$
奴 1076下/12
姍 1092下/19
4744$_7$
好 1080上/12
⿰女殳 1080上/20
娺 1090上/12
報 880下/2
⿰⿱士⿱冖犬殳 851上/16
㲉 1293下/19
4745$_0$
姌 1081下/3
4746$_1$
媢 1088上/4
4746$_7$
媚 1079下/9
4748$_0$
娸 1081下/11
4748$_1$
⿰矣疋 181下/14
⿰女與 1079上/12
嬹 1080上/15
4748$_6$
嬾 1092上/13
4749$_4$
嫖 1089下/7
4750$_2$
拏 1045下/8
4750$_6$
⿱殸車 1264上/3
4751$_2$
鞄 232上/17
4751$_3$
⿰革冤 235上/4
4751$_4$
⿰革亟 238上/10
4751$_6$
鞔 233上/11
4751$_7$
靶 235下/15
4752$_0$
⿰革卯 233下/5
鞠 234上/19
⿰革羽 286上/12
鞫[⿱竹鞫] 620上/5
4752$_7$
⿰革阝 232上/6
4753$_2$
鞎 235上/11
艱 1207下/1
4754$_7$
⿰革殳 233上/17
⿰革叕 236下/14
𣪊 458上/11
毃 458上/9
轂 1257上/16
4755$_6$
鞸 232下/1
韠[鞸] 232下/4
4756$_2$
鞀 234下/12
4756$_4$
⿰革各 232上/14
4758$_2$
歎 749上/7
⿰難欠[歎] 749上/10
4758$_9$
⿰革纍 235下/1
4759$_4$
鞣 232下/5
4760$_1$

砮 806上/14
磬 810下/17
謦 190上/4
4760_2
磬[韶] 235上/3
4760_9
馨 616下/2
4761_7
[illegible] 855上/16
4762_0
胡 350上/17
翿 288上/3
4762_7
都 546上/19
[illegible] 562上/14
4764_7
㱿 134上/2
殼[确] 810下/5
[illegible] 188上/11
[illegible] 253上/9
4768_2
欯 747上/2
歖 749下/17
[illegible] 749上/11
4771_0
[illegible] 243上/7
4772_0
切 360上/18
4772_7
邯 557上/12
[illegible] 565下/5
[illegible] 561上/16
4773_2
[illegible] 724下/4
4774_7
[illegible] 438下/18
4777_2
[illegible] 786下/16
罄 440下/4
4778_2
歁 750上/18
[illegible] 748上/19
4780_1
起 140上/7
趄 141下/9
趯 138下/5
4780_2
趵 140上/2
趍 140下/13
[illegible] 141下/1
趨 137下/11
[illegible] 139下/14
[illegible] 143上/7
趫 141上/15
4780_3
[illegible] 141下/16
[illegible] 141上/10
4780_4
[illegible] 139上/12
[illegible] 139上/19
趣 138上/2
[illegible] 140下/20
4780_6
超 138上/7
4780_8
[illegible] 141下/4
[illegible] 140上/4
[illegible] 140下/5
4782_0
期 590上/17
4788_2
欺 751下/16
[illegible] 747上/18
4790_3
綮 1142上/11
4790_4
粲 622下/4
4791_0
机[簋] 385上/7
机 480下/3
柤 493下/19
楓 475下/14
4791_1
柅 472下/11
柅[尿] 506下/18
4791_2
桅 480下/15
枹 509下/4
4791_4
楃 495下/14
4791_5
杻[杶] 470上/6
4791_7
杞 477上/12
杷 499上/11
梡 469下/14
楹 489上/18
棿[輗] 1264下/10
4792_0
杒 481上/2
杓 501下/3
柳 512下/5
栩 470下/8
[illegible] 478上/17
枊 466上/2
枸 473上/2
桐 478下/14
椆 466下/5
棚 504上/18
[illegible] 484上/14
4792_2
杼 504上/4
樛 484下/10
4792_7
朽 472上/13
栘 475上/8
郴 562下/19
榔 487上/9
桷 490下/18
桶 508下/11
樢[蔦] 69下/12
橘 461上/13
楈 466上/10
[illegible] 493下/15
楇 512上/18
樗 474下/14
[illegible] 312下/5
欘 498下/18
4793_2
椽 491上/9
根 482上/9
4793_4
楔 494下/8
4793_6
欚 514上/9
4793_7
柍 480下/12
槌 502下/8
4794_0

4842_0
妎 1087下/9
4842_1
媊 1077上/17
婾 1089上/18
4842_7
妗 1082下/5
娣 1075下/2
勢 1217上/2
翰 285上/1
鶾 322下/17
4843_0
燅 846下/13
4843_1
嫵 1079下/12
𩏂 874下/6
4843_7
嫌 1089下/11
4843_4
媄 1079下/15
4844_0
效[教] 267上/1
敥 859下/8
教 266下/15
斡 1248上/8
4844_1
姘 1094上/6
幹 △581下/5
4844_6
婞 1084上/14
4844_7
翰 581上/19
4845_3
韓 1099上/16
4845_6
韓 458下/18
4845_7
娒 1076上/11
4846_0
𩐍[看] 278上/4
4846_1
姶 1079上/19
嬒 1090上/14
4846_5
嬉 1090上/10
4846_6
嬗 1093下/3
4848_1
嫙 1082下/16
4848_6
嬐 1084下/20
4849_4
榦 488下/1
4852_7
靲 237下/12
韝 527上/5
4854_0
敦 263下/1
4854_6
鞞 235下/12
4856_1
鞈 237上/11
韐[磬] 410上/19
韐[韐] 676上/2
4860_1
謷 204下/14
警 200上/13
4864_0
故 258下/19
敾[徵] 712下/16
敬 777上/13
敼 266上/4
4874_0
攸 259上/7
4877_2
嶅 789下/15
4880_1
趖 139下/5
� 140上/16
赸 140下/3
4880_2
趁 138下/16
趛 141上/5
4880_6
趙 139上/14
贅 540上/20
贅 757下/6
4891_1
柞 411下/1
槎 516下/5
4891_6
梲 506上/12
4891_7
杚 500上/10
檻 518下/19
4892_1
榆 479上/8
檹 485上/17
4892_7
枌 479上/16
柃 499下/4
棆 466上/6
梯 504下/18
椅 470上/8
櫛 497上/2
4893_2
松 479下/16
椓 471下/12
樣 470下/17
4893_4
栚 502下/16
4893_7
槏 492上/20
4894_0
枚 483上/2
杵 499下/18
橄 464上/6
檓 507上/4
檄 510下/10
4894_1
栟 468上/5
4894_7
榎 504上/9
4895_1
栓[檇] 516上/16
4895_3
檥 488下/11
4895_7
梅 463上/11
4896_1
枱 497上/17
楢 465下/19
4896_4
榕 466上/20
櫓 499上/9
4896_6
檜 480上/7
4896_7
槍 494上/1

5334$_6$
[illegible][誖] 208上/8
5340$_0$
戒 227下/11
5350$_0$
𢦏 1101上/9
[illegible] 1099上/4
5350$_3$
戔 1101下/12
5354$_7$
[illegible][輣] 1259上/2
5355$_3$
輚[車] 1251上/1
5365$_0$
蛓[蠢] 1177下/12
5370$_0$
戊 1101下/18
5380$_0$
戴[戴] 229下/11
5380$_9$
燹 858上/5
5400$_0$
抍 1054上/17
拊 1046下/13
軵 1264上/6
[illegible] 1255上/19
5401$_1$
撓 1051下/18
5401$_2$
抌 1064下/4
5401$_4$
挂 1065上/6
摧 1064上/15
[illegible] 1049下/1
5401$_6$
掩 1062上/1
5401$_7$
抴 1065上/14
軌 1262上/14
5401$_8$
撎 1041下/6
5402$_1$
掎 1059上/16
輢 1255下/3
5402$_7$
扐 1060下/13
抪 1044下/16
拹 1052下/2
軜 1259下/13
摕 1048下/6
[illegible] 1052上/11
5403$_0$
軑 1258上/19
5403$_1$
捇 1060下/11
5403$_2$
轅 1258下/7
5403$_4$
撻 1062下/13
5403$_8$
挾 1044下/18
5404$_0$
較 1254下/15
5404$_1$
揖 1059下/20
持 1043下/12
擣 1058上/14
5404$_3$
捧 1042上/14
5404$_7$
技 1061上/4
披 1053上/5
掕 1063上/1
擭 1055下/19
5406$_1$
拮 1061下/12
措 1047上/8
轖 1255下/16
5407$_0$
拑 1043下/18
5408$_1$
拱 1042上/7
5408$_6$
轒 1264下/16
5409$_1$
㩒[捦] 1044下/2
5409$_4$
揲 1043下/20
5409$_6$
撩 1047上/2
轑 1258上/11
5411$_1$
蟯 1151下/2
5411$_4$
螼 1150上/19
蠸 1152下/10
5412$_7$
蝻 1163下/9
蛸 1151上/17
螮 1173下/9
蠇 1167下/13
5413$_2$
蠓 1163上/12
5413$_4$
蟆 1169上/2
5413$_8$
蛺 1160下/12
5414$_7$
蚑 1164上/14
蠖 1156下/15
5416$_0$
蛄 1157上/20
5416$_1$
蛣 1154上/16
蜡 1164上/7
5418$_6$
蟦 1159上/16
5440$_0$
斠 1248上/20
5491$_4$
[illegible] 369下/12
5492$_7$
耡 370上/1
5496$_1$
耤 368下/17
5500$_0$
井 422下/11
抉 1051下/15
5501$_0$
[illegible] 740下/15
5501$_7$
軏 1252下/17
5502$_7$
弗 1096下/6
拂 1064上/20
5503$_0$
扶 1043下/5
抶 1063下/14
抰 1064上/2
㚘 884下/2

軼 1263上/12

5504$_0$

揵 △1068上/7

5504$_3$

摶 1061上/19

轉 1261上/15

5504$_4$

摟 1052下/13

5506$_0$

抽[㨨] 1058上/3

軸 1256下/10

5507$_4$

轊[軎] 1258上/3

5508$_1$

捷 1067上/1

5509$_4$

轃 1264下/14

5510$_0$

蚗 1162下/10

蚌 1167下/8

5510$_3$

蛗 1108上/20

5510$_6$

𧈧[虹] 1173下/6

5510$_8$

豊 411下/16

荳[豐] 412下/13

5512$_7$

蜻 1162下/20

蟰 1163下/15

5513$_0$

蚨 1168下/5

5513$_6$

䖵 1174下/3

蠶 1174下/7

蠹 1175下/17

5514$_4$

螻 1157上/13

5517$_4$

彗 247上/12

5518$_1$

蜨 1160下/18

5519$_0$

蛛[鼄] 1186下/7

5519$_6$

蝀 1173下/13

5520$_7$

𢐀[弻] 1116下/11

5521$_6$

兢 740上/16

5522$_7$

[illegible] 239上/14

脊[腆] 350上/10

5523$_2$

汬[阱] 423下/3

5533$_7$

慧 892上/1

5550$_6$

輂 1265上/10

5550$_7$

華 326上/3

5555$_7$

冓 327上/3

5560$_0$

曲 1108上/9

5560$_1$

替 405上/1

5560$_2$

曹 281上/15

5560$_6$

曹 405上/8

5580$_1$

典 399下/8

5580$_6$

費 540下/18

5580$_9$

燓 706上/6

[illegible] 868上/1

5590$_0$

耕 368上/19

5590$_6$

[illegible] 1301上/13

5599$_2$

棘 596上/11

5599$_6$

𣝢 521下/1

5600$_0$

扣 1067上/5

捆 1060上/9

摑 1061下/4

[illegible] △1068上/5

5601$_0$

規 884上/15

5601$_1$

掍 1059下/11

掍 1067上/8

輥 1257下/3

5601$_4$

擢 1044上/11

5601$_7$

搵 1065下/5

挹 1056下/18

轀 1252上/5

5602$_7$

捐 1066上/5

揚 1054上/4

揭 1054上/15

5603$_2$

擐 1057下/7

轘 1265下/20

5604$_0$

捭 1064上/6

5604$_1$

捍 △1067下/20

揖 1041下/13

擇 1047下/1

輯 1253下/5

5604$_7$

撮 1048上/17

輓 1253下/9

攫 1057上/6

5605$_0$

押 △1067下/16

5605$_6$

撣 1045上/18

5608$_0$

抧 1050下/8

軹 1257下/12

5608$_1$

捉 1047下/5

提 1045下/16

5608$_6$

損 1056下/3

5609$_4$

搮 1064上/4

操 1044上/8

5610$_0$

蟈[蜮] 1171上/3

5611$_0$

蜆 1159下/6

5611_1

蜫 1156下/12

5611_3

螝 1151上/13

5611_4

蝗 1161下/8

5612_7

蝎 1155下/9

蜎 1168上/7

蝟[彙] 819上/19

5613_2

蠉 1164下/3

5615_6

蟬 1162上/8

5618_0

[illegible][螽] 1175上/17

5619_4

蜾[蝸] 1160下/6

5621_0

規 744上/12

靚 745下/14

5622_7

[illegible] 239上/8

5628_0

[illegible] 186下/4

5641_0

[illegible] 1083上/8

5651_0

覯 744下/2

5671_0

[illegible] 745上/20

5692_7

耦 368下/4

5698_6

[illegible] 369下/14

5701_0

[illegible] 1057上/9

抯 1057上/4

[illegible] 243上/17

軓 1253下/11

5701_2

抱[捊] 1049上/2

5701_4

握 1045上/13

擪 1064下/2

擢 1058上/5

5701_6

輓 1265下/14

攪 1059下/17

5701_7

把 1045上/20

艴 773下/8

輗 1264下/5

5702_0

扚 1063下/12

㓞 423下/5

捐 1062下/8

[illegible] 367上/4

拘 187上/10

抑[illegible] 773下/1

挏 1049下/15

揤 1048上/4

軔 1256下/18

捫 1045上/2

掤 1066上/9

軥 1259下/2

輖 1261下/16

輣 1252下/14

5702_2

抒 1057上/1

摎 1062下/10

5702_7

扔 1060上/11

郏 567下/7

[illegible] 557上/10

邦 545上/17

[illegible] 1052上/5

揟 1062上/8

軫 1263下/11

搰 1061下/14

搦 1059上/14

[illegible] 311上/11

[illegible] 317下/2

5703_0

[illegible] 424上/1

5703_2

掾 1046下/6

5703_4

換 1067上/16

5703_6

搔 1051上/16

5704_0

掫 1065下/18

輈 1258下/12

5704_2

挎 1046下/20

5704_7

扱 1063上/16

投 1050下/16

掇 1057下/3

[illegible] 1262上/5

輟 1263下/9

輟[罬] 664下/7

5705_0

[illegible] 1044下/14

拇 1040下/10

5705_4

捀 1053下/14

5705_6

揮 1059下/4

[illegible] 1259上/20

5706_2

招 1050上/3

摺 1052下/6

軺 1252上/14

5706_4

挌 1065上/9

[illegible] 367下/3

据 1052上/9

輅 1254下/10

5706_7

輑 1256上/3

5707_2

搖 1053下/1

掘 1061下/18

5708_1

擬 1056上/19

5708_2

掀 1054下/12

5708_6

摜 1050下/10

5709_4

探 1058下/11

輮 1257上/6

5710_3

[illegible] 27上/7

5710_4

[illegible] 1195上/4

5711_0

[illegible] 1246下/8

哯 574下/15
晛 273下/8
6601$_4$
喤 120下/6
矅 273下/10
6601$_7$
嗢 129上/9
6601$_8$
喅 127上/11
6602$_7$
啺[唐] 128下/15
喝 133上/2
喁 135下/5
晹 574下/8
噣 119下/4
喟 123上/19
暍 579上/2
暘 574上/14
暘 1212上/10
睗 277上/17
睊 277上/19
瞲 272下/15
6603$_2$
瞏 272上/6
6604$_1$
睅 273上/2
6604$_3$
噑 134下/8
暤 575下/2
6604$_4$
䁏 277下/4
嚶 135上/8
6604$_8$
𡆇 132上/13
6605$_0$
呷 126下/10
6605$_6$
嘽 122下/10
6606$_0$
唱 125上/20
晿 274下/14
6608$_1$
睼 277下/2
6608$_6$
䁄 276下/16
6610$_0$
踻 179下/12
6610$_4$
壨[嚚] 184下/8
6611$_4$
躍 174上/12
6612$_7$
蹋 175下/13
踼 178下/2
躅 177上/1
6614$_0$
𨂿[髀] 338上/14
6614$_7$
躩 178下/12
6618$_0$
蹞 177下/17
6618$_1$
踶 176下/1
6619$_4$
踝 173下/5
6620$_7$
咢 136下/19
6621$_0$
覞 746下/6
6621$_1$
𠳋[𠂤] 1267下/2
6621$_4$
瞿 303下/14
6622$_3$
界 882上/15
6622$_7$
鬻 240上/1
6624$_7$
𠑹[嚴] 136下/17
6624$_8$
嚴 136下/14
6631$_0$
𪐰 869下/7
6632$_0$
𠱜 137上/10
6632$_7$
黭 869下/12
6633$_0$
愳[懼] 896下/5
6640$_2$
斝 1247下/10
6640$_4$
𠯿[嚴] 136下/12
6640$_4$
嬰 1086上/8
6640$_7$
夒 303下/17
6643$_0$
哭 137上/19
6650$_6$
單 137上/8
6660$_1$
𠰺 1286上/13
譻 190上/2
6666$_0$
品 184下/3
6666$_1$
嘼 134下/6
囂 184下/19
嚚 ▲222下/2
6666$_2$
㗊 184下/14
䨻[靁] 322下/16
6666$_3$
器 185上/3
6666$_6$
藟[蘽] 467下/19
櫑[櫑] 502上/8
靁[靁] 1000下/4
6666$_8$
囂 184下/9
6671$_7$
䦶 570上/3
䶬 570上/16
䶫 570上/4
鼉 1185下/13
6674$_4$
嚴 136下/8
6677$_2$
罍 439上/16
6680$_1$
題 744上/8
6680$_6$
買[囂] 184下/13
6681$_0$
覞 743下/14
6682$_7$
賜 539上/11
6688$_0$
賏 544下/6
6699$_4$
槑[某] 481上/17
6700$_7$
叩 132上/11

所 1246下/12
鬋 767上/18
斸 1246下/1

7222_{2}

彫 765上/5
髿[鬏] 767上/14
鬎 769上/17

7222_{7}

隝 1276上/18
腨 345下/11
膌 347上/7
𢋓 771下/5
㺄 173上/8
鬜 767上/5
鬗 766下/4
鬀 769下/7
鬄 767下/5
鬝 767上/3
鬐 769上/5
鬞 766下/19
鬜 769上/14

7222_{8}

髤 768下/2

7223_{0}

爪 242上/8
瓜 627下/13
𤓰 628下/1

7223_{2}

辰 995下/19
脤[衇] 996下/3

7223_{4}

䐅 351下/1

7223_{7}

隱 1274下/15

7224_{0}

阺 1274上/9
胝 347上/20

7224_{1}

脡 353上/5

7224_{2}

脟 343下/16
髣 768上/10

7224_{7}

脬 342下/19
髮 767下/12

7224_{8}

鬏 767上/9

7225_{3}

𦢊 340下/15
𩭧 767下/3

7226_{1}

后 770上/13

7226_{4}

盾 282上/7
腯 350上/12
骺 338下/9

7227_{2}

胐 589上/4

7227_{7}

㫚[申] 1301上/11

7228_{8}

陜 1270下/2

7229_{3}

隰 1267下/11

7229_{4}

隊 507上/15

7230_{0}

馴 834上/1

7231_{3}

駣 △ 838上/8
騛 829上/2

7231_{4}

䮔 829上/19

7232_{7}

騎 829下/2

7233_{4}

騱 837下/10
騤 832上/13

7233_{7}

鬑 767上/20

7234_{1}

騂 828上/7

7237_{7}

騊 832上/10

7238_{8}

𩢍[䮔] 829下/1

7239_{1}

騬 834上/17

7240_{0}

刪 362上/4
剢 361下/19

7240_{1}

髶 769上/3

7240_{4}

𠂢 1097下/13

7240_{7}

曼 245下/6

7240_{9}

乎[采] 111下/9

7242_{2}

彤 421下/18

7243_{0}

鬘 768上/17

7244_{0}

髲 766上/15

7244_{1}

幷[兵] 228上/16

7244_{7}

𩭐 768上/8

7252_{7}

髴 769上/1

7260_{1}

髺 △ 770上/10
髻 767上/7

7260_{3}

鬊 769上/11

7260_{4}

昏 134上/14
昏 576下/10
鬠 767下/20

7271_{1}

鼶 853下/11

7271_{2}

髡[鬄] 767下/11
鬈 766下/10

7271_{3}

鼷 854下/2

7271_{4}

髦 766下/13

7271_{6}

鬣 768下/14
鼺 853上/16

7272_{0}

斤 773上/2

7272_{2}

髟 766上/9

7272_{3}

𢑴[彝] 1147上/5

7273_{2}

褧 722下/2

眉 731上/12

7727_2

屈 735下/12

屆 731下/7

7727_7

𡰯[良] 448下/7

陷 1271上/9

𡲬 732上/15

𦙶 355下/17

7728_0

𠬪[扒] 581下/18

7728_2

欣 747下/8

欿 750上/3

歃 750下/11

廞 748下/7

7729_1

際 1278下/1

7729_4

屎 506下/16

屟[迣] 153下/5

屧 733上/7

腂 349下/14

7731_0

颿 832下/16

駔 835上/3

7732_0

馰 828上/9

駠 830下/16

駒 826上/14

駉 836上/17

駋 832下/15

駧 833下/6

騊 837下/11

驧 834上/15

騆 826下/2

7732_7

鄢 553下/2

焉 823下/17

鄔 562下/2

烏 325上/4

騶 835下/1

驕 827下/5

騎 827下/12

驚 △ 838上/3

鴐 311下/10

闖 1036上/1

騺 832上/15

鷔 315上/14

鶩 310上/18

驑[裯] 18下/14

7733_1

忌 906上/17

熙 868上/7

黳 869下/5

7733_2

騵 837下/1

騕 △ 838上/10

7733_4

悶[患] 912上/15

7733_5

悪 899下/12

7733_6

騷 834下/2

7733_7

悶 908上/17

閟 1032上/13

𢚣[患] 912上/16

7733_8

懇 898上/11

7734_0

㕚 244下/13

馭[御] 166下/16

7734_7

㝵 528上/11

駁 832下/1

駸 832上/18

駿 827上/8

7736_2

騮 828下/16

7736_4

駱 827上/14

7738_2

驟 832下/12

7740_0

又 244上/17

叉 244下/10

閔 1035下/15

7740_1

閈 1029上/16

閏 1038上/7

7740_4

婜 1083下/7

嬰 1074上/14

𡠀[婁] 1092下/3

娶 1083下/5

嫛 1092下/16

孃[襄] 723上/10

7740_7

叏 252上/13

叟 230上/16

學[斆] 267上/8

7740_8

閿 271下/4

7742_7

舅 1213下/9

鸒 314上/20

7743_0

闋 1035下/4

7743_2

閡 1028下/13

7743_7

臾 1301上/19

臾[蕢] 99上/11

7744_0

丹 421上/13

册 183上/10

7744_1

异 227上/16

開 1031下/20

巽[巺] 400下/5

7744_3

閞 1030下/17

7744_7

叒 523上/3

叕 1282上/5

段 253下/5

舁 229下/13

𠬯[段] 247下/9

與 229下/17

閼 1031下/12

閞[開] 1032上/2

𦥛[與] 230上/2

7748_2

闕 1030上/13

7750_0

母 1074上/20

7750_2

掔 1053下/11

擧 1054上/10

擧 1053下/17
7750_{3}
閔 244上/12
7750_{4}
掔 116下/3
7750_{6}
閘 1032上/12
闈 1028下/1
闡 1031下/17
7751_{6}
闞 1034下/15
7751_{7}
鼊 1184上/11
7752_{7}
那 562下/11
鴟 322上/9
7755_{0}
丹 815上/17
毋 1095上/14
7755_{1}
犀 303下/9
7760_{1}
昏 732上/12
謩[謀] 194上/9
硻 809下/20
礐 809下/11
閜 1029上/4
嚳 119上/11
誾 193下/17
礜 807上/7
闍 1033上/18
醫 1308上/15
譽 202上/2
7760_{2}
冒 661上/1
罶 404上/14
7760_{4}
瞖 272下/20
瞀 277下/7
閽 1032上/16
闇 1034下/3
閣 1030上/10
7760_{5}
㖼[謀] 194上/7
7760_{6}
閭 1029下/1
閶 1028上/12
7760_{7}
問 125上/11
間 1032上/20
7761_{2}
㕛[叒] 523下/12
7762_{1}
閜 1032上/8
7762_{7}
鴡 312下/3
7764_{1}
闢 1031下/9
7768_{2}
歠 752上/16
7771_{1}
𩚸[飽] 433上/2
7771_{2}
鼩 854下/20
鼬 854下/7
7771_{3}
鼨 854上/9
7771_{4}
鼨[𪕊] 854上/18
鼴 855上/7
7771_{6}
閹 1034上/8
鼢 853上/18
7771_{7}
巳 1298下/20
巴 1289下/9
云[雲] 1007上/16
匜 1040上/4
鼃 1184下/2
鼠 853上/10
鼂[黽] 1184下/7
鼉 1186下/16
7772_{0}
卯 773下/16
卯 1297下/8
卵 1186下/18
印 773上/5
卿 773下/19
7772_{2}
鬱 425上/15
7772_{7}
邸 547下/14
郘 563下/6
郈 556上/8
鴡[雎] 294下/6
鄙 559上/16
鷗 312下/7
闇 1032下/16
郾 561上/11
闕 1032下/18
7773_{2}
艮 709下/18
褧 717下/4
閬 1031下/6
闤 Δ1036上/4
7774_{0}
臤 251上/17
7774_{2}
氓 1098上/8
7774_{7}
民 1096上/3
殹 253下/3
䵸 1187上/2
毆 253上/13
7777_{0}
臼 623下/2
𦥒 773上/11
𦥑 230上/13
𠚕[齒] 169下/4
7777_{2}
凶 789下/13
關 1033上/20
7777_{5}
毌 593下/10
𨐍[農] 230下/20
7777_{7}
凵[曲] 1108上/18
𠥱[匚] 1106下/9
𦥔[申] 1301上/9
閻 1029下/16
𠥓[籩] 385上/19
7778_{2}
歐 749上/19
7779_{3}
闟 1032下/13
7780_{1}
具 228下/16
𠀠[箕] 399上/3
巽 1289下/5
閧 243下/7
巽[巺] 400下/7

腃 1275下/16

7921_4

𦚼 1192下/2

7922_7

陗 1270下/3

腣 673下/9

勝 1215下/14

騰 836上/11

7923_1

黱 871上/14

7923_2

滕 958下/15

7923_3

𦝫 998上/16

7923_6

膰 1149下/16

7925_0

胖 112上/20

7926_1

謄 203上/20

7928_6

賸 538下/3

䐣 354上/10

7929_3

縢 1138下/4

7929_4

𣘖 504上/1

7929_6

隙 1278下/4

7931_1

駄 830下/8

8773_2
餯 430上/15
8773_4
餱 429上/14
8774_7
餟 435上/10
8775_6
餫 433上/19
8778_1
饌[籑] 429下/20
8778_2
钦 748上/3
8781_0
俎 1245下/15
8782_0
劍 366下/6
8791_4
糴 438上/17
8792_7
郤 565上/1
8800_0
从 710上/3
㐺 438下/7
8810_1
竺 1188上/13
8810_4
坐[㘴] 1195下/15
笙 391上/13
箠 389上/4
篁 378上/14
簺 395下/1
箽[築] 488上/19
8810_6
笪 390上/11
8810_7
笠 387上/9
篕 384下/17
簋 385上/11
籃 384上/5
8810_8
笠 388上/10
笸 380上/9
簦 388上/2
8811_2
范 379上/16
8811_4
銼 1224上/20
銓 1231下/1
雞[鷄] 312上/12
8811_6
鋭 1231上/1
8811_7
筑 394下/1
鈧 1239下/2
鐱 1242上/3
鑑 1223上/19
8812_3
劉 378下/10
8812_7
鈐 1229上/2
鈴 1232下/17
翁 377上/8
銻 1243下/5
簜 376上/5
8813_2
篆[篪] 385下/12
鎵 1223下/10
鎡[鼒] 598上/9
8813_4
鏃 1242下/8
8813_7
鎌 1229上/20
8814_0
欽 266上/1
8814_6
鐏 1237下/4
8814_7
鍑 1224上/13
8815_3
籤 390下/3
8815_7
鋂 1241下/16
8816_0
鉛 1219下/6
8816_1
箔 386下/11
8816_4
簬 375下/13
8816_7
鎗 1235下/7
8816_8
鉛 1225下/17
8817_4
篲[彗] 247上/16
8818_1
鏦 1237上/8
鏇 1226下/6
8820_2
篸 377上/10
8820_7
筝 526下/19
8821_1
笮 381上/6
筦 380下/19
筰 386下/7
篪 385下/8
籭 382上/17
籠 386下/20
8821_4
篧[籗] 398下/4
籊[籗] 386上/12
籗 386上/9
8821_7
笐 379上/7
筦 387下/4
篪[鯱] 182下/19
籚 387下/11
籯 384下/11
8822_0
竹 375上/3
8822_1
箭 375上/9
8822_3
� 398下/10
箾 390下/14
8822_7
笍 389上/18
笭 388下/4
第 381下/8
籥 387下/20
笏 357上/20
篤 385下/4
筋 357上/12
筋 357下/5
箭 385下/15
篇 377下/14
筒 392上/17
篛 385下/13
籞 396下/16
篽 910上/11

9990_4 榮 478下/8 9991_2 糕 622上/20 9999_4 燚 625上/3			